U0873138

ufi Member

广州锦汉展览中心
GUANGZHOU JINHAN EXHIBITION CENTRE

广州锦汉展览中心由广州市东泰骏城实业发展有限公司投资建设及经营。中心占地25,000平方米。主展馆2号馆，展览面积23,000平方米。自2002年10月正式投入使用以来，业务增长迅速。每年在此举办的国际国内展40余场，并且不断吸引更多的知名展览会在此举办。

Guangzhou Jinhan Exhibition Centre is invested and managed by Dongtai Juncheng Industry Development Co., Ltd. Jinhan Exhibition Centre occupies 25,000 square metres, and the main part-Hall 2 is built with total 23,000 square metres of exhibition area. Since October 2002, Jinhan Exhibition Centre has demonstrated his competence in expanding business. It holds more than 40 international and national shows and events each year, more and more famous shows are attracted to come to Jinhan Exhibition Centre.

中心拥有丰富的展览会及活动举办经验，可以提供专业的服务方案，与主办方精诚合作，共同实现客户的期望。因此在中心举行的各种展览会活动均取得圆满成功。中心于2005年通过了国际展览联盟的资质认证。

Jinhan Exhibition Centre is experienced in holding exhibition and event. We provide professional service and cooperate with sponsor to meet the clients' expectation. Exhibitions held here all have reached great success. Jinhan Exhibition centre has granted UFI identification in 2005.

一号展馆
Hall 1

香港设计创意博览会
Style Hongkong

高尔夫发展论坛
Golf Forum

Johnnie Walker专场发布会
Johnnie Walker Launch Party

地址: 中国广州市流花路119号 TEL: 8620-36235686 / 8620-36235671 FAX: 8620-36235676 E-mail: market@jh-gz.com
更多信息，请登陆www.jh-gz.com

展览、会议、奖励旅游
新加坡 您的伙伴
新加坡，一个蕴含无限商机的地方，与世界各个角落都有紧密的联系，不仅是在亚洲举办重大会展的首选地点，更为您建立区域网络和开拓商机，提供理想完美的平台。新加坡，连续23年荣获"亚洲最佳会议城市"的美誉，世界一流展会与国际常年大会群英荟萃，使您和各领域的世界级精英零距离接触与交流。
★一流的会展设施
不论您的展会规模大小，不论您的代表团人数多少，新加坡一流的会展设施以及附加服务，满足您所有会展活动的不同需求。
★世界级的住宿环境
超过37,000间客房满足您不同的住宿需求，使您轻松置身于商务、购物、娱乐数步之遥的多元体验之中
★非常的政策奖励
来自新加坡旅游局的全面支持，使您在获得更多商业信息的同时，亦可能享受来自新加坡政府的特别奖励
非常新加坡
网站：www.visitsingapore.com/mice

新加坡展览及会议 2007

主要展览会

2007.03.01-05	International Furniture Fair 2007/24th ASEAN Furniture Show 国际家具展/第24届东盟家具展
2007.03.28-31	MTA2007-MetalAsia　2007 亚洲金属展
2007.03.28-31	MetrologyAsia　第十二届国际精密测量与测试展览会
2007.03.28-31	Outsource&Subcon 2007　2007 第六届和约制造与承包展览会
2007.04.10-12	Cityscape Asia 2007　2007 年亚洲城市景观展览会
2007.05.15-18	IMDEX Asia 2007　2007 年亚洲海事防卫会议和展览
2007.06.19-22	ProfessionalAudio Technology 2007　2007 第十届国际专业音响配备、服务与科技展
2007.06.19-22	MobileCommAsia 2007　2007 第十一届国际移动商务与通讯展览及研讨会
2007.06.19-22	NetworkAsia 2007　2007 第十二届国际网络展览及研讨会
2007.06.19-22	SatComm 2007　2007 第五届国际卫星通讯科技与服务展览及研讨会
2007.06.19-22	EnterpriseIT 2007　2007 国际企业咨讯科技展
2007.11.27-30	CIA 2007　2007 亚洲国际工业控制、仪器仪表及实验器材展览会暨研讨会
2007.11.27-30	ControlsAsia 2007　2007 第十五届国际工业工程及过程控制展
2007.11.27-30	InstrumentAsia 2007　2007 第十三届国际仪器、测量与测试科技展
2007.11.27-30	AnaLabAsia 2007　2007 第十一届国际实验室与分析技术及器材展

主要国际会议

2007.01.22-24	Singapore LIVE 2007(16Annual Live Interventions in Vascular Endotherapy) 新加坡年第十六届血管内介入治疗现场演示
2007.01.26-02.03	ASEAN Tourism Forum　东盟旅游论坛
2007.07.24-27	18th Wonca World Conference 2007

以上仅包括主要展览及会议，欲了解更多相关展览及会议信息，请致电新加坡旅游局

电话：010-58793388-205

http://www.visitsingapore.com/mice

新加坡旅游局的奖励政策

针对有兴趣组团参加/参观在新加坡举行的展览会，或有兴趣在新加坡组办国际展览或者会议的中国企业，新加坡旅游局推出“BE in Singapore　奖励计划，提供一系列的财务及非财务支援。

具体详情，请与新加坡旅游局中国办事处商务专员联络，索取相关资料。联络方式如下：

电话：010- 58793388-205

传真：010- 58793616

邮件：xu_cheng@stb.gov.sg

我们已竭尽所能确保资料在出版时准确无误，但在印刷期间及之后，资料或有变动，新加坡旅游局对此资料变更所导致的任何不正确、删除或遗漏之处将不承担任何责任。

澳門
MACAO
澳門
區域性
商貿服務
平台
MACAO
a regional
economic
and trade
co-operation
platform
澳門貿易投資促進局
竭誠為您服務
IPIM - ALWAYS
at YOUR SERVICE
投資者一站式服務
One Stop Service for Investors
離岸業務（非金融）
Off-Shore Service (non-finance)
經貿推廣活動
Exhibition & Trade Show
商業資訊
Business and Trade Information
澳門商務促進中心
Macao Business Support Centre
申請投資居留
Residency Application for Investors
本地企業服務中心 - 會員計劃
Macao Enterprise Service Centre -
Membership Scheme
澳 門 貿 易 投 資 促 進 局
Macao Trade and Investment Promotion Institute
澳門友誼大馬路918號世界貿易中心一至四樓
Av. Amizade No.918, World Trade Centre, 1st to 4th Floors, Macao
Tel: (853)710300 Fax: (853)590309 Email: ipim@ipim.gov.mo
Website: http//www.ipim.gov.mo/
24小時 電話查詢熱線
24-hour enquiry hotline
(853)881212

ufi Approved Event

www.mif.com.mo

MIF

澳門國際貿易投資展覽會

FEIRA INTERNACIONAL DE MACAU

MACAO INTERNATIONAL TRADE & INVESTMENT FAIR

"澳門國際貿易投資展覽會"是本澳規模最大之一年一度國際性綜合展覽會，歷年來在吸引外來投資、擴大進出口、促進經貿合作往來等方面起到了積極有效的作用。

MIF is the largest international trade fair held annually in Macao. Throughout the years, it has been proved successful in attracting investments, boosting external trade and facilitating economic & trade cooperation.

主辦機構 / Organiser:

澳門貿易投資促進局

Macao Trade and Investment Promotion Institute

澳門友誼大馬路918號世界貿易中心一至四樓

Av. Amizade No. 918, World Trade Centre, 1st to 4th Floors, Macao

電話 / Tel: (853) 710300 傳真 / Fax: (853) 590309 網頁 / homepage: www.ipim.gov.mo

查詢熱線 / Enquiry Hot Line 881212

亚洲博闻：为您缔造商机

我们为来自世界各地的企业精英拓展业务。

亚洲博闻

超过100个媒体产品

产业遍布不同市场领域

80个贸易展览会及活动

20,000家参展公司

来自140个国家的700,000名专业观众

20份专业刊物

为5,800名广告客户

将信息推广至130,000名业内人士

B2B 市场网站

数以百万计人次浏览

我们的网上资讯及推广服务

世界各地的商界人士参加我们的国际展览会，阅读我们的刊物及浏览我们的网站，全系于亚洲博闻为他们创造商机。**无论是买卖、寻找新合作伙伴及新供应商——客户都乐意选用博闻极具效益的专业媒体产品。**

亚洲博闻能够为客户及合作伙伴带来高质素产品及服务，在于拥有:

- **逾20年**举办大型国际性展览会及在亚洲，特别是中国出版刊物的实质成果
- 在展览行业具多年经验的**专业管理队伍**
- **强大的全球网络**，博闻及其全资附属公司遍布全球主要城市，包括亚洲的**上海**、**香港**、**广州**、**东京**、**首尔(汉城)**、**新加坡**、**曼谷**、**孟买**，美国的**纽约**，在**北京**及**台北**的办事处，以及设于欧洲，专责整个**欧洲**市场的专业市场推广队伍。

亚洲博闻与全球五十个合作伙伴联合举办重要及具规模的展览会:

- **九月香港珠宝钟表展览会**：亚洲最大型的珠宝展之一，也是全球三大珠宝业盛会之一
- **亚太区皮革展**：全球最具国际性的皮革业盛事之一
- **中国国际家具展览会**：中国最大型的家具展之一
- **亚太区美容展**：亚太区规模最盛大的国际美容商贸展之一
- **中国国际海事技术学术会议和展览会**：中国最大型及最重要的国际海事盛会之一
- **上海国际酒店用品博览会**：中国颇具规模的酒店用品展
- **中国国际建筑装饰展览会**：为国内的建造业、建筑材料及室内装饰业而设的展览
- **亚洲时尚首饰及配饰展**：亚洲最专业的国际时尚首饰及配饰展览会之一
- **亚洲纸业展览会**：亚洲最大型的纸品展会及会议之一

查询详情，请浏览: www.cmpasia.com

亚洲博闻有限公司
香港湾仔港湾道26号华润大厦17楼
电话：+852 2827 6211
传真：+852 2827 7831

上海博华国际展览有限公司
上海襄阳南路218号现代大厦10楼
电话：+86 21 6437 1178
传真：+86 21 6437 0982

博闻（广州）展览有限公司
中国广州市流花路
中国大酒店商业大厦1151-1153室
电话：+86 20 8666 0158 /
8666 3388 (ext.1151)
传真：+86 20 8667 7120

CMP
United Business Media

ZLNJ-CHI

亚洲国际博览馆
立足亚洲 博览全球

香港最大及最现代化的展览中心 — 亚洲国际博览馆首年投入营运已取得瞩目佳绩。由2005年底启用至今，博览馆已成功举办了一系列的国际大型展览、跨国企业大会，以及掀起连番热潮的演艺盛事。

亚洲国际博览馆分别举办了一系列不同类型的大型展览，由电子产品、礼品、珠宝、手表、到汽车零部件及电信等各行各业的展会。参与业巨擘包括：环球资源、亚洲博闻有限公司、励展博览集团、法兰克福展)有限公司、华港国际展览有限公司、香港贸易发展局等，展会佳绩有目

国际的「国际电信联盟2006年世界电信展」将在亚洲博览馆举行，是该展创办33年以来首次在日内瓦以外的举行。

目前至2007年底，已有众多大型展览活动确认将在博览馆举行。当中更有首次移师香港或首次举办。2006年12月，享誉国际的「国际电信联盟世界电信展」在亚洲国际博览馆举行，是该展创办33年以来首次在日外的地方举行。另外，航空界盛事「亚洲航空国际展览会议」亦将首至香港并于亚洲国际博览馆举行。

洲国际博览馆毗邻香港国际机场，地理位置优越，拥有完善的海陆空络，连接中国珠江三角洲一带城市及全球商业都会，为海外买家与中国应商提供一个理想的贸易平台洽谈商务。博览馆更与香港多个热门旅游为一线，是一个集商务、旅游休闲于一身的亚洲首选展览场馆。

亚洲国际博览馆管理有限公司行政总裁博希尔 (Nicolas Borit) 先生表示：「亚洲国际博览馆的成功有赖广大参展商和访客的大力支持和信赖。我们将不断提升，致力为每位商家和访客提供无可比拟的世界级基建和服务，务求为海内外商家开拓更广阔的营商空间、缔造无限商机。」

屿山香港国际机场
际博览馆
52) 3606 8888
52) 3606 8889
fo@asiaworld-expo.com
ww.asiaworld-expo.com

AsiaWorld-Expo
亞洲國際博覽館

亚洲国际博览馆
领先优势一览

优越地理位置，交通四通八达

- 与香港国际机场紧密结合
- 快速直达香港各区
- 多模式交通枢纽连接中国和世界各地
- 多间酒店、香港迪士尼乐园、9洞高尔夫球场*、机场翔天廊**及昂坪360近在咫尺

世界级展览和活动设施

- 香港最大的展览和活动场地 — 超过70,000平方米的可租用面积
- 10个单层地面无柱式展馆，包括香港规模最大的室内多用途场馆，可容纳13,500位观众
- 负重量特高的地面

一系列增值服务

- 先进的资讯及通讯科技设施
- 设施完善的商务中心
- 多元化的餐饮服务
- 机场至博览馆行李托运、寄存服务
- 专业礼宾服务及零售店

* 预计2006年年底开幕
** 预计2007年年初开幕

亚洲国际博览馆
适合举办各行各业的展贸活动，包括：

艺术古董 • 航空设备 • 汽车零部件 • 建材及建筑机械 • 电子产品及零件 • 娱乐活动 • 环保 • 服饰配件 • 家具 • 礼品 • 家居用品 • 首饰 • 眼镜 • 印刷及包装 • 烟草 • 手表等，不能尽录。

凭藉优越地理位置、世界级展馆、专业的管理团队 —
亚洲国际博览馆为您做到最好！

www.asiaworld-expo.com

香港展贸盛事
汇聚全球商机

香港贸易发展局在组织国际性展览会方面，成绩卓越，享誉世界。每年，香港贸易发展局主办近30个不同类型的展览会，范围兼容并备，展出项目有礼品、家庭用品、时装、玩具、电子、钟表、眼镜、灯饰及珠宝等，成就斐然。除了自行举办展览会外，香港贸易发展局亦与其他国际展览机构合作，引入新展览项目，令香港成为亚洲的展览之都。

展期	展览名称
2007年	
1月8-11日	香港玩具展*
	香港国际文具展
1月15-18日	香港时装节秋冬系列*
	香港国际时尚荟萃
3月6-10日	香港国际珠宝展*#
3月20-23日	香港国际影视展#
4月14-17日	香港春季电子产品展*
	国际资讯科技博览#
4月21-24日	香港家庭用品展*
4月28日-5月1日	香港礼品及赠品展*
	香港国际印刷及包装展
	香港国际汽车零部件展
7月3-5日	香港专利授权展
7月3-6日	香港夏季礼品、家庭用品及玩具展
7月10-13日	香港时装节春夏系列*
8月16-20日	美食博览
	国际现代化中医药及健康产品展览会暨会议
	香港国际医疗及保健服务展
9月5-9日	香港钟表展*
10月13-16日	香港秋季电子产品展*
	国际电子组件及生产技术展*#
10月27-30日	国际环保博览
	香港国际家具展
	香港国际建材及建筑机械展
	亚洲运动用品展
10月28-31日	香港国际灯饰展
	香港国际五金及家居装饰展#
11月6-8日	香港眼镜展*

* ufi Approved Event　　#

香港贸易发展局有权更改上述展览表而不作另行通告

香港貿易發展局
Hong Kong Trade Development Council

香港贸易发展局
香港湾仔博览道1号香港会议展览中心博览商场13号展览事务部
电话：(852) 2584-4333　传真：(852) 2824-0026　电邮：exhibitions@tdc.org.hk　网址：www.hktdcfairs.com

新加坡展览有限公司
亚洲贸易展览会

新加坡展览有限公司（SES）是亚洲地区的顶级贸易展览筹办公司，在发展迅猛且朝气蓬勃的展览行业中处于领先地位。SES 组织的展览和会议活动涉及众多领域，包括电信、工程、机械和生活用品等。SES 所组织的每一项展会与研讨会都吸引了众多海外参展商，海外展商占有将近 80% 的展位。SES 是全球展览联盟的成员，该联盟在世界各地拥有 34 家分支机构。

AnaLabAsia • Automation • Bakery&Pastry • BroadcastAsia • ControlsAsia • ComGraphics&Animation • CommunicAsia • EnterpriseIT • EnvironmexAsia • FHA – Food&HotelAsia • FHA Culinary Challenge • FHA Imperial Challenge • FoodAsia • HospitalityStyleAsia • HospitalityTechnology • HotelAsia • InstrumentAsia • InteractiveDME • MetrologyAsia • MobileCommAsia • MetalAsia • MTA-Precision Engineering • NetworkAsia • OSEA • Outsource&SubCon • ProfessionalAudioTechnology • RLPAsia • SatComm • Wine&SpiritsAsia

欢迎您浏览 www.sesallworld.com，查阅有关本公司的详细资料以及本公司所筹办的各项展会详情。

主办机构：

新加坡展览有限公司
47 Scotts Road
11th Floor Goldbell Towers
Singapore 228233
电话： (65) 6738 6776
传真： (65) 6732 6776
电子邮件：events@sesallworld.com

ALLWORLD EXHIBITIONS MEMBER

中国国际服装服饰博览会

中国国际贸易中心股份有限公司
CHINA WORLD TRADE CENTER CO.LTD

中国国际鞋业博览会(China Shoes)

中国国际医疗仪器设备展览会(China Med)

中国国际酒店博览会(Hotel China)

中国地交会暨第二届中国国际城市发展与地产运营投资交易会

联系方式：

中国国际贸易中心股份有限公司
北京市朝阳区建国门外大街1号
邮编：100004
电话：010—65052288
传真：010—65053260
E—mail：info@cwced.com
http://www.cwced.com

中国新疆乌鲁木齐对外经济贸易洽谈会

名　　称：乌鲁木齐对外经济贸易洽谈会
时　　间：每年9月1日至5日
地　　点：新疆国际博览中心
主办机构：新疆维吾尔自治区人民政府

国新疆乌鲁木齐对外经济贸易洽谈会(简称乌洽会)，是经国家商务部批准，每年定期举办的、国西北部规模最大的区域性国际投资贸易洽谈会，已成功地举办了十四届。十五年来，乌洽会进我国与中西南亚国家商品贸易和双向投资为特色，以增进中国内地与俄罗斯、中西南亚各方面合作为己任，力求使自己成为与中西南亚国家地区互相了解的窗口，成为连接俄罗斯、、西亚及南亚国家的桥梁。

单位：
疆外经贸厅、新疆生产建设兵团商务局、乌鲁木齐市人民政府、新疆经济技术协作办公室

内容：
展示新产品、新技术、新项目。
洽谈进出口商品贸易和国内商品贸易，范围包括：粮油食品、纺织服装、轻工工艺、汽车及配机械设备、家电通讯、石油化工、建材家居、五金矿产、有色金属等。
洽谈对外经济技术合作项目和国内经济技术合作项目，包括石油、化工、基础设施建设、能源及矿业开发、旅游开发、农林牧业产品加工包装、城市环保、高新技术协作、生物医药、房服务业等。

展和展区：
面积25,000余平方米，设馆内标准展位(3米x3米)1,100个，馆外食品包装、塑料加工机械展60个，大型机械设备展场3,300平方米。
建议：乌洽会详情可免费索取《乌洽会指南》或通过登陆“乌洽会电子商务网站”以取得最准确的展会信息并得到便捷的帮助。
会中英文网站、专业俄文网站为企业刊登全方位商业广告，在国内外著名搜索网站注册展会，及时将展会最新消息发布在网上，利用互联网广发电子请柬，使展会信息快速传播。

疆外经贸厅乌洽会办公室
：830001新疆乌鲁木齐市新华南路105号
：(86-991) 2850497, 2879890 13579926788传真：2879890
e@urumqifair.com http://www.urumqifair.com www.urumqifair.ru(俄文)

参展效益之源

创源35年
开创国际贸易成功之源
global sources
环球资源

“现在市场上的商展太多，真不知道该选哪个。不去参加不行，去了又不知道效果会怎么样。”

是的，商展的效果良莠不齐。您面对的问题可能是无法接触直接进口商、每年见到重复面孔、买家报价逐年降低，所以您需要精挑细选，寻找汇集优质买家的优质商展，以提升您的参展效率和投资回报。

参加环球资源系列采购交易会，接触注重品质和增值服务的专业买家，从而使您的参展效益最大化。

2006 年，环球资源系列采购交易会由上海拓展至国际展览之都－香港，分别于 4 月和 10 月的采购旺季，新落成的亚洲国际博览馆举行。展面积超过 70,000 平方米，拥有世级的优质设施，交通网络完备便

采购交易会上独有的“买家高峰会更为参展商提供近距离接触行业顶级买家的商机。

环球资源，参展效益之源。

欲了解如何通过环球资源系列采会，接触优质买家，扩大出品商请浏览 www.chinasourcingfairs.c

global sources 环球资源 | 国际 成功

0609@House ad Update-CSF_060920

www.globalsources.com

A New Vision of Success

• 设施先进与完善 • 功能简洁，实用而多样 • 高度国际化
室内展览面积: 103,500 平方米 室外展览面积: 100,000 平方米

• Advanced Facilities • Functionalit • Internationality
on 103,500sqm(indoor) and 100,000sqm(outdoor)

上海新国际博览中心 Shanghai New International Expo Centre Co., Ltd.
电话(Tel): +86 21 28906666 传真(Fax): +86 21 28906777 电子邮件(E-mail): marketing@sniec.net

上海市国际展览有限公司
Shanghai International Exhibition Co Ltd

SIEC

- 上海市国际展览有限公司成立于1984年7月1日
- 2004年3月，公司由上海世博（集团）有限公司与中国国际贸易促进委员会上海市分会共同投资
- 公司成立二十多年来，已举办各类大中型国际来华展览500多个
- 1996年起成为国际博览会联盟(UFI)的正式会员，“中国国际模具技术和设备展览会”和“上海国际汽车工业展览会”是国际博览联盟(UFI)认可的展览会
- 2005年，在由上海市政府首次评出的8个优质展览会中，公司举办的5个展览会榜上有名

公司品牌展

上海国际汽车工业展览会
中国第一个通过UFI认证的大型汽车展，
规模亚洲第一、世界第三，进入世界A级车展行列

中国国际模具技术和设备展览会
上海首个通过UFI认证的展览会，
规模亚洲第一、世界第

亚洲大规模专业展之一
中国上海国际婚纱摄影器材展览会（春季/秋季）；
中国国际影像和摄影器材展览会；强强联手打造世界品牌

中国国际染料工业暨有机颜料、
纺织化学品展览会
世界大规模染料行业专业展之一

上海国际服装纺织品贸易博览会
中国最具规模级影响力的专业展之一

中国国际信息通信展览会
与北京通信展南北呼应的
中国通信业两大最重要展

上海国际纺织工业展览会
世界大规模专业展之一

中国国际自行车展览会
世界大规模专业展之一

koelnmesse
we energize your business

企业新动力
尽在科隆

作为全球性的服务商，我们的展会为您的业务提供一个绝佳的交流平台。

我们将合适的目标客户聚集在一起，并为其在新兴市场建立起重要联系。

科隆展览中国有限公司
地址：北京市东三环北路8号
亮马河大厦2座1018室
邮编：100004
电话：+86 10 6590 7766 / 7878
传真：+86 10 6590 6139
电邮：info@koelnmesse.cn

科隆展览有限公司 上海办事处
地址：上海市淮海中路283号
香港广场南楼2003室
邮编：200021
电话：+86 21 6390 6161
传真：+86 21 6390 6858
电邮：info2@koelnmesse.cn

科隆展览有限公司 广州办事处
地址：广州市天河区天河北路183号
大都会广场3311室
邮编：510620
电话：+86 20 8755 2467
传真：+86 20 8755 2970
电邮：info3@koelnmesse.cn

www.koelnmesse.de
www.koelnmesse.cn

采购优质
玩具·礼品·赠品及家居用品

尽在建发国际展览

香港春季交易会

**2007年
1月9-12日**

亚洲国际博览馆 - 香港

亚洲博览会

**2007年
1月30日-2月2日**

英国伦敦

澳门国际消费品展

**2007年10月及
2008年4月**

威尼斯人澳门会议展览中心

ASIAN JEWELLERY EXPO, LONDON

2008年1月6-9日

Earls Court-英国伦敦

主办机构

建发国际有限公司

(建发国际有限公司全资附属公司)

香港九龙尖沙咀广东道 9 号海港城港威大厦第 6 座 28 楼

电 话:(852) 2311 8216 传 真:(852) 2311 6629 电子邮件:info@kenfair.com

先的展览及会议主办机构

Reed Exhibitions
励展博览集团

提供沟通网络 创造无限商机

To deliver contacts that create value for your business

博览致力于长期服务中国市场，是中
活跃的展览及会议主办机构。
年，励展中国偕同上海励
国药励展，在华共举办
场权威的行业展览会，
逾10个新推出的展览及
，有力促进了中国各关
济区域和以下行业市场
荣和进步：

电子与电气
工程与制造
运输与物流
包装与印刷
医药与保健
旅游与娱乐

年，励展博览仍将是您最
们设身处地为客户着想，
需求；
们以协助客户实现业务增长的能力来度量展会的成功；
们所做的一切均是为励展的客户拓展其业务疆界！

关注励展博览2007年在华展会资讯：

ww.reedexpo.com.cn

北 京 86 10 8518 9070
上 海 86 21 5153 5188
香 港 852 2824 033

力争上游　勇于创新
客户至上　以人为本

上海励华国际展览有限公司是由励展博览集团和华印传媒集团在中国组建的合资公司，是中国印刷包装行业最大的展会主办机构，也是中国最具规模和影响力的展览会组织机构之一。励华国际展览以举办大型的国际性专业展览会作为主要发展方向，公司旗下拥有励华国际瓦楞展(SINO-CORRUGATED)、励华国际软包展(SINO-FLEXPACK)、励华国际彩盒展(SINO-FOLDINGCARTON)、励华联合包装展(PACKAGING)、亚洲五金采购展览会(GoHardware)等众多知名品牌，年展览总面积近140,00平方米，每年拥有超过200,000名专业观众光临励华国际展览主办的各展会。2006年，励华也成为亚洲领先的机床展—中国国际机械装备展览会(CIMES)暨中国机床工具商品展览交易会(CMTF)的联合承办单位。

上海励华国际展览有限公司

地址：上海市浦东新区富城路99号1203室
邮编：200120
联系电话：86-21-5118 8222
联系传真：86-21-5118 8200
网址：www.reedhuayin.com.cn

BALtrans
Exhibition & Removal Ltd.

mbol of
uality Logistics Services
质物流服务标志

宝昌展览搬运有限公司建基亚洲，以优秀的团队和强大的环球运输代理网络，一直致力为中国以及全球的展览市场提
供全方位的优质货运服务。

同时保昌每年为逾百个中外国际展览会指定的运输总代理，同时提供大型汽车赛事以及贵重文物艺术品的物流全方案，
专业经验及优质服务备受国际市场认同。

保昌展览搬运有限公司

http://www.baltrans-exhibition.com

ong Kong香港：
el电话 ：(852) 2798 6628
ax传真 ：(852) 2796 5606
mail电邮 ：baltrans@netvigator.com

Beijing北京：
Tel电话 ：(86 10) 6561 4171
Fax传真 ：(86 10) 6561 4170
Email电邮 ：balbjs-sales@263.net

Guangzhou广州：
Tel电话 ：(86 20) 2883 5008
Fax传真 ：(86 20) 2883 5001
Email电邮 ：guangzhou@exhibition.baltrans.com

Shanghai上海：
Tel电话 ：(86 21) 6228 1933
Fax传真 ：(86 21) 6229 3933
Email电邮 ：balsha@sh163.net

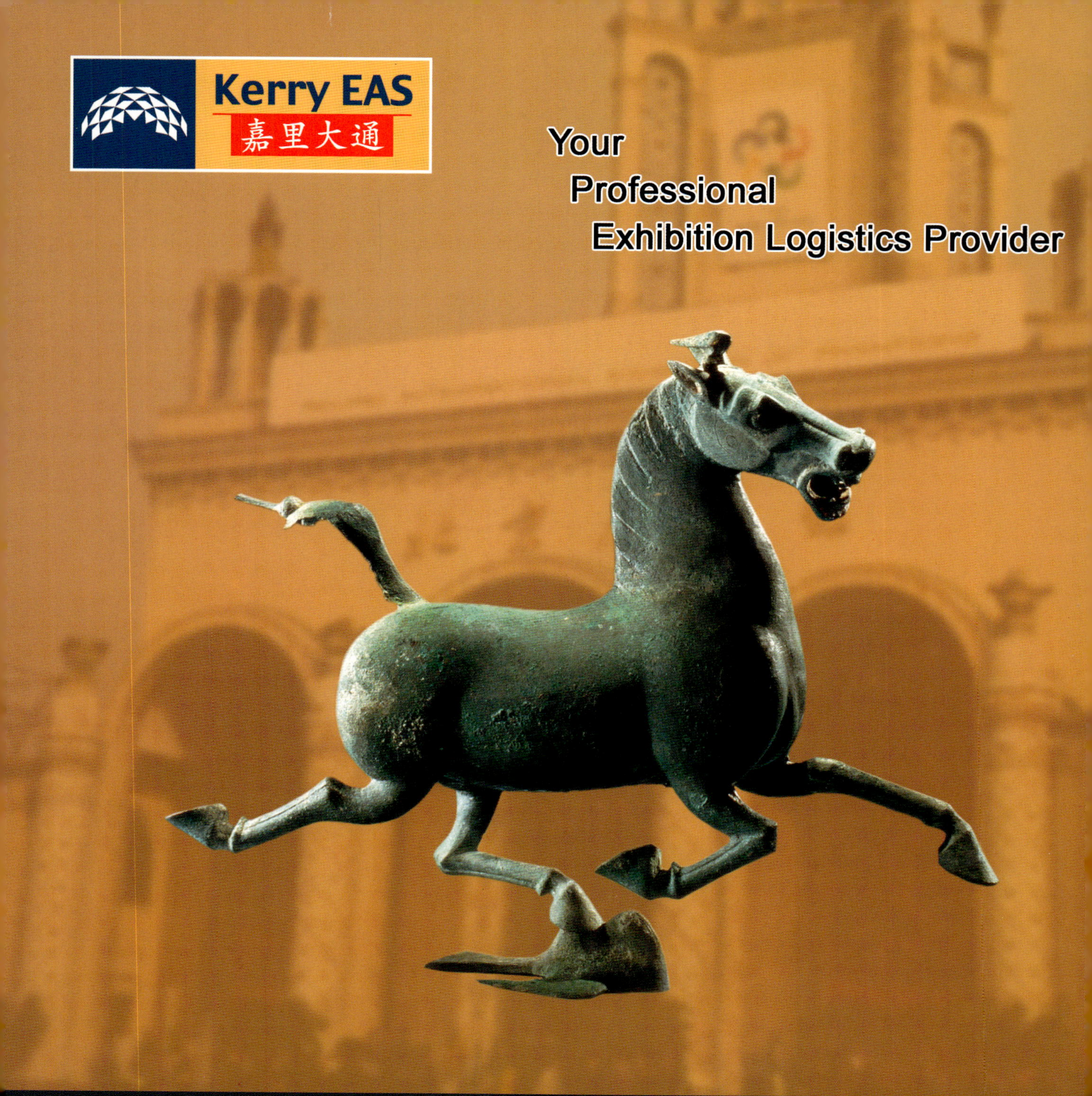

Let us help you make your exhibition an outstanding success.

You need to focus on the preparation and presentation of your exhibits, so we will look after everything else. Our highly skilled staff wealth of professional knowledge and experience in exhibition logistics, backed up by our advanced office network. From customs clea vehicle loading and unloading, forklifts, cranes, manpower, packing, transportation and storage, to setting up of exhibits on site – we p full range of services, leaving you free to concentrate on business.

我们的服务，铸就您的成功！

全神贯注于您的展会，其他的留给我们。高素质员工队伍，近二十年的业务经验，先进的设施，
完善的网络---为您提供全方位的会展物流服务--关务、装卸、机力、人力、包装、运输、仓储、布展。

No.21 XIAOYUN ROAD, DONGSANHUAN BEILU, CHAOYANG DISTRICT, BEIJING 100027 CHINA.
TEL: (86-10)64612255 FAX: (86-10)64640184 TOLL-FREE NUMBER: 800-810-3188 WEB: http://www.kerryeas.com E-mail: thunderbai@kerrye

中国北京市朝阳区东三环北路霄云路21号 邮编：100027 电话：(86-10)64612255 传真：(86-10)64640184
免费垂询电话：800-810-3188 网页：http://www.kerryeas.com 电子邮件：thunderbai@kerryeas.com

IATA FIATA

中国展览年鉴（2006）

CHINA EXHIBITION ALMANAC

中国国际贸易促进委员会宣传出版中心　编

同心出版社

图书在版编目（CIP）数据

中国展览年鉴. 2006 / 中国国际贸易促进委员会编.
北京：同心出版社，2006
ISBN 7-80716-395-X

Ⅰ. 中…　Ⅱ. 中…　Ⅲ. 展览会—中国—2006—年
鉴　Ⅳ.G245-54

中国版本图书馆 CIP 数据核字（2006）第 134893 号

出版统筹：徐华宇
责任编辑：刘　荻　张　迪　李海春

《中国展览年鉴》（2006）

出版发行：同心出版社
出 版 人：刘霆昭
地　　址：北京市建国门内大街 20 号
邮　　编：100734
电　　话：（010）85204612
E-mail：txcbszbs@bjd.com.cn
印　　刷：北京雅昌彩色印刷有限公司
经　　销：各地新华书店
版　　次：2006 年 12 月第 1 版
　　　　　2006 年 12 月第 1 次印刷
开　　本：880 × 1230　1/16
印　　张：31.5 印张
字　　数：1240 千字
定　　价：280.00 元

同心版图书，版权所有，侵权必究，未经许可，不得转载

《中国展览年鉴》（2006）

CHINA EXHIBITION ALMANAC

主　　管　　中国国际贸易促进委员会

主　　办　　中国国际贸易促进委员会宣传出版中心

承　　办　　《中国展览年鉴》编辑部

编辑委员会

主　　任　　王锦珍

编　　委　　蔡国枫　徐晨滨　李　锴　林　宁

总　　编　　杨晓东

副 总 编　　林舜杰

主　　编　　杨海青

编　　辑　　冀爱芳

美术设计　　毛文宇

地　　址　　北京复兴门外大街 1 号贸促会西配楼 309 室

邮　　编　　100860

电　　话　　010-68022948，88075339

传　　真　　010-68022948

E-mail　　Yanghq@ccpit.org

网　　址　　www.ccpit.org；www.ccpit-dc2000.com

订书热线
广告热线　　010-68022948

定　　价　　￥280.00（精装）

协办单位

中国展览馆协会
中国国际贸易促进委员会展览部
（展览管理办公室）
中国国际展览中心集团公司

前　言

中国已逐渐成为全球经济发展的焦点和最具活力的舞台，尤其是在对内倡导“构建和谐社会”，对外实施“睦邻、安邻和富邻”政策后，不仅中国自身的一举一动都会引来众多的关注，就是各个国际组织也纷纷将此做为一个国际大舞台来充分展示自己。中非合作论坛北京峰会的召开、第三届中国—东盟博览会的召开、国际展览业协会（UFI）年会2000年在我国香港地区举办后，今年（第37届）又在北京举办，就是最好的说明。

此外，境外展览公司也在中国迅猛扩张，除了在国内设立分公司、子公司之外，最显著的特点就是通过资本运作，收购或者并购国内的展览企业或者展览项目。最近，意大利米兰展览公司欲购买汉诺威展览公司在中国49%的资产。可以看出，国外展览业巨头从单打独斗到联合出击，以新的方式加速了对中国展览市场的争夺。

中国展览业的蓬勃发展，受到世界展览业界的高度关注，虽然业内祈盼的行业协会依然没有诞生，但我国政府也加强了指导和管理，先是从政府层面下大力气整顿和规范市场经济秩序，成立全国打击商贸活动中欺诈行为专项行动领导小组及办公室，建立专项行动部际协调机制，并且定期举办“诚信兴商宣传月”活动，通过宣传政策法规，曝光典型案例，增强全社会的诚信意识；继而八部委联合颁布了《展会知识产权保护办法》；商务部等四个部门开展“蓝天会展行动”，打击各种侵犯知识产权的行为，进一步引导企业运用知识产权制度推进自主创新。

我们也欣喜的看到，在协会层面，中国贸促会与国际展览管理协会（IAEM）联合发表《中美会展业保护知识产权的共同声明》；在企业层面，中国贸促会代表931家中国会展行业从业单位发布了《中国会展行业保护知识产权联合行动宣言》，一些大的展会在办展期间均开始设有知识产权保护组织。一系列举措，从根本上确定了我国展览业可健康有序地发展。

下一步怎样不断提高会展举办的水平？怎样发挥会展的综合效益？使之能够给一个国家或者一个地区、一个城市带来新的活力，这就是会展业界需要认真考虑的了。

《中国展览年鉴》编辑部

2006年12月

中国展览年鉴（2006）

China Exhibition Almanac

目　录

特别推荐客户名单

◎澳门特别行政区政府旅游局
◎新加坡旅游局
◎广州锦汉展览中心
◎澳门贸易投资促进局
◎国际名家具（东莞）展览会
◎嘉里大通物流有限公司
◎亚洲博闻有限公司
◎亚洲国际博览馆管理有限公司
◎香港贸易发展局
◎中国国际贸易中心股份有限公司展览部
◎新疆乌鲁木齐对外经济贸易洽谈会办公室
◎新加坡展览有限公司
◎上海赛博展览有限公司
◎上海新国际博览中心有限公司
◎上海市国际展览有限公司
◎科隆展览中国有限公司
◎建发国际有限公司
◎新加坡国际会展集团博览中心有限公司
◎保昌展览搬运有限公司
◎法兰克福展览（上海）有限公司
◎浙江中博展览有限公司
◎北京中展国际展览工程有限公司
◎励展博览集团北京办事处
◎杜塞尔多夫展览（中国）有限公司
◎成都国际展览中心有限公司
◎上海励华国际展览有限公司
◎中国贸促会建筑材料行业分会
◎上海国际展览中心有限公司
◎北京嘉华四季国际会展有限公司
◎中国贸促会长春市分会
◎中国贸促会机械行业分会
◎中新会展（上海）有限公司
◎世博集团上海现代国际展览有限公司
◎中国贸促会成都市分会
◎中国印刷及设备器材工业协会
◎中纺联（北京）会展服务有限公司

第一章　中国展览业概况

国家将引导会展业健康发展

中国商务部副部长姜增伟2005年11月28日在第二届中国会展经济论坛就贯彻中共中央十六届五中全会精神，促进服务业加快发展的问题谈了三点意见。

一、会展业成为促进国民经济增长的重要行业

姜增伟说，在国际上，会展业持续了20多年的高速增长，现已成为全球信息交流、技术进步和商品交易的重要载体，直接带动了信息通讯、交通运输、城市建设、旅游休闲、餐饮住宿、广告印刷等相关服务行业的发展，对各国经济和地区经济发展起到了积极的拉动作用。

他说，中国政府高度重视发展会展经济。中国经济的持续快速增长，也为中国会展业的发展创造了物质基础。近年来，中国会展经济发展迅猛，会展活动空前活跃，展览面积年均增长20%，在全球会展界异军突起，呈现出良好的发展态势。统计数据表明，全国共有大中型展览场馆150多个，室内展览面积超过300万平方米，每年全国举办的各类展会3000多个，出国办展近800个，参展企业500多万家，参会专业观众近两千万人次。随着展览专业化、市场化和国际化水平的不断提高，涌现出"广交会"、"高交会"、"厦洽会"、"医博会"、"机床展"等一批具有国际影响的知名品牌展会。会展业在促进经贸交流和合作方面的作用越来越明显，已成为国民经济中增长快、发展潜力大的行业之一。

姜增伟说，中国会展业的快速发展得到了世界各国的关注和重视。德国、美国、意大利等国家的大型国际会展企业纷纷在中国设立了分公司、办事处，与中国的会展企业建立了紧密的合作关系。目前，从展览的种类、规模、水平和影响来看，中国已成为亚洲的会展大国，并正逐步成为亚洲地区的区域性"会展中心"。

姜增伟强调，在看到我国会展业发展成就的同时，也应该清醒地认识到当前我国会展业发展过程中存在的问题。比如管理体制不顺，市场秩序不够规范，展馆建设过热等。通过这次会议，我们应该认真研究对策，协商解决这些问题的办法，推动我国会展业持续健康发展。

二、把握历史发展机遇，服务经济社会发展大局

姜增伟说，在会展业成熟的发达市场经济国家，会展业的产值约占其国民生产总值的0.2%左右。而目前我国会展业的总产值约100亿元人民币，只占国民生产总值的0.07%左右，与发达国家相距甚远。这既是发展差距，更是潜力所在。

他说，会展业的发展主要依托于市场和产业两大因素，中国既是世界上最大和最富潜力的市场，同时也是门类齐全的产业大国。加入WTO后，中国引进外资的规模逐步扩大，融资渠道呈现多样化，国内外贸易和经济活动更趋活跃；随着国内、国际两个市场协调发展，我国经济将继续保持快速健康增长，产业链将不断拉长并完善，这都将为会展业的进一步发展提供良好的宏观环境和客观物质基础。

姜增伟指出，中国的会展业要高度重视这一重要发展机遇，充分发挥会展业在优化资源配置、调整产业结构方面的作用，运用科学发展观指导自身发展，转变增长方式，提高办展效益，积极参与国际竞争与合作，服务于建设资源节约型社会和促进国民经济持续较快发展。

三、开拓进取，推动会展业协调健康发展

姜增伟说，作为会展行业的主管部门，商务部一直致力于引导和规范中国会展业的发展，支持和鼓励国内外会展企业采取积极的态度开展互利合作，实现共赢发展。今后，商务部将重点抓好以下几个方面的工作。

第一，理顺管理体制，加强行业管理。商务部要在内外贸结合的基础上，建立与会展业相关部门的工作协调机制，综合运用法律、经济和行政手段加强对会展业的行业管理。一是借鉴发达国家的做法，建立和完善行业标准，积极创造有利于会展业发展的外部政策和体制环境；二是制定会展业发展规划，结合市场情况，统筹区域会展业的协调发展，指导各部门、各地结合自身条件举办特点鲜明的会展业；三是在科学研究的基础上，尽快制定和完善宏观调控政策，推动会展业的市场化，促进会展业市场的优胜劣汰。

第二，实施品牌战略，做强中国会展业。实施会展业品牌战略是提高我国会展业竞争力的重要举措，而推行会展认证是发达国家打造品牌的通用方式。商务部将借鉴会展业发达国家的经验，研究建立我国会展业的评价和认证体系，开展会展的认证与推广，结合经济和会展业发展需要，力争到2010年培育100个具有国际影响力的名牌展会，形成定位准确、概念清晰、形象鲜明的中国会展业梯次发展格局；同时，鼓励有条件的企业通过收购、兼并等方式壮大实力，逐步提高企业的组织规模和竞争能力，树立品牌意识，做强中国会展业。

第三，加强知识产权保护，维护办展主体和企业的利益。

在注重展会自身知识产权保护的同时，要依法加强保护参展产品的知识产权，总结推广“广交会”的经验，指导展会主办单位设立专门机构，制定专门的展会保护知识产权的措施，建立一套处理展会现场侵权投诉的程序，逐步杜绝参展单位展示、销售侵权产品，防止不法组织和个人通过展会进行商业欺诈。

第四，实施“走出去”战略，积极开拓国际市场。“走出去”是我国企业参与国际竞争的必然途径，通过“走出去”，参与国际会展市场竞争与合作，实现会展业增长方式的转变，提高会展业整体水平。

第五，发挥行业协会作用，加强人才培训。积极推动国内有影响、有实力的会展企业组建全国性的行业协会。通过协会加强行业自律与协调，实现行业自我约束。各地行业协会要在有关部门的指导下，制定会展业行业规范和服务标准体系、展会评估体系、展览组织者资质评定体系，组织实施数据统计、信息发布、交流以及人才培训，成为我国会展业行业管理和公共服务的良好补充。在鼓励引进国外高层次管理人才的同时，商务部将联合有关部门，支持大专院校、各类培训机构开展专业人才的培养，提升我国会展业从业人员的整体水平。

——《国际商报》鲁 诚

更好地发挥“行业发展的风向标”作用

——以科学发展观指导展览业的改革发展

中国国际贸易促进委员会会长　万季飞

[内容提要] 展览业具有引导资源配置、推动相关产业发展的重要作用，被誉为“行业发展的风向标”。进入新世纪，展览业成为我国服务业中增长快、发展潜力大、前景看好的行业之一，面临着良好的发展机遇。但由于展览业管理体制的改革和开放相对滞后，市场机制不够健全，法制化程度不高，市场配置资源的基础性作用没有得到充分发挥。展览业的规范性、竞争力、效益水平与发达国家还有很大差距。我们要坚持科学发展观，统筹协调各方面的关系，以开放的心态主动迎接挑战，大力推进展览业管理体制改革，实现制度创新、服务创新，走全面、协调、可持续发展之路。

展览业作为服务业的特殊组成部分，因其与其他产业的密切关联性和对相关行业发展的积极推动作用，受到各级政府的高度重视，展览业如何健康发展也是当前社会各界关心的问题。党的十六届三中全会提出，坚持以人为本，树立全面、协调、可持续的发展观，促进经济社会和人的全面发展。这为展览业的改革和发展指明了方向。

我国展览业的现状与发展机遇

展览业发轫于商品交换，随市场经济的发展而日益繁荣。展览活动是经济界定期集聚、检阅行业发展状况、研究行业发展方向的机会、场所和平台，通过商品、信息、资金、技术供需双方面对面的交流，引导行业发展潮流，扩展行业发展空间，提供市场机会，促进要素流动，从而发挥市场配置资源的基础性作用。展览业因而被誉为“行业发展的风向标”，对行业及企业的发展具有重要意义。

一个规模大、知名度高的展览会或交易会能为举办城市带来几万、几十万的客流量和几千万、几亿元的收入，能有力带动旅游、交通、运输、餐饮、住宿、酒店、翻译、广告、装潢等诸多服务行业的发展。展览活动的产业关联效应最高达1∶10。同时，展览作为大型展示交流活动，能够集中公众视点、凝聚各方力量、展现科技进步、培育城市精神、引导时尚潮流、巩固经济优势、优化产业结构。好的展览会甚至能发展成为一个城市的“名片”，带来良好的经济效益和社会效益。目前，世界各地每年举办的展览活动有3万多个。

随着社会主义市场经济的发展，我国展览活动空前活跃，在全球展览业中异军突起，展览的总规模年均增长近20%。2003年，我国展览业直接产值约80亿元人民币。目前全国已有150多个展览场馆，专业展览场馆面积约130万平方米，并形成了一些具有一定实力的大型展览集团公司，培育了一些规模大、知名度高的展览会。

进入新世纪，展览业成为我国服务业中增长快、发展潜力大、前景看好的行业之一，面临着良好的发展机遇。

首先，我国经济的持续增长将不断推动、吸引国内外企业推介产品、树立品牌、开拓市场、增进合作，从而使展览业面临巨大市场需求。同时，我国金融、物流、旅游等服务业加快发展，城市交通、通讯等基础设施不断改善，将为展览业提供更好的配套设施和服务。

其次，展览活动是促进中外交流的有效途径，作为我国企业“引进来，走出去”、充分利用国内和国际两个市场和两种资源、在国际交换中获得比较利益的重要手段，将受到各方面的更多重视和积极参与。同时，我国加入世界贸易组织后，服务业逐步扩大对外开放，国外展览公司纷纷在我国设立分公司、办事处或代表处。一方面，我国原有的办展主体面临更加激烈的市场竞争和严峻的挑战；另一方面，展览市场上国际资本运作、品牌并购、人才交流、技术引进等将更加频繁，从而推动我国展览业走上规范化、高层次发展的道路。

第三，经济体制改革的深化和统一开放竞争有序的全国市场体系的形成，将为我国展览业发展提供良好的体制环境和保障。2003年，国务院取消在境内举办经济技术展览会主办单位资格的审批。2004年，实施《行政许可法》，取消组织企业出国举办或参加国际展览会的主办单位资格的审批。这些举措极大地调动了各方面参与展览活动的积极性。随着经济体制改革的深化和政府职能的转变，政府将逐步淡出对展览活动的微观参与，承担起经济调节、市场监管、社会管理和公共服务的职责，行业协会、商会等社会中介组织将承担起行业管理协调职能，从而形成政府宏观管理、企业微观参与、中介组织进行协调的良好关系，这将为展览业创造更多自主发展的空间。

总体看来，我国展览业已经经历了数量扩张的过程，展览场馆、办展主体、参展企业、相关服务行业都已形成一定规模，具备了通过在价格战、品牌战基础上的同业整合从量变向质变飞跃的基础。实现这一飞跃，将使我国展览业从简单的外延扩张转向高效的内生增长，从粗放经营转变为集约经营。

我国展览业发展面临的挑战

尽管中国展览业在近20多年时间里获得了迅猛发展，但是，就展览业的规范性、竞争力、效益水平而言，我国展览业还有很大差距，存在着一些亟须解决的问题。

首先，我国展览业的市场化程度还很低，行业内计划经济体制的惯性妨碍着统一开放竞争有序的全国展览业市场体系形成。展览业的资源配置、地域布局对行政的依赖度还相当高，行政条块对展览市场的分割，造成行业内市场竞争不充分，严重影响市场在资源优化配置中发挥作用。

其次，我国展览业相对低下的市场开放度，阻碍了行业内资本市场的形成，行业发展缺乏后劲。顺畅的投融资机制是行业发展的助推器。由于我国展览业向外资和民营资本的开放不够充分，业内原有经营者又受到行业、地区门户的束缚，行业内部资本流动和外部资本流入受阻，投融资机制尚未形成，经营者所有制形式比较单一，展览领域现代企业制度建设还未起步。

第三，由于竞争和开放不充分，我国展览业效益水平不高。近两三年来，每年在我国举办的2000多个大大小小的展览会中，大规模、上档次的展览会所占比例非常小，具有国际影响、形成品牌的展览会更是屈指可数。同时，重复办展现象十分严重，参展商严重分流，展览水平普遍不高。中国展览会的平均产值为280万元人民币，而德国展览会的平均产值为1000万欧元。我国展览活动还有很大的效益空间。

第四，展览业发展不平衡，行业布局需要调整。展览组织、展台设计与搭建、物流、咨询等方面的服务能力相对滞后，展览设施闲置相当普遍，全国展览馆的平均使用率不足30%。而在某些地方，展览场馆供不应求，硬件设施成为行业进一步发展的瓶颈。同时，我国东西部地区展览业发展不均衡，东部沿海地区展览业较为发达，全国举办的国际性展览活动中仅北京、上海、广州、大连四个城市就占了77%。

第五，我国展览业自身建设相当薄弱，亟待建立行业自律和公共服务体系。高水平展览专业人才相对缺乏，展览统计、信息发布体系不健全，宏观协调缺位等问题，妨碍着我国展览业向更高层次发展。

我国展览业存在的问题，从根本上说是体制问题。展览业管理体制的改革和开放相对滞后，市场机制不够健全，法制化程度不高，市场配置资源的基础性作用没有得到充分发挥。

我国展览业的发展思路

我们要坚持科学发展观，统筹协调各方面的关系，以开放的心态主动迎接挑战，大力推进展览业管理体制改革，实现制度创新、服务创新，走全面、协调、可持续发展之路。

在宏观层面，为展览业发展创造良好环境。一是进一步深化展览业管理体制改革。政府部门逐步退出对展览活动的直接参与，改为运用经济、法律手段进行宏观指导和监督管理，在创造硬件设施、提供便利的城市配套服务等方面做更多的工作。大力发展相关的中介组织，使其在展览行业中发挥主要协调作用。让市场在展览业资源配置方面发挥更大作用，实现优胜劣汰。二是研究展览立法。通过展览立法明确展览业的管理部门、管理办法、展览活动主体，以及各方面的权利和义务，增强展览活动的透明度，规范展览市场，为经营者创造一个法治的可预见的市场环境。三是确定全国展览业发展规划。统筹区域展览业协调发展，指导条件适合的城市发展展览业，举办有当地特色的展览活动，避免各地盲目上项目、打造会展中心城市以及由此造成的资源浪费。四是实施促进展览业发展的配套措施。借鉴发达国家支持展览业的惯例，为我国展览业提供必要的财政和税收政策支持。根据全国展览业发展规划布局，完善产业政策。在交通、通讯、海关、商检等方面，为有关地方发展展览业提供便利。

在中观层面，加强对展览业发展的引导和协调。一是尽早成立中国展览业协会。缺乏行业自律组织和总体协调机制是我国展览业重复办展、无序竞争严重的主要原因。当前应以全国性社会中介组织为依托，成立中国展览业协会，作为全国各展览场馆、展览公司、展览从业人员利益的代表，根据国家政策，协调办展活动，制订行业规范，规范办展行为，理顺各方关系，促进各地区展览业协调发展，帮助国内展览业从业单位参与国际竞争。二是拟定、实施展览业服务标准和规范。三是建设高效、透明的展览统计、信息发布体系。让全社会及时了解我国展览业的运行状况及其作用，广纳各方面的意见和建议；既要使效益好、受欢迎的展览活动扬名，又要曝光效益差、问题多的展览活动及其组织者，从而为展览活动各参与方提供顺畅的市场选择渠道。四是加强理论建设，开展展览行业培训，提高从业人员素质。五是定期对展览业的发展情况进行调查，针对发展中存在的问题进行理论思考，提出政策建议。

在微观层面，努力提高办展质量和成效。一是举办切合实际的展览活动。各地应结合本地实际和产业优势确定展览选题，走以特色取胜之路。二是努力提供高质量、专业化的服务。减少行政色彩浓厚的办展行为，注重市场营销，以服务赢得客户、求得发展、获得效益。三是开拓思路，创新展览活动的形式和内容。根据国民经济发展情况，创办适应新兴行业需要的展览活动。以展览活动为依托，举办相关的行业研讨、招商引资、新闻发布等活动，充分发挥展览活动的综合功能。既要引进国外名牌展览活动，实现嫁接，也要走出去举办以我国企业和产品为主的展览活动，努力创办自有品牌的国际展览会。重视电子商务在展览业中的应用，创建有竞争力的网上展览会。四是在展览活动的规模化、国际化、专业化、品牌化上下功夫，实现展览活动的高附加值、高利润、高市场占有率。五是积极开展国内国际交流合作。树立竞争合作意识，以开放、合作、共赢的态度，主动走出去开展多种形式、多种内容的合资合作。有条件的展览公司可以通过兼并、收购、相互参股、结成战略联盟等方式壮大实力，努力创建我国自己的实力强大的国际展览公司，打造定位清晰、价值创新、规模宏大的国际知名展览会。

以科学发展观为指导　规划与建设我国的展览场馆

中国贸促会会长　万季飞

改革开放以来，特别是近十年来，我国的展览业从小到大，发展迅速，已逐步成长为一个自成体系、充满活力的新兴产业。今天，日益繁荣的展览活动不仅引导了有关产业的发展，提升了制造业水平，而且还促进了生产要素的流动和资源配置的优化，推动了我国企业的发展和国际化进程，实现了良好的经济效益和社会效益。

正是看到了展览业在拉动经济发展和提升城市知名度方面的重要作用，我国许多地方纷纷提出发展展览经济的规划。目前，已有30多个城市提出创办会展名城的目标，希望“以展促贸，以展引资，以展会友，以展兴市，以展扬名”。很多城市组建了展览管理和协调机构，策划、组织、扶持展览活动，兴建展览中心。展览场馆项目已成为城市建设中的热点项目。

作为展览活动的物质载体，展览场馆在展览产业链中具有举足轻重的地位。展览场馆的硬件环境直接决定了承接展会的规模、档次，对展览业的发展起着至关重要的作用。

于1985年建成的中国国际展览中心成为我国举办重要国际展览的场所。这在我国展览业发展和展览场馆建设史上具有里程碑式的意义。此后，随着展览业的迅猛发展，上个世纪90年代后，全国各地区包括许多中小城市出现了新建、改扩建展览场馆的热潮。

我国展览场馆规划与建设中存在的问题

展览场馆的兴建、扩充的确从硬件上满足了我国会展业快速发展的需要，但是我国展览场馆在规划和建设方面还存在不少问题。这些问题主要表现在：

第一，展览场馆建设总体上已供过于求。在目前全国大部分展览展馆使用率不足30%的情况下，全国展览面积仍保持20%左右的增速在增长。目前，全国共有展览场馆250个，展馆建筑总面积超过600万平方米，可供展览面积超过250万平方米。其中，展览场馆建筑面积超过5万平方米的有17个，展览场馆建筑面积最大的为20万平方米。到2005年底，全国可供办展的展馆面积达300万平方米。无论是展馆数量，还是展馆面积，我国都已超过目前世界上展览业最发达的德国（21个展馆、240万平方米展馆总面积），位居世界第一。但是我国单个展览场馆的面积和规模远不及德国，小型展览中心的数量很多。

在场馆建设蓬勃兴起的同时，全国展览馆收入总额的增长只有微不足道的0.03%，每平方米建筑面积展览收入自2001年以来年降幅超过25%。可见，展览场馆的兴建与扩充，在基础设施及硬件方面已经远远超过了展览产业规模快速扩大的需要，在总量上已明显供过于求。

第二，展览场馆宏观布局缺乏规划。一方面，有些地区密度过大，存在局部过剩，而北京、上海等地展览场地却不足，北京地区尤为严重。目前，国际性展览会北京约占45%，但展馆使用面积仅占全国的4.25%；广东省的展馆建设则有过多之虞，目前全省已建展馆56个，其中广州地区2002年以来就新建8个。另一方面，有的城市展览场馆过多，而单个展馆面积和规模过小。

第三，展览场馆建设缺乏市场调研和准确的规模定位。展览业的发展，应当以区域经济为依托；展览场馆的建设，应充分考虑当地的产业结构、市场需求和区位因素。而我国一些城市不考虑当地和周边城市展览市场的需求，规划的制定带有很大的盲目性。主要的现象是有的城市展馆建设贪大求全、设施豪华，造成投资、土地资源的浪费。目前，除北京、上海等极少数展览业发达的地区，全国大部分地区展馆平均空置率达到了85%，新建展馆约90%处于亏损状况。

第四，展馆建设专业性不强。很多展馆被当成城市的形象工程和标志性建筑。展馆外表非常美观，但内部展厅柱子林立或为多层建筑，不但严重影响展览的举行或展示效果，而且导致可供展览面积在总建筑面积中所占比重低下，浪费严重。

第五，很多展览场馆位于市中心繁华地带，发展空间不

足，影响市区交通；忽视人性化设计，建筑布局和功能上没有充分考虑参展者和观众的便利性和舒适度；配套设施不齐全，住宿餐饮、通讯等无法满足展会的需求。

第六，在展馆建设过程中，许多地方政府投资缺乏市场考虑，建设中追求一步到位，致使一些地方在展览场馆建设方面投入过大，不考虑成本和收益；在展馆经营管理方面，缺乏长远的经营理念。不合理竞争、对展商和观众的服务方式简单、内容单一等问题普遍存在。

正是上述问题的存在，在2004年4月国务院清理建设项目和控制投资规模的宏观调控措施中，将会展中心项目列入了清理的重点。

实际上，国务院的这项措施并非一概否定展览业的发展和展览场馆的建设，而是要求用科学发展观来指导，使展览场馆的建设达到最佳的社会效益和经济效益。

以科学发展观为指导推进我国展览场馆建设

一个产业要获得良性、健康的发展，就必须统筹协调各方面的关系，以开放的心态进行制度创新、服务创新，走全面、协调、可持续发展的道路。我国的场馆规划、建设和管理也必须以科学发展观为指导，大力推进市场化进程，从而更好地发挥展览业引领产业发展，提升城市经济的扩散效应，促进我国展览业竞争力的全面提升。

一是要加强规划，统筹布局，促进展馆建设的良性发展。展览场馆的建设应与区域经济社会发展相协调，与会展业整体发展相适应。政府部门要加强展览场馆建设项目的前期评估工作，对展览场馆建设项目所在地经济状况、产业结构、办展环境进行全面分析，强化对展览场馆建设项目的审批管理。

针对展览场馆地区分布不合理的问题，政府部门要加强宏观调控，统一规划、调整展览场馆建设项目布局。在国际上，建设大型展览中心的城市一般应当具备以下一些条件：经济中心、交通枢纽、展览会尤其是国际展览会数量多、消费品生产地或消费品时尚引领地。我国展览场馆规划也应考虑这些因素。目前，我国已经逐步形成以北京、上海和广州为中心的展览产业城市带。因此，要根据这些城市的状况来规划相应规模的展览场馆，培育优质展览会。区域性展览中心城市则要依循市场原则，结合市场需求，控制新增展馆建设项目及随意扩大展馆规模，应当从区域性展馆资源整合的角度，实现区域内城市之间的展馆资源共享，避免低水平重复建设和资源闲置。

二是从实际出发，提高展馆设计和建设的专业化水平。展览场馆需要达到一定的建设规模，需要合理设计内部结构，体现人文关怀，需要预见未来发展的可能性及其趋势，需要充足的城市基础设施配套。

展馆的设计规划必须从实现专业功能需求入手，将前瞻性、实用性、人文性等要素综合起来，因地制宜，切合实际，实现展馆规模的合理化。展览场馆内各个展览馆的设计、展览馆之间的联系、展览中心内部交通、配套服务设施和技术支持设备布局，都要根据每个展览中心的经营情况和用地情况进行规划。展览中心的建筑布局和功能应以人为本，充分考虑便利性和舒适度，缓解压力，减轻劳动强度。展览中心本身的建筑装饰往往成为提高展览中心利用率的障碍，应当尽可能减少装饰性设计和建设。同时要给水、电、信息设备等技术支持需求的不断发展预留设施和空间。

展览中心与剧院、商场、体育馆等大型公共建筑的最大不同之处在于，它不但有集中而大量的人流，还有集中而大量的物流。因此，展览场馆的规划建设还要充分考虑城市相关基础设施配套的可能性。除能源、水源、信息接收源的配套以外，特别需要用地和交通设施的配套。在用地方面，实行“一次规划、预留充分、逐步实施”；在交通设施上，最好有城市轨道交通和方便快捷的公路网络。展馆建设地政府要在城市规划、用地规划、交通和市政配套等方面重点支持，使其具备最佳使用条件。

三是引入市场化运作机制，加强行业组织管理体系建设。展览场馆投资大、回收慢、一般难以靠自身的运营收回投资，对经济的贡献主要体现在对旅游、运输、餐饮等相关产业的拉动作用上，社会效益大大超过其本身的经济效益。因此，展览场馆带有“公共品”的属性。在展览业发达的国家，展览场馆一般由政府投资或资助，但是兴建展览场馆一定要考虑展览业发展的情况，即使完全由政府投资，也必须考虑展馆的经济性，展馆的兴建也必须遵循市场规律。从目前的情况看，展览业发达的国家，除了政府或工商会之外，也有民间资金进入展览场馆建设和运营之中，投资主体逐步多元化，展馆管理逐步股份化。展览会组织、展览服务行业，更是充分地实现了市场化。

目前国内展览业无序竞争严重，与展馆建设的失控有关；而展馆建设的失控，又与我国各级政府直接兴建展览场馆有关。要解决这一问题，一是要国家应加强对展览场馆项目的审批控制，二是要减少政府参与展馆建设的广度和深度。中共中央《关于制定国民经济和社会发展第十一个五年规划的建议》中提出，要“规范政府投资行为，健全政府投资决策责任制度”。同时应当逐步实现展馆投资主体的多元化，优化展馆建设的资本结构。遵循市场经济发展规律，进一步发挥市场在展览资源配置中的作用，根据市场规则办事，使市场这只“看不见的手”在推动展览业发展中发挥更大作用。三是针对包括展览场馆建设在内的经营性的国有资本效率不高的问题，建议各地成立独立的国有资本经营机构，实现政企分开、资企分开、政资分开，政府实行有效率的监管，以此达到社会资源的有效利用。四是要进一步发挥行业协会在展览业发展中的协调、规范和促进作用，推动地方、行业展览业协会的建设，增强行业协会的影响力和协调能力。

新国际展览中心建设的意义与启示

中国国际展览中心发展成立20多年来，作为国内最重要的展览场馆之一，在我国展览事业的发展历程中发挥了重大的、积极的作用，同时也积累了丰富的展馆运营经验，培养了大批优秀人才。但是随着我国经济的发展和改革开放的不断深化，无论是场馆规模、专业功能、配套设施，还是发展空间和交通组织等方面，中国国际展览中心都已不能满足现代展览，尤其是像汽车展这样的大型展览会的需要了。并且整个北京市的展览场馆，也已经不能满足展览业发展的需要。尽管从全国总面积来看，目前展馆已经饱和甚至过剩，但北京市的展馆严重短缺。由于我国45%左右的国际性展览会在北京举办，如果北京市不兴建新的展馆，我国展览业发展就要受到严重影响。因此，中国贸促会提出了新中国国际展览中心项目的立项申请。2005年1月17日，国家正式批准了新中国国际展览中心项目。

在科学发展观的指导下，新国际展览中心项目在选址、投融资和设计等方面，着力转变发展观念、创新发展模式、提高发展质量，实现了全面创新。

一、选址顺义天竺，着眼于现实状况与长远发展。顺义是北京经济发达、产业种类繁多的区域，其产业结构、配套设施和交通、土地等条件都符合新国展中心建设的需要。因此，新国展中心选址顺义区天竺空港城。

天竺空港城是以首都机场为核心的物流、商贸、出口加工和高级别墅区，人口密度不大，但工商业氛围浓厚，展览可以与周边产业产生有效的良性互动。顺义天竺空港城的水、电、暖、排污、通讯等资源丰富，完全能够满足新国展中心的需要。

在满足展馆集中的人流、车流和物流需求方面，天竺的条件在北京当为首选。其周边有京密路、五环、六环等快速路，有两条机场高速路、一条京承高速路，还有即将建设的东直门到首都机场的轻轨。首都机场终点站离新国展中心1.5公里，可以用穿梭巴士连接。此外，列入北京近期轻轨建设规划的从地铁1号线四惠东站至顺义县城的轻轨从新国展中心东侧经过，且在东南、东北两角各规划一站。

此外，新国展中心周边预留了必要的发展空间，能满足展馆逐步发展的需要。

二、投资主体多元，兼顾社会效益与经济效率。根据中央改革投资体制的精神，新国展中心项目的资金采取自筹资金的融资方式予以解决，资金来源一部分是中国贸促会所属中国国际展览中心集团公司等企业的投资，一部分是外国政府贷款和国内商业银行贷款，另一部分将吸引国有或民营企业投资入股，从而形成新型的多元化投资主体；新国展项目的各种贷款将通过房地产开发、中国国际展览中心上市融资和新国展中心建成后的经营收入来偿还。

三、设计专业，立足于经济实用和以人为本。新国展中心强调展馆的专业性、经济性、实用性与前瞻性，突出以人为本的设计理念，实现办展方、参展商与观众的良好互动。

新国展中心项目综合了国内外展览馆建设的经验，结合中国贸促会开展展览业务50多年的实践经验，听取了城市规划、交通、经济、建筑专家和客户的意见，确定新国展项目建设原则为：实用、经济、以人为本。在满足展览功能需求方面，要在相当长的时期内保持国际一流水平。在建筑布局、设施配备方面要最大限度考虑用户的安全、舒适、便利，创造建筑和自然和谐的景观。同时也特别强调要通过科学设计，节约土地、节约能源，杜绝片面追求展馆外观形象和铺张浪费。

在建设规模的定位方面，既充分考虑了北京作为首都在展览业方面的优势，又兼顾经济发展的渐进性规律，提出了一次规划、分期实施的方案。既避免一次性建设规模过大，造成投资和维护成本浪费，又避免产生由于远期发展空间不足，若干年后又要另址重建的问题。项目一期规划总建筑规模35.5万平方米，实际开工建设建筑面积17万平方米，包括各展览大厅及仓库、动力、接待、卫生间等附属设施的建筑面积7万平方米。

在确定了建设原则后，通过向国内外有展览馆设计经验的一流设计企业招标，经过城市规划、交通、经济、建筑专家和客户的评选，确定由北京建筑设计院和美国TVS公司联合体的方案为最佳设计方案。

新中国国际展览中心建成开业后，将按照市场规律进行经营管理，新的管理公司将按现代企业制度的要求来组建。通过建立和完善公司治理结构，建立科学的运行机制和管理模式，引进人才，争取最大的经济效益，保证公司长期、稳定、健康地发展。

知识产权有保障　外国企业可放心参加贸促会主办的展会

中国贸促会副会长高燕会议致辞

“美国企业可以放心到中国贸促会主办的展览会上展示最新的产品和服务，你们在展会期间的知识产权将得到充分的保护。”中国贸促会副会长高燕2006年3月1日在中国贸促会与美国商务商在北京举办的美国产品推介会暨中美建筑业交流会上说这番话的。

此次交流会在第11届中国国际建筑建材贸易博览会举办期间召开，旨在为美国建材供应商和中国采购商提供接触机会，促进中美建材业交流。

高燕说：“当前，中美关系在政治、经贸、文化和科技等领域发展都十分迅速。随着合作的密切，中美两国贸易不平衡问题在美国国内日益引起关注，屡屡成为美国推行贸易保护主义措施的借口。中美建材业的良好合作充分说明中国市场需要美国的产品和服务，关键是两国的政府和商界如何加强合作，把适应中国市场需求的美国产品推介给中国的采购商。另一方面，美国政府和国会应该认真审视对华出口管制政策，为本国企业创造进入中国市场的机会。部分美国舆论认为中国企业不进口美国的产品或者中国政府不让中国企业进口美国的产品和服务。这其实是一种误解。中国的发展一刻也离不开世界，离不开世界各国提供的高质量产品和服务。2005年中国暂进口额达8000亿美元，2010年这一数字将超过1万亿美元。2005年，中国从美国进口的增长率达到9%，中国已经是美国的第四大出口市场。随着中国市场需求的不断增大，我们完全可以预期中国从美国的进口量还将不断提升。”

据悉，为落实温家宝总理会见布什总统时提出的通过举办展览推动美国企业对华出口的建议，中国贸促会和美国商务部在中美展览方面开展一系列合作，期望通过鼓励美国企业参加在华举办的优质展览会，促进美国企业对华出口。此次建材展美国展区的面积比去年增加了一倍，参展企业也有大幅增加。

中国贸促会除了向美国企业提供专门的展览服务，还通过产品推介会等形式，积极帮助美国企业接触中国采购商。高燕高兴地说：“一年一度的建材展是中美合作的成功范例，今年建材展上的美国展位面积和参展商都比去年有了大幅增长。我们举办美国产品推介会暨中美建筑业交流会就是给美国供应商和中国采购商一个面对面洽谈的机会。这其实是中国贸促会和美国商务部在中美展览方面的系列合作之一。根据中国贸促会和美国商务部达成的协议，贸促会每年都向美国商务部推荐一批在华举办的优质展会，经美国商务部认证后，向美国企业推荐。贸促会向参展的美国企业提供专门的展览服务和相应的产品推广活动。”

中国贸促会建筑材料行业分会副会长郑承耀说：“第11届中国国际建筑建材贸易博览会在中国贸促会的推介下，招商招展工作取得了卓有成效的业绩，国际参展商明显增多，仅美国的参展商就从上届的10家猛增到这届的60家。”

高燕进一步指出，现在的问题是如何让中国企业更多地了解美国产品，美国企业又如何把适合中国市场的东西卖到中国来。中国贸促会经过长期调研发现，虽然中美经贸合作发展迅速，但中国各地区、各行业对美经贸合作并不均衡。一方面，中国大多数企业还缺少和美国企业直接交流的渠道；另一方面，除了部分大型跨国企业，多数美国中小企业对中国各个地方经济特点也很不了解。这就在客观上制约了美国企业的对华出口。为此，中国贸促会和美国商务部、美国中小企业署以及美国多家商协会合作采取了很多措施，帮助中美两国企业增进了解，并基于具体项目，匹配中美企业的业务需求，促成美国企业对华出口。

高燕强调说：“中国贸促会致力于在中国工商界推进知识产权保护工作。我们从事知识产权保护工作是全方位的，不仅包括专利商标注册、企业知识产权意识普及和提高，还包括推动特定行业的商界自律。今年1月，中国贸促会在第二届中国会展经济国际合作论坛上，发起并联合943家中国各主要办展机构共同签署了《中国会展行业保护知识产权联合行动宣言》。《宣言》得到了国际展览管理协会和众多美国企业的支持和关注。我相信，随着中国政府保护知识产权执法力度的加强，中国企业知识产权意识的提升，以及中美在知识产权领域合作的深入，中国将很快形成一个知识产权得到充分尊重的商业环境。”

——《中国贸易报》

出国经贸展再提新目标

7月20日，2006年全国出国经贸展览工作会议在沈阳召开。商务部、海关总署、国家工商总局、国家质检总局、外汇管理局、中国贸促会及各省市分会、支会等有关领导出席了此次会议。

今年全国出国经贸展览工作会议与往年最大的不同是：除从事出国展览业务的各地经贸主管部门、中国贸促会分会、进出口商协会和展览企业的代表外，来自民营展览企业、行业协会、外资企业和其他展览相关企业的代表也参加了此次会议。在此次工作会议上，中国贸促会副会长高燕指出，出国展览正迎来更加开放的新业态和新格局。

提升国际化和自主创新能力

有数据显示，2005年，中国86家组展单位共实施出国办展计划950项，比上年增长27%；展出总面积31万平方米，比上年增长28%；参展企业2.6万家，比上年增长13%。应该说，过去的一年是中国展览业发生重大变革的一年。国内展方面，又有10个展会通过国际展览业协会UFI的认证，中国展览业的国际化程度进一步提高。

中国经济的快速发展和巨大的市场前景吸引着大量的国际展览机构进入中国市场，与中国展览机械展开了竞争与合作。一方面，国际展览巨头与国内展览企业联合办展蔚然成风，合资合作会展公司不断涌现。这些举措表明，中外展览业的合作正在从展览项目的合作向资本合作延伸。另一方面，各组展单位顺应国际展览业的发展趋势，积极实施“走出去”战略，不断开拓办展思路，组织了多项在中国展览业具有开创意义的展会活动。

事实上，自2005年以来，中国贸促会联合商务部等国内7家组展单位，与德国纽伦堡全球展览公司两度合作，在纽伦堡举办“亚洲消费品、礼品及家庭用品贸易展览会”，这是我国首个在欧洲创办的中国自有品牌展览会。而由中国机电产品进出口商会等组展单位与励展博览集团在德国杜塞尔多夫共同举办的“德国中国家电、五金、汽配及卫浴展览会”，是中外合作举办的又一个品牌展会。同时，中国通用集团国际广告展览公司、中国对外贸易中心集团、中国纺织品进出口总公司等组展单位也分别在印度、中东地区、马来西亚、日本、美国等国家和地区组织了大型的中国商品展览会和专业性贸易展览会，在展出国引起了积极反响。

高燕强调指出，实施会展业品牌战略是提高我国会展业竞争力的重要举措，通过举办品牌展会，参展企业获得了稳定而有效的贸易平台，同时也有助于出国展会逐步改变被动的局面。但是，在展览业法制化、市场化、产业化、国际化目标的具体实施过程中，出国展会也遇到了一些需要研究解决的问题。如组展单位在国际展览业的市场竞争力相对薄弱；随着拥有国际展会品牌的国外展览公司进入中国展览市场，出国展面临着更加激烈的竞争环境。目前，组展单位在国际展览产业链中只是处于“有组织参展”层面上，在展会品牌和展览资源配置等方面缺乏决策权，因而在国际展览中仍未摆脱“受制于人”的局面。

出国经贸展呈现多元化趋势

严格地说，出国展会的展示理念、效果和展品质量与知名国际博览会的整体水平相比存在较大差距。相对于全年展览项目数量的增长，出国展览的项目规模普遍较小，难以充分发挥展会的规模效益。此外，出国展览过程中侵权现象仍有发生，严重地影响了中国企业的信誉和对外形象。

高燕指出，可喜的是，中国出国经贸展览已从北美、西欧、日本等经济发达国家和地区向东南亚、中亚、东欧、拉美地区拓展。因此要抓住契机，以实施新的《出国举办经济贸易展览会审批管理办法》（简称新《办法》），推进出国展览管理理念和管理方式的创新，进一步提高管理水平。

高燕表示，依法行政将始终贯穿于对出国办展的审批管理过程中。随着新《办法》的实施，将逐步实现网上报展，将审批管理的各个环节置于公开状态，增强审批的透明度，保障项目报批者的知情权、监督权，建立一个窗口对外的审批工作机制。近期，中国贸促会将会同商务部，重点研究制定组展单位的资质评定办法和对大型展览团的管理办法，建立全国出国展览组展单位评估系统，加强对出国展览项目实施过程的监督管理，健全和完善对大型出国展览团的各项管理措施。同时，还要积极与有关政府管理部门协作，尽快将出国办展纳入工商、海关、外事等综合管理体制的框架下，强化监管力度。

高燕认为，在展览项目的立项方面，就目前我国出展项目的整体格局而言，要研究调整展览项目结构，大力开发先进制造业领域、农业林业和高新技术领域以及服务贸易领域的展览项目，改变展会过于集中在传统出口商品领域的格局。她说，在出国展览地域分布上，要积极开拓市场多元化国家的展览项目，重视赴未建交国家的展出，充分发挥展会在促进国家外交工作和经贸工作的作用。她提醒说，出国展会要关注“服务贸易类展会”。有关资料显示，目前全世界每年约有1500多个服务贸易类展会，主要集中在经济开放、服务业发达的欧美国家，内容涉及交通运输、物流、金融服务、信息服务、商贸服务、房地产、旅游、市政公用、社区服务、体育产业等行业。随着经济全球化进程加快、服务贸易迅速增长，服务贸易类展览会将成为中国出国展览工作新的增长点。

促进中小企业国际化经营

高燕表示，今后要把中小企业作为展览服务的主要对象，帮助促进中小企业国际化经营。她指出，就办展主体而言，要坚持市场化经营，了解本地区和本行业产业结构、产业发展状况，优先选择有一定优势的产业作为办展题材。同时，要注重利用展会本身所具有的营销功能和跨边界的特点，根据地缘优势和行业优势，选择具有市场潜力的项目进行重点培育，不断优化展览项目结构，丰富展会内容，逐步形成各具特色的展览项目地域发展和行业发展的格局。

在办展方式上，要顺应国际展览业的发展趋势，坚持国际化和专业化。她强调，继续组织参加国际上有影响的专业性贸易展会，扩大我国参展企业在这些博览会上的影响。另外，她建议组展单位要与国外同行开展信息交流，在展览组织、展馆设计、品牌研发和营销等方面更深层次的合作。

——《中国贸易报》周春雨　叶灵燕

会展业“四化”建设取得实质性进展

“过去的一年，是中国会展业发生重大变革的一年。”2006年7月20日，中国贸促会副会长高燕在沈阳召开的2006年全国出国经贸展览工作会议上指出，2005年初，吴仪副总理在“首届中国会展经济国际合作论坛（CEFCO 2005）”上高屋建瓴地提出“中国展览业要朝着法制化、市场化、产业化、国际化的方向发展”。目前，中国会展业的“四化”目标已经从宣传和理论层面的研究阶段，进入到具体实施阶段，并取得了一定成果。

会展业法制建设取得实质性进展。2006年5月18日，中国贸促会与商务部联合印发了《关于修订出国举办经济贸易展览会审批管理办法的通知》，《办法》修正本自6月18日开始施行。《办法》修正本贯彻了依法行政的基本要求，依照行政许可法的规定，结合出国办展活动的实际，对出国办展项目审批的条件、依据、受理和审查程序、期限以及批准项目的通报、公示、监督管理等做出具体规定，明确了审批机关的义务和权限，引入了综合执法体制。从新《办法》修正本的修订过程和修订结果可以看出，国家对出国展览这项工作十分重视，面对越来越大的出国展览市场，政府强调既要加强管理，保持中国展览市场的严肃性和规范性，也要积极鼓励中国企业走出去，积极参加国际上大展名展，开拓多元化的展览市场。一方面，根据会展业的发展形势，不断地在法制方面进行改革和规范，另一方面，致力于“减负”，不断解除阻碍会展业发展的各种束缚，使得中国会展业的发展环境越来越宽松，使各个会展主体得以迈开轻快的步伐，走向更加广阔的国际市场。

全国各地也注意加强展览业法规建设，涉及会展业的各种地方性法规陆续出台。仅在2005年，就有上海、广东、河南、四川等近10个省市颁布了与会展活动相关的新政策，这对中国推动会展业法制化发展具有积极意义。

知识产权保护受到高度重视。随着经济全球化、科技进步和全球竞争的加剧，知识产权保护已成为我国乃至世界范围内广受关注的问题。国务院办公厅在保护知识产权专项行动方案中明确指出，展会是保护知识产权工作的重点环节。《展会知识产权保护管理办法》已于2006年3月1日正式实施。为协调、引导全国会展行业从业单位做好知识产权保护工作，中国贸促会发出倡议，号召全国会展行业从业单位共同开展“展会保护知识产权联合行动”，得到了中国会展业的主流组展单位和相关行业组织的积极响应。在“第二届中国会展经济国际合作论坛(CEFCO 2006)”上，全国943家主要组展单位联合发布了《中国会展行业保护知识产权联合行动宣言》，表明了中国展览界保护知识产权的共同决心和实际举措。贸促会还与美国国际展览管理协会签署了《中美会展业知识产权保护的共同声明》。2006年4月～2007年3月，商务部、海关总署、工商总局、版权局、知识产权局和中国贸促会在全国范围内开展“蓝天会展行动”——2006展会知识产权保护年度专项行动，就是要遏制侵权行为，净化展会环境，为中国会展业发展保持一片纯净的天空。

在出国展览方面，知识产权保护问题引起了组展单位的普遍重视。根据新的出国展览审批管理办法，组展单位在展览项目的组织工作中要制定具体措施，防止参展单位展示、销售侵权产品。对一些大型重点展览会，要求组展单位聘请当地律师作为中国展团组委会法律顾问，在展会现场协助处理有关问题。

积极推进行业自身建设。一直以来，中国贸促会代表业内呼吁尽快成立全国性会展行业组织，并积极与政府有关部门沟通，为全国性会展行业组织的成立创造条件。为推进中国会展业的发展，协助政府有关部门对会展业加强宏观管理，促进中国与国际会展业界加强联系与合作，中国国际商会会展专业委员会将于近期成立。目前已有55家会展从业单位申请成为首批会员。会展专业委员会将在中国展览业市场调研、开展国内外会展界的沟通与交流、制定会展行业标准和规范、开展行业统计和审计、组织开展会展理论研究、研讨和培训等方面为会员提供服务，依法维护中国会展组织者、参展者、参观者以及外国展会中国参展商和参观者的合法权益和整体利益。

各地方和行业会展协会以及中介组织也在积极开展工作，共同推进会展行业的产业化进程。目前，全国共有29个省、自治区和计划单列市已经成立了会展行业协会或会展管理办公室，在规范地方展览市场发展、强化展览行业自律、提供展览行业公共服务、加强展览行业自身建设等方面发挥着重要作用。

——《中国贸易报》叶灵燕　周春雨

中国展览业六大发展趋势

商务部研究院 沈丹阳 俞 华

2004年下半年，商务部商业改革发展司与商务部研究院中国会展经济研究中心经过大半年的努力，通过所有各省市商务部门组织了全国首次展览业普查，获得了“2001～2003年中国展览业现状情况”的第一手资料。

2005年7月，中央办公厅、国务院办公厅联合派出“中国展览业现状调查组”赴北京、上海、广东、辽宁、四川、陕西六个省市及苏州、郑州、哈尔滨开展调研，商务部有关司局及商务部研究院、国家工商总局、中国贸促会等单位也派员参加了这次调查。各省市根据调查组要求对本省市近几年展览业发展情况作了全面的统计。

现根据以上调查统计资料，对中国展览业现状进行剖析，进而对其未来发展趋势进行预测。

一、中国展览业现状

从调查数据看，中国展览业现状具有五大特点：展览项目持续增长，数量扩张明显；展馆建设方兴未艾，成为城市必要设施；展览主办多元发展，政府主导色彩浓烈；展览地区集中程度高，经济发达地区领先；展览直接收入增长缓慢，社会经济效益驱动。

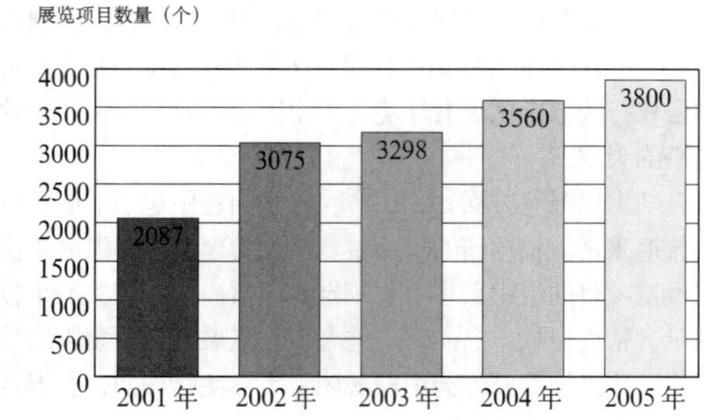

图1—1 “十五”期间中国展览项目增长情况

展览项目持续增长，数量扩张明显。中国展览业可谓“起步晚，发展快”，这可以从图1反映的近五年来展览项目数增长情况得到验证。我国1997年的展览项目数首次突破1000个[①]，到2001突破2000个，2002年就超过3000个，2005年估计约为3800个（见表1—1）。就展览项目的国际比较而言（见表1—2），我国已居亚洲第一，世界第二，项目数仅比美国少一些，成为一个“展览大国”。但是，我国的展览项目绝大多数是中小项目，规模大的项目和品牌项目屈指可数。尽管这些展览的总展出面积也是一个巨大的数字，但就展览收入而言，我国还不是一个展览强国。

表1—1 “十五”期间全国展览项目总数一揽表

（单位：个）

年度	2001年	2002年	2003年	2004年	2005年
项目总数	2087	3075	3298	3560	3800

表1—2 “十五”期间全国年均展览项目数与美、日、德、英、法的比较

（单位：个）

国别	美国	德国	日本	英国	法国	中国
年均项目	4000	600	1200	1800	1500	3000多

展馆建设方兴未艾，成为城市必要设施。近年来在发展城市会展经济热潮带动下，各地大建展览场馆的势头一浪高过一浪。前几年建设展馆多从发展会展经济着眼，现在许多城市已不完全为了发展会展经济，而是从城市举办各种会展活动的公益角度考虑，把展览场馆作为城市的必要基础设施，纷纷规划建设展览场馆，例如包括西藏拉萨也在积极争取建设一个会展中心。

目前，我国的展览场馆数量在全世界可排在第三位，仅比美国和英国少一些。展览场馆的总面积也在全世界中居前列，但出租率比展览发达国家而言要低得多。（见表1—3）

表1—3 2004年全国已建成展览场馆总数量、总面积、平均出租率与主要展览大国的比较

国别	美国	德国	英国	法国	中国
场馆数量（个）	500	52	458	80	240
总面积（万平米）	700	365	—	200	288
出租率（%）	—	40～50	—	—	5左右

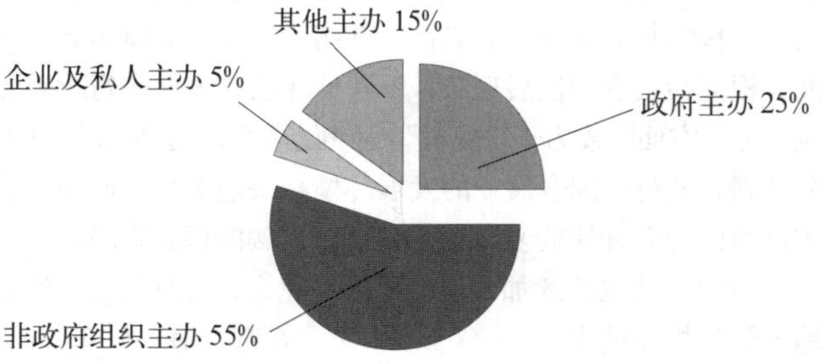

图1—2 “十五”期间中国展览会项目主办单位分布结构

展览主办多元发展，政府主导色彩浓烈。在我国，展览活动多年来一直是政府促进贸易、投资、技术、文化交流等事业发展的重要促进手段与载体。加上我国经济体制带有很强的政府主导性特征，因此，我国的展览活动大量由政府或半官方机构主导，这也是有别于全世界其他展览大国的一个显著特色。

就展览主办机构而言，尽管目前参与者众多，多元化特征明显，但大体上有五大办展主体，即政府（包括政府及部门、政府临时机构、贸促会等半官方贸易促进机构）、商协会、国有企事业、民营企业、外资企业。从法律意义上来看，在我国，主办机构是办展的主体和主要民事责任单位，但我国的展览活动大部分另有承办单位。从承办单位来看，企业承办的比重正呈越来越大的趋势。我国的政府主导型展会项目数世界第一。许多大型活动特别是中央和省级以上政府机构或全国性商协会主办的展览，其主办方往往由数个不同机构共同组成，承办者往往是主办单位的下级政府机构。

目前我国对展览主办企业并没有特别规定任何入行“门槛”，近年来各地新注册的与展览相关的企业数以千计、万计，尽管其中大部分都有主办展览的资格，但是，目前真正能独立主办或与其他机构联名主办的民营企业还是凤毛麟角。

展览地区集中程度高，经济发达地区领先。目前全国除西藏外，各省市都有了自己的展馆，或多或少都有在本地举办的展览活动，并且，越来越多的省份提出要大力发展展览业。但是，中国的展览业实际上主要集中在少数几个省市，而且集中程度相当高。就城市而言，公认的三大展览城市是北京、上海、广州，三者可进入世界展览中心城市百强；以省份（直辖市）为单位来看，广东、北京、上海、浙江、江苏居前五位。这也反映了我国展览业主要集中在制造业和经济发达省份的现状特点。（见表1—4）

表1–4 2003年北京、上海、广东、浙江、江苏五省市占全国展览业主要指标比重情况

（单位：%）

省市	使用面积	展馆收入	展览项目数	展览收入	展览企业数
北京	4.26	18.20	11.89	21.41	13.26
上海	4.24	15.93	10.55	18.75	15.92
广东	28.41	31.87	5.25	37.50	29.05
浙江	13.43	14.11	9.04	13.17	3.78
江苏	6.74	3.20	8.79	2.99	2.95
五省市累计	57.08	83.31	45.51	93.83	64.95

展览直接收入增长缓慢，社会经济效益驱动。相对于展览项目数的地位，我国的展览直接收入②比很多国家都少得多，展览经济总量比不上美国、德国、日本、英国、法国、澳大利亚等国家。展览收入占GDP比重在发达国家一般在0.1%~0.2%之间，而我国目前这一比重还不足0.08%（参见表1–5）。这说明我国展览的产业化和市场化程度还很低，就展览收入而言，我国还不是一个展览大国。

表1–5 2004年中国展览组织者收入及占当年GDP比重与美国、德国、英国的比较

（单位：亿美元）

国别	美国	德国	英国	日本	中国
展览收入	120	80	25		13
占GDP比重	0.1%	0.29%	0.11%	0.13%	0.08%

从展览业的社会经济效益来看，比之美国、德国等展览大国，我国展览业所发挥的作用尤为显著。以2003年为例，我国当年的参展企业多达44万家，其中境外参展比重约10%，参会观众达到6000万人次，境外观众约300万人次（见表1–6）。这说明我国展会对观众的组织水平较高，观众观展的积极性也很高。尽管专业观众所占比重仍然偏低，展览的直接效果比展览发达国家要差一些，但展览已是我国企业推介产品、结识客户、达成订货交易的一个非常重要的载体。此外参展企业数、观众总数居世界第二（见表1–6），展览会参加者范围广泛，加之中国政府主导型展会往往伴以中国大陆主流媒体的强势宣传，展会具有明显的启迪大众、增长知识的宣传教育作用，从而起到很好的社会效益。

表1–6 2003年中国展览会的主要参加对象与美国、德国、英国、法国的比较

国别	美国	德国	法国	中国
参展企业（境外参展比重）	100万家（20%）	16.6万家（40%）	9.5万家（24%）	44万家（10%）
参会观众（境外观众比重）	7000万人次(10%)	1000万人次(15%)	620万人次(7%)	6000万人次(5%)
专业观众比重	40%	80%	50%	29%

二、中国展览业未来六大发展趋势

未来若干年内，中国展览业将呈现六大发展趋势：市场总量快速增长；产业化进程加快；专业化比重增加；项目数增速放缓；展馆面积继续扩大。

市场总量快速增长。展览业的发展主要依托于市场和产业两大因素，中国既是世界上最大和最富有潜力的市场，同时也是门类齐全的产业大国。巨大的市场购买力，丰富的低成本高素质的人力资源，不仅能促使我国成为世界的制造业基地和加工中心，同时也为我国成为亚洲乃至全球的会展中心提供了雄厚的物质基础。

"十五"期间，我国展览收入以平均每年约20%速度递增，展览市场总量迅速增加（见表1–7），其原因主要为：中国经济持续快速增长的拉动；中国对外贸易继续快速增长的拉动；国家进一步启动内需的拉动；地方政府重视展览业；展览业国际化程度提高，等等。

表1–7 "十五"期间中国展览收入及占当年GDP比重一览表

"十五"期间	2001年	2002年	2003年	2004年	2005年
GDP总量（亿元）	95933	102398	116694	136515	148664
展览收入（亿元）	74.6	90.3	86.4	108	127.5
所占比重（%）	0.08	0.09	0.07	0.08	0.09

我国展览收入占GDP比重2005年仅为0.09%，发达国家该比例为0.1%~0.2%，显然我国展览市场在"十一五"期间有进一步扩大的空间。近年来，中国国经济增长很快，但是服务业发展相对滞后，2002年全国服务业的增长值只占GDP的比重3.7%，服务业从业人员占全社会从业人员的比例也远远低于世界一般水平，因此中央政府在一些重要文件中多次强调发展服务业的重要性，属于服务业的展览业也必将更快发展。

中国会展经济方兴未艾，目前每年以20%左右的速度增长，发展潜力还很大。2004年，中国国民生产总值占全球的5%，进出口总额占全球的7%，但目前中国展览业的年产值约为80亿元人民币，仅占全球展览业年产值的0.3%。随着中国国内生产总值的不断增长以及服务贸易的不断发展，今后中国会展业正面临难得的机遇，发展空间十分巨大。"十一五"期间中国展览收入占GDP比重将进一步提高，展览收入持续快速增长，增长幅度可望高于"十五"平均水平（见表1–8）。可以预言，2010年以上海世博会为标志，中国将成为世界第一展览大国。

表1–8 "十一五"期间中国展览收入增速及占GDP比重预估

（单位：%）

	GDP年均增长	展览收入年均增长	展览收入占GDP比重
"十五"期间	8.8	15	0.082
"十一五"预估	8~8.5	18	0.012

产业化趋于加快。随着中国会展市场的快速扩大和对会展发展规律认识的加深，会展越来越被作为重要的服务产业看待。为了促进会展业的持续发展，中国从政府、企业和行业中介组织三个层面进一步推动会展业的市场化进程，政府主要运用经济的、法律的手段进行宏观调控和促进服务，进一步确立会展企业的主体地位，充分发挥中介组织的服务和桥梁作用，大力发展会展产业。

我国将加强部门之间协调，逐步建立健全展览业的行业管理体制。中国商务部将在内外贸结合的基础上，建立展览业的统一管理体制。对展览业的管理将从项目审批转向行业管理和政策调控，加快促进展览业的市场化。在管理方法上，商务部将建立与展览业相关部门的工作协调机制，与有关部门进一步加强沟通，协调制定发展政策。正确引导展览场馆和配套设施的建设，防止出现盲目建设。很多地方政府设立会展统一管理机构，根据展览行业发展所需的环境和配套设施要求，对交通、通讯、旅游、商检、海关等展览业务所涉部门进行协调，使展览业与这些部门、行业在互动中协调共进。

商务部计划未来若干年内将重点支持100个品牌展览会，着力培育一批具有国际竞争力的“会展航母”，并将进一步加强国际合作，支持有条件的企业赴境外单独或联合办展。“十一五”期间，我国的展览企业数继续增长，企业主办展会数的比重不断提高，政府主导型展会加快市场化改革，展览产业链条进一步延伸与发展，展览策划、展览广告、展览设计、展览运输、展览工程、展览旅游等相关产业链快速拓展。

专业化比重增加。“十一五”期间，我国的展会主题正由综合化趋于专业化，办展主体和办展方式也趋于专业化。

1.展会主题由综合化趋于专业化。在过去相当长一段时期，我国会展追求的都是综合化，强调小而全，结果造成展会特色不鲜明、规模普遍小、吸引力不强。未来的行业性专业展会将会更有生命力。近年来，我国展览专业化程度不断提升，专业性展览会数量不断攀升，协会、企业办展以专业展为主，政府主导型展会也向专业化发展。在“十五”期间新增展览会项目中，专业性展览会占比重逐年走高（见表1–9）

表1–9　　“十五”期间新增展览项目中专业展览比重变化情况

2001年	2002年	2003年	2004年	2005年
不详	不详	不详	90%左右	90%以上

2.展览分工专业化。计划经济体制下，展览从业人员没有明确分工，多种职能于一身，同一批人既是展览组织者，又是展览管理者，也是展览项目的实施者，从展品征集到展品运输、展品布置直至为参展者提供吃住行服务等均由同一批人承担，展览业缺乏科学的社会专业化分工协作，必然效率低下。未来展览业必须形成专业化分工协作的局面，会展配套服务公司的经营范围将进一步专业分工细化，展览评估、展览咨询、展览设计装潢都是颇有前途的行业。

3.展览从业人员专业化。我国目前展览从业人员很多是半路出家，未来会展从业人员必须接受正规的会展教育培训，整体素质大大提高，特别是管理人员、项目经理的业务素质，需要有很高的工作热情、最好的服务精神、宽阔的思路、敏锐的洞察力、超前的预见性以及熟练的外语，熟悉现代国际展览业务，更多地参与国际竞争与合作。从业人员的总体知识水平就是展览业管理水平的体现。

4.观众向专业化方向发展。组织观众工作将变得更加重要，高质量的观众对一个展览会的成功与否将起到关键作用。未来大多数专业展会观众为专业界的决策人士、贸易人员及科技人员等。

展会项目数增速放缓。1.新创展览项目逐年减少。经过“十五”期间展会数量的急剧膨胀，各行各业的展览会题材已经得到很大程度挖掘，新创展览项目越来越难，必然逐年减少，另一方面，展会的总数量作为基数不断增加，很显然，展览项目总量的增长速度必然逐年下降（见表1–10），“十一五”期间该增速还将进一步减缓。

表1–10　　“十五”期间中国展览项目总量增长变化情况

年份	2001年	2002年	2003年	2004年	2005年
当年增幅（%）	不详	47.34	7.25	7.94	6.74

2.展览项目竞争整合。由于市场竞争的原因，未来我国展览项目竞争整合在所难免，劣次展览项目加快淘汰，展览并购将现高潮。

国际展览业看待展览会并非局限于展销产品的概念，更多考虑的是树立产品形象或企业形象，追求一种长远、持久的品牌效果。世界上所有会展业发达国家，都重视会展的品牌效应，都拥有自己的品牌展会和会展名城。中国会展业实现品牌化经营也是必由之路。未来中国的展会将重新整合，有的展会在竞争中壮大发展，有的在竞争中消失，有的在竞争中合并，从而涌现更多的品牌。

展馆面积继续扩大。我国展览业发展的最大的特点就是硬件优先发展。近年来，全国掀起了展览场馆的建设高潮，展览业的硬件设施建设大有超前发展的态势，展览场馆建设档次高、面积大、科技含量高。尽管国家“十一五”规划明确提出合理规划展馆布局，防止展馆建设过热，但是一些尚未建有展馆的城市仍然会想方设法建设展馆，如拉萨市、芜湖市不久将会兴建新的会展中心；一些城市已有展馆供不应求，需要对原有展馆进行改建、扩建，也会增加展馆面积，如合肥市正在扩建安徽国际会展中心二期，北京中国国际展览中心新展馆计划于2006年建成。

“十五”及“十一五”全国展览馆建设情况与可供展面积预测参见表1–11：

表 1–11 “十五”及“十一五”期间全国展览馆建设情况与可供展面积预测

	展览场馆数（个）	总建筑面积（平方米）	可供展览面积（平方米）
“十五末期”	约 230	800 万	322 万
“十一五末期”	约 260	1500 万	500 万

竞争更加剧烈的趋势。中国展览市场目前竞争激烈，表现在展览城市之间、展览企业之间、展览项目之间、展览人才之间的全方位竞争“白热化”。

1.展览城市间的竞争。我国已有几十个城市定位在“会展中心城市”或“会展名城”上，这些城市纷纷在城市基础设施、会展软环境建设、品牌展会培植方面加大投入，展览城市之间剧烈的竞争不可避免，通过竞争将逐步形成合理的展览区域布局。

2.展览企业的竞争。展览“蛋糕”毕竟有限，展览企业之间竞争日趋激烈。国内展馆总量过剩，布局失调。一方面北京、上海展馆供不应求，展馆租金不断上涨，令会展组织公司压力大增；另一方面一些中小城市展馆门可罗雀，产生巨额亏损，难以为继。近年来，外资展览公司进入中国设点，必然加剧国内展览业的竞争，进而提高我国展览业的整体发展水平。

表 1–12 “十五”期间全国展览场馆平均出租率及出租价格变化情况

“十五”期间	2001 年	2002 年	2003 年	2004 年	2005 年
平均出租率	20% 左右	20% 左右	15% 以下	15% 以下	15% 以下
按建筑面积平米总收入（元）	655.18	450.54	338.16	未估	未估
按使用面积平米总收入（元）	1577	1129	810	1133	1127

注：出租率＝全年每次实际出租面积×每次实际出租天数之总和÷可出租总面积×365×100%。

表 1–13 全国展览会“十五”及“十一五”期间的平均价格走势

标准展位价格	京、沪、穗	沿海省市	中西部省市
“十五”期间均价	6000～8000 元	4000～7000 元	3000～5000 元
“十一五”预测	10000 元左右	7000 元左右	5000 元左右

3.展览项目的竞争。“十五”期间中国展览项目数量急剧增加，相同主题展览会的数量越来越多，这些展览会项目之间的竞争非常激烈，竞争参展商，竞争采购商和观众，竞争各种办展资源。今后多数展览项目将重新整合，总体上将朝向大型化、专业化发展。

十一五期间全国展览会展位价格水平总体仍然偏低，但由于企业参展将更加理性，展览市场竞争的结果，劣次展会和“形象展会”生存空间将越来越小，品牌展会不断涌现。由于展位价格反映充分展会质量水平和供求关系，品牌展会的展位供不应求，其价格可数倍于平均水平，同时拉动全国展会价格的总体水平上扬（见表 1–13）。

4.展览人才的竞争。未来中国展览业的竞争，说到底是展览人才的竞争。越来越多的地方政府将制定鼓励展览业发展的政策，对于展览人才采取优惠的引进措施，有成功展览工作经验的高层展览专才是各地展览企业猎头的目标。各地高校纷纷设立会展专业，培养本地展览人才。展览企业重视员工在职培训，提高员工展览专业素质。

注释：
①根据中国贸促会的估计。
②本文所称展览直接收入，指的是展览组织者通过主办展览项目获得的收入，主要包括展位收入、广告赞助收入和门票等其他附属收入。

第二章 业界论坛

第一部分 理论研究

借鉴展览业发达国家的经验
完善我国对国际展览活动的支持措施

商务部外贸发展局课题组

在经济全球化的进程中，展览业已成为一个新兴产业，对国家和地区的经济增长、产业发展产生巨大的拉动作用，越来越受到各国政府和社会各界的关注。在全球经济中，经济和贸易大国强国，如美国、德国等，其展览业也非常发达，并且以国际展览活动为重点、以实施贸易促进和开拓出口市场为主要目的，建立了政府促进和支持政策体系。

借鉴展览业发达国家经验，建立和完善符合中国国情和市场经济体制要求的国际展览活动支持措施，对促进展览业发展，帮助我国企业开拓国际市场，培育国际化程度高的品牌展会具有重要意义。

目前我国举办国际展览活动的状况和支持措施

近年来，我国展览业以年均增长20%的速度持续发展，其中国际展览活动（包括举办国际展览会和出展）占80%。展览业的发展，对引进世界先进技术、扩大出口、加强对外交流与合作起着积极的作用，同时带动了相关服务行业的发展，创造了可观的经济和社会效益。

中国近年来被国际上公认为展览业发展最快的地区，已成为展览大国。国际展览业重心“东移”（即从西方发达地区向东亚特别是中国转移）和亚洲展览中心“北上”（即亚洲展览业的中心从东南亚向中国大陆转移）的现象显现，国际跨国展览集团纷纷进入中国展览市场。但另一方面，我国具有国际品牌水准的展会并不多，自主在境外主办的国际品牌展会尚未形成。

与此同时，我国对举办国际展览活动的支持措施在不断充实。国家大型国际展览活动一般由政府主办或参与主办以示支持。对此类展览会，特别是由国家部委主办或参与主办的展览会，通过政府部门和我国驻外机构帮助宣传推广、扩大影响、邀请参展商和采购商。在出展方面，国家建立了相应的资金支持措施。

但同展览业发达国家相比，我国对举办国际展览活动的支持措施仍需进一步完善。在实践中，现行的支持措施也有其局限性。如：政府在支持办展方面，往往是采取政府主办方式。实际上，需要国家给予支持和鼓励的国际展览会很多，难以都采取由政府特别是中央部委主办模式，需要探讨新的支持方式和支持措施；展会信息分散，展会评估机制不健全。在出展方面，虽然有关部委、省市、商会协会都有出展计划，但缺乏对企业开拓国际市场具有指导作用的展会目录。

美国、德国的国际展览活动支持政策

美国、德国以实施贸易促进和开拓出口市场为主要目的，对国际展览活动已建立一套成熟的政策支持体系和完善的组织、协调、实施体系。

在美国，政府不主办或直接组织展览，美国商务部通过实施“贸易展认证项目”和“国际采购商项目”，在支持国内举办展览和出国展方面，建立了完备的组织实施体系。

1.贸易展认证项目（TFC）。该项目旨在推动美国企业出展，扩大出口。

对获认证的展会，美国商务部华盛顿总部、全美及全球的商务处、办事处提供全方位的支持和服务。包括：华盛顿总部委派一名项目官员协调商务部各部门的支持；提供认证证书、署名推荐函（必要时由商务部长甚至美国总统署名）；授权组展单位使用经认证的标识、官方印章、合作声明等；帮助组展单位提选潜在参展商；在国家贸易信息库、出口促进活动一览表、商务部刊物发布展会信息等。国内外商务机构的主要支持包括提供市场调研报告；在展馆设立咨询处；宣传推介展会；邀请所在国政府、贸易协会、采购团参展；提供当地企业的联络方式及对口面洽服务；提供有关展会和销售、签约等情况的调查统计报告；与主办方协调，提供所需场地和服务等。

2.国际采购商项目（IBP）。该项目旨在帮助宣传推介国内重要的贸易展会，吸引外国采购商。

对IBP项目的支持，除提供与TFC项目相同支持外，还有特别支持，如：驻外商务官员协助组织，甚至陪同外国参观团赴美参观展览，并向美国参展企业提供出口咨询、对口洽谈等服务。

在德国，政府亦不主办或直接组织展览，但联邦及各州政府对出国参展都极为重视。联邦政府通过“官方资助的出

国参展计划”，实施扶持企业开拓国际市场的政策。

联邦政府“官方资助的出国参展计划”。德展博委员会根据经济部、农业部等关于扶持企业出展、开拓国际市场的政策，参照行业协会、德国海外商会、驻外机构及相关部委的建议，负责制定并发布年度“官方资助的出国参展计划”，经济部、农业部、各州政府据此组织和扶持企业出展。政府财政给予有力的支持。2004年，有247个展会（其中中国大陆62个）列入德国官方资助的出展计划，资助金额为3600万欧元。

除了联邦政府的出展措施外，各州政府也根据当地实际情况另行制定措施扶持本州企业出展。各州出展计划需同德展博委员会协调商定，作为联邦出展计划的补充。

完善我国对国际展览活动支持措施的建议

借鉴展览业发达国家的经验，建立国家重点支持和推荐国际展览会的机制，形成符合中国国情和市场经济体制要求的国际展览活动支持措施。通过实施《商务部重点支持的国际展览会目录》和《商务部重点推荐的出展项目目录》，实现两个目标：一是帮助我国企业开拓国际市场，实施贸易促进措施和市场多元化战略；二是促进展览业发展，培育和扶持国际品牌展会。

1.建立商务部重点支持的国际展览会目录，即确定一批自主举办的、具有自主品牌的国际展览会，作为重点支持的品牌展会。

对列入目录的展览会，给予相应支持。如：

(1)提供政府宣传推广和公共信息服务支持。在商务部公共刊物和网站进行宣传，建立和出版专门的宣传刊物网站。

(2)向国外相应机构推荐，争取列入对方国家重点支持本国企业参展的项目和计划。

(3)为主办单位长期规划展会提供相对稳定、良好的外部环境。

(4)发挥驻外经商机构在境外邀请参展商、采购商和专业人士的作用，特别是对自主在境外举办的展览，宣传推介该展会，为主办机构提供咨询。

(5)对自主在境外举办的展览，除以上措施外，还包括，驻外商务机构帮助宣传推介展会和邀请采购商，支持企业在新兴市场实施出口品牌战略。

2.建立商务部重点推荐的出展项目目录，即建立具有行业和国别区域的出展信息体系，推荐展览项目和组团单位，帮助企业开拓市场，实施贸易促进措施。

对列入目录的展览项目，给予相应支持。如：

(1)驻外商务机构支持和指导，提供市场和相关咨询服务；帮助与当地企业对口洽谈；指导检查组展单位的工作和服务，对展会和组展单位的工作进行评估；协调安排展会活动。

(2)在中小企业国际市场开拓资金、贸易促进资金资助方面，给予优先安排。

(3)帮助和支持企业在海外，特别是新兴市场，实施出口品牌战略。

(4)在项目审批（核）、外事手续等方面，采取更加简便的办法。

实施以上目录，需要统筹各方面的资源和优势，实现资源共享和优势互补，建立展会信息、咨询、服务、评估、宣传推广的机制，充分发挥各方面的作用。

（美、德展览情况由我国驻美、德经商处提供）

构建展览市场体系面临三大难题

中国贸促会机械行业分会副会长　陈泽炎

早在2005年初，吴仪副总理在首届中国展览经济国际合作论坛上发表主旨演讲，对中国展览业改革发展的问题进行了重要阐述。她强调指出，中国政府充分重视展览业的发展和它的独特作用，采取积极措施，推动形成统一、开放、竞争、有序的中国展览市场体系。为了尽快构建和形成这样的市场体系，必须进一步加强对展览业的宏观管理。为此，以下三个问题需要优先予以明确。

如何给展览业定位

中国的展览业如果仅从经济核算的规模上看，即使将其连带效应算进去，也不过上千亿元人民币的产值，还不到全国GDP的1%。但是，正如吴仪副总理所说，展览业有着“它的独特作用”。

首先，中国展览业是一新兴的产业和行业，属于应当发展的第三产业（服务贸易）的范畴。虽然目前其产值和在GDP中的比重还不大，但由于展览业的平均利润率比较高，相关的经济带动作用比较大，仍是值得国家重视的一种经济活动。

其次，展览会作为经贸交流的重要形式，对以其为载体的相关行业的发展，有着重要的影响作用。譬如，北京国际机床展览会吸引众多国内外厂家争相报名，参展面积不断突破。究其原因，就是参展商看中了展览会这一展示和交易的平台。

而且，如果从文化和社会功能方面看，展览作为宣传、教育、聚会、交流的场所和活动，其社会影响力量和信息传播作用更不可低估。这从“车展”、“房展”、“书展”的热闹场面中就可以充分感受到。

此外，在当今的中国，展览活动往往又是当地所在城市的展示窗口，有的被称为城市的“名片”。此时展览会则会成为对外开放、招商引资、外事活动、领导亮相的重要场合，甚至与政府的政绩、城市的发展密切地联系起来。

正因如此，可以看到展览产业颇有一些“以小搏大”的特点。这也正是展览业需要由政府加强宏观管理，构建市场体系和秩序的重要理由之一。

政府应扮演何种角色

各级政府与展会活动的关系，这是中国展览经济发展过程中遇到的一个颇具“特色”的问题。

从原则上说，大家都认同“政府部门要逐步退出对展览活动的直接参与，改为运用经济、法律手段进行宏观管理和监督管理，在创造硬件设施、提供便利的城市配套服务等方面做更多的工作”。但是，一个“逐步退出”，一个“改为运用”，一个“提供便利”，做起来又谈何容易。

当前看到的现实情况是，全国一年内仍有为数较多的由国家部委和省市政府共同举办的大型展会活动。如果从正面效应来说，这对于推动经济发展、扩大对外开放都有重要的宣传方面的作用。但随之而来的却是在全国范围内纷纷兴起和效仿的大量展会及节庆活动。对此，中央的一些重要媒体已经开始持批评的态度了。其实，凡是大型政府展会和节庆活动，哪个能够做到完全没有财政拨款？哪个不是仰仗和动用行政资源？哪个少了借助政府的权威和力量？因此，目前中国的政府型展会，不能说是完全经济意义上的那种展览会的概念。

如果再进行深层次的思考，那就会涉及到政府职能转型问题和政治体制改革问题。党的十六届三中全会《关于完善社会主义市场经济体制若干问题的决定》指出：要“坚持以人为本，树立全面、协调、可持续的发展观”。党的十六届四中全会《关于加强党的执政能力建设的决定》又指出：要“推动政府依法行政，加快转变职能，深化行政体制改革”，“集中精力抓好经济调节、市场监管、社会管理和公共服务”。

但是，诚如上述情况所表现的，目前中国的展览“热”实在是与各级政府追求经济发展的政绩密切相关，其本质也就是与有关政府官员的利益追求密切相关的。随着党中央强调科学发展观，将会有力地抑制单纯追求GDP增长的因素，必然也对展览经济“热”的降温起到积极的促进作用。

进一步从中国改革的大局来看，经济体制改革的不断深化正在强烈要求政治体制改革的密切配合。而政治体制改革的重要落脚点之一就是建立一个高效、廉洁和民主的政府。而实现政府职能的转变必须首先是政府官员思想的转变。当这些官员们努力剔除了政府型展会着意追求的“政绩表现功能”、“官员展示功能”和“其他汇报功能”以后，现实的政府型的展会向着正常的市场经济型的展会转变就有可能顺利完成。当然，我们也不能一概否定那些必要的由政府主办的宣传教育型的展览活动。

事实上，目前已经有一些政府型展会提出了向市场化转变的目标，只是我们还没有看到真正转型的和非常成功的案例。我们希望的是，这种转变来得再快一些和再自觉一些；我们盼望的是，政府型展会尽快完成其历史使命，使展会告别政府主办的时代真正到来。

保护政策何时到位

随着我国扩大开放和加入世贸组织，中国展览业和其他许多产业一样面临着外资进入后的严酷竞争和激烈挑战。但是，中国展览业当时并没有像金融、保险、电信以及汽车、农业那样曾作为中外入世谈判的重点领域，而最终只是作为世贸协议中关于广告服务业类别的内容笼统地予以涉及。现实中的中国展览业，虽然近年发展迅猛，却远未规范成熟。所以中国展览产业在面对国际资本的竞争和挑战的时候，现在更需要及时研究形势和积极确定对策。

显然，在讨论展览产业和其相关产业的保护问题时，必须将其置于我国改革开放的大背景和大格局之下。因此，准确把握开放与保护的原则与策略，就是题中应有之义。

对于中国展览业的对外开放，首先应当继续持热烈欢迎的态度。中国的开放和入世，使得外国展览公司顺利进入中国，进而带来了知名的国际展会、先进的展览理念、有益的管理经验等，这正是中国展览业所需要学习和借鉴的。

其次，对于展览产业的定位，要有一个清醒的认识。与那些关系民生和国家安全的战略性产业相比，展览业毕竟还是处于次要地位的。应该说从国家的高度看，各种产业的安全性、重要性和需要产业保护的级别是会有级别和有区别的。

再次，关于“何为本国展览产业”，“何为民族展览产业”，“何为涉及产业安全的底线”等一些关键的定义、概念和性质的问题，以及由此如何确定保护政策和保护力度的问题，还有许多有待探讨和澄清的地方。特别是在颁布CEPA协议和行政许可法以后，又会出现不少新的问题。因此，我们必须进一步加强学习和研讨；进一步深化认识和理解。

当然，最根本的办法还是在于“练好内功”，使自身强大起来。从机械行业情况看，就有一些成功的案例。譬如，“北京国际机床展览会”，从一开始就做到以我为主；外国展览公司只作为招展代理。“中国工厂自动化展览会”面对外国一家展览公司的压价收购和各种压迫，坚决给予严辞拒绝，结果自己的展览会越办越好。“多国仪器仪表展览会”在发现与外国一家展览公司合作中存在“隐患”以后，及时主动地终止合作，并始终坚持独立办展，使该展览会成为中国的名牌展会之一。“北京国际工程机械展览与技术交流会”历经7届，从2000年起加入国际展览业协会（UFI），从而在与世界其他同类知名展览会洽谈合作时占据了有利的位置。

在对外开放和国际合作的问题上，中国展览业界普遍认为应当遵循以下原则：

第一，对于一些外国展览公司有目的、有计划、有步骤地抢占中国展览市场，要有比较清醒的认识。

第二，在当前众多办展单位各为独立的利益主体现实情况下，国家一方面应当继续鼓励一些单位与外方洽谈各种形式的合作；另一方面也要努力倡导实现“互利”和“双赢”的合作模式，并要大力提供必要的政策支持。

第三，中国展览业应当非常注意，中方单位在与外国展览公司合作时，应当严格限于展览的业务领域。如果他们过分地深入我国的行业和产业的活动中，过分地要求掌控我国有关行业、产业和企业的信息资料时，就要提高警惕，予以适当的拒绝。

第四，对中外合作中的中方原有展会品牌的保护问题必须引起足够重视。如果外方要求进行品牌收购，其价格必须是合理的；合同的条款必须是互利的。如果原展会的所有权涉及国有资产，就还必须考虑到国有资产的保值增值和防止资产流失这样重要的问题。

第五，在当前国外大型展览公司抢占中国展览市场的同时，需要国家积极扶持那些具有自己知识产权、品牌优势和竞争能力的大型展览会；鼓励中国展览业内的资本运作和企业兼并；实现对现有展览资源的优化和整合；逐步形成可以与国外大型展览公司相竞争、相抗衡，具有中国特色的展览业航母舰队。

第六，希望国家宏观决策部门要支持中国展览业树立面向全球的战略眼光，实现在国内办展和出国办展的统一考虑和统一布局，从而使中国展览业真正地走出国门走向世界。

会展管理宜企业自主先行

中国贸促会北京分会副会长　储祥银

长期以来，中国会展行业的经营管理一直处于相对较为混乱的状态，政府管理职责不清，缺位、越位和不到位同时并存。经营主体成分复杂，各种经济成分的企业同在会展市场角逐，市场竞争机制在某种程度上受到扭曲，会展市场有失透明和公平、公开和公正，诸如此类的问题都严重制约着中国会展产业的发展。尽快建立和完善有利于促进我国会展产业发展，具有中国特色的会展行业经营管理模式势在必行。

参照国际经验，具有中国特色会展行业经营管理体制需要充分发挥政府、企业和行业协会的作用，需要最大限度地利用市场机制来促进和完善会展行业的管理和运营，让政府、企业和行业中介组织的作用在市场上充分融合并发挥最佳集合效应。目前情况下，我们应当尽快建立适应中国社会主义市场经济建设进程，有利于促进中国会展产业发展、政府宏观指导、企业规范经营、协会沟通协调，政府、企业和行业中介组织三位一体的发展模式和管理体制。

充分发挥市场的作用

市场作为一只“看不见的手”，在会展行业发展中同样发挥着十分重要的作用。综观会展发达国家和地区会展的发展，无论在哪一种推动模式下，其作用都是通过市场化运作实现的，过分夸大或强调政府或行业中介机构的作用，有悖市场机理的协调。这已经被市场发达国家的经验所证明。市场机制作用的充分发挥，有利于促进真正市场主体——企业积极参与市场竞争，不断提高自身竞争力，从而促进企业的快速成长。政府和协会只是在行业垄断、信息不对称导致市场失灵的条件下发挥作用，通过市场规范、信息提供等手段来维护市场秩序，保证市场正常运转。

企业自主经营与规范

在市场经济条件下，企业是市场的主体。企业市场主体地位的确立、现代企业制度的完善和企业发展的成熟与规范运作是市场经济建设的重要组成部分和必要前提条件。会展领域企业的培育及其市场主题地位确立任务更为繁重。社会各界要重视会展企业的培育，要化大力气加强会展企业的制度建设；会展企业本身要十分重视自己能力建设，增强服务意识，提高服务水平，加强核心竞争力培育。经过一段时间的努力，培育和形成一批自主经营，具有一定竞争实力，能够在国内市场接受挑战，可以到国际市场驰骋的会展企业。只有会展行业的经营主体成长壮大起来，所谓会展市场化、产业化、国际化和品牌化的目标才能真正实现。

从市场主体培育和企业制度能力建设角度考虑，实现会展行业的市场化、产业化、国际化和品牌化，首先必须实现经营主体企业化、企业服务品牌化、业务运作国际化。

经营主体企业化。经营主体企业化就是要加强会展企业的制度建设，包括企业外部制度建设和内部制度建设。企业外部制度建设是指理顺各类关系，实现会展运作主体的企业化经营。我国目前会展运作主体成分复杂，方式多样，管理很不规范。从运作主体看，有政府部门、商会协会、国有企业分支机构、民营企业和外商投资企业；从经营方式看，有财政统收统支、财政补贴与市场运作结合、机构财务统支、项目单独列支和企业自负盈亏；从管理方式看，有专门从事会展运作的长期法人机构，也有政府、商协会和大型企业分支机构，还有为会展项目单独组建的临时机构。不同行为主体，不同运作方式的经营不尽相同，管理各有特点，较为混乱，有失规范。

在目前情况下，应当首先理顺关系，确立会展运作主体的企业化经营方式：政府逐步退出会展活动的微观操作，即使政府财政支持的会展项目也应当交由企业运作，或实行企业化运作；商协会组织应当将自己行业协调和会展经营功能分离开来，成立专业化会展企业或专门机构，实行分灶吃饭，独立核算；企业应当按照现代企业制度改进自己的经营管理，克服某些中小型企业经营管理的随意性和盲目性，提高管理水平，加强规范运作。

企业经营品牌化。企业经营品牌化就是要提高会展企业的服务水平和服务档次，精心培育会展品牌和会展服务品牌。品牌竞争是现代国际竞争的精髓，物质生产企业的品牌竞争体现在自己的产品上，而服务行业的品牌竞争则体现自己的服务上。具体到会展行业的品牌竞争既体现为会议和展览的品牌产品，又体现为特定企业提供的服务。会展企业要培育和形成自己的会展品牌和服务品牌，首先必须加强自身的能力建设。包括：

第一，判断决策能力。从世界市场会展行业和产业链发展角度，预测行业发展趋势，找准企业定位，把握市场机遇，能够在展览市场细分、目标市场确定、展览主题确立、服务商品组合、价格策略实施、推介渠道选择等方面作出及时的反映和准确的判断，做出准确的经营决策；

第二，资源集合能力。建立符合行业特点和自身发展需要的组织形式，增强市场适应性和资源调控能力，保证经营决策的适时与正确、资源整合的迅捷和效益、企业运行的健康和效能；

第三，服务创新能力。保持积极向上的竞争态势，不断进行企业内制度创新和科技创新，提高会展服务的科技含量，增强管理的科学性，不断革新会展主题策划、会展活动安排、市场需求满足和相关服务提供的形式和内容，确保会展品牌和服务品牌旺盛的生命力和强大的竞争力。

第四，市场应变能力。密切关注市场需求变化、竞争对手和行业发展态势，不断根据市场变化调整自己的经营方针和经营策略，开发适应市场需求变化需要的产品和服务，提升自己在业内的竞争地位。

业务运作国际化。业务运作国际化就是要与国际会展市场接轨，按照国际通行的规范和要求进行业务运作和服务提供，确保会展活动运作和各类服务提供的合法、规范和长效，确立正确的企业价值取向，加强企业文化建设和诚信建设，实行文明经营，培育和形成企业自己的核心竞争力。

企业核心竞争力不是企业单项能力和技术的体现，而是企业内部和企业之间一系列互补技能和知识的集合体，是企业在某一领域市场竞争中保持竞争优势地位并获得稳定超额利润的能力；是企业整合和运用资源并取得经济效益的综合能力。企业核心竞争力是特定企业独有的竞争优势，具有专有、不可模仿和不可替代等特征。

企业核心竞争力属于企业独有的、独到的、与众不同的比较优势。会展企业的核心竞争力可以表现为会展主题的策划和会展服务的提供特殊性，还可以表现为企业的服务理念和价值取向，文化理念不同，所形成的产品与提供的服务不同，不同企业文化提供的服务满意度具有很大的差异性；特定企业形成的会展品牌和服务品牌、企业文化和独有创意竞争者难以轻易获得和难以随意模仿。特定企业资源组合方式、品牌形象认可程度、市场影响力和感召力很难在市场上找到相应的替代品，核心竞争力与企业相伴而生，体现在企业的无形资产和与竞争对手产生质的差别中，可以被感知，但却很难通过市场进行交易转让。企业核心竞争力的形成实际就是自己品牌会展或品牌服务的形成。

在我国会展市场逐步开放，竞争日趋激烈，会展行业市场化、产业化、国际化进程加快的前提条件下，会展企业应当十分重视核心竞争力的蓄养和强化，尽快形成自己有别于他人的会展品牌、服务品牌和竞争优势。

政府、企业协会各司其职

建立政府宏观指导与服务、企业自主经营与规范、协会行业沟通与协调三位一体的会展行业经营管理体制，就是政府、企业和协会找准各自在市场上的定位，按照共同的游戏规则发挥自己应该发挥的作用。

政府应当转变自己的职能，跳出会展活动的微观运作，发挥宏观调控、政策支持、产业导向和市场监督作用。协会需要全面了解和掌握整个行业各方面的信息，提供各类有效服务，正确引导会展资源流向；配合政府制定一系列游戏规则，保证市场机制最大限度地发挥作用，尽可能消除“市场失灵”导致的不利影响；加强自身功能建设和组织建设，提高管理水平和协调艺术，通过制定行业规范和服务标准，建立行业协调和自我约束机制，以行业自律的方式负责会展市场的协调和规范。

企业通过行业中介组织反映自己呼声，争取政府对行业的政策支持，获得国家法律保护，享受各类合法权益；并按照大家共同制订的行为规范约束自己，在法律和行业规范许可的范围内诚信、合法、自主、规范经营，把握市场机遇，发展壮大。

大型活动场馆设施不能一次性消费

云南世博集团公司总经理　花泽飞

“一个会议改变了一座城市”，中国99世博会对昆明乃至整个云南都有着深远的意义和影响，使昆明的基础设施建设提前了至少10年。为了适应特殊需要而采取特殊手段形成的世博会完成特定使命后，今后怎么发展？还能不能经营下去？世博会的效应还能持续多久？

世博场馆设施的可持续利用和发展应该说存在诸多难题。归纳起来有几点经验值得借鉴和参考：

第一，筹办中要充分考虑后续发展，不能重建设，轻使用。在建设和筹办中，应考虑好这些场馆今后怎样充分利用，靠什么来经营并维持运转，如何收回投资。如昆明世博会的场馆建设，用于会议展览当时是可以的，但会议之后，转为主题公园就有好多是不适应的。我们经过大量的策划和改扩建，投入1.5亿元资金，动了较大的手术，费了不少工夫，后来获得了成功。建议北京2008年奥运会、上海2010年世博会等，在场馆建设之前，必须做好今后开发利用的可行性方案论证，并且要提前做好策划。

第二，明确投资体制，避免非理性投资。各地举办会展需要建设大量的场馆设施，这时都出现了一个普遍问题，既然钱不是从自己的口袋里掏，赔起来似乎也不心疼。但这些非理性投资的产物，只能是短暂的繁荣。昆明在筹办世博会之后，星级酒店就供过于求，出现了削价竞争等问题。

一个城市所能承受和容纳的酒店数量，客观上取决于城市的规模、客源以及经济发展水平等因素，不能盲目扩张。美国在举办奥运会的时候，把学校的场馆改造成旅馆来接待游客。我想我们可以借鉴美国的思路，在举办大型展赛时，采取多种方式接待游客。这样做可以避免展赛之后，给城市留下一片无法拆除的钢筋混凝土森林。

第三，场馆建设应该从长计议，充分考虑综合效益。通过奥运会和世博会，人们越来越认识到举办国际性活动对一个城市硬件和软件建设的推动作用。但这些推动必须在科学规划的基础上进行，必须要有长远的目光和科学的思路，体现科学的发展观。

由于当时缺乏经验，昆明世博园不少地方是按照“一次性消费”的思路来进行规划设计和功能布局的。’99世博会以后，世博园作为主题公园保留，有些场馆和商业街的利用就面临新的问题，现在我们都要花钱进行改造，进行新的建设。比如，世博园的商业街建在进大门以后的一个坡地上，并非是旅游的必经之地。我去过美国奥兰多，还有日本的迪斯尼和好莱坞影城等地，进园前都必经一个繁华的商业街，里面有大量吸引人购买的商品，好多都是精品。

第四，大型会展活动的会议展览型功能要与旅游经营型功能结合。旅游离开文化将没有灵魂；文化离开旅游就没有人去欣赏、去参观、去参与，就没有效益，就缺乏应有的价值。因此，从这个意义上来说，要改变过去承办大型会展活动时统一的行政命令指挥，不惜人力大兵团作战，为达到目标不计成本的管理体制和运行机制，今后的场馆设施建设任务应交给按市场规律运行的企业。

通常，国内在一些国际大型会展活动建设的时候都讲“地方特色、中国气派、世界一流”，对会展活动以后的后续利用和发展考虑得不够。因此，我认为一定要在开始的时候，就从旅游经营型的角度，充分考虑设计具有科技含量和参与性强的项目。只有始终保持对游客较强的吸引力，才能成为长远的会展和旅游的重要场所。

第五，大型国际会展赛等活动设施建设切忌赶工程，不按客观规律施工。现实中，经常遇到大型国际活动缺乏计划性，出现所谓的“三边工程”(边设计、边审批、边施工)，不计成本，不讲保养期，最终建设费用增加又不能保证工程质量，表面上完成了任务，实际上留下了很多后遗症，更谈不上场馆的后续利用与发展。

第六，尽最大可能获得企业赞助的机会，使场馆设施建设不仅仅依赖于政府的资助。得到企业赞助，将会增添大型会展活动的拓展型的营销能力，也是维护和改造会展设施重要的经费来源。而对企业来讲，通过赞助会展活动，则可以索立企业的品牌，宣传企业新的产品。

会展业中的外汇管理对策

2004年12月，德国汉诺威（中国）展览公司在上海新国际展览中心举办了汽车展，展会本身很成功，但是，展后上海市外汇管理局却发现了问题。此次展会的参展商60%以上是外国展商，国内厂商仅占30%多，按照常规，国家应该有大笔外汇收入和税收，可是由于展会的大部分收入没有汇到中国来，而是汇到了国外，造成大量外汇收入和税收流失。

上海新国际展览中心总经理王立民先生说：汉诺威（中国）展览公司和我们签订场地租用合同，我们与它只是出租场地、收取租金的关系；目前，我国政府没有规定展馆在签订租赁合同时一定要看租借单位的批文，而且展会中场地租金也只是展会收入中很小的一部分，大部分则是摊位出租的收入，但这一部分与我们并没有关系。

这就暴露了我国展览业外汇管理需要规范的问题。入世后，将有越来越多的外国展览公司进入中国市场，他们承办的国际展览也会越来越多，展览业中外汇管理的问题也随之日益突出。

实际上，外企避税只是我国会展业外汇管理中一个方面的问题，其余还涉及到一些购付汇项目，如境内居民购买非居民参展商的零售商品和服务，向非居民机构和个人支付合作承办会展的佣金等。但它更多地体现在会展外汇收入管理方面，包括非居民机构和个人在境内会展期间支付外汇的所有活动。根据我国会展业现状和发展趋势，针对外汇管理中存在的主要问题，基本对策有：

1.努力促成大外汇管理。按照大外汇管理思路，整个涉外机构活动管理涉及到上游、中游和下游三大环节，上游主要指微观经济主体，中游为行业主管部门，下游则是负责汇兑环节管理的外汇局。目前一些会展公司严重缺乏国际意识和高级专业经营管理人才，管理无序，相互间恶性竞争，造成会展市场的混乱；现有的展览企业分属不同部门主管，形成会展业分散管理、政出多门的局面。会展市场的混乱和主管部门管理不到位，直接增加了外管局的汇兑管理压力。我国已实现人民币经常项目可兑换，不能对经常项目汇兑进行限制，但仅对交易本身进行限制并不构成汇兑限制。因而，大外汇管理应是今后主要的外汇管理思想。

2.大力改进外币清算服务。外汇信用卡（以下简称“外卡”）和现钞是非居民在参加境内会展期间使用的主要外币支付工具。外卡包括国外信用卡和境内商业银行发行的外汇信用卡，目前国内市场有近10种外卡，其交易集中在高级宾馆以及新建的一些高级商场。外卡使用中的突出问题，是外币清算速度较慢，特约商号较少且服务不够规范。非居民携带现钞消费，增加了持币风险，造成部分会展外汇收入体外循环和流入黑市。改进外币清算服务是完善会展综合服务环境的重要举措之一，能直接刺激非居民在境内的各项消费。因此，外汇局要加强同人民银行协作，促进和规范外卡市场发展，包括：加强“金卡”工程建设，规范和发展受理外卡业务的特约商号，增加外币清算币种和速度，降低交易扣率，延长服务时间等。同时应及时完善外币兑换点，加强外币现钞管理。

3.逐步放宽外汇账户开立限制。目前外资会展企业可以开立限额结算账户，但中资企业不能开设外汇账户，其外汇收入必须结汇，对外支付时向银行申请购汇。一些经营规模较大的中资会展企业外汇资金收付种类较多、笔数大、次数频繁，但由于没有外汇账户，其扩大外经贸合作、提高市场竞争力已经受到限制。我国外汇账户管理模式的调整涉及到现行结售汇体制改革和外汇储备可能承受的压力，全面放开外汇账户管理的条件尚未成熟，必须采取渐进改革方式。对于中资会展企业来说，可以逐步放松外汇账户限制，选择经营规模大、资信好的企业，允许其开立外汇账户。

4.抓紧制定非居民机构和个人外汇管理办法。会展业涉及到非居民机构和个人在境内的集中性活动，但现有的经常项目外汇管理规定，主要针对境内居民外汇行为，对非居民机构和个人在境内的外汇行为规定则是外汇立法的“空白点”，从而使得这方面的外汇管理无法可依，具体业务操作随意性较大。为此，要加快非居民机构和个人外汇立法工作，及时为会展业外汇管理提供有效的政策法规保障。

5.及时完善会展业资本项目管理。我国会展业基础比较薄弱，在管理技术、高级人才储备、信息占有、国际意识等诸多方面，同会展业发达国家相比，仍存在很大距离。会展业对外开放是服务业对外开放的重要组成部分，因而，应抓住这一有利机遇，鼓励外商以各种方式投资我国会展业，并以此带动管理技术的引进和国际间的信息、人才交流。要尽量简化会展业借用外债、外汇贷款的手续，及时提供服务便利。

——《国际商报》环 球

国际展览协会对其会员有关统计的标准及定义

目前，我国展览业还没有统一行业评估标准及定义，这给我们的统计工作带来了不少问题和困难。现把国际展览业协会（以下简称UFI）有关统计标准及定义介绍给大家，以便我国展览组织及企业在申请会员资格及公布有关统计工作时作为参考。根据（UFI）国际展览协会内部章程有关规定，指定了其会员在统计及审查有关数字的标准和定义。

第一条 展览面积的计算标准

对于一个展览会的组织者，需提供和接受审计的“整个展览净面积”应包括整个展览面积，包括展商所用室内和室外面积，这也被称为“合同面积”，包括付款和非付款的面积，也包括与展览专业直接有关的特殊展出。当提及展览面积时，必须申明“展出总面积（净）”或“展出总面积（毛）”。

第二条 展商数量统计标准

1.只计算直接参展的厂商。如主体参展商或联合参展商。联合参展商是指那些在主体展览商参加展出的组织或公司有其自己公司职员、产品或服务参加展出。其必须通过几种不同的方式表明如通过全体参展商的参展报名表或相关的联合机构或通过展览会的目录等。如果是集体参加展出，由集体参展的组织者来租赁场地、交纳馆租。集体租赁的场地有若干个参展者共同使用，但分别有他们自己的名称，展出自己的产品及由自己的职员提供相关的服务。如果不能达到上述要求，此类参展者只能被称为非直接参展商而不能直接称为参展商。根据UFI的标准，UFI批准的会员，只有直接参展商才能被列入数字中统计。

2.非直接参展商。被代表的公司没有其雇员直接参展，其展品或服务在主体参展商及联合展商的展台上展出。这类公司将不被列入参展商的数字统计中。

3.为了避免混乱，必须声明参展商的所属类别。

第三条 参展商的国别

参展商的国别由参展公司或组织与组织者的联系地址来决定。如果参展商所代表的国别地址不清楚的话，组织者可根据展商自认的国别来定，展览组织者不能随意决定。

第四条 观众数量和观众人次的统计标准

统计观众数量的意图是为参展商提供展会期间有多少潜在的客户。

1.时间段的观众统计。如在开幕式的时段里的观众数。

2.进入展场的人数。在展览正式展出时前来参观展览的每位观众。

3.观众人次。参观展览的观众总数等于前来参观展览的总人数，观众入场的次数等于参观展览的总人数，观众总人次不能作为报给UFI的观众数。

4.有效参观。在展览展出期间，任何人包括佳宾，携带展商或组织者入场证及专业观众的代表来参观展览会，这些参观均可包括在观众统计数字内：

在现场购买或取得入场券、在展前购买或取得入场券并前来参观展览的、携请帖或优惠票前来参观的观众、携长期有效票前来参观的观众、新闻记者，且每个人每天只能算一次参观有效。

不计入观众人数的情况如下：

展馆的雇员及组展单位的人员、服务提供商的人员、参展商和参展组织的雇员、展会期间会议的演讲人。

5.观众。观众是前来参观展览的人员，他只能一次被计入参观人数，即便他来展会多次。

6.多次参观。在第一次参观展览后，以后的重复参观应有限地计入观众人数，一天只能被计入一次。

7.观众总人次。参观总数即观众总数，包括全部的可计入的重复次数。

8.国内及国际观众数。国别应根据观众的常驻地，须在观众登记表注明国外的地址。外国或国际观众应是居住在展览举办国以外的地方。

如果没有条件进行观众登记，展览组织者应得到UFI授权同意，做抽样调查，统计出海外观众的比例。调查应由一个市场调研或独立的审计公司来进行并证明。证明书须说明抽样调查的方法。

如果是一个综合性对公众开放的展览，可同意只有外国专业观众被计入整个专业观众的数量，外国观众最好通过登记系统来统计。审计证书须与计数方法相一致。

——《中国贸易报》叶 凡

委员热议会议产业化

会议产业化待规范

在两会召开期间，委员们对会议产业化一题进行了热烈的讨论。

潘庆林委员：会展业表面上开放实际上太乱，很多会议就是圈钱，我挺反感的。看上去宣传的轰轰烈烈，实际上是效果不大。很多会议办的内容很俗，品位很低，到最后连去都不去了。其实介绍改革经验是非常必要的，尤其向国外介绍国内的改革开放，会展是桥梁。

中国的会展业应该向日本学习。日本办会展的理念非常好，很先进。他们办会展是有目标的，要达到什么程度，会后都有跟踪，比如像发了名片，都会有会后跟踪，全程服务。我们的会展是收完钱就完，虎头蛇尾，也是一种浮躁的表现。会展业应该保持活力。如果它失去了自己的生命力，就会像大企业的广告一样看起来排场很大，其实很俗。非常让人遗憾。政府现在对这块没有相关法律，没有调控也是不应该的。

陈峰委员：中国会议产业化是个趋势，也是全世界趋势。特别是被称为产业化以后，中国的会议产业正在逐步提高。比如海南的博鳌论坛，还有三亚举行的会议也越来越成熟。我认为在不远的将来，中国的会展业将会接近国际水平。政府可以积极引导和调节，留给市场来做，完全可以做好。

许荣茂委员：会议产业化这方面应该是刚刚开始，有一个比较好的势头，但相比国外还有一些差距。包括一些国际会议现在也在产业化，所以我想这是一个发展潜力大的行业。在上海、北京、香港的会议产业化已经和国际相差不多了。政府要引导和支持，让企业自己去运作。

杨尊伟委员：现在中国的会议鱼目混珠。有的办得很好，有的就是为了赢利，纯粹为了挣钱，把人骗来。这些都是不行的。办的不好，人家以后就不去了，你的名声也坏了。有的展会是全球性的，我国应争取与世界接轨。争取主办或者承办全球性的会议。这样可以增强中国在国际舞台上的影响。有许多行业也筹划或承办会展，但不要老在圈内和国内做，应该走向世界。我们与国际展会的差距还很大。包括我们办会的规模、宗旨、思路以及参会的企业素质。中国的会展应该是国内外企业了解世界的渠道，只有了解了，我们才能知道世界上的规则。很多事就不会吃完亏还不知道怎么吃的。

但国内的会展还缺乏规范，规范除了政府出面，行业要自律。政府的调控，可以通过协会来组织实施，因此现在成立会展行业协会很重要。

刘永好委员：我参加过很多会议，包括世界经济论坛、财富论坛等等。国际上的很多会议都是企业化运作的。不管是规模大小，这种格局很普遍。那么中国由企业来运作的会议逐渐多起来了。政府会议是否由企业来承办，也是一个积极的考虑。通过这样的运作可以降低成本，或许提高效率。会议产业化是根据市场的进程来决定的。现在国家社会主义市场经济已经有了一定的基础，但是仍然有很大的差距。随着社会主义市场经济的逐步完善，我相信市场化的运作会越来越多。

杨先明委员：会展业发展势头很猛，是第三产业重要的组成部分。那么政府应该鼓励，也应该有一系列的规定。像我们经常参加的各种学术会，交给专业公司来搞确实节省成本。

但现在有一种不好的倾向，尤其在北京，企业或国家的部门开会都搞很大的牌子，比如说什么什么国际论坛。其实在学术界或者专业领域对它认可并不高。它们就是靠炒作来赚钱，这是一个很糟糕的趋势，这会产生负面效应的。政府不应该多管，但要制定一些规则。比如哪一种会你有权利用中国、国际的等等。但具体办什么会，还是公司行为。有了这种市场选择机制，我觉得会议产业会发展比较正常。

政府会议应由企业承办

韩伟委员：我同意政府会议由企业来办。因为我们所有的财政支出都是花纳税人的钱。我们这种不讲效益、不讲效率的支出毫无疑问是加大了财政的负担。如果我们政府会议纳入招标、预算序列，会将财政的支出更加合理，更加规范。我认为一些交易会已经是进入市场运作了。但政府的会议都没有。而且有很多会议不应该是财政负担的，一定不要财政负担。应该财政负担的，也应该节俭支出。比如说我们全国工商联今年住的是空军招待所，我觉得很好，政协委员就应该少花财政的钱。住这种招待所，我觉得很好。我们应该少花纳税人的钱，把这些钱拿出来办点实事。

尹明善委员：我同意政府会议由企业承办。就像奥运会以前是由政府来办亏的一塌糊涂。1984年由美国商人来办结果就赚了不少钱。当然我们不能把他过分商业化，应该有个度，这个度怎么掌握，可能需要实验。作为一个商人，我觉得这是一个好的构思。会议产业化在中国才刚刚开始，各级政府都在倡导。比如在我们西部成都已经做得不错，重庆的会展经济也在起来。会展经济是现代服务业的重要组成部分。

刘乃兰委员：中国会展发展总的还是不错的，但与国际上的会议相比还有很大差距。最大的差别就是会议的力度不够、不到位。会议应该达到什么目的，这一点似乎没有任何标准。

政府会议由企业来承办是可以的，政府部门组织主办，这样可以整合资源，节约成本。

王超斌委员：政府会议由企业来承办是可以的，政府部门可以主办。如果说北京有一个大的会议中心，报道的时候就不用乱跑了。像现在在交通上花的钱，在房屋设置方面花费等等，完全可以建一个会议中心。

美国的芝加哥会展中心，他们既能开会，同时吃的、住的、用的全都有了。政府要允许建立会展中心，我都想建一个，就怕建好了以后，政府不允许在里面开会。政府的观念要转变，我会写个提案，建议政府会议让社会来办。

刘迎霞委员：我觉得政府会议由企业来承办是一个方向。现在政府机构的物业已经开始对外开放了。

如果会议由企业来做，应该会更好。严格地说，专业公司来承办他们经验多，效率会更好。

近年来，中国的会议产业发展得很不错，但还是处于“无监管、无规章、无标准”的“三无”状态。希望“十一五”期间能够改善。

逐步推动专业化服务

林毅夫委员：政府会议有些后勤的事可以由企业来承办。国内会议的产业化与国际上还是有差距的。政府会议服务环节上可以由企业来操作。

但有些涉及到国家机密的会议，不可能由民间机构来主办。

另外，国内会议产业化也亟待规范。

王鹤龄委员：中国会议的产业化进行的非常快。现在的会议，包括政府的会议、会务这一块基本上也是市场化的。

政府不能要开会而去办一批国立的旅馆，但是会议后每年可以把每年的会议计划拿出来，可以让这些旅馆来进行竞标。政府可以提出来一个标准，他们要能达到这个标准，来积极推进市场化。

我想对会务的服务工作，政府能减轻一些压力。同时也能进一步提高质量。但有些重大会议的组织工作必须由权威机构、组织部门来进行。或者由政府的专门机构来做，这样能在短时间内收到好的效果。国外也是如此。

——《国际商报》李 昆

第二部分 专题概述

2006年中国会展业十大预测

北京国际城市发展研究院会展经济研究所

2006年中国会展业总的趋势是将更加务实和理性，2006年可望成为中国会展业“中小年”、“节庆年”和“转型年”。

会议：回归理性实效发展。门图特先生的著名言论“如果一个大型国际会议在一个城市召开，就好比一架飞机在城市上空撒钱”在中国并不灵验，甚至有时候得出的是相反的结论。在2005年的各种会议论坛中，“城市”是出现频率最高的词汇，这凸现了中国“城市运营商”们寻求城市发展和突围的躁动心态。尽管没有确切的统计数字，但是国际、国内各行业的会议层出不穷是有目共睹的。

有确切消息表明，国家对于国际会议将持更加谨慎的态度，相关审批手续也将更加严格。2006年对于中国会展业来说，回归理性首当其冲的应当是会议业。那些缺乏实效、会而不议、论而不谈的项目将逐渐失去生存的空间，更多关注行业会议的时效性和企业推介性质的会议将成为趋势。

展览：中小城市多为中小规模。近几年中国会展业受“德国潮流”的影响，很多城市把展览定位在了专业展上，动辄就是“慕尼黑如何汉诺威怎样”。这给除了北京、上海、广州之外的很多中小城市造成了误区和发展上的障碍，大型城市特别是第三产业发达的城市，发展专业展和规模型展览是有理由的，但是对于绝大多数中小城市就不是这样。

新的一年国内的展览项目将仍然会增加而不会减少，并呈现“两极化”发展趋势。一方面，品牌会展通过合资、兼并、收购而实力更加强大；另一方面，在许多城市经历了实践、失败和各种渠道获得的经验教训之后，经过更加理性的思考和研究，将把中小城市展览项目定位于向着多元化、小规模、高频率、社会型、体验式发展。而从广州“中国中小企业博览会（中博会）”等反映出的种种迹象来看，国内中小型企业的参展意识和意愿显然也在不断增强；与此同时，在国际层面，一些欧美、日韩的国际机构近期纷纷发表报告指出：“在世界500强先后进入中国之后，如今已经是中小企业进入中国发展的良好时机。”

2006年，中国展览业将迎来中小城市和中小企业全面对接的“中小年”。

节事：节庆经济崭新亮相。中国是个多民族的国家，各民族都有自己的文化习俗和各种历史传承的民俗节庆，是一份有待挖掘的文化宝藏，很多民族节日世界闻名，每年都有大量国际友人慕名而来。对于中国的300多个地级城市和2000多个县级城市来说，把各地文化历史传承的或者新衍生出的节庆活动相应的加以组织和运作，比不切实际的举办展览或者会议更具有现实意义。所以，理性地把节庆经济作为地方城市的经济助推器，既有经济效益，更具有社会效益，其中蕴含的机会绝不会逊色于会展活动，并且更适合中国的国情。

2006年也因此将有望成为中国的“节庆年”。

场馆：提升综合运营能力。中国会展场馆发展的畸形是有目共睹的，一方面是北京、上海等几个大城市展馆面积不足，制约着展会项目和展览业的规模化发展；另一方面，中小城市场馆入不敷出，最终造成中国展馆综合使用率仅15%。

2006年，中国会展场馆必须更加理性地定位。但是会展中心也同时是一项城市功能，其存在的合理性不能完全被商业所替代，从而成为一种少数人享有的设施，失去其社会价值。

尽管在我们2005年底同国际商报发布的《中国展览场馆运营调查》中显示，中国的展览场馆在独立运营能力方面最有欠缺，但是，2006年我们仍将期待中国展览场馆的“转型年”。

组办方：问责制使办展更加规范。在2006年，“国营会展”的模式将随着服务型政府的建设逐渐得以打破，“市场”将发挥更大的作用。

同时，依据国务院2005年3月印发的《全面推进依法行政实施纲要》中的规定：“行政机关违法或者不当行使职权，应当依法承担法律责任，实现权力与责任的统一。依法做到执法有保障、有权必有责、用权受监督、违法受追究、侵权要赔偿。”国家问责制已经逐步确立，会展项目也将越来越多地实行“谁主办谁负责”，原来凭借各种“关系”就随便给别人挂名、贴牌的现象将得到制约，骗展现象也因此将得到某种程度的遏制。

服务商：新型专业化服务异军突起。在会展业中，传统的服务商概念是为会展项目提供设计搭建、设备租赁、招商代理、广告策划、现场礼仪等服务的组织和人群。

2006年，一批以提供行业咨询、管理信息系统、网络信息服务和传媒服务的新兴服务商将有较大的发展，他们将与传统服务商一起服务于会展经济产业链中的各个环节，进一步提高中国会展业的综合竞争能力。

参展商：结构转变大势所趋。在中国加入世界贸易组织（WTO）的那一刻起，中国企业面临的所有问题都可以归结为三个字，即：国际化。

从2002年中国三大家电巨头淡出“广交会”到2005年中国贸促会在德国纽伦堡举办的“亚洲消费品展览会”和中国的吉利、江铃、华晨汽车品牌首次整车参展法兰克福车展，再到2006年1月TCL彩电高调亮相拉斯维加斯消费电子展（CES），种种迹象说明，中国的参展商已经更多地把目光投向了国际展台。

2006年，这种趋势将更加明显，这必将引发中国国内某些行业展会的参展商发生“腾笼换鸟”的结构性转变，即已经壮大的实力型企业更多地参与国外的国际展会，而一批成长型企业即中小企业也将加入进来。同时，随着同行业展会之间的竞争和公众信息的传播，参展商对于展会的选择也更趋于理性。

民营会展公司：联合将成为必然选择。中国的民营会展企业（这里主要指组办者，不包括服务商）是生存在政府主导型展会和国际会展项目不断向中国进行品牌移植的双重压力下的，同时也是最为活跃和最有意愿“突围”的群体。

2006年，正如中国贸促会会长万季飞所讲的那样：“有条件的展览公司可以通过兼并、收购、相互参股、结成战略联盟等方式壮大实力”。以开放、合作、共赢为共同目标的民营会展集团有望出现，这不仅将彻底改变中国国内会展业的竞争格局，也将大大加快中国会展业的国际化进程。

国际会展公司：开始关注中小城市。2005年是国际会展公司进入中国最频繁的一年，与以往不同的是，这些企业的来源更加广泛，选择的区域也从大型城市开始转向其他区域。除了德国、新加坡、英国之外，更增添了金沙集团这样的美国巨头。他们一方面更多地把目标放在与有潜力的政府型或者民营会展企业的项目合作和收购上，另一方面也尝试在基础设施建设等项目上做战略投资。

与国际企业同时进入的还有国际会展组织，他们在中国会展业国际化的征途上纷纷“祭起”认证的“法宝”，为中国的会展项目取得国际认同打开通道，促进中国会展业的规范发展。美中不足的是：他们似乎并不能给国内展会带来多少收益。

不论是采取项目合作还是企业合作，国际会展企业在中国的收效还是颇丰的。在2006年，这种趋势将继续延续下去，同时，我们有理由相信，这些国际会展企业已经不满足于在中国大型城市层面的竞争，他们正在寻求其他有独特潜力的地区合作，因此，中国的中小城市也很有希望获得合作的机会。

人才培养：师资成为必补的一课。当我们在2001年还在感叹中国的院校没有一家涉及会展教育的时候，2005年仅浙江就有20多所院校开设了相关专业或者教学方向，与此同时也先后涌现出了几十本会展业书籍。而在会展理论研究方面则更是几乎要把这样一个边沿应用学科变成主流。

与此不相适应的是，国内的会展教学受到多种体制的限制，无法与实际操作相结合，所培养出来的学生与其他专业的学生并无本质区别。

“师者，所以传道、授业、解惑者也”，自身尚在疑惑中，如何为师？2006年，为了打破这种局面，师资培养将成为必补的一课，除了一部分有条件的院校将教师送到国外短训之外，更多将面向本地的培养，让教师补上“教学”这一课。

——《国际商报》

中美会展业知识产权保护的共同声明

中国国际贸易促进委员会和国际展览管理协会（2006年1月20日）

国际展览管理协会与中国国际贸易促进委员会在对促进会展业发展和领域拓宽方面有着深刻的共识和浓厚的兴趣。

国际展览管理协会与中国国际贸易促进委员会同时认识到，展会的独特价值和重要意义源自其中立和安全的氛围和环境，在这样的环境中买卖双方得以进行商业活动。

国际展览管理协会与中国国际贸易促进委员会共同关注对知识产权进行剽窃、伪造、盗版的行为。绝不允许这些行为损害展会和其他类似活动的名誉和信誉。

综上所述，我们宣布国际展览管理协会与中国国际贸易促进委员会支持对参展商参展期间知识产权的合理保护。

国际展览管理协会与中国国际贸易促进委员会将分别向各自的组展商、参展商、政府官员、法律部门等强调知识产权保护的重大而深远的意义。

——中国贸促会网

中国会展行业保护知识产权联合行动宣言

（2006年1月11日）

增强自主创新能力在我国经济社会发展规划中占有十分突出的位置，以提高自主创新能力为中心环节，推动产业结构的调整和增长方式的转变，已经成为我国推动国民经济又快又好发展的国家战略。保护知识产权是提高自主创新能力的重要保障，是我国经济社会发展的客观需要。展会是保护知识产权工作的重点环节，依法维护国内外参展单位及其他知识产权权利人的合法权益，也是中国会展行业在对外开放的大环境下开展国际竞争与合作，得到健康、协调、持续发展的必然要求。作为中国会展行业从业单位，我们决定，响应中国国际贸易促进委员会的倡议，郑重声明，绝不容许剽窃、假冒、伪造、盗版等侵犯知识产权的行为损害我们所组办展会的良好声誉，依照法律、法规、规章有关规定和展会管理部门的要求，在展会组办工作中联合开展以下行动：

一、在招展网站上和展会场馆显著位置张贴国家有关知识产权保护的法律、法规、规章中英文文本。

二、采取切实措施防止侵犯知识产权的行为在我们组办的展会上发生：在招商招展时与所有参展单位签订保护知识产权责任合同；在现场筹备和展览期间严格审查展品、展板、相关宣传材料等参展项目的知识产权状况，一经发现侵权现象，立即向专利、商标、版权等知识产权行政管理部门报告。

三、在展会现场设立专门的知识产权投诉办公室，邀请展会管理部门和知识产权行政管理部门派员到展会场馆现场接受有关知识产权权利人投诉，或在场馆显著位置公示当地知识产权行政管理部门的联系人和联系方式，方便有关知识产权权利人投诉，并积极配合知识产权行政管理部门开展执法工作。

四、在展会结束后做好展会知识产权保护的统计分析工作，将有关情况及时报告展会管理部门。

五、在会展行业内联合通报经国家管理部门公示的被判定侵权的参展单位名单，坚决杜绝名单上的单位参加我们组办的展会。

为维护中国会展行业的良好声誉，我们热忱欢迎境内更多的会展行业从业单位加入我们的联合行动！

签署联合行动宣言的会展行业从业单位：

北京市41家，上海市11家，天津市8家，重庆市7家，河北省11家，山西省9家，内蒙古自治区3家，辽宁省130家，吉林省40家，黑龙江省56家，江苏省50家，浙江省67家，安徽省10家，福建省67家，江西省5家，山东省38家，河南省15家，湖北省19家，湖南省32家，广东省119家，广西自治区6家，海南省12家，四川省80家，贵州省3家，云南省16家，陕西省36家，甘肃省9家，宁夏自治区18家，青海省6家，新疆自治区7家。共计931家。

——新华网

中国会展拒绝假冒伪劣

——首个《展会知识产权保护管理办法》3月1日实施

加强对会展知识产权保护的呼声日渐强烈。2006年1月11日在广州举行的第二届中国会展经济国际合作论坛上，知识产权保护问题再度被提上会展行业最重要的议事日程，中国贸促会副会长高燕代表931家中国会展行业从业单位宣读了《中国会展行业保护知识产权联合行动宣言》(下称《宣言》)，宣言签署单位宣布将在所组办展会上杜绝剽窃、假冒、伪造、盗版等侵犯知识产权的行为。

中国贸促会与国际展览管理协会（IAEM）联合发表《中美会展业保护知识产权的共同声明》(下称《声明》)，宣布将支持对参展商参展期间知识产权的合理保护。

商务部条约法律司巡视员李玲女士宣布：商务部将于2006年3月1日实施《展会知识产权保护管理办法》(下称《办法》）——届时，《办法》将成为中国首个统一的关于会展知识产权保护的法规。

目前，中国关于知识产权保护已经制订并涉及到的主要法律有：《著作权法》、《专利权法》、《商标法》、《软件保护法》、《合同法》和《民法通则》中有关条款等。但如果要按照法律的具体规定去解决会展业中涉及的知识产权保护问题，真正能对上号的条款比较少，缺有针对性的法律法规。

“这是一个强烈的信号，”业内人士认为，“这意味着民间和政府会展业中的知识产权保护驶入了快车道。”

知识产权保护：中国会展业的软肋

广东顺德某家具厂的杨老板从2000年开始至今参加了大小100多个展会，其中参加了国际展会30多次。

“我们在马来西亚、美国、德国参加展览，一般很难拿到国外展商的图册”，杨老板说，“外国人觉得中国人的模仿能力太强。”

虽然在很多场合下，拍照是禁止的，“但仍然有人有办法在现场拍照，然后回去画图、制作模具，这个过程往往只要几天的时间”，杨老板说，“最夸张是2004年的一次展会，三四天的国际展会还没有结束，国内模仿的产品已经出来了。”

而据东莞某制鞋企业的市场部经理李小姐称：“只要敢去国际参展的，早就做好了准备”。

按照行内不成文的规矩，有些展商仿冒一些名牌公司的产品设计，为了参加展会，在原公司之外又专门注册了一个新公司，以该公司的名义出席展会，印制了假名片，还在展会上聘请了专业的律师，专门处理可能出现的知识产权纠纷。

广东现代国际展览中心总经理助理江淮算了一笔帐，他说：“参加一个国际展会的成本是1000美金左右，如果仿冒一个鞋的版型，至少能带来50万美金的利润，这无异是一本万利的买卖”。

具有5年展会组织经验的江淮说：“侵权并不仅仅发生在中国企业对于国际企业的侵权上。事实上，在中国企业之间与国际企业之间都会发生这种现象。”

据了解，在国内的专业展会上，很多参展商采取了封闭式的办法。在入口处，参展商会仔细盘问来者的身份。更有甚者在入口处挂牌，上书“不欢迎同行”。尽管如此，一些名牌产品依然不能避免被复制的命运。

在中国会展产业中到底发生了多少知识产权侵权纠纷？“没有详细的统计数据，凭经验不是特别多，”中国国际贸促会展览部副部长孙钢说，“但是由于会展的窗口很大，侵权纠纷造成的影响非常恶劣。”

“这是真实的”，对于这一说法，世界上最大的会展公司——励展博览集团亚太地区总裁兰德龙直言：“正因如此，很多国外的厂商不敢到国内来参展，是因为他们担心知识产权没有得到很好的保护。”

“准确地讲，会展上发生的侵权事件太多，但是侵权纠纷本身不多，”中国某知名家具集团的一位老总说，“我们设计的椅型，从上世纪90年代开始已经在中国创造了数亿产值，但是大部分产品的生产厂家不是我们。”

中国商务部进出口公平贸易局副局长李成钢在“2005企业知识产权国际论坛”上称，“知识产权是中国企业必须迈过的槛，迈不过则会陷入失去搏击市场的窘境，而一旦迈过，则将海阔天空，商机无限。”

从各自为政到统一政令

中国贸促会副秘书长王锦珍表示：“我们在《办法》出台

前夕公布《宣言》和《声明》，算是对于民间上述呼声的一个积极回应。”

新加坡会议及展览行业协会会长杨渼湘说“侵权不仅仅发生在中国人参加海外展会的过程中，即使在发达国家，也不能完全杜绝这一现象。但是很少听说有人专门针对会展制定专门的法律。”

事实上，广东省在2002年就颁发了《关于加强会展中知识保护工作的意见》。上海于2004年出台了《华交会涉嫌侵犯知识产权处理办法》，深圳在同年出台了《高交会保护知识产权深圳公约》。

但是在很多业内人士看来，各自为政的管理办法如同鸡肋，食之无味，弃之可惜。

参加过广交会与华交会的王先生直言：“一个规定只适用于一个展会的产品，常常搞得我们无所适从；二来，扯皮的现象太多，原因是没有办法实际界定侵权的标准；第三，展会的时间只有短短3、4天，案件处理的反应速度太慢，事实上很多纠纷都不了了之。”

2005年8月份，商务部、国家知识产权局、国家商标局、国家版权局等四部门专业人士在京对《办法》草案的框架及其条文进行了讨论，预计《办法》将于2006年3月1日以部门规章的形式联合下发。

按照李玲的介绍，《办法》主要对于展品的专利、商标、著作权等方面的保护以及侵权投诉的问题进行相关规定：展会主办方应当在展会期间设立知识产权投诉机构；明确了展会管理部门以及展会主办方对侵权展品的管理职责；规定展会期间知识产权投诉的程序；严格法律责任，增加对侵权人的处罚和震慑。

“终于统一了政令”，王锦珍说，“应该可以将各自为政的现状做一个了结。”

成效尚待检验

然而，一些业内人士看来，政令虽然统一，展会知识产权保护的使命依然任重而道远。

“你不可能想象几个条文就能消除中国十几年来的痼疾”，北京市岳成律师事务所广州分所主任袁雪这样说。

例如，《办法》第三条规定：“展会管理部门应加强展会期间知识产权保护的协调、监督、检查，维护展会的正常交易秩序，依法对违法违规的参展方予以处理。”

“你知道展会的管理部门有多少么？工商、知识产权管理局、还是税务？他们之前的职能该如何协调？这些在《办法》中都没有讲清楚。”

办法草案还规定，展会主办方应当依法维护知识产权权利人的合法权益，加强对参展项目的知识产权专况的审查，应协助知识产权行政管理知识产权保护工作。

京慕国际展览有限公司副总经理孙铁兵表示，要在短期内对参展项目的知识产权情况进行审查，“这简直就是一项不可能的任务。”

在大多数组展商看来，他们只是展会的组织者，没有资质，更没有法律权力去判断一个产品、商标或设计是否侵权。

“我们只能尽告知义务”孙铁兵补充说，“就是告诉他们千万别展出侵权的产品。”

兰德龙对于《办法》中关于组展商的职能划分，同样表现出不能理解。他说：“在国际上，侵权事件并非由展会的组织者，而是由法庭和律师来处理。我们只是劝涉及侵权纠纷的厂商暂时撤下展品，却不能强迫他们。”

关于侵权的界定同样是一个难点。“就拿外形来说，没有人会完全照搬原样，一定是经过某种变形”，在论坛上，中国国际贸促会纺织行业分会常务副会长张延恺说，“中国该如何界定？”

“上述问题在美国由法官来裁决，即使存在争议，还可以到超市随机抽100人搞一次民意调查”，盖思勒律师事务所的黑宁·哈特维希博士说，“问题是在中国，这样的模式是否可行？”

显然，中国展会的知识产权保护正在加速，但其成效和未来的发展之道，或许只能用时间来检验。

——《中国贸易报》陈 婧

《展会知识产权保护办法》的立法背景及主要内容

商务部条法司知识产权处

近些年来，随着我国会展业的繁荣发展，展览会上知识产权侵权纠纷时有发生。根据知识产权相关立法的规定，对于展览会上的侵权行为，知识产权权利人可以依法请求知识产权相关行政管理部门进行处理，并可请求司法保护。但是由于展览会的临时性和流动性等特点，在实际操作上，知识产权相关行政管理部门很难按照知识产权及有关法规规章规定的办案程序处理知识产权侵权纠纷。而近几年，各种经济技术贸易展览会上，知识产权纠纷案件不断出现，损害了我国知识产权保护形象，破坏了展览会的正常交易秩序。

因此，针对展会知识产权保护存在的问题，商务部会同国家知识产权局、商标局和国家版权局制定了《展会知识产权保护办法》（以下简称《办法》），并于2006年1月10日颁布，3月1日正式实施。

《办法》制定的必要性

实践中，一些对知识产权保护比较重视的大型展览会主办方，为解决知识产权保护问题，自行制定了展览会知识产权保护规则，例如：中国出口商品交易会（广交会）、中国国际高新技术成果交易会(高交会)。这种对知识产权进行保护的作法，其实质内容是要求参展商承诺不侵犯他人知识产权，一旦发生侵权投诉，按照展览会知识产权保护规则进行处置，被认为侵权的产品，则要撤出展览会。这种作法在一定程度上保护了知识产权，营造了展览会期间知识产权保护的有序环境。但是由于展览会主办方自行制定的知识产权保护规则，在执法力度与执法衔接上，仍存在着诸多难题。

例如，如果参展商违反协议，拒不撤出侵权展品，主办方也无强制力；另一方面，即使主办方的作法有不妥或不合法之处，参展商也不能寻求法律救济。

又如：多数展览会制定的知识产权保护规则，但是没有区分知识产权不同类别的情况。如，根据专利法的规定，我国的专利包括发明、实用新型和外观设计专利。这三种专利的授权条件及审批制度不同，发明专利经过实质审查，因而权利比较牢固，实用新型和外观设计专利未经过实质审查，专利权不太稳定，通常实用新型和外观设计专利权人提起侵权诉讼后，被控侵权方都要向专利复审委员会请求宣告实用新型或外观设计专利权无效。一旦请求宣告专利权无效的，侵权审理程序一般都要中止，等待专利复审委员会作出是否维持该专利权的决定。由于展览会对三种专利侵权投诉的处置未作任何区别，则会出现投诉所依据的专利权本身就是一个无效专利的情况，如果在该专利权的基础上处置被投诉人，显然对被投诉人显失公平。

此外，由于目前我国现有的知识产权法律法规中没有关于展会知识产权保护的特别规定，因此在展会知识产权保护过程中常常出现法律的衔接问题，从而给知识产权行政管理部门的执法带来困难。根据知识产权有关法律的规定，权利人向管理知识产权工作的部门请求处理侵权纠纷的，只要符合受理条件，知识产权管理部门应当予以受理。在实践中，知识产权管理部门由于很难做到在展览会期间对侵权纠纷案件结案，而在展会结束后的处理又缺乏相应的规定，因此一般采取撤展等临时措施或不予受理。

由于现有的知识产权法律法规缺乏与这种展览自律行为的衔接，知识产权行政管理部门在展会主办期间的具体职能不明确，使得知识产权行政管理部门和展会主办方在展会知识产权保护方面缺乏有效的配合，特别是由于展览会时间比较短的特性，展会知识产权保护的法律缺失给知识产权权利人的切实保护带来了一定的影响。

针对我国展会知识产权保护存在的问题，2005年商务会同国家工商总局商标局、国家版权局和国家知识产权局开始了《展会知识产权保护办法》的制定工作，在制定的过程中先后征询了有关展会主办部门、地方和中央知识产权管理部门以及优质品牌保护委员会、美国政府等相关企业和国家地区的政府部门的意见，并在商务部网站上公开征集了公众意见，并根据意见的反馈情况，对办法草案作了进一步的完善和修改。

《办法》的目的和特点

《办法》的目的是强化展会期间知识产权保护，维护会展业秩序，推动会展业的健康发展。其中，既突出知识产权保护，又注意不干扰展览会的正常交易秩序。

《办法》的特点主要包括：

1、针对展会时间短、流动性强的特性，突出展会作为知识产权保护的重要环节；

2、展会主办方自律与行政执法并重。首先《办法》本身并不排斥展会主办方通过与参展方签订知识产权保护条款和合同的形式，制定适用于本展会的知识产权保护规则，并据此开展相关知识产权保护活动（参见办法第四条），同时，《办法》也规定展会主办方的自行保护并不能代替有关行政执法，这样的规定，更加增强了展会期间知识产权的保护力度（参见办法第七条、第十九条、第二十二条）；

3、突出专利、商标、版权作为展会知识产权保护的重点。《办法》用三章的篇幅，对展会中的专利、商标和版权的保护予以了专门的规定；

4、便利知识产权权利人进行投诉。《办法》第六条规定，展会主办方在一定条件下应当设立的知识产权投诉机构，专门接受并处理相关投诉，在没有设立的情况下，展会主办方要将展会举办地相关知识产权管理部门的联系人、联系方式等在展会场馆的显著位置予以公示。

《办法》的主要条文内容

《办法》共分七章三十五条，分别对展会期间知识产权侵权投诉，展会期间专利、商标、著作权保护以及相关法律责任予以了规定。

1、明确了展会管理部门、知识产权行政执法部门、展会主办方、参展方法律地位及法律关系。

《办法》第三条规定，展会管理部门应加强展会期间知识产权保护的协调、监督、检查，维护展会的正常交易秩序。《办法》第四条规定，展会主办方应当依法维护知识产权权利人的合法权益，加强对参展项目的知识产权状况的审查，应协助知识产权行政管理知识产权保护工作。《办法》第五条规定，参展方应当合法参展，不得侵犯他人知识产权，并应对知识产权行政管理部门或司法部门的调查予以配合。

《办法》第三、四、五条的规定，首先确立了展会管理部门在展会知识产权保护方面协调、监督、检查的权利，同时也赋予了展会管理部门在维护展会交易秩序方面的义务，从而推动展会管理部门更加重视和积极主动维护展会知识产权。其次，在明确展会主管部门在依法维护知识产权权利人利益和协助知识产权行政管理部门工作的义务的同时，强调了展会主管部门可以通过与参展方企业签订知识产权保护条款等方式，根据自身举办展会的特点加强知识产权保护。最后，《办法》明确了参展方应当合法参展，并对有关行政和司法调查予以配合的义务。

2、知识产权投诉机构的设立和职责

《办法》第六条规定，为了加强展会期间的知识产权保护，对于展会时间三天以上的（含三天），或展会管理部门认为有必要的，展会主办方应当在展会期间设立知识产权投诉机构。展会主办地知识产权行政管理部门应当派员进驻。对于未设立投诉机构的，则由展会主办地知识产权行政管理部门加强对展会知识产权保护的指导、监督和有关案件的处理。

这一规定考虑到不同展会的特点，从最大程度便利展会知识产权保护的角度考虑，协调了行政执法能力和展会知识产权保护的关系。

3、规定展会期间知识产权投诉的程序

为了便利权利人合法维护自己的权利，《办法》明确了投诉应当提交的材料，以及投诉的接受和受理。此外，《办法》还规定了当事人的答辩权利以及地方知识产权行政管理部门以及展会主办方在处理知识产权投诉程序方面的职责，并明确了展会投诉机构在收到投诉后的移送程序。

4、根据专利、商标和版权保护的不同特点，规定了相应的保护措施

针对展会期间专利、商标和版权保护的不同特点，《办法》分三章做出了相应的规定。一是确定了地方专利、商标和版权管理部门在展会知识产权保护方面所负的职责，二是规定了对侵权投诉不予受理的条件，三是明确了地方专利、商标和版权管理部门针对展会知识产权保护的调查和处理职能。

5、展会结束时，相关行政执法的衔接

《办法》第三十三条规定，展会结束时案件尚未处理完毕的，案件的有关事实和证据可经展会主办方确认，由展会举办地知识产权行政管理部门在15个工作日内移交有管辖权的知识产权行政管理部门依法处理。这样，保证了在展会结束后，有关案件的继续处理。

6、严格法律责任，增加对侵权人的处罚和震慑

对于展会期间的知识产权侵权行为，除了根据现有的知识产权相关法律予以处罚之外，办法还根据展会的特点规定了相应的法律责任，如责令从展会上撤出侵权展品、销毁介绍侵权展品的宣传材料、更换介绍侵权项目的展板。此外，对于参展方侵权成立的，展会管理部门可以依法对其公告，展会主办方应禁止有关参展方参加下一届展会。另外，为了避免展会主办方为了经济利益懈怠对于知识产权的保护，《办法》还规定对于保护不力的主办方，应由展会管理部门予以警告，并视情节依法取消其主办资格。

——《国际商报》

会展知识产权关注九大要点

从会展产业的不同层面和产业链条来进行分析，当前国内会展业的各个环节均存在着一些不同程度的知识产权问题。尤其如何能够有效解决这些问题，成为提高中国会展知识产权整体水平的关键。

1.国内展会组展商展会项目被仿冒怎么办。作为一些展览会项目，特别是一些品牌会展项目的所有者，国内展会组展商最为关心的是展会项目如何不要被仿冒和克隆，也就是关于展会的题目和内容不断地、经常地发生重复、雷同的问题。在他们看来，形成品牌的展会和已经成型的展会都应当算做拥有“展会创意”的“知识产权”而受到保护，光有对展会会标的注册不够，还应对展会的名称进行保护。

2.外国展会组织者：品牌移植中国怎么办。国外一些名牌展会向中国国内进行移植的时候，往往需要寻找国内的合作伙伴。这样在继续使用原品牌展览会名称、标记的过程中，就有对原展会品牌无形资产（知识产权）给予认定的问题。不能排除一旦合作破裂，会引发知识产权的纠纷。实践经验表明，这个问题正是双方在合作时应当给予明确规定的一个重要的、关键的法律内容。

3.会展项目交易者：品牌交易缺乏标准怎么办。随着会展经济的不断发展，会展行业资本运作会频繁产生，展会项目的买卖交易必将逐渐增多。对于这种会展项目所有权的转移和交易，必然要涉及到会展项目的品牌无形资产（知识产权）的转移和交易。在我国尽管已经出现了一些这样的交易行为和具体案例。但是由于操作的程序与规范还没有及时出台，特别是市场交易价值的标准制定其参考依据不足，而使得市场显得比较混乱。

4.出国展览组展商：企业被投诉怎么办。作为出国展览组展商，比较注重的是在国外参加展览会时，如何处理中国参展商被外商投诉展品侵权或软件及著作权侵权而引发的知识产权纠纷。（国内办展也经常出现此类问题）这样的事件已有明显上升的趋势。对此，他们普遍认为，对出展企业提出一般性的关于遵守知识产权的要求并不难，真正难点在于很难保证和控制所有参展展品都不出问题。所以，他们希望划定责任界限，一旦出现这方面的纠纷，要由有关参展商承担责任，而不要追溯到组展商。

5.国内展会参展商：被组展商欺骗怎么办。作为国内展会参展商，最为害怕的是被组展商欺骗性的宣传所误导，从而参加了一些名不副实的冒牌展览会，甚至被骗展，结果是白花钱、没效果。但是值得研究的是，这种展会的假冒宣传问题，是否真正属于知识产权保护的范畴，骗展是否侵犯了知识产权。

6.展台设计搭建商：抄袭设计方案怎么办。作为展台设

计搭建商，他们在展台设计投标时最怕的是，参展商以种种借口不让他们的方案中标，然后却又转手将扣留下来的设计图纸或方案提交给第三方抄袭使用或略有改动使用，其目的全在于图省钱。其实，这里确实涉及到一些知识产权方面的问题。

7.具专利持有者：新型展具被仿制怎么办。一些已经广泛使用的标准展具和一些近期开发出来的新型展具确实是进行过专利注册登记的。因此如果仿制这些展具，就会涉及侵权的问题。但是从本质看，这种侵权只是一种与会展业有着间接关系的制造业方面的知识产权的问题。

8.国家主管部门：被外商投诉怎么办。作为国家有关知识产权的主管部门，他们除了负责在总体上的宣传、教育和管理工作以外，当前似乎更为关注的是如何减少外商的指责和投诉。

因此当展览会成为发生投诉事件较多的一种场合的时候，他们就会对展览会主办者提出要求，必须千方百计地采取措施，防止发生类似事件。至于有关会展业全面的知识产权保护的问题，由于许多工作还有待深入地调查和研究，所以主管部门尚需要时间提出一个全面的和具体的管理办法。

9.会展行业协会：管理依据不清楚怎么办。目前的实际情况是，全国未成立统一的会展业协会组织。但是，一些地方性的会展业行业协会组织已经陆续建立起来，并且有的协会已经开始重视会展业知识产权保护的相关问题。

——《国际商报》

展会知识产权保护年度专项行动高调实施

2006年4月～2007年3月，商务部、海关总署、工商总局、版权局、知识产权局、贸促会等部门联合开展名为“蓝天会展行动”的展会知识产权保护年度专项行动。5月29日，六部门召开新闻发布会发布此消息。

近年来，我国会展业持续、快速、健康发展，展览面积以年平均20%的速度增长。目前全国有大中型的展览场所150多座，室内展览面积超过300万平方米，2005年全国举办各类展会3800个。展会活动已经成为我国扩大贸易、招商引资、促进产业升级和结构调整、带动相关行业发展的得力手段，成为我国企业引进来和“走出去”的重要桥梁，成为我国利用国内外两个市场、两种资源的有效途径，密切了与世界各国尤其是周边国家和地区的经贸交流与合作，推动了区域合作进程。

然而，由于展会从业人员的知识产权意识不高，使部分侵权产品进入展会，有关侵权纠纷不断发生，这不仅损害了我国知识产权保护形象，也破坏了展览会的正常交易，影响了展览业的健康发展。

为此，商务部会同工商总局、版权局和知识产权局制定了《展会知识产权保护办法》，并于2006年3月1日起正式实施。

为贯彻落实《展会知识产权保护办法》，增强展会知识产权保护意识，有效遏制展会期间侵犯知识产权行为，规范展会市场秩序，营造公平的竞争环境，根据《保护知识产权行动纲要（2006～2007）》的安排，商务部、海关总署、工商总局、版权局、知识产权局、贸促会决定在全国范围内开展“蓝天会展行动”——2006展会知识产权保护年度专项行动。

在发布会上，商务部副部长高虎城介绍，六部门将共组行动领导小组，负责监督检查行动计划落实情况，指导展览从业单位自律。“蓝天会展行动”以宣传保护商标权、著作权、专利权为重点，以国际影响较大的展会为突破口，通过宣传、培训、交流、督查、通报等活动，全面提升我国会展业知识产权保护工作水平。本次行动将通过发放宣传资料、督促展览组织者设置现场投诉指引，组织“守法诚信经营，保护知识产权”承诺书签名活动等方式，对《展会知识产权保护办法》进行宣传普及；对国内主要展览从业单位负责人和从业人员集中培训，提高知识产权保护的意识和水平；举办“展会知识产权保护国际研讨会”，交流展会知识产权保护方面的经验和做法；开展展会知识产权专项监督检查，严肃查处非法企业；并适时向社会各界通报进展情况。

事实上，今年春季的第99届广交会已正式启动了“蓝天会展行动”。主办单位在展馆显著位置设立了投诉指引，发放大量《2006年中国保护知识产权行动计划》(中、英文版本)；有关部门联合举办了“展会知识产权保护专题培训”，各交易团、各商（协）会负责人，海外机构代表和部分外商参加，并且予以积极评价。

高虎城表示，保护知识产权制度的建立与完善不是一朝一夕的事情，需要政府、企业和社会各界一起通过长期艰苦细致的工作。中国政府将妥善处理保护知识产权与鼓励自主创新、推动科技进步与经济发展的关系，坚决遏制展会期间侵犯知识产权行为。他表示相信，通过强化组织领导，整合市场资源，引导行业自律，加强宣传教育，“蓝天会展行动”将全面提升我国展会知识产权的保护工作，推动我国展览行业的发展，使我国展览业保持一片纯净的蓝天。

——《国际商报》何芬兰

会展业保护知识产权的几个问题

陈泽炎　薛婷婷

随着我国加入世贸组织和外贸业务的不断扩大，外方与中方的贸易摩擦日益增多，要求中国加强对知识产权保护的呼声也日渐强烈。与此同时，作为服务贸易领域的中国会展行业也处于知识产权纠纷的频发时期。进入新世纪以来，会展行业愈发突现出知识资源的特色，并产生和展示出大量精神成果。国内关于会展业如何进行知识产权的保护，正在成为一个热点话题。据了解，商务部最近也会同知识产权局做这方面的调查和研究工作。一些省市的有关部门也开始重视此项工作：深圳贸工局下发了《关于实行品牌展会排期保护的通知》；浙江义乌市会展业下发了《关于做好会展业知识产权保护工作的意见》；北京国际会议展览业协会也在就制订《保护知识产权公约》征求意见。这些举动无疑对维护我国会展行业的健康发展起到积极的促进作用。我们认为，作为有效开展这项工作的重要基础，首先有必要进行一些概念方面的澄清与辨析，这样才能找出工作的主要方向和实施重点。

一、有关概念认识的问题

坦率地说，目前在对会展业知识产权保护的问题上确实还存在着一些概念含糊不清和似是而非的问题。譬如，一个展览会的项目创意有没有知识产权，能不能给予保护？所谓重复办展算不算侵犯知识产权？参展商在展览会上展出的展品发生了侵犯知识产权的问题，组展商是否负有连带责任？如果组展商乱打旗号，招摇撞骗，是不是侵犯了知识产权？展台的设计方案如果被抄袭，其行为将如何界定和处理？等等。

现在我们不妨先从会展产业的不同层面和产业链条的各个环节来进行一些分析，看看都有哪些涉及知识产权方面的概念和认识。

1.国内展会组展商：他们作为一些展览会项目，特别是一些品牌会展项目的所有者，最为关心的是展会项目如何不要被仿冒和克隆，也就是关于展会的题目和内容不断地、经常地发生重复、雷同的问题。在他们看来，形成品牌的展会和已经成型的展会都应当算做拥有“展会创意”的“知识产权”而受到保护，光有对展会会标的注册不够，还应对展会的名称进行保护。

2.外国展会组织者：当他们将国外一些名牌展会向中国国内进行移植的时候，往往需要寻找国内的合作伙伴。这样在继续使用原品牌展览会名称、标记的过程中，就有对原展会品牌无形资产（知识产权）给予认定的问题。不能排除一旦合作破裂，会引发知识产权的纠纷。实践经验表明，这个问题正是双方在合作时应当给予明确规定的一个重要的、关键的法律内容。

3.会展项目交易者：随着会展经济的不断发展，会展行业资本运作会频繁产生，展会项目的买卖交易必将逐渐增多。对于这种会展项目所有权的转移和交易，必然要涉及到会展项目的品牌无形资产（知识产权）的转移和交易。在我国尽管已经出现了一些这样的交易行为和具体案例。但是由于操作的程序与规范还没有及时出台，特别是市场交易价值的标准制定其参考依据不足，而使得市场显得比较混乱。其实这也正是我国会展经济尚不成熟的表现之一。

4.出国展览组展商：他们比较注重的是在国外参加展览会时，如何处理中国参展商被外商投诉展品侵权或软件及著作权侵权而引发的知识产权纠纷。(国内办展也经常出现此类问题）这样的事件已有明显上升的趋势。对此他们普遍认为，对出展企业提出一般性的关于遵守知识产权的要求并不难，真正的难点在于,很难保证和控制所有参展展品都不出问题。所以他们希望划定责任界限，一旦出现这方面的纠纷，要由有关参展商承担责任，而不要追溯到组展商。

5.国内展会参展商：他们最为害怕的是被组展商欺骗性的宣传所误导，从而参加了一些名不副实的冒牌展览会，甚至被骗展，结果“白花钱、没效果。”但是值得我们研究的是，这种展会的假冒宣传问题，是否真正属于知识产权保护的范畴，骗展是否侵犯了知识产权。

6.展台设计搭建商：他们在展台设计投标时最怕的是，参展商以种种借口不让他们的方案中标，然后却又转手将扣留下来的设计图纸或方案提交给第三方抄袭使用或略有改动使用，其目的全在于图省钱。其实，这里确实涉及到一些知识产权方面的问题。

7.展具专利持有者：我们知道，一些已经广泛使用的标准展具和一些近期开发出来的新型展具确实是进行过专利注册登记的。因此如果仿制这些展具，就会涉及侵权的问题。但是从本质看，这种侵权只是一种与会展业有着间接关系的制造业方面的知识产权的问题。

8.国家的主管部门：作为国家有关知识产权的主管部门，他们除了负责在总体上的宣传、教育和管理工作以外，当前似乎更为关注的是如何减少外商的指责和投诉。因此当展览会成为发生投诉事件较多的一种场合的时候，他们就会对展览会主办者提出要求，必须千方百计地采取措施，防止发生类似事件。至于有关会展业全面的知识产权保护的问题，由于许多工作还有待深入地调查和研究，所以主管部门尚需要时间提出一个全面的和具体的管理办法。

9.各类会展行业协会：目前的实际情况是，全国未成立统一的会展业协会组织。但是，一些地方性的会展业行业协会组织已经陆续建立起来，并且有的协会已经开始重视会展业知识产权保护的相关问题。然而，关于会展业的知识产权保护问题，现在无论是管理的依据、管理的范围，还是管理的手段等诸多方面，都有不少需要澄清和值得研讨的问题。因此，关于会展业的知识产权保护，指望马上就出台可以实际操作的管理规定，似乎时机仍不够成熟。为此可行的是，各省市地方的会展协会应当积极开展关于我国会展业知识产权保护问题的深入研讨，从澄清基本概念入手，并争取尽快向立法部门提出相关的建议、措施和办法。

二、有关法律规定的问题

关于知识产权的保护，我国已经制订的相关法律主要有：《著作权法》、《专利权法》、《商标法》、《软件保护法》以及《合同法》、《民法通则》中有关条款等。但是，如果想要按照法律的具体规定去解决会展业中涉及知识产权保护的问题，真正可以"对得上号"的条款比较少。如果进一步具体分析，有以下一些情况说明现有的法律尚不足涵盖维护我国会展行业知识产权的范围：

1.关于对会标的保护：有一些展览会的会标是按照商标的概念进行注册登记的。这时一旦有人使用相同的或类似的图案作为其他展览会的会标时，就可以被认定这是侵犯了原有会标的知识产权。

但实际情况往往是，几乎不会有人直接地使用或明显地仿冒别人的会标，而一般只是在展会题目、展出内容等方面进行重复。于是在这种情况下，《商标法》的有关规定就不够用了。况且在展览会的招展过程中，会标给人留下的印象和会标在展览会中的地位还远不及展览会名称和标题文字的作用。而由于展会内容和展会标题其文字部分（包括英文的文字缩写）是无法进行注册登记以排他使用的，所以单纯的会标注册几乎无法防止展会名称被仿冒和展会内容被克隆现象的不断发生，因此，对展会名称，包含英文名称和缩写应被有关法律所保护。

2.关于对设计的保护：对于展台搭建的设计方案和图纸被抄袭的问题，需要进行具体分析。从法理上说，设计方案、设计图纸也应当是具有著作权性质的保护对象，因此可以比照《著作权法》进行规范。但是，由于实际上对违法行为的取证很难，对抄袭行为的界定也很不容易，所以相关的诉讼成本和执法成本都会很高。目前可以采取的一种可行的方式是，展台搭建的设计方在向业主方进行投标时先与其签订附加的保密协议，以此对可能发生的抄袭行为加以适当的约束和预防。如何在展览行业知识产权保护条例上体现尚待研讨。

3.关于对专利的保护：在展览会上如果发生参展商的展品侵犯他人专利等知识产权的纠纷，从本质上说这仍属于产品本身侵权的问题，而展览会只不过成为一个侵权行为被利用的平台而已。对于这种侵权厂商、侵权产品与被侵权者之间的纠纷，完全可以通过相关的诉讼、仲裁或调解加以解决。同样，如果在搭建展台所使用的展具、道具方面出现了侵权纠纷，也是可以如同产品侵权一样进行处理。

那么作为展览会的组织者（无论是国内展会组织者还是出展项目组织者）对于参展商展品的侵权问题又应当怎么办呢？首先，还是要积极协助有关部门按照法律、法规进行处理。至于是否追溯到组展商的责任，目前由此而对展览会组织者进行处罚的判例尚不多见。因此法律界、会展界今后对这样的问题还需要进行进一步具体的和深入的探讨。

对于展览会组织者来说，今后完全可以加大这方面的宣传力度，并且采取一些切实可行的措施对参展商进行必要的和事先的提醒和预防。

4.关于对品牌的保护：关于会展项目的品牌保护问题是一个非常复杂的问题。一个会展品牌在国内外市场上的竞争，归根到底是自主知识产权的竞争，除了展会名称外，还有策划理念和办展特色的完美结合。品牌展会在不断增强开发能力的过程中打造了独有的资源与无形资产，也就是"核心竞争力"。在一段时间内，这种竞争力会引领企业的长足发展。由于目前会展项目的品牌并不能进行商标注册，所以单独地对会展品牌进行保护是比较困难的。但是如果在涉及会展项目品牌的使用、合作、交易等相关环节上通过具体的协议、合同对当事双方的行为加以规定和管理，然后再按照《合同法》和《民法通则》对协会、合同进行约束，则是比较可行的。从长远考虑，也应开发我国会展行业品牌保护的相关管理规定和法律条款。

至于个别组展商冒用他人旗号进行招展或者直接发生携款潜逃的骗展事件，当然属于违法的行为。只不过这些事件更触犯了国家的《刑法》或《民法通则》，如何在有关保护知识产权的法律上体现，这些也是需要予以分辨清楚的。

三、有关道德约束和行业自律的问题

在法律以外的宽泛范围里，职业道德和社会公德当然是对会展业的从业人员以及参加会展活动的各种人员行为的一种指导和规范的力量。大家都知道，许多事情"不违法"并不等于就是"有道德"。譬如，仿冒别人的展会重复办展现象，可以认为就是属于这样的事情。

然而社会生活却又是非常复杂的。界定上述的展会并非一件轻而易举的事情。现在全国一年有3000多个展览会项目，商业性的论坛、会议项目恐怕为数更多。这其中内容雷同、题目相似、对象重叠、目标冲突的项目比比皆是。我们很难对此一概说成是彼此抄袭。应当说，只要时间、地点有其合理性，特别是市场和客户能够给予认可的会展项目，可以认为它们有着存在的理由。但是吸取国外先进国家的经验，对展览会题材的区域性划分和差异化发展的引导是值得高度重视的。

另外行业自律问题对于会展行业的健康发展，减少知识产权纠纷现象的产生也起着至关重大的作用。按常规，行业自律守则应由统一的协会来制定、实施并监督，我国全国性的展览协会尚未成立，因此对全行业的规范有很大缺失。各省市会展行业协会可先行一步，制定自己切实可行的自律守则，积极促进行业规范化的发展。

总体来说，鉴于目前制定有关法律的条件尚不成熟，因此我们需要从澄清一些基本问题入手，明晰概念问题，取得理念共识，找出本质所在。只要我们扎扎实实地做好基础工作，在我国会展业整体水平提高的过程中，会展业知识产权保护工作一定能够开创更新的局面。

广东会展知识产权保护见成效

广东省会展和行业协会知识产权保护试点工作会议最近在广州举行。大会总结交流了"双十试点"单位知识产权保护试点工作经验，研究探讨了知识产权保护出现的新情况和新问题，并出台了《会展知识产权保护工作指引》和《行业协会知识产权保护工作指引》两个试行文件，就会展知识产权保护方面的基本要求、投诉受理、投诉处理、措施及责任，行业协会开展知识产权保护的组织机构、工作制度、宣传培训、信息利用、其他服务、维权措施等方面作出具体要求。

据了解，2003年底，广东省知识产权局推出了会展和行业协会知识产权保护等两项试点，并确定了广州市医药业同业会等10家行业协会和中国（广州）美容美发博览会等11个会展单位作为首批试点单位。该项试点被称之为"双十试点"，也是广东省在知识产权行政保护方面的重大举措。而自"双十试点"工作开展以来，试点单位都先后设立了知识产权工作机构，建立了有关规章制度，协调解决内部纠纷，配合执法部门查处违法行为，有效保护了权利人的合法权益，促进了会展和行业经济的健康发展，使知识产权保护逐步贯穿到市场监管的全过程。

据不完全统计，2004年广东各级知识产权部门协助各类会展处理的侵权纠纷共455宗。试点之一的广交会，在大会业务办设立知识产权组和大会投诉接待站，并要求各交易团、商会和外资协会建立维权办事机构，指定专人负责，对参展企业进行普法教育和对展位商品进行自查，并首次实行知识产权保护问责制，知识产权保护卓有成效，被誉为"广交会模式"。实践证明，开展会展和行业协会知识产权保护，是对保护渠道和手段的重大创新，将市场监管端口前移，解决了许多行政执法部门由于法律和权限所制约而不能做的事情，扩大了知识产权保护的深度和广度。它直接推动了展会品牌的提升和行业协会工作领域的扩展，从而提升了会展组织单位和行业协会的地位。因为引进了知识产权保护的机制和手段，许多大型展会吸引了许多技术领先的企业参加展览，进而带动了整个行业企业的进驻，提升了展会的层次，使展会的社会效益和经济效益更加明显。

行业协会由于得到行政部门的支持，开展了行之有效的会员自律，处理了一批侵犯知识产权的行为，更使一大批勇于创新的企事业单位团结在协会周围，使协会具有更加广泛的代表性和号召力，从而获得更多的支持。会展和行业协会知识产权保护工作的开展，更是有效整治了市场经济秩序，促进了地方投资环境的改善，扶持了创新型企业的发展，推动了产业集群、区域经济和会展经济的健康、快速和可持续发展，为建设和谐的地方社会和经济局面发挥了积极作用。

据了解，广东省从2005年10月1日起试行的《会展知识产权保护工作指引》和《行业协会知识产权保护工作指引》对知识产权保护订立了一系列措施，其中特别明确了会展主办单位要制定展品审查备案、参展承诺以及涉嫌侵权产品管理等保护制度。同时要求参展单位做出书面承诺，保证遵守相关知识产权保护制度，明确不得以侵权产品参展、保价和成交。对发生涉嫌知识产权侵权行为的企业，有可能按照国际通行做法被列入黑名单，从而被取消一届以上的参展资格。

——《国际商报》何静文

我国纺织展会知识产权保护见成效

中国贸促会纺织行业分会按照国家有关知识产权保护的法律和条例，在2006年3月在京举办的春季纺织服装系列大展期间，强化行业自律，培育参展商的良好行为规范，对参展商在知识产权方面的权利义务与实际表现进行严格监督和现场评估，为国际性展会创造良好的知识产权保护环境。

随着纺织市场的全球一体化、纺织行业的市场化程度提高及市场行为的日益频繁，我国纺织企业面临的法律纠纷日趋增多。增强法律意识、提高应对法律纠纷的能力已经成为我国纺织企业的迫切需要。作为中国国际纺织面料及辅料博览会（春夏）、中国国际纺织纱线展览会及中国国际服装服饰博览会等展会的主要承办者，中国贸促会纺织行业分会除了在展览会现场继续设立知识产权咨询办公室外，还根据企业需要，邀请了多年从事国际贸易、知识产权的专家开办法律讲座，以案例讲解为主，针对中欧、中美达成纺织品协议后的国际贸易环境、面料著作权纠纷的新趋势以及如何运用调解解决法律纠纷等问题进行讲解，并与企业进行交流。

据了解，自1997年在中国国际家用纺织品及面料辅料博览会上设立知识产权咨询办公室以来，中国贸促会纺织分会已连续9年在展览会现场设立知识产权咨询、调解机构。知识产权工作也由最早的家纺面料展，逐渐扩展到贸促会纺织分会主办的全部展览会。到目前为止，中国贸促会纺织行业分会在展览会期间调解、处理的知识产权纠纷已达上百起，当事人涉及10余个国家及地区。通过贸促会纺织行业分会的工作，在展览会期间发生的知识产权纠纷都得到了妥善处理，参展商的合法利益得到了有效维护，在展览会期间发生的知识产权纠纷已经呈逐年减少的趋势。

为加强展览会的知识产权工作，中国贸促会纺织行业分会根据国家有关法律法规，还制定了《展览会知识产权规则》，使展览会期间开展的知识产权工作做到有章可循；同时还制定了《展览会知识产权投诉程序》等系列文件。2005年8月，他们联合中国家用纺织品行业协会以及法兰克福（香港）有限公司在上海发布了《中国国际家用纺织品及辅料博览会关于知识产权保护的上海宣言》，该展览会的参展商全部签署了该宣言，有力地推动了知识产权意识在企业中的宣传与普及。

——《国际商报》富 颉

会展教育“剃头挑子一头热”

目前我国到底有多少高校已介入会展教育？从报刊上和网上涉及这一数字的文章来看，人们大多认为已有10余所，也有认为已达20余所。而根据笔者所掌握的材料，实际情况大大超出人们的估计，如今全国设有会展专业的高校已有20余所，在相关专业开设会展方向的有30余所，二者合计已有约60所高校踏入了会展学历教育的领地。

整体状况极不规范

概括而言，我国的会展教育有以下问题：

占位意识强烈，未开专业先设系。为了表示学校对会展专业的重视，有不少高校占位意识强烈，未成曲调先有情，未开专业先设系的情况并不罕见。如沈阳师范大学早已有会展系，但至今尚无会展专业，甚至也无会展方向；北京第二外国语大学是全国最早设立会展系的高校，但该校至今也仅在旅游管理专业中设有会展方向；在会展经济与管理专业还未获批准之前，上海师范大学会展管理系就早已正式成立。

在校生人数不多，教材出版节奏很快。满打满算，目前全国学会展的在校生数不会超过5000人，但是已经出版或即将出版供学生选用的会展教材已经超过100本，令人叹为观止。有的出版社一口气出3套，每一套都至少6本以上。有的洋洋洒洒一套书就在10本以上。

过分看好人才需求，民办高校纷纷杀入。会展人才紧缺的呼声叫了多年，使人们对会展人才需求过分看好。也引得许多民办高校奋力杀入会展教育阵地。其实，会展的动静很大，圈子却不大。做一个上万个展位的展览会，并不需要多少人直接为展会服务。而且，会展需要的综合性人才也并不都要靠会展专业来培养。比如说同声传译，当然是学外语的更能胜任。

会展市场规范程度很低，会展专业教育要求很高。我国会展市场目前仍处于“万马奔腾”的时代，各种层次的会展活动都需要由合适的会展公司来组织。实际上我国会展市场需求量最大的是从事招展、招商工作的业务骨干。然而，人们一提起会展人才，必定与高素质、路路通挂钩，策划要好，营销要精，英语要专业8级，设计要能胜任专职设计师。

教育市场红红火火，培训市场人气不旺。主要原因不外两点。一是性价比，高校教育的成本低廉，又有文凭可得。而培训日趋商业化，短短几天的花费动辄成千上万。二是针对性。总体而言，我国会展培训的市场细分不够，缺乏专业性。

专业教育层次不齐

根据笔者所作的不完全统计，目前，我国开设本专科会展类专业的高校已有27所（其中本科3所，2004年已招生的本科仅2所），2004年秋招收新生在2000人以上（其中本科138人）。

现阶段我国会展专业的学历教育具有以下特点：

学历层次：专科压倒多数。目前我国已开设会展专业的27所高校中，仅有上海对外贸易学院、上海师范大学和复旦大学太平洋金融学院3所有本科专业，而复旦大学太平洋金融学院今年还未见招生。在2000人左右的2004年秋招收新生数中，本科仅招收138人，仅占7%。

高校类型：以高职院校为主。在27所院校中，高职院校为16所，占60%。其他非高职院校也基本上都是招收高职高专层次的学生。

地区分布：长三角地区领先全国。长三角地区的会展高等教育领先于全国，明显超出北京、广州等会展中心区域。上海、杭州、南京3市有16所高校设有会展专业，占全国的60%，且招收本科生的高校悉数在上海。无庸置疑，上海已经成为全国最大的会展教育中心。杭州的会展教育也已成气候，不仅其会展专业开办早，且招生数量多而稳定。杭州2004年招生数要占全国的16.5%，明显高于其会展业在全国的地位。

始招年份：2004年最多。在已明确始招年份的23所高校中，就有17所是2004年才开始招收会展专业新生的，要占总数的3/4。可见2004年是会展教育大跃进、大发展的一年。

专业开设基础：大体可分4种类型。（1）在原国际贸易类专业基础上开设。如浙江经贸职业技术学院（该校1980年就开设了对外贸易专业，是浙江省最早开设外贸专业的学校）、树人大学、上海外贸学院、江西工业贸易职业技术学院、辽宁外经贸学院等等。（2）在原旅游类专业基础上开设。如浙江旅游职业学院、桂林旅游专科学校、江西旅游商贸职业学院、青岛酒店管理职业技术学院等。（3）在原艺术类专业基础上开设。如上海电影艺术学院艺术设计学院、上海工艺美术职业学院、湖南工艺美术职业学院等。（4）在原外语类专业基础上或直接从会展类专业起步。如厦门国际会展职业学院等。

方向教育五花八门

根据笔者所作的不完全统计，至2004年秋，我国开设本专科各相关专业会展方向的高校已有30所，招收新生应在1500人以上（因高校大多在3年级才选择专业方向，各校每年通过相关专业培养的会展人才数并不确定）。

现阶段我国会展方向的学历教育具有以下特点：

依托专业以管理类为主，尤以旅游管理专业居多。在依托专业中，管理类专业要占一半以上，其中又以旅游管理专业为最常见。这是因为旅游和会展这两大行业本身就具有密切联系，而且旅游人才和会展人才也有不少相通之处。

会展方向所依托的专业很分散。英语、广告、国际贸易、公共事务管理、艺术设计，甚至文秘专业都可开设会展方向。这也从另一个方面反映了会展行业需要的是复合型人才的特点。

方向名称五花八门，各校侧重点不一。各校结合自身优势，切入会展的角度各不相同。从方向名称上也可看出其不同的侧重点。如设计、会务、经营管理、策划管理、会展旅游等等。

教学组织形式多样，会展专业课程或多或少。虽然各地各校差异巨大，但是在教学组织上，“专业课程＋会展类课程模块”的做法越来越流行了。然而各校会展课程多的可以开到15门左右，少的却只开1～2门。因此就学生而言，虽然大家学的都是会展方向，但是实际对会展专业的了解和接触差距会很大。

培养人数不定，走一步看一步。与会展专业的培养方式不同，由于大多数学校要在高年级才让学生自己来选定专业方向，因此是否选择会展方向决定权在学生手里。但是由于会展业在我国是一个蓬勃发展的新兴产业，学生选择会展方向的人数应该不会少。

会展教育任重道远

我国会展业的良好发展势头催生了高校的会展教育。经过短暂的孕育期，2004年我国会展学历教育如雨后春笋般涌现，其主要原因是大家都看好会展业前景。但是要办好会展教育绝非易事。目前的会展专业招生、会展教材出版、会展培训等等或多或少都存在“剃头挑子一头热”的现象，需要冷静看待。

会展教育是发展我国会展业的基础，学校培养是会展教育的基石。我国的会展人才需要实行分层次培养，分阶段培养。无论是“重教育，轻培训”的观点，还是“重培训，轻教育”的观点，一样都失之偏颇。我们应借鉴旅游行业的经验，坚持两条腿走路的方针，提倡“以做带学，学做结合”，提倡学校教育与在岗培训相结合。在学校教育阶段，要提倡课堂教学与实习实训相结合。

会展就是整合资源，会展教育资源也需要整合。在整合校内优势资源为会展教育服务的同时，学校要将优秀会展企业作为自己重要的教学资源，同样，会展企业也要将高校作为自己的“人才库”和重要的合作伙伴。有条件的地方可实行“订单式”培养，学校可按企业要求来确定培养目标和培养方式。

——《国际商报》丁萍萍

国际会展教育亟须新模式

——美德会展教育对我国培养会展人才的借鉴意义

会展教育体系是随着整个会展经济的发展同步成熟起来的，当前，美国、德国等经济发达国家的会展经济在全球业界都处于领先地位，因此他们的会展教育体系也是比较成熟的。美国的会展教育起步虽然较晚，但发展却异常迅速，其多年来形成的多元化教育模式已成为重要的会展管理知识输出国之一。作为会展业发展历史最悠久的德国，其“二元制”的会展教育模式也已经成为其它国家模仿的对象。

美国会展：教育多层次实用化

据统计，全球有150多所大学提供与会展管理相关的教育，美国大约占了一半，而且目前该国已经形成了相对完善的教育体系。在会展管理人员中，60%以上具有学士学位，其中近10%拥有硕士学位。在课程设置、教材编写、教师配备方面，美国也很有优势，美国的会展教育模式已成为国际上发展会展教育的典范。

1.多元化的教育主体美国的会展教育主要由高校、行业协会、中介机构和咨询公司等组织承担。其中，高校处于核心位置。目前在美国开设会展专业或课程的主要院校有乔治·华盛顿大学、内华达大学、休斯敦大学、俄克拉何马州州立东北大学等75所高校。其他像行业协会、中介机构、咨询公司等也为会展从业人员提供技能性培训。高等院校的学习以学位教育为主，一般不要求具有从业经验；而行业协会、中介机构、咨询公司从事的是技能培训和在职培训，学员大多具有一定的从业经验。美国高校基本上是在旅游管理或商务管理的基础上设置大型活动或会展管理专业。美国国际展览管理协会自1975年起开设了展览管理认证证书的学习课程，以期提高从业人员的专业水平。

2.多层次化的教育体系在美国高校已经形成了与自己专业特色相适应的从一般职业资格认证教育到学士、硕士学位教育的多层次会展教育体系。在美国，会展管理的提法一般是“事件管理”或“特殊事件管理”。它不仅包括会议管理和展览管理，还涉及大型事件、体育事件、各种节庆甚至私人重要活动在内的事件管理。会展管理专业一般设置在宾馆管理、旅游管理、接待礼仪、体育运动、休闲娱乐、艺术门类中。在目前开设会展教育的高校中，乔治·华盛顿大学的会展教育规模最大、课程体系最完整，学生不仅可以攻读学士学位，还可攻读硕士学位。该校于1988年率先推出的特殊事件管理职业资格认证制度已得到全球20多所大学的认可。还有许多大学的会展教育也取得了较好的发展，并且树立起了自己的品牌。

3.多样化的教育途径美国会展教育的时间安排有多种，个人可以根据自己的情况选择适宜的方式。除了四年制的学士学位教育和两年制的硕士学位教育以外，还有一些两年制的社区学院也参与提供会展教育。在职业资格认证培训上，时间则更为灵活。以乔治·华盛顿大学大型活动管理证书培训为例，它主要是对刚进入会展行业、工作经验不多的人员进行初级入门培训，无学期要求。耗时最短的学员在6个月里学完了全部课程，耗时最长的则用了36个月。美国国际展览管理协会的展览管理认证证书课程学习要求学员在3年内学完7门必修课和2门选修课就行，耗时最短的记录是11个月，最长的则达24个月。

美国的高校还通过专业研讨会、书刊、VCD等方式为公众提供学习会展知识的机会。此外，它们还通过远程教育向全球24个国家提供相关教育与培训。乔治·华盛顿大学“特殊事件管理职业资格”认证体系获得了西班牙、摩洛哥等国家的认可。目前全球约有20多所大学采用了该校的会展职业资格认证课程，通过远程教育对会展从业人员实行职业培训。此外，美国高校的会展教育非常注重实践环节，许多高校在校园里建立模拟客房、餐饮设施，邀请会展业界人士为学生开讲座，并让学生实际参加会展活动，要求学生为学校的体育赛事寻求赞助商。这些实践活动对提高学生的实际操作能力大有益处。

德国会展：推进“双元制”会展教育

在德国著名的瑞文斯堡合作大学，其会展管理系只有三名专业教师，这与其在世界会展教育显耀的名声相比显得有些不相称。由于有发达的会展业支撑、有会展业界的全国力支持，瑞文斯堡合作大学会展教育才名声大振，在“三名专业教师”背后有着许许多多经验丰富、热心教育的会展业界人士承担着“会展教师”的职责。

德国会展教育核心力量包括与会展业界有着密切联系的高校教师和对会展人才培养有着使命感的会展业界。这两个方面相互支撑和互动，构成了富有生命力的德国会展教育体系：学生大多数是展览业界，根据展览公司需要进行定向培养的。学生一般学习一年半的理论课程，另外一年半是到展览公司进行实习；每学期的安排通常三个月上课，三个月实习，学生反复地从理论到实践，再从实践到理论。将生产劳动与教学训练相结合，突出培养学生的实践能力；学生一进入学校，就有了学生和企业学徒工两种身份，在校学习阶段有大量的时间是在公司或企业进行实际操作。

中国会展：结合实际创造自身模式

美国和德国的会展教育模式，都符合本国会展业的实际情况，因此都对其本国的会展经济起到了推动作用，也成为其他国家模仿的成功案例。对于我国的会展业而言，如何结合我国会展业的实际情况，借鉴先进经验使我国的会展人才快速增长从而促进会展经济的发展，也成为目前会展理论界探讨的热点问题，一些专家也提出了操作性很强的建议：

首先，行业协会或政府应该积极促进和引导会展业界与高校会展教育界的互动，把这一工作作为促进我国会展业发展的战略之一。行业协会或政府相关部门应该召集有关组织进行会展人才培养层次、规模等进行规划。考虑到会展人培养的重要性，笔者认为可以把是否参与会展教育作为测评会展公司的一个参考指标。

其次，会展业界应该把会展人才的培养工作视为其工作的一个重要部分，业界资深人士应该把自己的宝贵经验作为我国会展教育的重要资源，大公无私地拿出来供他人分享。比如，担任专业兼职教授积极参与会展专业教育；在高校或展览中心提供大量的专业讲座；提供会展专业学生的实习机会并在学生实习过程中认真做好“传道、授业、解惑”的工作；提供专业学生到展览参观、了解展览最新动态的机会。这些工作必将会促进业界人士的理性思考，对自己的工作进行总结，所以，这不但对会展人才的培养有所裨益，而且对业界人士自身的提高也是大有帮助的。业界人士不应该以工作繁忙推脱相关的工作。

此外，高校应该积极寻求业界的支持，开门办学，把自己作为会展从业人员积极参与会展项目，关注会展业发展的最新动态，力求在业界发出自己的声音，寻求业界的认同。高校应该寻求建立与会展业界的互动机制，通过加强科研为业界提出可供参考的方案措施，为业界拾遗补缺。高校应该设立专门联系人，保持与业界的沟通，在引进业界兼职教师和专业讲座方面做好联系工作。

澳门科技大学联合澳门展贸协会，在其持续教育学院开设会展类专业课程，可以说是借鉴德国会展“双元制”教育的成功案例。其他高校在开设在校全日制本专科会展教育的同时，也可以考虑在成人教育中开设会展专业，进行“双元制”教育。成人教育对会展“双元制”教育的意义是其学生多是来自业界，这就自然而然的把学校的教育与实务界紧密的联系起来，形成良性互动，使高校能够充分借助业界力量办学。

——《国际商报》宗 诚

充分挖掘世博会资源 为地方经济社会发展服务

2005年日本爱知世博会中国馆展出工作总结暨表彰会2005年12月27日在北京召开，来自北京、上海、天津、黑龙江、青岛、大连等省市的代表，以及美国华商总会、全日空、株式会社资生堂等企业代表约200人出席了此次会议。会议由中国贸促会副会长高燕主持，中国贸促会会长万季飞在会上做了重要讲话，同时，参加中国馆工作的中国贸促会地方分会和有关合作单位的代表还做了发言。另外，会上还举行了隆重的颁奖仪式。

中国贸促会会长万季飞说：“2005年日本爱知世博会历经185天的展出，于2005年9月25日正式拉上了帷幕。在展出期间，中国馆共接待观众570万人次，占世博会接待观众总人数2205万人次的1/4，是日本爱知世博会接待观众最多的展馆。中国馆在世博园区内外成功举办的文化交流活动达5120场，是世博会中活动内容最丰富的展馆。中国馆的展出取得了圆满成功。”

万季飞介绍说，吴仪副总理前不久在谈到中国馆工作时指出，在中日关系极其复杂敏感的情况下，中国馆克服了很多困难，做了大量的工作，广泛宣传了2010年上海世博会，为举办上海世博会提供了有益的经验。

国际展览局秘书长洛塞泰斯在评价中国馆时说，这次中国馆展出是中国参加世博会历史上最好的一次。日本爱知世博会协会会长丰田章一郎也曾致函说，中国馆对各国观众的巨大吸引力使得2005年日本爱知世博会观众数量大增，中国馆举办的一系列活动也提升了本次世博会的展出水平。

中国驻日本使馆大使王毅在评价中国馆工作时说，中国馆的展出成功了！中国馆是连接爱知世博会与上海世博会、由亚洲通往世界的桥梁！中国馆的成功展出为2010年上海世博会奠定了基础。中国馆贴近日本国情、世博会习惯和日本民众感情，通过轰轰烈烈、扎扎实实的工作，精心组织，合理安排，不断推出精品，在观念、做法和效果上都开创了历史先河，成为中国国家形象的缩影。中国馆以民促官、以文促情、以经促政、以多边促双边，不仅宣传了中国，还宣传了上海世博会，影响遍及日本全国。

万季飞说：“在筹备本次世博会中国馆的过程中，中国贸促会根据开放、创新、发展的思路，对筹办中国馆思路和模式进行了重大改革，第一次将‘开放办世博’的观念引入筹备工作中，与中外各界众多专家和专业人士合作，共同办好中国馆这一国家项目。第一次面向社会公开招标，确定中国馆设计方案、徽标方案和施工单位，第一次提出‘充分挖掘世博会资源，为地方经济社会发展服务’的理念，邀请14个省市参与中国馆系列活动，促进地方对外经贸合作、文化交流和旅游资源推介等方面取得成果，第一次引入市场机制，同中外企业开展了多种形式的合作，利用世博会平台，促进企业走向国际市场。”

在2005年日本爱知世博会期间，中国馆以独特新颖的展示和丰富多彩的活动，尤其是14个参展省市举办的众多文化和交流活动，吸引了大批观众的参观，反响热烈，效果良好，实现了吴仪副总理关于中国馆要“高潮迭起、好戏连台”的指示精神。中国馆共举办各类文化活动5120多场次，包括民乐演奏、时装表演、管弦乐、杂技、京剧、昆曲、黄梅戏、书法和绘画展示、音乐会、茶道表演、饮食文化交流、民间工艺品制作等。精彩纷呈的活动，丰富了中国馆的展出内容，宣传和提升了中国的对外形象，加深了日本各界对中国的了解和理解。

万季飞说：“此次中国馆各参展省市都设计了自己的活动主题，各省市围绕主题，精心策划了一系列特点突出、贴近民众、富有成效的文化和交流活动。世博会期间，中国贸促会与各有关省市合作，在东京、大阪和名古屋还举行了5场大型经贸招商引资洽谈会，共推出819个经贸合作项目。中日企业之间举行了676场对口项目洽谈，达成意向成交项目175个。中国馆省市周期间，共举办91场地方旅游资源推介活动。”

据了解，爱知世博会协会高度评价了中国馆馆日活动，认为是所有国家馆日中最精彩的。在复杂的国际政治环境，特别是中日政治关系走向低谷，日本民众对华感情下降的情况下，中国馆的展出和系列活动为促进中日两国的交往，加深两国人民的了解和感情发挥了特殊作用。

万季飞最后说：“中国馆展出虽然取得了成功，得到了国务院领导同志的充分肯定和各界中外人士的赞扬。但我们也清醒地看到，我们在理解世博会内涵和理念、在展示的手段和方式上与西方发达国家高水平的展示相比，还存在不足。我们要从中国实际出发，认真总结经验，学习和借鉴国际上先进的展示理念和方法，特别注重学习日本在组织和管理本届世博会上的成功经验，不断提高我国参加和举办世博会的水平，求实创新，扎实工作，为举办好上海世博会而不断努力。”

中国贸促会天津市分会副会长姚志喜在会上发言说：“本届爱知世博会、中国贸促会在筹建中国馆的同时，邀请各地方省市参与中国馆活动，并举办省市周系列活动，是中国参加世博会历史上的一个创举，使全国14个省市有机会参与本届世博会，以城市推介为主线，通过艺术化、现代化的展示空间，配合各省市的宣传计划，为发展地方经济服务。这不仅从整体上很好地宣传了中国，丰富了中国馆的活动内容，也为地方省市搭建了一个广阔的宣传平台，形成了国家和地方的良好互动。希望中国贸促会在今后的各项重大国际活动中，能够借鉴此次成功经验，多邀请地方省市和地方分会参与。在天津周期间，天津市共有商务团组近200人赴日本，进行招商引资和贸易洽谈活动，共达成合作意向41项，协议外资额2.85亿美元，其中签署投资合作协议7项，投资金额近8000万美元。这些经贸活动受到日本企业的热烈欢迎，取得了很好的实效。”

在会上，中国贸促会黑龙江省分会会长纪庆福说：“黑龙江省作为东北振兴老工业基地省份代表，第一次走进了世博会这个大平台，并举办了黑龙江活动周等一系列的经贸促进活动，取得了令人瞩目的成效。黑龙江省充分借助世博会这个大平台，大力宣传了老工业基地的优势，使外经贸促进工作取得丰硕成果。此次参加世博会，黑龙江省达成投资意向的项目76项，意向投资总额2.5亿美元，贸易合同2项，合同金额500万美元；经济合作意向项目6个，意向合同金额600万美元。同时，我省此次招商活动还新建客户关系700多个，为今后扩大合作开辟了新的渠道。”

——《中国贸易报》朱文伟

世博会要着眼软环境建设

在2006年上海市第12届人民代表大会第四次会议和上海市政协第十届四次会议上，上海市人大代表和政协委员聚焦中国2010年上海世博会，纷纷为世博会建言献策。就如何举办一届最成功、最精彩、最难忘的世博会，代表和委员们表达了各自的看法。

为世博会提供全方位的管理和服务。据不完全统计，“两会”期间，仅在1月15日一天就有五个提案是为世博会的管理和服务建言献策的。如农工党上海市委递交提案《世博会园区建设要走可持续发展之路》，民进上海市委会也提出《关于在世博会期间展示中国民间文化的建议》。何静芝委员建议根据世界展览局对世博保险规则的要求，设计、组织、运用保险机制，为世博会提供全方位的风险管理和服务，化解世博会潜在的风险。邱华云委员递交了提案《关于“在浦江镇设立以公共物流配送平台为核心的市级物流园区，并纳入上海物流发展规划重点”的建议》。邱委员建议利用世博效应，持续提供城市公共物流服务，借助上海举办世博会提升现代物流城市公共物流配送的起步和发展。

世博会园区建设要考虑实际效用。针对一些国家或地区为举办运动会或展会，盲目投资兴建大型场馆和展馆，造成了很大浪费的现象，冯希平委员建议世博会园区建设要走可持续发展的道路，在园区建设既要考虑在展示期间的集中、大容量的应用，也要考虑世博会后淡季的实际效用，避免走弯路。

据预测，2010年上海世博会期间，观众将达7000万人次。而目前上海有星级酒店床铺只有9万张、非星级旅馆床位17万张。按世博会预计观众的接待要求平均算下来，每天将有35万左右的人需要入住酒店，特殊日期甚至超过80万。张文龙表示，专为世博会大量投资建造豪华宾馆，可能会造成世博会后潜在的空置和浪费。而引导市民利用手中高档、空置、空余的住宅，建成家庭旅馆则是可行之举。记者了解到，在会展经济发达的德国，星级旅馆在展览会期间，经常会出现爆满情况，因此很多旅客就会选择家庭旅馆入住。家庭旅馆的出租每个家庭都不一样，但都非常干净、整洁，而且完全独立、私密。有些家庭旅馆还会提供简单的早餐，如三明治、牛奶、橙汁等，而价钱与二三星级的经济型旅馆相比，却要便宜很多。

政协委员、锦江国际（集团）有限公司旅游事业部总经理、党委书记宋超麒也认为星级酒店发展与家庭旅馆应并重。他进一步介绍说：“在国内旅游刚刚对外国人开放之初，有一部分外国人是强烈希望与上海市民同住的，但因为当时市民居住环境较差，发展不下去。但现在时机已经非常成熟，目前上海市民已经普遍改善了住房条件，我觉得可以先选择一些素质较高的国外旅行团体进行小规模试点。”

大力开展行为规范教育提高市民素质。不少上海市民担心，同日本爱知世博会比较，上海世博会硬件建设没问题，却可能会输在“软件”上。对此，政协委员、中国科学院院士、同济大学教授、世博会主题演绎总策划师郑时龄于1月16日在与网友们交流时强调：“上海世博会提出了‘生态世博’的概念，我们讲的生态不仅是环境的生态，还涉及到经济的生态、社会的生态、人文的生态，体现的是一种人与环境的和谐。这样，一方面可以保护文化传统，另一方面还可以减少资源的消耗，能源的消耗……”

在世博会的软性条件中，市民素质一直是委员代表们热议的话题。政协委员上海世博（集团）有限公司总裁陈先进认为，日本爱知世博会不但在管理运作上值得借鉴，日本观众的纪律性和良好的生活习惯，也值得上海市民学习。希望从现在开始就要进行宣传和教育，使大家逐渐养成良好习惯，特别作为上海市民，更应该起到表率的作用。这样，世博会将成为提高市民文明素质的重要契机。

会议期间，人大代表何勤华领衔提出了《关于制定〈上海市市民文明行为条例〉的建议》议案，着眼于世博会软环境建设，要求大力开展类似“七不”行为规范教育的活动，得到了代表们的广泛认同。上海市人大常委会委员沈国明则更看重法制环境的建设。他介绍说，为了防止侵犯世博会知识产权情况的发生，国务院专门颁布了行政法规，而许多法律工作者感到单有一部法规还不够，又列出了须进一步进行专项立法的目录。即便如此，上海世博会刚刚申办成功，侵犯世博会知识产权的现象已经发生。因此还要重视其他方面“软件”的建设。

上海世博会事务协调局副局长周汉民表示，世博会的筹办工作成为政协委员们关注的热点，充分体现了广大上海市民对筹办工作的关心和支持。上海世博会应当推动上海成为经济之都、服务之城、安居乐业之城、移民之城、创新之城、传媒之城、文明之都、国际组织之都。推动上海建成以600平方公里市区为都市核、6000平方公里郊区为都市层、长三角为都市圈的国际大都市。

——《中国贸易报》季春江　常　易

中国航空展走向何方

看过2005年10月在北京举办的“第11届中国国际航空暨机场设备展”（以下简称北京航展）以后，各类报道多多少少提出了这样一个较为尖锐的问题，我国的航展还能够继续走下去吗？

笔者认为，中国的航展始于1984年，目前知名度较高的有珠海、北京两大航展，另外，2006年即将举办两个上海航展加上香港一个航展，这五个相关主题的展览会，基本上能够反映出我国乃至世界航空业发展的状况与未来走势。不过，眼下我们所看到在内地举办的航展，例如珠海航展政府由于财政投入办展深感推动之艰难；而北京航展举办11届以来由于场地限制无法进行空中表演；展出面积始终徘徊于1万平方米上下。计划中的2006年上海航展则还没有揭开神秘面纱，面临来自世界会展市场的竞争，的确让人不得不产生上述忧虑。

法国哲学家沙特有一句名言：存在即合理。

产业需求决定航展的特点。世界任何会展活动的产生必然伴随国家产业战略、区域经济和城市经济三大需求。我们暂且不谈国际上航展如何，简单回顾一下我国的航展发展历史，不难发现：与全国其他展会一样，我国航展20年间经历由计划经济与市场经济双轨制时期向社会主义市场经济的改革发展历程，相对于其他如制造业等专业主题展，基于航空产业在我国属于幼稚产业，是一个以航空产品进口为主的国家，其展览需求特点表现为商品采购，参展商大部分来自国际，观众则以国内为主，上述航空产业的需求20年间催生了两个知名的展会，也自然造就了我国航展的特点，一是由香港华进公司创办的、最长历史的北京航展，一是1996年开始政府参与主办、规模最大的珠海航展即“中国国际航空航天博览会”（本文简称珠海航展），表面看来似乎是竞争主要集中在北京与珠海之间，人们可能要问谁是最后真正的赢家？这实际上涉及到一个展会生存的评判标准，也就是说我们应该如何去考察一个展会的生命力即存在的可能性呢？

市场经济环境中评判展会的标准是什么？笔者认为，在我国会展活动发展到今天已经是一种市场经济行为，会展活动在中国正处于“产业化”进程之中，评判一个展会的生存标准不仅仅只是市场主体的名头、或者政府投资财政有多少或者规模有多大，而应该是市场需求，即展会背后的产业需求和最终消费者需求。在社会主义市场经济环境下的会展活动，只有具备了经济效益和社会效益双重价值，而且是以经济效益为基础，才有长久的生命力。说到底，关键在于办展要赚钱！

展会有规模不一定就经济。目前会展业界流行一种观点，无论场馆建设或者是展会举办都认为“有容乃大”，认为会展项目就是具有投入大、回报期长、效益高等特点，把会展经济简单的定义为规模经济，为了上规模需要政府大量的、长期的投资，这实际上是一个缺乏市场风险意识的观念性误区。

任何会展活动的出现，的确是以一定的规模为基础，例如一般情况下展会以50家左右参展商作为盈亏点。然而，规模并非展会成功的唯一保障，会展活动是一个系统工程，涉及多层次、各类产业模块之间的竞争与合作。单就展会财政投入来看，如果一个城市对一个展会的财政投入与收入之间持续出现红字，不仅是给城市带来极大的财政压力，而且展会的组织也必然陷入低效状态，长此以往必然影响展会的举办质量，特别是像航展这样专业性极强的展会，潜伏着巨大的经营管理危机和市场危机。因此，真正具有生命力的会展活动不一定以规模见长，而是根据产业的实际需求能够产生经济和社会双重效益。

航展的差异化竞争格局。航展作为一个战略性的专业展会，中国航展有着自身发展的独特规律。从珠海与北京两个展会的发展历史来看，北京航展之所以能够在短短20年里连续举办11届，其中一个基本理由就是：这是一个一直能够盈利的展会！后起之秀珠海航展一开始就视北京航展为强有力的竞争对手，然而经过近10年的市场较量，各方谁也没有吃掉谁，而是彼此形成了一南一北两大展会的“差异化竞争”格局，例如在举办时间上自动设计成为分双单年举办，珠海逢双年而北京则单年；另外，从目前的展商和观众结构来看，两航展大致相同，这样我国实际上每年都有一场相对系统的知名航展，航展因而成为中国航空产业结构中一个必不可少的产业链。

巨大的市场需求下航展的未来发展趋势。从我国经济发展的总体需求来看，中国航空运输业是全世界最有增长潜力的市场。根据中国航空工业第一集团公司《中国民用飞机市场预测年报（2001～2020）》，对未来20年民用飞机中国市场所作预测，在今后20年将以较快速度增长，航空客运周转量年平均增长率为8.3%，到2020年，中国的客机拥有量达到1852架，达到4813亿人公里，约是全世界2000年的5倍，在未来20年内，我国将有很多支线航空运输开辟，支线网络将进一步完善，其中100座以下支线飞机583架，我国支线航空运输的发展潜力是巨大的，国内对支线飞机将有很大的需求，支线飞机在机队中所占比重将由目前的14.7%增加到期末的31.5%。

假设以目前的市场格局不变和各级政府不干预为两大前提条件，一个更加深层的竞争将摆在双方面前：未来竞争焦点将必然集中于各自的企业发展战略规划、财政控制、展会服务管理能力与品牌号召力上。并且，随着上海航展的介入，未来的竞争有可能形成三足鼎立态势，资本运营将是决定航展竞争结果的发展方向。因而珠海、北京和上海孰存孰亡，一时间恐怕也难料结果。

可见，为了促进我国航空产业的发展，航展在我国仍然将继续而且也有必然存在的空间，作为产业发展的媒介平台——航空展览会任重道远。至于是哪家或者哪些展会、哪个城市来承担起中国航空产业变革的历史重任，并非以个人意志为转移，让市场去评判吧！

——《中国贸易报》应丽娟

上市公司涉足会展业前景迷离

2005年11月7日，以纺织外贸为主营业务的南纺股份2亿元收购了南京一家会展公司，此前业绩一直不错的南纺股份，前景一下子变得扑朔迷离。

上市公司涉足会展业就真的是前景光明吗？早在2001年，长春经开和汉商集团便斥巨资雄心勃勃地进入会展业，两者分别收购了长春国际会展中心和武汉国际会展中心。然而，现在这两个项目的情况如何呢？由于持续亏损，2004年以来汉商一直在为这家勉强维持的会展中心寻找新的管理者，但却无人接手这“烫手山芋”。至于长春经开，已于2004年3月将长春国际会展中心委托给长春经济技术开发区管委会经营，干脆当上了甩手掌柜。2003年，厦门建发通过增发募集资金收购了厦门国际会展新城投资建设有限公司95%的股权。目前虽然有盈利，但是在相当程度上依靠的是政府的财政补贴。而据了解，杭州、合肥等更多城市由企业运作的会展中心，经营亦是步履维艰。

那么，被认定为朝阳行业的会展业缘何会在我国有如此尴尬的境地？应该说，会展业作为一个新兴的行业，的确有着巨大的市场发展前景。从国际上看，会展业，包括会议业、展览业和与之相关的旅游业是一个非常巨大的产业，根据国际展览业权威人士估算，国际会议业的产值超过2800亿美元，对全球经济的贡献达到8%左右，在德国、我国香港等会展业发达的国家和地区，会展业对经济的带动作用达到了1:9的水平。国内方面，上世纪90年代以来我国会展业发展迅速，年增长速度达到20%以上，大大高于我国其他领域的平均增长速度。同时，我国会展业也处于起步阶段，市场发展潜力巨大。

然而，由于展馆及其配套设施的建设资金投入十分巨大，一般都在数亿元甚至十几亿元。所以在会展经济较发达的一些国家，其展馆建设的投资主力一般是政府，在展馆建设完成后，通过招标由企业来经营展览相关业务。也就是说，企业投入展馆后的主要收益来自于展览业本身，而仅用展览来实现对展馆高额投资的回收是很难办到的。如投资14亿元的成都国际会议展览中心，集展览、会议、酒店、餐饮、娱乐、休闲、购物于一体，由美国加州集团与成都市政府合资兴建，外方控股。2002年的综合收入是2亿元，而展览收入仅为3000万元，占总收入的15%，85%的收入均为展览所带动的收入。2002年10月，由宁波市政府投资7个亿的国际会展中心落成，将其经营权交给当地一家物业公司与上海两家展览公司联合成立的公司托管。新公司主营业务是租赁与管理展览场地，并提供相应的配套服务，组织承办国内国际会议和展览，政府只对其下达经营目标计划。在实施经营中，政府又给予减免税费和银行利息等扶持政策。据悉，宁波国际会展中心运作近1年，经营状况良好，被称为“国内企业运作会展的标本”。所以，上市公司介入会展业将有多少回报，仍然充满玄机。

——《国际商报》

话说出展“功夫在展外”

在当今进出口贸易对我国GDP的贡献过半的高比例形势下，企业拓展海外市场的规模和速度势必达到中国加入世贸组织几年后的高峰。根据企业自身发展战略的需求以及实施市场营销重要手段的需求，愈来愈多的中国企业走出国门，参加海外的博览会、展览会，努力赢得自己在国际市场的份额。

也是几年的功夫，我国企业到海外参加展览会的数目从200多个猛增加到700多个。企业付出大量人力、财力和物力到陌生的市场去拼搏，到海外的展览会去亮相，非常需要正确的参展指导和经验交流，以达到事半功倍的效果。笔者从上个世纪80年代初开始涉足海外展览工作，在近20年的职业生涯中曾摸着石头过河，曾在海浪中翻滚，呛过水、晕过船，有过沉重的教训和深刻地反省。往往有些正面的经验，也是多年摸索出的体会，特别是一些细节，不被人注意的“小事情”会直接影响参展的质量和效果。本文试图从海外参展链上被一般人认为是非主流环节方面，谈谈如何能成功地在海外办好展贸活动。

一、展前注重市场调研

市场调研对组展商和参展商来说同等重要。主办方的市场调研关系到办展市场的选择决策，而参展商的市场调研的深度和广度则决定市场营销策略实施的成败。一般来说，展前的市场调研可分为两个层次进行：国内调研和参展国市场现场调研。

国内调研应把握住如下内容：

(1)参展国与我国的贸易总额，该展所涉行业的对华贸易量；(2)市场竞争的程度：国外公司、国内公司、海外品牌的市场占有率；(3)与贸易有关的法律规定：关税、配额、国内各税种的情况（增值税、营业税、退税规定）；(4)产品包装的要求：运输包装、销售包装、颜色及设计要求及特殊规定等。

国外调研把握的内容（展前布展期间和展期中都可调研）：

(1)市场调研：产品零售价格、消费数量、地域分布、供货来源、增长趋势、市场辐射作用等；(2)市场渠道：销售渠道、销售网络、销售层次、管理规定等；(3)产品要求：技术标准、贸易标准、产品质量、价格水准、款式品位、色彩喜好等；(4)市场的消费习惯、消费层次、对季节的要求等。

二、展前对“参展商手册”的认真研读

组展单位拿到海外展览主办单位的一大厚本参展商手册后往往疏于认真研读，加之语言的障碍，很少有认真通读一遍的。大部分主办方只凭经验，挑几项诸如刊登会刊、运输、装修等不得不知晓的内容传达给参展商，参展商不能直接见到参展商手册是出展国内组团单位普遍存在的问题。而有些组展单位“以己惑惑使人惑惑”，再传递一些错误信息，更是害人坑己。从参展商手册中能读出展览会的大量信息，对组展商和参展商都十分重要。

1.展览会规则的信息：海外展览会的参展商手册一般都把展览会规则的条款写在靠前面的位置。内容主要为主办方表达的约束参展商的各种行为规范，从申请参展、分配摊位、布展和撤展、安全事宜，直至免责条款和终止参展资格等。另外还有诸如对知识产权、分租摊位、展品类别、摊位使用、进场限制、摄影录像、参展证件、标语海报、应急机制、保险责任等规定。组展单位只有通读并理解了这些要求后才能万无一失地带好团。参展商充分了解了规定后才能高效安全地进行展贸活动。

2.展品类别划分的信息：海外专业展览会对展品按类别划分展区展示的工作特别认真。负责任的组团单位一定要把参展商手册中的类别划分告知参展商，让他们的展品能在正确的展区中亮相，否则由于展区不对而影响买家及观众与参展商的对接。贸易观众少，观众不对口是出展最为参展商诟病的地方。参展商在展前也必须关注自己是否被安排在正确的展区，它关系到你此行参展的成败。

3.刊登会刊的信息：国内绝大部分组展商和参展商对海外会刊的兴趣只限于免费部分，刊登的信息量非常小，只限于公司的名称和地址，一提到收费部分，就免谈了。一些没有经验的主办方读不懂会刊中收费和免费的条款，统统都划钩儿，时不时闹出展后让人追缴费用的被动局面。其实多交一点儿钱，把会刊的信息量登全，对参展商的宣传和推销极有好处，会刊的发行量很大，保存在商人手里，就是留住了日后的商机。这部分钱不能省。

4.刊登广告的信息：海外较大的展会都有专门的媒体从事广告征集工作，主要有会刊广告、特刊广告、展讯（每天一次）广告、专业媒体广告。国内参展商鲜有刊登者，近年来国内名牌企业已开始注意此类广告。参展商手册中会有细节告知，如何取得优惠的版面和增值服务。

5.演讲、高峰论谈、技术交流等活动的信息：海外一些知名品牌的展会都会在参展商手册上预先告知主要的活动并邀请参展商参加。绝大部分国内参展商对此项内容不感兴趣，究其原因，受制于公司实力不足、语言和费用的障碍。这块阵地国内基本没有很好利用起来。其实以贸促会和行业协会或者大公司牵头组团的参展团应该具备参与活动的能力，如

果能得到各级政府的一定经费赞助，作出缜密的策划方案和实施细则定会取得良好效果。如果在展前与主办方取得共识，在展期举办“中国馆日活动”，其宣传效果会更好。

6.展览服务项目的信息：很多组团单位不认真阅读海外主办方提供的服务项目，以为每项服务都会与费用挂钩，其实不尽然，随着国际会展业的发展，竞争日益加剧，主办单位也会在人性化管理和延伸服务方面采取一些亲和措施，提供一些免费服务项目，例如：免费门票、免费赠阅会刊、免费上网服务、免费穿梭巴士服务、免费城市交通（含城铁和地铁）服务、免费晚会活动项目等等，当然每个展览会提供的内容不一样，需要组团单位与参展商仔细研读参展商手册。

三、展前买家和观众的组织

国内的组展单位和参展商普遍认为出展的观众和买家的组织是海外主办方的事情，自己无须再作过多努力，其实这是一个误区。海外主办方偏重的是一般专业客户的邀请，而参展商自己的目标客户和老客户则需自己下功夫在展前把你参展的信息传递过去，邀请他们来展台会面。可利用大会主办方事先发过来的邀请函和邀请卡在国内向海外的目标客户群和老客户做定向邀请，拿到邀请卡的买家和客户可在展会门口更换参观券，这样就可保证参展商有基本客户群。展前大量的联络工作需要由专人负责执行。选择当地适当的媒体做广告费用开支大，用此种方式能节省费用且行之有效。

四、展前做好展会宣传的策划工作

绝大多数国内的参展商为海外参展支付了较高的摊位费、运输费和人员费用后，限于财力和精力的不足，对展会宣传工作基本置之不理，普遍认为那是组团单位的事情。组团单位如果受利益驱动或承包利润的考核，也不会花钱去做更多的宣传工作，因此造成国内参展商在展会上推销产品掷地无声、仓促收场、无后续效应的局面。这是出展工作存在的软肋。真正做好宣传工作的几个基本步骤不能忽视：

1.在大会会刊上登足名录信息，并视财力情况定好会刊广告版面，也可在大会指定的专业媒体上做广告；

2.备足产品样本和公司简介（中、英文）；

3.与大会新闻中心取得联系，可举办新闻发布会、产品推介会、客户联谊会等活动（需要支付一定费用），把自己的新产品信息资料送到新闻中心供记者参阅并引起舆论关注；

4.展会上只要有“中国馆”或较大的国内参展团，主办单位应印制自己的会刊（英文），并与有关媒体合作出版“展会特刊”（英文），参展企业在上面做广告，费用比在“大会会刊”和“展讯”（一天一次的快报）上要便宜得多，将之在展会上发行，具有一定的宣传和促销效果；

5.策划好“中国馆日的活动”，事先做好邀请嘉宾和观众的工作；

6.有实力的协会、商会或公司可预先邀请国内、海外媒体记者或编辑参会进行展会专题报道。

——《国际商报》薛婷婷

香港如何营运大型国际会议

149个国家和地区、300位部长、5800名官方代表、2100名非政府组织代表、3200多名全球记者、长达100小时的马拉松谈判、整整6天的会议议程，安全保卫、交通疏导、医疗救护、各种紧急预案……承办如此大规模、高规格、高密度的国际会议，不仅是一份荣耀，也是一份考验一个城市营运和组织管理能力的最高规格的试卷。香港是如何保证大会高效、顺利进行，同时又尽可能减少会议对城市经济正常运行的影响，以及保障市民正常生活、出行秩序尽量不受到干扰的呢？

政府：拨款2.5亿港元筹备会议。采访本次会议的各国记者都会注意到，在香港这个寸土寸金的地方，却为媒体提供了高达4000平方米的新闻中心，同时，为了保证信息的及时传递，在会场外还设有两个新闻发布厅，均提供同声翻译服务。有关方面对香港会议的筹备之精心由此可见一斑。

事实上，自2004年世贸组织选定香港作为第六届部长级会议的主办地以来，特区政府及相关部门即上下齐心，全力以赴迎接盛会。为此，特区政府专门成立了会议统筹办事处，负责筹划会议的详细安排，包括会议计划、酒店住宿、交通及礼宾程序、会议设施、信息及通讯等；成立委员会和工作小组，负责监督并展开筹备工作；政府专门拨款2.5亿港元支持此次会议的相关开支。为了应对包括示威游行以及恐怖主义袭击等各种突发事件，特区政府成立重大事故控制中心，随时待命应对和处置紧急情况，医院管理局也作出预案为医疗服务需求做好准备。

演习：大型跨部门演习长达两月。此次世贸部长级会议是香港回归以来举办的最大规模的国际会议，为了确保万无一失，香港特区政府在会议召开前夕举行了历史上最大规模的跨部门演习，为期近两个月，涉及44个政府部门、机构以及遍布全港多个地方的25个部门的紧急控制中心。连串演习在2005年9月23日展开，到11月18日深夜结束。整个过程由保安局辖下的演习策划小组统筹。策划小组由一批在紧急应变及危机管理方面经验丰富的人员组成。演习模拟多个不同的情景，测试主要部门应变计划的可行性及成效、各个部门现行通讯系统接合的协调情况；及负责指挥的“跨部门协调中心”与现时各部门的指挥和控制系统的联系情况，锻炼各部门对会议期间可能出现的连串事故的应变能力。

安保：9000警务人员为会议护驾。会议开幕前夕，湾仔会展中心以及相关区域随处可见精神抖擞的着装警员；而在部长们下榻的酒店，也都有周密细致的安保措施。虽然看上去处处戒备森严，但对于市民的生活和周边商家、公司写字楼的正常秩序，却基本没有造成不便和干扰。据香港警方透露，为求确保会议顺利举行，这次动用了多达9000人的警务人员参与各项工作，是有史以来动用人数最多的一次单一行动。

交通：封闭路段和线路及早安排。为了保证这次会议顺利、安全召开，特区政府提前做出多项重大的特殊安排，包括会议期间部分地区中小学校停课、巴士改道，会场周围划为封闭区，除此之外，还专门指定区域作为示威集会区等。据了解，除了会场四周被列为禁区外，毗邻香港国际机场的海面亦划为禁区，严禁船只驶入。

义工：近500人提供“五星级”服务。支援者服务是大型会议不可缺少的部分。此次会议，香港特区政府共招募了488名义工，为与会者提供“五星级”的服务。这是回归以来特区政府最大规模的召募义工活动。

宣传：投入400万争取市民支持。会议期间，不可避免会对市民日常生活、会场附近的交通造成一定的影响。为此，香港政府拨出专项经费为世贸会议作公众教育和宣传，以期加深市民对世贸的认识，争取市民支持香港举办这次会议。特区政府新闻处估计，在公众教育和宣传方面的开支约400万元。

——《中国贸易报》董占萍

纺织展会路在何方

在2005年底的第11届中国国际纺织面料及辅料(秋冬)博览会上，不时能听到这样的声音：面料展是不是也和其他展会一样，受贸易摩擦影响？现在都不知道该参加哪个展会，该相信谁了。透过这些声音，不由得让人产生这样的想法，面料展的成功，究竟应该给人什么样的启示？当市场遭遇政治等不可抗力的因素之时，什么样的展会才有生命力？这究竟是展会的问题，还是企业自身的问题？

展会格局混乱无序

展会经济近几年蓬勃发展，各种名目的展会风起云涌，只要有一点纺织产业基础的城市，或者有一点资源的城市，就举办各种展会。广东，浙江、江苏、上海、山东、北京等纺织经济发展较快的省市，展览业都突飞猛进。竞争从2005年开始更为残酷，这些展会中在2005年首届举办的就有17个，而且展会动辄就冠以“国际”之名。参照国际上对国际展会的指标，一般吸收20%的国际参展商参展和10%的国际观众参观，才可以称其为国际展会。而这些“国际展”中，超过10%的国际参展商参展的大约也就有14个，国内外观众超过万人次的也只有9个，占18%，来自海外专业观众超过10%比例的展会也就占10%左右。展会多而杂，还体现在主办主体上，不仅有各级政府相关部门、各类协会、媒体、企业，也有咨询公司和展览公司，由于没有严格的资质条件限制，展览水平低下也就在所难免。

这样混乱的展会格局，难怪企业会感叹不知到底爱谁。而一旦选错了展会，对企业来说就是劳民伤财，得不偿失。一场展会下来，各项费用加在一起，一个企业少则10来万，多则几十万甚至上百万，难怪对一个展会的选择会让企业彷徨不已。

这样鱼龙混杂、无序竞争的格局，直接影响着展会的形象和发展。展会市场在此格局下真假难辨，最终可能就是导致企业对所有的招展信息统统过滤掉。另外，展会的同质化竞争的最终结果就是谁都无利可图，展会也失去了意义。

专家指出，鉴于我国此类展会缺乏统筹规划与宏观调控，缺少行业约束机制，当务之急是提高此类展会规范化水平，逐步完善管理制度，重点应该放在提高已经形成品牌效应的展会竞争力，进一步促进其健康发展。政府制定相关的产业发展政策，监督展览活动按规划有序进行，创造良好的会展配套环境。

可喜的是，这一点也得到了部分响应，据2005年4月广东会议展览业协会年会消息，广东会议展览业行规(试行)已正式出台，该行规用“优先权原则”约束同类主题展览会，避免展览会撞车事件。广州计划把现有由政府举办的各类展会尽可能地整合到“广博会”来办，承办单位可以不变。广州已计划成立会展业行业协会，广州会展今后要从办综合展为主向办专业展为主转变。

纺织展遭遇滑铁卢

如果说仅仅是格局的混乱影响着展会的发展，解决起来也不是太难，无非是调控和机制的问题，但事实不是那么简单。2005年10月20日结束的第98届广交会上，服装成交总额比上届下降6.4%。这意味着已经困扰中国纺织企业10个月之久的“贸易摩擦”仍如一块巨大的石头，继续压得整个行业步履蹒跚。连广交会这样的王牌展会之一，面对不利因素的困扰，都会一定程度的折戟沉沙，这可能就要从展会自身去思考了。面对诸如贸易摩擦等众多的可知和不可知的不利因素，展会又该如何规避风险，如何将交易和交流的功能最大化，切实推动产业的发展？也许，广交会纺织品交易的失利并不是一件坏事，它可以给我们很多的启示。

每年秋季的广交会是签订下一年度订单的最佳时间，一些企业在广交会的订单往往可以支撑其一年的生产。但本届广交会上纺织品展馆却非常冷清，国外采购商明显减少，特别是美国客商更是寥寥无几。据深圳交易团统计，前两天纺织服装总成交额1.01亿美元，其中纺织类600多万美元，比上届同期下降了80%多，服装成交额500多万美元，同比下降也是80%。安徽交易团说，由于欧美是安徽纺织企业最主要的出口市场，占纺织品出口额的45%，比全国的平均水平高出20个百分点，因此该省企业受影响更大。

展会的失利，暴露了更多的行业问题，这的确需要重视。如企业缺少长远规划，抗风险能力不强，将来惟有调整产品结构，提高附加值，建立自己的品牌，才能度过难关，持续发展。为了规避配额限制，企业也可以采取走出去战略，或对外投资建厂，或在外合作经营，或收购品牌及销售网络等多种方式，规避贸易风险，拓展市场空间。

但如果过多突出行业的不足，则无形中淡化了展会本身的问题。其实，对于纺织品成交额的下滑，广交会组委会或许早有预感，提前打了预防针。然而，扩馆等相关举措并没能阻止成交额下滑局面的发生。

对此，不少纺织企业发出了这样的声音：广交会举办至今，规模越来越大，费用越来越多，效果却越来越不明显了。巨大的费用使得小纺织企业根本参加不起，即使参加了，也淹没在大企业之中。这些又是不是展会的暗伤所在呢？一位连续10年参展的纺织企业指出，广交会上的好摊位50%以上是高价购买，有的甚至高出原价的200%～300%。还有花了高价也拿不到摊位的。一些参加了几次广交会的客户开始抱怨，每年来的都是一些同样的客户，简直成了老客户见面会，但是真不去了，又担心老客户跟别人跑了。

广交会纺织品交易失利，有行业自身的因素，但也有展会自身的管理失控。这可能有两个问题值得关注，一就是展会办到后期，如何加强管理，如何使管理更加科学化，是推动展会发展的一个重要方面。另外展会到后期又该如何提升，突破发展瓶颈。广交会是计划经济体制下的对外贸易窗口，曾发挥了重大作用，但如今，计划经济体制下的广交会究竟能不能适应市场的发展，原有的办展机制是否还合理，这些都值得深入思索。当然，广交会的根基之牢、影响之大同样在各类展会中位居前列，广交会的效果依然名列前茅，也是刚开始做外贸的中小企业推广自己的有效渠道。每届展位的价格不断上涨，尽管有贸易公司炒作的可能，但更多还是国内广大中小企业对广交会的认可。

从目前来看，也许，计划和市场的有效统一是广交会突破发展瓶颈的最可行之路。

专业展是最终发展方向

在其他展会的竞争下，广交会暴露出一些局限性。如今广交会的展品依然是综合性的，包含了所有产品的展会。这在我国发展前期和一定发展阶段是必须的，也发挥了很大的作用。但经过20多年的发展，产品的升级换代和会展业自身已发生了很大的变化。因此，参展商和其他相关人士都建议，广交会应该向专业化方向发展。

展会向专业化方向发展已成为我国会展业界的共识，也是提升我国会展业的必经之路。目前，国内一些品牌展会在专业性上已取得了一定成就，但从整个行业来看，只是刚刚起步，因此在未来的日子里，提高展会的专业性仍然是不容置疑的选择。

无论是展会格局混乱也好，还是像广交会这样的传统展会遭遇瓶颈也好，我们都可以认为这是中国展会业发展过程中的正常现象，也是必经阶段。一个行业的兴起，总有大浪淘沙的过程。就当前来说，展会水平尽管参差不齐，却无形中诠释了国际会展业从综合展向专业展转化的趋势。从国际百年展会历史看，专业化将是我国纺织展的最终方向，过去的“大而全”将逐渐转为“小而专”。统计数据显示，在2004年海外举办的19个服装纺织类展览中，只举办服装、面料或者纱线的专业展会有11个，而同时展出服装、面料、纱线甚至纺织机械的综合展会只有8个，专业细化的趋势再次得到体现。

如何去体会专业化，中国国际纺织面料及辅料博览会举办11年来，从当初顶着巨大的不解压力走专业展的路，到今天的逐步成熟，也许能从中得到一些启示。

专业展首先就要办展理念专业化。面料展能够走到今天，当然离不开行业的发展助力，但有一点也很重要，就是办展理念的专业程度高。其实，我们说理念不如说人，理念的执行是人为的结果，因此坚持一个专业的办展理念，第一步就是先要打造一个专业的团队。其次，则要把握行业的发展脉搏，一个行将没落的行业，再怎么专业也没有前途可言。最后，还要有资源优势，而这个优势的取得，同样取决于理念。

专业展还要讲究专业服务。展会实质就是一个服务行业，如何做好服务，如何为企业创造专业的交易环境、传递专业的行业信息、提供专业的发展指导，都直接影响着展会的专业化程度。面料展能够得以不断地发展壮大，很大程度上是源于不断创新完善的服务。在2004年Intertextile面料展举办十周年之际，组委会首次推出“特邀买家日”服务，并将展会时间延长一天，在以后的展览会中，此项服务继续实施，并不断完善。注重细节体现人性特色是Intertextile的又一特点，比如在参展平面图上将按不同颜色区分不同展区区域；展会期间组织双语的博览会论坛和流行趋势发布，通过现场的产品信息交流，促进对产品的了解和流行趋势的把握，为展商和采购者架起沟通的桥梁。

专业展商同样是展会专业化的体现。专业展商主要是指产品专业化。面对国内买家需要优质、具增值性以及迎合潮流的纺织产品的需求，国际参展单位就要引入更多中高档次的产品；而面对国际买家求新求好的需要，国内展商也不能拿常规产品来参展，需要产品的创新。从历届面料展览的参展情况来看，各分行业中的前20～40名的企业都来参展，各个行业领头企业的参展，确立了面料展在行业中的引导地位。同时，这些参展商还不断带来新的产品，这是面料展这几年最大的变化。

当然，还有很多的专业化体现，也还有很多专业化的不足，这可能都需要主办方和企业的良好互动才能取得较好的效果。我们的企业缺少市场营销手段，很多企业只是在搞特装，还不知道怎样来利用展览产生最大的效能。我们还需要在这方面多做培训，找到适合中国的参展方式或者是推销自己产品的方式。

随着欧盟和美国对我们纺织品出口的限制，企业还要在原料的搭配上要大做文章。实际上也是一种产品开发。展览会也要适应企业的变化，随之而动。以前我们是引导的多一点，今后要适应市场变化，与企业需求更加紧密的结合。

市场化是惟一出路

明确了专业展的方向后，展会的成功与否关键看的就是市场化程度的高低了。分析人士指出，原先，地方性的会展举办主要受地方政府行政支配，随着入世后会展服务业的充分放开，专业办展机构与区域经济相结合来办展这几年发展较快，纺织产业带集中区域内依托产业优势，展会正逐步做大做强，市场化程度也越来越高，这些无形中刺激着展会品牌的发展。另外，市场化的趋势也要求与纺织产业集群地联合，这也将成为一种趋势。

而谈到市场化，有一种现象特别值得关注，就是临时展示交易形式的兴起，同样与大型展会竞争着固定的市场。目前我国在一些纺织产业基地、沿海商业城市甚至一些城镇也出现了一批以交易中心、批发市场、跨国采购为形式的常年或临时的展示交易形式，其数量、规模越来越大。这些形式正在影响着那些固定举办的展览会。当今的新老批发市场，无不打出展示交易的旗号，如上海世贸商城设立国际常年展贸中心，有1.4万多平方米、2200个常年展示间，会集了多种服装面料和家纺产品。其中的“服装面料常年展贸中心”还设立了国际家纺常年展贸中心，常年展示各类床上用品、装饰用织物，毛巾类产品、毯类等。目前，已经有来自国内多家企业在世贸商城设立了办事处，常年展示它们的产品。

目前在上海、江苏、浙江、广东，山东五省市的面料、家纺产量占全国70%以上，很自然在这些东部省市形成了一些规模较大的纺织面料批发交易市场，如浙江湖州的织里棉布城、浙江的中国轻纺城、江苏吴江的中国东方丝绸市场、广东西樵轻纺城等一级批发市场。企业在市场建立销售网点，主要负责将面料批发给周边地区和外省的服装企业、二级批发商和零售商。

我国的北方地区，特别是西部地区成规模的面料批发集散市场较少，一般是以一级批发市场为货源地，形成了数量众多的面料二级批发市场，如北京的大红门纺织品批发市场。我国的服装面料市场形成了以一级批发市场为轴心的发散性辐射和从南向北的方向性辐射，然后以二级批发市场为枢纽，向当地和周边地区扩散的特征。其中有37.5%的棉布经销商和48.9%的化纤面料经销商的货源来自上述市场，有55%的棉布经销商和42.6%的化纤面料经销商其货源由厂家供货。

据上海世贸商城统计，其设立的国际常年展贸中心在每年3月、4月、8月、11月等采购高峰期.日客流量大约3200人次，“上海家纺中心”日接待客人约800人次，其中来自国内的沃尔玛、西尔斯百货、麦德龙等大牌欧美采购商是该中心的常客。广东西樵轻纺城每年平均月接待达3万人次，月平均交易额超过亿元，每年吸引大小制造商、批发商、零售商、个体工商户达40多万多家。但是，据广东西樵轻纺城组织者统计，每年交易的中低档产品约占交易总额的65%，主要流向全国各地的二级乃至三级批发商，只有35%的高档产品可以进入大型超市或经过代理商出口。据中国批发协会统计，我国各种面料在这些批发市场的年交易总额超过32亿元，吸引交易人员进出达4820万人次。

这类交易形式对展会的某些参展商和专业观众同样具有一定的吸引力，由此可见，无序竞争影响着固定展会，有序竞争同样影响着固定展会，在市场化程度越来越高的今天，每个展会都可能被淘汰，每个展会都有生存的可能，这里没有经验可资借鉴，这正是市场残酷所在。在竞争中生存下来的展会，可谓大浪淘沙下的真金，这一天的到来也许并不遥远，那时的展会市场格局，也许就少了今天的思考，多的可能就是一分无奈。

——《国际商报》居兴宇

广交会出台新的展位申请和安排标准

经商务部批准，中国出口商品交易会从2006年第99届开始实施《分配性和招展性展位申请与安排标准》(以下简称《标准》)，使广交会展位的申请与安排更加公开、公正、透明。据外贸中心有关负责人介绍，这是广交会在社会主义市场经济体制下制定的第一个展位申请与安排标准，是适应我国外贸形势发展，积极推进广交会市场化进程的重大举措。

据了解，广交会实行“省市组团、商会组馆、馆团结合、行业布展”的组展方式。由于广交会产生于计划经济年代，参展单位中外贸公司占了较大的比例，因此之前的展位分配直接与参展公司的出口业绩挂钩。各省、市交易团和各进出口商会、外商投资协会根据广交会准入原则，自行制定展位分配办法。

进入新世纪以来，随着我国市场经济体制改革的深化和外贸体制改革成果的显现，一方面，广交会的参展主体发生了巨大变化。从参展企业类型看，第98届广交会参展企业中，生产企业占50.3%，外贸企业占44.4%，生产企业所占比例已超过外贸企业。从参展企业所有制类型看，第98届民营企业占36.6%，国有企业占32.3%，民营企业占比也超过国有企业。原有的展位分配办法已经不能反映出广交会参展企业构成的多样性；另一方面，具有进出口经营权的企业如雨后春笋，据统计，目前全国具有进出口经营权的企业达60多万家。广交会虽几经扩容，也只能容纳1.2万多家企业参展。众多企业呼唤有一个更加公平、合理、透明的展位分配机制。

据该负责人介绍，在商务部的领导下，外贸中心与各交易团、各进出口商／协会经过深入探讨，共同协商，反复论证，拟定了这个综合性的、统一的、量化的展位申请与安排标准。根据《标准》，中国大陆境内所有符合条件的企业均可向所在行政区域或行业系统的相关交易团申请参加广交会；各交易团、各商／协会根据公开的评分标准对申请企业进行评分，评分内容除企业出口额外，企业所获国家级奖励、通过国际通行的管理体系认证、拥有实用新型发明或外观专利或列入国家高新技术产品目录产品或国家级证书、在海外市场注册商标，均可获得不同的分值；企业按得分高低依次安排展位；特别需要指出的是，广交会不仅向生产企业倾斜（《标准》中规定分配与招展展位用于安排生产和工贸企业的展位不少于50%)，还注重支持中西部地区经济发展，《标准》中规定招展性展位总数的30%要用于安排中西部地区参展企业；为了确保展位申请与安排的公开、公正、透明，企业对安排结果有疑问的，可向交易团、商／协会查询或具名向商务部外贸司投诉；对具名举报和投诉经查证属实的，受理后15个工作日内将处理结果反馈给举报和投诉者。

广交会的展位类别设为分配性展位、招展性展位和保证性展位三大类。其中分配性展位由各交易团负责安排，招展性展位由各进出口商会和外商投资协会负责安排，这两类展位约占展位总数的84%；保证性展位占16%，用于安排商务部重点支持和发展的名牌出口商品以及各地区、各行业推荐的优秀企业参展。保证性展位分配和安排从第95届开始已经实行评分优选制。

《标准》的出台，将有利于在科学发展观的统率下，全面提高广交会的发展质量。据业内人士分析，《标准》力求把展位安排到真正需要参展而又符合条件的企业手中，展位分配标准的公正、公开和透明，有利于加强社会监督，从分配源头上遏制倒卖展位的行为；有利于规范参展秩序，高分优先的原则保证优秀企业参展；有利于广交会优化参展企业结构，提高展会水平，更有力地促进我国外贸事业的发展。

——《国际商报》步 欣

广交会参展准入管理规定

中国出口商品交易会业务办公室

为提高广交会参展企业质量，优化参展结构，明确广交会参展准入资质标准，特制定本管理规定。

一、自第97届起，广交会设立参展企业准入资质标准，企业必须达到资质标准方可申请参展。资质标准详见本规定第五条。

二、交易团、商／协会可根据自身情况上调本团或所负责的招展展区参展企业准入要求，不可下调。交易团、商／协会不得受理因违规被取消广交会参展资格并在处罚期内的企业参展申请。

三、为培育有发展前途和出口潜力的中、小生产企业参展，交易团可有不超过20%的生产企业达不到本办法第五条第（三）款规定的最低出口金额要求，即：每届交易团参展企业的资质达标率不得少于80%。达不到参展企业资质达标率要求的，按未达标率超过20%部分相应扣减该交易团下届分配性展位基数。

四、各招展展区参展企业的资质达标率也不得少于80%，由该招展展区的管理商／协会负责。招展展区达不到参展企业资质达标率要求的，按未达标率超过20%部分相应压缩下届该招展展区规模。（注：交易团、商／协会的未达标企业仅限于生产企业，流通型企业必须全部达标。）

表2–1 广交会参展企业最低出口金额要求

地 区	企业类型	参展类别／展区	
		工业类（化工及矿产展区除外），医药保健类，纺织服装类	日用消费品类，礼品类，工业类的化工及矿产展区
沿海地区省市（含联合、五菱、新时代、大连交易团）	流通型企业	300万美元	200万美元
	非流通型企业	200万美元	100万美元
中部及东北地区省市（含河北、海南）	流通型企业	200万美元	100万美元
	非流通型企业	100万美元	50万美元
西部地区省市	流通型企业	100万美元	50万美元
	非流通型企业	90万美元	20万美元

五、准入资质标准

（一）依法进行外贸经营者备案登记，已办理进出口企业代码。

（二）具有所参展展区的管理商会或外商投资企业协会会员资格。目前各展区的管理商／协会详见《广交会展馆商品及展区分类表》

（三）上一年度广交会统计口径下的出口金额（一般贸易、进料加工贸易项下，需要在广交会上看样成交的商品，不包括大米、大豆、玉米、原油、成品油、煤炭、烟草的海关统计出口金额）（以网络管理系统中海关代码所对应的海关统计金额为准）须达到以下标准（见下表）：

六、外贸中心负责通过广交会备案系统确保最低出口金额限制的实施。如交易团已录入参展企业中，未达出口金额标准的企业累积达到总数20%，将不能再录入未达标企业。每年春交会备案系统录入截止时间为3月20日，秋交会为9月20日。截止时间后交易团没有录入的空展位，视同交易团放弃，由大会统一收回另行安排。

七、本规定自2005年2月1日起执行，此前凡与本规定相抵触的相关规定，均以本规定为准。本规定由广交会业务办负责解释。

广州加强会展业纳税管理

广州是国内会展经济最活跃的地区之一，每年都举办各种展览会数百个。会展业的蓬勃发展为广州带来了巨大的经济和社会效益，但在会展行业中出现的一些涉税违法问题也引起税务部门的高度关注。

据广州市地税稽查部门介绍，各种展示会、招商会、博览会的组织方和参展方往往忽略了一些税收政策规定，如广州地税稽查部门最近在检查某展览会时，就发现一些参展企业都不同程度存在税收问题，其中一家企业转让展位收入没有申报纳税，被查补税款及滞纳金27万元。而展览会容易出现的税收违法问题主要有四个方面：

一是以公司名义收取摊位费没有按规定开具发票和申报交税。按照税法相关规定，纳税人提供场地给他人使用，取得了收入或取得索取收入的凭据，应按营业税“服务业”税目申报纳税。2005年4月，在花城某会展中心就发生一起上百参展商因主办方收了参展费不开发票而集体上访的重大事件，后在税务机关的介入协调下才解决。

二是在会展现场签订的购销合同没有按规定及时计缴印花税。一家主要从事进出口贸易的企业，参展时与外商签订了批发购销合同，合同约定交易金额达到11亿多元，后来实际销售货物并没有达到合同约定金额，该公司只对已经履行完成的销售合同贴印花税18万元。依照《印花税暂行条例》规定，不论合同是否履行，都不能改变纳税义务，合同双方应在合同签订时按合同所记载金额各自计税贴花。后来广州市地税稽查部门在检查时，要求该公司补缴“购销合同”印花税15万元。另外，根据《印花税暂行条例》，发生货运业务以运输发票代替运输合同使用的，也应按运输费用万分之五计贴印花税。

三是参展人员补助费连同展销会摊位费一并作为交易会费用支出，未代扣代缴个人所得税。这部分收入应按“工资、薪金所得”缴纳个人所得税。

四是赠送给外商的礼品未代扣代缴个人所得税。这些发放的实物应按个人所得税法规定“其他所得”项目，由支付单位代扣代缴个人所得税。

针对上述问题，广州地税部门表示，广州的会展业要在全国保持领先地位，除了旅游、餐饮、交通、娱乐、房地产等配套服务要日益完善外，“依法办展、依法参展”也应得到重视和规范。今后，税务部门将继续加强税法宣传和辅导，使企业在参展前了解相关的税收政策，在会展期间也会加强对组织者及参展企业的纳税检查；同时，会展的组织者和参展企业也应重视税收法律法规，主动了解、熟悉税收政策规定，提高企业纳税诚信度。

——《国际商报》叶 静 冯 红 张 莹

游乐展难寻国际“派对”

2006年2月23日，第14届春季中国游艺机、游乐设施展览会（以下简称“游乐展”）在北京举行。超过100家参展商在4000平米的展出大厅内展示了他们最新的产品和设备。

有中国巨大的游乐业市场的吸引，却没有吸引到国内外众多重量级的厂商参加“派对”，而展会上自主知识产权产品的严重匮乏也显示游乐展走市场化、国际化的迫切。

买家太少

在本次展会上未能邀请到国际上知名的游乐设备生产厂

家前来参展。有业内人士分析，以前国外的厂家将其最新的产品带到中国后，国内便会有不少厂家对其产品进行“测绘”，这种所谓“测绘”，其实是一种变相的抄袭。这样一来，给国外厂商留下不好的印象，很多国家就不愿来了。

但北京第二外国语学院旅游管理学院会展管理系主任刘大可认为，担心中国在知识产权保护方面做得不够到位，并不能成为国外厂商不来的主要原因。像迪斯尼在中国香港开业、环球嘉年华每年都要来中国一次，他们的游乐设备都是全球最新的，而且都向中国游乐界开放参观。这都说明外国的一流游艺公司并不怕到中国来。

2004年环球嘉年华首次来京，历时52天近200万人次的游客量，相当于北京石景山游乐园一年的客流量，这足以让世界感到中国在游乐产业所蕴藏的市场潜力。

“他们都是看中了中国巨大的娱乐消费市场”刘大可说，“要吸引外国参展商并不是很困难的问题，关键是展会主办方应该从方便参展商找买家入手，让对方了解到他们将面对巨大市场空间”。

国际化理念缺乏

从本届游乐展上看，我国在游艺设备等产品方面，有自主知识产权的产品目前仍处于“几乎空白”的状况。

“从20世纪80年代至今世界游乐业经历了三次大的发展。但我国的游乐业目前仍处于模仿国外的阶段，自主知识产权几乎没有，从业人员文化水平偏低，行业发展也还没有走上正规的道路。在游乐机的制造技术上，我们比发达国家晚了20～30年。以滑车为例，目前在中国都是悬挂式的，而在国外很多游乐场早已推出了电磁悬浮式滑车。”北京石景山游乐园副总经理冯锦凯在接受记者采访时说。

中国有一个消费潜力惊人的游乐市场，但在巨大客源面前的中国游乐业，有数据表明，70%亏损、20%持平，能够盈利的仅有10%左右。

近年来“环球嘉年华”的火爆给中国游乐业上了刻骨铭心的一课。专家认为，“环球嘉年华”的成功很大程度上是游艺设备的功劳。在2005年“环球嘉年华”的现场有38台大型机器、50多种竞技游戏，其中70%的机器是中国内地没有的。

据张景山介绍，目前中国的游乐机制造厂商还是不断从日本、德国等发达国家花钱买技术。

本届展览主办方中国游艺机乐园协会负责人薛小娟表示，国外的大型游艺产品一般都需要由数家公司共同制造完成。而在中国，有大型的游乐设施制造厂商，可以独家生产大设备。但是这样生产出来的产品却又很难达到国外的工艺和设计水平。

专家认为，本次展会又让国际大公司和国内企业合作错失了一次机会，这与主办者对展会的定位和经营缺乏国际化理念有关。

市场潜力待掘

国外的大型游艺产品展会，在规模上和内容上也比中国的高出许多。像每年在美国由国际游乐场与娱乐协会主办的游乐业年会展览会。展览面积是本次游乐展的十几倍。有数千家参展商为全世界范围内的数万参观者或买家提供相应的商品及服务。该展会的培训部门还提供各种层次的人力资源、客户服务、安保、公共关系及市场营销方面的培训。“大到你一天都看不完”冯锦凯说。

刘大可认为，中国的游乐市场决定了此次会展的规模。目前中国的游乐业尚处在起步阶段，特别是对一些大型的游乐设备还没有很高的需求，所以整体规模无法和美国等国家相比。但是应该看到中国的游乐业规模虽小，但发展速度很快，市场潜力更大，从这个意义上讲，游乐展一开始就应该向“市场化”和“国际化”两个方面努力。

虽然中国还没有，像美国、德国等发达国家这样高水平的产品和展会。但是国内的几个大型的生产厂商已经开始大举引进国外最新的技术，在游乐机的设计和制造上有了一定的突破。表现在这次展会上就是参展的产品品种多了，技术含量也有了一定的提高。

刘大可说，“中国的游乐业尚处在刚刚起步的阶段，中国尚未开发出完全由市场决定的游乐展，展会目前也不可能达到像美国等发达国家那样大的整体规模。但从趋势来看，我国游乐展的规模一定会越来越大。”

——《国际商报》吴加录

家电巨鳄缘何淡出国内展

在2006年5月份举行的中国国际家电展处境尴尬，能确定的只有“扩途尔”等少数海外巨头参展。和中国国际家电展一样，青岛电子家电博览会、高交会、广交会、顺德家电展也纷纷受到国际家电巨头淡出问题的困扰。

与国内其他类展览会相比较，今年的家电展数量虽然特别多，却正遭遇一股前所未有的“寒流”，场面火爆但是缺乏国际巨鳄支撑门面。

个性化服务缺失。除了中国国际家电展前景不容乐观外，将在“家电之乡”顺德举办的“顺德家电展”前景也不容乐观。有工作人员透露，本届家电展来参观的外商有可能比往年多一点，但整个展会出现了龙头企业展位大缩水、众多企业缺席的窘况。即便有“中国第一展”之称的广交会上，众多国内具有影响力的家电巨头如TCL、康佳、创维等等也基本处于缺失状态。

在LG、三星等知名企业2006年的预算报告中，记者发现，这些企业大多减少了参加我国家电展的次数，表明只参加1个到2个专业展览会。而国内如联想、康佳等企业，预计参加国内展览会的数量不仅缩水，有的还减少了展位面积，他们大多把目光主要集中在世界一些知名的展览会上，继续巩固和开拓海外市场。

和国内家电展市场的窘况相反，国际许多的家电展会却呈现一派“别样红”的火爆场面。不久前在美国结束的2006年国际消费电子展，不仅吸引了微软、英特尔等欧美巨头参展，而且破纪录地超过了15万参观人次，共有2500个参展商分别展示了30个类别的产品，展示区面积达167万平米。在德国科隆举行的国际家电展，吸引了格兰仕、TCL等国内家电巨头耗费巨资参展，据说宁波市贸促会还组织了有230人组成、120家企业参展的庞大参展团参加此次展会。

中外家电展为何出现“两重天”的现象？对此，国际家电巨头认为，中国家电类展览越来越多，密度越来越高，这使他们感觉难以选择。在很多国内家电的展会上，部分品牌形象类企业与众多OEM企业参展时混为一谈，因此展会无法为企业提供个性化服务。一家制造企业的营销人员指出，现在办展会，不仅让企业来参展就完了，还要有专业的组织、专业的服务、专门的客户网络。

遗憾的是，国内的家电专业展由于各自所侧重的领域不一样，造成了展会对企业号召力的差别，在吸引各个领域企业参展的同时，也失去了一大批相关联企业的参展。而国外知名的展会则与国内有所不同，他们在加强专业性建设的同时，还加强了对边缘性企业的吸引，从而实现了相关产业之间的无缝连接。如美国拉斯维加斯CES展会，就因为成功打破了家电、IT、通信产品等行业间的壁垒，呈现出融合趋势，从而吸引了微软、索尼、三星等在内的几乎所有国际巨头参展。

专业化严重不足。一个不可忽视的事实是，家电巨头们在缺席国内各家电展的同时，却频繁地穿梭在全球不同地区的专业展会上。事实上，“国际化”已经成为中国家电行业最为敏感而关键的词语。直面国际化的竞争，拓展海外市场的战略，在跨国公司的压力下谋求更大的生存空间已经成为每个中国家电企业的重要思路。

有参展商告诉记者，现在企业是根据自身的实际与市场竞争格局来规划全球市场，进入国际市场的途径大致有三种：一是参加广交会；二是参加各种国际专业会展或直接参加目标市场的展销活动；三是在海外建立自己的生产基地，构建自己的销售渠道与服务网络。

接受采访的康佳集团的一位负责人认为，企业参不参加展会，是市场选择的结果，现在会展经济风起云涌，企业参加哪个不参加哪个，要看市场而定。三星公司中国区的一位销售经理认为，现在具有较强实力的企业开拓国际市场，可以选择参加更为专业的国际展览，或直接根据不同的目标市场参加相应的国外展销活动。企业的视野更宽了，选择更多了。

而从一些国际知名的家电展会的发展历史来看，它们之所以能够在世界各地举行，其根本原因就是厂商可以通过它向消费者和合作方展示最新和最热门的技术或产品，并且往往由此体现出当年和今后若干年后能够实现的产业发展主题。此外，由于每年都有不同的年度主题，一般这类展会都会开辟若干技术专区，每个专区都将力求全面展示该领域不同的技术风格。观众可以在这里看到未来的产品模式和发展方向。在国际上，家电展会不但已形成规模甚至还产生了经济效应。每逢展会，各大厂商无不积极参与，以便能够在消费者和合作方心中留下深刻印象。

需走整合之路。中国国内的各类“家电展会”虽然在不断地举办，可无论从规模、参展厂商知名度或是消费者的热情等方面来看，都难以和国外知名“家电展会”相比。众多欧美、日韩家电巨头、参展商、海外分销商几乎在中国系列家电展会上难觅身影，这说明了中国家电会展产业的影响力正在逐渐丧失。

据中国家电研究院的专家分析说，中国内地家电展业正面临着产业影响力缺失、产业兼容性缺失、市场定位缺失、概念产品缺失等诸多问题困扰。如今，越来越多的“家电展会”无法给中国家电行业带来新的生机，此外，许多知名企业也不愿意将自己的新成果拿到展会上来交流。

目前，中国已经成为全世界最重要的家电制造产业生产基地以及最大的消费市场之一，但是国内家电展会的规模和影响力还仅仅局限于国内或者亚太地区，对许多国外厂商的号召力较弱。这是许多国际家电巨头纷纷淡出中国家电展市场的一个重要原因。

国内的家电展该怎样吸引国际巨鳄参展呢？其实，在世界最“重量级”的制造基地和市场面前，中国的家电展会要想取得成功并非难事。难的是，中国的家电乃至各类展会都要脱掉“形象工程”、“政绩工程”的“官帽”，利用“优胜劣汰”原则，对展会的社会资源进行重新分配。

——《国际商报》刘杨会

公正权威是展会评估的关键

中国会展业未来的方向，品牌建设已经成为一种共识和必由之路，而品牌得以树立很大程度上要通过各种标准的评估和认证。但国内的会展项目除了加入国际展览业协会（UFI）等国际组织的，国内标准的认证评估工作迄今为止几乎为零。

展会评估可以为参展商提供在同类展会之间以及展会和其他营销手段之间选择的参考依据，为专业观众选择参观不同的展会提供客观标准。因此，评估机构并非一定要是政府机构，但要有足够公正、透明和权威性，评估结果要公正严谨、令人信服，要成为参展商、专业观众和主办机构对该展会进行选择和决策的依据。

上海展览业今年起开展评级工作的消息，这或许将成为国内展会评估工作的一个起点和契机。不过，笔者认为要注意以下三个方面工作内容：

保证数据真实可靠。展会评估(或者叫评价)要保证公正权威，关键是所取得的数据的可靠程度。目前国内的状况，展会的数据申报工作存在非常大的漏洞，很多数据被虚报瞒报，无从监督。

在德国，展会评估是由专门的第三方机构来承担的，如权威展会评估机构——FKM。其成员都自觉遵守相关规定，按照规则和标准申报展览会统计数据，接受FKM组织的专门数据审计，保证在任何场合和情况下所使用和发布的展览会统计数据均与FKM公布的统计数据相一致，并包括派员到展会现场实地调研和会后的财务审计或者发放问卷调查。

评估工作要统一部门。展会尽管行业和区域分布很广泛，但是必须由统一的工作部门来完成评估工作。如果是多个部门评估，大家相互竞争甚至评估结果相互矛盾，就失去了评估的意义。在会展业发达的国家，通常是全国性的行业机构从事展会的评估、认证工作，对各类数据进行审核认证，定期公布认证结果，为会展业内和其他相关机构提供比较分析。

特别需要注意的是：评估不是“评级”，所谓“评级”仍然遗留了计划经济的影子，并且可能造成攀比。对于大多数参展商来说，并非是展会规模越大、采购商越高端就越适合，而是要适合本企业的发展现状，因此，评估工作必需要在统一的机构下，把展会的实际情况客观真实地反映和分析出来，提供给参展商和专业观众。

广泛与国际机构联合。展会评估本身并不是目的，根据确实可靠的评估把好的展会推广和扶持起来才是根本目的。

在国际上已经有很多权威的评估机构、国际会展行业组织和相对成熟的评估体系，如FUI、FKM等，国内的评估机构应该广泛地取得这些机构的共识和合作，一方面借鉴其先进经验，更重要的是可以在认证方面取得共同认可，把国内举办的展会尽快地推向国际市场，让国际的优秀品牌展会也成为国际公认的会展品牌和质量象征。

——《国际商报》刘宏伟

农展会把“长三角”农业结成网

以农业展览会为依托的“长三角”农产品大市场“网络”已逐年做大，并有效地帮助这一区域的农民解决了很多实际问题。而最先感觉到这个大市场的，恐怕要算上海的几个大展馆。

据上海农展馆的一位负责人说，2000年，苏浙两省在上海举行的农产品展销会统共两三场，可现在每年已经不下几十场，上海农展馆、上海展览中心等大型展馆的“档期”都得提前一年预订，“农”字展也几乎成了“场面火爆”的代名词。今年春节前的新春农副产品大联展，每天前往观展、购物的观众超过5万人，嘉兴市的一个年糕展位，队伍排出几十米长，年糕三次卖断了档。

年年举办的农展会很快使苏浙农产品在上海站稳了脚跟。对于这一点，湖州市农业局副局长陈连瑞深有体会。1999年，湖州农产品在偌大一个上海市场，就只有上海第一食品商店里半张报纸大小的柜台，如今年销售额却达几十个亿。陈连瑞说，第一次到上海办展，茶叶、瓜子、竹制藤萝摊了一地，既无包装也无商标，塑料绳一扎了事，但就这样，当年订单8亿元；第二、第三次有了经验，产品包装和质量把关都开始和市场接轨，订单也越做越大，从16亿元、22亿元，一直到去年的40多亿元。上海市场的打开还直接改变了湖州农业的格局——从单纯卖东西到发展“农业游”。陈连瑞笑称：上海没有一家超市没有湖州的吊瓜子，湖州也没有一家“农业游”景点没有上海游客，湖州农业也分出了“一、二、三产”。

“湖州案例”其实是许多“长三角”城市的缩影。上海自20世纪90年代末放开农产品市场后，苏浙农产品源源流入，近年，“长三角”又通过“农产品检测互认机制”，苏浙农产品有了一条“无障碍绿色通道”，进入上海市场更快更简便。保守估计，目前总值近千亿元的上海食用农产品市场，苏浙份额约占一半。

“长三角”农产品的“流通网”，让上海的“菜篮子”有了根本变化。上海市农委经贸处萧志强记得，过去的上海“菜篮子”工程，成天围着“鸡鸭鱼肉鸡毛菜”转，政府每年都得拨专款补贴市场供应。上海人以前要想吃上新鲜的绿叶菜，必须天不亮起床赶到农贸市场去，“可现在呢，随到随买。”有了苏浙这个强大后盾，上海“菜篮子”再不用发愁，政府专款也从过去的农产品补贴转到了农业基础设施建设。据了解，“十一五”期间，上海投资市郊绿叶菜生产的30亿元，将全部用于基础设施建设和栽培技术更新。

——《国际商报》张 进

中俄携手推动展览饕餮大餐

2006年3月21日开始，中国“俄罗斯年”在北京拉开帷幕，“俄罗斯文化节”也相继在中国亮相。芭蕾舞、合唱、歌剧、交响乐、摇滚话剧、木偶剧、展览甚至激光表演等等演出项目大约200多个，时间将持续到明年1月。中国“俄罗斯年”不仅是中俄深化合作的契机，而且也是一场盛大的展览大餐。

文化的盛宴。优雅而美丽的芭蕾舞、热力四射的摇滚乐、还有享誉世界的歌剧合唱以及气势恢弘的交响乐等等，这些代表着俄罗斯文艺最高水平的演出活动将组成丰富的俄罗斯文化节，从3月21日开始陆续在北京上演，仅仅是目前确定的先期演出团体就有21个，此外还有绘画、珍宝、文学等9个展览项目。

中国文化部外联局副局长蒲通在接受媒体采访时介绍说，俄罗斯幅员辽阔、历史悠久，对他们来讲，文化节一定要拿出最好的、最多的东西。在近一个世纪的中苏、中俄文化交流历史中，他们已经意识到在中国民众心目中的俄罗斯艺术过于片面，只有芭蕾、民间歌舞和红军歌舞。特别是近20年来，冠以国家、国立、模范、红军称号的不胜枚举，但真货并不多，已经损害了俄罗斯的艺术形象。针对这种文化交流的片面和失衡，俄罗斯方面在此次的俄罗斯文化节上，希望以一种全面、丰富和高品质的作品“重现经典、展示当代”，改变俄罗斯在中国民众心目中的艺术形象。

绘画展、珍宝展、考古文物展、当代艺术展、文学展、民俗展等展览将全面展现俄罗斯的历史与文化。除了人们熟知的列宾、列维坦、希什金等俄罗斯19世纪著名画家的杰作外，还有许多现当代俄罗斯艺术家的作品也走进中国公众的视野。“莫斯科克里姆林宫珍宝展”、“金帐汗国珍宝展”、“太阳城——社会主义现实主义的辉煌”、“19世纪下半叶俄罗斯现实主义绘画展”、“各族人民大检阅民俗展”等9个展览项目含金量很高。蒲通告诉记者：“本次俄罗斯文化节的9个展览整体水准之高、展品量之大堪称空前，展品动辄数百件，这也充分展现俄罗斯出手之‘阔绰’。其中，官方展览项目崇尚经典，如《俄罗斯艺术300年》、《19世纪下半叶俄罗斯现实主义绘画展》、《克里姆林宫珍宝展》、《金帐汗国的珍宝》；而民间项目如《开放的俄罗斯》则推崇前卫艺术，向中国大众介绍当代俄罗斯活跃的艺术状况。”

蒲通还特别提到一个非常特殊的展览——《太阳城——社会主义现实主义的辉煌》，它会引起一大批20世纪50年代留苏和接受过前苏联文化教育的中国人情感。蒲通介绍说，“200件上世纪30年代~50年代的艺术品，真实地反映那个理想时代与创作者的激情满怀，后人是没有权利忽视或者嘲讽它的。而它的历史价值和文化价值都特别值得与我们中国的那一代人一起，平心静气地回首那个现实主义的激情时代。”

经贸的合作。除了触手可及的展览外，整个中国“俄罗斯年”都是一场大的展览盛会，在这十个多月的时间里，俄罗斯将充分展现其在文化、科技、资源等各个方面的优势。

对于此次中国“俄罗斯年”的定位，俄罗斯驻华大使拉佐夫说：“这不是文化年，俄罗斯的活动涉及政治、经济、文化、实业、科研和社会生活各个领域。预计许多人会参加活动。多数活动是面向普通百姓的。”他相信，中国的俄罗斯年和俄罗斯的中国年活动必将大大促进落实已提出的任务，可以加深相互信任和推动协作。俄罗斯总统普京和中国国家主席胡锦涛把两国经贸关系发展实现突破作为最重要任务提了出来。应当在两国中央和地区政府中、同时也在两国企业中开展目标明确的紧张而协调的工作。2005年两国贸易额超过了290亿美元，表现出稳定增长的势头。重要的是继续从质量上完善贸易结构，包括增加高附加值产品和高科技产品。

俄中友协第一副主席库利科娃在接受记者采访时说，俄罗斯有着自己独特的文化艺术，俄罗斯的基础科学发达，科技领先，有许多技术甚至比美国都要先进，俄罗斯还有着丰富的自然资源。俄罗斯和中国的经济互补性很强，了解了这些事实，自然会让中国人民了解到俄罗斯是中国可信赖的伙伴。俄罗斯希望同中国在各个领域进行互利合作，这种互利合作可以使俄中两国都成为强大的国家。

俄罗斯国际关系学院上海合作组织及东亚研究中心主任卢金表示，目前，两国在贸易领域还有很多工作需要完善，两国领导人提出到2010年要将两国贸易额提高到600亿~800亿美元的目标，为了完成这一目标就需要两国的实业界人士加强交往，挖掘贸易潜力，大幅度提高贸易额。

有评论人士认为，中国与法国、俄罗斯、意大利等国家互办文化节或“国家年”的形式，不仅促进了文化上的交流，而且从文化角度切入在经贸、政治、科技等方面也将加强了解与合作，这一系列的活动，将使中国快速步入世界强国之列。

——《国际商报》魏振豪

科博会凸显产业发展导向

第九届中国北京国际科技产业博览会（以下简称第九届科博会）在北京已落下了帷幕。记者发现，第九届科博会紧紧围绕我国“十一五”规划产业发展导向，在主题展中设置了电脑网络与电子通讯技术，循环经济与环保、节能、资源综合利用技术，科技奥运、文化创意产业和汽车科技等主题展区；同时，引入了部分国家“十五”科技攻关成果和应用于世博会的科技成果；在综合展区中，无论是以巴西、韩国为代表的外国国家展团，还是国内省市展团，以及由数十个代表国内行业发展水平的中国品牌组成的中关村展区，展出的技术和产品无不顺应“十一五”规划产业发展方向。

科技与文化创意产业展受关注。发展科技和文化创意产业是“十一五”规划发展战略。本届科博会紧扣“十一五”规划脉搏，在北京中国国际展览中心8号馆A馆和4号馆首次设立以“科技与文化创意产业”为主题的两个展区，总面积接近1万平方米，有北京地区15家文化创意产业单位参展，整体展示了北京作为全国文化中心和科技创新城市的文化与创意产业资源、优势和发展前景，科技与文化创意产业融合的最新成果及巨大的产业力量，深受注目。

记者注意到，该主题展展示内容涵盖了电视、广播、平面媒体、网络媒体、新媒体、网络游戏、影视制作、动漫、出版发行、工业设计、软件与信息服务、研发产业、服务支撑平台等领域。

其中最新的传媒科技成果，包括高清电视节目、IP电视、手机电视、手机报、数字多媒体广播、地铁移动电视等有突出展示；“国家网络游戏动漫产业（北京）发展基地”整体展出了北京海淀、石景山、雍和三大园区的动漫游戏产业发展资源优势、规划风貌以及“产、学、研”一体化发展的战略定位；国家新媒体产业基地、文化创意产业大厦等多家亮点工程也竞相展示；作为科技创新“龙头”的工业设计创意展区展出了国内外设计公司及DRC基地入住企业的最新成果；而服务支撑平台则展出了大学科技园与孵化器建设成果、科技咨询行业思想创意及模式创造成果和技术转移工作理念、模式等。

总之，从展示内容上看，该主题展充分体现了文化创意产业的特征，重点展示了科技与文化的结合。

循环经济与环保节能技术成亮点。“十一五”规划倡导实行循环经济和发展环保节能技术。本届科博会顺应潮流趋势，首次设立“循环经济”主题展区。该主题展吸引了包括大型国有企业、具有自主知识产权的高新科技企业及来自日本、美国、德国的企业展示其循环经济及环保、节能、资源综合利用技术。记者看到，世界第一个零排放企业ZERI财团在泛太平洋地区的合作公司——日本维新集团在展会上推出了其应用“零排放”理念研发的城市垃圾焚烧灰、石棉、建筑污泥及下水污泥的无害化及资源化处理等技术；国家发改委确定的循环经济试点企业——山东莱芜钢铁集团公司通过模型展示了其拥有6项自主知识产权、在国内率先使用高炉煤气全干法除尘技术的成果及回收余热余能、变工业废渣为优良资源及利用钢铁副产品和废弃物生产粉末冶金，建成亚洲最大的粉末冶金生产基地等循环经济技术成果。记者注意到，该主题展使循环经济与环保节能技术成为展会一大亮点。

民族品牌自主创新显实力。“十一五”规划提倡自主创新，而民族品牌力挺自主创新，在科博会上尽现实力。

记者在展会上看到，国内以联想、海尔、海信、长虹、TCL、京东方、首钢、莱钢等为代表的一大批居行业领先地位的知名企业通过最新研发产品的展示，凸现其强大的品牌实力和创新能力。

在展会上，北京奥运会惟一的白色家电赞助商海尔集团，展出了其“绿色环保”概念下的全部具有环保、节能双重功能的绿色奥运家电产品，包括最新研发、具有11项自主知识产权的三超双新风空调，被称为未来洗衣机的双动力系列洗衣机及最新3G数码产品；海信电器重点推出了其最新研发的娱乐化数字电视产品和通信、数码产品；长虹电器在展出其芯片、软件、标准建设的最新技术创新成果同时，以“快乐创造3C生活”为布展核心，展出其融合聪明、舒适、酷“3C”理念的创新信息家电产品；首次参展科博会的TCL携其最新研发“动态影像高清处理技术”的B68液晶电视、获得CCTV2005创新盛典家电类“最佳自主创新设计”大奖的TCL薄典B03液晶电视及具备影音表现的电影手机系列参展；近年新兴起的北京汽车工业突出展示了在博采世界汽车先进技术和工艺基础上，自主创新的具有自主知识产权的“三欧”系列汽车，包括参与了神州6号发射运载工作欧曼重卡及欧马可系列轻卡等。

在科技成果展区，有精选的10多个国家“十五”攻关重大科技成果展出，包括中兴3G手机、奥运信息亭、虹膜识别系统、未明生物医药等；另外，由世博会科技领导小组组织的世博科技展区，在“科技，让世博更精彩”主题下，展出了我国自主研发的应用于2010年世博会的科技成果。

记者在中关村“自主创新、民族品牌——中关村创造”主题展馆注意到，该主题展馆此次规模较上届扩大一倍，精选了中关村科技园区66个具有自主知识产权、产品已覆盖国内外市场多年的品牌产品和最新研发成果，划分为数字化家庭、网络通讯、生物医药、环保新能源、信息化解决方案、集成电路等专区集中展出，包括华旗资讯的个人数字化产品，凯诚高清数字电视，港湾网络的家庭多媒体，信威的大灵通，科兴生物新研制的SARS疫苗以及禽流感疫苗等。

总而言之，第九届科博会展会紧扣“十一五”规划脉搏，凸现产业发展导向，为企业发展指明了方向。

——《中国贸易报》叶灵燕

广西演绎“文化＋旅游”特色套餐

“2006北京·广西文化舟”活动于6月9日晚在人民大会堂主会场举行开幕式。自此，这艘文化舟的“风情广西”、“魅力广西”、“美在广西”、“激情广西”、“开放广西”和“送福奥运”6大板块陆续展开。其中，美在广西——旅游嘉年华作为此次广西文化舟的一部分，从6月10～12日，历时3天，分为“美景长廊”、“美艺长廊”、“美的民族”、“美的推介”和“美的合作”4大板块。其中“美景长廊”、“美艺长廊”、“美的民族”3大户外板块6月10～11日在朝阳公园举行，“美的推介”和“美的合作”6月12日在北京广西大厦举办。

值得关注的是，为了让各界更全面地了解前2届“中国—东盟博览会”取得的成果，“开放广西——中国—东盟博览会成果展”作为此次广西文化舟活动的六大主题之一于6月9～12日分别在北京人民大会堂和朝阳公园举行，组委会的有关负责人表示，2006年是中国与东盟建立对话伙伴关系15周年和中国—东盟友好合作年。中国和东盟建立对话伙伴关系15周年纪念峰会、第三届中国—东盟博览会、第三届中国—东盟商务与投资峰会于10月31日～11月3日同期在南宁举行。此次展示意图通过视觉盛宴全方位地展示广西开放的环境，这是广西面向京城、面向全国的商机博览、品牌博览的多维的展览。

打造旅游资源新空间。近年来，广西大力实施文化建设的精品带动战略，在人力、物力和财力上给予大力支持，使广西在文化精品发展战略实施上迈出了很大的步子，积累了经验。一是实施戏剧突破规划，铸造拳头产品；二是将文艺演出与相应的地域文化相结合，共同运作，互相推进；三是用品牌人物打造品牌节目；四是挖掘民族文化作为品牌内容，突出品牌的文化特征；五是加大宣传力度，扩展文艺品牌知名度；六是鼓励社会资金注入，创造品牌效应。

载出壮乡文化。“广西文化舟”为什么不是周期的“周”，而是同舟共济的“舟”？其实从“周”到“舟”之变，恰恰折射出广西壮族自治区文化积极向外拓展的强烈信号。据主办者介绍，文化舟包含三层意思。其一，“舟”是流动的，意味着广西文化走出去，广西走出去，不断地走向全国、走向世界。其二，“舟”是承载的，它载着广西的山水画卷，载着刘三姐的优美歌声，载着壮乡瑶寨苗家侗楼的深情厚谊，载着广西4900多万人民的美好祝愿。其三，“舟”是诗情画意的，从广西歌海划一叶扁舟在北京停泊，有浪漫色彩，有文化情调。

有关人士向媒体透露说，文化舟在今年“首航”北京，以后还要到上海、广州乃至欧洲、美洲。有关人士认为，抛开文化舟活动本身不说，这一创意本身就很有价值，它为树立广西文化的整体品牌形象提供了载体。

全力发展会展经济。对于此次打造广西文化舟进京的目的，广西壮族自治区党委副书、广西文化舟组委会主任李纪恒接受媒体采访时表示，希望藉此首都北京、全国、全世界更进一步了解美丽的广西，并为10月31日在南宁开幕的第三届中国—东盟博览会、中国—东盟商务与投资峰会以及中国与东盟建立对话伙伴关系15周年相关活动营造浓厚的文化氛围。

李纪恒表示，今日之广西，已经站在一个新的发展起点上。中国—东盟自由贸易区建设和中国—东盟博览会落户广西，从国家战略高度上历史性地把广西从边陲省区推向了区域合作和对外开放的前沿。在新一轮开放热潮中，广西不仅在泛珠三角经济区和南（宁）贵（阳）昆（明）经济区中扮演重要角色，而且还将成为中国与东盟国家双向进入的前沿地带。

——《中国贸易报》周春雨

会展并非能带动区域发展

会展业已经成为我国市场经济发展中的一个新亮点，而且带动了区域经济的发展，部分地方省市也把会展业发展成为支柱产业作为目标，但是不是所有的区域都适合发展会展产业，对于会展业面临的各种问题政府应如何引导……就此类问题记者专访了亚太会展研究中心主任陈金钹先生。

支柱产业目标不能乱定

记者：*随着会展业在我国的迅速发展，会展业不仅逐渐成为独立的经济体系而且还对地方或区域的整体经济产生着重大影响，因此，目前大部分地方政府在十一五规划当中，将会展业作为省会城市的支柱产业。是不是所有的区域都适合发展会展产业，省会城市有没有必要将会展作为支柱产业？*

陈金钹：一个城市或一个区域是否能发展会展产业，会展产业能否成为支柱产业，需要看条件是否具备。首先周边要有足够的产业链上的支持，例如上海，其周边地区江苏、浙江等地的制造业非常发达，而且科研能力水平也很高，因此上海发展会展产业就非常有利，大量的产品和先进的高科技都是举办会展的基础条件。其次就是有市场需要，会展的目的之一就是展览展示、促进交流，也就是市场的供求双方都需要有会展这样的平台，如果没有市场需求，勉强办会展也不会有好的效果。此外，由于我国地域辽阔，还有很多边缘城市，对会展业有一定的需求但需求量又不是很大，这样的区域也可以办会展，但要找准定位，做出特色，不能强调做大做强，更不能将会展业作为城市的支柱产业，否则势必造成各种浪费。

省会城市能否重点发展会展产业，这也要看具体情况。能否成为支柱产业是有数据支撑的，目前北京的会展业也只占到GDP的0.1%，这还算比较好的，其他的地方就更不用说了，但就是目前北京的会展业也还说不上是支柱产业。从目前国内的情况来看，北京、上海、广州这几个地方有将会展业发展成为支柱产业的潜力，建议其他城市或区域现在不要将会展业定为支柱产业的目标，否则会误导地方市场、误导企业，对于地方的经济发展是很不利的。

会展业发展空间广阔

记者：内地和香港的会展业有什么不同，是不是还有很大差距？

陈金铵：香港的会展业也只有十几年的发展时间，它的发展历史还不如内地久，从双方目前取得的会展效果对比来看，内地和香港的会展没有什么差距，只不过各具特色。

香港由于地域面积非常狭小，会展所涉及的面很窄，因此，会展要进入的项目也是比较少的。但由于香港是亚洲的金融经济中心，在这种背景下香港的会展业发展非常快，而且层次非常高，参展商和专业观众在国际上各自的行业都是非常权威的，因此香港会展业的国际化程度很高。内地的会展业发展有20多年时间了，发展也很快，发展的空间还很大。但目前内地会展业的问题非常多，由于我国目前经济体制仍有计划经济的色彩，会展还主要是受政府的引导，因此政府之间、行业协会之间以及会展企业之间为了争夺资源产生很多矛盾，会展产业的市场化程度还不是很高，这对于会展业的发展是很不利的。

行政只能引导不要干预

记者：面对内地会展业的各种问题，政府应如何加强引导和规范，保障会展业的健康快速发展？

陈金铵：政府只能引导，不要规范，行政干预过多只会阻碍会展业的健康发展。政府可以对会展企业加强引导，使企业之间进行自由的市场竞争，可以出台一些行业规范、评估标准或认证政策等，这些都只是保证会展市场的规范化，政府部门在这方面应该有所作为的。

此外，政府近期还应当注意一种趋势，就是会展业国际收购的问题。英国励展博览集团已将中国医药集团下属公司国药展览有限责任公司收入囊中，这是一个明显的信号，就是国外强势会展公司要进入我国，他们收购肯定是要收购运营和前景良好的会展。对于一些部门领导的想法我不是很理解，为什么要将这些优势会展公司卖掉，难道我们没有能力打造更有竞争力的会展公司吗？这种短期收利的行为很不可取。

为了增强会展企业的竞争力，政府可以引导会展业实行集团化。目前我国的会展业已进入发展的第二阶段即整合阶段，组建会展集团不仅可以产生规模效应，提升会展企业的竞争力，而且还有利于会展的国际化，我国的会展企业也可以走出去收购其他国家的会展公司。

会展企业要有的放矢

记者：作为经营一家独立的无任何政府背景的展览公司，您把国际性展览会除在北京、上海、广州大城市举办外，还涉足深圳、大连、厦门、成都、西安、武汉、南京、青岛、澳门等二、三级的会展城市。会展企业应如何做大做强，举办对区域经济有影响的会展，对于刚进入这个行业的企业您有何建议？

陈金铵：对于刚刚进入会展行业的企业来说，首先要研究国家政策，找准国民经济发展的亮点。比如我国将长三角、京津冀等区域经济作为重点发展对象，那就要紧盯着这些地方，到那里寻找市场。此外我国有四百多个会展项目可以进入，但目前只有200多个项目被会展覆盖，还有200多个项目没有起动。

其次就是区域的选择。会展企业的负责人要懂经济更要懂政治，每一个地方政府都会有自己的经济发展重点，如果这些重点发展方向与会展的发展相合就可以进入，地方政府的相关政策就可以成为会展发展的推动力，如果会展发展需要的条件不是地方经济发展的方向，在这样的区域发展会展肯定不会有好的效果。

此外还要进行综合成本分析。有些地方为了搞一个节庆会展，往往是全民动员，政府机关人员全部出动，投入几千万元，最后表面上可能达到了辉煌、圆满的结果，但投入的成本实在太大。因此，在决定举办会展前一定要进行财务控制和效果分析，对会展进行全面的评估。

——《国际商报》魏振豪

第三章 地方展览业

强化保护力度 提高保护意识

北京会展业知识产权保护培训班举行

2006年6月27日，由北京国际会议展览业协会和北京市知识产权局主办的北京会展业知识产权保护培训班在京举行，来自北京市贸促会、北京市知识产权局和北京奥运会组委会的负责人在会上做了演讲，此次培训的目的主要是强化北京会展业、特别是与奥运相关的会展活动的知识产权保护力度，提高会展从业人员的知识产权保护意识。

北京市贸促会副会长徐玉伟在演讲中说："知识产权保护对于从事会展行业的从业人员是非常重要的，应该从思想上、认识上，在实际工作当中认真对待好处理好知识产权保护工作。通过学习，在办好展览会当中牢固树立知识产权保护意识，使展览会越办越好，在从业人员的共同努力下，把北京的会展经济推向更高的水平。"

徐玉伟说："强化知识产权保护，不但可以做好国内企业自主知识产权创新的保护，还可以对国际来华参展的好产品和品牌进行保护。有时候，有的展览会在邀请国外参展商时，一些国外企业由于害怕被仿冒和侵权而不敢来参展。我们举办展览会的目的是实现交流和交易，要交流最新的产品、最新的思想、最新的技术、最新的成果，从而达到更好的交易的目的，如果我们的展会引不进来国际前沿技术和企业产品来参展，那么展览会就达不到交流和交易的目的。我国政府和有关部门非常重视知识产权的保护工作，在多年来中国会展业蓬勃发展的实践基础上，商务部、工商总局、国家版权局和国家知识产权局四部委在2006年3月1日正式颁布实施了《展会知识产权保护办法》，作为我国在知识产权方面法律法规在会展业的重要补充。同时，为了打击各种违法侵权行为，由国家保护知识产权工作办公室会同有关部门，制定了《2006年中国保护知识产权行动计划》，涉及到商标、版权、专利和进出口等四个领域。公安部、信息产业部等11个部委计划在2006年起草、制定、修订17个涉及商标、版权、专利和海关保护的法律法规和政府规章。2006年初，中国贸促会和国际展览管理协会联合发表了《中美会展业保护知识共同声明》，对保护知识产权作出了承诺。我国国家领导人也非常重视知识产权的保护工作，在不同场合发表了有关保护知识产权工作的重要讲话，在全社会形成保护知识产权的氛围。2006年5月29日，有关部委又启动《蓝天会展行动》以及5月31日由200家知名展览单位负责人参加的守法诚信经营、保护知识产权公开承诺书的签订活动，等等，对我国会展业未来的发展起到一个促进、监督、维护、提高的作用。"

"鉴于仿冒品牌展会的行为，扰乱社会市场秩序的情况日益严重的现象，各地方相应出台了许多政策法规，如北京、上海、广州等会展城市，都针对会展知识产权保护工作采取了相关措施。上海展览专项整治领导小组对会展业知识产权保护提出明确的意见和要求，对无证办展、虚假广告、倒卖批文等突出问题进行了专项调查。大连市也通过了会展业管理办法，对举办同类展览会的时间间隔进行了严格的限制，避免了克隆展会同期举办的乱象。"

"深圳工贸局也下发了关于实行品牌展览会排期保护的通知，通知对展览面积在2万平方米以上的展会进行排期保护，保护品牌展会不受干扰和克隆。还有很多地方也出台了行之有效的知识产权保护法律法规，形成一个比较完整的保护知识产权的体系。"

北京市知识产权局执法处处长高永迈说："近两年来，展会的知识产权保护所暴露出来的问题纠纷越来越突出，越来越受国内外业界的关注，主要是展会名称克隆和展品侵犯知识产权两个方面，这要引起业界足够的注意。展会管理部门要加强对展会期间知识产权保护的监督、保护、检查，对易发生知识产权纠纷的展会，应设立知识产权投诉机构进驻展会。展会主办方可以与参展商以书面合同的形式，进行展会知识产权的规范。参展商应承诺不侵犯别人的知识产权，并配合执法部门的检查。"

北京奥组委法律事务部综合处处长李雁军说："现在很多展会和企业喜欢打着服务奥运或其他形式的名目，没有经过奥组委的认可和允许，借助奥运会来进行宣传和招商招展，这些都是不允许的，特别是对奥运标志和奥运专有名词、专用口号以及恶意侵权、不当使用、隐性侵权、保护地域范围、保护时限、重点侵权商品等都要引起业界的广泛关注。我们希望能通过奥运会来促进北京会展业的发展，通过学习，学会合理地使用奥运会的标志和宣传，使奥运会促动经济发展，经济发展推动奥运发展。"

——《中国贸易报》朱文伟

北京会展市场文化产业将唱主角

北京会展业到了亟待变革的时刻。"一个缺口被堵上，自然会有另外一个出口被打开。"北京国际会展经济研究所所长刘宏伟最近对北京的媒体如是说，"北京市提出'次经济'概念，'文化创意产业'被提出，这或许是未来北京会展业的方向。"

这位专家的危机意识并非空穴来风。据了解，2004年北京市举办了489个展会，居全国之首。不过，现在这种状况正在发生变化。随着德国三大会展巨头的进入，一些国际性展会似乎更加钟情上海。"北京是我国现代会展业的发源地，并一直处于全国领先地位，但现在来自上海、广州的竞争威胁日益强烈。"一位会展业的理论研究人士也发表了同样的看法。

在北京，由于展馆面积不足、服务质量落后等诸多因素的影响下，一些名牌展会正在悄然流失。知名会展向外流失"几年之后，上海的会展业有可能超过北京，成为全国第一。"香港雅式（集团）公司董事长朱裕伦曾这样表示。

从业内人士的判断来看，上海会展业总收入是要高于北京的。理由是，北京举办的展会数量虽然很多，但除了几个知名品牌展会，其他多数是低收入展会，展位费打折严重。由于缺乏严格且全面的统计数据，无法判断哪个城市的会展业是全国第一，但北京会展业的"老大"地位岌岌可危。即便是知名展会，都有向北京之外转移的可能性。

2005年11月9日，中央和国务院"两办"发出通知，规定2008年8月1日～9月23日期间，北京地区不举办与奥运会筹办工作无关的全国性、国际性会议和活动。同时规定，2008年4月30日～7月31日，要严格控制在北京地区举办全国性、国际性会议和活动。业内人士认为，这一期间正是北京举办展览会的高峰期。这意味着该期间的展览会将全部暂停，向其他城市转移成为必然选择。而这些展会的首选目标正是北京最大的竞争对手——上海。

在2006年北京市的"两会"上，创意产业首次被确定为北京未来新的经济增长点。专家分析认为，2005年北京文化创意产业的总产值已超过960亿元。文化创意产业已成为北京的主要经济支柱之一，其增加值约占北京地区生产总值的14%以上。

2006年可谓是北京的节庆年，中俄文化年、中意文化年、中印文化年、中韩文化年四大文化年为北京的会展业增添大量的新鲜内容。伴随着这些文化年，很多相关的文化展会登陆北京。像正在举办的"世界文明珍宝——大英博物馆250年之藏品"展览会，将会出现很多；不久前举办的中国非物质文化遗产保护成果展在各界引起极大反响；刚刚结束的大山子艺术节则突显北京作为文化艺术中心，人才济济。除此之外，还有更多的国际性大型会议在北京举办。所以不难推测，动漫展、图书展、电影展、网游展等均有可能为北京举办同类会展奠定雄厚的产业市场基础。有了产业基础，这类展会将有可能成为未来北京会展业的主角。

——《国际商报》宗 逊

展会评估助跑上海会展国际化

2006年2月22日，上海市委、展览行业协会和企业负责人对在沪举办的展览会进行评估的标准进行了研讨，这标志上海市开展全面评估为主要内容的上海展览品牌战略正式启动并实施，申城历史上首批品牌展、优质展、重点培育展即将问世。

会展品牌大练兵

据上海展会行业协会副会长龚维刚介绍说，会展的评估工作早在2005年就已经启动，今年进入实质性阶段。根据上海市政府公布并开始实施的《上海市展览业管理办法》及实施细则，去年上海市会展协会组织成立上海会展行业评审委员会，已对在沪举办的29个展览会进行了评估试点，其中六成展览会被评为优质展。而在今年评估工作全面展开，评估范围是在上海举办的全部276个展会。协会将根据评估出来的结果进行评定，据悉，评选出来的展会将分为"上海市品牌展会"、"上海市优质展会"和"上海市重点培育展会"。2006年对276个展会中的100个进行了评估。预计到2007年～2008年，全部276个展会的评估工作才能全部结束。

龚维刚说，协会将对评选出来的好展会项目发证书和奖杯，主办不需批报或简化报批手续加以鼓励和扶持。评估的等级越高，享受的优惠政策越多。对于评估出来的结果还将在报刊、网站上公布并推广。对于没有评选上的展会，协会将给予指导，帮助其向获得殊荣的展会看齐。但是，龚维刚表示，这些评估只是初步的探索过程中，还没有形成一个固定的标准，估计到今年3、4月份正式的评估标准才能出来。

龚维刚说，这是上海首次对展会的等级进行评估。市外经贸委和市会展行业协会负责人表示，此举表明上海正式启动展览品牌战略，而上海展览业也开始从数量扩张向质量提升的方向转变。

规范办展引领上海会展国际化

龚维刚说，这次对展会的评估，有利于改善目前展览行业存在的不规范现象。据上海市会展行业协会公布的数字，2005年在上海市举办的国际展览会项目共276个，展出总面积达到了376万平方米，同比增长了22.8%。其中1万平方米以上的国际展览会达到了105个，占总项目的38%。

龚维刚说，“在这些大大小小的展会中，出现各种不规范的操作是常见的现象。”目前，上海展览企业多，举办的展会多，市场发展得快，市场不规范，监管空缺等问题存在，容易出现重复办展、骗展等不规范行为。而观众对些信息很难了解，这一方面要靠工商等部门加大执法力度，加以惩处，另一方面要靠展会评估。

据悉，上海市外经贸委已将2006年列为上海会展行业的“管理年”、“整治年”，市委将通过集中整治、等级评估等措施使上海会展业市场逐步走向规范化。加强展会评估，对会展行业的管理工作是个利好的消息。会展行业主管部门可以根据相关展会评估的标准、结论来制订会展行业发展的行业规章和制度，并可对一些评估良好的展会项目进行重点扶持，帮助它们做强、做大，以形成品牌优势。反之，对一些评估差，缺乏市场前景甚至重复举办的展会，就将予以严格控制，以达到规范会展市场秩序的目的。

展会等级评估还有利于上海会展品牌的树立。龚维刚说：“我们已经有15个展览项目从规模上达到了5万平方米以上，再经过3～5年，我们能够打造出30～50个大的（展览）品牌项目。”国务院发展研究中心副主任任兴洲说，评估工作在试点的基础上全面铺开，这也有利于上海会展行业向法制化、国际化、专业化、品牌化、规模化方向发展。

——《国际商报》赵鸿涛

浦东会展经济红红火火

上海浦东新国际博览中心近日传出消息，2006年新增两个展馆，面积达2.3万平方米；与此同时，新国际博览中心的场地已被抢订一空，档期排到了年底；更让人兴奋的是，整个新区会展展出面积2006年增长30%以上，首次突破300万平方米。会展经济，已经成为浦东现代服务业的新增长点。

会展服务业，是一块“诱人”的蛋糕。据了解，浦东新区2005年的展出总面积达237.87万平方米，同比上升16.7%；展商达48412个，同比增长27.8%；观众人数达到了266.9万人，同比上升7.4%；即使在7、8月份这样的会展淡季，新国际博览中心9个展馆也全部用上。目前，全市会展面积在3万平方米以上的大型展览几乎全在浦东举行，新国际博览中心平均单展面积已经达到了3.4万平方米。2005年一年，新国际博览中心的年销售收入达到了3亿元。

会展经济的效益还辐射到了周边的宾馆业。目前，在浦东新国际博览中心周围，已经云集了众多高星级酒店。东锦江索菲特大酒店、淳大万丽酒店……豪华酒店一幢接一幢，开车在10分钟内可以到达的酒店，就有11家，整个浦东达到星级标准的房间有1万多间。一位酒店客房销售负责人告诉记者：“只要一有展览会，酒店的客房就不担心没人住。会展期间，住宿率至少能提高10%~15%，有时候能提高30%以上。”

这仅仅还是一个开始。2006年，仅新国际博览中心就举办近80场会展，展出面积从2005年的233万平方米增至283万平方米。面对日益增长的会展需求，展馆面积还远远不够。据了解，新国际博览中心的展馆数将从目前的9个扩大到17个。会展经济拉动的不仅仅是宾馆业，还有房地产业、交通业、旅游业、物流业、广告业、餐饮业、信息服务业……整个现代服务产业链的“神经”被触动了。

——《国际商报》李 蕾

天津：会展经济渐成经济发展“助推器”

德国的汉诺威、英国的伦敦、瑞士的苏黎世、西班牙的巴塞罗那，这四座城市之所以名扬天下，除了它们是商业中心和旅游胜地之外，另一个重要因素就是“会展”。这些城市每年都要举办数百个会展活动，期间，世界各地的商人、学者、政要和游客云集于此，成为经济发展的重要动力。

如今，我国许多城市的会展经济也已形成规模。从规模上看，北京是全国之最；从数量上说，上海位居首位。而天津的会展经济虽起步晚，但近年来，也以其迅猛的发展速度和显著的产业带动作用逐渐形成了自身特色。目前天津市已将会展经济列为重点发展产业之一，其对经济发展的“助推器”作用日渐显现。

环境优越要想成为会展城市，必须具备地理位置优越、文化与交流环境发达、配套设施完善、产业基础较为稳固等一系列条件。

天津地处中国北方黄金海岸的中部，是北方对内对外开放两个扇面的轴心，是以港口为中心的海陆空结合、立体式的综合性现代化经济中心。而被纳入国家“十一五”整体发展规划的滨海新区，更是独揽区位、交通、资源、工业基础和体制创新五大优势。可以说，天津完全具备了成为一个会展城市的条件。

目前，天津市较具规模的大型展馆共有3个，展览面积已达到7.5万平方米。展馆面积增加了，为会展业服务的企业也在逐年增加。据统计，目前天津各类展览公司、展览物品租赁公司、展位特装公司等已有80余家。

硬件完善。会展业的发展也受到了天津市的高度重视，《2004年政府工作报告》中明确提出，“提高会展业水平。发挥现有会展设施作用，筹划天津国际会展中心，搞好配套设施建设……争办更多的国际性展览会，提高档次，扩大影响。”滨海新区也提出将会展业作为新的支柱产业来发展。

硬件设施的改善，服务水平的提升，再加上政策的支持，使得天津市的会展经济在近些年得到了迅速的发展。2004年～2005年期间，天津市年均组织、举办大型展览活动80多次，仅展览直接收入就超过亿元，参展企业3万家，到会客商达到100多万人次。根据国际测算，展览业的产业带动系数为1：9，即展览场馆的收入如果是1，相关的社会收入即是9。也就是说，天津展会在自身盈利的前提下，总共为天津市收入滚滚财源达10个亿。

2005年6月，第15届全国书市在天津举办，给天津相关行业带来了数以亿计的经济收益，也使天津各界和普通市民真正感受到了会展经济带来的巨大影响以及与自身的密切联系。这一展会聚集了各地35个代表团，500多家出版社，共有5500余名正式代表，数万随团工作人员和图书采购人员参会，这也是天津近年来举办的最大规模的全国性展会。有专家指出，天津会展业正进入一个高速发展时期。

2005年亚欧财长会议成功在天津举办。如此高规格会议开始选择在天津召开，这进一步扩大了天津在国内外的知名度和影响力，促进了其全方位开放格局的形成。

打造品牌。天津发展会展经济十分注重结合产业布局和资源优势打造会展品牌。

首先，由于起步晚，天津的会展资源相对稀缺，所以在发展中强化了政府部门在会展经济中的作用。业内人士认为，未来将更多地由行业协会以及独立组展商来组织会展。在会展业较发达的国家，它们是展会的主要组织者，各占半壁江山。

其次，天津的会展经济着力围绕主导产业展开。天津开发区在2005年共举办各类展会、论坛30多个，大多数都是依托区域产业优势，特别是依托通讯、汽车、生物医药、化工等支柱产业和基础雄厚的行业筹办的，从而形成了会展业创造良好营商环境，支持主导产业发展的特色。如围绕电子信息产业举办的“手机产销洽谈会”、“环渤海电子周”，围绕汽车产业举办的“2005年中国汽车产业发展国际论坛”，围绕生物医药产业举办的“2005年中国泰达生物论坛展览”等。这些展会及论坛的举办，都在一定程度上扩大了开发区主导产业在国内外的影响。在2005年手机配套会上，有30家采购商和296家供应商参展，展位分别达到100个和442个，并吸引了2500余家参会企业，极大地促进了该产业的发展。

——中国展览展示网

重庆：会展总部经济构筑南岸产业群

未来的重庆南滨路将不只是餐饮业的代名词，而是现代服务业密集分布的大南滨经济带。2006年以来，南岸区正式决定，在南滨路构筑以会展经济和总部经济为龙头的现代服务产业集群，使其成为该区新的经济增长极。

工业一直是南岸的经济支柱，2005年，该区的第二产业与第三产业之比为65：31，远高于全市平均水平。第三产业的发展滞后不仅使该区的城市聚集力大打折扣，也使该区的第二产业因缺乏高水平的服务业作配套而受到制约。

在内部发展不平衡的同时，南岸区所面临的外部形势也不容乐观。由渝中区、沙坪坝区、九龙坡区、大渡口区组成的渝中半岛板块基础雄厚、发展势头强劲；由江北区、渝北区、北碚区等组成的北部新城后劲足、发展迅速；而位处东部新区的南岸区，因缺少大的企业、大的项目等，其发展势头相对偏弱。特别是今年以来，该区还出现了一些存量企业向区外流失的现象。

针对以上情况，该区以“解放思想、实事求是、与时俱进”为主题，在全区范围内开展了一次解放思想大讨论活动，以寻求经济发展新突破。经过整整一个月的大讨论，最终形成共识：南岸的经济发展，除继续抓好茶园新区建设、培育新型工业这一经济增长极外，还要抓住亚太城市市长峰会、中央商务区建设这两大机遇，大力发展会展经济、总部经济等现代服务业，使其成为全区的第二经济增长极。

会展业是21世纪的朝阳产业，具有巨大生机和潜力，是城市与城市之间竞争实力的重要体现。但该产业重在带动效益，若商业等配套设施跟不上，其结果可能是留得下会展、留不下经济。亚太城市市长峰会的主会场在南岸，这是品牌，也是无形资产。该区决定在未来3年内，围绕国际会展中心，沿南滨一线建设一批酒店、购物中心、餐饮等配套设施。其中，酒店建设规模为5个五星级、5个四星级、5个三星级酒店共15个星级酒店；商业面积将达到100万平方米；餐饮业则以现在的南滨路为核心，另外再建3条特色餐饮街。目前，南滨路的餐饮业已基本完成升级换代过程。

总部经济是拉长产业链、优化区域产业结构、拉动地区经济增长的重要经济形态，也是南岸区最紧缺的经济业态。在大讨论中，该区同时决定充分利用弹子石作为中央商务区重要组成部分的区域优势，建设写字楼、购物中心等商业配套设施，并出台系列优惠政策，吸引全市企业在此建立总部，直至形成总部一条街。

区长张季说，用不了几年，他们将把总长20公里的南滨路建成以会展经济、总部经济为龙头的大南滨经济带，这不仅能改变南岸三产滞后的局面，形成适应现代都市发展需要的现代服务业，还能从根本上提升南岸城区的整体竞争力，成为支撑南岸发展的第二经济增长极。

——华龙网

山西要以资源优势创办特色展会

每个城市都能预见到会展业之于经济发展的拉动效应，所以都会大力发展会展经济。那么山西如何抓住这次中部崛起战略的机遇，发展自己的会展业呢？山西省社科院有关人士认为，从国际国内会展业发展的趋势来看，会展业越来越突出个性化特色，如深圳的“高交会”、大连的服装博览会等。所以，发展山西的会展业也要根据自己的资源、文化、旅游等优势突出几个特色。

一是发展以农产品为主的会展。山西省有很多的土特产享誉全国，如汾州核桃、山西汾酒、灵丘莜麦面、运城池盐、黄河鲤鱼、山西陈醋、稷山板枣、沁州黄小米、平遥牛肉、闻喜煮饼、恒山白酒、上党腊味驴肉等等。这些特产资源完全可以举办成特色展会，吸引全国各地甚至全世界商企的眼球。此外，山西省各类小杂粮的总产量占到全国杂粮总产量的十分之一，素有“小杂粮王国”的美誉。山西省的小杂粮有营养价值高、品种齐全、绿色无污染等先天的优势。依托这些优势条件，山西在家门口举办这种独具特色的展会，可以汇聚全国乃至全球各地的农产品及其新品种到这里展销、展示、流通、推广。

二是举办面食展。“世界面食在中国，中国面食在山西”，山西面食种类繁多，一般家庭主妇就能用小麦粉、高粱面、豆面、荞面、莜面做成数十种面食，到了厨师手里，更被弄得花样翻新。近两年来，各种杂面焙烤食品走俏市场，无论是走进食品超市，还是食品专营店，由高粱面、玉米面、小米面焙烤的各类食品普遍受到消费者欢迎，特别是一些利用民间传统工艺焙烤出来的食品，别具风味。近两年的太原面食节已初具规模，已显示出它对经济社会的拉动效应。如果将面食节常态化，通过经常性地举办这种面食展，可以进一步扩大山西的影响力。

三是山西省的煤炭资源、焦炭资源丰富，其中煤炭占全国煤炭产量的四分之一，焦炭出口量占世界贸易总量的40%，太钢是目前中国最大的不锈钢生产企业。如果依托这些优势资源举办相关的订货会、展会更具吸引力、影响力。山西省社科院经济研究所专家说，山西省的煤炭资源具有举足轻重的地位，但每年的煤炭订货会却不在山西举办；焦炭行情的变动牵引着全世界的目光，山西却没有利用好这种优势。

山西省发展会展业既然有资源优势，但如何通过会展把资源优势变成效益优势呢？专家认为，综合沿海城市、发达地市发展会展业的经验来看，会展业是一个高投入的行业，它需要政府搭建平台，专业公司在这个平台上运作，才能推动会展经济的发展。2006年1月，山西省政府在《山西省人民政府关于促进流通业发展的实施意见》中提出：推进现代商务服务业发展，要大力发展会展业。加强与全国行业协会、国际会展机构的交流合作，积极承办全国煤炭订货会等国际国内会议；发展国际化、专业化、贸易型为主的会展，培育面向世界的会展业知名品牌，举办具有产业和地方特色的常设性展会；建设具有国际水准的大型会展中心，改造提升会展业设施水平；组织山西省企业参加国内外大型展会，组织基础设施、能源建设、治理污染等方面的重大项目参会，进行国际招标招商；扩大会展经济规模，加强会展业与交通、餐饮、酒店、旅游等相关行业的融合，延伸产业链。

山西商务发展“十一五”规划（送审稿）在大力推动服务贸易的发展中也提出，要大力发展会展业，带动相关产业，“十一五”期间，要建设山西国际会展中心，创建一个国家级的会展平台，综合山西省优势，要在煤炭与能源产业方面寻求突破，打造立足山西、辐射全国、面向世界的会展品牌。

——《国际商报》冯日成　常力强

河北展览业30年发展回顾

贸易展览是一种活跃的经济活动，在市场经济日益成熟的今天，它的桥梁纽带作用愈来愈受到各界的密切关注。回顾河北展览业30年的历史，我们可以看到贸易展览在河北对外开放，促进中外经济和技术交流中发挥的巨大作用。

蹒跚起步时期（20世纪70年代）

1976年4月，中国贸促会河北省分会成立。这一年，河北省贸促会率团赴阿拉伯联合酋长国迪拜举办展览，拉开了河北展览活动起步的序幕。1976年～1978年，河北省贸促会负责人受中国贸促会的委托，先后4次担任中国展览代表团团长率“中华人民共和国展览代表团”到阿拉伯联合酋长国迪拜、冈比亚班珠尔、波兰波兹南、伊拉克巴格达等地举办出国展览。

20世纪70年代展览工作的特点主要是：举办出国展览；活动由政府安排，完全属于政府指令性行为；办展的目的主要是促进对外贸易，宣传新中国的经济建设成就，增进各国人民对中国的了解和友谊等。这期间，由于我国的体制和经济状况原因，加上展览业刚刚起步，企业对展览的作用和影响认识不深，所以，参展的单位和人次都很少。上述4个出展活动，每个展会仅有1家单位仅派1人参加，累计4个单位4人次，且没有达成一笔出口成交业务。从一定程度上说，这个时期出展目的主要是树立形象，也是河北展览业的起步阶段。

茁壮成长时期（20世纪80年代）

中国的改革开放唤醒了沉睡的各项事业。以展览活动为平台促进对外经济技术与交流，成为中国开拓国际市场，扩大宣传影响的重要途径。这个时期，河北省贸促会的展览活动非常活跃。

一是积极参加中国贸促会组织的出国展览活动，仅1986年～1990年就达21次；其中参会人数最多的一次是1986年7月28日～8月10日在日本东京“中国出口商品展览会”，河北外贸纺织公司、粮油食品公司以及医药公司、服装公司、工艺公司、畜产公司等6公司派出13人参加了展览会。展会取得了很好的效果，出口成交511万美元。参会收获最大的一次是1987年7月12～27日在马来西亚吉隆坡举办的国际博览会。河北外贸纺织公司、粮油食品公司、土产公司、工艺公司等4家单位组成了10人的代表团，会上共签约102份，出口成交537万美元。

二是自办出国展览会、洽谈会。为进一步开拓国际市场，扩大河北产品国际市场占有率，河北省贸促会先后在日本、美国、贝宁、加拿大、荷兰、意大利、德国、阿拉伯联合酋长国及我国香港、澳门等国家和地区自办了出口商品洽谈会、展览会12次。这些展会的影响和效果均不错。比如，1984年3月31日～4月15日在香港举办的“中国河北省出口商品展览会”，展出面积2400平方米，接待观众6万余人，出售展品价值45万港元，小卖品26万港元，出口成交3352万美元，进口成交181万美元。再比如1989年5月29日～6月6日，由华北制药厂、秦皇岛耀华玻璃厂、石家庄纺织公司等22个单位组成了67人的代表团，在德国汉堡举办了“中国河北省出口商品展销及经济技术合作洽谈会”，展出面积1000平方米，出口成交4274万美元。

三是自办国外来华展览会。1981年初～1990年底，英国、美国、日本、丹麦、瑞士、瑞典、德国及我国香港等国家和地区，先后在河北举办了印刷机械展、教学仪器展、医疗器械和分析仪器展、分析仪器展、测绘仪器展、工业样本展等经济贸易和技术展览会10次。这些展会为河北引进外国先进技术和设备搭建了较好的平台，有效地节约了进口外汇。参加展会的许多中方技术人员反映：“这是不出国的出国考察”，“石家庄真开放了”。

四是积极参加河北省举办的对外经济技术合作洽谈会、对外贸易和投资洽谈会、对苏联东欧国家经济贸易洽谈会、河北省台湾同胞投资恳谈会、河北省北戴河之夏对外经济技术合作洽谈会、海峡两岸贸易投资研讨会等，并积极为大会提供展览设计、接待、通信、发邀、组织业务洽谈等多种形式的服务。这个时期的河北展览业呈现出以下几个特点：一是办展形式多样化。既有出国展，也有国内展；既有自办展，也有参加展。二是展览的经贸交流平台功能得到了有效发挥。项目洽谈、贸易成交、展览展示等均体现出了贸展活动促进对外开放的意义。三是展会市场化运作初露端倪。展会组织方式最大的变化是由政府指令性参展改成了政府推动与企业自愿参加相结合。四是展览活动较为活跃。组展、参展的频率较高，规模、水平明显提升。

发展壮大时期（20世纪90年代）

总体上看，河北展览业呈现出繁荣昌盛的大好局面。这个时期河北展业的特点主要集中体现在以下几个方面：一是展会的多功能性得到了发掘。由单纯的以展促贸变为在促进贸易的同时，也促进了利用外资和国际经济技术合作。可圈可点的活动较多。比如，“5·18”中国河北—波兰经贸合作洽谈会，首次采用河北国际商会这一民间组织的名义，与波兰大使馆商务处联合举办，探索了利用民间渠道，市场化招商的新路子，达成项目合作意向8个，意向投资额1480万美元，贸易成交600万美元。再比如，“’99中国（河北）国际商会对外经贸洽谈会”组织、招商招展等工作均按照市场化方式运作。洽谈会展览面积3000平方米，展出电子、机械、纺织、服装、工艺品、陶瓷、化工等15大类3万余件展品，3万多人次参观了展览，专业人士达千余人。展览会成交6亿人民币，其中外贸成交6829.1万美元，内贸成交5489万人民币；意向成交1.9亿人民币，取得了显著效果。二是展会由综合性向专业性方向转变。“’96河北国际医疗器械及制药技术与设备展览会”是这个时期规模最大的一次专业性国际展览会。展会共设展位83个，参展商82家，参观人数超过3万人次，成交额突破1000万人民币。三是办展的国际化水平显著提高，规模、层次上了一个大台阶。“’99中国（河北）国际商会对外经贸洽谈会”吸引了来自欧洲、美洲、大洋洲、亚洲的44个国家和地区的300余名外商到会。名列世界500强的大公司，如摩托罗拉、日商岩井、卡特比勒、曼内斯曼等首次到河北。四是培育出了一批品牌展。河北国际医疗器械展览会、唐山陶瓷博览会、中国大营国际皮草交易会等均在这个时期创办，而且这些专业性展会的影响和知名度现均已跻身全国品牌展会行列。

跨步发展的新阶段

从迈进21世纪的门槛起，河北展览业便进入了跨步发展的新阶段。据不完全统计，2000年至今，全省每年举办具有一定规模的国内展览会50多个，通过省贸促会组织企业参加境外展览会年均近20个。会展业以年递增20%速度快速向前发展。《河北省会展业发展研究报告》表明，截至2004年12月底，全省可用于会展的展览面积达12万平方米。2003年会展业对相关第三产业的带动系数高达1：10.23。

这个时期，发生了3起在河北展览业史上具有里程碑式的事件：一是经过几届省贸促会领导的不懈努力，河北省贸促会会长王玉楼在省政协九届二次会议上关于加快全省会展业发展的发言，引起省领导的高度重视，并在他的发言材料上批示要编制全省会展业发展规划。2005年12月31日，河北省人民政府办公厅印发了《河北省会展业发展规划纲要(2006～2010年)》，这是河北省历史上第一个关于会展业发展的宏观、指导性文件，必将促进河北会展业更加健康、有序、繁荣发展。二是《河北省国民经济和社会发展第十一个五年规划纲要》首次在全省规划纲要中确定“十一五”期间，要“积极发展会展经济，重点培育石家庄、廊坊、唐山、邯郸四个会展城市和东北亚暨环渤海国际商务节等20个品牌展会”。三是2006年召开的全省“两会”，首次就全省会展业发展的提案，省贸促会作为主办单位，省商务厅、省发改委作为会办单位，落实了提案的答复工作。这些事件从一定角度反映了河北会展业在国民经济和社会事业发展中的功能和作用已受到各界的密切关注。

河北展览业从2000年以来，呈现出的主要特点：一是进入了法制化发展轨道。这主要是以河北省人民政府印发规划纲要为标志。二是办展的规格和层次大幅提升。主要标志是：中国安平丝网博览会升格为由中国贸促会、中国轻工业联合会、中国五金制品协会、河北省人民政府联合主办；中国承德国际旅游文化投资贸易洽谈会升格为由中国贸促会、河北省人民政府主办；中国清河国际羊绒及绒毛制品博览会升格为由中国贸促会、中国纺织工业协会、河北省人民政府联合主办；中国唐山陶瓷博览会升格为由中国贸促会、中国轻工业联合会、中国建筑材料工业协会、河北省人民政府主办，等。三是展会市场化运作水平提升较快。以河北国际医疗器械展览会、河北国际信息产业周为代表的一批市场化运作展会，取得了显著的社会效益和经济效益。

纵观河北展览业30年的发展史，我们可以看到贸促会在其发展过程中发挥着十分重要而积极的推动作用，可以看到河北展览业在河北对外开放的历史舞台上扮演的重要角色。

——《国际商报》江志君

北戴河力推会议经济填补“半年闲”

河北省秦皇岛市北戴河区委、区政府2006年3月30日在北京举办了“2006年北戴河会议资源推介会”，此举力求通过举（承）办大型会议、培训、节庆活动，合力打造“北戴河会议”品牌，以吸引更多的客流、物流、资金流和信息流，推动北戴河旅游、投资、商贸及其他相关产业的发展。

北戴河因其独特的气候、地理条件和旖旎的自然风光，成为中国最早和最具魅力的旅游胜地之一，同时也是国内最大的休疗养和会议培训基地，而“北戴河会议”也一度成为一些重要会议的代名词。建国以来，北戴河相继建有国家和省部级休疗养院和宾馆200多家，有近8万张床位以及各种规模的会议室700多个，年接待各种会议上千个。2005年，北戴河近百家休疗养单位接待各种规模的会议及培训800余个，参会人数达到13万人次之多。北戴河拥有碧海金沙的18.4公里海湾和被誉为“天然氧吧”的生态城区，素有“京津后花园”的美誉，年均接待中外游客400万之多。但会议多数集中在暑期，市场会议份额较低，高层会议引入较难，所谓“半年闲”一直是北戴河人的心头之痛。

为此，北戴河2006年开始“政企联合”探索解决会议资源最大化利用问题。提出以北戴河优势季节——候鸟翔集、虾美蟹肥以及恬静惬意的春秋冬季节办会思路，整合北戴河众多会议资源，谋求会议资源的持续、最大化利用和会议经济的崛起。

在这次推介会上，北戴河的会议资源优势及区政府提供的优惠政策引起了参会人员的关注：18.4公里的碧海金沙和“天然氧吧”，鸽子窝公园、奥林匹克大道公园等几十个国内外知名景点景区，使会员在会议之余可以放松身心；会议单位可享受到相对于大城市低廉的住宿、餐饮价位及诸多功能完善的疗养院、宾馆提供的优良服务。

据了解，这也是北戴河第一次通过政府行为和市场导向向京津甚至更大的范围推介会议资源，塑造北戴河会议品牌。为提高会议资源软硬件内在品质，精心塑造“东方日内瓦”魅力形象，目前，北戴河区正在积极筹划国内一流标准的国际会议中心项目、五星级酒店及附属配套设施项目，实施北戴河历史文化标志性建筑——劳动人民文化宫改造工程，以满足召开国际会议、接待高层次参会人员的需要。

此外，该区还在谋划实施渔人码头、温泉度假村等高端旅游项目并加速各涉旅单位会议接待档次的提升以及外语、会议管理人才的引进与培训，全力为会议经济的发展搭建坚实有力的平台。

——《国际商报》贾俊秋

世园会改变沈阳“烟囱城”形象

如果细细回味，来沈阳的外地人都会发现，2006年春天的沈阳少了沙尘暴的肆虐，空气中仿佛也有了滨海的潮湿。据检测，沈阳城区的空气湿度由5年前的51.3%增加到2005年的56.9%，已接近最适宜人体60%的水平。过去缺树少绿的沈阳已是满眼绿色，城外绿树环抱，城内绿树成荫，老百姓开窗见绿。几年来，沈阳相继荣获国家“环保模范城市”、“国家森林城市”、“十大最具经济活力城市”等殊荣。而这一切都因为举世瞩目的2006中国沈阳世界园艺博览会的举办得到印证。

从2003年11月沈阳向世界园艺者协会提出申请，到2004年9月申办成功，沈阳始终秉承“人与自然和谐，生态、经济、社会共同发展”的理念来实践自己的承诺。而世界园艺博览会先后在不同的国家举办了20多次，都是在气候温暖的南方城市举办的，在气候比较寒冷的中国东北举办还是第一次，所以许多园艺专家都评价说：“沈阳作为东北老工业基地，能够成功举办2006中国沈阳世界园艺博览会，这本身就是一个奇迹。”

作为全国知名的重化工业城市，沈阳在上个世纪90年代末，曾经进入“世界十大污染城市”的黑名单。2000年，沈阳城市大气优良天数只有73天，而2004年已上升到301天，2005年又达319天。一系列数字转变的背后，是这个城市按照科学发展观的要求，既发展工业，又保护环境，走新型工业化道路所付出的艰辛。当地领导曾经面对国内外的记者情绪激昂地说：“为了这一天，我们5年中投进400亿元，每年拆掉1000根烟囱。”

为了把“烟囱城市”变成“园艺城市”，他们把沈阳市内的约150家国有企业迁移到郊外的经济技术开发区，建了三大污水处理厂，污水处理率达70%，接近发达国家。投巨资治理大气污染，关停部分污染企业，鼓励市民采用清洁的燃料，使烟尘得到有效的控制。植树造林活动也同时大规模展开，城区新增绿地面积是2000年前绿化面积总和的2.5倍，农村森林增加面积相当于从建国到2000年的总和，且植树成活率达到97%以上。2005年，沈阳城区绿化覆盖率达40.05%，在2004年荣获国家环保模范城市称号后，又成为“国家森林城市”。

——《国际商报》

加快东北亚国际展览名城建设

会展业进入快速发展阶段

改革开放以来，大连市展览业从无到有，从小到大，来展快速发展，出展成功起步，大致分为两个阶段。1985年以前，大连市组织的展览会，以海外来展为主，零星而不系统，处于尝试阶段。1987年7月1日，大连国际博览中心开始启用，承接首届中国东北地区暨内蒙古出口商品交易会，标志着大连市展览业开始进入起步阶段。1996年7月1日，大连星海会展中心开始启用，承接第10届中国东北地区暨内蒙古出口商品交易会，标志着大连市展览业开始进入快速发展阶段。在这一阶段，展览业作为一个新兴产业脱颖而出，展览项目由少到多，展览规模从小到大，展览主题由单一到多样，展览类型由综合到专业，逐渐成熟起来，成为我市国民经济中一个新的增长点。展会项目稳步发展，展会国际性有所增强，展会专业化水平明显提高，展览业国际交流正在扩大，展览专业队伍初具规模，展会贸易成交逐年增长。展会定型项目开始形成，一批档次较高，规模较大的项目成为大连市展览业的支撑。

同时，出展工作也得到了较快的发展。大连市从1999年开始对出展工作进行统筹规划，调查研究企业出展情况，编制出展业务手册，发布国外展览信息，筛选、推介国际展会，加强了同日本、韩国、美国、法国等展览机构的联络，扩大了出展工作的渠道。国际性会议开局良好，多个国际会议相继在大连召开，标志着大连市承接国际会议的能力达到新的水平。

建立会展管理新模式

大连市展览业规模的扩大，从业人员的增多，发展速度的加快，是大连市经济建设和对外开放快速发展的结果和重要标志。但管理规范化进程跟不上会展业的快速发展，展览组织整体素质参差不齐，会展专业人才缺乏，会展业的法制化、市场化、产业化、国际化建设还有一定的差距。

大连市是国内最早提出会展经济的城市，市委、市政府一直十分重视会展业的发展，其中一个重要标志就是为会展业发展提供组织保证，在全国城市中最早成立了大连市展览工作领导机构。1996年2月12日，大连市政府决定成立大连市展览工作领导小组。目前大连市展览工作领导小组有25个部门和单位的领导组成，中国贸促会、辽宁省外经贸厅、大连海关、辽宁省商检局的负责同志为顾问。

依据《中华人民共和国对外贸易法》和市政府的决定，大连市展览工作领导小组办公室自1996年以来，一直设在中国贸促会大连市分会。办公室由市贸促会、市外经贸局、市工商局相关部门和两个展馆负责人组成，实行联席会议制度。市展览工作领导小组办公室负责全市经贸展览会的管理、指导和协调；拟订全市专业展览场馆的展览计划；召开办公室组成单位的联席会议；全市展览工作的总结、报告和相关数据汇总分析；了解国内外展览业发展动态和趋势，为领导决策当好参谋；展会资质评定、评估，规范展览市场秩序；定期走访企业，了解企业和展会的实际情况，制定扶持政策；拟定全年展览会宣传计划和展览基金使用预算；开展与国内外同行业的联系和合作；与各新闻媒体联系，对全市展览环境、重点展会、市场开拓等方面进行全方位宣传；进行展览业职业培训，定期邀请国内外展览专业人士为全市办展单位进行专业培训；完成市政府和市展览工作领导小组领导交办的其他工作任务。

大连市展览工作领导小组办公室立足展览业的长远发展，服务面向全市，特别是2006年以来，加强了政策引导，做好协调服务，引领大连市展览业健康持续发展。

以科学发展观为指针，科学安排全年会展业工作。2006年年初，我们对全市办展单位报送的2006年展览项目进行了认真的分析研究，在报送的136个展览项目中，同类题材14个，47个展会内容雷同，时间相近，互相冲击。这种现象势必分散会展资源，扰乱会展市场，品牌展会难以做大做强，垃圾展会相继出现，严重削弱大连市会展业的竞争力，损害大连市的会展形象。针对这种情况，召开了办展单位参加的座谈会，通报情况，研究对策；分别与重复办展的展览公司协商，调整展会时间和展会内容，合理安排2006年的展览计划，从而最终确定106个展览项目列入全年展览计划，并已印刷成册，网上公布，广为宣传。

从实践中体会到，发展会展经济，靠的不是数量，而是质量。大连市展览业有发展的条件和潜力，但展会资源也是有限的，展览项目不可能每年都有一个大的增长比例，必须按照科学发展观的要求，把发展会展经济的立足点放在扩大展会规模、提高展会质量和提升优质服务水平上。2006年上半，全市举办展会40个，展出面积28.62万平方米；4820家企业参展，其中有32个国家和地区的海外参展企业199家；参展商28128人，其中海外参展商1089人；展会观众234.5万人次，其中海外观众1.17万人次。

从管理型向协调服务型转变，创造有利于会展业发展的环境。大连市曾经在全国最早提出了经贸展览会管理办法。1999年4月2日，大连市政府办公厅转发了市对外经济贸易委员会、工商行政管理局和中国贸促会大连市分会的《大连市展览会管理暂行办法》，第一次以地方规章的形式，对经贸展览做出了具体规定。根据国务院和省政府关于改革行政审批制度的有关要求，大连市政府对各部门的行政审批事项进行了清理，第一批公布的1309项行政审批事项中，削减了689项，保留了620项，对展览项目的审批规定为转移审批，转移至中国国际贸易促进委员会大连市分会。

2004年7月1日施行《中华人民共和国行政许可法》后，市展览办原先对展览项目的立项审批失去法律依据，不再对展览项目逐项审批，有利于放手发展和壮大会展业。但面对重复办展、恶性竞争日趋严重的状况，是沉默不语，放任自流；还是变通办法，依旧审批？这两种态度，不仅不合时宜，而且都不是长远之计。如何解决这个矛盾，促使我们认真思考，转变观念，观念的转变促使职能的转变，这就是市展览办需要从单纯管理型向政策引导型转变。这种观念转变、职能转变的重要产物，便是将原先的项目审批转变为政策引导。

在深入调查研究和广泛征求意见的基础上，以科学发展观为指针，草拟了《"十一五"期间大连市会展业发展的指导目录》，并经市工商局、市外经贸局、市政府法制办公室联系沟通、会签意见，集思广益，几易其稿。于2006年3月25日，大连市政府办公厅正式行文，向各区、市、县人民政府，各先导区管委会和市政府有关部门发布《"十一五"期间大连市会展业发展的指导目录》，对鼓励类和限制类的会展项目，分别明确了范围和相应政策。

这个文件的出台，不仅有利于办展单位从城市产业的现有基础及发展前景出发，考虑产业的生产周期和技术的更新换代周期，选择准确的展览题材，结合自身力量合理定位，发挥独特优势，规避竞争风险；而且有利于政府政策导向透明公开，扶持政策有所依据。这个文件反映了大连市会展业市场的实际和需求，表达了各办展单位期盼已久的愿望，标志着我市会展业规范化管理进入一个新的水平。文件在大连市政府网站公布后，在全国会展界引起广泛关注，业界专家认为这是全国会展业规范化管理的一个首创成果，具有很强的示范意义和实践指导作用。

为掌握全市展览业的发展状况，加强统计管理和监督，确保展览业统计资料的准确性和及时性，根据《辽宁省统计管理条例》的有关规定和大连市来展、出展工作的实际，又起草了《大连市展览业统计管理实施办法》。这个文件2006年3月13日已由大连市统计局印发。文件明确提出大连市统计局负责展览业统计方法制度的制定，中国贸促会大连市分会负责全市展览业的统计工作。文件并对全市展览业统计工作的范围、统计人员的职责、统计业务的内容、统计报表的时限等都提出了要求，成为大连市展览业规范化管理的又一个重要标志。

为加强展览业发展基金的管理，有效发挥展览业发展基金的宏观导向和激励作用，本着公开透明、定向使用、统一管理、加强监督的原则，在《大连市展览业发展基金管理暂行办法》的基础上，制定了关于《〈大连市展览业发展基金管理暂行办法〉的实施细则》，明确展览业发展基金主要用于符合《关于"十一五"期间大连市会展业发展的指导目录》的展览项目和推进贸易和投资的会议项目的资金扶持。由大连市展览办负责制定下一年度会展行业项目计划，组织编制会展行业发展基金年度预算，向大连市财政局报送年度会展项目资金申请报告和年度计划表。对申报程序、评审程序、拨付程序提出了具体要求。中国贸促会大连市分会负责起草的《大连市关于加强贸促工作的意见》，大连市政府办公厅于

2006年5月10日下发文件给各区、市、县人民政府，各先导区管委会和市政府有关部门。文件提出：“要紧紧围绕大连市优势产业发展和产业结构调整的需要，充分利用星海会展中心、世界博览广场的有利条件，加强全市会展业的协调、服务和管理，创造良好的会展环境，努力培育具有国际影响的品牌展会，做好会展行业的统计工作，引领全市会展业向法制化、产业化、市场化和国际化方向发展，努力打造东北亚会展名城”。

这个文件的下发，明确了中国贸促会大连市分会在全市会展行业中的地位和作用，增强了在组织全市会展活动中的责任感和使命感。

另外，还及时将商务部、国家工商总局、国家版权局、国家知识产权局2006年第1号令《展会知识产权保护办法》，中国贸促会与国际展览行业权威机构——国际展览管理协会于2006年1月11日共同发布《中美会展业保护知识产权的共同声明》，中国贸促会于2006年2月15日发布的《关于贸促系统境内展览会保护知识产权工作管理规定的通知》，及时传达到全市的办展机构，要求办展机构提高展会期间保护知识产权的自觉性，在展览会招商招展、展出和展后等各环节做好保护知识产权工作，杜绝列入经执法部门判定有侵权行为的名单的单位参加展览会，一经发现侵权现象，立即向专利、商标、版权等知识产权行政管理部门报告。还组织11家会展从业单位加入中国贸促会发起的《中国会展业保护知识产权联合行动宣言》。

从单纯管理转向协调服务，不仅是大连市会展业发展的必然趋势，而且开辟了广阔的工作空间。为提高会展从业人员的素质，扩大会展行业国际合作，中国贸促会大连市分会积极组织培训，开展国际交流。承办社会各方面关于会展业的相关工作，2006年认真办理了两名市政协委员关于会展业的提案。为提升会展行业服务水平，营造最佳会展环境，创建中国最佳旅游城市，制定了《大连市会展行业创建中国最佳旅游城市服务竞赛活动方案》。参加优质服务竞赛活动的包括大连星海会展中心和世界博览广场两个专业展览场馆，全市在专业展览场馆举办的各类展览活动。在广泛征求意见的基础上，提出了《大连市展览会优质服务评选标准》和《大连市展览场馆优质服务评选标准》，要求参赛单位按照竞赛活动的要求，做好组织和落实。

抓住有利时机，扩大会展业整体形象的宣传。2006年1月11～13日在广州举行的“第二届中国会展经济国际合作论坛（CEFCO2006）”上。中国贸促会大连市分会代表以《会展业的国际化问题》为题，在国际化和产业保护论坛发表演讲。大连市还在广州锦汉展览中心举办的“展中展”设立了36平方米的大连展区，集中展示大连会展整体形象和主要场馆、重要展会。由于精心组织和制作，大连展区受到与会代表和组织方的好评。

抓住典型事例，引导健康发展。大连市政府早在2001年8月31日就下发了《大连市人民政府关于以市政府的名义主办各类展览会有关规定的通知》，规定“凡拟以市政府名义主办或国务院各部门、国家各商会和国外展览组织等联合主办各类展览会，须经市展览工作领导小组及其办公室审查备案，并征得分管副市长同意，报市长批准”。2006年4月25日，大连市展览工作领导小组办公室发文强调，展会不能随便冠以政府主办的名头，擅自发布以市政府名义主办各类展览会的信息，均应立即主动更正。此次发文的目的是要求大连各举办展览的单位，以市政府名义主办各类展览会，均应严格按照有关规定和程序办理。

对2006年以市政府名义主办的25个展会的情况进行了调查，其中4个展会正在申报，1个展会声明取消以市政府主办的名义，1个展会已经停办。针对个别展览公司举办展会存在的问题，进行现场调查，征求参展商意见，听取承办单位反映，及时向市领导汇报，提出处理意见，引导会展业健康发展。大连市展览办为此发出通报，责令展会的实际操作方妥善处理参展商提出的问题和要求。大连市刚刚召开的第十次党代会提出了率先实现老工业基地全面振兴，建设东北亚重要的国际城市的伟大任务，对会展业的发展提出了“有效整合会展场馆资源，精心培育会展品牌”的新要求。

面对东北振兴和沿海开放双重机遇，会展市场竞争激烈的新形势，要认真研究，整合资源，聚集力量，扩大开放，不断创新，提高素质，增强本领，推进大连会展业法制化、市场化、专业化、国际化的进程，为把大连市建设成为东北亚国际会展名城贡献力量。

——《中国贸易报》葛玉广

长春梯级发展会展业

在广州举办的CEFCO2006论坛期间，中国贸促会长春分会会长宋丽华的热情和主动给记者留下了深刻的印象。她在接受本报记者采访时表示，在寻求会展合作方面，付出高度热情和主动之后，会发现周围有很多机遇。

长春优势。宋丽华同时担任长春市会展管理办公室主任之职务，促进长春会展产业的快速发展，是她案头工作的重点之一。她认为，长春在发展会展业方面有自己的优势和特色。

近年来，东三省的辽宁、吉林、黑龙江的4个城市：大连、长春、沈阳、哈尔滨会展业的发展引起业界的关注。宋丽华认为，长春面临着在老工业基地振兴过程中发展会展业，如何找准定位的现实。这也是东北地区发展会展产业的一个核心问题。

她强调，相对而言，长春市作为东北地区一个重要的经济城市，会展产业的发展不能脱离目前区域的现状，必须要和东北地区产业结构相结合。比如说，长春的第一支柱产业是汽车，第二是农业，然后才是其他的相关产业。

因此，多年来，长春市政府紧紧围绕产业发展会展业，并将会展业列为重点发展的十大产业之一。由于政府高层认识到了这一点，为会展业的发展提供了宽松的环境，中国贸促会长春市分会作为执行单位，自然就从容得多。2005年12月，由长春贸促会承办了四届的“汽博会”，通过了UFI认证，这是国内第二个获得UFI认证的车展。需要指出的是，前三届汽博会历时6年，在长春市政府的大力支持下，充分利用汽车产业的优势，目前已经将其培育成国际品牌展会。

长春地处北方，举办展会的黄金时间是每年的6、7、8三个月，同时这三个月却是其他城市展会的淡季，这种档期的错位为长春会展业带来商机。此外，长春的冰天雪地，也带来了展会商机。“中国长春冰雪旅游节暨净月潭瓦萨国际越野滑雪节”的前身是“中国长春净月潭冰雪旅游节”，2003年引入瑞典瓦萨（VasaLoppet）国际越野滑雪赛这一享誉世界的著名品牌，2005年更名为“中国长春冰雪旅游节暨净月潭瓦萨国际越野滑雪节（简称中国长春冰雪旅游节）”，每年1月初开幕，历时50多天，已经成为一个集国际性、商业性、群众性于一体的大型节庆活动。有专家形象地说，过去是冰天雪地，人与自然的对立；现在是观雪、玩雪，生活质量的提高，是人与自然的协调。

值得一提的是，长春于2005年举办了“首届东北亚博览会”，这一展会是打造东北地区和东北亚经济圈的投资贸易博览会，也是一个品牌展会，充分利用的就是东北亚经济圈的区位优势。

接轨国际。在CEFCO2006论坛期间，宋丽华珍惜每一次与外商沟通洽谈的机会。了解她的人说，为了能尽快促进长春会展业与国际接轨，她可是把在外经贸局工作时的干练作风都用上了。

宋丽华解释说，长春会展经济起步比较晚，1992年举办了第一届“中国长春电影节”，直到1999年才举办首届“汽博会”。值得欣慰的是，近年来，会展业的发展速度很快。“十五”期间是长春会展业非常重要的一个阶段，也是快速发展的时期。目前正在搞“十一五”规划，重点提升展会的规模，争取在未来5年之内，打造出25个国内外有影响力的展会，国内有影响力的会展活动争取达到60个。

单从以上数字来看，可能很保守，但力求每一个展事活动都能为参展企业、采购商带来真正的收益。为此，长春市已经提出了发展会展产业的“四化”方针，即品牌化、专业化、市场化、国际化，这将成为检验展会的标准。

因此，未来的“汽博会”要进一步加强国际化；“农博会”也要进一步加强市场化；“冰雪节”要进一步增强群众的参与度，重点吸引东南亚地区的国际观众；“光博会”短期内也要走向国际；“东北亚博览会”是一个综合性的展会，在国际上有了一定的影响力，是东北亚经济圈的展会。从目前东北地区的整个对外经济贸易、招商引资的主体来看，东北亚经济圈内的国家处在同一区域，文化背景非常接近，长春的企业可以通过这个展会与东北亚商贸界进行交流。

宋丽华表示，同其他会展城市一样，长春会展业也要积极引进境外资本，进行通力合作，举办一些规模大的展会，同时还要走出去办展，真正实现国际化。通过举办展事活动，拉动长春市经济、产业和就业的发展，这是长春市核心的发展战略。

梯级发展。宋丽华向记者介绍说，长春市目前的品牌展会都是由市政府举办的，但展会最终是要走向市场的，成长期的展会不能还躺在政府的摇篮里，过温饱无忧的日子。但目前还不能把所有的展会都推向市场，还需要一段时间，需要抓重点展会，带一般展会。于是，宋丽华根据海关A、B、C的管理办法，将长春市120多个会展项目分为A、B、C三个等级加以管理：A级展会，就是由政府主办，但已经具有一定影响力的展会要走出摇篮，进行市场化运作。2005年第四届“汽博会”做了一个尝试，规模达到了12万平方米，专业观众和国际参展企业非常多。实践证明，这样的运作方式是成功的。

B级展会，目前还在摇篮里，还需要政府这个强大的孵化器培育一段时间。不过，只要时机成熟，马上可以进行市场化运作。

C级展会，这一级里的展会还属于新策划的会展活动项目。是由政府孵化器培养支持一段时间，还是直接进入市场化，该如何运作？目前正在酝酿实施办法。

宋丽华认为，这样做的好处就是，有培育、有打造、有品牌，做到良性发展。同时，她也承认，这样做主要是源于长春市会展办公室就设在中国贸促会长春市分会，这样一来，就可以和对外经济贸易、招商引资相结合。这样的组织框架非常合理，在东北地区，会展业和贸促会结合是最好的。

宋丽华进一步强调，长春将城市定位为：森林城、汽车城、文化城，所以包括会展业都要充分体现文化内涵。为此，2006年7月初，由长春市政府联合中国会展杂志社共同主办的“第二届中国国际会展文化节暨2006中国会展年会”将在长春举办。

有专家认为，以长春“汽博会”为代表的一批品牌展会享誉国内外，成为长春经济发展的金字招牌，这也是长春举办“第二届中国国际会展文化节”的产业基础。当然，这次活动也将提升2006年长春举办的“国际零部件展”、“农博会”、“中国长春电影节”、“长春国际雕塑展”的知名度。

长春市为会展经济发展制订的目标是：到2007年，年举办各类展会活动突破100项，其中全国性会议25至30项，展览60项以上，重要赛事、大型演出及节庆活动达到15项；年展览面积超过150万平方米，其中5万平米以上的品牌展会15个；引进至少2个国际或国内知名的展览公司；培育5个以上集展览与各项配套服务于一体的会展龙头企业；带动相关产业收入达到100亿元。到2010年，年举办各类相关活动120项以上，年展览面积超过180万平方米，带动相关产业收入150亿元，年均递增18%以上。把长春建设成为在国内外有较大影响，设施现代化、项目品牌化、市场规范化、运作国际化、特色鲜明的全国性会展城市。

相关链接

长春：会展经济取得突破

2005年，长春市会展经济取得了突破性发展。目前，全市已举办各类会展活动120项，参与群众达670多万人次，全年会展业实现相关收入78.2亿多元。其中，直接收入7.2亿元，带动相关产业收入65亿元，实现税收6亿多元。

——《中国贸易报》周春雨

黑龙江会展业——新的产业引擎

鲍昱合 孟凡胜

一个地区会展业的发展水平是与该地区综合经济实力和发展水平相适应的。会展业作为贸易、投资、技术交流与促进的重要手段与载体，其发展离不开经济基础的强劲支持。随着黑龙江省对外开放的不断深入，对俄经贸战略升级，老工业基地的全面振兴，经济出现了快速、协调、健康发展的良好形势，极大地促进了黑龙江会展业的发展。

国家实施振兴东北老工业基地计划，给黑龙江提供了很多税收的优惠和资金上的支持，国家发展银行计划拨出650亿元资金，进行"哈大齐工业走廊"等大项目的改造，巨大的投资和政策支持为中外企业创造了新的商机，也给会展业发展提供了一个千载难逢的机会。2005年1月，黑龙江省开始实施对俄罗斯经贸战略升级，加大对俄合作，同时俄罗斯政府也开始实施振兴西伯利亚计划，中俄经贸关系进入了互动、共赢的新阶段。

作为国家重要的工业基地，黑龙江已经形成了以机械制造、医药、食品和高科技为主题的工业体系，电站设备、支线飞机和直升机、汽车、抗生素原料药、中药粉制剂、机器人、航空航天配套、金属自磨损修复等生产基地也已形成。中央振兴东北老工业基地战略的实施，和俄罗斯逐渐加强的贸易往来，促使黑龙江经济逐年增长，会展经济也得到了快速发展。据有关部门统计，2003年黑龙江省展览收入为0.5亿元，2004年上升为0.7亿元，2005年又有了大幅度提高。目前黑龙江已经初步形成了以哈尔滨为中心，以"哈洽会"为龙头，以省贸促会为主导，广大展览企业积极参与的良好局面，带动了经贸、旅游、服务等相关产业的发展，会展业正开始形成推动黑龙江省经济发展的一个新的产业引擎。

黑龙江会展业发展概况

1.政府重视。黑龙江省会展业的快速发展与省政府及地方政府的宏观政策密不可分。近年来，黑龙江各级政府逐步重视会展业的发展，充分认识到会展经济在带动相关行业发展、提升城市知名度、推动内外贸易发展等方面所起到的巨大作用。各地政府"以展促贸"、"以展引资"、"以展兴市"的积极性空前高涨。省政府领导多次就会展业发展做出重要指示，提出要尽快发展国际化、专业化、贸易型为主的展会，力争多培育全国性乃至国际性的品牌展会。

2006年5月，黑龙江省委政研室牵头，由省贸促会会展专家、哈尔滨商业大学学者和会展企业领导组成的黑龙江省会展业考察小组，到全国会展先进城市进行广泛调研、学习、借鉴，总结经验，找出差距，针对黑龙江会展业发展提出建设性意见，最终为出台《黑龙江省促进会展业发展若干意见》提供了可行性依据。

2.会展组织者队伍基本形成。黑龙江会展业起步较晚，发展速度与发达地区相比有较大的差距，但会展组织者队伍保持了增长的势头。除政府主导型展会组织者之外，仅哈尔滨市就有从事会展业的公司100多家（以工商注册为依据）。大多数是股份制、民营公司。

3.会展活动数量逐年增多。2005～2006上半年，黑龙江省共举办展会87个，国际会议、论坛6个，节庆16个。其中哈尔滨市举办展会74个、国际会议3个、节庆5个；齐齐哈尔、大庆、绥化各举办3个展会，佳木斯、牡丹江、鹤岗、伊春等城市都有自己的展会和节庆活动。绥芬河、黑河利用对俄口岸优势举办了对俄贸易洽谈会。国家及省政府与哈尔滨市联办的展会有30个左右。

4.品牌展会日趋形成，节庆活动精彩纷呈。经过多年培育，一些展会和节庆活动已有相当的国际影响和知名度，如"哈尔滨经济贸易洽谈会"、"哈尔滨国际汽车工业博览会"、"哈尔滨国际冰雪节"、"哈尔滨冰雪节洽谈会"、"哈尔滨国际服装服饰博览会"、"哈尔滨亚太地区美容美发化妆用品博览会"等。今年又在"哈洽会"开幕第一天举办了"第三届华商高峰会"，来自26个国家和地区的86个社团组织的华商领袖410多个企业家聚首哈尔滨，参加由世界华商组织联盟首次在内陆省举办的高峰会议，给"哈洽会"添了彩色深重的一笔。

黑龙江会展活动登上国际舞台，如：2006年7月3～7日，由哈尔滨市政府和大韩民国驻沈阳总领事馆共同主办的"2006年中国哈尔滨韩国周"活动，内容丰富，有商品展销、文化交流、项目对接。本届韩国周现场签约高达7725万美元，规模前所未有，有利地促进了中韩贸易的往来。

今年的"哈尔滨国际啤酒文化节"吸引中外嘉宾601万人，全市共消费啤酒1.7万吨，创历史之最。啤酒节期间，各项活动精彩纷呈，花车巡游活动、啤酒大赛、啤酒文化长廊、夏日冰雕比赛、纯生小姐评选、海狮表演、多场大型文艺演出等，极大地推动了地方旅游、餐饮等相关行业的发展。"啤酒节"已成为城市靓丽名片，营造"市民狂欢节"的节庆气氛。奉献了一道集旅游狂欢、饮食狂欢、演艺狂欢和科技经贸于一体的精美大餐。

黑龙江省会展业的发展定位

纵观黑龙江会展业的发展，我省当前具备加快发展会展业的有利条件和现实基础。有利条件是：党中央国务院振兴东北老工业基地战略的全面实施和国际会展业重心的转移为会展业发展提供了难得的机遇；东北地区会展业竞争格局尚未完全形成，我省利用较为丰富的资源优势、各类人才聚集的科教优势、重型装备及石油化工等六大产业优势、中西合璧的人文环境优势、毗邻俄罗斯的地缘优势和地处东北亚中心位置的地理优势，为大力挖掘会展资源，发展会展业提供了很大的市场空间。现实基础是：我省经济发展进入了快车道，实现了两位数以上的增长速度；城市建设水平不断提高，陆路、水路、航空连通国内外；第三产业比较发达，2005年第三产业增加值1866.7亿元，增长10.7%；对外开放的环境不断优化，经济外向度不断提高，2005年的经济外向度提升到14.2%，进出口额近百亿美元，贸易伙伴已增加到200多个国家；哈洽会、冰雪节等国际性展会的品牌效应和知名度大幅度提高；有较为先进的展馆设施——哈尔滨国际会展中心，该中心拥有室内展览面积3.6万平方米、室外展览面积4.5万平方米，可容纳2000个国际标准展位。只要我们抓住机遇，充分利用好现有条件和基础，充分调动各方面的积极性，一定能把会展业打造成为现代服务业的支柱产业。

今后一个时期，黑龙江省加快会展业发展总的指导思想应以科学发展观为指导，以国家振兴东北老工业基地为契机，以增强哈尔滨等主要城市的会展竞争力为基础，坚持政府引导与市场运作结合，坚持扩大规模与培育品牌并重，坚持突出中心城市与兼顾区域联合并举，坚持积极竞争与促进合作共进，通过体制创新，扩大会展文化内涵，为老工业基地振兴和全省经济、社会、科教、文化等方面快速发展搭建平台。

总的发展目标是2015年前，巩固提高“哈洽会”层次，实现展览项目、展览服务、展览观众专业化；打造犹太、俄罗斯；金源、黑土、冰雪、音乐等文化相交融的“北方文化博览会”以及绿色食品、森林旅游、石油化工、装备制造业等知名品牌展会。培育一批知名的展览公司和专业化、信息化、科技化的展览服务公司；培养一批展览经营、展览服务、展览管理等方面的专业人才。经过5～10年的发展，把哈尔滨打造成具有鲜明地域特色、产业特色、人文特色的东北亚会展名城，使会展业成为黑龙江省服务业新的增长点。

黑龙江会展业存在的主要问题

从政府到社会各界对会展业是城市经济的增长点这一观念普遍存在着认识不足，没有把会展业作为一个宏观经济的新兴产业来抓。政府方面对会展业缺乏统一协调的组织领导，对会展市场缺乏有效的引导、管理和监督。

会展业管理方式、手段与会展发展形势不适应。黑龙江省会展业基本上还处于政府审批、企业办展阶段，政出多门，调控乏力是会展经济发展的体制性障碍。哈尔滨市在2003年成立了会展工作领导小组，《哈尔滨市展览会管理暂行办法》也在草拟之中，但实际上领导小组因缺乏必要的管理手段而一直未能真正进入角色，而省级层面尚无专门的会展行业管理机构，这使得政府部门对会展行业规范与管理比较弱。于是重复办展，不规范办展现象时有发生。造成展会数量少，规模小，质量差，政府主导型展会大量资金投入，效果不佳。

缺少必要的鼓励政策和必要的资金支持，会展主体培育不充分。目前黑龙江省没有设立会展发展专项基金，对会展组织者赴境外组织展会及中小企业为开拓国际市场，赴境外参加国际性展会给予的财政支持不够，对会展企业举办的国际性高新技术展览会，未给予优惠的税收政策。对会展公司举办的有利于促进地方经济发展的展会没有资金上的支持或奖励，这也是黑龙江省会展行业缺少有实力的企业、进而缺乏名牌展会的重要原因之一。

场馆运营徘徊于低层次，配套服务水平一般。哈尔滨国际会展中心面积之大、硬件设备国际一流，但场馆收入不佳，资金压力巨大，使展馆经营者只能考虑短期经济行为。不管展会大小，也不管成败与否，有展就办，有展就接，忽略了对市场的培育，同时配套服务跟不上，缺乏专业管理团队。每年除了“哈洽会”和引进的一两个外来展会之外，本省举办的近半数展会规模达不到一个展区。展会总体数量不多，大型会议少，导致场馆长期处于吃不饱的运作状态，制约其发展。

会展业主体匮乏，从业人员素质不高。我国的会展业正处于高速发展时期，一个会展大国地位已确立。许多国外办展机构已进入中国市场，会展业面临激烈的竞争和挑战。我省会展从业人员综合素质不高，专业水平低，真正掌握外语、精通展览设计、会展组织策划、了解国际管理并有实操经验的人员十分缺乏，难以与国际同行进行信息交流和沟通，经营管理水平落后。目前，黑龙江会展市场需求专业人员1000人左右，哈尔滨商业大学于2003年设立了会展经济与管理专业，但每届仅有学员30人左右，难以满足社会需求。而黑龙江省还没有形成自己的专业人才培训体系，更没有开展“注册会展经理”等培训，专业人才的缺乏严重制约会展业的发展。

加快黑龙江会展业发展的思路与对策

1.明确发展方向，培育品牌展会。突出黑龙江地方特色，围绕市场需求，走市场化、规范化、专业化、品牌化、国际化之路。改变传统的经营思路和运营体制，重点培育六大品牌会展项目，实施“大会展”战略。

(1)节庆品牌。重点培育“哈尔滨国际冰雪节”，努力打造冰雪世界之最。进一步搞好“哈尔滨国际啤酒节”，使哈尔滨市冬有“冰雪节”夏有“啤酒节”两大品牌。更好发挥全省各地的不同优势，如“金源文化节”“农民节”还有一些具有地方特色少数民族节庆活动。

(2)会议品牌。继续办好“全球企业家高层论坛”等会议，更多地吸引“第三届世界华商大会”等国际论坛，创办符合地方产业发展的会议论坛。

(3)展览品牌。进一步提高“哈洽会”的专业化、国际化程度，尤其是要更加突出对俄优势，培育一批符合当地产业优势的展会，如“冰洽会”、“制博会”、“齐齐哈尔绿色食品博览会”，黑河、绥芬河对俄经贸“洽谈会”、“汽车展”等，开发现代农业、绿色食品、医药（中药）等会展项目。

(4)比赛品牌。要将培育大型品牌赛事作为发展会展业的重点工作来抓。办好“2009世界大学生冬季运动会”，搞好基础设施建设，相关设施建设，实现服务手段现代化，使软硬件条件达到举办国际赛事标准，推动全民综合素质提高。

(5)演出品牌。以成功举办多年的“哈尔滨之夏音乐会”为载体，扩大国际化程度，推出独具特色的演出品牌。

2.加快培育会展业主体。应引导和组织分散的展览组织者和各类展会，按照市场经济规律，通过资源整合、信息共享和有序竞争进行跨地区的战略重组，创办符合现代企业制度的多元化会展公司，调动民营、合营经济投资会展业的积极性，吸引国外展览公司来哈落户或合作办展，加强政府对会展业的指导、协调和服务。在政策、信贷、出境办展等方面提供帮助。

3.发挥行业协会的作用。“黑龙江省会展业协会”2006年年初已成立，应行使协会功能，规范行业市场行为，建立会展项目评估机制，维护会展业合法权益，提高展会服务水平等方面，发挥协调管理的作用。强化行业协会的协调功能，发挥其对会展业的行业自律作用，协助政府引导会展业市场规范发展和对会展主体的资质认证。强化行业协会的业务指导和服务功能，按照会展经济的发展趋势，以国际市场为导向，科学设计业务流程，合理规范业务行为，加强从业人员的业务培训，提高服务手段科技化、现代化水平。联合相关部门开展对会展业的统计调查，并逐步实现调查制度化。开展展览服务工作理论和实践的研究，及时提供国内外展会信息，加强与国际办展机构的联络与沟通。

4.强化会展场馆服务功能。应加强硬件建设，完善服务功能，做好长期战略规划，学习国内外先进的管理模式，培育引进一批热爱会展精通会展的高素质人才，加强全员培训，制定合理的市场有竞争力的价格优势，邀请国内外业界专家指导，制定一套完整营销策略，使之尽快与国际接轨，服务于国内、国际大型展会。

5.广泛开展国际国内的交流与合作，加快会展市场的对外开放。在举办并参加国际性会议、展览的同时，积极开展对外合作。一方面争取更多的国际会议、展览在黑龙江举办，争取世界会展组织在黑龙江设立分支机构，吸引国外展览公司落户我省。以建立分公司或合作创办合资企业的形式开展合作。可参与政府主导型展会项目合作。并积极引进在国内流动举办的行业知名度高的展会。

6.发展相关产业，建立现代化的配套服务体系。发展与会展相关的交通运输、通讯、餐饮住宿、旅游、全额保险、广告印刷、礼仪、礼品等行业，加强基础设施建设，提升全面服务手段。提高承接大型国际会议、展览及大型赛事的综合能力，重视开发城市与周边的旅游项目。

7.政府加大对会展业的扶持力度。设立会展专项资金，运用积极的财政政策，推动会展发展与现有“中小企业开拓国际市场资金”一并作为政府投入会展业的发展资金使用。对会展组织者赴境外组织展会及中小企业为开拓国际市场赴境外参加国际性展会的应给以必要的财政支持。对发展黑龙江地方经济做出突出贡献的会展企业予以奖励。

今后黑龙江会展如果得到政府领导的重视，政府管理措施得力，又有政府资金扶持，用科学的发展观推动会展行业协调发展，黑龙江的会展业会给经济发展带来巨大的推动力。

哈尔滨会展经济春机勃发

2005年，盛况空前的“医博会”在哈尔滨举办。哈尔滨首次引入国内知名展会的大获成功，令全市上下深切感受到会展经济的魅力。2006年5月起，规模堪与“医博会”比肩的全国汽配会、全国新特药品交易会及世界华商联盟峰会等大型会议将相继在哈举办。业内人士预言，哈尔滨会展业将由此进入一个全新的快速发展期，会展经济将成为拉动全市经济发展的一个新的增长点。而推动哈尔滨会展经济腾飞的，正是多年积累及正在夯实的软件、硬件基础。

会展业的发展离不开展馆和展会承办者。业内人士介绍，目前，哈尔滨共有两处专业展馆，一是正在装修改造的省国际博览中心，另一处便是国际会展体育中心。会展中心是全国惟一的将会展、体育功能合二为一的综合性场馆，拥有4个共计6万平方米、可设国际标准展位3000余个的展厅。并将会议厅、洽谈室、宾馆、饭店、商场、休闲广场等融于一体。据统计，目前国内大型展馆数量已达到200余个，并正以每年15%～20%的速度递增，在国内展馆数量已经饱和的情况下，独树一帜的哈尔滨国际会展体育中心已成为吸引外展的一个“卖点”，并成为发展会展经济一个强大的支柱。

硬件过硬，哈尔滨近年来软件建设也正突飞猛进发展。哈尔滨市贸促会曾对此做过调查：目前，全市在工商部门注册登记的从事会展组织工作的企业近90家，业务范围涉及会展活动的企业数量更多，标志着哈尔滨会展组织者队伍基本形成。他们纷纷尽己之力，在市内举办各种专业性商业展会，令哈尔滨自办展会数量不断增加。目前，经哈尔滨市工商局审核登记的各类展会共计135个，其中，国家及省政府与哈尔滨联办的展会有30个左右。“哈洽会”、“冰洽会”、哈尔滨国际服装服饰博览会、哈尔滨亚太地区美容美发化妆用品博览会等品牌展会已日趋成熟。这些，均推动着哈尔滨市会展经济车轮快速运转。

运筹帷幄，方能决胜千里。已领略到会展经济魅力的哈尔滨，为发展会展经济专门成立了会展工作领导小组，其办公室设在哈尔滨市贸促会。

——《国际商报》合 宝

满洲里依托节庆拉动会展引擎

满洲里，这个不足26万人口的边陲小城，却因为中、俄、蒙三国交界的独特优势，成为经贸往来的口岸名城。在这里，蒙、汉等20多个民族的文化相互交融，演绎着和谐地球村的故事。在这里，每一家商店，每一栋写字楼等都使用中、俄、蒙三国文字，正如满洲里市委书记杨汉忠所说，这种得天独厚的自然人文条件，正是满洲里经济发展的珍稀资源和宝贵财富。这样的资源也正是满洲里举办大型节庆活动，发展口岸城市会展经济的有力保障。

2006年8月28日，第五届中国“俄罗斯年”内蒙古满洲里大型系列活动隆重举行。在本次旅游节大型系列活动中，第三届中俄科技展、第九届中俄经贸展、首届绿色食品展成为来自中、俄、蒙商界、政界、学术界、经贸界4000多人的交流平台。在此基础上派生出来的三边经贸投资洽谈会，则以31项93亿的签约额，给本次旅游节递交了一份满意的答卷。

在第三届中俄科技展上，来自北京、上海、天津、黑龙江等15个省市组团参展，参展单位300多家，参展项目近千个。俄罗斯的莫斯科、新西伯利亚、托木斯克、赤塔、伊尔库茨克、布里亚特等20个州、市组团参展，参展项目达600余项。值得一提的是，俄罗斯联邦新技术集团创新联盟、伊尔库茨克州国立技术大学等38家科研院所、60余家科研企业组团参展，参展项目涉及电子、机械、化工、生物制药、新材料等诸多领域。

在展会上，来自山东的泰山、时风和江苏的黄海金马等中国造中型拖拉机一字排开，引来俄罗斯、蒙古国专业采购团的青睐。一位俄罗斯赤塔州从事拖拉机采购的专业观众在接受本报记者采访时说，他们每年都来满洲里参加旅游节，因为在这里能及时了解到中国制造的中型拖拉机的最新信息。这位观众说，在俄罗斯从事农业种植的不仅仅是俄罗斯人，还有一部分中国人，他们不习惯俄罗斯大型拖拉机的使用，所以，中国产的中型拖拉机在俄罗斯有一定的市场。据了解，每年通过满洲里口岸向俄罗斯、蒙古国出口的拖拉机近千台，货值约200多万美元。

东湖区管委会主任高闻何告诉记者，首届绿色食品展的举办，不仅积极反映了市场经济下人们对绿色食品的高度认识和需求，同时也为中、俄、蒙三国农业种植、技术合作和食品贸易往来提供了良好的平台。全国30多个省市地区的绿色食品和家畜产品103家生产企业、100多家俄罗斯、蒙古国企业和经销商在这里寻求合作。据了解，为了满足来自中、俄、蒙三国客商，在满洲里的消费需求，满洲里东湖区管理委员会最新引进的包括黄西瓜、哈密瓜、京玉二号甜瓜等60个品种，已在满洲里安家落户，目前种植面积已达2万多亩。

在2006中国“俄罗斯年”内蒙古满洲里大型系列活动会场之一，拥有6万平方米的套娃广场，数千名观众汇聚于此，感悟异国风情的文化魅力。而“中俄蒙友谊之歌”大型文艺晚会，则把旅游节推向了新的高潮。萤火棒在上万名观众手中此起彼伏，与台上艺术家们遥相呼应。轰轰的礼炮，五彩的焰火，让远方的朋友深深感受到满洲里人的热情大方和深邃的民俗文化内涵。

满洲里旅游节庆活动的成功举办印证了满洲里市委书记杨汉忠所讲：“我们有能力，也有实力把旅游节搞好，搞成功。”他告诉记者，因为口岸的优势，满洲里承担着中俄贸易60%以上的陆路运输任务；口岸过货量由2000年的595万吨增加到2005年的1752万吨，年均递增24.1%，对外贸易额达到20亿美元，海关关税及代征税完成41.9亿元，均比2000年翻了一番。特别是今年上半年，满洲里市社会经济发展爆发出更加强劲的增长活力和发展后劲，全市生产总值完成29亿元，同比增长51.6%；口岸过货量1089万吨，同比增长30.8%；外贸进出口总值15.3亿美元，同比增长40%；海关关税及代征税27.3亿元，同比增长57.8%。以次推算到2010年，满洲里全市生产总值将达到150亿元；口岸过货量将有望突破3000万吨；外贸进出口总值突破50亿美元；工业总产值年均增长30%，达到100亿元；居民人均可支配收入年均达2万元。

他说，今天的满洲里市，已经站在新的历史起点上，勤劳智慧的边城人民将进一步牢固树立开放不停步、发展不满足的观念，以更宽的视野、更新的理念、更高的标准，谋求更高层次、更高水平的发展，努力把满洲里市建设成为全国文明城市、东北亚经济区域最具魅力的城市、国家沿边开放的样板城市和北疆跨国旅游胜地。

有人说，节庆活动是个烧钱的买卖，经营不善，便会血本无归。然而，在满洲里，记者对节庆活动却有着不同的感受。满洲里的节庆活动有着明确的战略方向和理性化的市场谋略。他们对会展定位有着独到的见解，依托旅游拉动会展促进中、俄、蒙三国贸易。同时，又以草原人特有的热情、执著，投入这个事关地方形象、三边合作的事业。记得有位朋友说过，人因为热情所以认真，因为认真所以专业，又因为专业所以自信，因为自信所以有魅力。满洲里人，也正是用这样的方式，经营着自己的会展事业。

时下，正当全国各地在热抄会展经济之时，满洲里却以不骄不躁的心态，按照当地的经济发展规律，努力探索适合自身发展的会展之路。通航一年的满洲里机场、刚刚落成的国际会展中心、世界最大的套娃广场、雄伟的国门、绿色的大草原，这些优势条件下的节庆会展，都是以围绕中、俄、蒙三边贸易为前提。发展大型旅游节庆活动，正在成为满洲里拉动口岸城市会展经济的引擎。

——《中国贸易报》季春红

南京会展巡礼

2005年，南京市会展业办公室紧紧围绕江苏省南京市两级政府关于加快发展现代服务业的指示要求，积极发展服务，协调会展功能，大力营造南京会展软硬环境，着力打造会展品牌，并取得了可喜成绩。据南京市会展业办公室主任尹文介绍，2005年全年共举办各类会议、展览4600余个，其中1000个摊位以上的展览12个，500个摊位以上的展览50个；各类中小型展览135个，与2005年相比增长30%，全年拉动经济超过100亿元，比2005年同期增长22%。

特大型展会亮点突出

亮点一：规格高，影响巨大。2005年是南京会展史上最为辉煌的一年，由全国绿化委员会、国家林业局、江苏省人民政府共同主办的首届中国绿化博览会在南京隆重举行，这是我国绿化领域规格最高的盛会，绿博园占地1155亩，主展馆面积1.5万平方米，设有主厅和38个省、市、自治区、行业部门的展室，建成后的绿博园共有42个园中园，风格各异、异彩纷呈，为促进绿化领域的国内外交流提供了一个崭新的重要平台，为进一步提高我国国土绿化水平，促进绿化事业的快速持续健康发展起到了巨大推进作用。此外，第十届全国运动会，这一全国人民的体育盛会在南京隆重举行并获得巨大成功。国家体育总局局长评价说："十运会是历届全运会中规模最大、项目最多、参加人数最多的一次运动会。"此次"十运会"，运动员、教练员、工作人员、新闻记者和国内外嘉宾达到了4万多人，参加保障的志愿者队伍达到了10万人。胡锦涛总书记、国际奥委会主席罗格出席了"十运会"的开幕式，温家宝总理出席了闭幕式，规格之高令海内外瞩目，这也是南京历史上规格最高的一次盛会。由于"十运会"是2008年北京奥运会前对全国竞技体育水平和比赛能力的一次大检阅、大练兵，因此"十运会"的完美谢幕，影响巨大。"十运会"向国内外全面展示了南京作为现代化城市的崭新风貌和承办各类大型活动的能力，同时也充分展示了南京作为全国优秀会展城市的魅力。

亮点二：规模大，成效显著。2005年的大型展会不仅规模大，而且展会所取得的成果较往年有明显增加。如2005中国南京重大项目洽谈会，共吸引了24个国家及我国港澳台地区和内地30个省市的众多客商参加，总人数逾7000人。本次会议达成合作意向的大项目71个，总投资228.2亿元，比去年增长20%，项目规模也比2004年"重洽会"平均提高了5000万元。更为可喜的是"重洽会"上在部分项目上实现了由单引进资金向"引资"与"引智"并举的转变。

亮点三：品牌优，主题鲜明。2005年南京金秋洽谈会暨软件博览会，是江苏乃至全国有影响的大型经贸盛会。自1990年首届举办以来，经过十多年的努力，已经成为南京实施经济国际化战略、展示城市形象，推动开放发展的会展品牌。本届金洽会暨软件博览会期间，全市共批准立项相关外资项目269个，合同外资15.1亿美元，较上届增长12.7%，269个项目中，总投资在千万美元以上的项目有82个，合同外资11.2亿美元；达成内联项目109个，协议引资总额130.6亿元；5000万以上项目32个，投资总额91.5亿元。为了发挥南京软件产业优势，按照江苏省领导要求，经国家科技部和新闻出版总署批准，2005年金洽会着重突出软件主题。本届金洽会暨软件博览会的顺利结束，进一步加大了金洽会品牌的含金量，为南京市开放型经济和软件产业的发展，奠定了良好的基础。

中小型展会因地制宜，凸显地方品牌

近年来，南京展会数量呈逐年上升趋势，仅2004年全市各类展会，包括各种会议、节庆活动，就达到4000多个，其中展（博）览会数量达到154个，比上年增长50%。南京会展办主任尹文却指出，目前有些展会层次不高、资源分散、市场化程度低，竞争无序，特别是房地产、装饰材料等行业，问题尤其突出。"你方唱罢我登场"，同一类型的展览在差不多时间举办，这一往年让参展企业伤透脑筋的"无序竞争之风"，今年应当刹住。今年一月，在市政府召开的全市会展经济新闻发布会上，有关负责人明确表示，将运用市场的方法引导企业有序竞争、规范经营，提升南京会展质量。

"十运会"开幕前，奥体中心、中山东路体育馆等一批场馆相继落成，南京市会展业办公室利用体育比赛的空闲档期办起了展览。今后一些非行业性的中小型展览有了更加广阔的展览空间。在做好专业展览的前提下，南京市会展业办公室利用南京市国展中心前的广场，成功地举办了"广场龙虾节"，既带动了地方经济又丰富了市民生活。

到本年度为止，南京新世纪展览有限公司自办的"春节食品交易会"已连届举办了4年，南京国际展览贸易公司自办的"中国南京国际建材展"已连续举办了12届，一些中小型展会已经在南京及周边地区具有一定的知名度，且在业界有了一定影响，成为支持企业自身发展的关键因素。

全力扶持，精心打造品牌展会

据统计，近两年来南京市每年举办的展览都在150个以上，但是，如何扶持和打造具有一定规模和具有南京特色的品牌展会仍是一个十分重要的课题。作为一项新兴的朝阳产业，南京会展已经越来越引起各新闻媒体的关注。南京市会展业办公室把新闻媒体看作是促进会展发展的一个重要因素，积极主动的加强与媒体的交流与沟通。2006年年初开始，各新闻媒体都十分关注南京会展业的发展，报道的频率和密度比往年有了很大的提高，一定程度上提升了南京会展的知名度。据不完全统计，《南京日报》、《扬子晚报》、江苏电视台，南京电视台等多家媒体宣传南京会展的稿件达120篇；《中国贸易报》、《经济日报》等国家经媒体也有多次报道（不含十运会、绿博会）。

2006年会展办充分抓住"十运会"在南京完美谢幕，获得海内外一致好评的机遇，召开会展经济新闻发布会和记者座谈会，积极宣传南京承办特大型活动的经验、能力，提升和扩大南京会展的影响力，为申办和引进国内外大型知名品牌展会创造有利条件，对具有南京特色具有较强生命力和影响力的品牌展会，将给予政策上的扶持与奖励，主要培养和扶持“宁交会”，“梅花节”，“安防展”，“江心洲葡萄节”等一批具有一定规模和影响力的地方特色展会。

对来宁举办的重、特大展会将积极介入，加强协调主动服务，赢得主办方的信任，争取能在南京连届举办，对已经争取到的境内外品牌展会以及正在争取的“欧洲户外用品展”，将积极配合相关部门做好策划方案和对接工作，确保展会在南京成功举办。

南京会展业将以“富民强市”，“两个率先”为目标，以服务会展企业，打造会展品牌、提升会展水平为目的，加快会展经济发展的步伐，朝着建设国内一流会展城市的目标迈进。

——《中国贸易报》夏元伟

发展山东会展经济的思考

中国贸促会山东省分会　祖庆林

在我国会展业高速发展的过程中，山东会展业也有了较快的发展，形成了一定的规模，带动了第三产业的繁荣，并呈现出市场广阔、潜力巨大的前景。但在发展过程中也不同程度地存在着一些亟待解决的问题。

山东会展业的现状

目前，山东有展馆约30个，展馆面积33万平方米，占全国总量的5.6%。主要分布在济南、青岛、烟台、潍坊等地。全省共有专业展览公司72家，从事会展经营服务的企业近500家。2003年仅济南承办各类展会达60个，2005年上升到95个左右；青岛2002年承办各类展会70个。2004年全省共举办展会226个，300个国际标准展位以上的展会有66个，办展规模和水平逐年上升。

经过多年的培育，一些节会日益成为山东形象的品牌，受到国内外工商企业界关注。青岛啤酒节、青岛家电电子博览会、青岛渔业博览会、济南信博会、泰山登山节、曲阜孔子文化节、寿光菜博会、烟台果蔬博览会等在国内外具有一定的知名度和影响力。2002年寿光国际蔬菜科技博览会参观观众高达60万人次，仅门票收入就达1800万元。2005年济南秋季全国糖酒商品交易会，参展展位4100个，参展企业达3900家，15万人参观展会，成交总额140多亿元，拉动相关产业增收9.1亿元，取得了很好的经济效益和社会收益，提高了济南的知名度。在出国展览方面中国贸促会山东省分会自1993年，先后实施了550个国外自办展、出国自办参展、随团参展等多种形式的展览项目，参展企业达1550多家。

山东会展业存在的主要问题

展会的数量少、规模小。上世纪80年代初期至今，山东会展业的发展速度远远落后于国内发达地区30%的年均增长速度。每年展会的数量、规模、效益与北京、上海、广州差距大，与区域会展业较好省份相比也有一定的差距。全省数百个展会，90%左右集中在传统专业领域，新兴产业领域展会偏少；除传统文化节和少数展会外，95%左右的展会规模偏小，达不到规模效应。

专业展览集团少，人才缺乏。目前的专业展览公司，90%是刚刚起步的民营企业，至今没有一家省市级的展览集团，相关会展服务企业不足500家，是上海的1/7和1/4；占全国专业展览公司总数的1/27；专业会展活动的组织者、管理者和从业人员的整体素质都亟待提高。

多重管理，秩序混乱。山东会展管理实行的是分类管理和分级管理并行的管理体制。除中国贸促会山东省分会按国家规定承办出国展览业务外，县级以上各级政府及其职能部门或行业协会均能审批和举办相关会展。目前，会议展览的主办主体有各级政府部门，有各类协会、学会，有各种群众组织，有咨询公司和展览公司，有各种媒体，也有各类企业。主办主体的多元化是市场经济条件下会展业发展的趋势，但是由于实际中缺乏严格的资质条件限制，造成了展览水平低、收费混乱、无序竞争、行业组织建设滞后的局面。

品牌展会少，缺乏竞争力。山东会展业经过几年的较快发展，形成了一定的品牌展会，但真正意义的国际国内知名展会很少。目前，被国际展览联盟认证的中国大陆展会有20多个，山东没有。2005年商务部重点支持的31个展会中，只有2个，这与山东经济地位和产业优势很不相称。

分析以上问题，既有当地会展经济发育时间短、经验不足，从业人员素质较低等因素，但最主要的是会展经济发展还缺乏完善的法规、制度建设：

第一、会展业存在问题的根源，在于会展业制度没有及时进行必要的变革，管理部门和从业人员的管理观念滞后并存在短期行为。许多展会管理方式未能与会展市场的发展接轨，未能完全体现公开、公正、优胜劣汰的市场竞争原则。

第二，会展业的发展缺乏统筹规划与宏观调控，缺少行业有效的激励机制和约束机制。具有怎样资质的单位才可以举办哪种层次和内容的展览？什么样的展会和什么样的办展单位应当鼓励、支持和资助？参展商符合什么行业标准才能入场？目前都没有具体的规定及规章制度，展会鱼龙混杂，影响了会展的质量和健康发展。

第三，会展业的运行缺乏规范化，展会的地点、频率约束机制缺位。在国外，展馆一般遵循商业信誉和行规行约，例如展馆不能租给两个时间相近的同类展会，但在国内既没有相关的行业法规规章的约束，又缺乏自律机制。另外，与展览相关的各种公共服务、境内外招展程序及费用标准；消防、安全、环境卫生等验收事项的规范化程度都很低，对展览业的发展带来了不利的影响。

第四，会展业从业人员的专业技能和管理水平与发达国家相比有较大的差距。无论是展览组织者、管理者、施工人员还是为展览提供其他服务人员素质，总体水平不高，观念更新较慢，缺乏创新精神。同时，展览业信息不完整的现状，缺乏展览理论研究，人员培训，从业人员应用高新技术的能力和服务相对滞后，使山东展览业缺乏竞争力。

最近，商务部决定着力培育中国的品牌展会，加强会展知识产权保护，提高会展行业的国际化水平，力争到2010年培育出100个具有国际影响力的名牌展会。这些决策和措施，为进一步加快会展经济的发展提供了新的契机，注入了新的动力和活力。

笔者认为，山东发展会展经济，要充分认识世界会展经济的现状、特点、作用和趋势，结合当地会展经济的实际，按照会展经济发展规律，采取措施，加大力度，坚持超常规、跳跃式发展，积极争取纳入国家培育品牌展会的重点省份，尽快步入我国展览业先进行列，实现我省展览业与经济增长速度的同步增长。

山东会展经济发展的思路应以现有的场馆、现有的专业机构和专业队伍为基础，整合资源，聚集力量，以开发、培育品牌展会为重点，以打造会展名城为目标，树立高起点、高标准、高档次办展理念，坚持国际化、专业化、品牌化、创新化的办展方向，充分发挥会展经济在国民经济中的重要作用，带动和促进当地外向型经济的发展。具体运作模式，可采取“政府扶持、协会主办、社会参与、市场运作”的方式发展。

第一，改革管理体制。一是打破行政垄断，简化审批程序，拓宽办展参展渠道。对内展应取消行政审批，实行“低门槛进入，高标准监管”的工商登记和行业备案制度；对缺乏资质、超资质办会展、不讲信誉、欺骗参展商的行为，一经发现，取消办展资格；对出国参展人员，实行“一个公章管到底”的办法进行管理。二是下放出国参展审批权限。给予所有市政府审批出国参展人员的权限。三是在省市两级建立展览业协会，代替政府部门规划、管理、指导会展业的工作（省展览业协会已经成立，设在省贸促会）。同时，加强行业自律，依法建立健全资质认定标准，对展览公司实行等级认定等。

第二，加强政府对会展业的宏观管理和扶持。山东会展业虽有了一定的发展，但与其他省市相比，仍属于起步阶段，需要各级政府的政策支持。因此，政府应坚持“宏观指导、政策扶持、条件提供和市场培育”的原则，尽快制定“山东省会展业管理办法”和“山东省会展业五年发展规划”，明确发展方向、发展重点、发展目标，规范展览市场的有序、健康发展。

为鼓励会展业的发展，培育品牌展会，政府应给予一定的资金扶持，可设立会展业发展基金，对有规模、有潜力的展会和企业出国参展给予适当的补贴，加大资金扶持力度，推动会展业健康发展。

第三，发展会展集团，加强国际合作。会展业的竞争，说到底是人才、实力、规模的竞争，会展业要想形成自己的品牌，必须要建立自己的会展业航空母舰。应鼓励有条件的展览公司通过兼并、收购、联合、参股、战略联盟等方式壮大实力，培育大型展览集团，提升展会档次，扩大市场份额。同时要积极与国外知名展览公司进行合作，借鉴其成功的办展思路、做法、流程和服务，通过引进、吸收、合作的方式，达到“优势互补，资源共享，互利合作，共同发展”。

第四，大力培育名牌展会，打造会展名城。据英国联邦展览业联合会调查显示，企业通过一般渠道找一个客户，需要成本219英镑，而通过展会成本仅为35英镑。如在本地参展又节省了交通费和食宿费，成本会更低。山东工农业基础雄厚，第三产业发展较快，轻工、纺织服装、家电、电子、机械、食品等支柱产业具有明显优势，是发展会展经济的良好基础和重要条件。发展山东会展业可结合产业优势，在已有的展会基础上，进行筛选，重点培育，为企业创造良好的参展环境。例如济南的信博会、青岛的家电电子博览会、寿光的蔬博会、潍坊的海峡两岸制博会、烟台的果蔬会等。

根据产业优势和经济发展战略，有影响的重要展会可由政府主办，商协会和有关部门联合承办，政府给予政策和资金扶持，待成熟后再按市场经济规律进行运作。

——《中国贸易报》

浙江会展区域建设发展加快

2005年浙江会展市场经过一年的精心呵护，已进入发育期，在所形成的三大会展经济区域中，杭州、宁波、义乌会展业背倚旅游、港口、商品大市场，在自身资源特色上倾力做大文章，其在省内的龙头作用和盟主地位更加突现，而且变得越加绚丽多姿。

杭州进入国际会议视点

中国杭州西湖博览会进一步发挥它的龙头带动作用。在第七届西博会上，参与人数共672.37万人次，实现贸易成交额80.84亿元人民币；协议利用外资7.27亿美元，引进内资87.28亿元人民币；展览专业客商达24.79万人次，比上年增长9.9%，专业客商占观众数的比重达17.3%，比上年提高了5.8个百分点。除西博会功能不断延伸、档次和影响力进一步提高外，2005年会议数量急速增长（承接和举办各类会议3255个，接待境外会议代表28191人）和第三届“全球化论坛”的成功举办，使杭州这座风光秀丽的城市由此将更多进入国际社会的视野成为年度最大亮点，杭州城市历来缺乏承接高规格国际会议的历史也从此改写。

宁波“国”字头展会纷纷落户

中国国际日用消费品博览会日益显示出了它的贸易领航作用。第四届消博会由中国商务部首次与浙江省政府联合主办，展会各项指标均创历届之最，共设展位2200个、参展企业1260余家、到会境外客商6200名；成交额7.02亿美元，比上届增长7.8%，开始誉有“中国消费品第一展”之名。借助消博会效应作用，宁波市积极引进一些适合宁波实际的成熟展会，2005年8月出台的《宁波市展览业管理暂行办法》对此提出的发展思路，在宁波年轻的会展史上可谓具有里程碑的意义。一年中，先后有多个“国字号”展会落户宁波，使宁波市展位数在1000个以上的展会达到12个，“国字号”展会突破10个，出现了前所未有的良好局面。

义乌成为出口商品展三强

中国义乌国际小商品博览会的展贸引领作用已远远超越其地域的范畴，已成为名副其实的国际性展会。第11届义博会5天展览交易成交额达80.98亿元人民币，比上届增长10.9%，其中外贸成交额为6.61亿美元，占总成交额的65%；与会专业观众共83363人，其中境外客商14269人，比上届增长15.9%，分别来自158个国家和地区，其中欧美客商占40%以上，开始成为我国第三大出口商品展。义乌积极实施品牌战略，在“义博会”的示范效应与政策引导下，通过举办“国字号”正努力打造一批具有全国影响的专业性展会。2005年共举办27个与产业高度关联的专业展会，与义博会一起，接连创下多个神话，开始向会展区域之都高歌迈进。

从三区域会展经济发展现状分析，杭州作为省会和旅游城市，举办以文化、休闲为主题的高规格展会有着其他城市不可取代的优势，但相比之会议，在未来的几年中杭州省会优势对于会议的支持将变得更为明显。宁波作为港口和工业城市，具有十分强大的经济实力，同时其作为单列城市的城市定位十分稳固，这将对宁波会展市场的发展起到积极的支持作用，宁波未来几年发展以经贸为主题的会展业空间十分巨大。义乌作为不临海也不沿边的县级城市，从表面上看自然条件先天不足，但经过近几年的城市基础设施建设和得到国家有关部门的大力支持，它实际拥有和享有的自主经营支配权已集聚了后发优势，加上有全球最大的国际商贸城作后盾，使义乌有望在若干年后成为国际会展都市。

——《国际商报》郭 牧　张子正

宁波会展业走资源整合之路

率先迈出联合办展新路

近年来，宁波把大力推动会展经济作为发展现代服务业的重要内容之一，提出要打造中国展览“第四城”的奋斗目标。服交会、浙洽会、消博会、家博会、住博会、食博会、旅洽会、机械展、电博会等一批展会，依托宁波服装、模具、文具、机械等良好产业基础，在国内众多展会中脱颖而出，名声也越来越响。但与此同时，“成长的烦恼”也不断出现。由于依托的产业基础相近或相似，宁波的一些展会参展对象相似，办展时间接近，主题雷同的情况日趋明显，带来了竞相压价等不良竞争的现象。不少展会虽已举办多年，但仍停留在几百个展位的中小展会的水平，有的展会冠有“中国”乃至“国际”的名头，实际却是小孩戴大帽——名不符实。这不仅不利于宁波会展业的良性发展，也影响了宁波与周边城市的竞争。何处寻求新突破？宁波市政府会展办等有关部门想到了联合办展，以此提升展会的品牌和档次。这正在成为宁波会展经济发展中，有别于其他城市的独到之处。

由宁波文具礼品博览会和中国（宁海）文具产业博览会整合而成的文博会成为第一家联合办展的吃螃蟹者。宁波作为中国文具之都，是全国最大、品牌最多、最有影响力的文具生产基地，整合前，两个展会因互相同质竞争，不仅展会规模做不大，展会自身效益不理想，而且对参展企业来讲重复参展也是一种不小的负担。为此，在中国贸促会宁波分会、宁波市会展办及宁海县的多方努力下，两个展会于2005年实现首次联合办展，名称提升为中国国际文具礼品博览会，当年即把展会规模扩大了30%。2006年新一届展会的整合优势得到进一步凸现，383家中外文具礼品参展企业中，外地企业数首次超过本地企业，占参展企业总数的2/3。展会也由此成为宁波市重点扶持的专业展会之一。

文博会从联合办展中得到的“甜头”令同行羡慕。很快，在宁波市经委、宁波市会展办等部门的牵头、协调下，机械展、电博会、汽车展、优势工业展等一批展会纷纷仿效。据了解，2006年共有5个大展会就是从2005年举办过的12个展会整合而成。今年3月初举办的2006宁波工业优势产业博览会，融合了以往每年上半年在宁波市和浙江地区分散举办的“中国模具之都博览会”、“宁波塑机展”、“中国浙江五金出口商品交易会”、“紧固件弹簧及加工设备热加工工艺展览会”、“长三角电子制造业及自动化产品展览会”等五个展会。由宁波日报报业集团和浙江远大集团举办的宁波汽车博览会，在2005年下半年成功举办后，一举成为浙江省最大车展，并被评为中国百佳优秀品牌展会。

宁波会展业的联合办展，既有宁波市政府有关部门与县(市)、区的合作，也有宁波与周边城市跨地区的联动，既有政府部门与企业的合作，也有企业之间的合作。通过形式多样的合作模式，最大程度地发挥了各方优势，实现资源的有效配置，从而提升和扩大了宁波展会的档次与规模。

通过走资源整合之路，改分散为集聚，实行重点培育，共铸展会品牌，不但实现了节约办展，提高了办展效率，还扩大了展会规模，提升了展会档次，扩大了城市影响。

会展业与旅游业联姻

举办展览会不仅仅是会展业界的“分内事”，中信国际大酒店、南苑饭店等宁波市最受会展客商欢迎的“十佳”酒店的服务员，也将担任品牌展会的“招商形象大使”。品牌展会“联姻”宾馆酒店，率先探索会展业与旅游业联动机制，这在全国也属首创。

这几年来，宁波市会展业发展迅速——仅2005年，宁波举办的各类会展活动85个，展出面积达60万余平方米，涉及服装、家电、日用消费品、旅游、房产、家具、建材、汽车、机电、医药、文具、环保等各个领域。其中，1000个展位以上的展会9个，2000个展位以上国家级展会达到6个。

会展业带动相关产业的综合效应显而易见。据测算，这些展览会直接拉动宁波市餐饮、宾馆、零售、交通和旅游等方面至少60亿元的消费。对于酒店业而言，多举办各类展会，吸引更多海内外客商前来宁波参展，就好比在宁波的上空撒钱，“大河有水小河满”。

为此，宁波市政府会展办把2006年重大展会活动计划、日期、邀请客商数，提前告知宾馆、酒店、旅行社等部门，让他们事先知晓，做到心中有底，相应安排商务会展接待计划。同时，想方设法让更多会展界人士了解去年评选出来的宁波市最受会展客商欢迎的“十佳”酒店的特色服务内容，就连在品牌展会的请柬上，也印上这些宾馆酒店的详细地址和订房电话。宁波市政府会展办还挤出办公经费在有关会展媒体上专题推出“十佳”酒店宣传广告。同时，让宾馆酒店与会展协会、商会、贸易组织建立合作关系，共同做大会展经济“蛋糕”。

今后，宁波主要星级宾馆酒店内将设置会展活动信息专柜，摆放宁波举办的品牌展会的招商资料。对旅行社组织的游客，在各类重大会展活动期间也免费向其开放。

宁波市政府会展办针对参展客商关注的展会期间房价等问题，要求最受会展客商欢迎的“十佳”酒店不得在展会期间随意提价。

会展业和酒店业的联姻，各星级宾馆酒店将在大型会展活动期间提供优质服务，并为重要商务客人提供相应的贵宾服务，这不啻给赴宁波参展的客商带来“利好”消息。

目前，宁波在册的会展公司有33家、从业人员达到了2000余人。此外，宁波推出的“会展联动工程”也拉动了宁波机场进港人数的数量，根据抽样调查显示，2005年宁波机场同比增长了60万人次，其中半数以上是来宁波参加展会的客商。四星级以上酒店外商入住率达到了70%。宁波的会展业进入健康、稳定、快速发展的新阶段。

——《国际商报》叶再山

温州会展难言之痛

近20年来，温州商人走出浙江、走出国门，从境内打到境外，到处打市场，几乎是无往而不胜，也因此，他们赢得了“东方犹太人”的称号。近几年来，随着温州制造业的快速发展，温州小商品也成为国际上的抢手货。因此，借助在国际上不断扩大的影响，打造国际性会展，让会展和市场互动促进区域经济发展，也就成为了温州各界人士的期望。然而，近几年来温州会展并没有像温州的小商品那样影响着国际市场。

短期行为制约

根据温州市会展业协会披露的信息，温州的会展业诞生于上个世纪90年代，在2000年前后迅速发展。目前温州拥有专业展览公司25家，具有展览功能的广告公司、文化传播公司及商务公司46家。近几年来，每年在温州举办的会展都在30个左右，然而，参展企业并不让人乐观。

作为一个在国际上有影响的制造业基地，办会展当然希望吸引更多的国际展商和买家前来洽谈业务，但这一期望在温州展会上并没有得到体验。据统计，2003年温州市共举办各种展览21场，吸引展商2873位，其中有106位展商来自国外，按照这一数据计算，国外展商还占不到4%的比例。一位海外外贸机构的展会负责人曾经这样感叹：国内各地都在搞会展、博览会，海外的客商资源终究是有限的，拉来拉去，使各方效益都下滑，海外厂商找不到合作方，一些内地的企业也达不到海外厂商的市场要求。国外知名品牌进入国内，往往受地域、经济文化及市场消费条件的制约，不顾当地条件，强拉海外知名品牌落户，难有收效，因此达不到预期的市场效益，海外品牌最终还是要飞走的。

对此局面，温州市经贸委的领导归纳为如下原因：温州展览业起步较晚，在场馆建设、管理机制、组织手段、配套服务诸方面都存在着很多问题，缺少行业约束机制和管理组织，没有确定行业标准，注重眼前利益的短期行为多，诸多因素制约,总的说来温州会展业的发展还处于一个初级阶段。

一位经常往来于中国和欧洲的温州籍商人告诉记者，好的展会，企业是需要的，实现社会效果和企业效益的统一其实并不难。难就难在某些展会的组织者要少拍一点脑袋，多听一些企业的呼声；少出一些看起来很美的“花活”，多办一点对企业有利的实事。说到底，展会如今面临的尴尬还是某些组织者“利”字当头，无视了它的可持续发展。有识之士指出，展会应该引入“退市机制”，死掉一批，停掉一批，让能满足参展商需求和经济社会效益双赢的展会脱颖而出。

温州人对国内展会兴趣不大

温州的中小企业多数是依托加工制造起家，刚开始多是模仿、加工，科技含量不高，没有自主知识产权，对于国内的会展他们并不感兴趣，而往往是喜欢参加境外的各种洽谈会和会展，依靠价格或其他优势闯国际市场。近几年来，随着自身经济规模的不断扩大，经济实力越来越强，他们越来越重视自主知识产权，但他们还是喜欢参加境外的展会。2005年11月在我国香港国际会展中心举行的眼镜展，整个会展共有来自20多个国家和地区的577家企业参展，其中温州军团的参展规模就占了内地参展企业的一半，占到全部参展企业的近两成。

“就国内眼镜展而言,每年大大小小的展会达到六七个之多，平均算来一个半月一次。但数量不等于质量，展会多并不代表着展会经济的繁荣。也不代表着给我们的眼镜企业带来大量的定单。”一位温州的眼镜生产企业表示，展会数量的增多导致了客商的分流，而这对于那些视展会为主要营销渠道的企业来说，是一个不小的负面影响。而作为中国眼镜产业的主力军——温州眼镜企业就深刻体会到了这一点：目前国内的眼镜展不同程度的存在着参展商、专业观众数量相对较少，展览内容单调乏味、缺少新意等问题。而有些展览会冠以“国际”头衔，实际上国外参展商却很少，因而挫伤了参展商的热情和专业观众的积极性，同时国内眼镜行业展会的标准展位价格基本保持在5000元～7000元，在这样的基础上，参展企业零零总总的开销少则几万，多则十几万甚至是几十万。而花费巨资并热情高涨的参加展会，展现在我们企业面前的又是什么呢？客观上来说，展会现场的确会有企业和客商达成不少的意向性合同，但是在展会结束以后，成功签约的却是寥寥无几。最重要的是，展会时间一般在三天左右。在这短短的几天时间里，参展企业展示产品的数量是有限的，客商能仔细参观到的企业也是有限的。因此参展企业的摊位冷冷清清也是常有的事情。而这样的结果与企业在展会前后所做出的努力和付出是完全不成正比，而高投入低回报在某种角度上来说就是资源浪费。

期待办好国际会展

面对不断拓展的国际市场，素有“东方犹太人”之称的温州商人也期待能在温州参加真正意义上的国际展会。然而，记者从温州会展业协会获悉，尽管近几年来温州每年都举办几十次大的展会，展会的水平也有了很大的提高，但总体来说温州的会展公司和外地的会展大公司相比，差距还很明显，温州展览公司的办展水平还需要进一步提高。

面对各地一浪高过一浪的各种会展,如何办出自己的特色、办成真正的国际性会展？温州市经贸委主任李祖言认为，首先是培养一批素质高、办展能力强的会展企业，与品牌展会的创办相结合，提高行业企业的整体质量。其次是要加强政府的引导和管理，针对目前现状，建立一个展会协调管理机制，行业协会既对一年展会进行科学、公正的评估，又对下一年展会进行充分论证，制定科学、可行、效果最佳的展会规划，建议政府成立会展业管理协调机构，制订一些相应的政策性文件，改进政府审批工作，加强管理协调。三是社会舆论和媒体的监督和引导，要从深层次分析原因，考虑温州城市小的现实，科学定位，踏实地推进温州会展业的发展。

——《国际商报》魏振豪

福建形成“海峡”会展产业链

福建省国际展览业协会2005年12月9日成立，该协会由福建国际商会、厦门市会展业协会、福州国际会展中心、福建省国际贸易展览公司、泉州贸促展览有限公司、晋江市展务有限公司等6家会展业机构和企业联合发起成立，已发展会员60家，涵盖展览、会议、场馆、酒店、物流、广告、培训、翻译等会展业相关门类，是福建省目前唯一的省级会议展览业协会。

福建省是中国最早对外开放的省份之一。现在全省已兴建了厦门会展中心、福州展览城、福州经贸会展中心和漳州花博会园等会展专业馆及晋江广场、石狮德辉广场、南安“中国水暖城”、惠安雕艺城等商展兼用场馆。目前，全省会展场所和会展企业已初具规模,每年有上百个不同层次和不同规模的展览和上千个以产品订货会为主的各类会议在福建召开,并成功举办了一系列在全国乃至全世界有重要影响的展会,形成了一批有较高知名度的会展品牌。据统计,全省专业会展企业约100家，能为会展提供较好的策划、宣传、装饰、接待、翻译等的公司约450家，已形成一个比较完善的会展服务业。

福建省的会展业具有鲜明的“海峡”特色，在全国独树一帜。目前，以福州、泉州、厦门为核心的海峡西岸会议展览业产业链已初具雏形。近年来，在日益增长的两岸经贸交流的推动下，福建的海峡展越办越多，越办越大，形成了一批具有鲜明的“海峡特色”的展会。如海交会、台交会已成为海峡两岸规模最大、影响最广的经贸交流盛会，其中台交会还是全国规模最大的机电专业商品交易会。此外，其他较大的“海峡展”还有海峡两岸花卉博览会和海峡两岸纺织服装博览会等。这些展会密切了两岸经贸关系，突出了福建省的对台优势。

——《国际商报》陈国明

厦门：会展业已成城市靓丽名片

2005年厦门市共举办各类展览活动45场，展览面积42.4万平方米，比2004年38.8万平方米增加了9.2%，是2000年的2.72倍；其中专业展览23场，面积33.6万平方米，展览面积比增18%。厦门会展中心举办各类会议122场，同比增长6%；其中，外地来厦举办会议达到57场，比2004年的38场增加了50%。

纵观2005年的厦门会展市场，呈现如下特点：一是品牌展培育初见成效。中国（厦门）国际石材展览会展览面积在三年里翻两番，从2003年的6500平方米，增加到2005年的2.5万平方米，境外客商达到30000人，一跃成为国内最重要的石材行业展览会之一，其规模和影响仅次于北京石材展，成为厦门市自行培育的又一个品牌展览。

二是海峡特色凸显，涉台展会明显增加。厦门体育休闲用品博览会邀请台北体育用品公会组团参展；中国（厦门）国际食品交易博览会设立台湾农产品展区，为台湾水果在大陆销售搭设平台，推动了中埔台湾农产品中转集散中心的建设；台北市商业会、台北市手艺品商业同业公会参与了“厦门礼品展”的举办；首次举办的“首届海峡两岸图书交易会”参展企业多、地域广、专业性强、对台特色突出，受到了海峡两岸各书店、出版机构的热烈欢迎。

三是新题材展会不断涌现，专业展览数量和面积继续保持增长势头。全年专业展览场次和面积大幅增加，分别达到23场和33.6万平方米，比增28%、18%。

四是带展览展示的会议活动成为会议业发展新亮点。2005年举办的会议，如一汽集团年会、国际海洋城市论坛、高速公路信息化管理及技术研讨会、临床检验设备及用品学术交流会等会议均配套举办了相关展览展示。全年带展示活动的会议达到11场，展览展示规模在2000到6500平方米之间，成为近年来会议业的新亮点和发展趋势。

业内人士归结出厦门发展会展业的四大优势。一是地理优势。厦门有举办大型会展活动的优势条件，厦门是我国最早设立的经济特区之一，与全世界160多个国家和地区有着密切的经贸合作，经济外向度高，辐射力强，享有国际花园城市、国家级卫生城市、环保模范城市、园林城市、优秀旅游城市等多项荣誉。

二是条件优势。厦门有良好的城市会展综合设施。厦门环境优美，气候宜人，是著名的对外通商口岸，海、陆、空交通配套衔接水平较高，具有区域性交通枢纽中心的优势，通信和对外联络便捷。100多家星级酒店能够满足大型会展活动食宿的需要，国际会展中心具备国际一流现代化展馆水平，为举办大型展览和国际会议提供良好的条件。

三是保障优势。厦门形成了一整套符合国际规范的大型展会保障服务体系。厦门是我国会展业较为发达的城市之一，市政府十分重视扶持会展业发展，出台鼓励发展会展业的相关政策，经过几年的实践和积累，已在展会的接待、服务、综合保障方面积累了丰富的经验和锻炼出了一支训练有素的会展人才队伍，为各种大型展会在厦成功举办提供了有力保障和优质服务。

四是侨乡优势。厦门既是美丽的港口旅游风景城市，又是著名的侨乡，是联系遍布世界的厦门籍、福建籍侨胞参与国内投资的重要纽带。厦门是台胞主要的祖籍地，对台招商具有特殊区位优势，这些都有利于进一步凸显投洽会的国际招商功能和对台经贸特色。

——《国际商报》夏 言

长沙会展经济强劲迸发

据湖南省统计局统计，“十五”以来，长沙市会展直接收入以每年50%的幅度递增。据测算，2005年会展直接收入3.1亿元，带动会展相关行业收入28亿元，会展经济真正为长沙经济的增长注入了新的活力。

会展直接收入年增50%。“十五”以来，长沙市会展直接收入以每年50%的幅度递增，超过全市地区生产总值增幅近30个百分点。2001年长沙市会展活动不足70个。随后会展业迅猛发展，到2005年，长沙市共举办各类主要会展活动项目223个，比上年增长47.7%。2005年会展活动签订的合同或意向金额突破700亿元（其中外出办会参展签订合同金额471.19亿元），拉动相关产业经济增加近150亿元。

经贸类会展推动经济强势增长。2005年长沙市举办经贸类会展活动116个，占全部会展活动50%以上，各类型经贸会展活动有力地推动长沙经济强势增长。以长沙周、农博会、车博会为代表的交易会、博览会、展示会等会展活动，进一步增强了长沙商贸业的集散辐射功能，同时也带动餐饮、住宿、交通、旅游、购物消费增加，仅车博会就实现现场成交4.288亿元。

文化类会展成精神大餐。说到2005年印象深刻的会展活动，长沙市民都能随口数得出几个：湖湘文化周、新春音乐会……2005年，长沙市共举办了教育、文化、体育、音乐等方面的会展活动百余个，极大地丰富和满足了长沙市民日益增长的精神文化需求，成为构建和谐社会、加强精神文明建设不可缺少的重要组成部分。

9个国际性会展提升长沙知名度。 2005年，长沙市共举办国际性会展活动9个，全国性会展活动45个。这些活动加强了长沙市与各地、各界的广泛交流与合作，提升了长沙市的会展整体形象和城市知名度。

此外，长沙会展新题材不断涌现，会展领域日益扩大。除了农博会、烟花节等传统会展项目之外，还涌现出教博会、旅博会、酒博会、卡通节等9个新型会展题材的会展项目。首次举办的2005长沙卡通艺术节使湖南本土13家卡通相关企业和国内外40多家企业喜结良缘，签订的合作协议书或战略合作意向书总金额高达29.37亿元，长沙市政府也将其列为长沙今后最重大的节会之一。

——湖南省商务厅网站

郑州引外援打造中部会展之都

"郑州国际会展中心总建筑面积22万平方米、会展面积7万平方米，无论从硬件设备上，还是建筑规模上，都堪称亚洲一流；今后，我们将充分利用香港会展中心的管理经验和品牌优势，利用中原地区发展会展业的优势和潜力，把郑州国际会展中心打造成为中国中部地区的会展之都，由此拉动郑州会展业的崛起。"这是在香港会展中心与郑州会展中心的交接仪式上，香港会展管理有限公司负责人——郑州香港会展管理有限公司总经理嘉西亚的一段精彩发言。

据了解，郑州香港会展管理有限公司是由香港展览会议场地管理中国有限公司与上海国际展览中心有限公司合资组建，他们均为郑州香港会展管理有限公司的大股东；前者以不凡的业绩在国际会展界享有盛誉；后者也曾成功托管宁波国际会展中心和威海国际会展中心，成为国内为数不多的专业会展管理公司。从香港、上海两地会展的强势介入，可以看出这次合作是会展行业的强强联合。

郑州市会展办主任、郑州市商务局常务副局长阎铁成最近在接受中国经济时报记者采访时也介绍，郑州大型国际会展中心的建成，对于发展郑州会展业是一个强劲拉动。他认为，大力发展会展业，郑州有着其他城市不具备的优势：首先，郑州位居中原腹地，其位置恰好位于我国中部地区，使全国各地客商到郑州参加会展的距离基本相当。其次，郑州处在全国两大铁路京广线、陇海线的枢纽地位，又是我国东西、南北(107国道和310国道)两大公路干线的交汇处，其交通便利，运输顺畅，且公路、铁路、航空等运输条件兼具。第三，中原地区有着浓厚的风土人情，周边的景区很多，人们不会因饮食、环境而受干扰，因此，郑州发展会展业的条件更是得天独厚。

其实，郑州国际会展中心自2005年10月建成开馆以来，凭借一流设施吸引来一系列重头展会，先后成功举办了第11届郑交会、中原国际医疗器械博览会、中部旅交会、第55届全国药品交易会等。随着会展硬件设施的逐渐完善，对软件设施的要求也越来越高，需要各行各业的加入，来给郑州会展业护航，尽快使郑州会展中心成为国际会展中心。而谈及郑州国际会展中心下一步的发展目标，阎铁成预测："经过3年努力，力争使郑州会展业务跨入全国二线行列；再经过5年努力，使郑州会展跨入全国一线城市行列，力争把郑州打造成为中西部会展中心。"

——《国际商报》

珠三角区域会展业的现状与前瞻

中国贸促会广东省分会副会长　白明韶

泛珠三角区域的会展业作为经贸合作的重要平台既依赖于区域内统一的大市场的形成，也对区域经贸发展合作有着显而易见的推动作用。本文着重介绍泛珠三角区域各地区会展业的现状并对其发展趋势及目标提出一些看法。

泛珠三角区域会展业的现状扫描

1.香港。 香港是亚太地区重要的会展中心城市，一直以来也在发挥着内地与海外经贸联系的桥梁作用，每年举办的专业展览会80多项，吸引参展企业2万家，举办大型会议420多个，吸引来自世界各地的与会代表多达3.7万人和世界各地超过330万观众到港。会展业已成为香港的重要支柱产业之一。随着2005年年底亚洲博览馆的投入使用，香港的会展业的竞争力又有了一个新的提升。

2.澳门。 澳门发展展览业有着较大的潜力。2005年何特首在施政报告中已明确提出要强化会展业的优势的问题。随着粤澳合作的深入，澳门作为中国一葡语国家联系平台地位的形成，2007年金光大道会展中心等大型展馆基础设施的建成，以及美国拉斯维加斯式的会展理念的引入，澳门也具备发展成为像拉斯维加斯一样的会展城市的巨大潜力。

3.福建。福建是全国最早对外开放的省份之一，随着改革开放的不断深入，福建的展览业也在不断地蓬勃发展。福建展览业的历史虽然不长，但发展速度惊人。目前全国除北京、上海、广州以外，各省展览馆的数量和可展示面积均以福建居首。近几年，全国各省举办“海峡展”最多的是福建。厦门是中国的一个重要会展城市之一。由商务部主办，福建省人民政府和厦门市人民政府承办的“中国投资贸易洽谈会”已有着广泛的吸引力。此外较具影响的展览会还有“厦门对台出口商品交易会”。

4.江西。江西省展览会大多在江西省展览中心举办，现展厅面积已达1万平方米，拥有国际标准摊位430个。江西省展览中心已发展成为集展览、商贸、金融、文化娱乐为一体的现代化大型展览集团。江西省近年来规模较大的展览会有：2005·中国（江西）红色旅游博览会，江西省畜牧业、饲料工业展览会，江西美容美发美体用品博览会等。

5.湖南。根据我国经济学家测算，中国将最先形成9大都市圈，其中包括以长沙、武汉和南昌为中心城市的湘鄂赣都市圈。目前，湖南省共有各类会展机构50余家，每年举办各类展览70多个，绝大部分集中在长沙。长沙的会展经济是在1999年开始逐步发展起来的。从现有情况看，长沙会展业虽然起步晚，但是发展很快，每年均以20%～30%的速度快速发展。湖南国际会展中心是湖南省乃至华中地区规模最大、科技化程度和智能化程度较高的现代化专业展览场馆。展馆总建筑面积10万平方米，展厅面积5万平方米，可设国际标准展位1601个。2002年9月5日，湖南省会议展览业协会在长沙正式挂牌成立，彰显了湖南省政府对会展经济的重视，标志着湖南省会展行业走上规范化发展的轨道。

6.广西。近年来，在广西举办的中国—东盟博览会吸引了业界的广泛关注，博览会构建了中国与东盟经贸合作的平台，是我国国际性的大型展会之一。南宁国际会展中心是中国—东盟博览会的永久会址，其中主建筑面积为15.21万平方米，由会议、展览和大型宴会厅三部分组成。

7.海南。海南作为我国著名的旅游胜地，每年都有数十个规模较大的会议和展览在这里举行。博鳌亚洲论坛、世界小姐选美、2005年日本世博会中国馆全国摄影大奖赛巡展、2005海南国际汽车（摩托车）工业展览会等是其中档次高、规模大的展览。海口会展中心是海南省、海口市政府共同集资兴建的大型现代化会展中心，总建筑面积32500平方米，其中展览中心建筑面积25227平方米，可安排国际标准展位966个（3米×3米）。

8.四川。依托其丰富的资源和广阔的市场，近年来四川对外经贸增长相对迅速，是我国西部外经贸最强的省份。成都是中国西部主要的会展城市。成都会展业发展办公室和成都展览业协会对规范指导会展业发展起到了重要的作用。截止到2004年，成都已举办了200多个展览、1900多个会议，接待海内外客商近600万人次，展览面积达200多万平方米，累计成交额1359亿元。目前，成都根据其经济、环境等特色，形成节、会、展相结合的会展经济发展模式，全国春季糖酒会、中国西部博览会、四川·中国西部国际农业博览会等都是规模和档次较高的展览会。四川省主要的展览馆有四川省展览馆（该展馆是中国西南地区最负盛名的展览展销活动的重要场所）。成都国际会展中心也是中国目前较大的国际标准展馆之一。

9.贵州。贵州省最主要的展览馆是贵州省展览馆，占地三万余平方米，共分三层，二层中央大展厅可提供展览面积1040平方米。去年在这里举办了贵州省首届教育展及电脑节、中外驰名商标产品展暨打假展、第六届全国医疗展等。

10.云南。云南省最著名的展览会有中国昆明出口商品交易会（简称昆交会）。昆明国际会展中心展场面积达7万平方米，可搭建3000个国际标准展位，现已成为国际展览管理协会（IAEM）会员和中国展览馆协会理事单位。

11.广东。广东是中国三个重要的区域展览中心之一。据商务部有关部门的统计，仅2003年，在全国的展览总收入的86.35亿元中，广东为32.4亿元人民币，占全国的比重超过37%。目前广东已经初步形成了以广州－东莞－深圳为中轴包括佛山、珠海在内的珠三角展览带；以两届广交会为切入点的两个展会高峰期，以民营展览企业为主力，包括设计搭建、展馆服务、展品运输、展会咨询，以及其他延伸服务为一体的“第三产业消费链”。展览业正开始成长为拉动广东经济发展的一个新的产业引擎。已在工商局登记的经营范围内包含会展、展览、展示、展销的展览公司已近万家，主营会展业务的2000多家。广东展览馆有近20家，展馆的面积已超过120万平方米，主要有：中国对外贸易中心（集团）琶洲馆、中国对外贸易中心（集团）流花路馆、深圳国际会议展览中心、广东现代国际展览中心、东莞国际会展中心、广州锦汉展览中心、广州花城会展中心等。主要知名展览会有中国出口商品交易会（广交会）、中国国际高新技术成果交易会、中国国际中小企业博览会、中国国际航空航天博览会、广州国际照明建筑电气技术展览会和广东美容美发博览会、中国现代名家具展、中国（广州）国际建筑装饰博览会等一批知名会展品牌。广州是泛珠三角区域的主要中心城市，是南中国地区人流、物流、资金流、信息流的主要枢纽。其展览业在国内的地位举足轻重。作为重要的支柱产业之一，2005年以来广州市的会展业发展又进入了一个新的时期。深圳也是华南重要的中心城市之一，2005年的外贸出口超过1000亿美元，连续13年居各大中城市之首。拥有包括高交会、国际礼品展、夏交会、光博会等知名展会。深圳的高交会展馆、国际会展中心都是目前国内重要的展览场馆。

广东省政府十分重视会展业的发展，着力打造以广州和深圳为龙头，包括东莞、佛山、珠海、中山在内的珠三角会展产业带；加快建设和完善一批会展场馆；培育会展市场主体，培养10～15个办展能力较强、水平较高、影响较大的龙头会展企业集团；培养并创立10个具相当知名度、在国内和广东周边国家与地区有影响力的品牌会展，包括汽车展、电子展、家具展、建筑装饰材料展、纺织服装展、皮革展、家用电器展、中小企业国际博览会、岭南文化展等；不断提升会展配套服务水平，完善银行、海关、快运、翻译、酒店、商店、餐馆等全方位的综合服务体系。总的目标是在“十一五”期间，把广东建设成为中国最重要、最具有特色、最有影响力的会展中心区域之一。

泛珠三角区域会展业发展趋势及目标

1.泛珠三角区域会展业合作明显加速。泛珠三角会展业的发展，可以说是“五彩纷呈，亮点突出”。随着2004年泛珠三角区域合作的加速，区域内会展合作的趋势明显增强。

(1)各类经贸洽谈会如雨后春笋般涌现出来。代表是每年一届的“泛珠三角经贸合作洽谈会”。同样以泛珠三角为题材的专业展会也成为一大热门。2005年12月在广州举办的泛珠三角房地产业交流促进博览会，以及一年多来的各种泛珠题材的展会凸现了区域合作的特色。

(2)在一些大型的经贸活动中相互支持。例如在广西举办的中国—东盟博览会，广东省积极配合，广东的参展企业在全国各省区中是最多的。

(3)泛珠三角展览界内部的合作已成为热门话题。2004年8月6日，在广州举办了“泛珠三角会展产业发展论坛”。由9+2贸促机构组成的合作机制也已经将区域内会展业合作纳入议事日程。

然而，在当前红红火火的泛珠三角会展业背后也存在诸多问题。首先是内地9省区会展业市场化、专业化程度不高，政府主导的色彩太浓；存在热炒泛珠三角题材的短期行为；展览业内的合作与交流缺乏制度管道；各地会展业的发展不平衡。一些省区会展业的发展处于刚刚起步阶段，会展规模小、层次低、展销产品单一；区域内主要会展城市、重要展会、大型展馆等涉及会展业的协调发展以及规划布局问题仍是空白。

会展业是城市经济的重要组成部分，依赖于城市的发展水平。目前在泛珠三角区域已经形成了以香港和广州为中心，包括成都、深圳、厦门、南宁、东莞、昆明等一批国内重要的会展城市。使得泛珠三角的展览业已经初步具备了立足本地区、带动泛珠三角、辐射东南亚、影响全世界的发展潜力。在可见的将来，随着泛珠三角区域内经济整合的势头加快、制造业以及服务业水平的提升，国际影响的增强，中心城市辐射作用的凸现，会展产业还将有更广阔的空间。

2.泛珠三角会展业的发展目标。

(1)逐步形成以香港、澳门、广州、厦门、成都为龙头的在国内，乃至国际上有较大知名度的会展中心城市，积极推动本省（区）内会展中心城市的建设。毫无疑问，泛珠三角的发展引擎是大珠三角，在大珠三角中香港广州已经具有重要的国际会展城市的强大基础。厦门、成都位于泛珠三角的东西两翼，且无论是在产业依托、基础设施、市场规模、辐射功能、国外境外交流、办展传统上都具备较大的优势。

(2)培养出一批有国内或国际影响的重要会展品牌。泛珠三角地区应当优化展会资源配置，加强区域会展资源的整合，共同培养出一批会展业的区域性品牌。具体作法是内地9省区行业协会或有关部门在政府支持下，按照互利共赢的市场机制，牵头确定一批可以相互支持配合的重点的专业展会，彼此在招展协助、市场推广、展期安排等方面进行密切合作。例如厦门的对台出口商品交易会、成都的中国西部国际农业博览会、昆明的中国昆明出口商品交易会、广西的中国—东盟博览会、广东的中国国际中小企业博览会等等都是可能的选择。当然具体协作的展会项目要在政府指导下，由展览组织者自主决定。

(3)建立一个统一规范、有序竞争、协调发展的展览市场。为此一是要进一步放开展览市场，对外地的展览机构要取消市场壁垒，鼓励和扶持展览机构的跨区域发展。对于泛珠三角城市中举办的同类型展会，应加强协调，或鼓励采用资源交换、股份合作、转卖等形式，使之做大做强；二是通过行业协会、展馆等机构建立辐射泛珠三角的会展信息网络，在区域内实现展会管理、资料统计分析等资源共享；三要加强市场监管的协调，内地9省区可以制定较为一致的市场准入门槛等展览政策法规、落实品牌保护制度、展览机构信用档案共享等协作机制。

(4)营造一个开放的会展业国际合作的平台。泛珠三角会展业必须走国际合作之路，这既是泛珠三角区域的区位优势和对外经贸传统所决定，也是快速提升泛珠三角会展业竞争力，增强经济辐射力的捷径。泛珠三角要充分利用好东盟10+1、南亚自由贸易区、正在酝酿之中的东亚经济共同体这样一些全新平台。泛珠三角地区的展览机构要更积极地参与周边国家和地区的展览活动；另一方面，以一个开放的心态千方百计吸引国际展览公司更多地参与到泛珠三角区域的展览行业中来。

产业集群成为广东会展业源动力

随着广东集群产业圈的兴起，一个个以集群产业圈为源动力的专业展会也渐成气候，这种互为驱动力的会展经济发展模式，已成为广东地域经济发展的特色。

历史上，佛山市一直以轻工业闻名。近年来，在装备制造业的带动下，工业化进程呈现出明显的重化特征。截至今年一季度，佛山重工业比重首次超过轻工业1.2个百分点。如今，装备制造业不但成为佛山经济发展的新兴支柱产业，而且成为佛山重工业发展的主要增长点，装备制造业增长速度位居珠三角前列。

据悉，佛山市已被广东省政府与广州、深圳一起列为“广东省三大装备制造业基地”。目前，佛山的机械装备制造产业已经形成集群式发展，产业优势明显。如陈村的陶瓷机械成为中国最大的陶瓷机械生产基地，伦教的木工机械是全国最大的木工机械产销基地。这两个基地分别占全国市场份额的85%、50%，产值规模居珠三角前列。此外，还有陈村的压力机械、大良——容桂的塑料机械、大沥的铝型材、澜石的不锈钢等，都是佛山机械装备产业的重要集群。

基于雄厚的产业基础，佛山的装备制造业市场花开烂漫，形成一批颇具规模和影响力的专业市场。同时又培育了多个装备制造行业会展品牌，这些专业会展让佛山机械装备制造业收获颇丰，如2005年举行的首届中国（佛山）专业机械装备展览暨投资贸易洽谈会，3天内参观人数达到2万人次，共有192个投资贸易项目达成合作意向，签约总额超过100亿元。据悉，该展是佛山装备制造业史上范围最广、门类最齐全、最具地方特色的机械展会，2006年于10月在顺德举行第二届，以后将每年举行一次。

同样，在汕头，第三届汕头（潮南）纺织制衣工业展览会日前举行，展会虽然规模不算大，却吸引了来自意大利、瑞士、德国、日本等国家和地区的众多知名厂家和经销商前来参展。参展企业中，有70%是“回头客”，有些还是“三进”展会的“老主顾”。展会之所以能吸引企业关注，是这里的产业集群优势起到支撑作用。潮南经贸局提供的有关资料显示，经过多年来的发展，目前潮南纺织服装业已基本形成了纺织、漂染、成衣一条龙配套的产业链，摘取了“中国针织名镇”、“中国家居服装名镇”和“中国内衣名镇”三块“金字招牌”，涌现出一批具有一定规模和档次的现代化专业生产企业。一组统计数字显示，此次展览会十分火爆，共设立展位190个，比上届增加了20个；进场参观人数达7000多人次，成交额达8500万元。

佛山顺德区家电制造业的优势有目共睹，总量和产业密度在国内均首屈一指，具有一定规模的家电及配套生产企业达3000多家，仅2004年产值就达到了600亿元，占了全区工业总产值的四成，也占了全国家电行业总产值的15%。顺德已形成了完整的、成熟的家电制造产业链。本地企业采购半径一般不出50公里，在两个小时之内就可以得到基本的家电配件。而顺德家电展作为顺德庞大家电产业链条的重要一环，正发挥着越来越重要的作用。

每年举办的顺德家电博览会历经五届，已成为我国家电行业中规模最大、档次最高、最专业的采购展览会。顺德家电展不仅推动了顺德家电原材料、零配件、生产设备、技术服务等的现代化生产供应体系，充分展示了当今国际上家电配套行业的最新技术、最新配件产品、最新原材料，促进了顺德家电企业使用新技术、新材料，同时为供应商的产品和原材料交易有效拓展国际销售渠道提供了直接交流、沟通、合作的良好贸易环境。

——《国际商报》庞彩霞　宗　河

广州会展业一路前行

2005年11月底，第二届中国会展经济论坛在北京隆重召开，由广州市副市长王晓玲亲自带队、由政府相关部门和行业协会的部分理事单位组成的广州代表团亮出了广州会展业的名片，同时借助这个会议平台向全世界推荐广州。

2006年1月11～13日，2006年中国会展经济国际合作论坛及第七届中国国际展览和会议展示会又锁定广州，这无疑是一个让世界展览业人士了解广州、了解广州展览业的机会，这也将是广州走出中国，走向世界，实现其建成国际会展中心城市目标的良好契机。

中国会展业的历史是从广州1957年举办的“第一届中国出口商品交易会”（广交会）开始的，这个“中国第一展”、世界第三大展览对广州的会展业发展产生了重要作用。到2006年10月，这个走过半个世纪的“中国第一展”就迎来她的第一百届。广州的会展业也在这半个世纪的风风雨雨中逐渐发展了起来。据不完全统计，近年来广州地区每年举办大型的展览会350多个，各种展示展销会1100多场，除了广交会之外，中小企业博览会、广州博览会、广州国际汽车展、广州服装节等也办得非常成功，显示了广州会展经济的蓬勃生命力和广州会展业的良好前景。

近期，王晓玲在接受媒体采访时指出，2005年是广州会展业打基础的一年。在这一年里，广州的会展业发生了许多大事。

广州市会展业行业协会成立。继2005年2月“广州市会展业管理领导小组”成立后，2005年4月21日，作为广州市大力发展会展业的重要举措之一，广州市会展业行业协会成立。广州市会展业行业协会作为联系政府与企业之间的桥梁和纽带，在广州市会展业管理领导小组的指导下，充分发挥市场在资源配置中的基础性作用，用行业自律手段规范会展行业界的行为，广州市会展业行业协会的成立，标志着广州会展业的发展进入了一个新的阶段。

王晓玲介绍，广州会展业发展规划已被列入广州市服务业发展“十一五”规划，这是首次被列入规划。2006年，广州市政府认真规划广州会展业的发展，有效整合会展资源，加快广州会展业国际化进程步伐，进一步优化广州会展环境，并充分发挥市会展业行业协会的作用。广州会展业发展的目标就是将广州建设成为亚洲主要会展城市、国际会展中心城市，到2010年，会展业将成为广州市经济发展的重要支柱产业，会展业直接收入30亿元，占全市GDP总量的5%，安排就业人员50万人。

跨国采购中心提升广州国际化城市形象。2005年4月25

日，广州琶洲跨国采购中心首次召开了记者招待会，向外界通报和发布琶洲跨国采购中心项目开发的进展情况。据悉，这个项目的发展商是中国光大房地产投资公司广州公司与广州银宜集团共同投资组建的广州环博展览有限公司，琶洲跨国采购中心占地面积约11万平方米，总建筑面积25万平方米，其中地上建筑面积17万平方米，2006年2月竣工验收并交付使用。

据介绍，琶洲跨国采购中心是为了应对广交会的整体转移而开发的全新的会展项目，其特点是要建造一个为广交会配套的以礼品、工艺品、家居装饰品为专业定位的、常年的、高档次的展示场馆。进场经营和展销的客户主要来自我国各个门类工艺品的生产出口基地的领先企业及骨干厂家，这些厂家希望通过大家的共同努力，联合打造一个能延伸广交会功能的中国工艺礼品全天候的跨国采购交易平台。

广州一直是中国对外贸易的窗口，久负盛名的广交会是惟一的国家级交易会，随着新会展中心的落成启用，广交会的规模和影响等都将继续在全国处于领先地位。因此，广州发展会展经济与国际接轨，打造世界级的跨国采购中心，不仅能吸引跨国公司企业的贸易，还能够吸引各国政府大规模采购，这种定位有利于提升广州的国际化大都市的形象和经济地位。

会展经济带动琶洲发展。2002年落成的琶洲广州国际会展中心目前已经承办了数届广交会，到2006年，广交会从原来的流花路旧址全部搬迁到琶洲。根据城市规划发展，琶洲地区将以会展业为核心，依托其独特的区位交通网络，发展成为以会展博览、国际商务、信息交流、旅游服务为主导的会展商圈。

会展经济的发展对商用物业的带动是显而易见的。据了解，在历届广交会期间，素质稍高的酒店都会被提前预订，其标准客房租金高达1000多元/天。2005年春交会期间，广州首次取消了酒店房价限价令，有的酒店房价涨价10倍。

有调查发现，在琶洲国际会展中心附近的各种民房也趁机抬价，租价比平时暴涨4～8倍，一套70平方米的房子租价普遍可达一天500元。总而言之，会展周边的房地产物业由于其特殊的性质，依托会展经济带来的客商资源，不论是写字楼还是公寓会有很高的回报率。

据了解，琶洲会展经济经过三年的发展，对楼市的拉动力也越来越大，市场已经一致看好琶洲以及周边楼市。琶洲地价不断攀升，除了新盘入市外，不少新项目也开始动工。会展圈的楼盘也将从以商务和自住为主转入主打商务客户群体。

光亚与法兰克福联手合作。2005年10月，广州光亚法兰克福展览公司在广州宣告成立。德国法兰克福展览公司与广州光亚展览贸易公司签署合作协议：双方合作组建“广州光亚法兰克福展览公司”。新公司由法兰克福投资1250万美元，双方各占50%股份。据悉，这次广州光亚展览贸易有限公司与法兰克福展览有限公司在广州合作成立的新公司是中国展览业投资最大的一家中外合作公司之一。这是国外展览业资本进入广东的首例。同时，国外展览公司与民企合作成立合资公司，在中国也尚属首次。

据了解，新成立的合作公司除了继续主办“广州国际照明＋建筑电气展览会”外，还将举办汽车、纺织品、消费品、图书等一系列不同的专业国际展，打造中国展览业的航空母舰。

无独有偶，2005年11月，继法兰克福登陆广州取得成功之后，德国的另一家展览大贾——美沙展览集团也宣布正式登陆广州展览市场，其平台选择的是与广州振威展览公司举办的品牌展GIMT（广州国际机床展）合作，引进德国顶级金属加工展（AMB），于2006年举行亚洲顶级的“GIMT＋AM－BCHINA”（机床金属加工展）。

目前，广州会展业还存在国际化程度不高、展会多而杂、缺少品牌展会等诸多问题，国外参展商和买家多选择上海、北京，这已成为广州会展览业发展的最大瓶颈。同时，在举办国际展方面也面临香港方面的压力，法兰克福与光亚的合作以及国际展览巨头登陆广州有利于提高广州会展国际化的水平，也显示了国际展览公司对广州展览业市场信心十足。

UFI认证实现零突破。在2005年4月广州市会展业行业协会成立之际，当有媒体问及广州会展业存在什么不足时，王晓玲讲道，目前全球获得UFI认证的国际性展览会或贸易博览会共有629个，其中中国有39个，广州一个也没有。而在2005年10月，广州会展业实现了UFI认证零的突破。

由广州锦汉展览有限公司主办的“2005中国锦汉礼品、家居用品及装饰品交易会”是广州首个获得UFI认证的展会，该展会规模达到了4.5万平方米，已经举办了12届，每年4月与广交会同期在广州锦汉会展中心举办。同期，“中国锦汉纺织服装及面料展览会”也获得了全球展览业协会（UFI）的认证，广州锦汉国际展览中心也被UFI吸纳为正式会员。

——《中国贸易报》张汝男

东莞厚街：“1＋1”推进会展业发展

广东省东莞市厚街镇的会展业起步于1999年。在短短几年的时间里，厚街镇开辟出了一片新天地，已经成为中国展览名镇。如今，会展业已成为厚街的主导产业。

会展业向更高层次迈进。2006年第一季度，位于东莞厚街的广东现代国际展览中心共举办8个展会，出租面积为145640平方米。3月份，场地利用率高达53.13%，创下历史新高。

8个展会吸引了来自全世界共1741家参展商，206221人次参观，数量均超过2005年同期。客商主要来自德国、意大利、日本、美国、英国、法国、俄罗斯、韩国等国家。

据悉，2006年该中心已安排大型展览21个，总展出面积达51万多平方米，比2005年的41万平方米的总面积净增10万平方米，并呈现出展会规模进一步增大和国际大展、名展数量不断增加的特点。除国际名家具展、广东国际汽车展示交易会、名鞋展等享誉海内外的展会外，2006年还有工业国际模具展、2006中国国际彩盒印刷包装工业展、亚洲五金采购展、亚洲商品采购展等四个大型专业展会首次落户厚街。这些展会不仅国际化程度进一步提高，而且展览的定位越来越明晰，细分市场越来越明确，这标志着厚街这一展览名镇的会展业发展正朝着更高的层次迈进。

"1＋1"经营模式拓展企业的展示空间。谈到刚闭幕不久的名家具展，广东现代国际展览中心董事长陈仲球介绍说，目前名家具展的规模已扩大到20万平方米，然而随着展览会的影响力越来越大，除国内名牌家具向这里汇集外，国外的品牌也不断登陆，展位一直供不应求，故萌生了创建"国际家具营销总部"的规划，并得到许多品牌家具企业的积极响应。目前，家具大道有100万平方米的展厅面积，已有联合欧陆、顾家工艺、美格登、月星、兆生、大鹏等一批著名品牌入驻。这些企业在展馆要一个展位，又在家具大道上拥有永久性的展厅，这种"1＋1"的经营模式更好地拓展了企业的展示空间，中心展馆这种集中展示的方式对客户有着不可替代的吸引力，与永久性展厅形成互补。名家具展下一步的工作就是如何进一步提高服务质量，让这种互补关系更加强化。

陈仲球介绍说，"1＋1模式最初是由厚街的一些企业采用的，他们在展会上要一个展位，却不一定摆出最新款的展品，客人要到遍布厚街的一家家企业的厂内展厅里，才能找到最新的家具；后来，海外的一些采购商把办事处和展厅也设在了家具大道，使这种模式的内涵得以丰富。直到2005年3月的第13届名家具展上，1＋1模式迅速地被一些外地企业接受，并得到了发扬光大。去年底，随着厚街镇投入近亿元对家具大道进行整治，以及率先进驻的外地企业对其展厅的大力推广，1＋1模式逐渐成为中国家具界热炒的话题。

依托市场，发展会展业。陈仲球认为，产业基础是决定一个展览中心能否生存的必要条件。如果没有市场作依托，展览业肯定会成为一个包袱。从广东现代国际展览中心来看，是很接近市场的，整个规划都是以市场为依托，创办专业展览，所以更注重市场、参展商和参观者对展会设施的需求，十分符合珠三角制造业发展的需要。

广东现代国际展览中心和企业之间的关系非常密切，容易形成凝聚力。从充分条件上说，配套完善、交通便利。广东现代国际展览中心地处珠三角"一小时经济圈"中心。这个经济圈包括我国香港、广州、深圳、佛山、中山、珠海、惠州、东莞、肇庆、江门等10座城市。厚街镇不在中心城市，又紧靠中心城市，而且是紧靠多座中心城市，能充分利用周围城市的资源，又避免了中心城市的交通住宿等方面的压力。特别是东莞市厚街镇近年来大力开展创建中国展览名镇工作，交通、酒店、餐饮等设施已相当完善，能够为展览会提供个性化的服务。

——《中国贸易报》杜 芸

南宁有望成为"中国—东盟"会展之都

首届和第二届中国—东盟博览会、中国—东盟投资与商务峰会的成功举办，不仅成为促进中国与东盟国家之间政治、外交、经贸、文化等各领域交往的重要场所，加快了区域经济一体化进程，也推动了承办方和举办地——广西的经济社会良性发展，受益最为直接的是广西的会展产业，博览会成为广西会展经济发展的巨大牵引力，南宁有望成为中国—东盟会展之都。

博览会带动了广西相关产业的发展。会展产业是通过利用会议与展览开展信息交流、洽谈经济合作和市场营销等活动，形成经济社会效益，具有影响面广、产业关联度强、低成本、高效益、无污染的特点，能促进综合性经济形态的发展。中国—东盟博览会作为一个盛大的国际展会，显示了它对广西南宁物流、旅游、餐饮、商业等相关行业的巨大拉动功能。据统计，在2005年10月12~18日第二届博览会期间，进入南宁市的国内外宾客人数日均约5.45万人，平均每日出入南宁市的货物量达到9.75万吨，共接待境内外宾客11.13万人次，比首届增长14%，宾馆、酒店的入住率迅速上升，大型餐饮企业餐饮收入比平时增长约34.7%；南宁市梦之岛等10家大型商场的销售总额达到5401.84万元。交通、餐饮等行业的营业收入也大幅增长。2005年，南宁市共接待境外旅游者83317人次，比上年增长27.02%；广西接待入境旅游者人数达147万人，旅游总收入达到了307亿元，创历史新高，南宁以及广西的会展旅游得到强劲的发展。

博览会为广西会展业注入了东盟主题。除了中国—东盟博览会，由政府主导的中国—东南亚农业博览会、南宁国际民歌节、南宁国际学生用品交易会，每年定期举办，已成为南宁会展品牌。首届博览会举办，为广西引来大批会议展览。由政府部门、行业协会牵头主办的中国—东盟国际旅游合作论坛，中国—东盟青年企业家见面会，中国—东盟自由贸易区法律事务论坛，中国—东盟商务理事会，中国国际（东南亚）粮农发展论坛，中国—东盟标准研讨会，中—越国际电力电工电气自动化产品展览会，东南亚食品与生产、包装机械交易会，东南亚水产畜牧国际博览会，东南亚国际妇幼保健和计生用品展览会，越南—中国经贸论坛、越中企业论坛，中国—东盟当代舞蹈文化发展国际研讨会，中国—东南亚京剧爱好者国际演唱会，中国—东盟国际汽车场地越野赛南宁分站赛以及城市可持续发展南宁国际会议等一系列会展先后进驻南宁。

博览会催化了广西会展产业市场的成长。在博览会成功举办的积聚效应，使广西会展产业迅速形成，会展经济得以快速成长。2005年8月，广西会展行业协会成立，首批会员32家，涉及到与会展业相关的众多企事业单位，将着力培育广西的会展市场，树立广西会展业的良好形象，建立诚信、高效、优质的服务规范，打造品牌，提高竞争力。博览会引起广西对会展配套软硬件设施建设的重视和加强，南宁市建设了四大会展场馆，室内展览面积达45万平方米，可搭建国际标准展位4900个，可以满足不同规模的展会需要。桂林国际会展中心、东兴国际会展中心等大型场馆也将相继落成并投入使用。中国贸促会南宁市分会统计，2004年南宁共举办各类展览43场，参展商有8300多家，观众人数达100万左右。其中境外参展商达660家左右。仅2005年上半年，南宁就举办各类展览38场，参展商达5600多家，观众人数达65万左右。2006年有首届中国—东盟国际汽车拉力赛、中国—东南亚农业生产资料（广西）交易会等一大批大型会展在南宁举办，南宁正在向全国优秀展会城市、东南亚重要博览会城市的方向迈进。

博览会为广西培养大批专业化会展人才。博览会带动了广西会展业的发展，也激活了广西会展教育培训业。作为大型国际展会，博览会需要大批经贸、法律、外语、国际金融、科技文化、物流等方面的人才。广西采取“请进来，走出去”的方式，利用广西现有基础和优势，通过招聘、引进和培训，造就一批博览会所需管理人才、会展联络官、高级专业翻译、同声翻译人员和文化产业、国际传播人才，为博览会提供了人才支持，也为广西会展产业的进一步发展以及社会经济的全面发展提供和储备了人才动力。顺应广西会展业的发展，广西加大力度建立会展人才的多层次培养体系，形成初级、中级和高级的有比例、层级性的发展，2005年开始，广西财经学院设置“会展经济与管理”本科，桂林旅游高等专科学校等学校设置“会展策划与管理”专科，广西国际商务职业技术学院等学校设置“会展策划与管理”高职，广西大学、广西师范学院的有关硕士点也设立了与会展相关的研究生培养方向。

显而易见，中国—东盟博览会的举办，为广西、南宁搭建了一座连接世界的桥梁，广西和南宁在服务博览会的过程中，凭借自己的努力，借鉴先进经验，不断提高自己，努力提升国际化意识和服务水平，促进了特色会展产业的发展。广西“十一五”规划提出，要以办好中国—东盟博览会为重点，加快完善配套设施，培育会展主体，开拓会展市场，发展会展经济。可以预见，广西抓住博览会、峰会举办的契机，大力发展会展经济，借助天时地利的优势，广西会展产业将会得到进一步成长，为更好地融入区域经济，走向世界创造良好条件。

——《国际商报》何 颖

成都展览业步入良性发展期

2005年，成都市紧紧围绕“加快会展之都建设、增创服务业新优势”的目标，按照“政府推动、环境优先、市场运作、品牌制胜”的工作思路，重点抓好申办国际国内知名展会、加强会展宣传推广、培育成都自主品牌展会三项工作，强化服务和政务协调，各方面取得了明显的成绩。

重要举措

建设会展营销网络，展会申办工作打开新局面。申办规模大、知名度高的国际国内大型展会活动，不仅能提高城市办会水平和综合接待能力，而且能拉动城市旅游、交通、通讯、酒店、餐饮等产业的发展。2005年，该项工作成为成都市委、市政府开展会展经济工作的首要任务。成都市主动联系国内外办展机构，建立会展营销网络，形成合力拓展会展市场，效果较好。市领导亲力亲为，主动参与各城市间激烈的“申办竞赛”。2005年中，既争取并承办了7个大型来展，又获得2006年里8个重点来展的承办权。特别是发挥贸促系统渠道优势，取得中国贸促会支持，赢得了2006中国—欧盟投资贸易合作洽谈会的承办权。

引进知名会展机构实现零的突破。2005年10月，中国国际展览集团在成都设立西南分公司，“会展之都”建设添新军。与办展机构实质合作取得突破，2005年与香港贸发局合作举办香港时尚周，2006年与香港厂商会合办香港工展会。

依托自身优势和特点促发展，成都自主品牌展会培育有新突破。培育自主品牌展会，事关城市会展产业可持续发展的大局。2005年，成都市依托成都产业特点、市场特性、文化特色以及区域优势和资源优势，坚持“政府引导、市场运作”原则，分类扶持、培育成都自主品牌展会。中国国际美食旅游节、中医药国际科技博览会、成都国际家具工业展和成都国际汽车展等节会活动获得了长足的发展。

依托专业机构做大做强品牌展。2005年，由成都市政府主办，市贸促会、市质监局承办的第六届成都国际家具工业展览会取得巨大突破，规模从首届的400多个展位数达到2200多个，与上年相比增长83%，成都终于有了第一个展位数突破2000大关的专业自办展。这是目前成都本土最大规模的专业贸易展会，也是中国中西部地区规模最大、档次最高的家具展。

政府部门密切配合，承办好专业展会为相关产业服务。在高新区、市信息办、市贸促会等单位的紧密协作下，第三届中国国际软件合作洽谈会于2005年4月20～22日成功举行，该会围绕市委、市政府关于“成都市现代服务业以软件外包为突破口”的战略决策，以“承接国际软件外包，对接全球外包资源”为主题，邀请了美国、印度等6个国家和国内北京、上海、天津等18个省市的200多名中外软件企业和机构代表齐聚蓉城。李春城书记4月20日在会见中外嘉宾时指出，软洽会的举办对四川、成都IT产业和软件产业的发展具有积极的推动作用。

引进媒体合作。2005年，引入《成都晚报》报社共同举办2006成都购物节，在创新办展办会模式方面做了有益的探索。

加强成都自主品牌会展知识产权保护。先后注册了由政府主办的“成都之夜”、“成都啤酒狂欢节”、“超级城市”、“成都家具展”4个节会品牌。

开展多层次多渠道宣传，会展宣传推介工作呈现新气象。2005年，成都市先后赴北京、香港、上海、合肥、杭州、哈尔滨、大连、厦门、桂林和韩国首尔等10多个城市进行会展宣传推广。2005年1月11～12日，成都组团参加首届中国会展经济国际合作论坛进行国内推广活动，据大会公布的《中国会展经济发展报告》数据显示，成都举办展览会的数量在各城市中比较，居全国前五名，而且成都政府的重视程度、良好的场馆设施和市场环境引起了国内外会展业的广泛关注。2005年11月28～29日，参加第二届中国会展经济论坛，并参加了中央电视台举办的“中外市长对话”活动和专场推介会，效果较好。

今年，通过报纸、电视、杂志、网络等多种形式的展会项目宣传得到明显加强。会展经济宣传工作被列为全市宣传工作重点，重点来展宣传力度和自主品牌节会宣传模式等方面有了新的举措。“成都会展网”投入试运行。

进一步深化认识，会展业发展软环境建设有新进展。政府对会展业的重视程度和支持力度达到了新高度，不仅认为“会展已成为拉动我市经济发展的重要力量，各方面都应予以更为主动和创新的支持”，而且在展会申办、财政投入、会展宣传、出席活动、市政媒体资源等方面均予以支持。与此同时，市会展业发展领导小组加大了会展产业宏观调控和综合协调方面的工作力度，多次开会协调解决会展业发展中的实际问题，积极创造良好的产业发展环境。

2005年1月20日，成都会议展览业协会正式成立，积极开展行业协调和自律工作。创办《会刊》发布动态信息。与市统计局联合调研，建立起成都展览业统计指标体系，并对全国医博会进行典型调查，形成极具价值的报告。

硕果累累

2003年以来，成都市会展经济进入快速发展的崭新阶段，一年一个台阶。特别是2005年，全市迎来了第一个会展活动高峰期，“会展之都”建设取得阶段性成果。

会展产业规模优势明显增强。2005年，展会活动达到近200个，其中大型展会活动有21个，展览面积超过5万平米的展会有7个。会展经济规模在我国中西部居第一位。大型展会云集成都举办，如：全国糖酒会、全国汽配会、全国医博会、全国药机会、全国花博会、泛珠三角经济合作论坛、世界客属恳亲大会、九寨天堂国际环境论坛以及世界大力士冠军赛。中国国际美食旅游节、成都家具展和汽车展等本土展会的规模和效果都进入全国前列。

会展业日益成为“成都新财富”。随着各类大型展会的举办，众多商家借展借会迅速进入成都和我国中西部市场，极大地巩固了成都作为中国中西部商贸中心城市的地位。2005年，会展业创造直接产值8亿元以上，间接产值70亿元以上，来蓉参展赴会的国内外客商超过80多万人，拉动消费超过120亿元。酒店业、餐饮业、旅游业、零售业、广告业、交通通讯业成为6个受益最大的行业。据市统计局调查，2005年11月在成都世纪城·新国际会展中心举办的第54届中国国际医疗器械博览会，“固定展位数达3842个，参展商代表和外地专业观众达61257人，在我市吃、住、购、行、娱、游消费总量达到3.885亿元。”

会展硬件设施水平跨入全国一流。经过短短三年的发展，成都专业展馆面积从10万平米翻番达到近20万平米，进入全国前五位。场馆结构趋于合理，能承接不同规模、类型、规格的展会节庆活动。尤其是2005年7月8日投入使用的“成都世纪城·新国际会展中心”，拥有9个大馆及8个连接小馆，单馆面积1.1万平方米，展馆总面积为11万平方米，处于全国一流水平，为“会展之都”建设奠定了坚实的基础。

会展产业结构合理良性发展。成都市坚持“申办国际国内大型展会和培育成都本土品牌展会并举”的方针，不仅申办到全国糖酒会、全国医博会等一系列大型展会，而且培育出中国国际美食旅游节等自主品牌节会。如今，扎根于成都市深厚历史文化土壤和坚实经济基础之上的成都各类节会活动丰富多彩，以展带节，以节促展。成都灯会、花会、大庙会、清明放水节等民俗文化节会，成为市民及旅游者的休闲娱乐品牌活动。中国国际美食旅游节、中国·成都国际桃花节、成都三国文化节、中国（成都）道教文化节、南国冰雪节等节庆活动异彩纷呈，成为成都市一道道靓丽的城市风景线。

纵观2005年成都市会展业的走势，发展速度快，成绩喜人，这是主要方面。但是，还应看到成都会展业内部和外部环境正发生着深刻的变化。从全国来看，会展经济城市间的竞争已由单一的硬件设施的竞争转为立体的综合实力的竞争。从内部看，新国际会展中心建成后，展会接踵而至，发展速度极快。在此背景下，出现了一些新情况和新问题。如：政策领先优势不突出、场馆“软件”优势不明显、自主品牌展会综合优势和企业核心竞争力不强等问题。这些问题亟待我们加以解决。

——成都市贸促会（成都会展业发展办公室）

昆明会展：特色突出　蜚声内外

昆明是全国会展业起步较早的城市之一，昆明市政府长期以来对会展经济十分重视，把“大力发展会展经济”纳入了昆明市的发展规划。昆明市是如何在全国会展界开创出一条独特的发展之路呢？就此，笔者采访了昆明市会展办公室主任马克斌先生。

记者：*昆明发展会展业的优势都有哪些？当前的发展思路是什么？*

马克斌：昆明的会展优势在于：第一，昆明具有独特的气候条件，四季如春，一年四季均可举办各类展会，是发展会展经济的理想之地；第二，昆明是连接东南亚、南亚国家的重要交通枢纽，是汇集物流、信息、金融等重要经济资源的集散地，突出的区位优势成为会展之都的有利条件；第三，云南具有悠久的历史和丰富的民族文化，文化产业的发展已得到了省市政府的高度重视，会展业被列为昆明市重点扶持的九大文化产业之一；第四，新昆明建设为昆明会展提供了广阔的硬件平台。

记者：*昆明提出了节、会、展等“大会展”发展战略，请您谈谈昆明如何着力培养具有昆明特色的会展品牌。*

马克斌：在节庆品牌方面，昆明利用得天独厚的旅游自然资源和丰富多彩的民族历史文化所构成的人文资源，结合旅游业发展，推出了以“中国昆明国际文化旅游节”为代表的一批优秀节庆品牌，并发展成为在国内外具有一定影响的节庆活动。

在会议品牌方面，积极申办各类高规格的全国性及区域性国际会议，多次组织或参与相关部门各类会议的争办、申办等活动，并组织由政府和企业构成的“混合兵团”，全方位出击，举办了“首届东亚城市市长论坛”、“国际城市可持续发展市长论坛”、“第三届国际学生奶大会”、“2005年北极科学高峰周会议”、“第二届CMS国家领导人会议”等大型会议。

在展览品牌方面，一方面着力打造如“中国昆明进出口商品交易会”等原有本地会展品牌。另一方面，我们结合自身优势，发动各方资源，积极申办了“世界马铃薯大会”、“第三届世界养生大会”、“第52届全国医疗器械博览会”、“全国库存商品及闲置物资交易会”等大型国际、国内品牌展会。一些展会主办方已选择昆明长期安家落户，这些展会正逐渐成为昆明地方会展品牌。

记者：*您怎样看待政府在会展业中的作用，政府如何在市场经济的背景下，由会展主角变为配角？*

马克斌：为了培育会展市场，省市政府除了投巨资兴建场馆外，每年还不惜投入巨额财政资金，由政府机构直接策划主办旨在宣传城市形象、扩大城市影响、带动城市产业发展的各种大型会展活动。这类活动，组织工作是全市总动员，本地主要媒体全力宣传推介，对提升会展的人气起到了重要作用，但也存在相当的弊端。随着昆明会展的发展，政府要转变角色，从“主导”中退出来，把“主体”的位置，归还给企业。这是市场经济条件下，任何一个经济产业发展的必然选择。经过多年的探索和实践，我们深刻地认识到，昆明会展只有走入市场化运行轨道，才具有生命力，才算得上一个成熟的产业。政府退出“主导”地位，并不等于政府完全置之其外，相反，会展经济的特性，决定了政府在会展经济发展中有着非常重要的、不可替代的作用，因此，政府从“主导”的“错位”中退出来后，不是削弱会展，而是要更好地强化会展经济的市场运作机制，把政府职能“归位”到为广大会展企业在昆明发展创造良好环境的本位工作上。对于确实需要保留的少数几个“政府主导型展会”，如昆交会等，我们正尝试逐步提高市场化运作程度，由政府通过市场竞争选择专业展览公司来参与并负责部分展会活动的实施。

——人民网　杨 菲

会展经济推动西安国际化建设

“国际化”对许多普通的西安市民来说，这三个字离他们遥远而陌生，其实远在盛唐时期，长安就已经是一个国际化的大都市了。作为当时世界第一个百万人口的大都市，长安是世界瞩目的焦点，金发碧眼、异域装束模样的各国商旅和留学生穿梭在长安城的大街小巷，中国对外贸易和对外文化交流发展达到了封建社会的巅峰。作为中国的千年古都和世界历史文化名城，西安的历史内涵、文物遗存、文化影响举世公认，在世界素有“西方罗马、东方西安”的美誉。

当时光匆匆跨入21世纪时，2005年初西安市委市政府确立了“国际化、市场化、人文化、生态化”的四化发展理念，再次为这座千年古城树立起了国际化的发展目标，古城西安以更博大的胸怀向世界张开双臂，开始踏上阔步迈向国际化的新一轮历史征程。

每年有多少个会展在西安召开？这个问题其实并不容易回答。严格来说会展包括会议和展会两种类型。根据对宾馆饭店的不完全统计，2005年一年西安举行的大中型会议1万多个。每年举办展会则有100多个，其中全国性、区域性大型综合和专业会展占近一半，展会内容涉及科技、旅游、商贸、电子信息、现代生物与医药、装备制造、绿色环保产品、文化教育、房地产等方面,体现出了优势产业,具有强劲的带动辐射作用。

让我们数一下近期在西安召开过的其他有影响力的展会和会议：全国糖酒交易会、全国煤炭订货会、全国图书展销会、啤酒节、中国城市规划年会、曲江论坛、世界古遗址理事会、中国集成电路设计产业发展论坛、中国第12届广告节……当这些展会纷纷登陆西安，完美谢幕的时候，与会的专家一致对西安竖起了大拇指。

国际会议往往成就一个城市，世博会让世界更加了解昆明，博鳌论坛让海南一个小渔村一夜成名，奥运会至少让北京的城市建设推进了30年。2006年6月7日，丝绸之路投资论坛在西安隆重召开。千年前那壮观的驮队穿过悠远的时空又闪现在世人面前。为了重现历史辉煌，复兴丝绸之路，跳过2000年的日日夜夜，沿途8000公里的城市和国家今天又重新聚在了起点。2005年年底欧亚论坛的盛况还让人记忆犹新，短短时间内两次如此盛大的国际会议都在西安召开，绝对不是一种偶然。如果说2005年的欧亚论坛为西安搭建走向世界的新平台，今日丝绸之路投资论坛的开幕足以让世界侧目。西安以开放的姿态书写着新的乐章，也告诉世人：今天的西安不甘心被“历史文化古城”局限，而是放眼环宇，寻求在更广泛的领域内与国际接轨。其实，这两次国际会议只是西安会展业的两次绝美亮相。在市委、市政府的高度重视下，西安的会展业每年以20%的速度递增，步入了快速的发展阶段，且日趋专业化、市场化、规范化、国际化。

“国际会议选在西安的同时，各种行业或商品展会也让西安和国际接轨越来越密切了。基本上每个展会上都能看到外国商家的身影。”西安会展办公室张处长在接受采访时说，在西安召开的展会中，不是只有国际展会才有国际商家。即使是一个区域性展会或全国性展会，并没有悬挂国际的招牌，一样引得各种外国商品和外国商家纷纷前来。“国际化”概念已经在会展行业内悄悄渗透。对商家而言，到西安参加展会已经不单单是展览商品那么简单，而变成一个国际交流的平台，沟通、交友、找商机三不误。

外国商人纷纷到西安参加有影响力的展会，而西安却主动出击，寻找商机、参与国际竞争。据了解，近几年西安市会展业主动出击的意识非常强，经常组织产品参加国际性会展。同时，更远大的目标是把更多国际性会展引到西安来。凭借着西安美食的优势，2006年三月，由政府官员、餐饮企业、名厨组成的审办团到新西兰申办2010年的世界厨师联合会第34届代表大会。虽然没有成功，却宣传了西安的美食，展示了西安魅力。

现在，会展经济已经成为西安经济的“助推器”，不仅培育新兴的产业群，还带动了服务、交通、旅游、餐饮等相关产业的发展，对西安市国际化建设的发展有巨大的促进作用和带动效应。

——《国际商报》李秋玲

青海省发展会展经济启示录

由于地理和历史的原因，在过去相当长的一段时间里，人们对青海知之甚少。这从一个侧面说明，青海在对外开放宣传方面做得不尽如意。

自国家实施西部大开发以来，青海人的对外开放意识发生了根本性的变化，通过走出去宣传、请进来观看等多种方式、多种途径掀起自己的“盖头”，而其中影响最大、效果最为明显的就是搭建了以“青洽会”（青海结构调整暨投资贸易洽谈会）为龙头的会展经济平台。

据不完全统计，前六届“青洽会”，前来参加的中外客商达2万余人。这些人携带着信息、观念、技术、项目、资金、管理涌入青海高原，不仅有力地促进了青海的餐饮业、旅店业、交通业、旅游业等行业的发展，更重要的是通过这个平台，他们寻找到了与青海合作对接、优势互补、共同发展的途径。随着宏观经济形势的不断变化，随着青海省产业结构的不断调整，随着对自身优势认识的不断清晰，较为突出地表现在柴达木循环经济的开发与合作、青海畜产品的加工与合作、中藏药方面的合作、农产品栽培与出口方面的合作、科技方面的合作等。同时，随着开放程度的不断加大，合作的领域已经从经济方面扩展到教育、体育、卫生、文化等社会事业领域。这些合作项目的成功，“青洽会”起到了重要的平台作用。

应该说，经过近年来的实践，人们越来越多地认识到会展经济的作用。除“青洽会”之外，青海形式多样、各具特色的会展活动如“环湖赛”和郁金香节、贵德梨花节、门源油菜花节、格尔木中国盐湖城文化旅游节等，都不同程度起到了文化体育搭台、经济唱戏，以会为媒、经济联姻的效果。但是，从总体看，青海的会展经济在全国仍处于有待于提高的水平，人们对会展经济的平台作用仍缺乏足够的认识，这一方面需要宣传会展经济的实际效果，来逐步改变人们的传统观念，另一方面也需要各级政府对此项工作认真地研究，整合资源、明确重点，将青海的会展经济推向一个新的层次。只有这样，才能更有力地推动青海经济社会又快又好地向前发展。

——《中国贸易报》刘建民

乌鲁木齐规划会展经济发展前景

乌鲁木齐在中国西部及中亚地区所具备的基础设施、市场基础、地理区域和经济规模等相对优势，使乌鲁木齐成为区域性中心城市，也为乌鲁木齐发展会展经济提供了坚实的基础。所以作为会展业的后起之秀，在西部大开发的热潮下，不少业界人士都认为乌鲁木齐是最具潜力与最适合发展会展经济的城市。

乌鲁木齐市2005年共举办了39个展会，展位数为9128个，同比增长10.71%，展览面积达15.98万平方米，吸引了来自世界各地的138.5万人前来参展参会，其中专业参展客商10万余人，同比增长25%。其中，国外客商达1.7万余人，同比增长了七成多。参观旅游购物的人数达102万人次。仅包括第14届乌洽会，2005丝绸之路国际服装服饰节，第八届西部华凌建博会，第七届美容美体化妆品展览会，新疆第13届、第14届春季、秋季房地产交易展示会，第五届汽车工业博览会在内的7大展会，签约的国内外经贸成交总额达849.6亿元，同比增长21%。

据乌鲁木齐市节庆会展工作领导小组办公室介绍，他们对乌鲁木齐市会展业状况进行调研分析后，已提出争取在5年内，使乌鲁木齐会展业发展成为西部会展中心，实现会展业与相关产业的经济带动比例达到1:5，会展业收入年均增长保持在20%以上，会展贸易额逐步占到全市贸易额50%以上。

调研报告认为，会展业从策划、招商到展出，涉及部门多，是综合性很强的产业，会展业的启动离不开政府的支持、参与和推动，建议政府尽快成立加快会展业发展领导小组，参照上海、厦门等发达城市的做法，将会展业作为发展服务业的重点，制定会展业发展的目标，并出台鼓励政策，营造全社会共同培育会展业的氛围。

谈及政府的扶持，乌鲁木齐市会展管理中心的负责人认为，会展业属于新兴的朝阳产业，而如果纯粹由展览公司来举办，不仅无法请来知名的企业和品牌，也降低了展会的可信度。会展业的长远发展需要企业化运作，而政府的支持并不是依靠政府的行政行为和财政投入办会展。他们建议市政府应引导民营企业家投资会展业，吸纳民间资金，拓宽投融资渠道。

目前作为新疆会展业使用率最高的场地——新疆国际博览中心，展览基本上接近了博览中心的接待极限，不能适应新疆会展业的发展需求。所以“十一五”期间，乌鲁木齐计划建立一座现代化的国际会展中心。为今后会展经济的发展创造良好的硬件环境。而针对规范会展业的问题，调研报告认为，应该成立会展管理机构，制定《会展业管理办法》，对全市的会展从举办时间、地点、内容、主办单位等方面严格审批，制止雷同会展，实行会展准入机制，从企业资质、商品质量等方面严格管理参展企业。

目前，乌鲁木齐地区有7个专业展览公司、8个展览策划公司、123个小型综合服务公司，由于这些企业规模小影响力弱、资金不足，其中大部分企业将经营主业放在商品销售、承接广告、市场推广等项目上，有95%以上的企业未举办过展览或与展览有关的经营活动，尤其缺乏一批熟悉会展业务的高素质人才。为此调研报告建议按国家有关规定，行业主管部门可制定《会展服务技术等级标准》，引导鼓励会展从业人员参加大中院校深造学习、培训，提高专业化知识水平。条件成熟的企业还可引进国外具有国际化专业技能水平的会展专门人才。

——《国际商报》韩沁言

周启良谈香港会展业繁荣之源

香港是一个会展业发达的城市。在这个弹丸之地上一年就有70个成功的展会。在香港会展业中，香港贸发局发挥着重要作用。但香港贸发局并不承担政府职能，也不是宏观调控机构，它主要通过为参展商提供一系列高质量的服务来发挥作用。

香港贸发局的职能是什么？香港会展业通过什么机制得到有序发展？内地会展业从中能够学到什么？对此，本刊记者专访了香港贸发局助理总裁周启良先生。

贸发局职能是服务

记者：*贸发局有没有政府职能？*

周启良：没有。

记者：*那贸发局具体做什么工作？*

周启良：贸发局是一个拓展贸易的机构。过去30多年，贸发局拓展香港的有形贸易。但是从1994年开始贸发局还承担了一个功能，即拓展香港服务业。展览业是服务业中的一环，所以贸发局有责任推动香港作为展览中心的地位，把香港的展览事业办得生机勃勃。但是贸发局没有审批权，香港的私营展览业贸发局基本不发挥什么作用。因为它们是市场行为、自负盈亏。

贸发局有个很受欢迎的网站叫贸发网。贸发局利用这个平台来推广香港的其他展览。不仅贸发局的展览，香港其他私人的展览贸发局也一并推广，包括一些海外机构办的展览贸发局也提供周到服务。

记者：作为一个公司，要到香港办一个展览，需要与贸发局联系吗?

周启良：不需要找贸发局，租个场地就可以办展了。当然你要和贸发局合资办展，贸发局也可以考虑。如果是个人独立办展，可以不找任何政府机构，只要找到场地就可以了。

记者：那贸发局能为参展商做些什么呢?

周启良：可以给参展商详细介绍香港会展业的情况和一些基本的常识。如果你不了解香港的优势，贸发局可以把香港的优势讲给你听。

政府不调控

记者：香港现在一年有多少个展会?

周启良：70个。

记者：70个当中有重复的吗? 周启良：有。隔上一段时间会重复，但题目不会完全重复，可能内容会有一些重复。

记者：这样参展商就会有选择了?

周启良：是的，给他们自己选。哪一个办得比较好，就选哪一个。时间越接近，竞争就越激烈。

记者：香港的展览业政府不管，那是怎样调控的?

周启良：竞争是需要的，但是题目太重复的话，谁都不能长大，谁也赚不了钱。香港是没有专门的机制来调控，因为香港的展览馆比较少，所以就靠管理公司自己调控了。他想挣钱就不会一个礼拜后将展馆租给同一个展会，这就杜绝了短时间内重复办展。

记者：你对内地做法有什么建议?

周启良：我认为，内地每个城市都需要有机制。一是政府制定规划；二是行业自律要制定出一种机制来，就是同类的展览不能太多，在时间方面要有点差距。前后要相距二三个月，如果是前后相距一两个礼拜的话，一定会有问题的。

展览是长期投资行为

记者：香港贸发局一年有18个展会，资金从哪里来?

周启良：贸发局的资金来源，25%来源于进出口的报关费用。香港没有报关税，但是香港政府还是通过海关收取0.025%的报关的手续费用。费用收了之后就转发给贸发局，一年大约有4亿港元左右，这只是贸发局25%的收入来源。其他诸如办活动、办展和海外推广也会有一些收入。贸发局所有的费用，取之于办展，也用之于办展，取之于贸易，用之于贸易，绝对不能进个人口袋。

记者：那么这里面有没有利润提成?

周启良：没有。

记者：贸发局办展有没有亏损的现象?

周启良：坦白说，所有的展览都是一个很大的投资，所有的展览，尤其是在投资的前三四年以内都可能有亏损。可以这样说，头两年打平的机会很低。这不能说是亏损，这是投资。如果说头一年办展就能赚钱的话，这是不正常的。展览事业一定是一个长期的投资。贸发局办的展览有的办了20年，甚至30年。这些展览1、2年内想收回成本是不可能的。但这不是亏损，而是一种投资行为，如果长期亏损的话那也是不合理的。

记者：假如一个小公司亏不起的话该怎样去寻找出路?

周启良：其实不仅是展览事业，任何生意都一样，如果题目不错，而且资料库建得也很好，只是缺资金的话，可以和一些大型的国际投资机构谈一谈，看人家愿意不愿意把那个展览买下来，自己只是参股。当然题目和资料库发展得不怎么样的话，国际公司也不一定会买。这就要取决于展会的概念及过去二三年当中基础工作做得好不好。如果基础不错，我看肯定会有很多买家愿意买。所以，不能说肯定买和不买。

价格要适中

记者：贸发局办展的价格高吗?

周启良：坦白说，好的展会价格不会便宜。价格就是门槛，如果价格高的话，太差的公司根本参不了展。如果参展公司的东西很差，是不会有买家的。所以，在自由经济下，不需要调控得太厉害，你只需要制定一个标准的价格即可。有些价格太便宜，谁都能参展，这不能说就是好的。但不能说100元的杯子是好东西，一个10元的杯子就是差东西。也许那个10元钱的杯子比100元钱的杯子更好，因为它会有更多买家。俗话说，物有所值就是好东西。

记者：香港贸发局的一个展位是多少?

周启良：3000多美元。

记者：你对内地展会价格有什么建议?

周启良：内地门槛是多少，要以内地的标准来定。这要靠业界调查，定价都是很专门的学问。需要通过很多市场调研。展会价格既不能太低，也不能太高。太高，你的参展商不够。太低，太差的展商你都招来了也是不行的。

——《国际商报》风 焰

澳门会展厚积待薄发

在近两年来国内的会展论坛、培训等活动上，多次见到澳门的会展人士，他们在现场都非常活跃，总是积极主动地和内地的会展人士和媒体记者换名片、深入交谈。让人深切感受到了，澳门回归祖国后，澳门会展人融入祖国大陆的迫切心情。

认识澳门展贸协会林中贤会长也是不久前在北京举行的中国会展经济论坛上，尽管论坛时间排得很紧，林会长要见的业界人士也很多，可是他还抽出时间接受了记者的采访。“澳门是个令人向往的地方，现在我们要让更多的人了解，澳门的会展业有巨大的潜力。”林会长的这一番粤语普通话的“开场白”，更让记者增强了通过这位年轻的会长了解澳门会展业的信心。

记 者：*和澳门这个特殊城市在国内较高的知名度比起来，澳门的会展业还不被更多的业界人士所了解，所以首先需要您对澳门会展业做一个全面的介绍。*

林中贤：澳门的会展业现在还在起步和准备阶段，但是无论是特区政府还是业内相关人士，都认识到了会展业对澳门经济发展的重要意义。

因为澳门的会展是刚刚起步，再加上受总面积不到2万平方米的场馆所限，很成熟的会展活动也不是很多。

回归祖国后，澳门无论是政府有关部门还是业界一直都在积极地寻找着会展发展的方向，不断地创造发展的条件。特别是近几年，业界自觉担当发展会展业的重要角色，希望通过系列的活动，促进会展业的健康发展。

在特区政府和相关企业的努力下，近两年澳门的会展活动已有了相当的规模和档次。刚刚通过UFI认证的澳门国际贸易投资展览会（MIF）已成功举办了10届。而参加2005年第10届MIF的参展商普遍认为，比起前9届，MIF的专业观众增加了，贸易和投资功能也更加突出了。

中葡论坛是由中国商务部发起并主办的，2003年在澳门举办。论坛以构建中国与葡语系国家经贸合作框架、推动中国与葡语国家区域共同发展为主题。2007年第二届中葡论坛还将在澳门举办，澳门作为中国与葡语国家之间的经贸平台作用也日渐显现。

2005年澳门还承办了“第四届东亚运动会”和“第54届太平洋亚洲旅游协会(PATA)峰会”等多个国际性体育活动和会议。

目前，澳门特区政府也确立了澳门以博彩业为龙头，旅游和会展等服务业为龙身的发展规划。澳门特首何厚铧在《2006年财政年度施政报告》中指出：“充分发挥和强化初步凝聚的会展优势，借助澳门国际贸易投资展览会成为全球展览业协会认证会员的品牌效应，启动会展及奖励旅游专门研究机构的运作，与业界紧密配合，举办重效益、具特色、专业化、高质素的会展活动，积极吸引更多国际买家和合作伙伴参与。”

记 者：*您认为从地理位置和城市功能来看，澳门发展会展业有哪些独特的优势和潜力？*

林中贤：澳门是一个远交近融的国际都市。随着近年来快速发展的经济形势，特别是引进两个美资赌牌以及东亚运动会在澳门的举办等等重大项目或重大活动，使澳门的名声鹊起，引起国内外的瞩目，加速了澳门经济发展的步伐。

澳门的交通非常便利，辐射面大。2小时航程内的经济圈可以辐射15亿人口，5个小时的航程内有30亿人口。澳门具有“一国两制”的制度优势；低成本的自由港优势；简单低税率优势；国际贸易联系较广泛的优势；中葡经贸交流与合作的平台优势；中西交融的特色的文化优势；得天独厚的区位优势和与七个葡语国家投资环境的平台优势。

葡语国家市场潜力很大，拥有丰富的自然资源，有超过2.2亿人口消费市场。而中国则具备了相当的经济实力，许多商品、管理经验和生产技术较适合发展中国家的需要。中国与葡语系国家双边贸易增长迅速，据数据显示2003年总额达110亿美元，至年底，中国在葡语国家共签订承包工程合同金额8亿多美元，在葡语国家设立企业93个，金额1.54亿美元。目前双边在各个经济领域开展合作的总体情况继续保持着良好的发展势头。

澳门虽然不同于中国内地，没有产业和零售市场，但是有区位和港口优势，也正在把博彩业与会展通盘考虑。中国比一些葡语国家发达，可以把一些先进的设备生产和流水线卖到这些国家去，而澳门作为中国内地和葡语系国家的桥梁，可以通过会展活动提供中国与葡语系国家的贸易平台。

当然，更重要的是，中央政府还给澳门很多宽松的政策，使澳门加快与内地的紧密经贸交往。

所以内地一些会展业权威人士也认为：澳门城市的优越性，为会展业的发展创造了一定的条件，澳门会展业可以成为未来多元化产业。

记 者：*澳门会展业想要有更大、更快的发展，目前还需要解决哪些方面的问题？*

林中贤：现在看来，澳门要成为会展旅游中心，最需要解决的问题是展览场馆及人才问题。

2007年，由美国拉斯维加斯金沙集团股份有限公司投资兴建的近10万平方米会展中心将在澳门落成，届时澳门的会议展览业将迎来一个划时代的转变。

有了新展馆，再加上“一国两制”和自由港的特殊优势，相信澳门的会展业会快速发展起来。因为大陆的很多人都向往澳门，希望来澳门参加会展活动、旅游。澳门与珠海间的距离非常近，对解决参展商和观众的交通、住宿、参展成本问题都有优势。而与珠三角日渐紧密的区域合作，更能为澳门争取到更多的会展机会。

为了迎接澳门会展业的快速发展时期的到来，我们协会近几年来的主要精力都放在专业人员培训和树立会展服务品牌上，因为有了机遇还需要有人才有能力抓住才可以。

记 者：*您所在的澳门展贸协会目前有多少会员？主要职能是什么？*

林中贤：澳门展贸协会是非盈利机构组织，自2001年初成立以来，协会一直致力推动澳门会议展览及相关行业的发展。

现在澳门展贸协会共有50多个会员及附属会员。会员来自会展、广告、教育、零售、金融、酒店、餐饮、多媒体制作、资讯科技等会展相关服务行业，附属会员为旅游会展相关学系学生。

澳门展贸协会的宗旨是致力推动澳门会议展览业发展，为业界争取权益；与国内外会议展览业沟通信息，交流会展经验。组织及协助在澳门筹办相关国际会议展览，规范展览秩序、优化展览环境、提高会议展览质量和效益；协助办展单位制定会议展览各项工作及范畴，服务范围包括：1、参展商手册 2、展览须知 3、会议展览规则建议；举办会议展览相关培训课程、讲座等活动，提高行业服务水平，促进澳门会展业健康发展。

澳门展贸协会成立以来得到了澳门特别行政区政府相关部门、工商社团、国内外会展相关协会的支持及指导，先后完成了多项会务工作。

记 者：*人才培训是展贸协会目前的中心工作吗?*

林中贤：是的。我们现在正在对会展人才进行培训。澳门展贸协会从2002年开始，就有步骤地参与内地及国外会展机构的联系工作，逐步打开与外界，特别是内地业界的联系。从2003年开始，我们与高等学校合作开展培训工作。

对澳门来说，随着新会展中心建设步伐的加快，会展人才培训也成了当务之急。由政府主导，澳门大学、科技大学、理工学院和旅游学院共同承担培训工作，在短时间内尽快解决人才缺乏的问题。这些问题解决了，澳门展贸平台的发展就有了根本的基础。2005年9月，我们协会与澳门科技大学合办的第一期“会展大使”计划已完成，53名优秀学员毕业，成为澳门第一批“会展大使”。

当然，会展是一个系统工程，是一个社会行为，涉及多个层面和很多政府部门。工作一环扣一环，需要相互配合，互相支持，缺一不可。可是这一切，都是由人来实施的，所以归根到底还是人才问题。

记 者：*如果为澳门会展业的发展阶段进行归纳和展望，您认为目前处于什么阶段，未来几年内将发展到什么阶段?*

林中贤：相信在2006年，澳门会展将有一个清晰的格局。不过现在仍是起步、准备阶段。2007年展馆建成后，到了2008～2010年是会展的发展阶段，预计会展业的直接收入可达8个亿。相信到了2011年和2012年期间，将是澳门会展业的飞速发展阶段。

——北美洲展览企业集团

第四章　重点展会介绍

第一部分　国内重点展会精选

北京

1. 第六届中国国际供热空调、卫生洁具及城建设备与技术展览会
2. 2006年国际医疗仪器设备展览会
3. 第八届中国国际花卉园艺展览会
4. 第十届中国国际冶金工业展览会
5. 第八届中国国际铸造、锻压及工业炉展览会
6. 2006年中国水博览会
7. 第5届中国国际国防电子展览会
8. 第六届中国国际采暖、供热、空调、通风产品与技术展览会
9. 中国国际食品加工和包装机械展览会
10. 第17届中国国际玻璃工业技术展览会
11. 第10届国际建筑建材贸易博览会
12. 第13届中国国际石材产品及技术装备展览会
13. 第17届国际制冷、空调、供暖、通风及食品冷冻加工展览会
14. 第10届中国国际机床展览会
15. 第7届北京国际印刷技术展览会
16. 中国国际农牧业及食品工业展览会
17. 第15届中国国际专业音响、灯光、乐器及技术展览会
18. 北京国际图书博览会
19. 第9届中国北京国际科技产业博览会
20. 第13届国际广告新媒体、新技术、新设备、新材料展示交易会
21. 第14届中国国际纸浆造纸暨林业展览会及会议
22. 2006中国国际模型博览会
23. 2006中国国际珠宝展
24. 2006中国（北京）国际门窗幕墙博览会
25. 第9届中国北京国际家具及木工机械展览会
26. 第11届北京——埃森焊接与切割展览会
27. 第10届北京国际食品加工和包装机械展览会
28. 第14届中国国际服装服饰博览会
29. 第12届中国国际纺织面料及辅料（春夏）博览会
30. 2006年中国国际通信设备技术展览会
31. 2006FA/PA第10届国际现代工厂/过程自动化技术与装备展
32. 第18届中国国际体育用品博览会

上海

1. 第15届中国国际医疗设备及技术展览会
2. 第14届中国国际建筑装饰展览会
3. 第16届中国国际电子生产设备暨微电子工业展览会
4. 第5届中国国际电子元器件、组件、光电技术博览会
5. 第11届中国国际船艇及技术设备展览会
6. 中国国际食品和饮料展览会
7. 第6届上海国际建筑设计与城市规划展览会
8. 2006亚洲国际信息及通信技术展览会
9. 2006年中国国际金属加工工业展览会
10. 2006年中国国际质量控制与测试工业设备展览会
11. 中国国际工程机械、建材机械、工程车辆及设备博览会
12. 第15届上海国际酒店用品博览会
13. 第12届上海国际纺织工业展览会
14. 第12届中国国际家具展览会
15. 2006年上海国际专业灯光音响设备和技术展览会
16. 2006中国国际缝制设备展览会
17. 2006国际燃气技术和设备展览会
18. 第12届上海国际服装博览会
19. 第12届中国国际家用纺织品及辅料博览会
20. 第12届中国国际纺织面料及辅料（秋冬）博览会
21. 第10届中国国际食品添加剂和配料展览会
22. 第11届中国国际医药展览会暨技术交流会
23. 第12届上海国际汽车工业展览会
24. 第10届中国国际生物技术、分析仪器、制药机械展览会
25. 第12届中国（上海）零售业展览会
26. 第8届中国国际地面材料及铺装技术展览会
27. 第14届上海国际音响影视展览会
28. 2006第10届中国国际美容化妆洗涤用品博览会
29. 第17届中国国际体育用品博览会
30. 2006中国国际五金展/应用天地亚洲展
31. 第14届中国国际工业装备展览会
32. 2006年第13届国际自动识别技术展览会
33. 2006年亚洲国际物流技术与运输系统展览会
34. 2006年亚洲国际动力传动与控制技术展览会
35. 第8届中国国际房地产与建筑科技展览会

天津

2006太平洋电信组织（年中）会议及展览会/第11届中国（天津）国际信息技术博览会

沈阳

1. 中国东北第7届国际环保给排水、水处理技术设备及泵、阀、管道展览会
2. 中国东北第9届国际五金工具展览会

3．东北第8届国际动力传动与控制技术展览会

大连

1．2006年第8届大连国际自动化、仪器仪表展览会
2．第7届大连国际美容美发化妆品洗涤用品博览会
3．2006年中国国际环境保护博览会
4．第11届中国国际家具（出口）及木工机械展览会
5．大连国际钟表眼镜展览会
6．第11届大连国际汽车工业展览会
7．第5届中国大连国际海事展览会
8．第18届大连国际服装节博览会暨中国服装出口洽谈会
9. 2005国际太阳能及新能源、再生能源（大连）展览会
10. 中国（大连）国际制冷、空调、供暖、通风设备及技术展览会
11．第10届大连国际信息技术暨通信产品展览会

青岛

1．中国国际消费电子博览会
2．第6届中国国际工业装备（青岛）展览会
3．2006年第8届山东医疗器械（青岛）展览会
4．2006年第7届青岛国际纺织、印染及针织工业展览会
5．2006年第7届青岛国际缝制设备及面辅料展览会

烟台

第8届国际果蔬食品博览会

宁波

第10届中国国际男装展/宁波国际服装博览会

温州

第11届中国（温州）国际皮革展

武汉

1．第22届湖北（武汉）国际先进医疗仪器设备展览会
2．第9届湖北国际纺织制衣机械及面辅料展览会

晋江

第7届中国（晋江）国际鞋业博览会

石狮

第9届海峡两岸纺织服装博览会暨2006休闲服装博览会

厦门

第10届海峡两岸机械电子商品交易会暨厦门对台出口商品交易会（台交会）

广州

1. 第13届中国国际包装工业展览会
2. 第6届中国（广州）国际缝制设备展览会
3. 第6届中国（广州）国际纺织机械及印染设备展览会
4. 第6届中国（广州）国际纱线及纤维展览会
5. 第6届中国国际纺织染料及印染助剂（广州）展览会
6. 2006年广州国际旅游展销会
7. 第七届中国（广州）国际给排水、水处理技术与设备展览会
8. 第11届华南国际口腔医疗器材展览会及技术研讨会
9. 第16届广州国际鞋类、皮革及工业设备展览会
10. 华南国际运输与物流展览会
11. 中国国际涂料、油墨及粘合剂展览会
12. 第10届中国国际啤酒、饮料及酿酒工业展览会
13. 第13届华南地区国际印前设备及印刷工业展览会
14. 第20届中国国际陶瓷工业展览会
15. 2006第十届广州国际广告展
16. 中国出口商品交易会
17. 2006中国国际广播与电视与通信网络设备展览会
18. 第12届中国国际复合材料工业技术展览会

深圳

1．第12届华南国际电子生产设备暨微电子工业展览会
2．第七届中国（深圳）国际机械及模具、塑胶工业展览会
3．第14届深圳国际礼品、工艺品、钟表及家庭用品展览会
4．第10届深圳国际汽车展览会

汕头

1．第8届中国澄海国际玩具工艺品博览会
2．第8届中国汕头国际食品博览会

东莞

国际名家具（东莞）展览会

成都

1．第7届中国西部国际博览会
2. 中国西部国际旅游交易会
3. 中国西部国际文化产业营销展览会
4. 中国西部国际体育用品博览会
5. 中国西部国际包装印刷机械与技术展览会
6. 中国西部国际特许经营及连锁加盟展览会
7. 中国国际名酒博览会

昆明

1. 中国昆明进出口商品交易会
2. 中国国际旅游交易会

注：做此精选，旨在推动展览会的品牌化，选择展会的条件参照《展览会等级的划分及评定》中A级展会的主要标准：

展出面积：5000m² 以上；

参展外商比例：20% 以上；

连续举办届数：5届以上（截止到2006年）；

展会数据参照中国贸促会编辑的《2006中国展览会与博览会》及经济日报出版社出版的《2006—2007中国及海外会展概览》，有些展会是在不同地区轮流办，选择时按2005年举办地选编。

第二部分　境内重点展会介绍

2005年中国零售业博览会

2005年9月6～10日，第12届亚太零售商大会暨展会在北京中国国际展览中心举办。

在中国经济持续高速增长的背景下，充满生机和发展潜力的中国零售市场也引起世界各国零售商的格外关注。作为在亚太地区零售业界最具权威性和影响力的亚太零售商大会，此番选择在北京举办，显示了亚太地区对中国这个世界上增长最快的消费者市场所蕴涵的商业机会的看重。

据介绍，由中国商业联合会承办的此次零售业的群英会，聚集了来自中国、日本、韩国等亚洲国家以及澳大利乃至欧洲各国的各业态的零售商，是迄今为止面向中国零售业界的最具国际性、前瞻性、专业性和开放性的交流互动平台和行业盛会。

有关人士表示，举办如此高规格的国际会议，对提高中国零售企业的国际竞争力，学习与借鉴国际零售业的先进经验，缩短与发达国家零售业的发展差距，加快实现与国际接轨，是一次不可多得的良机。

据了解，本届零售业博览会展览总面积达3.5万平方米，展位1600个，以特装形式展出的展位比例达到67%。博览会专业观众覆盖亚太及欧美地区，来自20多个国家和地区商界代表及企业负责人达1500人，国内零售商、供货商代表共2500人，堪称我国零售业对外开放13年来规模空前的一次大阅兵。

中国商业联合会有关人士介绍，本届展览会涵盖了诸多领域，展出的形式也丰富多样。有名列前茅的大型零售企业集团的形象展示，有境外在华投资的著名企业形象展示，还有零售业商业设备及服务供应商技术与产品项目展示。尤其与众不同的是，在本届展会上，我国零售业发展较快的省市，如北京、上海、大连、山东等，以整体形象亮相于展会，各省市集中展示其零售业的业态构成、商业布局和发展环境，力求全面反映本地零售业的发展水平和发展趋势，以求得中外零售企业的青睐。

此次展览会国内零售业连锁30强的企业几乎悉数到场：上海百联、大连大商、国美、苏宁、北京华联、王府井、苏果、西单友谊、燕莎、重庆商社、武汉中百、三联商社、华润万家、铜锣百货湾、大连万达等，都在显著位置设立了展位，并且占据了较大的展览面积，用标新立异的形象设计来展示企业取得的成就，以求吸引专业人士和普通观众的眼球。而外资大鳄如乐购、美国JDA、百安居、富士通、IBM等，也纷纷一改往日的低调，以崭新的面貌亮相本届展会。这也表明，在我国零售业全面开放后，外资企业不再采取回避和躲闪的低调策略，而是正面参与到与本土企业的同场竞技中来。

在本届展览会上，变革与合作的主题得到了充分的体现。不仅是零售企业积极参与展出，许多为零售业提供新技术的企业也带来了他们最新的成果。IBM在本届展会上推出了充分显示零售业新技术的“下一代商店”，其中的电子便利站、个人购物助手、自助结账系统、复杂商品销售导向和查询系统等，都是首次呈现在中国观众面前，吸引了大批的零售企业人士和观众驻足，也让人们看到了建立在信息化基础上的未来商店的雏形。此外，零售业设备及技术展、商业物流现代化展、商业地产与店铺合作项目展、连锁超市展、零售业形象设计方案展、零售业电子商务展等一系列展出，对促进零售业的技术创新，提升零售企业的竞争力，都有着现实的推动作用。

“现代零售业不再是传统意义上劳动力密集型的行业，它还兼具资本密集型和技术密集型行业的特性。”对于在本届展会上众多零售业新技术的展现，中国商业联合会副会长张庶平表示，“光有资本合作不够，有关零售技术、系统管理、流程设计等方面的合作同样重要。第12届亚太零售商大会暨展会不仅是为海内外资本的相遇与购并搭建桥梁，也是为行业的、专业的资源融合与交流创造平台。”

与此同时，中国商业联合会专家工作委员会公布了“2005～2006年中国商业十大热点。”

2005年预测的未来中国商业十大热点为：

1. 中外零售企业均加快扩张步伐，竞争与合作将出现大的变局。

2. 零售业态将进入新的调整及创新阶段。

3. 中国流通体制改革全面开展，国内市场的一体化与内外贸的融合同时发力。

4. 政府深化农村经济及商业建设的改革，农村消费市场将进一步扩大及完善。

5. 消费结构升级，开创新的消费时代。

6. 供应链管理的应用及物流环境的提升将更受重视。

7.批发业改革继续深化，专业市场进入升级换代期。

8. 消费者维权意识加强，产品和服务的素质及安全控制将成为业界改进管理的重点。

9.商业信用体系逐步建立，诚信兴商将成为商业领域的发展重点。

10. 品牌塑造将成为商业领域重点，自有品牌亦将进入高速发展期。

相关链接：

“零售商大会”暨“零博会”每两年在成员国举办一次，

经过16年的发展，成立于1989年的亚太零售商协会联盟拥有以下成员：中国、日本、韩国、澳大利亚、新西兰、印度尼西亚、马来西亚、新加坡、菲律宾、泰国、印度、蒙古、土耳其、斐济、文莱、中国香港和台湾等17个国家和地区，是目前亚太地区零售界最具权威性、最具影响力的国际零售商组织。该组织通过举办大会，向各国各地区零售商提供交流经验、沟通信息、探讨零售业发展趋势、搭建和促进地区间、企业间的贸易合作平台。

——《国际商报》

2005中国食品博览会

由国家商务部、浙江省人民政府主办，国家科技部、农业部、食品药品监督管理局支持，宁波市人民政府、中国商业联合会、中国轻工业联合会、省经贸委联合承办，宁波市贸易局执行承办的2005中国食品博览会(以下简称食博会)，于2005年9月21～23日在宁波举办。本届食博会目标定位于全面展示国内食品及相关产业发展水平，促进企业间的交流与合作，推动我国食品产业发展水平和食品安全水平的全面提升。食博会以“营造放心满意消费环境、推动食品安全与科学发展，搭建食品流通平台”为主题，以新理念推动新开放，以新姿态展示新风采，以新举措开创新局面，权威性、开放性、创造性和实效性进一步增强，是历届食博会中规模最大、档次最高、实效最大的一次食品商贸盛会。

海内外客商对本届食博会高度关注。全国有16个省市组团参展。尤其是中西部省份集中踊跃参展是历届食博会所少见的。浙江省内11个市全部组团参展。据统计，共有4.62万名参展商和各地客商参会。

亮点纷呈，打造一流精品展会。本届食博会以打造“中国一流食品展会”为目标，集展览展示、高层论坛、产销对接、经贸洽谈、文艺表演于一体，群英荟萃，精品迭出，亮点纷呈。充分反映了当前国内外食品行业的生产制造水平、科技创新水平，市场发育与流通水平以及质量监管水平。特别是在突出展会的权威性、代表性、实效性和首次推出“准入制”等方面作了积极有益的探索。突出表现在：办会规模有新拓展。展位首次达到创纪录的2060个，是上届展会的3倍多，展馆面积5万平方米，共设六大展馆。参展企业有新扩展，达到1400多家，其中省外企业、著名跨国集团和国内著名企业800多家；尤其是浙江、宁波有百家餐饮企业、50家农业龙头企业、500家商贸企业参与联动，成为一大亮点。参展品种有新突破，本次展会共有食品工业原料、国际名品、水产及肉制品、乳品饮料调味品、名特优农产品等共11个大类，品种达万个。这些均创下了我国当前食品博览会之最。本届食博会首次推出了参展食品的准入制，严格按国家标准把关，对所有涉及的生产企业，商家等产品供应链上的所有单位进行严格审核，并签订质量承诺书。确保质量优、信誉好、品牌知名度高的食品企业参展，这不仅有利于参展企业和参展食品树立良好形象，也为群众选择更多的放心安全食品提供了更直观、更形象、更全面的服务。

商潮涌动，名企名品对接踊跃。本届食博会的食品洽谈活动在内容和形式上都有较大的创新。商贸洽谈首次采取产销对接、对口洽谈等更直接、更便捷、更有效的合作形式。一是由浙江100家国内外大型商业集团、生产企业(其中有70家企业年销售额达到1亿元以上)参加的食品采购对口洽谈，通过与国内外大型零售企业采购集团产销对接，扩大国际连锁业巨头和国内企业供应商与采购商之间的份额，仅家乐福这次就增加了对中国食品的采购份额7.38亿元。二是宁波50家农业龙头企业与30家买家的对接洽谈活动，为宁波特色优质农产品更快更好地走向市场提供了平台。三是宁波百家餐饮企业与全国食品供销的对接交流。由名厨名师现场交流，获取供应商信息，参与食品交易，提升餐馆业档次。四是国内名牌企业产销见面，现场洽谈。著名的红塔山集团、黄果树集团、汇通集团、大红鹰、王朝、河套集团等大型食品企业，娃哈哈、农夫山泉、青啤等著名品牌均亮相食博会。据不完全统计，本次食博会成交额达到42.1亿元。

理念创新，高层论坛求真务实。本次食博会高层论坛以“食品安全与发展”为主题，围绕食品安全这一举国关注的核心课题，与会领导、专家、学者分别就如何加强各方面的交流合作，学习借鉴发达国家和先进地区的成功经验，以科学发展观为指导，深入探讨食品安全与发展方略，促进食品产业发展水平和食品安全水平的全面提升等方面，以创新的理念，前瞻性的思路，建设性的对策，进行专题演讲和研讨。国家食品药品监督管理局副局长惠鲁生提出“以改革的态度解决食品安全问题”的观点；国家食物与营养咨询委员会常务副主任、博士生导师梅方权提出应让“食品安全成为国家发展的核心政策目标”的观点；国务院突出贡献专家、著名食品工业与生物工程专家孙 颍 提出的“食品企业提高竞争能力最重要”的论点；河南省漯河市委副书记彭德胜介绍了“依靠食品安全信用体系打造品名城”经验；浙江海通食品集团余姚有限公司总经理、高级经济师罗镇江提出“以产品质量突破‘绿色壁垒’”的意见；北京中科前方生物技术研究所所长、研究员蒋佃水提出“依靠高新技术做好农副产品精深加工”的建议，受到了与会人士的共鸣和欢迎。这些真知灼见为从事食品产业的相关人员了解国家政策及食品理论研究新动向，掌握国家高端管理层决策，获取市场动态最新信息，应对面临的机遇与挑战等方面，提供了一次很好的学习与交流的机会。高层论坛座无虚席，与会听众达400余人，论坛采用开放式和对话形式，互动性强，气氛活跃，取得了令人满意的预期效果。凸现出高层论坛的示范效应。

以人为本，服务群众提升人气。创新办展理念，突出以人为本，在吸引群众中广泛参与，在服务群众中提升人气，既保持了高规格的办展水准，也赢得了群众的认知度，国家级精品展会与最基层的群众互动办会，本身就是个创举，也为本届食博会增添了勃勃生机。食博会的许多活动安排，都顺从民意，围绕群众的需求而定，小中见大，细中见微。本次展会上，一些深受群众欢迎的具有高附加值、无公害或绿色的特色农产品，也摆进了大雅之堂，别具特色的展位风格，“四明茶韵”、“都市时鲜”、“田园牧歌”等为群众喜闻乐见的活动，受到了欢迎。现场为群众展示特色禽产品拼盘技艺、万名客商品尝宁波奶、茶道茶艺表演、望海茶之夜文艺晚会等一系列丰富多彩的活动，既揭示了食品文化的丰富内涵，繁荣了食品文化，也凝聚了人气，营造了商机，使食博会成为当地群众喜闻乐见深受欢迎的会展。据统计，尽管展会短短三天时间，但观展和参与人数已达到15.6万多人次。日均达到4.2万人次，这在食博会的历史上也是少见的。

与此同时，食博会还举行了食品行业新技术新装备的演示和推广活动，全国有近百家食品机械企业参与，集中反映了当代食品科技的领先水平，为推动食品生产企业科技进步，提高食品质量，确保消费安全，扩大食品内需和出口，注入了科技动力。

——食博会组委会

第二届中国威海国际人居节

第二届中国威海国际人居节于2005年9月16～20日举办，期间举办的论坛展会精彩纷呈，经贸洽谈硕果累累，截至18日，仅国内合作项目就达成13个，投资总额20亿元，其中合同9项，合同总额15.8亿元。另有10多个项目正在洽谈之中。

本届人居节融国际性、专业性、参与性、娱乐性和市场化、品牌化、特色化、层次化为一体，充分体现了鲜明的人居文化理念和交流合作发展的主旨，博得了中外嘉宾的高度评价和广大市民的交口称赞。

本届人居节活动项目多，创下威海节庆之最。“人居·旅游·合作”的节庆主题和“打造品牌、扩大影响、广泛交流、促进发展”的办节宗旨，吸引了3600多名中外嘉宾和参展客商。其中的191名外宾，分别来自日本、韩国、美国、加拿大、法国等11个国家。节庆期间，共推出活动项目23项，在一个节庆活动中举办如此多的项目，在威海市前所未有。

主题活动层次高，是本届人居节另一鲜明特点。第二届中国威海国际建筑设计大奖赛参赛人数之众、评委层次之高、展出作品之多，开威海市各种赛事之先河。中外著名建筑师创作论坛、城市规划·旅游发展国际论坛专家荟萃、大师云集，堪称思想盛宴。国际新型节能建筑装饰材料博览会、住宅博览会引领科学居家生活新时尚，有力地提升了人居节的层次和品牌。

本届人居节为中外来宾和广大市民推出了隆重热烈、内涵丰富、特点鲜明、雅俗共赏的人居文化大餐。“雅”的方面体现在五项主题活动，从理论研讨，到规划设计，到建筑材料，到精品楼盘，构建起完整的人居文化体系。“俗”的方面体现在“少官多民、少讲多动、上下联动、政企互动”的运作思路，进一步挖掘文化内涵，丰富文化理念，提高了人居节的影响力、吸引力和亲和力。

创新性强成为本届人居节的又一特色。一是首次设计采用简洁而富有特色的开幕式程序。为体现开幕、开馆、开展一体化，设计了开合式主背景板。现场设计了15支4500人的方队，既有石岛大鼓等表演，又有威海获得国家级和省级驰名商标企业的广告展示。二是首次将建筑设计大奖赛颁奖仪式与文艺晚会结合起来，使之成为威海有史以来档次最高、内涵丰富的文艺晚会。三是首次采用彰显国际性的视觉识别语言。根据威海环境特色和人文特色，选定蓝色、绿色和橘黄色三种颜色作为主色调，使整个人居节既个性鲜明又连贯呼应，充分体现出国际性和特色化。四是首次征集采用了吉祥物。共向全国征集作品36份，最终确定卡通造型白天鹅——翔翔作为吉祥物。五是设计制作了由人居节标识及主色调、主图案等元素组成的人居文化衫，体现了威海、人居旅游的特色，更能烘托出浓郁的节日氛围。

本届人居节以市场化运作为主线，有力促进了经济发展。筹备过程中，组委会坚持市场化办节理念，大到各种展会、文艺晚会，小到手提袋、信封、人居文化衫等，都成为市场化运作的载体，并通过公开招标竞价选择合作伙伴，为人居节筹措了大量资金。按照“节庆搭台、经贸唱戏、政府创造环境、企业获得收益”的宗旨，本届人居节还举办了经济合作恳谈会、外商仲秋恳谈会、政府顾问暨中外市长座谈会等经贸洽谈活动，聚人气、聚财气、聚智慧，加强了交流、促进了合作。

本届人居节的成功举办，受到了中外嘉宾的高度评价。联合国人居署信息中心主任简·尼雅凯鲁称赞说，本届人居节，有力推动了国际人居环境事业可持续发展计划的进程，不仅使威海获得巨大收益，而且对整个中国也会产生深远影响。人居节期间举办的系列高层次论坛，将会给亚洲乃至世界的人居环境事业带来积极影响。山东省副省长赵克志对威海国际建设设计大奖赛给予充分肯定，他希望我市将设计大奖赛打造成世界青年设计师的摇篮，将威海打造成世界建筑设计界的“戛纳”。国际建筑设计大师、英国皇家建筑学会荣誉会员艾里克森，美国规划师协会前会长萨姆·卡塞拉，中国建筑学会理事长宋春华等嘉宾均表示，此次盛会举办得非常成功，非常完美，充分展示了威海人居城市的魅力，相信人居威海的明天会更美好。

——威海新闻网

大连国际服装博览会全新功能定位

2005年伊始，随着纺织品服装新旧模式的更迭和交易模式的转换，大连国际服装博览会已成为国际纺织、服装品牌激烈竞争和角逐的重要战场。

在历时17年打造的素有“行业晴雨表”之称的传统服装贸易平台上，蛰伏于欧美设限的我国纺织品服装企业在深刻的反思之后，急需打一场变被动为主动的转折之战。作为服装产业链条的重要催化环节，大连国际服装博览会则在这次战役中寻找着自己的功能定位和发展目标。

打造东北亚的纺织品服装贸易中心。第17届大连国际服装博览会争取到国家主管部门和行业组织的积极支持，充分整合17年来为帮助国内企业建立多元化的市场营销体系。据统计，截至2005年，大连国际服装博览会的贸易商组织网络已经遍布于日本、韩国、俄罗斯、东南亚、美国、欧洲、中东、非洲等29个国家和地区，2005年9月11～13日举办的大连国际服装博览会有7000人次的海外贸易观众参与，其中以日本、韩国、中东地区的采购商最为活跃；约有8万人次的国内大中型采购商、代理商莅临，其中以东北、华北腹地的大商场和代理机构最为活跃。

打造东北亚品牌孵化中心。本届大连国际服装博览会推出了一系列渠道拓展和引导投资等措施，重点对拥有自主品牌和科技含量较高的企业做好服务，推动参展产品技术附加值向更高层次跨跃，力求在这个久负盛誉的中国服装贸易展示台上开辟以质量和品牌取胜的新局面，进而推动中国纺织品服装行业和大连国际服装博览会向国际知名品牌化发展。

打造东北亚信息发布中心。大连国际服装博览会为参展企业和行业机构提供准确、翔实、前沿、权威的市场信息和设计理念，从根本上提高服装企业自身应变能力和竞争力。帮助面向东北亚市场的我国纺织品服装企业进行资源优化配置、加快结构调整，充分合理地利用和争取来自欧盟、美国与发展中国家的优惠贸易安排，以及东道国和中国政府提供的优惠鼓励政策和措施，增强企业公平参与国际竞争的能力。

本届展会有300多家企业参展，在6天的二期展期间，共实现零售额2400多万元，明显高于去年。

成为2005年二期展“亮点”的服装机械展，由于规模扩大、展品增加、档次提升，20多家服装机械企业的洽谈订货情况都很好。北京北方天鸟智能科技有限公司升级换代后的大型电脑刺绣机样品，开展第一天就被金州一家企业订购，展会期间又与来自全国各地的客商签订了25台同类大型设备的合同。中韩合资的丘比特洗涤整烫设备有限公司订货额达到200多万元。大连大富基缝纫机有限公司的电脑锁眼机、加固机，日本兄弟公司的平缝机，大连飞马的绷缝机、包缝机等产品，也都很畅销。今年二期展的展场还延伸到星海会展中心之外。位于天津街的天河广场门前，这两天成了二期展的分会场。引进韩国技术、由韩国设计师领衔设计的“异族”、“经典故事”等大连新品牌，都在临时搭建的舞台上进行了展示。

——宗 和

2005年东北亚高新技术博览会

2005年东北亚高新技术博览会历时5天，于9月24日圆满落幕。东博会组委会主任、辽宁省省长张文岳说，这是一次实效性强、影响力大、受益面广的合作盛会，一次增进了解、凝结友谊、促进东北亚和平稳定与发展的交流盛会。

可以说，东博会搭建起东北亚区域、科技与经济的合作平台，开创了科技创新和经济交流的美好前景。所呈现出的四大特点，也展示出其独特魅力。

规模宏大，为振兴东北和东北亚区域合作营造了浓厚氛围。本届东博会由科技部、教育部、国务院振兴东北办、中国科学院、中国工程院、中国科协、中国贸促会和辽宁、吉林、黑龙江三省人民政府共同主办，沈阳市人民政府、辽宁省科技厅等单位共同承办。展会内容之多、规模之大、层次之高，成为东北地区召开的一次空前的国际性科技盛会。全国有近百个省、市的科技代表团、东北亚5国和其他19个国家60多个代表团前来参会，外宾人数超过1000人。不仅在国内而且在东北亚地区产生了广泛影响。使国内外各界进一步看到了中央振兴东北的决策正在转变为一项项具体行动，激发了国内外科技界、企业界、金融界等来东北地区投资合作的热潮，为东北振兴提供了实实在在的支持。

内容丰富，展现东北亚地区雄厚的科技实力和产业优势。本届东博会展览总面积近3万平方米，共设展位1492

个，其中，国外参展企业达到488个，占全部展位的34%，特装展位达1266个，占全部展位的89%，分别展示了六国风情、国际著名企业、国家高新区自主创新成果、全国重点高校和科研院所成果、东北三省先进装备、科技项目与民间资本对接、中国星火计划成果、生物医药和节能环保技术等。在东北装备制造创新成果展上，40家企业、71个具有自主知识产权和国际先进水平的展品令人大为振奋。其中，沈阳机床的桥式龙门五轴加工中心、沈阳黎明集团的QC185燃气轮机、一汽集团的混合燃料动力汽车、黑龙江省中国一重加氢反应器等展品，充分体现了东北三省装备制造的创新成果和发展潜力，赢得了国内外专家和企业的普遍关注。中国科学院、北京大学、清华大学等全国45所重点科研院所和高等院校研制的553项高新技术成果；俄罗斯科学院西伯利亚分院、远东分院、伊尔库茨克科学中心等一批科研机构、蒙古、朝鲜、日本、韩国也都把一些高精尖的产品带到展会上。

成果丰硕，充分发挥了科技成果交流和转化的平台作用。东博会有效地搭建起了项目对接洽谈平台。大会的科技合作喜获丰收，签约协议合同额达70亿元之多。仅辽宁省共签订合同431项，签约额26.5亿元；意向428项，签约额30.1亿元。该省14个市都取得较好的洽谈成果，有6个市成交额超亿元，沈阳、大连超10亿元。吉林、黑龙江两省也取得了较好成果。黑龙江展团共签订意向协议32个，合同金额为1.5亿元；正式签订协议18项，合同金额9000万元。

本届东博会由于会前项目预对接工作准备充分，合同成交额与意向签约比例明显提高。国际合作涉及国家多，签约项目技术水平高、领域广、投资规模大。辽宁共签订国际合作项目合同36项，签约额折合人民币达8.3亿元，其中引进外资8000多万美元；意向55项，折合人民币为5.5亿元。

创新论坛，为老工业基地振兴提供强大的智力支持。东博会期间共举行了六大高层论坛。众多东北亚地区的政要和经济组织，中国科学院、中国工程院的60多位院士及国内外著名专家和诺贝尔奖获得者云集沈阳，可谓精英荟萃、群贤毕至。围绕东北振兴与东北亚区域经济技术合作、高新技术产业发展，加强区域自主创新体系建设、促进产学研结合等话题畅所欲言，献计献策。参加各类论坛的人数达到万余人。专家们的真知灼见，对振兴东北老工业基地具有重要的参考价值，必将为东北振兴提供强大的智力支持。

——科报网

天津车展演绎品牌盛会

由天津滨海新区管委会、天津港保税区管委会、中国进口汽车贸易中心共同主办的“第四届天津国际汽车贸易展览会”，于2005年9月29日～10月5日在天津滨海国际会展中心如期举行。展会期间接待中外观众突破25万人次。合同交易额达到12亿元，其中现场售出国内外汽车2216部，交易额3.2亿元。

作为天津港保税区倾力打造的国际品牌展会——天津国际汽车贸易展览会，于2001、2002、2004年先后成功举办过三届，规模与影响日益壮大，成为深受中外业界青睐的国内最贴近消费者的大型国际专业展会。以“连接国际市场、搭建贸易平台”为主题的第四届天津国际汽车贸易展览会，与前三届相比，展会规模与档次有了进一步提高。

以展促贸，展贸结合。天津国际汽车贸易展览会借助天津口岸和保税区的政策功能优势，打造汽车进出口贸易的平台，进一步增强了滨海新区和保税区的辐射服务和带动作用。天津港保税区是中国目前最大的进出口汽车市场，汽车进口量连续四年占全国进口总量50%以上。日前，国务院又批准了天津港保税区与港口联动发展，使保税区物流园区真正具有了国际自由贸易区的特性，使免税、保税、退税政策和港口的功能相叠加，在区位、功能、政策等方面有着特殊的优势。特别是今年胡锦涛总书记、温家宝总理相继视察滨海新区后，使加快推进滨海新区开发开放，带动区域经济发展，成为关系到区域经济协调发展的重要环节。天津港保税区作为中国北方最大的自由贸易区，对天津和环渤海地区乃至中国北方外向型经济发展应更好地发挥服务、辐射和带动作用。同时，也为汽车进出口贸易创造了良好外部环境。在原汽车进口贸易功能突出的基础上，使进出口贸易功能得以进一步拓展和延伸，为国产车走向世界创造了有利条件，使天津国际汽车展真正形成了中国进出口汽车的绿色通道。

规模扩大，新车迭出。由于本届展会定位准确、特色鲜明，加之前三届展会的巨大影响力以及凭借天津滨海新区被纳入国家整体发展战略布局之势，国内外厂商报名参展十分踊跃。为满足企业及参展品牌增多、展览面积亟需扩容的需求，本届展会展览总面积由原来的4万平方米增至5万平方米。来自国内外80余家厂商和营销企业、60余种品牌、500余部整车参展，其中进口品牌30余种，涉及宝马、奔驰、大众、劳斯莱斯、奥迪、法拉利、克莱斯勒、凯迪拉克、林肯、丰田、保时捷、通用、现代、尼桑、上海大众、一汽丰田、上海通用、北京现代、一汽轿车、天津一汽、浙江吉利、东风雪铁龙等众多国内外知名品牌与企业。本届参展的新款车占到参展车总数的80%，新增品牌30%。劳斯莱斯汽车是第一次参加天津国际车展。劳斯莱斯公司大中国区总经理郑津兰说：天津国际车展是同上海、北京、广州国际车展一样重要的汽车盛会，劳斯莱斯“幻影”亮相天津车展，表明了劳斯莱斯汽车对中国北方市场的高度重视。

融入文化，内容丰富。在集中展示国内外最新汽车产品、最新汽车技术的同时，还专门设立了汽车文化展区，在该展区内举行“汽车百年文化长廊展览”，其中包括“世界汽车百年模型精品展”、“中国古代战车模型展”、“天津公交百年”、“孩子眼中的汽车——幼儿绘画展”、“遥控汽车、飞机表演”、“汽车邮票、明信片专题展”等丰富多彩的汽车文化展示内容。展会期间还开展了“都市美景名车游”、“体验动感时代试乘试驾”、“有奖评车”、“抓拍车展精彩瞬间摄影大赛”等活动，从多角度诠释汽车文化的丰富内涵，使广大观众欣赏到世界汽车制造业的最新成果，领略了当代国际汽车文化的精华。此外，汽车配件、汽车音响、汽车装俱、房地产、二手车拍卖等相关内容也在本届展会闪亮登场。

以人为本，一流服务。在硬件方面，本届展会场馆——天津滨海国际会展中心完善的配套设施、高科技智能化管理等功能，均为展商与观众留下了深刻印象，受到了普遍好评。在软件服务方面，实行现场选车、当场买车、试乘试驾、全程服务，缩短了汽车与消费者的距离。展会专设总服务台和展商贸易洽谈区、信息发布区、新闻中心等，进一步提高餐饮、交通等方面的服务质量，开设天津国际汽车贸易展览会网站，使以展促销、展销结合的优势更加显现。

——《中国贸易报》王 莉

第三届中国国际网络文化博览会

2005年10月4～6日，为期4天的第三届中国国际网络文化博览会在北京展览馆举办。连日来，来自国内外的252家网络文化相关企业在网博会上争奇斗艳，大放异彩，为节日的北京奉献了一道网络文化饕餮盛宴。据了解，本次展会共吸引了近千名媒体记者进行了报道，有近10万名观众参观了此次展览。

本届网博会由文化部、科学技术部、信息产业部、广电总局、国务院新闻办公室、共青团中央和北京市政府共同主办，各省、自治区、直辖市文化厅（局）协办，文化部文化市场发展中心承办。

本届网博会有以下三大亮点：

亮点一 新产品纷纷登场。本届网博会以“创意中国，互联世界”为主题，在展场内设立了主题展示区域，在展场我们可以看到动漫游戏展览示区人流攒动，激情四溢，各大游戏厂商“八仙过海、各显神通”。与以往不同的是，更多的游戏厂商已经开始把网络游戏当成一种文化来和玩家一起分享、交流。与上届网博会相比，今年前来参展的厂商实力更加雄厚，展出和发布的游戏更新，与玩家的互动性更是大大加强。此次网博会上，除了像SONY、盛大、第九城市、新浪、网星、网易、腾讯这样的大型老牌网游厂商继续支持外，更有掌上灵通，广东数据通信、广州光通、北京神州橘子、游戏上海网顺、沈阳冰峰、金山华络、世纪天成等公司参展，使得这次网博会盛况空前。

无一例外，本次网博会上，各大游戏厂商都纷纷拿出了自己的招牌游戏和最新游戏来吸引玩家。第九城市携《魔兽争霸》之雄风席卷而来；而网星则是把自己长久以来深受玩家喜爱的最新版《魔力宝贝5.0》奉献出来；世纪天成主打的是超人气漫画网游《洛奇》；上海金山华络公司更是借助网博会的人气，在展会期间发布了秉承中华武术文化底蕴的《金庸群侠传2.0》；此外，广东数据通信的《RFONLINE》、EA的《FIFA2006》、新浪的《天堂2》、网易的《天下2》、《大唐》等著名网游及众多游戏新品也一一登场。

在动漫游戏产业展示区内，北京电影学院动画学院，吉林艺术学院动画学院、中央美术学院城市设计学院各自展示了自己在动画人才培养方面的优势。

在数字艺术展示区内，由国内最大的3D设计企业水晶石公司提供的数字艺术展示，完整生动地复原了秦始皇陵和元大都的原貌，再现了历史的鸿篇巨制，吸引了众多观众的注意。另外，网博会主办的英特尔2005年度Diggi国家数字盛典也在网博会上设立的专门的展览展示区域，展出了家庭数字娱乐体验区、数字艺术创作区以及ADOBE、AUTODESK、WACOM、魔力娱乐的产品展示，此次盛典旨在让所有热爱数字创意的人才有表现自我个性和创意的空间，吸引更多的人了解和进入数字艺术的殿堂。

另外，在百家网吧示范展示区内，包括联通网苑等来自全国各省的大型单体及连锁网吧纷纷亮相，在这里，网吧一改过去沉闷单调的经营模式而更加富于人性化，宽敞明亮的空间，一流的硬件配置，分布合理的区域格局，让你尽享网上冲浪的乐趣。

亮点二 活动精彩纷呈。“网吧网管技能大赛”捷报频传，4日和5日两天的知识问答和装机比赛，共决出10位网管高手参加6日的决赛，经过激烈的角逐，最后，由吉林省代表队拔得头筹。据悉，此次网管技能大赛有来自20多个省、直辖市和自治区的代表队参加。

“中国国际网吧俱乐部联赛”季前赛的《FIFA2005》中国区预选赛也在网博会上隆重开幕,众多《FIFA》Fans目睹了现场的高手对决。另外,联赛还安排了《极品飞车》、《NBA2005》等游戏的现场体验和报名活动。

中国国际网络文化大赛，以数百万奖品和丰富游戏文化拉动千万玩家，引领数十家网络游戏在资源共享模式下对健康、洁净、有内涵、可持续发展的“蓝色健康网游”做集中的推广活动。其中，《恋爱盒子》、《仙界传》、《丝路传说》、《完美世界》、《江湖》、《航海世纪》、《真封神》、《野菜部落》、《希望》、《星战情缘》等诸多游戏在现场做了展示。

另外，在北京展览馆南侧舞台，2005联众世界网络服装服饰精英汇演每天精彩不断。COSPLAY表演，网络歌手表演、HIP—HOP劲舞、涂鸦表演、各游戏公司的COS秀、舞台剧和互动游戏，吸引了大批场内外观众驻足观看。

亮点三 论坛共谋行业发展。随着网博会规模和影响力的增大，作为其中一项重要活动的国际网络文化论坛与往年相比也有了明显的创新和长足的发展。本届网络文化论坛有继承更有创新，对目前的网络文化形式进行了深刻分析，论坛的重点除了国家政策和方向的政府论坛，还围绕网络文化原创产业的发展、数字内容产业、网吧产业等的核心内容进行了专题演讲及讨论。文化部文化市场司司长刘玉珠、信息产业部产品司司长张琪、国家广电总局社管司副司长罗建辉、共青团中央网络影视中心副主任郝向宏等领导在政府论坛上做了主题演讲，上海盛大网络公司总裁唐骏、英特尔中国有限公司商用客户部中国区经理唐炯、佳都国际投资有限公司副总裁吴屏、瑞德在线信息技术有限公司总裁里航、台湾富士康中国总经理陈富铭等国内外知名企业的高层出任了演讲嘉宾，规格为历届之最。

本届国际网络文化论坛紧密贴合第三届网博会“创意中国，互联世界”与“推动中国网络文化产业深入发展，促进国际数字内容领域广泛合作”的定位，以演讲、交流为载体，成为了企业与政府沟通的桥梁，为政府推动各项工程提供了良好的平台，为行业的发展示范了新的标准，为构建国际网络的和谐发展提供畅通的渠道。不但为中国政府打造网博会这一中国数字内容最高规格、最大规模、最具影响力的一项数字内容品牌盛会锦上添花，同时通过本次网络文化论坛也向企业、民众传达了政府的方针政策，促进了企业与企业间信息的交流，增进了企业与消费者之间的沟通，使网络文化论坛成为发展中国网络文化及相关行业发展走向的风向标，为国内外企业搭建了交流与讨论的平台。

——亚联游戏网

G20会议：亚洲国家代言全球新兴市场

备受关注的第七届20国集团财长和央行行长会议（简称G20）2005年10月15日在古色古香的河北香河第一城拉开帷幕。15日11时30分左右，20国集团的“财爷”们在众保镖的簇拥下，陆续赶到会议现场。当天会议主要讨论了“当前国际经济形势回顾与展望”、“布雷顿森林机构60年回顾与改革”、“实现千年发展目标：国际发展援助和发展融资机制创新”三大议题。

“2＋1”入场制度严格执行。第一次会议采取了严格的“2＋1”的入场制度。即一个国家仅允许财政部的部长、副部长以及央行行长3位人士参加。记者在会议现场看到，财政部部长金人庆以及央行行长周小川坐在圆桌一端，他们分别主持本场会议。两小时后，第一次会议结束。美财长斯诺以及美联储主席格林斯潘笑容满面地走出，斯诺对记者连连表示，“这是一次很好的会议。”

油价高企威胁全球经济。在讨论中，国际货币基金组织（IMF）为大会提供了一份其最新的研究报告。IMF在报告中对今明两年的全球经济走势表示乐观，预计2005～2006年中世界经济将保持约4.3%的增长速度。

但IMF也强调，油价高企以及全球经济失衡两大因素将给全球经济的稳定运行带来风险。IMF总裁拉托告诉记者，为了应对这一风险，石油生产国应当提早对新的开采设施进行投资，而石油消费大国则必须采取措施以抑制石油需求、改进石油储备、节约用油并提高用油效率。

亚洲有望获得更大发言权。15日下午的讨论主要涉及了有关IMF、世界银行等布雷顿森林机构改革的方向。IMF总裁拉托告诉记者，在全球瞩目的布雷顿森林机构改革议程的讨论中，以亚洲国家为代表的新兴市场国家将获得更大的发言权。

最初创建IMF的目的是作为一个国际金融核心机构来维持布雷顿森林体系的有序运行。时至20世纪70年代初，布雷顿森林体系崩溃，IMF自动放弃了布雷顿森林体系下维持固定汇率的责任和义务，而转向对成员国汇率政策、维护国际经济稳定的监督上来，这其中包括对发展中国家实施宏观经济结构改革的监督。

拉托透露，帮助成员国应对全球化带来的挑战是这次战略调整的重要准则，而亚洲国家为代表的新兴市场国家将在此轮改革中获得更大的发言权。

贸易问题仍是焦点。贸易问题仍将是众国关注的焦点。巴西财长AntonioPalocci在会议期间接受记者采访时表示，18日与金人庆就双边贸易问题进行会谈。他称，此前曾有巴西的官员来中国与薄熙来会面，但是并未就双边贸易中的一些摩擦达成一致，希望本次与金人庆见面会有积极的成果。

德国驻北京大使馆参赞傅培言接受采访时表示，今年1～7月德国对中国的出口大幅下降，中国对德国的出口则大幅上升，“这也是让我们很头疼的问题。”

会后，第七届G20财长和央行行长会议除按惯例发表公报外，还推出两个具体成果性文件：《G20关于国际发展问题的联合声明》以及《G20关于布雷顿森林机构改革的联合声明》。

——《中国贸易报》庹晓骅　艾 勇　高 森

十月国际教育展有两大特点

2005年10月15～16日，一年一度有留学市场风向标之称的大型留学展——中国国际教育展又将在北京国贸中心举办，20个国家和地区、300所海外院校使得今年教育展在数量上又创展会新高。与往年不同的是，本次展会在参与国家、院校的层次、教育推广的侧重等方面表现出一些新的特点。而由于今年美国签证通过率高达60%，这让美国高校的招生也热情大涨。

特点一：12国组团参展

据悉，本次展会有20个国家和地区的近300所知名院校来华参展，国家展团达12个。英国使馆文化教育处、德意志学术交流中心、法国教育协作署、澳大利亚教育国际开发署、西班牙大使馆教育处、新加坡旅游局、新西兰贸易发展局、泰国出口促进厅、日本独立行政法人日本学生支援机构、荷兰高等教育国际交流协会以及丹麦、波兰等国家级教育机构都出现在展会上。

主办方负责人、中教国际教育交流中心主任宗瓦说："个别学校设立展位很容易湮没在众多参展院校里，国家教育机构组团参展，已经成了国际教育展的大势所趋，这个特点在今年的教育展上更为明显。"

欧洲：扩大阵容。欧洲已经成了除英国、澳大利亚、美国之外的另一个留学重地，到国内办展的欧洲院校每年只增不减，本次展会欧洲的院校大面积参与，继续保持了增长势头。

主办方介绍，此次参展的欧洲院校不仅局限于综合大学，还包括高等技术学院、大学预科学校、职业培训院校、语言培训学校等。德国学术交流中心组织了20所院校参展，法国教育协作署组织了10多所院校参展，波兰组织25所学校的40多位校长亲临北京与中国学生见面。西班牙大使馆教育处、丹麦高等教育协会、荷兰高等教育国际交流协会也都是首次组织国家展团亮相北京。

欧洲语言学校今年首次在欧洲展团中出现，显示出留学欧洲语言仍是中国学生的"瓶颈"，欧洲院校先从语言入手，希望保持欧洲"留学热"的势头。

美国：组队探访中国教育。令人关注的是美国州立大学与学院协会主席率领美国8所大学校长，代表30多所美国知名院校，人数达50多人的代表团参加展会并举行留学说明会，目的就是全面了解目前中国留学市场的现状和趋势。历年以来，美国院校都是零星出现，此次的联合招生，让很多有意留学美国的学生看到了美国高校开始高涨的招生热情。

而由美国当前10所顶尖艺术院校联合在国内招生也尚属首次，专业涉及摄影、绘画、工业设计、陶瓷、声乐、雕塑等。为吸引中国学生，很多艺术院校甚至表示会提供奖学金。此外，10所艺术院校表示，学生申请只需要托福成绩，取消了必须提交GER成绩的要求。另外，90%以上的艺术院校同意接受雅思成绩。

主办方国际教育协会美国教育交流中心介绍，10月13日的高等教育综合说明会有20多所美国综合类高校参加，包括各个科目、不同地区的美国院校，提供的学历文凭不仅局限于本科及研究生，同时参加展会的院校都经过了美国教育机构的认可。美国签证处相关官员也到场讲解签证问题，希望借此表示美国高校不会把中国学生拒之门外。

英国：主推创意教育。英国展团在历届展会上布置最精美、阵容也最大，2005年展会继续保持稳定的豪华阵容。近60所不同教育领域的英国院校参展，包括高等教育和延续教育学院，语言学校和艺术与设计院校等，这些院校都经过英国政府认证，所以绝对安全。

使馆文化教育处有关人员表示，与往年展会相比，英国院校在数量上没有太大变化。这一方面说明，英国高等教育对中国地区的重视，另一方面也表明了英国留学在中国的推广已处于稳定的状态。由于北京、上海等地的教育推广已经比较充分，使馆文化教育处正在考虑将工作重心向西安、重庆、沈阳等地倾斜。

为了引导留学生选择更大范围的教育，而不仅限于商科、计算机等，英国有意识地推广艺术教育，在展区内的"非常理念，天才设计"互动现场，学生可以领略英国艺术、设计、建筑、美容化妆和珠宝制作等科目的教学方式和方法。利兹音乐学院还带来现场的钢琴演示课，让参观者仿佛置身于英国顶尖艺术音乐院校的课堂。

德国："汉堡—博学之都"首次集体亮相。德国大学一向以学术性见长，德意志学术交流中心组织30多所院校参会，是历届德国教育展团当中规模最大的一次。其中最引人注目的是由汉堡州教育部长率领的由5所大学：汉堡法学大学、汉堡北方工业大学、汉堡应用科学大学、汉堡物流学院和汉堡大学国际研究生院组成的"汉堡——博学之都"首次亮相北京。

30多家机构当中，包括莱比锡大学、柏林大学等德国著名的综合性大学，以及杜赛尔多夫应用科技大学、多特蒙德应用科技大学等应用科技大学；巴德·鸿奈弗波恩国际应用科学大学和汉堡物流学院两家私立大学，带来物流专业和航空管理专业；歌德学院、DIE学院这两大德语教育机构将满足学生学习德语的要求。参展的高校集中代表了德国高等教育工程及自然科学、经济学、人文科学和音乐艺术等各个领域。

澳大利亚：三大政府教育机构带队。此次展览中的澳大利亚展团以澳大利亚教育国际开发署（IDP）为组织核心，由澳大利亚使馆文化处（AEI）和澳大利亚使馆商务处（Austrade）共同参与主办。16所院校参加此次展会，其中包括澳大利亚名校新南威尔士、莫纳什、墨尔本大学、悉尼科技大学、纽卡斯尔大学、莫道克大学、RMIT、拉筹伯、UTS等。届时，IDP、AEI、Austrade三大教育机构现场对有意留学澳大利亚的学生提出的相关政策问题进行现场解答。

新西兰：推出量身定做服务。新西兰展团一如既往地推出一系列的新西兰政府面对中国学生的奖学金，新西兰移民局最近与中信实业银行和中国银行合作分别推出留学生贷款政策，方便中国学生的签证申请或家长提供学生在新西兰留学期间费用的资金能力证明。

私立学校是进入新西兰高等教育机构学习的另一渠道，少数私立学校颁发学位证书，学位课程必须达到公立大学须达到的严格要求。此外，大部分私立学校颁发其他的政府批准学历文凭，新西兰学历评估委员会全面负责新西兰私立学校的教育质量。该委员会代表将亮相展台，为中国学生答疑解惑。

新加坡：重点强调留学安全。2005年留学预警中3次提到了新加坡，这对留学推广无疑是巨大打击。此次展会，新加坡并没有放弃或者冷处理，而是精挑细选派出最放心的10所院校代表新加坡各个阶段的教育。专业包括工商管理、国际商务、会计与金融、市场营销、大众传媒、制药管理、酒店和旅游管理等新加坡优势专业。新加坡国立大学综合科学与工程研究生院表示，希望通过与参展者接触，吸引对生命科学、物理科学、数学、计算机科学或工程学有兴趣的中国优秀学生。

新加坡旅游局教育服务署介绍，将从4个方面保证到该国留学万无一失：新加坡素质级标志保证私立教育机构拥有健全的管理系统；教育荣誉伙伴计划将帮助中国留学生选择更放心的中介；新加坡房地产管理委员协会为低龄留学生推出教育寄宿计划，让学生以低廉的价格住进新加坡的私人寓所；海外学生经济资助计划，使国际学生不用担心学费问题。该计划包括：奖学金、助学金、学费资助、学费贷款，在新加坡3所国立大学和5所理工学院就读的学生都可以申请，学费资助覆盖全年学费的70%～80%。

一听说有300所国外院校参加展会，很多参观者往往先询问有多少知名大学参加，对此中国教育国际交流协会秘书长江波表示：“要不要名牌学校？我的理解是有了名牌学校能吸引更多人去看。但不同的学校有不同的定位，哈佛大学是定位在哈佛大学这个层次，同样很多州立大学也是定位在州立大学的层次，知名是在同一个层次来比。教育展和论坛更具有广泛性，参加的人会很多，所以学校的代表性就比较广泛，让更多的中国公众和学生能够来参加。而并不是有了哈佛或者斯坦福到场，展会就一定会怎么样。我们强调这些学校必须经过政府相关机构认可，同时鼓励国外优质的大学，或者同一教育层面更有竞争力的大学参加展会。”

对于展会上名牌大学多了才好的观点，英国驻华使馆代表狄士利先生说：“据我了解牛津大学从来不来参加教育展，因为它是一个名牌学校。不过这不是说学校不重视与中国的合作伙伴关系，近日牛津大学新任的校长来华访问，将有一系列的活动促进牛津大学和中国的合作。”

特点二：职业教育异军突起

除了推广高等教育，职业教育成为国际教育展受关注的第二大领域，各国近年来对职业教育投入越来越多的热情。欧盟委员会驻华代表处有关官员介绍：“10年前欧盟与中国在上海建立中欧商学院，这是大家熟知的双方合作的成功典范。今天中欧商学院是亚洲排名榜首的商学院，并成为全世界排名前20位的商学院。在职业教育方面的合作，还促成武汉中欧职业教育合作学院的成立，并进行过欧洲中层管理人员的培训。2006年，我们在中国会开展一轮全新的、全面的经理人的培训。项目的目标不光是在中国培训，目前就职于中国的欧洲职业经理人，希望把中国的职业经理人送到欧洲培训。”另外，今年首次启动加拿大职业院校和中国职业院校的院长培训。中德的培训重点在德国的制造业。澳大利亚的职业教育在中国合作发展得也比较好。

西班牙使馆是第一次组团参加中国国际教育展览会。西班牙驻华使馆文化教育处参赞温森特·巴尔倍尔德说：“西班牙对中国的教育市场非常感兴趣，我们一直希望能够在学生以及职业工作人员的交流层面打开一些局面。2005年4月份西班牙使馆文化教育处正式开始办公，作为教育处的参赞，我个人的第一个目标就是把西班牙的高等院校集合起来参加中国的教育展览会，而不是让它们一个一个单独来到中国开拓它们的市场。”

英国驻华使馆代表狄士利先生表示，英国职业教育有关专家参加此次展会的职业论坛，并有9所职业学校参加论坛，英国将支持职业教育在中国的合作发展。

据了解，近年来，出国留学人员总数呈现递减趋势，2004年度各类出国留学人员总数为11.4万人，比2003年度减少了2.2%，其中自费留学104281人，比上年同期减少了4.2%，这已是连续第二年出现出国留学人数总数下降。一年一度的留学展，在业内被称为留学风向标，各国使馆教育处、招生院校、留学中介希望此次教育展能一扫留学市场连续两年的颓势，成为留学市场的拐点。

——《北京青年报》赵媛媛

中国—东盟博览会将常办常新

2005年10月22日，第二届中国—东盟博览会落幕。中国—东盟博览会以及商务与投资峰会组委会副主任兼秘书长、广西壮族自治区副主席李金早在当日举行的新闻发布会上表示，本届博览会交易更加活跃，品牌影响力增强，博览会还将“常办常新，越办越好”，办得更有成效。

李金早说，本届博览会在11国和东盟秘书处的共同努力下，取得圆满成功。统计显示，截至当日下午16时，博览会累计交易总额达11.5亿美元，与首届相比增长6%。其中，出口8.2亿美元，进口1.7亿美元，国内贸易1.6亿美元；机械设备2.5亿美元，农产品1.1亿美元，电子电器1.8亿美元，五金建材1.3亿美元，其他4.8亿美元。

本届博览会上，东盟10国及其他国家、地区共使用展位782个，占室内展位数的27.4%；境内外参展参会客商、采购商2.5万人，其中中国内地采购商1.2万人，境外采购商6000人。据悉，此次博览会共设展位3300个，参展企业2000家。

博览会举行了28场投资促进活动和两场签约仪式，共签订国际投资合作项目126个，总投资52.9亿美元，同比增长5.9%，项目涉及工业、农林牧渔业、矿产开采与加工、商贸物流、房地产开发、能源、旅游、基础设施建设和高新科技等行业，合作方来自亚洲、大洋洲、欧洲、北美洲的22个国家以及我国港澳台地区。

来自组委会的统计显示，博览会签订中国国内投资合作项目263个，总投资501.8亿元，同比增长5.5%。其中投资额超过亿元的项目65个，涉及国内22个省区市，中国农垦、大连市、东风汽车集团、河北省在大会期间还举办了专题项目签约仪式。

签约项目来自更多的国家（地区）。涉及的东盟国家由首届的7个增加为9个，东盟以外国家和地区由13个增加到22个。此外，博览会期间，共有34个国际投资项目和168个中国国内项目在签约中心签订合约。

东盟秘书处的黄宏棉表示，本届博览会创新地推出了“魅力之城”活动，扩展了博览会的推介范畴，使旅游成为中国-东盟合作的重要领域。博览会签署了《“魅力之城”南宁合作宣言》。据介绍，2004年，中国接待东盟旅游人次200万，东盟接待中国旅游人次达300万。

业内人士认为，第二届中国—东盟商务与投资峰会已成为本年度中国与东盟商务与投资界最高级别的盛会。

李金早分析指出，第二届博览会进一步深化了中国与东盟各国的交流与合作，初显“10+1>11”的效应，已经成为中国与东盟国家之间政治、外交、经贸、文化等各领域交往的重要场所，加快了区域经济一体化进程，密切了战略伙伴关系，扩大了中国和东盟作为一个整体在世界的影响力。

李金早表示，博览会和峰会的组织工作还存在需要继续改进的地方。比如，网上申办证件流程需进一步改进，现场制证能力有待加强；语言服务上，英文网站更新还不够快，外语志愿者特别是小语种志愿者不足。

新闻发布会由中国—东盟博览会副秘书长、商务部外贸司副司长江帆主持，中国—东盟博览会秘书处副秘书长张晓钦出席了新闻发布会。

——《国际商报》陈正红

宁波服装节拒绝一夜辉煌

2005年10月21～23日举办的第九届宁波国际服装节可谓收获累累，2200个展位，展出面积4.5万平方米；省内外10余个城市600余家企业前来参展，91个国家或地区外商前来洽谈；参展城市、参展企业、参展品牌、到会客商和业务成交数为历届之最；专业客商达3.8万人，境外客商约3500人，分别比上届增长92%和近8倍。这些成绩完全得益于宁波服装节在第9届实行的战略转型，从“节庆型”向“专业型”转变，打造国际化专业型交易会。

突出交易功能

本届服装节恰逢欧美与中国纺织品出现贸易争端之际，欧美设限及中国主动提高纺织品出口关税，对宁波纺织服装业影响巨大，也加速了宁波服装界与国内外巨头的合作。与此同时，服务于服装产业的服装节，必然也面临着转型。

第9届宁波国际服装节组委会办公室主任俞丹桦说：“自1997年宁波举办首届服装节以来，服装节的办节环境发生了很大的变化，一是全国同类活动大幅增加，1997年，全国共有服装节、展5个，目前已增至207个，从而分散了展商和客商的资源。一些城市的主办方为了吸引商家参加服装节、展，不惜免费提供摊位、食宿和路费，提供种种优惠条件；二是众口难调的现象日益突出。作为地方性的重要节日，市民当然希望节庆活动搞得富有创意、热热闹闹；作为服装行业的盛会，商家自然要求能在展会上多拿订单、取得实效；作为服装节的组织者，因财力和精力有限、难于同时满足市民和商家的需要。三是服装企业不再把服装节作为获得商机的主要渠道。"一批曾连续举办、知名度较高的服装节陆续偃旗息鼓，剩下的服装展会，也多以政府为背景、以热闹为表象、以时尚为由头。宁波在服装节发展到第9个年头的时候，审时度势，将服博会易名为服交会的做法，突出交易功能，吸引不同需求的内外客商前来参展。

市场运作实现三赢

20世纪90年代，正值宁波服装企业蓬勃兴起之时，许多服装企业客户较少、商路较窄、名气较小，因此都非常踊跃参加服装节的展会，以此来树立形象、结识客户，寻求商机。随着这些企业日益壮大，拓展商机的渠道更加宽广，加上服装展会客商资源的分散，因而对服装节的兴趣也有所减弱。因此，如何进一步提高服装节办展水平是摆在宁波服装节组委会面前的工作难题。

差异化中求发展

俞丹桦说，为了精心办好第九届宁波国际服装节，市有关方面自2004年下半年起就在做策划活动。本届服装节的工作原则是继承和创新，一方面继续延用历届服装节好的内容。另一方面，根据形势发展的需要和市民、商家的需求，对服装节大胆改革，勇于创新。

第一届服装节，曲终人散一盘点才发现，宁波市政府成了最大的"埋单"者。这种政府主导型的会展能维系多久？市政府果断决定让服装节"下海"，政府部门只管宏观指导和协调，具体事务交宁波国际展览有限公司等进行市场化运作。

政府退出服装节前台，移师幕后搞服务。宁波国际展览有限公司变"要我干"为"我要干"。参展企业面对的不仅是"红头文件"，更是展览公司对它的长年服务。几年来的实践结果证明，市场化运作实现了"三赢"：市政府不再补贴一分钱，展览公司也从一家无名的企业成为有强大办展实力和优秀业绩的"黑马"，最重要的是服装节在品牌数量、档次和成交额上一年胜过一年。2003年，宁波国际服装博览会被商务部和中国贸促会等单位评为全国37个A级展会之一，在今年的全国第二次展会评比中，宁波服博会再次入围全国15个优秀博览会之列。

俞丹桦说："市场化运作走出了一条注重实效、节俭办展的路子，不搞开幕式，也没有闭幕式，服装节晚会和中国青年服装时尚周晚会合二为一，晚会不搞一夜辉煌，不再出巨资邀请演艺界'大腕'，但其精彩程度依然令群众热情期待。"

"本届宁波国际服装节首次提出打造中国服装之都的口号。"俞丹桦说："提出这一奋斗目标并非信口开河，而是有一定的基础。宁波是中国近代服装的发祥地，中国的第一件西服、第一件衬衫、第一件中山装都出自宁波裁缝之手，宁波是中国最大的服装产地，服装产量占全国总量的约12%，宁波是中国最重要的服装出口城市之一，全年全市服装自营出口可达近30亿美元，宁波拥有一大批全国服装品牌。"

往届服博会对企业展位面积上不封顶，甚至一家企业包下数千平方米展厅，使展会似乎成为个别企业展示形象的舞台。今年服装节有效压缩了单个企业参展规模，从而大大减少了大企业的参展成本，也极大地吸引了市内外更多的中小服装企业参展。本届服装节的时间也做了科学调整，以避开广交会时间，吸引更多外商、服装外贸业务人员前来宁波参展。这就使得服交会真正成为一个谈生意、下订单的地方。

本届展会将"宁波国际服装博览会"改名为"中国国际服装服饰交易会，保留"中国国际男装展"的牌子，以吸引更多的服装企业参展，突出交易功能、从而引起更多境内外商家关注，有利于提升宁波国际服装节的地位。

——《中国贸易报》朱文伟

宁波旅洽会铺就旅游投资通途

"未来5～15年，中国旅游投资总量将会进入一个更大、更快的增长期。预计到2020年，中国旅游业投资总量将超过6万亿元"。这是在2005首届中国旅游投资洽谈会的中国旅游投资高层论坛上，一本由国家旅游局规划发展与财务司主编的《中国旅游投资报告》中指出的。

报告显示：由于新型旅游消费类型和新一代旅游消费群体的出现，产生了新的旅游投资空间。首先，会展旅游、滑雪旅游、探险和文化体育活动等专项旅游产品和特种旅游产品，特别是围绕着2008年奥运会的各种旅游产品将有巨大的市场潜力。有与会者称，该报告好似一颗定心丸，让投资商们看到旅游产业的前景极为乐观。

2005年11月1～3日，由国家旅游局和宁波市政府联合主办，浙江省旅游局、中国旅游报、经济观察报、宁波市旅游局、宁波市江东区政府承办，以"为美丽寻找资本，让智慧创造财富"为主题的2005首届中国旅游投资洽谈会（下称旅洽会）在宁波国际会展中心举办，吸引了业内人士及近百家媒体的高度关注。作为本年度继中国国际旅游交易会、中国国内旅游交易会之后，最后一次较大规模的行业展会，本次旅洽会由综合活动、论坛研讨、展览洽谈、评选推介四大板块组成，其中的多项活动如"中国旅游投资商俱乐部成立"、"海峡两岸（溪口）旅游投资论坛"、"中国城市旅游竞争力排名研究"均是首次举办，因此，这一届旅洽会被业界评价为是旅游行业的大餐而非甜点。

数字旅洽会

本届旅洽会设有展位1000个，推出逾千个旅游招商项目，引资总金额超过1000亿元人民币，各地展团举行了26场推介会。在11月1日的首场签约仪式上，就有18个项目签约，投资总额85亿元人民币。

来自全国26个省、自治区和直辖市组团参展，18个城市单独组团参会，展会吸引了日本、韩国、美国等10多个国家和地区的客商，总人数超过1万人。各省区的展台都充满了地方特色，浙江展区红灯笼高悬，体现江南风情，苏州展区融入了园林景致，而来自少数民族地区的展区，参展人员身著民族盛装接待与会客商。

记者注意到，江西主打“红色旅游”牌，其主推的资源项目也离不开“红色”。井冈山茅坪景区将建毛泽东纪念园、杜鹃山寨和红军文化营；瑞金将新建中华苏维埃共和国历史纪念馆、大柏地战斗遗址景区等红色圣地，总投资额1.77亿元人民币。

来自河南、陕西、山东等省的旅游投资项目，代表了不同的文化，以山东水泊梁山风景名胜区为例，拟投资1700万美元进行旅游综合开发。

分别组团的新疆和新疆生产建设兵团携高达52亿元人民币的投资额、30余个项目参展。在本次旅洽会上亮相的新疆喀纳斯景区是新疆的旅游精品，具备世界级旅游胜地的品位和资源，拟投资总额为28亿元人民币。

民族风情和历史悠久的古镇村落成为云南、广西、内蒙古、宁夏、贵州、四川的主打项目。拟投资16.6亿元人民币的泸沽湖度假区保护与发展项目，包括兴建泸沽湖景区基础设施、建设永宁旅游小城镇等12个项目。

作为东道主，宁波推出了84个重点招商项目，总投资254亿元人民币。组委会执行主任、宁波市副市长何剑敏表示，举办旅洽会，“对促进宁波市经济结构调整，推动经济社会发展，建设一流的旅游经济强市，打造最佳商务会展旅游城市等方面有着重大意义”。

据国家旅游局《2005中国旅游景区发展报告》显示，我国旅游景区已经达到2万家，旅游景区已经形成我国旅游业的半壁江山。在此次旅洽会上，国家旅游局规划发展与财务司公布了这份报告。截至2005年1月，我国已有各类旅游景区2万家左右，其中，A级旅游景区1401个，国家重点风景名胜区177个，国家自然保护区154个，国家森林公园565个，国家地质公园105个，工农业旅游示范点306个，列入《世界遗产名录》的自然文化遗产31个。

国家旅游局规划发展与财务司副司长张吉林介绍，据世界旅游组织预测，2020年，中国将成为世界第四大入境旅游国和第一大出境旅游国。从目前情况来看，这一预测可能提前3年实现，这就需要资金的支持，而旅洽会将成我国跨向世界旅游强国的推进器。

实效旅洽会

“10个月前，我是担心，不知这个会能否开起来，开成什么规模；1个月前，我放了心，因为看到展会报名很踊跃；1周前，我开心了，因为有人来找我‘开后门’要求参展。这样的洽谈会早该搞，而且力度要加大。”旅洽会组委会主任、国家旅游局副局长顾朝曦接受媒体采访时如是说。

“目前的旅游产品不能满足消费者的出游需求。一些投资商在旅游投资方面的积极性很高，但信息不灵，这就成了旅游投资面临的重要问题。政府部门所要做的，就是提供服务，在旅游资源和资本之间搭建平台，完成‘美丽’和资本的顺利对接”。张吉林表示。

实效是会展的生命。据介绍，根据组委会对参展单位的普查和与会投资商的抽样调查，分别有94.8%的参展单位和93.4%的与会投资商对旅洽会的组织和服务工作表示满意，国家旅游局规划发展与财务司司长林山盛赞本次旅洽会创意新、规模大、层次高、专业性强。

旅洽会组委会秘书长、宁波市旅游局局长朱至珍认为，作为一个新生会展，旅洽会还有广阔的发展空间，如展商和客商的洽谈时间还可以提前。组委会可事先通过网络、公告等办法向社会公布参展项目，让投资商有提前接触旅游资源的机会，再通过旅洽会的平台互相洽谈。再如，组委会可将各地的资源集中整理后建立旅游投资项目资源库，并不断充实完善这一资源库，从而进一步挖掘展会的利用率。旅游项目推介形式和渠道还可以积极拓宽和创新，如采用各地风情展、民俗表演、地方特产品尝会等，这样会让投资商留下深刻印象。

相关链接：

中国旅游投资商俱乐部成立

11月2日，旅洽会的重要活动之一——中国旅游投资商俱乐部成立仪式在宁波开元大酒店举行，包括中国国际信托投资有限公司等21家单位成为中国旅游投资商俱乐部的首批会员单位。

在成立仪式上，有关策划人表示，在中国旅游协会指导下成立的中国旅游投资商俱乐部，是由全国旅游投资商自愿组成的非政府民间组织，旨在为投资商打造“资源、资本、资讯”的平台，这也是本次旅洽会最大的特色。这位人士认为，该俱乐部是创意的产物。随着旅游产业的快步发展，有战略眼光的投资商把目光转移到了旅游业，旅游投资正在成为旅游产业全新的奶酪。

海峡两岸(溪口)旅游投资论坛——旅游合作大势所趋

11月3日是旅洽会最后一天，来自两岸的200多位旅游业人士会聚浙江省奉化市溪口镇，就两岸旅游合作开展研讨。国家旅游局规划发展与财务司司长林山表示：非常欢迎台湾投资商来大陆投资旅游业。

“共有60多名台商参加了这次拥有1000个项目，投资总额超过1000亿元人民币的旅洽会，每个参展的台商都有1亿元以上人民币的投资实力，在展会上很受各地旅游业的欢迎，大部分台商没等展会闭幕就被接到当地考察项目去了”。组委会的有关负责人向媒体介绍说。

台商在大陆投资制造业热潮涌动，但旅游业领域的投资却鲜为人知。中国社会科学院旅游研究中心研究员魏小安认为，这主要是因为制造业的投资环境相对简单，人们对旅游服务业的带动作用还没有深刻的认识，而且旅游业投资相对周期较长、回报较慢。但魏小安同时表示，海峡两岸的旅游合作势不可挡，旅游业必将成为台商在大陆投资的新热点。

他认为，两岸的旅游合作将从现阶段的旅游互动发展到商务旅游、项目互动和旅游投资。旅游投资也将从目前的单向投资发展到双向投资。估计在5年之内，大陆旅游企业将实现赴台投资。两岸旅游合作最终将扩展外延，表现为包容大陆、港澳台和海外华人的大中华旅游圈的崛起。

“事实上，现在中国大陆诸如制造业、房地产业等过去回报高的产业投资已经出现饱和，旅游业正是最具投资前景的产业，”魏小安如是说。

与会的海峡两岸专家对大陆独特的旅游资源一致看好。他们认为，大陆有独特的、无法复制的自然生态环境，还有辉煌的历史和深厚的文化底蕴，这些在世界上也是独一无二的。因此，大陆旅游界应该以“百年大计”的态度来对待旅游资源的开发，开发时应慎之又慎，最好能借鉴国外开发旅游资源的先进经验。

“旅游城市竞争力排名项目研究”首次亮相

11月1日，在宁波国际会展中心举办的项目推介会上，“中国城市旅游竞争力排名研究”项目启动，引起了部分与会人士的关注。据中国城市旅游竞争力排名研究项目的负责人张小军介绍，尽管各种城市排名的推出，已经引起了一些城市对于排行榜的关注疲劳，但是，作为一种带有官方性质的城市竞争力排名，其具有无可替代的导向价值。

他表示，近年来，各城市关于自身发展的态度已更趋于理性；在发展定位、发展思路方面已经出现了很大的转变，很多城市在发挥自己优势、创建自身特色方面进行了深入的探索。特别是一些新兴的城市，在发展上摸索出了一条适合自己的道路。

除了具体指标的导向价值之外，张小军认为，新的城市竞争力排行榜也能对城市的发展产生一定的导向作用。因为，对于任何一个城市来说，不管排名的权威程度如何，都不希望自己在排行榜上的位子下降，因此，排名的升降也能对城市构成导向。

在与会人士质疑排名是否客观公正时，张小军强调，从事城市排名的目的是，找出影响城市竞争力的关键因素，藉此为制定城市发展战略提供参考。他表示，这只是一种学术研究，不能作为评价一个城市的一般性标准，也不能成为各城市决策的直接依据。对中国城市排名并不是研究的主要目的，排名只是从一个侧面体现各个城市在发展中的优势、劣势及潜力，并显示出各个城市间在竞争力上的距离，它本身只具备参考价值。

——《中国贸易报》周春雨

中国性文化节揭幕

2005年11月5日，第三届中国性文化节暨第七届全国计生、性与生殖健康用品展销订货会在中国进出口商品交易会20号展馆开幕。据介绍，截至昨天下午6时，已有近5万人进场观展。由于提前发放的免费参观票供不应求，竟有“黄牛”趁机炒票。

展馆人满为患似“春运”

距离开展时间九时尚有十多分钟，不少观众已在展馆大院门前等候入场。九时刚过，人群便把大门围得水泄不通。2004年，性文化节3天之内涌入11万人，今年主办方把展厅面积扩展到原来的1.5倍，并在开幕前通过广州人口计生网络发放了10万张免费门票，采取凭票入场的方式限制观展人流，但现场依旧人满为患，那情景像极了“春运”。10时左右，大批拿不到票的市民堵在门口，数名保安站成一排，用身体挡住涌动的人流。“黄牛党”趁机在门外把原本免费的门票哄抬到20元一张。组委会预计今后两天观展人数可能达到15万，因此已紧急加印门票，并从4日起在展馆大院的总服务台免费向市民发放。

古代性文化展最受热捧

展馆二层同时举办了3个展览：古代性文化展、人体标本展、“防艾”图片展。其中，古代性文化展是最受关注的部分。广东韶关的中华性文化博物馆展出了各个历史年代的性文物和民俗用品多达600余件。展览分为古代性崇拜，婚姻制度的演变，古代性教育和性用具、古代性压迫、性剥削和性禁锢四个部分。其中，古代性教育和性用具最受市民热捧。一套秘戏瓷雕吸引了不少观众驻足。这套瓷雕刻画了古代男女交合时的各种姿势和造型，有些姿势还很具有开创性。现场讲解员介绍，为了增添情趣，古人还会给不同的交合姿势起名，“老汉推车”便是其一。

74岁老伯带孙子来“扫盲”

记者发现，观众以男性居多，也有少数夫妻结伴而来，很多人有备而来，拿着相机、手机将展品一一拍照。在其中一块展板前，一位戴着眼镜的老人家把说明文字一段一段地全念出来，他的身边站着一个年轻小伙子。一问才知，这位74

高龄的康老伯是专程带着孙子从深圳赶来观展的。“我的孙子22岁，还没谈过恋爱，是个性盲，今天特意带他来扫扫盲！”康老伯笑着说，一旁的小伙子却羞红了脸。

现场有工作人员在出售以古代性教育、性养生有关的图书、音像制品等，许多观众掏出百元大钞一买就是一整套。

人体标本展品太逼真惹不安

本届性文化节不限制未成年人进场。记者在现场也看见有个别家长带孩子来参观。不过，当他们参观人体标本展时，就不免有惊呼之感。这个展览是今年新增的展览，经过特殊工艺染成的心脏、手臂以及两性生殖器官铸型制作非常精美。展品中连体婴、无脑婴等怪胎标本也引起了部分观众不适。据悉，组委会引入人体标本的理由是“让人们更加了解自身构造”。

今年性文化节还首度将同性恋者“防艾”知识纳入展览。男同性恋者自发组成的“智行广州同志志愿小组”主动制作了8块展板，经过专家遴选，最后有两块入选，摆在了入口处。不过，记者发现，和其他展板相比，同性恋“防艾”展板稍显“门庭冷落”。

——《北京青年报》任珊珊　刘晓星

“两展一论坛”在天津举办

由国家信息产业部和天津市人民政府共同主办的第十届中国（天津）信息技术博览会暨国际IT人才交流会、2005国家信息化发展论坛、首届中国（天津）汽车电子产品展览会（简称“两展一论坛”）于2005年11月4～7日在天津国际展览中心举办。

作为国家重要的IT技术展览会之一，中国（天津）信息技术博览会自1996年创办以来，以优化市场组合、促进产品流通、推动技术传播、服务区域发展为宗旨，已成为天津地区规模最大的信息技术博览会。第十届中国（天津）信息技术博览会以“数字技术与生活”为主题，设立了天津信息化成果展区、网络与通信展区、环渤海信息产业交流展区、国际IT人才交流区、汽车电子展区、手机娱乐展区、数码视听和办公自动化展区等7个专业展区，1100个展位，展览面积2万平米。本次博览会上共展出包括信息化建设成就、地区合作项目对接、计算机、软件、网络通信、网络安全、卫星通信、无线通信、广播电视、IT人才交流、汽车电子、手机和数码娱乐产品等10余个专业类别在内的项目1000多个，其中新产品超过参展项目数的50%，观众达5万人。

2005国家信息化发展论坛共推出了“信息·和谐·发展”、“企业信息化与电子商务”、“网络与信息安全”、“环渤海信息服务业”、“中国汽车电子技术与企业发展”、“智能建筑”、“信息技术与人才”等七个主题论坛。本次论坛紧紧围绕“信息·和谐·发展”的主题，以科学的信息化发展观，大力推广应用现代信息技术，改善政府的服务和管理，提高经济运行效率，促进相关产业发展，坚持服务现代化建设全局，促进国民经济和社会信息化。国家部委和省市领导、国内外知名专家学者和企业高层人士等80多位嘉宾在论坛上作了重要演讲。本届论坛主题突出、内容丰富，具有鲜明的时代特色，是一次规模大、水平高、影响深远的盛会。

大会期间举办的环渤海信息产业和信息化项目合作对接会和新技术产品发布会上，北京大学、清华大学、中科院、南开大学等12所国内知名院校、环渤海五省二市150多家企业共推出500多个项目，有近10个市地组团到现场选择项目洽谈，共达成合作意向160多项，其中78个项目在现场直接对接。此次展会为环渤海企业和科研机构、投资方之间搭建了沟通的桥梁，促进了项目的产业化。

同期举办的手机娱乐产业周也获得了巨大成功。本届手机娱乐产业周首次在津举办，共推出了手机娱乐展、2005年中国（国际）手机娱乐产业技术与趋势高峰论坛、首届天津（国际）数字娱乐技术及游戏人才培养主题互动交流会、天津首届手机娱乐擂台赛、首届“北洋杯”手机游戏创意及设计大赛等多项活动。整个活动以参与、互动和体验为特点，成为此次信博会的热点之一。

“两展一论坛”为国内外信息化领域领导、专家学者和企业界人士提供了交流对话的平台，搭建了合作发展的桥梁。“两展一论坛”的成功举办，对推动天津市以及环渤海信息化和信息产业发展、全面提升城市和区域的信息化水平、构建以人为本、全面协调可持续发展的和谐社会都具有重要的作用。

——中广网

聚焦服务业　55市长无锡结盟

由中国市长协会、中国国际贸易促进委员会、无锡市人民政府以及美国服务业联盟联合主办的“2005世界城市服务业大会”（以下简称“大会”），于2005年11月8～10日在美丽的太湖重镇无锡举办。

这是一次规模盛大的市长聚会，在“2005世界城市服务业大会”期间，国内来自江苏、浙江、江西、山东、沈阳、内蒙古、新疆等众多省区31个城市的市长，国外来自美国、法国、俄罗斯、印度、瑞典等10个国家24个城市的市长，齐集无锡，55个市长于11月9日宣布建立“城市服务业联盟”，并发布了《世界城市服务业合作发展无锡宣言》。

意义不止于此。在大势竞合但又局部摩擦频仍的全球化浪潮下，一个内外双向开放的高官级平台开始初具模型，它的诞生，首先打破的是藩篱，继而是得享合作的成果。

市长结盟

作为世界上首个专门针对服务业的城市联盟，其中国办事机构将设立在无锡，与会的55个城市成为首批会员。

该联盟的意图，则始终围绕“合作”展开：搭建“城市合作平台”，“加强平台内城市服务业的互动合作”，“促进平台内城市服务业的进一步开放”；其宣言着重提到了要在目前困扰城市经济发展的诸多方面加强合作，例如：“市场准入”、“融资”、“人才交流”、“知识产权保护”、“市场环境”等。

很显然，肩负民生重任的市长们迫切地感受到了合作的重要。

瑞典乌梅尔市市长Marie-Louise Ronnmark女士用一句“我们谁都不愿意成为被孤立的人”，来表明她不远万里前来参加结盟大会的理由。她认为要破除贸易壁垒，还需要正式谈判以外的通道，文化与观念的融合同样十分重要。

法国萨努瓦市市长Paternotte先生表示参加沙龙性联盟网络的好处在于：“联盟可以促进合作伙伴的经济发展和推动城市之间的合作，促进相互企业间的投资。”

无锡发改委一位官员认为，这个联盟最大的意义，是“为城市之间找到了一个对接的通道和合作的平台。”这种对接，可以缩短“东西差距”，不光是中国与美欧之间的差距，也包括国内东西部的梯度差距。

有观点认为，中国改革开放20多年来，对外开放不断扩大，但是内部地区之间壁垒却依然存在，这实际上阻碍了地区经济的发展。张祖林则指出，这种壁垒在目前的一个表现，就是东部一些地区利用西部大开发求项目若渴之机，将那些污染严重、能耗高的企业往西部转，这并非真正想帮助西部。

张祖林同时表示，东部观念已经对他产生了影响：“我和山东滨州的市长聊得挺多，他们一个纺织厂就可以年销售300个亿，可见一个地方找准自己的特点，抓住机遇非常重要。”“我们不能一只脚走路，不能只有旅游，也要多条腿走路，二产、三产是相辅相成的。”

聚焦服务业

当无锡市委书记杨卫泽听到江苏省委书记李源潮讲到“要在江苏建立一个全中国的服务业基地”时，他笑了，无锡又一次走在了前面。

两个月前，无锡刚刚在太湖博览会期间举行过一次服务业国际论坛，现在又马不停蹄地推出规模更加宏大的世界城市服务业大会，付出终于获得了回报。

据杨的介绍，无锡对于服务业的重视始于一年前，当时无锡市委副书记王永红参加北京的一个服务业会议，回来汇报后，无锡市委深感此块“大有可为”，于是联合了中国市长协会、中国贸促会、美国服务业联盟等机构磋商，筹备工作由此展开。

另外的成果是，结盟大会两天里，共达成签约项目20个，对无锡总投资超过80亿元，另外还有10多个项目达成了初步意向，法国蒙特芒仑市与惠山经济开发区还签订了长期经贸合作意向。

自2004年以来，中央高层不断发出“要大力发展服务业”、“流通业要成为拉动经济的龙头”等信息，刚刚结束的十六届五中全会上，更是十分明确地将“促进服务业加快发展”列入“十一五”规划建议中。

李源潮告诉本报记者：“大力发展服务业有五个方面的好处：第一，服务业是发展制造业的支撑；第二，可以节约资源节约能源；第三，可以减少污染，总体上讲，现代服务业是个清洁产业；第四，可以增加就业，服务业的就业含量比较高；第五，服务业是城市发展和城市现代化的一个支撑。”

但实际上，中国的服务业远远落后于制造业的发展。姜增伟指出：“2004年中国服务业占GDP比重只有30%多，比发达国家平均水平低近35%个百分点。”

联合国经社理事会主席特别代表、巴基斯坦国驻沪总领事扎法尔也认为，中国服务业还远远没有发挥出应有的潜力，2004年对于全球服务业的贡献只有129亿美元，而依据中国的资源和潜力，这个数字完全可以超过1万亿美元。

服务业短板之痛

杨卫泽分析了服务业发展目前面临的障碍和制约，一是政策上与工业相比不够对称，存在差别；二是市场化程度也不对称，专业化程度不高；三是认识水平不足，现在还主要局限在商贸流通业。

中国互联网协会常务副理事长高新民将服务业分为三大类：面向个人消费的服务业、面向公共服务的服务业、面向生产和市场的服务业，相比而言，后两类服务业更加滞后一些，而面向生产的服务业对企业和经济的发展产生直接影响。

江苏远东集团董事长蒋锡培就曾经和正在感受切肤之痛。10年前，初具规模的远东集团年销售达到5亿元人民币，蒋锡培希望进一步向外拓展，想找银行多贷款，选来选去就那么两三家当地银行，再多也就两三千万元的授信额度。他转而寻求外商投资，这就需要对远东集团的内部经营管理和制度标准设计进行提升，到处找财务顾问、战略顾问、律师事务所。奔忙于上海、北京甚至国外，最后花了1年的时间才定下上海的两家中介服务结构。

“现在这些方面好些了，但还是跟制造业的总量不匹配，现在很多企业直接面临全球化的竞争，需要构建的是国际舞台上的标准，依然还有较大差距。”远东集团现在已经发展成为了一个年销售70多亿元的大企业，但是蒋锡培又开始面临新的难题。

“由于外向型人才不够，我今年至少要放弃10个亿的订单。”就在上个月，越南一家公司要货超过1亿元人民币，蒋锡培权衡再三还是放弃了，原因就在于缺乏这方面专门的人才。外向型经贸人才的缺乏，反映出的问题的是相关教育的滞后。

比这个更加严重的是，相关服务业的不规范，直接对企业造成损害。蒋锡培介绍，行业内有些企业经常遭遇假运输公司的“暗算”，有些企业为了节省成本，往往上当，那些所谓运输公司用假车牌、假驾照、假公司文件，骗得一车货后就离奇消失，一车货被骗就意味着损失几十万元。

但是差距也意味着空间，用李源潮的话说是“市场空间巨大”，因此，在这个政府搭建的舞台上，同时也看见了联邦快递、安永、摩根士丹利、花旗集团、维迪阿、奥美等外资服务性企业的大量身影。

——《21世纪经济报道》

第三届中国（广州）国际汽车展览会

一年一度的汽车行业盛事——中国(广州)国际汽车展览会于2005年11月22～28日在广州国际会议展览中心举办。此次车展无论是展会规模、品质、影响力、参展企业、活动内容、服务水平等都比前两届有明显进步。规模大、品牌多、车型全、论坛规格高、媒体多、观众人气旺是本次展览会的特点。

规模空前，特色渐趋明显

本届车展展出总面积达到8.5万平方米，比上一届增加了1万平方米，增幅13%；其中整车展区面积6.5万平方米，比上一届增加1万平方米，增幅18%；零部件/用品展区面积2万平方米，与上届持平；参展企业370家，其中整车企业51家，零部件/用品展区参展企业319家，整车展出车辆481辆，概念车15辆，举行新车发布会28场，发布新车22款。

与前两届相比，各大汽车厂家对广州汽车展的投入力度更大，尤其是国外厂家积极参与到广州汽车展中来。劳斯莱斯、世爵、奥迪、大众、三菱今年都是以国际厂家的名义参展，带来他们最新的产品，展示企业形象。通用、福特、丰田、本田、日产、现代、起亚、标致、雪铁龙等汽车生产厂家均一如既往的支持广州汽车展，带来了大量的新车款和部分概念车。大部分参展厂家在展出产品、配套活动、广告宣传、高层领导参与、媒体记者邀请等诸方面都加大了力度。

除了新车款和概念车的数量比2004年有增加外，本届展会的豪华顶级车参展的规模也远远超过往届，劳斯莱斯、宾利、法拉利、世爵、保时捷等均大面积参加本届展会。

另外，本届展会的商用车、零配件、用品展区海外参展商的比例扩大，博世、丰田通商、日本电装、松下万宝、阿尔派、三洋等著名国内外企业均高规格参展，日本展团、我国香港和台湾地区参展的规模也都比2004年有所扩大。

论坛规格高，汽车文化多元

“中国（广州）汽车发展论坛”以其高规格、议题热点关注度高而成为广州车展的重量级活动内容。本次论坛的主题是“中国汽车产业可持续发展战略”，象征着广州的前瞻意识。本届论坛得到了广州市领导和各专家学者的高度关注。市长张广宁作了题为“重点优化汽车行业发展环境”、中国机械工程学会名誉理事长邵奇惠作了题为“自主创新—中国走向汽车强国的必然选择”的主题演讲，博鳌亚洲论坛秘书长龙永图对经济全球化背景下如何发展中国汽车产业进行了阐述，中国工程院院士李京文对发展我国汽车产业的战略与政策思路作了深入的论述。

本届论坛的国际化程度也得到了进一步加强，世界各大汽车企业高层热情参与。丰田汽车公司副社长稻叶良目见先生、本田科研工业株式会社专务董事兵后笃芳先生、奇瑞汽车有限公司总经理尹同耀先生、通用汽车公司新业务发展与规划部总监周方裕先生、韩国现代自动车株式会社社长崔汉英先生、广州汽车工业集团有限公司总经理陆志峰先生等在论坛上都作了精彩演讲。

而本届车展的汽车音响大赛、改装车大赛、汽车百年历史文化展也为广州车展这道汽车消费盛宴佐餐。

媒体覆盖广，宣传声势大

由于加大了宣传推广的力度，再加上参展厂家高度重视，邀请了全球各地的媒体记者，本次车展引起了国内外媒体的广泛关注，截至2005年11月27日，本次展览会共有510多家海内外电视、电台、报纸、杂志、网络等媒体单位、1600多人到会采访和报道，比上一届增加200多人，增长14%；其中国内媒体450家左右，国外媒体60家左右。除派记者到会参观采访报道外，在展会现场设立展位宣传推广自己的媒体单位共有60家之多，其中特装的企业占了13家，在展位装修上花了不少工夫，尤其是各大网络媒体在展场设置装璜精美的展位和直播区，争妍斗艳，如网易、TOM网、搜狐、中国汽车网、太平洋汽车网、车168、网上车市等，广州汽车展的宣传覆盖面和力度比上一届有更明显的提高，展期七天，天天有汽车专刊、专版送到受众手中，宣传覆盖面之广，宣传策划之周密，宣传报道之踊跃，宣传影响之大是前两届所没有的，广州汽车展真正成了今年下半年汽车行业的一大盛事，成为广州市民的节日。

车展人气旺，观众参观文明

截至2005年11月27日，共有494533人次进场参观了本次展会，特别是，周末两天的参观人数日均超过12万，整个展览期间进场参观的人次超过去年。

本次展览会继续设立从市区到展馆的穿梭巴士，方便了市民到会参观，由于地铁直达展馆，非常方便，搭乘地铁来参观的观众占了绝大部分，约占60%。从广州乃至珠三角自驾车前来参观广州汽车展的观众也非常多，约占25%左右。乘坐公交车、的士、穿梭巴士来会场的观众约占15%。

面对客流高峰，主办方及时启动各项应急预案及措施，确保展览会安全有序地进行。整个展期内秩序良好，未出现任何安全隐患。由于搭乘地铁前来参观的观众特别多，本次展览会专门设立了“羊城通”通道，持有“羊城通”的观众除了可以刷卡乘坐铁外，还可以刷卡进入参观汽车展，大大方便了观众购票。针对大批车辆驶入展览会周边地区，大会增设了多个临时停车点，也出动了大批交警指挥车辆停放。针对高峰人流时期的观众就餐问题，大会也提前做好各项准备工作，保证食品、饮料的充足供应，卫生部门也严格把好食品质量关，确保观众吃得放心。针对车展期间很多观众都是拖儿携老的前来参观车展，大会增设了大批保安人员，并不断广播提醒参观观众注意老人小孩安全，保障了整个大会期间没有出现意外事故。

尽管人多，由于措施得当，广大参观车展的观众都有序进场，文明参观，展会期间秩序良好。

——北方网

清洁汽车未来市场的新卖点

发展清洁汽车是维护国家能源安全、保护环境和落实科学发展观的重大战略举措，也是我国《汽车产业发展政策》中明确支持的重要方向。2005年是国家“十五”计划实施的最后一年，也是全国清洁汽车行动进行阶段总结和规划部署“十一五”工作的关键一年。为全面了解国际清洁汽车技术发展的最新趋势，加强国际技术交流与合作，进一步推动我国清洁汽车技术的研究开发与应用，科技部、国家发改委、建设部、交通部、国家环保总局、国家质检总局、国家旅游局和北京市人民政府于2005年11月23～26日在北京农展馆共同主办“第四届北京国际清洁汽车技术研讨暨展览会”。

本次活动集中展示了我国“十五”期间电动汽车重大科技专项和清洁汽车行动取得的成果，以及国内外电动汽车、清洁燃料汽车等最新相关技术、产品和成果。通用、大众、丰田、本田、戴姆勒－克莱斯勒等国际汽车制造商，一汽、东风、上汽、奇瑞等国内公司以及北京、上海、广州、天津、湖北等省市展团纷纷带来自己的先进成果及技术。

在此次展示会上丰田展示了1辆TOYOTA油电混合动力Prius普锐斯、1辆Prius普锐斯的车体切割模型、尚未投入批量生产的燃料电池混合动力车等节能、环保的车型，丰田还为观众展示了以D－4发动机为代表的总成动力系统以及智能交通系统（ITS）。

据了解，丰田所展出的Prius普锐斯于1997年上市，是世界首款批量生产的、也是现阶段世界上最成熟的混合动力轿车，因其革命性地降低了车辆燃耗和尾气排放，其划时代意义与先进性得到全世界高度评价，使世界为其惊叹。PRIUS普锐斯的TOYOTA油电混合动力系统是世界尖端技术，创造了汽油发动机与电动机的最佳组合，达到了远远低于传统汽车的油耗水平，并以高水准融合了“强劲的动力性能”和“高环保性能”这两个看似相反的汽车性能参数。

在湖北省展团内，武汉理工大学的展位上一款名为Aspire的电动概念车以其小巧独特的外观吸引了众多观众与媒体。据展位上的工作人员介绍，这款Aspire电动概念车，武汉理工大学拥有完全的自主知识产权，该车的外观、剪式车门以及车内数字化虚拟仪表及信息平台已经申请了专利。这款车为纯电动，达到零排放，自2004年10月份研制出来以后参加了多次展览，受到观众好评，预计该车将在3年后投入生产。

大众汽车公司展出了途安混合动力汽车，并向大家展示了阳光燃油的概念。阳光燃油不是以天然气而是以生物质作为主要生产资源，拥有合成油所具备的低排放、可直接使用的优点，而其进入中性循环的二氧化碳则达到了85%。阳光燃油比乙醇或生物柴油具有更大的潜力，德国鲁德威格·勃克系统技术公司提供的资料显示：每公顷农田种植作物可以产生的阳光燃油，就能量而言，为生物柴油的两倍。这是因为生物柴油的产生只是从种子油中提炼出燃油，而阳光燃油的生产则可以利用整个植物。将生物质资源作为燃油生产的初级能源也为未来农业的创收开辟了新的途径。

此外，米其林轮胎展出的EnergyXM1轮胎，采用含硅配方的GreenX技术有效减少轮胎滚动阻力，带来惊人的省油效果。而本田公司除了展示混合动力汽车外，还展示一批电动摩托车、小型混合动力摩托车及燃料电池摩托车。其他省市展团也都展示了清洁汽车尤其是清洁公交车方面的优秀成果。

——《中国贸易报》张汝男

展览会——企业的第三只眼

——2005金秋部分国际鞋革专业展会接触

自我国改革开放以来，皮革业（包括皮革制品业以及各个配套产业）的快速发展催生了若干个皮革类专业展，这些展会发展至今，有的已经被市场淘汰，有的已跻身亚洲四大皮革展行列，成为行业发展的风向标。这里为大家介绍的是近几年来每年秋季，国内尤其是温州的鞋革、鞋材以及机械厂家比较看好的几大国际知名皮革展。这些展会如何做到“人气”鼎沸，如何在市场变迁中风景独好？

中国国际皮革展、中国国际鞋类展和国际时装暨时尚配饰展

悠久历史打造行业盛会

中国国际皮革展、中国国际鞋类展和国际时装暨时尚配饰展每年的举办时间基本上都是在9月初，每年一届，展期为3天。由于主办机构之一是中国皮革协会，其每年的行业年会也都选择在这个时段召开，时间通常安排在展览会之前，一共两天，因此整个会展期为5天。地点设在上海浦东新国际会展中心。该展依托上海国际贸易金融大都会的优势，借助两大主办机构中国皮革协会和香港亚太区皮革展有限公司的权威和实力，经过20年的艰难发展，已架起了一座立足亚太地区连接世界的皮革业的黄金贸易桥梁。

该展原名称为中国国际皮革展，为适应国际贸易形势的需求，进一步强化专业优势，2003年起一分为二，将原有的展会分为两个专业性更强的新展览，即中国国际皮革展和中国国际鞋类展和国际时装暨时尚配饰展，同期同地举行。2004年，该展的总展出面积近3.5万平方米，共吸引了来自35个国家及地区的900余家厂商参展，到场参观洽谈的14980名买家分别来自78个国家及地区。据了解，温州鞋、革、设备企业参加中国国际皮革展的时间最早自上世纪90年代初期开始，当时商业性专业化大型展览在国内屈指可数，为拓展市场，温州部分制鞋企业开始接触中国国际皮革展，由于它的良好效果，最终该展成为温州鞋革鞋机企业每年的重点参与展会之一。

直击2005中国国际皮革展

专业展会撬动国际贸易。2005年9月5~9日，中国皮革协会行业年会暨中国国际皮革展、中国国际鞋类展和国际时装暨时尚配饰展同往届一样先后在上海虹桥宾馆和上海浦东新国际会展中心举办。

与2004年相比，今年的中国国际皮革展、中国国际鞋类和国际时装暨时尚配饰展更加吸引眼球，皮革仍然是该展的重头戏，今年家具和汽车用革很受关注，品种繁多的人造革企业带来的产品也不逊色。瑞新、瑞普、华杰等十几家温州皮革企业表示该展每年都有参加，是新产品宣传的最佳时机。此外由澳大利亚、巴西、德国、印度、韩国、巴基斯坦、西班牙、泰国、土耳其、美国、意大利等国家组成的欧洲展团规模宏大，赚走不少眼球；在鞋类、毛皮产品和配饰展馆，康奈、奥康、吉尔达、多尔康、日泰、远东、哈杉等诸多温州内外贸著名鞋、革品牌更是养眼，几乎成了该馆的主角，吸引了一拨拨的国际买家团前来参观。其中最值得一提的是第一次参加展览会的哈杉鞋业，长年的幕后发展为其积累了深厚的品牌运作经验，此次“露脸”也带来很多期待。此外，瑞安鞋革协会也组织了部分制鞋企业参展；在皮革、制鞋机械展区，国内外参展厂商的展品竞相出彩，大隆机器、仓桥鞋机等多家温州鞋机企业同2004年一样深受关注。首次组团参展的意大利制鞋制革机械协会（ASSOMAC）也不失为本届皮革展一大亮点。

中国（温州）国际皮革展 2005年国际鞋类、皮鞋制品制造技术和材料展览会

市场催生的专业盛会

紧随中国皮革展之后在温州国际会展中心举行的温州国际皮革展（该展简称）同样也是国内外业内人士近年来较为看好的热点展会，每年一届，展期为3天，时间基本上都是在9月中旬。该展起步于10年前，扎根温州，凭借温州强大的产业实力以及主办机构之一温州市鞋革行业协会的优势，短短几年时间温州国际鞋类、皮鞋制造技术和材料展览会便发展成为国内外行业人士竞相看好的专业盛会，被美誉为亚洲四大皮革展之一。10年来参展企业累计近8000余家，迎来送往的专业客商累计达31.7万人次，促成贸易总额为213.57亿元人民币。当仁不让的成为国际皮革业的贸易盛会之一。

今天翻开温州国际皮革展举办初期的会刊资料，你会发现很多熟悉的企业名字，大隆机器、温州人造革、宏业精机、康奈、红蜻蜓、奥康、巨光机械等等，他们都是温州国际皮革展艰难发展的亲历者和见证人，他们已成为温州国际皮革展10年发展不可分割的部分。在当时他们有的建厂没几年，

有的才刚成立，有的是在随后几年中相继创立的，但这都不会影响或者减弱该展在他们心中的位置。

2005年，根据发展的需要，温州国际皮革展在原有的基础上重新调整和划分，形成两大专业性更强的展览，即中国（温州）国际皮革展和2005国际鞋类、皮革制品制造技术和材料展览会。

温州国际皮革展现场看板

10年华诞，精彩不断。2005年9月13～15日温州国际皮革展在温州国际会展中心举办。10年的深厚积累和今年的10周年大庆，为该展披上了一层夺目的光彩。为了庆祝温州国际皮革展10年华诞，进一步提升其国际贸易平台功能，大会主办方精心策划了四台大“戏”，并一反常规，将坚持多年的开幕典礼从展览当日早晨提前至前一日晚间，与10周年庆典宴会合并成为此届首台大戏。温州国际皮革作为浙江轻工产品博览会前期的专业展之一，本届展会展览面积首次突破3万平方米，来自德国、巴基斯坦、乌拉圭、土耳其、秘鲁、哥伦比亚等25个国家和地区的650多位参展商，带来了世界各地的各类真皮系列，新品发布率比上届多了40%。

专业划分，激升人气。温州国际皮革展经过10年发展，其品牌影响已不容忽视。2005年温州国际皮革展更趋国际化和专业化，本次展会分为两个专业展：以皮革、合成革、人造革，皮革化工和皮革机械为主的中国（温州）国际皮革展和以制鞋机械，鞋面化工，鞋楦，鞋底以及各类制鞋材料如：鞋类五金，配件，CAD，CAM系统等为主的中国（温州）国际鞋类，皮革制品制造技术和材料展也更为业界看好。

合成革一直是温州国际皮革展区别于其它地区皮革展会的最显著特色，今年得到延伸并继续扩大。来自温州及全国各地近150家合成革企业亮相本展，全面展示湿式PU、干式PU/PVC和压延革、服装革、鞋面革、沙发革、箱包等系列产品，全方位展示中国合成革的产业魅力和企业风采。

在化工展区内，各种皮革化工、鞋面化工产品大展风采，其中“水性、无苯”类绿色环保产品成为本届展会化工产品的新亮点。拜耳（中国）有限公司Bayer、西班牙Merquinsa、日本东曹及瑞士Ciba等国际著名化工公司以及华峰、南光、霸力、多正等国内知名化工企业都带来了自己的最新产品，充分展现了皮革化工产品的魅力和风采。

鞋机历来都是温州国际皮革展的重头戏。本届展会中，鞋机产品几乎塞满了整个二楼展厅，来自德国的DESMA、BIMA、英国USM、意大利TECON等品牌鞋机登台亮相，我国台湾机器工业同业公会组织的22家庞大鞋机展团更是引人注目。内地的鞋机生产企业也不甘落后，纷纷推出了新近开发的新产品、新设备。温州市巨光机械有限公司更是大手笔一口气包下整个5号展馆。

本届展会还吸引了100多家来自世界各地的鞋材企业参展，鞋材展区规模与2004年相比增加50%。各种大底、中底、鞋模、鞋楦、鞋跟等一应俱全，各种鞋类饰品更是琳琅满目。南方鞋材、中联鞋材等温州鞋材企业的新产品更是吸引眼球。

展会期间，来自国外的厂商由于近年来对中国制鞋业和中国市场的频繁关注，对这次展会基本上反映都很好。国内厂商对于展会的反映与外商有所不同，一部分厂商反映这次展会效果不错，专业客商还是挺多，但还有一部分则表示该展客商与往届相比有所减少，特别是新客商很少，但他们对温州国际皮革展还是持乐观态度。

德国GDS国际鞋展

最牛鞋展　推动国内外贸发展

德国GDS国际鞋展迄今已举办至第100届，是目前世界上规模最大、最有影响力、档次较高的国际性专业鞋类制品博览会。每年两届，分别在春、秋两季，每届展出面积超出12万平方米，共设13个展馆，来自全球50多个国家和地区的1000多家展商云集于德国杜塞尔多夫国际会议展览中心展示他们的优秀产品和最新设计，引导世界鞋类消费和潮流的走向，据了解每届到会客商都在5万人左右。由于该展的影响面，近年来越来越多的中国鞋企开始频繁地参加GDS鞋展。

据了解，温州鞋企早在上世纪90年代初期就开始参加德国GDS国际鞋展，到90年代中期，该展几乎是很多温州制鞋企业每年必到“例会”。越来越多的温州鞋企冲着GDS的高签单率纷至沓来，该展正成为温州鞋走向国际市场的重要平台。

除了东艺、泰马等温州知名的外贸型鞋企外，康奈、奥康等知名鞋企也开始涉足GDS。2004年，温州奥康首次亮相德国GDS国际鞋展欧洲馆，这是中国皮鞋品牌首次出现在该展的高档展区，引起欧洲同业对中国鞋子的高度关注。此外，温州金苹果的“线缝鞋”、雅浪鞋业的“健康鞋”和荣光集团的“安全鞋”等，也都在GDS鞋展上大出风头。德国GDS国际鞋展已经成为企业了解潮流趋势的最佳窗口。

直击2005德国GDS国际鞋展

温州展团惊羡欧洲业界。2005年9月18～21日举办的第100届德国GDS国际鞋展上，温州参展企业表现再次引起关注。连续十几年企业自发式的参展让GDS国际鞋展在国内尤其是温州制鞋业内享有盛誉，此届仅温州就有约90家企业参展，来自中国的参展阵容正越来越多地吸引着全球客商的目光。

为扩大参展影响力，第100届德国GDS国际鞋展上温州东艺、吉尔达、泰马、惠特、和丰、意万达和爱美高等7家外贸知名品牌联合打出“温州市鞋类出口委员会”牌子，总展览面积达458平方米，几乎相当于往届德国GDS国际鞋展上所有中国大陆鞋企的展厅面积的一半，展位统一装潢设计，受到了世界各地客商前所未有的关注。

——《中国鞋都》牧　人

13个展览秀首都文化
5622件珍宝览北京历史

建筑篇

看点一：设计思路融合多种思维。站在西长安街延长线白云路口往西南方向看，新首都博物馆这座长方形的巨大建筑就出现在你的眼前。新馆占地面积2.48万平方米，总建筑面积6.38万平方米，地上五层，地下二层，建筑高度40米，绝对是一个庞然大物。在记者的探访中，发现新馆由外而内，几乎所有的建筑设计都很有讲究。

据首博专家介绍，北面倾斜的青铜体破墙而出，衍生出文物发掘的意向。悬挑21米的大屋顶式框架，影射着中国传统的出檐。新馆外立面石材、青铜、榆木、玻璃四种幕墙中，玻璃代表现代，青铜代表历史，木墙代表中国古代木结构建筑，灰石板墙代表北京的古城墙。这些建筑形态和材质的交替使用，通过光线的反射和影像，会让人产生历史与未来对话的感受。

看点二：博物馆大厅世界最大。走进里面，观众会发现内部又分为三个依靠走廊连接的独立部分：新馆西北部的矩形展厅，共有5层，外罩木质幕墙；位于东北部的“斜桶”形专题展厅，外表裹以有纹饰的青铜；南部的条形办公科研楼，以灰色石材装饰。而三部分中间就是面积2000余平方米、高34米的中央礼仪大厅，其高度和跨度在北京绝无仅有，在全世界也是最大的。

而且，在这么大的大厅内，不用担心光线不足。首先，阳光可从南面办公楼断开的墙体形成的巨大窗洞照射到大厅和地下一层。其次，屋顶天窗采用智能化监控设施，在春秋季可以开启，自然通风采光。

展览篇

看点一：5622件珍贵文物。新首博于2005年12月16日开始试运行，期间，一次推出13个大型展览，展出5622件珍贵文物，其中八成以上文物是首次公开展出。这13个展览，包括两个基本展览：《古都北京·历史文化篇》和《古都北京·城建篇》；9个精品展览：《京城旧事——老北京民俗展》、《馆藏京剧文物展》、《古代瓷器艺术精品展》、《佛教造像艺术精品展》、《古代绘画艺术精品展》、《古代书法艺术精品展》、《燕地青铜艺术精品展》、《古代玉器艺术精品展》和《书房珍玩精品展》；以及两个临时展览：《齐白石艺术大展》和《故宫博物院藏金银器特展》。参观完这13个展览，观众至少走3.5公里的路。

看点二：多媒体作品介绍新馆。据首博的祁庆国先生介绍，这次新馆为观众准备了近60部多媒体作品。比如，反映北京历史的《辉煌的北京》，就是运用实拍和3D技术制作合成三屏拼合的高清影片，使用国内首次应用的世界最高分辨率投影仪播放。还邀请北京人艺的专家编写剧本，拍摄了三部反映北京民俗的影片。这些节目能克服静态展示的不足，聚焦于微小或动态的细节，再现历史中的场景。

此外，每个精品展厅内，都有数个触摸屏，用手轻轻一点，就能查询该厅内10件“最珍贵”宝贝的细节。这种以三维技术展示的图像，可以根据观众的喜好看全貌，也可以放大局部，轻点右下角的“简介”，还能看到文字介绍。整个画面的移动，都由你的指头来调控，就像握着鼠标的感觉一样。

功能篇

看点一：库房防盗、保存条件一流。“新馆的库房条件绝对是国内一流的。”首博顾问崔学谙先生介绍说。

崔学谙告诉记者，新库房面积1.1万平方米，藏有近25万件文物，采用恒温恒湿的智能化空调系统，将相对湿度的变化幅度控制在2%以内。从安全上来看，这种“盒子”状设计，使外墙和库房之间有一段距离，对防盗有好处。另外，按一级风险控制设计的监控设施，采用摄像、红外、声控等先进设备，足够保证文物安全。

新库房还有一个面积很大的库前区，卡车可以直接通过10吨液压电梯将文物送到这里，经过消毒、拆装后，再放回库房保存。文物送展也可以通过专用电梯直达展厅，不用再通过公众活动区域，加大了文物的安全性。

新馆还将投入2500万筹建文物修复保护中心，除为馆藏文物提供有力的收藏和防护保障外，还将成为全市乃至国内文物藏品的保护、修复及研究中心。

看点二：民间捐赠三千文物。还在新馆建设之初，首博就面向公众征集文物。负责这项工作的王春城介绍说，几年下来，一共征集了3000多件来自民间的古代、近现代和民俗文物。其中，北京文史馆研究员李滨声不但捐献了一件老式座钟，还义务为首博画了很多民间风俗画，为一些展出的家具画了复制图纸。

也有一些文物是来自于拍卖市场，崔学谙先生介绍说，如现在展出的宋代《孔子弟子像》卷轴，郑板桥手写《四书》就是从拍卖会上购得的。

——《北京青年报》柳剑诏

2005 汉诺威中国五大工业展

2005年12月5～8日，2005汉诺威中国五大工业展在上海举办。本届展会规模再创新高，展商总数达到1768家，展出总面积8.5万平方米，占据了新国际博览中心全部7个馆，并搭建了室外场馆。来自德国、英国、意大利、西班牙、法国、韩国、和中国台湾等国家和地区的展团达到15个。四天的展会共吸引了来自全球70多个国家和地区相关领域的5.29万名观众前来参观并洽谈业务。

五大工业展会包括亚洲国际物流技术与运输系统展览会（简称亚洲物流展）、亚洲国际动力传动与控制技术展览会（简称动力传动展）、亚洲国际电力、电工及能源技术与设备展览会(简称亚洲能源展)、亚洲国际工厂自动化及过程自动化技术与设备展览会（简称亚洲自动化展）。

五大工业展会今年规模增长十分迅速。亚洲物流展共吸引274家国内外展商，展出面积达到1.66万平方米，展商数和面积数分别增长了32%和44%。自1991年首次举办以来已成功举办十届的动力传动展目前已发展成亚洲地区最大的行业盛会，拥有1011家展商和4.66万平方米的展出面积，展商和面积规模分别比去年增长36%和46%。同时高质量的观众也确保了展会的高品质和专业性，并推动展会规模进一步扩大。

全球叉车业的领导者林德将川剧变脸带到了展场，以展示林德（中国）的全新形象；引导及驱动领域的领导者——美国丹纳赫传动的个人移动器应用动态稳定技术，可以根据人体重心进行停止、加速，并自动保持平衡；丰田、永恒力、小松、由伟伦所代理的BT和STILL，以及全球最大港口叉车生产商Kalmar等全球十大叉车制造商再次齐集亮相展会；国内叉车名品安徽合力、上力等同台亮相，争相竞技中国市场；来自日本的OKURA等著名企业在现场演示机器搬运手臂领域的先进技术与设备。

动力传动展作为亚洲最大、世界第三的动力传动与控制技术盛会，本次展会主题鲜明："节能与环保"，提倡国内外广大展商努力展示和向用户推介节能环保产品，这是贯彻国家可持续发展的科学发展观的具体体现。这些产品和技术的同台展示满足了众多主机行业对于配件的需求，并助其实现产品设计的革新与发展。动力传动展的展商名录已经可以比拟一本《动力传动行业大全》了，国内外液压、气动、密封件和机械零部件领域的几乎所有知名企业齐集亮相，新产品、新技术汇聚一堂。

从发电的集控室到炼钢厂的生产线，从基础设施到工业领域，整个输配电网络中的所有终端用户都能在亚洲能源展体验输配电技术最前沿的产品及解决方案。展品涵盖了从低压到高压的各式新品：既有最先进的H级绝缘空气自冷SG10型系列干式电力变压器，也有新研制的DPN断路器；既有高度智能化的建筑电气连接系统，也有前瞻性的火电厂信息控制系统。这些前沿科技能帮助用户高效地控制和检测电力系统、优化电能质量并降低成本，从而保证工厂和企业的安全稳定运行。西班牙的HIMOINSA、哈尔滨电站设备带来了多组发电机组和照明灯塔，为金融、医疗、电信、市建及制造业提供应对"电荒"的解决方案，德资雅迪更是把风车布置在展台上，以显示在风能等可再生能源领域的实力。

自动化展首次引进"过程自动化"展，与"工厂自动化"主题完美结合，突出专业性的同时完美呈现工业自动化全貌，用"工业机器人盛会"来描述本次展会毫不过分。展会云集了发那科的码垛专用四轴机器人、点焊机器人、高速小型机器人，库卡公司的能够360度全方位转动、加速及停止的大型载人游艺机器人，以及首钢莫托曼公司展出的柔性定位3轴机器人和点焊专用机器人，韩国罗普伺达直角坐标机器人与水平多关节机器人。代表国内最高机器人水平的沈阳新松也携其最新的激光导航自动导引车与众多国外品牌机器人同台竞技。西门子自动化与驱动集团将"自动化之光—未来城"移动展览馆全球巡展的首站选在了上海，并选择了亚洲自动化展作为他们的首要展示平台。欧姆龙公司更是以200平方米的超大规模参展，小型生产线集中了各种传感器，PLC，PT，网络产品等诸多尖端产品，展示了欧姆龙公司"智能化平台"的优点——智能从站、智能库、串行网关的各项功能。

展会同期还举行了"五大工业展CEO论坛"、中国液压气动密封件行业发展研讨会、第二届中德论坛——制造业的未来、第四届MES（制造执行系统）开发与应用研讨会等30多场论坛和会议，构筑工业技术交流的完整平台。

费斯托(中国)有限公司裘华徕总经理表示："今年的展会规模比往年大了很多，令人印象深刻的是展台布置的效果也提高了很多，对我们来说，这个展不仅是客户多，同时还是一个非常好的和同行业交流学习的机会。"西门子(中国)有限公司执行副总裁何维克先生评价说："今年展会的参展情况非常好，我们很高兴能见到很多高质量的客户。在参展过程中我感受到不仅仅是观众的数量，而且更重要的是质量也很好。他们受过高等教育，对自己感兴趣的业务领域很熟悉，并且非常愿意了解和学习我们提供的产品和系统。"

五大展会同时也吸引了许多政府高层人士参加。德国下萨克森州副州长希尔歇先生携高层德国制造行业领导专程参观了本次展会。德国汉诺威市市长司马梯格博士、中国机械工业联合会薛德林副会长在开幕式上致辞，强调了展会的重要性。中央电视台、凤凰卫视、上海电视台、第一财经、中国日报和许多专业媒体都对展会作了大量报道。

本次展会与中国物流与采购联合会、中国液压气动密封件工业协会、中国机械通用零部件工业协会、中国电器工业协会、中国轴承进出口联营公司等中方合作伙伴强强联手合作举办，并得到了国内外相关行业的权威工业协会的大力支持。作为展示当今工业的重要平台，五大工业展会的同时召开，实现了从机械零部件到主机的一站式采购，并为亚洲制造业发展提供最佳解决方案，创造开展国际贸易的最佳交流平台。

——四川在线

2005建设节约型社会展

2005年12月17～24日，由国家发改委、中宣部等13家单位联合举办的2005建设节约型社会展览会在北京展览馆举行。本次展会，以节能节材、资源综合利用为主的新能源、新材料利用与开发技术层出不穷，从垃圾发电到清洁燃料，从废动植物油生产生物柴油到废旧轮胎资源回收再利用等新技术展示令人耳目一新。

一杯水洗车。大老远就看到上海展区内围了一大群观众，走近一看：一杯水洗车。原来是一台全电脑控制高效蒸汽洗车机，只需“喝”上一杯容量大约0.25升的水，就能产生高压蒸汽洗净一辆车。蒸汽洗车机从外形看好像是一个放在手推车上的吸尘器，有一个大刷子通过管子和机器相连。大屏幕正在向观众播放工人使用这种设备洗车的录像：蒸汽洗车机发出的高压蒸汽，通过大刷子喷到车上，蒸汽所到之处，污物迅速退去，工人再用抹布清洗车身、玻璃和轮胎，整辆车在10分钟内就变得光亮如新了。而且每小时耗电仅0.2度，与传统洗车耗水几十升的做法相比，成本大大降低。据工作人员介绍，此机器目前已经在上海投入使用。

家庭废水冲厕所。家庭用水的很大一部分是冲厕所，在河北省展区展示的利用废水的坐便器吸引了很多人的目光。据介绍：洗漱废水通过最高的排水口进入坐便器水箱。水中含有残存的洗手液、肥皂、牙膏具有一定的杀菌作用，在水箱中一般不会超过8个小时，就会被用来冲便。洗衣机废水通过第二层排水口进入便池，洗涤废水中含有大量残留洗涤剂，适用于清洗墩布。厨房废水水质差，直接从坐便器返水弯处排入下水道。卫生间地面废水直接从排污口排放，这层排水口设有防臭装置，防止产生异味。

用废报纸做铅笔。最近一两年报纸的版面越来越多，废报纸量也越来越大。大量的废报纸除了进造纸厂再生外还有没有其他的用处？展会上展出的纸铅笔给旧报纸找出了一个新用途，废报纸可以变成很漂亮的铅笔，从而节约大量的木材。这些铅笔五颜六色的看起来和普通铅笔没有什么不同，拿到手里也没有什么异样，用卷笔刀削起来很省力，削下来的碎屑一层一层的好似木材的年轮，仔细一看竟然是紧紧压在一起的报纸。

用废轮胎铺跑道。在北京展厅，一副巨大的废旧轮胎“再生图”展示了废旧轮胎的价值。据介绍，首先将拟重新利用的旧轮胎，上机器经过削磨，在破损处贴上新橡胶，然后在原来的胎体上再贴上一层新橡胶，通过电脑控制的刻花机刻上新的花纹，由硫化机硫化，就成了新的轮胎。超过技术要求不能再翻新利用的报废轮胎，可以加工成胶粒、胶粉或胶丝，胶粉、胶丝等材料可以制成地板材料，铺设跑道、幼儿园游戏场地。

而以“建设节约城市，共创美好生活”为主题的上海展区，就是选用诸如木、竹、粉煤灰板、秸秆板等可循环利用的材料来布展的。

别样关注节约。关注节约，展现节约的方式也各式各样。天津展区设立了一件球型后现代电子装置作品引人注目。“球”的内部充斥着许多“电子垃圾”，外围由三个绿色箭头组成环保标识，象征可循环再利用。据专家介绍，“电子垃圾”里有75%以上的材料是可再利用的。这件作品意在提醒人们在生产和消费电子产品的同时，要注意回收和节约，树立环保及生态意识。

而吉林展区特别关注节约的则是创建了节约网。节约网总裁李晓群说：“资源是有限的，也是全方位的，它包括生态资源，地理资源，人力资源以及人的思想和精神资源等等。节约网是国内首家关于节约问题的综合网站，旨在打开一个门户，为大家提供节约型的产品、创意、技术和方法。”

——《中国贸易报》

神舟六号载人航天飞行大型纪实摄影展览

神六返回舱首次向公众撩开神秘的面纱。2005年12月3日神舟六号载人航天飞行大型纪实摄影展览在中国国家博物馆开幕。航天英雄杨利伟和英雄航天员费俊龙、聂海胜在天空中拍摄的30多幅作品与神六飞船返回舱等首次向公众展出。为期15天的展览还首次向市民展出了神六飞船返回舱、主降落伞、航天服、太空食品等食物。

此次纪实摄影展览最大的亮点莫过于三位航天员——杨利伟、费俊龙和聂海胜在航天飞行中拍摄的太空照片的第一次“曝光”。这些照片不仅拍摄了诡谲变幻的云海、蔚蓝的地球、昼夜交汇点的景致，还有南美洲、太平洋等不同地域从太空俯瞰的美丽图画。航天员费俊龙更是把镜头瞄准祖国的瑰丽景色：浩瀚的塔克拉玛干沙漠、湛蓝的中国南海风光、浑厚的中国西南高原……

饶有趣味的是，太空照片还展现了一组航天员太空生活的生活照：首飞航天员杨利伟太空的自拍照、神六航天员“费聂组合”互拍的喝水、穿舱、吃东西、刮胡子的情景。

走进展览现场，迎面而来的是高约2米、类似大钟的“神六”飞船返回舱。返回舱的最大内直径约2.5米，能够供航天员自由活动的空间约6立方米，舱门最大直径仅65厘米，只有身体灵巧、经过专业训练的人才能进出自如。

与返回舱一起展出的实物还包括飞船主降落伞、航天服、太空食品、部分飞船搭载物品、航天员太空生活物品等。展厅悬挂的红白色相间、蓝色套边的降落伞主伞让人大开眼界：主伞竟然是由缝纫工用手工将1900块小布像鱼鳞一样连接制成，而这件长20米、展开面积有两个篮球场那么大的降落伞叠起来只有一个提包大。

观众在展览上还可直接了解航天员吃喝的食物和饮料——航天饮水、太空食品、应急备份食品及饮水包等实物第一次揭开其神秘面纱。大约十种太空食品摆放在陈列柜，里边包括熏鸡腿、龙井茶果味月饼等。每件食品都标明其成分、保质期或生产编号，如龙井茶果味月饼的编号是05081602，主要成分包括面粉、糖浆、油和龙井茶果馅。

最吸引参展观众的当数总装备部工程研究设计总院精心制作的“中国载人航天发射演示”，这是一套全程模拟“神六”飞船进入发射场、组装发射、升空飞行、安全返回整个过程的演示系统。

据负责演示制作的现场人员介绍，整个演示耗时16分钟，利用声光电等多种高科技元素精制而成，包括发射录像、动画设计和实景模拟等多种技术手段。演示过程非常逼真，一些参与神六设计的工程师也参加了发射演示的制作。

——新华网

第二届中国会展经济国际合作论坛

2006年1月11～13日，第二届中国会展经济国际合作论坛在广州举办，论坛由中国贸促会（CCPIT）、国际展览业协会（UFI）、国际展览管理协会（IAEM）、独立组展商协会（SISO）四家国际权威机构联合主办。作为论坛的重要组成部分，“第七届中国国际展览和会议展示会”同期在广州锦汉展览中心举行。

随着中国会展业的快速发展，会展业面临着来自国内外竞争的压力。如何在经济全球化的国际背景下，提高中国会展业的核心竞争力和专业水平，使之朝着法制化、市场化、产业化和国际化的方向发展，是目前中国会展业面临的重要问题。

正是在这种背景下，本届论坛的主题定为“开放·合作·共赢——经济全球化时代的会展业”。会展业界人士认为，本届论坛为中外会展业搭建了合作与交流的平台，积极探寻中外双方利益和共同发展的切入点，促进中国会展业与国际接轨，进一步推进中国展览业法制化、市场化、产业化、国际化进程。此届论坛的举办也将给泛珠江9＋2地区会展业发展带来更多机会和更大活力。

“知识产权保护”成重中之重。特别值得关注的是，本次论坛积极关注会展业的知识产权保护，作为本次论坛重要内容之一，中国贸促会和国际展览管理协会共同签署了《会展业知识产权保护的共同声明》，此前，中国贸促会和商务部已向业内发出倡议，号召中国会展业界重视会展活动中知识产权的保护，得到了业界的广泛响应。在本届论坛上，中国贸促会联合全国会展行业从业单位发布了《中国会展行业保护知识产权联合行动宣言》。

《会展业知识产权保护的共同声明》指出，国际展览管理协会与中国贸促会共同关注对知识产权进行剽窃、伪造、盗版的行为。决不允许上述行为损害展会和其他类似活动的名誉和声誉。国际展览管理协会与中国贸促会支持参展期间知识产权的合理保护。双方将分别向各自的组展商、参展商、政府官员、法律部门等强调知识产权保护的重大而深远的意义，宣布将支持对参展商参展期间知识产权的合理保护。商务部条法司巡视员李玲代表国家知识产权保护相关部门宣读了政府管理部门对“展会知识产权保护联合行动”支持函。

中国贸促会副会长高燕在“中国会展业保护知识产权联合行动宣言”上的致辞时强调指出，根据国务院的部署，中国贸促会在展会知识产权保护工作方面制定并正在落实管理措施。为此，中国贸促会向全国发出了《关于共同发起全国会展行业从业单位加入“展会知识产权保护联合行动”倡议书》，草拟《中国会展行业保护知识产权联合行动宣言》，有包括北京、上海、广州、辽宁、甘肃、新疆等省市自治区的943家会展行业从业单位声明加入“展览知识产权保护联合行动”。

值得关注的是，该《宣言》的发布得到了与会会展人士的认同。有会展业界专家认为，由中国贸促会发布《中国会展行业保护知识产权联合行动宣言》充分体现了发挥社会中介机构的协调作用，引导国内会展行业从业单位把在展会上保护知识产区产权转化为自律、自觉行动，将收到显著的工作成效。

随后，高燕在接受记者采访时表示，《共同声明》的签署，标志着中美两国在会展业合作的进一步深化，标志着中国会展业朝着法制化、市场化、产业化、国际化的发展目标又迈出了坚实的一步。同时也是对2004年4月中美签署的关于促进中美展览交流与合作协议的继续推动落实，签署《共同声明》不是一个孤立的行为，它是中美两国不断扩大会展业合作进程中的一个重要步骤。

高燕表示，此次中美《会展业知识产权保护的共同声明》的签署，既是对2004年中美展览交流与合作协议的落实，更是深化，从中方的角度来说，此举不但表明了中国大力规范会展业，继续深化国际合作的信心和决心，同时也是中国加强知识产权保护的又一个务实的举措，对中国会展知识产权保护无疑将起到重要的推动作用。

中美人士就赴美签证面对面。此外，此次论坛上，中国贸促会展览市场服务处处长沙克仲与美国驻广州领事馆副总领事威廉·雷德洛、美国驻广州领事馆副领事赖安·罗伯茨就中国参展商如何获取赴美签证进行了探讨和交流。

有官员指出，知识产权的问题不仅在国内，也常发生在出境展上。由于目前国内对盗版、侵权的查处力度还不够，但国外的查处是非常严格的，经常是有的参展商侵权却不知道，参展企业在国外也缺少应对突发事件的策略，这样一来，就影响了参展商的贸易成交。专家呼吁，出境展的组展方要为参展企业邀请法律专家，提供法律服务，发生突发事件立即做出反应，减少参展商的经济损失。

值得一提的是，包括国际展览业协会、国际展览管理协会、独立组展商协会的官员，以及国际展览巨头们一致认为，目前亚洲的会展业发展非常迅速，而中国的会展产业的发展是亚洲的领头羊。国际展览管理协会主席桑·昂格斯认为，中国会展业市场充满了各种机遇，他表示，国际上一些大的展览公司在世界其他地方存在竞争，但在中国是合作伙伴。

中外会展业羊城论剑。第二届中国会展经济国际合作论坛引起了业界人士的高度关注。全国人大常务委员会顾秀莲副委员长出席论坛开幕式并发表了讲话。商务部、广东省人民政府、广州市人民政府、中国贸促会等国家部门的领导和专家；中国各行业协会、商会、贸促会行业分会的主要领导和专家；国内各行业组展机构、服务机构、各地展馆及会议中心、展览及财经类媒体的主要负责人都出席了本届论坛。

同时来自国际展览业协会、国际展览管理协会、独立组展商协会、国际展览局等国际权威机构的专家、会员及分支机构；德国经济展览委员会（AUMA）、美国消费类电子协会、日本贸易振兴机构、新加坡会议及展览协会等外国展览组织的负责人；香港雅式集团、德国杜塞尔多夫展览有限公司、VNU亚洲展览公司、美国EJ克劳斯展览公司、纽伦堡国际展览有限公司、新加坡会展管理服务公司、德意志（汉诺威）展览公司、励展博览集团、德国科隆展览公司总裁兼首席执行官、德国慕尼黑展览集团、德国法兰克福展览有限公司等600多名国际展览巨头参加了本届论坛。

——《中国贸易报》周春雨

第19届北京图书订货会

2006年1月7～11日，2006年北京图书订货会在北京国际展览中心举行。展览面积达4万多平方米，除了港、澳、台地区的出版机构首次参展外，本届订货会还首次举办了书稿版权交易会，构成今年图书订货会的新看点。

订货会交易功能进一步弱化，重点图书展示成为展商新手段。记者在展会现场了解到，“订货会的交易功能逐渐弱化”这种说法已经被广大出版社所认可。上海人民美术出版社一位工作人员讲道，一般出版社都有自己固定的客户，这个交易会如果单讲订货就没意义了。不过，业内还是需要这样一个订货会，因为它不仅是订货更是宣传、交友的平台。

吉林美术出版社发行科副科长宋鑫磊介绍说，由于图书行业的订货渠道比较单一，各出版社的主要客户是新华书店，所以订货会上结识新客户的几率并不大。此外，由于各出版社不断出书，中国的图书市场已经形成买家市场。以前，新华书店全年80%的订单都在这个订货会上完成的，而现在，新华书店的采购部门来订货会现场只是下部分订单，主要是为看一些重点图书的推介，参加一些新书的发布会。“各出版社前来参展主要是展示自己的形象，今年的展会很多大的出版社普遍把展示区的面积缩小，把洽谈区的面积加大，出版社已经把参会重点转移到重点图书的现场展示。这次参展我感受最深的是展馆内的会场利用率非常高，到处都是新书的推介会。我们这次带来的图书种类还不到出版社发行总数的1/3，但带到这儿来的图书都是我们精挑细选出来的，这些重点图书在订货会上集中展示是很有必要的，而且效果也非常好。”宋先生讲道。

港澳台出版机构首次参展，观众体验另类文化。此次图书订货会，迎来了港澳台出版机构的首次参展。据本届图书订货会组委会秘书长黄国荣介绍，此次港澳台出版机构设立了25个展位，展出图书7500余种，而台湾组织了130多家出版机构参展，设立了10多个展位，成为这次港澳台展馆的主角。据介绍，此次台湾代表团不仅展出了2004年和2005年已出版的新书，还展出了出版多年，但大陆还未曾引进的文史哲学类图书。

记者发现，在港澳台专区，驻足翻看图书的人普遍多于国内出版社展位，很多人是以一种好奇的心态前来参观的。同时，记者也遇到了为写书专门来寻找《胡适日记》的女士。这位女士讲道：“在那个时代记日记的人并不多，能出版的就更少了，恰好我就需要那个时代的一些资料，听说这次港澳台出版机构也来参展就特意过来看看，正好就找到了。”

台湾大块文化展出的漫画、时尚、文学类图书吸引了大批青年人驻足翻看，虽然参展商在订货会现场不能出售所展示的图书，但还是有很多人要求购买。台湾大块文化的徐女士介绍说，早些时候，公司就已和大陆的几家出版社洽谈过版权业务，这次参展主要是让大家对台湾图书有个了解，对台湾的文化有个了解，而且展会上情况还不错。“我们会出售我们的版权，同时从大陆引进一部分好的图书的版权，让台湾同胞也多了解祖国大陆的文化，使两岸的文化得到充分交流。”

首届书稿版权交易会同期举行，有需求就有市场，签订协议400项。作为图书订货会的一部分，首届版权交易会与图书订货会同期举行。北京图书订货会秘书长黄国荣说：“在过去几届北京图书订货会上，我们发现有人举着‘书稿寻求出版’的牌子推销作品，也有许多作者咨询怎么联系出书的事情，因此我们认为举办书稿版权交易是作者和出版者的共同需求，有需求就有市场。”

据中华版权代理公司马先生介绍，此前组委会已征集到全国各地的书稿600多部，这其中包括“图书出版、影视改编书稿”、“专有出版权到期书目”、“改编影视剧作品”、“引进版书目”、“输出版权书目”等五个部分，这次在现场展出的是从其中挑选出的近300部书稿。除了进行书稿版权交易，为书稿作者与出版社搭建平台外，承办方中华版权代理公司还在展会现场组织了版权沙龙活动，发挥专业版权代理机构的优势，为大家普及版权方面的知识。

展会结束后，记者从承办方处获悉，本次书稿版权交易取得了丰硕成果。此次版权交易会共签订协议400项，接受作者及相关权力人咨询2000余人次，作品、作者登记1000余人次，展会期间为权力人发放法定许可使用报酬10万余元，成交额23.9亿元，文学类新书成为年度主打图书，名作家莫言、铁凝、阎连科等的新书受到青睐。

——《中国贸易报》张汝男

2006 CEFCO：我们盘点收获

中国贸促会机电行业分会副会长　陈泽炎

第二届中国会展经济国际合作论坛（CEFCO）于2006年1月11～13日在广州举行。这是2005年1月在北京创办此论坛之后，时隔一年中外展览业界的又一次盛会。作为首届CEFCO组委会成员和第二届CEFCO演讲嘉宾，我为CEFCO取得成功感到高兴。盘点论坛所得收获，从CEFCO论坛中所表现出来的自身价值和优势让业内人士欣喜和振奋。

收获之一：保持高端地位。目前国内会展业界的各种论坛、峰会甚多，但是能够得到业内认可，具有一定权威性的活动却甚少，然而从两届CEFCO论坛的情况看，CEFCO论坛已经保持住自己的高端地位。

首先，论坛主办单位均具有高端地位。我们知道，CEFCO论坛由中国贸促会（CCPIT）和国际展览业协会（UFI）、国际展览管理协会（IAEM）、独立组展商协会（SISO）共同主办；国家发改委、商务部、德国经济展览委员会（AUMA）给予支持，这样的组织架构无疑显示出它的高端地位。事实上，两次论坛的实际情况确实也证明了这样的组织架构的确具有其权威性和代表性。

其次，两次论坛都有国家领导人讲话。2005年论坛有吴仪副总理莅临发表演讲，2006年论坛又请到了顾秀莲副委员长到会讲话。吴仪副总理的演讲是中国国家领导人首次对中国展览业发表重要讲话，因此具有“首开先河”的重要意义。顾秀莲副委员长作为国家领导人与会，受到新闻界的密切关注，对CEFCO论坛给予了重点报道。

并且，论坛成为业内聚会的重要场合。一年一度的CEFCO论坛和与其配套的“展中展”活动正在成为中外会展业界知名人士聚会的重要场合，成为大家在一起沟通信息，联络感情，交换看法，探求合作的一个重要的活动舞台。

最后，演讲内容的设定具有战略高度。2006年的CEFCO论坛设立了三次全体会议和九个分组会议。全体会议的议题分别是：“经济全球化、区域化与会展业的发展”、“中国经济与会展业的发展”、“国际合作与会展业的持续发展”。从议题来看，它们都是具有一定战略高度的论题。从中，我们也就看到了CEFCO论坛所具有的高端性质。

收获之二：体现国际特色。一是，论坛的主题就是面向世界的。我们注意到CEFCO论坛以“开放、合作、共赢”作为主题，显示其所具有的国际特色。“开放、合作、共赢”的主题也充分表明，中国会展业是向国际开放的，中国会展市场的成长和扩大也为国际合作提供了广阔的前景和发展的空间，合作当然也包括竞争，但所追求的结果和目标却是共赢的。正因如此，我国的会展业才能和我们的国家一样，在和平中崛起。

二是，论坛的形式是国际共同参与。这不但体现在国内外组织共同主办的这一方面，而且在会议的主持、发言、赞助、活动等方面也都有所体现。

三是，论坛上中外合作气氛热烈。譬如，论坛讨论大多数是以中外合作为主要内容；我们在论坛中听到了许多海外会展界知名人士对于中国会展业发展的中肯意见；论坛的一个目标也在于学习和借鉴国外会展业发达国家的成熟经验。所以，从两次CEFCO论坛的气氛来看，充分展现出中外合作与交流的良好意愿。

四是，论坛的人员相当多来自海外。2006年的CEFCO论坛有600多人到会，其中来自海外的人士近1/4。海外人士的与会，一方面说明中国会展发展给他们带来的商机，另一方面也说明CEFCO论坛所具有的国际特色。

收获之三：抓住热点问题。本届CEFCO论坛紧紧抓住了会展知识产权保护的这一热点问题组织了不少活动，形成了自己的又一个特色。

当前，知识产权保护的问题正在成为中国对外贸易与经济交流中的一个严峻的问题。会展活动中的知识产权保护也不可避免地成为问题的焦点之一。因此，在CEFCO这样一个以国际性为主要特色的会展行业论坛上，组织以保护知识产权为主题的各项活动，就抓住了当前的一个国际热点问题，使CEFCO论坛更具有现实性和针对性。

收获之四：做到虚实结合。论坛应当算是一种务“虚”的活动。但是光有“虚”的内容恐怕不能满足与会者的要求。CEFCO论坛作为会展业界的一种重要的交流活动，已经注意到要充实比较实际的务“实”性的内容。于是，我们看到了在论坛会场外，有若干会展中心、会展公司、会展项目的广告介绍；论坛期间，有关赞助单位进行了相关的宣传与推介活动，以及各种双边、多边的会见、会谈等。这样丰富的活动内容确实使得会展业界的人士都忙得不亦乐乎，收获颇丰。

收获之五：加强交流互动。一个论坛是否成功，不但在于它的议题、演讲，而且在于是否可以形成交流互动，使与会者有所收获。2006年的CEFCO论坛较之2005年的论坛在交流互动方面有了显著的改进。各主持人不但在分组会议中注意留有一些时间进行提问和讨论，而且在最后的大会中也开展了一定的讨论。这是值得肯定的方向，并需要在今后不断地改进和提高。

收获之六：组织配套展览。从2005年的CEFCO论坛开始，“展中展”已经成为论坛的配套展览活动，并取得了比较好的效果。实际上“展中展”不但有“展”而且也有“论”。这样，不但“展中展”的“展”的部分可以与CEFCO论坛“论”的部分相结合；而且“展中展”自己的论坛，在内容上也可以与CEFCO的论坛相互补充。CEFCO论坛各个论题都是具有战略层面的意义的，而“展中展”的论坛恰恰更加注重实务性、具体性和操作性。这种论坛内容上的“高”、“低”搭配，相互补充，将更有利于形成“各取所需”和良性互动的局面。

在谈论以上收获以后，作为收获的另一种形式，我们当然还需要考虑一些问题和不足之所在。我认为以下三个问题似乎值得总结：

问题一：如何保持论坛的可持续性发展。现在，中国贸促会已经与论坛的三个国外合作主办组织签署了继续合办CEFCO论坛的协议。但是要把论坛办得更具有可持续性，还有一些需要深入研讨的问题。譬如，通过论坛我们能如何真正了解到国外会展业的一些切实的情况和学习到国外会展业具体的经营管理经验。又譬如，与CEFCO论坛相类似的还有商务部的“中国会展经济论坛”（主题是：“体制、政策、秩序”）和全国工商联会展商会的“会展中国论坛”（原定2006年1月6日召开，后延期至5月），因此如何保持CEFCO的特色与优势，就显得日渐迫切。

问题二：如何组织汇聚人气的深入研讨。2006年CEFCO论坛的内容很丰富，但是人气聚集仍显不够。这可能与同时举办的论坛场次较多或相关活动安排太密有关系。而且，由于在分组会议讨论中没有设立同声翻译，致使发言的时间无形中延长了一倍，大大压缩了互动讨论的时间，也是很令人遗憾的。此外，最后一次大会讨论内容本是关于“国际合作与会展业的持续发展”，可惜台上五位都是外国人，让他们之间讨论了半天，而后来台下参与讨论的三位也是外国人，这就似乎有些不合适了。

问题三：如何把发展报告做得更加出色。今后在每届CEFCO论坛上都要发表年度的《中国会展经济发展报告》，这也将成为CEFCO的一个“重头戏”和“特色戏”。因此，如何将《年度报告》做得更加具有权威性和更加得到业内的认同，就是非常值得关注的事情。从两年两本的《年度报告》质量看，的确有了一定的改进。但是由于编写报告时广泛征求意见做得还不够充分，致使《年度报告》存在着一些情况不够准确，相关分析尚待深入，部分内容仍需补充等方面的问题。当然，在中国会展业数据统计很不完善的情况下进行每个年度的《中国会展经济发展报告》编写工作确实具有一定的难度。但是，如果抓住和利用已有一些数据，加强其与全国情况的相关性分析，再深入论述它们之间的内在联系，并进行一些教深入的分析，则一定会对对业内有着更大的参考价值。

第32届中国国际裘皮革皮制品交易会

由中国土产畜产进出口总公司和三利广告展览有限公司主办，并得到国际裘皮协会和中国食品土畜进出口商会的鼎力支持的第32届中国国际裘皮革皮制品交易会历时4天，于2006年1月12日在北京闭幕。本届交易会不仅在规模上创历史新高，还保持了高度的国际化。本届交易会继续推动参展企业从原料供货向服装品牌转型，品牌企业参展成为主流，同时交易会在树立品牌形象、发布流行趋势上，发挥着示范作用。

本届交易会展览面积达1.6万平方米，参展商达284家，较之上届有大幅增长。由于参展商多，交易会首次尝试一展两馆，即设国际贸易中心展馆为主馆并增设中国国际展览中心9号馆为分馆。为便于专业观众与参展商进行有序对口交易与交流，本届交易会设五个专业展区，按照海外、品牌、服装、剪绒、裘皮划分。国贸的1号馆特辟为品牌展区，展现了中国裘皮产业升级的步伐加快。

在全球裘皮市场不断扩大的形态下，中国的裘皮市场发展速度惊人。两股裘皮消费大趋势，一是由贵族走向平民；二是由保暖走向时尚装饰的潮流在本届交易会继续显现，特别是各品牌企业推出皮毛一体的服装以及适应年轻人穿着的夹克种类众多，此外裘皮以及相关企业还推出具有先进技术、先进工艺和创新成果的产品。

1月10日晚举行了《2006魅力皮草》交易会开幕晚会。组委会邀请品牌龙头企业北京元隆皮草皮革有限公司、北京圣龙利泰毛皮制品有限公司、河北华斯实业集团有限公司、浙江银杉皮草有限公司和浙江的中辉、雄鹰两个知名品牌展示了新一季皮草的流行趋势。

晚会以第二届中国国际青年裘皮服装设计大赛颁奖作为开场，晚会还展示了获得金、银、铜奖、各单项奖以及部分优秀奖作品。与首届相比，本届设计大赛上了一个新台阶，来自法国、加拿大、中国及香港特区的600余名选手踊跃参加角逐，有25件作品入围决赛。

中国裘皮产业发展论坛于1月11日在北京中国大饭店举行，本届的主题是《创新设计——中国裘皮产业链升级中一个关键环节》。论坛邀请3位专家——北欧世家皮草亚洲区首席代表谢思娜、中央美院设计学院教授吕越、清华大学美术学院服装设计系讲师、担任浙江银杉皮草有限公司首席设计的王悦，分别以国际裘皮市场的现状与走向、裘皮服饰设计要领、走进消费领域成功案例为题作了精彩的讲演。

本届交易会国内参展企业有240多家，品牌企业就达到210多家，发挥了品牌在裘皮产业升级中的核心作用。本届海外展商比例占到20%。来自美国、加拿大、俄罗斯、英国、法国、意大利、希腊、西班牙、丹麦、挪威、土耳其、澳大利亚、韩国、中国香港特区等15个裘皮大国和地区的41家品牌踊跃参展。参展的国际知名品牌包括芬兰毛皮拍卖行、奥斯陆毛皮拍卖有限公司、丹麦哥本哈根毛皮中心、北美裘皮协会、美国西雅图毛皮拍卖行、俄罗斯圣彼得堡毛皮拍卖会和中国香港毛皮拍卖会等国际著名七大拍卖行，此外还有英国菲因公司、阿拉斯加国际有限公司、澳大利亚澳星国际贸易有限公司等国际大牌企业。

4年来，中国裘皮进出口额连续增长。据统计，2002年到2004年1～11月的进出口额分别为7亿美元、10亿美元、21亿美元。而2005年的前10个月中国裘皮进出口额就超过21亿美元，其中裘皮成衣进出口达12.45亿美元。中国裘皮产业链的不断完善和壮大，进一步巩固了中国裘皮生产世界第一、中国裘皮进出口贸易世界第一的地位。

——中国服装时尚网时尚频道

冬季城市市长会议闭幕　发表《长春宣言》

2006年1月18日，随着长春市市长祝业精宣布第12届世界冬季城市市长会议闭幕，历时4天的第12届世界冬季城市盛会胜利落下帷幕。闭幕式上，国内外30个与会市长发表共同宣言，将携手并肩共同面对环境这一紧急课题，共同保护环境。据悉，这一宣言命名为《长春宣言》，在此之前的11届冬季城市市长会议上并没有发出过以主办城市为名的共同宣言。

上田文雄在大会上发布了《长春宣言》的内容，30余位市长集体通过表决。宣言内容是："全球环境问题，如全球变暖等，是很严重的问题。世界各国的城市，无论其实际地理位置如何，都将受到影响，也都在急切地寻找应对办法。在冬季城市，鉴于它们的低温、大量降雪和严苛的气候条件，以及大量使用能源用于积雪清除和处理，同时伴随它们大规模地城市化，越来越多的能源被消耗，严重影响了全球环境。我们一致认为，从城市的角度减少能量的消耗，可以降低对环境的影响。协会决定，所有会员城市将尽自己最大的努力解决能源消耗问题。协会将尽最大努力将本宣言的精神，推广到世界上其它冬季城市。"

祝业精市长说，经过与会代表和大会组织者的共同努力，本届世界冬季城市市长会议达到了预期的效果，取得了圆满的成功，在为期四天的会议中，来自世界各地的30多个城市的代表，就共同关心的冬季城市发展问题进行了热烈而富有成效的讨论。传递了丰富的信息，交流了宝贵的经验，带来了有意的启迪，把会议的规模和氛围推向一个崭新的高度，也使年轻美丽的长春又一次近距离为世界所了解。希望会议之后，这些城市也能经常保留这种信息沟通的渠道，大家经常交流发展当中的自己一些成功的做法，来促进我们冬季城市的共同发展。

祝业精说，本次会议的成功举办使我们再次认识到尽管各会员城市所处的经济发展阶段不同，所在的国情各不相同，但却都面临着如何在冬季城市更快更好发展的问题！世界冬季城市市长会议正为我们提供了一个互相交流促进共同发展的良好平台，我们应致力于不断地发展和提升这个平台，从而让更多的冬季城市从中受益，让发展的主旋律响彻地球上每一座飘雪的城市。

闭幕仪式上，2010年冬季城市市长会议承办权的结果也正式揭晓，加拿大的乔治王子市获得承办权，成为第14届冬季城市市长会议的承办城市。曾经与乔治王子市角逐承办权的齐齐哈尔市副市长孙纲上台给与乔治王子市市长科林拥抱在一起表示祝贺，两个人友好的态度和老朋友式的默契获得全场热烈的掌声。

乔治王子市市长科林说，非常感谢各城市市长的大力支持，特别感谢齐齐哈尔市能与乔治王子同台竞争。乔治王子城将尽最大努力保证把会议办好，希望开会期间能够让大家游览乔治王子城的美丽风光。同时他们还将带市长们去参加温哥华2010年的冬奥会。

闭幕式上，冬季城市市长协会还新设了一个机构，叫做小委员会。它将调查冬季城市的环境问题，研究各国的相关措施，并负责科研等，成为所有冬季城市的“冬季研究所”。该小委员会秘书处设在日本札幌市。此外，大会决定，授予对世界冬季城市市长协会的发展作出贡献的乌兰巴托前市长“名誉会员”的称号。从2006年6月起授予对世界冬季城市市长会议作出贡献的太白市长“名誉会员”称号。

——长春市人民政府

非物质文化遗产保护成果展

记录瞎子阿炳原版《二泉映月》的钢丝录音机、绝世唐代古琴“枯木龙吟”、山西晋商的老账本、北京工艺美术的“四大名旦”……2006年2月12日，我国首次非物质文化遗产保护成果展在中国国家博物馆举办。昆曲、古琴、新疆维吾尔木卡姆、蒙古族长调民歌、少林功夫、侗族大歌等2000多项中国非物质文化遗产向观众全面展示了中国5000多年的古老文化。

中国艺术研究院非物质文化遗产研究保护国家中心主任田青在接受记者采访时说，中国56个民族几千年来传承和发展下来的优秀文化都在展览中得到尽可能的展示。展览通过文字、影视、多媒体和大量的精彩图片以及许多难得一见的珍贵实物，如唐代古琴、清代升平署剧本、《二泉映月》原声采录设备及“瞎子阿炳”当年亲自演奏的《二泉映月》、大型云锦织机、老式商业招幌、高山族木雕、仿宋针灸铜人、江永女书、水族水书、树叶信、贝叶经、少数民族典籍善本和各种手抄本等。展览还专门安排了优秀的“遗产”传承人为观众做染织、刺绣、泥塑、剪纸、年画刻印、唐卡绘制、风筝扎制、提线木偶等项目的现场表演，对我国非物质遗产资源进行梳理和描述，利用动静结合的形式来增强展览的互动性。

唐代古琴掀“盖头”。展览现场，一把唐代著名古琴制作家族雷氏世家制造的“枯木龙吟”古琴成了展览中的焦点。据有关专家考证，我国现存的真正唐代古琴一共有16把，其余都是仿制品，而“枯木龙吟”是16把传世唐代古琴之一。该琴通体呈棕红色，保存十分完好，桐木材质，琴身遍布裂纹。这种裂纹学名叫断纹，是古琴年代久远的标志。在古琴的背后，是中国音乐人数十年来对古琴曲谱的抢救和整理。新中国成立前，《碣石幽兰调》、《广陵散》等古代名曲久已成绝响。1956年，文化部、中国音乐家协会组织专人，在全国各地寻访琴家、琴谱，共探访到琴家86人，录制琴曲262首，发现了不少罕见的谱集，包括《风宣玄品》、《神奇秘谱》等善本。

杨柳青年画、泥人张彩塑亮相京城。在此次展览上，青田石雕、桐乡蓝印花布、宁波万工轿、东阳竹编等一批民间手工艺“绝活儿”，首次与观众见面。其中，天津的杨柳青年画、泥人张彩塑也被摆放在明显的位置上。据了解，杨柳青画社是国家最早成立的民间艺术专项保护单位，所珍藏的6000余块年画老版是我国年画产地中最为丰富的。这次展览上展出了杨柳青年画老版6块，以及明代“八宝中堂”、清代“贵妃醉酒”等代表性年画十余幅。天津博物馆提供了泥人张彩塑《合和二仙》、《负荆请罪》等十余件珍贵原作。

文化保护　守卫精神家园。在展览大厅内，甘肃板块的展台因古老的环县道情皮影而格外受人关注。除此以外，岷县洮砚、庆阳香包、天水雕漆等实物展示，也成为甘肃板块的亮点。甘肃板块的工作人员告诉记者，环县道情皮影，又称环县道情皮影戏，民间称其为“牛皮灯影子”或“老道情”。皮影是用牛皮经过制皮、描样、镂刻、着色、封色、出水等工序制作而成，有人物、衬景、动物、神怪等几大类。皮影中的远古神话、奇禽异兽、精妖水怪、水陆道场等故事情节体现了劳动人民神奇的想象力、创造力。这位工作人员说，此次国家举办非物质文化遗产保护成果展，体现了政府对非物质文化遗产保护的高度重视，是尊重劳动人民智慧与创作的一种体现。此次展览让更多的人加倍珍视这片无比珍贵的精神家园，让这些美好的传统记忆长驻更多人的心田，从而增强全民族的文化自豪感，同时也提示人们，在经济和社会发展的同时，不要忘记文化保护，每一个人都应该自发地承担起守卫我们精神家园的责任。

——《中国贸易报》季春红

第87届“中针会”迈出历史新步伐

2006年2月22～24日，上海的天气虽说有晴有雨、乍暖还寒，但浦东新国际博览中心里却是一派春意融融、热闹非凡的景象。在此隆重举办的第87届中国针棉织品交易会暨中国国际针纺织品博览会，在主办方中国纺织品商业协会、承办方中纺联（北京）会展服务有限公司的悉心努力下，在海内外广大参展商和专业观众的热烈参与下，创出了“中针会”半个多世纪以来的新记录，迈出了历史性的新步伐。

规模空前　连创记录

展览面积大。走进第87届“中针会”展馆，最先给人的感受就是一个字——“大”。的确，本届“中针会”首次移师上海新国际博览中心，一举占据了西1、2、3、4号馆。具体而言，西1馆、西2馆为国内外精品内衣馆，西3馆为时尚家纺馆，西4馆为时尚家纺及综合馆，共计2700多个展位，总展览面积4.6万平方米。规模之大，创下了“中针会”历史之最，更令国内其他同类展会难以望其项背。

参展企业多。据承办方统计，第87届“中针会”共有来自国内外的参展企业近500家，囊括了国内85%以上的品牌内衣企业和床品企业，为历届之冠。业界著名品牌朵彩、南极人、纤丝鸟、顶呱呱、三枪、北极绒、罗莱、金丽达、梦洁、凯盛、金洁、银洁等都纷纷与会，抢占地盘展示实力。参展企业的另一个特点是新。全部参展企业中有近一半是新面孔，近来发展迅猛的品牌，如凯迪、神力、洋蕾、高尔夫、圣夫岛、可欣阳光、可大、绣巢等均选择在“中针会”上亮相，像出征的雄师般在“中针会”上吹响嘹亮的号角。

特装展位多。走进展馆，人们仿佛走进了一个梦幻乐园。这里有展翅的天使、温馨的小镇，也有巍峨的神庙、雄伟的殿堂。承办方介绍说，本届展会的特装展位面积超过了总面积的70%。其中朵彩棉服饰有限公司的展位面积达600平方米，傲视全场，一举突破了“北极绒”品牌在第83届“中针会”上创下的400平方米最大展位面积的历史记录。除了朵彩，纤丝鸟、三枪、北极绒、圣夫岛、金丽达、顶呱呱等企业展位面积都在300平方米以上。如此众多特装展位的龙争虎斗，带给参会经销商和采购商的是更多的惊喜与收获。

专业观众多。据不完全统计，仅22日当天到场专业观众就达近3万人次。为了维护正常的入场秩序，警方甚至要求展馆直接打开侧门，使等候在外的大量专业观众不经检录直接进场，其火爆程度可见一斑。承办方提供的数据显示，3天展会期间，到场的专业观众共有近5万人次，其中来自上海本地的不到20%，来自江苏、浙江的专业观众近30%，其次是来自山东、河南、河北、辽宁、安徽、广东、北京、福建等地的经销商和代理商。

值得一提的是，前来参会的专业观众在全国各省区市均有覆盖，包括新疆、海南、青海、西藏等地也有经销商前来，充分说明了“中针会”在行业内的辐射面最广。此外，本届“中针会”的海外专业观众也有突破。据不完全统计，海外专业观众分别来自北美、欧洲、亚洲、非洲、大洋洲，这与承办方在会前广发中、英、德、法、日等5种语言的“英雄帖”，以及利用互联网站资源发布展会消息和邀请密不可分。总体而言，本届“中针会”在国内外专业观众的数量和质量上都有明显提升，呈现出质量高、数量多、辐射面广、专业性强的特点，为今后的进一步发展和稳步走向国际化奠定了良好基础。

宣传力度大。为了配合本届展会做好招商工作，扩大“中针会”的影响力，主办和承办单位着重在网站和传统媒体两方面加大了宣传力度。网站方面，完善了“中针会”网站的内容设置，有关展会的所有相关信息及新闻等均可查阅，并可进行专业观众网上预登记，极大地方便了参展参会人员。截至目前，“中针会”网站已经与中华纺织网、中国寝具网、时尚内衣网、中华内衣网、服装网、中国服装网、国际服装网、纺织网、纺织商务网、服装销售网、中国针织网、亚洲家纺网、服装资讯网、中国家纺网等业内相关网站，以及阿里巴巴、百度等国际著名商务、搜索网站建立了网络链接。此外，为吸引海外客商，网站还增加了英文版本，并已着手建设俄、日、法等外文版，进一步加强“中针会”的国际宣传力度。在传统媒体方面，承办方提早动手，加大投入，将国内分为东北、华北、华中、华南、西南、西北等六大区，在各区选择3～5家覆盖面广、影响力大的主流媒体发布本届“中针会”的新闻及广告，并在香港发行量最大的报纸《东方日报》上刊登广告。这些举措有力地支持了本届展会的招商工作，为扩大“中针会”在国内外的影响力、号召力，提升“中针会”品牌形象发挥了重要作用，收到了良好效果。

以上展览面积、展位和特装展位数、参展商数、专业观众数、宣传覆盖面等数据充分说明，第87届“中针会”达到了全新的高度。

论坛交流　丰富活跃

随着展会规模的扩大，参展商和专业观众越来越要求进一步增进交流与沟通，越来越要求从行业的宏观角度和经营的微观层次进行深入探讨，促进自身的发展。本届“中针会”上，主办和承办单位充分认识到这一点，推出了一系列论坛活动，为新世纪的“中针会”插上了新的翅膀。

承办方中纺联（北京）会展服务有限公司总经理辛哲华女士介绍说，第87届“中针会”举办的论坛活动是历史上最丰富活跃的一届。具体而言，本次展会上的论坛主要由三部分组成：大会论坛、专题研讨会，以及企业产品发布会。来自行业主管部门、研究机构和生产企业的领导、专家、学者、经理人等各路精英汇聚一堂。无论是大会论坛上的真知灼见，还是产品发布会上的新技术、新工艺，都令参会者耳目一新，受益匪浅。

在备受瞩目的“中国纺织品国际贸易”论坛上，中国纺织品进出口商会副会长曹新宇指出，2004年中国纺织业出口占全球1/4，产能占全球1/3，我国已成为全球最大的纺织品生产国、出口国和消费国。目前贸易保护主义在全球范围内有抬头的趋势，导致作为我们最具有比较竞争优势的纺织产业，在未来发展中仍然是发达国家如美国、欧盟，及一些发展中国家围追堵截的“重灾区”，要求我们必须加快转变增长方式，向结构优化调整、提高产品附加值方向努力。

来自北京前沿世纪管理顾问公司的高级培训师徐斌，紧紧抓住“品牌创新经营”这个当前针织品企业管理过程中的热门话题，展开深入的理性分析和案例解读，说明在针纺织行业从品质、品牌到品质的三部曲发展进程中，必须强化系统思维，策略创新，赋予品牌更多的个性文化内涵。

“中针会”重要角色之一的家纺产业，这次也在会上推出“2006中国家纺面料新趋势”战略论坛。家纺行业的领先企业江苏金太阳卧室用品有限公司作为论坛发起人之一，认为中国家纺产业已经与世界接轨，家纺业发展的潮流化、功能化、个性化日趋明显。我国家纺企业必须朝着“以人为本”、“绿色环保”、“时尚现代”的方向发展，个性化风格也不应只停留在设计理念上，更应体现在新面料的选用上。只有在产品面料上不断创新，才能为国内家纺企业培育更多的国际品牌提供肥沃的土壤，也只有如此，家纺品牌才会具有真正持久的生命力。

上海恒源祥制衣有限公司作为行业内惟一的北京2008奥运赞助商，在“中针会”上举办了针织产业奥运商机研讨会，把制定长期的可持续发展战略作为企业发展的基础。上海凯盛床上用品有限公司则请来娱乐明星范冰冰助阵，通过其代言迅速提高凯盛品牌的知名度。此外，香港中大、上海乡村高尔夫、广州背丽健、中山阿诺帕玛、上海朵彩、济南元首等企业也纷纷推出新品发布会，借助“中针会”的声势提高自身形象与影响力。

还要特别指出的是，台湾纺织业拓展会此次首度组织18家企业前来观展，并与大会主办方共同举办了“台湾功能型及优质纺织品洽谈会”。兆赚、柔丝美、民扬生医、东肯、亚兰梦藤等岛内领先企业分别在会上介绍了竹炭内衣、发光内衣、功能性袜子等新技术产品，引起大陆参会观众的浓厚兴趣，原定23日上午11点半结束的洽谈会，过了中午12点还有许多专业观众络绎前来。两岸加入WTO后，彼此均面临逐步开放市场等新的竞争态势，如何建立两岸业界的互补关系，对双方来说都是个重要的课题。台湾纺拓会组团参与本届“中针会”，标志着两岸纺织业界朝着合作双赢的方向迈出了新的步伐。

评选“最佳品牌奖”是“中针会”的一项固定内容，主办方希望以此引导生产、促进消费、提高企业品牌意识。本届“中针会”上，经过主、承办单位及参会代表的认真考核及评选，北京纤丝鸟服饰有限公司、常州市顶呱呱彩棉服饰有限公司、蝶安芬内衣有限公司、中山市阿诺帕玛服饰有限公司、广州鸿基伟业服装有限公司、汕头市伊卡来服饰实业有限公司、上海浩沙服饰有限公司、上海南极人纺织品发展有限公司等企业获得“内衣类最佳品牌奖”；北京可欣阳光工贸有限公司、江苏澳丹奴家纺有限公司、山东金号织业有限公司、上海凯盛床上用品有限公司、上海罗卡芙家纺有限公司、上海罗莱家用纺织品有限公司、上海圣夫岛纺织品有限公司通州分公司、山东铂金羔羊家纺有限公司等企业分获“床品类最佳品牌奖”。

大会论坛、专题研讨会、产品发布会、最佳品牌评比等各项活动的展开，使“中针会”不仅仅是一个交易的平台，更成为信息的平台、交流的平台，为全行业的繁荣发展增添了强劲的动力。

秀台抢眼 服务细致

本届展会上的另一抹亮色来自西4号馆的T台秀场——“第二届中国时尚内衣秀”。“秀”出你的个性，“秀”出你的风采。“中针会”名角如云，没人愿意甘当配角。过去每届展会都是由参展企业自己搭T台，自己组织服装表演。其实此时参展商的心态是复杂的：既怕T台大了影响自己的展位面积和展示效果，又想利用T台来推广新品和聚拢人气。本届“中针会”上，主办方急企业之所急，想企业之所想，特地在西4号馆里搭起了“中针会”历史上最大规模的T台，隆重推出“第二届中国时尚内衣秀”，为内衣类参展商提供了集中展示自己形象与实力的大舞台。

主办方的这一举措立竿见影。在整个展期的3天时间里，时尚内衣秀的T台始终是展馆人气最旺的场地之一。中外模特在这里鱼贯而出，循环展示着文胸类内衣企业的最新产品，新材料、新工艺、新款式的时尚内衣，与模特们完美的身材相得益彰，构成了“中针会”上一道美丽的风景线。

成功的展会离不开完善的服务。正如承办方中纺联（北京）会展服务有限公司总经理辛哲华女士所说，“做好服务是一切工作的出发点”。在“中针会”上，参会人员总能从一点一滴处体会到承办方细致入微的人性化服务。

本届“中针会”规模空前，仅由承办方负责安排的住会参展商等就有800多人，分住在4家指定宾馆。为了方便参展商们往来展馆和住地，以及搭乘地铁的参会人员更便捷地往来展馆和地铁站，承办方共租用了大型车辆16台作为交通车，使参会人员充分享受到了安全、快捷、便利的交通服务。从第85届“中针会”开始，承办方免费向参展商提供午餐。本届展会更是继承了这一传统，3天展期，4710份工作餐和VIP午餐，送给参展商们的不仅仅是美味的饭菜，还是承办方一份份体贴的热心。除了这些传统服务项目之外，主办和承办方还多方挖掘服务内涵，在本届展会的印刷品服务上下足了功夫。本届展会主办方打破以往“一份招展函打遍天下”的方式，专门推出了针对“文胸、内衣、家居服”和“家纺、床品”的两份不同版本的邀请函，使企业一目了然；专业观众邀请函更是名目繁多，有中、英、德、法、日5种语言的版本，并附有“中国时尚内衣秀”专场入场券；翻开外形小巧、内容厚重的《参展商手册》，参展商们可以了解到关于展会的一切信息，甚至连银行、文具店、五金店的具体位置，邮局、快递、小吃店的详细分布，交通和旅游信息等等都一览无遗。

如此体贴入微的人性化服务，不仅使参展商和专业观众感到温暖和便捷，提升了“中针会”的形象与层次，也为“中针会”迈向国际化专业展会作了良好的铺垫。

浦东回望春意闹。第87届“中针会”无论在规模、质量，还是内容、服务上，都是一个新的里程碑，获得了参展商和专业观众的高度评价，迈出了历史性的新步伐。

——中纺联（北京）会展服务有限公司

FIC展成为行业发展“晴雨表”

2006年3月1～3日，由中国食品添加剂生产应用工业协会和中国贸促会轻工行业分会共同主办的“第10届中国国际食品添加剂和配料展览会暨第16届全国食品添加剂生产应用技术展示会”（FIC2006），在上海光大会展中心举行。本届展会展出面积约3.6万平方米，到场的专业观众总数超过3万人，其中海外观众超过2000人，比去年增加了一倍多。这些数据再次刷新纪录，使FIC2006展成为本行业报名企业最多、专业观众最多的展览会，也是亚洲展出面积最大的国际品牌展览会。

展位供不应求　国际展商大幅增加。和往年一样，本届展览会自参展报名开始，国内外参展商报名就异常踊跃，到去年年底，上海光大会展中心西馆一二三层、东馆一二层和临时搭建的T馆的展位就已全部售罄，因展位面积所限未能安排展位的国内外企业近300家（主办方已把这些企业信息另印成册，免费发给每一位专业观众）。这样的规模和展出面积在亚洲乃至全世界都是屈指可数的。

本届参展的中外参展商总数达919家，除国内764家参展商外，有来自欧洲、美洲、亚洲、澳洲的26个国家和地区的155家国际参展商参展，其中包括比利时和日本国家展团。在这些海外公司中，有逾百年生产食品添加剂和食品配料历史的国际著名公司，如德国阿弗里德·沃福有限公司等；有国际知名的跨国公司，如世界500强公司之一、《财富》杂志评为最受尊崇的化工公司——巴斯夫维生素有限公司和韩国的希杰集团／希杰中国有限公司；世界水溶胶的龙头企业斯比凯可、世界最著名的食品添加剂和配料生产企业丹尼斯克有限公司等。这些国际著名公司的参展，带来了本行业国际科研和生产的最新技术，呈现了国际行业科研、生产的高新水平，使展览会成为一个能够真实反映国际食品添加剂和食品配料行业发展前沿水平的展览会。

此外，随着FIC展国际知名度和行业信赖度的快速提升，此次展会又吸引了很多国际著名大公司第一次加盟参展，成为本届展会的新亮点，如荷兰的DSM（中国）公司、日本味之素株式会社、韩国大象株式会社等，由于这些公司的参展，使得本届展览会国际参展商数量比上届增加了31%。

在国内展区，国内的食品添加剂、食品配料行业的龙头骨干企业悉数参展，包括浙江银象生物工程有限公司、美晨集团股份有限公司、青岛红星化工集团天然色素有限公司、武汉有机实业股份有限公司、上海染料研究所有限公司等，这些企业都是行业的先进代表，它们展出的展品反映了当今国内外食品添加剂、食品配料行业发展的前沿状况和科研的最新成果与技术，最集中地呈现了中国行业发展的最高、最新水平。

交流会与新品发布会成亮点。在FIC2006展会上，主办方精心策划并组织了3场高水平的学术报告会，专业观众从这些会议上了解到行业发展的最新进展情况和先进的技术信息。展会期间，还举办了多达18场引导产品开发潮流的新产品、新技术介绍会。这些学术活动和介绍会吸引了大量的海内外专业听众，各个会场自始至终场场爆满，座无虚席。一些资深行业专家们亲临展会现场免费为专业观众提供咨询服务，解答企业生产应用过程中遇到的实际问题，为企业的发展出谋划策，排忧解难。

可持续发展与企业自主创新成主流。在FIC展会期间，有23大类食品添加剂、25大类食品配料和原辅材料近上万个品种，食品生产设备、包装材料和检测仪器、生产应用技术、相关书刊及媒体网站等也参加了展出。最引人注目的是国内外很多知名公司近期研发的新产品、新技术同台亮相。如经过十余年的潜心研究，于2005年终于获得国家科技进步奖的浙江银象公司的乳酸链球菌素亮相于展会之中。参展企业中琳琅满目的以超临界萃取、膜分离和一大批生物技术、酶技术以及所生产的产品所代表的先进技术，使行业可持续发展与企业自主创新成为FIC2006展览会呈现的一大主流。

——《中国贸易报》文 菀

华交会“自主品牌”唱主角

第16届华东进出口商品交易会于2006年3月6日在上海新国际博览中心闭幕，为期6天的展会共吸引了境内企业3400多家、境外企业144家参展。境外企业分别来自美国、英国、波兰、法国、德国、土耳其、澳大利亚、日本、韩国、新加坡和中国香港、台湾等17个国家和地区。华交会展览总面积超过10万平方米。截止5日，华交会已累计成交27.23亿美元，累计境外到会客商21662人，两个数据均比去年同期增长15%以上。

统计数据显示，轻工工艺类产品在本届华交会上成交活跃，成交金额达13.57亿美元，比上届增长19.23%；纺织服装类成交18.68亿美元，比上届增长5.05%。

按出口市场统计，出口成交市场前三位的依次是欧盟（8.39亿美元）、日本（8.34亿美元）、美国（5.75亿美元）；出口成交超亿美元的国家和地区还有：韩国、中东及我国香港和澳门。

华交会的成功，应首先归结于其长期以来始终坚持的“专业化、国际化、市场化”发展方向，并凭借在各个环节上不断创新推动华交会的不断发展与成熟。

展团联动尽显地方特色。九个主办省市联动一直是华交会的最大特色。本届华交会包括主办省市在内的13个展团尽现地方特色。宁波展团设立了“出口品牌重点布展区”，尽显华东地区的出口大市本色；上海展团推动民营外贸企业发展，470家参展企业中民营企业占142家，与国有企业、外资企业呈三足鼎立之势；厦门展团重点培育出口品牌，把推行出口名牌发展战略作为工作重点；南京展团打出国际牌，倡导开放经济和国际化道路，把引资和外贸出口紧密结合，高档的展区布置展现新特色；山东打响外贸鲁字牌，坚持科技先导，改革创新，整齐划一的山东展区气势恢弘。

中国自主品牌唱主角。第16届华交会高度重视参展企业和参展商品的质量，各交易团在展位分配上向品牌企业倾斜，在展位布置上突出宣传品牌企业和品牌产品，大力促进品牌商品成交。据初步统计，本届华交会获商务部重点培育和支持的中国名牌出口商品有54个，属省市出口名牌的商品有655个，参展的新商品达2万个左右。华交会取消了专业馆，改设专业展区，设置了服装、家用纺织品、装饰礼品、日用消费品四大展区。其中服装展区展位1487个，占27.8%；家用纺织品展位889个，占16.6%；装饰礼品展位1188个，占22.2%；日用消费品展位1762个，占33%。

知识产权保护被重视。在知识产权保护方面，华交会不仅加强对《华交会涉嫌侵犯知识产权的处理办法》、《加强展览会专利保护实施细则》的宣传，还在展会期间加强展览秩序督察的巡查力度，发现问题按照有关法规和规定严肃查处纠正。

走出国门开拓创新。华交会创新办展思路，进一步推进专业化、国际化办展宗旨，拟于下半年“走出国门”，在日本举办华交会海外展，此举引起了各主办省市和组团单位的积极响应和踊跃参与。

——《中国贸易报》董鸿乐 魏建玲

第13届华南地区国际印前设备及印刷工业展览会

第13届华南地区国际印前设备及印刷工业展览会(2006华南国际印刷展)、第13届中国国际包装工业展览会（2006华南国际包装技术展）及第十届中国国际啤酒、饮料及酿酒工业展览会（2006华南国际饮料技术展）已于2006年3月7～10日在广州国际会议展览中心（琶洲）举办，展会规模在华南地区已是首屈一指。

本届展会为华南地区同类型最大最多元化的印刷包装展，共有超过500家公司参展，分别来自英国、法国、荷兰、德国、意大利、瑞典、瑞士、美国、以色列、日本、韩国、泰国、新加坡和中国及香港、台湾等16个国家及地区。其中韩国包装机械协会更首次组织韩国展团参展，场面盛大。

主办单位雅式展览服务有限公司董事长朱裕伦表示：随着中国印刷包装工业每年的迅速增长及对高新包装技术及机械的不断追求，中国可望成为亚洲未来印刷包装业发展的中心地区。作为印刷包装业其中一个高生产总值的广东省，“华南国际印刷、包装、饮料技术展”紧随市场脉搏，让观众了解到包装、印刷产品的自身发展，以及食品、饮料、啤酒、乳品、制药、日用化工产品，其生产流程与包装、印刷配套及连接，提高技术更新和投资创业的参考效果。

为期四天的展会一共吸引了超过3万多名业内人士前来参观，超越上届28.3%，海外观众约占11.2%，吸引了包装印刷厂、食品厂、饮料厂、药品及化工厂、广告及出版等各行业的观众，前来寻找印刷包装的配套及设备、物料以及最新技术。

除了广东省内多名包装印刷协会成员前来参观外，展会更获得15个省外买家团的鼎力支持，包括昆明市、天津市、沈阳市、大连市包装技术协会、石狮市、普江市包装印刷行业协会、厦门市、南京市、济南市、南宁市、玉林市、长沙市、温州市、石家庄市及梧州市印刷行业协会参观团亲临现场，不但促进了行业交流，也是全国印包行业的大聚会。

同期举办的专题研讨会也深受欢迎，研讨会主题包括由柯达图文影像集团主讲的数码印刷技术、CTP技术、海德堡(中国)有限公司的胶印印刷技术系列，以及昆山福乐国际贸易有限公司的阿敏胶新材料推介研讨会。为促进包装工业的最新技术及信息交流，还举办了饮料及啤酒技术研讨会，主题包括“薄壁容器的注塑技术探讨”、“饮料包装创新与发展趋势探讨”及“水外紫外光消毒技术”等。

与此同时举办的华南国际包装/饮料技术展，设了4大主题展区，包括饮料技术专区、食品包装专区、药品及日化品包装专区、纸包及软包装专区，方便买家寻找产品及合作伙伴。知名展商如安立、百利盖、克力派、多米诺喷码、易格斯、依码士、科时敏、克朗斯、朗盟、马肯、美莎纸业、瑞士罗姆来格、西瑞斯、达意隆、伟迪捷、杭州永创、中亚等均借此次展会介绍最新技术。

2006华南国际印刷展/包装展/饮料技术展由雅式展览服务有限公司、中国对外贸易中心(集团)主办、中国对外贸易广州展览公司承办，并获得广东省包装技术协会、广东省轻工业协会、广州市出版印刷业协会、英国加工与包装机械协会等20个海内外协会及机构支持，是华南地区最大型的一站式国际印刷包装及饮料技术展览会。

——新华网

第99届中国出口商品交易会

第99届广交会圆满完成了各项工作任务，于2006年4月30日闭幕，取得了良好成绩。本届广交会凸现六大亮点。

1.到会采购商人数超过19万人。本届广交会共有来自211个国家和地区的190011名采购商到会，比第98届增长7.2%。

美洲、非洲与会采购商增加，分别到会25170人和13070人，增长13.2%和50.9%；亚洲采购商到会107568人，比第98届增长7.6%；大洋洲采购商到会6166人，比第98届增长10.2%。欧洲采购商减少，共到会34043人，比第98届减少8.4%。

到会采购商位居前五位的国家（地区）分别是：中国香港地区29453人，美国12370人，中国台湾省10186人，韩国6299人，日本5819人。

新老采购商均保持增长。共有88710位新采购商与会，增长8.3%；老采购商与会101301人，增长6.3%。

有81家世界知名的跨国零售商与会，其中排名在世界前20位的有14家。有11家跨国采购集团进入广交会跨国采购区。

2.出口成交首次超过300亿美元。本届广交会累计成交额首次超过300亿美元，达到322.2亿美元，创历史新高，比第98届增长9.5%。

从成交市场看，成交额列前三位的是欧盟、美国和中东，成交金额分别为106.5亿美元、47亿美元和42.8亿美元，分别占总成交额的33.1%、14.6%和13.3%。

从主要商品成交看，机电产品成交额129.8亿美元，占总成交额的40.3%，比第98届增长6%；纺织服装成交呈恢复性增长，服装及衣着附件成交额为28.7亿美元，纺织纱线、织物及制品成交额为23.4亿美元，分别比上届增长16.6%和增长4.7%；农产品增幅较大，为19.9%。

从省市成交情况看，成交集中在东部沿海地区。各交易团中，广东成交83.7亿美元,增长7.6%,成交额居第1位。其次是浙江和江苏，成交额分别为45.7亿美元和33亿美元，分别较第98届增长8.8%和7.4%。中西部地区出口成交保持增长，安徽、湖北分别成交8.2亿美元和7.1亿美元，增长24.1%和34.7%，保持第八位和第十位。增长最快的三个省为青海、内蒙古、广西，分别增长47.3%、41%和40.1%。

从企业性质看，民营企业成交155.6亿美元,国有企业成交122亿美元，外商投资企业成交44.6亿美元，所占比重分别为48.3%、37.9%和13.8%。

此外，电子商务对出口成交发挥了积极的促进作用。继续利用“网上广交会”、“在线广交会”以及“在线机电广交会”开展电子商务，不断推出新栏目，强化信息服务功能，实现了交易方式的创新。截至4月29日16时，三家网站累计访问量达1.1亿次，比第98届增长11.6%；电子商务网上意向成交额累计为4.2亿美元，比第98届增长10.5%。

3.品牌企业成交良好，品牌战略成果凸现。本届广交会进一步扩大了品牌展位规模，品牌展位达到4182个，占展位总数的14%，共有808家品牌企业参展。品牌展区累计成交82.5亿美元，占总成交额的25.6%，比第98届提高了2.7个百分点。

一期品牌展区以家用电器和电子信息产品为主，共成交66.3亿美元,占一期总成交额的31.6%。其中美的集团成交9亿美元，广东格兰仕集团成交6.3亿美元,海尔集团成交4.7亿美元。

二期品牌展区累计成交16.2亿美元，占二期总成交额的14.4%，比第98届提高了7.5个百分点，我国轻工产业品牌建设成果初步显现。其中陶瓷展区成交3.2亿美元；办公文具展区成交2.9亿美元；器皿及餐厨用品展区成交2.2亿美元；礼品展区成交1.6亿美元，体育及旅游休闲用品展区成交1.1亿美元。

4.完善展位评价体系，布展水平不断提升。本届广交会在提升布展水平方面锐意创新，取消了原有的重点布展区，首次设立特装区与标摊区，与国际惯例接轨，受到参展商和采购商的广泛欢迎。

大会首次举办特装展位评比活动，共评选出特装区优秀布展企业141家，对布展效果不佳的65家企业予以黄牌警示，并责令限期整改。

5.继续加大知识产权保护力度。认真贯彻《展会知识产权保护办法》，进一步加大保护知识产权力度。据统计，本届广交会共受理知识产权投诉案件472宗，被投诉企业743家，比上届减少9.6%，认定构成涉嫌侵权企业419家，比上届减少7.7%。

此外，作为“蓝天会展行动”——2006展会知识产权保护年度专项行动的一部分，商务部等四部委在广交会举办了展会知识产权保护专题培训。

6.广交会管理和服务水平不断提高。加强展位管理。7个展位检查小组的70名工作人员对所有展位进行了“拉网式”检查，在认真调查核实的基础上，大会业务办对3家违规使用展位的企业按大会有关规定进行了处理。

切实做好安全保卫和卫生保障工作。展会期间加强馆内各类安全保卫力量和安检措施，整个展会期间没有一起传染病疫情和食物中毒事故报告。

——广交会新闻中心

中国保护知识产权成果展览会

丹馨玉兰芳香沁人心脾，新品黄瓜辣椒娇翠欲滴。在保护知识产权成果展览会上，不仅成果展示引人驻足，更有创新品牌魅力四射。

2006年4月16～23日，“中国保护知识产权成果展览会”在北京军事博物馆举办。这是我国首次举办以保护知识产权为内容的大型展览，是20年来我国知识产权制度建设、保护工作成绩的一次全面展示，也是开展公众教育，促进国际合作与交流的一个举措。

展览共分为部门、地方和企业3个展区。部门展区主要展示知识产权整体情况、保护商标权、专利权、著作权、海关知识产权保护、其他领域知识产权和司法保护等内容；地方展区主要展示保护知识产权专项行动15个重点地区取得的成效和当地企业自主创新、主动维权取得的成果；企业展区主要展示我国企业提高和增强知识产权保护意识，运用知识产权制度参与市场竞争，注重自主知识产权的开发与创新，塑造自主品牌，提升国际知名度和竞争力等内容。

展览以图片、模型、实物为主，利用声、光、电等高科技手段，生动、形象地展示我国近年来在知识产权保护方面取得的成果。展示内容可谓精彩纷呈、亮点频出。在其他领域知识产权保护展区，由中国农业科学院蔬菜花卉研究所选育的甘蓝、黄瓜、辣椒、番茄、轮选987水稻等优质蔬菜、粮食作物以及多瓣玉兰、丹馨玉兰、红运玉兰等花卉新品种格外引人注目。在地区展区，天津市展出了国内首例2500吨/小时海水冷却技术示范工程模型；河南省展出了获得国家专利的钧瓷工艺作品。在企业展区里，北京信威通信技术有限公司展示了他们自主开发的SCDMA系统，该系统已在全国116个城市建网，可以在现场与遥远的山村农民进行图像可视通话；中国航天科技集团公司展示了自主研发的长征系列火箭模型和“神舟六号”飞船模型；鞍本集团鞍山钢铁集团公司展示了我国自行设计制造并拥有完全知识产权的鞍钢中薄板坯连铸连轧生产线模型等。

作为参展单位之一，最高人民检察院展出了打击假冒侵权犯罪专项立案监督活动、督办职务犯罪、加强行政执法和刑事司法相衔接三个板块。从中可看到，2004年3月～2005年12月开展的全国检察机关打击制假售假、侵犯知识产权犯罪专项立案监督活动成效显著，检察机关共批捕侵犯知识产权犯罪嫌疑人1326人，起诉1479人。建议行政执法机关向公安机关移送侵犯知识产权犯罪案件245件289人，监督公安机关立案侦查侵犯知识产权案件462件564人。在督办案件中，覃学臻、温剑嵘非法出售盗版图书，郑州诺华化工实业有限公司涉嫌生产、销售伪劣产品等案件榜上有名。

本次展览由国家保护知识产权工作组等11个部门共同主办，信息产业部、最高人民法院、最高人民检察院等7个单位和北京等15个保护知识产权专项行动重点地区以及中国航天科技集团等14家企业参加展览，本次展会还邀请了外国驻华使节和外商投资企业参观展览。

据悉，全国21个省、市、自治区也在本地举办保护知识产权展览；4月26日，以“自主创新·发展”为主题的“2006年中国保护知识产权高层论坛”在人民大会堂举行。这些活动共同组成2006年全国“保护知识产权宣传周”活动的重点内容。

——《国际商报》何芬兰

“自行车展”：两轮世界也精彩

2006年4月17～20日，第16届中国国际自行车展览会和2006年中国国际摩托车及零部件交易会在上海新国际博览中心举办。

本展会由于规模及影响力逐年扩大，其“集聚效应”也随之增强，国内外展商们纷至沓来。参展企业达900多家，展位突破4300个，展出面积超过8.5万平方米。由于室内场地有限，组委会只能在场外搭起了5000平方米的篷房，以满足部分企业的需求。本展会集中体现以下特点：

强化专业办展特色。本届展会以“走进‘自行车’，享受健康生活”为主题，在把人们带进一个绚丽多彩的两轮世界的同时，还特别突出了专业特色，开辟了自行车、电动自行车、摩托车、配套零部件等4个专区，对相关产品进行集中展示。展馆内，捷安特、永久、凤凰、美利达、金轮、普利司通等众多知名厂商打起擂台；影视明星周迅、袁立、曹颖分别作为天爵、华爵、金羚羊电动自行车的代言人与电动自行车新品集体亮相，品牌效应和明星效应相辉映；各中小厂商也不甘落后，纷纷在各自的专业领域内展开激烈竞争，尽展所长。

凸显创新主旋律。本展会，有许多企业以创新的姿态“走进自行车”，全面展示了我国和世界各国两轮车技术、制造装备业的先进成果，显示出行业内在运用信息科技、自动化科技、能源科技、新材料与化工等方面的重大突破。自主创新、科技创新成为一大亮点。

作为国内自行车行业的巨擘，捷安特（中国）有限公司以“分享骑乘的乐趣”为主题，携一系列最新自主创新成就和合作开发成果集体亮相。占地面积165平方米的展台上有代表行业最高水平的折叠车、电动车、公路车、山地车等登台亮相，为中国自行车行业的未来描摹出一幅壮观的蓝图。其中，在E1馆的0105号展位放出最耀眼光彩的是一款结合FO碳纤及AluxX铝合金科技的公路赛车，保留了碳纤的轻量及吸震效果，同时还拥有绝佳的竞速效能，曾为德国T-Mobile车队连续2年夺得世界环法团体总冠军立下汗马功劳，价值100多万元。

凤凰股份有限公司以提升传统名牌凤凰的品牌形象和产品特点为宗旨，重点把握展品造型美化有创意，材料侧重于轻型、异型和非金属材料的应用，承上启下推出自行车和电动自行车两大类共50款新产品，演绎了“凤凰与健康同行”的参展主题。

小型企业也在创新开发中不甘落后，在展会上也纷纷展现出他们的创意，如上海港申自行车厂最近开发的QW88型（12”）折叠式铝合金自行车具有自重轻、体积小、骑行快等特点。苏州三洋机电有限公司推出了面向国际市场的环保、节能、高效的新型摩电灯系列。台商元渝公司带来了获得2006台湾自行车暨零配件创新产品奖立管、座管类第一名的YP－PA3，它是一种具有打气筒功能的自行车座管。

提升国际化程度。本次自行车展首次汇集国际自行车界顶级品牌，共有100家来自12个国家和地区境外企业参展，参展净面积达2018平方米，增幅为58%。其中，来自日本的全球最大自行车零件厂商SHIMANO展示了其2006年全套公路、山地、休闲车解决方案。美国三大厂商TREK、SPECIALIZED、MONGOOSE带来世界最先进的公路车、山地车和BMX小轮车。同时，意大利的BIANCHI、DE ROSA展示了意大利纯手工的自行车产品。同时，主办方还设立了“海外自行车精品展示区”，集各家之精品，让观众能在有限的空间内领略到全球顶尖的自行车产品。如坐落于西一号馆入口处的禧玛诺公司，启用全新的“店中店”形象，带来了2005年环法冠军阿姆斯特朗使用的装有禧玛诺顶极公路车套件DURA ACE的自行车，同时还展示了其合作伙伴PRO、ELITE、OGK的产品，成为本届展会一大看点。

与此同时，本届展会（CHINA CYCLE）与2006年中国国际摩托车及零部件交易会（INTERMOTOR CHINA）一起盛大举办。自行车、电动自行车、摩托车共同闪亮登场，一个“三车鼎立，两轮世界”的国际展初见雏形。

——《中国贸易报》胡佳驰

津洽会开启区域合作新航程

2006年4月18～22日，在5天时间内，吸引了350亿元的合同引资规模——在2006津洽会上，天津收获颇丰。

在引资竞争日益激烈的今天，能有如此的表现，足见津门引资魅力。

350亿元的合同额中，包括174亿元的内资和近23亿美元的外资。在吸引外商投资的同时，天津也将掀起一股区域合作的高潮。

优势独具。被列入国家的发展规划后，滨海新区得到国务院的五项扶持政策，包括将滨海新区作为综合改革试验区、设立东疆保税港区、进行金融改革试点、扩大建设用地供应、将区内510平方公里范围高新技术产业的所得税税率降为15%等。国家的整体规划及配套政策的实施，为滨海新区发展注入了一针强心剂，滨海新区迎来了新的发展机遇，其自身优势也为机遇的“降临”创造了诸多利好。

滨海新区地处环渤海经济带和京津冀群的交汇点，拥有丰富的油气资源和1214平方公里的盐碱荒地；区内配备有国家级经济技术开发区、保税区、高新技术产业园区和出口加工区，而天津港已成为我国北方重要的对外贸易口岸，对内直接辐射华北、西北大部，对外同世界170多个国家和地区的300多个港口有贸易往来。

同时，在电子、汽车制造等现代制造业已经初具规模，新区也将高新技术产业作为今后重点发展的产业，凸显了区内的产业带动作用。区位、资源优势和服务功能都是新区具备的优势条件，也是在国家优惠政策扶助下，新区快速发展的前提和保障。

机遇共享。国家通过在税收、用地等特殊政策的扶持，希望加快滨海新区建设，并以此带动整个北方经济发展。并明确将滨海新区定位于：立足天津、依托京冀、服务环渤海、辐射“三北”、面向东北亚的高水平的现代制造和研发转化基地、北方国际航运中心和国际物流中心、宜居的生态城区。

“滨海新区将充分发挥综合优势，竭诚服务区域经济发展。”滨海新区管委会副主任宋联新表示，依托现有优势，滨海新区将进一步加强与环渤海湾各港口、北京等周边省市、中西部地区和东北亚区域的经济合作，在国际航运、口岸通关、国际贸易、科技创新和促进产业升级、区域金融合作、休闲旅游等方面提供服务。

天津市政府领导也多次强调，推进滨海新区的开发开放，不仅为加快自身发展，更要增强为区域经营振兴的服务功能。

服务区域振兴并未只停留在态度上。作为区域合作的重要平台——津洽会在突出宣传滨海新区之外，更多地是构建一个招商引资、经贸洽谈的合作平台，将滨海新区的发展机遇与周边省区市共享。

天津精心选择参会推介项目，并为兄弟省市提供了展示平台，展会期间海南、宁夏、新疆等地20多场外地省市的推介会充分体现了天津促进区域合作发展的诚意。而洽谈会首次整合环渤海市长联席会和中国港口城市市长论坛，也是为区域合作务实深入的发展提供平台。

津洽会期间，环渤海地区经济整合市长联席会通过《推进环渤海区域合作的天津倡议》，倡议城市间优势互补、实现共同繁荣，合力消除行政壁垒和市场障碍，培育发展环渤海地区统一、开放、有序的市场体系，促进区域内各层次的合作机制，以联合行动共同创造分享未来。

在以探讨全球经济一体化和中国港口城市的战略机遇为主题的首届港口市长论坛上，与会代表也纷纷建议健全城市和区域合作协调促进机制，发挥港口和港口城市对内对外开放的窗口作用，制定有利于区域生产要素流动的市场规则，增强综合服务功能。

2006津洽会大幕落下，而以滨海新区为牵引的区域合作的巨轮正昂首启航。

——《国际商报》汤 莉

中国特许展　商机凸显

2006中国特许展于2006年4月20～23日在北京国际贸易中心举行。这一特许经营领域一年一度的行业盛会，自1999年以来已经连续举办了8届，成为目前国内规模最大的特许展。

我国特许经营正在步入高速增长期，来自中国连锁经营协会的数据显示，2005年底，我国特许体系已达到2320个，比上年增长约10.4%，加盟店达到16.8万个。在特许经营市场被普遍看好的背景下，今年的展览更是规模空前，吸引了业内知名品牌悉数到场，无论是品牌档次，还是参观的专业人数，都超过了以往。

加盟机会丰富。“经过十几年的发展，我国特许经营领域中新体系不断涌现，老体系更加成熟。”中国连锁经营协会会长郭戈平认为，通过特许展这个大舞台，对于特许企业塑造品牌形象，树立规范意识有重要作用，而广大投资人也可以获得更多的特许经营知识，增强风险意识，有利于行业的规范和发展。

我国特许体系的快速成长，带动了特许展览的一派兴旺。据悉，今年特许展参展的品牌总数为167个，比上一届增长了约20%。其中新品牌占47%，主要来自特色食品和日用品零售、咖啡、美容美体、足道、办公服务类企业，小额投资项目居多。在投资规模方面，参展品牌中100万以上的占15%，主要为餐饮和经济型酒店，50万～100万的占14%，以餐饮、家装、汽车养护、足道等企业为主，50万以下的占71%，包括便利店、服装、礼品、保健营养品等各种专卖店、美容美体、健身、洗衣、教育培训、家居用品、办公用品和服务等。在参展品牌中，零售、餐饮、服务类各占32%、27%和39%。

中国连锁经营协会秘书长裴亮表示，今年展会的企业主要分布在零售、餐饮、服务三大领域，专卖店、家居类企业的数量明显上升，经济型的连锁酒店也引人注目。与往届相比，2006特许展中供中小投资者选择的项目有所增加，投资额的回落为投资人提供了丰富的加盟机会。

业内人士分析，近几年特许加盟受到热捧，特许展也呈现火暴趋势，原因在于特许经营这种现代商业模式，能够为特许品牌搭建一个理想的推广平台，满足特许企业迅速扩张的需求。从中小投资者的角度来看，特许加盟提供了一个借船出海的机会，可以一圆加盟者的创业梦。

奥运特许加盟显露商机。在本届中国特许展上，北京奥组委首次登台亮相，成为展会的一大亮点。

随着2008年北京奥运会的日益临近，目前与奥运相关联的商品在京城呈现热卖趋势，经营奥运特许产品的前景看好。此次特许展上，北京奥运特许的出现吸引了许多投资人的眼光。记者在奥组委的展位前看到，这里熙熙攘攘，挤满了前来咨询的人流，有关的加盟宣传材料也成为抢手货，人们争相索取。

据北京奥组委市场开发部特许经营处唐永宏处长介绍，2008年北京奥运会的特许计划今年进入全面实施阶段，从北京开始，将在全国范围内选择一些经济发展快的地区逐步推开。目前已开网点有140多家，今年计划发展到200家左右。

“这是2008奥组委首次参加专业会展，一方面是希望发挥奥运商品对于奥运会的宣传作用，促进群众参与，另一方面，也是满足人们对奥运商品的需求，为今后几年的奥运特许商品市场发展进行探索和积累经验。”

据了解，目前北京奥运会的特许产品开发已经有11大类，大都是有纪念价值、收藏价值和投资价值的产品。参加此次展览的奥运特许商品主要集中在畅销品种上，如吉祥物、玩具、纪念章、服装服饰、吉祥物运动造型等。

唐永宏表示，目前奥运会的特许加盟还是有一定的门槛，大体上中等规模的流通企业就可以达到要求。下一步，奥组委将挑选一些有实力、有品牌代理经验、有一定的市场营销网络的区域零售商，开展奥运特许商品的特许加盟，也希望有更多的中国企业参与到奥运特许商品的开发与销售中来。

社区商业受到青睐。目前，社区商业已经成为国内商业发展的一个热点。在今年的特许展上，由北京市商务局支持开辟的北京社区商业项目集中展示区引人注目。

据了解，近几年，北京社区商业发展势头强劲。北京连锁龙头企业注重向社区和郊区拓展，社区连锁超市便利店覆盖率由40%上升到87%，经过近两年的努力，远郊区县88%的乡镇和53%的千人以上的大村子有了连锁超市、便利店。这些便民设施为北京建设宜居城市、发展社区商业、打造便民服务体系发挥了重要作用。目前北京社区商业业态齐全，布局合理，超市、便利店等区商业的主力业态发展迅速。

在本届展会上，北京社区商业项目主要涉及快餐、特色食品、药店、便利店等的8家企业。记者在北京社区商业展台看到，这里汇聚了北京千喜鹤餐饮、金三元早餐等快餐类企业，还有百市千店社区服务、更香茶叶、三洋干洗等企业。这些社区商业项目的投资额都不大，能够满足中小投资者的需要。

海外品牌争食特许蛋糕。外资企业进入中国已经多年，值得注意的是，尽管一些外资企业取得了出色的业绩，但海外品牌却很少涉及中国特许市场，就连在国际上以发展特许加盟为主要拓展方式的肯德基、麦当劳，在中国发展特许加盟也是慎之又慎。肯德基目前在中国已经开有1600家店，但据了解，特许加盟店的数量只有40多家。

但近两年，随着中国特许经营市场的日益成熟，这种状况正在得以改观。尤其是2005年商务部《商业特许经营管理办法》的出台，对规范特许经营的市场秩序发挥了重要作用，海外特许品牌开始参与这个觊觎已久的庞大市场。

目前，中国特许市场已经云集了来自美国、新加坡、日本、韩国和中国香港、台湾地区，以及欧洲的德国、法国、英国和意大利等的海外特许品牌。海外品牌主要集中在餐饮业和零售业领域。

今年的展会上，肯德基将加盟门槛从原来的800万元人民币降至200万～800万，加盟地区也从以往的三、四级城市扩展至大部分二、三线城市。肯德基对加盟者承诺“不从零开始”，而是将已经成熟的、正在营运的餐厅转让给加盟者，免去了加盟者在选址、开店、培训员工等方面的大量工作。

此外，还有美国、加拿大、意大利、澳大利亚、新加坡、马来西亚、韩国等国的近30个特许品牌参加了今年的特许展。海外特许品牌借助特许展进入中国，带来了先进的模式和技术，有助于中国特许市场的健康发展。

——《国际商报》徐春林

山东寿光——打造“中国蔬菜之乡”的金色名片

山东寿光是驰名中外的“中国蔬菜之乡”。提起寿光，人们首先就会想到那漫山遍野的大棚、琳琅满目的蔬菜，还有那让业界人士翘大拇指的菜博会。2006年5月20日，第七届中国（寿光）国际蔬菜科技博览会在一片喝彩中落下帷幕。本届菜博会，再一次以其精湛的特色和超强的人气让世界震撼。会期一个月，参观者来自50多个国家和地区、全国30多个省市区，人数多达136万，其中有5天游客均超过10万人次！签约项目72个，签约额88.6亿元，贸易额157.6亿元。参观过菜博会的人都对其火爆场面有深刻的印象。菜博会已成为山东寿光的金色名片。

景观篇

到过寿光，参加过菜博会的人都知道，菜博会不同于一般的工业和农业展会，既有传统的商业展位，还有实地种植和园林景点，用他们的话说，就是逛菜博会就像逛大观园，非常“有看头”。

菜博会的规模“大”。主展区8个展厅，总面积达15万平方米，室内外标准展位1500个。长青苑、珍奇苑、长寿苑、百果苑等，景色各不相同，各具特色。8个展厅全部转完，得走18公里，再加上由中外农业科研生产基地、农业观光园区、涉农企业组成的15个分展区，整整一天都转不完。

菜博会的面孔“俏”。菜博会将高科技平民化，采用实地栽培和景点相结合的鲜活展示形式，从一开始就引得游人如织。今年菜博会展厅的景观更加鲜亮。15万平方米的展区内，20多万盆、上千种名优新奇蔬菜组成了上百个园林式景点，形神兼备，意趣天成。

菜博会的内容“博”。展品、展位来源广，有本地的，有外地的，有国内的，有国外的，菜、果、花、药、农资、农机应有尽有。第七届菜博会参展客商来自20多个国家和地区及国内30多个省市区，其中国外展位占到室内展位的1/3。今年的一大亮点是正值两岸经贸洽谈会之际增加了台湾展区。来自台湾云林、台东、嘉义、台南、屏东、南投、桃园、高雄等县市的10余种时令优质热带水果、近200余种农产品深加工制品参加展示、展销。

科技篇

一个成功的展会，必须以科技为先导。历届菜博会，以“绿色·科技·未来”为主题，始终把科技展示与推广作为重中之重。凡到过菜博会的客商与农民，一致反映：菜博会集中展示了蔬菜及相关领域的先进技术，进了菜博园就像进了科普园，感觉越看越“有学头”。

产业和市场优势是菜博会的最大卖点。本届菜博会共展出各类菜果、花卉等1500多个品种，具有较大推广价值的达到了70%以上。会上展示了彩色蔬菜、袖珍蔬菜、药用蔬菜、观赏蔬菜等特菜品种以及蔓生地瓜、蔓生土豆、水泡南瓜、巨人南瓜等农业奇观，荷兰瑞克斯旺公司、挪威海德鲁公司、韩国尚真株式会社、美国亚联微生物肥有限公司等国外著名企业，国家蔬菜工程技术研究中心、北京农林科学院等国内30多家农业科研单位，纷纷将最新品种、科研成果带到大会参展，菜博会展品中种苗类占38%、药肥类占33%、农机类占12%、其他类占17%。

说起菜博会对农业的贡献，寿光市委副书记、菜博会组委会常务副主任杨德峰说：“菜博会架起了农民与农业高新技术、农产品与世界市场对接的桥梁，特别是科技的导入，使现代农业迸发出前所未有的活力。”

菜博会的底气来自“菜乡”的产业依托。寿光是全国的蔬菜高地，蔬菜面积80多万亩，其中无公害蔬菜基地面积60多万亩，近20年的保护地栽培历史，使寿光人的种菜技术可以和艺术流程相媲美。

大规模的生产，全方位的参与，完整的产业链条，所有与蔬菜有关的信息都和寿光连在一起，寿光成了蔬菜技术、信息的密集地。四面八方的人都赶来学习，也把四面八方的信息聚拢来，使菜博会的成功成为必然。

影响篇

“一个成功的会展，绝不只是产品、成果的展示，而是越来越面向市场，越来越注重信息的沟通。菜博会是个大市场。”寿光市市长刘中会这样说。到菜博会上走一走，就会对这句话有更深的体会。卖种子、卖技术、卖农资、卖产品、卖理念……整个会场成了一个贸易、技术、信息交流中心。菜博会可以说是办到了农民和涉农商家的心坎上。菜博会成了广大客商和农民学习技术的大课堂，发财致富的“淘宝地”，没参加过的想去探个新奇，参加过的尝到了甜头，用他们的话说就叫“有想头”。

第七届菜博会上山东广饶大王镇的一张姓农民说，他每年都来参观菜博会，会上的新品种、新技术、新信息对他的种植帮助很大，菜博会成了他种大棚的“风向标”了。整个菜博会期间，每天都有成千上万的本地及外地菜农前来参观，一边惊奇，一边询问，他们的目的就是想学到更加科学的蔬菜种植管理技术。

来菜博会考察的不仅是农民。山东平度市的孙先生是经销农资的，他说，他最初就是通过菜博会取得了一种生物肥的代理而把生意做大的。而商家看好菜博会的原因也是因为菜博会的市场大。从首届菜博会开始，外国种子公司的展位就闪亮登场，而且越做越火，地盘越来越大。目前已有20多家国外种子公司在寿光建立了示范基地，寿光成了名副其实的“蔬菜生产联合国”。尝到“甜头”的众商家把菜博会称作“金牌会展”。当第七届菜博会还在红红火火地进行时，明年第八届中国（寿光）国际蔬菜科技博览会的展位已预订过半。挪威海德鲁公司一次就预订了14个展位，他们对菜博会充满了信心。

菜博会的成功举办，对于促进寿光农业和农村经济发展，有效解决“三农”问题，加快社会主义新农村建设步伐，都起着积极的推动作用。

——《国际商报》王会丰

第二届中国（深圳）国际文化产业博览会

由文化部、国家广播电影电视总局、新闻出版总署、广东省人民政府和深圳市人民政府主办，由深圳报业集团、深圳广播电影电视集团、深圳发行集团公司、深圳国际文化产业博览会有限公司承办的第二届中国（深圳）国际文化产业博览交易会，于2006年5月18～21日在深圳举办。本届展会成效显著，其主要成果如下：

本届文博会吸引90.63万人次参与，彰显了中国文化产业魅力。第二届文博会主会场九大展馆和六个分会场的博览、交易、论坛、艺术节各项活动和网上展会，充分展现了中国文化产业的丰富内涵和优秀成果，四天时间内吸引了众多海内外宾客。截止5月21日中午12：00，展会期间参观“文博会”各项展览、参加各项活动的总人数达90.63万人，比首届文博会超出42.93万人。

参观各项展览的总人数为85.08万人。其中，参观主展馆的30万人，参观六大分会场各类展览的54.7万人，参观深圳藏中国名家精品展等主展馆和分会场之外其他展览的3777人。参加论坛与会议总人数为17853人，其中，8030人参加了文博会期间举办的15个论坛。有9823人出席了文博会期间举办的16个会议及讲座。出席颁奖典礼的740人。参加拍卖会的有4200人。参加（观看）展会期间的各项节庆活动的有32720人。

在4天的展会期间，网上展会——中国（深圳）国际文化产业博览交易会网站约有16万人次访问。

本届文博会不仅参与人次多，而且嘉宾来源广、层次高。展会期间，仅政府各部门接待的海内外嘉宾总规模近1900人，其中，有来自国内29个省（市、自治区）的73个参观团，嘉宾人数超过1300人，省部级以上嘉宾52人；外国及港澳台嘉宾600多人。此外，文博会公司、各承办单位、各分会场接待的嘉宾、参展商和专业观众也超过了3万人。

无论是前来文博会寻求商机还是来接受文化熏陶，近百万人次的关注与参与，充分显示了文化产业作为一个朝阳产业的魅力，这是发展文化产业的最好社会基础。

投融资活跃，交易活动频繁，凸显了文博会的交易功能。第二届文博会投融资与交易成果喜人，合同成交额比首届增加了2倍多。

第二届文博会签约项目投资规模较大。超亿元的项目28个，其中签订合同项目15个，合同金额53.38亿元；签订意向合作协议的13个，意向金额84.40亿元。签订单项合同金额最高的是法国未来乐园与深圳市宝能投资集团有限公司签订的，总投资额为16亿元人民币的深圳未来乐园项目；签订单项意向合作协议金额最高的是广西南宁刘三姐文化家园项目，意向投资金额达18亿元。

作为国家级的文化产业交易平台，第二届文博会实现了为全国文化产业招商引资功能。签约金额较大的参展团分别为：贵州团58项目签约总投资额70亿元；广东团7个项目签约金额40亿元人民币；广西团14个项目签约总投资额37亿元；河南团14个项目签约总投资额11亿元；河北团10个项目签约金额近11亿元；太原团9个项目签约金额8亿元。

第二届“文博会”共举办了7项拍卖交易活动，拍卖宗数2214件（幅），成交宗数共1212件（幅），占拍卖宗数的54.74%；总成交金额6963万元。其中，2006年文博会首场中国书画拍卖会成交523件（幅），成交金额2204万元；2006年文博会中国艺术品拍卖会成交174件（幅），成交金额360万元，关山月的《天池林海》拍出82万元，为单幅最高价；2006年中国书画艺术拍卖会成交546件（幅），成交金额2300万元，成交价最高的是张大千的《松下高士图》，拍出85万元；工艺美术大师作品及收藏品拍卖会成交191件（幅），成交金额1300万元，其中刘克唐的《九龙御天宴》拍出80多万元；中国名家字画艺术展暨拍卖交易会成交200多件（幅），成交金额3500万元，此前备受关注的《长江三峡图》被一名来自湖北武汉的神秘买家以全场最高价1500万元竞得。古玩等精品拍卖会成交80多件（幅），成交金额700多万元，成交价最高的是戚广凡油画《三兄妹》拍出了78万元。大芬油画村油画作品拍卖会成交140件（幅），成交金额79.1万元，湖北画家陈泽鲲的《法号·喇嘛》拍出35万元高价，为全场单幅最高价。

第二届文博会在交易和文化产业项目投融资方面取得的丰硕成果，实现了文博会功能由首届的重在集中展示中华优秀文化产品向今后的重在促进中华文化产品交易的转变。

为推动中华优秀文化产品走向世界进行了有益探索。本届文博会文化产品出口交易和投融资引进外资成绩喜人。其中怡景动漫基地动漫产品合同交易额为1.17亿元人民币，意向金额3.18元人民币，仅出口到美国、英国、加拿大、澳大利亚、韩国、印尼、新加坡的合同额就有0.235亿元人民币。艺展中心分会场18日开幕当天举行的外商采购签约仪式上来自欧美等地的采购商与深圳的公司签下了近2.08亿美元的订单。大芬油画村分会场在大芬卢浮宫展销中心举行了“大宗油画交易签约仪式”，来自海外的客商与大芬村油画经营商现场签订金额为1.7亿元人民币油画采购合同。水贝珠宝分会场5月19日签订合同173份，实际成交额3.05697亿元，其中南非商团一个团就签订了上亿元的采购合同；5月20日共签订成交合同206份，成交额达到3.75亿元人民币，其中一位芬兰珠宝商独自签订2800万元的彩宝饰品订单。

高端系列论坛为中国文化产业发展出谋划策。第二届文博会期间，先后举办了文化发展战略论坛、中国文化产业论坛、数字电视发展论坛、印刷业国际论坛、中国深圳国际设计高峰会、深港动漫高峰论坛等各类论坛15个。论坛围绕文化产业的战略选择、文化产业政策、文化贸易、文化创新与社会和谐以及报业、印刷、设计、创意、图书馆、职业教育等行业展开了广泛而深入的研讨，为中国文化产业的腾飞提出了许多具有建设性的意见。同时，《中国文化产业2006年投融资项目手册》、《深圳印刷产业发展状况白皮书》、“雅昌艺术市场指数”等一批文化产业理论研究成果、行业标准、产业报告相继推出，使本届文博会不仅是一个文化产品、展示与交易的平台，同时也是一个文化产业思想荟萃、文化产业信息交流、文化产业发展战略研讨的一个智力平台，极大地提高了文博会的综合性、专业性和权威性。

本届文博会论坛具有以下特点：(1) 规格高。主办单位多为国家部委和全国性行业协会论坛，出席论坛的嘉宾大多是来自国内省部级以上的政府官员以及相关行业的顶级专家，其中不乏世界知名的大师、业界领导和企业家，如著名的营销大师米尔顿·科特勒、美国加利福尼亚大学艾伦·斯科特、时代华纳集团副总裁皮特·沃尔夫等。(2) 国际化。大多数论坛除冠名“国际论坛”外，所邀请的专家学者也来自世界各地，论坛的主题如“全球文化贸易与中国”，也体现出文博会论坛的国际化的视野和推动中国文化产品走出去的学术使命。(3) 专业化。论坛主题选择上紧扣当前中国文化发展与产业发展等重大专业性课题，在进行宏观的战略探讨的同时，更注重具体行业的发展思路与对策建议的交流与碰撞，对产业政策、文化贸易、传媒、动漫、印刷、设计、创意、职业教育等行业进行了有一定深度的研讨，对于我国今后发展文化产业有重要的指导性与参考价值。

文化节庆好戏连台让社会公众分享文化产业成果。展会4天，从第二届文博会开始创办的“文博会艺术节”、各分会场和各承办单位为展会配套的演出、活动多达20余项，文博会各场馆也组织开展了丰富多样的现场表演活动，演艺馆内的皮影戏表演、天津京剧院及宝安区少儿京剧团两代京剧人的精彩表演、动漫馆上演了动漫人物真人秀、怡景动漫基地的卡通形象巡游、艺展中心的插花表演、深圳报业集团组织了模特时装秀、职业教育馆的学生时装表演、工艺美术馆的现场刺绣表演，让社会公众实实在在地领略了文化产业的神采。

第二届文博会丰硕成果的取得，是因为：展会的定位更加明确，就是要促进文化产品交易，搭建文化产业投融资平台，推动中华优秀文化产品走向世界；各级政府的支持力度加大，各行业管理部门，各级政府都积极整合行业优势资源，发动行业内优秀文化产品和服务参加文博会，使文博会的内涵更加丰富；第二届文博会在招展的同时尤其注重招商，以召开推介会，在境外尤其是发达国家寻找招商招展的代理中介机构等方式，广泛邀请国内外采购商、投融资商参会，有买有卖，推动交易，使文博会的交易功能、推进文化产品走出去的核心功能得到了强化，有力推动了中国文化产品与市场和资本对接。

——第二届文博会新闻中心

科博会平台效应全面显现

为期五天的第九届科博会2006年5月27日下午落下帷幕。在国内外社会各界的热情关注和参与下，第九届科博会实现了“搭平台，聚商机，论发展，促合作”的聚合效应，是一次凸显“十一五”规划战略要求和产业导向，汇聚当今国内外高科技发展最新成果，直面经济社会和科技产业发展热点焦点，传播新经济时代全新思想理念的高新技术及相关产业的国际交流与合作的盛会。

科博会期间，共进行了展览会、论坛和专项活动、经贸项目推介洽谈等近百场次活动。有来自联合国等国际组织和35个国家和地区的3000多位境外来宾参加了科博会，其中国际组织、外国政府及企业经贸代表团组75个；全国31个省、自治区、直辖市和香港、澳门、台湾地区连续第四年齐聚科博会，全面参与科博会各项活动。

5月23日～27日在北京中国国际展览中心举办的科博会展览会，成为了境外跨国公司、境内高科技企业、科研机构和各省市竞相展示最新科技、开展国际和区域交流与合作的综合性大舞台，共有2048家海内外企业参展，展览总面积6万多平方米，其中境外展位面积近1/3。开展五天，迎来23万来自世界各地和全国高新技术业界为主的各界人士参观交流，是中国国际展览中心接待观众最多的展会之一；围绕国家经济社会发展热点而精选的10个论坛和3场专项活动，汇集投资贸易、海外投资、奥运经济、农业科技、信息化建设和省市合作项目近万个，为国内外高新技术及相关各界提供了多层次、多领域的商业合作机会，吸引了数十个国家和全国各省市1万多人次中外客商到会洽谈；“科博会”期间，通过互联网和电视等了解科博会、参与科博会的人数更是不计其数。

与往届相比，本届“科博会”亮点纷呈：

1.国外高科技顶级企业竞相携全线产品出展，科博会正在成为其最新科技成果亮相亚洲的第一舞台。参展的世界顶级高科技跨国公司全部拿出了最新全线产品出展，其中相当部分是首次亮相亚洲市场的世界之“最”。

2.更多中国创造的自主创新品牌产品走进科博会。在科技攻关成果展区，十余个国家“十五”重点攻关成果以现场演示与观众互动的形式展出，吸引了众多参观者；规模比上届扩大了一倍的“中关村创造”主题展馆，经精选的66个拥有自主知识产权的品牌产品，显示了中国自主创新的实力。

3.科博会演讲层次高、权威性强、新观念新思想频出。本届科博会论坛数量较往届大幅度精简，但精选的十个论坛，全部直面中国经济社会发展的热点、难点，前瞻性与务实性结合，受到各级政府产业政策主管部门和专业人士特别关注。

4.洽谈合作、专业交流气氛热烈。展、谈的紧密融合成为本届科博会的一大亮点。展览会现场的推介洽谈交流气氛十分热烈，在各专业展区的展台前，前来咨询洽谈的专业观众络绎不绝；展场内巴西展团、德意志集团等参展商的推介会、各种技术交流会依次排开，仅展览现场达成贸易和投资意向149个。上会的推介洽谈项目经过筛选，科技含量高，项目新，一些首次参会的外国代表团和展商在不同场合表示参加科博会“不虚此行”。

5.奥运经济再成热点，中小企业热切参与。科博会期间举办的“奥运市场开发推介会”和“奥运运动会服务准入推介会”，给关注奥运经济的中外企业提供了与奥运会相关项目“零距离”接触的机会，500多家境内外企业代表踊跃参与。奥组委领导率市场开发部、运动员服务部及相关部门负责人十余人参会，分别对“北京2008年奥运会供应商计划”、“北京2008年奥运会特许商品计划运营模式及基本政策”和奥运会期间的宾馆酒店、餐饮、观众服务的标准和准入条件等进行了详细解析推介。同时发布了一批由北京市2008奥运场馆建设指挥部办公室、北京市发展和改革委员会、北京市旅游局等单位提供的奥运相关招商项目。

6.中国企业“走出去”受到特别关注。500多位来自全国的企业代表参加了“海外投资环境专场推介会”，来自巴西、英国、印度、俄罗斯、斯洛伐克等国家的代表团及驻华使馆商务官员分别登台，向参会的中国企业介绍当地投资环境、优惠政策，吸引中国企业到海外投资发展。

7.农业科技首次推出受热捧。科博会首次举办“航天技术应用于农业与航天育种项目推介会”和“农业扶植政策推介会”，从航天技术到农业增产增收，从国家十一五期间发展农业政策到申报国家支持农业相关项目关键环节，将高科技的推广与农业发展的实际的相结合，吸引了来自全国农业第一线的基层农业科技部门代表和农民企业家积极参与，原定的两场会议规模都被突破，走廊里也站满了前来参会的代表。

全国各省市参与科博会更深入、更理性，科博会的“平台效应”全面显现。全国31个省、自治区、直辖市连续第四年齐聚科博会，全面参与科博会活动；有20个省市组成以企业为主的展团整体展示其发展环境和优势产业；全国近30个省区市精选当地产业和资源优势项目千余个，提前发出项目进入对接。与往届相比，省市参加科博会开始进入更加理性务实阶段，无论是参展还是参会项目凸显了各地方的产业优势和资源优势，项目新，科技含量高，预示着各地正在走出产业同质化竞争的态势；参加科博会的企业已开始从大中城市向越来越多的中小城市延伸，有来自全国的140多个中小城市在科博会签订合作协议或意向。

——《中国贸易报》戴 维

中国将成为继美国之后全球第二大安防市场

2006年5月24～27日，由公安部装备财务局、公安部治安管理局、公安部第一研究所主办，公安部第一研究所承办的第三届中国国际警用装备博览会（下称国际警备展）在北京展览馆举办。值得关注的是，历时4天、逢双年举办一届的国际警备展，本届规模达到3万平方米，同比增长20%以上，堪称亚太地区警备展之最。

国际警备展在中国公安机关和国内外警用装备产品行业中产生了不小的反响，特别是每届展会上，国际知名品牌参展的产品更是成为业界关注的焦点。英、美、德、法、俄等21个国家和地区的260家参展商参加了本届警用装备博览会。国际生产制造商都以醒目的阵容参展，尤其是全球知名豪华车品牌梅赛德斯—奔驰在11号展厅展示的梅赛德斯—奔驰S600防弹车和E350加长版豪华轿车，更是引起与会人群的注目，其中的一款E350加长版豪华轿车被现场订购，更是掀起了不小的骚动。据其参展人员介绍说，E350加长版豪华轿车秉承了E级车的安全标准，通过了世界上最严格的安全测试。其车身结构在前端拥有更大的变形区，能够在发生事故时更好地吸收冲击力，确保乘客位即使在相当严重的碰撞中，也能够基本保持不被破坏。这款车上使用高强度合金的比例比过去翻了一番，这种合金能够以最轻的质量获得最大的安全性能。

此外，宝马展示的公安用现场警备车，也成为展场被关注的焦点，不仅价格不菲，就是其车内所使用高科技材料也都是被关注的部分。展会现场可以感受到，为了能够达到顶级安全防护标准，降低了的车身重量以及动力性能等成为各知名品牌比拼的标准。

在室外广场上，陕西宝鸡某生产厂家展示了轮式装甲车。据参展人员介绍，这是我国最新研制成功的一型车身的装甲车，可抗各类轻武器的正面射击，此次参展，主要是吸引军队和公安反恐部门的采购。

同样大赚观众眼球的还有两辆带有自动云梯多功能反恐突击车，据其生产企业负责人向媒体介绍，反恐突击车主要是为军警“反恐”实战开发出来的，可执行解救人质、多人多层次突破等战斗任务。而该突击车的构造也很简单，在普通轿车上装配了可升降的云梯模块并安有防弹板，4个熟练的突击队员10分钟就能完成模块组装。投入实战后，能在极短的时间将全副武装的突击队员送到10米以上的建筑。

此次博览会几乎囊括了所有的警用设备：如警用武器、警用械具、警用防护产品、警用交通工具、警用通信与指挥中心，刑事侦查技术、行动技术、警服、警服材料与警服服饰等。组委会的媒体负责人介绍说，目前，双年在北京举办的国际警备展与单年11月在法国密特鲁举办的“法国国际警用设备器材展览会”是最大的两个国际性展会，也是警备生产商和制造商必然参展的两个展会。此次博览会期间，公安部警用航空管理办公室与组委会在北京新大都饭店联合举办了“警用直升机应用论坛”。

在谈到展会规模增长的主要原因时，这位负责人表示，目前，中国正处于社会急剧转型期，影响社会稳定的因素增多，犯罪的智能化、暴力化程度提高，犯罪手段翻新，反恐防暴任务加重，治安状况令人担忧，对安防设备的需求也因此日益高涨。在实现公安装备现代化的过程中，中国不仅要依靠自己的能力和技术，还要借鉴和引进国外先进的技术装备，以提高公安机关的发现、控制和处置能力。

对此，也有业内人士指出，中国将成为继美国之后全球第二大安防市场，中国的安防设备市场将以每年20%以上的速度增长。预计2008年市场规模将达到10亿美元。2008年的北京奥运会和2010年的上海世博会是中国安防市场最大的商机，而中国持续不断的建设高潮也为安防市场的稳定发展提供了最坚实的基础。公安部非常重视与国外知名公司在警用装备方面的交流与合作，特别是在反恐应急、排爆治暴、非致命性警用武器及警察个人防护装备等方面。

——《中国贸易报》陈　凡

第11届中国国际家具（出口）及木工机械博览会

2006年5月28～31日，由国家商务部鼎力支持，中国家具协会、大连市人民政府主办，国家商务部外贸发展事务局协办，大连市中小企业局、大连市家具协会、大连北方国际展览有限公司承办的第11届中国国际家具（出口）及木工机械博览会在大连世界博览广场与大连星海会展中心举办。据统计，本次展会共有7.8万人次到会参观采购，成交额达28亿元。3000多名来自日本、韩国、俄罗斯、美国、新加坡、阿联酋、印度、马来西亚、意大利、加拿大、土耳其、中东等20多个国家的海外买家到会，中国国际家具（出口）及木工机械博览会的国际色彩日益浓厚，出口导向作用更加突出。

本届展会国内外参展企业450余家，展位数1600个，总展出面积超过4万余平方米，展品涵盖家具、木工机械、原辅材料、家居饰品四大领域，许多企业将自己新产品拿到展会接受市场考验。中国家具协会理事长贾清文参观展会后认为："中国国际家具（出口）及木工机械博览会经过十年的精心培育，已经成为中国北方最有影响力的行业盛会，丰富的展品为买家实现'一站式'采购提供了有效平台，为供需双方节省了大量的时间和资金。"以16个展位参展的新加坡远东家具公司，不仅签下了日本采购商2份大笔订单，而且在展会上与400多家有效客户达成合作意向；俄罗斯采购团在展会第一天就向飞马办公家具、源丰木业、台湾佳晖等8家企业订购了20个集装箱产品；华夏家具分别与来自日本、美国、英国、韩国的12个买家签订了意向订单。来自我国台湾的丰巧机械，仅一天时间便签下了100余万元订单；武汉理想公司带来的烤漆房设备，第一次亮相大连展会便受到了众多厂家的青睐，其样品第一天上午便被一家企业抢先预订，公司不得不从武汉急运7套设备，满足其他厂家购买现货的需求，4天展会武汉理想公司签下订单近百份。国外参展商在本届展会上也取得了理想的效果，韩国展团，日本展团和美国狼河木业带来的相关产品受到中国市场的欢迎，不仅有很多客户洽谈，而且带来的样品大多都被提前预订。丰厚的订单让众多的参展商对下届展会充满了期待，光明家具、雨生家具、华瑞家具、建铭汇众机械、北京精雕、广东顺德新基业、哈尔滨大宝等一大批企业已提前预订了明年的展位。大连已经成为中国家具走出国门的重要平台。

主办机构不断拓宽服务渠道、延伸展会内涵，增加服务项目，提高专业水平。本届展会期间，还举办了一系列高端配套活动。在中国家具协会实木家具专业委员会成立大会上，大连华丰家具有限公司被选举为主任委员单位，北京天坛股份有限公司、广东联邦家私集团有限公司、大连市家具协会等24个单位被选举为副主任委员单位。展会首次推出的"OEM"国际贸易洽谈会，吸引来了国内外供需双方150多家参加，通过面对面直接磋商，5家企业签订深度合作协议，另有30家企业达成合作意向。另外，本届展会还举办了2006国际实木家具发展论坛、大连实木家具精英企业表彰大会、家具专业技术讲座和建立家具品牌策略研讨会等系列活动。中国家具协会已正式接受大连庄河市申请"中国实木家具产业基地"。

——天地人家具网

2006年第十届中国国际软件博览会八大看点

在信息产业部、国家发改委、科技部、国信办和北京市人民政府支持下，以"展示十五软件产业成果，宣传贯彻"十一五"软件规划，走自主创新，软件强国之路"为主题的2006年第十届中国国际软件博览会（简称"软博会"）于2006年6月1～3日在北京展览馆举办。

本届软博会总体规模约2万平方米，设有七个馆、厅（1、2、3、9、11、12号展馆和报告厅），集展览、论坛、商务洽谈于一体，覆盖软件、集成电路设计和数字化3C产品等方面，内容涉及16个专业领域和重点行业。

展览划分为大型/重点软件企业和各省市软件展馆（1、2号馆）、北京软件馆（11号馆）、泛珠三角软件馆（9个省市展团）、深圳软件馆（3号馆）、游戏与多媒体软件馆（9号馆）。

本届软博有400家企业参加展览、论坛和商务洽谈。

亮点一：微软、IBM、CA几大软件巨头同在软博会1号展馆摆开阵势，同台竞技。

亮点二：全国有十几个省市展团整体亮相软博会，其中北京、泛珠三角区域、深圳均以强大阵容展示出各地区软件产业的特点和实力。

北京在有3750平方米的11号展馆排兵布阵，打出"搞软件，在北京"的口号，声势浩大，泛珠三角区域包下3750平米的12号展馆，以区域软件的联盟优势与之遥相呼应，深圳在有1000多平米的9号展馆，突出了其在通信、网络、管理、医疗、工控和嵌入式软件方面的优势地位，而在居中的2号展馆内，则整齐排列着山东、黑龙江、河北、陕西、宁波等省市展团的方阵队伍。

亮点三：各软件园、基地、平台及联盟在软博会上各显神通。参展的软件园有：中关村软件园、北工大软件园、齐鲁软件园、珠海国家软件产业基地、广州天河软件园、西安软件园、厦门软件园、宁波软件园、宁波软件出口加工试验园等。

参展的基地、平台和联盟有：国家应用软件产品质量监督检验中心、国家计算机网络入侵防范中心、北京信息安全产业基地、北京数字娱乐软件产业创新基地与公共技术支撑平台、北京长风联盟、北京市信息资源管理中心、北京市科委农村发展中心、北京信息安全测评中心、中国共享软件注册中心等。

亮点四：中国软件企业显示中国实力。参展的著名企业有中软、用友、东软、浪潮、金蝶、中创、东方通科技、神州数码（中国）、长城、清华同方、北大青鸟、汉王、金山、科大讯飞、人大金仓、武汉达梦、书生、中关村科技、中科软、天融信、宝信、一汽启明、哈工大软件、吉大正元、交大博通、实达科技、红旗中文贰仟、中科红旗、金算盘、拓而思（TRS）、点击科技、神州航天、金航数码、中和威、超图等。

此外，前来参展的著名大公司还有太极、华迪、首信、腾讯、中国网络通信集团、中国卫星通信集团、国研、海湾集团等。

亮点五：我国在高端软件产品领域取得创新和突破——人大金仓、北京神舟航天、武汉达梦的数据库平台；东方通科技、山东中创的中间件软件平台；用友、金蝶公司的财务及企业管理软件；东软、天融信、启明星辰、上海宝信的信息安全软件；点击科技的协同办公软件；安徽中科大讯飞的智能语音软件及芯片，其智能语音技术代表了世界最高水平；汉王科技、北京文通的手写识别技术；东软集团具有自主知识产权的高档数字化医学影像诊断设备；北京拓尔思(TRS)推出的具有自主核心技术的新一代全文数据库；书生公司的电子签名、电子文档技术、三峡高科的项目管理技术成功地应用于举世瞩目的三峡工程项目建设等。

亮点六：一批行业应用的排头兵在软博会上崭露头角。包括军工与航空（神州航天、金航数码）、通信（大用、东进、宇龙）、电力（广东远光、优特）、金融（东南融通）、机车车辆（株洲南车时代）、钢铁（宝信）、汽车（一汽启明）、橡胶轮胎（青岛高校）、电子商务（环贸通）等等行业。

亮点七：十几家集成电路设计企业在2号馆展示我国集成电路芯片设计技术和产品。参展的有大唐、中星微、华大、中兴、海信、杭州士兰、海思、展讯通信、智多等IC企业。

亮点八：多媒体与游戏软件馆中的数十家企业向广大观众展示多媒体与游戏方面的最新进展，让观众通过切身的体验来充分感受信息时代的美好生活。

——中国软件行业协会

第三届泛珠三角区域经贸合作洽谈会暨 2006中国昆明进出口商品交易会

第三届泛珠三角区域经贸合作洽谈会暨2006中国昆明进出口商品交易会，于2006年6月6～10日在昆明举办。这是一次规模宏大、成果丰硕、影响久远的经贸活动的“盛宴”。

两会同期举办，为泛珠三角区域深化与东盟、南亚广大地区的经贸合作搭建了平台，构筑了桥梁，泛珠三角区域经贸合作洽谈会是泛珠三角区域“9+2”各方加强经贸合作的重要载体，而已经连续成功举办了14届的中国昆明进出口商品交易会，则又是以西南地区为重点，辐射全国的一个与东盟、南亚国家和地区开展经贸合作的重要平台，把这样两个盛会安排在同期、同地举办，使之有机的结合在一起，其最根本的目的就是为了顺应当今世界经济全球化、区域经济一体化的时代潮流，深入贯彻我国对外开放的基本国策，充分发挥泛珠三角区域毗邻东盟、南亚的区位优势。此举不仅得到了“9+2”各方的积极响应，同时也引起了东盟、南亚国家和地区的广泛关注。据统计，参加本届“洽谈会”的“9+2”各方代表达1.1万多人，其中云南以外的8个省区8000多人，香港、澳门两个特别行政区近400人。东盟10个国家除了文莱、柬埔寨以外，其余8个国家均派出了高级别官员率团参会。泰国是由副总理兼商业部长颂奇率4位副部级官员和80多名企业家前来参会。印尼最近遭受了严重的地震灾害，仍安排其国营企业部部长率团前来参会，这足以说明这些国家对此次同期举办的两个盛会的高度重视和关注。

参展企业日益多元，结构逐步优化。本届昆交会参展企业达1180多家。其中，海外参展企业200多家，主要来自19个国家和地区。除东盟和南亚国家外，韩国、荷兰、摩尔多瓦、俄罗斯、法国等国家和我国台湾、香港地区都有企业参展。省外企业530家，广东、深圳、武汉、湖南、河北、江苏、浙江、大连、吉林、山东、厦门、安徽、天津等27个省区市组团参展。本届昆交会共安排展位1474个，其中国外企业展位250个，国内企业展位1224个。与往届相比，本届昆交会的参展企业结构发生了变化，呈现出了新的特点：一是海外和省外参展企业已成为昆交会参展主体，分别占参展企业总数和展位总数的61%、65%。二是昆交会参展大企业、大集团增多，主体日益多元，机构逐步优化，正加快向区域性和国际性展会迈进。三是经商务部批准，本届昆交会新设了“中国品牌馆”。共安排展位111个，分别由来自云南、广东、广西、上海、香港特区和台湾省的30家知名品牌企业构成，集中展示国家重点培育和发展的出口名牌。这是促进我国出口品牌建设的一项新举措，对提高我国自主出口品牌的知名度和在东南亚、南亚市场的影响力起到了积极的促进作用。商务部易小准副部长接受媒体采访时表示，支持昆交会办品牌馆就是要让更多的中国自主品牌商品进入东南亚市场，去参加国际竞争，以此来推动我国科技创新事业的发展。

经济合作成果丰硕，领域扩大。本届“洽谈会”项目合作成效显著，共签订投资贸易合作项目1019项，协议金额1981.7亿元。其中，福建46项，协议金额37.3亿元；江西81项，协议金额75.6亿元；湖南131项，协议金额164.9亿元；广东458项，协议金额788.5亿元；广西56项，协议金额68.8亿元；海南23项，协议金额62.1亿元；四川62项，协议金额92亿元；贵州31项，协议金额85.8亿元；云南297项，协议金额1065.3亿元；澳门13项，协议金额21.2亿元。从总体上看，本届“洽谈会”的经济合作主要呈现出以下特点：

一是交通、能源等基础设施建设项目继续被投资者看好。签约项目中，交通、能源等基础设施建设项目占协议投资总额28%。除合作投资开发电力、公路建设、能源、交通等基础设施外，城市供水、污水处理等城市公共设施建设及环境建设项目也成为投资热点。

二是制造业合作项目比重加大。工业制造类项目比重占协议投资总额的37.6%，主要涉及化工、机械、建材、轻工等领域，呈现出区域内资源密集型和劳动密集型产业梯度转移和粤、港、澳地区产业向区域内中、西部省区辐射的趋势。

三是文化旅游资源开发成为投资者关注的新热点。在各方签约项目中，文化旅游合作项目占投资（合同）总额的8.5%，特别是海南、四川、云南等省区的文化旅游资源开发成为粤港澳地区部分投资者的首选，广西、江西、贵州、湖南等地的旅游资源也引起了投资者广泛的关注，充分显示了区域内文化旅游合作发展的巨大潜力。

四是民间商会和民营企业在区域合作中的主体作用日益呈现。民营企业签约项目大幅增长。区域内各地商会充分发挥民间社团组织的桥梁和纽带作用，积极组织民营企业参会洽谈，调动了民营企业参与区域合作的积极性，为区域经济合作增添了动力和活力。

五是联手开拓东盟市场已成为投资者之间的重要合作内容。在签约项目中，投资面向周边国家市场的商贸设施项目数量增多，投资力度进一步加大。在境内建立面向周边国家的贸易平台，加强与东盟国家合作的前景看好。部门企业还与缅甸、越南等国企业签署了一批境外投资合作项目，充分展示了各方联合开拓东盟市场的投资热情和投资潜力。

对外经贸业务成交成果喜人。本届“昆交会”各项经贸成果累计达20.03亿美元。其中进出口成交9.68亿美元。在进出口成交中，一般贸易7.82亿美元（出口5.1亿美元，进口2.72亿美元）；边境贸易1.86亿美元。进出口成交以东盟国家和美国、意大利、荷兰、印度以及我国台湾地区等为主。其中，对东盟国家进出口成交额为4.07亿美元，占进出口成交总额的42%。在招商引资方面，仅云南省就与境外企业达成协议外资项目33个，协议外资金额7.4亿美元，项目涉及农业、基础设施、服务贸易、创造业、旅游业等广泛领域。对外经济技术合作签约项目6项，合同金额累计2.95亿美元。

会期活动内容丰富。举办专场推介会是本届“洽谈会”的重点和亮点之一。除组委会组织的基础设施、制造业、农业产业化、旅游业、文化产业、东南亚市场开拓六大领域的专场推介洽谈会外，香港、海南、云南等省区还充分利用“洽谈会”与“昆交会”同期举办这一商务平台，积极组织专场推介会。据统计，会期共举办了13场专场推介会，共有近1000家企业3800多人参加推介、洽谈，共推出招商项目5000多个，资金总额达1万多亿元。推介会特色鲜明、针对性强，为各方提供了展示自身经济实力和优势产业，推进多边交流合作的重要平台，取得了较好效果。与此同时，本届“昆交会”也举办多项会期配套活动，由云南省人民政府与中国贸促会共同主办的“昆明国际贸促论坛”以及由我驻东盟10国和南亚国家商务参赞主讲的经贸形势报告会等都取得了较好的成效。

总体上看，本届“洽谈会”与“昆交会”同期举办，搭建了合作平台，拓宽了合作领域，提高了合作层次，引起了广泛反响。据初步统计，会期共有10万多人次入馆参观、洽谈，创云南参会规模之最。

——昆交会办公室

第八届浙江投洽会暨第五届消博会

万商云集，盛况空前的第八届浙江投资贸易洽谈会暨第五届中国国际日用消费品博览会2006年6月8～12日在浙江宁波举办。

与以往相比，本届浙洽会、消博会呈现以下特点：

首先，展会的国际化、市场化和专业化水平进一步提高，开放性、创新性和实效性进一步增强。本届浙洽会、消博会以“合作、互利、共赢”为主题，在主要内容安排上坚持以商为本，继承创新，保留特色，务求实效，在继续保持双向投资对接洽谈、贸易展览、开放与发展论坛和人才科技合作交流四大板块的同时，首次将往届开幕式和招待酒会合并为开幕招待会，并配以“缤纷浙江”主题文艺晚会，首次举办对外经济合作项目签约仪式暨境外投资说明会，首次设立浙江国际友好城市投资洽谈区，首次启用7号展馆(即宁波国际贸易平台常年展示中心)，首次举办跨国公司总裁圆桌论坛，实现了“四大板块”和“五大创新”的有机结合，从而使展会的整体水准得到有效提升。

第二，展会规模、客商档次等方面较往届有新的提升。据统计，共有6.8万名中外来宾参会，有11.2万人次进馆洽谈、参观。其中来自103个国家和地区的外商达12632人。壳牌、汇丰银行、GE、拜耳、微软、敦豪等70多位世界财富500强企业和知名企业的全球或地区总裁到会，法国鲁昂市、日本静冈县、德国石荷州等24个浙江国际友好城市组团参展。中央和国家有关部委，上海、江苏、南京、无锡等长三角有关省市及省委、省政府领导参加了大会的一系列重要活动。境内外新闻媒体包括路透社、亚洲新闻联盟等全球著名媒体在内的近400名中外记者到会采访，浙洽会、消博会官方网站访问人数达875万人次。

第三，招商引资平台作用得到充分发挥。本着努力实践客商资源共享、中外产业对接、“走出去”和“引进来”相结合的办会思路，本届展会有针对性地组织10场“投资浙江”系列专场洽谈会，来自国(境)外的200余家企业代表和省内1450余名招商人员参加；新设浙江国际友好城市投资洽谈区，继续设置省中心展区(浙江开放形象展示区)、全省11个城市招商引资洽谈区、国际投资促进机构洽谈区和国际馆，并举办对外经济合作项目签约仪式暨赴境外投资说明会，有效增强了双向投资洽谈功能，提高了引进国际资本和拓展海外投资的实效。据统计，共有5万余人次参与洽谈，共签约项目172个，协议外资31.2亿美元，项目规模进一步扩大，质量明显提高。项目协议利用外资平均规模达到1800万美元，比上届提高57%，共签约3000万美元以上的大项目94个，协议外资24.6亿美元，分别占总额的54.7%和78.6%。共签约第二产业项目124个，协议外资19.6亿美元，分别占总额的72.1%和62.7%；第三产业项目47个，协议外资11.4亿美元，分别占总额的27.3%和36.6%。

第四，以打造品牌展会为目标，突出“中国制造”。本届展会在招展过程中，就以在全国范围组织精品、名品、新品参展，在全球范围邀请跨国采购商参会，积极为中外日用消费品企业搭建国际贸易平台为基本原则。本届消博会规模进一步拓展，新增展区面积4万平方米，共设摊位3000个，比上届增加800个，参展企业达到1550家，来自20个省、市、自治区和城市，参展商品突破10万种，涵盖轻工、工艺、家纺服装、电子家电、家具、食品等领域。参展企业知名品牌数量和层次有新的提高，80个国家级品牌、150个省市级品牌集体亮相，一展风采。法国家乐福集团、日本超市集团、加拿大走向亚洲之门等14家国际采购商到会采购，显示消博会正日益受到大型国际商业采购公司的青睐。据统计，本届消博会共成交9.1亿美元，比上届增长29.6%。成交额居前三位的国家(地区)是：亚洲、欧盟、美加。

第五，开放与发展论坛内容安排紧扣大会主题，关注国内外经济发展热点，贴近市场需求，注重实效性，增强国际性，论坛品牌效应进一步显现。宁波市人民政府和中国日报社联合主办的“长三角经济国际化——中国日报跨国公司总裁圆桌论坛”作为主论坛，世界财富500强企业的70余名全球或地区总裁、长三角地区有关省市领导、境内外著名企业家代表和国内外主流媒体的记者与会，就环境与发展、发展中的高端服务业与人才市场、更加自由通畅的海陆空物流等议题进行了高层次的研讨，畅谈新时期长三角经济面临的新机遇和新挑战，共谋长三角经济国际化之未来。大会还举办了跨国公司与民营企业合作论坛、自主创新与品牌国际化论坛、2006全球平面显示产业与中国市场拓展峰会等三个专题论坛。各个论坛演讲嘉宾层次高，内容实，与会听众超过1200人，会场气氛活跃，互动性强，收到了良好的成效。

此外，本届浙洽会人才科技合作交流以第八届浙江省引进海外人才智力洽谈会和第四届浙江(宁波)科技成果交易会为主体，广泛邀请国内外科研机构、大专院校，与浙江省人才科技需求单位开展人才智力和科技成果引进交流洽谈。来自8个国家的12个外国专家组织和机构，29名海外留学人才，参加了人才智力洽谈会，推出国外人才智力合作项目577项，推出海外留学人才技术项目150余项，分别达成合作意向292项和42项。科技成果交易会邀请了26家国内外著名院校、科研机构的135名专家与我省各地企业就科技合作、人才引进等事项进行对口洽谈和项目对接，共签订科技成果合作项目70个，达成科技成果合作项目意向25个。

——《国际商报》叶再山

上海合作组织成员国元首理事会第六次会议

上海合作组织成员国元首理事会第六次会议于2006年6月15日上午在上海隆重举行。中国国家主席胡锦涛、哈萨克斯坦总统纳扎尔巴耶夫、吉尔吉斯斯坦总统巴基耶夫、俄罗斯总统普京、塔吉克斯坦总统拉赫莫诺夫、乌兹别克斯坦总统卡里莫夫出席会议。胡锦涛作为主席国元首主持会议。会议结束后签署了《上海合作组织五周年宣言》，发表了《上海合作组织成员国元首理事会第六次会议联合公报》。

上午9时，哈萨克斯坦、吉尔吉斯斯坦、俄罗斯、塔吉克斯坦、乌兹别克斯坦国家元首先后抵达设在上海国际会议中心的会场。胡锦涛在会场迎接，向各位元首表示热烈欢迎。随后，6国元首举行了小范围会谈。6国元首高度评价上海合作组织成立5年来取得的成就，一致认为上海合作组织已进入新的发展时期。6国元首深入讨论了上海合作组织面临的形势和今后发展的重点方向，确定了加强务实合作，促进地区和平、稳定、繁荣需要进一步采取的重大举措，达成了广泛共识。

上午11时许，正式会晤开始。胡锦涛发表题为《共创上海合作组织更加美好的明天》的重要讲话。胡锦涛在讲话中说，10年前，“上海五国”机制建立，启动了“上海合作”进程。5年前，我们6国作出建立上海合作组织的历史性决定，为我们6国睦邻互信和互利合作向更高水平迈进搭建了广阔舞台。5年来，上海合作组织走过了不平凡的道路，取得了令人瞩目的成绩。上海合作组织的成功经验，归结到一点，就是坚定不移地倡导和实践互信、互利、平等、协商，尊重多样文明，谋求共同发展的“上海精神”。

会议结束后，6国元首共同签署了《上海合作组织五周年宣言》等文件，并出席一系列重要文件的签字仪式。

会议发表了《上海合作组织成员国元首理事会第六次会议联合公报》。

随后，6国元首共同会见了记者。胡锦涛在会见记者时表示，在有关各方共同努力下，本次上海合作组织峰会取得了圆满成功，达到了增强互信、促进团结、深化合作的目的。

胡锦涛在会上指出，纵观当今世界，和平、发展、合作已成为时代潮流，我们应该全面加强合作，努力把本地区建设成为一个持久和平、共同繁荣的和谐地区。为实现这一远景规划，胡锦涛提出四点建议：

第一，加强战略协作，巩固睦邻友好。应该相互尊重和支持各成员国的利益和关切，强化在国际和地区事务中的协调和合作，及时协商共同应对重大国际和地区问题的措施，缔结上海合作组织长期睦邻友好合作公约。

第二，深化务实合作，带动全面发展。应该完善地区经济合作的法律框架，尽快实施一批多方参与、共同受益的经济技术合作项目，特别是能源、电力、交通、电信等领域的网络性项目。

第三，拓展人文交流，夯实社会基础。应该积极开展形式多样的文化交流合作，认真落实本次峰会通过的教育合作协定，加大联合培养人才的力度，保证各成员国人民的友谊世代相传。

第四，坚持开放合作，维护世界和平。希望国际社会尊重本组织成员国以及观察员国自主选择的社会制度和发展道路，尊重各国根据本国国情奉行和平、友好、合作的内外政策，为各国发展提供和谐、宽松的外部环境。

胡锦涛强调，吸收蒙古、巴基斯坦、伊朗、印度为观察员，有利于上海合作组织更好地发挥促进和平与发展的积极作用。中国愿同其他成员国一道，推动上海合作组织成员国和观察员国开展务实合作，并同阿富汗开展各种形式的合作。

胡锦涛指出，世界关注中国的发展，关心中国未来的发展道路。我愿在此庄严重申：中国将坚定不移地走和平发展道路，坚持实施互利共赢的开放战略，坚持与邻为善、以邻为伴的周边外交方针，奉行睦邻、安邻、富邻的周边外交政策。

——新华社

2006北京国际旅游博览会

6月22～24日，2006北京国际旅游博览会（以下简称北京旅博会）在北京展览馆举行。对于此次北京旅博会，国际展商异常踊跃，意大利旅游局早早就预定了近300平方米的展位，做足了宣传推广本国旅游的准备；加拿大、俄罗斯、英国、美国、捷克、菲律宾、新加坡、印度、巴基斯坦等国都有大面积展出；特别值得一提的是，希腊旅游局更是再次包下了整个9号馆，进行了大张旗鼓的宣传。这些无不表明它们对北京国际旅博会品牌及效果的认同和肯定，对中国旅游市场的重视。

港、澳、台旅游产品集体亮相。海峡两岸的旅游合作即将进入实质性操作阶段，本届博览会得到了台湾旅游企业的极大响应。台湾方面非常看好两岸旅游，他们包下整个5号馆，带来了专为内地游客精心设计的旅游产品，这是台湾首次以一个完整的旅游形象大规模亮相北京。参与这次展览对于台湾旅游业来说不仅仅是旅游资源的展示，也对海峡两岸的友好交往起到了巨大促进作用。香港、澳门地区也积极参展，香港旅游局、澳门旅游局携业界同仁参展；香港迪士尼首次在北京参加旅游展；作为对旅游具有龙头作用的航空公司，也积极参展，国泰航空公司、港龙航空公司、澳门航空公司等都亮相本届博览会，说明北京国际旅博会有着巨大的吸引力。

奥运旅游引人注目。“2008北京奥运”无疑成为北京旅游全面发展的助推器，将会为北京旅游市场带来无限商机。极具潜力的奥运旅游市场，极大地带动了全球消费者对北京乃至全中国奥运旅游产品的需求。本届博览会现场设立的奥运展区吸引了无数观众的目光。

高科技渗入旅游业。首先，作为本届博览会的赞助商，惠普公司携最新产品在北京国际旅游博览会上亮相，为组委会提供了强大的科技产品，使博览会的科技含量得到增强。这体现出北京市旅游局高度关注高科技产品在旅游业的应用，与此同时也体现出他们朝着“科技奥运”目标迈进。从有移动解决方案中心之称的新型概念车，到特约买家胸前悬挂的U盘，再到手提电脑、数码相机、打印机、服务器、存储设备，几乎涵盖了目前最新的科技产品。展览期间，参展商及媒体记者可以体验到现代化移动办公的便利。

其次，网上预约洽谈在博览会中得到了很好的应用，国内外展商予以了充分的肯定，体现了博览会的国际专业化水平。所有参展企业都能享受到组委会提供的全球采购商资料，通过网上预约洽谈PSA（PRE-SCHEDURE APPOINTMENT）使每一位参展商和专业参观人士在正式会面之前就对潜在客户有所了解，做到有备而来，有的放矢，从而提高了展览期间的工作效率。

再次，为了充分展现国际性、专业性的一流博览会的风采，“北京国际旅游网上博览会”在其网站上与实地博览会同期开幕。旅游网上博览会将持续长达一年的时间，它能为展商提供丰富、高效的展示宣传，它不受时间空间的限制，随时随地都可以了解到世界各地的旅游资讯及商务信息，是真正的永不闭幕的旅游博览会。

旅游产业衍生品精彩纷呈。本届博览会秉承前两届的风格，具有宏大的包容性，不仅包括众多出入境旅游项目、全新旅游线路推介，更涵盖多种旅游产业衍生品的参与，展览的品类异常丰富。来自全球60多个国家和地区、国内23个省市自治区的600多家旅游企业的旅游产品几乎是任何大型旅游推介会都无法比拟的。在展会现场，每天都有来自世界各地的、带有浓郁民族风情的精彩演出呈现给观众。

——《中国贸易报》王 炎

汇四海制药精英 展五洲原料精品

由中国医药保健品进出口商会和欧洲博闻展览咨询有限公司(CMP Information)联合主办、上海博华国际展览有限公司协办的第六届世界制药原料中国展（CPhI & ICSE China 2006）暨2006世界制药机械、材料与中国展（P-MEC China 2006）于2006年6月27～29日在上海新国际博览中心举行。

据了解，世界制药原料中国展经过主办单位多年的精心培育，已迅速成长为中国乃至亚洲最大规模和最高层次的制药原料专业品牌盛会。本届展会展览面积达4万平方米，比上届展会增加30%以上。每一届世界制药原料中国展，众多国内外医药厂商均踊跃参展，本届也不例外，共有来自20多个国家和地区的1200多家参展。高品质的展会，吸引着世界各地的专业人士前来参观洽谈。本届展会海内外专业参观商来自全球90多个国家和地区，总数超过了2.6万名。

第六届世界制药原料中国展看点精彩纷呈：

移师浦东新展馆，群英荟萃展实力。世界制药原料中国展以其“高档次，国际化”的特点，成为了众多医药厂商的不二之选。为彻底解决前几届展会存在的“千金易得，一位难求”的展位缺口问题，第六届展会移师至上海浦东新国际博览中心。展览面积的扩大，为参展企业提供了更广阔的展示天地，众多有实力的展商纷纷扩大展出面积。如：华药、石药、哈药、东药、新华、鲁抗、等国内著名企业的展台面积较往届都有较大比例的增加。同时，展场的扩大也给许多新企业提供了展示商品和实力的机会。中国生物技术、通达、天津信汇等都以精美的展台闪亮登场，本届展会国内参展商数量比上届展会增长40%以上。

跨国巨头齐聚，展会声名远播。作为全球知名的品牌展会，CPhI在世界各地有着大批忠实客户，世界制药原料中国展也因其地处世界制药大国——中国，而备受全球制药行业巨头们的重视和青睐。Baye, Rodia, Alchem, Huber, Rohm & Hass等大型跨国企业已连续多年参展，本届展会更有Flavine，TOMSON，Tessenderloo，Dugpharma等企业加盟。除独立参展的100多家海外企业外，本届展会还迎来意大利展团、葡萄牙展团、韩国展团等。本届展会海外展区面积和海外参展商数量均比上届展会增长20%以上。跨国巨头的积极参与，彰显了本展会的国际性和影响力。

增展制药设备，丰富展会主题。近年来，中国制药工业的高速发展，为制药机械和药品包装行业带来了巨大的发展空间。为丰富展会内容，推动制药相关产业发展，本届展会还同期举办了“2006世界制药机械、设备与材料中国展（P-MEC China 2006)”，为制药机械、包装机械、设备与材料的供应商们提供了一个崭新的互动平台。卡乐康、爱勒易的包衣技术，弗鲁克、优莱博、拉罗克司、Huber、GmbH、Novasep、Sigma、日泰、成东、华大等制药机械设备，华联、欧尚、环球、偌天元、金口等包装机械，RIETSCHLE、THOMAS、新安江、华东、联昌、菲瑞、贝而特的流体设备，以及做实验检测仪器的马尔文、台雄、一恒、圣纳堡都悉数登场。新的主题展览为更多的企业带来了新的发展机会，展商的高涨热情和踊跃参与，充分展示了中国以及亚洲市场的无限魅力。

客商到会率高，外商比例大。世界制药原料中国展自2001年开办以来，就以其专业的展览内容、高品质的参展企业和良好的洽谈效果，吸引着世界各地的专业客商，客商到会率和外商到会比例逐年大幅增加。本届展会中外双方主办单位通过其全球营销网络，并与海内外30多家媒体合作，全方位宣传推广，吸引了大量专业客商到会采购。本届展会迎来了海外专业买家超过6000名，国内专业观众近2万名。

展览、研讨互动结合，技术交流、贸易发展相得益彰。制药产业是技术密集型产业，医药贸易是各国严格管理的特殊商品贸易，因此，关注制药技术发展状况，了解世界各国管理法规对于发展制药原料贸易至关重要。为了扩展参展效果，本届展会同期还举办了30多场学术研讨会和专业技术交流会。US Pharmacopoeia（美国药典委员会），EuropeanPhar-macopoeia（欧洲药典委员会）等权威机构以及ACIC,TOSOH Cor-poration等海外企业举办了不同主题的交流会，既丰富了展会的技术内涵，又为国内外同行与医药行业专家、知名学者提供了互动性对话机会。展会与技术交流会的虚实结合，起到相得益彰的效果。

世界制药原料中国展的成功举办，不仅为中国的制药企业及原料药经营企业，提供了面向国际市场的展示和洽谈成交机会，有效地降低它们开拓国际市场的成本，提高企业的经营效率。而且众多的国际知名制药公司和原料药经营企业到中国参展、参观，与中国企业同台竞技，也有利于提升中国医药行业的形象，促进跨国制药企业与中国制药企业的联系、交流和合作，推动中国医药产业更快更好地发展。

——《国际商报》赵井满

“四季房展”京城独树一帜

北京四季房展以每年在春、夏、秋、冬四个季节的固定时段、固定地点举办房地产展示交易会而闻名于北京市房地产交易市场，专业化、规范化、品牌化的北京四季房展，为北京市房地产市场的繁荣和发展作出了巨大的贡献。

一年之计在于春 一年之机在于春

2006年4月6～9日北京四季房展2006年春季房地产展示交易会在中国国际贸易中心国贸展厅举办，本届展会共设置展位500多个，展出面积共计1万多平米，参展商100余家，为京城购房者提供了一次良好的选择契机。本次展出的房地产项目中住宅、公寓、别墅、写字楼分别占到55%、20%、5%、8%，本次参展的新盘达27家。除新盘以外，本次展会还有大量存量房，包括尾房、二手房以及一些持续热销的楼盘。

与往届展会不同的是，本届展会还有一个最大亮点，就是吸引了一批海外的房地产项目前来参展，其中澳洲、西班牙和我国台湾等国家和地区的项目都是慕名而来，就是看好近年来中国大陆的房地产市场迅猛发展，以及经济实力的稳步提高，特别是北京市场的购买力以及楼盘品质。

本届春展中首次在展会上亮相新项目带给购房者更多的选择，而在前几年进军北京市场的外地海景项目也在本届展会上取得了良好的销售业绩，威海、烟台、秦皇岛等地的海滩景观公寓等项目为北京购买者在投资渠道上提供了新的途径。

本届展会的成功举办吸引了山西、重庆等购买者，外地的媒体纷纷给予报道，北京的房地产项目已经成为全国各地购买者关注的对象，更多外埠的开发商也来到展会参观学习、交流经验。

本次交易会参观人次超过了20万人次，参展的百余家房地产开发商在四天的展示交易中，意向成交房源近2000套，业内人士认为本次春展为2006年的房地产交易市场创造了开门红。

展会数据

成交套数：2000套；成交面积：23.132万平米；成交金额：14.4亿元人民币；人流量：20万人次。

置业在仲夏 择居在国贸

2006年6月22～25日在国贸举办的夏季房展会，共计参展项目68家，住宅、公寓、写字楼、别墅，分别占到30%、20%、10%、10%。

本届夏展在原来基础上增加了新的色彩，突出的特点就是推出“第二届商务地产节”。主办方为开发企业与投资机构、商家搭建高速交流通道，促进其信息与商务的交流。在规模上、数量上、内容上均超越上届，整个2号馆近5000平米作为商务馆，主要对象为商铺、写字楼、商住公寓、酒店公寓。

近期，北京市工商局发布相关通知，暂停为登记地址为民用住宅的企业办理营业执照，在这样的政策下，本届商务地产节中吸引了众多的中小型企业业主的关注，嘉业大厦、大成国际中心等适合企业办公的中小户型备受青睐，取得了良好的销售业绩，对商务地产的再次崛起起到了促进作用。

此次展会，北京市建委、北京房地产估价师和土地估价师协会的相关专业人士将到场在大会专题服务区举办多次专题讲座，为购房者讲解《北京市房屋质量缺陷损失评估规程》以及《北京市建设工程施工质量投诉管理规定》，讲解当房屋买卖当事人因房屋质量缺陷造成经济损失而具体赔偿数额不能达成一致时，可以委托房地产估价机构对赔偿额进行评估。为房屋买卖双方当事人解决矛盾提供一条新的途径。

本次北京四季房展2006年夏季房地产展示交易会暨第二届商务地产节参观人次近10万人次，参展的近百家房地产开发商在四天的展示交易中，意向成交房源近1000套，本次夏展为2006年的商务房地产交易市场创造了良好的交易平台。

展会数据

成交套数：606套；成交面积：6.35万平米；成交金额：4.5亿元；人流量：7.8万人次。

依然在金秋 依然在国贸

自1993年以来经历了十年市场风雨洗礼的大型专业房地产品牌盛会——北京秋季房地产展示交易会（每年9月举办），自2001年首次以北京四季房展之“秋篇”形象面世，其综合效应迅速凸现，连创国贸房展之最，招商速度可为奇迹，不仅国贸场馆所设展位被抢购一空，连国贸东货场1000平米的展厅也炙手可热。抢占“金九银十”秋展平台，营造地产高潮商机，已成业界共识。2002年秋展，参展商130多家，参展项目120多个，展出面积1万平米，四天展会观众达17万人次，被媒体报道为秋展“井喷”，再次证实国贸秋季房展的迷人魅力和无可替代之地位。

北京秋季房展得与广大房地产同仁紧密携手，在传统的房地产旺季里，共襄盛举，在创业界传奇。

相约在冬季 相聚在国贸

作为首都房地产市场的年度大盘点，北京四季房展之“冬篇”——北京冬季房地产展示交易会（每年12月举办）继1999、2000、2001年成功举办三届之后，至200年冬展，已成展会场地8000平米，展位318个，参展单位120家，参展项目90个之不凡规模，成为京城购房族的“圣诞饕餮大餐”。作为北京四季房展品牌的一部分，北京冬季房展所体现的市场价值已成为业界广泛认同，楼市的淡旺季正逐渐被四季房展抹平，已呈现出淡季不淡，旺季更旺的新形势。

北京冬季房展——京城房展会市场年末的一个圆满句号，沸腾在寒冬里的一个热点。

——北京嘉华四季国际会展有限公司

2006 中国国际消费电子博览会

2006年7月7～10日，在山东青岛国际会展中心举行的中国国际消费电子博览会（SINOCES）引起了国内外参展商和采购商的关注，韩国三星、德国麦德龙、日本永旺东泰、美国沃尔玛、英国百安居、美国360采购等20多家国内外大型电子类采购商到会采购，几乎涵盖了世界范围内的所有大型家电连锁商。

企业拓展市场的大舞台

本届SINOCES展览规模达3.6万平方米，参展中外企业400多家，共设国际标准摊位1206个。主要展示内容为消费电子领域中的最新技术、产品和有关服务。本届展会的主题为“世界自U而变”[U是指——unite（融合）、universal（普及)、user（用户）、unique（独特）、ubiquitous（无处不在）]，这既是对未来生活蓝图的美好向往，也是对目前处于关键期的全球消费电子产业发展转型的引导。

本次博览会吸引了众多的海内外消费电子厂商和IT巨头，索尼、英特尔、夏普、先锋、索爱等世界顶尖消费电子企业在本届博览会上登场亮相，展示其前沿技术和新潮产品，海尔、联想、海信等国内知名的消费电子和IT企业也都到会参展，并亮出他们的主打新产品。本次展会还受到了国内外大型连锁机构和团体的广泛关注。除去年参会的Bestbuy、沃尔玛、家乐福、麦德龙等全球连锁巨头及各国电子商会外，美国商务部、韩国电子工业协会、日本电子与信息技术工业协会等也都组团参会，境外参展团组达到45个。国内的国美、苏宁、大中等大型电器卖场也纷纷携重磅采购大单前来，据估计，本次的采购规模将达到数十亿美元。

业内专家指出，中国电子信息产业的年出口总额超过2000亿美元，占全国出口总额的35%，是我国出口的第一大产业。同时，我国又是全世界消费电子产品的第一大生产国，有这样的生产、出口和市场的基础，但我国在消费电子信息产品方面尚没有一个有影响、有规模、有水准的消费电子博览会，目前许多电子信息企业还只是通过广交会这样一个综合博览会的窗口，对外展示其消费电子信息产品。SINOCES的成功举办，将有利于促进我国电子信息企业的产品出口和消费电子市场的发展。

青岛打造新的城市名片

SINOCES正式获得美国商务部的认证是本届展会与往届的一个不同之处。美国消费电子协会（CEA）高级副总裁托德·西伯德克斯表示，获得此认证就意味着SINOCES获得了推广展会的另外一个途径，在过去的四年中，CEA一直在利用美国拉斯维加斯消费电子展（CES）推广SINOCES。美国数百万的企业都能得到有关SINOCES的信息。在2007年举办的CES上，SINOCES将第二次在美国同时进行展览，并可以现场预订展位，CEA也在尝试把一些美国代表团带到中国来。

SINOCES是在2006年的6月初，正式通过了美国商务部的有关资料审核并获得了认证。中国电子商会副会长王宁说，“曾经一度引起我们业内人士广泛关注和猜测的美国商务部能否认证并推广SINOCES的疑问，终于有了明确的答案，本届展会已经成为亚太地区惟一获得美国商务部推广的消费类电子博览会”。

“中美两国政府联合力挺一个在中国举办的国际消费电子博览会，在历史上这是首次。”对于这一展会为何能受到美国政府的青睐，有关负责人认为，首先是因为中国巨大的消费电子市场的成长前景，将为美国企业提供无限的商机；同时，前几届展会举办的成功，美国政府考察后予以好评。当然，美国政府也看到了SINOCES背后中国政府的大力支持。

在过去的一年里，SINOCES成功实现了与CES的合作，致力打造“冬季拉斯维加斯，夏季中国青岛”的全球消费电子展览新格局。应该说，中国国际消费电子博览会的发展已经有了一个很不错的开端。

青岛市市长夏耕说，青岛生产的彩电占全国总产量的30%，空调产量占全国的20%，而且青岛的会展业已经发展到了相对成熟的阶段，我们希望把SINOCES作为青岛市的又一张“城市名片”。

参展企业高调亮相

在此次SINOCES展会上，索尼爱立信携全线产品高调参会，重点展示了轻薄时尚的商务手机M608c、影像手机之王K790c等，全面展示索尼爱立信在商务、影像和音乐手机产品的领先地位。索尼爱立信中国公司政府及公共关系副总裁宁述勇说：“索尼爱立信参加青岛博览会，充分显示公司对中国通信市场的重视，索尼爱立信将中国不仅仅是当作销售市场，而且作为战略发展基地。索尼爱立信目前在中国市场已经进入全面发展的第二阶段，目标是2008年成为市场前三强。”

海尔和海信等青岛当地企业是SINOCES的“铁杆”参展商，每次展览都是全场的亮点，展出面积都很大。海尔此次作为展会规模最大的参展企业，带来了最具创新力的面向欧、亚、美不同区域市场的“不用洗衣粉”洗衣机产品亮相展会，反映出海尔以高端产品全面进军全球市场的迅猛势头，同时，在自家门口代表国内最高行业技术水平与国际知名企业的新型消费类电子产品同台竞技，成为本届展会的一大亮点。

海信在300多平方米的展台上共展示了包括30多种平板电视和手机在内的精美展品。特别是本次展会，海信推出了即将全球上市的71寸超大等离子电视，这将是国内首次面市的最大尺寸平板电视。

此外，爱国者、长虹、索尼等国内外知名企业也都在展会上推出了最新产品，引得观众和采购商驻足观看。

——《中国贸易报》朱文伟

第四届中国（广州）国际汽车展览会

第四届中国（广州）国际汽车展览会于2006年7月25～31日举办。据不完全统计，截至30日为止，共有近50万人次的观众到场参观本届车展。

本届车展与上几届一样在位于琶洲的广州国际会议中心进行展出，展览面积达到8.8万平方米，参展的汽车企业386家，展出各类汽车485辆，其中概念车16辆，并举行了33场新车的发布会，发布了68款新车。

这次车展有以下几个特点：

一是群贤毕至、名车荟萃。本届车展无论是展出面积还是参展的汽车整车和零部件行业还有展出的车辆均比前几届要多，这反映出各大汽车生产商对广州车展的重视。

二是活动丰富、提升品质。每年一届的广州车展除了众多汽车生产企业前来亮相之外，主办机构还举行了众多的与汽车有关的活动。其中最引人注目的就是汽车发展论坛的举行，与汽车展同步举行的汽车论坛始终围绕汽车工业在发展过程中的焦点和热点问题展开深入的讨论，该论坛已经成为在国内具有重要影响的汽车论坛之一。另外，主办方还举行了汽车音响大赛、改装车大赛、广州工业历史图片展等活动。厂商、媒体和专业机构也举行汽车安全试驾活动、汽车零部件全球采购规则、汽车大讲堂等活动，整个车展期间可谓丰富多彩。

三是全面宣传，声势浩大。随着广州车展的影响力逐年增加，前来采访的国内外媒体越来越多，包括电台、电视台、报纸、门户网站、专业杂志、时尚刊物等均对广州车展进行报道。据统计，报道本届车展国内外媒体超过540家，近2200名记者到场采访，有90家媒体在展会上设立自己的展位宣传自己，其中花了不少工夫进行装修的特装展位占了18个，他们的直接参与使得本届广州车展的宣传覆盖面和力度比上届有明显的提高。

四是加强服务，文明看展。由于地铁直达展馆，所以这次来看车展的观众60%是乘坐地铁前往的，另外广州市民和珠江三角洲居民自驾车前往的也占了25%，主办方还继续设立市区至展馆的免费穿梭巴士接载市民前往。29、30日这两天双休日是本届车展的最热闹的日子，两天的参观人数均超过12万人次。主办机构为方便参观者尽快进场，专门开通“羊城通”通道，持有“羊城通”的参观者进入展馆可以直接刷卡扣款进场，大大节约了参观者的购票时间，方便了观众。另外，主办方除了保证食品、饮料的充足供应之外，还免费提供饮用水，并设立了医疗点和增加大批保安，保障了整个车展期间的安全。

对于本届车展的热点仍然是合资和国外车商占据主要角色，中国自主品牌所占比例较小。中国贸促会汽车行业分会副会长王侠在接受记者采访时表示，国内自主品牌汽车厂家主要从事低端产品的生产，而他们的产品在广东珠江三角洲地区的销售占其销量的比例较低，加上中国自主品牌还在成长阶段，所以相比之下，本土自主品派厂家与其他的国际以及合资厂家相比在广州车展比例还只占较小部分。不过自己与自己相比，本土自主品牌在每届广州车展上数量还是增长的。相信假以时日，中国本土自主品牌汽车在广州车展中的位置会越来越重要，所占份额也会越来越多。

——中国（广州）国际汽车展览会

BIRTV2006展众商家力促行业发展

2006年8月23～26日，第15届北京国际广播电影电视设备展览会（BIRTV 2006）在北京中国国际展览中心隆重举行。展览分布在中国国际展览中心的11个馆中，奥运在招手、高清在呼唤、新媒体在呐喊，展馆内外每个角落都变成了交流与合作的舞台，整个展馆成为一个展现新技术的大舞台。

CCTV隆重参展一展实力

此次展会，中央电视台作为国内电视台的大哥大，展现了其应有的风范与实力，在6号馆设置了大型展位，展示了中央电视台远程节目网络制作系统、中央电视台音像资料馆媒体资产管理系统、中央电视台节目生产管理系统、高清后期制作、中央电视台Gridmedia大型网络直播系统等多套高新设备与技术，这些技术也预示了我国电视台相关设备、技术的发展方向。

在众多新技术中，远程节目网络制作系统展示了大型体育赛事转播的新模式，受到了众多观众的关注。与其他系统的展示方法一样，在这一系统的展台上摆放着七八台电脑设备，每台电脑显示了赛事转播的不同工序，让大家对这个系统有了更加深入的了解。据该展位董先生介绍，此次展出这一系统主要是为了让大家了解中央电视台的现有设备情况，这一设备在国内是比较先进的，是索贝公司根据台里的要求制作的，目前国内还有深圳电视台有此设备。“实际上我们的这一系统在雅典奥运会和南京全运会上已经使用过了，它的优点是在赛事直播同时可以对赛事的精彩镜头进行搜编，为赛后评论节目的制作提供及时准确的素材。在即将到来的多哈亚运会上，我们还会用到这一设备，其不同之处是系统里将多一个前后传输的功能。”董先生讲道。

3D动画蓄势待发　数字艺术培训成热门

在9号馆内，虽然没有气势夺人的各种设备，但其人气并不亚于其它展馆。华龙数字艺术培训基地、北京完美动力集团、北京火星时代网络技术有限公司等大型网络动画培训基地展示了自己的影视、游戏、广告作品，各家展商都打出了名师授课、精良制作设备及良好的就业机会等招牌。大家更是纷纷设置了免费试听的课程供已经或是将要从事影视制作的人士试听。

记者来到华龙数字培训基地的展位上时，很多观众正在填写周六免费视听课程申请表。据该展位工作人员介绍，他们每周六下午都会有免费视听课程，组织这个免费课程主要是想让这一行业的人有一个交流的平台，大家可以互通有无。据了解，目前影视后期、特效、三维动画方面人才缺口很大，而这正是未来影视业发展的大趋势，因此目前此类培训成为一个热门。

此外，9号馆内还开辟出了2006数字图像中国节的展区，向大家展示了众多精彩的数字图像作品，让到场观众体会到了数字时代的魅力所在。

高清、数字设备仍是重中之重

要说各大电视台能够把各类精彩节目录制并传输给观众，而电视观众能够在家里接收到清晰的电视节目，这其中影视设备厂商的功劳是最大的，因此它们展示的各类新产品也成为观众关注的亮点。

亮点一：海尔展出了一拖二机顶盒，一台机顶盒可同时支持两台电视收看不同数字电视节目，同时它还支持主副机间能通讯与游戏功能，属全球首创。此外海尔还展出了L42A9－AK高清可录电视机，这种电视机内置80G硬盘，双向高清可录，前置卡槽后置USB接口，可实现互相转存。北广集团下的歌华有线与鼎视传媒作为运营商和节目制作商联合参展，为大家提供了丰富、高质量的数字电视节目。

亮点二：在展览中心8号馆索尼展区内，索尼在约800平方米的展示区域内开辟出一块足球场，用以现场展示其“现场体育节目转播应用”、“新闻制作应用”、“节目制作应用”领域的新设备。在“现场体育节目转播应用”区域，索尼展出了3倍速高清超级慢动作摄像机系统，这也是此设备首次公开亮相。在“新闻制作应用”区域，索尼展出了XDCAMHD和XDCAM系列产品解决方案，以及全新的IPELA高清双向互动采访系统，此系统首次实现了1280×720／60P的高清晰度视频格式，为电视台新闻互动及军队等需要高清晰度画面的场所提供了便利。据了解此种设备近期将在国内上市。

亮点三：在汤姆逊草谷的展位上，早已备受关注的infinity摄录一体机、录像机及硬盘驱动器产品系列首度在国内公开亮相。Infinity数字媒体摄录一体机为SD／HD多格式采集提供了丰富且灵活的解决方案。据该展位的工作人员介绍，这台机器的与众不同之处是它的存储介质为硬盘存储，硬盘可以利用驱动器直接与电脑连接，从而快速实现非线性编辑。此外，它支持高清、标清、DV三种摄录格式，一台机器相当于三台机器。据了解目前这种机型国内还没有销售。

亮点四：无独有偶，与汤姆逊推出的硬盘摄像机一样，随着用户对高清节目制作需求的日益增加，松下也从磁带介质走出来，适时推出了以P2卡为介质的P2 HD高清摄像机。据该公司张先生介绍，在新型存储介质中，索尼的光盘存储、汤姆逊的硬盘存储以及松下的P2卡存储可谓各占一方市场，在存储容量上硬盘存储占有很大优势，但松下的P2卡存储则在稳定性上占有优势。

——《中国贸易报》张汝男

第三部分 名展回顾

第一、二届中国—东盟博览会成就回顾

2004年11月3～6日，首届中国—东盟博览会在广西南宁成功举办。中国国务院副总理吴仪、柬埔寨首相洪森、老挝总理本南、缅甸总理梭温、泰国副总理比尼、越南副总理范家谦、东盟秘书长王景荣出席了博览会，东明10国经贸部长等共40位境外副部级以上嘉宾率团参会。与会各国部长级嘉宾达166人。

首届博览会共设标准展位2506个，参展企业共1505家，参展产品涉及11个行业，共210类；境内外2万多客商参展参会，累计商品交易总额达10.84亿美元。博览会共举办了26场境内外投资、引资项目推介会，举行了重要项目签约、投资合作项目签约、国内合作项目签约等3场签约仪式。博览会共签订合同金额近1000亿元人民币。涉及项目共129个，总投资49.68亿美元。国内合作项目110个，总投资565.4亿元人民币。投资额超过5亿元的项目有27个，总投资346.8亿元人民币。

表4-1　第一、二届中国—东盟博览会相关数据对比表

展位数（个）	展位数（个）	参展企业（家）	贸易成交总额（亿美元）	国际签订合作项目（个）	国际项目合同金额（亿美元）	国内签订合作项目（个）	国内项目合同金额（亿元）	媒体报道（家）
第一届	2506	1505	10.84	129	49.68	102	485.4	113
第二届	3300	2000	11.5	126	52.9	263	501.8	183

表4－2　第一、二届中国—东盟博览会商品成交情况比较表

项　别	第二届东盟博览会(单位：万美元)	第一届东盟博览会(单位：万美元)	第二届比首届增长率(%)
累计成交总额	115127.86	108366	6.24
出口额	82259	87491	-5.7
进口额	16617	11015	54.5
国内贸易额	16251.56	9860	60
合同金额	52143.05	50097	4.1
意向金额	62984.81	38754	62.52
其中境外企业合计	7212.15	2568	180.85
合同金额	4816.54	159	2929
意向金额	2395.6	1857	29
其中广西企业成交金额	16649.79	15392	8.17
出口额	12370	8503	45.48
进口额	4049	2600	55.73
国内贸易额	230.79	4289	-91.12
合同金额	3120.89	7186	-56.57
意向金额	13528.9	7860	72.12

2005年10月19～22日，第二届中国—东盟博览会如期在广西举行，中共中央政治局常委、国家副主席曾庆红，柬埔寨首相洪森、缅甸总理梭温、老挝国家副主席朱马里、泰国第一副总理颂奇、越南常务副总理阮晋勇等中国和东盟国家领导人出席，中外100多位副部级以上贵宾参会，广大客商踊跃参加，经贸成果再创新高。

第二届博览会分设国家专题、商品贸易专题、投资合作专题和旅游专题四大专题，共有2000多家企业参展，比第一届增加了500多个，参展商品集中在中国与东盟贸易额较大的机械设备、电子电器、五金建材、轻工工艺、农产品和食品等行业。

第二届中国—东盟博览会累计交易总额达11.5亿美元，同比增长6%。其中，出口8.2亿美元，进口1.7亿美元，国内贸易1.6亿美元；机械设备2.5亿美元，农产品1.1亿美元，电子电器1.8亿美元，五金建材1.3亿美元，其他4.8亿美元。本届博览会共举行投资促进活动28场，集中签约仪式两场。共签订国际投资合作项目126个，总投资52.9亿美元，同比增长5.9%；签订中国大陆投资合作项目263个，总投资501.8亿元，同比增长5.5%。

——中国—东盟博览会官方网站

第五章　行业简况及展会

中华人民共和国
2005年国民经济和社会发展统计公报

中华人民共和国国家统计局

2006年2月28日

综合

初步核算，全年国内生产总值182321亿元，比上年增长9.9%。其中，第一产业增加值22718亿元，增长5.2%；第二产业增加值86208亿元，增长11.4%；第三产业增加值73395亿元，增长9.6%。第一、第二和第三产业增加值占国内生产总值的比重分别为12.4%和47.3%和40.3%。

全国居民消费价格总水平比上年上涨1.8%，其中服务价格上涨3.3%。商品零售价格上涨0.8%。工业品出厂价格上涨4.9%。原材料、燃料、动力购进价格上涨8.3%。固定资产投资价格上涨1.6%。农产品生产价格上涨1.4%。70个大中城市房屋销售价格上涨7.6%。

年末全国就业人员75825万人，比上年末增加625万人。其中城镇就业人员27331万人，新增加970万人，净增加855万人。年末城镇登记失业率为4.2%，与上年末持平。

年末国家外汇储备达到8189亿美元，比上年末增加2089亿美元。2005年7月有21日，对人民币汇率形成机制进行了改革，年末人民币对美元汇率为8.0702，比上年末升值2.56%。

全年各项税收收入30866亿元（不包括关税和农业税），比上年增加5148亿元，增长20%。全国规模以上工业企业实现利润达14362亿元，比上年增长22.6%。销售利润率为5.9%，比上年降低0.1个百分点。

农业

全年粮食种植面积10427万公顷，比上年增加267万公顷；棉花种植面积506万公顷，减少63万公顷；油料种植面积1431万公顷，减少12万公顷；糖料种植面积156万公顷，减少1万公顷；蔬菜种植面积1774万公顷，增加18万公顷。

全年粮食产量48401万吨，比上年增加1454万吨，增产3.1%；棉花产量570万吨，减产9.8%；油料产量3078万吨，增产0.4%；糖料产量9551万吨，减产0.2%。蔬菜、水果在品种优化的基础上平稳发展。

全年肉类总产量7700万吨，比上年增长6.3%。其中，牛、羊肉分别增长5.6%和9.3%。全年水产品产量5100万吨，增长4%。

全年木材产量4746万立方米，比上年减少8.7%。

全年新增有效灌溉面积102万公顷，新增节水灌溉面积123万公顷。

工业和建筑业

全年全部工业增加值76190亿元，比上年增长11.4%，规模以上工业增加值66425亿元，增长16.4%。产品销售率98.1%，与上年持平。

全年一次能源生产总量20.6亿吨标准煤，比上年增长9.5%；发电量24747亿千瓦小时，增长12.3%；原煤21.9亿吨，增长9.9%；原油1.81亿吨，增长2.8%。

主要原材料产品中，粗钢产量3.52亿吨，比上年增长24.6%；钢材3.97亿吨，增长24.1%；水泥10.6亿吨，增长10%；十种有色金属增长13.2%；硫酸、纯碱、烧碱、乙烯等主要化工产品增长9.9%至21.4%。

汽车产量570万辆，比上年增长12.1%，其中轿车277万辆，增长19.7%。

程控交换机、移动通信手持机、微型电子计算机等高技术产品产量分别比上年增长1.3%至35.3%。全年规模以上工业中，高技术产业增加值7839亿元，比上年增长19.8%。

全年规模以上工业企业中，国有及国有控股企业实现利润6447亿元，比上年增长17.4%；集体企业实现利润551亿元，增长32%；股份制企业实现利润7420亿元，增长28.7%；外商及我国港澳台地区投资企业实现利润3967亿元，增长6.9%；私营企业实现利润1975亿元，增长47.3%。

全年全社会建筑业实现增加值10018亿元，比上年增长11.9%。全国具有资质等级的总承包和专业承包建筑业企业实现利润818亿元，增长13.8%；上缴税金1099亿元，增长17.4%。

固定资产投资

全年全社会固定资产投资88604亿元，比上年增长25.7%。其中，城镇投资75096亿元，增长27.2%；农村投资13508亿元，增长18%。

在城镇投资中，国有及国有控股投资40047亿元，比上年增长17.5%。第一产业投资823亿元，增长27.5%；第二产业投资31598亿元，增长38.4%；第三产业投资42675亿元，增长20%。分行业看，煤炭开采及洗选业投资比上年增长65.6%；电力、热力的生产与供应业投资增长33.7%；石油和天然气开采业投资增长29.7%；铁路运输业投资增长45.7%；交通运输设备制造业投资增长51.1%；纺织业投资增长38%；教育投资增长8.4%；卫生投资增长28.9%。

全年房地产开发投资15759亿元，比上年增长19.8%。商品房竣工面积48793万平方米，增长14.9%。商品房销售额18080亿元。其中，现房销售额占35.5%，期房占64.5%。

表5–1“十五”时期固定资产投资新增主要生产能力

指标	单位	2001–2005年累计	其中:2005年
新增发电机组容量	万千瓦	17655	6326
11万伏及以上变电设备	万千伏安	40666	15306
新建铁路投产里程	公里	7063	1203
增建铁路复线产里程	公里	3556	486
电气化铁路投产里程	公里	5494	863
新建公路	公里	351173	129748
其中：高速公路	公里	23964	6457
港口万吨级码头泊位新增吞吐能力	万吨	45232	18989
新增局用交换机容量	万门	23254	4608
新增光缆线路长度	万公里	214	53
新增数字蜂窝移动电话交换机容量	万户	35148	8598

三峡电站工程已投产运行14台发电机组，累计发电940亿千瓦时；西电东送北通道、中通道、南通道共形成输送能力超过3250万千瓦；青藏铁路全线铺通，结束了西藏地区不通铁路的历史；南水北调东、中线一期工程累计完成投资38亿元；治淮骨干工程累计完成投资250亿元。

国内贸易

全年社会消费品零售总额达到67177亿元，比上年增长12.9%，扣除价格上涨因素，实际增长12%。分城乡看，城市消费品零售额45095亿元，增长13.6%；县及县以下消费品零售额22082亿元，增长11.5%。分行业看，批发零售业零售额56589亿元，增长12.6%；餐饮业零售额8887亿元，增长17.7%；其他行业零售额1701亿元，增长0.4%。

在限额以上批发零售业零售额中，汽车类零售额比上年增长16.6%，石油及制品类增长34.4%，文化办公用品类增长11.4%，通讯器材类增长19.9%，家用电器和音像器材类增长14.8%，建筑及装潢材料类增长22.1%，日用品类增长11.9%，家具类增长13.3%，食品、饮料、烟酒类增长13.6%，服装类增长19.6%，化妆品类增长19.1%，金银珠宝类增长13.9%。

对外经济

全年进出口总额达14221亿美元，比上年增长23.2%。其中，出口7620亿美元，增长28.4%；进口6601亿美元，增长17.6%。出口大于进口1019亿美元。在全国进出口总额中，外商投资企业的进出口额为8317亿美元，比上年增长25.4%。其中，出口额4442亿美元，增长31.2%；进口额3875亿美元，增长19.4%。

表5–2　　2005年对主要国家和地区进出口情况

（单位：亿美元）

国家和地区	出口额	比上年增长％	进口额	比上年增长％
美国	1629	30.4	487	9.1
欧盟	1437	34.1	736	5.0
中国香港	1245	23.4	122	3.6
日本	840	14.3	1005	6.5
东盟	554	29.1	750	19.1
韩国	351	26.2	768	23.4
中国台湾	165	22.2	747	15.3
俄罗斯	132	45.2	159	31.0

全年批准外商直接投资项目44001个，比上年增长0.8%；实际使用金额603亿美元，下降0.5%（见表5-3）。在实际使用外商直接投资金额中，制造业和房地产业所占比重分别为70.4%和9%,分别比上年下降0.6和0.8个百分点；租赁和商务服务业、交通运输仓储和邮政业所占比重分别为6.2%和3%，分别上升1.6和0.9个百分点。

表5–3　　2005年外商直接投资分业情况

（金额单位：亿美元）

行业名称	合同项目(个)	比上年增长%	实际使用金额	比上年增长%
总计	44001	0.8	603.2	−0.5
农、林、牧、渔业	1058	−6.4	7.2	−35.5
采矿业	252	−9.7	3.5	−34.0
制造业	28928	−4.8	424.5	−1.3
电力、燃气及水的生产和供应业	390	−14.3	13.9	22.7
建筑业	457	11.2	4.9	−36.5
交通运输、仓储和邮政业	734	15.1	18.1	42.4
信息传输、计算机服务和软件业	1493	−8.0	10.1	10.7
批发和零售业	2602	53.1	10.4	40.4
住宿和餐饮业	1207	2.8	5.6	−33.4
金融业	40	−7.0	2.2	−13.0
房地产业	2120	20.0	54.2	−8.9
租赁和商务服务业	2981	12.0	37.5	32.6
科学研究、技术服务和地质勘察业	926	47.2	3.4	15.8
水利、环境和公共设施管理业	139	−15.2	1.4	−39.3
居民服务和其他服务业	329	31.1	2.6	64.6
教育	51	−13.6	0.2	−53.8
卫生、社会保障和社会福利业	22	4.8	0.4	−55.1
文化、体育和娱乐业	272	0	3.1	−31.8
公共管理和社会组织			0.04	105.6

全年对外直接投资额（非金融部分）69亿美元，比上年增长25.8%。

全年对外承包工程完成营业额218亿美元，比上年增长24.6%；对外劳务合作完成营业额48亿美元，增长27.5%。

交通、邮电和旅游

全年交通运输、仓储及邮电通信业增加值13805亿元，比上年增长12.4%。

全年港口完成货物吞吐量49亿吨，比上年增长17.7%，其中外贸货物吞吐量13.6亿吨，增长18%。

年末全国民用汽车保有量达到4329万辆（包括三轮汽车和低速货车1149万辆），比上年末增长20.6%。年末私人汽车保有量2365万辆，增长22%。

全年完成邮电业务总量12199亿元，比上年增长24.6%。其中，邮政业务总量624亿元，增长10.1%；电信业务总量11575亿元，增长25.4%。全年新增局用交换机4608万门，总容量达到4.7亿门。新增固定电话用户3868万户，年末达到35043万户。其中，城市电话用户23977万户，农村电话用户11066万户。新增移动电话用户5860万户，年末达到39343万户。年末全国固定及移动电话用户总数达到74386万户，比上年末增加9728万户。电话普及率达到57部/百人。

全年入境人数12029万人次，比上年增长10.3%。其中，外国人2026万人次，增长19.6%；我国香港、澳门和台湾地区同胞10003万人次，增长8.6%。在入境旅游者中，过夜人数4681万人次，增长12.1%。国际旅游外汇收入293亿美元，增长13.8%。全年国内出境人数达3103万人次，增长7.5%。其中因私出境2514万人次，增长9.4%，占出境人数的81%。全年国内出游人数达12亿人次，增长10%；国内旅游总收入5286亿元，增长12.2%。国际国内旅游总收入7686亿元，增长12.4%。

金融、证券和保险

年末广义货币供应量（M2）余额为29.9万亿元，比上年末增长17.6%；狭义货币供应量（M1）余额为10.7万亿元，增长11.8%；流通中现金（M0）余额为2.4万亿元，增长11.9%。年末全部金融机构本外币各项存款余额30万亿元，增长18.2%；全部金融机构本外币各项贷款余额20.7万亿元，增长12.8%。（见表5-4）

表5-4　2005年全部金融机构本外币存贷款情况表

（单位：亿元）

指 标	年末数	比上年末增长(%)
各项存款余额	300209	18.2
其中：企业存款	101751	13.8
城乡居民储蓄存款	147054	16.5
其中：人民币	141051	18.0
各项贷款余额	206838	12.8
其中：短期贷期	91157	6.5
中长期贷款	92941	16.2

全年农村金融合作机构（农村信用社、农村合作银行、农村商业银行）人民币贷款余额2.2万亿元，比上年末增加3451亿元。全部金融机构人民币消费贷款余额2.2万亿元，增加1996亿元。其中个人住房贷款余额1.84万亿元，增加2444亿元。

全年企业通过证券市场发行、配售股票共筹集资金1883亿元，比上年增加363亿元。其中，发行A股（包括增发及可转债）20只，配股2只，筹集资金338亿元，减少498亿元；发行H股24只，筹集资金1545亿元，增加887亿元。年末境内上市公司（A、B股）数量由上年末的1377家增加到1381家，市价总值32430亿元，比上年末减少12.5%。全年发行一年期以上企业债券654亿元，比上年增加332亿元。

全年保险公司保费收入4927亿元，比上年增长14%，其中寿险业务保费收入3244亿元；健康险和意外伤害险业务保费收入453亿元；财产险业务保费收入1230亿元。支付各类赔款及给付1130亿元，其中寿险业务给付307亿元；健康险和意外伤害险赔款及给付151亿元；财产险业务赔款672亿元。

教育和科学技术

全年普通高等教育招生505万人，在校生1562万人，毕业生307万人。普通高中招生878万人，在校生2409万人，毕业生662万人。普通小学招生1672万人，在校生10864万人，毕业生2020万人。

全年研究与试验发展（R&D）经费支出2367亿元，比上年增长20.4%，占国内生产总值的1.3%，其中基础研究经费135亿元。年末国有企事业单位共有各类专业技术人员2720万人。全年国家安排了288项科技攻关计划课题和911项“863”计划课题。新建国家工程研究中心19个，新安排国家重点实验室改造项目16项，累计达到143项。国家认定企业技术中心达到361家。全年共取得省部级以上科技成果3.6万项。全年受理国内外专利申请47.6万件，其中国内申请38.3万件，占80.5%；受理国内外发明专利申请17.3万件，其中国内申请9.3万件，占53.8%。全年共签订技术合同26.5万项，技术合同成交金额1510亿元，比上年增长13.2%。全年成功发射卫星5次。神舟六号载人航天飞行取得圆满成功，标志着我国在一些重要科技领域达到世界先进水平。

年末全国共有产品检测实验室18932个，其中国家检测中心293个。全国现有产品质量、体系认证机构177个，已累计完成对4.7万个企业的产品认证。全国共有法定计量技术机构4037个，全年强制检定计量器具3491万台（件）。全年制定、修订国家标准1304项，其中新制定673项。全国共有各类气象台站9881个，其中自动观测站7246个；天气雷达观测站点258个，卫星云图接收站点440个。全国共有地震台站1253个，地震遥测台网31个。全国共有8376个海洋观测站、监测站位。测绘部门公开出版地图1667种，测绘图书497种。

文化、卫生和体育

年末全国共有艺术表演团体2577个，文化馆2868个，公共图书馆2736个，博物馆1556个。广播电台273座，电视台

302座，教育台50个。全国有线电视用户12569万户,有线数字电视用户413万户。年末广播综合人口覆盖率为94.5%；电视综合人口覆盖率为95.8%。全年生产故事影片260部，科教、纪录、美术片42部；生产特种影片14部。出版各类报纸404亿份，各类期刊27.5亿册，图书64亿册（张）。年末全国共有档案馆4012个，已开放各类档案6016万卷（件）。

年末全国共有卫生机构30万个，其中医院、卫生院6万个，妇幼保健院（所、站）2964个，专科疾病防治院（所、站）1470个。医院和卫生院床位307万张。卫生技术人员445.6万人，其中执业医师和执业助理医师193.8万人，注册护士134万人。全国疾病预防控制中心（防疫站）3592个，卫生技术人员16.1万人；卫生监督所1925个,卫生技术人员3.8万人；乡镇卫生院4万个，床位65.3万张，卫生技术人员84.8万人。截至2005年9月底，全国共有671个县（市）开展了新型农村合作医疗试点工作，有1.77亿农民参加了合作医疗。全年共有13个省区发生高致病性禽流感疫情；人感染高致病性禽流感累计发病7人，死亡5人。

全年我国运动员在世界锦标赛、世界杯赛的22个项目中获得106个世界冠军。全年共有8人2队21次创15项世界纪录。全民健身运动更加活跃。

人口、人民生活和社会保障

年末全国总人口为130756万人，比上年末增加768万人(见表5-5)。全年出生人口1617万人，出生率为12.4‰；死亡人口849万人，死亡率为6.51‰；自然增长率为5.89‰。

表5-5　　2005年人口主要构成情况

（单位：万人）

指　标	年末数	比重（%）
全国总人口	130756	100.0
其中：城镇	56212	43.0
乡村	74544	57.0
其中：男性	67375	51.5
女性	63381	48.5
其中：0-14岁	26504	20.3
15-64岁	94197	72.0
65岁及以上	10055	7.7

全年农村居民人均纯收入3255元，扣除价格上涨因素，比上年实际增长6.2%；城镇居民人均可支配收入10493元，实际增长9.6%，农村居民家庭恩格尔系数（即居民家庭食品消费支出占家庭消费总支出的比重）为45.5%。城镇居民家庭恩格尔系数为36.7%（见表5-6）。按年人均纯收入低于683元的标准，年末农村贫困人口为2365万人，比上年末减少245万人；按年人均纯收入684～944元的标准，年末农村低收入人口为4067万人，比上年末减少910万人。

表5-6　　“十五”时期城乡居民生活改善情况

指标	单位	2001	2002	2003	2004	2005
城镇居民人均可支配收入	元	6860	7703	8472	9422	10493
农村居民人均纯收入	元	2366	2476	2622	2936	3255
城镇居民家庭恩格尔系数	%	38.2	37.7	37.1	37.7	36.7
农村居民家庭恩格尔系数	%	47.7	46.2	45.6	47.2	45.5

年末全国参加城镇基本养老保险人数为17444万人，比上年末增加1091万人。其中参保职工13082万人，参保的离退休人员4362万人。全国参加城镇基本医疗保险的人数为13709万人，增加1305万人。其中参保职工9959万人，参保退休人员3750万人。全国参加失业保险的人数为10648万人，增加64万人。全国参加工伤保险的人数为8390万人，增加1545万人。

年末全国企业参加基本养老保险离退休人员4002万人，实现了基本养老金全部按时足额发放；全年进入再就业服务中心的下岗职工全部按时足额领到了基本生活费，并由中心代缴了社会保险费；年末全国领取失业保险金人数为362万人。全年共有2233万城镇居民得到政府最低生活保障，比上年增加27.8万人。

年末全国各类收养性社会福利单位床位150万张，收养各类人员116万人。城镇建立各种社区服务设施17万个，其中综合性社区服务中心9705个。全年销售社会福利彩票411亿元，筹集社会福利资金144亿元，直接接收社会捐赠款29亿元。

资源、环境和安全生产

全年实际建设占用耕地13.9万公顷，比上年减少4.1%。灾毁耕地5.4公顷 。生态退耕39万公顷，因农业结构调整减少耕地1.2万公顷。查出往年建设未变更上报的建设占用耕地7.3万公顷。土地整理复垦开发补充耕地30.7万公顷。当年净减少耕地36.2万公顷。

全年水资源总量27430亿立方米，比上年增长13.7%；人均水资源2098立方米，增长13%。全年平均降水量628毫米，增长4.6%。年末全国454座大型水库蓄水总量2227亿立方米，比上年末增加283亿立方米。全年总用水量5578亿立方米，比上年增长0.5%。其中，生活用水增长6.9%，工业用水增长3.7%，农业用水减少1.6%。万元GDP用水量357立方米，下降8.7%。全国人均用水量为427立方米，与上年持平。全年曾有2163万人口、1969万头大牲畜发生临时性饮水困难。

国土资源调查及地质勘查新发现大中型矿产地169处，其中，能源矿产地40处，金属矿产地58处，非金属矿产地64处，水气矿产地7处。有72种矿产新增查明资源储量，其中，石油9.43亿吨，天然气5263亿立方米，原煤698亿吨。

全年完成营造林面积637万公顷。六大林业重点工程营造林面积543万公顷，占全年营造林面积的85.2%。全国共批准国家级生态示范区166个，自然保护区达到2349个，其中国家级自然保护区243个，自然保护区面积14995万公顷，占国土面积的15%。国家地质公园达138个，其中新批准53个。新增综合治理水土流失面积4.4万平方公里，新增实施水土流失地区封育保护面积6.3万平方公里。

初步测算，全年能源消费总量22.2亿吨标准煤，比上年增长9.5%。其中，煤炭消费量21.4亿吨，增长10.6%；原油3亿吨，增长2.1%；天然气500亿立方米，增长20.6%；水电4010亿千瓦小时，增长13.4%；核电523亿千瓦小时，增长3.7%。主要原材料消费中，钢材4亿吨，增长20.1%；氧化铝1561万吨，增长21.7%；水泥10.5亿吨，增长9%。万元GDP能耗1.43吨标准煤，与上年持平。

七大水系的411个水质监测断面中，有41%的断面满足国家地表水3类标准，比上年下降1个百分点；32%的断面为4～5类水质，上升2个百分点；超过5类水质的断面比例占27%，下降1个百分点。

全国近岸海域293个海水水质监测点中，达到国家一、二类海水水质标准的监测点占67.3%，比上年上升17.7个百分点；三类海水占8.9%，下降6.5个百分点；四类、劣四类海水占23.8%，下降11.0个百分点。全国海域未达到清洁海域水质标准的面积为13.9万平方公里，比上年减少17.8%，其中，严重污染海域面积约为2.9万平方公里。对18个海洋生态监控区监测表明，主要海湾、河口及滨海湿地生态系统均处于不健康或亚健康状态。

在监测的523个城市中，有344个城市空气质量达到二级以上（含二级）标准，占监测城市数的65.8%；有133个城市为三级，占25.4%；有46个城市为劣三级，占8.8%。在监测的350个城市中，城市区域声环境质量为重度污染的占0.9%，中度污染的占1.7%，轻度污染的占33.1%。

全年城市污水日处理能力达8091万立方米，比上年增长9.5%；城市污水处理率达到48.4%，提高2.8个百分点；集中供热面积22亿平方米，增长3.2%；建成区绿化覆盖率达到33%，提高1.4个百分点。

全年各类自然灾害造成直接经济损失2042亿元，比上年上升27.4%。全年农作物受灾面积3882万公顷，上升4.6%。其中，绝收460万公顷，上升5.4%。全年发生特大森林火灾3起，因森林火灾造成受害森林面积7.3万公顷，下降48.4%。全年因海洋灾害造成直接经济损失约332亿元，增加5.1倍。全年发生赤潮82次，减少14次；累计赤潮面积约27070平方公里，上升1.7%。全年共发生造成人员伤亡或直接经济损失50万元以上的地质灾害854起，共造成直接经济损失36.5亿元。全年共发生5级以上地震13次，受灾人口208万人，受灾面积15040平方公里，造成直接经济损失26亿元。

全年生产安全事故死亡12.7万人，比上年下降7.1%。亿元GDP生产安全事故死亡人数为0.7人，下降18.5%；工矿商贸企业从业人员生产安全事故10万人死亡人数为3.85人，下降6.8%；煤矿百万吨死亡人数为2.81人，下降8.7%。全年共发生道路交通事故450254起，造成9.9万人死亡、47万人受伤，直接财产损失18.8亿元；道路交通万车死亡人数为7.6人，下降23.7%。

注：1.本公报为初步统计数；2.各项统计数据均未包括我国香港特别行政区、澳门特别行政区和台湾省；3.国内生产总值、各产业增加值绝对数按现价计算，增长速度按可比价计算；4.钢材产量及消费量数据中均含部分使用钢材加工成其他钢材的重复计算因素；5.邮电业务总量完成额按2000年不变价格计算；6.电话普及率的计算含接入用户交换机的话机数；7.六大林业重点工程是指天然林资源保护工程、退耕还林工程、京津风沙源治理工程、三北及长江中下游地区等重点防护林工程、野生动植物保护及自然保护区建设工程、重点地区速生丰产用材林基地建设工程；8.万元GDP用水量、万元GDP能耗按2000年不变价格计算；9.七大水系是指长江、黄河、珠江、松花江、淮河、海河、辽河水系。

1.轻工行业

行业简况

轻工产品出口增势依旧

中国轻工工艺品进出口商会　曹　红

轻工工艺行业在2005年创下出口新绩的基础上，2006年1～2月继续保持增长态势。1～2月，全国轻工工艺品进出口总额397.78亿美元，与2005年同期相比增长19.81%。其中出口308.08亿美元，同比增长18.9%；进口89.7亿美元，同比增长20.14%。

轻工产品出口概况

1～2月，鞋、玩具、箱包、抽纱、塑料制品、钟表及配件、陶瓷、珠宝首饰、家具、纸张纸浆、玻璃制品、草柳竹藤等轻工工艺大宗商品出口127.59亿美元，与2005年同期相比增长18.61%。大宗出口商品占轻工工艺品出口总额的41.41%。

除个别商品外，继续保持出口数量和出口金额同涨的良好趋势，且出口金额增幅普遍高于出口数量增幅。除珠宝首饰和纸张纸浆出口单价下降外，其他商品出口单价都有较大幅度提高。抽纱制品在2005年出口单价增长53.21%的基础上，1～2月在出口数量减少21.32%的基础上，出口单价增幅继续攀升至42.8%；钟表及配件增长18.48%；草柳竹藤制品增长17.37%；塑料制品增长10.3%；陶瓷制品增长9.57%；家具增长9.25%；箱包增长7.56%；鞋类增长6.35%；玩具增长3.57%；玻璃制品增长3.28%。这种多数商品出口价格增长的情况已经持续几年，这是非常可喜的。

1～2月，轻工工艺品一般贸易出口142.28亿美元，与2005年同期相比增长18.39%，加工贸易出口151.1亿美元，同比增长17.87%。加工贸易出口占轻工工艺品出口总额的49.05%，一般贸易占46.18%。

1～2月，轻工工艺品出口企业61499家，比2005年同期增加9592家。其中国有企业4625家，同比减少464家，占轻工工艺品出口企业总数的7.52%；三资企业28913家，同比增加2476家，占轻工工艺品出口企业总数的47.01%；私营企业继续保持快速增长势头，企业数量达25775家，同比增加7630家，占轻工工艺品出口企业的41.91%。

1～2月，轻工工艺品主要出口市场仍是美国、欧盟、日本和我国香港地区。对美国出口91.46亿美元，占轻工工艺品出口额的29.69%，同比相比增长19.2%；对欧盟出口69.48亿美元，占轻工工艺品出口额的22.55%，同比增长18.6%；对我国香港地区出口37.32亿美元，占轻工工艺品出口额的12.11%，同比增长12.75%；对日本出口25.77亿美元，占轻工工艺品出口额的8.36%，同比增长12.37%。

1～2月，轻工工艺品出口排名前五位的省市是广东、浙江、江苏、上海、福建。广东省出口118.52亿美元，与2005年同期相比增长18.59%，占全国轻工工艺品出口额的38.47%；浙江省出口39.65亿美元，同比增长22.68%，占全国轻工工艺品出口额的12.87%；江苏省出口36.2亿美元，同比增长20.02%，占全国轻工工艺品出口额的11.75%；上海市出口33.78亿美元，同比增长17.80%，占全国轻工工艺品出口额的10.97%；福建省出口20.51亿美元，同比增长9.01%，占全国轻工工艺品出口额的6.66%。

鞋类是轻工工艺出口金额最大的商品，也是近年来的敏感商品。2005年6、7月间，欧委会分别对自中国进口的劳保鞋和皮鞋立案调查。2006年3月23日，欧委会批准了对中国鞋征收临时反倾销税的决定。3月30日，欧委会又决定不对中国劳保鞋采取临时性反倾销措施。这些动态信息，使得鞋类出口情况近来颇受关注。2006年1～2月，鞋类出口11.65亿双，比上年同期增长9.29%，出口金额31.18亿美元，比上年同期增长16.04%。

家具是近几年出口增长迅速较快的商品。1～2月，家具出口24.18亿美元，比上年同期增长24.15%。

1～2月，玩具出口7.23亿美元，比上年同期增长3.27%；箱包1～2月出口10.65亿美元，比上年同期增长15.26%；1～2月，陶瓷制品出口7.3亿美元，比上年同期增长14.84%。

打造轻工产品出口大舞台

2006年以来，继鞋类产品成为关注焦点之外，轻工工艺产品遭遇国际贸易救济措施调查立案的也不乏其数。埃及对我圆珠笔、毡尖彩笔反倾销立案调查，欧盟对我熨衣板反倾销立案调查，土耳其对我鞋保障措施立案调查，印尼对我压花玻璃保障措施立案调查，这预示着2006年我出口企业将面临越来越恶劣的国际环境。

2006年是“十一五”开局之年，党中央、国务院对“十一五”期间商务工作发展提出了明确的目标。轻工工艺行业企业已认识到，要实现行业增长方式的转变，就要提高产品质量、创自主品牌。许多企业已经意识到这项工作的重要性和紧迫性，并开始付诸行动。

①玩具、礼品业
行业简况

中国玩具业将面临贸易壁垒新挑战

2005年下半年以来，欧盟、日本等国家和地区相继出台制定了新的玩具指令，对出口玩具的安全与环保提出更高要求，检验检疫部门提醒玩具出口企业要有所准备积极应对。据了解，玩具新指令包括了目前人们关注的涉及循环再利用WEEE（关于报废电子电气设备指令）和限制使用有害物质的ROHS（关于电子电气设备中限制使用有害物质指令）。在中国输欧玩具中，电动、电子玩具将会受到较大影响，合格评定的支出将会大大增加。中国玩具行业将面临新的挑战。

2005年6月初，欧盟发布了82号通报称，拟将玩具中禁止使用的邻苯二甲酸酯（一种软化剂，常用于塑制品）扩大到所有儿童保育品中，而且邻苯二甲酸酯类DEHP、DINP含量不能超过0.1%。

日本也于近期发布了第U4号技术法规指令，对设备、容器或包装箱、玩具和清洁剂的规格和标准进行了修订，强调替代有害试剂的重要性以及改进分析精度的重要性。今后不符合这些标准或者规格的产品不得使用或销售。指令对原来在玩具中使用的砷、镉试验方法进行了替代，以停止汞的使用。对玩具的重金属试验、高锰酸钾消耗试验以及蒸发残渣试验也将采用新的方法。

据业内人士介绍，中国有玩具生产企业8000多家，生产的玩具产品占全球70%的市场份额；欧盟每年进口玩具60亿～90亿欧元，其中66%～80%来自中国。但是，目前我国还有相当一部分玩具产品不能满足新指令要求，玩具出口将严重受阻。而且欧盟和日本的这一行动很可能被其他贸易伙伴借鉴，采取类似措施，到时影响会更大。

据了解，此前欧盟针对中国出口的玩具已连续出台了如《关于化学品的注册、评估、许可办法（REACH）》、《禁用有害偶氮染料》和《欧盟通用产品安全指令》等规定，对包括玩具在内的多种商品限定了严格的环境、安全标准；俄罗斯也提高了进口中国玩具产品的关税；日本、欧盟对中国玩具进行抽查，并定期发布预禁通报，一旦遭遇预禁通报，类似产品都将被禁止销售；泰国把玩具列为敏感商品，设置重点查验等贸易壁垒等，对我国玩具出口造成一定影响。在连续遭受俄罗斯、丹麦、德国对我国出口玩具存在质量不合格、部分产品无知识产权等技术壁垒后，国内玩具业出口增势进一步减弱。

上海金色童年玩具有限公司业务经理易海敏对记者说，“提高产品技术含量贸易壁垒虽然制约了出口，但也增强了企业提高产品技术含量的决心。”他表示，并不会因为欧盟和日本的新指令提高了成本而放弃这些地方的市场。想要赢得市场的办法就是要提高玩具技术含量，提高知识产权意识，不断开发具有市场前景的新产品，加大开发环保替代材料的力度，提高出口玩具的质量，不断调整自己的生产技术及产品配方。

业内有关专家也提醒广大玩具出口企业，要高度重视，尽早采取应对措施，抓紧研究并改进生产，确保规避风险。企业只有不断发展具有自主知识产权的主导产业并且熟悉掌握WTO的游戏规则，才能更好规避贸易技术壁垒，最大限度地避免出口产品受阻造成的经济损失。

北京师范大学经济学院易晓娟认为，在建立我国自己的技术性贸易壁垒体系方面，我国政府应借鉴欧盟制定技术性保护措施的方法，参考国际规范建立我国的技术性保护措施。比如：首先，加大法规标准的制订力度，将技术规范纳入法规。我们要根据我国的安全要求，在涉及安全、卫生、健康、环保等诸方面制订强制性标准，制订和实施对国外相关技术产品有一定针对性，抑制性和限制性的有关法律、技术标准和检验制度，把未达到技术标准的产品拒于国门之外；其次，充分利用《技术性贸易壁垒协议》有关条款保护民族工业。欧盟国家根据本国利益设置技术壁垒以限制进口，是在不偏离世贸组织《技术性贸易壁垒协议》原则的条件下实施的。我国为了保护自身的利益可有意识地利用“例外条款”，即使造成了技术壁垒也不违法。所以要根据我国的民族、人文、资源、气候、地理、基本技术及发展中国家地位等特点，用好用足“例外条款”，在《技术性贸易壁垒协议》的原则下保护我国民族工业；最后，积极采用国际标准，尽力争取将我国已具有优势的项目标准纳入到国际标准中去。主动参与国际标准化活动和积极采用国际标准是发达国家占领与保护市场的共同做法。

——《中国贸易报》张 莉

展 会

第四届中国国际玩具模型礼品展

第四届中国国际玩具、模型及礼品展览会2005年10月18～20日在上海世贸商城举办。该展会是由德国纽伦堡玩具展览公司与中国玩具协会、中国工艺美术（集团）公司联合主办。

中国玩具展是一个贸易性的国际展会，展品主要为填充玩具、模型、婴儿用品、电子电动玩具、户外大型娱乐设施、礼品等10大类，依据展品种类分区展示。今年和去年相比展出规模扩大了32%，展商增加了24%。

在展会上，我们看到了许多国内外知名品牌，如美国玩具巨头“孩之宝”、德国BIG和日本玩具三大亨Tomy、Bandi和Takara，以及广东奥迪、浙江神马、江苏宝高等。国际展商前来中国，是因为看中了中国巨大的玩具消费市场，第一届中国玩具展后，就有国际品牌成功登陆中国。中国是全球最大的玩具出口国，国内展商则多数侧重于国际市场。在模型方面，不但有国内的著名的品牌上海西西利、上海威龙等，而来自德国的SIKU、GRAUPNER更是今年首次亮相，给模型业内人士带来全新的感受。

专业观众的参观也非常踊跃，国内观众征询代理新产品、新品牌的机会，国际买家则寻找可以直接采购的中国供应商。国内外专业观众来自40多个国家和地区，主要为德国、美国、英国、日本、澳大利亚、法国和中国。

展会同期，中国玩具协会组织2005年中国最佳玩具评选。今年的产品作品也在展会期间设立独立展区展示，并且所有评委在展会现场集中评判，评选结果也会在展会结束前公布。最佳玩具的评选目的在于鼓励中国玩具走品牌化发展的道路，逐步由简单加工走向品牌经营。基于同样的目的，在中国玩具协会的倡导下，连续两年都有玩具品牌被中国名牌战略推进委员会评选为“中国名牌产品”。此外，主办方还为专业观众和展商举办一对一的贸易洽谈会，展会期间的论坛，讨论玩具行业发展趋势、玩具行业新规范等行业热点问题。

每年一度的中国玩具展不仅仅给参展商和贸易商提供了直接的贸易洽谈机会，而展会同期的市场调研、新产品发布、形象展示、客户联络、最佳玩具评选等诸多活动构筑了一个玩具信息交流枢纽，一些展商在展期召开经销商大会，中国玩具展实为不可错失的行业盛会。

——慧聪网

第八届中国澄海国际玩具礼品博览会

为期4天的第八届中国澄海国际玩具礼品博览会于2006年4月22～25日在澄海展览中心举办。在本次展会中，来自欧洲、中东、东南亚等53个国家和地区的客商共4.2万人进场参观、洽谈、签订贸易协议。协议贸易总额9.6亿元，其中出口贸易总额8250万美元，内销总额3亿元。

在今年的博览会上，主要以五大特点吸引了众多的海内外客商：一是国外购买商明显增加，其中新客户约占30%；二是进场参展的企业九成以上为生产性企业。虽然今年市场原材料持续涨价，企业用工仍呈紧缺态势，但澄海众多的厂家依托自身雄厚的生产实力，直接进场与客商洽谈，缩短由公司推介的中间环节，产品价格更多让利客商，保持产销利润互利，促进洽谈贸易。三是产品质量档次比往年高，市场竞争能力增强。拥有注册商标、获得专利的产品一届比一届多。本次各参展企业推出了一批新品牌和采用新材料、新工艺、新技术生产的产品，产品提高了技术含量，设计新颖独特。新产品体现了向“空”中和“水”中发展的势头，航模、飞机，潜艇、童车、多功能摇控车成为展会上的亮点；一批融合声、光、电子于一体的高智能玩具成了本届展会的产品明星；获得3C认证的玩具礼品生产厂家，推出的产品让客商订货更有信心。四是花色品种齐全，吸引众多客商。本次参展的玩具礼品外观造型设计精美，风格鲜明独特。有塑料、布绒、竹木、金属、陶瓷等传统性质的原材料制成的产品；也有融合惯性、回力、电动、线控、遥控等不同特点的产品，花色品种繁多。部分玩具礼品外盒包装及产品设计渗透文化内涵，更适合洽谈客商订货需求。五是参展企业自觉注重知识产权保护，展出产品让客商放心。

——广州国际玩具礼品城

境内展

展名：香港玩具展
时间：2006年1月10～13日（香港）
周期：一年一届
上届数据：展出面积（平方米）：53398
观众总数（人次）：29974
展商总数（家）：1899
其中外国参展商数目（家）：813

展名：第17届上海国际礼品暨家用品展览会
时间：2006年3月2～5日（上海）

展名：2006年广州国际广告礼品展览会
时间：2006年3月3～6日（广州）

展名：第11届广州礼品赠品暨文具展暨彩盒包装制品展
时间：2006年3月10～12日（广州）
周期：一年两届
创办时间：1996年11月
上届数据：展出面积（平方米）：8000
观众总数（人次）：58000
展商总数（家）：350

展名：第二届中国（义乌）玩具、儿童用品暨礼品博览会
时间：2006年3月16～18日（义乌）

展名：第二届中国国际礼品、赠品暨家庭用品展览会
时间：2006年3月22～25日（南京）
周期：一年两届
创办时间：2005年
上届数据：展出面积（平方米）：10000
观众总数（人次）：12000
展商总数（家）：350

展名：中国（宁波）国际文具礼品博览会
时间：2006年3月23～25日（宁波）
周期：一年一届
创办时间：2005年
上届数据：展出面积（平方米）：13000
其中外国参展面积（平方米）：500
展商总数（家）：700

展名：第13届北京国际礼品工艺品暨家用精品展览会
时间：2006年3月23～26日（南京）
周期：一年两届
创办时间：1998年
上届数据：展出面积（平方米）：15000
其中外国参展面积（平方米）：360
观众总数（人次）：50000
展商总数（家）：620
其中外国参展商数目（家）：20

展名：第18届中国广州国际玩具暨礼品展览会
时间：2006年4月9～11日（广州）
周期：一年一届
创办时间：1989年
上届数据：展出面积（平方米）：13000
其中外国参展面积（平方米）：200
观众总数（人次）：13300
展商总数（家）：372
其中外国参展商数目（家）：12

展名：2006年沈阳第六届国际礼品、工艺品暨家庭用品展览会
时间：2006年4月13～17日（沈阳）

周期：一年一届
创办时间：2001年4月
上届数据：展出面积（平方米）：2000
其中外国参展面积（平方米）：100
观众总数（人次）：30000
展商总数（家）：60
其中外国参展商数目（家）：5

展名：中国（广州）锦汉礼品、家居用品暨装饰品展览会
时间：2006年4月15～19日；10月15～19日（广州）
周期：一年两届
创办时间：2000年4月
上届数据：展出面积（平方米）：45000
观众总数（人次）：31746
展商总数（家）：600

展名：第14届深圳国际礼品、工艺品、钟表暨家庭用品展
时间：2006年4月18～21日（深圳）
周期：一年一届
创办时间：1993年
上届数据：展出面积（平方米）：40000
其中外国参展面积（平方米）：6000
观众总数（人次）：84000
展商总数（家）：1500
其中外国参展商数目（家）：180

展名：第八届中国澄海国际玩具礼品博览会
时间：2006年4月22～25日（汕头）
周期：一年一届
创办时间：1999年4月
上届数据：展出面积（平方米）：15000
其中外国参展面积（平方米）：6000
观众总数（人次）：35000
展商总数（家）：176
其中外国参展商数目（家）：70

展名：香港礼品暨赠品展
时间：2006年4月28日～5月1日（香港）
上届数据：展出面积（平方米）：69346
观众总数（人次）：54853
展商总数（家）：3526

展名：2006北京国际玩具暨幼教用品展览会暨第八届全国玩具暨儿童用品（北京）博览会
时间：2006年5月8～10日（上海）

展名：第七届西岸国际旅游商品工艺品礼品展览会
时间：2006年5月18～20日（西安）
周期：一年一届
创办时间：2000年5月
上届数据：展出面积（平方米）：3000
其中外国参展面积（平方米）：1000
展商总数（家）：150

展名：2006第七届中国西部国际礼品暨文化产业展览会
时间：2006年5月25～28日（成都）
周期：一年一届
创办时间：2000年
上届数据：展出面积（平方米）：60000
观众总数（人次）：150000
展商总数（家）：2320
其中外国参展商数目（家）：630

展名：香港夏季礼品、家庭用品暨玩具展
时间：2006年7月4～7日（香港）
上届数据：展出面积（平方米）26806
观众总数（人次）：28630
展商总数（家）：1259
其中外国参展商数目（家）：482

展名：大连国际旅游用品、礼品暨家庭用品展览会
时间：2006年7月5～8日（大连）
周期：一年一届
上届数据：展出面积（平方米）：3000
其中外国参展面积（平方米）：200
观众总数（人次）：15000
展商总数（家）：90
其中外国参展商数目（家）：3

展名：第17届上海国际礼品暨家用品展览会
时间：2006年7月19～22日（上海）
周期：一年两届
创办时间：1993年
上届数据：展出面积（平方米）：10000
其中外国参展面积（平方米）：200
观众总数（人次）：15000
展商总数（家）：500
其中外国参展商数目（家）：14

展名：第三届中国国际礼品、赠品暨家庭用品展览会
时间：2006年8月6～9日（北京）
周期：一年两届
创办时间：2005年
上届数据：展出面积（平方米）：10000
观众总数（人次）：12000
展商总数（家）：350

展名：上海旅游纪念品、礼品博览会
时间：2006 年 9 月 20～24 日（上海）
周期：一年一届
创办时间：1999 年 9 月
上届数据：展出面积（平方米）：5400
其中外国参展面积（平方米）：1600
观众总数（人次）：10
展商总数（家）：200
其中外国参展商数目（家）：35

展名：中国玩具展
时间：2006 年 10 月 18～20 日（上海）
周期：一年一届
创办时间：2002 年
上届数据：展出面积（平方米）：15000
其中外国参展面积（平方米）：4000
观众总数（人次）：15000
展商总数（家）：300
其中外国参展商数目（家）：70

展名：中国（广州）锦汉礼品、家居用品暨装饰品展览会
时间：2006 年 10 月 23～30 日（广州）

展名：第 14 届深圳国际玩具暨礼品展览会
时间：2006 年 10 月 24～27 日（深圳）
周期：一年一届
创办时间：1993 年 5 月
上届数据：展出面积（平方米）：60000
其中外国参展面积（平方米）：8000
观众总数（人次）：85000
展商总数（家）：2000

展名：台北国际礼品暨文具秋季展览会
时间：2006 年 10 月 27～30 日（台北）

境外展

展名：法兰克福国际办公用品和礼品博览会
时间：2006 年 1 月（德国）

展名：伯明翰春季展
时间：2006 年 2 月（英国）

展名：亚洲博览会
时间：2006 年 2 月（英国）

展名：莱比锡国际礼品和生活用品专业博览会（春季）
时间：2006 年 3 月 4～6 日（德国）

展名：中东国际家居用品、礼品暨家用纺织品展览会
时间：2006 年 5 月 22～24 日（阿联酋）

展名：美国纽约国际礼品暨家庭用品博览会
时间：2006 年 5 月（美国）

展名：马来西亚国际精品与礼品展览会
时间：2006 年 6 月 14～17 日（马来西亚）

展名：2006 纽伦堡亚洲消费品、礼品暨家庭用品贸易展览会
时间：2006 年 7 月 4～6 日（德国）

展名：越南国际精品与礼品展览会
时间：2006 年 8 月 10～13 日（越南）

展名：巴西圣保罗国际家庭用品暨礼品博览会
时间：2006 年 8 月（巴西）

展名：拉斯维加斯礼品暨消费品博览会
时间：2006 年 8 月（美国）

展名：莱比锡礼品、家饰品、钟表和首饰专业博览会
时间：2006 年 9 月 9～11 日（德国）

展名：莱比锡国际礼品和生活用品专业博览会
时间：2006 年 9 月 9～11 日（德国）

展名：2006 韩国首尔礼品博览会
时间：2006 年 9 月 14～17 日（韩国）

展名：日本东京国际礼品展览会
时间：2006 年 9 月（日本）

展名：伯明翰秋季展
时间：2006 年 9 月（英国）

②皮革业

行业简况

我国皮革出口的商机与忧患

我国是世界皮革加工和销售中心，也是世界公认的皮革生产大国。我国皮革行业在世界上拥有三大优势：原料资源、产品产量、进出口贸易总额均名列世界前茅。我国的猪皮、羊皮原料资源居世界第一、牛皮居世界第三。每年轻革产量4亿多平方米，居世界第一，占世界总产量的20%以上；鞋类产量为50多亿双，居世界第一，占世界鞋类总产量的50%以上；成衣产量7000多万件，居世界第一；皮具综合产量也居世界首位。

据国内外专家预测，本世纪头20年仍是中国皮革行业发展的大好时机。上世纪，随着世界皮革加工、销售市场的转移，亚洲已经成为世界上最大的皮革加工和贸易市场，同时也是最具潜力的皮革科技市场、专业媒体市场、专业展览市场。我国皮革行业自身也具备快速发展的条件，在制革、皮化、制鞋、皮件等各个配套行业技术、设备完备。由于原料皮资源丰富、劳动力便宜、有足够的加工能力及较好的技术水平，又有很大的市场优势，将加速我国皮革行业与国际市场接轨。特别是我国加入世贸组织后，对世贸组织承诺的实现，各国对皮革行业产品关税和配额也将按日程表逐步减让，为我国皮革行业降低成本、开拓国际市场创造更多的机遇。

近年来随着疯牛病、口蹄疫等家畜传染病对欧洲的连续打击，由此引发的恐慌蔓延到了市场。当时德国杜塞尔多夫召开的鞋类展览会曾表示随着欧洲皮革业生皮货源的减少，全球皮革价格持续攀升，皮革将重新成为奢侈品。国际皮革市场货源紧缺价格持续上涨，以此为背景，由于中国境内尚未发现疯牛病疫情，中国产生皮开始走俏国际市场，而类似的畜牧业公司也从中受益。趁此时机，我国皮革行业加快结构调整的力度，区域布局相对集中，具有一定规模的企业达到1.6万个。全国初步形成了浙江温州制鞋、浙江海宁皮革服装、河北辛集羊皮服装、福建晋江运动鞋、广州制鞋和广州花都区狮岭镇的皮具业等特色经济区域。

在快速发展的同时，我国皮革行业也存在一些问题：个别地区盲目投资，重复建设现象严重，皮鞋生产过剩，市场严重供大于求；高附加值产品比重小，品牌效应不突出，专业化水平较低，2004年皮鞋出口中，加工贸易占到近六成，一般贸易30%左右，且以中低档产品为主；企业无序竞争加剧，由于竞相压价，我国皮革出口虽然逐年递增，平均出口单价却有不同程度地下降；安全生产和环境污染问题需引起高度重视。因此，要实现持续健康发展和经济增长方式的转变，皮革行业仍任重而道远。

此外，2005年我国进入WTO“后过渡期”，同时也进入了贸易磨擦的高发期，“反倾销”成为皮革业经营者们案头的关键词。我国制革、毛皮和皮化等行业只有做到未雨绸缪，认真学习国际贸易规则，才能更好地保护企业自身的合法权益。

随着世界皮革贸易和消费趋势的不断变化，许多国家对制革、毛皮和皮化材料提出了新的和更高的要求，从技术指标、环境保护、生产过程以及管理模式等方面都提出了严格的质量控制标准。

2003年中国皮革协会开始推出了“真皮标志生态皮革”，旨在培育我国制革业的优秀群体，提高企业的国际竞争力，促进行业的可持续发展，还有利于应对各种技术性贸易壁垒，建立起皮革行业的预警机制等。另外，由于近年来行业发展的新特点和人们环保意识的提升，国家环保总局于2005年5月下发环办函[2005]203号文，拟修订《皮革及毛皮加工工业污染物排放标准》和《皮革制品工业污染物排放标准》，并且开展了广泛的调研工作，确保实现我国制革、毛皮和皮化业的长期稳定健康发展。

——《国际商报》武　明

展　会

国际皮革展上海闭幕

2005中国国际皮革展、中国国际鞋类展和国际时装及时尚配饰于9月7日在上海新国际博览中心闭幕。本届展会共聚集了来自36个国家和地区的1088家参展商，16个国家和地区设立了21个参展团。

本届展会首次采用了“主题国家”概念。它沿袭了在香港的亚太区皮革展上开发并取得巨大成功的模式。本次展会首个“主题国家”是印度。印度的众多一流皮革公司除参展外，还介绍了印度的投资机遇。值得关注的是，本届意大利制鞋制革机械协会率领一支由27家制革机械公司组成的代表团参展，这在中国国际皮革展的历史上尚属首次。在为期3天的展览期间，该代表团展示了制革和制鞋机械以及生产皮革制品的制造机械。

本届展会发展完善的一个重要特征是展览范围覆盖了皮革工业的所有领域：中国国际皮革展包括从生皮到成品皮革以及制革机械和化学制品；中国国际鞋类展包括制鞋机械、配件和成品鞋；国际时装及配饰展主要展示中档时装成品，包括手袋、皮革制品和服装。提供了一个在中国寻求和拓展业务的良机，促进他们同国际和中国皮革专业人士之间建立合作关系。

——《中国贸易报》谭 雪

第二届国际名鞋展

第二届国际名鞋展于2005年10月17日在广东现代国际展览中心落下帷幕。本届展会展出面积达3万平方米，共808个展位，参展企业316家。展会四天内共接待国内外专业观众1.68万人，其中海外观众930人。据不完全统计，参展企业中八成以上在展会上达成了贸易意向，60%的参展商取得了实际定单。同时参展企业间贸易互动频繁，以成品鞋为龙头，带动了鞋材、鞋机的供求。本届展会举办的意大利鞋款新版展示会为亚洲首次，吸引了众多企业的眼球。

展会期间共举办各类论坛6场，吸引了1000多名专业人士的参与。据悉，目前已有50%以上的参展企业预定下一届展会的展位，并要求扩大展示面积。国际名鞋展将在社会众多层面的关注下，朝着品牌化、基地化和国际化的方向迈进。

——《中国鞋都》

2005年秋季（广州）鞋类贸易展览会

2005年秋季（广州）鞋类贸易展览会（CantonSF2005）经过6天的展出，于2005年10月19日在广东（广州）东宝展览中心落下帷幕。据统计，本次展览会共设置国际标准摊位600个，参展商近250家；共有来自61个国家和地区的5000多名采购商到会采购，其中外商占60%多，采购商绝大部分是来自同期同地举行的第98届秋季广交会现场，真正做到了同享广交会数十万的贸易资源。

CantonSF一年两届，各在每年的4月和10月举行。在展馆地理优势的基础上，充分利用广交会这一庞大的贸易资源，为中国鞋业出口搭建一个专业高效便捷的贸易平台，同时也为提升展会自身的品牌和实力提供一次绝好的演练机会。

本次展览会是德纳展览有限公司首次移师广州主办的鞋类贸易专业展览会。展会以高标准、高水平为办展原则，严格按照广交会的展览规格和服务水平办展，提供了品种齐全、品质优良的鞋类产品供商选择。据了解，这次参展的企业主要来自浙江、江苏、山东、广东、福建、四川和我国香港、台湾等20多个地区，600多个特别装修的展位占满广东东宝展览中心的1～5楼的所有场地，参展品种几乎涵盖了所有中高档成品鞋类产品，包括男女式正装皮鞋、休闲鞋、时装鞋、运动鞋、沙滩鞋，以及布鞋、凉鞋、拖鞋、童鞋、劳保鞋等。如此之大的展商阵容和展品规模，在国内同行业同类型的展会中可谓史无前例，CantonSF2005当之无愧地成为中国大陆规模最大、品类最全的鞋类贸易专业展会。

毋庸置疑，CantonSF2005的成功已得到业界的认可和肯定。然而，CantonSF2005的成功绝非出自偶然，它的成功是有其必然的原因的。首先，作为展会主办方的德纳展览有限公司，是一有立足中国鞋都温州、辐射全国的民营股份制展览公司，它作为一个展览部隶属于温州市鞋革行业协会，十多年的发展历程一直和鞋革业密不可分。公司不仅在温州和成都成功举办了多届的“温州国际皮革展”、“温州国际鞋展”和“成都皮革展”，而且已走出国门，参与到意大利Garda鞋展、德国GDS等国际著名鞋展的组织角色之中。CantonSF 2005成功举办，就是德纳展览有限公司整合在中国鞋革行业积蓄多年的宝贵资源和借鉴学习国外知名展会成功经验的集中迸发！另外，每年春秋两届的中国出口商品交易会，无疑是中国最大、影响最广泛的商品贸易展会，其旺盛的人气和无限的商机，是很多相关展会“人丁兴旺”的源泉。而CantonSF2005组委会抓住了这一契机，盯上了这样一个有着广泛国际影响力的贸易“大展”，而且设展位置选择了原广交会20号展馆里——广东东宝展览中心，今年又恰好和广交会鞋帽展馆隔街相望，并且有天桥链接，成为广交会期间，离广交会距离最近、进出最方便的鞋类展会！同时，展会还毗邻广州火车站周边林立的各类鞋城、鞋类批发市场，这也保证了本展有充足的专业参观商。

——《中国鞋都》一 驰

2006亚太区皮革展

全球皮革业的盛事——2006亚太区皮革展于3月28～31日在香港隆重举行，此届展会网罗了2600家公司的参展商。他们分别来自62个国家及地区，印度成为今年亚太区皮革展中的主题国家。

每年一届的亚太区皮革展是一个合二为一的展览：涵盖代表皮革及制鞋工业的原料及制造技术展，以及集中于展出制成品的时尚汇集。

其中的“原料及制造技术展”吸引了来自59个国家和地区的1800多家公司参展，以及来自20个国家及地区的34个参展团。他们代表了在国际皮革和制鞋行业中最活跃、积极的参与者。在原料及制造技术展区中，买家可以在现场与所有的供应商直接洽商，如从生皮及原皮、染料及化学原料、制革及制鞋机器、电脑辅助设计或生产（CAD－CAM）软件及系统、稀有皮革以至最新的合成物料等等，应有尽有。

同时“时尚汇集（FA）的展览会”共有来自20个国家及地区的参展商850家，其中大约有170家参展商是首次参展。这届规模的急速扩大，反映出全球鞋类和配饰市场的迅速发展。展览期间来自各地的买家纷纷莅临，包括进口商、品牌买家、时装店主及专业采购员，与鞋履、手袋、皮革制品、行李箱包、皮衣及时尚配饰的供应商汇聚一堂，共商洽谈。

——《中国贸易报》谭 雪

境内展

展名：第32届中国国际裘皮革皮制品交易会
时间：2006年1月10～13日（北京）
周期：一年一届
创办时间：1975年

展名：第七届中国（东莞）国际鞋机鞋材工业技术展
时间：2006年3月8～11日（东莞）
周期：一年一届
创办时间：1998年
上届数据：展出面积（平方米）：30000
其中外国参展面积（平方米）：12000
观众总数（人次）：33970
展商总数（家）：408
其中外国参展商数目（家）：175

展名：亚太区皮革展—原料暨制造技术展
时间：2006年3月28～31日（香港）

展名：广州鞋类贸易展览会
时间：2006年4月14～19日（广州）
周期：一年一届
创办时间：2006年

展名：第八届中国（晋江）国际鞋业博览会
时间：2006年4月19～22日（晋江）
周期：一年一届
创办时间：1999年
上届数据：展出面积（平方米）：40000
其中外国参展面积（平方米）：9800
观众总数（人次）：67325
展商总数（家）：500
其中外国参展商数目（家）：128

展名：2006第二届东莞国际箱包、皮具、手袋展览会
时间：2006年4月21～23日（东莞）

展名：中国东莞国际鞋类暨皮革制品生产技术暨材料展览会
时间：2006年4月21～24日（东莞）
周期：一年一届
上届数据：展出面积（平方米）：22000
观众总数（人次）：20000
展商总数（家）：400

展名：2006年第三届上海国际品牌箱包皮具特许经营暨连锁加盟展览会
时间：2006年5月17～19日（上海）

展名：第16届广州国际鞋类、皮革暨工业设备展览会
时间：2006年5月30日～6月2日（广州）
周期：一年一届
创办时间：1990年6月
上届数据：展出面积（平方米）：32000
观众总数（人次）：23044
展商总数（家）：778
其中外国参展商数目（家）：373

展名：第三届中国（上海）国际鞋类、皮革制造技术和材料展览会
时间：2006年6月17～19日（上海）

展名：2006年第七届青岛国际皮革、鞋机、鞋材展览会
时间：2006年6月28～30日（青岛）

展名：2006四川中国西部国际皮革鞋业展览会
时间：2006年7月（成都）
周期：一年一届
创办时间：2004年

展名：2006年中国东莞国际鞋类·皮革制品与配件展览会
时间：2006年8月16～30日（东莞）

展名：2006中国国际鞋业博览会
时间：2006年10月9～11日（北京）

展名：第11届中国（温州）国际皮革展
时间：2006年10月22～24日（温州）
周期：一年一届
创办时间：1996年
上届数据：展出面积（平方米）：30000
其中外国参展面积（平方米）：6400
观众总数（人次）：22000
展商总数（家）：650

展名：2006国际鞋类制造技术和材料展览会
时间：2006年10月22～24日（温州）
周期：一年一届
创办时间：1996年
上届数据：展出面积（平方米）：30000
其中外国参展面积（平方米）：6400
观众总数（人次）：22000
展商总数（家）：650

展名：中国上海国际鞋类、皮革制品与配件展览会
时间：2006年10月23～25日（上海）
创办时间：2006年
上届数据：展出面积（平方米）：15000
观众总数（人次）：15000
展商总数（家）：300

展名：第三届国际名鞋展暨鞋材、鞋机（厚街）交易会
时间：2006年10月（东莞）

境外展

展名：中东（沙特）国际服装、皮革鞋类、装饰配件展
时间：2006年3月22～26日（沙特阿拉伯）

展名：德国杜塞尔多夫GDS鞋展
时间：2006的3月（德国）

展名：2006年中东（迪拜）国际服装、纺织、鞋类暨皮革制品博览会
时间：2006年4月3～6日（阿联酋）

展名：越南国际鞋类、皮革暨工业设备展览会
时间：2006年6月27～29日（越南）

展名：美国拉斯维加斯鞋展
时间：2006年8月（美国）

展名：德国杜塞尔多夫GDS鞋展
时间：2006年9月（德国）

展名：南非纺织服装鞋类展览会
时间：2006年11月（南非）

③珠宝、钟表与眼镜行业展会

第六届深圳国际珠宝展览会

第六届深圳国际珠宝展览会于2005年9月14～18日在深圳会议展览中心举行。该项展览已被誉为中国内地最具规模、最高档次、最多买家群体、最具影响力的专业珠宝交易展览会。据统计，本届展览会展览面积达5.25万平方米，参展商876家，展位2500个。其中深圳市1333个展位，占51.7%；内地展位465个，占18%；来自印度、以色列、比利时、意大利、泰国、南非、伊朗、新加坡、马来西亚、韩国、土耳其、缅甸和中国香港等15个国家与地区的海外参展商181家，展位781个,占30%。整个展会登记入场人次数超过15万，海内外买家近4万人，其中境外买家约为9156人，占23%；国内买家30844人，占77%。此次展会，为海内外买家在“十一”、“中秋”双节定货提供了最佳时机，也是一个硕果累累的交易大平台。

深圳作为中国珠宝首饰制造生产加工的中心，也是中国珠宝之城，是中外珠宝首饰的荟萃之地，亦成为国内规模最大的珠宝首饰贸易集散地。据统计，深圳从事珠宝首饰业务的各类企业已达到1000多家，其产量、销售量和出口额均占全国70%以上的市场份额，年产值超过430亿人民币。2004年中国九大珠宝首饰名牌中深圳便占了4席，因此，预测在2006年深圳黄金首饰的生产加工总值可达人民币800亿元以上。

深圳具有与香港珠宝业联动的区位优势，在国内市场上具有“以点带面”的辐射作用，拥有成熟的珠宝消费基础，因此能引导中国流行珠宝趋势，培育行业品牌，交流国内外资讯，其珠宝首饰交易中心的地位不可动摇。而深圳国际珠宝展是中国历来最盛大与最成功的国际盛会。以深圳国际珠宝展为切入点，同业可以迅速了解国内最新市场的状况，洞悉国外商机，刺激整体行业销售增长。展览会汇集各省市的精品于一处，是总览中国珠宝首饰设计的重要橱窗；同时，又展示了来自各国的崭新产品，显示未来珠宝首饰消费的新潮流，为各地的珠宝厂商、进出口商、零售商和分销商提供拓展中国珠宝市场的良机，为整个珠宝玉石业带来无限商机。

在注重商机的同时，深圳国际珠宝展在珠宝产业发展战略和珠宝首饰文化事业上也有更高的追求。中国（深圳）珠宝国际论坛从战略的高度来分析、探讨“中国珠宝产业的竞争力”，既有理论探讨，又有务实指导；还有指导意义、实用性非常强的市场分析和调研报告，以全新的思维来讨论中国珠宝产业的现状和发展趋势。

——《国际商报》

第二届中国鞍山宝玉石博览会

第二届中国鞍山宝玉石博览会于2005年9月30日～10月4日举办。据统计，5天来，参观者达7万人次，商品成交额逾千万元。

据了解，本届“玉博会”有130余家展商参展。10月3日、4日人数最多，成交额最大。此次展会除六大候选国石同台展出外，还展出云南翡翠、浙江珍珠、江苏水晶、抚顺煤晶、苏

州刺绣、哈尔滨红石榴等十余类上百种珠宝玉石。苏晋云工作室、浙江诸暨珍珠、苏州镇湖刺绣、金龙珠宝等名牌企业纷纷前来参展。展会以人为本，诚信双赢，聘请专家免费珠宝鉴定，令展商舒心、游客开心、买主放心。

——中国工艺网

中国（深圳）国际黄金珠宝玉石展览会

第四届中国（深圳）国际黄金珠宝玉石展览会，2006年3月1～4日在深圳会展中心举办。今年展会面积再创新高，规模为历届之冠。本次展会共有18个国家及地区逾400家公司参与展出，展商分别来自比利时、巴西、保加利亚、捷克共和国、印度、以色列、意大利、日本、韩国、秘鲁、菲律宾、泰国、土耳其、英国、美国和我国内地及港、台地区。展览会面积逾2.5万平方米，较2005年增加47%。除了广大独立参展商的支持之外，世界黄金协会今年的参展规模比去年更大，他们联同我国内地两家指定的K金供货商，即深圳市甘露珠宝首饰有限公司（爱得康首饰）和深圳市粤豪珠宝有限公司一同展出。

本次展览会由中国黄金协会、博闻中国有限公司及中国国际展览中心集团公司合办，是国内黄金珠宝业拓展海外市场和促进海内、外业界交流的必然之选。在展会开幕之前，已有超过1200名来自59个国家和地区的海外买家优先登记参观。此外，展会更获得三家我国内地主要行业协会的大力支持，组织买家团共莅临参观。海内、外买家的踊跃参与使本展会在业界确立了日益重要的地位。

本次参展的企业包括著名钻石及钻饰公司上海百利钻石有限公司、比华钻石（上海）有限公司、龙佳钻石（上海）有限公司、欧陆之星、亚洲之星（香港）有限公司和永恒钻石有限公司等等。著名珍珠企业如浙江山下湖珍珠集团股份有限公司、深圳市丰沛珠宝有限公司、新斌珍珠、浙江诸暨晶晶亮珍珠养殖场和珠海吴教东珍珠技术研究开发有限公司、深圳市联兴珠宝首饰有限公司、深圳市东方金城珠宝首饰有限公司和金泰饰品（深圳）有限公司等等。

为了让珠宝业同行掌握业内最新市场动态及科技，博闻联同主要行业协会和业内权威刊物组织了一系列有关最新市场趋势和行业科技发展的专题研讨会及推广活动。特备项目包括：中国黄金协会主办的“中国黄金投资峰会论坛”、世界黄金协会主办的“2006金饰设计潮流暨K-gold时尚业界发布会”以及由亚洲博闻、香港钻石总会及中国钻石厂商协会联合主办、《亚洲珠宝》协办，名为“珠宝零售特许经营模式的趋势与发展”的研讨会。还有由美国宝石学院主办的“钻石、红宝石和玉石处理及合成之研究发展”研讨会，以及由香港钻石总会主办的“香港钻石总会简介”和“香港钻石总会鉴定中心的认证制度与发展”研讨会。

主办单位致力为国际珠宝业在国内建立一个高质素、多功能的商贸平台，再次为海外业界举办多项厂房参观活动。大会精心挑选了五家在品种类别富有特色和具不同生产规模的深圳珠宝制造商，在3月3日接待海外业者到其工厂参观并进行讲解，以加深对深圳珠宝制造加工业的认识。本次项目有超过60家来自29个国家和地区的公司110多位代表参加。

——深圳珠宝网

第23届香港国际珠宝展

第23届香港国际珠宝展于2006年3月6～9日在会展中心举办，共有来自41个国家及地区1970家公司参加，数目是历年之冠，亦是亚洲同类展览中的第二大展。

此届珠宝展设有珠宝首饰、“品牌设计精选”展区；珠宝首饰及银制首饰展区；钻石、贵重宝石及珍珠、“自然瑰宝”展区等特色展区还分别展示各类高级珠宝、手表，以及设计师和品牌首饰系列。

展览会期间，参展商除了可与来自全球的买家洽商外，大会亦安排了研讨会，介绍珠宝产品及市场发展，主题围绕合成钻石、红宝石及翡翠；还可探讨欧洲珠宝及时装设计的最新趋势，以及如何拓展内地市场。

据了解，我国香港目前是世界第三大珠宝出口地，排名仅次于意大利及美国。去年珠宝出口达255亿港元，较2004年增加23%。

——中国服装款式网

第三届中国（广州）国际黄金珠宝玉石展览会

由广州市对外经贸局、番禺区政府与香港亚洲博闻集团联合主办的2006中国（广州）国际黄金珠宝玉石展览会经过四天的展出，6月19日在广州锦汉中心正式闭幕，番禺珠宝产业集聚效应再次在业界美名远播。

本次展览有来自11个国家和地区的153家珠宝商参展，共300个展位，参展商主要包括澳大利亚、加拿大、捷克共和国、土耳其、以色列、泰国、印度、印尼、英国、美国和中国及香港和台湾的珠宝企业。而番禺区的珠宝企业就有34家，占据整个展厅的125个展位，接近一半。据了解，展览期间，先后有7000多名来自世界40多个国家和地区的海外专业买家和嘉宾进场参观和洽谈业务。

展会期间，番禺区为“希望工程”举行了珠宝筹款义卖活动，也邀请了全国知名的珠宝专家在番禺区外经局举办了“中国玉文化与中国当代玉石艺术品的投资与收藏”讲座，同时还邀请海内外业界人士实地参观了番禺区的珠宝首饰生产企业。展会还举办了“打造广东黄金珠宝加工业的新优势”研讨会、“GIA新切磨分级系统”研讨会、“香港钻石总会鉴定中心的认证制度与发展”研讨会等。

——番禺日报

香港珠宝钟表展览会

亚洲最大规模的珠宝钟表展——香港珠宝钟表展览会，于2006年6月22～25日在香港会展中心举办。

来自比利时、日本、韩国、以色列、泰国、美国、意大利和中国等30个国家和地区的1051家珠宝钟表公司参展，展出各系列多类型号的珠宝首饰、钻石、宝石、珍珠、珠宝钟表、制造及包装设备。

本届珠宝钟表展参展商数量比去年增长了30%，其中海外参展商增加了50%，展览面积超过3万平方米，比上年增长了25%，显示出世界珠宝钟表厂商对亚洲市场的重视。

展览会期间还举行了南洋珍珠拍卖会和大溪地珍珠拍卖会。香港宝石学协会、美国宝石学院、中国黄金珠宝玉石首饰行业协会等机构还举办珠宝处理、检测、防伪、保安技术以及钻石税收新政策讲座。亚洲国际博览馆同时举办亚洲时尚首饰及配饰展。

——中广网

第七届北京国际珠宝展览会

2006年7月20～23日，第七届北京国际珠宝展览会在中国国际贸易中心举行。

本次展览会面积逾6500平方米，云集了200多家来自中国及15个国家和地区的参展商，展出各式各样珠宝首饰，包括钻石、珍珠、黄金、翡翠、红、蓝宝石、白玉、铂金、白银及包装原材料、鉴别及测量工具等。

据悉，本届展览会还特别开辟了台湾专区，有23家来自宝岛台湾的珠宝公司参展，其中以高档翡翠、珊瑚饰品为主，独具特色的原创设计珠宝及展台势必成为展会上的一大亮点。

此外，展会配有先进的保安系统和较强力量的保安人员。展会期间，每天有50名安保人员进行巡察，同时在重点展位设岗，以确保贵重展品和观众的安全。

观众凭有效身份登记参观，如在现场购买珠宝，还可以当场进行鉴定。

——《中国贸易报》张 波

展名：中国（上海）国际眼镜业展览会
时间：2006年2月22～24日（上海）
周期：一年两届

展名：2006年中国（深圳）国际黄金珠宝玉石展
时间：2006年3月1～4日（广州）
周期：一年一届

展名：香港国际珠宝展
时间：2006年3月6～9日（香港）
周期：一年一届
上届数据：展出面积（平方米）：49639
观众总数（人次）：26753
展商总数（家）：1547
其中外国参展商数目（家）：616

展名：第六届中国国际钟表珠宝博览会
时间：2006年3月（上海）
创办时间：1998年10月
上届数据：展出面积（平方米）：3000
其中外国参展面积（平方米）：1200
观众总数（人次）：20176
展商总数（家）：88
其中外国参展商数目（家）：37

展名：第17届中国（深圳）国际钟表珠宝礼品展览会
时间：2006年4月25～28日（深圳）
周期：一年一届
创办时间：1987年
上届数据：展出面积（平方米）：30000
观众总数（人次）：25409

展名：第六届上海国际珠宝展览会
时间：2006年5月18～21日（上海）
周期：一年一届

展名：2006年第五届青岛国际珠宝首饰展览会
时间：2006年6月2～5日（青岛）
周期：一年一届
创办时间：2002年6月
上届数据：展出面积（平方米）：8000
其中外国参展面积（平方米）：1000
观众总数（人次）：20000
展商总数（家）：240
其中外国参展商数目（家）：40

展名：2006年中国（广州）国际黄金珠宝玉石展
时间：2006年6月16～19日（广州）
周期：一年一届
上届数据：观众总数（人次）：6594
展商总数（家）：178

展名：大连国际钟表眼镜展览会
时间：2006年7月5～8日（大连）
周期：一年一届
创办时间：2002年
上届数据：展出面积（平方米）：5000
其中外国参展面积（平方米）：1500

观众总数（人次）：5000
展商总数（家）：300
其中外国参展商数目（家）：100

展名：第七届北京国际珠宝展览会
时间：2006年7月20～23日（北京）
上届数据：展出面积（平方米）：5500
观众总数（人次）：14000
展商总数（家）：200

展名：第二届广州国际黄金珠宝首饰展览会
时间：2006年8月（广州）
周期：一年一届
创办时间：2005年2月
上届数据：展出面积（平方米）：6000
其中外国参展面积（平方米）：800
观众总数（人次）：4000
展商总数（家）：150
其中外国参展商数目（家）：40

展名：香港钟表展
时间：2006年9月6～10日（香港）
上届数据：展出面积（平方米）：33310
观众总数（人次）：16294
展商总数（家）：807

展名：中国（深圳）钟表、礼品进口交易会
时间：2006年9月（深圳）
周期：一年一届
创办时间：2003年
上届数据：展出面积（平方米）：8000
其中外国参展面积（平方米）：7000
观众总数（人次）：40000
展商总数（家）：250

展名：2006年中国国际钟表展览会
时间：2006年9月（北京）
周期：一年一届
创办时间：1991年5月
上届数据：展出面积（平方米）：8000
观众总数（人次）：11000
展商总数（家）：320

展名：2006年中国（上海）国际黄金珠宝玉石展
时间：2006年11月2～5日（上海）
周期：一年一届

展名：2006中国国际珠宝展
时间：2006年11月9～13日（广州）
周期：一年一届
创办时间：1991年
上届数据：展出面积（平方米）：20000
其中外国参展面积（平方米）：3000
观众总数（人次）：60000
展商总数（家）：350
其中外国参展商数目（家）：70

展名：香港眼镜展
时间：2006年11月（香港）
上届数据：展出面积（平方米）：21816
观众总数（人次）：8108
展商总数（家）：527

④食品行业

行业简况

食用菌罐头出口大有可为

——我国食用菌罐头出口现状与产业发展形势简析

中粮工业食品进出口有限公司 葛双林

我国食用菌罐头出口以蘑菇罐头为主体，其它品种及珍稀品种有一定发展；出口量和出口值平稳增长，其它品种及珍稀品种将是今后扩大出口的新亮点；出口市场遍布100多个国家和地区，主要市场为美、加、欧洲、日本和东南亚，其他市场具有开拓潜力。

产业现状

多年来，罐头一直是我国主要的出口加工食品，食用菌罐头是出口罐头中的重要产品。据国家海关总署统计，2004年我国出口罐头178.64万吨，出口额13.63亿美元；其中出口食用菌罐头29.84万吨，出口额2.98亿美元，分别占16.70%和21.86%。由此可见食用菌罐头在我国出口罐头中所占的分量和地位。2005年上半年我国出口食用菌罐头18.76万吨，出口额达1.63亿美元。

近年来，我国食用菌产业呈良好的发展态势，食用菌产品已成为出口农产品及食品中的主要产品。2004年我国食用菌产品出口58.17万吨，创汇9.02亿美元；其中食用菌罐头分别占51.30%和33.04%。因此，食用菌罐头也是我国食用菌出口产品中的重要产品。

我国于20世纪60年代中期开始大面积人工栽培双孢蘑菇（以下简称蘑菇）用于加工罐头。1967年出口试销蘑菇罐头31吨,至今已走过了近40个春秋。从80年代初开始，蘑菇罐头一直是我国罐头产品、也是食用菌产品出口创汇的拳头产品，在世界蘑菇罐头贸易中占有举足轻重的地位。80年代中期以后，除蘑菇罐头外，其他食用菌罐头的出口也有一定发展。近年来部分珍稀食用菌罐头已有少量出口。

目前，我国出口食用菌罐头的主要品种有蘑菇、草菇、滑子蘑、香菇、金针菇、平菇、白灵菇、牛肝菌、鸡油菌、真姬菇及两种或两种以上食用菌混合的“什锦菇”等。

产业发展存在制约因素

当前，我国食用菌罐头发展面临的形势是：食用菌罐头安全性问题比较突出，国外反倾销接二连三。但食用菌罐头具有发展潜力，珍稀品种发展更加看好，产品加工与新品开发可望促进消费，开拓国内市场前景广阔。

我国食用菌产业的不断成长，促进了食用菌罐头的稳步发展。据估计，2004年我国食用菌罐头产量为35万～38万吨，其中出口量近30万吨，内销量5万～8万吨。产品结构为蘑菇罐头约占75%～80%、其他食用菌罐头约占20%～25%。

当今，人们饮食观念和习惯正在改变，由吃得饱、吃得好逐步转向吃得营养、吃得健康。人们对食用菌的营养价值和保健作用愈来愈认识，“一荤、一素、一菇”的正餐结构也将被消费者所接受。食用菌消费需求量将不断增长，食用菌产业将有着广阔的发展前景。食用菌色泽各异、形态多样、风味鲜美、营养丰富。但新鲜的食用菌不耐储藏和远运，食用菌加工是保障食用菌市场供给和产业稳步发展的重要环节。

罐头作为传统的安全卫生营养方便的食品，便于运输与储藏，适于餐饮、家庭、旅游、登山、科考、军需及赈灾等不同消费层次和消费方式的需要。罐藏加工是食用菌加工的重要方式，是保持食用菌营养价值和产品特色的最佳方法之一。以蘑菇为例，蘑菇是目前世界上栽培和消费范围最广的一种食用菌，除鲜销和少量用于加工速冻蘑菇、脱水蘑菇和作为加工蘑菇罐头储存原料的盐水蘑菇外，主要用于加工蘑菇罐头，蘑菇罐头是世界蘑菇制品贸易的大宗产品。因此，发展食用菌罐头加工，对于调剂不同地区和季节的食用菌市场供给，对于满足人们工作和生活节奏加快及休闲娱乐的需要，对于适应不同消费层次和方式的要求，对于扩大食用菌产品出口，都具有积极意义。

当前，影响食用菌罐头发展的主要因素是，食用菌罐头安全性比较突出，国外接二连三对我蘑菇罐头反倾销，国内消费市场有待开拓。我们要采取强有力的对策措施，克服当前食用菌罐头发展的不利局面，变阻力为动力，变消极因素为积极因素，促进食用菌罐头健康稳步发展。

食用菌罐头安全性问题比较突出。近两年，市场上被检查出不合格食用菌罐头多次在媒体上曝光，尤其是在主流媒体上专题披露，其不合格的原因主要是二氧化硫超标、添加防腐剂和标签不符合规定等，前两点反映了产品的安全性问题，严重损毁了食用菌罐头的声誉，使消费者谈食用菌罐头色变，从而产生了对食用菌罐头安全性的质疑与忧虑。

罐头食品是采用密封和杀菌技术（或先密封后杀菌，即无菌罐装技术）达到保藏目的的，罐头食品不需要使用防腐剂，也不允许使用防腐剂。市场上除罐头食品外，常温储藏的火腿肠、利乐包装纯牛奶、瓶装和利乐包装果汁等等，很多产品也都是采用罐藏技术加工生产的。在经济发达的国家，不同档次的商场或超市，食品柜台或货架上的罐头食品琳琅满目；越是经济发达的国家，罐头的消费量越大。虽然有消费水平和生活习惯的因素，但罐头是世界公认的安全卫生营养方便的食品，这一点是不容置疑的。

但个别不具备加工罐头食品生产设施、卫生条件和人员素质的小罐头厂，置消费者的安全健康于不顾，违背罐头加工的技术要求和工艺规程，或是采用防腐剂、二氧化硫保藏的食用菌原料，或是采用质量很差的盐渍原料大量使用护色剂进行处理，或是添加防腐剂试图增强“安全性”、防止胀罐、延长保质期，生产劣质的食用菌罐头，将本应是安全的产品故意制造成不安全的产品，严重损害食用菌产品的质量信誉，损害了消费者的利益。此类害群之马虽然是极少数，但所造成的影响是十分恶劣。国家质检总局将罐头食品列为第二批实行食品质量安全市场准入制度的产品，从2005年起，实行食品生产许可证和QS标志管理，从源头上治理，加强监督检查力度，对不具备生产卫生条件和管理要求的企业，其产品不得进入市场，必将为整顿食用菌罐头的质量，切实保证消费者的安全健康，促进食用菌罐头健康发展，起到积极的作用。

农药残留问题是食用菌罐头安全性的另一个重大问题，尤其在食用菌罐头出口贸易中，进口国特别是经济发达国家“绿色壁垒”将成为制约我国食用菌罐头出口的主要因素，我们应积极主动地采取有效的防范措施加以应对。

国外接二连三对我蘑菇罐头实施反倾销。从1998年美国对我输美蘑菇罐头实施反倾销以来，至今仍未结案。此后澳大利亚对我出口蘑菇罐头实施反倾销。2005年，墨西哥正在对我蘑菇罐头进行反倾销调查。除美国外，澳大利亚和墨西哥都不是蘑菇罐头主产国，可见国际贸易中，除政治因素外，贸易争端更加复杂，商业竞争日趋激烈。

蘑菇罐头在我国食用菌和罐头产品出口创汇中占有相当的分量，蘑菇罐头出口一旦受阻，不仅影响到我国食用菌及罐头产品的出口，更重要的是影响到千千万万菇农的利益和罐头加工企业员工的就业、影响到社会的稳定，1989年美国以莫须有的“蘑菇罐头葡萄球菌肠毒素事件”为由，对我输美蘑菇罐头实行自动扣留，给我国蘑菇业造成的损失和影响至今刻骨铭心。对此，有关行业组织应积极向政府部门反映和呼吁争取支持，对行业进行协调和指导；对外应积极应诉、据理力争；同时要加强企业自律，尽量规避此类事件的发生。

国内食用菌罐头消费市场有待开拓。市场是食用菌罐头发展的向导，是食用菌产业发展的龙头和动力。在巩固和拓展国外市场的同时，要大力开拓国内食用菌罐头消费市场。

在国际市场，蘑菇罐头仍是今后蘑菇贸易与消费的主要加工产品，但蘑菇罐头贸易和消费量相对稳定，我们要在保持与巩固现有市场份额的同时，积极开拓新的市场。我国食用菌品种资源丰富，部分珍稀食用菌品种的人工栽培已取得成熟的技术和经验，积极发展珍稀食用菌罐头出口具有很大的增长潜力和利润空间。

国内市场是今后食用菌罐头的主要市场，要下大力将国内市场引导好、培育好、发展好。从目前的情况看，内销食用菌罐头基本都是清水（盐水）配料型的产品，作为餐饮及家庭消费供烹饪菜肴的产品类型，今后仍需发展。但要加快开发适合人们口味和生活习惯、便于直接快捷消费的调味类、汤品类食用菌罐头，加快开发内销市场。

产业发展建议

当前，食用菌罐头生产企业既要努力把握发展机遇，更要积极面对严峻挑战，当务之急是要实行溯源管理，建立HACCP、QS管理体系，切实保证食用菌罐头的安全性。产品安全性关系到产品能否进入市场，关系到消费者安全与健康，关系到产品的生命力，更关系到企业的生存与发展。企业所生产的食用菌罐头产品，要让消费者看得舒心、买得安心、吃得放心。为此，食用菌罐头加工企业必须增强质量安全和社会责任意识，完善生产设施，健全管理制度，提高人员素质，规范质量管理。

1. 要按照GB8950—1988《罐头厂卫生规范》、国家质检总局《出口罐头加工企业注册卫生规范》、《食品质量安全市场准入》的规定和行业管理的有关要求，完善生产设施和卫生条件。

2. 建立健全企业GMP（良好操作规范）、SSOP（卫生标准操作规程）、HACCP（危害分析关键控制点）和QS（食品质量安全市场准入）体系。

3. 加强食品安全、罐头生产技术规程及关键技术工种、质量体系和企业管理制度培训，提高员工尤其是管理人员安全卫生意识、生产技术素质和质量管理水平。

4. 要实行溯源管理，采用多种形式建设原料基地，积极推行标准化、规范化、集约化方式发展食用菌原料，严格按国家规定使用农药，严禁盲目使用投入品，避免环境污染，注意种菇用水的卫生，切实保证食用菌原料的安全性。

5. 应采用新鲜的食用菌原料加工罐头，并及时投产使用。严禁使用腐烂、变质等不合格原料。

6. 辅助材料及包装物料的采购应有相对稳定的合格供方，建立合格供方档案。辅助材料及包装物料应具有检验合格证。

7. 采用清洁器具和车辆运输原辅材料。所采购的原辅材料，应按标准进行检验并作记录。

8. 加工所用食品添加剂应是国家标准或进口国主管部门允许使用的种类，并在规定的剂量范围内使用。

9. 外购空罐应选择设备条件好、技术力量强、检验设施齐全、产品质量好的合格供方，空罐进厂后要严格验收，不合格的空罐予以退回。企业自制空罐，要建立健全空罐生产质量管理体系和检验规程与设施，加强质量控制，不合格的空罐不得投产。

10. 封口结构应按有关规定进行质量检测和监控，封口“三率”应达到国家标准或进口国规定要求，并做好封口质量检测及校车记录。

11. 企业应对杀菌锅进行热分布测试，采用由热力杀菌权威机构制订的杀菌式，不得采用经验杀菌式或照搬其他企业的杀菌式，也不得随意变更杀菌式。

12. 出现杀菌偏差时，应由企业的技术负责人根据实际情况采取适当的处理措施，并做好记录。

13. 进行商业无菌检验所发现的异常罐，要进一步作认真的分析、追溯。以查明原因，采取措施，予以纠正。

14. 产品包装前，应逐罐进行打检目测，剔除不良罐。

15. 严格执行SSOP；每日应做好班前或班后卫生检查；每周进行一次工艺卫生检测。在积累大量检测数据的基础上，制订本企业某产品的工艺卫生控制指标。

16. 企业的各项质量记录应真实、原始、完整。当天的记录，最迟于翌日审核完备并签字。特别要认真审核封口质量检测记录、杀菌自动记录图和相应的手工记录、冷却排放水余氯含量检测记录等，发现问题，应及时查清和处理。

展 会

第二届中国国际茶业博览会

2005第二届中国国际茶业博览会于2005年10月9～12日在北京中国国际贸易中心举行，展会由国家商务部外贸发展事务局、中国土产畜产进出口总公司、三利广告展览有限公司共同主办。

作为中国乃至世界最大的国际性茶业专业交易会，中国国际茶业博览会从策划初期就明确了它的主体定位——茶经济的全球平台，茶文化的世界之窗。其宗旨在于“为国外参展商打开一个潜力巨大的市场；为国内参展商提供一次不出国的寻求产品、技术国际推广、合作的舞台”。

本届茶业博览会展出面积1.1万平方米，有来自中国、美国、德国、意大利、印度、斯里兰卡、日本、越南、韩国、中国台湾等九个国家和地区的200多家茶业知名企业参展，近30个国家和地区的上万名专业参观商到会参观、洽谈，展会的整体规模超过首届。

同时，本届茶博会举办了多项特色活动，2005北京世界茶业论坛、中国茶乡发展论坛、中华茶人联谊会15周年庆典、2005名优茶颁奖及拍卖、印度红茶产销见面会、安吉白茶推介会等活动，吸引了来自世界各地的专家、茶商和茶业爱好者的参与。论坛上发表了《世界茶叶生产宣言》，体现了中国茶叶生产大国的地位。

——《国际商报》

首届中国餐饮业博览会

2005年10月18～20日，2005中国餐饮业博览会在成都举办。本届博览会由商务部和四川省人民政府主办，成都市人民政府、四川省商务厅、中国贸促会北京分会承办。餐博会的主题是：“规范与发展，传统与创新”。

在17日举行的招待会上，薄熙来指出，中国餐饮市场巨大，发展迅速，已连续14年以超过10%的速度增长。2004年，全国餐饮网点达400多万个，从业人员约1800万人，零售额为7486亿元，这三个指标分别是1978年的34倍、17倍和136倍。餐饮业零售额占全国GDP的5.48%，占第三产业增加值的17.26%，预计今年将达到8800亿元。餐饮业已成为拉动中国消费、扩大就业的一支重要力量。

薄熙来表示，中国有句老话，“民以食为天”。中国自古就有美食之乡的美誉，形成了各具特色的菜系、厨艺和丰富多彩的美食文化，中餐深受世界各国朋友的欢迎。中国正在致力于建设小康社会、和谐社会，让中国千家万户的老百姓能经常吃到丰富、可口的菜肴，是小康生活的重要内容；大力发展餐饮业，不断提高人民的生活质量和水平，将使和谐社会更具内涵。

18日下午，“中国餐饮业发展论坛”在成都举行。商务部部长助理黄海做了题为“为繁荣丰富世界餐饮文化而努力”的主题演讲。

黄海指出，近年来中国餐饮市场发展迅速。2004年，全国实现餐饮业零售额7486亿元；今年1～8月份，全国累计实现餐饮业零售额5417.5亿元，同比净增810.8亿元，增长17.6%，其增幅高出社会消费品零售总额4.6个百分点，占社会消费品零售总额的比重为13.7%，对社会消费品零售总额的增长贡献率为17.8%。

据分析，预计中国餐饮业零售额2006年将突破1万亿元，到2010年，中国餐饮业零售额将达到2万亿元。餐饮业已经成为拉动消费、实现增长、扩大就业的重要因素之一。

黄海指出，目前，以连锁经营、品牌培育、技术创新为代表的现代餐饮业加速发展，中国餐饮市场连锁化、品牌化、产业化的发展趋势日趋明显，“绿色消费”也日益深入人心，中国餐饮业正迈向新的发展阶段。

据悉，首届餐博会内容丰富，行业代表性强。有含港澳地区在内的32个省市组团参加，参会专业观众达2000多人，参与群众近10万人。“中国餐饮业发展成就展”是本次餐博会的一个重要内容，包括香港、澳门在内的24个省市分别展示20多年来本地区餐饮业发展的情况。

博览会期间举办的论坛活动围绕着餐饮业改革与发展、

餐饮业老字号创新、餐饮业百强企业发展、餐饮业连锁经营、品牌战略、高速公路服务区餐饮业创新发展等热点问题进行交流和探讨。

——《国际商报》

中国天津冰淇淋乳品原料及加工技术与设备展览会

2005年10月22日，中国天津冰淇淋乳品原料及加工技术与设备展览会经过3天的交易活动在天津圆满落幕。据不完全统计本届展会到场专业观众2.2万人次，比上届增加近10%，其中不乏美国、德国、英国、俄罗斯、日本及东南亚的海外客商。绝大多数参展商表示此次展会由于客户邀请到位，组织宣传得力，专业效果十分明显，保持了中国冷食业第一品牌展会的优势、并且在服务、创新、专业等方面有了进一步的提高。展会还没结束，包括几乎所有的4个展位以上的参展大户都表示明年将继续参展并预定保留今年的展位位置。

创办于1998年的中国（天津）冰淇淋展是国内最早的也是目前国内最大的冰淇淋行业专业展会。大会充分利用天津作为我国北方经济中心和冷食业重镇的独特优势，为冰淇淋、乳品原料和加工设备在开发、生产、贸易和应用等方面的技术和信息交流提供了一个绝佳的场所和机遇。

——中国食品商务网

第五届南京食品博览会暨采购会

第五届中国南京食品博览会暨采购交易会于2005年11月29日～12月4日在南京国际展览中心举行，本次展会吸引了专业的采购商12042名。

本次展会有来自全国各地26个城市的三百多家企业参展。展示的产品种类也及其丰富，有各种酒、饮料、茶叶、咖啡；各种名特优新食品、蜂产品、方便营养食品、速冻食品、保健食品、绿色食品、粮油食品、肉禽蛋制品、水产品、烘焙食品、乳制品、干果炒货、休闲食品、农产品等；各类调味品、食品原辅材料、食品添加剂；食品加工、包装机械，食品储藏、运输设备及包装容器、材料等。并受到了展商以及观众的一致好评，无论是展商还是观众都收获颇丰。

——中国食品商务网

中国国际食品工业经贸洽谈会

2005中国国际食品工业经贸洽谈会于2005年12月16～18日在中山市黄圃镇举行，近40万人次的中外嘉宾、业内人士踊跃赴会，创下了6亿美元贸易成交额的好成绩。

本次展会由中国食品工业协会、中山市人民政府、广东省食品行业协会和欧中联合商会主办，是我国举办的首届国际食品工业经贸洽谈会。据了解，食洽会设有展位600多个，全球30多个国家和地区共400多家国内外食品名企参展，100多个采购团队赴会，其中法国陈氏集团、法国家乐福集团、泰国正大集团等国际大型采购团队超过50个，国外食品企业占参展企业的15%，包括了法国、德国、波兰、新加坡、泰国、马来西亚等国家的知名食品企业。国内18个省市的食品企业80%以上为省级以上优秀企业，其产品都是部优、省优产品，其中包括中国四大老牌名酒之一的陕西西凤酒，全国四大啤酒企业之一的金星啤酒，中国外资企业50强的安利食品，中国饮料工业10强企业乐百氏饮料等。此外，美国、法国、德国等国家的驻广东领事馆以官方名义组团参加了本次食洽会。

据介绍，首届食洽会签订的20多个合作项目签约和10多个贸易成交额达6亿美元，意向洽谈项目10个。山东莘县、贵州独山县、四川隆昌县、陕西三原县、潮安庵埠镇等5个县镇分别与黄圃镇签订了经贸友好合作协议，华南理工大学轻工与食品学院、东北农业大学食品学院、广东省食品工业研究所等高等院校、科研单位分别与黄圃镇签订了技术合作项目协议。

——中国食品产业网

2006年春季全国糖酒商品交易会

2006年春季全国糖酒商品交易会于3月24日在成都世纪城·新国际会展中心圆满闭幕，据不完全统计，商品成交总额为113.41亿元，比2005年同期增长3.27%。四川代表团以12.87亿元的成交额位居成交十强榜首。

全国糖酒交易会已举办了74届，已经成为全国最有影响力的专业交易会之一，本届糖酒会是成都市政府第18次承办。

本届糖酒交易会首次移师新国际会展中心举办，也是成都自1987年举办糖酒会以来的第三次移址，此次展出面积达到8.5万平方米，展位超过3500个，展会规模比2005年增加了21%，为历届之最。参展企业数量比去年同期增长了124%。与以往任何一届都不同的是，本届大会的组委会采取了专业分馆和增加预展期的措施，按照专业分类，设立了调味品、酒类、食品、饮品、机械和包装等8个展馆，让商家集中展示和洽谈。同时，本届糖酒会从3月20日开始预展，确保广大客商有充分的时间交易沟通。会议期间，专业观众达到10万人次。

本届交易会上，大批海外品牌表现活跃，英国、法国、意大利、韩国、日本和我国香港及台湾等十多个国家和地区的企业纷纷亮相，充分体现了全国糖酒会的国际影响力在不断提升，也有力地促进了糖酒会向现代化、国际化大型展会的方向迈进。

——人民网

第十届中国烘焙展

2006年5月12～14日，“2006第十届中国烘焙展览会”在广州交易会（琶洲展馆）举办。展会面积超过3.5万平方米，展商超过540家。其中有来自国内的500余家企业和来自德国、法国、美国、越南、印尼等国的30多家参展商，将各自的主推产品列上展台。本届展会的参观商创下历史最高纪录，国内参观商7万余人次，国际专业采购商2000余人次。本届展会受到业内人士的一致好评，认为是一次国内高水平的烘焙原辅材料及设备展示会。

中国烘焙展是中国烘焙史和中国展会史上第一个全国范围的烘焙展会。随着烘焙行业的不断发展，主办单位不断总结经验，展会在规模上、服务上、档次上都有了较大的提高。

第一届参展单位86家，专业观众5000多人，第十届参展单位达到540多家。有来自我国港、澳、台地区和亚洲、欧洲、非洲及北美洲的30多家企业参展。专业观众超过7万人次。

展会同期活动包括：第五届烘焙文化与经济论坛、世界杯面包大赛乐斯福杯中国赛区选拔赛、中国新概念包装优秀设计获奖作品展示、第三届加州杯美国加州葡萄干面包烘焙应用技术大赛、烘焙艺术表演、国内外烘焙名家新技术演示、月饼文化展示、全国餐饮业烘焙创意大赛、优秀新品评选推介、烘焙文化与公会十年回顾展等。

——中国食品质量报

特种油市场刮起“中国风”

2006年5月13～15日，2006年中国国际橄榄油及食用油展览会在北京国际会议中心举办。来自西班牙、希腊、土耳其、叙利亚、突尼斯、黎巴嫩、南非、澳大利亚、美国、阿根廷和中国共计15个国家的近100家企业在展会上争奇斗艳，全面展示了橄榄油、山茶油、核桃油、葡萄籽油等近10个品种的特种油。

富含多种微量元素和生物活性物质的特种油脂一直是植物油家族中比较受欢迎的成员。展会上发布的信息表明，目前，我国正在积极开发利用特种油产品，但部分国外进口特种油产品已占据了国内食用油高端市场。

橄榄油占主导地位。据悉，地中海地区各国是油橄榄的主要生产国。10年前，西班牙、意大利、希腊等国家的橄榄油知名生产企业意识到中国将是未来世界巨大的食用油消费市场，于是他们在中国积极宣传橄榄油的相关知识，并举办相关展览会，希望通过展览会能够找到合作伙伴和销售他们的橄榄油。

经过几年的不断努力，橄榄油逐渐被中国的老百姓所接受，在中国特种油市场占据了举足轻重的地位。此次展会单独把橄榄油从食用油中提出来就证明了这一点。在展会现场，不同国家的展商推出了不同品牌的橄榄油，一些中国的贸易公司也前来展示自己所代理的国外品牌的橄榄油，橄榄油所占比例达到参展油总数的80%以上。

国内特种油奋起直追。从目前市场的情况来看，最近国内几家大的食用油生产企业陆续开始销售山茶油、核桃油和橄榄油等营养成分更加丰富和更加有益健康的食用油。在此次展会上，中国食用油参展企业较上届明显增加，油茶籽油成为国内健康油的主流。

记者在展会现场找到了惟一一家生产销售油茶籽油的企业湖南宝山油脂有限公司，据该公司曹先生介绍，油茶籽油与现场展出的茶油、山茶油是同一种油，由于公司新建不久，所以采用了2003年国家油茶籽油新标准（GB11765－2003）中的新名称，而很多老企业还要从山茶油、野茶油等原有名称转换过来。

茶油与橄榄油这两种油脂的脂肪酸组成、油中的营养成分及油脂特性比较相似，而橄榄油作为“地中海膳食结构模式”中的主要食用植物油，早已被世界卫生组织（WHO）推荐为人体心血管健康有益的保健型营养油。茶油中还含有橄榄油所没有的特定生理活性物质，如山茶甙、山茶皂甙、茶多酚等，其中山茶甙有强心作用，山茶皂甙有溶血栓作用，能防治血管硬化所致的多种心脑血管疾病，而茶多酚具有降低胆固醇、预防肿瘤等多种作用。其品质可与联合国世界卫生组织公认的橄榄油相媲美，因此，茶油具有“东方橄榄”之美称。

曹先生介绍，油茶籽油是我国南方丘陵地区居民的传统食用油，其保健性早就被当地人们所熟知，但其他地区的人们对其了解却不多。目前，油茶籽油的年产量大约在20万吨左右，其中大部分为当地农民自己食用，每年的市场销售量只有六七万吨，而每年我国橄榄油的进口量却近4000万吨。巨大的国内食用油市场被橄榄油所占据，对我国的本土食用油企业是一个很大的冲击。因此，加强油茶籽油的宣传是当务之急，而我们即便是宣传也要借助“橄榄”之名称其为“东方橄榄”，这也是很无奈的。

——《中国贸易报》张汝男

第七届中国国际际食品和饮料展览会

由法国爱博展览集团与（中国）商业发展中心联合主办的第七届中国国际食品和饮料展览会（SIAL China2006）于2006年5月29～31日在上海新国际博览中心举行。有来自60个国家和地区的900家企业参展，其中以国家展团形式参展的就有40个，海外参展比例高达70%，这在国内举办的国际展中是极为少见的。

中国国际食品和饮料展览会至今已成功举办了六届，最大的成功在于其始终保持着高度的国际化特征。SIAL China之所以在这方面做得如此成功，原因在于它具备得天独厚的条件。

其一，SIAL China是法国国际食品展SIAL移植到中国的，其母展创建于1964年，每两年一届，迄今已有40多年的历史，是世界上最知名的专业食品展。凭借母展的国际知名度，SIAL China从落户中国开始，就已经具备了一定的国际品牌效应。另外，SIAL China始终追求其内在品质的不断完善。几年来，展会组织者不懈地将该展进行本土化的融合，不断为参展商和观众推出各类展会配套活动，以满足他们的不同需求，使这一品牌的知名度越来越高，因此受到的国际关注度也越来越高。美国商务部把SIAL China作为中国惟一的食品展向美国企业推介。

其二，法国展览业有一套独特的展会营销模式，有一个专门的展会促进机构——法国国际专业展促进会，它的营销网络遍及全球。法国国际专业展促进会设有60多个海外机构，分布在60个国家。SIAL China的主办者爱博展览集团是法国第一大展览公司，也是法国国际专业展促进会（PROMOSALONS）的网络成员，因此，SIAL China也是这种营销模式的受益者。在SIAL China2006筹备期间，爱博展览集团动用了这一网络，全力宣传SIAL China，并广泛向世界范围内的采购商发出邀请，使SIAL China2006的国际化达到了空前的程度。

本届展会参展团规模较大的有法国、阿根廷、意大利、美国、西班牙、土耳其、澳大利亚等国。本次展会主办方还安排了中国葡萄酒和烈酒品酒会、调酒师大赛、国际橄榄油大赛、厨艺表演、意大利日、斟酒师讲座、行业大趋势和创新报告会等，麦德龙、家乐福中国商品部还举办了现场采购洽谈会等活动。

——《国际商报》

首届中国（北京）国际大豆食品加工技术及设备展览会

首届中国（北京）国际大豆食品加工技术及设备展览会于2006年6月8～10日在全国农业展览馆举办。在三天展期中，专业观众达到6500人次，盛况空前。我国第一次专业性的大豆食品加工技术及设备展览会取得巨大成功，获得了参展商和观众的普遍赞誉。

在本次展会上，豆制品加工机械设备企业组成了强大的阵容。展位上，数百台大、中、小机械设备琳琅满目，发出夺目的光彩，有的当场开动，进行演示，显示了我国豆制品行业的技术进步。由于展会主办方在会前对观众进行了周密的组织，来会参观者绝大部分是抱着寻求技术和设备的目的而来，对于各类适用性的机械设备表示了极大的兴趣。北京康得利、北京洛克、哈尔滨泛亚、上海旺欣、宁波象山、山西瑞飞等机械设备制造企业的展位前挤满了观众，展商的工作人员应接不暇，展位内常常是同时接待几家洽谈。参展的企业都反映说，参加过多少次食品机械展览会，从来没有遇到过这样火爆的场面。许多观众在三天内反复来到展会，与展商详细洽谈进一步合作和交易的事宜，有的性急的观众干脆就把参展的样品机械直接付款购回。据统计，参展设备直接售出的就有30多台，成交额在2000万元以上。河北铁狮磨浆机械有限公司接待的一个沙特阿拉伯厂商，一下子订购了10台设备，公司经理高兴地说，这次展会来的值得。

众多国外参展商的加入构成了展会的另一条风景线。日本的企业占了多数，间濑、环球21、大生机械、庆伊、原田等株式会社都以精湛的技术和设备向中国观众展示了日本在豆制品加工方面的先进技术，引起了观众的极大兴趣，纷纷索取资料和围观询问。正如日本豆腐协会的代表小谷津洋康先生在开幕式上致词中所说，这次展会成为中日两国豆制品业界的一次广泛的交流。

我国从事豆制品生产的品牌企业也在展会上占据了重要位置。河北豆豆集团、北京白玉、杭州祖名、安徽黄池集团、大连安进等企业都在展会上展示了自己的特色产品。黄池集团的“采石矶茶干”在展会上的订货额高达70万元。素有“豆制品之乡”之称的云南石屏县，组织了20多家企业联合在展会上进行展示，把他们具有地方特色风味的产品向全国做了一次集中的推荐。

具有重要意义的是，有许多城市在整治豆制品生产和市场的过程中，对规模化骨干豆制品企业的建设提出了迫切的要求，一些准备投资建厂的企业家带着这个目的到展会上寻求支持。珠海市满庭湘民肴、山西阳泉食品总厂、宁夏银川金力泰食品公司等七、八家企业的负责人在展会上向中国食品工业协会豆制品专业委员会作了咨询，探讨了建厂的方案，并且要求全国豆制品专业委员会今后在技术和设备以及政策方面给予进一步的支持。

——中国豆制品网

“广东酒饮博览会”掀起酒业新浪潮

2006年7月7～9日，“2006广东国际酒饮博览会暨国际酒类高峰会”在广州召开。峰会汇集国内外酒饮业管理机构，组织及最具活力的行业代表和专家学者，共同探讨中外酒饮业的发展趋势和热点问题，这次峰会的举行将为酒业的发展掀起一波新的浪潮。

此次峰会论坛规模宏大，层次极高。国家商务部、各国相关酒类协会、国内外专家学者近100名内地企业家与近200名珠三角地区及港、澳、台地区的企业家、地方政府领导参加了本次论坛。主题包括中国酒业的改革与发展；中国酒业科学、健康发展之路；威士忌的发展趋势；品牌保护权商场打假等。这次峰会还评出了“2006广东国际酒饮博览会·金奖产品”。包括广东清远市酒厂有限公司和广州市婚宴酒业有限公司等10多个公司生产的10多个品牌榜上有名。

据组委会统计，本届酒博会上，来自国内外的200多家酒商齐集一堂，展位近300个，参展产品约1000多种，专业买家团超过20个(其中广东地区17个采购团)，这些数字均刷新了往届国际酒博会的纪录。本届酒博会还成功吸引了来自智利、美国、瑞士、法国、比利时、澳大利亚以及我国港澳台等国家和地区的酒委会参展。

——《中国贸易报》皮泽红

第四届中国国际肉类工业展览会

2006年7月25～27日，第四届中国国际肉类工业展览会在北京展览馆举办。本次展会有四大看点。

看点一：规模壮大。参加会展的来自美国、德国、英国、意大利等30几个国家及地区的肉类相关企业，占整个会展的45%。国内参加会展的企业也有600余家，在面积近3万平方米里显得场面恢弘，为本次展会营造了一定的文化氛围。

看点二：开展专业技术讲座。本次会展专业技术讲座把会展提到了一个新的层面，不仅达到了商业交流的目的，还促进了肉类加工技术等方面的交流。技术讲座特邀请北京博邦食品配料有限公司的王振文（防腐专家）等7名国内专家及国外费尔摩先生（美国）等5位专家。

看点三：交易互动性强。展会邀请专业性的观众采购商，提供全面专业的服务，促进行业的交流，提供更多的贸易往来。展览会期间参展企业与政府机构商贸官员、国内外商贸团体、进出口商、批发商、分销商、零售商、代理商、超市采购商、原料供应商、终端消费者等进行面对面的贸易洽谈和供需交流活动。中国国际肉类工业展览会已经成为国内外肉类食品企业探寻产品的市场前沿，企业发展贸易的最佳平台。

看点四：展品贯穿于肉类生产的始终。展会展出内容涉及肉类加工设备、加工技术与产品、包装物料、冷藏与物流、添加剂配料、最新科研成果等，展出内容涵盖整个肉类产业链。肉类行业买家可以在展会现场考察、洽谈、选购一步到位。

本次展会的四大看点，成为众多生产商、贸易商、终端零售商和广大消费者共同所关注的热点，同时这次会展是食品行业最高水平、最大规模、最专业全面的肉类行业主流展会，引起了国际肉类业界的参与和关注。

——中国食品产业网

我国首办糖果节推进甜蜜事业

2006年8月9～11日，“中国糖果节”首次在广州举办，本次活动由中国食品工业协会糖果专业委员会与广州文尼会展咨询有限公司和广州星晖贸易展览有限公司共同举办。来自12个国家和地区3000个专业采购商参加了此次展会。

中国糖果节分为三个主题活动进行，分别采取不同的方式、不同的展馆独立的展区进行。活动一：中国广州国际糖果巧克力贸易展览会，本次主题活动是以糖果、巧克力贸易为主体，以采购和订货为目的，主要展品为：各种糖果、巧克力制品及果冻、蜜饯和其他休闲食品。活动二：中国广州国际糖果巧克力原料、机械及包装展览会，本次主题展览定位是为中国糖果制造企业提最佳的解决方案，以贸易为主体，实现糖果原料、加工机械、包装采购和展览一体化平台。活动三：中国糖果文化嘉年华；嘉年华主要体现在糖果文化营销上，突出糖果品牌、风格文化和市场细分特点；从在消费终端的层面上推广糖果品牌，倡导糖果文化，从而达到营销上的目的。活动地点在中心广场。

——《国际商报》天 天

第五届吉林德惠绿色食品节

2006年8月18～20日，第五届中国吉林德惠绿色食品节在“中国食品名城”——吉林省德惠市隆重举行。来自德国、法国、意大利等40多个国家的4000多家中外企业参加了此次盛会。同时举办的展会，参展单位近800个，为德惠名优产品的推广提供了全方位的展示。多场形式丰富的研讨、洽谈会更为食品节的成功举办、中国食品走向世界，奠定了有力基础。

本届绿节产品展示展销场面空前火爆，人气旺盛，红旗大市场展区共有114个域内外企业4000多个品种的产品参展，德大、达利、佳龙、皓德、鸿大、上禾、斯美特等企业的产品和各乡镇名、优、新、奇、特农产品，种类繁多，琳琅满目。三天来总销售额达48万多元，订购销合同约80多个、作为绿节重要内容之一的项目洽谈签约，成果喜人。共签订了超千万元以上的项目21个，总投资额达22.13亿元，其中包括与香港中银国际投资有限公司签订的投资3亿2千万元的大豆深加工项目、与山东信乐味精有限公司签订的投资10亿元的味精项目、与上海康拜环保科技有限公司签订的投资2亿元的年产9万立方米的秸秆中密度板项目等，使该市招商引资项目建设实现了新突破，新跨越。

据了解，目前，德辉已有40多种名优产品成为美国、日本、韩国、俄罗斯等20多个国家和地区餐桌上和休闲旅游的美味佳肴。食品经济正成为德惠国民经济的第一大支柱产业。而经过多届食品节的成功举办，德惠食品这张城市名片，正在被世界所知晓、喜欢。同时，德惠这块肥沃的黑土地，也正成为世界食品巨头企业看中的投资热土。

——《中国贸易报》季春红

境内展

展名：第五届南京（全国）春节食品交易会
时间：2006年1月19～26日（南京）
周期：一年一届
创办时间：2002年
上届数据：展出面积（平方米）：6000
观众总数（人次）：70000
展商总数（家）：350

展名：第二届中国上海食品博览会暨春节团购交易会
时间：2006年1月20日（上海）

展名：2006年亚洲食品配料暨技术展览会
时间：2006年2月15～17日（上海）
周期：一年一届
创办时间：2003年
上届数据：展出面积（平方米）：22000
其中外国参展面积（平方米）：7000

观众总数（人次）：14232
展商总数（家）：573
其中外国参展商数目（家）：157

展名：2006中国国际葡萄酒博览会
时间：2006年2月22～24日（上海）

展名：第十届中国国际食品添加剂和配料展览会
时间：2006年3月1～3日（上海）
周期：一年一届
创办时间：1997年4月
上届数据：展出面积（平方米）：35000
其中外国参展面积（平方米）：6000
观众总数（人次）：29317
展商总数（家）：891
其中外国参展商数目（家）：118

展名：第十届中国国际啤酒、饮料暨酿酒工业展览会
时间：2006年3月7～10日（广州）

展名：2006年华南国际食品暨饮料包装展览会
时间：2006年4月6～8日（深圳）

展名：第四届中国国际食品加工与包装设备展览会
时间：2006年4月10～12日（北京）

展名：2006年中国（芜湖）国际茶叶博览交易会
时间：2005年4月（芜湖）
周期：一年一届
创办时间：2002年2月
上届数据：展出面积（平方米）：10000
观众总数（人次）：10000
展商总数（家）：172

展名：第五届北京国际乳品工业展览会
时间：2006年4月（北京）
周期：一年一届
创办时间：2002年

展名：2006年国际流行食品博览会
时间：2006年5月4～7日（北京）

展名：中国国际葡萄酒、蒸馏酒博览会
时间：2006年5月10～13日（上海）

展名：2006年全国烘焙新技术研讨会/烘焙文化与经济论坛
时间：2006年5月12～14日（广州）

展名：2006年第十届中国烘焙展览会
时间：2006年5月12～14日（广州）
周期：一年一届
创办时间：1997年
上届数据：展出面积（平方米）：32000
观众总数（人次）：60000
展商总数（家）：530
其中外国参展商数目（家）：50

展名：第九届中国国际焙烤展览会
时间：2006年5月17～19日（上海）
周期：一年一届
创办时间：1997年
上届数据：展出面积（平方米）：35000
其中外国参展面积（平方米）：2000
观众总数（人次）：50000
展商总数（家）：623
其中外国参展商数目（家）：33

展名：第三届中国（广州）国际食品饮料加工与包装工业展览会
时间：2006年5月18～20日（广州）
周期：一年一届
创办时间：2003年5月
上届数据：展出面积（平方米）：12000
其中外国参展面积（平方米）：500
观众总数（人次）：11374
展商总数（家）：271
其中外国参展商数目（家）：72

展名：第五届中国（广州）国际调味品工业展览会
时间：2006年5月18～20日（广州）
周期：一年一届
创办时间：2003年5月
上届数据：展出面积（平方米）：6500
其中外国参展面积（平方米）：120
观众总数（人次）：7320
展商总数（家）：92
其中外国参展商数目（家）：13

展名：第三届中国（广州）国际肉制品暨加工业展览会
时间：2006年5月18～20日（广州）
周期：一年一届
创办时间：2003年5月
上届数据：展出面积（平方米）：6500
其中外国参展面积（平方米）：110
观众总数（人次）：5320
展商总数（家）：84

其中外国参展商数目（家）：7

展名：第五届中国（广州）国际乳品工业展览会
时间：2006年5月18～20日（广州）
周期：一年一届
创办时间：2003年5月
上届数据：展出面积（平方米）：8500
其中外国参展面积（平方米）：130
观众总数（人次）：10320
展商总数（家）：126
其中外国参展商数目（家）：12

展名：第三届中国（广州）国际食品与饮料展览会
时间：2006年5月18～21日（广州）
周期：一年一届
创办时间：2003年5月
上届数据：展出面积（平方米）：8000
其中外国参展面积（平方米）：430
观众总数（人次）：34352
展商总数（家）：194
其中外国参展商数目（家）：27

展名：第七届全国食品博览会
时间：2006年5月19～21日（济南）

展名：中国西部国际美食产业展览会
时间：2006年5月25～28日（成都）
周期：一年一届
创办时间：2000年5月
上届数据：展出面积（平方米）：10000
观众总数（人次）：150000
展商总数（家）：450

展名：中国国际食品和饮料展览会
时间：2006年5月29～31日（上海）
周期：一年一届
创办时间：2000年
上届数据：展出面积（平方米）：23000
其中外国参展面积（平方米）：12000
观众总数（人次）：18057
展商总数（家）：732
其中外国参展商数目（家）：432

展名：第七届全国酒类产品专业展览会
时间：2006年5月（济南）
周期：一年一届
创办时间：2000年

展名：第二届北京焙烤设备暨原辅料展览会
时间：2006年6月7～9日（北京）
周期：一年一届
创办时间：2005年
上届数据：展出面积（平方米）：8000
观众总数（人次）：5000
展商总数（家）：150

展名：第15届中国国际食品饮料展
时间：2006年6月7～9日（北京）

展名：2006第三届中国国际食品加工与包装设备（青岛）展览会
时间：2006年6月9～11日（青岛）
周期：一年一届
创办时间：2004年
上届数据：展出面积（平方米）：15000
其中外国参展面积（平方米）：3200
观众总数（人次）：18000
展商总数（家）：421
其中外国参展商数目（家）：122

展名：台北国际食品机械暨科技展览会
时间：2006年6月21～24日（台北）
上届数据：展商总数（家）：156

展名：台北国际食品展览会
时间：2006年6月21～24日（台北）

展名：第六届中国粮油精品绿色食品展示交易会
时间：2006年7月28～30日（长春）
周期：一年一届
创办时间：1999年9月
上届数据：展出面积（平方米）：10000
其中外国参展面积（平方米）：200
观众总数（人次）：20000
展商总数（家）：800
其中外国参展商数目（家）：5

展名：2006珠江食品博览会暨华南名酒交易会
时间：2006年8月5～7日（东莞）

展名：香港美食博览
时间：2006年8月17～21日（香港）
上届数据：展出面积（平方米）：16070
观众总数（人次）：301749
展商总数（家）：300

展名：2006中国上海国际食品加工暨包装机械展览会
时间：2006年9月4～6日（上海）
周期：两年一届
创办时间：1988年
上届数据：展出面积（平方米）：6000
其中外国参展面积（平方米）：959
观众总数（人次）：9590
展商总数（家）：150
其中外国参展商数目（家）：74

展名：中国国际甜食暨休闲食品展览会
时间：2006年9月4～6日（上海）
周期：一年一届
上届数据：展出面积（平方米）：10000
观众总数（人次）：7209
展商总数（家）：2070

展名：世界食品中国展览会
时间：2006年9月4～6日（上海）

展名：中国国际有机食品和绿色食品博览会
时间：2006年9月5～7日（北京）
周期：一年一届
创办时间：2005年
上届数据：展出面积（平方米）：5000
其中外国参展面积（平方米）：100
观众总数（人次）：7809
展商总数（家）：103
其中外国参展商数目（家）：10

展名：第四届中国国际奶业展览会暨高层论坛
时间：2006年9月5～10日（北京）
周期：一年一届
创办时间：2002年9月
上届数据：展出面积（平方米）：7000
其中外国参展面积（平方米）：500
观众总数（人次）：15000
展商总数（家）：130
其中外国参展商数目（家）：30

展名：第八届国际果蔬食品博览会
时间：2006年9月23～26日（烟台）
周期：一年一届
创办时间：1999年
上届数据：展出面积（平方米）：8000
其中外国参展面积（平方米）：1000
观众总数（家）：160000
展商总数（家）：650
其中外国参展商数目（家）：110

展名：北京中国国际茶业博览会
时间：2006年9月27～30日（北京）
周期：一年一届
创办时间：2004年
上届数据：展出面积（平方米）：11000
其中外国参展面积（平方米）：1000
观众总数（人次）：20000
展商总数（家）：230
其中外国参展商数目（家）：30

展名：第五届中国冰淇淋展览会
时间：2006年10月14～16日（上海）
周期：一年一届
创办时间：2000年
上届数据：展出面积（平方米）：8000
观众总数（人次）：8000
展商总数（家）：120

展名：亚洲食品、饮品文化博览会
时间：2006年10月15～17日（南宁）

展名：第八届全国食品博览会
时间：2006年10月25～29日（济南）

展名：中国国际食品加工和包装机械展览会
时间：2006年10月26～29日（北京）
周期：两年一届
创办时间：1989年10月
上届数据：展出面积（平方米）：13580
其中外国参展面积（平方米）：3426
观众总数（人次）：16000
展商总数（家）：315
其中外国参展商数目（家）：100

展名：第八届中国酒类饮料食品展览会
时间：2006年10月（上海）
周期：一年一届
创办时间：1999年10月

展名：2006年中国国际冰激凌原辅材料与设备展览会
中国糖果巧克力设备暨原辅料展览会
时间：2006年10月（北京）
周期：一年一届
创办时间：2001年
上届数据：展出面积（平方米）：4000

其中外国参展面积（平方米）：250
观众总数（人次）：25000
展商总数（家）：74
其中外国参展商数目（家）：13

展名：蚌埠食品展
时间：2006年10月（蚌埠）
周期：一年一届
创办时间：2006年

展名：2006年中国（广州）国际酒饮产品交易会
时间：2006年11月8～10日（广州）
周期：一年一届
创办时间：2005年
上届数据：展出面积（平方米）：8000
其中外国参展面积（平方米）：2000
观众总数（人次）：50000
展商总数（家）：400
其中外国参展商数目（家）：270

展名：第八届中国汕头国际食品博览会
时间：2006年11月10～13日（汕头）
周期：一年一届
创办时间：1999年11月
上届数据：展出面积（平方米）：20000
其中外国参展面积（平方米）：800
观众总数（人次）：100000
展商总数（家）：400
其中外国参展商数目（家）：86

展名：中国国际名酒博览会
时间：2006年11月22～25日（成都）
周期：一年一届
创办时间：2001年5月
上届数据：展出面积（平方米）：15000
其中外国参展面积（平方米）：5000
观众总数（人次）：60000
展商总数（家）：400
其中外国参展商数目（家）：100

展名：第八届中意国际葡萄酒展
时间：2006年11月28～30日（上海）
周期：一年一届
创办时间：1998年
上届数据：展出面积（平方米）：3360
其中外国参展面积（平方米）：3000
观众总数（人次）：2138
展商总数（家）：166
其中外国参展商数目（家）：155

展名：中原食品博览会
时间：2006年11月（郑州）
周期：一年一届
上届数据：展出面积（平方米）：6000
观众总数（人次）：30000

展名：第六届大京九农副产品食品交易会
时间：2006年11月（东莞）

境外展

展名：柏林国际绿色周——食品工业、农业暨园艺博览会
时间：2006年1月13～22日（德国）

展名：国际糖果暨零食展
时间：2006年1月29日～2月1日（德国）

展名：柏林国际水果蔬菜展览会
时间：2006年2月2～4日（德国）

展名：德国斯图加特国际酒店、餐馆暨糕点糖果专业展
时间：2006年2月18～23日（德国）

展名：汉堡国际宾馆、餐厅、烘焙暨糖果贸易展
时间：2006年3月3～8日（德国）

展名：第24届首尔国际食品展
时间：2006年3月21～24日（韩国）

展名：食品饮料展
时间：2006年3月（英国）

展名：国际食品技术和机械博览会
时间：2006年4月4～7日（德国）

展名：越南国际食品包装机械、材料暨技术展览会
时间：2006年5月16～19日（越南）

展名：马来西亚国际烘焙暨糕点制作设备展
时间：2006年5月18～20日（马来西亚）

展名：泰国世界食品博览会
时间：2006年5月21～27（泰国）

展名：2006年沙特（吉达）国际食品、酒店博览会
时间：2006年5月28日～6月1日（沙特阿拉伯）

展名：2006年莫斯科国际食品展
时间：2006年9月19～22日（俄罗斯）

展名：2006年国际焙烤、糖果、巧克力暨糕点博览会
时间：2006年10月3～9日（德国）

展名：2006年日本健康食品原料展
时间：2006年10月4～6日（日本）

展名：巴黎国际食品展
时间：2006年10月22～26日（法国）

展名：第二届韩国光州国际食品产业展
时间：2006年10月26～29日（韩国）

展名：印度世界食品博览会
时间：2006年11月1～3日（印度）

展名：2006年法国巴黎国际餐饮、酒店设备展览会
时间：2006年11月5～9日（法国）

展名：欧洲啤酒暨饮料行业博览会
时间：2006年11月10～12日（德国）

展名：第四届韩国釜山海鲜、鱼制品展览会
时间：2006年11月16～19日（韩国）

展名：2006年俄罗斯国际食品配料展
时间：2006年11月（俄罗斯）

展名：世界食品展
时间：2006年11月（英国）

⑤美容、化妆行业展会

境内展

展名：第97届中国化妆洗涤美容美发商品交易会
时间：2006年2月24～26日（广州）

展名：第12届中国国际美发美容用品博览会
时间：2006年3月17～19日（北京）

展名：广州国际美容美发化妆用品进出口博览会
时间：2006年3月25～27日（广州）
周期：一年两届
创办时间：1989年
上届数据：展出面积（平方米）：60000
观众总数（人次）：200000
展商总数（家）：2000
其中外国参展商数目（家）：350

展名：第七届郑州国际美容美发化妆品博览会
时间：2006年4月10日（郑州）
周期：一年两届
上届数据：展出面积（平方米）：8000
观众总数（人次）：20000

展名：2006年第十届中国（北京）国际美容美发化妆品博览会
时间：2006年4月10～12日（北京）

展名：第17届中国武汉国际美容美发化妆用品春季博览会
时间：2006年4月10～12日（武汉）
周期：一年两届

展名：2006年中国国际美容化妆品用品博览会
时间：2006年5月17～19日（上海）
周期：一年一届
创办时间：1999年5月
上届数据：展出面积（平方米）：45000
其中外国参展面积（平方米）：11000
观众总数（人次）：150000
展商总数（家）：867

展名：第二届山东美容化妆品展览会
时间：2006年5月17～21日（济南）

展名：第七届大连国际美容美发化妆品洗涤用品博览会
时间：2006年6月3～6日（大连）
周期：一年两届
创办时间：2001年
上届数据：展出面积（平方米）：7000
其中外国参展面积（平方米）：1500
观众总数（人次）：20000
展商总数（家）：190
其中外国参展商数目（家）：42

展名：第七届中国国际化妆洗涤美容美发商品（大连）博览会
时间：2006年6月15～18日（大连）
周期：一年两届
创办时间：2001年
上届数据：展出面积（平方米）：20000
其中外国参展面积（平方米）：2500
观众总数（人次）：30000
展商总数（家）：700
其中外国参展商数目（家）：50

展名：第12届中国国际美发美容用品博览会
时间：2006年7月20～23日（北京）
上届数据：展出面积（平方米）：14000
观众总数（人次）：32154
展商总数（家）：350

展名：第98届中国化妆洗涤美容美发商品交易会
时间：2006年8月5～7日（大连）
周期：一年两届
创办时间：1953年
上届数据：展出面积（平方米）：10000
观众总数（人次）：80000
展商总数（家）：600
其中外国参展商数目（家）：120

展名：广州国际美容美发化妆用品进出口博览会
时间：2006年9月26～28日（广州）
周期：一年两届
创办时间：1989年
上届数据：展出面积（平方米）：60000
观众总数（人次）：200000
展商总数（家）：2000
其中外国参展商数目（家）：350

展名：山东国际美容化妆品展览会
时间：2006年10月25～29日（济南）

展名：广州国际彩妆节
时间：2006年11月17～19日（广州）
周期：一年一届
创办时间：2003年2月
上届数据：展出面积（平方米）：10000
其中外国参展面积（平方米）：200
观众总数（人次）：40000
展商总数（家）：280
其中外国参展商数目（家）：10

境外展

展名：越南西贡美容展览会
时间：2006年1月17～23日（越南）

展名：越南河内美容展览会
时间：2006年3月3～9日（越南）

展名：中东国际美容美发用品展览会
时间：2006年5月22～24日（阿联酋）

展名：日本国际美容展化妆品博览会
时间：2006年5月（日本）

展名：美国拉斯维加斯国际美容用品博览会
时间：2006年7月（美国）

展名：巴黎国际美容院和水疗用品暨设备展
时间：2006年9月11～13日（法国）

展名：巴黎国际美容暨化妆品展览会
时间：2006年9月11～13日（法国）

展名：巴黎国际化妆品工业供应商展览会
时间：2006年9月11～13日（法国）

展名：2006日本纤体暨美容展
时间：2006年9月11～13日（日本）

展名：巴黎国际美容产品原材料展览会
时间：2006年9月11～13日（法国）

展名：美国保健暨美容展2006
时间：2006年9月12～14日（美国）

展名：个人护理产品原料暨技术展2006
时间：2006年9月12～14日（美国）

展名：越南西贡健康暨美容展
时间：2006年10月11～15日（越南）

展名：斯图加特美容美发用品贸易展览会
时间：2006年12月3～4日（德国）

⑥办公用品行业展会

中国国际文具及办公用品展览会

2005年11月15～17日，中国国际文具及办公用品展览会Paperworld China在上海新国际博览中心举行，这是Paperwolrd在中国的首次亮相，众多业内巨头云集展会。

据展览会主办方法兰克福展览（上海）有限公司副总经理曹建生介绍，首届Paperworld China吸引了来自25个国家和地区的超过430家展商，展会占据了2个大型展馆，总面积达到2.3万平方米。其中一个会聚集多家知名品牌和包括法国、德国、意大利的展团，而另外一个馆则会聚国内各地的展商。许多著名品牌Office 1 International、AF International、北极熊、瑞特元昌都在Paperworld China展示了最新推出的产品。

目前，多家国外企业已成功进入中国文具批发和零售市场，然而还有不少公司正希望可以加入这个行列。据曹建生介绍，此次参加Paperworld China的不少国外展商已经通过合资、特许经营和独资的方式进入了中国文具市场，如AF International在上海近郊开办了合资企业，并在北京建立了独资公司以扩大其在中国的市场份额；Office1Superstores继在上海开办业务取得成功后，也计划在未来5年内开设超过100家分店。业内人士指出，长期处于小规模分散经营的中国办公用品市场必将面临跨国连锁集团的激烈竞争，而国外公司的专业管理、客户服务和先进的技术是他们与本地企业竞争的本钱，预计中国文具零售商必将以整合求生存。

——《国际商报》

宁波文博会成展商最佳选择

由中国贸促会和宁波市政府主办，宁波贸促分会、宁海县政府承办的2006中国（宁波）国际文具礼品博览会，于2006年3月23～25日在宁波国际会展中心举行。三天来，展会成交金额高达4106万美元，比去年成交量增加700多万美元。

本届文博会继续秉承国际化、专业化、品牌化的办展理念，坚持出口主导方向，并兼顾国内市场原则，设摊位760个，面积1.5万平方米，展品范围分为文具、文具生产加工设备、零部件，礼品，赠品，工艺品等四大类，有1500名境外文具礼品采购商、2000家外贸公司的采购员，超过1万名专业观众到会。

本届文博会吸引了来自美国、俄罗斯、韩国、日本等30多个国家和地区的11500余名专业客商，其中外国客商人数比去年增加1倍，国内采购商增加2500名左右。据贸促会介绍，今年文博会达到了预期效果，采购商普遍反映较好。从参展情况上看，宁波团的参展商占到所有参展企业数的40%，显现出宁波作为文具大市举足轻重的地位。

——《中国贸易报》叶再山

展名：香港国际文具展
时间：2006年1月10～13日（香港）
周期：一年一届
上届数据：展出面积（平方米）：5758
观众总数（人次）：15856
展商总数（家）：265
其中外国参展商数目（家）：176

展名：2006年上海学生用品暨相关产业展示会
时间：2006年4月15～16日（上海）

展名：中国（上海）国际制笔、文具暨教具博览会
时间：2006年（上海）
周期：一年一届
创办时间：2000年3月
上届数据：展出面积（平方米）：12000
观众总数（人次）：10000
展商总数（家）：200

展名：南宁国际学生用品交易会
时间：2006年（南宁）
周期：一年一届
创办时间：1997年

⑦家具行业展会

第11届中国国际家具展览会

2005年9月14～17日，第11届中国国际家具展览会在上海新国际博览中心举办。

本届展览会是迄今为止规模最大的一届国际家具展览会，实际展位面积达6万平米，参展厂商第一次达到1390多家，创

历史最高记录，参加展会的海外观众人数达到8300人，也刷新了前十届的历史最高记录。

同期举办的还有“2005中国国际办公家具展览会”、“2005年中国国际家居饰品布艺及灯饰展览会”、“第11届中国国际家具生产设备及原辅材料展览会”及“中国（上海）家具配件及材料展览会”。除主会场上海新国际博览中心7个室内馆和10个户外临时馆外，还有上海吉盛伟邦虹桥店、曲阳店以及上海国际会议中心3大会场，展品涵盖了家具行业包括民用、办公、饰品、材料、木工机械等所有行业。上海国际家具展览会已日渐成为亚洲规模最大、门类最齐全的家具及相关产业的专业盛会，成为世界了解中国家具产业的一个重要窗口。

本次展会对展区和展馆进行了精心的划分，展馆布置更趋专业化和国际化。专门开辟了国际品牌馆、现代家具馆、古典及仿古家具、家居饰品馆、软体家具馆、餐桌椅及户外家具馆、办公家具馆、家居生产设备及原辅材料馆等，各界人士可根据需要直奔主题，进行贸易洽谈，展览会的功能得到了进一步完善和加强。

展会为国内新兴的家具企业提供了一个展示自我形象的舞台，据统计，30%的企业为首次参展，展会作为企业扩大产品销售渠道重要窗口的功能得到凸显。展会集中展示的产品、家具设计的新潮流、新材料和新工艺在家具产品中的应用发展等，是企业决策如何作市场定位、如何开发产品、如何开辟销售渠道等最好的平台，成为业内人士了解行业信息的重要载体。展会同时还为广大观众提供了一个欣赏家具美感的空间，广大观众可以在展馆内近距离地欣赏他们的美学价值和实用功能。

第11届国家家具展览会同时也是行业的盛会，展会期间举办了丰富多彩的系列活动：第七届中国家具设计奖作品展同时举行，为国内外市场提供了更多更好的新型家具设计理念，9月15日晚举办了盛大的颁奖晚会，晚会另一项重要内容是为河北省霸州市胜芳镇颁发“中国金属玻璃加工基地”的授牌仪式；首届中国办公家具行业发展论坛的召开，针对家具行业发展中的问题和面临的挑战，以及未来发展趋势展开了前瞻性的探讨；意大利家具设计教育综述等各种讲座在相当程度上丰富了此次展会的内容。

——中国家具协会

第17届中国广州国际家具博览会

由中国家具协会、中国对外贸易中心（集团）、广东省家具协会、香港家私装饰厂商总会主办，中国对外贸易广州展览公司承办的第17届中国（广州）国际家具博览会日前在中国出口商品交易会琶洲展馆分期举行。第一期于2006年3月18～21日举行，展出题材为民用家具；第二期于3月27～30日展出，题材为办公、商用家具。本届博览会规模堪称历届之最，不仅继续将民用、办公/商用家具独立成展，还增加了2006（春）中国广州国际家居饰品/用品展览会。无论从展品、展区面积还是参与厂商以及来自世界各地的知名家具品牌，都超过往届。

据悉，第一期的民用家具展品题材涉猎广泛，包揽客厅家具、卧室家具、餐厅家具、儿童家具等，风格各异，一应俱全。展出面积约11万平方米，覆盖了11个展馆，同比约增长了20%。第二期办公、商用家具展将进一步扩大展览题材，包括座椅、桌子系列、屏风、高隔段及公共场所家具等展品。展出面积达7万多平方米，覆盖7个展馆，这次展会的成功举行成为亚洲规模最大、品种最全、展商最多的办公家具展。参会观众达10万人，海外买家超过万人。

新增的“2006（春）中国广州国际家居饰品/用品展”也同期在中国出口商品交易会琶洲展馆隆重开幕，充分展示家居饰品的潮流时尚，进一步拓宽和延伸范围的展品，增添了更多的设计元素，引领都市家居生活时尚。

——《中国贸易报》易晓峰　刘 阳

深圳家具展高歌“出口”主题

2006年3月19～22日，由深圳市家具行业协会主办的第18届深圳国际家具、家居饰品、家具配件展在深圳国际会展中心举办。来自全国各地的800多家制造商和材料供应商共聚一堂，以创历史之最的18万平方米展览面积，向全世界展示了最能代表中国家具顶尖水平和潮流的家具产品。

本届展会共有80多个国家和地区的3万多名国内外客商参展，美国、日本、爱尔兰、比利时、韩国、俄罗斯、西班牙、澳大利亚、波兰等国家的贸易商会专门组织了近30个大型采购团前来参会，平均规模都在30人以上，最大规模的达到70人。据深圳市家具行业协会有关人士透露，此次光美国客商的采购额就高达3亿美元。

据悉，在展会之后，主办方还组织了专业团队带领采购团深入企业参观，以增加外商对中国家具业发展水平及现状的了解，加大其采购可能性。

本届展览分为现代板式、软体沙发、古典家具、金属玻璃家具、户外家具、办公家具、家居饰品、配件材料等多个展区。其中，板式家具、沙发、软体家具继续保持历届展会强势，云集了国内顶尖出口型企业和构建了多品牌系统的知名大企业，代表了我国家具顶尖水平和潮流。

与出口展定位一致、大受外国客商欢迎的古典家具，规模在上届的基础上翻了一番，清一色的实木及实木皮古典家具代表了中国古典家具的最高水准。此外，各地金属家具展团的强势进驻成为本届展会的一大亮点，也代表着未来家具的一种趋势。

本届展会上除了家具，家居饰品的展览也大受欢迎，各种材质、各具特色的家居饰品吸引了众多参观者。业内人士指出，在国外，家具和家居饰品是一体的，而本次饰品展只占10%，比起国际上占30%还是有差距，我国在家居饰品方面要继续加强。

在充分做好展示、商贸洽谈的同时，深圳家具展还通过多种形式把脉国际家具行业发展的趋势。本届展会，主办方围绕“出口导向”这一主题，精心策划了多场对未来行业发展具有指导意义的大型论坛和技术讲座。

组委会特别从意大利、美国和瑞典邀请到全球家具业研究专家就“意大利设计体系”、“未来场景与家具潮流”、“国际大家具采购集团的采购系统”、“供应商如何顺应国际买家的要求”、“论欧洲与中国的贸易政策”、“2006年家具涂装潮流解读”等行业热点问题进行论述，将国际先进设计、管理、营销理念的新潮流、新动向、新趋势带给广大制造商和买家。

——《国际商报》冶兰英

第16届国际名家具（东莞）展览会

为期5天的国内外家具业界的盛会——第16届国际名家具（东莞）展览会于2006年8月17～21日在厚街镇的广东现代国际展览中心举办。

作为亚洲最具品牌、最具规模、最具影响力的专业家具展，本届展会共吸引了791家企业参展，并以8座展馆、24万平方米的展览规模进一步彰显了名家具展的非凡气势。在本届家展会上，各式家具产品云集，而展示的创新，各种风格的融合等无一不是在引领着当今的时尚潮流。

在展会期间，共有国内外8.56万多专业观众进场参观、采购，其中海外买家8660人。尤其值得一提的是本届名家展成交活跃，尤其是出口订单明显增加，大部分企业对参展效果表示满意。而机械材料展首次与家具展同期独立举办，不少参展企业意外地取得了出口订单，效果令人满意。

——东莞阳光网

第18届中国广州国际家具博览会

2006年8月18～21日，享有“亚洲家具交易中心”美誉的中国广州国际家具博览会经历2006年3月再度成功分期举办后，再次于广州海珠区琶洲展览馆举行。其以兴盛规模与至臻品质，风靡全国同行和广表海外，晋身国际知名家具展前列，吸引全球家具业精英的眼球。

据会展新闻宣传中心工作人员介绍本届展会展出面积近13万平方米，覆盖9个展馆，其中家具展9万多平方米，家居饰品展1万多平方米，家纺布艺展2.5万平方米。家具展参展企业约400家，家纺展有210家企业参加，饰用品展110家企业参展。

此次展览会上，北京家具行业协会组团参展的北京展团成为一大亮点，在北京家协的组织下，有北京世纪京洲、北京凯旋风、北京爱依瑞斯、北京索菲利亚、北京圣罗莎、北京伊美佳等数十家企业先后参与广州展和深圳展，其中尤以广州展为重点。

——《中国贸易报》

境内展

展名：第11届国际家具配件、材料及木制品展览会
时间：2006年3月7～10日（北京）
周期：两年一届
创办时间：1990年
上届数据：展出面积（平方米）：35500
观众总数（人次）：32102
展商总数（家）：468

展名：台北国际家具展
时间：2006年3月15～18日（台北）

展名：国际名家具（东莞）展览会
时间：2006年3月17～21日（东莞）
周期：一年两届
创办时间：1999年
上届数据：展出面积（平方米）：20000
其中外国参展面积（平方米）：3117
观众总数（人次）：125000
展商总数（家）：536
其中外国参展商数目（家）：25

展名：第17届中国广州国际家具展览会
时间：2006年3月18～21日（广州）
周期：一年两届
创办时间：1998年
上届数据：展出面积（平方米）：250000
其中外国参展面积（平方米）：20025
观众总数（人次）：99134
展商总数（家）：1497
其中外国参展商数目（家）：162

展名：第11届龙家具精品展览会暨家具原辅材料展览会
时间：2006年3月19～22日（顺德）
周期：一年两届
创办时间：2001年
上届数据：展出面积（平方米）：40000
观众总数（人次）：100000

展名：中国昆明家具与木工机械展
时间：2006年3月24～27日（昆明）

展名：中国广州国际家具博览会
时间：2006年3月27～30日（广州）
周期：一年三届
创办时间：1998年
上届数据：展出面积（平方米）：130000

观众总数（人次）：49735
展商总数（家）：682

展名：中国广州国际木工机械/家具配料展览会
时间：2006年3月27～30日（广州）
周期：一年一届
创办时间：2003年
上届数据：展出面积（平方米）：20049
其中外国参展面积（平方米）：5415
观众总数（人次）：99134
展商总数（家）：381
其中外国参展商数目（家）：96

展名：山东省家具（居）暨木工机械展览会
时间：2006年4月18～24日（济南）

展名：第三届中国国际家具暨木工机械（北方）展览会
时间：2006年4月21～24日（济南）
周期：一年一届
创办时间：2004年
上届数据：展出面积（平方米）：30000
观众总数（人次）：23000
展商总数（家）：8300
其中外国参展商数目（家）：20

展名：第五届中国国际出口古典家具展览会
时间：2006年5月18～20日（上海）

展名：2006年第四届中国（上海）国际家具展览会
时间：2006年5月29日（上海）

展名：第11届中国国际家具（出口）暨木工机械展览会
时间：2006年6月8～11日（大连）
周期：一年一届
创办时间：1996年
上届数据：展出面积（平方米）：40000
其中外国参展面积（平方米）：8000
观众总数（人次）：35000
展商总数（家）：500
其中外国参展商数目（家）：80

展名：国际名家具（东莞）展览会
时间：2006年8月17～21日（东莞）
周期：一年两届
创办时间：1999年
上届数据：展出面积（平方米）：200000
其中外国参展面积（平方米）：3117
观众总数（人次）：125000
展商总数（家）：536
其中外国参展商数目（家）：25

展名：中国广州国际家具博览会
时间：2006年8月18～21日（广州）
周期：一年三届
创办时间：1998年
上届数据：展出面积（平方米）：130000
观众总数（人次）：49735
展商总数（家）：682

展名：第七届成都国际家具工业展览会
时间：2006年9月8～11日（成都）
周期：一年一届
创办时间：2000年
上届数据：展出面积（平方米）：80000
其中外国参展面积（平方米）：500
观众总数（人次）：200000
展商总数（家）：
其中外国参展商数目（家）：10

展名：第12届中国国际办公家具展览会
时间：2006年9月11～14日（上海）
周期：一年一届
创办时间：1994年
上届数据：展出面积（平方米）：20000
其中外国参展面积（平方米）：200
观众总数（人次）：60000
展商总数（家）：200
其中外国参展商数目（家）：5

展名：2006年大河家具节暨郑州国际家具工业博览会
时间：2006年10月22～24日（郑州）
周期：一年一届

展名：第九届中国北京国际家具暨木工机械展览会
时间：2006年11月22～25日（北京）
周期：一年一届
创办时间：1998年
上届数据：展出面积（平方米）：22000
其中外国参展面积（平方米）：3364
观众总数（人次）：9400
展商总数（家）：520
其中外国参展商数目（家）：50

境外展

展名：国际家具展

时间：2006年1月16～22日（德国）

展名：家具、室内装饰、照明展、
时间：2006年1月（英国）

展名：国际家具、室内装饰、用品暨布艺展
时间：2006年3月8～12日（泰国）

展名：莫斯科国际家具生产、木工暨室内装饰展
时间：2006年5月16～20日（俄罗斯）

展名：第十届中东（沙特）国际家具暨室内用品展
时间：2006年5月21～25日（沙特阿拉伯）

展名：国际办公家具暨管理设施展
时间：2006年10月24～28日（德国）

2. 石化行业

展　会

2005加油加气站高新技术暨设备展览会

以“新技术、新设备、新形象、新服务”为主题的“2005中国国际加油加气站高新技术暨设备展览会”，2005年11月23～25日在北京中国国际展览中心举行。

作为国内最大的油气供货商和这次展会的主办方，中国石油天然气集团公司对此次展会给予高度重视。中国石油天然气集团公司、中国石油炼油与销售公司有关负责人以及各大区及省公司的主要负责人、相关部门的300多人参加了展览。

据了解，此次展会面积近9000平方米，是同类展会中面积最大的。包括在世界500强企业在内的世界最著名的加油加气设备公司吉尔巴克、托肯恒山、德莱赛稳等80家国内外加油加气设备主要品牌厂商，展出了自己最先进的设备和技术成果，品种涉及加油加气站设备、自动化管理、成品油运输、油气回收、包装、照明、行业媒体等20余类200多个品种。观展人数达1.2万多人次。

展会期间，围绕“新技术、新设备、新形象、新服务”主题，主办方还举办了“中国加油站发展力论坛”及“管理与技术现代化——引领21世纪加油站建设升级技术交流会”。来自国家政府机关、石油销售企业、学术界、工程技术、市场、国外跨国公司等方面的专家、代表近400人，围绕成品油销售终端——加油站相关的技术升级、管理升级、形象升级、安全升级等方面，以及如何共同创造和谐的油品消费环境，展开了广泛而深入的探讨。

——新华网

第三届中国国际轮胎博览会

第三届中国国际轮胎博览会已于2005年12月16日在上海广大会展中心圆满闭幕。来自全国30个省、市及地区和世界68个国家的专业人士参加了本次展会。从这次参展商的参与积极性和他们的展台布置情况来看，他们对这次展会都非常重视。150家参展商展示了各种规格的轮胎、轮圈、轮胎保修设备、轮胎生产原料及设备、轮胎配件等相关产品及技术。

品牌商多是这次展会的一大亮点。全国轮胎销量冠军佳通集团的展台是全场最大的，据其工作人员介绍，通过这种贸易性极强的专业展会向来自全国乃至世界各地的经销商展示其最新产品，不仅稳固其销售网络关系，也让来自世界各地的进口商了解其品牌，加强其产品在世界轮胎市场的影响力。

山东玲珑橡胶有限公司虽然已是世界各大汽配展的常客，但仍然希望通过这次在家门口的展会接触更多的外商，不用跑来跑去就能开拓全世界的销售网络。

意大利知名轮胎品牌Marangoni公司也表达了参加这种展会对帮助他们进入中国市场的重要性，并表示通过这次展会能向大量的潜在合作伙伴展示其品牌及产品。

据主办方介绍，本次展会参展商数量是第二届的近一倍。在展会期间，主办方共免费送出800个客房供来自各地的采购商进行洽谈使用。值得一提的是在这次展会现场有近60%的老客户和十多家新客户已预定了下一届展会展位，且大部分预定面积超过了现有面积，到展会结束，现场预定展位面积达到本届展会面积的120%。

——《中国贸易报》

首届福建石化展洽会泉港闭幕

为期两天的“首届福建石油和化学工业展洽会暨海峡石化产业发展论坛”，于2005年12月29日落下帷幕。

作为海峡两岸石化界首次联合举办石化行业交流峰会，本次“福建石油和化学工业展洽会暨海峡石化产业发展论坛”参展规模空前，吸引了来自法国、德国、日本、新加坡、马来西亚和中国及台湾、香港等国家和地区的308家企业参展。展洽会参展产品涉及七大类30多个品种，同时还有最新石化科研成果、生产工艺展示等。在为期两天的展洽活动里，共有3万多人次到会咨询了解，22个石化投资项目签约，总投

资22.2亿元，其中合同项目8个，投资总额7亿元；意向14个，总投资15.5亿元。完成石化产品交易额5.8亿元，其中合同总额1.3亿元，意向总额4.5亿元。展洽会期间还举办了石化科技转化洽谈会，12项石化科技项目成功对接，意向总投资2.5亿元。此外，本次展洽会暨论坛还举办了“海峡石化产业发展论坛”和《魅力福建行》泉港篇大型电视访谈等丰富多彩的活动，吸引了国内外石化界知名专家学者及企业高层300多人参加。

——东南在线

第三届中国国际橡胶及轮胎工业展览会

第三届中国国际橡胶及轮胎工业展览会于2006年3月6日在山东青岛拉开帷幕。此次展会由山东橡胶协会主办，吸引了来自世界20多个国家和地区的企业参展。本届展会备受东盟各产胶国的重视，得到了印度尼西亚橡胶工业协会、泰国橡胶协会网、马来西亚橡胶协会等多家单位的支持，新加坡国际企业发展局张德隆先生率领多家新加坡知名橡胶企业莅临青岛。

本届展会展出面积达到5000平米，展会依循往届“国际化、品牌化、专业化”的理念的同时，突出“合作、发展、双赢”的主题。

目前，中国的橡胶和轮胎生产量和需求量世界排名第一，对于泰国、印尼、马来西亚等东南亚产胶国来说这次展会可谓充满了商机。正如张德隆所介绍，此次青岛之行主要目的就是通过参观展会获取橡胶行业最新动态，促进新加坡橡胶企业和山东地区的交流与合作，加大新加坡橡胶企业在中国的投资力度。

——《国际商报》李 婧

第20届中国国际塑料橡胶工业展览会

由雅式展览服务公司主办的2006国际橡塑展（第20届中国国际塑料橡胶工业展览会）已于4月26～29日在上海浦东新国际博览中心举办。

本次展会规模又创佳绩，展会总面积达9.2万平方米，云集了29个国家及地区的1420家展商参与，超过1000台先进机械登场，其中奥地利、加拿大、德国、意大利、英国、美国、日本和我国台湾省等国家和地区更组织了大型展团参展。为期四天的展会吸引了5.7万名业内人士到场。

为方便不同专业的买家作更深入交流，本届橡塑展设立8大专区，包括化工及原材料专区、机械专区、饮料及塑料包装设备专区、辅助设备及测试仪器专区、模具专区、橡胶设备专区、半制成品专区以及中国出口机械及原料馆。

在化工及原材料专区，展会由去年1.8万平方米扩大至2.3万平方米，增长了27.7%。几乎所有世界知名的业内巨子都云集在此展示实力。包括巴斯夫、拜耳材料科技、GE塑料、STC、SK、帝人、霍尼韦尔、Mitsui、陶氏化学、DSM、杜邦、埃克森美孚化工、PolyOne、苏威及SABIC等。

现场还加设了“国际橡塑展时间廊”，回顾中国橡塑业及“国际橡塑展”在过去20多年的发展历程，例如塑料橡胶在5大行业包括建材、包装、汽配、电子/电器及通讯等方面的发展及尖端应用等。

——东方汽车网

境内展

展名：2006中国西部塑胶工业展览会
时间：2006年3月9～11日（重庆）

展名：海洋石油展
时间：2006年3月15～17日（天津）

展名：第四届中国国际石油天然气管道展
时间：2006年3月22～24日（廊坊）

展名：台北国际橡胶塑料展览会
时间：2006年3月23～27日（台北）
上届数据：展出面积（平方米）：18000
观众总数（人次）：15844
展商总数（家）：343

展名：第六届广东国际表面处理、涂装展览会
时间：2006年3月24～26日（广州）

展名：2006中国义乌第四届（国际）塑胶工业、机床模具展览会
时间：2006年3月25～27日（义乌）

展名：CIPPE2006第六届中国中国国际石油石化技术装备展览会
时间：2006年4月3～5日（北京）

展名：第六届中国国际石油天然气管道技术装备展览会
时间：2006年4月3～5日（北京）

展名：2006年（第八届）中国国际化工展览会
时间：2006年4月19～21日（上海）

展名：第20届国际塑料橡胶工业展览会
时间：2006年4月26～29日（上海）
周期：一年一届
上届数据：展出面积（平方米）：77000
观众总数（人次）：52009
展商总数（家）：1109

展名：2006年第三届中国天津涂装、电镀暨表面处理展览会
时间：2006年5月25~28日（天津）

展名：第二届中国（上海）加油加气新技术新设备国际展览会
时间：2006年5月30日~6月3日（上海）
周期：两年一届
创办时间：2004年11月
上届数据：展出面积（平方米）：6000
其中外国参展面积（平方米）：1500
观众总数（人次）：115150
展商总数（家）：89
其中外国参展商数目（家）：23

展名：2006年国际粉体工业/散装技术展览会暨会议
时间：2006年6月5~7日（上海）

展名：新疆国际石油化工博览会
时间：2006年6月（乌鲁木齐）
周期：一年一届
创办时间：2005年4月
上届数据：展出面积（平方米）：8000
其中外国参展面积（平方米）：2100
观众总数（人次）：20000
展商总数（家）：260
其中外国参展商数目（家）：15

展名：2006年大连国际橡塑工业展览会
时间：2006年7月5~8日（大连）
周期：一年一届
创办时间：2003年5月
上届数据：展出面积（平方米）：3000
观众总数（家）：8700

展名：中国东北国际石油暨化工展览会
时间：2006年9月13~15日（沈阳）
周期：一年一届
创办时间：2003年
上届数据：展出面积（平方米）：2000
其中外国参展面积（平方米）：800
观众总数（人次）：10000
展商总数（家）：106
其中外国参展商数目（家）：26

展名：中国东北国际矿业暨煤矿安全生产展览会
时间：2006年9月13~15日（沈阳）
周期：一年一届
创办时间：2003年
上届数据：展出面积（平方米）：2000
其中外国参展面积（平方米）：800
观众总数（人次）：10000
展商总数（家）：106
其中外国参展商数目（家）：26

展名：第六届中国塑料交易会
时间：2006年9月（台州）
周期：一年一届
创办时间：2001年
上届数据：展出面积（平方米）：25000
观众总数（人次）：50000
展商总数（家）：500

展名：2006年中国国际石油暨石化展览
时间：2006年11月7~9日（北京）
周期：一年一届
创办时间：1994年
上届数据：展出面积（平方米）：9000
其中外国参展面积（平方米）：1500
观众总数（人次）：8000
展商总数（家）：117
其中外国参展商数目（家）：40

展名：中国国际涂料、油墨暨粘合剂展览会
时间：2006年11月7~9日（广州）
周期：一年一届
上届数据：展出面积（平方米）：8241
其中外国参展面积（平方米）：4456
观众总数（人次）：23643
展商总数（家）：648
其中外国参展商数目（家）：302

展名：第11届中国国际涂料展/第19届中国国际表面处理展
时间：2006年11月7~9日（广州）
周期：一年一届
创办时间：1983年
上届数据：展出面积（平方米）：21000
其中饿外国参展面积（平方米）：16000
观众总数（人次）：40000
展商总数（家）：840

展名：中国国际表面处理、涂装暨涂料产品展览会
时间：2006年11月7~9日（广州）
周期：一年一届
创办时间：1983年
上届数据：展出面积（平方米）：3828
其中外国参展面积（平方米）：2535
观众总数（人次）：11119
展商总数（家）：292

其中外国参展商数目（家）：173

展名：第八届东莞国际橡塑胶暨包装展
时间：2006年11月8～11日（东莞）

展名：第九届中国国际胶粘剂暨密封剂展览会
时间：2006年11月22～24日（广州）
周期：一年一届
创办时间：1997年10月：
上届数据：展出面积（平方米）：4500
其中外国参展面积（平方米）：679
观众总数（人次）：3508
展商总数（家）：139
其中外国参展商数目（家）：33

境外展

展名：汉堡第10届金属和塑料加工技术贸易展
时间：2006年1月25～28日（德国）

展名：纽伦堡国际有机产品展览会
时间：2006年2月16～19日（德国）

展名：欧洲（Maastricht）聚氨脂展览会
时间：2006年3月28～30日（马斯特瑞斯特）

展名：印度国际精细化工展
时间：2006年4月5～6日（印度）

展名：国际矿物质和化石交流会
时间：2006年4月7～9日（德国）

展名：2006年第11届伊朗国际石油、天然气、石化展览会
时间：2006年4月20～23日（伊朗）

展名：国际生物暨精细化工展览会
时间：2006年5月4～5日（西班牙）

展名：全球碳业博览会
时间：2006年5月10～12日（德国）

展名：越南国际塑胶机械暨技术展览会
时间：2006年5月16～19日（越南）

展名：欧洲精细化工展
时间：2006年6月（瑞士）

展名：越南石油暨天然气展览会
时间：2006年10月12～14日（越南）

展名：韩国精细化工暨制药原料展览会2006
时间：2006年11月9～10日（韩国）

3．纺织行业

行业简况

对美欧出口回落　单价走高

——前两月全国纺织品服装进出口概况

中国纺织品进出口商会　席　雨

据中国海关统计，2006年2月，全国货物贸易进出口总值为1058.5亿美元，比2005年同期（下同）增长25.8%。其中出口541.5亿美元，增长22.3%，进口517亿美元，增长29.6%，进出口顺差24.5亿美元，下降43.9%。1～2月，全国货物贸易进出口总值为2263.7亿美元，增长2.3%。其中出口1191.9亿美元，增长25.5%，进口1071.8亿美元，增长27.4%，进出口顺差120.2亿美元，增长10.8%。

2月，全国纺织品服装进出口76.9亿美元，增长6.6%，其中出口65.7亿美元，增长4.3%，进口11.2亿美元，增长23%。1～2月，全国纺织品服装进出口190.1亿美元，增长14.6%，其中出口167.5亿美元，增长15.3%,进口22.6亿美元，增长9.8%。

2月当月出口额较1月大幅减少，同比增幅回落至5%以下。进口恢复较快增长。

1月份，全国纺织品服装出口额达101.8亿美元，首次于年初淡季突破百亿美元。而2月，由于适逢春节长假，以及配额限制的作用开始显现，全国纺织品服装出口收缩至65.7亿美元，比1月份减少了36亿美元，月度同比增长水平也降

至4.3%，使累计出口增幅自2005年下半年以来首次降至20%以下。

2005年2月份时，由于整体贸易环境不稳定，造成当时进口下降剧烈。2006年2月进口11.2亿美元，虽然金额与1月份相比基本持平，但与上年同期相比增长高达23%，累计进口实现近10%的增长。

出口额占全国货物贸易出口总额的比重降至14%，贸易顺差为全国货物贸易总顺差的1.3倍。1～2月，纺织品服装贸易额占全国货物贸易总额的比重为8.4%，其中出口占全国货物贸易出口总额的14.1%，比1月份又下降了1.6个百分点。对全国货物贸易出口增量的贡献率降至9.2%。

纺织品服装累计实现顺差156.3亿美元，同比增长25.3%，顺差额为全国货物贸易总顺差的1.3倍。

一般贸易方式出口增势放缓，进口后劲充足。加工贸易出口发展平稳，进口恢复增长。1～2月，一般贸易出口116.9亿美元，增长13.5%，增长势头较2005年及1月份有所放缓。出口额占出口总额的70%；进口3.4亿美元，增长30.8%，已经连续两个月增幅超30%。进口额占进口总额的15%。

加工贸易出口43.6亿美元，占总出口的26%，出口额增长12.1%；进口18.5亿美元，占进口总额的81.9%，进口扭降转升，增长了6.2%。

民营企业出口增势略缓，进口增长超过出口。1～2月，民营企业出口61.4亿美元，占出口总额的37%，经过持续多年的高速发展，民营企业的出口增长步伐在2006年2月开始有所放慢，当月出口仅增长11%，累计增幅也从2005年的40%以上降至28%。民营企业累计进口3亿美元，增长31.2%，进口增速超过出口。

国有及国有参股企业出口47.9亿美元，占出口总额的29%，出口额增长1.7%。进口3亿美元，下降10%。

三资企业出口58.1亿美元，占全国出口总额的34.7%，保持15%的增长。其中独资企业依然是增长的主动力，增幅为25%，合资和合作企业分别增长7%。三资企业进口占进口总额的73%，增长11%。

对欧美出口继续大幅回落，日本再度成为我出口第二大市场。进入2006年，我对欧盟和美国的出口开始平稳。1月份，我对欧、美出口增幅回落，仅保持小幅增长。2月份，我对欧盟和美国的出口继续大幅回落。2月当月，我对欧盟和美国的出口分别下降9.2%和13.3%。1～2月累计，对欧盟出口28.7亿美元，增长3.6%；对美国出口23.4亿美元，下降2%。其中，配额产品出口下降最为明显，1～2月对欧盟10个设限类别的出口金额下降30%，对美国21个设限类别的出口金额下降27%，降幅都远远大于平均水平。在我对欧美出口快速下降的同时，据美国方面的统计，2006年1月份，美国自印度、巴基斯坦、印度尼西亚等国的进口增长迅速，其中自印度进口的增长幅度更是连续3个月超过中国。这是否可解释为订单转移的结果尚待观察。

日本超过美国，再度成为我出口第二大市场。1～2月，我对日本出口24.7亿美元，增长11%。对韩国、俄罗斯和我国香港地区的出口同时实现增长。其中作为我第五、第六大市场的俄罗斯和韩国增长十分迅速，增幅都超过40%。

欧盟和美国目前占到我出口总额的31.1%，该占比较2005年同期减少了4个百分点。而东南亚、拉丁美洲和独联体国家正逐渐成为我出口增长的主要地区。我对其他敏感地区出口在保持增长的同时，增幅全部回落。对哥伦比亚出口还下降了20%。

自主要进口来源国（地区）的进口基本恢复增长，自我国香港、台湾地区的进口增幅都超过10%。仅自日本进口下降。自欧盟和美国进口均保持两位数增长。

服装、纺织品出口增幅进一步回落，对美欧出口服装降势明显。

1～2月，纺织品出口60亿美元，增长14.9%，服装出口107.6亿美元，增长15.5%。服装与纺织品出口基本保持同步增长。但增幅较1月份分别回落7个百分点和9个百分点。

服装中针、梭织服装和衣着附件三大类商品出口分别增长20.6%、12.2%和16.8%。其中棉制服装出口保持近30%的增长。毛制、化纤制服装增长略缓，增幅分别为16.5%和13.9%。丝制服装的出口降幅进一步扩大至8%。

继1月份对美服装出口开始出现1%的负增长后，2月当月对美出口继续下降，且降幅扩大到19%，使前两个月累计对美出口服装下降8.6%。2月当月对欧盟出口服装也开始下降，降幅达到11.8%，带动前两个月累计出口仅增长了1.2%。下降趋势已十分明显。

纱线超过纺织制成品成为出口增长最快的大类商品，增幅达到30%，面料出口增长7.3%，纱线面料中的棉制品出口合计增长18.2%、化纤制品出口增长1.2%、毛制品出口下降5.5%、丝制品出口增长35.8%。纺织制成品出口增长21%，其中无纺织物的增幅仍在40%以上，家用纺织品出口增长16.2%，增势放缓。

服装出口单价走高，对配额地区增长迅速。对全球出口服装的单价回升，其中梭织服装单价增长8.6%，比1月份又提升了2个百分点；针织服装下降1.1%，但比1月份回升了1个百分点。对美欧出口服装的单价上升更为迅速，对美出口服装(包括针、梭织服装)平均单价提升15%；对欧盟提升28%。对非配额地区出口基本持平。

纺织品中纱线单价基本恢复持平。其中丝制纱线的出口单价增长最快，化纤纱线仍有小幅下降，但已呈现扭降转升的势头。面料中丝制面料增长也是最快的，增幅接近40%。化纤面料略有下降。

服装进口提速，面料进口下降。1～2月，服装进口2.2亿美元，增长34.6%，增速进一步加快。纺织品进口20.4亿美元，恢复7.7%的增长。

服装中进口增长最快的是针织服装，增幅达到50%以上。其中丝、棉制针织服装成为主要的拉动力量。纺织品中的纱线进口增长26%，其中棉、丝制纱线增长最快。面料进口全面下降，降幅为3%，其中占主要份额的化纤面料下降7.3%，棉制面料下降2.7%。纺织制成品中，工业用纺织制品和无纺织物进口增长平稳，家用纺织品增长相对迅速，增幅达到50%。

广东省出口保持30%以上的增长，其他主要出口省市增幅收缩。前两个月，全国绝大多数省（市、区，不包括港、澳、台地区）的出口均保持增长，增长最迅速的地区集中在黑龙江、新疆、山西、青海等地。浙江、广东、江苏、上海和山东前五大出口省市出口额合计131.5亿美元，占全国出口总额的78.5%。浙江、江苏、上海和山东的出口增速全面放缓，只有广东省的出口增速超过2005年，达到31%，其中深圳一地的出口增长更是高达1倍以上。在其他各省对欧盟和美国出口增长放慢甚至下降的同时，广东省向欧盟和美国的出口依然保持增长，且增速较快。

需要关注的是，美国商务部公布的2006年1月份的数据显示，中美纺织品协议正式实施1个月以来，美服装进口来源发生新变化。中国敏感类别服装产品对美出口大幅下滑，而订单被其他亚洲国家获得。

美国从我国进口21个设限品种的总额为3.9亿美元，占从我国进口总额的21.5%，占该21个商品美国从全球进口总额的9.7%，远低于我国纺织品服装在美国市场25%的市场份额。

又据美国有关媒体最新报道，美国2月份从中国进口的纺织品仍大大低于2005年同月，其中配额类商品的进口数量全部减少，部分非配额类商品也出现下降。

由于2005年中美纺织品贸易的不确定性，已经迫使美国进口商将订单转移到其他国家。虽然依此就断言中国将继续失去订单还为时尚早，但业内人士认为，中国很难在短期内赢回订单。

展　会

第五届青岛国际时装周

2005年9月1～4日，由中国纺织品进出口商会、中国服装设计协会、青岛市政府和山东省经济贸易委员会共同主办的以“构建国际品牌道路”为主题的2005青岛国际时装周，在青岛国际会展中心和青岛丽晶大酒店举办。

本届时装周活动，主要由国际服装服饰博览会和设计师作品与品牌发布展示两大部分组成，在会展中心展厅特设服装出口跨国采购区和家用纺织品专业展区，以搭建国内和青岛服装产品走向国际市场的商贸平台，促进青岛和省内外知名品牌服装通过青岛扩大出口。

本届青岛国际时装周汇聚了310家国内外知名服装品牌企业参展，有13场中外服装设计师作品在会议期间进行了发布。主办方还组织了沃尔玛、TESCO等300家大型跨国采购商到会采购，国内1000名以上的采购商到会采购洽谈，同时邀请了山东省内17地市销售额前5名的大型商场列会。

本届时装周，共吸引专业观众4万人次，实现贸易成交额14亿元，为历届之最。

本届时装周除了通过提前招商、布展，为国内外参展商和采购商找搭建好了商贸和跨国采购平台外，还首次推出“一对一”配对动静结合洽谈服务，让每一个参加洽谈的对接单位都有所收获。5天时间，就实现贸易成交额14亿元，其中投资额达到7211万美元，贸易额达到9100美元。

——《中国贸易报》

第四届中国（大朗）国际毛织产品交易会

由中国国际贸易促进委员会纺织行业分会、中国毛纺织行业协会和东莞市人民政府联合主办的第四届中国（大朗）国际毛织产品交易会（简称“织交会”）2005年10月19～23日在广东省东莞市大朗镇举行。“织交会”主展场设在大朗镇毛织贸易中心，展场面积近12万平方米，分毛织机械、毛纱线、毛织服装三大展区，共设展位1800多个，海内外企业600多家，包括瑞士、德国、日本、意大利、美国、匈牙利、印度以及我国台湾、香港等国家和地区的毛织企业参展，其中不乏知名品牌企业和产品，如境外的有瑞士斯坦格电脑织机、德国斯托尔电脑织机、日本岛精电脑织机、匈牙利RLEEZIO服饰等；国内则有著名商标“纪帆登”，广东的“龙姿”毛衫、“QQ”毛衫以及天津的“抵羊”纱线等著名品牌。在5天的展会期间，先后举办了2005年度全国毛针织服装优质精品评审获奖产品展示、第三届毛织服装设计大赛、第四届毛织服装模特大赛、大朗毛织行业发展论坛等活动。俄罗斯、意大利、美国、日本、匈牙利、西班牙、韩国、南非等国外采购商及国内各地区工商客户约计30多万人次进场参观或开展商贸活动，意向成交额达28.9亿元，比上届增加2.4亿元。

毛织业是大朗镇的支柱产业，也是大朗镇民营经济的主体。经过20多年的发展，大朗毛织业从无到有、从小到大、从分散到集聚、从单一到多样，而今已发展成为在国内外具有较大影响的产业集群，形成比较完整的产业链。目前，全镇有毛织企业2000多家，从业人员10多万人，年产毛衣超过2.5亿件（套），产品60%以上销往欧洲、俄罗斯、美国、日本、韩国、东南亚等国家和地区。年出口额达2亿多美元。2002年大朗镇被中国纺织工业协会授予“中国羊毛衫名镇”称号，2003年被批准为“广东省专业镇科技创新试点单位”，2005年被批准为全省两个创建区域品牌试点单位之一。

为做大做强毛织产业，大力推动毛织产业优化升级，打造全国乃至世界毛织产品贸易中心，大朗镇大办毛织产品会展。2001年，举办“广东（大朗）毛织产品展示会”，轰动业界，大获成功。2003年起，由中国毛纺织行业协会、东莞市人民政府联合主办，由大朗镇人民政府承办，每年举办中国（大朗）国际毛织产品交易会。经过几年的发展壮大，大朗“织交会”作为国内乃至国际上颇具规模和影响力的毛织行业盛会，国际化程度越来越高，日益受到海内外客商的重视。

——南京羊毛市场信息中心

2005中国国际丝绸博览会

中国国际丝绸博览会于2005年10月20～23日在杭州和平国际会展中心隆重举行。此次规模最大、档次最高、专业性最强的丝绸博览盛会受到了国内外的广泛关注。此次博览会集丝绸产品展示、贸易洽谈和信息交流为一体，对丝绸面料、丝绸服饰、真丝内衣、真丝寝具、真丝工艺品&礼品以及丝绸原料六大类进行了集中展示。此外，参展品种门类齐全也是此次博览会的一大特点，有近2万个品种参加展示。来自浙江、江苏、四川、重庆、广东、广西、辽宁、安徽、山东湖北、云南、江西等省的近120家丝绸企业亮相丝绸盛会。为了更好的弘扬我国悠久丝绸文化历史，促进中国丝绸产业发展，加强国际丝绸之间的交流，博览会期间还举办了2005全国丝绸新产品及品牌推介、高档丝绸标志推广、06/07春夏丝绸流行色趋势和中国丝绸面料流行趋势、丝绸论坛等活动。整个丝博会持续四天，成为国内丝绸纺织行业的一次盛会。

中国国际丝绸博览会自2000年以来，已经连续成功地举办了五届，丝博会已经成为国际丝绸产业新产品展示平台、贸易投资平台和信息交流平台。据了解，此次丝绸博览会首次由国家商务部主办，旨在利用商务部现有政策管理优势和贸易平台，整合资源，在进一步扩大丝博会国际知名度的同时，进一步提升（Silk China）中国丝绸的国际影响力。

——颜如玉内衣网

第九届宁波国际服装节

为期三天的第九届宁波国际服装节于2005年10月23日圆满落下帷幕，本届服装节参展城市、参展企业、参展品牌、到会客商和业务成交数为历届之最，专业客商达3.8万人，境外客商约3500人，分别比上届增加92%和近8倍，标志着宁波服装节迈出了向国际性服装专业展转型的成功一步。

据了解，本届服装节专业性更加突出，服交会共设2200个展位，展出面积4.5万平方米。省内外10余个城市600余家企业前来参展，市内各县（市）区均组团参展，91个国家或地区外商前来洽谈。此外，服装节还举行了中国服装论坛、“艺术与科技完善融合”论坛、服装设计师与品牌发布、宁波市服装职业技能大赛、宁波大学传播与艺术学院和香港服装学院合作办学签约仪式等多项活动。

群众参与度明显提高也是本届服装节的一大特色，本届服装节首次尝试举办中韩服装服饰文化周活动，开展了韩服展览和展演、中韩歌舞表演、社区巡演、艺术展览、影视播映、时尚体育、韩国美食节等活动。第二届中国青年服装时尚周主要有“维科·先锋杯”中国青年服装设计大赛、“大红鹰”中国青年最喜爱的服装品牌评选活动、青年自我设计大赛、中国青年服装时尚论坛、宁波市第五届少儿模特大赛等活动。这一系列活动增加了市内外群众的参与度，扩大了宁波国际服装节对外影响。

本届服装节的国际化程度大大提高。不但服交会到会外商数大大增加，而且服装服饰文化活动国际化元素有所增加。韩国服装服饰文化周系列活动的成功举办，使更多的宁波市民增加了对韩国的了解，丰富了文化生活。服装节招待晚会和开幕式现场出现了外国文艺团体的表演，更是给国内外嘉宾和宁波市民带来了惊喜。值得一提的是，“小灵通杯”首届宁波青年业余模特大赛出现了在宁波工作的外籍选手。据初步统计，整个服装节期间，市区四星级以上宾馆外商入住率超过50%。

——宁波市政协信息网

第11届中国国际纺织面料及辅料博览会

由中国贸促会纺织行业分会、中国纺织信息中心、法兰克福展览（香港）有限公司联合承办的第11届中国国际纺织面料及辅料（秋冬）博览会于10月26～29日在上海新国际博览中心举行。本届展会汇聚了来自25个国家和地区的1530家展商（其中海外参展商567家），展出面积达6.3万平方米，比去年同期增长36.96%，展品涵盖棉、麻、丝、功能面料、针织、绣花蕾丝、辅料、计算机辅助设计和媒体等。

此次展会，主办方为了提高观众参观效率，专业展区按照展品类别集中划分，并在参观指南中通过颜色加以区别。展品区域安排清晰、明确，展会现场组织安排具专业性和系统性。

不断创新完善的服务是展会得以发展的重要因素。本届展会继续推行了“特邀买家日”——即展会首日仅对持特邀观众请柬或胸卡的观众开放，保证品牌展会专业观众的质量和突出的商贸功能。

随着中国国际纺织面料及辅料博览会进入稳步发展的成熟期，其专业化的运作和愈加完善、细致的服务必将吸引更多来自世界各地的观众到场参观。

——中国服装款式网

第十届中国（虎门）国际服装交易会

由广东省东莞市人民政府、广东省服装服饰行业协会、广东省服装设计师协会和广东省东莞市虎门镇人民政府主办的第十届中国（虎门）国际服装交易会于2005年11月11～15日在中国女装名镇广东虎门举行。

本届交易会总展场面积达30多万平方米，参展企业6000多家，参展国家达13个，在短短的5天时间内，进场82万人次，成交额高达35.8亿元人民币。本届交易会国际性、专业性、时尚性进一步增强，16场时装表演将虎门品牌风采尽情展现；开幕式《欢乐中国行》以及闭幕晚会上的2005世界顶尖超级模特大赛将虎门的魅力更加深入的扩散到全球，3场高规格的服装论坛使行业交流更加广泛，专家座谈虎门服装，为虎门服装今后的发展指明了道路；5场国际设计师时装发布备受欢迎，加强了交易会的服装文化国际交流；备受瞩目的第六届“虎门杯”国际青年设计（女装）大赛和今年新增的展馆“设计师廊”均为设计师和品牌企业提供了一个交流对接的良好平台，“虎门杯”刚刚结束，金奖得主肖明就被虎门知名服装品牌“泽黛佳伊”纳为人才储备。

相关链接

第一届交易会。1996年11月15～20日。展位406个，进场40万人次，成交额12.6亿元。

第二届交易会。1997年10月18～23日。展位496个，进场30万人次，成交额12亿元。

第三届交易会。1998年11月20～25日。展位428个，进场约38万人次，成交额11.3亿元。

第四届交易会。1999年11月19～24日。展位460个，进场约50万人次，成交额14.1亿元。

第五届交易会。2000年11月17～22日。展位550个，进场约60万人次，成交额20.2亿元。

第六届交易会。2001年11月16～21日。展位610个，进场约60万人次，成交额20.2亿元。

第七届交易会。2002年11月15～20日。展位700个，进场75万人次，成交额27.9亿元。

第八届交易会。2003年11月14～19日。展位710个，进场77万人次，成交额30.6亿元。

第九届交易会。2004年11月12～17日。展位815个，成交额32.6亿元。

——虎门服装网

全球服装业采购交易会在广州举行

由德国上市公司BMC商务传媒集团和广州美沙振威国际展览有限公司组织的2006年全球服装业采购交易会2006年3月1～3日在广州国际会议展览中心举行。这次展会共设有缝制设备展、纺织面辅料及纱线展、纺织染料及印染助剂展、纺织机械展四大主题展区，展出面积超过2.5万平方米。汇聚了来自中国和亚洲地区的150家极具竞争力的供应商。同时展会主办机构邀请到30多个国家和地区的274家采购商（351人次）前来参观、洽谈，各参展商也以不同方式向观众竞相展示了各自产品的优势和加工、供应能力，尤其在新品面料方面和成衣加工工艺方面较以往有了很大的突破，各种新型的面料产品大受追捧。专业观众不仅有机会了解到最近的服装行业动态，更有机会与更多高质量的生产厂家面对面交流，达成合作意向。

——《中国贸易报》谭 雪

第二届浙江（中国）家用纺织品展览会

2006年3月22～24日第二届浙江（中国）家用纺织品展览会在浙江世贸中心举办。该展会由杭州市余杭区家用纺织品行业协会、海宁市家纺布艺协会和绍兴县家用纺织品行业协会共同主办，杭州余海家纺展览有限公司承办，为企业和客商搭建起一个展、销、购的贸易合作平台。有近百家省内外家纺企业来杭参展，展览规模近万平方米。

浙江有着悠久传统的纺织产业，其中窗帘、沙发布及各类家居纺织品占中国份额70%以上，在中国具有领先地位，在国际上享有一定的知名度。浙江家纺布艺产业经过近20年的发展，产业集群优势凸现，块状经济特色明显，大批规模企业涌现。家纺布艺已成为江浙沪的长三角地区接轨国际的特色、优势产业，“中国家纺布艺名城、名镇”蜚声海内外。“浙江（中国）家用纺织品展览会”是余杭、海宁、绍兴三地家纺协会根据长三角当地家纺行业的需求和特性而定的，贴近企业，符合家纺行业各界人士的实际需要。

在本届展会上，除奥坦斯、和心、众华、裕隆、玉龙、雅士居、众望、胜宇、天屹、碧雅、柯力达、雅馨等大型家纺织造企业外，浙江省内的知名家纺成品企业也齐聚一堂，这表明有更多的浙江家纺企业在完善产品多样化的同时正进一步向终端延伸，这也符合浙江家纺业“做精、做深”的迈进方向。

——中国女装网

2006中国国际服装服饰博览会

据中国国际服装服饰博览会新闻中心提供的信息：第14届中国国际服装服饰博览会(CHINA INTERNATIONAL CLOTHING & ACCESSORIES FAIR，简称CHIC2006)2006年3月28日在中国国际展览中心举行。该展同往届一样依然分期展出，首期男装·休闲装·服饰品展的展出时间为3月28～30日，二期女装·童装·服饰品展的展出时间为4月4～6日。

本届CHIC展出面积12万平方米，有来自意大利、法国、德国、西班牙、比利时、瑞典、土耳其、美国、加拿大、日本、韩国、印度、印度尼西亚、巴基斯坦和中国及香港、澳门、台湾地区等18个国家和地区的千余个品牌参展，其中，海外品牌数量达到了350个。

中国大陆展区依然呈现展位供不应求的现象，企业参展积极踊跃，两期参展品牌总数达730个。各专业展区均汇集了相应服装领域的知名、优秀品牌，不仅呈现出中国服装行业整体发展欣欣向荣的良好态势，更是服装品牌对CHIC作为专业展超强实力的认可。CHIC作为品牌提升、商贸洽谈、国际合作的最佳平台，无论是对刚刚起步的新品牌，还是对日趋成熟的老品牌，以及对服装行业本身，都起到了重要的推动作用。

相比往届，CHIC2006上有更多的国家或地区以“展团”形式亮相，意大利、德国、法国、西班牙、韩国和我国香港、澳门地区都组团参展。其中，香港展团依然是最大的海外展团，参展商数量近100家，展出面积9600平方米，比去年增加了24%。意大利展团的展出面积为2300平方米。德国首次以国家展团的形式参展。韩国和西班牙也分别以强大的阵容组成国家团共同参展。

作为中国服装产业迄今为止规模最大、档次最高、专业性最强、辐射力最广、影响力最为深远的服装专业展会，作为中国服装产业近十年来辉煌发展的最直接的参与者、见证者与推动者，进入第14个发展年头的CHIC，在展会的国际化运作、展会自身的提升与创新、展会贸易平台的搭建，以及促进中国服装品牌发展、提升等多个方面，都开始走向深入。

——《中展通讯》

青海藏毯展会盛装迎客

2006年3月31日“2006·青海藏毯国际展览会”如期在西宁开幕。几千名参会观会者的到访，使这个素来宁静安逸的城市尽染喧嚣。瑰丽的藏毯以其古朴的色彩、典雅的图案、绝美的意境迎接芸芸客商，勾起人们亲近自然、返璞归真的强烈渴求。

本届青海藏毯会，是继前两届成功举办后的又一次“藏毯盛宴”。在“扩大对外开放，创建特色产业，拓展藏毯贸易，加强经贸合作，促进共同发展”的主旋律下，本届展会在时间、规模、形式等方面都较往届有了创新和发展。

开展当天，来自27个国家的1600余名中外客商到会参观采购，其中外商超过1000人。国内展商75家，国外43家。印度、巴基斯坦、尼泊尔、阿富汗、伊朗、德国、蒙古、加拿大等8国均以强势阵容推出各自看家毯品。

本届展会展馆面积达1.8万平方米。展会设标准展位380个，其中国外80个，国内300个，特展摊们117个。国内外参展商品共计12类300个品种，基本涵盖了国内外地毯生产的所有品种。

据大会组委会介绍，此次展会一改以往以单一展示为主的格局，变为交易和展示并举，突出现货交易，辅以展销地毯原辅材料和藏文化艺术品，同时和建立西宁城南国际地毯城及原辅材料集散地相结合，同步启动。

此外，展会内容更丰富、融藏毯产品交易展示、藏民族文化艺术品展示为一体，展会期间还举办电视访谈、颁奖晚会等活动。

相关人士告诉记者，为便于采购商有充足的选择余地和时间到会选购，本届展会的举办时间已由以往的5、6月间调整至3、4月间，会期也由3天延长至10天。最值得一提的是，10天之后人们迎来的将不是硕果累累的常规性闭幕，而是60家地毯商的常年坐地经营。可以说，展会将永不落幕。

——《国际商报》裴 玥

纺织面料展步入成熟期

“因为是专业展会，国际采购商才更愿意来看样下订单”。2006年3月28日，在北京展览馆开幕的2006中国国际纺织面料及辅料（春夏）博览会（下称纺织面料展）上，宁波中鑫毛纺集团供销科科长姚利元介绍说，国际采购商习惯反季节看样订货，此次向他们下订单的国外客商，几乎都是订下一年度的春夏面料，他表示，这次国际客商量和上届比要好很多。

由中国纺织工业协会主办，中国贸促会纺织行业分会、中国纺织信息中心和法兰克福展览（香港）有限公司共同承办的纺织面料展正在步入成熟期。从最初的近万平方米到本次展会的3万平方米，纺织面料展已经吸引德国、意大利、印度、日本、韩国、土耳其、英国、美国以及中国香港和台湾地区参展商的关注，他们进入中国市场与同行业在同一平台上竞争。

有业内专家认为，全球纺织品贸易机制重组为中国纺织品工业带来了前所未有的繁荣，中国成为备受国内外纺织品供应商青睐的市场。但专家也表示，虽然中国的纺织面料生产增长迅速，但仍未能满足国内的需求，纺织品的进口因而上升。值得关注的是，意大利和韩国的展团以大规模的展出面积吸引采购商们的注意力，与中国企业瓜分市场份额。而广东西樵、吴江盛泽、浙江萧山以及麻纺协会的展团也以地方的行业特色留住采购商的视线。

据组委会统计，本届纺织面料展的参展商是679家，其中中方参展商424家，海外参展商255家，同比增长21%。实际上，纺织面料展会的摊位以标准摊位为主，开放式的展台营造了一个通透的视觉环境。浙江美德中纺织公司的申女士介绍说，她们在参展之前与组委会签署了《知识产权承诺书》，做出了没有侵权的保证。组委会的有关负责人表示，此次展会前期，组委会首次要求所有的参展商签署了《知识产权承诺书》，在贯彻执行《展会知识产权保护办法》的同时，进一步强化参展商的知识产权保护意识，明确参展商在知识产权方面的权利义务。此外，展会期间还开设了法律讲座。据这位负责人介绍，法律讲座主要以案例讲解为主，针对中欧、中美达成纺织品协议后的国际贸易环境、面料著作权纠纷的新趋势以及如何运用调解解决法律纠纷等问题，请专家为企业进行讲解并与企业进行交流。

另外，由纺织面料展组委会主办的第三届中国国际纺织纱线展（简称纱线展），3月29日在中国国际贸易展览中心开幕。作为上下游产业链的专业展会，这次纱线展首次移师国贸举办，为方便采购商参观，组委会在北展和国贸两个展馆都安排有班车，接待观众参观洽谈。据组委会的有关负责人介绍，根据纱线展目前的展出规模来看，参观和咨询的客商数量都超出了预料之外。

——《中国贸易报》

第三届中国国际纺织纱线展览会

2006年3月29～31日，第三届中国国际纺织纱线展览会在北京中国国际贸易中心举办。来自10个国家和地区的120多家纱线、纤维类企业参加此次展会。

连通产业链，促进面料行业与上游纱线、纤维行业的协作，是主办方从2004年开始推出中国国际纺织纱线展览会的主要目的。经过前两届的运作，展览会日趋成熟。本届展会规模进一步扩大，展览面积近3000平方米；众多国内优势企业积极参与，同时，展会的国际性日益提高，本届展会海外参展商近30家，展出面积占到总面积的1/3。

本届展会的专业性得到进一步提升，参展企业涉及花式纱，棉、毛、麻、化纤以及各种混纺交织新型纤维。各企业都精心准备，强势推出了各自的最新产品，力求吸引更多的关注，获取更好的参展效益。由山东纺织行业管理办公室牵头组织的山东展团，聚集了业内20多家纺织纱线生产企业，采取集中展示形式，从展会一开始就受到了普遍关注。吉林化纤集团、河北吉藁、上海天竹集合上下游用户企业，统一悬挂"天竹"竹纤维联盟标志，使参观者和客户一目了然，展台前始终汇聚了较高的人气。

本届展会是由中国贸促会纺织行业分会、法兰克福展览（香港）有限公司、中国棉纺织行业协会、中国毛纺织行业协会、中国化学纤维工业协会、中国麻纺行业协会、中国纺织信息中心联合承办的。

——富民时装网

第三届汕头（潮南）纺织制衣工业展览会

第三届汕头（潮南）纺织制衣工业展览会已于2006年4月1～4日举办。产业集群优势明显的峡山举办此次展览会，受到了海内外厂家和经销商的极大关注。参展企业中，有70%是“回头客”，有些还是“三进”展会的“老主顾”。业内人士指出，这种依托当地产业集群优势，把专业展会办在“家门口”的方式，已成为当前会展业的一种趋势。此次展会虽然规模不算大，却吸引了来自意大利、瑞士、德国、日本和我国香港、台湾及内地17个省市的知名厂家和经销商前来参展。

此次展会之所以能如磁场般吸引企业关注的“目光”，究其原因，是这里的产业集群优势起到支撑作用。潮南经贸局提供的有关资料显示，经过多年来的发展，目前潮南纺织服装业已基本形成了纺织、漂染、成衣一条龙配套的产业链，摘取了“中国针织名镇”、“中国家居服装名镇”和“中国内衣名镇”三块“金字招牌”，涌现出一批具有一定规模和档次的现代化专业生产企业。庞大的市场需求使海内外客商纷至沓来寻找商机。一组统计数字显示，此次展览会十分火爆，共设立展位190个，比上届增加了20个；进场参观人数达7000多人次，成交额达8500万元。

——大华网

北京时装周

2006年4月2日，中国最高级别的时尚风向标——中国国际时装周在北京饭店落下了帷幕，中外模特的俊雅步调和灵动身姿，国内外时装设计师的非凡创意与灵感，知名品牌的新一季流行趋势发布……8天的时间里，几十场时装秀、设计大赛、模特大赛在京城刮起了一阵时尚旋风。在今年的时装周上，除了国内顶级设计师与中国名模们组成的豪华阵容，T台上金发碧眼的国际模特也形成了庞大的队伍，而来自全球22个国家的青年设计师，意大利、法国等知名服装品牌的加盟，还有十几家境外媒体的“洋记者”，把北京饭店的金色大厅变成了一个真正的国际大舞台。

本次时装周中，共有来自法国、意大利、英国、德国、西班牙等五大洲22个国家的36位入围选手参加了“汉帛奖”的角逐。不同种族、不同肤色的年轻设计师精心设计的时装艺术作品，不仅展现了独特的创意和各国传统文化特色，而且为本届时装周带来了浓浓的国际化气息。

从2004年开始，中国国际时装周发布会里出现了意大利、法国以及韩国等品牌，打破了以往时装周几乎绝缘国际品牌的封闭印象。这同时也意味着国内服装界与国际间的交流与合作，迈出了坚实的一步，建立了更实质性的关系。

在本次时装周上，意大利Hybris品牌携手新结盟的中国合作伙伴举办了一场女装发布会，而意大利对外贸易委员会与意大利科莫纺织公司则联手把意大利著名时装品牌Gattinoni带到了中国，用亚平宁半岛纯正、精美的面料高调演绎了“意大利时装”的魅力。

采访中，赖世平向记者透露，意大利的服装对于中国人来说，非常具有吸引力，尤其是对于在北京、上海这样大城市的人们，很多意大利著名品牌在那里家喻户晓。目前不少意大利服装企业正在打算着将大部分制造业务转移到中国。赖世平说，不少意大利服装品牌在中国是以专卖店的形式出现的，其中只有高级男装公司Ermenegildo Zegna（杰尼亚）是一个例外，该品牌在中国设有生产厂。而著名时装品牌Ferragamo表示正考虑将制造部门移师中国，将重点更多地放在品牌的打造上，而不仅仅是“意大利制造”的商标。本次时装周上高调出现的科莫丝绸制造商Manteror也在考虑将部分生产业务放在中国。

为期8天的中国国际时装周，设计师和模特自然是主角，但是庞大的媒体队伍也成了会场中最忙碌的一群人之一，中国服装设计师协会的工作人员不禁感慨，时装周成为了全球时尚媒体交流、聚会的“大本营”。

——《环球时报》于 莹

第六届中国国际染料工业展

2006年4月12～14日，由中国染料工业协会、中国印染行业协会、中国贸促会上海市分会、上海世博集团主办，上海国际展览服务公司承办的“第六届中国国际染料工业暨有机颜料、纺织化学品展览会”在上海国际展览中心和上海世贸商城举行。有来自15个国家和地区的300多家著名化工企业在展会上竞相展示各自的最新产品，展出各类染料、有机颜料、纺织化学品和各类相关配套生产设备。

本次展览会面积达1.8万平方米，其中海外企业展位面积为7000平方米，行业巨头巴斯夫、德司达、朗胜、波美、多闻、博朗、宁柏迪、约克夏、卜塞特、EKSOY等外国厂商和龙盛、润土、亚邦、吉华、楚源、德美精细化工等著名国内企业同台亮相。此外，纺织化学品行业和相关设备的海内外品牌企业也纷纷参展，共同打造这一国际化的行业盛会。

另外，作为展览会的配套活动，中国印染行业协会、中国染料工业协会和上海涂料染料行业协会举行2006年年会和理事会，此外，“第五届全国印染行业的‘四新’会议”、“针织物前期处理工艺与设备研讨会”、“第11届染料技术交流会”等行业技术研讨活动也同期举办，为展商和观众搭建技术交流的平台。

——《中国贸易报》叶 子

第九届海峡两岸纺织服装博览会

由中国贸促会、福建省人民政府、台湾制衣工业同业工会等联合主办的第九届海峡两岸纺织服装博览会于2006年4月17～21日在福建省石狮举办。本次盛会共达成意向成交额48.5亿元，比上届海博会的42.6亿元增长13.85%；签订投资合作项目9个，合同投资及协议利用外资总额达1.43亿美元。进馆观众超过10万人次，来自国内外的专业客商达1.2万人，在两岸合作、信息交流、趋势发布、品牌推介、投资招商、城市协作、贸易出口等方面取得突破，实现展览效益的最大化。丰富多彩的配套活动、隆重热烈的节庆氛围，服装名城的时尚经典，推动本届博览会在展会规格、展览规模、展会内涵、展会成效，均实现了历史性的突破。

专业观众大幅提升，需求向高端发展。由于海博会成为地方性最大的专业展会且石狮市纺织服装产业屡获殊荣，今年中国纺织工业协会、服装协会和服装设计师协会组织大连、深圳、虎门、上海、宁波、青岛、温州、杭州、常熟等十个办展城市到海博会观摩和举办论坛，广东、浙江、江苏等地的台商协会也组团参加展会；台湾纺拓会等七大同业公会也组织历届最大的代表团参加。4天的展期共吸引了来自印尼、墨西哥、菲律宾、中东、西亚、非洲等20多个国家和地区的客商莅临石狮。据统计，有超过3.5万名来自海内外的专业买家到场参观考察，并进行一系列行之有效的商贸活动。前来参会的9000名海外买家，分别来自美国、德国、菲律宾和我国香港、台湾及澳门等20多个国家和地区。

展会管理更加规范。本届海博会参照国际大型展会的做法，首次启用客户采集管理系统，对与会专业观众和媒体采取根据客户信息进行登记并现场印发证件，其它证件则统一印制发放。通过收集客商信息并印发证件，进行出入展馆信息采集和回馈，以切实提高与会客商登记的有效性，防止与会客商资源的流失。

企业参展规模历届最大。本届展会企业参展规模进一步扩大，主展馆（服装城展览艺术中心）增设2号馆，加上服装城以运动和商务休闲、男装、女装、童装、西裤为主要展览内容的四大展区以及鸳鸯池、金汇布料市场、塔前辅料市场三大分展区，本届海博会企业参展规模进一步刷新历史纪录。

——《中国贸易报》王惠兵 庄树雄

首届深圳国际品牌内衣展览会

由广东省外经贸厅批准、广东省纺织协会主办的首届深圳国际品牌内衣展览会于2006年4月19日在深圳会展中心举行。本展会以品牌内衣为主体、面辅料配件为配套基础进行展示，现场设有动态展示区、静态展示区、专业客户洽谈区、论坛会场和媒体互动区等多个专业活动区域，为内衣生产商、贸易商、加盟商建立一个资源与利益共享的服务平台。

本届国际品牌内衣展旨在提升珠三角内衣整体品牌知名度，扩大企业市场占有率。珠三角地区知名品牌内衣企业首次集中亮相。

据深圳纺织行业协会统计的数据，目前深圳上规模的内衣企业已达100多家，知名品牌企业有20多家，仅万人以上的国际知名品牌就有3家。截至目前，世界最知名的10多家内衣企业均已落户深圳。同时也涌现出了“安莉芳”、“芬怡”、“黛丽斯”、“雪仙丽”等许多国内品牌。据悉，4月19日这些知名品牌均在深圳国际品牌内衣展览会上齐齐亮相。

——《中国贸易报》季 风

2006国际纺织品买家杭州采购洽谈会

由中国贸促会杭州市分会和美国C-ME公司共同主办的“2006国际纺织品买家杭州采购洽谈会”于2006年5月21～22日在杭州和平国际会展中心举办。采购会沿用去年的封闭式洽谈形式，为中国的纺织品企业和国际纺织品买家提供展示、洽谈的机会。

中国贸促会杭州市分会致力于全方位多渠道开展同世界各国和地区的经贸交往和经贸合作。在成功举办“2005美国买家杭州采购洽谈会”的基础上，2006年与美国C-ME公司合作，再次举办“2006国际买家采购洽谈会”。我们希望通过此次洽谈会进一步扩大和加深杭州与各国企业界的交流与合作。由于纺织品出口受欧洲国家设限的影响，此次前来采购洽谈的买家除来自欧洲和美国外，还增加了日本、印度、菲律宾和我国香港等国家和地区。国际买家人数共45人，均为纺织品、服装、服饰业的专业买家，带有明确的采购订单和合作意向。参加洽谈会的参展企业近30家，主要为杭州和附近地区的成衣、纺织面料企业，他们在洽谈会上向国际买家展示自己的产品，宣传自己的企业，并和国际买家进行一对一的洽谈，会后还可以邀请买家去参观工厂。

“2006国际买家采购洽谈会”给中国纺织企业再次提供一个“走出去”的机会，对参展企业扩大销售渠道，保持外贸的稳定增长起到积极的作用。

——中国服装网

倾力打造华东一流纺织展

由南京中纺展览有限公司、中国国际商会南京商会、中国贸促会南京市分会联合组织的“2006年第五届南京国际纺织品及面料、辅料博览会”简称“南京纺博会”于2006年5月12～14日在南京国际展览中心成功举办。本届展会以“合作、交流、贸易、发展”为主题，突出特色，强调规模，提高档次，促进贸易为根本，为纺织企业展示最新的产品、技术和品牌，倾力打造华东地区的一流纺织展会。

来自美国、韩国、以色列、南非、法国、意大利、英国、乌克兰、丹麦、瑞典、俄罗斯、德国、和我国台湾、香港、澳门等16个国家和地区的四百余家参展商共聚南京，携纺织面料、辅料、家纺、化纤及服装设计系统等众多产品亮相本届展会。在组委会的精心策划和筹备下，参展商在展会上各出奇招，特装展位气势宏大、影音宣传先声夺人、下游成品和上游原料的共同“参展”，让观众对主角面料的概念更加直观和深入，还有抢眼的特殊眉版、巨大广告杉、连桌布都为展品让开展示渠道。体现了本届展会为为众多的海内外专业买家和卖家提供了技术交流与产品展示的广阔空间，提升了国内企业形象和产品知名度，加强了行业上下游多层次、多渠道的信息交流与商贸合作，提供了一个权威、周到、全面的交流平台。

南京纺博会通过五年的运作，已逐步成为华东地区颇有规模的行业盛会，相信通过组委会对展会的不断完善和升级，一个大而强的纺织业展会将会为纺织企业带来更为广阔的市场发展空间。

——《国际商报》冷敏燕

第六届中国国际女装展

2006年6月29日～7月2日，第六届中国国际女装展在杭州举办。为期4天的女装展，既是女装时尚的展示，又是充满商机的盛会。据了解，该女装展共设置了600个国际标准展位，展出面积达1.2万平方米，展会现场还开设了国际品牌展区、女装成衣、杭州丝绸女装、面辅料、制衣机械等展区。

据了解，本届展会有17个国际品牌企业来华参展，其目的是在中国寻找品牌代理商，开拓中国市场。为抢占中国巨大的女装市场，世界各地品牌服装集团总裁纷纷亲自挂帅，美国两家知名品牌服装的总裁更是不惜血本，亲自驾私人飞机来杭州寻找商机。

“这次招商的条件很严格，但是不少美国相关的公司都想过来。”美国ASAP展会机构董事长袁士麒在接受记者采访时欣喜地说。作为第六届女装展的国际合作机构，美国ASAP展会机构负责在美国联系国际品牌来杭州参展。

据袁士麒介绍，这次招商非常成功，每一家美国中上层女装品牌企业都想来中国开拓市场。“我要求每家企业负责人必须要亲自挂帅，而且要在杭州一直待到展会结束。”袁士麒认为，这些企业的负责人能够花那么多天的时间在杭州的展会上，由此可见对这次活动的重视。

据悉，这次展会专门开辟了2000平方米的国际品牌展示区，集中展示以美国品牌为主的未进入中国市场的国际服装品牌。其中有Carhartt、Gerry、Suan Dunn、Jane Singer、Lloyd Klein和Wisher等17国品牌来杭州参展。袁士麒告诉记者，这些品牌都是第一次来中国参展，主要是为了寻找与中国企业、商场服装经理人和品牌代理商合作，抢占中国品牌女装市场。

这次展会不仅受到世界各地的服装企业重视，有关国家政府机构同样也给予相当的重视。据悉，美国、意大利、西班牙、法国和德国驻华大使馆、领事馆的商务领事都出席在展会期间举办的国际品牌与中国高峰论坛。“这次美国领事馆派了6名代表过来。”据袁士麒介绍，这次在美国的招商，得到了美国商务部的大力支持。“中国市场那么大，这次的展会有利于美国中小企业进入中国市场，美国政府当然很重视。”袁士麒一句话道出了原委。

——《中国贸易报》柴燕菲

2006丝绸之路国际服装服饰节

2006年乌鲁木齐丝绸之路国际服装服饰节于2006年7月18～22日举行，本届服装节突出五大主题。

本届服装节主会场设在新疆国际博览中心，共设700多个展位。分会场设在吉尔吉斯斯坦比什凯克市大唐中国商品分拨中心国际展览大厅，共设100个展位。有来自吉尔吉斯斯坦、巴基斯坦等国的600多个国际知名服装品牌，1000多名国外代表参会。还有来自北京、上海、天津、苏州等21个国内城市的代表团参加。本届服装节突出五大主题：丝绸之路国际服装服饰展示会；2006比什凯克中国新疆丝绸之路服装服饰展览会；2006丝绸之路国际服装服饰节国际模特总决赛及中外名师作品表演；2006丝绸之路国际服装服饰节洽谈会；中国俄罗斯年俄罗斯文化表演周。

——《中国贸易报》张敏霞

2006深圳国际纺织面料及辅料博览会

2006深圳国际纺织面料及辅料博览会于2006年7月25～27日在深圳会展中心举办，该展会由中国贸促会纺织行业分会、法兰克福展览（香港）有限公司和深圳服装行业协会共同主办。

本届展会汇聚了来自日本、韩国、中国及香港等国家和地区的220家展商，展品涵盖棉、麻、丝、毛、化纤、功能面料、针织、绣花蕾丝、辅料、计算机辅助设计和媒体等，展出面积共计7500平方米。

其中广东、江浙、上海等地区企业参展踊跃，诸多知名企业携带各领域最新展品亮相展会。盛泽、萧山、绍兴等地共组织了60余家企业参展，借助展会这一平台充分展示地区整体形象。

据统计，本届展会辅料、棉、化纤参展企业所占比例分别为25.7%、23.4%和15.3%，充分体现了广东省地区性产业分布特点和珠三角地区的市场需求。

——《中国贸易报》王 帆

第12届中国国际家用纺织品及辅料博览会

2006年8月28～30日，由中国纺织工业协会主办，中国国际贸促会纺织行业分会、中国家用纺织品行业协会、法兰克福展览（香港）有限公司共同承办的第12届中国国际家用纺织品及辅料博览会在上海新国际博览中心举办。

据介绍，作为亚洲最大、最重要的家用纺织品盛会，今年的博览会展区面积达到8万平方米，来自13个国家和地区的700余家展商在此次展会上亮相。展会汇聚了江苏梦兰、宁波维科、深圳富安娜等在业内及消费者中久负盛名的家纺品牌，其中装饰布龙头企业——杭州奥坦斯的“杭州依曼特家纺有限公司”占地500平方米，是本届展会最大的展位。

此次博览会的产品种类非常齐全，囊括了家居生活的必须用品及配件，在注重产品的美感外，更多强调了产品配套及设计，逐渐呈现多元化和多极化发展趋势，彰显出了“大家纺”的概念。此外，品牌展商们无论是在产品还是在展台布置上，都充分表达了家纺时尚、艺术与实用的特性，品牌的个性化成为这个展会的重要特征之一。

——新华网

境内展

展名：香港国际服装荟萃
时间：2006年1月17～20日（香港）
周期：一年一届
上届数据：展出面积（平方米）：9349
观众总数（人次）：15440
展商总数（家）：194
其中外国参展商数目（家）：84

展名：香港时装节2006年秋冬系列
时间：2006年1月17～20日（香港）
周期：一年一届
上届数据：展出面积（平方米）：30814
观众总数（人次）：25401
展商总数（家）：1087
其中外国参展商数目（家）：520

展名：第87届中国针棉织品交易会
时间：2006年2月22～24日（上海）

展名：第六届中国（广州）国际纺织面料及辅料展览会
时间：2006年3月1～3日（广州）
周期：一年一届
创办时间：2001年6月
上届数据：展出面积（平方米）：15000
其中外国参展面积（平方米）：3600
观众总数（人次）：25021
展商总数（家）：316
其中外国参展商数目（家）：87

展名：第六届中国国际纺织染料暨印染助剂（广州）展览会
时间：2006年3月1～3日（广州）
周期：一年一届
创办时间：2001年6月
上届数据：展出面积（平方米）：10000
其中外国参展面积（平方米）：1700
观众总数（人次）：14906
展商总数（家）：213
其中外国参展商数目（家）：76

展名：第六届中国（广州）国际纱线暨纤维展览会
时间：2006年3月1～3日（广州）
周期：一年一届
创办时间：2001年6月
上届数据：展出面积（平方米）：8000
其中外国参展面积（平方米）：1700
观众总数（人次）：7453
展商总数（家）：153
其中外国参展商数目（家）：37

展名：2006全球服装业采购交易会
时间：2006年3月1～3日（广州）
周期：一年一届
创办时间：2006年

展名：2006年第三届中国国际纺织面料、辅料暨纱线（常州）展览会
时间：2006年3月3～5日（常州）

展名：第七届中国（东莞）国际纺织制衣工业技术展览会
第七届中国（东莞）国际鞋机鞋材工业技术展览会
时间：2006年3月8～11日（东莞）
周期：一年一届
创办时间：2000年3月
上届数据：展出面积（平方米）：30000

观众总数（人次）：33970
展商总数（家）：408

展名：第12届上海国际服装纺织品贸易博览会
时间：2006年3月15～17日（上海）

展名：2006年上海服装文化节/上海服装面辅料博览会
时间：2006年3月15～17日（上海）

展名：第七届上海国际纱线贸易博览会
时间：2006年3月15～17日（上海）
周期：一年一届
创办时间：1994年
上届数据：展出面积（平方米）：5750
其中外国参展面积（平方米）：360
观众总数（人次）：22886
展商总数（家）：64
其中外国参展商数目（家）：8

展名：第八届上海国际纺织面料暨辅料、家用纺织品贸易博览会
时间：2006年3月15～17日（上海）
周期：一年一届
创办时间：1994年
上届数据：展出面积（平方米）：23000
其中外国参展面积（平方米）：1600
观众总数（人次）：22886
展商总数（家）：700
其中外国参展商数目（家）：70

展名：香港国际春季时装材料展
时间：2006年3月22～24日（香港）
周期：一年一届
上届数据：展出面积（平方米）9000
观众总数（人次）：9253
展商总数（家）：466

展名：第三届中国（绍兴）国际刺绣暨制衣工业展览会
时间：2006年3月24～26（绍兴）

展名：2006年（春）中国广州国际家纺布艺展览会
时间：2006年3月27～30日（广州）
周期：一年两届
创办时间：1997年
上届数据：展出面积（平方米）：25904
其中外国参展面积（平方米）：880
观众总数（人次）：99134
展商总数（家）：251
其中外国参展商数目（家）：9

展名：第12届中国国际纺织面料暨辅料（春夏）博览会
时间：2006年3月28～30日（南京）
周期：一年一届
上届数据：观众总数（人次）：17365
展商总数（家）：564

展名：2006年国际纺织面辅料、纱线暨家用纺织品（威海）交易会
时间：2006年3月28～30日（威海）

展名：第12届中国国际纺织面料暨辅料（秋季）博览会
时间：2006年3月28～30日（北京）

展名：2006年第七届青岛国际纺织、印染暨针织工业展览会
时间：2006年3月28～30日（青岛）
周期：一年一届
创办时间：2000年11月
上届数据：展出面积（平方米）：12000
其中外国参展面积（平方米）：2000
观众总数（人次）：22000
展商总数（家）：300
其中外国参展商数目（家）：105

展名：中国国际服装服饰博览会
时间：2006年3月28～30日；4月4～6日（北京）
周期：一年一届
创办时间：1993年5月
上届数据：展出面积（平方米）：120000
其中外国参展面积（平方米）：27100
观众总数（人次）：190000
展商总数（家）：1002
其中外国参展商数目（家）：326

展名：中国国际纺织纱线展览会
时间：2006年3月29～31日（南京）
周期：一年一届
上届数据：观众总数（人次）：8437
展商总数（家）：120

展名：国际服饰业采购会
时间：2006年3月29～31日（香港）

展名：2006韩国时装纺织品博览会
时间：2006年4月5日～7日（上海）

展名：2006年第六届国际纺织面料、辅料暨纱线（青岛）展

览会
时间：2006年4月6～8日（青岛）

展名：2006年苏州休闲服装服饰展览会
时间：2006年4月6～8日（苏州）

展名：韩国时装纺织品博览会
时间：2006年4月6～9日（上海）

展名：中国国际毛皮时装展览会
时间：2006年4月10～14日（大连）

展名：中国（广州）锦汉纺织、服装暨面料展览会
时间：2006年4月15～19日；10月15～19日（广州）
周期：一年两届
创办时间：2002年4月
上届数据：展出面积（平方米）：16500
观众总数（人次）：29176
展商总数（家）：380

展名：宁波纺织品面辅料、纱线暨缝制设备展览会
时间：2006年4月18～20日（宁波）

展名：2006上海国际纺织品印花工业技术展览会
时间：2006年6月15～17日（上海）

展名：中国国际纺织新技术暨化学品展
时间：2006年10月18～20日（北京）

展名：2006年第四届宁波国际纺织面料、辅料、纱线展览会
时间：2006年4月18～20日（宁波）

展名：2006年第五届南京国际纺织品面料、辅料展览会
时间：2006年5月12～14日（南京）

展名：第二届上海国际床上用品展览会暨2006年上海国际布艺展览会
时间：2006年5月（上海）
周期：一年一届
创办时间：2005年4月
上届数据：展出面积（平方米）：4000
其中外国参展面积（平方米）：800
观众总数（人次）：10000
展商总数（家）：50

展名：中国（上海）国际服装服饰特许加盟暨贴牌加工博览会
时间：2006年6月6～8日（上海）

展名：2006（第五届）中国上海国际纺织品暨面料、辅料博览会
时间：2006年6月6～8日（上海）
周期：一年一届
创办时间：2002年
上届数据：展出面积（平方米）：23000
其中外国参展面积（平方米）：4500
观众总数（人次）：31000
展商总数（家）：628
其中外国参展商数目（家）：81

展名：第12届上海国际纺织工业展览会
时间：2006年7月5～8日（上海）
周期：一年一届
上届数据：展出面积（平方米）：100000
观众总数（人次）：121516
展商总数（家）：1400

展名：中国国际内衣博览会
时间：2006年7月6～9日（北京）

展名：香港时装节春夏系列
时间：2006年7月11～14日（香港）
上届数据：展出面积（平方米）：25548
观众总数（人次）：19430
展商总数（家）：904
其中外国参展商数目（家）：429

展名：中国广州国际家纺布艺展览会
时间：2006年8月18～21日（广州）
周期：一年两届
创办时间：2003年
上届数据：展出面积（平方米）：23000
观众总数（人次）：49735
展商总数（家）：178

展名：第12届中国国际家用纺织品暨辅料博览会
时间：2006年8月28～30日（上海）
上届数据：观众总数（人次）：26136
展商总数（家）：604

展名：第18届大连国际服装博览会暨中国服装出口洽谈会
时间：2006年9月9～18日（大连）
周期：一年一届
创办时间：1988年
上届数据：展出面积（平方米）：35000
其中外国参展面积（平方米）：5800

观众总数（人次）：70000
展商总数（家）：700
其中外国参展商数目（家）：180

展名：中国国际产业用纺织品暨非织造布展览会
时间：2006年9月19～21日（上海）
周期：两年一届
创办时间：1994年
上届数据：展出面积（平方米）：10000
其中外国参展面积（平方米）：5000
观众总数（人次）：6525
展商总数（家）：1300
其中外国参展商数目（家）：155

展名：服装业国际采购商大会
时间：2006年9月（上海）

展名：台北纺织展
时间：2006年10月4～6日（台北）

展名：香港国际秋季时装材料展
时间：2006年10月5～7日（香港）
周期：一年一届
上届数据：展出面积（平方米）：12000
观众总数（人次）：10743
展商总数（家）：305

展名：第九届锦汉纺织服装暨面料展览会
时间：2006年10月15～20日（广州）

展名：第十届中国国际服装服饰交易会
时间：2006年10月22～24日（宁波）
周期：一年一届
创办时间：1997年
上届数据：展出面积（平方米）：45000
其中外国参展面积（平方米）：11098
观众总数（人次）：38000
展商总数（家）：600
其中外国参展商数目（家）：122

展名：中国国际纺织面料暨辅料（秋冬）博览会
时间：2006年10月25～28日（上海）
周期：一年一届
上届数据：观众总数（人次）：45000
展商总数（家）：1500

展名：中国国际纺织面料暨辅料（秋冬）博览会纱线区
时间：2006年10月25～28日（上海）
周期：一年一届

展名：第七届义乌国际袜子、针织暨服装工业展览会
时间：2006年11月15～17日（义乌）
周期：两年一届
上届数据：展出面积（平方米）：6000
观众总数（人次）：4000
展商总数（家）：120

展名：2006第八届华南（东莞）国际纺织服装工业暨面辅料展
时间：2006年11月21～23日（东莞）

展名：第三届湖北国际服装博览会
时间：2006年11月（武汉）
周期：一年一届
创办时间：2001年10月（武汉）
上届数据：展出面积（平方米）；10000
其中外国参展面积（平方米）：2000
观众总数（人次）：50000
展商总数（家）：280
其中外国参展商数目（家）：60

境外展

展名：2006年法兰克福国际家用暨室内纺织品展览会
时间：2006年1月11～14日（德国）

展名：织物印花、刺绣、毛绒短纤维转印贸易展
时间：2006年1月27～29日（德国）

展名：柏林国际时装展
时间：2006年1月29～31日（德国）

展名：莱比锡国际内衣博览会暨专业论坛
时间：2006年2月11～13日（德国）

展名：西班牙马德里国际时装周
时间：2006年2月11～14日（西班牙）

展名：国际内衣织物暨附件贸易展
时间：2006年2月11～13日（德国）

展名：英国伯明翰国际服装展
时间：2006年2月19～21日（英国）

展名：法国巴黎PV面料展

时间：2006年2月22～24日（法国）

展名：美国国际服装博览会MAGIC
时间：2006年2月（美国）

展名：巴黎Texworld春季面料展
时间：2006年2月（法国）

展名：杜塞尔多夫（春）服装博览会
时间：2006年2月（德国）

展名：MODA时装、鞋类及配饰展
时间：2006年2月（英国）

展名：国际纺织技术和机械展览会
时间：2006年3月3～6日（印度）

展名：第五届韩国大邱时装纺织品博览会
时间：2006年3月15～17日（韩国）

展名：第三届亚洲国际纺机展
时间：2006年3月18～21日（巴基斯坦）

展名：中东（沙特）国际服装、皮革鞋类、装饰配件展
时间：2006年3月22～26日（沙特阿拉伯）

展名：北美国际产业用纺织品暨非织造布展览会
时间：2006年3月28～30日（美国）

展名：2006年中东（迪拜）国际服装、纺织、鞋类暨皮革制品博览会
时间：2006年4月3～6日（阿联酋）

展名：第16届越南纺织暨制衣工业展览会
时间：2006年4月4～7日（越南）

展名：法国巴黎国际专业工装暨劳保服装博览会
时间：2006年4月（法国）

展名：国际服装生产技术暨纺织品论坛
时间：2006年5月10～13日（德国）

展名：第16届大韩民国国际纤维机械展览会
时间：2006年5月16～19日（韩国）

展名：中东（沙特）国际家庭用品和家纺博览会
时间：2006年5月21～25日（沙特阿拉伯）

展名：中东国际家居用品、礼品暨家用纺织品展览会
时间：2006年5月22～24日（阿联酋）

展名：万隆纺织机械展览会
时间：2006年6月7～11日（印度尼西亚）

展名：中国纺织品服装贸易展览会（纽约）
时间：2006年6月13～15日（美国）

展名：日本国际消费品、家用纺织品暨家居设计博览会
时间：2006年6月14～16日（日本）

展名：土耳其第二届国际纺织机械展览会
时间：2006年6月27日～7月2日（土耳其）

展名：法兰克福国际产业用纺织品暨非织造布展览会
时间：2006年6月（德国）

展名：意大利国际针织服装展览会
时间：2006年6月（意大利）

展名：巴西纺织暨服装贸易博览会
时间：2006年6月（巴西）

展名：西贡时尚暨布料展览会
时间：2006年7月19～24日（越南）

展名：莱比锡国际内衣博览会暨专业论坛
时间：2006年7月29～31日（德国）

展名：杜塞尔多夫（秋）服装博览会
时间：2006年7月（德国）

展名：西班牙马德里国际时装周
时间：2006年8月（西班牙）

展名：美国国际服装博览会
时间：2006年8月（美国）

展名：莱比锡国际室内装潢暨纺织品专业博览会
时间：2006年9月9～11日（德国）

展名：俄罗斯国际消费品展、国际家用纺织品展
时间：2006年9月19～22日（俄罗斯）

展名：巴黎Texworld秋季面料展
时间：2006年9月（法国）

展名：意大利米兰国际纺织面料展览会
时间：2006年9月（法国）

展名：美国国际工业用纺织品暨非织造布博览会
时间：2006年10月（美国）

展名：美国纽约家纺展
时间：2006年10月（美国）

展名：法国国际批发商服装服饰展
时间：2006年11月（法国）

展名：南非纺织服装鞋类展览会
时间：2006年11月（南非）

展名：日本东京国际室内纺织品展览会
时间：2006年11月（日本）

展名：中国纺织服装贸易展览会（欧洲）
时间：2006年11月（欧洲）

4.建设行业

①建筑、房地产行业展会

"住交会"为城市增值

2005年12月18日，为期三天被誉为中国地产界奥斯卡的第七届中国地产节暨亚洲地产博览会（住交会）在上海落下帷幕。本次住交会可谓万商云集，4.6万平方米的展馆，设无虚席。房地产开发商、土地管理部门、建筑设计机构、金融机构、地产高科技行业等房地产产业链上各个环节的商团，云集上海滩。

第七届住交会不仅从形式和规模上较往年有新的突破，以"城市精神 亚洲商机"的为总主题的地产界盛会，深刻地体现了地产商"为城市增添价值"的深层内涵。住交会总顾问王志纲先生认为：中国的房地产市场化进程走过了15个春秋。时至今日，当地产行业逐渐走向成熟和理性的时候，一批有实力、有信誉、有责任感的发展商已经成为行业的中流砥柱，他们不仅创造出越来越多的商业模式，而且极大地提升了一个城市的品位和形象，带动着一个城市和区域的发展与繁荣，中国房地产行业的文化皈依与社会责任也成为大家关注的焦点。

——《国际商报》

大连春季房交会闭幕

2006年3月26日，为期4天的2006大连春季房交会和第11届中国国际建筑装饰材料（用品）展览会在大连世界博览广场与大连星海会展中心闭幕。据组委会统计，共有26万人次涌入星海湾参观展会，房交会成交额达7.8亿元，建材展成交额达5.9亿元。

据了解，作为品牌房展，大连房交会的影响力越来越大。本届春季房交会参展开发商86家，总开发建筑面积达1564万平方米，参展楼盘96个，其中新楼盘51个，占参展楼盘的53%，参展新楼盘首次过半。另有参会的中介公司22家，家装公司28家，创造了春季房交会新的历史记录。

展会期间，30%参观者提前从报纸填写和网站下载登记表，参展商充分利用VIP服务区与有效客户进行洽谈。第11届中国国际建筑装饰材料（用品）展览会吸引了数千种国内外知名品牌参展，中外参展企业突破400家，近700个展位，国际展商主要来自美、德、韩、日等20多个国家和地区。建材展上卫浴、陶瓷、门窗、屋顶及墙体材料、橱柜、地面材料等相关产业的项目同时参加展出，为广大参展商和买家提供了内容齐全的交易平台和广泛的选择空间。俄罗斯、日本、美国、韩国、英国等17个国家和地区的采购团或采购商，以及中国东北及环渤海地区156家建材市场内的经销商到会进行参观采购。

——鞍山新闻网

第三届青岛城博会关注城市未来

以"城市的未来更美好"为主题的第三届青岛国际城市博览会于2006年4月7~9日在青岛国际会展中心举行。博览会由青岛市建委、市信息产业局、市科技局和中国贸促会青岛分会共同主办，海尔、海信等国内外120多家企业参加了此次展会，总展出面积达1万平方米。国际数字城市建设展成为本届城博会的重要亮点。

本届城博会以充实的内容对"数字城市"的理念与模式做出全面的诠释：通过展示数字城市建设对经济社会影响，以及数字城市对各个行业领域产品的技术要求等内容，调动全社会关注并参与数字城市技术的未来发展，推进"数字城市"走向纵深。其中，"未来规划"展区可真实体验的五维虚拟城市环境设计广受参会观众赞誉。

与此同时，城建新产品、新技术发布会和交流会等配套活动也同期举行。

——《中国贸易报》赵 津 马 振

家博会打造中国家居产业之都

2006年4月8～11日，第四届中国国际家居博览会在宁波举行。由中国轻工业联合会和宁波市政府联合主办的本届家博会，以“倡导绿色科技家居、实现小康生活跨越”为主题，全面展示家居产业的最新发展成果和趋势。家博会主会场涵盖了房地产、厨房设施、卫浴设施、建材和家装、家居用品的完整产业链。宁波国际会展中心所有展厅均爆满，国外展商、品牌随处可见。

在1号、3号展馆内，房地产企业以中海地产、万达集团、绿城集团、坤和集团、银亿集团等国内知名房地产开发商为代表，纷纷亮出自己的品牌和产品。

本届家博会展位数量从上一届的2500个增至2800个，展出面积达5.5万平方米，但这远远不能满足众多参展商的要求，很多企业只能在场外观望，希望下一届能拿到展位。作为在厨房用品知名度颇高的企业，欧琳公司没有拿到展馆内的场地，只能在展馆外展出，但这依然没有阻挡住他们的参展热情，搭建了数百平方米的特装展台，展示了一系列产品，如一种不用加油加水就能炒菜的锅，这种锅具是用“钢加铝加钢”这一新技术打造而成的，可利用食物自身水分烹饪。想做公司产品代理的李女士连续两天都到这里来参观，说这样做菜不但色泽鲜艳，而且不用太多的油，符合人们追求健康的生活理念。

科勒、爱惠浦、摩恩、乐家等众多国际、国内知名建材品牌也纷纷推出了最新产品。

在柯诺（北京）地板有限公司的展厅里，工作人员不停地接待客户，洽谈桌上放着厚厚的一摞客户订单，一位接待人员说：“昨天的订单比这还要多，我们在展会上一天就销售好几十万元。”

据了解，本届家博会组委会始终把招商工作，尤其是邀请国内外知名家居业采购商作为核心工作之一来抓。据组委会负责人介绍，家博会采取了突出重点、形成板块等一系列行之有效的措施加大招商力度。吸引了来自美国、法国、英国、德国、西班牙等国以及我国的台湾、香港、澳门、北京、上海、广东等地采购商、客商到会采购洽谈。其中，包括世界上最大的连锁零售商美国沃尔玛、全球第二大商业巨头家乐福、世界最大的家具制造商和家具零售企业瑞典宜家、全球排名第四、欧洲第二的法国乐华梅兰连锁建材超市集团、欧洲最大的建材连锁超市百安居、世界500强泰国易初莲花等20余家国际知名连锁超市集团都派员参加家博会。国内的北京东方家园建材城、辽宁鞍山大德家世界、天津名家装饰城等不少专业市场都组团参观家博会。

展会期间，中国家居产业联盟也在宁波成立。家居联盟是一个非法人、非盈利性质的社团服务机构，是以家博会参展商、采购商和家居行业企业、相关行业协会、媒体等为基础自愿组成的有信用支撑的、紧密型的战略合作经济联合体。按照家居产业链构成，家居联盟设房地产、建材、卫浴、厨房、家装等12个专业委员会。

中国轻工业联合会副会长王世成说，今年是家博会提升为国际展会后的首届展会，我们不仅吸引了全球五大洲20个国家以及国内18个省市区上万名客商在此相聚，更有20家国际连锁超市集团加入家博会洽谈考察，今天的家博会已成为各国在华商务合作的优质平台。

据统计，本届家博会共682家企业参展，来自全球的1.5万名国内外家居产业采购商、投资商到会参观洽谈，总成交额（含意向成交）达29.8亿元人民币，参观公众突破26万人次。

——《中国贸易报》朱文伟　郭亚琼

苏州相城举办首届房地产展示会

随着苏州市相城区城市化的快速发展，房地产开发也得到同步提升，至今，相城区新建楼盘达40个，实销面积155万多平方米，预售面积超出210万平方米。相城区在城市化建设规划起点高、质量标准高、环境绿化要求高的推动下，整个区域内充分体现出“水相城、绿相城”的特色，成为适宜人居的绝佳住地。为了满足和方便区域内外人士购买相城区各类房产的需求，相城区政府于2006年4月15～17日举办了相城区设区5年来的首届房产交易展示会。

房交会期间，相城区推出居住、商业、办公等各类房产26个楼盘、3000多套房源供消费者选购或预订。记者在各个展位上看到，每个楼盘约有50%以上的房源被选购或预订。住在苏州市苏安新村的一位女士在现场询问买房贷款事宜时，记者问其为何选购香城花园的房子，该女士回答，买房给儿子结婚，此地的房子第一是价格便宜，每平方米4000元；第二离古城区近，骑自行车也就半小时；第三是环境好，空气也新鲜。在各展位的预约登记册上，记者看到，有来自上海、无锡、浙江等地不少外地人士在此预订房子，还有不少来自苏州工业园区、苏州高新区及周边地区外资、台资的外企人员。展位接待人员面带笑容地告诉记者，相城区每个居住小区的周边都离不开水，居住地域内无工业污染，绿化面积大，价格是苏州市区最便宜的，正因为具有以上优势，通过房交会使我们了解到，各地购房者不断看好相城区的发展前景，也更增添了我们房产开发商在相城区发展的信心。

苏州相城区是苏州市于2001年在古城区北面新设的独立行政区，经过短短5年时间的艰苦耕耘，相城区从原来的农田、洼地、演变成如今令人刮目相看的现代的“水相城、绿相城”。经过来自海内外40多家房地产开发企业在相城区5年的陆续开发，已呈现出阳澄湖西岸的别墅群带，分布在相城区各个方位的公寓小区，在主干道两侧的商业用房以及办公用房，内外结构各异，品种、规格、档次齐全的各类房产，以适应不同层次的应用需求。

——《国际商报》孙宝平

地交会：地产运营促地方发展

近两年，中央为了抑制经济局部过热，采取了重要的宏观调控措施。这一轮的宏观调控与以往不同，有一个很重要的特点就是把土地作为宏观调控的重要手段，收聚银根的同时收聚地根。

2006中国地交会暨中国城市发展与地产运营投资交易会于2006年6月13～15日在北京中国国际贸易中心举行。此次展会以集约节约利用土地为主线，以优化产业结构，提升城市核心竞争力为重心，以促进城乡统筹，区域协调发展为目标，全新诠释了“布局集中、用地集约、产业集聚”的理念。

本次地交会有6大板块，第一个是主题论坛，以上海嘉宾江桥镇为例，研讨如何全面推进城镇用地重整和再利用，走出一条独具特色的节约用地的新路子。

第二是中国国土资源网网络移动终端系统推出一个系统，它把土地以及国土资源有关的土地政策信息浓缩到一个小小的服务区上面。

第三是城市市长对话，部分城市的市长和房地产界、金融投资机构以及中介机构座谈，共同解读国际城市管理运营和土地利用，建立了开发商对市长们沟通的平台。

第四是展览，分为城市发展与土地运营展，典范企业的项目展，房地产金融投资展，商业地产与金融投资展，建筑新品与科技展，建筑规划设计成果展。

第五个板块是城市土地信息发布，考虑到各地对于发布城市土地信息、招商引资、加快城市建设的要求。开发商也需要通过这样一个比较集中的信息展示平台能够把握到中国土地供应开发大的走势。国土资源部的政策以及各地的政策有什么最新的走势，从这个平台可以看到。

第六是重点城市联谊，主要是通过城市领导和有关部委之间的交流，打通城市间的合作与交流互动。

在展会上，北海、南通、苏州、无锡、镇江、台州等城市纷纷展示了自己的优势和魅力所在，很多城市还纷纷公布了待开发土地的相关信息。就镇江北部滨水区建设项目、上海西郊生产性服务业集聚区、北京密云蔡家洼村旧村改造项目一期等多个项目进行了推介。

展会现场每一个展位都经过了精心的布置。北京密云蔡家洼村旧村改造项目的展位上摆放着从项目种植园区里采摘的热带水果木瓜。据该村党支部副书记张绍德介绍，蔡家洼村是北京市13个旧村改造试点村之一，政府在政策上和财政上都会给一定的支持。这个京郊农林休闲复合产业绿色生态商务港项目到今年已经建设了两年，现在大部分区域已成型，种植区和采摘区各种水果今年已经结果，预计明年会正式对外开放。张绍德介绍，此次参展主要是想找一些合作伙伴，对此项目进行共同开发。他说，虽然展区里人不是很多，但我们的推介会很成功，会后很多人过来和我们进一步接洽，收获很大。

地交会全面地展现了创新集约用地，创新土地市场运营的实例；全方位地介绍城市土地重整和集约利用的典型；介绍利用重整后的土地所建设的城市核心产业群，辐射农村，带动区域共同发展的典型及通过土地重整，改造城市、优化环境、获得社会经济综合效益的典型。

——《中国贸易报》张汝男

北京四季房展2006工体春季二手房赶集会

2006年4月初经北京市建设委员会批准，“北京四季房展2006工体春季二手房赶集会”正式启动了。本届展会参展企业全部都是市场上美誉度极高的二手房中介机构，为京城百姓提供了一次能够集中选择京城二手房源的良好契机。

此次二手房赶集会于2006年5月19～21日，在北京工人体育场举办，共有55家机构参展，其中中介公司30余家，带来房源达到数万套，基本上涵盖了京城各个区县的二手房屋，甚至有外地的房源也到场参与交易。在展会现场，知名的几家经纪公司如链家、中大恒基、千万家等展出的规模、房源数量、员工团队都甚为壮观。

此外，共有5家银行参加了此次二手房赶集会，分别是中国银行、中国工商银行、广发银行、交通银行、民生银行，他们专门针对此次展会带来自己的新产品，方便购房者办理二手房信贷手续。

在本届二手房赶集会上，北京房地产中介行业协会举办“2005年度北京市存量房中介服务机构等级划分暨房地产优秀经纪人评定颁奖大会”，北京市建委、中国房地产估价师与房地产经纪人学会领导将在现场为获奖机构和个人颁奖。进一步促进本市房地产中介机构向规范化、规模化发展，增强企业及从业人员的信用意识，为社会提供更优质的中介服务。

另外，本次展会还有一个值得关注的地方，就是主办方在会场设置了“个人交易区”，用于个人发布房源信息，方便购房者个人和中介公司选择，这样一来，每天“个人交易区”都聚集了众多购房者驻足观看，3天下来，个人房源信息发布量达到1700余条。

北京四季房展工体春季二手房赶集会3天的人流量达到3.1万人次，参展中介公司意向成交金额突破1亿元，意向成交房屋227套，面积20115平方米，个人委托二手房中介公司代售房屋184套，在意向成交的项目中，购房者偏重于地段较好，配套更为成熟的社区，四环以内、亚运板块、朝青板块等地段的房源备受青睐。

展会数据

中介公司收购：184套；意向售出套数：227套；意向售出面积：20115平方米；意向售出金额：1.3295亿元；个人信息发布量1700余条。

——北京嘉华四季国际会展有限公司

中国住宅嘉年华——第五届中国国际住宅产业博览会

2006年8月17～20日，第五届中国国际住宅产业博览会（简称“住博会”）在北京展览馆隆重举行。本届住博会由建设部主办，由建设部住宅产业化促进中心、中国建筑文化中心、北京市建委、北京嘉华四季国际会展有限公司共同承办。

本届博览会是建设部主办的惟一大型国际住宅产业博览会，展区规模3万平方米，是目前中国规模最大、专业性最强、权威性最高的住宅产业盛会。

中国国际住宅产业博览会自1996年创办以来，已成功的举办了四届。经过十年的培育，博览会已经成为在国内外知名的会展品牌。举行本届住博会是为了贯彻落实科学发展观、建设资源节约、环境友好型社会的总体要求，加强住宅产业方面的国际交流，充分展示国内外住宅节能、节地、节水、节材、环保的最新技术成果，引导住宅产业走新型工业化道路，大力发展节能省地型住宅，全面提高住宅的质量和品质。

本届住博会的主题是“依托住宅产业化，大力发展节能省地型住宅，提高住宅的质量和品质，构建资源节约、环境友好型的和谐住区”。本届住博会设大型住宅产业集团综合技术与部品展区、住宅节能技术与产品专题展区、住宅节水技术与产品专题展区、住宅节材技术与产品专题展区、住宅环境技术与产品专题展区、住宅产业新技术与部品展区等若干展区，博览会期间还举办各种大型会议和一系列技术交流研讨，如国际住宅产业化高峰论坛、全国（部分省市）住宅产业化工作座谈会、国际住宅与可持续发展城市研讨会、住宅产业化与节能省地型住宅——节能专题研讨会等。

北京、山东、河北、重庆、宁波、深圳等省市住宅产业化工作主管部门专门组团参展，重点展示近年来我国住宅产业所取得的科技成果。本届住博会邀请美国、加拿大、瑞典、丹麦、德国、荷兰、日本、俄罗斯等国家的企业以及国际组织前来参展；国内大型家居集成商、住宅产品与产品生产商、大型房地产集团都以最佳阵容亮相展会。博览会展示内容透视了住宅产业的方方面面，具有一定的专业性和系统性，吸引了众多集团买家和专业观众。展会参观的专业观众达4万人。

——北京嘉华四季国际会展有限公司

境内展

展名：2006年中国（沈阳）国际建设科技博览会
　　　东北第11届国际建筑装饰暨城市建设博览会
时间：2006年3月8～10日（沈阳）
周期：一年一届
创办时间：1996年3月
上届数据：展出面积（平方米）：20000
　　　　　其中外国参展面积（平方米）：1000
　　　　　观众总数（人次）：20000
　　　　　展商总数（家）：400
　　　　　其中外国参展商数目（家）：50

展名：第三届北京国际城市景观与建筑设计展览会
时间：2006年3月14～16日（北京）

展名：2006年北京国际城市绿化展览会暨花卉园艺展览会
时间：2006年3月14～16日（北京）

展名：“上海之春”房产展示交易会
时间：2006年3月16～19日（上海）
周期：一年一届
上届数据：展出面积（平方米）：20000
　　　　　观众总数（人次）：85000
　　　　　展商总数（家）：160

展名：第11届国际建筑、建材暨城市建设展览会
时间：2006年3月21～24日（北京）
周期：一年一届
创办时间：1984年
上届数据：展出面积（平方米）：22000
　　　　　其中外国参展面积（平方米）：1000
　　　　　观众总数（人次）：58700
　　　　　展商总数（家）：500
　　　　　其中外国参展商数目（家）：20

展名：第五届中国国际城市规划、建筑与景观设计展览会
　　　第五届中国国际园林景观建造与配套设施展览会
时间：2006年3月21～24日（南京）

展名：第21届北京个人购房房地产展示交易会
时间：2006年3月23～26日（南京）
周期：一年五届
创办时间：2000年
上届数据：展出面积（平方米）：10000

展名：中国昆明城市规划建设博览会之城市园林绿化、景观
时间：2006年3月25～29日（昆明）

展名：中国成都住宅产业博览会
时间：2006年3月（成都）
周期：一年两届
创办时间：2002年

展名：园林技术暨城市景观设施展览会
时间：2006年4月1～4日（成都）

展名：第14届中国国际建筑装饰展览会
时间：2006年4月4～7日（上海）

展名：2006年中原绿色建筑节能科技产品展览会
时间：2006年4月6～8日（郑州）

展名：2006年齐鲁春季房地产汽车交易会

时间：2006 年 4 月 10～17 日（济南）
周期：一年两届

展名：第三届山东省风景园林协会年会暨第三届山东国际城市建设园林绿化博览会
时间：2006 年 4 月 16～18 日（菏泽）

展名：2006 江西第二届房产交易博览会
时间：2006 年 4 月 30 日～5 月 3 日（南昌）

展名：假日楼市—上海房地产春季展示会
时间：2006 年 5 月 3～6 日（上海）

展名：第三届中国国际建筑智能化暨数字化家居展览会
时间：2006 年 5 月 10～12 日（北京）

展名：2006 重庆（春季）房地产展示交易会
时间：2006 年 5 月 11～14 日（重庆）
周期：一年两届

展名：广西首届国际建筑、家装设计成果博览会
时间：2006 年 5 月 12～14 日（南宁）

展名：2006 年（中越）国际建筑电气暨楼宇智能设备（南宁）博览会
时间：2006 年 5 月 12～14 日（南宁）

展名：2006 年中国商铺展暨投资型展市交易会商用房地产展示交易会
时间：2006 年 5 月 13～15 日（北京）
周期：一年一届
创办时间：2004 年 11 月
上届数据：展出面积（平方米）：3000
观众总数（人次）：1000
展商总数（家）：50

展名：第三届中国国际房地产商务论坛暨博览会
时间：2006 年 5 月 16～18 日（上海）

展名：北京五月城市房地产展览会
时间：2006 年 5 月 18～21 日（北京）

展名：第 11 届中国国际建筑贸易博览会
时间：2006 年 5 月 23～26 日（上海）
周期：一年一届
创办时间：1996 年
上届数据：展出面积（平方米）：42785
展商总数（家）：1522
其中外国参展商数目（家）：150

展名：第二届中国国际城市风景园林建设展览会（北京）
时间：2006 年 5 月 24～26 日（上海）
周期：一年一届
创办时间：2005 年
上届数据：展出面积（平方米）：6000
观众总数（人次）：5000
展商总数（家）：100

展名：第 22 届北京个人购房地产展示交易会
时间：2006 年 5 月 25～28 日（上海）
周期：一年五届
创办时间：2000 年
上届数据：展出面积（平方米）：10000

展名：中国西部国际商业地产展览会
时间：2006 年 5 月 25～28 日（成都）

展名：中国西部国际城市绿化与园林景观展览会
时间：2006 年 5 月 25～28 日（成都）
周期：一年一届
创办时间：2004 年 5 月
上届数据：展出面积（平方米）：
其中外国参展面积（平方米）：800
观众总数（人次）：150000
展商总数（家）：200
其中外国参展商数目（家）：50

展名：蚌埠春季房地产和建筑装饰材料博览会
时间：2006 年 5 月（天津）
周期：一年一届

创办时间：2006 年

展名：上海国际地产大会
时间：2006 年 6 月 5～7 日（上海）

展名：中国国际城市风景园林建设展览会
时间：2006 年 6 月 7～9 日（北京）
展期：一年一届
创办时间：2005 年 5 月
上届数据：观众总数（人次）：5258
展商总数（家）：63
其中外国参展商数目（家）：21

展名：中国南京城市园林绿化产业博览会
时间：2006 年 6 月 8～10 日（南京）

展名：2006 中国国际建筑、家居智能化暨社区安防数字化展览会暨研讨会
时间：2006 年 6 月 9～11 日（北京）
周期：两年一届
创办时间：2004 年
上届数据：展出面积（平方米）：100000
其中外国参展面积（平方米）：30000
观众总数（人次）：50000
展商总数（家）：742
其中外国参展商数目（家）：319

展名：第六届上海国际建筑设计与城市规划展览会
时间：2006 年 6 月 9～11 日（上海）
周期：一年一届
创办时间：2000 年
上届数据：展出面积（平方米）：6000
其中外国参展面积（平方米）：1000
观众总数（人次）：5120
展商总数（家）：50
其中外国参展商数目（家）：10

展名：第四届上海国际城市园林、景观设计暨设施展览会
时间：2006 年 6 月 15～17 日（上海）

展名：2006 年中国北京夏季房地产展示交易会
时间：2006 年 6 月 22～26 日（北京）

展名：2006 年上海商业房地产展示交易会
时间：2006 年 6 月（上海）
周期：一年一届
创办时间：2002 年 2 月
上届数据：展出面积（平方米）：6000
观众总数（人次）：2358
展商总数（家）：48

展名：第九届上海国际别墅暨配套设施展览会
时间：2006 年 8 月 18～21 日（上海）

展名：2006 年中国北京秋季房地产展示交易会
时间：2006 年 9 月 14～17 日（北京）

展名：2006 年齐鲁秋季房地产汽车交易会
时间：2006 年 9 月 18～25 日（济南）

展名：假日楼市—上海房地产秋季展示会
时间：2006 年 10 月 3～6 日（上海）

展名：北京十月城市房地产展览会
时间：2006 年 10 月 19～22 日（北京）

展名：第五届中国国际住宅产业博览会
时间：2006 年 10 月 19～22 日（北京）

展名：第 25 届大连房屋交易大会
时间：2006 年 10 月 20～23 日（大连）
创办时间：1998 年 7 月
上届数据：展出面积（平方米）：15000
观众总数（人次）：150000
展商总数（家）：200

展名：武汉国际房地产暨建筑装饰展览会
时间：2006 年 10 月（武汉）
周期：一年一届
创办时间：1997 年 5 月

上届数据：展出面积（平方米）：10000
其中外国参展面积（平方米）：1000
观众总数（人次）：55000

展名：第四届中国（芜湖）国际城市建设暨建筑装饰材料博览会
时间：2006年10月（芜湖）
周期：一年一届
创办时间：2002年10月
上届数据：展出面积（平方米）：12000
观众总数（人次）：15000
展商总数（家）：237

展名：中国地产节暨亚洲地产博览会
时间：2006年11月10～12日（上海）
周期：一年一届
创办时间：1999年
上届数据：展出面积（平方米）：46000
观众总数（人次）：41860
展商总数（家）：329
其中外国参展商数目（家）：115

展名：第11届宁波国际住宅产品博览会
时间：2006年11月10～14日（宁波）

展名：第三届中国国际商业地产博览会
时间：2006年11月16～18日（成都）
周期：一年一届
创办时间：2004年
上届数据：展出面积（平方米）：10000
观众总数（人次）：30000
展商总数（家）：135

展名：第五届中国国际住宅产业展览会
时间：2006年11月30日～12月3日（北京）
周期：两年一届
创办时间：1998年
上届数据：展出面积（平方米）：25000
其中外国参展面积（平方米）：2500
观众总数（人次）：75000
展商总数（家）：600
其中外国参展商数目（家）：80

展名：第六届中国国际住宅产业展览会
时间：2006年12月9～12日（广州）

展名：2006年中国北京冬季房地产展示交易会
时间：2006年12月14～17日（广州）

展名：中国国际房地产与建筑科技展览会
时间：2006年12月（上海）
周期：一年一届
创办时间：1999年

展名：中国国际建筑砌块机械暨混凝土预制技术展览会
时间：2006年12月（上海）

境外展

展名：2006年匈牙利第25届国际建筑工业博览会
时间：2006年4月4～8日（匈牙利）

展名：节能型建筑论坛
时间：2006年6月22～23日（德国）

展名：2006意大利博罗尼亚国际建筑业博览会
时间：2006年10月11～15日（意大利）

展名：欧洲文物保护修复和城市翻新展览会
时间：2006年10月25～28日（德国）

展名：建筑行业展
时间：2006年10月（英国）

展名：第18届沙特阿拉伯国际建筑贸易博览会
时间：2006年11月11～16日（沙特阿拉伯）

展名：国际建筑技术暨设备展
时间：2006年11月16～19日（美国）

展名：第11届法国城市规划与市政配套设施展
时间：2006年11月（法国）

②建材行业

行业简况

2005年建材行业运行分析

2005年建材行业尽管受到一些不稳定、不健康因素影响，但综观全年，经济运行继续朝着国家宏观调控方向发展。主要呈以下几个特点：

（一）生产和投资增速减缓。据快报，全国累计生产水泥10.38亿吨，同比增长11.6%，增幅下降4.1个百分点；累计生产平板玻璃36574万重箱，增长16.8%，增幅下降3.7个百分点。规模以上企业累计完成工业总产值（现价）10190亿元，增长24.7%，增幅下降近6个百分点，低于重工业平均值3.3个百分点。、固定资产投资增幅下降明显。累计完成投资1395亿元，同比增长26.6%，回落15.1个百分点，比第二产业平均增幅低23.3个百分点。水泥行业完成投资412亿元，同比减少22亿元，降幅达5.1%。新增固定资产投资基本都集中在大型新型干法水泥生产线，投资结构更趋合理。

（二）销售平稳增长。规模以上建材企业工业销售产值（现价）9931亿元，同比增长24.8%。平均产销率为97.45%，同比提高0.1个百分点，产需衔接水平进一步提高。累计实现销售收入8834亿元，增长26.2%。其中，水泥销售增长13%；平板玻璃增长16.4%；建筑及卫生陶瓷制品增长31.6%；非金属矿采选增长46%。

建材价格总体平稳，但不同地区不同时段价格表现并不相同。非金属矿采选产品价格普遍上涨，水泥在华东地区降幅较大，西南地区略有上涨。平板玻璃价格2005年下半年开始逐步走低，全年平均价格和上一年相比下降明显。

（三）出口持续向好。出口交货值918亿元，同比增长27.1%。累计出口创汇总额97.6亿美元，同比增长37.1%，增幅较上一年提高2.6个百分点。平板玻璃、深加工玻璃、建筑卫生陶瓷、玻璃纤维纱出口在连续多年高增长基础上2005年继续保持超过或接近40%以上增幅。特别是水泥出口大幅度增长，累计出口水泥及熟料2215万吨，增长215%，出口的绝大部分是新型干法水泥，质量得到全面提升。

(四)行业整体效益不减。受能源、原材料和运输涨价及水泥、平板玻璃行业价格下降的影响，上半年行业效益曾出现大幅度下滑，下半年开始逐步好转，年底全行业盈亏相抵后利润总额409亿元，与上一年相比略有提高。其中，非金属矿采选、砖瓦石材及其他建材、水泥制品、玻璃深加工等行业盈亏相抵后，利润增幅分别达到100.6%、24.7%、14.5%、34.5%。

山东、河南省建材行业利润增幅分别高达43.1%、91.3%，四川、重庆、云南、湖南、新疆建材行业效益同比也有较大幅度增长。部分大企业集团通过改革创新和强化管理等措施，业绩大幅度提高，如中国建材集团、山东玻璃集团利润分别增长39.7%和20%。

（五）技术进步、结构调整取得进展。新型干法水泥生产线主要技术经济指标基本达到了当代国际水平。与上世纪90年代初期同规模生产线相比，热耗下降了5～10%，电耗下降了10～15%，系统运转率由不到80%提高到92%；节能降耗效果突出，环保实现达标排放，大幅度降低了环境污染。

机立窑等落后生产工艺淘汰加速，水泥工业结构调整加快。新型干法水泥熟料产量同比增长47.4%，新型干法水泥比重达到40%。与此同时，生产集中度得到进一步提高，大企业在国内区域市场调控能力和在国际市场竞争力增强。水泥产量前10位大企业总产量超过1.5亿吨，市场份额达到15%。

回顾2005年，建材行业经济运行突出的矛盾问题：

一是部分行业产能增长仍然较快。近年来水泥产能保持高速增长，年净增近1亿吨。浮法玻璃2005年新建成投产23条线，新增产能7200万重箱/年，存在潜在过剩苗头。

二是生产成本压力巨大。受燃原材料及运输涨价影响，水泥生产单位成本增加支出15～20元，平板玻璃单位成本增加10元/重量箱以上。初步测算，2005年建材行业增加成本费用支出约300亿元。

三是相当部分产品量增价跌。随着需求回落，供求矛盾逐渐暴露，市场竞争日趋激烈。全国除西南、西北地区外，多数地区水泥价格较2005年同期走低。全国重点水泥企业水泥平均含税出厂价格281元/吨，比上年下降了3.5%。江浙一带水泥出厂价由上一年近400元/吨下降到200多元/吨。全国重点企业平板玻璃平均出厂价格也下降了10元/重量箱多。

四是建材骨干行业和多数地区利润减少亏损增加。水泥实现利润80.5亿元，同比下降38.7%。平板玻璃行业实现利润8.8亿元，下降68.2%。亏损企业亏损额达91.3亿元，增长52.5%，亏损面达19.8%，增加2.5个百分点。全国除山东等10个省（市、区）建材行业效益同比有所提高外，其他21个省（市、区）都是下降的。特别是浙江省上一年实现利润43.3亿元，2005年则下降为20.9亿元，降幅为48.3%，亏损企业亏损额也由2.5亿元上升到8.9亿元，增加了2.56倍。

展望2006年建材行业运行，机遇与挑战并存。虽然煤电油运形势较2005年会有所改善，但一些深层次矛盾和不稳定、不健康因素依然存在。特别是随着一大批建材新线建成投产，产能增加和结构调整步伐加快，不可避免地出现市场竞争加剧、价格下降。因此，2006年建材行业必须坚定不移继续贯彻宏观调控政策，巩固已经取得的成果。搞好总量控制，大力发展先进生产力，加速淘汰落后生产能力，努力把局部地区短期内新增产能过快带来的负面影响降低到最低限度，促进行业经济运行平稳和健康发展

——国家发改委网

展　会

第八届唐山中国陶瓷博览会

第八届唐山中国陶瓷博览会于2005年9月16～25日在唐山市举办。

本届博览会共有国内外282家陶瓷及相关产品厂商到会参展，参展陶瓷达数十个系列、上千个品种，精品荟萃，琳琅满目，名家名瓷比例达40%以上。据统计，本届博览会共签订陶瓷贸易合同金额15.4亿元人民币，比上届增长13.2%，创历届最高水平。其中，内贸成交合同额10.1亿元人民币，外贸成交合同额6650万美元。

据了解，本届博览会到会客商和来宾达到7200多人，其中中外专业陶瓷销售商和陶瓷用户400多人，均为历届最多。在历时5天的展览中，日客流量达4万多人次，据不完全统计，今年唐山全市有30多万人参观了陶瓷展览和各类活动。

据了解，从1998年开始，唐山市已连续成功举办了七届陶瓷博览会，均取得了丰硕成果，在国内外产生了广泛影响。几年来，陶博会展位数量由首届的350个，增加到第七届的820个；参会客商从首届的2800人，增加到第七届的6200多人。随着陶博会的成熟和知名度的提高，名厂名企、名家名瓷参展比例也逐年上升，代表了中国陶瓷工业的水平，展示出了大型品牌展会的气势。贸易成交额由首届的4.87亿元增加到第七届的13.6亿元，给广大陶瓷企业和国外客商创造了商机。

——《中国贸易报》

中国国际建筑及建材机械展

第12届中国国际建筑砌块机械及混凝土预制技术博览会（简称中国国际建筑及建材机械展）于2005年12月8日在上海光大会展中心圆满闭幕，一连三天的展会共吸引了2800名业内专业人士莅临参观，其中11%的观众来自海外，属国内同类型展会中的佼佼者。

据主办单位雅式展览服务有限公司介绍，展会的专业含量非常高，展览内容以混凝土及砌块设备为主，除了来自国内各新型建材公司、建筑工程公司、设计院、废弃物综合利用单位等的经理、厂长、工程师外，大会还接待了来自浙江桐乡、台州、海盐、江苏常熟、山东青岛等地的墙改办贵宾参观团，此外，蒙古国及俄罗斯亦有建筑业的参观团到访。

展商对参展的成效均有正面的评价，德国海斯集团北京代表处商务代表张军先生表示：专业观众都很对口，外省来的观众颇多，对我公司产品感兴趣的观众较以前增加，参展效果比较好。而意大利翁布里亚制造业联合会代表Monica Zhang女士更表示：人流蛮多，很早便发光资料。首次来华参展的意大利吉瓦斯自动设备公司负责人Moreno Gervasi感到很满意，认为展会达到其期望，并打算将来继续参展。

至于观众方面，亦反应良好。根据现场进行的一项观众调查显示，100%的观众评价展会为普通至非常好。观众中达成交易及找到海外合资合作单位的分别达24.2%及23.4%。同一项观众调查亦显示受访观众所属单位中，近3成目前主要使用国内的设备，而今后两年内可能会引进国外设备的则占6成。再者，25.8%的受访者表示，其单位有出口产品的业务，当中亚洲占17.7%、欧洲占8.1%、北美洲及中占东4.8%。

展会期间还举办了混凝土砖国家标准征求意见稿研讨会及混凝土砌块（砖）墙体与建筑节能技术研讨会。

——雅式展览网

绿色建材展节能唱主角

2006年2月28日，第11届中国国际建筑建材贸易博览会暨“第五届中国（北京）国际绿色建材展览会”在北京中国国际展览中心开幕。此次展会由中国建筑材料工业协会、中国贸促会建筑材料行业分会等主办，“节能”成为本次展会的最大亮点。

本次展会占据了四个展厅，有来自国内外近千家的建材品牌参展。1号馆举办“第九届中国国际厨房卫浴设施展览会”，汇集了科勒、东陶、雷蒙格尔、仕龙、惠达、冠军、富美家等多个国际知名厨卫品牌。据主办方负责人介绍，这是目前国内实力最强的卫浴展。2号馆为新型建筑材料和墙体材料专馆，杜邦、拉法基、德国木业协会、德国莱因辛克、北京金隅集团、北新集团等企业展出了最新的建筑节能新产品。3、4号馆为新型节能型门窗推广区，霍尔茨、美耐森、上海安洋、杭州金迪、山西孟氏、德国满天路等知名品牌都带来了最新的节能型门窗，内容涵盖了木门窗、铝合金企业，以及塑钢门窗，玻璃幕墙，五金配件等多种产品。据介绍，这也是2006年度规模最大、档次最高的门窗专项展览会。

在本次展会中，美国展团表现得十分“高调”。其参展面积达500多平方米，在参展的各个国家中名列第一。

由美国驻华大使馆商务处组织的美国展团包括美国建筑材料中国发展项目、美国林业及纸业协会、美国金属建材协

会、爱达荷州亚太办和固特曼制造公司、美国联合涂料公司等企业，业务范围多样。除建材企业外，还包括政府部门、行业协会、涂料和机械企业等。他们分别带来了涂料、木材、石材等门类的建材产品。这都充分说明了美国政府、企业对中国、对中国市场的重视，对中国经济的肯定。

——《中国贸易报》

中国郑州建筑装饰材料经贸洽谈会

由河南省人民政府、中国国际贸易促进委员会主办，河南省贸促分会、中国建材装饰协会、国家建筑装修材料质量监督检验中心和天荣国际建材港共同承办的“中国·郑州建筑装饰材料经贸洽谈会”于2006年4月13～17日在郑州举行。

据了解，郑州是我国中西部建材贸易批发中转基地，是中西部的建材物流中心，每年建材贸易额达260多亿元，是众多商家必争之地。本届洽谈会遵循“促进河南建材发展加快郑州物流业建设”的宗旨，以“提升建材产业”为主题，按照“产、销地交易为主，注重建材招商、促进郑州物流”的目标，贴近生产企业、贴近贸易商、贴近消费者、贴近物流商，精心打造一个“以建材交易为主线、以专业机构、专业市场为依托，以促进河南建材产业发展壮大为目标”的建材盛会。

据介绍，此次洽谈会集建材展示、批发、物流配送、信息处理为一体，可同时容纳近万户商家经营的天荣国际建材港以产销地面对面交流为主。在参展主体上，实现了以商招商的转变。展会期间，将有众多的贸易商、批发商和建材专业市场人士到会，组委会负责人谢增福告诉记者说：“本届洽谈会特点，一是规模大，展区面积逾2万平方米，本次会展总规模达3000多个摊位和铺面，产品代表国内发展的先进水平。二是参展品种齐全，档次较高，国内主要生产基地的主要知名品牌将来参会展出。三是采用企业为主体的市场化运作，注重实效，从设计、布展到招商都实行了市场化运作模式。四是突出专业化和国际化特点。”

本届洽谈会进一步巩固郑州作为中西部建材贸易、物流中心地位，进而推动建材市场整体水平的提高与发展。

——《中国贸易报》闪 慧

境内展

展名：2006北京国际建筑材料贸易博览会
时间：2006年2月23～25日（北京）

展名：第11届中国国际建筑装饰材料（用品）展览会
时间：2006年2月23～26日（大连）
周期：一年一届
上届数据：展出面积（平方米）：40000
其中外国参展面积（平方米）：3700
观众总数（人次）：120000
展商总数（家）：706
其中国外参展商数目（家）：65

展名：北京建材展及第五届国际化学建材暨涂料工业展览会
时间：2006年2月23～26日（北京）

展名：第20届中国国际新型建筑材料暨钢结构展览会
第八届中国国际建筑门窗、幕墙暨遮阳系统展览会
第九届中国国际石材暨装饰材料展览会
时间：2006年2月28日～3月3日（北京）

展名：2006年第11届中国国际建筑建材贸易博览会
第五届中国北京国际绿色建材展览会
时间：2006年2月28日～3月3日（北京）

展名：2006年亚洲国际卫生洁具暨配套设施展览会
第三届中国国际涂料暨涂层保护技术展览会
第三届中国国际灯饰照明、园林景观设施展览会
2006年亚洲国际建筑建材贸易博览会
时间：2006年2月28日～3月3日（北京）

展名：2006年北京春季顶级规模建材展览会
时间：2006年2月28日～3月3日（北京）

展名：2006年北京第九届中国国际厨房卫浴设施展览会
时间：2006年2月28日～3月3日（北京）

展名：第13届中国国际门业暨建筑装饰五金展览会
时间：2006年3月1～4日（北京）
周期：一年一届
创办时间：1984年3月
上届数据：展出面积（平方米）：26000
其中外国参展面积（平方米）：8000
观众总数（人次）：60000
展商总数（家）：1200
其中外国参展商数目（家）：500

展名：2006年（第三届）广州国际霓虹灯展览会
时间：2006年3月3～6日（广州）
周期：一年一届
创办时间：2004年3月
上届数据：展出面积（平方米）：4000
其中外国参展面积（平方米）：360
观众总数（人次）：50000
展商总数（家）：60
其中外国参展商数目（家）：10

展名：第13届全国建筑装饰行业订货会
时间：2006年3月7～10日（北京）
周期：一年一届

创办时间：1984年
上届数据：展出面积（平方米）：13000
其中国外展商面积（平方米）：6000
观众总数（人次）：70000
展商总数（家）：900
其中外国参展商数目（家）：400

展名：中国东北第五届国际地面材料暨铺装技术、设备展览会
中国东北第四届国际建筑钢结构展览会
时间：2006年3月8～10日（沈阳）

展名：2006年中国东北第八届国际新型建材、建筑门窗暨加工设备展
时间：2006年3月8～10日（沈阳）

展名：第11届建筑装饰暨城市建设博览会
时间：2006年3月8～10日（沈阳）

展名：中国东北第八届国际新型建材、建筑门窗、屋顶技术暨加工设备展览会
中国东北第八届国际门业、装饰五金、玻璃幕墙展览会
时间：2006年3月8～10日（沈阳）
周期：一年一届
创办时间：1999年3月
上届数据：展出面积（平方米）：10000
其中外国参展面积（平方米）：1000
观众总数（人次）：20000
展商总数（家）：400
其中外国参展商数目（家）：50

展名：2006年第二届中国（广州）玻璃纤维工业暨复合材料展览会
时间：2006年3月8～10日（广州）

展名：第六届中国国际供热空调、卫生洁具暨城建设备与技术展览会
时间：2006年3月14～17日（北京）
周期：两年一届
创办时间：1996年
上届数据：展出面积（平方米）：16800
其中外国参展面积（平方米）：8000
观众总数（人次）：14108
展商总数（家）：247
其中外国参展商数目（家）：110

展名：北京国际建筑节能、保温、防水技术与产品展览会
时间：2006年3月21～24日（南京）

展名：2006年北京第二届国际石材工业展览会
时间：2006年3月21～24（北京）

展名：第11届国际建筑门窗、幕墙、玻璃技术与设备展览会
时间：2006年3月21～24日（南京）

展名：北京第11届国际建筑、建材暨城市建设展览会
时间：2006年3月21～24日（南京）

展名：北京第11届国际建筑涂料暨粘结剂展览会
时间：2006年3月21～24日（南京）

展名：第二届国际建筑陶瓷暨卫浴精品展览会
时间：2006年3月21～24日（南京）

展名：2006中国（上海）国际绝缘材料与绝缘技术展览会
时间：2006年3月22～24日（上海）

展名：2006年第三届哈尔滨国际建筑门窗、玻璃、幕墙管材暨加工设备展览会
时间：2006年3月23～25日（哈尔滨）

展名：黑龙江地区化学建材、新型建材暨屋顶技术展览会
时间：2006年3月23～25日（哈尔滨）

展名：第四届中国国际智能楼宇材料设施暨技术展览会
时间：2006年3月23～26日（大连）

展名：第11届中国国际建筑门窗、设备暨屋顶、墙体材料展览会
时间：2006年3月23～26日（大连）
周期：一年一届
创办时间：1995年
上届数据：展出面积（平方米）：30000
其中外国参展面积（平方米）：6000
展商总数（家）：420
其中外国参展商数目（家）：96

展名：中国昆明新型建筑材料展览会
时间：2006年3月24～27日（昆明）

展名：中国昆明住宅科技交易会与集成家居装视文化展
时间：2006年3月24～27日（昆明）

展名：青海省藏毯国际展览会
时间：2006年3月25日～4月5日（西宁）
周期：一年一届
创办时间：2004年7月
上届数据：展出面积（平方米）：9600
其中外国参展面积（平方米）：2500

展商总数（家）：220
其中外国参展商数目（家）：45

展名：2006亚洲地材生产技术展览会
时间：2006年3月27～30日（上海）

展名：中国国际地面材料暨铺装技术展览会
时间：2006年3月28～30日（上海）

展名：第12届中国（深圳）国际建筑建材贸易博览会
时间：2006年3月29～31日（深圳）

展名：第九届阀门、泵、压缩机、密封、管道暨流体设备展览会
时间：2006年3月29～31日（广州）

展名：第七届中国国际建筑陶瓷暨卫浴科技精品展览会
时间：2006年4月4～7日（上海）
周期：一年一届
创办时间：2000年

展名：第14届中国国际建筑装饰材料科技精品展
时间：2006年4月4～7日（上海）
周期：一年一届：
创办时间：1993年
上届数据：展出面积（平方米）：36000
其中外国参展面积（平方米）：2000
观众总数（人次）：43542
展商总数（家）：380
其中外国参展商数目（家）：69

展名：深圳国际绝缘材料暨设备展览会
时间：2006年4月6～8日（深圳）

展名：中国国际石材产品暨石材技术装备展览会
时间：2006年4月10～13日（上海）
周期：一年一届
创办时间：1994年
上届数据：展出面积（平方米）：38000
其中外国参展面积（平方米）：8000
观众总数（人次）：43482
展商总数（家）：547
其中外国参展商数目（家）：165

展名：长春国际建筑装饰材料展览会
时间：2006年4月11～13日（长春）

展名：2006年吉林（长春）第九届国际建筑门窗、屋顶技术、管材暨加工设备展览会
时间：2006年4月11～14日（长春）

展名：2006年吉林（长春）第11届国际建筑建材贸易博览会
时间：2006年4月11～14日（长春）

展名：新型建材、化学建材、玻璃、玻璃幕墙展览会
时间：2006年4月11～14日（长春）

展名：第17届中国国际玻璃工业技术展览会
时间：2006年4月25～28日（北京）
周期：一年一届
创办时间：1986年6月
上届数据：展出面积（平方米）：30000
其中外国参展面积（平方米）：3300
观众总数（人次）：65000
展商总数（家）：628
其中外国参展商数目（家）：208

展名：第二届中国国际木材采购商供应商贸易大会
时间：2006年4月26日～28日（上海）
周期：一年一届
创办时间：2005年
上届数据：展商总数（家）：210
其中外国参展商数目（家）：40

展名：2006年第二届（中越）国际建筑装饰材料（南宁）博览会
时间：2006年5月13～14日（南宁）

展名：第20届中国国际陶瓷工业展览会
时间：2006年5月16～19日（广州）
周期：一年一届
创办时间：1986年5月
上届数据：展出面积（平方米）：28000
其中外国参展面积（平方米）：5600
观众总数（人次）：30000
展商总数（家）：237
其中外国参展商数目（家）：7

展名：第七届中国西部国际建筑涂料暨涂装设备展览会
第七届中国西部国际建筑装饰博览会
第七届中国西部国际门窗幕墙暨玻璃工业展览会
第七届中国西部国际厨房设施暨陶瓷卫浴展览会
第四届中国西部国际钢结构、空间结构暨相关产品展览会
时间：2006年5月18～20日（西安）

展名：第二届中国（广州）国际绝缘材料展览
时间：2006年5月25～27日（广州）

展名：中国西部国际建筑建材展览会
时间：2006年5月25～28日（成都）
周期：一年一届
创办时间：2000年
上届数据：展出面积（平方米）：5000
其中外国参展面积（平方米）：800
观众总数（人次）：50000
展商总数（家）：200
其中外国参展商数目（家）：30

展名：第十届南京全国建筑装饰材料展览会
时间：2006年5月25～28日（南京）
周期：一年一届
创办时间：1995年4月
上届数据：展出面积（平方米）：3000
其中外国参展面积（平方米）：200
观众总数（人次）：10000
展商总数（家）：60
其中外国参展商数目（家）：2

展名：第五届中国（青岛）国际石材工业暨技术装备展览会
时间：2006年6月16～18日（青岛）
周期：一年一届
创办时间：2001年
上届数据：展出面积（平方米）：10000
其中外国参展面积（平方米）：1000
观众总数（人次）：20000
展商总数（家）：112
其中外国参展商数目（家）：26

展名：2006年第八届中国（广州）国际建筑装饰展览会
时间：2006年7月6日（广州）

展名：2006年中国（广州）国际陶瓷、石材展览会
时间：2006年7月6～9日（广州）

展名：2006年中国（广州）国际涂料、化学建材展览会
时间：2006年7月6～9日（广州）

展名：2006年中国（广州）国际卫浴、厨房设备展览会
时间：2006年7月6～9日（广州）

展名：2006年中国（广州）国际玻璃制品展览会
时间：2006年7月6～9日（广州）

展名：第八届中国（广州）国际建筑装饰博览会
时间：2006年7月6～9日（广州）
周期：一年一届
创办时间：1999年7月
上届数据：展出面积（平方米）：120000
其中外国参展面积（平方米）：2538
观众总数（人次）：92569
展商总数（家）：1780
其中外国参展商数目（家）：58

展名：第二届中国国际日用、工艺玻璃制品展
时间：2006年7月6～9日（北京）
周期：一年一届
创办时间：2005年7月
上届数据：展出面积（平方米）5500
观众总数（人次）：8000
展商总数（家）：215

展名：2006年中国（广州）国际门窗、幕墙展览会
时间：2006年7月6～9日（广州）

展名：2006年中国（广州）卫浴、厨房设备展览会
时间：2006年7月6～9日（广州）

展名：2006年中国（广州）国际辅装材料、技术暨设备展览会
时间：2006年7月6～9日（广州）

展名：第四届中国（广州）国际工业清洁设备与技术展
时间：2006年7月14～21日（广州）
周期：一年一届
创办时间：2003年7月
上届数据：展出面积（平方米）：2000
其中外国参展面积（平方米）：400
观众总数（人次）：4921
其中外国参展商数目（家）：27

展名：2006年上海国际建筑节能和新型墙材展览会
时间：2006年8月18～21日（上海）

展名：第五届上海地板精品展览会
时间：2006年8月18～21日（上海）

展名：第17届中国（上海）国际建材暨室内装饰展览会
时间：2006年8月18～21日（上海）

展名：第五届上海国际厨卫精品展
时间：2006年8月18～21日（上海）

展名：2006中国（山东）第六届国际建筑建材装饰博览会
时间：2006年8月24～27日（青岛）

周期：一年一届
创办时间：2001 年
上届数据：展出面积（平方米）：12000
其中外国参展面积（平方米）：2000
观众总数（人次）：30000
展商总数（家）：300
其中外国参展商数目（家）：50

展名：第七届中国国际建筑装饰材料暨住宅产业博览会
时间：2006 年 9 月 1～4 日（大连）
周期：一年一届
创办时间：1999 年
上届数据：展出面积（平方米）：10000
其中外国参展面积（平方米）：200
观众总数（人次）：50000
展商总数（家）：200
其中外国参展商数目（家）：10

展名：中国国际家居生产设备暨原辅料材料展览会
时间：2006 年 9 月 11～14 日（上海）
周期：一年一届
创办时间：1997 年
上届数据：展出面积（平方米）：20000
其中外国参展面积（平方米）：3000
观众总数（人次）：20000
展商总数（家）：302

展名：第九届唐山（中国）陶瓷博览会
时间：2006 年 9 月 16～20 日（唐山）
周期：一年一届
创办时间：1998 年
上届数据：展出面积（平方米）：17000
其中外国参展面积（平方米）：800
观众总数（人次）：200000
展商总数（家）：400
其中外国参展商数目（家）：45

展名：第六届中国国际地面装饰暨地毯展览会
时间：2006 年 9 月 20～23 日（北京）
周期：一年一届
上届数据：展出面积（平方米）：10000
观众总数（人次）：13000
展商总数（家）：150

展名：第二届中国国际管材展览会
时间：2006 年 9 月 25～28 日（上海）
周期：一年一届
创办时间：2004 年
上届数据：展出面积（平方米）：7500
其中外国参展面积（平方米）：4900
观众总数（人次）：23447
展商总数（家）：177
其中外国参展商数目（家）：103

展名：2006 年中国国际线缆暨线材展览会
时间：2006 年 9 月 25～28 日（上海）

展名：香港国际建材暨建筑机械展
时间：2006 年 10 月 8～11 日（香港）

展名：第八届大连国际建筑装饰材料暨装饰装修产品展览会
时间：2006 年 10 月 20～23 日（大连）
周期：一年一届
创办时间：1999 年
上届数据：展出面积（平方米）：5000
其中外国参展面积（平方米）：50
观众总数（人次）：50000
展商总数（家）：76
其中外国参展商数目（家）：6

展名：中国国际精品家居暨制造设备展览会暨建材展
时间：2006 年 10 月 25～29 日（济南）

展名：中国（北京）国际门窗幕墙博览会
时间：2006 年 11 月 7～10 日（北京）
周期：一年一届
创办时间：2003 年
上届数据：展出面积（平方米）：10000
其中外国参展面积（平方米）：150
观众总数（人次）：22000
展商总数（家）：400
其中外国参展商数目（家）：53

展名：2006 年时尚家居展览会
时间：2006 年 11 月（上海）
周期：一年一届
创办时间：2002 年
上届数据：展出面积（平方米）：6000
其中外国参展面积（平方米）：2000
观众总数（人次）：10000
展商总数（家）：30
其中外国参展商数目（家）：10

境外展

展名：2006波兰国际建筑材料展览会
时间：2006年1月24～27日（波兰）

展名：莱比锡建材贸易展
时间：2006年2月1～4日（德国）

展名：德国莱比锡卫生洁具、供热、气候与建筑自动化展览会
时间：2006年2月1～4日（德国）

展名：德国斯图加特国际百叶窗、门和遮阳设备专业博览会
时间：2006年2月7～11日（德国）

展名：柏林国际建筑暨建筑科技交易会
时间：2006年2月21～25日（德国）

展名：柏林国际建筑信息技术暨交流交易会
时间：2006年2月21～25日（德国）

展名：美国拉斯维加斯地毯、地面铺装材料博览会
时间：2006年2月（美国）

展名：意大利米兰卫浴、制冷展览会
时间：2006年2月（意大利）

展名：2006韩国首尔京乡综合建筑建材展览会
时间：2006年3月2～7日（韩国）

展名：第七届英国伦敦天然石材展览会
时间：2006年3月14～16日（英国）

展名：国际门窗技术、组件、预制件交易会
时间：2006年3月22～25日（德国）

展名：第15届沙特吉达建筑暨室内装璜展览会
时间：2006年4月2～6日（沙特）

展名：2006年美国瓷砖、石材暨地面铺装材料展
时间：2006年4月4～7日（美国）

展名：2006俄罗斯莫斯科国际建筑建材展览会
时间：2006年4月4～7日（俄罗斯）

展名：2006第14届巴西国际建筑建材博览会
时间：2006年4月4～8日（巴西）

展名：迪拜中国建材产品交易展览会
时间：2006年4月9～12日（阿联酋）

展名：2006年美国芝加哥国际厨卫建材展览会
时间：2006年4月21～23日（美国）

展名：欧洲涂料展
时间：2006年5月8～10日（德国）

展名：利比亚国际建筑暨建材博览会
时间：2006年5月8～11日（利比亚）

展名：西班牙马德里天然石材展览会
时间：2006年5月10～13日（西班牙）

展名：澳大利亚墨尔本国际建材暨设备展览会
时间：2006年5月28～31日（澳大利亚）

展名：2006年美国奥兰多国际石材博览会
时间：2006年5月（美国）

展名：第七届俄罗斯莫斯科国际石材展览会
时间：2006年6月20～23日（俄罗斯）

展名：越南国际建筑工程暨建材设备展览会
时间：2006年7月4～7日（越南）

展名：南非约翰内斯堡国际建材展览会
时间：2006年7月26～29日（南非）

展名：意大利维罗纳国际石材展览会
时间：2006年10月5～8日（意大利）

展名：俄罗斯莫斯科地面材料展览会
时间：2006年10月11～13日（俄罗斯）

展名：沙特利雅得国际石材暨石材技术展览会
时间：2006年10月11～13日（沙特）

展名：德国国际玻璃技术贸易博览会
时间：2006年10月24～28日（德国）

展名：美国拉斯维加斯国际石材展览会
时间：2006年11月11～13日（美国）

展名：迪拜石材、陶瓷、玻璃冷藏暨建筑环保五大行业国际博览会
时间：2006年11月20～24日（阿联酋）

5. 服务行业

① 金融业展会

首都金融文化节暨
北京国际金融投资理财博览会

2005年9月1～4日在北京国际贸易中心举办的首都金融文化节暨北京国际金融投资理财博览会（简称首都金融文化节）上，有数百家金融机构带着各种渠道的理财产品亮相，展览面积达1.3万平方米，展位超过430个。

据介绍，在国贸展览中心举办的北京国际金融投资理财博览会上，国内银行展区、证券基金机构展区、保险机构展区、外资金融机构展区构筑出首都“理财大超市”。除了银行理财产品、保险产品、证券基金展品亮相外，典当行、拍卖行、金币总公司等各种理财渠道都会出现在博览会上，市民不但可以亲自体验、了解各种理财产品，还可以在现场免费领取金融理财宝典。

据了解，金博会还设立38场专题讲坛：“八大基金经理论坛”、“百姓理财讲坛”、“金融理财产品论坛”、“保险产品讲坛”等，特邀各金融行业顶尖金融理财师讲解家庭理财规划、金融理财组合。另外还有最吸引收藏者的一项活动，就是金博会期间举办的北京金融文化展，它包括介绍中国货币历史上各个阶段的货币珍品，例如第一套人民币、中国最早的纸币和最早的银宝、中国历史上最早的铸币设备等。还可以观赏到远在山西的晋商票号，了解以晋商票号为代表的中国近代金融发展史。

据统计，展会期间国贸主会场观众人次分别为4.2万、3.5万、5.5万和4万，累计达到17.2万人次，场面热烈不亚于最火暴的房展和车展的人流。金融文化节分会场西单文化广场与天通苑分会场的接受咨询的人数预计超过一万人次。据不完全统计，参展金融机构共接待客户咨询产品或服务超过30万次，留下姓名地址的有效客户超过4.6万，许多业务员在四天时间里接待的客户超过1千人。

——《国际商报》

科学技术打造现代金融服务

2005年9月18～21日，第13届中国国际金融（银行）技术及设备展览会在北京展览馆举行。

今年展会的主题为“科学技术打造现代化金融服务”。往届金融展上硬件厂商一直是展会的主角，但这次综合厂商却占据了半壁江山。面对IBM、思科等国际巨头的“解决方案”，国内知名企业华为—3COM、银之杰等也毫不示弱地打出了自己的“解决方案”。美国使馆商务部第一次组织本国9家参展商携最新金融服务技术与产品参加了本届金融展；而越南央行则首次组团来京观展，目的在于通过参展和观展，与我国众厂商及银行在技术与服务方面进行更多的相互交流和学习。为推动中国金融业的发展，加强与外资金融机构的交流合作，宣传金融服务，本届展会特别设立了金融服务展区。继去年7家银行参展之后，今年金融展组委会着重加强了对金融产品和服务展示的组织活动。在北京展览馆的3、4、7号馆，各家金融机构同台竞技，向社会大众展示其金融服务、产品和品牌。中国银行推介的中银VISA奥运信用卡突破传统的金卡/普卡模式，以奥运为主题研发出（奥运五环）五色卡面，可任意选择，功能方面包括单币/双币合一，全球漫游服务，电话购汇还款等新的设计，一卡多能。人民银行则重点选择了征信、国库、货币发行、会计核算、办公自动化共5个系统进行专题展示，并设展台对中国现代化支付系统进行专题展示，旨在通过这些专题，使社会各界对中国现代化支付系统、征信系统以及中央银行利用信息技术更好地履行央行职能等方面加深了解。

各大银行推出的相对稳健的理财产品也逐渐受到个体消费者的青睐。本届金融展上，让普通用户能够全面了解金融服务，使更多个性化的金融服务走入千家万户成为2005金融服务展的一大亮点。此次有中国人民银行、中国人民银行清算总中心、国家开发银行、中国农业银行、中国银行等12家国内金融机构前来参展。

本届金融展的另一个重头戏——论坛紧紧围绕“科学技术打造现代金融服务”的主题展开探讨，中国人民银行副行长苏宁、中国银联股份有限公司总裁万建华、交通银行首席信息官侯维栋等在首场论坛上发表主题演讲。在之后的专题对话中，紧紧围绕“金融服务社会化”的概念集中讨论：金融业信息化发展规划和重大举措；金融信息化发展与金融服务创新社会；金融服务的未来之路——信息化与社会化；综合金融服务；如何培育理财意识，改善金融服务，提高理财水平；让金融服务走近百姓，传播金融文化，丰富社会金融元素；金融服务全球化与国际化等题目都将成为主要探讨内容。

今年的专题论坛将金融服务提到一定的高度，引起各大银行的广泛关注和积极参与，人民银行、工行、中国银联、银监会、交通银行、中信实业银行、中国光大银行、浦东发展银行、民生银行的高层领导均在论坛上集中亮相并参与讨论，而HP、EMC、易观国际的高管及中国人民大学金融与证券研究所副所长赵锡军也在论坛上就金融服务业的人文化与国际化进行讨论。

今年参与技术交流会议的有HP、日立、柯达、优利等一批大、中型国际、国内IT企业。从今年众多大型企业热情参与技术交流会中可以看出，展会一改以往大展商重展览、小厂商重视技术交流会的惯例，众多大厂商也开始高度关注技术交流会，且参与公司的层次较往年有明显提高。

今年技术交流会参加演讲的厂商更加重视听众的覆盖面和讲演知识的系统化。因此，今年的演讲者大都申请专场或两场以上。其中，HP公司直接申请了4场技术交流会，成为实际意义上的专题会议。可以预见技术交流会正随着展会的发展逐年升温。

——《国际商报》

首届金融知识展览

由中国人民银行主办的大型公益金融知识展览2005年12月9～24日在北京国家博物馆举办，这是中央银行首次以展览形式向广大社会公众普及金融基础知识。广大百姓可免费参观展览。

这次展览全方位地介绍了金融的基本原理和实用知识，特别是老百姓生活中必备的金融常识。目的是提高个人和家庭的理财能力，增强全民的金融法制观念、信用观念和风险意识，夯实金融业的安全健康运行的根基，打造社会和谐发展的基石。

这次展览分为“打开金融之门”、“现代金融架构与中央银行职能”、“钱币的历史与文化”三大展区。第一展区——“打开金融之门”介绍了货币和银行的起源，银行体系构成和服务、外汇理财、银行卡的使用，证券和保险投资理财技巧，以及金融业改革成就等内容。第二展区——“现代金融体系架构”重点介绍了我国金融体系构成、金融市场结构和发展、中央银行对金融业的调控和管理、金融分业监管体制等内容。第三展区——“钱币的历史与文化”主要介绍了钱币的起源和类别、我国历代钱币、人民币和世界主要自由兑换货币。

除介绍传统的银行业务知识外，这次展览更多地展示了我国金融业发展取得的成就，如我国支付结算体系建设的成就，银行卡业务作为现代化和高科技支付手段在我国的发展，以及中央银行的新职责，如征信管理、反洗钱等方面的内容。展览充分调动和运用了多种视听手段，以文字、图表、音像、漫画、实物等各种形式向公众讲解金融基础知识，同时还在展览现场还安排了知识互动问答等趣味活动。

作为建立全民金融素质教育长效机制的探索，人民银行将把这次展览办成巡回展，在全国各地展出，采取更多的方式，积极推动金融知识普及工作的广泛深入开展。

——新华网

北京国际金融博览会

第二届北京国际金融博览会于2006年11月7～10日在北京展览馆举行。这次展会为金融机构、工商企业和市民百姓搭建了一个综合金融服务平台，为金融服务、区域经济管理者、企业家、投资家和海外投资机构搭建了一个以资本为纽带的投融资项目交流合作平台，是一次展示金融产品和投资项目及促进金融合作的国际性金融盛会。

博览会经北京市人民政府批准，由中国人民银行营业管理部、北京银监局、北京证监局、北京保监局、北京市国资委、西城区人民政府和朝阳区人民政府顾问支持，由北京银行业协会、北京证券业协会、北京保险行业协会、北京金融街商会、北京CBD金融商会和北京产权交易所共同主办，由北京金融街世纪国际会展有限公司和北京金博会国际会展有限公司共同承办。

2005年9月1～4日，第一届北京国际金融博览会在北京成功举办。北京市委书记刘淇和中国人民银行行长周小川出席开幕式并发表重要演讲，纽联储执行副主席唐双宁、中国证监会副主席庄心一、中国保监会副主席周延礼等参观博览会并给予了高度评价，同时，也受到了金融机构、企业单位和市民百姓的广泛欢迎，对于优化金融投资环境，提升金融服务的市场化程度，起到了巨大的推动作用。

第一届北京金博会展览总面积超过1万平方米，展位数超过430个，展出金融服务产品超过3000种，参展金融机构达83家，参观展览群众累计达17.2万人次，100余家国内外知名媒体对本次博览会进行了大量的报道。

为了实现“金融服务经济、金融服务企业、金融服务百姓”的展会核心目标，第二届北京国际金融博览会在第一届金博会的基础上，在组织规模、展览内容、活动策划、媒体宣传等方面有了大幅度的提升，为进一步办好展会创造了有利条件。

2006年展览总面积达到了2.3万平方米，是2005年规模的两倍。整个展区划分为银行、国际金融机构、保险公司、基金证券公司、综合金融服务、首都经济、全国重点经济区域、企业集团及上市公司、高科技项目、小城镇开发、地产投资项目、创业投资项目12个区域，展位数量达到了1000余个。以“投资、融资、理财”为主题，博览会通过展览、高层论坛、投资推介会和理财大讲堂等诸多形式，宣传企业金融业务和个人理财业务，展示区域经济开发热点和企业发展中的投融资项目。在媒体宣传方面，北京金博会组委会与著名媒体合作，推出了北京金博会系列报道、专题节目、专访节目和现场直播节目。在观众组织方面，组委会调动了各方资源，以票务寄送、定向投递、广告宣传和媒体组织的方式在全国范围内进行北京金博会的专业观众组织工作，邀请了海内外和全国各地的企业家、机构投资者、财经专业人士、高收入群体到会观展，有效利用了资源。

——北京嘉华四季国际会展有限公司

展名：第三届上海国际保险业展览会暨保险国际论坛
时间：2006年4月7～9日（上海）
创办时间：2001年
上届数据：展出面积（平方米）：2500
其中外国参展面积（平方米）：1730
观众总数（人次）：25000
展商总数（家）：26

其中外国参展商数目（家）：18

展名：中国第六届税收电子化展览会
时间：2006年4月26～28日（上海）

展名：2006年第八届中国（北京）国际智能标签（RFID）和智能卡展览会暨用户大会
时间：2006年5月15～19日（北京）
周期：一年一届
创办时间：
上届数据：展出面积（平方米）：4200
其中外国参展面积（平方米）：296
观众总数（人次）：5627
展商总数（家）：93
其中外国参展商数目（家）：1

展名：成都理财投资展
时间：2006年8月（成都）
周期：一年一届
创办时间：2005年

展名：2006北京国际钱币博览会
时间：2006年10月27～28日（北京）

展名：第四届上海理财博览会
时间：2006年10月27～29日（上海）

展名：2006年上海国际金融服务展览会暨论坛
时间：2006年11月25～27日（上海）

② 物流业

行业简况

中国物流业将进入协调发展快车道

中国物流与采购联合会常务副会长　丁俊发

“十五”期间，国民经济进入新一轮增长期，我国社会物流需求出现持续高速增长的局面，社会物流总额规模持续扩大，社会物流总额达158.7万亿元。扣除价格因素，需要运输、装卸等物流服务的实物量年均增长15%左右。

物流需求将高速增长

物流需求高速增长期将继续持续10~15年的时间。特别是在“十一五”时期，我国正处于工业化中期和调整经济结构，转变经济增长方式的关键时期。随着国民经济的稳定快速发展，随着进出口贸易的进一步扩大，物流需求的规模还会继续扩大。我们用统计模型预计，如果“十一五”“时期GDP年均增长8.5%，物流总额年均增长16.7%左右，到2010年社会物流总额将达到90万亿元，比2005年翻一番。

“十五”期间，虽然我国物流费用仍处在较高水平，但我国社会物流总费用与GDP比例呈逐渐下降的趋势。由2000年的19.4%下降到2005年的18.6%。“十五”期间由于与GDP比例下降而节约的社会物流费用合计为1090亿元，相当于2005年全国规模以上电力工业企业实现利润总额的水平。

“十一五”时期，在调整经济结构，转变经济增长方式过程中，不仅物流需求将会保持持续快速增长的趋势，更为主要的是发展现代物流在降低成本，提高效率与效益方面的作用将会更加显现，社会物流总费用与GDP比例将进一步下降。我们用统计模型预计，“十一五”时期，社会物流总费用年均增长约10%左右，低于“十五”时期年均增长12%的水平。到2010年社会物流总费用预计为5.4万亿元，社会物流总费用与GDP比例将降至16.8%左右，比2005年下降近2个百分点，这意味着通过发展现代物流，降低物流成本，增加4350亿元经济效益。

从统计数字看当前物流业的瓶颈约束

总供给难以满足总需求，物流供给明显不足的硬约束的现象仍没有得到根本缓解。据中国物流信息中心统计，1991年～2005年间，我国实际完成的货运量年均只增长10%左右，与同期需求增幅之间至少存在5个百分点的差距。

社会物流成本比GDP比例仍然偏高，反映我国经济运作粗放的基本现实。目前，我国社会物流总成本与GDP的比例仍高达18.6%，比发达国家9.5%～10%的比例，高出近一倍。原因是我国经济尚处于工业化中期的重化工业阶段，GDP增长主要依靠一、二产业，第三产业GDP只占到40%，与发达国家三产比例高达70%～80%的份额相比，我国的经济增长方式显著落后。根据1991年～2005年的统计，15年中，物流总费用与GDP的比例下降了5.4个百分点，年均下降0.36个百分点，但“十五”期间，年均下降速度为0.16个百分点。如按年均下降0.3个百分点计算，到达10%左右的水平，要花20～30年的时间。如要实现超越式发展，只有二个办法，一是加快现代物流业的发展，二是加快产业结构调整，增加服务业的比例。

现代物流业务附加值低。与国外发达国家相比，我国物流实物规模较大，但社会物流总费用却较低。以美国为例，2004年美国物流总费用为10150亿美元，相当于8.4万亿人民币，是同期我国物流总费用30002亿元的2.8倍。

同时，结合美国交通统计局（BTS）数据计算，1993年、1997年和2002年美国单位货运量物流费用分别为409元/吨、473元/吨和476元/吨，近几年基本保持稳定，而我国单位货运量物流费用虽然1991年以来一直呈现增长态势，但总体水平仍然很低，为美国同期26%左右，说明我国现代物流业务附加值低，物流业务增值服务太少，导致物流活动还处于低水平、粗放的阶段。

中国物流业的发展需要动力、需要环境

在“十一五”规划纲要中，有史以来第一次专门对大力发展现代物流业提出了规划和目标。要实现这些目标，我们既面临新的机遇，也面临新的挑战。既需要有新的动力来推动我国现代物流的发展，也需要创造条件为现代物流发展提供良好的环境。

现代物流作为现代服务业向生产、建设、商贸等领域渗透和延伸，是调整经济结构、转变经济增长方式的重要内容，要通过延伸物流服务领域，推动结构调整和增长方式转变。

受体制和机制约束，内部分割、垄断、封锁的现象依然突出，尚未建立公正、公平、公开的竞争市场与机制。特别是工商登记管理、财政税收、交通规费、配送车辆进城、土地管理、货运代理、物流市场规范、快速通关等几方面的政策，企业要求比较强烈。建议国家有关部门和地方政府要抓紧研究实施细则，把好政策落在实处。

“十一五”期间，需要更充分的统一协调的综合管理体制与机制。在国民经济转型时期，物流业的加快发展，需要政府部门加强规划协调与指导。目前国家发改委正在制定我国物流发展的“十一五”规划，这必将有利推动我国现代物流业的快速健康发展。

与国外相比，我国物流发展差距最大的就是信息化水平低。国家要通过重点投资和前期投资引导的方式加大对现代物流发展的科技创新和信息技术的支持，扶持发展一批有自主知识产权的现代物流科技信息技术成果。加快物流信息化的进程。

展　会

第三届佛山（国际）物流合作洽谈会

第三届佛山（国际）物流合作洽谈会于2006年6月28～30日在广东省佛山市的佛山国际会议展览中心举办，来自海内外的1000多名物流人士应邀出席了这次以“物流佛山、共享全球新机遇”为主题的国内外物流业交流合作的盛会。

这次大会由佛山市人民政府、广东省经济贸易委员会、中国物流与采购联合会、中国交通运输协会、香港物流协会共同主办，共推出330个标准展位，共有137家国内外物流及相关企业参展，其中包括国际物流与运输学会、韩国物流协会、新加坡国际管理学院、华南中远国际货运有限公司、中外运、台塑重工等一大批国内外知名物流机构和企业。

在开幕式上进行的物流业的投资合作，共有85个项目进行签约，签约总金额208.63亿元，这些合作具有投资性项目比重大，投资合作的规模大、合作意欲强等特点。

另外，这次已经是佛山第三次举行物流合作的洽谈会了，组委会除了继续原有的实用有效的形式之外，本届还增加了“佛山（国际）物流设备技术与应用展”、“第五届中日韩物流技术与应用交流会”和“2006年首届中国物流百强企业高层论坛”等主要内容。其中大会邀请了国内外专家和知名大型物流企业的高级管理人员就物流业的发展和趋势等议题发表演讲并围绕如何推进中国现代物流业的发展，推动物流业的国际合作各抒己见。

佛山是广东省重要的制造业生产基地之一，近年来，该市利用其制造业基础雄厚、中小企业众多和商品市场大、辐射范围广、交通便利等优势，大力推进物流基地和物流企业发展，已经成为珠江三角洲重要的现代物流基地，并成为该市新的经济增长点和重要的支柱产业。

——中国物流设备网

运输与物流展汇聚业界巨头

由励展博览集团与中国国际贸易促进委员会广州市分会携手举办华南国际运输与物流展览会2006年6月28～30日在广州锦汉展览中心闭幕，吸引了6000多名的专业观众到场参观。

据报道，华南国际运输与物流展览会在同一屋檐下展示五个不同的专题：物流及运输、航空货运、国际港口和码头设备、供应链及射频识别、工业车辆及仓储设备。本届展会汇聚了来自世界各地的150多家展商，其中不乏广州港集团、林德叉车、雷诺卡车、斑马技术、香港空运货站、快易通、泛亚班拿、安特卫普港、纵横物流、白云机场等行业领军企业。

展会吸引了来自世界11个国家和地区的全球领先物流服务供应商，来自法国、意大利、俄罗斯和美国的展商组团参展。

据了解，华南运输与物流峰会与华南国际运输与物流展览会同期举办，主要的物流企业将聚集一堂，针对制造商和零售商如何成功在中国国内建立物流集散网络的策略为大家呈现一些相关的讲座、座谈会、小组讨论会和研讨会。

——《中国贸易报》魏晓航

展名：第九届中国（广州）国际物流展览会
时间：2006年3月14～16日（广州）

展名：2006年中国国际智能交通系统（ITS）技术与产品博览会
时间：2006年3月18～20日（北京）

展名：中国东北国际地铁、轻轨暨交通展览会
时间：2006年3月30日～4月1日（沈阳）
周期：一年一届

展名：2006年中国国际交通建设科技博览会
时间：2006年4月7～9日（北京）

展名：第七届国际物流技术暨运输系统展览会
时间：2006年4月7～10日（沈阳）
周期：一年一届
创办时间：2000年4月
上届数据：展出面积（平方米）：2000
观众总数（人次）：6900
展商总数（家）：71

展名：2006年第九届中国（国际）交通安全产品暨智能交通博览会
时间：2006年4月16～18日（上海）
周期：一年一届
创办时间：1998年

展名：2006年中国西部（成都）公路交通设施暨技术展览会
时间：2006年5月25～28日（成都）

展名：2006年第二届中国（广州）国际物流博览会
时间：2006年6月8～10日（广州）

展名：华南国际运输与物流展览会
时间：2006年6月28～30日（广州）
周期：一年一届
创办时间：2001年6月
上届数据：展出面积（平方米）：11550
其中外国参展面积（平方米）：7000
观众总数（人次）：40000
展商总数（家）：250

展名：第四届大连国际物流港口航运展览会
时间：2006年7月3～8日（大连）
周期：一年一届
创办时间：2004年5月
上届数据：展出面积（平方米）：4000
其中外国参展面积（平方米）：600
观众总数（人次）：20000
展商总数（家）：90
其中外国参展商数目（家）：12

展名：中国国际物流、交通运输暨远程信息处理博览会
时间：2006年9月19～22日（上海）
周期：两年一届
创办时间：2004年
上届数据：展出面积（平方米）：11700
观众总数（人次）：10044
展商总数（家）：214
其中外国参展商数目（家）：161

展名：2006年中国国际空中交通管制展览会
时间：2006年9月20～22日（北京）
周期：两年一届
创办时间：1997年
上届数据：展出面积（平方米）：3000
其中外国参展面积（平方米）：1500
观众总数（人次）：2500
展商总数（家）：80
其中外国参展商数目（家）：30

展名：第八届国际公路水运交通技术与设备展览会
时间：2006年9月26～29日（北京）

展名：第十届中国国际港口航运博览会
时间：2006年9月27～29日（上海）
周期：两年一届
创办时间：1987年
上届数据：展出面积（平方米）：5000
其中外国参展面积（平方米）：18000
观众总数（人次）：14232
展商总数（家）：120
其中外国参展商数目（家）：34

展名：2006上海国际智能交通技术设备展览会
时间：2006年10月8～11日（上海）
周期：两年一届

创办时间：2004 年

上届数据：展出面积（平方米）：15000
其中外国参展面积（平方米）：5000
观众总数（人次）：60000
展商总数（家）：277
其中外国参展商数目（家）：90

展名：2006 年亚洲国际物流技术与运输系统展览会
时间：2006 年 10 月 10～13 日（上海）
周期：一年一届
创办时间：2000 年 10 月

6．医疗行业

行业简况

国内外医药保健行业快速发展

全球医药市场潜力巨大

近年来，全球医药市场一直保持每年 7%~8% 的飞速增长，2004年的销售额达到5500亿美元。国际药品贸易更是突飞猛进，2000年以来年均增长18%，是全球商品贸易量增速的3倍，仅次于服装贸易。

中国医保产品需求激增

改革开放以来，我国经济持续、快速、稳定的增长带动广大人民群众生活水平实现“跨越式”提高，追求高品质生活成为当前中国社会发展的主旋律。

据不完全统计，“十五”期间，中国对药品和保健产品的需求量以每年两位数增长，医药工业总产值增幅超过世界药品市场销售额增幅，已成为全球第五大医保产品市场。

“十一五”期间，作为拥有13亿人口的中国，对药品和保健产品的需求还将急剧放大，尤其是全社会老龄人口的大幅增加，将推动药品和保健品市场规模以每年15%的速度增加，高于世界平均增长水平。到2020年，中国医保产品市场规模有望超过美国，成为全球第一大市场，其巨大的发展前景备受世界关注。

世界医药市场发展趋势

目前，世界医药市场的发展趋势涵盖天然药物、功能食品、天然化妆品和家用护理器具等四大类热点产品。中国国际健康产品展览会迎合世界医药市场发展规律，以上述四大类产品为重点展示内容。

天然药物。目前，世界上越来越多的人信赖天然药物。天然药物制剂、天然药物原料及其提取物的市场开发，正在成为世界医药市场的一个新的经济增长点。

从全球来看，天然药物主要集中在亚洲、欧洲和美国这三大区域。据统计，1999年亚洲植物药总销售额为45亿美元，欧洲为65亿~70亿美元，美国为43亿美元，再加上其他国家和地区，全世界超过500亿美元。天然药物的原料供应商主要为中国、印度和巴西，天然药物的市场需求每年的增长率在10%~20%之间。多种渠道的信息显示，西方国家对天然药物需求量的增大，是带动天然药物市场迅速崛起的重要因素。

功能食品。目前，在世界范围特别是发达国家，“事先在饮食中预防，而非事后用药物治疗”及“自己身体力行积极防病”的理念得到广泛认可，使得功能食品的市场不断扩大。2001年世界功能食品的市场销售额达到476亿美元，增长速度约为7%。2005年的销售额预计达到647亿美元，是10年前的两倍。到2010年，将达到1000亿美元。美国、欧洲和日本等市场是功能食品的主要消费地。

天然化妆品。当前，“绿色、自然与环保”成为非耐用消费品业的主流呼声。安全、无毒副作用的天然原料成为化妆品界的新宠，而以生物制剂、生物活性提取物、天然植物添加剂为代表的化妆品新原料，正成为化妆品开发的新重点。在此背景下，越来越多的国内外企业对加有天然药物成分的化妆品研究日趋活跃，上市的各种天然原料化妆品达数千种。由于天然原料化妆品兼有营养、消毒、消炎等多种功能，颇受广大消费者青睐。此外，人们越来越认可果蔬的美容作用，从日常食用的瓜果蔬菜中摄取人体所需要的天然微量元素，抗衰老、润肌肤、美容美体、经济又实惠的相关化妆品逐渐成为时尚。

家用护理器具。目前，中国的家用护理器具市场正呈现增量放大的趋势，其出口市场直指美国、欧洲和东亚等地。随着大量科研成果用于产品更新与开发，具有高附加值的护理产品成为新的市场卖点。此外，兼有运动、瘦身与健身功效的高品质、多功能的护理器具日益成为家用护理产品的主导趋势。

“中医药热”方兴未艾

“中医药热”从20世纪中后期开始在西方国家兴起以来，具有天然、独特、安全、稳定、和缓、平衡、持久及双向调节疗效，资源广阔，筛选相对简单的天然药物在全球范围内再度崛起。中国是世界天然药物原料的主要供应者，具有世界上最丰富的天然药物资源，现有的中药资源种类达12807种，有着极其广阔的市场前景。

不少国家都有使用天然药物的悠久历史，但基本上都逐渐衰亡，惟有中医药从数千年前开始不断发展延续至今，并形成了完整的医药学理论体系。如果说20世纪中医药在全世界引发了“天然药物热”、“自然疗法热”，那么我们完全有理由相信，这种趋势不仅将引领新世纪的健康消费时尚，而且还将成为国际医药市场的投资热点、贸易热点和研发热点。近年来天然药物国际贸易额的迅速攀升，就是一个最好的说明。

医药产品进出口结构有待调整

目前，中国医药保健品产业的国际竞争力依然较弱，还没有摆脱传统的出口附加值较低、污染较重的化学原料药及常规手术器械、卫生材料和中药材，而进口价格昂贵的制剂及大型、高档医疗设备的进出口模式。高新技术产品出口比重较低，尤其是产品的高科技含量和工艺水平较低。国际化程度不高，国际市场开发力度不够，信息渠道不畅，对国际市场信息反应迟缓，特别是缺乏联合开拓国际市场的意识与机制。如何从医保产品大国走向医保产品强国成为当前中国医保行业面临的重大任务。

因此，中国国际健康产品展览会肩负着加强医保行业的对外交流与合作、引进先进技术与设备、增强企业技术创新和培育自主品牌能力、推动企业建立国际营销渠道、促进医保行业出口增长方式转变，提高出口增长质量的神圣使命。

——《国际商报》

西药出口：原料药仍是支柱

前两月西药及医疗器械类商品进出口分析

中国医药保健品进出口商会　乔海利 荣 嫡

2006年1～2月份，西药类商品进出口金额为40.1亿美元，同比增长21.30%，占医药保健品类商品同期出口总额的95.76%。其中，进口金额为17.5亿美元，同比增长15.06%；出口金额为22.6亿美元，同比增长26.63%。累计实现贸易顺差额达5.1亿美元。

西药原料药仍是出口支柱

2006年1～2月份，我国西药原料药出口额为14.3亿美元，同比增长27.30%，占医药保健品类商品同期出口总额的59.67%。我国西药原料药的出口市场主要集中在美国、印度、德国、日本和韩国。

维生素C出口价格持续下滑。1～2月份，维生素C累计出口数量为1.15万吨，同比减少4.97%，累计出口金额为0.39亿美元，同比下降18.95%，出口平均单价为3.39美元/公斤，同比下降14.61%。虽然目前尚未扭转价格下滑的趋势，但随着煤、电、气、运输、环保等基本工业成本的增加，价格上升应是迟早的事。有消息传出，2006年初，安徽泰格生物技术有限公司和淄博华龙制药有限公司陆续停产，转而生产维生素C衍生物以及其他附属产品。维生素C生产企业以不定期停产来缓解目前生产成本过高的压力，维持适度的市场供销节奏，保证价格与生产投入的合理性。可以预见，2006年的维生素C出口价格将逐渐理性回升。

青霉素工业盐遭遇印度反倾销。1～2月份，青霉素工业盐（含衍生物）累计出口数量为0.23万吨，同比增加17.64%，累计出口金额为0.29亿美元，同比增长27.39%，出口平均单价为12.56美元/公斤，同比增长8.29%。我青霉素工业盐对印度市场出口数量持续激增，生产企业无序低价竞争，已造成印度对我青霉素工业盐进行反倾销调查立案。目前，一方面我生产企业积极应诉，另一方面反倾销压力促使企业加速生产结构调整。由此，下游产品价格反而恢复，如阿莫西林价格稳中略升。

扑热息痛出口竞争激烈。1～2月份，扑热息痛累计出口数量0.61万吨，同比增长23.62%，累计出口金额为0.20亿美元，同比增长21.74美元，出口平均单价为3.23美元/公斤，同比下降1.52%。2005年以来，由于原材料涨价和人民币升值，导致了扑热息痛生产成本大幅增加，压缩了企业的利润空间，降低了其在国际市场上的竞争力。而扑热息痛及其生产原料国内产量过剩，再加之为低附加值产品，各企业间低价竞争激烈，更造成大量资源性产品流失。印度大量进口我扑热息痛原料药深加工后再出口，已抢占部分国际高端市场，同时2005年印度大量低价进口我国对氨基苯酚，支持了本国扑热息痛产业。这两方面都直接影响着我国扑热息痛行业的发展。此外，据企业近日反映，目前部分国家对扑热息痛进口设定高税率，而进口其原料对氨基苯酚、冰醋酸、活性炭等资源性化工产品却是零关税。印度2006年重新调整了对美国扑热息痛出口政府补贴，从原来的10%上调到30%。这些不平等贸易政策不仅阻碍了我扑热息痛的出口，同时刺激我国高耗能、高污染的资源性产品扩产。

糖精国际市场需求有所增长。1～2月份，糖精及其盐累计出口数量为0.24万吨，同比减少11.39%，累计出口金额为721.5万美元，同比下降8.50%，出口平均单价为3美元/公斤，同比增长3.26%。我国作为全球糖精主要生产国，国际上80%需求量由我国出口。按照国家发改委下达的2005年糖精出口计划指标，2005年10月份就有企业出完全部指标。另外，上海福新化工有限公司在美国商务部对糖精行政复审的终裁中获得17.05%的反倾销税率，得以重新进入美国市场，这也是2006年我国糖精出口需求量增长的原因之一。2006年发改委适当增加了出口数量，以满足国际市场及出口企业的需求。

西药制剂贸易逆流而上

1～2月份，我国西药制剂出口金额为0.74亿美元，同比增长32.40%，进口金额为2.67亿美元，同比增长30.39%，贸易逆差达1.93亿美元。

出口前三大西药制剂类商品分别为：未列名混合或非混合产品构成的药品，出口金额为0.30亿美元，同比增长23.36%；未列名成分≥两种的混合药品，出口金额为0.11亿美元，同比增长90.02%；葡萄糖及葡萄糖浆，果糖＜20%，出口金额为0.08亿美元，同比增长90.68%。我国西药制剂的主要出口市场集中在日本、我国香港地区、瑞士、尼日利亚和巴基斯坦。

进口前三大西药制剂类商品分别为：未列名混合或非混合产品构成的药品，进口金额为1.38亿美元，同比增长42.76%；含有胰岛素的药品，进口金额为0.31亿美元，同比增长85.84%；未列名含有其他抗菌素的药品，进口金额为0.08亿美元，同比增长0.57%。主要进口市场集中在美国、德国、法国、瑞士和英国。

生化药出口继续增长

1～2月份，生化药出口金额为0.69亿美元，同比增长1.30%，进口金额为0.45亿美元，同比增长26.79%。累计贸易顺差额为0.24亿美元。

与2005年50.81%的高速出口增长率相比，2006年前两个月生化药出口速度放缓。其中，未列名的酶、未列名的酶制品，出口金额为0.21亿美元，同比增长44.15%，列于生化药出口商品第一位；肝素及其盐，出口金额为0.17亿美元，同比增长57.13%；未列名供治疗或预防疾病用的人体或动物制品，出口金额为0.1亿美元，同比下降62.41%。

医疗器械贸易实现顺差

1～2月份，我国医疗器械出口金额为6.06亿美元，同比增长31.13%，进口金额为5.85亿美元，同比增长17.46%。经过几年时间的高速增长，我国医疗器械类商品终于实现贸易顺差，累计贸易顺差额为0.21亿美元。

总体上看，2006年我国西药及医疗器械类商品对外贸易仍将保持快速增长趋势，预计全年增幅有望保持在15%以上，进出口总额将超过280亿美元。

中药出口增速首超医药类产品

记者从中国医药保健品进出口商会获悉，2006年以来，我国中药出口快速增长。1～4月，中药出口总额达3.02亿美元，同比增长17.98%，而同期我国医药类产品出口增长16.33%，中药出口首次超过医药类产品出口增速。出口金额最大的仍是中药材和中药饮片，出口额1.32亿美元，占中药出口总额的43.71%，同比增长9.57%，比重有所下降。出口增速最快的是提取物，出口额达1.28亿美元，增长31.71%，提取物占中药出口42.38%，已接近中药材和中药饮片的出口比重。中成药出口4226万美元，增长9.78%。亚洲仍是我中药出口的最大市场，占65.04%，日本和我国香港特区分别占18.79%和16.4%。专家预计，2006年我国中药出口增幅将超过10%。

据医保商会中药部主任刘张林介绍，前4个月我国中药出口呈现突破性增长，主要得益于三方面的推动。首先是中医药产业迅速发展和企业国际化步伐加快。近年来国家实施的中药现代化工程以及对药品的强制性GMP认证，极大地推动了中药企业加大技术改造投资力度，使国内中药产能不断提高。同时，企业在国际化过程中，注重开拓国际市场，加快了"走出去"的步伐。以北京老字号同仁堂为例，在其近年来的发展进程中已经越来越融入了国际化的理念，在对海外的直接投资中，先后在韩国、新加坡、澳大利亚等国家建立了多家海外公司和药店，并探索出了一套适合自身的经营体制，即以药、店、医三位一体的经营模式出现在世界各地。据悉，同仁堂在香港地区投资1.5亿港元、负责同仁堂全部140个出口品种生产的新的海外基地一期工程，也将于近期投产。目前包括天津天士力、石家庄神威药业、上药集团在内的一大批优势中药企业纷纷加大了在海外的投资力度。

国际市场需求增长进一步拉动我国中医药出口。随着人们对天然药物的看好，中医药在国际上得到进一步认可。欧盟实施传统药注册指令，有利于欧盟植物药产业发展，英国是欧盟国家中第一个对中医药进行立法的国家，2006年8月英国将出台具有法律效力的甘草及马兜铃酸专论，这将大大地推动英国对中医药的进口需求。另外，国际市场的变化也拉动了前4月我国中医药的出口，如韩国在2006年5月份提高了中药材与提取物的农药残留与重金属含量标准，韩方经营企业为回避风险，抢在新标准实施之前极力扩大进口，拉动了前4月我中药对韩出口大幅增长。为适应新标准的实施，韩国公司同时也大大提高了对进口中药的品质要求和价格，使我对韩国中药出口价格同比上升了40.02%。海关统计显示，1～4月，我对韩国中药出口额达3213万美元，同比增长75.11%，增长最快的是提取物，出口额1264万美元，增长11.43%；中药材和中药饮片出口1930万美元，增长56.55%；而中成药对韩出口再次受挫，出口额仅18万美元，下降19.78%。

国家产业政策极大地推动了中医药出口。目前国家已将中医药产业国际化列入"十一五"发展规划，中央与各地方政府陆续出台的一些政策对医药产品出口尤其是中药产品出口起到了必要的扶持作用。商务部也对中医药发展给予高度重视，采取了一系列有力的促进出口措施。2005年，商务部等8部委联合出台了《关于扩大我国医药产品出口的若干意见》，并认定了成都、长沙等15个以中药产业为主的城市作为国家医药出口基地。目前我国还与60多个国家和地区的政府部门达成了推动中医药合作的协议。

作为中介组织的中国医药保健品进出口商会，在推动中药出口方面采取了积极有效的措施。如在英国对中医药进行立法的过程中，英国药监局希望我医保商会参与对《英国草药专论》的修订，医保商会于2006年5月组织相关专家对《甘草专论》及《马兜铃酸专论》进行评议，并根据专论中所述的检测验证程序进行实验比对，将中方专家对专论提出的意见及建议及时反馈给英方。据透露，为配合国家中医药国际化战略，医保商会中药部正在酝酿启动包括支持和培育同仁堂等10大中药出口品牌在内的"中医药国际化战略50＋2促进行动"，以促进我国中药更快地进入国际市场尤其是药品的主流市场。

——《国际商报》张 悦

展 会

2005中医药国际科技博览会

2005年9月25～27日，由科技部、农业部、卫生部、国家食品药品监督管理局、国家中医药管理局、中国科学院、中国工程院支持，四川省人民政府主办，成都市人民政府承办的2005中医药国际科技博览会在成都国际会展中心举行。

本次博览会展出面积1.5万平方米，展出摊位600个，参加展览和交流的项目2100余项，参展企业、科研院所和大专院校350余家，集中展示了国内外最新的研究、开发和产业化成果，其中14个国家级中药现代化科技产业基地和8个中药材规范化种植基地，上海、浙江、四川、广西、云南、贵州、甘肃、台湾等省（区、市）和来自美国、德国的制药企业集中展示了他们的成果，国际化、现代化两大看点贯穿其间。"海峡两岸中医药对口洽谈会"、"戒毒及抗艾滋病中药专题研讨会"、"中医药新技术新产品项目推介会暨投资洽谈会"、"中医药如何进入美国市场"、"中英中医药研讨会"、"医药卫生人才交流会"等14个专题活动充分为与会者提供了全方位、多层次的交流合作平台，收到了良好效果，受到了高度评价。

博览会取得圆满成功，一是接待了各类专业观众2.6万人，其中专业买家近万人，达成了近6亿元人民币的贸易、合作意向；二是构建了企业与企业之间，高等院校、科研院所与企业之间广泛的交易平台，有力地促进了科技成果的转化；三是巩固和扩大了中医药国际科技合作与交流平台。

——成都科技网

2006年国际医疗仪器设备展览会

由中国人民解放军总后勤部卫生部、中国国际贸易中心股份有限公司、中国惠通（集团）总公司和杜塞尔多夫展览（中国）有限公司联手主办的2006年国际医疗仪器设备展览会（China Med 2006）于2006年4月11日在北京中国国际展览中心拉开帷幕。

据主办方透露，作为目前国内医疗器械行业惟一获得UFI认证的专业展会，以其精准的市场定位，专业化和国际化的发展路线，成为海外医疗器械制造商进入中国市场，以及海外买家采购中国医疗产品最佳的双通渠道；并通过高端的论坛和研讨会等一系列活动，为行业搭建信息交流、技术发布的广阔平台。

为期4天的展会，来自国内外医疗器械行业的贸易人士、研究机构、政府部门、医院采购和管理部门的人士聚集在国展中心1、8、9号馆，近3万平方米，容纳20个国家和地区的580家展商的展厅中进行集中采购。

展会期间，全军7个专业委员会还举办50余场专题学术交流，并为边远地区医院医疗机构设备选型提供技术咨询和指导。

"国际化"是此届China Med的最显著特点之一。来自德国、美国、西班牙、芬兰、日本、韩国的6国国家展团集体亮相，使此届展会实力大增。

——《国际商报》范泽有

第56届中国国际医药原料药、中间体、包装、设备春季交易会

第56届中国国际医药原料药、中间体、包装、设备春季交易会(API China)于2006年5月18～20日在成都世纪城新国

际会展中心举行。

本届API China的展出面积达到3.8万平方米，国内外参展企业超过1100家。不仅吸引了以华北制药、哈药集团、石药集团、新华制药、鲁抗医药等为代表的所有国内知名龙头制药企业以及上千家化工、医药辅料、包装、设备企业参展，还有来自美国、德国、印度、日本、韩国等国家和地区多家跨国企业参会，如DSM、Capsugel、罗赛洛、罗盖特、巴斯夫、Degussa、国际特品、美国诺誉化工等。

近年来，随着全球非专利药的原料药采购中心转向中国，以及国内医药行业国际化发展步伐不断加快，API China核心定位从过去计划经济时代单纯的“国内贸易”，逐渐发展成为“立足中国、全球采购”的超大国际外向型医药贸易和采购平台。

本届API China专门设立了“外包生产服务展区”，众多海外买家将通过API China寻求到理想的原料药以及中间体生产、制剂加工及研发等外包服务供应商，这也为中国医药企业提供了新的国际合作商机。交易会期间，主办方还安排了11场专题讲座、研讨会以及新产品发布会。

本届API China得到国家商务部、成都市人民政府、中国化学制药工业协会、中国医药有限公司、中国医药包装协会等单位的支持。同期还举行国药励展的另一品牌展会“第55届中国实验室技术及装备交易会(EXPOLAB)”，展出面积8000平方米，设有315个国际标准展位。

——中国医谷网

2006中国（长沙）医药博览会

2006年7月12～13日，2006中国（长沙）医药博览会在湖南国际会展中心举行，来自省内外的300多家药企云集长沙，现场签下了40亿元采购大单。

此次医博会共分设特装、医药物流、中药材、制药机械、医疗机构、科技成果等六大展区，参展对象为从事化学制药、生物制品、生化药品、诊断药品、中成药、中药材、民族药材、中药饮片、保健品、化学原料药、中间体、植物提取物、药用辅料、医疗器械、包装材料、卫生用品、制药机械等医药相关产品开发、生产经营的企事业单位、医疗卫生单位，共有包括北京、天津、上海、四川、湖北、海南等省份在内的10多个省市的医药企业参展。

本届博览会是一次高规格、大规模的医药博览盛会，对于全面宣扬湖南省医药产业发展环境，扩大湘药品牌影响，加快湖南省医药科研成果转化和产业化进程，全面提升湖南省医药产业的整体形象和核心竞争力，具有十分重要的意义。

——《中国贸易报》李 江

中国·内蒙古第七届残疾人用品用具博览会

以“今天的关注，明天的关爱”为主题的中国·内蒙古第七届残疾人用品用具博览会于2006年8月4～20日在呼和浩特市体育训练馆举行。本次展会有60多个厂家参展。

据该组委会负责人孙海峰介绍，这次残疾人用品用具博览会有三个特点：一是多为贫困残疾人和老年人考虑，把低档展品放在首位，中高档展品放于第二位；二是着力建立残疾人用品用具供应服务网络，积极筹备中国北方残疾人用品用具外贸联合营销集团；三是建立俄蒙市场。

据了解，本届博览会展销的残疾人用品用具分用品类、用具类两大类；健康类、治疗类、假肢装配类、肢体矫形类、助行助力类、代步工具类、功能辅助类、生活专用类八小类，共500多个品种。

本次展会共接待1万多人次，销售残疾人用品用具2000多件，展销金额13万余元，创下历届残疾人用品用具博览会展销金额新高。

——《中国贸易报》安 飞

第三届中国国际成人保健及生殖健康展览会

2006年8月11～13日，第三届中国国际成人保健及生殖健康展览会在上海国际展览中心举办。主办方表示，本次展览严禁18岁以下未成年人进入，如果观众看起来年龄较小，需检验身份证后才放行。

首办“成人不夜展”。此外，由于去年办成人用品展时，观众普遍反映白天没有时间观展，因此主办方将本届展会的展览时间特意延长至晚上9时，成为首个“成人不夜展”。

据悉，本届成人展首设36平方米的“性教育文化制品”展区，一些性教育的音像制品和图书首次亮相。主办方介绍，该展区分为普通大众区和专业买家区。国外性教育机构参展的音像制品和图书，在国内尚未获得发行版号的，仅对专业买家开放；在国内已获版号并可公开发行的文化制品才供普通观众观看翻阅。

专家建议“分级教育”。如今，加强未成年人性教育已经成为全社会的共识，那么性文化展、成人用品展该不该对未成年人全面开放？在昨天举行的“首届中国成人用品产业发展高峰论坛”上，上海市性教育协会副会长樊民胜教授提出质疑，他的“性教育应尽早分级”的呼吁引起了在场听众的共鸣。

樊民胜教授表示，性教育可以从幼儿园就开始，但必须根据不同年龄和发育阶段的特点，适时改变内容，有针对性地正确指导。比如在幼儿园阶段，可以让孩子们认识自己的性别角色；小学和初中阶段，性教育的目的主要是促使孩子们正确认识性，正确把握情感，树立正确的人生观，而绝不是告诉他们如何获得“性福”；到了高中阶段，可以介绍一些避孕知识。

——上海市人民政府网

境内展

展名：2006年第八届郑州国际医药暨保健产业博览会

时间：2006年2月18～22日（郑州）
周期：一年两届
上届数据：展出面积（平方米）：4000
观众总数（家）：10000

展名：2006年第二届全国医药、保健品（昆明）交易会
时间：2006年2月24～26日（昆明）

展名：第四届中国昆明制药设备、包装机械暨材料展览会
时间：2006年2月24～26日（昆明）

展名：第八届中国成都医药药品暨保健品展览交易会
时间：2006年2月26～28日（成都）
周期：一年两届
创办时间：2000年
上届数据：展出面积（平方米）：5000
其中外国参展面积（平方米）：100
观众总数（人次）：60000
展商总数（家）：352
其中外国参展商数目（家）：6

展名：2006年西部成都第五届医疗器械技术暨设备展览会
时间：2006年2月28日～3月2日（成都）

展名：中国国际医疗设备暨技术展览会
时间：2006年3月1～3日（上海）
周期：一年一届
创办时间：1991年
上届数据：观众总数（人次）：6253
展商总数（家）：95

展名：2006年广州医疗美容医学大会
时间：2006年3月1～3日（广州）

展名：全国医疗器械博览会暨医院采购大会
时间：2006年3月1～3日（青岛）

展名：2006年第八届山东医疗器械（青岛）展览会
时间：2006年3月1～3日（青岛）
周期：一年一届
创办时间：2000年5月
上届数据：展出面积（平方米）：7000
其中外国参展面积（平方米）：2000
观众总数（人次）：25000
展商总数（家）：220
其中外国参展商数目（家）：55

展名：2006年广州临床检验设备用品展暨技术交流会
时间：2006年3月1～3日（广州）

展名：2006第五届中国（厦门）医药健康产业博览会
时间：2006年3月4～6日（厦门）
周期：一年一届
创办时间：2003年
上届数据：展出面积（平方米）：7000
其中外国参展面积（平方米）：100
观众总数（人次）：20000
展商总数（家）：476
其中外国参展商数目（家）：26

展名：2006中国（国际）医院博览会
2006中国药店、连锁博览会
2006中国（国际）医疗器械博览会
2006中国（国际）医药、保健品博览会
时间：2006年3月6～8日（合肥）
周期：一年两届
上届数据：展出面积（平方米）：9000

展名：2006年第四届广州国际医疗器械展览会
时间：2006年3月7～9日（广州）

展名：2006中国医疗器械（山东）博览会（春）暨医院管理国际系列论坛
时间：2006年3月7～9日（济南）
周期：一年两届
创办时间：1994年
上届数据：展出面积（平方米）：25000
观众总数（人次）：50000
展商总数（家）：630

展名：第20届成都医疗器械展览会
时间：2006年3月8～10日（成都）
周期：一年一届
创办时间：1992年3月
上届数据：展出面积（平方米）：5000
其中外国参展面积（平方米）：500
观众总数（人次）：25000
展商总数（家）：96
其中外国参展商数目（家）：15

展名：中原医疗器械展览会
时间：2006年3月9日（郑州）
周期：一年两届

展名：第11届华南国际口腔医疗器材展览会暨技术研讨会

时间：2006年3月10～13日（广州）
周期：一年一届
创办时间：1994年3月
上届数据：展出面积（平方米）：14500
其中外国参展面积（平方米）：6000
观众总数（人次）：37065
展商总数（家）：295
其中外国参展商数目（家）：59

展名：2006年第四届中国国际口腔保健品展览会
时间：2006年3月10～13日（广州）

展名：第11届医疗器械（2006春季）展览会
时间：2006年3月20～25日（郑州）
周期：一年两届
创办时间：1999年1月
上届数据：展出面积（平方米）：1200
其中外国参展面积（平方米）：1500
观众总数（人次）：30000
展商总数（家）：400

展名：2006年中国东北第八届国际口腔设备暨材料展览暨东三省国际口腔专家学术交流会
时间：2006年3月21～24日（沈阳）
周期：一年一届
创办时间：1999年4月
上届数据：展出面积（平方米）：3000
其中外国参展面积（平方米）：500
观众总数（人次）：20000
展商总数（家）：125
其中外国参展商数目（家）：15

展名：2006年第11届河北国际医疗器械展览会
时间：2006年3月28～30日（石家庄）
周期：一年一届
创办时间：1996年9月
上届数据：展出面积（平方米）：6000
其中外国参展面积（平方米）：900
观众总数（人次）：45000
展商总数（家）：500
其中外国参展商数目（家）：10

展名：第22届湖北（武汉）国际先进医疗仪器设备展览会
时间：2006年3月28～30日（武汉）
周期：一年一届
创办时间：1985年3月
上届数据：展出面积（平方米）：10000
其中外国参展面积（平方米）：2000
观众总是（人次）：50000
展商总数（家）：250
其中外国参展商数目（家）：80

展名：中国大连医药保健新产品新技术交易会暨招商引资洽谈会
时间：2006年3月31日～4月2日（大连）

展名：2006年上海国际医疗器械展览会
时间：2006年3月（上海）
创办时间：2006年3月

展名：湖北（武汉）国际制药机械与药品展览会
时间：2006年3月（武汉）
周期：一年一届
创办时间：2000年3月
上届数据：展出面积（平方米）：4000
其中外国参展面积（平方米）：600
观众总数（人次）：15000
展商总数（家）：200
其中外国参展商数目（家）：30

展名：2006年国际医疗仪器设备展览会
时间：2006年4月11～14日（北京）
周期：一年一届
创办时间：1989年
上届数据：展出面积（平方米）：9000
其中外国参展面积（平方米）：5000
观众总数（人次）：27000
展商总数（家）：451
其中外国参展商数目（家）：173

展名：中国国际医疗器械设计与制造技术展览会
时间：2006年4月25～29日（深圳）
周期：一年一届

展名：第18届国际医疗仪器设备展览会
时间：2006年4月11～19日（南京）
上届数据：展出面积（平方米）：20970
观众总数（人次）：27696
展商总数（家）：451
其中外国参展商数目（家）：173

展名：第55届中国国际医疗器械春季博览会
时间：2006年5月25～29日（深圳）
周期：一年两届
上届数据：展出面积（平方米）：65000
展商总数（家）：2000

展名：第十届中国国际生物技术和医药工业展览会
时间：2006年4月26日～28日（上海）
周期：一年一届
创办时间：1996年
上届数据：展出面积（平方米）：6000
其中外国参展面积（平方米）：882
观众总数（人次）：6459
展商总数（家）：133
其中外国参展商数目（家）：28

展名：中国电子病历应用技术与发展国际研讨会暨展览会
时间：2006年5月11～13日（上海）
周期：一年一届
创办时间：2006年

展名：2006中国（上海）国际科学仪器、化学试剂暨实验室设备展览会
时间：2006年5月17～19日（上海）
周期：一年一届
上届数据：展出面积（平方米）：1500
其中外国参展面积（平方米）：300
观众总数（人次）：6000
展商总数（家）：120
其中外国参展商数目（家）：25

展名：第56届中国国际医药原料药、中间体、包装、设备春季交易会
时间：2006年5月18～20日（成都）
周期：一年两届
上届数据：展出面积（平方米）：32000
观众总数（人次）：26000
展商总数（家）：1000

展名：第55届中国实验室技术暨装备春季交易会
时间：2006年5月18～20日（成都）
周期：一年两届
上届数据：展出面积（平方米）：32000
观众总数（人次）：30000
展商总数（家）：500

展名：第11届中国国际口腔设备材料展览会暨技术交流会
时间：2006年6月7～10日（北京）
周期：一年一届
创办时间：1995年
上届数据：展出面积（平方米）：25000
观众总数（人次）：55144
展商总数（家）：500

展名：第六届世界制药原料中国展/世界制药机械、设备暨材料展览会
时间：2006年6月27～29日（上海）
周期：一年一届
创办时间：2001年
上届数据：展出面积（平方米）：11907.5
其中外国参展面积（平方米）：1565
观众总数（人次）：18505
展商总数（家）：740
其中外国参展商数目（家）：101

展名：第15届世界药理大会展览会
时间：2006年7月2～8日（北京）

展名：第四届中国国际残疾人和老年人康复护理保健用品展览会
时间：2006年7月18～20日（上海）
周期：两年一届
创办时间：2001年5月
上届数据：展出面积（平方米）：6000
其中外国参展面积（平方米）：468
观众总数（人次）：10586
展商总数（家）：100
其中外国参展商数目（家）：32

展名：第41届全国新特药品交易会
时间：2006年8月3～5日（哈尔滨）
周期：一年一届
上届数据：展出面积（平方米）：30000
观众总数（人次）：70000

展名：第三届中国国际天然药物药材饮片展览会
时间：2006年8月3～5日（哈尔滨）
周期：一年一届
上届数据：展出面积（平方米）：35000
观众总数（人次）：100000

展名：香港国际医疗暨保健服务展
时间：2006年8月17～21日（香港）

展名：香港国际现代化中医药暨保健产品展览会暨会议
时间：2006年8月17～21日（香港）
上届数据：展出面积（平方米）：4510
观众总数（人次）：28300
展商总数（家）：196

展名：2006第一届中国国际健康产品展——天然药物暨保健品展/健康护理产品展

时间：2006年8月30日～9月1日（北京）

展名：全国新特药品交易会
时间：2006年8月（南京）
周期：一年一届
上届数据：展出面积（平方米）：30000
观众总数（人次）：70000
展商总数（家）：1100

展名：第11届大连国际医疗仪器、卫生设备暨医药保健品展览会
时间：2006年8月31日～9月2日（大连）
周期：一年一届
创办时间：1996年
上届数据：展出面积（平方米）：5000
其中外国参展面积（平方米）：1000
观众总数（人次）：21000
展商总数（家）：114
其中外国参展商数目（家）：9

展名：中国国际天然药物药材饮片展览会
时间：2006年8月（南京）
周期：一年一届

展名：第15届中国国际医用仪器设备展览会暨技术交流会
时间：2006年9月7～9日（上海）
周期：一年一届
创办时间：1990年
上届数据：展出面积（平方米）：20000
其中外国参展面积（平方米）：8000
观众总数（人次）：30000
展商总数（家）：423

展名：第二届中国（芜湖）国际医药暨医疗器械博览交易会
时间：2006年9月22～24日（芜湖）
周期：一年一届
创办时间：2003年9月
上届数据：展出面积（平方米）：10000
观众总数（人次）：10000
展商总数（家）：192

展名：第三届中国国际分析生化技术诊断和实验室技术展览会
时间：2006年9月26～29日（上海）

展名：中国医疗器械暨医院设备展览会
时间：2006年10月25～29日（济南）

展名：河北国际医药展览会
时间：2006年11月1～3日（石家庄）
周期：一年一届
创办时间：2005年11月
上届数据：展出面积（平方米）：2000

展名：第十届中国国际口腔器材展览会暨研讨会
时间：2006年11月1～4日（上海）

展名：中国国际医药展览会暨技术交流会
时间：2006年11月7～11日（上海）
上届数据：展出面积（平方米）：16500
观众总数（人次）：23700
展商总数（家）：336

展名：台北国际医疗器械、药品暨生技展览会
时间：2006年11月9～12日（台北）

展名：第11届中国国际医药展览会暨技术交流会
时间：2006年11月14～17日（广州）

展名：第57届中国国际医药原料药、中间体、包装、设备秋季交易会
时间：2006年11月15～17日（青岛）
周期：一年两届
上届数据：展出面积（平方米）：32000
观众总数（人次）：26285
展商总数（家）：1004

展名：第56届中国实验室技术暨装备秋季交易会
时间：2006年11月15～17日（青岛）
周期：一年两届

展名：中国国际医药原料药、中间体、包装、设备秋季交易会
时间：2006年11月（杭州）
周期：一年一届

展名：中国国际口腔清洁护理用品暨技术展览会
时间：2006年12月2～5日（上海）
周期：一年一届
创办时间：2006年

境外展

展名：德国南部医药技术、制药、医院诊所用品和设备展览会/斯图加特医师大会
时间：2006年1月27～29日（德国）

展名：日本健康产业博览会
时间：2006年3月22～24日（日本）

展名：国际牙科展览会
时间：2006年4月7～9日（新加坡）

展名：美国生物技术展
时间：2006年4月13～17日（美国）

展名：2006年世界制药原料日本展
时间：2006年4月24～26日（日本）

展名：老年人护理、看护暨康复贸易展
时间：2006年4月25～27日（德国）

展名：国际生物暨精细化工展览会
时间：2006年5月4～5日（西班牙）

展名：德国国际残疾人康复护理保健用品用具展览会
时间：2006年5月10～13日（德国）

展名：世界卫生疾病控制交流
时间：2006年6月11～23日（瑞士）

展名：拉美生物科技考察
时间：2006年8月13～15日（巴西）

展名：美国保健暨美容展2006
时间：2006年9月12～14日（美国）

展名：个人护理产品原料暨技术展2006
时间：2006年9月12～14日（美国）

展名：莱比锡牙科展览会
时间：2006年9月22～23日（德国）

展名：制药及生物技术外包及研发展览暨会议
时间：2006年9月（英国）

展名：世界制药原料展览会2006
时间：2006年10月3～5日（法国）

展名：2006日本健康食品原料展
时间：2006年10月4～6日（日本）

展名：越南西贡医疗暨药品展
时间：2006年10月11～15日（越南）

展名：印度生物与仪器展
时间：2006年10月12～16日（印度）

展名：斯图加特口腔诊所暨实验室展览会
时间：2006年10月20～21日（德国）

展名：韩国精细化工暨制药原料展览会2006
时间：2006年11月9～10日（韩国）

7. 农林牧渔业

行业简况

农产品进出口贸易继续保持双增

——前两月农产品进出口贸易情况及展望

中国食品土畜进出口商会

根据商务部统计口径，2006年前两个月我国农产品进出口总额达84.3亿美元，同比增长17%。其中出口额为41.6亿美元，同比增长13.9%；进口额为42.7亿美元，同比增长20.3%。

重点大类商品进出口情况

园艺、畜禽、水产品类进出口双增长。1～2月，我国蔬菜、水果、花卉等园艺类产品出口12.8亿美元，同比增长19.7%。其中食用蔬菜出口5.3亿美元，同比增长22.9%；水果及坚果出口2亿美元，同比增长15.4%；蔬菜、水果、坚果制品出口达5.3亿美元，同比增长18.1%；活植物及花卉的出口1523万美元，同比增长22.8%。具体商品中，大蒜出口1.7亿美元，同比增长46.2%；苹果汁出口9856万美元，同比增长24.9%；茶叶出口6496万美元，同比增长5.3%；冷冻蔬菜出口6422万美元，同比增长16.8%；蘑菇罐头出口5851万美元，同比增长24.2%；番茄酱罐头出口5808万美元，同比增长35.4%；柑桔类水果出口5626万美元，同比增长9.5%；苹果出口5139万美元，同比增长6.7%。

1～2月畜禽类产品出口达到2.5亿美元，同比增长了4.7%。其中我国鸡肉及其制品出口数量达到4.2万吨，金额为1亿美元，同比分别增长了7.7%和19.6%。而猪肉出口数量和金额为2.9万吨、4425万美元，同比分别下降20.9%和27.7%。

2006年前两个月我国水产品及制品共出口10.8亿美元，同比增长7.9%。其中，烤鳗出口7490吨，同比增长1.6%；金额为1亿美元，同比增长3.4%。虾及制品出口数量为2.9万吨，同比增长17.2%，金额为1.3亿美元，同比增长19.6%。另外，冻鱼及冻鱼片出口数量和金额为18.3万吨、4亿美元，同比分别增长14.7%和13.6%；蟹产品出口数量和金额为1.1万吨、5009万美元，同比分别增长42.5%和21.2%。

从进口来看，这几大类产品进口都有一定增长，其中蔬菜进口金额增长63.9%，水果进口金额增长4.7%，水产品进口金额增长3.5%，禽肉及杂碎进口金额增长了243.8%，畜肉及杂碎进口金额下降了6.9%。

粮食出口显著增长，进口大幅下降；棉花、油料、食糖进口依然保持较高增长水平。1～2月我国粮食出口整体显著增长，出口数量及金额为179.8万吨和2.7亿美元，增幅分别达到84.9%和112.9%。主要拉动力是玉米，出口数量达到141.9万吨，同比增长134.6%，金额达到1.8亿美元，同比增长127.5%。大米和小麦的出口也呈增长趋势，其中大米出口数量23.5万吨，同比增长42%，金额达到7845万美元，同比增长29.7%。

这段时间我国进口谷物67.9万吨和1.6亿美元，同比分别下降58.6%和60%。其中大麦进口46.3万吨，金额8698万美元，同比分别增长3.8%和30.3%；大米进口15.9万吨；金额5936万美元，同比分别增长70.3%和57.1%；小麦进口5万吨，金额939万美元，同比分别下降96%和9.6%。

棉花进口62.3万吨，金额8.2亿美元，同比增长239%和272.5%。

动植物油脂进口总量与总额为104.5万吨和4.8亿美元，同比分别增长了2.6%和10.7%。其中棕榈油进口45.5万吨，金额为1.9亿美元；进口数量增长了46.6%，金额增长了42.9%。进口豆油30.5万吨，金额为1.5亿美元，同比分别下降了4.7%和14.4%。菜籽油进口数量金额都下降了99.8%，几乎为零进口。油料作物进口308.5万吨和9.1亿美元，同比减少5.8%和10%；其中进口大豆280.8万吨，金额7.7亿美元，下降较为明显，同比减少16.3%和17.2%。此外，食糖进口7.9万吨和2637万美元，同比增长356.9%和389.7%。

部分农产品出口量增价涨，出口创汇明显增加。1～2月在商务部重点检测的30种出口商品中，17种商品价格呈上升趋势。如芦笋罐头出口平均单价增长31.4%，苹果单价增长24.7%；蘑菇罐头增长19.3%，茶叶增长16.2%，苹果汁增长14.2%，柑桔类水果增长11%，番茄酱罐头增长10.2%。

进口商品价格有升有降。如棉花进口平均单价增长9.9%，肉鸡进口平均单价增长7.7%，食糖增长7.2%。而羊毛、小麦、豆油、棕榈油、大豆的进口价格则呈下降趋势。

农产品进出口贸易情况

农产品进出口国别情况。2006年1～2月我农产品出口前五大市场分别是日本、欧盟25国、韩国、美国和我国香港，出口增长率分别为6.1%、6.7%、30.8%、20%、7.8%，其份额分别占我出口总额的27.7%、12.1%、11.3%、11.3%、8.5%；此外，我对东盟、大洋洲、非洲、南美、独联体市场出口金额的增长率都超过了两位数，对中东出口下降了7.5%。

前两个月我农产品进口前五大来源地分别是美国、东盟、巴西、澳大利亚、阿根廷，分别占我进口总额25.6%、14.2%、9.4%、7%、5.6%。其中从巴西进口金额增长了128.9%，从欧盟25国与独联体的进口金额增长率分别达到5.9%和25.3%。

各省市农产品进出口贸易情况。2006年1～2月，我国居农产品出口前五位的省市是山东、广东、浙江、福建、辽宁，五省出口额占农产品出口总额的61.5%。农产品出口增长幅度最快的五个省市分别是：宁夏、内蒙古、山西、西藏和陕西。

从进口看，居农产品进口前五位的省市是山东、北京、广东、上海、江苏，五省进口额占农产品进口总额的71.9%。农产品进口增长幅度最快的五个省市分别是：山西、湖南、内蒙古、湖北和安徽。

农产品进出口企业及贸易形式。三资企业仍是我农产品出口主力，国有企业、三资企业、私营企业出口均有不同程度增长。1～2月，国有企业出口农产品10.6亿美元，同比增长5.2%；三资企业出口17.4亿美元，同比增长11%；私营企业出口11.7亿美元，同比增长34.4%；集体企业出口1.9亿美元，同比减少9.3%。

一般贸易方式在农产品进出口仍占主导地位。1～2月，我国农产品一般贸易方式出口达到31.7亿美元，占全部农产品出口的76.2%，同比增长13.9%；以加工贸易方式出口的农产品为8.7亿美元，同比增长13%；一般贸易方式进口为29.9亿美元，占全部农产品进口的70%，同比增长15.9%；以加工贸易方式进口的农产品为7.5亿美元，同比增长7.4%。

进出口形势分析及展望

总体来看，2006年前两个月我国农产品进出口运行基本正常，保持了2005年我国农产品进出口贸易的主要特点：劳动密集型农产品和谷物出口增长较快，土地密集型的棉花、油料、食糖、油脂进口保持在较高水平。畜禽产品和水产品的出口速度低于2005年，对日本和欧盟这两个重要市场的出口速度比2005年有所回落，谷物进口比同期大幅下降。

根据我国入世承诺，在“WTO后过渡期”内中国农产品关税水平将降至15%左右，预计农产品进口增长趋势将“有增无减”，同时，来自国外的技术、卫生、环保等非关税壁垒及“两反一保”贸易壁垒也会愈演愈烈，给我国农产品国际贸易环境带来更多的不利因素和可变性。可以说“WTO后过渡期”对农产品出口行业来讲，有喜有忧，任重而道远。

2005年，食土商会组织会员企业积极应对国内禽流感与各种突发事件，帮助企业应对各种贸易壁垒，努力为企业营造良好贸易环境。同时，商会在完善服务体系，维护进出口贸易秩序，提高出口农产品食品卫生安全水平、组织分会开拓国际市场等工作上也取得了新的成绩，在建立行业实验室、推广品牌和行业标识、推动中小企业信用担保工作等多方面进行了有益的尝试。食土商会将继续发挥自身的优势，集思广益，群策群力，和会员企业一起共同促进外贸增长方式的转变，共同促进行业健康发展和出口竞争力的提高。

花卉产业力破出口瓶颈

2006年伊始，专程前来昆明海宇公司订购玫瑰的国外客户就络绎不绝，这可忙坏了公司的外销人员。据公司副总经理殷小东介绍，刚进入新年就有5家日本大客户上门订货，每一家订购的玫瑰数量都在500万支以上。澳大利亚一些客户也提出了在原合同的基础上追加数量的要求。近日一位从网上了解到公司信息的法国客商又直接上门，要求订购500万至800万支玫瑰，并希望做海宇公司在法国的总代理。可是面对如此的旺销市场，殷小东在接受记者采访时却表示并不乐观，由于受“产量”和“运价”两大因素的制约，公司至今并未与上述买家签订出口合同。

事实上，制约我国花卉飘香海外的瓶颈还远不止于此。为了探讨和解决花卉出口中存在的问题，在2006年1月9～10日由中国食品土畜进出口商会组织召开的首届全国花卉进出口工作研讨会上，政府主管部门、业界专家及企业代表各抒己见，为提升我国花卉产业的国际竞争力建言献策。

新品种保护亟待加强

近年来我国花卉出口迅速增长。据海关统计，2005年，我国花卉进出口总额达1.43亿美元，同比增长26.1%。其中出口7475万美元，增长19.8%，出口80多个国家和地区。但是作为世界花卉种植面积第一大国，我国花卉的年出口额仅占全球花卉出口总额的2%，与国际上花卉主产国相比仍存在很大差距。

中国山货花卉进出口公司经理陈林认为，品种知识产权保护意识不足，是我国花卉扩大出口的重要制约因素之一。由于花卉有别于其他产品，购买种苗必须向育种人交纳专利费，其生产成本较高。而我国花卉生产的主体是一家一户的农民，加上一些花卉生产企业品种知识产权保护意识不强，专利费收取较难，曾出现用进口种苗自行栽培的现象。同时，由于国内品种知识产权保护不力，国外客户不仅不愿将最新研发的花卉品种引入中国，而且也不敢从中国进口未交专利费的花卉，因一旦被海关查出将处以重罚。以种植菊花为主的中国山货花卉进出口公司曾希望引进日本夏菊品种，日方正是出于上述顾虑没有转让。陈林认为，在这种整体产业水平较低、品种产权保护不力的氛围下，很难培育出龙头企业，我国出口最多的也只能是非市场主流的无专利或过期品种，使中国花卉在国际市场上处于廉价和低端产品的尴尬境地，极大的限制了我国花卉产业出口规模和整体水平的提高。

北京兰中农商技术开发中心总经理袁向阳表示，品种自我研发能力差，是目前我国花卉处于国际市场低端的另一主要原因。国外企业需要中国的低价花卉，但又害怕进口中国产品，主要是因为品种侵权问题。鉴于中国已加入有关国际公约，有必要将植物品种权纳入知识产权范围，并建立相应的法律制度予以保护。

对于新品种保护问题，业界专家建议，政府应扩大新品种保护范围，放开国外观赏类新品种权的登记授权范围；由于目前国产新品较少，而国外品种在我国申请保护周期较长，应缩短有关手续的审批时间；政府应鼓励新品种保护，加强对国内育种工作的支持，同时也应保护国外育种公司的权益；从市场管理及海关出口监管方面加大品种权保护的执法力度；有关部门应对无性和有性繁殖植物品种区别对待，同时对于芽变、变异品种权归属问题有明确的界定。

企业界人士则呼吁，政府有关部门应向出口企业提供品种权费补贴，帮助企业形成符合国际规则的生产规模及能力；放开品种权费作为非贸易付款的付汇许可，明确中国企业向国外企业支付品种使用费途径，简化相关手续；在花卉育种方面，政府应作宏观的财务支持计划，同时应建立一个公共的科研平台便于企业使用，在某种程度上实现全民育种，以进一步解决品种的市场推广问题。

国家林业局新品种保护管理办公室周建仁处长指出，随着我国花卉产品参与国际贸易程度不断深入，制裁的案例也逐渐增多，品种侵权越来越受到国外同行业的关注，在一定程度上已影响我国花卉对外贸易的声誉。有关部门对花卉知识产权保护力度不够，企业认识不足，导致了当今花卉新品种引进滞后，花卉贸易发展后劲不足。因而实施有效的花卉知识产权保护，推动新品种研发和市场推广，是我国花卉业持续发展的核心问题。

“濒危证”手续应予简化

北京三益园艺有限公司总经理侯宗助认为，我国花卉产业存在大量进出口花卉种苗情况，尤其是蝴蝶兰、大花蕙兰等兰科植物，这些植物在澳大利亚等国已不再作为濒危物种管理，但中国仍把这些商业性人工繁殖的兰科物种作为濒危物种管理，这不仅增加了进出口企业的审批程序和成本，有时甚至无法进行贸易。因此，建议国家有关部门在濒危物种管理方面实行部分权限下放，将部分兰花的濒危证授权到地方林业局；对已经实现大量人工栽培的花卉放宽出口限制，缩短花卉出口办证时间，简化手续，为花卉出口营造“绿色通道”。

对此，国家林业局濒危物种进出口管理办公室翟保国处长解释说，目前我国取消蝴蝶兰濒危证的时机还不成熟，因为某一花卉品种濒危证的取消不是由出口国单方面决定的，必须通过《濒危野生动植物种国际贸易公约》组织的注册批准才能生效，而我国暂时还不具备取消蝴蝶兰濒危证的条件。目前我国需要开具濒危证的花卉产品都是严格按照《濒危野生动植物种国际贸易公约》规定执行的。在濒危物种管理方面，我国除了兰花和仙人掌的审批权没有下放外，其他品种的审批权已全部下放。据翟保国介绍，近年来，为促进花卉进出口发展，濒危物种进出口管理办公室已就如何改进管理方法，提高行政审批效率进行了多次调研和改进尝试，并正在会同有关主管部门草拟新管理办法。他表示濒危物种进出口管理办公室将以促进花卉进出口贸易为立足点，对企业提出的意见和建议将进行认真研究，尽可能为企业提供贸易经营的便利条件。

物流瓶颈阻碍出口增长

运价高和缺乏冷链配置一直是我国花卉产品出口的突出瓶颈。高昂的运费，使我国价格优势无法体现出来；物流环节配置的严重缺乏，导致进、出口的花卉产品不能得到保鲜处理，时常导致品质不合格并可能遭到客商的退货。据云南省花卉产业联合会人士介绍，花卉从出冷库到上飞机的时间最多不能超过40分钟，而云南的海关、进出口检疫等部门不在同一地点，办理相关手续的过程少则两三个小时，多则超过五六个小时，加之花卉在运输过程中的冷藏技术不完备，势必给出口花卉的品质造成影响。

河北宝硕集团公司农业分公司总经理刘月星建议，政府有关部门应对花卉运输提供支持，给予生产企业以资金补贴，以降低运输成本；同时支持有能力的运输企业组建配套设施齐全的专业花卉运输部门，在大型港口设立专门的花卉通关区域，提供冷藏设备，以保障流通过程中的制冷和监察，最大限度地缩短运输时间，减少损耗。他还提出，在保险方面，政府应对鲜花出口给予一些政策性优惠，促进保险公司的积极性，也促使运输商更加重视花卉的运输环节。

政府企业共谋出口大计

记者在采访中了解到，尽管我国花卉出口依然受到几大瓶颈的制约，但近年来从政府到生产企业都在积极改善花卉的生产和出口环境，力求在最短时间内适应国际市场的需求，并已取得可喜的成效。商务部外贸司农产品出口处副处长朱咏表示，花卉产业有望成为我国农产品出口新增长点，商务部非常重视花卉出口工作，并在促进农产品出口方面采取了多项措施，在帮助企业培育品牌、市场拓展等方面做了大量工作。

昆明海宇公司的殷小东向记者介绍，作为花卉生产大省，近年云南省出台了一系列鼓励出口的政策，并逐一落在实处。在保护花卉知识产权方面，云南省已出台了《云南省花卉保护》条例。针对花农种植技术水平低、知识产权保护意识薄弱的情况，云南还通过推行花卉合作经济组织，把花农联合起来，统一种植、集中管理、联合经营，以适应市场需要。为了解决花卉出口企业的亏损问题，2006年云南省财政厅等部门又联合发布文件，进一步完善和细化对花卉出口企业的补贴政策，据悉，今年云南对出口花卉将按照不同的目的地国家和地区进行运价补贴。

在政府鼓励出口政策的引导下，云南一批大的花卉企业已经逐步与国际接轨，从生产规模、技术提升到自主研发都实现跨越式发展。据了解，为了鼓励花卉企业和科研部门研发新品种，2005年云南省花卉产业联合会向培育出国内首个拥有自主知识产权月季品种“冰清”的昆明杨月季园艺公司总经理杨玉勇颁发了10万元研发补贴费。这表明政府对花卉新品种研发的高度重视和鼎力支持。目前杨月季园艺公司等一批有实力的出口型企业，已将其具有自主知识产权的花卉品种成功地打入了国际市场。

殷小东说，为了解决产品质量不稳定，产量供不应求的局面，昆明海宇公司已将昆明市晋宁县定为玫瑰生产基地，并准备用3年的时间对全县一万多亩玫瑰种植园进行整合。目前公司已派多名技术人员和基地主管前去进行技术指导和技术服务，公司将对所有花农培训一遍。今年还在全县启动了“一县千点”工程，目的是将农户组织起来，统一技术，统一品牌，统一销售。按照国际市场需求，调整品种结构，改变出花理念，使全年均衡出花，以保证出口货源充足，形成产业规模。殷小东表示，如果生产条件全部到位，海宇公司今年可出口玫瑰2000万支。

——《国际商报》张 悦

展　会

特型果菜沈阳农博会争“秀”

2005年9月16～19日举办的2005年中国沈阳国际农业博览会暨第二届辽宁国际农产品交易会上，各种特大的、特小的、彩色的……特型蔬菜瓜果摆上了展台“选美”争秀。本届农博会的主题是“绿色、科技、合作、发展”，突出现代农业特征，参展农副产品全部为绿色无公害产品，另外还有国内外优质品种的花卉参展，并有“网上农博会”同时开幕。

据介绍，本届农博会参展的“门槛”相当高，要具备下列条件之一的企业方可参展：国家级或省级农业产业化龙头企业；获得绿色食品证书、有机农产品证书的企业；农业现代化园区；有出口经营权的大中型农产品出口企业；在国内外拥有知名品牌的企业；国内外拥有名优产品、先进技术、管理经验的企业及中介机构；国内外农业先进设备制造企业、生产资料生产企业；从事农业工程设计、信息、安装工程的企业。展览期间，展厅成为绿色农产品的“大卖场”，市民可以买到放心、价廉、新特的绿色农副产品，评审组对参展农副产品“选美”，并向获奖展品颁发奖牌和证书。

本届农博会期间，举行了农业重大项目信息发布和签约仪式，沈阳市推介了170个农业重大招商项目，有44家企业成功签订合资合作项目，协议金额达6.3亿元，涉及种子、水果、粮食加工、畜禽加工、食用菌加工等品种。根据不完全统计，农博会期间，各种经贸洽谈过百次，项目成功对接313个，签约额达到20.84亿元。农博会现场交易额达1867万元。

——《国际商报》

2005中国林产品交易会

2005年9月19～22日，2005中国林产品交易会在山东省荷泽市举办。

据组委会统计，本届林交会实际参展展位812个，其中市外展位495个；到会人员共计12.28万人，其中采购商和专业观众8000多名，来自美国、日本、法国、韩国、意大利等48个国家和地区及国内17个省市自治区；共计签订合同及意向1267个，合同内资35.31亿元，外资4820万美元。本届林交会对参展产品进行了评奖，评出金奖10项、优质产品奖15项。

本届林交会采用政府主办、市场运作的方式，取得了明显成效，呈现出四大特点。一是规模大。展位超过了计划数；二是品位高。不仅有中国林业国际合作集团，黑龙江、内蒙古、吉林、大兴安岭四大森工集团，南京林业大学、北京林业大学、东北林业大学、中国林科院等知名企业、高校、科研机构参展，而且产品档次明显提升，在同行业中处于较高档次；三是市外参展客商多，达参会人数的60%以上；四是采购商、国外客商明显增加。

本届林交会期间，《人民日报》、新华社、中央电视台、《文汇报》、《中国绿色时报》等20余家国内知名媒体及13家杂志、16家专业网站及时进行了报道，极大地提高了林交会的知名度，树立了林交会的品牌和形象。

——中国林产品交易会

首届中国绿化博览会

2005年9月26日～10月16日，由全国绿化委员会、国家林业局和江苏省人民政府共同主办的首届中国绿化博览会在江苏南京举办。

首届中国绿化博览会是我国绿化领域的一次盛会，集中了全国绿化领域最高水平的新理念、新成果、新技术和新产品。

据介绍，中国首届绿化博览会的会址绿博园，位于南京河西新城区滨江风光带，占地77公顷，绿化面积超过105万平方米，共有37个室外参展景点、5个国际景点，以及主展馆、绿色家园展示区、旱溪园、江滩湿地等三大景区。汇聚了埃及、墨西哥、韩国、荷兰、新加坡5个国际园，安徽、湖北、湖南、西藏、河北、河南、上海、北京等30多个国内园以及中国人民解放军、中国石油天然气集团两个行业园，集中了国内外植物品种近900种。

——大众网

2005国际茶业大会暨茶·咖啡展览会

2005年9月28～30日，2005国际茶业大会暨茶·咖啡展览会在杭州举办。两天时间里，针对世界茶叶的产销趋势、茶科技、茶文化、茶健康，各国代表论剑西子湖畔，其丰硕成果和深远影响，将在今后相当长的时间内逐步清晰体现。

“21世纪，无论是茶叶生产还是消费，中国仍将是世界上最具市场潜力的国家。”中国茶叶流通协会常务副会长王庆自信地说，“生产上，中国茶产量占世界总量25%，消费上，成品茶通过超市和茶叶专卖店销售，十分有利于打造茶叶品牌。”“韩国茶产业历史不长，但随着茶被证明对人体健康有益，人们对茶产业日益关注，国家也出台了奖励茶农生产茶叶的政策。韩国茶产业进入良好开局。”韩国国际茶文化交流协会会长释龙云介绍说。

斯里兰卡是产茶大国，斯里兰卡茶叶局主席尼拉吉说：锡兰茶是斯里兰卡的辉煌，但当地人并不墨守成规，正在开拓新产品，包括平水珠茶、白毫、煎茶、乌瓦茶等新品种。“都在北美洲，而且接壤，但美国和加拿大饮茶习惯迥然不同，加拿大人喜好喝热茶，而美国人则偏爱冰茶；加拿大重视茶叶质量，高档茶叶有市场；而美国则偏爱快速和方便的茶。”

加拿大茶叶协会会长罗伯格女士说，“根据两国茶叶协会调查，70%的消费者知道茶对健康有益，绿茶销量增加，完全是由于对它健康作用宣传的结果，聪明的绿茶销售商还创造了一些混合饮料，将许多水果味道加入茶中，味道更适合北美消费者口味。”

各国代表说完，中国国际茶文化研究会副会长程启坤作了精彩发言：无论是文人雅士生活中的“琴棋书画酒诗茶”，还是平民百姓生活中的“柴米油盐酱醋茶”，茶都不可或缺，而中国茶道精神的“廉美和敬”，对个人品德和社会文明，也起到了潜移默化的提升作用。

茶文化是社会文化重要组成部分，杭州一年前提出“茶为国饮，杭为茶都”的口号。一年来的实践表明，利用茶都优势，发展茶文化旅游，把茶文化与经济建设有机结合，提高了城市文化品位，促进了社会的和谐与进步。

大会最后评选出了10个茶叶金奖品牌、12个优秀品牌，浙江多个茶叶品牌榜上有名。

——都市快报

第六届中国花卉博览会

2005年10月7日，为期10天的第六届中国花卉博览会闭幕。本届展会共接待来自海内外游客133.59万人次，其中主展馆及花博园94.59万人次，创历届之最。而就在闭幕日当天，花博会依然接待游客7.11万人次，其中主展馆及花博园5.36万人次。

与第六届中国花卉博览会同时召开的第四届中国花卉交易会也顺利结束。交易会期间成功举办了精品兰花展、精品盆景展、插花花艺展三大专业展览和花卉苗木、园艺资材、设施工具展示交易，开展了各类花卉贸易洽谈，举行了10多场专题培训和企业新产品发布会。共接待游客20.82万人次，实现交易1.5535亿元，其中现场交易4759.4万元，协议交易10776.15万元。

——四川在线

中国·湖南第七届（国际）农博会

历时一周的中国·湖南第七届（国际）农博会，收获着丰硕的成果于2005年11月24日圆满落幕。据统计，本届农博会参展参会人数高达70.5万人次，实现合同签约金额51.1亿元，现金交易额2.42亿元。

本届农博会是接轨国际的“桥梁”，张扬绿色的“盛宴”。本次会展成交总额为53.52亿元，共有来自全国23个省58个城市的近千家参展商踊跃参展，荟萃了全国农产品品牌精华。首次融入了“9+2”泛珠三角区域以及武汉经济协作区的概念，“市长联席会议”中30多位市长以及四川、云南昆明、广东清远等省市的代表团参加了活动。我国台湾首次组织水果、农副产品、农业生产资料等亮相农博会，成为本届农博会最大的亮点之一。而展会的国际性也得到进一步体现，非洲贝宁的TATA公司作为采购商与湖南三利茶叶进出口公司签订了75万美元的合同。

同时，本届盛会也堪称最“绿”的农博会。全省通过国家认证的70个厂家、173个绿色食品中，参会的多达35家企业、95种产品。湖南省茶叶公司、明园蜂业、正虹海原、唐人神等67家省级龙头参展，充分展示了三湘农业结构调整、农业产业化建设的可喜成就。

本届农博会的展位布局更新，对省内外农业产业化龙头企业展区布局进行了统一规划、重点突出“四门四角一中心”，整体布局独具匠心。在五大主题活动之一的长沙市现代农业招商引资洽谈会上，合同引资达42亿元；名优产品推介洽谈会共签约项目15个，实现合同签约金额6.3亿元。本届农博会还邀请了一批上规模的农产品批零商，与参展商进行对口洽谈，增强了展会的洽谈实效。

此外，围绕农业产业化这一主旋律，立足服务“三农”，本届农博会着力为省内外、国内外、省政府与政府、企业与企业之间提供有效的交流交易平台，引导了一批龙头企业利用国内与国际市场平台，扩大了农产品的销售，从而带动了农业增效、农民增收。

据了解，此次表彰大会评出了资兴“狗脑贡”绿茶、永州“柳神牌”异蛇酒、贾氏姜糖、“东江湖”航空鱼、口口香系列大米、宜章纽荷尔脐橙、张家界湘西王酒等97个金奖农博会产品，以及13个银奖和20个最佳畅销奖。

——泛珠三角合作信息网

稻米博览会移师长沙

第四届中国优质稻米博览交易会2005年由江苏淮安移师湖南长沙，并于11月30日～12月2日在长沙红星国际会展中心举行。本届稻博会由农业部牵头，全国农技推广服务中心、中国农技推广协会、中国粮食行业协会和中国农业科学院主办；湖南省农业厅、长沙市人民政府和湖南农博中心管理有限公司共同承办；湖南省粮食局协办。

本届稻博会突出“和谐稻博、香誉中华”这一主题，共设六大展区，分为名优企业展区，优质稻米精品展区，优质稻基地展区，深加工产品展区，农机产品展区，综合产品展区；共设标准展位821个。

据统计，本次展会优质稻米总贸易量达23万吨，合同总金额达5.55亿元。本次稻博会共有参展企业358家，展示优质稻米品种184个，稻米机械产品80余种。来自28个全国省、市的企业代表共签下稻米联合开发项目23个，签订稻米销售订单50份。

——《中国贸易报》

2005浙江（上海）名特优新农产品展销暨贸易洽谈会

2005浙江（上海）名特优新农产品展销暨贸易洽谈会于2005年12月30日～2006年1月3日在上海展览中心举办。

本届展销会是浙江省在上海举办的第三次规模宏大的展会，紧扣“生态、品牌、竞争力”这一主题，由各省级农业产业协会精心组织了浙江省内300多家农业龙头企业、专业经济合作组织参展，展出了近5000种富有浙江地方特色的鲜活农产品及其加工品，深受上海市民的喜爱。

据不完全统计，5天的展销会接待了11万人次的观众，现场销售额达1200万元。林业展区有50多家企业和合作社参展，展出产品500余种。江山的猕猴桃每袋20只，售价20元，日销售额达8000多元；泰顺的猕猴桃限量销售；山核桃、香榧、竹笋、竹制橱具产品等都十分畅销，许多企业都在企盼下一次的展销会早日举办，许多上海市民希望浙江农产品展销会在上海多举办几次。

——浙江林业

中国（菏泽）农资交易会

2006中国（菏泽）农资交易会于3月7～9日在山东菏泽举办。本次交易会由中国贸促会山东省分会与菏泽市人民政府共同主办，各路农资购销客户云集菏泽，打造了苏鲁豫皖四省交界处——我国黄河中下游平原地区最大的农资交易平台。据组委会介绍，为了办好这次农资盛会，组委会开展了一系列创新活动，收到良好效果。

本次农资交易会的举办采取市场化运作模式，展会从项目立项、考察、招展、招商，到对外宣传、策划、设计都不花政府的钱；招展人员不坐等客户，他们不但利用互联网、电话等方式招商，还派出专门人员到外地举办的相关交易会上进行宣传推介。

农资交易会一改过去举全市之力办会的方式，实行企业自主办会。进一步体现了政府的服务职能，变大包大揽为推向市场，主动服务。

作为全国首家综合性农资交易会，为体现服务“三农”的宗旨，本次交易会是专门面向农村、农民、农业经济服务组织的专业展会，既有农产品的交易，又有农业技术的交易。

据组委会统计，本届农资交易会共接待前来参观、洽谈、购物的客商及观众约6万人，参展摊位数量折合标准摊位共430个，其中室内摊位248个；参展企业达309家，其中市外企业247家（含省外企业103家）；合同成交额3.7亿元，协议金额5.9亿元，涉及化肥、农药、种子、农业机械等。

本届农资会还吸引了国外采购团。3月7日上午，由朝鲜农业科学院副院长李文一先生率领的采购团来到中国林展馆，详细了解了我国玉米、棉花、大豆、小麦等农作物种植情况，并与一些厂家进行了沟通、交流。目前，他们已达成初步合作意向，涉及金额近千万元。

——《中国贸易报》

第七届中国（寿光）国际蔬菜科技博览会

4月的寿光，柳絮纷飞，果菜飘香。20日上午，以“绿色·科技·未来”为主题的第七届中国(寿光)国际蔬菜科技博览会在寿光国际会展中心隆重开幕。

出席开幕式的有：各省、市、自治区及港、澳、台地区的代表，美国、俄罗斯、欧盟等50多个国家和地区的外宾，共计两万多人参加了开幕式。

本届菜博会由农业部、商务部、科技部、中国贸促会、国家环保总局、国家质量监督检验检疫总局、中华全国供销合作总社、国家外国专家局、中国农科院、国家旅游局、国家标准化管理委员会11个部委和山东省人民政府主办，白俄罗斯、西班牙、菲律宾等14个国家的驻华使馆、外国商协会及国际组织协办，山东省农业厅、外经贸厅、科技厅等12个省直部门与潍坊市人民政府、寿光市人民政府具体承办。

第七届菜博会共设1个主展区和15个分展区，主展区建有8个高标准室内展示大厅，总面积达15万平方米，展区内采取展位与实地栽培相结合的模式，集中展示高效农业、设施农业、生态农业和观光农业厂室内外设1500个展位，交易各类种子、苗木、花卉、农资、农机等。此外，还有近100个蔬菜大棚为主的绿色蔬菜示范区，让人们更加直观地了解到绿色、有机蔬菜的生产过程。分展区由中外农业科研生产基地、农业观光园区和涉农企业组成，从不同侧面展示现代农业的规模和水平。

与往届相比，第七届菜博会更加突出了形式、内容与科技上的创新，内涵进一步丰富，特色更加鲜明。新引进了500多个新品种及配套栽培技术，集中展示了世界各地蔬菜产业领域的新品种、新技术的精华。

本次菜博会亮点纷呈，看点颇多。在主展厅的“珍果苑”内，采用高科技手段培育的“菜树阵”，让“地瓜树上结、土豆枝上采”变成了现实。药用蔬菜、珍奇花卉在本次菜博会上闪亮登场，100多个中外名优花卉品种进行集中展示，70多种亦药亦菜作物与观众见面。台湾客商也首次在菜博会上亮相，他们给人们带来了宝岛台湾的名优果蔬，大陆尚未开放的部分水果、蔬菜均会登台，其中台湾蔬菜是第一次在大陆亮相，第七届菜博会首次设立台湾农产品展示展销区，是继国共两岸经贸论坛后，大陆方面积极跟进的一项重要活动。另外，菜博会期间还举办中国农业大学寿光蔬菜研究院协议签署暨揭牌仪式、寿光蔬菜集体商标图案及广告用语获奖作品颁奖仪式暨新闻发布会、第三届蔬菜文化艺术节、贾思勰研讨会、涉农论坛、农业观光旅游等专题活动和丰富多彩的经贸活动，以此展示一代农圣贾思勰的故乡——寿光所具有的丰富农耕文化底蕴。

——中国农业网

2006中国无锡现代农业博览会暨国际农业合作经济会议

2006中国无锡现代农业博览会暨国际农业合作经济会议（以下简称农博会）于2006年5月15～17日举办。此次活动是由无锡市人民政府、中国供销合作经济学会、农业部农业贸易促进中心、江苏省农林厅、江苏供销合作总社联合主办。

应无锡市人民政府邀请，有国内外重要嘉宾600余人参加了此次盛会。

此次农博会展出面积达6000平方米，来自全国11个省市及境内外100多家知名龙头企业前来参展，约有30.2万观众参观农博会，上千种名特优农产品受到了青睐。参展商们销售的农副产品总金额三天内超过了224万元，创下了无锡农博会新的记录。

共有来自意大利、日本、印度、新加坡、马来西亚、菲律宾、智利、埃及等20多个国家的80多名外宾参加了此次农博会，出席了国际农业合作经济会议、现代渔业论坛、国际合作社联盟亚太地区常委会，纷纷就农业合作、渔业发展等方面提出了相关的意见和建议。

在此次农博会上，共有15个投资项目、4个贸易项目、1个科技项目进行了现场签约，加上场外签约项目，这次农博会共签订了88个投资项目，签约总金额超过30亿元，项目涉及高科技农庄建设、花卉苗木、农产品加工、果蔬种植等领域。活动期间，不仅有山东农业大学、中国农业大学、南京农业大学、华南农业大学、江苏省农科院等数十家高等院所和科研单位纷纷带着自己的科研成果前来对接，而且“中国－以色列国际农业培训中心”和“中国农业科学院太湖水稻示范园”也相继成立，为无锡农业的发展注入了新的动力。

本次会议为促进无锡农产品进入国际市场，增加农民收入，推动农村和农业结构战略性调整，推进社会主义新农村建设产生积极而深远的影响。

——欣农网

2006中国饲料工业展亮点突出

2006年6月3～5日，由中国饲料工业协会主办的“2006中国饲料工业展示交易会”在南京国际展览中心举行。来自各省、自治区、直辖市饲料工业协会、饲料生产企业的约5万名代表出席了本次展示交易会。

自1996年成功举办首届饲料工业博览会以来，本届交易会更是盛况空前，亮点突出。

一是展位设置再创新高。参展企业达430多家，设置展位1000个左右，比上届增加近两成，展位设置在6个以上的企业达42家。

二是行业宣传力度加大。交易会期间，全国饲料工作办公室还和中国饲料工业协会一起精心组织了饲料工业“十五”成就展，全面系统地宣传“十五”期间我国饲料工业所取得的非凡成就以及对农业农村经济乃至整个国民经济做出的巨大贡献。

三是综合办会能力得到提升。本届展会围绕当前饲料工业发展的热点、难点和焦点问题，同时举办2006中国饲料发展高层论坛。

四是国际影响力进一步扩大。除国外参展参会企业比往届大大增加外，国际饲料工业联合会主办的F4国际峰会也首次在南京同期举办。出席本次峰会的中外嘉宾有国际饲料工业联合会会长、秘书长，F4成员国中国、美国、巴西和欧盟的饲料工业协会主席和秘书长，联合国粮农组织官员，南非饲料协会代表等。与会代表分别就全球饲料工业的可持续发展、F4成员国之间有关饲料规章、饲料成分用法、饲料工业培训等相关内容协调一致等多项议题进行了研讨。

目前，饲料工业交易会已经成为饲料行业展示新成就、交流新信息、研讨新思路、开拓新领域、促进新合作的平台，成为行业内组织最好、规模最大、水平最高、人气最旺的顶级盛会。

——《中国贸易报》钟 新

第四届中国厦门国际食品交易博览会

第四届中国（厦门）国际食品交易博览会（以下简称“食博会”）于2006年6月24～26日在厦门国际会展中心举办。来自台湾的数百种农产品和加工品将与来自东南亚等国的特色食品以及祖国大陆内地产的名优食品同台亮相，为消费者献上一场美食盛宴。

经过四年的培育，食博会已逐步走向规模化、专业化和国际化，成为台湾农产品的贸易平台。其中，仅台湾农产品展区就达96个展位。13个团组400多位台商携带台湾水果、蔬菜以及名优加工品赴会参展。为了开拓台湾农产品在大陆的销售渠道，会上还举办了一场台湾农产品（水果）供需对接会，邀请内地十多个省市水果采购商来厦与台湾水果经营商直接进行供需对接，有100多家专业水果商到会对接。

据介绍，本届食博会展出面积达2.2万平方米，848个参展展位，展出面积和国际标准展位数均比第三届增加30%以上。约有600家企业到会参展，其中来自泰国、菲律宾、新加坡等国外企业占20%。银祥、黄金香、中绿等福建本土知名食品品牌几乎悉数到位。同时，来自广东、浙江等10多个省市自治区的企业也前来参展。

本次展会首次采用明晰专业展区的做法，分设茶叶果蔬农产品、罐头酒类饮料、糖果休闲食品、食品机械添加剂四大专馆。

据介绍，本届食博会进一步凸显实效性，约有7500名国内外食品采购商、经销商和专业买家赴会参观采购。仅大型超市沃尔玛就派出一支由15名专业人士组成的队伍到会采购。展会期间除了举办“台湾果蔬农产品对接会”外，还举办“食品高峰论坛”、“食品采购对接会”、“泉州食品推广发布会”等专题会。

——东南在线

湖南首届绿博会成交额突破21亿元

2006年6月28日～7月1日，中国湖南首届（国际）绿色食品博览会在湖南举办。据组委会统计，参展4天时间，1000余家绿色食品企业展示了品牌，弘扬绿色食品理念，倡导绿色食品消费，总成交额超过21亿元。

首届绿博会为湖南省绿色食品发展打开了一扇窗口。各市州组织300多个经过认证的绿色食品登台斗绿，充分展示了该省绿色食品产业的发展。江西、湖北等相邻省份组织绿色食品参展，台湾也组织了60多家农产品企业参展，让湘字号农产品企业开阔了视野。湖南省茶业公司总经理周重旺称，透过绿博会，省内龙头企业看到了差距，参与世界市场的竞争，要在产品的绿色品质上下硬功夫。

绿博会期间，每天参观者过2万人次，现金交易上百万元，这一效果让省内外参展企业喜上眉梢。湖南毗邻广东沿海市场，物流优势为中部各省的绿色食品企业所看好。唱展会戏，打兴市牌，红星绿色食品市场顺势推出铺面招商，伊利、茅台、兴福兴等160多家国内知名绿色食品企业签约，落户红星绿色食品市场。

——《中国贸易报》张尚武　刘 勇

内蒙古首次举办全国性农业盛会

2006年7月12～13日，第八届全国肥料信息交流暨产品交易会在内蒙古呼和浩特市举行。本次肥料“双交会”由全国农业技术推广服务中心、内蒙古自治区农牧业厅与呼和浩特市政府共同举办，是内蒙古首次举办的全国性农业盛会。

“双交会”的主题是“推广测土配方施肥技术，促进肥料产品和谐发展，建设资源节约环境友好农业”。来自全国30个省区市农业系统、土肥系统、肥料生产经销企业的代表5000余人，参加了“测土配方施肥论坛”、“省级测土配方施肥合作企业招标签约”、“测土配方施肥技术与成果展”、“产品与技术展”、“信息发布”等多项活动。在为期两天的活动中，来自全国各地的1000多家企业在240多个展位展示了自己的产品。

——《中国贸易报》安 飞

第二届中国黑龙江木业博览会

由国家林业局、黑龙江省人民政府主办的第二届中国·黑龙江木业博览会于2006年7月15～18日在牡丹江举行。本次盛会将成为集投资促进、经贸洽谈、展览展销、项目对接、论坛研讨于一体，以促进双向投资为目的的专业性大型会展活动，展出面积达3万平方米、成为中国北方最大规模的木业展会。同期还举办东北亚木业经济合作暨俄罗斯东方港投资发展论坛，以扩大东北亚木业经济区域合作，加快东北老工业基地振兴步伐，促进区域内木业经济技术交流与合作，发展同东北亚各国友好合作关系。

本届“木博会”效果好、成果实，不仅推介了一批项目和签订了一批合同，还与参会的国内外企业建立了广泛联系。本届“木博会”共有10个国家和地区，23个行业协会和国内20多个省市、30家新闻媒体共32个代表团近1500人参会；共有328家企业参展，国际标准展位429个，开幕式当天有1.5万人次前来参观、洽谈。

牡丹江市共有园区开发、物流建设、板材加工、家具制造等20个项目签约，引资总额17.32亿元，达成交易意向8.2亿元，促成1项合资合同和10个合作意向，拟引资2.65亿元。

——《国际商报》思 思

第六届长春“农博会”硕果累累

2006年8月21日，为期7天的第六届中国长春国际农业·食品博览（交易）会暨全国乡镇企业振兴东北老工业基地农产品加工贸易博览会在长春落幕。

本届农博会有国内外2000多家企业、52个国家和地区、12个国外友好城市、180多位外宾，国内64个国家部(委)、省(市、区)和大中城市代表团前来参展参会，参观总人数突破150万人次，创历届新高。展会期间共签约项目106个，金额达162亿元。累计实现现场交易额5.1亿元，合同和协议金额36亿元，组织推介了6大类、200多个农业类对外经济合作项目。

本届“农博会”由农业部、吉林省政府和长春市政府共同举办，由辽宁、黑龙江、内蒙古三省区政府协办，长春市政府承办。

本届“农博会”创造性地开辟的现代农业植物园区、动物园区、农业机械展区，以及科普大集和农民新居、新农村微缩景观和农村能源环保项目展区，成为最大的亮点。

——《中国贸易报》李 萍

境内展

展名：2006年杭州市优质农副产品交易会
时间：2006年1月6～10日（杭州）

展名：第三届大连国际春季花卉园艺暨苗木展览会
时间：2006年2月27日～3月1日（大连）

展名：2006河北牧兽药暨饲料工业展览会
　　　2006第二届河北国际农业科技博览会
时间：2006年3月3～5日（石家庄）
周期：一年一届
创办时间：2004年

展名：中国东北国际农业展览会
时间：2006年3月6～8日（沈阳）
周期：一年一届
创办时间：1985年
上届数据：展出面积（平方米）：5000
　　　其中外国参展面积（平方米）：500
　　　观众总数（人次）：15000
　　　展商总数（家）：180
　　　其中外国参展商数目（家）：20

展名：2006现代农业装备（长沙）博览会暨水利电力建设产品展示会

时间：2006年3月7~9日（长沙）
周期：一年一届
创办时间：2006年

展名：2006年第二届东南亚（广西）国际水产畜牧交易博览会
时间：2006年3月10~12日（南宁）

展名：第三届浙江萧山花木节
时间：2006年3月11~13日（萧山）

展名：2006年首届粤台农副产品（广州）交易会暨第九届国际农业与名牌食品交易会
时间：2006年3月18日（广州）
周期：一年一届
创办时间：1995年3月
上届数据：展出面积（平方米）：12000
其中外国参展面积（平方米）：2000
观众总数（人次）：60000
展商总数（家）：600
其中外国参展商数目（家）：110

展名：中国畜牧业环保与畜产品安全论坛暨展览会
时间：2006年3月18~19日（南京）
周期：一年一届
创办时间：首次举办

展名：2006年春季全国农机产品订货交易会
时间：2006年3月20~22日（长沙）

展名：2006年中国（广州）畜牧业展览会
时间：2006年3月23~25日（广州）

展名：2006年中国（兰州）畜牧业交易博览会
时间：2006年3月29~31日（兰州）

展名：2006年中国国际农业机械技术与设备展览会暨研讨会
时间：2006年4月11~13日（北京）
周期：一年一届
创办时间：2004年8月
上届数据：展出面积（平方米）：6000
其中外国参展面积（平方米）：2900
观众总数（人次）：4516
展商总数（家）：71
其中外国参展商数目（家）：39

展名：第八届中国国际花卉园艺展览会
时间：2006年4月11~14日（北京）
周期：一年一届
创办时间：1998年
上届数据：展出面积（平方米）：15000
观众总数（人次）：15000
展商总数（家）：285
其中外国参展商数目（家）：52

展名：2006年上海国际农产品贸易、机械暨加工技术与装备展览会
时间：2006年4月12~14日（上海）

展名：浙江国际园林花卉、城市绿色产业博览会
时间：2006年4月15~17日（杭州）

展名：2006中国（芜湖）国际茶叶博览交易会
时间：2006年4月（芜湖）
周期：一年一届
创办时间：2002年
上届数据：展出面积（平方米）：10000
观众总数（人次）：10000
展商总数（家）：172

展名：2006中国沈阳世界园艺博览会
时间：2006年5月1日（沈阳）

展名：中国国际园林绿化与户外设施展览会
时间：2006年5月18~20日（北京）

展名：中国（杭州）国际绿化博览会
时间：2006年5月26~28日（杭州）

展名：2006年中国——东南亚农业生产资料交易会
时间：2006年6月15~17日（桂林）
周期：一年一届
创办时间：2006年

展名：2006年中国——东南亚农业生产资料（广西）交易会
时间：2006年6月15~17日（南宁）

展名：2006年上海苗木展示交易会
时间：2006年6月15~17日（上海）

展名：新疆国际农业机械博览会
时间：2006年6月16~19日（乌鲁木齐）
周期：一年一届
创办时间：2000年6月
上届数据：展出面积（平方米）：10000
其中外国参展面积（平方米）：3000

观众总数（人次）：70000
展商总数（家）：300
其中外国参展商数目（家）：90

展名：中国国际园艺花卉（苏州）展览会
时间：2006年6月18～20日（苏州）

展名：第二届世界水产与海鲜博览上海展览会
时间：2006年6月28～30日（上海）

展名：中国黑龙江农业机械博览会
时间：2006年8月5～8日（哈尔滨）
周期：一年一届
创办时间：2004年9月
上届数据：展出面积（平方米）：20000
其中外国参展面积（平方米）：2000
观众总数（人次）：50000
展商总数（家）：160
其中外国参展商数目（家）：11

展名：第三届中国（黑龙江）国际农业机械博览会
时间：2006年8月15～17日（哈尔滨）
周期：一年一届
创办时间：2004年
上届数据：展出面积（平方米）：4500
其中外国参展面积（平方米）：800
观众总数（人次）：40000
展商总数（家）：234

展名：第五届中国武汉农业机械与设施展览会暨2007年全国农机新产品交流订货会
时间：2006年8月29～31日（武汉）

展名：第五届华中水产畜牧饲料兽药暨加工机械展览会
时间：2006年8月29～31日（武汉）

展名：2006中国昆明国际花卉展
时间：2006年9月7～10日（昆明）
周期：一年一届
创办时间：1989年
上届数据：展出面积（平方米）：5000
其中外国参展面积（平方米）：1000
观众总数（人次）：50000

展名：中国国际灌溉暨肥料展览会
时间：2006年9月19～21日（北京）
周期：一年一届
创办时间：2000年
上届数据：展出面积（平方米）：3000
观众总数（人次）：4100
展商总数（家）：120
其中外国参展商数目（家）：20

展名：中国国际集约化畜牧展览会
时间：2006年9月27～29日（北京）
周期：两年一届
创办时间：2000年
上届数据：展出面积（平方米）：8470
其中外国参展面积（平方米）：2395
观众总数（人次）：50000
展商总数（家）：360
其中外国参展商数目（家）：116

展名：河南家禽交易会
时间：2006年9月（郑州）
周期：一年一届
上届数据：展出面积（平方米）：12000
观众总数（人次）：30000

展名：2006江西农业技术装备暨成就展览会
时间：2006年9月（南昌）

展名：第六届全国农业科技博览会暨农产品交易大会
时间：2006年10月25～29日（济南）

展名：第六届全国农业科技博览会
时间：2006年10月（济南）
周期：一年一届
创办时间：2001年

展名：中国国际水产养殖展览会
时间：2006年11月1～3日（青岛）
周期：一年一届
创办时间：2000年

展名：中国国际渔业博览会
时间：2006年11月1～3日（青岛）
周期：一年一届
创办时间：1996年

展名：福建漳州海峡两岸花卉博览会
时间：2006年11月28日～12月5日（漳州）
周期：一年一届
创办时间：1998年
上届数据：展出面积（平方米）：15000
其中外国参展面积（平方米）：5000

观众总数（人次）：260000
展商总数（家）：362
其中外国参展商数目（家）：130

境外展

展名：柏林国际绿色周——食品工业、农业暨园艺博览会
时间：2006年1月13～22日（德国）

展名：柏林国际水果蔬菜展览会
时间：2006年2月2～4日（德国）

展名：皇家农业展
时间：2006年7月（英国）

展名：埃及农业星火考察
时间：2006年8月（埃及）

展名：第25届国际农业、园艺、水处理设备展览会
时间：2006年9月17～21日（沙特阿拉伯）

展名：国际农业暨农事贸易展
时间：2006年9月23日～10月1日（德国）

展名：国际园艺、休闲及宠物展
时间：2006年9月（英国）

8．能源行业

行业简况

应对能源紧张：中国如何打出能效牌

面对能源紧缺的严峻挑战，能源界深刻认识到："能效是一项巨大、廉价、清洁的资源，能效优先应成为长期的国策以应对能源供给压力。"数据显示，近年来中国在能效方面的投资呈递减趋势。"中国需要新的措施，以补充更加严格的能效标准"。

在2006年6月24～25日由中国社会科学院工业经济研究所主办的"全球能源效率合作的障碍与机遇国际研讨会"上，来自欧亚的学者和政策制定者共同讨论了世界范围内特别是中国的能源安全和效率等问题。

降低工业耗能是提高能效的关键。中国是否能够实现单位GDP能耗的预期目标？"主要取决于两个因素：高耗能工业的能耗水平是否会较大幅度下降；在产业构成中，服务业的比重能否明显上升"，中国社科院工业经济研究所所长吕政在会上开宗明义。

"在我国能源消费构成中，工业生产消耗的能源占能源消费总量的70.4%，所以，提高能源利用效率，降低能源消耗，关键是降低工业生产消耗的能源。"吕政指出，在工业消耗的能源中，主要集中在冶金工业、化学工业、建筑材料工业、火力发电、石油加工与炼焦工业等高耗能工业部门。

国家能源办战略规划组副司长江冰也持类似观点：产业结构中高耗能的第二产业比重偏大，低耗能的第三产业比重偏小。"一个国家第一、第二和第三产业在产业结构中的比重直接影响着该国能源效率的高低。"目前，中国已进入重化工业阶段，工业产业增加值增长速度快，且高耗能重化工业比重高，工业化仍以量的扩张为主，而低耗能的第三产业增加值占GDP的比重（40.3%）明显偏低，与世界平均水平63%仍有相当大的差距，这是中国能源效率低于世界平均水平的原因之一。

对此，吕政有更具体的分析："中国高耗能工业综合能耗显著高于工业发达国家的主要原因是企业组织结构不合理，大型企业的比重低。"

吕政说，"大量中小企业难以采用技术先进的大型设备，能源的综合、循环利用率低"。以炼油工业为例，中国炼油厂的平均规模只相当于美国的42%，日本的32%，韩国的15%；在钢铁工业领域，中国钢材生产能力虽然已接近4亿吨，拥有650多家炼钢企业，但平均规模只有60万吨，大型钢铁企业的市场集中度只有50%左右；有色金属工业、火力发电、水泥等高耗能工业都存在类似的问题。

能效的区域比较对中国更具现实意义。"能源效率的国际比较可以清楚地了解中国能源效率的水平与节能潜力，从总体上看，中国与世界上一些发达国家能源效率的差距在一定程度上也是经济发展水平的差距。一些决定能源利用效率的主要因素如生产技术水平不可能在短时间内超过发达国家，产业结构的差距也只有随着经济发展水平的不断提高才能逐步消失。因此，能源效率的国际比较，只为中国能源效率的改进提供了一个理想值。"社科院工业经济研究所能源研究室主任史丹研究员对能效比较的认识另辟蹊径。

史丹表示，中国能源效率的区域比较研究，目的就是找出在当前经济与技术发展水平条件下，中国实际可能达到的最高能源效率水平以及中国各地区向国内能源效率最高水平逼近的路径，"然而，我们大多忽视了中国能源效率的区域差别以及缩小能源效率的区域差别对中国提高能源效率的现实作用。"

史丹认为，从总体上看，东部地区是中国能源经济效率

较高的地区，与东部地区相比，中部和西部地区的能源经济效率有较大的差距。在当前经济发展水平下，无论是东部还是中部与西部，均有进一步提高能源经济效率的潜力和可能性，但是，东中西部各地区的潜力并不相同。

东部地区能源经济效率虽然总体水平较高，但是内部差异却高于中部和西部地区，也就是说，东部地区的经济发展水平与提高能源经济效率的关系并没有明显的正相关关系。从产业的角度来看，东、中、西部能源经济效率差距最大的是第二产业尤其是工业。从能源供需状况来看，能源资源比较贫乏、依赖于外部能源供应的东南沿海省市能源经济效率最高，能源资源比较丰富、能源产量较大的省区反而是中国能源经济效率较低的地区。

如何出牌？“中国尽管在改进能源效率方面面临诸多困难，但改进能源效率的潜力仍然存在。”与会专家对此认识趋同。他们认为，中国应强化能源节约和高效利用的政策导向，从管理、技术和结构三个角度，在改进能源效率方面做出更加积极的努力。

江冰表示，中国将加快《能源法》的制定颁布，能源管理的全部纳入法制化管理，并长期贯彻执行。此外，还将修订《节约能源法》，加快建立和完善以《节约能源法》为核心，配套法规、标准相协调的节能法律法规体系，依法加强节能管理，改进能源效率。

史丹详细讲解了可行措施：大力推广先进的生产技术和节能技术，坚决淘汰落后的生产技术、工艺与技术标准。对采用先进节能技术与设备的企业单位，给予多种形式奖励。制订合理的能源价格，一方面要有效地促进能源生产与流通，另一方面要有效地抑制能源的过度消费。不但要完善能源资源税收与节能企业税收优惠政策，还要优化高耗能项目的产业布局，综合考虑原材料供应、交通条件、市场需求与项目所在地的能源效率问题，减少在能源经济效率低的地区新建高耗能项目，加强市场监管，打破区域壁垒，促进生产要素的合理流动，进一步加强金融、通讯、信息咨询等市场体系的建设。

——中国经济信息网

展　会

国际节电设备与技术展览会

由广东省节能技术服务中心、广东省能源利用监测中心和广东省机械行业协会主办，中国南方电网有限责任公司和广东省广电集团有限公司联合支持，广东英泰展览公司承办的2006(广州)国际节电设备与技术展览会，于2006年5月23～25日，在中国出口商品交易会流花展馆举行。这是今年在广东举行的最具专业性和权威性的节电行业展会。

本届展会有三大亮点。一方面，建设节约型社会基本国策，节能节电的呼声日益高涨。其次，在5月下旬举办展会，正值每年的用电高峰前期，并与每年的“节能宣传周”前后呼应。此外，广州是广东省政治、经济、科技、教育、文化和展览中心，也是华南地区中心城市。相信良好的国际商业氛围，为参展的节电产品提供了最佳展示平台。

对此，广东省节能技术服务中心有关负责人表示，广州国际节电设备与技术展的举行，意在推进广东建设节约型社会。本次展会时值今年的用电高峰前期。节能节电技术和产品厂商需要这样一个展示的平台，各耗能耗电大户也迫切需要了解这些新产品、新技术。目前，广东是全国缺电最严重的地区之一，在广州举办一次国际性的节电展是顺应社会各界推进节能节电事业的共同需要，加上广东省在泛珠三角区域的重要战略位置和广州良好的国际商业氛围，给参展商带来巨大商机。

据权威资料显示，中国节能、节电市场具有超过3000亿元的商机。尤其是中国的商业和家庭节电市场，是一个巨大的潜在市场，随着用户节能观念的加强，新节能产品的开发，这两个市场的购买量将有惊人的增长。

其实，中国电力消耗量仅次于美国，已居世界第二位。近几年来，全国性的电力紧张局面仍然十分严峻，先后有20几个省市被迫拉闸限电。南方各省市政府对电力建设加大力度，电力建设市场供求两旺，给生产厂商提供了难得的商机。

——《国际商报》

山东节能展警示能源危机

在2006年6月22～24日济南举办的“山东省建设节约型社会成果展暨节能技术产品博览会”上，有186家企业确定前来参加展会，其中省内企业114家，国外省外企业72家，包括美国、德国等国的众多知名企业。此次“节博会”的主题：“提高全民节约意识，大力发展循环经济，加快建设节约型社会。”已成大家的共识。

此次举办的“节博会”，共设计安排了“山东省建设节约型社会成果展”、“节能技术博览会”和“2006山东资源节约与可持续发展高层论坛”三大部分内容。其中，成果展的综合展区以展板和实物方式，集中展示了山东省节能、节水、节材、节地、资源综合利用和发展循环经济等方面采取的措施和取得的成果，资源面临的严峻形势和“十一五”工作目标。地方展区展示了17个市建设节约型社会的有关情况。节能技术产品博览会还组织了国内外有关企业和单位交流展示在节能、节水、新能源开发、可再生能源、废物利用、清洁生产、环保产业等领域里的新技术、新产品、新材料和新工艺。

据统计，有近8万人参观了展会。

——《国际商报》李 松

境内展

展名：2006年中国（上海）国际节能节电暨新能源技术博览会
时间：2006年3月1～3日（上海）

展名：第六届中国（上海）国际电力设备暨电厂电站设备暨脱硫脱硝展览会
时间：2006年3月22～24日（上海）

展名：第六届国际电力电工装备暨电气自动化设备（济南）展览会
时间：2006年3月23～25日（济南）
周期：一年一届
创办时间：2001年
上届数据：展出面积（平方米）：10000
其中外国参展面积（平方米）：1200
观众总数（人次）：30000
展商总数（家）：8200
其中外国参展商数目（家）：22

展名：2006年上海国际饮水技术与设备展览会
时间：2006年3月29～31日（上海）

展名：东北国际电力、电气传动暨自动化展览会
时间：2006年3月30日～4月1日（沈阳）
周期：一年一届
创办时间：1996年
上届数据：展出面积（平方米）：7000
其中外国参展面积（平方米）：700
观众总数（人次）：30000
展商总数（家）：480
其中外国参展商数目（家）：48

展名：2006中国国际遮阳与节能技术博览会
时间：2006年4月3日～5日（上海）

展名：2006年第三届电力设备暨技术（辽宁）展览会
时间：2006年4月7～9日（沈阳）

展名：第三届电力设备暨技术展览会暨中国东北第九届国际电力电工暨能源设备与技术展览会
时间：2006年4月7～10日（沈阳）
周期：一年一届
创办时间：1998年4月
上届数据：展出面积（平方米）：5000
其中外国参展面积（平方米）：1500
观众总数（人次）：23069
展商总数（家）：323
其中外国参展商数目（家）：106

展名：2006年中国水博览会
时间：2006年4月26～29日（北京）
周期：一年一届
创办时间：1989年3月
上届数据：展出面积（平方米）：9000
其中外国参展面积（平方米）：2000
观众总数（人次）：20000
展商总数（家）：138
其中外国参展商数目（家）：46

展名：2006年第七届大连国际电力电工电源展览会
时间：2005年5月23～25日（大连）
周期：一年两届
创办时间：2000年
上届数据：展出面积（平方米）：3000
其中外国参展面积（平方米）：800
观众总数（人次）：11200
展商总数（家）：78
其中外国参展商数目（家）：7

展名：中国西部国际供电设备展览会
时间：2006年5月25～28日（成都）
周期：一年一届
创办时间：2003年5月
上届数据：展出面积（平方米）：5000
其中外国参展面积（平方米）：800
观众总数（人次）：50000
展商总数（家）：200
其中外国参展商数目（家）：30

展名：第11届国际电磁兼容技术交流展览会
时间：2006年6月13～15日（北京）
周期：一年一届
创办时间：1990年
上届数据：展出面积（平方米）：3000
其中外国参展面积（平方米）：500
展商总数（家）：80
其中外国参展商数目（家）：30

展名：第七届中国国际电池技术交流会/展览会
时间：2006年6月28～30日（北京）
周期：两年一届

创办时间：1992 年
上届数据：展出面积（平方米）：8000
其中外国参展面积（平方米）：1800
观众总数（人次）：25000
展商总数（家）：315
其中外国参展商数目（家）：70

展名：第三届亚洲风能大会暨国际风能设备展览会
时间：2006 年 6 月 28～30 日（北京）

展名：2006 年亚洲国际电力、电工暨能源技术与设备展览会
时间：2006 年 10 月 10～13 日（上海）
周期：一年一届
创办时间：2002 年 10 月
上届数据：展出面积（平方米）：8000
其中外国参展面积（平方米）：3000
观众总数（人次）：60000
展商总数（家）：250
其中外国参展商数目（家）：80

展名：第二届中国国际煤炭展览会
时间：2006 年 10 月 25～28 日（北京）
周期：两年一届
创办时间：2004 年 10 月
上届数据：展出面积（平方米）：3700
其中外国参展面积（平方米）：1500
观众总数（人次）：5000
展商总数（家）：117
其中外国参展商数目（家）：36

展名：2006 年中国苏州国际新能源与节能技术设备展览会
时间：2006 年 10 月 26～28 日（苏州）
周期：一年一届

展名：第 11 届国际电力设备暨技术展览会
时间：2006 年 10 月 31 日～11 月 3 日（北京）
周期：一年一届
上届数据：展出面积（平方米）：10000
观众总数（人次）：24500
展商总数（家）：300

展名：第二届上海国际节约与保护水资源新技术与设备展览会
时间：2006 年 10 月（上海）
周期：一年一届
创办时间：2005 年 11 月

展名：上海国际电池展
时间：2006 年 11 月 15～17 日（上海）
周期：一年一届
创办时间：2002 年
上届数据：展出面积（平方米）：2000
其中外国参展面积（平方米）：380
观众总数（人次）：7647
展商总数（家）：112
其中外国参展商数目（家）：28

展名：中国国际电源展览会
时间：2006 年 11 月 15～17 日（上海）
周期：一年一届
创办时间：2002 年
上届数据：展出面积（平方米）：2000
其中外国参展面积（平方米）：460
观众总数（人次）：8796
展商总数（家）：192
其中外国参展商数目（家）：39

展名：第二届上海国际资源再生与综合利用技术设备展览会
时间：2006 年 11 月（上海）
周期：一年一届
创办时间：2005 年 11 月

境外展

展名：中东（沙特）国际石油、天然气暨能源博览会
时间：2006 年 3 月 12～15 日（沙特阿拉伯）

展名：汉堡国际风能展
时间：2006 年 5 月 16～19 日（德国）

展名：德国汉堡国际风能展览会
时间：2006 年 5 月 16～19 日（德国）

展名：莫斯科国际电力电子展览会
时间：2006 年 6 月 5～9 日（俄罗斯）

展名：第 21 届欧洲光付太阳能工业展览会
时间：2006 年 9 月 4～8 日（德国）

展名：越南西贡电力展览会
时间：2006 年 10 月 12～14 日（越南）

9. 环保行业

展 会

2006中国水博览会

2006年4月26日上午10时，由水利部水资源司等单位主办的2006中国水博览会在北京全国农业展览馆开幕。本届水博会的主题是：饮水安全、人水和谐。

本次博览会为期4天，该博览会由水利部、中国水利学会等多家单位联手推动。据介绍，本届水博会国内外参展企业、水利单位近300家，展位400余个，展览面积1万平方米。展会内容涉及到饮水安全、水利信息化建设、污水处理、项目推介、成就成果展示等。同时，组委会开设“水·湿地·人与自然和谐”长廊，集中展示湿地风光和北京湿地文化。

此次展会规模较大，吸引了国内外多家展团。美国、以色列、英国都组织了展团参展。水利部南水北调局、防汛抗旱指挥系统项目建设办公室及各流域机构、省（市）水利（水务）厅（局）也组织了展团。

中国的水问题已经成为中国政府以及全社会普遍关注的热点问题。随着贯彻和落实科学发展观以及构建和谐社会观念的不断深入，统筹安排水资源，提高用水效率，保障饮水安全，建设节水型社会，已成为中国政府的重要任务和全社会的共识。2006中国水博览会正是在此大背景下，力求通过产品展示、技术交流、会议研讨等方式，推动中国水行业的市场化、产业化进程，为以水资源的可持续利用保障经济社会的可持续发展贡献力量。而本届水博览会则是旨在通过举办“中国水务高峰论坛”等相关会议和活动，组织国内外有关水问题专家进言献策，探讨中国水务改革亟待解决的问题，促进我国新形势下水市场的市场化和产业化进程。

——中国水网

环渤海地区“节能、智能、环保”博览会亮点诸多

2006年5月26～29日，由环渤海地区市长联席会办公室、中国建材市场协会、天津市建设管理委员会、天津市经济委员会主办，环渤海企业合作促进会、环渤海金岸（天津）集团股份有限公司承办的“2006环渤海地区建筑节能、智能、环保材料博览会暨2006年天津市建设工程材料选材会”在天津体育展览中心举办。

本次展会以“节能、智能、共赢”为主题，以天津滨海新区建设为龙头，吸引了沈阳、葫芦岛、秦皇岛、唐山、滨州、沧州、廊坊、威海等环渤海地区的企业参会，展会形成诸多亮点。

搭建环渤海地区节能、环保材料供需信息平台。为深化突出展会“节能、环保、共赢”的主题，本次展会特别推出了4个主题会中会活动，通过不同形式的洽谈活动，将环保节能的技术和产品在环渤海地区以及滨海新区的开发建设中加以应用推广，实现信息与材料、技术与需求的有效对接。参会建设单位主动对接材料及技术供应厂商，广东联塑环保管材与内蒙、滨州等地企业达成了大批量的需求意向。

健康集成智能家居受推崇。环渤海世纪宅展位前人流攒动，它从结构到室内集成了国内外知名企业的优质建筑部件，建材产品，家居设备，并充分展示具有节能、保温、智能、控制、健康环保特色的绿色建筑建材产品优越性，其中易尚生态板材以其自然性、环保性使人眼前为之一亮。韩国BAROCO墙外保温体系，美国HONEYWELL健康、智能家居系统涵盖了中央新风空气净化系统、中央优质水处理系统、中央吸尘系统、地采暖控制系统等，除整体更为智能、安全外，更体现了对现代人追求生活舒适度的一种人文关怀，备受建筑商和消费者推崇。

“蓝眼球”上会，环渤海吸引外来眼光。本次展会以满足环渤海地区建筑建设需求为导向，展会“节能、共赢”的主题以及区域蕴含的巨大商机，成功地吸引了加拿大木业协会参会，组织全球最大的木材贸易公司与天津房地产市场进行有机对接，从设计、制造、应用等方面解读并推广木结构建筑体系在世界各地广泛应用的经验，为国内“平改坡”建筑项目提供技术参考，同时借助“环渤海世纪宅集成住宅展示基地”进行项目实景样板推广。

——《中国贸易报》王 莉

2006中国国际环境保护博览会

2006中国国际环境保护博览会于6月8～10日在大连星海会展中心举办。本届环博会以“展示，交流，创新，发展”为宗旨、“专业性”为标志、“国际性”为追求，通过展览会、研讨会、技术讲座、环保项目签约仪式等活动联合的办展模式，进一步丰富了展会内涵。展会努力突出国际化、商业化和专业化特色，构建了环保产业交易平台，受到了参展企业、专业人士以及新闻媒体的好评。

本届国际环境保护博览会吸引了来自美国、韩国、泰国、日本、德国、法国等十几个国家和国内20多个省市的企事业单位、科研院所，展位达390余个，展览面积2万平方米，其中室外展位400平方米。来自国内外的3.6万余名专业观众和买家到会参观洽谈。大会共签订合作意向、合同305件，协议金额8.6亿元。

与前三届展会相比，2006年中国国际环境保护博览会更加突出了展会专业化、国际化、商业化的特色，到会专业观众数有较大的突破。本届会议主要有以下几个特点:

国际化水平进一步提升。本届环博会从展商数量看，比上届更多；从展商构成看，外商专业化展区增加，大大提升了本届展会的国际化水平。本届环博会与外商签订多个合作意向和合同，签约金额约1亿元以上。此外，“东亚经济交流推进机构”（OEAED）环境部会第二次会议同期在大连举行，出席“东亚经济交流推进机构”环境部会的中日韩的代表出席了开幕式并参观了展区。

专业化程度高，亮点多。本届展会策划紧扣当前环保重点工作，一是加大专业化布展力度，设置了循环经济展区、节能设备展区、绿色建材展区等专业展区，使展区设置逐步向专业化过渡，逐步与国际接轨；二是注重科技交流与实用技术普及并举，除科技研讨外，开展了四项配套活动，实现专家学者与企业家交流接触的“零距离”；三是主会场与分会场相结合，在香格里拉设置了“东亚经济交流推进机构”（OEAED）环境部会，“城市间环保产业的国际交流合作研讨会”和“循环经济研讨会”，在高尔夫酒店设置了环保产业协会秘书长联席会议分会场，进一步增加了会议商机。这些活动丰富了环博会内容，提升了环博会的形象、反映了环博会的变化和追求。

注重招商引资和贸易成交，商业氛围浓厚。本届环博会，不仅为海内外环保企业提供了广泛接触和了解环保先进技术的机会，而且也为我们促进环保产业结构调整和优化升级，加快走向国际市场创造了无限商机。海外方面，有来自美国、日本、泰国、韩国、欧盟等国家和地区的厂商参会；国内各省市参会参展也很踊跃，有吉林、上海、武汉、哈尔滨等20多个省市组成政府代表团参会。展会带给人们的是环保新理念和新产品，使人耳目一新。如武汉天虹集团的环保应急监测车，鞍山夺标公司的硅能蓄电池，大连恒田公司六种规格的电动轿车和电动公交车，日本AQA公司的超声波机械清洗设备等等，吸引了很多国内外买家。会议期间所签约的投资合作项目，投资金额大，科技含量高，涉及危险废物焚烧、水污染防治、基础设施建设、节能等各个领域。其中，危险废物焚烧炉建设项目、大连市医疗废物集中无害化处置中心项目、锦州金城造纸厂污水处理工程等，投资额均在1900万元以上。选择了条件比较适宜的4个项目进行现场签约，签约总额1.17亿元人民币。

——国家环保总局网

北京节能环保展

要问北京节能展最受关注的是什么？答案当然是全国农展馆广场上那间60平方米、集数十家高新企业环保节能技术产品于一身的小屋。

2006年6月13日，是北京节能环保展开幕的第一天，尽管天公不作美，下起了雨，但还是没能挡住数千观众的参观欲望；同样，也让一家从事雨水收集产品开发的参展单位喜出望外，用他们的话说，这种真实的天气过程能够充分展示其产品的优越性。记者在小屋门前看到，瓢泼的雷阵雨，在落地的瞬间神奇般消失，通过新型节水路砖快速渗透，在地下形成汩汩的细流，达到雨水收集净化作用。值得关注的是，这种铺设材料的使用，不仅减少了路面积水的弊端，还解决了雨天路滑给行人带来的不便。而在红色瓦片的屋檐下，另一种雨水收集器，正在把过滤好的水引流至可储蓄5立方米的特大容器中。据工作人员介绍，这两种雨水收集设施的联合使用，除了具有消洪的作用外，还能挽留住北京每年上亿吨水的流失，这为缓解北京水资源紧缺注入了强心剂。

跨入小屋，一阵清凉的感觉迎面扑来，让你忘记了6月的炎热，墙上的温度计赫然显示“20摄氏度”的字样，让人仿佛走进了避暑山庄。工作人员告诉记者，屋子的温度调节没有依赖于空调，而是室内外多处节能制冷“机关”在起作用。例如，客厅天花板上有两个风口，一个进风，一个排风，循环制冷；洗澡间有个排风机，通过排风产生负压，使室外新风通过进风口连续微量自然吹入。除此以外，室外的水温调节机组，通过地下管道，向室内不断输送阵阵凉风，依靠凉水循环铺设一排地下“空调”。在夏季，这种地热制冷装置，能把14摄氏度地温带到地面上来。而到了冬季，则利用温度调节输送热能调节温度。工作人员说，这种中央液态冷热源环境系统，最大的优势就是采用了首选浅层底能作为建筑供暖代替能源，解决人们生活中供暖、制冷、生活热水等三大难题。

走近窗户，记者发现采光的3个窗子的窗帘都采用新型高效环保透视薄膜原料，室内能有效隔热5－7摄氏度，可以阻挡90%的紫外线，透过窗户能清晰地看到室外参观的人群和远处的景观。据称，这个具有90%透视性能的薄膜，能节能30%左右，做到“夏天隔热，冬天保暖”的效果。

在厨房区，一款专为家庭设计的食品清洗机，正利用太阳能发来的电源清洗水果和蔬菜。短短5分钟，通过自动清洗、紫外线消毒以及臭氧——活性炭连用技术进行水净化处理、杀菌消毒、解除农药残留的水果被端了出来。记者发现，这款机器最大的优势就是将臭氧水用高压喷头射入清洗水池，在池中形成滚动的水并冲刷清洗物表面的泥沙和杂物，达到清洗净化目的。

据介绍，通过地热制冷、风力和太阳能光伏发电等技术，未来居住的节能小屋基本能实现“零耗能”。而要建造这样一套小屋仅需十几万元。

据组委会介绍，本次为期一周的展览参观人数超过7万人次，196家参展企业中有50家展商与客户签订了合作意向。

——《中国贸易报》季春红

中国环博会再次聚焦上海

由慕尼黑展览（上海）有限公司主办的IFATCHINA暨中国国际环保、能源和资源综合利用博览会，于2006年6月27～30日在上海新国际博览中心举办。

IFAT CHINA是一个综合性专业博览会，在给排水和废水处理、废弃物处理和回收、环境技术和环保能源等领域提供实际可行的解决方案。届时展会以清晰主题划分展示结构，并同期举行一系列专业的主题研讨会。在本届展会上，中国企业为70多家，德国80家企业组成了最大的国家展团，展位面积达到1000平方米，而德国燃气和水科技协会、德国污水和废弃物处理协会、德国废弃物管理城市清洁和冬季服务协会、德国化学学会水化学分会等4大协会将齐聚申城。据介绍，德国环保企业普遍认为，为准备2008年的北京奥运会和2010年的上海世博会，中国政府正在计划持续地改善环境状况，这就需要依靠国外资金和先进技术经验，而这对德国企业来说是极好的机会。

在此契机下，引领世界的国际环保博览会IFAT将其成功理念适时引进中国。

——《中国贸易报》春 雨

首届中国国际循环经济博览会

首届中国国际循环经济博览会暨循环经济立法与政策研讨会，于2006年7月8～10日在苏州举行，来自国内各地的200多位专家、学者与会，在两天的会期里，围绕循环经济发展的制度、政策等议题，为我国循环经济的立法进行研讨。

本届循环经济博览会暨循环经济立法与政策研讨会由全国人大环境与资源委员会、国家发改委、国家科技部、国家环保总局、江苏省人民政府共同主办，苏州市人民政府承办，旨在落实《中共中央关于制定国民经济和社会发展第十一个五年规划的建议》中提出的发展循环经济的要求，研究、宣传循环经济立法政策，推广、促进我国循环经济更快更好地发展。博览会上国内共有21个省市474家企业参展，使用展位510个，来自德国、丹麦、日本、法国、瑞士、澳大利亚等国家的国际企业60家，使用展位300个，分为循环经济成就和技术展、循环经济理念和实例展两大部分。参展内容涉及钢铁、矿山、化工、机械、电子、建材、造纸、纺织等项目。

多年来，苏州市一直注重循环经济的研究与推广，至今已有280家企业通过清洁生产审核验收，330家企业通过ISO14000环境管理体系认证，2家国家级环境友好企业，3家省级环境友好企业，100家市级友好企业。苏州市为循环经济发展提供技术和信息平台，成立了苏州市循环经济推广中心和苏州国际环保技术交易中心，出台发展循环经济的鼓励政策，加大投入力度，每年安排1000万元资金，积极引导循环经济发展和企业生态化改造。

——《国际商报》孙宝平

境内展

展名：第七届中国（广州）国际给排水、水处理技术与设备展览会
第六届中国（广州）国际泵、阀门、管道展览会
2006中国（广州）国际大气、固体废物污染治理技术与设备展览会
时间：2006年3月6～9日（广州）
周期：一年一届
创办时间：2000年
上届数据：展出面积（平方米）：8000
观众总数（人次）：17102
展商总数（家）：183
其中外国参展商数目（家）：54

展名：2006年南宁国际环保给排水暨水处理展览会
时间：2006年3月7～9日（南宁）

展名：中国东北第七届国际给排水、水处理技术设备暨泵、阀、管道展览会
时间：2006年3月8～10日（沈阳）
周期：一年一届
创办时间：2000年4月

展名：2006年第四届中国洁净技术与设备（广州）展览会
时间：2006年3月8～10日（广州）

展名：2006年中国（广州）环氧树脂产品暨固化剂应用工业展览会
时间：2006年3月8～10日（广州）

展名：2006年中国南京国际室内（车内）环境治理技术设备与用品展览会
时间：2006年3月16～18日（南京）

展名：中国国际环保、绿色城市与再生能源展览会
时间：2006年3月18～20日（上海）

展名：第七届中国国际环保给排水水处理燃气技术暨设备展览会
时间：2006年3月28～30日（北京）

展名：2006上海国际清洁技术与设备博览会
时间：2006年3月28～30日（上海）
周期：一年一届
创办时间：2001年
上届数据：展出面积（平方米）：7000
观众总数（人次）：5083
展商总数（家）：110
其中外国参展商数目（家）：38

展名：第三届上海国际膜与水处理技术与装备展览
时间：2006年3月29～31日（上海）

展名：中国东北国际环保展览会
时间：2006年3月30日～4月1日（沈阳）

周期：一年一届
创办时间：1996 年
上届数据：展出面积（平方米）：2600
其中外国参展面积（平方米）：1000
观众总数（人次）：10000
展商总数（家）：138
其中外国参展商数目（家）：40

展名：第六届中国哈尔滨国际环境保护水处理给排水设备暨泵阀管道展览会
时间：2006 年 4 月 20～22 日（哈尔滨）

展名：第七届中国国际环保展览会暨高新技术成果研讨交流会
时间：2006 年 4 月 28～30 日（上海）

展名：第七届中国（上海）国际给排水水处理展览会
时间：2006 年 4 月 28～30 日（上海）
周期：一年一届
创办时间：1999 年
上届数据：展出面积（平方米）：20000
其中外国参展面积（平方米）：1200
观众总数（人次）：28361
展商总数（家）：476
其中外国参展商数目（家）：120

展名：2006 年第三届上海国际室（车）内环境技术与产品展览会暨论坛
时间：2006 年 5 月 12～14 日（上海）

展名：第五届北京国际清洁技术与设备博览会
时间：2006 年 5 月（北京）
周期：一年一届
创办时间：2001 年

展名：2006 年中国国际环境保护博览会
时间：2006 年 6 月 8～10 日（大连）
周期：两年一届
创办时间：2000 年
上届数据：展出面积（平方米）：20000
其中外国参展面积（平方米）：3000
观众总数（人次）：29999
展商总数（家）：270
其中外国参展商数目（家）：39

展名：2006 年第二届中国国际环保、能源和资源综合利用博览会
时间：2006 年 6 月 27～30 日（上海）
周期：两年一届
上届数据：展出面积（平方米）：12700
其中外国参展面积（平方米）：2070
观众总数（人次）：9500
展商总数（家）：252
其中外国参展商数目（家）：159

展名：第四届中国（广州）国际工业清洁设备与技术展
时间：2006 年 7 月 14～17 日（广州）
周期：一年一届
创办时间：2003 年

展名：中国东北国际燃气展览会
时间：2006 年 9 月 13～15 日（沈阳）
周期：一年一届
创办时间：2003 年
上届数据：展出面积（平方米）：2000
其中外国参展面积（平方米）：800
观众总数（人次）：10000
展商总数（家）：106
其中外国参展商数目（家）：26

展名：2006 中国温州给排水、水处理暨泵阀管道展览会
时间：2006 年 10 月 12～15 日（温州）

展名：第三届上海国际固体废弃物专用设备与技术展览会
时间：2006 年 10 月 17～19 日（上海）
周期：一年一届
创办时间：2003 年
上届数据：展出面积（平方米）：4000
其中外国参展面积（平方米）：600

展名：第三届上海国际清洁设备暨技术展览会
时间：2006 年 10 月 17～19 日（上海）
周期：两年一届
创办时间：2002 年
上届数据：展出面积（平方米）：4000
其中外国参展面积（平方米）：600

展名：中国（苏州）国际环保产业博览会
时间：2006 年 10 月 26～28 日（苏州）
周期：一年一届

境外展

展名：柏林国际水处理暨供气展览暨会议
时间：2006 年 4 月 3～7 日（德国）

展名：国际废物处理暨环境技术博览会
时间：2006 年 10 月 24～27 日（德国）

10．印刷、包装行业

行业简况

中国印刷业的发展势态分析

印刷业是一个名副其实的朝阳行业，伴随着我国经济的高速增长，印刷工业总产值从1999年起一直保持着年平均10%以上的增长速度，2004年印刷工业总产值达到了2775亿元，约占GDP的2%。据第三届全国印刷经理人年会提供的资料显示，中国印刷业已初步形成三大印刷产业带：以广东为中心的珠三角印刷产业带、以上海和苏浙为中心的长三角印刷产业带、以京津为中心的环渤海印刷产业带。

20年前，珠三角印刷业在国内还默默无闻。1987年，拥有2128家企业的广东省印刷业产值为11.2亿元，与其他沿海省市相比并无优势。但经过近20年的跳跃式发展，珠三角印刷实力已今非昔比。珠三角印刷业兴起勃发的基础是其优越的地理位置：邻近的香港地区成为其主要的资金来源。受珠三角优越的政策环境和低廉的劳动力成本吸引，“整体北迁”成为香港企业的发展趋势，这为珠三角印刷企业的成长提供了历史性的机遇。经过20年的积聚、磨合与努力，目前广东省的印刷工业年生产总值为420多亿元，其中印刷出口产值为120多亿元，境外接单几乎占据全省印刷产值的30%。借助邻近香港的地缘优势，珠三角地区的印刷业获得了超速发展，加快了产业升级。

珠三角地区凭借人力、土地、交通等资源和经济强劲发展的优势，目前已锁定世界印刷中心的目标。由此，珠三角被赋予了更为深远的意义，也背负了更为艰巨的使命。

长三角逐步复苏：上海印刷行业一些声名显赫的公司都是国有企业，上海印刷集团便是一个很好的例子。1995年集团成立之时其成员企业已经历了10年滑坡，但经过数年艰苦调整，2002年集团实现销售收入近5.5亿元，在百强印刷企业中名列第6位。民营经济的蓬勃发展为苏浙地区印刷业的发展注入活力，并形成了新特点。有17家苏浙企业位居全国印刷行业百强之列，其中有10家以上的企业具有或多或少的民营成分。苏浙地区的民营印刷企业相对起步较晚，且呈现出相当的集中度。例如在温州龙港，兴起于上世纪八九十年代的几百家民营企业在80多平方公里的土地上创造了35亿元的印刷产值。

以上海和苏浙为代表的长三角地区已经成为中国印刷版图上的重要力量。2002年，长三角印刷业总产值约在400亿元左右，而且由于上海的强大经济驱动力和行业联动性，长三角印刷业继续攀升的潜力十分看好。同时跨国公司在上海周边地区纷纷落地，一批印刷巨头陆续登陆上海，加之民营企业本身具有的旺盛的成长欲望以及区域内企业之间的互补优势，长三角印刷业有望更上一层楼。

环渤海潜力巨大：环渤海经济圈具有适合印刷企业成长的天然土壤，以出版物印刷为例，仅北京书报刊出版总重量便占全国的30%左右，再加上山东、辽宁以及天津、河北的出版能量，环渤海经济圈在全国出版市场的份额应当在40%以上。然而如此巨大的出版优势并未在印刷行业得到应有的体现。依据统计数据，环渤海地区最大的书刊印刷企业年销售收入仅在2亿元左右，与同样以出版物印刷为主业的深圳当纳利、上海印刷集团等南方企业相比还有相当的差距。

但令人欣喜的变化已经出现，酝酿已久的中国印刷集团公司宣告成立，占地达3000余亩的北京印刷产业园业已奠基。在新的机遇面前，以京津为首的环渤海经济圈印刷行业蓄势待发。凭借北京雄厚的印刷产业基础和环渤海地区强大的经济实力，其在中国印刷行业中的崛起并不遥远。

——中国油墨技术网

包装工业要向绿色环保节约方向发展

4月19日，2006年世界包装大会在北京钓鱼台国宾馆开幕。国务院副总理曾培炎在开幕式上致辞。曾培炎强调，中国将积极采取措施，鼓励绿色包装，促进包装工业节约发展、清洁发展、安全发展。努力提高包装的设计水平、工艺水平和产品质量，大力发展包装机械和材料工业，全面增强包装工业的竞争力。

曾培炎说，包装工业在人类生产、流通、消费活动中扮演着重要角色。改革开放以来，中国包装工业迅速发展，已进入了世界包装大国的行列。但大量包装废弃物的产生，对人体健康、资源环境会产生长期的影响，必须引起高度重视。在满足安全实用、审美装饰等基本需求的同时，使包装物更加符合绿色、环保、节约的要求，这已经成为不可逆转的世界潮流。他指出，中国包装产业将在科学发展观的指导下，更加注重以人为本，更加注重全面协调可持续发展，更加注重节约资源、保护环境。

曾培炎介绍了中国发展包装产业的基本思路。

一是努力提高包装质量和效益。中国将大力发展包装机械和材料工业，增强包装成套设备供给能力，扩大高档包装原辅材料供给。不断改进生产工艺，降低生产成本，努力生产出更新更美、更方便、更安全适用的包装产品。

二是大力发展绿色包装。中国正在按照减量化、可降解和循环再生使用的原则，积极推广无毒、无害、轻量、薄壁的包装产品和生产工艺。研究制定禁止过度包装的法律法规，搞好包装废弃物的回收利用，提高包装产品消费的安全保障系数。

三是提高包装的科技含量。中国积极引进国际先进的包装技术，同时搞好消化、吸收、再创新。采取一系列措施，鼓励发明创造，培育知名品牌，保护知识产权。高度重视包装设计，着力培养一支思维活跃、意识超前、富有创意的设计队伍。促进包装产品风格多元，融入文化内涵，增强审美情趣，从而赢得消费者的喜爱和信任。

四是完善包装产业运行机制。包装行业要以企业为主体，以市场为导向，鼓励多种所有制企业共同发展、大中小企业协作并进。政府要积极转变职能，改善投资环境，提供公共服务，帮助企业解决实际问题。建立包装工业基地，发挥产业集聚效应，从整体上提升包装产业水平。

五是鼓励中外包装行业开展合作。中国实施互利共赢的对外开放政策，积极推动中外包装企业扩大投资与商贸合作。支持亚洲包装中心建设。希望各国政府不断改善包装工业发展环境，减少贸易摩擦。全球包装企业要携手研发资源节约型、环境友好型的包装产品和生产工艺，为人类社会的可持续发展做出新的贡献。

——中国印刷技术协会

展　会

第13届中国国际纸浆造纸、林业展览会暨会议

由美国克劳斯公司和中国造纸开发公司主办的第13届中国国际纸浆造纸、林业展览会暨会议于2005年9月20～22日在北京中国国际展览中心举行。被誉为中国制浆造纸业第一大展的纸林展已有18年历史，其国际参展商人数，专业性、规模、展品档次与技术交流水平在业内具有广泛的影响力和很高的评价。

本届展会规模达到1.1万平方米，有200多家中外展商踊跃参展，又创历史新高。国际馆有来自欧美、东南亚、中国香港和台湾等21个国家和地区的厂商。国内馆汇集了100多家制浆造纸业的龙头企业前来参展，涵盖机械制造、电控及造纸厂商。

展览会期间，举办了传统的TAPPI大型报告会、技术交流会。国际纸林展向广大国内造纸企业提供一个与国内外最先进的造纸设备及相关企业进行产品采购、业务咨询、商贸洽谈、技术交流与学习的高效互动平台和难得的机会。同时，主办单位拥有完善的造纸行业数据库资源，有针对性地组织了专业观众和海外采购商参加，促成了更多更好的商贸成果。为了进一步提高观众的质量，今年主办单位还特别邀请了我国台湾地区造纸工业同业公会45人代表团、美国碎屑回收工业协会代表团、印度代表团等前来参观。现场观众如潮，据统计，观众达到近万人次。参展商普遍反映参展效果很好，展会取得圆满成功。

——《国际商报》

科印包装展成果丰硕

2005年12月1～3日，科印包装展在深圳华南城献上一场国内外顶级软塑包装器材、纸箱彩盒设备和包装印刷设备器材集体亮相的年度盛宴。全国百余家设备供应商参展，参观者达万余人次。国家科技部领导、深圳市政府领导、中国印刷集团总裁等均来到包装展现场，对展会给予高度评价。

科印包装展得到国内外包装印刷企业的鼎力支持。纸箱彩盒设备知名企业北人集团公司、南海东方、广州科盛隆、青岛美光、上海申加、顺德南天、台湾铋晟等均携纸箱机械精品参展。其中包括高质量的全电脑印刷开槽模切机、自动接纸机、电脑薄刀纵切压痕机、电脑横断机、覆面机等。软塑包装器材的著名设备制造商汕樟轻工、顺德松德力、无锡江南、瑞安德光、温州龙湾、汕头金通等积极参展，凹印机、高速检品复卷分切机、高速分切机等纷纷亮相。

短短3天时间，青岛美光、松德力、上海申加、河北冀田、河北金威达、无锡江南、增城通用、汕头金通等10余家企业均有设备售出。尤其值得一提的是汕头金通在展会期间售出了2条生产线，总价达700多万元。上海申加的印刷切角开槽机和自动接纸机被来自广西的客户订购。

——《中国贸易报》

中国国际加工包装机械及器材工业展览会

作为全球最具规模及专业化的包装行业展览盛会，“中国国际加工包装机械及器材工业展览会”（Packaging 2006）于2006年4月18～20日在北京中国国际展览中心举办。

在为期三天的展览会期间，共有来自全球10个国家和地区300余家国内外顶级包装供应商在2万平方米的展馆内集中展示了食品、医药、饮料、乳品和日化等领域的最新产品、创新方案和包装工业的相关全套解决方案。其中包括瑞典利乐、德国博世、德国海思亚、芬兰依莱克斯德、法国西得乐、

西班牙博萨、日本日立、丹麦拉赫迈尔、瑞士ABB、珐玛珈、沛鑫等多家国内外著名供应商均展示了先进的包装技术和设备。诸多供应商纷纷表示，不但结交了新的客户，更达成了新的意向，甚至当场签约。本次参展观众的人数以及客户的品质，深得参展商满意。

——全球彩盒工业

世界包装大会

受世界包装组织委托，经国务院批准，世界包装大会于2006年4月18～20日在北京召开。大会的主题是："科技、环保、合作、发展"。有来自25个国家和地区的700多名中外包装业界人士与会。

这次世界包装大会是在中国经济社会持续、快速、健康发展，深入贯彻落实科学发展观，加快包装强国建设的大好形势下召开的，是一次提高对外开放水平，广泛开展国际合作的盛会。会议内容主要有四项，一是世界包装大会幕式和世界包装发展论坛；二是世界包装组织理事会和"世界之星"颁奖大会；三是国际包装机械与设备展览会及研讨会；四是中国包装龙头企业、中国杰出包装企业家、包装名牌产品等多种奖项集体展示。

中国包装联合会会长石万鹏指出，这次世界包装大会在中国召开，不仅是一次学习国际先进包装技术，了解国际包装业发展趋势，拓宽国际市场的极好机会；而且是一次向世界宣传中国，展示中国改革开放后包装工业风采，提高中国包装工业在国际上的地位的良好机会。

石万鹏还指出，当前，中国包装工业正处于转轨升级的关键时刻。今后再用20年时间，要把我国建设成为世界包装强国。为了达到这个宏伟目标，必须始终坚持用科学的发展观统领包装工业发展，采取更加有力的措施，着力增强自主创新能力，提高包装产业的技术水平；加快推进包装产业的结构调整，努力实现现代工业化的企业经营模式；适应循环经济需要，大力发展绿色包装产业；健全包装法规体系，把我国包装产业全面纳入法制化建设轨道；加快培育高新技术人才，造就发展包装工业的生力军。

——《中国贸易报》罗 佳

四新展：外商青睐"中国制造"

"中国生产的喷绘打印机，精确度非常高，并且已经具有特宽幅打印机的大批量生产效能，目前已经销往美国、中亚、俄罗斯、蒙古等国家"，北京三义科技发展有限公司天津分公司的经理王振巨表示，由于市场需求的提高，户外喷绘机的技术已经与国际同步。

2006年5月9～12日，在北京中国国际展览中心举办的第13届国际广告新媒体新技术新设备新材料展示交易会上(下称四新展)，户外喷绘企业真可谓是群雄争霸。在现场可看到，知名广告输出设备生产商Roland DG公司和联强国际(香港)有限公司展示了最新旗舰产品型号Advanced Jet系列特宽幅喷绘写真机AJ－1000，据其参展人员介绍，此新型号面向高效率、大批量生产，而且不需要频繁的保养及维护，支持使用Roland最新EcoXtreme环保溶剂墨水，为户外和户内的特宽幅广告应用提供前所未有的耐久性和打印效能。

据王振巨介绍，耐久性环保溶剂即使使用国产的喷墨，也能保证一年内不褪色。由于今年是业界提出的户外喷绘"高精年"的第一年，多数的喷绘机参展企业，都尽力展示了宽幅的高精打印效能的样品，北京三义的耐久性环保溶剂喷墨设备吸引了两位印度采购商的关注。

事实上，外商青睐"中国制造"成为本届四新展最大的看点。四新展的主办方中国电子国际展览广告公司顺应国内广告与标识制作企业"走出去"战略的需要，也抓住了这一优势，加大了海外买家邀请的力度，据展会期间观众登陆的记录显示，本次展会参观人数达2.56万人，其中专业观众为2.3万人，外商近600多人。

据组委会透露，近年来，四新展显现了"中国制造"的商机，借助这一优势，组委会将邀请海外买家作为增值服务，加大了与美国国际标识展、印度国际标识展、墨西哥、荷兰、巴西、澳大利亚、意大利、俄罗斯、阿联酋等国的合作；同时与国外的广告专业杂志进行合作，如英国、美国、澳大利亚等国专业广告杂志，对中国广告设备及制作市场进行特别的宣传。

工正科技北京分公司的业务经理党永涛认为，随着国内设备技术的提高，服务意识也在不断的增强，这也是海外买家选择"中国制造"的主要原因。他介绍说，高精度溶剂型喷绘机，美国设备技术已经非常好了，但是中国出口美国的设备不断的增长，这其中除了价格低外，售后服务也是"中国制造"竞争的优势之一。

——《中国贸易报》王 杰

2006中国国际全印展

2006中国国际全印展由中国印刷技术协会、中国印刷科学技术研究所、杜塞尔多夫展览（中国）有限公司联合主办，科印传媒、杜塞尔多夫展览（中国）有限公司以及中国印刷技术协会共同承办，于2006年6月14～17日在上海新国际博览中心举行。本届全印展以"全创新和增值解决方案"为主题，设置了W1号国际印前技术及设备馆，W2号国际印刷设备及器材馆，W3号国际印刷、印后加工设备器材、耗材馆，W4号国内印刷、印后设备及印刷辅助设备馆，W5号国内制版、印刷包装设备及印后设备馆，E1号国内印刷、印后设备及印刷材料馆等6大展馆，全面展示世界印刷产业印前、印刷、印后的新技术、新产品、新解决方案，并特设直邮、CTP、柔印、标签、油墨等6大专区，专项展示各印刷领域的最新成果。来自美国、英国、丹麦、瑞士、比利时、加拿大、以色列、芬兰、荷兰、南非、新加坡、印度、韩国、日本、中国等26个国家和地区的671家知名的印前、印刷、包装、印后设备以及印刷耗材厂商，参加了本届全印展。

全印展期间，包括全国印协理事长秘书长会议、中国印刷论坛、两岸四地印刷业交流联谊会、包装防伪新技术及其应用、国际包装印刷订单交易会、06国际凹版技术发展论坛暨技术交流会等共40场专业会议及新品发布活动同期开幕。6.9万平方米的展馆面积，20多个海内外参展参观团的倾力加盟，首日专业观众就高达42388人次，参观总人数近10万人次，本届全印展无论在展出规模还是参展商数量方面均创历史之最。

——全印展

境内展

展名：2006国际（温州）印刷技术、瓦楞设备暨纸张器材展
时间：2006年2月16～18日（温州）

展名：第三届宁波印刷大会暨2006年印刷设备暨材料展览会
时间：2006年2月25～27日（宁波）

展名：第六届温州国际塑料、包装机械暨材料展览会
时间：2006年3月3～5日（温州）
周期：一年一届
创办时间：1999年
上届数据：展出面积（平方米）：18000
其中外国参展面积（平方米）：2000
观众总数（人次）：8988
展商总数（家）：373
其中外国参展商数目（家）：40

展名：2006年华南国际印刷展
时间：2006年3月7～10日（广州）

展名：第13届中国国际包装工业展览会
第13届华南地区国际印前设备暨印刷工业展览会
第十届中国国际啤酒饮料暨酿酒工业展览会
时间：2006年3月7～10日（广州）
周期：一年一届
创办时间：1994年
上届数据：展出面积（平方米）：32890
其中外国参展面积（平方米）：16926
观众总数（人次）：20072
展商总数（家）：533
其中外国参展商数目（家）：147

展名：中国国际印刷技术暨设备展览会
时间：2006年3月17～19日（宁波）

展名：华南国际纸塑包装设备暨材料展览会
时间：2006年4月6～8日（深圳）

展名：2006年华南国际纸张、纸制品暨造纸工业博览会
时间：2006年4月6～8日（深圳）

展名：中国东北第七届国际塑胶机械暨包装工业展览会
时间：2006年4月7～10日（沈阳）
周期：一年一届
创办时间：2000年4月
上届数据：展出面积（平方米）：5000
观众总数（人次）：26987
展商总数（家）：102

展名：2006年香港国际印刷暨包装技术展览会
时间：2006年4月8日（香港）

展名：香港国际印刷暨包装展
时间：2006年4月8～11日（香港）

展名：中国国际加工包装机械暨器材展览会
时间：2006年4月18～20日（北京）
周期：一年一届

展名：中国新概念包装优秀设计作品展示
时间：2006年5月12～14日（广州）

展名：中国西部国际包装印刷机械与技术展览会
时间：2006年5月25～28日（成都）
周期：一年一届
创办时间：2000年5月
上届数据：展出面积（平方米）：10000
其中外国参展面积（平方米）：2000
观众总数（人次）：50000
展商总数（家）：480
其中外国参展商数目（家）：80

展名：2006年中国西部国际瓦楞纸箱包装工业展览会
时间：2006年5月25～28日（成都）

展名：第六届上海国际包装和食品加工技术展
时间：2006年5月29～31日（上海）
周期：一年一届
创办时间：2000年
上届数据：展出面积（平方米）：3000
其中外国参展面积（平方米）：1000
观众总数（人次）：13000
展商总数（家）：300
其中外国参展商数目（家）：80

展名：第六届上海国际包装和食品加工技术展
时间：2006年5月30日～6月1日（上海）
周期：一年一届
创办时间：2000年5月
上届数据：展出面积（平方米）：6000
其中外国参展面积（平方米）：1000
观众总数（人次）：13000
展商总数（家）：108

展名：2006中国国际全印展
时间：2006年6月14～17日（上海）
周期：三年一届
创办时间：2003年
上届数据：展出面积（平方米）：20158.6
其中外国参展面积（平方米）：6273.1
观众总数（人次）：53389
展商总数（家）：480
其中外国参展商数目（家）：98

展名：第23届中国国际丝网印刷暨广告技术展览会
时间：2006年6月15～17日（上海）
周期：一年一届
创办时间：1988年
上届数据：展出面积（平方米）：6000
其中外国参展面积（平方米）：600
观众总数（人次）：20000
展商总数（家）：148
其中外国参展商数目（家）：8

展名：台北国际包装工业展览会
时间：2006年6月21～24日（台北）

展名：第五届大连国际印刷包装工业展览会
时间：2006年7月3～8日（大连）
周期：一年一届
创办时间：2002年8月
上届数据：展出面积（平方米）：3000
其中外国参展面积（平方米）：
观众总数（人次）：17000
展商总数（家）：120

展名：第二届上海国际瓦楞纸箱工业展览会
时间：2006年7月19～22日（上海）
周期：两年一届
创办时间：2004年
上届数据：展出面积（平方米）：11500
其中外国参展面积（平方米）：1260
观众总数（人次）：16500
展商总数（家）：207
其中外国参展商数目（家）：45

展名：第五届华南国际印制电路暨组装技术展
华南国际网印技术展
华南国际表面装贴技术展览会
时间：2006年9月13～15日（东莞）

展名：2006中国国际软包装设备暨新型材料工业展览会
时间：2006年10月26～28日（上海）
周期：一年一届
创办时间：2004年
上届数据：展出面积（平方米）：12000
观众总数（人次）：10000
展商总数（家）：250

展名：2006年第四届山头国际塑料、印刷、包装博览会
时间：2006年10月28～31日（汕头）
周期：一年一届
创办时间：2003年11月
上届数据：展出面积（平方米）：15000
其中外国参展面积（平方米）：3000
观众总数（人次）：30000
展商总数（家）：260
其中外国参展商数目（家）：59

展名：第13届上海国际印刷包装纸业展览会
时间：2006年11月（上海）
周期：一年一届
创办时间：1993年
上届数据：展出面积（平方米）：23000
其中外国参展面积（平方米）：200
观众总数（人次）：40000
展商总数（家）：200
其中外国参展商数目（家）：10

境外展

展名：第11届韩国国际包装机械暨材料展览会
时间：2006年3月21～24日（韩国）

展名：印刷展览会
时间：2006年4月（英国）

展名：越南国际印刷、包装机械设备暨技术展览会
时间：2006年5月16～19日（越南）

展名：越南国际食品包装机械暨技术展览会
时间：2006年5月16～19日（越南）

展名：第15届包装和标签技术交易会
时间：2006年9月26～28日（德国）

展名：包装物流交易会
时间：2006年9月26～28日（德国）

展名：包装印刷暨包装用品交易会
时间：2006年9月26～28日（德国）

展名：国际包装生产暨加工展览会
时间：2006年11月6～10日（德国）

展名：巴黎国际包装工业展
时间：2006年11月20～24日（法国）

展名：第16届包装和标签技术交易会
时间：2006年9月26～28日（德国）

展名：包装印刷暨包装用品交易会
时间：2006年9月26～28日（德国）

展名：包装物流交易会
时间：2006年9月26～28日（德国）

11．船舶工业

行业简况

钢铁企业应抓住机遇实现与造船企业的双赢

近年来，全球造船市场持续火爆，造船业需要大量特殊规格的钢材，但造船用钢材产量的增长却跟不上造船产量的增长。因此，中国钢铁企业应抓住这一市场机遇，实现与造船企业的双赢。

全球造船市场看东北亚。全球造船市场看亚洲，亚洲市场看东北亚地区，这是因为东北亚地区集中了世界3个主要造船大国——韩国、日本和中国。这3个国家的造船企业在2005年承接的新船订单量、手持新船订单量以及年造船完工量，均占全球船舶市场总量的绝大部分份额。

据国际上具有权威性的造船和海运市场咨询调研机构——英国克拉克松（Clarkson）的统计资料显示，2005年全球造船业手持新船订单高达1.064亿修正总吨（CGT）。其中，韩国、日本和中国3国造船企业手持新船订单总计8100万修正总吨，而在累计手持新船订单数量居全球前10位的造船企业中，韩国有7家，日本有2家，中国有1家。

2005年，国际船市成交的新船订购合同总计3550万修正总吨，韩、日、中3国新船订单合计占国际船市78.1%的份额，总计为2772万修正总吨。这3个国家主要造船企业手持的新船订单基本上相当于今后3～3.5年的建造作业量。

造船用钢材市场需求巨大。全球航运市场的持续繁荣、运价大幅上涨、国际海事组织(IMO)提前淘汰单壳油船并逐步升级为双壳油轮，以及从2006年4月1日实施的油船和散货船共同结构规范等，都将使造船用钢材的需求增加。韩国、日本和中国3国造船用厚板等造船用钢材的消费需求量将占世界市场总消费需求量的绝大部分。

截止到2005年年底，全球手持新船订单已达1.064亿修正总吨，约相当于全球造船企业近4年来的建造工作量。因此，今后3～4年，全球造船用厚板需求前景看好。由于目前各国造船企业因船种和技术工艺水平的差异，每完工1万修正总吨的商船需要消耗船板5200～5300吨。由此推算，如果在未来4年把1.064亿修正总吨的新船订单全部建造完，需要造船板5500万～5600万吨。

韩国造船业的厚板需求强劲，促使韩国钢铁企业投资扩大造船板产能。预计今年韩国造船板供应缺口将达到180万吨，是历史上缺口最大的一年。今年韩国的造船板需求量将从去年的460万吨增至510万吨，预计2007年将再增加30万吨，达到540万吨。韩国所需的厚板除由本国钢铁企业供货外，有相当大的一部分依赖进口。

日本是东北亚3个造船大国中造船用厚板产量最高的国家，长期以来除供应其国内市场外，一直向韩国和中国等亚洲国家出口。

目前，中国近一半的造船板依靠进口，主要进口地为日本和韩国。

抓住机遇实现钢铁企业与造船企业的双赢。韩国的三大造船企业现代重工、三星重工和大宇造船海洋公司2005年造船用厚板消费量为445万吨，其中从韩国国内采购的仅有266万吨，从中国和日本的进口量达到了179万吨。2006年，韩国国内船板存在180万吨的供货缺口，需要依靠进口来填补。据预测，今后3年韩国造船板年需求量将在550万吨以上，进口量为180万～190万吨左右。

日本是世界上第二造船大国，年均造船板消费需求量约为360万～380万吨。由于目前设备生产能力有限，加上暂无扩充厚板生产设备的计划，日本钢铁企业无力扩大对韩国的造船板出口。相应地，韩国造船公司纷纷将造船板进口渠道锁定在中国。

日本新日铁和JFE钢铁集团是造船用厚板的主要生产企业，年产量接近570万吨，加上其他日本钢铁企业的产量，合计年产量为600多万吨。其中，日本对韩国的年出口量一般为120多万吨，2005年增至150万吨；由于中国国内的自给率不断提高，日本对中国的出口量由原来的70多万吨下降至2005年的不足50万吨。

钢铁与造船两大产业建立一种相互促进、共同发展的关系，也就会建立起一种双赢的战略合作伙伴关系。世界上一些发达国家的造船业与钢铁业的关系十分紧密。例如，美国国家钢铁造船公司就覆盖这两大产业。在欧洲一些国家，钢铁企业也为造船企业对钢材进行预处理、加工配套、下料甚至制作船体分段。日本的JFE也拥有世界一流的造船厂。

随着中国船舶工业的崛起，东北亚在全球船舶市场上的地位将进一步提高。面对这样的发展趋势，中国造船企业与钢铁企业更应该联手合作，在东北亚乃至世界造船用厚板市场上共同谋求发展。据悉，目前已经有很多中国钢铁企业表示希望与船舶制造企业共同建立加工配送中心，按造船企业的需求进行生产加工，提高生产效率，降低成本。

——中国船舶工业网

展　会

国际船舶水上活动设备展台北举办

“2005年台湾国际船舶暨水上活动设备展”于2005年12月15日在台北世贸中心开幕，这是台湾首次举办相关展览。

此次展览有86家厂商参展，使用266个摊位，其中国际参展厂商占51%。展出内容包括船舶、船舶引擎、船舶配件、码头及相关设备、潜水器材、游泳及浮潜设备、冲浪设备、钓具、潜水衣、各类水上活动器材及运动服等。

台湾在1980年盛产游艇，当时出口多为30～40呎小型游艇，鼎盛时期外销金额达2亿美元，后来因北美市场萎缩及新台币升值、工资上涨等因素影响，游艇制造业逐渐衰退。近年台湾相关业者转型朝高品质、大型游艇制造发展。

台湾区游艇工业同业会理事长陈朝南表示，近三年台湾游艇业在国际排名上升，2003年大型游艇制造已经名列全球第七，2005年排名全球第五，未来有望晋升为大型游艇制造前三名。台湾已形成一些有影响的品牌：Jade（高鼎）、Horizon（嘉鸿）、KhaShing（嘉信）（MonteFino）、Tachou（大舟）、Tayana（大洋）、Johnson（强生）、及President（统一）、CruiseLine（宏国）等。

——《中国贸易报》

第11届中国国际游艇及其设备展

2006年4月6～9日，第11届中国国际船艇及其设备展，中国国际游艇展在上海国际展览中心举办，近百艘风格各异的游艇在展会上展出。

主办方博华国际展览公司介绍，继2005年第十届中国国际船艇及其技术设备展凭借最大规模和最多国际品牌参展荣膺“亚洲最佳游艇展”殊荣后，本届展会再创五项历史新高：

1.展览总面积达2.3万平方米，比去年增长40%，并且首辟码头俱乐部专区和黄浦江水上展区。2.参展商数量达320家，比去年增长25%，并且现场成交额也超出预期。3.参展船艇总数达182艘，比去年增加近20%；其中游艇总数为52艘，与去年相当，但船艇种类更加丰富，有更多“平民化”的运动艇、小帆船现身展览会。4.海外高端品牌参展数量增加。除动力艇外，今年新增许多帆船参展，全球第一帆船品牌Beneteau公司Océanis系列的旗舰产品Océanis523首次亮相船艇展。5.展会参观人数达2.1万，比去年增加30%。

除此之外，本届展会吸引了众多豪华游艇潜在买家和水上运动爱好者。4天期间，黄浦江水上展区接待了数百位豪华游艇潜在买家。由展会主办方和上海船舶游艇俱乐部SBYC以及上海赛艋船艇运动俱乐部共同组织的淀山湖试乘试驾活动吸引了众多上海市民，近200人乘坐展会主办方提供的免费大巴前往淀山湖体验扬帆启航的浪漫和快乐，还有许多市民开着自驾车前往淀山湖。中国环海航行第一人翟墨招募航海志愿者的展位前也是门庭若市，大家聆听着这位航海英雄的传奇故事，现场有几十位观众跃跃欲试，加上网上报名人数，已有200多人表示愿与其共同扬帆远航。

首次亮相的海洋剧场和奢侈品牌区也成为本届展会的另一大亮点。三大奢侈品牌轩尼诗李察干邑、凯迪拉克、沛纳海盛情加盟本届船艇展，共同演绎推广代表极致生活品味和自由豪迈进取的游艇文化。

——东方网

第四届中国国际航海博览会

2006年5月26～29日，由中国贸促会、国家海洋局、中国船舶重工集团公司，中国船舶工业集团公司，国家体育总局水上运动管理中心，青岛市人民政府共同主办的第四届中国国际航海博览会在青岛举办。本届航博会展区分为水、陆两个区域，是中国首次推出的国家级水陆结合船艇展。

本届航博会为期四天，展区分为水、陆两个区域，其中陆地包括室内与室外两部分,室内展出面积9000平米，室外陆地展出面积6000平米，水上泊位13个，总展出面积超过1.5

万平方米。展出内容包括豪华游艇、帆船、摩托艇、奥运专用工作艇、钓鱼艇、橡皮艇等各种船艇以及帆板、水上雪橇、水上自行车等水上休闲娱乐产品。

展会期间举行了一系列的配套活动：海上游船观光、国际游艇新品发布会、国际游艇产业交流会与研讨会、少儿普及奥运知识系列活动等等。同时，海上展区还举办试乘试驾活动，参加活动的既有世界最大的帆船生产商法国博纳多大帆船的试乘试驾，又有本土企业双体大帆船及各式船艇试驾。

本届展会吸引了众多世界知名品牌前来参展，国外品牌参展面积超过总面积的60%。除了法国博纳多公司之外，世界顶级豪华游艇制造商荷兰JONGERT公司、亚洲最大的游艇代理商辛普森以及英国圣斯克、澳大利亚圣罗娜、美国水星、荷兰巴富仕、日本雅马哈等国际知名企业都推出其品牌产品在航博会上一展风采。

——中华游艇门户网

境内展

展名：中国国际船艇技术大会
时间：2006年4月3～5日（广州）

展名：第11届中国国际船艇暨技术设备展览会
时间：2006年4月6～9日（上海）
周期：一年一届
创办时间：1996年
上届数据：展出面积（平方米）：15000
其中外国参展面积（平方米）：7000
观众总数（人次）：16554
展商总数（家）：256
其中外国参展商数目（家）：143

展名：第六届国际航标大会工业展览会
时间：2006年5月23～26日（上海）

展名：第四届中国国际航海博览会
时间：2006年5月26～29日（青岛）
周期：两年一届
创办时间：2002年7月
上届数据：展出面积（平方米）：12000
其中外国参展面积（平方米）：7200
观众总数（人次）：36000
展商总数（家）：86
其中外国参展商数目（家）：52

展名：大连国际游艇、水上运动用品展览会
时间：2006年7月5～8日（大连）
周期：一年一届

展名：第五届中国大连国际海事展览会
时间：2006年10月25～28日（大连）
周期：两年一届
创办时间：1998年
上届数据：展出面积（平方米）：15000
其中外国参展面积（平方米）：3000
观众总数（人次）：50000
展商总数（家）：300
其中外国参展商数目（家）：100

展名：台北国际船舶暨水上活动设备展览会
时间：2006年12月14～18日（台北）

境外展

展名：德国汉堡国际船舶制造、港口机械和海洋技术博览会
时间：2006年9月26～29日（德国）

展名：汉堡国际船艇展
时间：2006年10月28日～11月5日（德国）

12．机电行业

行业简况

出口平稳 进口攀升
——前两月机电产品进出口形势及走势预测

中国机电产品进出口商会

2005年我国机电产品进出口再创新高，进出口总额达到7771.3亿美元，比上年同期增长24.3%：出口保持快速稳定增长，出口规模超过4200亿美元；进口增长有所放缓，进口规模达到3500亿美元；顺差额激增至763.7亿美元，接近机电

产品贸易额的10%；机电产品贸易额升至世界第三位，仅落后于德国和美国，其中出口第四位，进口第二位。2006年1～2月，机电产品进出口总额为1263.9亿美元，增长32.9%，占全国外贸进出口的比重为55.8%，其中出口增长34.3%，进口增长31.8%，顺差增长46.2%。

进出口特点

机电产品出口增幅较为平稳，进口增幅逐步攀升，进出口增速趋于均衡，但贸易顺差依旧高位。1～2月机电产品出口689.7亿美元，增长34.3%，与上年年均32%的增长趋势相似，高于全国外贸出口增长8.8个百分点；但受春节等因素影响，2月份31.7%的增幅较1月份下滑4.4个百分点。机电产品在全国外贸出口总额中所占比重为57.9%，比上年同期提高3.8个百分点；出口净增额174.7亿美元，占全国外贸出口增量的73.1%，拉动全国外贸出口增长18.3个百分点。

1～2月份机电产品进口574.2亿美元，增长31.8%，远高于上年年均16%的增幅；从月度增幅来看，自上年8月份起增幅超过20%，之后不断攀升，2006年2月份增长34.4%，是2005年以来的最高增幅。机电产品在全国外贸进口中所占比重为53.7%，提高1.9个百分点；进口净增138.2亿美元，占全部商品进口净增的60.1%，带动全国外贸进口增长16.4个百分点。

1～2月份机电产品顺差达到115.5亿美元，同比增长高达46.2%，略低于上年月均顺差（63.6亿美元），占全国顺差额的96.2%。

重点商品保持稳定增长。自动数据处理设备及零附件贸易额215.8亿美元，实现顺差107.6亿美元：其中出口161.7亿美元，是出口第一大类商品，22%的增幅与上年同期持平；进口54.1亿美元，为进口第二大类商品，增幅仅为12%，回落4个百分点。家用电器及消费类电子顺差也较大，达到71.1亿美元：出口81.4亿美元，增长32%；进口仅10.3亿美元，增长18%，增速平稳。另外，顺差较大的还有通信设备，顺差额53.5亿美元，尤以出口增幅迅速，达到57%。电子元器件则有132.1亿美元的逆差，且进出口增速均较快：出口52.1亿美元，增长47%；进口184.2亿美元，为进口第一大类商品，增长37%。汽车及关键件零附件进、出口增长均十分迅速，出口23.5亿美元，增长84%；进口27亿美元，增长106%，其中整车部分增长125%。

从其他重点商品的出口来看，复印设备、金属加工机床、船舶和航空航天器材等增长超过50%；电工器材、起重和工程机械、电子游戏机和医疗仪器等增幅在40%左右；而集装箱出口下降39%。从其他重点商品的进口来看，航空航天器材（181%）增长较快；起重和工程机械（30%）、电工器材（26%）和计量检测分析仪器（23%）增速平稳；金属加工机床（-9%）、电动机、发电机和发电机组（-12%）、金属轧机和零件（-25%）、橡胶和塑料加工机械（-1%）等进口额不同幅度下滑。

出口中一般贸易增长相对较快，进口中加工贸易发展较快。1～2月份机电产品出口中一般贸易为171.7亿美元，增长高达37.9%，高出机电产品出口增幅3.7个百分点，占比24.9%，比上年同期提高0.6个百分点。加工贸易出口493.5亿美元，增长32.9%，占比71.6%，比下滑0.7个百分点，其中进料加工出口416.6亿美元，增长35.2%；来料加工出口76.9亿美元，增长21.4%。

机电产品进口中一般贸易为149亿美元，增长32.7%，略高于整体增幅，占比26%。加工贸易进口有较快发展，增长达到35.7%，占比达到53.2%，其中进料加工增长高达42.4%。另外占比8.7%的保税区仓储转口货物增长23%，增速平稳；而外商投资企业作为投资进口的设备下降4.9%。

国有企业增速回升，外商投资企业稳定增长，个体企业出口增速减缓。国有企业进出口额基本平衡、增速相当：1～2月机电产品一般贸易额185.9亿美元，增长24.3%，较上年的平均增幅上升16.8个百分点；出口94.2亿美元，增长22.7%；进口91.8亿美元，增长26.1%。

外商投资企业增长33.8%，顺差70.7亿美元：其中出口512.6亿美元，增长35.6%，占比74.3%，净增134.6亿美元；进口441.9亿美元，增长31.8%，占比77%。

民营企业增长超过40%，顺差高达42.7亿美元：出口82.7亿美元，增长40.2%，虽较近几年的高速增长有所回落，但仍高于其他类型企业，占比提高到12%；进口40亿美元，增长44.2%，比上年不到5%的增速有很大提高，占比也达到7%。

东部地区进出口稳定快速增长，西部进出口增长迅速。从地区分布来看，东部地区占机电产品贸易额的95.6%：其中出口前10位、进口前9位位于东部地区的大格局并未改变；出口增长33.7%，进口增长30.7%，稳定快速的增势继续带动机电产品贸易增长。中部地区和西部地区占比分别为2.5%和1.9%，虽然份额较小，但增速较快，特别是中部出口增长超过了50%，西部进口增长超过了70%。从具体省市来看，长三角、珠三角和环渤海地区省市优势明显：广东、江苏和上海在进口、出口方面均列前三位，出口总计占比达到71.2%，进口总计占比70%。从增长幅度来看，出口中内蒙古、海南、和黑龙江等11省市增幅超过50%，但除北京出口高达28.2亿美元以外，其他省市均未达到3亿美元；河北、山东和江苏等7省市增长超过平均增幅；进口中四川、云南、山西和海南等9省市增长超过50%，且前三者增长更是在180%以上；另外甘肃、青海和贵州等8省进口下滑。

亚洲、欧洲和北美洲的贸易主体地位不变。1～2月份我对亚洲、北美洲和欧洲出口占比分别为44%、24.5%和23.2%，增幅在26.3%～35.9%之间；而对拉美和非洲出口增幅则达到65.4%和49.8%。机电产品出口的10大市场略有调整，分别是美国（158.8亿美元）、欧盟（148.7亿美元）、中国香港地区（127亿美元）、日本（59.2亿美元）、东盟（53.22亿美元）、韩国（23.1亿美元）、中国台湾省（16.2亿美元）、加拿大（9.4亿美元）、印度（8.5亿美元）和澳大利亚（8.3亿美元），总计占比88.8%；其中对印度出口增长76.3%，上升到第9位；另外对东盟增长42.3%和对香港增长42%发展较快；对美国出口增长35.5%、对欧盟出口增长24.4%发展相对平稳；对日本增幅最低仅为12.9%。对其他重点市场出口中增长超过50%的有阿联酋、俄罗斯、巴西、土耳其、伊朗、乌克兰和苏丹等。

进口方面，自亚洲、欧洲和北美洲进口占比达到99%，其中仅亚洲就达到76%，进口来源地依旧高度集中。机电产品进口的十大来源地为日本（100.1亿美元）、中国台湾省（86.8亿美元）、中国（81.6亿美元）、欧盟（81.6亿美元）、韩国（81.1亿美元）、东盟（76.4亿美元）、美国（42.8亿美元）、中国香港地区（8.2亿美元）、瑞士（3.8亿美元）和加拿大（2.6亿美元），总计占比达到98.4%；其中中国台湾省和中国进口增长在40%以上，自美国和韩国进口超过了30%，自日本进口增长仅有14.1%的增幅，自中国香港地区进口下降9%。

全年进出口形势

初步预计，2006年机电产品出口在已连续4年保持快速增长的基础上有所放缓，进口将有所回暖，进出口增幅将在25%～30%左右。影响机电产品进出口走势的主要因素和需要关注的重点问题有：

世界经济稳定增长，国内经济预测乐观，进出口贸易增长基础稳固。跨国投资继续回升，国际贸易较快增长，2005年世界主要经济体机电产品进口增幅稳定，如美国增长9.1%，德国增长5.7%，我国香港地区增长13%，加拿大增长11.2%等，这一趋势将在2006年得以延续。我国国民经济将从快速增长期转为平稳增长期，宏观经济政策、财政和货币政策将保持稳定，投资形成的加工生产能力将进一步释放，出口持续增长的产业基础进一步得以加强。但不利因素依旧存在，如石油价格走势存在大幅震荡的可能性、贸易不平衡问题仍是焦点，由此引发的贸易摩擦特别是与发展中国家的贸易摩擦将有可能不断增多。

进出口商品结构将进一步调整。从近期数据来看，由加工贸易带动的电子元器件、计算机和通信设备的零附件等进口旺盛，将促进我国加工贸易出口在一定时期内的稳定增长。但外商投资企业作为投资所进口的设备却自2005年起持续回落，制造机械、工程机械和成套设备等进口鲜有增长；汽车进口在上年下降17%后开始回升，1～2月份增长超过100%，但消费税的增加将很可能遏制今后一段时间较大排量汽车的进口增势。从出口来看，通信设备、家电和消费类电子等仍将保持前期快速增长的势头，汽车、工程机械、农业机械和机床等随着国内生产制造能力的不断增强也会保持较快的增长，而自动数据处理设备及零附件增速则有放缓的趋势。

部分行业出口利润下滑，出口增长方式需进一步转变。我国机电进出口的快速增长，主要是依靠生产要素的粗放投入实现的，核心竞争力和抗风险能力不强，质量和效益依然不高，可持续发展的基础有待加强。特别是在目前出口成本不断上升的情况下，如能源、原材料等上游产品价格偏高、劳动力成本上升、环保投入增多、人民币汇率远期预计升值等因素，加之竞争激烈，出口企业利润不断下滑，亟须在政府有关部门的指导和帮助下，转变出口增长方式，提高出口效益。

随着一系列鼓励出口、促进外贸增长方式转变和规范出口秩序的法规和文件的制定和陆续出台，金融政策、金融衍生工具和出口保险政策的不断完善，培育一批具有核心竞争力和自主知识产权的名牌产品，提高企业的研发实力、创新能力和售后服务能力，将是出口持续稳定发展的重要保障。

外商投资企业和民营企业仍将保持较旺增长态势。2005年外商投资企业进口增长虽然仅有19.1%，但近几个月以来有加速趋势，2006年1~2月增幅已经超过30%，因外资企业多为加工贸易，这一增势也将保证一段时期内出口的较快增速。民营企业进口增速迅速提高，从2005年的21.1%提高到2006年1～2月份的44%；出口从2005年的50.3%放缓到2006年1～2月份的40.2%，但仍然高于其他类型企业，同时民营企业的出口主体不断增强，企业数量已与外资企业数量接近，出口增长基础不断增强。

① 电脑信息行业展会

第八届中关村电脑节

中关村电脑节作为世界高新技术产业界的一大盛会，已经成功地举办了七届。于2005年9月7～12日举办的第八届中关村电脑节与往年相比，有了许多新意。

“创新、和谐、卓越”是第八届中关村电脑节的主题。由建设中关村科技园区领导小组主办、海淀区人民政府和中关村科技园区管委会联合承办的第八届中关村电脑节，是今年国内外以科技创新、构建自主创新体系和电子产品贸易为主体的规模最大、档次最高的一次科技嘉年华。

第八届中关村电脑节围绕三个方面展开。一是宣传中关村科技园区发展的源动力就是自主创新。创新战略的实施内容是创新型政府，创新型园区，创新型科技产业。中关村要扛起中国自主创新的大旗，建立起中国自主创新发展的理论体系。其次，倡导科技园区以集约方式发展，以循环经济的理念来确定发展的战略和规划；以集群经济的模式来发展科技产业。第三，体现中关村的软硬环境建设成果，展示中关村日益国际化的风采。

今年的中关村发展论坛包含六个主题论坛：中国创新大会、中国国际创意产业（中关村）峰会、2005北京国际工业设计论坛、中关村高科技金融环境建设论坛、中国软件与IT产业国际合作大会。2005中国电子信息产业园发展论坛，力图在论坛举办的过程中形成三大亮点：打造中关村是中国自主创新的中心，并形成中国自主创新模式发展的理论体系；创建中国软件信息产业基地联盟，使中国软件业形成第一集团军向世界同业发起强有力的冲击；缔造中关村的创意产业，在二次创业的过程中形成新的产业布局。

较之往届的电脑节，本届中关村电脑节层次高。在论坛上主讲的国内外专家、学者近百人，参与论坛的专家学者、政府官员、企业界代表等超过2000人。在海淀区政府的指导下，中关村电脑节首次被推向市场，“数码汇聚嘉年华”盛会将展览、展销、文艺活动融为一体，为市民营造出一个高品位的好去处。包括理光、英特尔、惠普、联想、方正等国内外知名品牌在内的80家IT企业参加了本次活动，参观交易会的各界人士达到数万人。

据统计，此届电脑节共签约49项，项目投资总额为387亿元人民币。签约项目只是海淀区和中关村科技园区一年来众多招商引资签约项目中的部份代表。据初步统计，从上届电脑节至今的一年时间里，海淀区共吸引了社会投资（含企业和项目投资）620亿元人民币。这些项目不仅有高新技术项目，而且有金融、教育、医疗、旅游、商业、创意、节能、地产、环保、酒店等十几个门类。其中高新技术产业类项目31个，投资总额115.43亿元人民币；金融类项目4个，投资总额211亿元人民币；酒店类项目5个，投资总额30.37亿元人民币；现代服务业项目6个，投资总额11.92亿元人民币。高新技术继续引领海淀产业发展方向，占签约项目的63.3%。

与2004年相比，本届电脑节数码嘉年华新产品占40%以上；国际化更强，国际知名品牌40%以上；互动性更强，既有主会场和分会场的互动，又有展馆内外的互动。

——《国际商报》

中国苏州电子信息博览会

由国家商务部、国家信息产业部、国务院台湾事务办公室和江苏省人民政府共同主办，苏州市人民政府承办的“2005中国苏州电子信息博览会（电博会）”2005年10月19～22日在苏州国际博览中心举行。

本届博览会分为3C数码成品展区、IC及电子零部件展区和技术服务展区等三大展馆，展示规模3.5万平方米。

博览会期间，还举办了“IT苏州论坛”、“通信产业论坛”、“中国通信建设与IC产业发展论坛”、“数字城市院士论坛”、“法国新技术论坛”、“设计论坛”、“股票论坛”以及多彩企业日、设置了销售日和新产品的发布活动等。

本届电博会创下了多个历史记录。首先在规模上达到了406家企业，1500个展位，这些都创造了历届电博会之最，而且直接缔造了第二个记录是人气旺盛，参观人数超过了10万，本届的电博会专业化和国际化程度也是历届之最，国内乃至国际领先产品层出不穷。不容否认的是，电博会已经成为国内一流的IT专业博览会，并朝着世界先进水平迈进。

——《中国贸易报》

多媒体展上演虚拟情景

2005年12月20～22日，2005中国多媒体产业国际研讨会暨展览会在北京中国国际贸易中心举行。本次展会虽然只占用了一个展馆，但由于首次以多媒体为主题把游戏、动画、三维等多种多媒体元素集中展示，受到了业界人士的关注。

在展馆入口处，一台大型投影系统吸引了许多观众。记者发现，投影仪从上方把影像投到地面，人们用胳膊、身体、脚等不同部位往画面上投下阴影，阴影处的画面就会发生不同的变化。比如人们在一张天安门的画面投下阴影，阴影处就会燃起烟花，在一群嬉戏的小鱼上空投下阴影，小鱼就会被吓跑，仿佛真的一样。

东星软件（上海）有限公司展台工作人员介绍，这种GroundFX投影系统是GestureTek下的一个品牌，它的应用范围很广泛，特点就是能与观众互动，给公共场所的娱乐与广告带来了一场新的革命。如在会议上可以进行形象演示，在超市、商场进行商品广告，在高级宾馆、酒店的大堂吸引客人、活跃气氛，同时也可以用来玩踩地鼠等游戏，娱乐同时还能锻炼身体。据了解，这种“基于视频图像的控制系统”已经在美国申请了专利。此外，GestureTek还展示了以身体作为输入装置的Gexture Xterme系统及GestPoint大型触摸屏系统等先进的多媒体解决方案。

在这次展览会上，虚拟现实也是一个主流产品，它主要是用3D手段制作仿真实景并进行投影，观众带上特制的眼镜就能看见真实的立体图像，有如亲临其境。据北京易用伟业计算机应用技术有限公司运营总监贺国勋介绍，虚拟现实是近两年在国内发展起来的，它的主要特点是现场感非常强，能为观众展示一个仿真的虚拟现场，节省人们参观真实现场的时间与经历，还可用来制作沙盘、做产品展示、进行旅游景点宣传等。这种技术受到地产开发商、市政规划部门及旅游景点的欢迎。

此次展会，除了多媒体公司，中国传媒大学、中国动画网络学院等多媒体教学机构也前来参展。5icg中国动画网络学院是国内第一家动画专业高等网络教学平台，学生可以通过网络上课、向老师提问、交作业，进行动画的入门学习。5icg中国动画网络学院技术总监崔贤说，除了线上虚拟课堂入门学习外，学院还有线下真实课堂供学生进行更加深入的学习。

——《中国贸易报》张汝男

第三届中国安徽国际信息技术博览会

由安徽省信息产业厅、安徽省通讯管理局等5家单位联合主办的第三届中国安徽国际信息技术博览会暨信息化建设5年成果展于2006年4月21～23日在合肥市举行。

据悉，一批IT领域最新的先进技术和科研成果、新一代通信产品和网络设备、数字家电和数字广播电视技术与传输设备、办公自动化设备和数码产品、网络游戏和优秀软件技术解决方案等均在本届展会上亮相。同时，展会还以丰富的案例和实物等展示"十五"期间安徽省信息化建设取得的丰硕成果。

此次参展企业有100多家。

——《国际商报》

第九届中国国际智能卡博览会

为进一步推动国家金卡工程建设，加强国内外智能卡和RFID产业的技术交流与合作，促进产用结合、互动发展，在国家金卡工程协调领导小组办公室支持下，中国信息产业商会和中国电子信息产业发展研究院共同主办的第九届中国国际智能卡博览会暨第四届中国 （北京）RFID国际峰会（SCC2006&China〈Beijing〉RFID International Forum），于2006年5月30日～6月1日在北京中国国际贸易中心举办。

一年一度的中国国际智能卡博览会，已成为亚洲最有影响、规模最大、规格最高、参展厂商最多的国际智能卡业界盛会。本届展会一如既往地得到了国内外智能卡企业的高度关注和广泛参与，共有来自中国（两岸三地）、德国、意大利、法国、美国、日本、英国、奥地利、韩国、新加坡等十几个国家的150多家智能卡厂商报名参展，展会面积超过6000平方米。

在展会开幕论坛上，国家金卡工程协调领导小组成员兼办公室主任张琪女士发表题为"坚持自主创新，推动金卡工程向纵深发展"的精彩主题演讲，来自信息产业部、国家发改委、科技部、商务部、公安部、建设部、劳动和社会保障部、国家标准化管理委员会、中国人民银行和北京市等有关单位的主管领导，以及来自美国、法国、比利时、韩国、日本等国大使馆的重要嘉宾等近500余人，出席了开幕主题论坛并到展会现场参观，大家一致对今年展会的各项活动给予充分肯定。此外，本届展会还吸引了来自国内金融、电信、公安、交通、教育、煤炭等重点行业的总共近1万名专业观众到场参观，现场气氛十分热烈，观众纷纷对展会给予高度评价。

展会同期还推出三天主题鲜明、内容丰富的论坛活动，其中开幕主题演讲、RFID国际峰会及EMV迁移（PBOC2.0迁移）、智能卡安全专题论坛共计50余场精彩纷呈的演讲，成为了本届博览会的亮点，受到了与会的国内外专业人士的极大关注。政府主管领导、行业专家、用户代表齐聚一堂，共同把脉智能卡产业的未来发展；众多卡界及RFID领域权威厂商Gemplus、清华同方、Philips、微软等在论坛上就最新的产品技术和应用解决方案发表了精彩演讲；与会的行业应用部门的演讲嘉宾还就所在行业智能卡应用现状及前景等话题，发表了精辟独到的见解。

——北京技术市场网

第七届中国国际计算机网络和信息安全展览会

为加强国际、国内信息和网络安全企业更为广泛深入的交流与合作，共铸安全、强大、坚固的信息化环境，展示技术先进、功能全面的安全产品，由公安部公共信息网络安全监察局和国家保密局科学技术委员会共同主办，公安部科学技术信息研究所承办，中国电子信息产业发展研究院（赛迪集团）加盟合作的第七届中国国际计算机网络和信息安全展览会（Infosec2006），于2006年6月15～17日在北京展览馆举行。

在成功举办前六届中国国际计算机信息系统安全展览会的基础上，第七届中国国际计算机网络和信息安全展览会全面深入把握当前信息及网络安全发展动态，广泛展示最具代表性的信息及网络安全产品及技术，为展商和观众提供全面信息安全咨询及解决方案等最新资讯。本次展会是中国境内惟一由信息安全主管部门主办的专业展会，展出面积近6000平方米，众多信息安全领域知名企业，如安氏、天融信、冠群金辰、启明星辰、东软、联想网御、索利通、凹凸电子、金山软件、网康科技、微软、飞塔、江民、中软、华旗、安浪、凝思、美亚柏科、信雅达等为观众带来最安全的产品及解决方案，同时交流最新的行业发展信息及动态。

为配合即将颁布的《国家信息安全等级保护管理办法》，第七届中国国际计算机网络和信息安全展览会以宣传和推动国家信息安全等级保护为主题，同期还就此主题举行高峰论坛，同行业多领域的广泛交流为展会带来了更全面的信息和更直接的沟通交流，成为了此次展会的一大亮点。

除了参展企业带来的自主创新的最新产品外，本届展会的另一亮点是北京市公安局设立的两个专题展区："网吧系统模拟"和"北京市信息安全等级保护"。其中，网吧模拟演示专区在传统的网吧上网冲浪体验的平台上，集成并直观演示了"控制未成年人上网"、"身份认证"、"网上追逃"等近年来为人们广泛关注的公安职能，让每一个亲临"网吧系统模拟"专区展台的人们亲身体会到信息社会里"信息无所不在、安全创造和谐"的画面。而"北京市信息安全等级保护"专题展区则紧扣"信息安全等级保护"这一今年安全业界被最多提到的概念，通过风险评估、培训、管理、应急响应等层面的展示，与大会主题再次强烈呼应，在展场和论坛大厅掀起了等级保护的热潮。

本届展会吸引了来自银行与金融、海关与税务系统、政府部门、工业与商业、保险与证券、网络系统集成公司、公安部门与国防部门、邮政和电讯/数字通讯、交通/航空/铁路等部委和行业的专业观众到场参观，参观人数达1.5万人次，现场气氛十分热烈，观众纷纷对展会给予高度评价。

——军民商务网

第四届中国国际软件和信息服务交易会

备受瞩目的第四届中国国际软件和信息服务交易会于2006年6月21～25日在大连世界博览广场举行。本届软交会的主题为“自主创新·国际合作”。国际知名跨国公司和国内600余家软件和信息服务企业共聚大连，围绕行业应用、人才交流等5大板块内容，展开为期4天的近30场论坛和各式交流活动。

在展会现场，3万平方米的巨大展厅被微软、英特尔、惠普、IBM、日立、SAP、朗讯、甲骨文、GE、西门子等跨国公司，以及东软、联想、用友、金蝶、中星微电子等国内知名信息服务企业所分割。来自辽宁、北京、重庆、深圳、南京等近20个省市以组团形式参加了本届展会。

据了解，中国国际软交会是由国家商务部、信息产业部、教育部、国务院振兴东北办、科技部、辽宁省政府主办，大连市政府承办的，是经国务院批准的国家级软件交易会，目前已经成功地举办了三届。软交会对信息产业发展的拉动作用已逐步得到业界认可，业已成为中国会展百强展会之一。

展会的主论坛——“全球软件和信息服务高层论坛”也同时举行，同时，中国软件自主创新论坛、中国国际软件和信息服务外包年会、中国国际IT人才教育培训高峰论坛、中国软件和信息服务投融资论坛、中国IT人才招聘大会等近30项活动也在展会期间陆续进行。参会的国内外团组、企业也举办系列的经贸活动。

——《中国贸易报》韩晓菲

展名：慕尼黑上海电子展
时间：2006年3月21～23日（上海）
周期：两年一届
创办时间：2002年
上届数据：展出面积（平方米）：14375
其中外国参展面积（平方米）：8625
观众总数（人次）：32000
展商总数（家）：308
其中外国参展商数目（家）：176

展名：第十届海峡两岸机械电子商品交易会及厦门对台出口商品交易会
时间：2006年4月8～11日（厦门）
周期：一年一届
创办时间：1997年
上届数据：展出面积（平方米）：13600
其中外国参展面积（平方米）：2100
观众总数（人次）：50000
展商总数（家）：900
其中外国参展商数目（家）：200

展名：第三届深圳国际信息技术博览会
时间：2006年5月17～19日（深圳）
周期：一年一届
创办时间：2004年
上届数据：展出面积（平方米）：11000
其中外国参展面积（平方米）：200
观众总数（人次）：50000
展商总数（家）：450
其中外国参展商数目（家）：18

展名：上海国际信息化博览会暨2005中国国际信息通信展览会
时间：2006年5月23～26日（上海）
周期：一年一届
创办时间：1987年
上届数据：展出面积（平方米）：12000
其中外国参展面积（平方米）：800
观众总数（人次）：30000
展商总数（家）：84
其中外国参展商数目（家）：13

展名：网络存储世界/2006中国
时间：2006年5月24～31日（上海）
周期：一年一届
创办时间：2002年
上届数据：展出面积（平方米）：1000
观众总数（人次）：3000
展商总数（家）：40

展名：中国西部国际通信、信息暨网络展览会
时间：2006年5月25～28日（成都）
周期：一年一届
创办时间：2000年
上届数据：展出面积（平方米）：12000
其中外国参展面积（平方米）：2000
观众总数（人次）：10000
展商总数（家）：300
其中外国参展商数目（家）：80

展名：2006第十届中国国际软件博览会
时间：2006年6月1～3日（北京）

展名：台北国际计算机展览会
时间：2006年6月6～10日（台北）

展名：第二届中国国际数字视频暨视迅技术与设备展览会暨中韩国际电子信息技术暨产品展示交流会
时间：2006年6月13～15日（北京）

周期：两年一届
创办时间：2003年9月
上届数据：展出面积（平方米）：4000
其中外国参展面积（平方米）：2200
观众总数（人次）：4300
展商总数（家）：80
其中外国参展商数目（家）：30

展名：中国国际软件和信息交易会
时间：2006年6月22～25日（大连）
周期：一年两届
创办时间：2003年
上届数据：展出面积（平方米）：20000

展名：第10届大连国际信息技术暨通信展览会
时间：2006年7月5～8日（大连）
周期：一年一届
创办时间：1996年
上届数据：展出面积（平方米）：8000
观众总数（人次）：60000
展商总数（家）：380

展名：台北计算机应用展暨数字娱乐嘉年华
时间：2006年8月3～7日（台北）

展名：2006亚洲信息暨通信技术展览会
时间：2006年9月17～20日（上海）
周期：一年一届
创办时间：2001年
上届数据：展出面积（平方米）：23000
其中外国参展面积（平方米）：8900
观众总数（人次）：53297
展商总数（家）：433
其中外国参展商数目（家）：139

展名：第二届中国（南京）国际软件产品博览会
时间：2006年9月（南京）
周期：一年一届
创办时间：2005年9月
上届数据：展出面积（平方米）：15000
其中外国参展面积（平方米）：4000
展商总数（家）：180
其中外国参展商数目（家）：40

展名：中国西部信息化暨信息产业博览会
时间：2006年9月（成都）
周期：一年一届
创办时间：2005年

展名：2006中国国际视频设备暨技术展览会
时间：2006年11月（北京）
周期：一年一届
创办时间：2000年

② 电子电器行业

1）家用电器行业展会

2005中国国际电子产品及家用电器展览会

为期3天的2005中国国际电子产品及家用电器展览会（简称：宁波家电展）于2005年9月29日在宁波国际会展中心落下帷幕，来自世界30多个国家、地区和国内的数千名采购商云集宁波，参加长三角地区首次举办的家电行业展览会。据统计，展会期间，吸引了国内外参观者1.2万人次，其中境外客商1300多人次，成交额3850万美元，境内外客商对家电展给予了高度评价。

作为长三角家电第一展，宁波家电展是由中国贸促会、宁波市政府、中国家用电器商业协会共同主办，中国贸促会宁波分会承办。本届展会设展位1000个，分为家用电器、电子产品、信息技术3大展馆。国内外著名企业有600多家参展，参展商带来了47英寸超大屏幕液晶电视、带有MP4播放功能的最新款式P4P数码相机、智能变频空调等200多个种类的5000多种产品。电子零配件和生产设备的配套商也有部分参展，显示出宁波家电业所拥有的完整产业链。

据组委会的有关负责人介绍，为保证实际参展效果和良好的洽谈气氛，展会期间只向专业客商开放。据统计显示，展会期间，日均客商在4000人左右，客商在展馆停留时间平均在2个小时以上，表现出对展品浓厚的兴趣。美国驻沪总领馆商务处、亚美尼亚外交部、香港贸发局等都派出商务官员出席和考察宁波家电展。武汉商业协会、温州家电行业协会、南通家电市场等都组团前来采购。

据悉，家乐福、麦德隆、上海永乐家电、浙江苏泊尔、温州一百家电等10家著名连锁经销商和生产企业带来明确的采购意向，与参展企业进行了专场洽谈。此外，展会期间，还举办了6场经贸活动和专题论坛，如颇具国际影响的“第三届APEC中小企业服务联盟论坛”、“全国家用电器商业协会理事会年会”以及“中小企业信息化服务论坛”和“嵌入式软件与智能化家电论坛”等。

——《中国贸易报》

2005中国（古镇）国际灯饰博览会

2005中国（古镇）国际灯饰博览会于2005年10月18～23日在广东中山的古镇举行。博览会短短的6天时间内，古镇迎来美国、澳大利亚、奥地利、南非、印度、日本、德国、法国，我国港、澳、台地区以及全国各地共99个国家和地区的业内人士55620人。截至23日闭幕，展会总成交和投资总额达78.3亿元人民币，其中国内贸易成交额44.96亿元，国外贸易成交额2.16亿美元，投资金额15.84亿元人民币。

此次应邀前来参加开幕典礼的国内外客商等重要嘉宾达3000多人，其中包括来自美国、澳洲、南非、日本、英国、法国、阿根廷、智利等五大洲18个国家共250多人，来自国内16个省、直辖市、我国港澳台地区的嘉宾、客商1200多人，本省、本市嘉宾共1550多人。

开幕式上，古镇顺利通过了“中国灯饰之都”三周年的复评验收，并安排了20个企业的经贸签约仪式，签约贸易成交总额达6310万美元，投资总额5.15亿元人民币。另外，当日前来进行商贸活动的客商、游览观光的游客、嘉宾超过1.52万多人，贸易成交额32.3亿元。此外，该镇一批质量管理先进企业和获得省名牌产品称号的企业也在开幕典礼上获得了表彰。

开幕当晚举行的大型烟花汇演，吸引了数万名群众前来观看；一系列的灯具灯饰研讨会，邀请了国内外著名专家座谈，使企业主开拓视野，进一步提高了自身素质和管理水平。

走进主馆场——灯饰广场，展位的布置同样令人惊喜：国内外一批知名企业如日本小泉、奥地利舒华水晶、德国亮迪、广东银雨、上海雷蒙、佛山照明、九佛电器等也前来参展。445家参展企业各显风骚，把4万平方米的展馆装点得熠熠生辉，尤其是100个特装展位，装修华丽、产品品种齐全、款式新颖，俨然一个个品牌专卖店。

本届灯博会为国内外灯饰业界人士、企业和专业买家搭建了一个交流、合作、洽谈、商贸的良好平台，促进了中国乃至世界灯饰市场的繁荣和发展。

——新浪网

第三届中国（义乌）国际五金电器博览会

第三届中国（义乌）国际五金电器博览会于2006年4月21～23日举办，本次展会有605家企业参展，展位数突破1000个。

据五金展负责人介绍，中国国际五金电器博览会已成功举办两届，在全国五金类主题的众多专业展会中，展会规模、外向度、成交额等各项指标均名列前茅，已成为国内五金电器行业的一个外向型专业盛会。本届博览会参展企业结构比例更合理，外省市参展企业明显增多。据组委会统计，展会三天总成交额7.12亿元，其中外贸成交额突破4.53亿元。实际与会专业采购商30353人，其中外商6087人，分别来自115个国家和地区。首次开通的在线五博会网站点击总量达309147人次，其中展期内网站访问量43126人次。

——《中国贸易报》陈 凡 胡松团

2006广州国际照明展再展行业雄风

每年一届的广州国际照明展览会是全球灯饰界的一次盛会，至今已成功举办十届。自2003年起由于世界展览巨头德国法兰克福展览公司的加盟，广州国际照明展已发展成为全球第二大专业照明、灯饰展览会。

2006年广州国际照明＋建筑电气技术展览会是由德国法兰克福展览公司与广州光亚展览有限公司合资组建的广州光亚法兰克福展览有限公司主办的，于2006年6月8～11日在琶洲国际会展中心举行。本届展会的规模再度扩大了1.5万平方米，首开了7个展馆，占地面积达到8万平方米，共设有6000个国际标准展位和2个品牌展厅，其中品牌馆面积达2万余平方米，占整个展馆面积约1／3。有来自23个国家和地区的1250多名参展商参展，其中包括众多重量级品牌。吸引了超过十万以上的买家到场参观。展会期间同期举行的“2006广州国际照明技术高峰论坛”覆盖了照明业界众多热门题目，让业内人士更加详细地了解产品趋势和吸收市场资讯。

——《中国贸易报》谭 雪

境内展

展名：2006年春季车用空调暨冷藏技术（广州）展览会
时间：2006年3月1～3日（广州）
周期：一年一届
创办时间：2003年12月
上届数据：展出面积（平方米）：2000
其中外国参展面积（平方米）：200
观众总数（人次）：17000
展商总数（家）：101
其中外国参展商数目（家）：15

展名：2006年第四届中国制冷、空调、通风设施展览会
时间：2006年3月8～10日（广州）

展名：2006年中国东北第九届国际供热供暖、空调、通风设备展览会
时间：2006年3月8～10日（沈阳）
周期：一年一届
创办时间：1998年9月
上届数据：展出面积（平方米）：5000
其中外国参展面积（平方米）：500 观众总数（人次）：21298
展商总数（家）：208
其中外国参展商数目（家）：13

展名：第三届广州车用空调暨冷藏链技术展览会
时间：2006年3月9～11日（广州）

展名：2006中国（北京）第七届国际照明电器博览会
时间：2006年3月15～17日（北京）
周期：一年一届
创办时间：1999年
上届数据：展出面积（平方米）：20000

展名：2006年中国（广州）国际家电、电子暨配件博览会
时间：2006年3月18～26日（广州）
周期：一年一届
创办时间：2005年3月
上届数据：展出面积（平方米）：10000
观众总数（人次）：30000
展商总数（家）：200

展名：迎世博上海国际照明与灯饰展览会
时间：2006年3月28～30日（上海）

展名：第17届国际制冷、空调、供暖、通风暨食品加工展览会
时间：2006年4月11～13日（上海）

展名：2006年中国（深圳）国际家用电器展览会
时间：2006年4月12～14日（深圳）

展名：2006灯饰配件暨制造展
时间：2006年4月19～21日（东莞）

展名：第三届中国国际五金电器博览会
时间：2006年4月21～23日（义乌）

展名：第三届宁波国际照明灯饰交易会
时间：2006年4月23～25日（宁波）

展名：2006年中国国际家电展
时间：2006年5月10～13日（北京）

展名：2006年第八届山东国际供热供暖炉暨空调技术与设备展览会
时间：2006年5月15～17日（济南）

展名：皖北家电节
时间：2006年6月（蚌埠）

展名：2006年中国国际制冷空调供热采暖产品与技术（大连）展览会
时间：2006年7月5～8日（大连）
周期：一年一届
创办时间：1999年

展名：第六届中国国际采暖、供热、空调、通风产品与技术展览会
时间：2006年9月14～16日（北京）
周期：一年一届
创办时间：2001年
上届数据：展出面积（平方米）：15000
其中外国参展面积（平方米）：6000
观众总数（人次）：21800
展商总数（家）：365
其中外国参展商数目（家）：120

展名：中国（上海）第12届国际照明电器博览会暨中国国际电工与配件展览会
时间：2006年9月21～23日（上海）
周期：一年一届
创办时间：1994年

展名：中国金鹰电视节
时间：2006年9月23～26日（长沙）
周期：两年一届
创办时间：2002年
上届数据：展出面积（平方米）：20000
其中外国参展面积（平方米）：600
观众总数（人次）：102000
展商总数（家）：156
其中外国参展商数目（家）：1

展名：中国（宁波）国际电子产品暨家用电器展览会
时间：2006年9月27～29日（宁波）
周期：一年一届
创办时间：2005年
上届数据：展出面积（平方米）：20000

展名：中国顺德国际家用电器博览会
时间：2006年10月13～16日（顺德）
周期：一年一届
创办时间：2001年
上届数据：展出面积（平方米）：10000
其中外国参展面积（平方米）：1000
观众总数（人次）：45286
展商总数（家）：382
其中外国参展商数目（家）：30

展名：柏林电器工程、电子和照明展览
时间：2006年10月18～20日（德国）

展名：台北国际电视节
时间：2006年11月11～13日（台北）

展名：2006第二届中南长沙五金机电产品展览会
时间：2006年11月15～17日（长沙）
周期：一年一届
创办时间：2005年
上届数据：展出面积（平方米）：3000
展商总数（家）：200

境外展

展名：国际家用电器博览会
时间：2006年2月13～16日（德国）

展名：第16届莫斯科家用电器和消费电子展览会
时间：2006年4月13～16日（俄罗斯）

展名：美国拉斯维加斯国际厨房用品博览会
时间：2006年5月9～11日（美国）

展名：第二届智能家庭与家庭网络展览会
时间：2006年5月30日～6月3日（韩国）

展名：柏林国际电子消费品展览会
时间：2006年9月1～6日（德国）

展名：智能家居展览暨会议
时间：2006年10月19～21日（德国）

2）视听、摄影产品行业展会

境内展

展名：第九届中国（上海）国际婚纱摄影器材展览会（春季）
时间：2006年2月16～19日（重庆）
周期：一年两届
创办时间：2002年
上届数据：展出面积（平方米）：23000
其中外国参展面积（平方米）：900
观众总数（人次）：20000
展商总数（家）：210
其中外国参展商数目（家）：30

展名：中国国际婚纱暨摄影器材博览会
时间：2006年3月15～20日（北京）
周期：一年一届
创办时间：1998年3月
上届数据：展出面积（平方米）：8000
其中外国参展面积（平方米）：1500
观众总数（人次）：15000
展商总数（家）：180
其中外国参展商数目（家）：30

展名：香港国际影视展
时间：2006年3月20～23日（香港）
周期：一年一届
上届数据：观众总数（人次）：2832
展商总数（家）：352
其中外国参展商数目（家）：263

展名：2006年中国上海国际视听设备与技术展
时间：2006年4月12～14日（上海）
上届数据：展出面积（平方米）：12000

展名：第14届上海国际音响影视展览会
时间：2006年4月21日～24日（上海）
周期：一年一届
创办时间：1993年
上届数据：展出面积（平方米）：10000
其中外国参展面积（平方米）：4000
展商总数（家）：70
其中外国参展商数目（家）：40

展名：第九届中国国际照相机械影像器材与技术博览会
时间：2006年4月27～30日（上海）
周期：一年一届
创办时间：1998年
上届数据：展出面积（平方米）：8000
其中外国参展面积（平方米）：2500
观众总数（人次）：45000
展商总数（家）：210
其中外国参展商数目（家）：30

展名：中国西部国际数码娱乐展览会
时间：2006年5月25～28日（成都）
周期：一年一届
创办时间：2005年7月

上届数据：展出面积（平方米）：10000
其中外国参展面积（平方米）：3000
观众总数（人次）：150000

展名：第二届中国国际音像电子博览会
时间：2006年5月26～30日（上海）
周期：一年一届
创办时间：2005年3月
上届数据：展出面积（平方米）：8000
其中外国参展面积（平方米）：700
观众总数（人次）：24319
展商总数（家）：166
其中外国参展商数目（家）：15

展名：第15届国际专业音响、灯光、乐器暨技术展览会
时间：2006年5月31日～6月3日（北京）

展名：2006年中国国际影像和摄影器材展览会
时间：2006年7月13～16日（上海）
周期：一年一届
创办时间：1999年
上届数据：展出面积（平方米）：12000
其中外国参展面积（平方米）：6000
观众总数（人次）：62000
展商总数（家）：150
其中外国参展商数目（家）：60

展名：2006年第四届中国（广州）国际专业音响灯光展览
时间：2006年8月4～6日（广州）

展名：第三届中国（广州）国际乐器展览会
时间：2006年8月4～6日（广州）
周期：一年一届
创办时间：2004年7月
上届数据：展出面积（平方米）：5000
其中外国参展面积（平方米）：200
观众总数（人次）：12980
展商总数（家）：100
其中外国参展商数目（家）：5

展名：2006年上海国际专业灯光音响展览会
时间：2006年10月18～20日（上海）
创办时间：1998年4月
上届数据：展出面积（平方米）：10000
其中外国参展面积（平方米）：2000
观众总数（人次）：10000
展商总数（家）：150
其中外国参展商数目（家）：30

展名：2006年中国（上海）国际乐器展览会
时间：2006年10月18～21日（上海）
周期：一年一届
创办时间：2002年10月
上届数据：展出面积（平方米）：38000
其中外国参展面积（平方米）：9500
观众总数（人次）：40000
展商总数（家）：730
其中外国参展商数目（家）：200

境外展

展名：专业灯光音响技术展
时间：2006年9月（英国）

展名：第一届韩国釜山国际电影节暨数码产业展览会
时间：2006年10月15～19日（韩国）

3）通讯器材行业展会

2006年中国国际广播电视信息网络展览会

3月21～23日，2006年中国国际广播电视信息网络展览会（CCBN2006）在北京中国国际展览中心举行，展览会展示的各种技术、产品都为我们更好地享受电视生活奠定了基础。

本届展会占用了国展1号馆一层、二层以及2～8号馆，分为数字电视运营、数字电视、有线电视、线缆与连接件、发射／测试等多个展区，高清电视、移动电视、手机电视、IPTV、数字家庭等新技术、新应用层出不穷，索尼、松下、华为、三星、西科、哈雷、摩托罗拉、汤姆逊、永心同方、深圳同州等国内外知名厂商悉数参展。

在1B馆，记者发现各式机顶盒成为人们关注的重点，因为要想把数字电视信号传输到各个终端用户，数字机顶盒及卫星信号接收机便是电视用户不可缺的终端机器。

香港天柏集团此次也前来参展。其丰富的系统集成和技术研发经验在国内同行业中首屈一指。天柏的数字电视解决方案已在全国26个省、市的50多个有线网络上安装运用，各项自主知识产权的软硬件产品也得到了广泛应用，是国内最大的数字电视广播系统集成和终端产品供应商。由天柏集团提供全程“一站式”技术集成和应用服务的“青岛模式”、“佛

山经验”均受到党和国家领导及广电总局领导的充分肯定。

数字电视的开通意味着有更多更精彩的节目通过数字电视终端传到各个用户家里，这么大需求量的节目就需要数字电视供应商来提供。在6号馆，中央数字电视产业集群占用了两个大型展位，一个用来介绍该产业集群以及在其付费电视平台上播放的各种电视节目，一个作为体验区供参观者进行体验。

中数传媒作为我国数字付费电视产业的先行者和探索者，在2004年9月1日正式启动了我国数字付费电视的经营模式。目前，中央数字电视平台上的数字付费频道的节目信号通过亚洲4号卫星已经传输到我国内地130家省、自治区、市、县级有线电视网络前端，然后再通过这些有线电视网络公司传输到户，覆盖全国有线电视用户6400万户。至2006年2月末，全国已有247万户数字接入用户可以看到中数传媒运营的中央数字电视节目。

此次，中数传媒主要推出的是《高清影视》频道。李先生讲，通过这个频道传出的电视画面更清楚，这个频道以播出影视剧为主，现在德国世界杯成为热门话题，计划把世界杯的赛况通过《高清影视》频道传输给大家，让大家获得更高品质的画面效果。

——《中国贸易报》张汝男

第67届全国电子展及第20届全国通信展

电子行业的年度采购盛会、中国电子第一大展——第67届全国电子展（CEF Shenzhen 2006）于2006年4月12～14日在深圳会展中心举办。据组委会统计，现场注册观众首次超过5万人次，比去年同期增长近50%，来自日本、韩国、欧洲、北美等地的16个国家或地区的专业买家成为本届展会国际化的特色，也切实缔造了电子业界供需双方洽谈交流的贸易盛会。

本届展会在去年成功举办的基础上，再度强势“扩军”，呈现展会“明星”风采：启用全新的会展中心展馆，面积达到5.3万平方米。展会在采购的黄金时间四月举办，密切衔接台湾春季电子展、香港春季电子展和春季广交会，更方便国际观众一站式采购。

与此同时举办的11场高端论坛吸引了大量行业观众到会参加，紧扣热点话题，把握行业焦点。与会观众既能现场体验高科技产品，同时在理论行业知识方面也颇有收获。

——电子展览网

2006国际手机产业展览会暨论坛

由天津市商务委员会、天津市经济委员会、天津市人民政府信息化办公室、天津经济技术开发区管理委员会联合主办的，被称为国内规模最大、国际化最高、产业链覆盖最全的行业活动“2006国际手机产业展览会暨论坛”2006年5月18～20日在天津滨海国际会展中心举办。

据介绍，本次大会展览面积1.8万平方米，汇聚了343家展商，共计632个展位，与去年相比提高20%，特装面积达四成以上。通过展览展示、论坛交流和商贸配对三大互动平台，发布最新的信息和商业机会。

据了解，TD-SCDMA产业联盟首次携旗下企业集体展示了完整的产业链下的最新技术、产品和应用。中国移动更是包下300平方米的展位，展示其最新推出的移动应用业务，介绍其手机定制政策。

同时，以“提升产业链创造新价值”为主题的“2006中国手机产业高峰论坛”从不同侧面探讨中国移动通讯产业的未来走向。信息产业部、国务院发展研究中心等专家及业界知名人士到会演讲。

展会期间，海外运营商到会采购，并发布最新采购信息。据悉，韩国SKT、日本NTT.DoCoMo、德国电信、法国电信、西班牙运营商MORAGUECENTER、以色列CDMA运营商Pelephone均前来采购我国生产的手机。

据了解，国内十大手机设计公司也集体参展，希望能与OEM等合作伙伴进行深入的交流和互动。

——中国展览网

展名：2006年第二届上海国际手机暨零部件展览会
时间：2006年3月1～3日（上海）

展名：2006中国国际通信展览会
时间：2006年4月12～14日（深圳）

展名：2006年中国国际信息通信展览会
时间：2006年5月23～26日（上海）

展名：中国西部国际通信、信息暨网络展览会
时间：2006年5月25～28日（成都）
周期：一年一届
创办时间：2001年5月
上届数据：展出面积（平方米）：9000
其中外国参展面积（平方米）：2000
观众总数（人次）：50000
展商总数（家）：150
其中外国参展商数目（家）：50

展名：2006年上海国际（手机、MP3、MP4）零部件展览会
时间：2006年7月3～7日（上海）

展名：第十届大连国际信息技术暨通信展览会
时间：2006年7月5～8日（大连）
周期：一年一届
创办时间：1997年

展名：台北国际电信暨网络展览会
时间：2006年7月14～17日（台北）

展名：2006 亚洲国际信息暨通信技术展览会
时间：2006 年 9 月 17～20 日（上海）
周期：一年一届
创办时间：2001 年
上届数据：展出面积（平方米）：23000
其中外国参展面积（平方米）：8900
观众总数（人次）：53297
展商总数（家）：433
其中外国参展商数目（家）：139

4）仪器仪表行业展会

展名：2006 年中国西部（成都）国际科学仪器暨实验室装备展览会
时间：2006 年 1 月 9 日（成都）

展名：第三届国际分析测试仪器暨实验室设备展览会
时间：2006 年 3 月 1～3 日（青岛）

展名：第十届中国（广州）国际工业控制自动化暨仪器仪表展览会
第八届华南液压气动密封暨空气压缩机国际展览会
第四届中国（广州）计量测试产品暨分析仪器展览会
时间：2006 年 3 月 6～9 日（广州）
周期：一年一届
创办时间：1997 年
上届数据：展出面积（平方米）：17000
观众总数（人次）：25000
展商总数（家）：550
其中外国参展商数目（家）：25

展名：2006 年南宁国际工业自动化暨仪器仪表展览会
时间：2006 年 3 月 7～9 日（南宁）

展名：第四届中国国际科学仪器暨实验室装备展览会（CISILE 2006）
时间：2006 年 3 月 9～11 日（北京）

展名：2006 年宁波国际自动化与传动设备展览会
时间：2006 年 3 月 20～23 日（宁波）

展名：测试与测量仪器展览会
时间：2006 年 4 月 4～7 日（上海）

展名：第九届国际仪器仪表暨工业自动化展览会
时间：2006 年 4 月 7～9 日（沈阳）

展名：2006 年中国东北第九届国际仪器仪表暨工业自动化展览会
时间：2006 年 4 月 7～10 日（沈阳）
周期：一年一届
创办时间：1998 年 4 月
上届数据：展出面积（平方米）：20000
其中外国参展面积（平方米）：1000
观众总数（人次）：16971
展商总数（家）：327
其中外国参展商数目（家）：31

展名：第四届上海国际分析仪器、生化试剂和实验室设备展览会
时间：2006 年 4 月 26～28 日（上海）

展名：第十届国际工业自动化与控制技术展览会
时间：2006 年 5 月 11～13 日（上海）

展名：2006 年中国（上海）国际科学仪器、化学试剂暨实验室设备展览会
时间：2006 年 5 月 17～19 日（上海）
周期：一年一届
创办时间：2003 年
上届数据：展出面积（平方米）：4000
其中外国参展面积（平方米）：800
观众总数（人次）：4500
展商总数（家）：150
其中外国参展商数目（家）：20

展名：中国西安国际环境监测仪器展览会
时间：2006 年 5 月 18～20 日（西安）

展名：2006 年大连国际分析计量测试仪器暨实验室展览会
时间：2006 年 5 月 23～25 日（大连）

展名：2006 年第八届大连国际自动化、仪器仪表展览会
时间：2006 年 5 月 23～25 日（大连）
周期：一年两届
创办时间：1999 年
上届数据：展出面积（平方米）：7000
其中外国参展面积（平方米）：900
观众总数（人次）：19487
展商总数（家）：200

其中外国参展商数目（家）：23

展名：2006年大连国际动力传动、液压气动暨密封件展览会
时间：2006年5月23～25日（大连）

展名：2006年第二届中国（广州）质量控制与计量测试仪器展览会
时间：2006年5月30日～6月1日（广州）
周期：一年一届
创办时间：2005年5月
上届数据：展出面积（平法米）：3800
其中外国参展面积（平方米）：800
观众总数（人次）：11918
展商总数（家）：121
其中外国参展商数目（家）：20

展名：第七届中国（广州）国际分析测试仪器/科教仪器/生物技术展览会
时间：2006年5月30日～6月1日（广州）
周期：一年一届
创办时间：1998年5月
上届数据：展出面积（平方米）：4500
其中外国参展面积（平方米）：200
观众总数（人次）：10918
展商总数（家）：121
其中外国参展商数目（家）：20

展名：第八届中国（北京）国际动力传动与自动化控制展览会
中国 （北京）国际动力传动与自动化控制展览会
时间：2006年6月13～16日（北京）
周期：两年一届
创办时间：2004年
上届数据：展出面积（平方米）：5500
其中外国参展面积（平方米）：800
观众总数（人次）：4000
展商总数（家）：200
其中外国参展商数目（家）：70

展名：2006年第六届中国（广州）国际自动识别展览会
时间：2006年6月20～22日（广州）

展名：第四届南京国际科学仪器暨实验室设备展览会
时间：2006年6月30日～7月1日（南京）

展名：第17届多国仪器仪表学术会议暨展览会
时间：2006年9月13～16日（上海）
周期：一年一届
创办时间：1983年
上届数据：展出面积（平方米）：7000
其中外国参展面积（平方米）：3000
观众总数（人次）：25622
展商总数（家）：540
其中外国参展商数目（家）：110

展名：2006年亚洲国际动力传动与控制技术展览会
时间：2006年10月10～13日（上海）
周期：一年一届
创办时间：1991年
上届数据：展出面积（平方米）：46000
其中外国参展面积（平方米）：15000
观众总数（人次）：60000
展商总数（家）：900
其中外国参展商数目（家）：300

展名：教学新仪器新设备（南京）国际采购大会
时间：2006年（南京）
周期：一年一届
创办时间：2006年

5）电子元器件行业展会

第二届跨国电子产品博览会

第二届跨国电子产品（深圳）博览会2005年10月20日落下帷幕，200多家境外采购商进场采购。跨国电博会组委会接到美国华商资讯采购团的产品采购清单，采购金额达6.5亿美元，该采购团一行35家企业代表参会跨国电博会并进行了现场采购。

跨国电子博览会是一个专门针对IT产业链上下游产品进行跨国采购和产业配套的大型国际交易活动，由中国电子商会、深圳电子商会、中国贸促会深圳分会、美国、日本、巴西、越南和中国台湾、香港等国家和地区的30多家商会组织联手主办。本届博览会于10月18～20日在高交会馆举行，主题是“产品交易，产业配套，跨国采购，实现多赢”。

主办方邀请的境外采购商达200多家，包括美国康纳、华商资讯标霸网采购商团、法国微银、现代、三星、三洋、松下、索尼、IBM、英特尔家电、福特、康柏、德州仪器、西门子、飞利浦中国等。其中，数十家采购商已提前递交了采购清单及委托加工、OEM等合作订单信息。除这些大型采购商

外，入场采购的境内外各类电子企业有5000多家。

据博览会组委会的负责人介绍，本届博览会的采购和展示对象几乎涵盖整个电子产业链的全部产品，尤以消费类电子和零部件为最。

博览会寻找买主的生产企业有600多家，主要来自深圳及周边地区，也有欧美、日韩、东南亚及我国港台地区的企业。

值得关注的是，深圳及珠三角电子专业市场在此次博览会上集体亮相。华强电子世界、都会电子城、赛格市场、宝安数码电子城、龙华国际电子城、万商电器城、深莞电子城、远望数码城、龙岗电子世界、华南城跨国电子采购中心等18家深圳电子市场，携200多家具有国际配套经验、生产优良电子产品的厂商参展。东莞、广州、中山、惠州等地的电子市场也组团前来。

此间人士称，境内外采购商、生产商借助博览会的平台直接交流、洽谈，扩大了深圳及周边生产企业的出口通道，降低采购商的制造和采购成本，实现资源的优化配置和产业的合理配套。

——新华网

环渤海电子周 打造华北电子制造盛会

由中国国际贸易促进委员会电子信息行业分会和天津经济技术开发区管委会及励展博览集团共同举办的2005环渤海电子周，于2005年10月26～28日在天津举办。

这是天津经济技术开发区第一次举办电子周，此次有来自中国、韩国、日本、美国、英国、新加坡、德国等国家和地区的200多家展商前来参加，展会涵盖表面装配技术设备与服务、测量与测试设备、电子制造服务、电子元件和移动电话元件、平板显示模板块及应用程序和汽车电子等六大领域。

励展博览集团华东地区副总裁李雅仪女士说："作为世界一流的展会主办方，励展博览集团及时捕捉到了华北地区市场的旺盛需求，环渤海地区不仅是中国电子制造业发展最蓬勃的地区，而且也是中国经济发展最迅速的地区"。李女士补充到，作为电子展的主办方，励展博览集团也相信，环渤海电子周将会成为华北地区最权威的电子制造业的盛会。

据了解，2005环渤海电子周的展商包括了诸如安必昂，欧姆龙，日本塞凯株式会社，千住电子，汉高乐泰等知名大企业。而我国台北市电器商业同业公会（TECA），财团法人光电科技工业协进会（PTDA），韩国空气清洁协会（KACA）更是组织了50余家公司参与电子周。

展会期间还举办环渤海地区电子制造、中国汽车电子发展前景等高峰论坛。以零部件、装配设备、测试和衡量，和转包合同服务也成为展会的特色。由于十月份也是电子贸易买家进货的时间，环渤海电子周举行期间，位于天津开发区的主要公司和其他一些潜在的客户就很有可能成为展会的展商和观众，汇集到电子周来寻找广泛的商业机会。

——《中国贸易报》

环球资源电子产品及零件展览会

2006年4月18日，环球资源电子产品及零件展览会在香港亚洲国际博览馆圆满落下帷幕，康佳、阿波罗、长城电脑等1300多家来自大中华地区的供应商参加了此次展会的展示。

据介绍，该展会是香港亚洲国际博览馆开馆以来规模最大的采购交易会，也是香港最全面的电子产品及零件展，设有1700个展位。展会所展出的消费类电子产品涵盖了目前最热门产品，其中包括MP4播放机、全球定位导航系统、液晶电视及车载DVD播放机；展览会还同时展出了时下精密电子产品所使用的电子零件，包括多层印刷电路版、发光二极管模组、连接器及线束、电源设备及变换器。来自美国最大的消费类电子产品供应商之一Circuit City、全球第三大的手机生产商三星、全球最大的办公用品零售商Staples以及3M、BestBuy、戴尔电脑、惠普、通用电器等众多国际买家在展会上与参展商进行了业务接洽。

"历届环球资源电子产品及零件展览会都为我们参展商带来大量的优秀买家，展览会人流也非常好。"广州市侨华电器有限公司经理杨瑞雄先生对展会给予了充分肯定。

一位来自欧洲的买家在接受记者采访时表示，他是第一次参加环球资源电子展，感觉很好，不但参展商优秀，展品范畴广泛，而且会展设施先进、服务到位，使得观展、洽谈十分便利，他已向一家中国内地的供应商当场下了订单。

——《国际商报》杨丽华

第五届中国国际国防电子展览会

第五届中国国际国防电子展览会2006年4月26～29日在北京展览馆举办。来自世界各地的300余家厂商展出最新的技术和产品，受到国内外客商的关注。

参展商展出了通信电子、空中交通管制系统、火控系统、电子战设备以及反恐技术专用装备等类别的产品。展会开幕当天吸引了4000多名业内观众和70多名外国驻华使馆的武官和外交人员。

本届展会展出面积达1.5万平方米，比上届增加5000平方米。参加展会的海外公司数量比上届翻了一番，达到34家，涉及电子、兵器、航空和航天等行业。

展会主办单位之一中国电子进出口公司工作人员说，展会为中国军工国有企业和进入军品行业的非国有企业和高技术民营企业提供了一个推介、相识、交流、交易的平台，还促进了国防电子技术领域的国际交流与合作。

此次展会由中国电子进出口总公司、中电科技国际贸易公司和北京隆鑫电子新技术公司主办。展会期间，主办方还举办了"中国国际国防电子技术应用论坛"。

——中国吉林网

第三届中国国际半导体照明展览会

第三届中国国际半导体照明展览会2006年7月12～14日在深圳会展中心举办。国家有关部委领导和深圳市相关领导出席了开幕式。

据了解，本次展会是继2004年、2005年分别在上海和厦门举办两届后，经科技部批准举办的半导体照明产业的第三届盛会。与前两届相比，本届展览具有五大特点：一是规模更大，本次展览面积7500平方米，比上届增加14%，共有156家企业参展，比上届增加26%；二是国际化程度进一步提高，参展企业覆盖面广，共有7个国家和地区的22家海外展商参展；三是参展企业的代表性强，美国维易科精密仪器公司、德国爱思强公司等均为世界知名半导体设备制造商，大连路明、世纪晶源、方大集团、拓日、奥拓电子等业内知名企业均参展；四是组委会广泛邀请产业链各环节的企业前来参观交流，使展会的专业观众更多，2008年奥组委和世博会代表团也组团前来观展；五是展会内容丰富，"世纪晶源杯"首届国家半导体照明工程创新大赛吸引了逾50家单位、近百件作品参赛，同期举办的半导体照明论坛也汇集了中外技术领军人物。

记者在现场看到，布展面积最大的是深圳国家半导体照明工程产业化基地和世纪晶源科技有限公司，达到了410平方米，包括世纪晶源展区、入园企业展区、宝安区高新办展区、合作外企展区、产品展区、洽谈区、人才招聘区等。首天的会期，该展区中来自德国的Aixtron公司、法国的Riber公司代表成为采访的热点。

本次展览由国家半导体照明工程协调领导小组办公室、深圳市人民政府、国家新材料行业生产力促进中心联合主办，国家半导体照明工程研发及产业联盟、深圳市科信局及高交会交易中心等联合承办。

——《国际商报》杨柳纯　邓媛雯

境内展

展名：2006电子工业产品展览会
时间：2006年3月3～5日（义乌）

展名：第12届电子零部件仪器仪表自动化工业展
时间：2006年3月3～5日（广州）
周期：一年两届

展名：第11届国际集成电路研讨会暨展览会
时间：2006年3月6～7日（上海）

展名：2006年第七届亚太电子工业（苏州）展览会
时间：2006年3月8～10日（苏州）

展名：第11届国际集成电路研讨会暨展览会
时间：2006年3月13～16日（深圳）

展名：华南（东莞）国际电子材料展览会
时间：2006年3月16～18日（东莞）

展名：华南（东莞）国际半导体工业展览会
时间：2006年3月16～18日（东莞）

展名：第五届中国国际电子元器件、组件、光电技术博览会/中国国际电子生产设备博览会暨PCIM China电子功率器、智能传送、电源质量博览会
时间：2006年3月21～23日（上海）
周期：一年一届
创办时间：2002年3月
上届数据：展出面积（平方米）：150000
其中外国参展面积（平方米）：9000
观众总数（人次）：32000
展商总数（家）：308
其中外国参展商数目（家）：174

展名：第二届广东国际电镀加工设备暨原材料展览会
时间：2006年3月24～26日（广州）

展名：中国上海国际LED与半导体照明展览会
时间：2006年3月28～30日（上海）

展名：元器件制造展览会2006
时间：2006年4月4日～7日（上海）
周期：一年一届
上届数据：展出面积（平方米）：32000
观众总数（人次）：15000
展商总数（家）：600

展名：第16届中国国际电子生产设备暨微电子工业展览会
时间：2006年4月4～7日（上海）
周期：一年一届
创办时间：1982年
上届数据：展出面积（平方米）：31000

展名：第四届深圳国际中小电机暨配套产品展览会
时间：2006年4月6～8日（深圳）

展名：第二届深圳国际电声新产品、新技术、新材料和新设备展览会
时间：2006年4月6～8日（深圳）
上届数据：展出面积（平方米）：5000
观众总数（人次）：15000
展商总数（家）：300

展名：2006年春季（第67届）全国电子产品展览会
时间：2006年4月12～14日（深圳）

展名：香港春季电子产品展
时间：2006年4月14～17日（香港）
周期：一年一届
上届数据：展出面积（平方米）：44343
观众总数（人次）：47150
展商总数（家）：1906
其中外国参展商数目（家）：995

展名：广东国际春季电子产品展览会
时间：2006年4月16～19日（广州）
周期：一年一届

展名：第八届华南（东莞）国际电子工业制造业博览会（SCEF 2006）
时间：2006年4月21～24日（东莞）

展名：第五届中国（浙江）国际电子工业博览会
时间：2006年4月22日（杭州）

展名：2006长三角电子工业配套采购（吴江）展览会
时间：2006年4月22～24日（吴江）

展名：第五届中国国际国防电子展览会
时间：2006年4月26～29日（北京）
周期：两年一届
创办时间：1998年5月
上届数据：展出面积（平方米）：10000
其中外国参展面积（平方米）：2000
观众总数（人次）：20000
展商总数（家）：260
其中外国参展商数目（家）：58

展名：2006第14届中国国际电子设备、电子元器件展览暨2006第五届中国国际光电显示展览会
时间：2006年6月19～21日（深圳）
周期：一年一届
创办时间：1997年

展名：2006年（第五届）上海国际电机博览会
时间：2006年6月（上海）
周期：一年一届
创办时间：2005年
上届数据：展出面积（平方米）：5000

展名：2006年第五届上海国际电声器件暨技术展览会
时间：2006年7月3～7日（上海）

展名：2006年第五届上海国际电子陶瓷暨压电晶体展览会
时间：2006年7月3～7日（上海）

展名：2006年大连国际电子工业展览会
时间：2006年7月5～8日（大连）
周期：一年一届
创办时间：1997年

展名：第12届华南国际电子生产设备暨微电子工业展览会
时间：2006年8月29日～9月1日（深圳）
周期：一年一届

展名：第四届中国国际集成电路产业展览暨北京微电子国际研讨会
时间：2006年9月4～6日（苏州）
周期：一年一届
创办时间：2003年
上届数据：展出面积（平方米）：10000
其中外国参展面积（平方米）：5000
观众总数（人次）：15000
展商总数（家）：245
其中外国参展商数目（家）：50

展名：台北国际秋季电子展览会
时间：2006年10月11～15日（台北）

展名：第26届香港电子产品展览会暨品牌荟萃廊
时间：2006年10月13～16日（香港）

展名：2006年秋季（第68届）全国电子产品展览会
时间：2006年11月23～26日（上海）
周期：一年两届
创办时间：1964年
上届数据：展出面积（平方米）：60000
其中外国参展面积（平方米）：15000
观众总数（人次）：56346
展商总数（家）：2500
其中外国参展商数目（家）：300

境外展

展名：2006年韩国电子生产设备暨SMT/PCB展览会
时间：2006年2月15～17日（韩国）

展名：俄罗斯国际电子元器件暨设备展览会
时间：2006年4月25～28日（俄罗斯）

展名：2006年美国拉斯维加斯国际电子产品
时间：2006年5月2～4日（美国）

展名：2006年泰国国际汽车电子展览会
时间：2006年6月1～4日（泰国）

展名：莫斯科国际电力电子展览会
时间：2006年6月5～9日（俄罗斯）

展名：2006年马来西亚国际电子元器件暨生产设备展览会
时间：2006年6月13～16日（马来西亚）

展名：汉堡国际电气工程、信息暨照明技术展览会
时间：2006年9月13～15日（德国）

展名：越南电子产品展
时间：2006年9月13～16日（越南）

展名：第八届韩国国际半导体、显示器展览会
时间：2006年10月11～13日（韩国）

展名：第37届韩国电子展
时间：2006年10月17～21日（韩国）

展名：柏林电器工程、电子和照明展览
时间：2006年10月18～20日（德国）

展名：2006年（第22届）国际电子元器件和组件贸易博览
时间：2006年11月14～17日（德国）

③ 机械电机行业

1）机床行业展会

2005中国国际工业转包展览会暨第13届中国国际工业装备展览会

由联合国工业发展组织（UNIDO）直接参与主办的“2005中国国际工业转包展览会”和“第13届中国国际工业装备展览会”于2005年11月7～10日在重庆展览中心举行。本次展会围绕“帮助参展企业建立与国际先进工业企业间的长期配套关系”这一主题，通过为每一个参展企业安排针对性作业订单讨论的方式，为促使重庆零部件制造企业早日进入全球工业采购链，树立重庆作为全国制造业中心之一的国际地位作出了贡献。

本次转包展览会，实际参会的国际机构、国际转包商共52家，国外机构14家、国外企业38家，国际专业买家102名。国外机构有：联合国难民署、联合国儿童基金会、欧盟驻华代表团、世界银行国际金融公司、德国汽车工业协会、欧盟商会、联合国工业发展组织英国投资与技术促进处、爱尔兰山依联合会、爱尔兰发展局中国办事处、联合国工业发展组织供应链管理部、英国驻重庆总领事馆、丹麦驻重庆领事馆、英国商会、汇丰银行。

国外主要知名企业有：Intel公司、博世（中国）投资有限公司采购中心、西门子（中国）有限公司、法雷奥汽车集团、大众汽车集团、宝马公司、蒂森克虏伯公司、霍尼韦尔公司、三菱重工、住友商社等38家国际知名工业企业。

本次展会为国内外参展企业或机构安排了384次贸易对接，保证了每个发包商与3个或3个以上国内供应商对接，国内参展企业平均与2家以上的国际买家进行针对具体订单的贸易洽谈。据组委会回访，展会深度对接效果良好，国内外展商均对本次展会表示满意。

本次展会，45家供应商与国际买家达成合作协议或意向性合作协议，59家国内供应商与国外先进工业企业获得了联系，建立了长期合作的可能。

第13届中国国际工业装备展的效果出乎组委会意料之外，经组委会展后回访，参展的39家装备企业对本次展会的满意率达95%，到场设备出售率达90%。大连机床厂、海天塑机、海太塑机、秦川机床、汉川机床、重庆机床厂、南通市锻压机床厂、建设集团工具制造公司等国内知名装备厂家都表示本次展会办得很好。

本次展会专业观众量大，很多装备企业纷纷反映，带来的宣传资料不够发，很快就发完了。有一家公司，第一天接待的专业观众达60人次，其中有43人留有有效联系方式。

本次展会构建了工业供应链间各企业之间的互动平台，从长远来看，必将成为中国西部工业界的一次高端年度聚会。

——库存在线

中国数控机床展览会

2006年2月14日，从在上海新国际博览中心隆重举行的中国数控机床展览会（CCMT2006）上传出信息：最近颁布的《国务院关于加快振兴装备制造业的若干意见》，已经把发展大型、精密高速数控设备、数控系统和功能部件列为国家发展先进制造业的重要目标之一。

本届展览会由中国机床工具工业协会主办，上海市国际展览有限公司等承办，首次移师上海新国际博览中心举办，展览总面积达4.6万多平方米，比往届展览面积扩大了2倍多。

为期四天展览会吸引了530多家大中型企业参展，展示

了一大批代表当今数控机床技术发展最高水平的产品，如：高速精密加工中心、五轴联动加工中心及镗铣床、九轴五联动车铣复合加工中心、干式切削数控滚齿机、六轴五联动弧齿锥齿轮磨床、大重型数控机床等主机产品和量刃具、机床附件和各种数控机床功能部件。

集中反映了我国数控机床在高速、精密、复合加工等方面所取得的可喜进步，也充分反映了当前的市场需求。本届展览以国内厂商为主，但也有针对性地吸收了13个国家和地区的约80家知名企业参加。

中国机床工具工业协会总干事长吴柏林在接受记者采访时说，2005年我国国产数控机床产量突破6万台，数控系统销售量将超过3万套，产业化进程明显加快，数控机床的生产集中度的进一步提高，这标志着我国数控机床已经进入了快速发展的新时期，在这个大背景下举行的本届展会，主题鲜明——“展示‘十五’成果，展望‘十一五’发展远景”。引人注目的是我国机床行业经过近几年的重新洗牌，一批行业排头兵在展会上崭露头角，充分展示中国机床工业快速发展新面貌。其次，展会配套活动内涵丰富，展会期间还开展主机展品“春燕奖”评审颁奖；国家发改委会同政府有关部门主持召开重点用户和主要机床企业参加的“国产数控机床发展座谈会”；商务部有关司局主持召开的提高国产数控机床国际竞争力的工作会议；由机床协会组织召开“海峡两岸机床业界恳谈会”等各种会议。此外，还有国内外著名企业在展会期间组织十多场技术交流会。

据介绍，主办单位还精心组织国内用户采购团和由欧盟、美国、德国、意大利、英国、西班牙、日本、韩国等十多个国家和地区的专业采购考察团，促进经贸交易活动。可见，CCMT2006是体现中国机床工业崭新面貌的一届高水平展会。

据了解，中国数控机床展览会自2000年创办以来，本着“培育国产数控机床市场，促进数控机床主流产品开发，推动中国数控机床产业化进程”的宗旨，已成功举办了三届，取得了令人瞩目的成绩，CCMT已成为机床工具行业企业展示成果与实力的舞台，是用户与制造企业交流与沟通的平台，是境内外用户和采购商考察选购产品设备的理想场所。

——《中国贸易报》

铸造锻压及工业炉展览会

第八届北京中国国际铸造锻压及工业炉展览会于2006年4月18～21日在北京国际展览中心举行。据悉，本届展会吸引了众多国际展团，由意大利对外贸易委员会和意大利铸造设备生产厂商协会共同组织的意大利国家展团以其参展面积超过1000平方米成为本届展会亮点之一。

随着对中国市场的不断深入了解，一些意大利公司纷纷在中国建厂，如意大利IMF公司早在1999年在中国齐齐哈尔车辆厂建立了合资关系。意大利的铸造设备始终处于世界顶尖的位置。目前是中国进口铸造设备的第四大供货商，2005年意大利对中国的出口达1亿欧元。

——《国际商报》

北京：CIMES ＆ CMTF2006

2006年6月12～16日，由中国机床总公司主办，北京国机展览中心承办的世界第三大国际机床展，国内机械行业内规模最大、专业性水平最高的国际性机床展览交易盛会——第七届中国国际机械装备展览会（CIMES2006）暨第八届中国机床工具商品展览交易会（CMTF2006），在北京中国国际展览中心举行。本次展会面积近十万平方米，再创历史新高，有25个国家和地区的1000多家企业参展。

该展会下设的制造业信息化专题展（MIES）是国际机床展的一大亮点。据介绍，制造业信息化专题展吸引了数十家制造业信息化厂商，全面展示了CAD／CAM／PLM／PDM等信息化技术，设立在专题展现场的“数字化设计体验区”则是本次国际机床展亮点中的亮点。记者观察，数字化设计体验区主要面向航空航天、汽车、装备、机械、船舶等广泛的制造工业专业人群，展示内容包括商用办公计算机、CAD软件、CAM软件、CAE软件、产品数据管理系统、数据库管理系统等。

记者注意到，知名专业绘图卡制造商艾尔莎（ELSA）公司作为专业CAD／CAM应用的核心硬件制造商参加了此次制造业信息化专题展，并展出了其新一代ATI FireGL™ V系列专业绘图卡，其中包含业界首款搭载1G显存的ELSA ATI FireGL™ V 7350专业绘图卡。

据ELSA公司工作人员介绍，该ELSA ATI FireGL™ V系列专业绘图卡搭配16倍速高频宽PCI Express界面，并拥有高动态分支和高效能执行顺序的惊人架构，对于大量的资料数据与复杂的着色处理的速度上获得了突破性的进展。以精密的90纳米制程技术与崭新的512位环状显存架构为基础，ELSA ATI FireGL™新V系列的高端专业工作站绘图卡，搭配1GB／512MB／256MB不同容量显存，均能发挥出最杰出的性能。ELSA ATI FireGL™ V系列专业绘图卡支持强大的高效能执行顺序显示处理器和领导业界的ATI Avivo™影音显示平台的技术，为3D艺术创作者与工业设计者提供了强大的性能支持。

据介绍，ELSA科技全新V系列的专业工作站绘图卡针对相关的专业应用进行了优化，尤其当使用像Autodesk Maya等专业应用软件时，更能提供强大的性能去计算这些精细且复杂的资料数据。为了使系统管理与升级更加有效简便并降低费用，所有ELSA ATI FireGL™专业工作站绘图卡均采用统一的驱动程序，此驱动程序并通过专业应用软件商测试与认证。

——《中国贸易报》叶灵燕

展名：2006年中国数控机床展览会
时间：2006年2月14～17日（上海）
周期：两年一届

创办时间：2000 年 8 月
上届数据：展出面积（平方米）：15800
其中外国参展面积（平方米）：1500
观众总数（人次）：36200
展商总数（家）：273
其中外国参展商数目（家）：18

展名：第六届中国—台州机床设备暨模具制造技术展览会
时间：2006 年 2 月 24～26 日（台州）
周期：一年一届
创办时间：1999 年
上届数据：展出面积（平方米）：8000
观众总数（人次）：10000
展商总数（家）：200

展名：第二届中国南京国际机床暨工模具展览交易会
时间：2006 年 3 月 1～3 日（南京）

展名：第 13 届中国机床、工模具展览会
时间：2006 年 3 月 3～5 日（温州）
周期：一年一届
创办时间：1994 年 3 月
上届数据：展出面积（平方米）：18000
其中外国参展面积（平方米）：
观众总数（人次）：9000
展商总数（家）：400
其中外国参展商数目（家）：30

展名：第三届中国武汉国际机床工具展览会
时间：2006 年 3 月 6～10 日（武汉）
周期：一年一届
创办时间：2004 年
上届数据：展出面积（平方米）：4000
观众总数（人次）：10000
展商总数（家）：120

展名：2006 年第八届中原装备制造业博览会
时间：2006 年 3 月 20～26 日（郑州）
周期：一年一届
上届数据：展出面积（平方米）：4500
其中外国参展面积（平方米）：1000
观众总数（人次）：120000
展商总数（家）：207

展名：第三届湖北国际工业装备展览会暨第九届武汉国际工业控制与自动化展览会
时间：2006 年 3 月（武汉）
周期：一年一届

创办时间：2004 年 3 月
上届数据：展出面积（平方米）：8000
其中外国参展面积（平方米）：600
观众总数（人次）：15000
展商总数（家）：200
其中外国参展商数目（家）：30

展名：中国东北第七届国际机床、工模具技术展览会
时间：2006 年 4 月 7～10 日（沈阳）
周期：一年一届
创办时间：2000 年 8 月
上届数据：展出面积（平方米）：5000
观众总数（人次）：19721
展商总数（家）：132

展名：东北第八届国际动力传动与控制技术展览会暨国际机械通用零部件暨制造装备
时间：2006 年 4 月 7～10 日（沈阳）
周期：一年一届
创办时间：1999 年 8 月
上届数据：展出面积（平方米）：5000
其中外国参展面积（平方米）：1500
观众总数（人次）：24709
展商总数（家）：360
其中外国参展商数目（家）：110

展名：2006 年中国（贵州）金属与冶金工业技术装备展览会
时间：2006 年 4 月 18～20 日（贵阳）

展名：第七届中国重庆工业装备展览会
时间：2006 年 4 月 20～23 日（重庆）
周期：一年一届
创办时间：2000 年
上届数据：展出面积（平方米）：15000
其中外国参展面积（平方米）：5000
观众总数（人次）：80000
展商总数（家）：683
其中外国参展商数目（家）：83

展名：2006 年国际机床工具专业展览会
时间：2006 年 6 月 12～16 日（北京）
周期：两年一届
创办时间：1992 年

展名：第七届中国国际机械装备展览会暨第八届中国机床工具商品展览交易会
时间：2006 年 6 月 12～16 日（北京）

周期：两年一届
创办时间：1992 年
上届数据：展出面积（平方米）：25262
其中外国参展面积（平方米）：7274
观众总数（人次）：127563
展商总数（家）：882
其中外国参展商数目（家）：203

展名：第七届广州国际金属暨冶金工业展
时间：2006 年 6 月 15～18 日（广州）
周期：一年一届
创办时间：2000 年

展名：第七届大连国际机床展览会
时间：2006 年 7 月 5～8 日（大连）
周期：一年一届
创办时间：1999 年 9 月
上届数据：展出面积（平方米）：8000
其中外国参展面积（平方米）：1500
观众总数（人次）：38000
展商总数（家）：300
其中外国参展商数目（家）：48

展名：2006 年中国（广州）国际机床与五金加工机械暨工具展览会
时间：2006 年 7 月 14～17 日（广州）
周期：一年一届
创办时间：2000 年 9 月
上届数据：展出面积（平方米）：15000
其中外国参展面积（平方米）：4600
观众总数（家）：16876
展商总数（家）：326
其中外国参展商数目（家）：62

展名：第七届中国（广州）国际机床展
时间：2006 年 7 月 14～21 日（广州）
周期：一年一届
创办时间：2000 年 7 月
上届数据：展出面积（平方米）：10000
其中外国参展面积（平方米）：1400
观众总数（人次）：9615
展商总数（家）：321
其中外国参展商数目（家）：96

展名：第六届中国国际工业装备（青岛）博览会
时间：2006 年 8 月（青岛）
周期：一年一届
创办时间：2002 年
上届数据：展出面积（平方米）：22000
其中外国参展面积（平方米）：2000
观众总数（人次）：15000
展商总数（家）：200
其中外国参展商数目（家）：15

展名：第三届中国国际机电工业博览会暨装备中国高峰论坛
时间：2006 年 9 月 8～10 日（宁波）
周期：一年一届
创办时间：2004 年 9 月
上届数据：展出面积（平方米）：20000
其中外国参展面积（平方米）：4200
观众总数（人次）：18000
展商总数（家）：287
其中外国参展商数目（家）：15

展名：2006 年中国国际金属加工工业展览会
时间：2006 年 10 月 10～13 日（上海）
周期：一年一届
创办时间：1994 年 11 月
上届数据：展出面积（平方米）：23100
其中外国参展面积（平方米）：13000
观众总数（人次）：60000
展商总数（家）：277
其中外国参展商数目（家）：208

展名：第三届中国（济南）国际制造技术与装备展览
时间：2006 年 10 月 16～18 日（济南）
周期：一年一届
创办时间：2004 年 11 月
上届数据：展出面积（平方米）：14000
其中外货参展面积（平方米）：3000
观众总数（人次）：20000
展商总数（家）：8486
其中外国参展商数目（家）：17

展名：第四届国际电机工程暨电工装备展览会
时间：2006 年 10 月 31 日～11 月 3 日（北京）
周期：一年一届
上届数据：展出面积（平方米）：10000
观众总数（人次）：24500
展商总数（家）：300

2）工具、模具、通用件及零部件行业

行业简况

我国五金行业发展六大趋势

“国内竞争国际化，国际竞争国内化”将是未来几年我国五金行业发展的特点，并将具体表现在以下6个方面。

一、中国作为全球五金制造中心的地位将进一步稳固。中国经济设施比较完善，产业发展比较成熟且劳动力成本较低，具有成为全球五金制造中心的比较优势，五金制造业外向型发展特征明显。中心地位的加强首先表现在近几年五金产品的出口全面增长：主要五金产品的出口增长率均高于产量的增长率，更高于国内市场销量的增长率；主要五金电器产品全面开花，电动工具、手工具、建筑五金产品这些传统的出口大类产品增幅很高。巨大的市场和中心地位引力将进一步吸引五金跨国公司制造中心向中国的转移。

二、行业内的资本运作将趋于活跃，企业间的合作会明显加强。在全球竞争的环境下，为了获得有利的竞争地位和提高竞争力，产业资本是行业运行的另一个主题。2004年苏泊尔、华帝先后上市，宏宝也在为上市积极努力，万和的资本市场运作也不会因与粤美雅重组失败而停止。从资本角度讲，当前的主要特点是资本的扩张在加剧。从竞争行为上看，企业间资源共享的合作在增加。

三、企业两极分化将进一步加剧。未来几年将是五金行业的高速震荡期，这种高速震荡带来的直接后果是导致目前五金厨卫品牌阵营中两极分化的趋势扩大。预计今后几年真正能够在市场上存活的五金企业绝对没有现在这么多。但五金行业的这种高速震荡将带来巨大的机会，震荡的结果将会使市场运作更加理性。

四、销售渠道将发生深刻的变化，渠道间的竞争也日益激烈。一方面，厨电生产厂家加强了对零售终端的控制，力争减少销售环节，节省销售费用，使销售渠道向专业化方向发展，企业销售模式朝着能同时适应多样市场的方向发展。另一方面，销售业发展的趋势使大型家电连锁店的地位不断上升，对行业的控制能力增强，参与并引发了以前主要由制造商主导的价格竞争。大型零售商凭借其广阔的市场覆盖面、采购规模和成本优势，在产品定价、货款交割等方面对生产企业的控制能力将日益增强。

同时，国际市场对我国五金产品的要求也会逐步发展变化，对中国产品的质量、包装、供货期限都会有更高的要求，甚至逐步延伸到生产过程和产品的研发，将产品与环境保护、能源资源、人文环境结合起来。

五、市场竞争将由以价格为主转向到高品质、高技术含量的产品上。随着竞争的深入，五金产业链各阶段的利润空间均在压缩，降价的空间日趋减少。越来越多的企业认识到单靠价格竞争不能建立核心竞争力，不是长远发展的方向，从而努力探索新的发展道路。许多五金企业加大了技术投入，开发新的具有高技术含量的产品，将产品的差异化作为企业发展的长久之计，寻求新的市场需求，建立新的经济增长点(进入如小家电和其他相近行业)，以实现企业的可持续发展。

六、国内外企业的融合将进一步加快。国内五金企业为了提高自身实力，更快地拓展国际市场，将通过多种手段加快和国外企业的融合以提高产品质量、提高竞争力。在继续拓展美国、日本等传统国家市场的同时，在东南亚、中东、俄罗斯、欧洲、非洲等也会全面开花。

总体而言，我国五金行业仍将延续结构调整的势头，但同时会不断出现一些亮点。五金企业两极分化的局面会愈演愈烈，一些不适应市场竞争的企业会通过不同渠道退出市场竞争，而五金巨头会逐渐浮出水面。

——《国际商报》环 博

展 会

中国国际五金博览会

2005年北京中国国际五金博览会于2005年9月14～16日在北京举办。这已是中国五金行业举办的国际化参与程度最高、国际国内五金品牌汇聚的第107次展览会。中国五金行业经过50年的发展，已逐步成为世界上五金产品产量和加工出口最大的国家。五金行业出口正以每年8%的速度增长，仅2004年五金制品出口额就突破50亿美元。随着五金行业稳步发展，作为产品销售前段和销售高端的五金行业博览会规模也日趋扩大，为推动中国五金产品走出国门、提高国际认知度、加大国际间的合作打下了坚实基础，展览规模从第六届一直向上攀升。其中，展会的面积从5000多平方米，2800多家店铺发展到5万多平方米，2500个展位，参观人数超过8万多人，今年的国际参展商比往届同期高出15%。

有着传统行业特征的中国五金行业工具市场，主要分布在浙江、江苏、上海、广东和山东等地方，其中广东顺德、浙江永康在五金行业中的地位最为突出。在此基础上形成的中国五金行业展览会，已成为中国五金从区域走向国际市场打造出一个高端平台。中国永康的中国五金展展会从第一届出口创汇1720万美元增长到第九届的2.63亿美元。中国五金交电化工商业协会海外展商负责人姜晓丽透露，从行业发展的角度来看，国际五金行业展览会站在了全国行业的高端，跟上了国际展览市场的步伐，但从地域分布的展会来看，因受五金行业产地区域分布的影响，每年两次在上海、北京两地轮流举办的中国国际五金行业博览会的组展效果，上海的五金行业展相对而言，其规模要明显大于北京。

有专家预测，未来10年中国的五金产品将从传统简易型逐步向人性化设计过渡，产品在款式和设计原理上将逐步向国际化靠拢，五金产品生产单位对于国际品牌的产权保护意识将提到企业生产研发的日程中来，国际间的交流与合作进一步扩大。与五金行业相关的品牌展览将会在国家相关法规政策的引导下，由以前单一的组团参与转变成小规模的独立办展。展览市场将主要集中在欧美地区的美国、加拿大、英国、德国，依靠高端市场的品牌效应辐射国际五金市场。

——《中国贸易报》季春红

第六届中国国际机电博览会

2005年9月23～26日，第六届中国国际机电产品博览会在武汉国际会展中心举办。四天展会，签约外资项目46项，投资总额11.3亿美元，引入外资7.3亿美元；签约出口合同10项，总额4.1亿美元；签约内资项目14项，投资总额35.2亿元人民币。

本届机博会取得“五大成果”：

一是专业特征鲜明。本届机博会由专业展览公司招展，6大展区汇集487家国内外知名机电企业，吸引41个国家和地区2400名客商、10多万人次专业观众。展出内容，新技术、新产品、新工艺、新材料占比60%，35%产品具世界先进水平，25%产品拥有自主知识产权。“特装”展位占比45%，历届最高。

二是国际色彩更浓。国外参展商160多家，占参展企业总数33%，历届最多；世界500强企业62家，比去年多10家；接待248个境外团组，创历届之最。

三是跨国采购拓展领域。65家跨国公司与会，较上届增加29家，内有28家世界500强企业。洽谈成功71对采供对子。世界知名金融、物流企业和贸易促进机构明显增多。

四是成功引入联合国采购。联合国助理秘书长携6大机构来汉，举办中部地区首次联合国采购说明会，设点联合国采购信息中心，339家国内企业前来参会洽谈。

五是构建中西部对外开放平台。武汉城市圈首次集体推介；中部6省积极回应联办机博会倡议；6省省会城市外经贸负责人聚首机博会，签署“区域合作框架协议”；湖南、山西两省从本届开始参与主办。机博会成为中西部地区最具规模和影响力的制造业展会。

——中国农业机械化信息网

第四届中国国际刀剪博览会

秋风送爽，硕果飘香。第四届中国（阳江）国际刀剪博览会于2005年10月27日降下帷幕。据统计，为期四天的刀博会期间共签约项目118个（其中项目签约52个，贸易签约66个），成交总额11.4亿美元（其中项目成交6.4亿美元，贸易成交5亿美元）。

本届刀博会中，共设置标准展位400个，参展的企业共326家，境外、省外等市外企业占了三成多，参展产品主要以五金刀剪、机械、源辅材料为主，名优特展位仅有40个，比上届80个减少了50%。今年刀博会迎来国外客商1860人，比上届增加了24%，国内外客商比例基本持平。这些参会的主要采购团（买家）有：广交会采购团、日本刀剪企业考察团、沃尔玛公司采购小组、家乐福考察零售市场采购小组、德国双立人考察小组、澳门工商团体采购团等。据悉，四天刀博盛会共迎来参会客商3560多人，比上届增加了11.3%，其中进馆参观的观众近2.5万人次。

设置品牌区是本届刀博会的一大亮点，为增强阳江市刀剪及各生产企业的品牌意识，刀博会组委会安排了阳江市7家获得省级以上品牌和拥有省商标、中国驰名商标的五金刀剪企业在显赫馆位参展，让阳江最新、最精、最美的各类刀剪产品与参展商和观众见面。7家品牌企业也不负重望，捷报连连，成交喜人。据悉，刀博会期间，十八子集团就与加拿大客商签订了850万美元的购货合同，客商同时还与十八子集团达成意向，准备合作开拓加拿大以及北美等地区的销售市场；几天以来，阳江鸿丰实业有限公司、永威数控刀剪机械厂等另外6家品牌企业现场签约成交的喜讯不断传来，且呈现出成交额较大、订单较多的特点。更为喜人的是，部分参会客商，在了解阳江市投资环境，实地考察该市刀剪企业后，提出了与该市刀剪企业合作的意向，为今后到该市投资打下了基础。

——新华网广东频道

境内展

展名：2006年第四届青岛国际五金机械暨工具展览会
时间：2006年3月13～15日（青岛）

展名：第七届中国（深圳）国际机械暨模具、塑胶工业展览会
周期：一年一届
创办时间：2005年3月
上届数据：展出面积（平方米）：7000
其中外国参展面积（平方米）：700
观众总数（人次）：30000
展商总数（家）：480
其中外国参展商数目（家）：48

展名：中国东北国际冶金工业展览会
时间：2006年3月30日～4月1日（沈阳）
周期：一年一届
创办时间：1996年
上届数据：展出面积（平方米）：7000
其中外国参展面积（平方米）：700
观众总数（人次）：30000
展商总数（家）：480
其中外国参展商数目（家）：48

展名：2006年东北第九届国际五金工具展览会
时间：2006年4月7～9日（沈阳）
周期：一年一届
创办时间：1998年4月
上届数据：展出面积（平方米）：8000
其中外国参展面积（平方米）：180
观众总数（人次）：20000
展商总数（家）：287
其中外国参展商数目（家）：4

展名：东北第十届国际焊接技术设备展览会
时间：2006年4月7～9日（沈阳）
周期：一年一届
创办时间：1997年3月
上届数据：展出面积（平方米）：2000
其中外国参展面积（平方米）：300
观众总数（人次）：12000
展商总数（家）：120
其中外国参展商数目（家）：20

展名：第十届中国国际冶金工业展览会
时间：2006年4月18～21日（北京）
周期：两年一届
创办时间：1998年
上届数据：展出面积（平方米）：35000
其中外商参展面积（平方米）：11000
观众总数（人次）：21469
展商总数（家）：910
其中外国参展商数目（家）：224

展名：第八届中国国际铸造、锻压暨工业炉展览会
时间：2006年4月19～21日（北京）
周期：两年一届
创办时间：1987年
上届数据：展出面积（平方米）：15835
其中外国参展面积（平方米）：3758
观众总数（人次）：21469
展商总数（家）：910
其中外国参展商数目（家）：231

展名：中国国际微机电系统论坛暨展览会
时间：2006年4月20～23日（上海）

展名：第11届中国国际模具技术和设备展览会
时间：2006年5月8～12日（上海）
周期：两年一届
创办时间：1986年
上届数据：展出面积（平方米）：34500
其中外国参展面积（平方米）：8142
观众总数（人次）：100500
展商总数（家）：773
其中外国参展商数目（家）：205

展名：第11届北京—埃森焊接与切割展览会
时间：2006年5月16～19日（北京）
周期：一年一届
上届数据：展出面积（平方米）：12024
其中外国参展面积（平方米）：4026
展商总数（家）：512
其中外国参展商数目（家）：42

展名：第三届山东建材五金焊接切割技术展览会
时间：2006年5月17～21日（济南）

展名：2006年第四届国际机电产品进出口（广西）博览会
时间：1006年5月26～28日（南宁）

展名：2006慈溪国际模具设备与塑胶工业展
时间：2006年6月6～9日（慈溪）
周期：一年一届
创办时间：2006年

展名：第七届广州国际金属暨冶金工业展览会
时间：2006年6月15～18日（广州）
周期：一年一届
创办时间：2000年8月
上届数据：展出面积（平方米）：25000
其中外国参展面积（平方米）：200
观众总数（人次）：68000
展商总数（家）：680
其中外国参展商数目（家）：40

展名：第五届大连国际铸造展览会
第四届大连国际焊接技术设备展览会
时间：2006年7月3～8日（大连）
周期：一年一届

创办时间：2002年8月
上届数据：展出面积（平方米）：5000
其中外国参展面积（平方米）：500
观众总数（人次）：38000
展商总数（家）：300
其中外国参展商数目（家）：48

展名：第八届大连国际五金工具暨模具展览会
时间：2006年7月5～8日（大连）
周期：一年一届
创办时间：1999年9月
上届数据：展出面积（平方米）：5000
其中外国参展面积（平方米）：1500
观众总数（人次）：38000
展商总数（家）：300
其中外国参展商数目（家）：48

展名：第四届大连国际焊接技术设备展览会
时间：2006年7月5～8日（大连）
周期：一年一届
创办时间：2002年

展名：2006年中国（广州）国际五金暨设备展览会
时间：2006年7月6～9日（广州）

展名：第七届中国（广州）国际模具设备与技术展
时间：2006年7月14～17日（广州）
周期：一年一届

展名：第四届中国（广州）国际五金工具展
时间：2006年7月14～21日（广州）
周期：一年一届
创办时间：2000年3月
上届数据：展出面积（平方米）：2000
其中外国参展面积（平方米）：200
观众总数（人次）：3743
展商总数（家）：97
其中外国参展商数目（家）：19

展名：第八届大连国际五金工具暨模具展览会
第13届大连国际工业零部件、原材料展览暨专业协作配套洽谈会
时间：2006年7月（大连）
周期：一年一届
创办时间：1999年9月
上届数据：展出面积（平方米）：10000
其中外国参展面积（平方米）：2000
观众总数（人次）：4800
展商总数（家）：360
其中外国参展商数目（家）：62

展名：第七届中国国际机电产品博览会
时间：2006年8月23～26日（武汉）
周期：一年一届
创办时间：2000年
上届数据：展出面积（平方米）：30000
其中外国参展面积（平方米）：10000
观众总数（人次）：100000
展商总数（家）：487
其中外国参展商数目（家）：160

展名：中国五金博览会
时间：2006年9月26～28日（北京）
周期：一年一届
创办时间：1995年9月
上届数据：展出面积（平方米）：20000
观众总数（人次）：19700
展商总数（家）：3000

展名：2006中国国际五金展
时间：2006年9月27～29日（上海）
周期：一年一届
创办时间：2001年
上届数据：展出面积（平方米）：58000
其中外国参展面积（平方米）：10000
观众总数（人次）：40000
展商总数（家）：1500
其中外国参展商数目（家）：200

展名：中国国际模型博览会
时间：2006年10月3～6日（北京）
周期：一年一届
创办时间：2001年
上届数据：展出面积（平方米）：8000
其中外国参展面积（平方米）：1500
观众总数（人次）：25000
展商总数（家）：130
其中外国参展商数目（家）：25

展名：第五届中国（阳江）国际刀剪展览会
时间：2006年10月24～27日（阳江）
周期：一年一届
创办时间：2002年6月
上届数据：展出面积（平方米）：10000
其中外国参展面积（平方米）；3000
观众总数（人次）：6800

展商总数（家）：400
其中外国参展商数目（家）：30

展名：国际五金暨家居装饰展
时间：2006年10月（香港）
上届数据：展出面积（平方米）：4218
观众总数（人次）：15053
展商总数（家）：138

展名：第五届中国河北国际冶金工业展览会
时间：2006年（唐山）
周期：一年一届
创办时间：2002年
上届数据：展出面积（平方米）：4000
其中外国参展面积（平方米）：400
观众总数（人次）；9000
展商总数（家）：100
其中外国参展商数目（家）：5

境外展

展名：2006年（第10届）德国慕尼黑国际陶瓷、冶金技术设备博览会
时间：2006年5月16～19日（德国）

展名：第一届韩国釜山国际焊接、切割、激光展览会
时间：2006年9月6～9日（韩国）

展名：连接和熔解技术专业展览会
时间：2006年9月19～23日（德国）

展名：国际金属加工博览会
时间：2006年9月19～23日（德国）

展名：莱比锡模型制造、轨道模型和新型模型展览会暨游戏节
时间：2006年9月30日～10月3日（德国）

展名：斯图加特轨道模型展览会
时间：2006年10月25～29日（德国）

展名：德国南部玩具创新暨模型制作展
时间：2006年10月26～29日（德国）

3）纺织机械行业展会

青岛“缝制展”国际品牌悉数到场

2006第七届青岛国际缝制设备及皮革鞋机、鞋材展览会和2006第七届青岛国际纺织面料、辅料及纱线暨家用纺织品展览会于2006年6月28～30日在青岛国际会展中心举办。

本届展览会的意向成交额达到17亿元人民币，专业观众数量达到了5.3万人，外商数量也比上一届增加，达到了4000人次，提高了25%。此次展会面积达3万平方米，共有800家国内外企业参展。展会共展出1500个展位，涵盖了行业内1500个知名品牌。许多企业通过加大参展面积并投入巨资进行企业形象展示，总面积占到展览会总体规模的68%以上，成为本届展览会的一大亮点。许多国内外企业的高层领导人，CEO等人员都亲自参与展会，他们把参与本届展览会作为重要工作活动来安排，这在以往的展会上是比较少见的。另外，在展览会期间举办的研讨会，极大的吸引了专业客商的广泛参与。

本届展览会的成功举办，使之成为2006年度中国最为重要的行业盛会之一，对整个产业的发展将起到有力的促进作用。

——山东省服装行业协会

上海国际纺织机械展览会

2006年7月5～8日，2006上海国际纺织机械展览会在上海新国际博览中心举办。来自19个国家和地区的700多家公司参加了此次展会，展会面积超过5万平方米。

本届展会是把过去陆续于双年开辟的一系列专业纺织行业展会，包括上海国际服装工业展览会、上海国际针织工业展览会以及中国（上海）国际纺织器材展览会等，通过资源整合形成的一个大型专业展会的第一次亮相。整合后的上海国际纺机机械展专业程度更高、重点突出，便于展商因地制宜和因时制宜地选择参展，大量节省了人力、财力开支，极大提高了参展效率和效果。

本届展会共接待了来自47个国家和地区以及全国26个省、自治区和直辖市的海内外观众，共计5万多人次，其中海外专业观众2937人次。现场贸易成交形势喜人，截止闭馆，现场贸易进出口额达到2000万美元，现场国内贸易成交额达5.5亿元人民币。尚有大量的设备正在洽谈签约中。

——《中国贸易报》陈 凯

展名：第六届中国（广州）国际纺织机械暨印染设备展览会
时间：2006年3月1～3日（广州）
周期：一年一届

创办时间：2001年6月
上届数据：展出面积（平方米）：16000
其中外国参展面积（平方米）：3500
观众总数（人次）：22304
展商总数（家）：310
其中外国参展商数目（家）：81

展名：第六届中国（广州）国际缝制设备展览会
时间：2006年3月1～3日（广州）
周期：一年一届
创办时间：2001年6月
上届数据：展出面积（平方米）：12000
其中外国参展面积（平方米）：2700
观众总数（人次）：14735
展商总数（家）：207
其中外国参展商数目（家）：75

展名：2006年中国湖南第三届纺织机械暨制衣设备展览会
时间：2006年3月28～30日（长沙）

展名：2006年北京国际缝制设备与辅料展览会
时间：2006年3月30日～4月1日（北京）

展名：2006年第六届中国（南京）国际缝制设备展览会
时间：2006年5月10～14日（南京）

展名：2006年第六届中国（南京）国际纺织机械暨印染设备博览会
时间：2006年5月12～14日（南京）

展名：中国国际纺织暨制衣设备展览会
时间：2006年5月17～21日（济南）

展名：中国东北国际纺织机械、制衣设备展览会
时间：2006年6月17～19日（沈阳）
周期：两年一届
创办时间：1993年
上届数据：展出面积（平方米）：2500
其中外国参展面积（平方米）：1000
观众总数（人次）15000
展商总数（家）：180
其中外国参展商数目（家）：32

展名：2006年第七届青岛国际缝制设备暨面辅料展览会
时间：2006年6月28～30日（青岛）
周期：一年一届
创办时间：2000年11月
上届数据：展出面积（平方米）：22500
其中外国参展面积（平方米）：8000
观众总数（人次）：50000
展商总数（家）：600
其中外国参展商数目（家）：140

展名：香港国际纺织、成衣机械暨技术展览会
时间：2006年7月11～14日（香港）

展名：华南国际缝制设备展览会
时间：2006年9月2～5日（广州）
创办时间：2006年

展名：第十届中国国际纺织机械展览会
时间：2006年10月17～21日（北京）

展名：第八届宁波国际缝制设备暨纺织面辅料展
时间：2006年10月（宁波）
周期：一年两届
创办时间：1999年
上届数据：展出面积（平方米）：3000
其中外国参展面积（平方米）：650
观众总数（人次）：11000
展商总数（家）：122
其中外国参展商数目（家）：13

展名：2006年上海国际制衣暨绣花设备展览会
时间：2006年11月（上海）

展名：第九届湖北国际纺织制衣机械暨面辅料展览会
时间：2006年11月（武汉）
周期：一年一届
创办时间：1995年
上届数据：展出面积（平方米）：10000
其中外国参展面积（平方米）：2000
观众总数（人次）：50000
展商总数（家）：280
其中外国参展商数目（家）：60

4）飞机、汽车、有轨车、摩托车、自行车行业展会

第九届深圳国际汽车展览会

2005年9月14日，第九届深圳国际汽车展览会在深圳会展中心开幕。在此次展会现场，无论是顶级车保时捷、劳斯莱斯、宝马，还是大众、长安福特、吉利等，纷纷捧出最新最靓车型。各厂商各显神通，使尽浑身解数，用最新款车型、让利活动、节油等宣传争抢国庆车市。

新款靓车争奇斗艳。在展会上，有来自德国、意大利、日本、韩国、美国及中国香港等十多个国家和地区的厂商参展，保时捷、劳斯莱斯、宝马、VOLVO、路虎、捷豹、林肯、丰田、大众、本田、日产、双龙、福特、通用、三菱等30多家整车厂商的150多款新车纷纷亮相，各新款靓车争奇斗艳。

顶级车的车迷这次可大饱眼福。为纪念“幻影”车型诞生80周年，劳斯莱斯全球限量发售25辆，全中国市场仅3辆。珍藏版全新“幻影”亮相本次车展，黑色或黑银搭配的外观设计，手绘的银色装饰线条绕车一周，美观大方的21英寸铝制轮毂更显尊贵。保时捷展出的多款跑车，均是目前最新最畅销的款式，让车迷心动不已，其中一款售价达220万元。法拉利的车迷还可看到价值1800万元全球限量车型。

同时，欲买车的准车主们也可近距离接触心爱车型。东风日产新推出的TIIDA颐达的孪生车型两厢TIIDA骐达，也携手三厢颐达亮相车展。东风悦达起亚展出嘉华、远舰、赛拉图，其中赛拉图为2005年推出的新款车，“充满风尚动感魅力的中级车”定位及产品性能深受部分顾客青睐。华晨宝马在现场还推出期待已久的第五代BMW3系。

低油耗成推销攻略。针对前一段时间的“油荒”和油价飞涨现象，不少汽车厂商对症下药，在国庆黄金周车市来临之前，大打低油耗招牌吸引消费者，日本昌河铃木、吉利、菲亚特等汽车厂商纷纷对低油耗功能重点推介。

在展会现场，福特汽车挂出了一大幅宣传招贴——“省油我最棒”，日本昌河铃木也打出“大功率低油耗”宣传语，吸引了众多目光。日本昌河铃木汽车工作人员告诉记者，他们推出的两款汽车主要卖点就是低油耗，北斗星新概念1.5 BOX车型以每小时50公里的速度行驶100公里，仅耗油4.0升。现场询问者众多，大多关注油耗指标。

配套市场风生水起。各厂商还打出“引领汽车消费时尚 完善汽车售后服务”的宣传吸引顾客眼球。

众多国内外的汽车零部件和汽车用品商登台亮相，其中深圳铃胎世界、深圳非常城市汽车音乐俱乐部、三利娱乐用品公司以及美国、日本等汽车配套用品公司推出了一系列新产品，让很多车主爱不释手。

——深圳特区报

第11届北京国际航空展

第十一届北京国际航空展览会新闻发布会于2005年9月21日在北京国际展览中心开幕。据了解，本届北京国际航展共吸引了来自21个国家和地区的175个参展商参加，他们中既有历届参展的展商，也有第一次出现的新展商。本次航展延续北京航展历次的模式，但是在展出产品和内容上都有新的发展，出现了很多让大众期待的看点。

看点一：空客作为欧洲宇航防务集团的子公司参展。本次航展欧洲宇航防务集团以集团公司为整体参加展览，空中客车（AIRBUS）作为其中的一个子公司参展。

看点二：中航二集团超大展台。中航二集团本次展台面积达到了500多平方米，创造了历届北京航展国内单家公司参展面积之最。各种航空产品悉数登场，其中包括中国自主研制的、拥有世界一流水平的、寿命长可靠性高的、不久即将面世首飞的高级教练机L-15，中巴合作研制的，曾被评为经济性能最好的50座涡轮支线飞机erj145，以及十几种直升机和最新研制的系列运输机模型等等。

看点三：中航一集团的品牌军团。本次航展中航一集团首次以中国一航的名义，率领下属上百家单位参展。展出产品也由以往单纯的飞机产品发展到包括军用航空产品、民用航空产品、武器、设备等四个大类产品参加展出。对比起以往小巧玲珑的飞机模型，本次参展的飞机模型是按照1:10的比例制作，模型更大，更有直观的现场效果。同时中航一集团还利用多媒体展厅向观众介绍飞机设计制造过程。

看点四：中航材转型 下属培训学校风光无限。中航材在打破航材垄断后一直在探索新的经营方式。新闻发布会上，中航材进出口集团公司副总经理孙博介绍说，中航材在本次航展上主要宣传公司的新业务发展规划，中航材由航材进出口商向航材进出口服务提供商转变。同时，中航材下属的华欧航空培训学校也单独参展。

看点五：国家展团火暴，意大利团最大。本次参展的国家展团众多，其中意大利展团规模最大，参展单位最多，据悉意大利国防部副部长亲自带队出席。

——中国技术创新信息网

天津车展赢得满堂彩儿

2005年9月29日～10月5日，由滨海新区管委会、保税区管委会和中国进口汽车贸易中心共同主办的第四届天津国际汽车贸易展览会在天津举办。展会期间合同交易额达到12亿元，接待中外观众突破25万人次。其中现场售出国内外汽车2216部，交易额3.2亿元。

2004年国内车市经历了前所未有的寒冬，这股寒流一

直持续到了2005年。而且，由于2005年8月份上海大众的降价，增加了消费者持币待购的心理，大多数业内人士并不看好“十一”黄金周的车市。天津车展就是在这种背景下开幕的。

然而，2005年天津国际汽车贸易展览会在闭幕之后统计出的成交额，比上一届多出了四千多万元。天津车展上，平时积蓄的潜在购车能量全部被释放出来。对于车展出乎意料的成功，组委会负责人解释说：天津国际汽车展为中外厂商、经销商扩大合作与交流提供了载体，为广大汽车爱好者欣赏国内外名车创造了良机，为消费者便利购车搭建了平台。

同时，组委会还总结出了天津车展的几个优势。首先，展会与贸易相结合，借助天津口岸和保税区的政策功能优势，打造汽车进出口贸易的平台，进一步增强了滨海新区和保税区的辐射服务和带动作用。其次，天津车展以展促销、展销结合的优势更加显现，现场看车，当场买车，试乘试驾，全程服务，缩短了汽车与消费者的距离，为车市注入了新的活力。再有，车展与“十一”黄金周旅游相得益彰，中外游客看新区美景，赏世界名车，为假日的津门添色不少，天津车展成为本市乃至环渤海地区黄金周旅游的一大亮点。

——天津之窗

全球数百家汽摩配企业亮相广州全球采购会

2005年10月17～19日，第六届（广州）全球车辆—零配件采购大会（简称VPshow车配会）在广州AEC汽车城—国际会展中心与第98届秋季广交会同期召开。采购大会吸引了来自中国内地、美国、日本、韩国、中国香港和台湾等国家和地区的数百家汽摩配企业参展，千余种全球最新车辆及零配件等相关产品同台竞技，吸引来美国、日本、意大利、法国、德国、墨西哥、巴西、澳大利亚、荷兰、韩国、西班牙、中东、非洲、中国台湾和香港等几十个国家和地区的数千名外商到会采购。

据悉，VPshow车配会组委会重点邀请的各国采购团、采购商都于10月18日之前到达广州参加全球采购会，广东省和广州市外经贸部门及政府其他部门领导也出席开幕式，并现场观摩展会，会中还与国外重要采购团体和买家进行交流与座谈。

——《中国贸易报》

第六届中国杭州国际汽车工业展览会

2005年10月20～25日，第六届中国杭州国际汽车工业展览会在杭州国际会展中心举办。

与本届西博会国际车展同期举办的还有2005中国(杭州)首届房车展览会、第二届中国杭州国际汽车零部件采购供应商大会(10月21～25日)等展中之展，设置了A、B、C、D、E五个展馆和室外展场共七个大型区域，分整车展示区、汽配展示区、房车展示区、整车交易区四大功能区域，展览面积达8万平方米。西博会国际车展国际化、市场化、标准化、专业化的运作流程，品牌齐全的名车荟萃，声势浩大的宣传推广、坚强有力的后勤保障，丰富多彩的文化活动，别具内涵的汽车文化，周到细致的会务服务，多方参与的“双赢”平台，节节攀升的人气指数，再一次使得现代汽车工业特有的文化内涵和独具的人性魅力得到完美的诠释，使得无限商机得到成功演绎。

本届车展作为2005中国杭州西湖博览会的重点注册项目，共吸引了260家各类企业前来参展，参展车型达千余辆。来自欧美、中东、非洲等国际汽车零部件采购团体也前来参观，并参加了车展期间举行的汽配全球采购信息发布会。

为期六天的展会吸引了数以十万计的观众前来参观，本届西博会国际车展以其崭新的姿态向世人展示中国汽车工业的辉煌成就，同时也将向社会传递着中国汽车工业的美好未来！本届车展无疑成为杭州市、汽车界、新闻界、摄影爱好者和普通老百姓共同关注的热点，成为2005中国杭州西湖博览会最亮丽的一道风景线。

本届车展特别启动的首届汽车文化节连日来进行的有声有色，“杭州之星·奔驰”杯汽车模特大赛、汽车摄影大赛、国民车评选、少儿汽车绘画比赛、四驱车竞技大赛、展商展台评比等活动精彩纷呈，各奖项先后揭晓。热闹红火的第六届中国杭州国际汽车工业展览会终于落下了帷幕。

（组委会新闻中心）

2005上海国际汽车零部件及汽车用品展览会

在上海国际展览中心举行的2005上海国际汽车零部件及汽车用品展览会及2005上海国际汽车制造装备展览会（简称：上海国际汽车零部件及汽车装备展）于2005年12月9日圆满结束。一连四天的展会共吸引了2.2万名专业观众参与，60多个传媒采访，成绩令人鼓舞。

上海国际汽车零部件及汽车装备展由中国汽车工程学会及雅式展览服务有限公司主办，共有220家来自14个国家和地区的参展商和4个海外展团包括韩国、新加坡、中国香港特别行政区及中国台湾省，展出国内及海外先进的汽车系统、汽车零部件、汽车附件、汽车护理用品、检测/量度/测试及控制装置系统、化工及原材料、汽车及零部件的生产设备及技术等。

展会虽然是首届举办，已经得到国内及海外人士的广泛支持。其中4成观众是省外买家，主要来自华东地区、部分华南及华北地区；在2万多名观众中超过12%为海外人士，来自58个国家和地区，其中以中国香港特区、中国台湾省、美国、日本及印度居多。展会得到多个专业团体及协会的鼎力支持，组织买家团参与，其中国内就有瑞安市汽摩配行业协会、杭州市汽车配件用品商会、常州市汽摩配件行业协会、常熟市汽摩配件商会、金坛市汽车及配件企业协会、南京新伊汽配商城、慈溪市国际商务促进中心汽配行业、苏州高新区参观团，以及来自泰国的参观团等，是国内汽车行业难得的国际交流盛会。

此次展会充分发挥了促进技术交流和缔造商机的角色。从现场的观众调查显示，超过半数买家均满意展商和展品的质量；其中观众最感兴趣的展品是汽车零部件包括发动机、底盘、车身及附件等；而84%观众表示参观的主要目的是了解汽车行业的最新资讯、78%是比较不同厂家的产品作购买参考、74%是与认识的厂商洽商、64%是进行采购；其中有57%的观众表示已在展会上达成交易或初步的合作意向，显示出此次展会的成效，为中外买家提供了最直接的洽商平台。

另一方面，超过8成展商对此次展会表示满意，尤其对观众的专业性更是肯定，近6成展商表示会继续参展下届展会；另3成多展商亦表示考虑参加。浙江皆可博的刘先生就表示："展会专业观众比预期多，虽然规模不是很大，但相比国内一些零部件展，质素已相当不俗。"国际展团中的参展商更是借着展会开拓国内市场、找寻代理和联络买家。组织新加坡展团的新加坡工业自动化协会的袁小姐表示，展会绝对有助于接洽国内车厂及零部件采购商；首次参展的香港展商骏伟实业的李先生亦称，展会可以替公司找寻国内OEM客户；韩国展团更已落实参展下届展会，参展面积将会进一步扩大。

主办单位中国汽车工程学会特别安排"中国汽车工程学会2005年会暨中国汽车零部件产业发展论坛"与展会同期举行，几百位汽车企业高层技术主管和研究机构专家聚首一堂，交流业内的最新资讯；出席论坛的单位包括博世公司、大连固特异轮胎、台湾区电机电子工业公会、上海泛亚汽车研究技术中心等。

此外，展会现场的技术讲座获得热烈的支持，多家汽车公司及学术团体亦应邀出席研讨会，分享行业最新发展，包括：跃进汽车集团、上海大众、长安汽车、东风汽车科技部、一汽集团公司技术中心、吉林大学汽车工程学院及清华大学汽车工程系等。

——雅式网

首届中国（深圳）汽车文化博览会

2006年1月6～8日，由深圳市汽车经销商商会和《深圳特区报》、《深圳商报》、《深圳晚报》、《晶报》共同主办的首届中国（深圳）汽车文化博览会在深圳举办。此次展出面积为3万平方米。参展的有以Volvo（富豪）、LandRover（路虎）、英国Jagauar（捷豹）整体出击的福特品牌组合，以德国大众、一汽大众支撑的新奥迪、新帕萨特大众系列，以一汽马自达、一汽丰田、红旗组成的一汽集团军，东风日产、东风悦达起亚、东风标致、东风雪铁龙、雷诺组成的东风方面军及起亚、陆风、昌河铃木等数十种车型。

车展上一大亮点是从越野车到跑车无处不在。斯巴鲁全时四驱运动世家携06款新车型代表产品强悍登场，这次斯巴鲁带来了06款Impreza翼豹WRX、06款Legacy力狮2.0R和06款Forester森林人2.0X等几款本年度力推的四轮驱动车型。深圳佳浩Saab萨博专营店将国外刚刚上市发布的欧宝雅特GTC三门掀背式轿跑车带到汽车文化博览会现场。

兆方机电更是把刚刚运抵国内的斯柯达概念车YETI进行了上市展示，这款概念车集合了紧凑型小货车与运动型轿车特点于一身，整体看起来就如同一把瑞士军刀般实用与漂亮。

而深圳华熙展示的新甲壳虫（NewBeetle）成为众多女性的最爱。

——深圳车行网

中国国际汽车维修、配件及用品展览会

由中国汽车保修设备行业协会和中国汽车维修行业协会、中国国际展览中心集团公司联合主办，中展集团北京华港展览有限公司承办的2006中国国际汽车维修技术及设备、汽车零配件、汽车用品展览会暨第45届全国汽车保修检测诊断设备春季展览会于2006年2月28日～3月3日在北京中国国际展览中心举办。

据介绍，鉴于国内汽车用品销售量、汽车保有量同步快速增长，整个汽车用品行业的产值与销售额都呈现出快速稳定增长的趋势。展会同期还特别推出了2006年中国国际汽车用品及服务业展览会（CIAAI 2006）。提供给参展商更加宽广的贸易舞台，促进制造商、服务商和大众消费者的沟通与互动，建立最紧密的联系、了解最详尽的需求。促进中国汽车用品及汽车后市场的全面发展，共创行业繁荣。

本届展览会有近500家国内外公司参展、规模达3万平方米，吸引了2万余名专业买家。本着服务行业、打造品牌展会的宗旨，组委会在踏踏实实地作好展览会每一项工作的同时，不断扩展展品范围，构筑起汽车后市场产品，特别是汽车维修检测诊断技术及设备更加美好的明天。推动中国汽车后市场的快速健康成长。

据悉，共有七项活动同期举行。他们分别是汽车维修设备市场分析、汽车检测设备在汽车故障诊断中的应用、车博仕产品发布会、国际汽车改装音响巡回大赛、全国汽车维修行业诚信企业表彰大会、汽车服务市场可持续发展与创新战略研讨会和中国汽保协会经销商工作座谈会等。

2006年艾玛·中国（国际）汽车音响超级职业巡回赛也把第二站赛事选定在中国国际展览中心一号馆前坪举行。作为汽车维修、零配件、用品展的同期活动，EMMA CHINA不仅带来了传统的"专家组"、"AV多媒体组"赛事，也带来了06年新推出的"业余惟音质组"赛事、"EMMA视听会"等，这势必为春节刚过却依然冷冽的北京燃起熊熊烈火。

此外，由中国汽车维修行业协会召开的"2005年度全国汽车维修行业诚信企业表彰大会"也成为了一大亮点。随着《机动车维修管理规定》的出台，公平竞争的市场环境、诚实守信的经营理念和诚信机制的建设迫在眉睫。为此，在诚信企业表彰大会上，还对全国468家诚信企业进行表彰。被表彰的诚信企业将进行挂牌营业，该活动拟每2年举办一次，其目的就是为了让汽修企业诚信经营，为消费者提供全方位服务，

树立起汽车维修企业诚信的社会形象。

——《国际商报》

AutoMaintech 2006规模创历史之最

中国汽车后市场的展会——AutoMaintech 2006中国国际汽车维修技术及设备、汽车零配件、汽车用品展览会暨第45届全国汽车保修检测诊断设备春季展览会于2006年3月3日闭幕。

作为国内规模最大，影响力最广的汽车售后服务市场的盛会，本届展会吸引了来自国内外500多家知名企业前来参展，展出面积更是创下4万平方米的历史之最。本届展会展品涉及汽车维修保养设备、汽车检测诊断设备、汽车服务用品、汽车零部件及生产设备与技术、汽车电子、汽车轮胎、汽车环保用品及检测设备等。

为了使行业人士更加全面的了解行业动态、交流最新的技术，主办方策划了一系列异彩纷呈的同期活动。由汽车后市场资深人士魏俊强、朱军分别主讲的关于汽车维修设备市场分析和汽车检测设备在汽车故障诊断中的应用讲座，运用理论和实例就汽车后市场设备发展及实际运用进行了详细地剖析，为行业提供了理论指导和支撑。在中国国际展览中心一号馆前坪举办的2006艾玛·中国（国际）汽车音响超级职业巡回赛吸引了众多参观者的目光。作为汽车维修、零配件、用品展的同期活动，EMMACHINA不仅带来了传统的“专家组”、“AV多媒体组”赛事，也带来了06年最新推出的“业余惟音质组”赛事、“EMMA视听会”等，为本届展会助阵。

本届展会的一大亮点即知识产权保护，主承办方严格按照国家法律的相关规定，对于侵权产品一律不予展出。为了引导各企业间能够公平竞争，整个行业能够良性发展，增强各企业对知识产权的保护意识，主办方还特意在展会期间开设了知识产权咨询服务热线，帮助企业保护自己合法的知识产权。

——《中国贸易报》

国际改装汽车展力挺品牌效应

2006年3月9日，来自国内外590多家汽车用品及改装企业，1000多个行业新品会聚于北京农展馆，拉开了一年一度的中国汽车用品展览会及国际改装汽车展览会的序幕。

汽车改装新产品、国际新形势、行业发展瓶颈在展会上汇聚成行业的焦点。展会现场，北广传媒移动电视有限公司推出最新产品——移动数字电视，成为展会的一大亮点。日本最有名和最大的汽车改装品牌HKS中国总代理美昌HKS也在本届展会登台亮相，展出其最具代表性的汽车性能提升产品HKSF-CON行车电脑。除此以外，福士SUBRU、菱帅等众多国际知名改装车的加盟更提升了展览会的人气。

为了增加展览会展商与商家之间的互动交流氛围，组委会还特别举办了2006中国汽车用品行业发展论坛。与此同时，还在北大百年纪念讲堂举行由慧聪网举办的“2005年度汽车用品行业十大风云人物、知名品牌、优秀经销商”的颁奖典礼，为行业树立榜样，为企业缔造品牌。

展览期间，“首届MECA2006中国北京站比赛“将展会推向另一个高潮，据了解，来自美国的世界著名汽车音响品牌，从发布消息开始就引起了业内人士的强烈关注，而本次比赛是它进入中国的首次亮相。MECA北京首站赛让汽车音响比赛和汽车音响文化上升到一个全新的层次。

改装区内，车美士、泰赫雅特、福田等知名改装车逐一亮相，让观众领略到国内汽车改装行业的风采。展会期间，主办方除了举办大型的改装车挑战赛外，还特别为广大改装爱好者推出了“精彩车世界，改装无极限”2006汽车改装评选大赛，让改装爱好者（包括私家车及知名改装车俱乐部）参与到活动中来。雅森国际负责人谢宇在接受记者采访时说，这是汽车人自己的展览会，展览会就是给汽车人搭建平台，只有这样才能推动国内改装文化的发展，真正打造汽车改装展品牌。

——《中国贸易报》季春红

世界客车博览会在沪举办

一年一度的世界客车博览亚洲展览会于2006年3月28日在上海开幕。

回顾前两届展览，有一个耐人寻味的现象：每年都有巨头缺席该展会。2004年宇通客车未赴展，2005年大金龙没有参加，虽然两家企业都有各自的说法，但是业界对此还是充满了猜测，也一度对上海客车展颇有微词。而在今年的世界客车博览会亚洲展览会上，记者看到中国国内产销排名第一位的宇通和第二的金龙悉数到场，此外，潍柴动力等配件企业和国外知名品牌厂商也汇聚上海滩全力参展，上演一场“群英会”。这表明上海客车展正在走向成熟。

中国正在成为世界客车制造和市场的中心，故此一年一度的上海客车展作为国内级别最高的专业性国际客车贸易盛会，已成为中国客车对外的重要窗口，蕴藏着巨大商机，同时也成为客车厂商向国内外用户进行交流的良机。国内几乎所有的客车大腕都参加上海客车展，在比拼实力、角逐大奖的同时，也力图了解竞争对手，及时调整营销策略。

较之往年，今年参展的整车和配件厂商总数也比去年略有上升，客车厂家之间较量进一步白炙化。本届车展上，中国客车行业龙头宇通推出了针对长途、旅游、公交系列的八款新产品，再次成为了国际博览中心的最大亮点。这八款客车是针对不同的细分市场最新研制生产的，拥有多项外观专利及耐用性。其中，针对国内超级豪华客车市场的新车ZK6128H，是最新全力打造的欧式高档客运产品，并进行了多方面自主创新。

记者在上海客车展参展商平面分布图上看到，今年的展览位于上海新国际博览中心4号和5号两个展馆，参加展览的整车厂家有大金龙、宇通客车、厦门金旅、苏州金龙、中通客车、丹东黄海、江苏牡丹等近20家，总数比去年略有上升，国内产销排名前4位的企业均到场，其中大金龙和宇通客车的展位都超过了1000平方米。

——《国际商报》李志石

北京春季车展抢滩军博

以“帮买车的人买车，帮卖车的人卖车”为办展宗旨的“2006北京汽车展销会（春季）”于2006年4月6～9日在北京中国人民军事博物馆举办。

本届车展不仅汇聚了30余个品牌的百余款车型，更有上海通用、东风标致、北京现代等国内知名汽车品牌全新推出的“雪佛兰乐风”、“标致206”和“雅绅特”等多款新车型闪亮登场。本届车展不仅为欲购买、添置新车或更新换代的消费者提供现场看车、选车和买车的机会，而且诸多的参展企业各自推出的展会现场促销和优惠措施，给购车者带来更多的购车实惠。组委会还引入世界级知名汽车品牌的多款进口顶级轿车在现场展示，让爱车族大饱眼福。

本届车展除了有众多京城知名经销商的鼎力加盟，组委会还精心准备了诸多精彩活动，推出了免费发放精美会刊杂志、试乘试驾、现场抽大奖、DIY酷车展示、拆装轮胎大赛、趣味车事大家猜、现车竞拍、购车知识讲座、超级仿真赛车等一系列的活动。本届汽车展销会不仅为买车者提供了更多、更广阔的选择空间，更希望通过以参与、互动为主的车展活动，带领爱车人进行一次难得的汽车文化之旅。

本届车展的主办单位之一北京人民广播电台携8个台10个专业频道强势出击，对展会相关内容进行了全面的、翔实的报道，同时还在展会广场搭建了玻璃直播间，全程直播展会动态，为更多未能参加展会的购车人提供展会展品和销售的动态实况。

——《国际商报》吕 刚

第六届新疆国际汽车工业博览会

第六届新疆国际汽车工业博览会于2006年4月13～17日在乌鲁木齐市举行。主办方中国贸促会新疆分会会长王克林表示：“新疆国际汽车工业博览会已经成为中国西部及中亚国家最具规模的盛会，希望通过这种国际间的汽车展会，让中亚国家了解中国产品，扩大新疆汽车产品对中亚出口。”

本届汽博会同时启动华凌国际博览中心和新疆国际博览中心，展示面积达到规模空前的9.6万平方米。来疆参展的200多家汽车工业企业，其中不乏来自发达国家的汽车参展商。近500多个品牌产品占据四大展厅。从汽车电器、音响、影视、通讯、美容装饰、养护用品到汽车各种配件、维修检测设备及工程机械等均竞相亮相。

本届博览会由中国汽车工业协会、中国贸促会新疆分会、乌鲁木齐市人民政府主办。本届展会现场成交额达到了6.2亿元，比去年有所增长。参观人数突破了30万人次。

——《中国贸易报》赵北明 疆 凡

数百家汽摩配企亮相广州

第七届（广州）全球车辆一零配件采购大会（简称Vpshow车配会）2006年4月17～19日在广州AEC汽车城——国际会展中心举办。据悉，大会吸引了来自美国、日本、韩国、新加坡和中国及香港、台湾等国家和地区的一汽集团、法拉特国际太阳膜、劲锋摩托车、上海北方工业、泰国盛通、深圳新沧海机械等数百家汽摩配企业参展，千余种全球最新汽车零配件、汽车用品，最新款摩托车、摩托车零配件等相关产品同台竞技，吸引了来美国、日本、意大利、法国、德国、墨西哥、巴西、澳大利亚、荷兰、韩国、西班牙、中东、非洲和我国台湾、香港等几十个国家与地区的数千名厂商到会采购。

——《国际商报》雷周凯 唐国忠

天津空港国际汽车嘉年华

由天津滨海新区管委会、天津保税区管委会、中国进口汽车贸易中心主办，天津空港国际汽车园发展有限公司承办的“天津空港国际汽车嘉年华（春季车展）”于2006年4月30日～5月20日举办。

据了解，本届天津汽车嘉年华（春季车展）以空港国际汽车展贸中心为主展区，园区4S店集群、二手车交易市场、试车道等功能板块作为分展区，形成了近1平方公里的园区联展规模。本次活动主要分两个阶段进行，第一阶段为黄金周期间的7天主展期，第二阶段为黄金周后的13天活动延续期。展会期间，参观总人流量达到30万人次，累计成交车辆800多台，实际成交金额突破3亿元人民币。

本次展会最大特点是以世界名车及国产新车为主，参展阵容庞大。许多观众评价，本届汽车嘉年华的参展车型档次很高。在主展厅，售价688万元的劳斯莱斯加长版、宾利、玛莎拉蒂、保时捷、法拉利、奔驰展台前每天都是人头攒动，而宝马X5、雷克萨斯LX470、路虎发现3、斯巴鲁森林人等进口SUV品牌，以及海迅AB、雪弗莱乐风、大众速腾、奇瑞A5等国产新车均在此次汽车嘉年华上同时亮相，不仅令车迷们大喜过望，同样也引起了汽车业内人士的关注。在本届空港汽车嘉年华上，VOLVO XC90首次在国内精彩亮相，完美演绎越野精髓；德国大众辉腾、途锐两款新车，集霸气运动于一身，成为众人瞩目的焦点；保时捷卡宴、Caymans携手出镜，引来不少“车迷”争相抢拍；凯迪拉克SRX、CTS两大车型联袂出演；奥迪A8L加长版梦幻登场；标志206CC、307CC、407SW，玛莎拉蒂总裁，欧宝威达等顶级名车，赚足“眼球”；上海大众多功能轿车速腾也在本次嘉年华上闪亮登场；最新上市的双龙雷斯特成为本次嘉年华的又一亮点。

——《中国贸易报》王 莉

第59届全国汽车配件交易会

第59届全国汽配交易会于2006年5月16～18日在哈尔滨国际会展体育中心举办，本届展会由中国汽车工业销售总公司，中国汽车工业配件销售公司、全国工商联汽车（摩托车）配件商会和哈尔滨市人民政府共同主办，由中国汽车工业配件销售公司承办，哈尔滨工大集团协办。

据了解，本届“汽配会”展览面积超过6万平方米，标准展位超过2500个，数量比部分往届展会翻了一番。展会吸引来自国内1800余家企业，及来自俄罗斯、美国、德国、加拿大、伊朗等5个国家的采购团参展参会。据主办方介绍，例届“汽配会”观众数量在6～8万人，而本届展会仅外省来的专业观众就超过了8万人次，加上黑龙江当地的专业观众，3天展出共吸引了10万观众。

——东北网

2006中国（江门）摩托车博览会

2006年5月17～19日，中国摩托车博览会在广东江门华侨广场展览中心举行。本次会由中国机械工业联合会、广东省经济贸易委员会、江门市人民政府联合举办，展会吸引了包括大长江集团、轻骑、雅马哈、长铃集团、中裕、迪豪、力帆、哈雷摩托等20多家摩托车生产厂家参展。除此之外，国内170多家摩托车零配件厂商亦参加了展会。

本届展会共吸引了5万多名观众，其中专业观众1万名，包括来自美国、日本及我国港澳台等国家和地区的采购商，超过10%的参展单位直接达成业务。

此次展会期间，江门市成功引进投资项目141个，总投资额达12.37亿美元。

——《中国贸易报》陈　丹

西博车展专业性大大提升

2006年5月18～23日，一年一度的西湖博览会国际车展——第七届中国杭州国际汽车工业展览会在杭州国际会展中心举办。

本届车展作为2006中国杭州世界休闲博览会的重要展览项目之一，共吸引了200家各类企业前来参展，国内主流汽车生产厂家悉数到场，众多新车荟萃一堂，光彩四溢。为期6天的展会吸引了数以十万计的观众前来参观，新颖别致的展台更显气势，靓丽的美女香车赢得观者无数。

与以往相比，今年的西博车展上观众群体的角色逐渐在转变，纯粹看热闹的少了，抱着购车意向前来看车试车的观众明显增多，车展专业氛围愈见浓厚。开展之前陆续有观众咨询今年车展有哪些车型展出，计划在车展期间来看看行情权衡对比之后就出手。

观众角色的明显转变无疑提升了观众的质量，西博会车展6天来，共吸引了各界观众18.3万人次，其中有购车意向的观众占了绝大多数，车展现场观众抽样调查显示63%的观众是抱着购车意向前来的，车展的专业性更见提升。西博会车展作为国内知名车展已越来越受到各界的关注，品牌与档次日渐提升。

本届西博会国际车展为广大国内外汽车厂家、零配件厂商、消费者以及相关行业企业提供了一个广阔的“多赢”平台。

——《中国贸易报》魏　明

2006日资汽车相关零部件（广州）采购展览会

由广州市经济贸易委员会与日本贸易振兴机构联合主办的“2006日资汽车相关零部件采购展览会”于2006年5月31日～6月2日在广州锦汉展览中心举办，这是主办双方继去年第一届展览会成功举办之后再度合作。

日本贸易振兴机构（JETRO）是全面推行日本对外贸易、投资政策的主要机构。去年第一届展览会是JETRO与广州市合作的首次大型经贸交流活动，共有87家日资企业参展，130个展位，进场专业观众人数累计近1.2万人次，商务洽谈成果达1.3万多件。本届采购展览会在原有基础上有较大突破。

本届展会共有209家外资企业参展，其中166家是日资企业，展位346个，规模是2005年的三倍。此外，本次展会在保持第一届100%外展（第一届是100%日资企业参展）的基础上，新设“中国港台地区及外资展区”。吸引了与三大日资整车企业合作配套的欧美、新加坡和我国台湾、香港等国家和地区的专业零部件企业参展，寻求开拓广东这个新市场。

本次展会设有以汽车服务为目的的“服务商展区”，共有44个展位，其中包括日邮物流、日立信息、富士通信息、NEC信息和住友商事等世界500强企业。日资及其他外资企业除了到广州采购各种汽车零部件及原材料之外，也高度关注广州汽车服务业的发展，积极寻求为制造业企业提供物流配送、金融保险、信息技术等服务的商业机会。这不仅符合广州进一步调整优化产业结构，促进传统制造业和现代服务业融合发展的需要，同时也充分表明广州现有的汽车产业链条正在从传统单纯的汽车制造延伸至整车制造、零部件供应和生产服务整条产业链条，各个链节共同发展，互相促进将使广州汽车产业具有更强大的可持续发展能力。

本次展会采取“逆向展览会”形式，即由参展商展示所要采购的零部件样品，并与到场的零部件制造商和原材料供应商洽谈合作，为广州及国内汽车零部件企业提供了丰富的采购商资源。值得关注的是除了日本电装、矢崎总业、丰田合成、爱三工业等世界知名汽车零部件一级配套商参展之外，本届展会还吸引了一大批二级、三级，甚至四级日系汽车的传统配套商慕名而来。这不仅体现了丰田、本田、日产三大整车厂落户广州的吸引力和影响力，也显示了广州汽车产业配套体系日趋合理和成熟。

——《国际商报》

无链自行车亮相休闲娱乐博览会

2006年6月22～24日，第二届中国（北京）国际休闲娱乐产业博览会在北京中国国际展览中心举行。此次展览展出了健身器材、运动服饰、户外运动及休闲用品和体育场馆等。

在天津市蜂鸟电动助力器厂展位上，各式自行车以其时尚的样式、多变的造型吸引了众多观众。此次，天津市蜂鸟电动助力器厂展出了休闲车、休闲单人折叠车、休闲双人折叠车、减震四人骑等多种自行车，用于时尚青年的休闲、娱乐、代步、郊游、旅游观光等。与普通自行车不同，这些自行车一般都是前轮驱动，没有链条，以鲜明的黄、绿色为主色，前后轮大小悬殊的造型让这些自行车显得时尚并富有活力。据了解，这种车除了外观时尚外，由于动力在前轮，更加锻炼骑车人的三维平衡能力。也正因为它的前轮驱动，吸引了很多观众前来试骑。

据该展位工作人员介绍，以前在天津、上海参展，这些自行车就受到很多媒体的关注。此次，天津市蜂鸟电动助力器厂是首次来北京参展，主要是做宣传，同时也面向全国招代理商、加盟店。此外，该厂还展出了可供护理人员骑行的轮椅，这种轮椅是在普通轮椅的基础上，安装了一个轮架，这个轮架可快速拆装，护理人员可以骑车代步也可以步行推动轮椅。该公司还准备开发童车系列产品。

——《中国贸易报》张汝男

中外品牌博弈长春乘用车展

第二届中国长春乘用车展于2006年6月29日～7月3日在长春国际会展中心举办。华晨、奇瑞、华普、吉利等“自主品牌”旗下民族车以及德国大众、凯迪拉克、东风标致、东风日产、广州本田等国际品牌车型也在此一展风采。

本届乘用车展由第四届中国长春国际汽车博览会组委会的承办单位长春市浩业展览展示服务有限公司继续承办本届乘用车展。

对于此次召开的乘用车展，组委会推出了新的“打法”，据组委会相关负责人介绍，虽然本次展会的整体规模与档次都低于每两年举办一次的大型长春国际汽车展会，但组委会仍尽力把本次展会打造成能够辐射东北地区的精品B级车展。本届展会在整体布局方面借鉴了东京车展与法兰克福等国际车展的布展经验，使展会更加专业化、服务更人性化、展览更具品味化；展馆布局更加合理，更具特点，与国际车展完全接轨，使参观者不出中国便能体会到国际车展的浓厚味道。

此次车展引起了国内外知名的汽车厂商的重视，记者从组委会获悉，国内第一款自主研发的加长礼宾车——长城哈弗·派即将上市。哈弗·派是国内第一款引领时尚的加长豪华礼宾车，2006年3月此车曾赠送给古巴共和国主席卡菲德尔·卡斯特罗。

德国大众、一汽大众、上海大众、东风标致、东风日产、东风悦达起亚等汽车厂商也携旗下多款全国最新产品参加本次展会，参展面积接近国际车展规模。各大汽车厂商及代理商还在展会现场发布新车的上市。另外，不同于第四届长春汽博会的是，各大参展厂商使用了2006年的新款展台，以全新的“面孔”及促销手段出现，为观众奉献2006年长春汽车行业中最值得期待的精彩。

“没有特色的展会是空洞的，打造内涵展会是我们一直追求的目标”组委会相关负责人表示，“本届乘用车展在突现汽车文化的同时，在服务与展会的配套活动方面都有新的举措，为了丰富本届车展的文化内涵开展了一系列的文化活动，如‘汽车维修保养技能大赛’，‘汽车改装车大赛’，‘汽车装饰美容大赛’，‘试乘试驾活动’等，进一步与国际车展接轨，把第二届乘用车展办得‘小而精’”。

长春作为全国知名的汽车城，深厚的文化底蕴也成为其独具的特色，此次，组委会在展会期间还推出了汽车专业媒体评选活动、汽车企业参展评比活动，弘扬汽车文化、推动汽车工业发展。而继续结合市场的实际情况与汽车工业发展的整体趋势，汽车团购活动、汽车消费者售后服务评比活动、汽车销售优惠等活动也在展会期间推出，既促进汽车销售又为消费者提供优惠，使参展商与消费者双方都受益。

——《国际商报》

长春第三届汽配会圆满落幕

2006年6月30日～7月3日，由中国贸促会长春市分会主办的第三届中国（长春）国际汽车零配件展洽会在长春举办。组委会介绍，本届汽配会通过开展经贸洽谈促进活动，共签订汽车模具、汽车配件、汽车电子等采购合同8项，合同金额3360万元人民币，总成交额达6425万元人民币。同时展会还带动了宾馆、餐饮、旅游、广告、交通、贸易等相关行业的发展。据初步统计，本届汽配会共为全市带来经济收入达5.62亿元人民币。

本届汽配会展示面积8万平方米，参展企业1100家。国内著名汽车零配件及相关企业均来长春参展，海外零部件相关企业包括韩国的江原道、蔚山、全州地区零部件企业联盟、我国台湾区电机电子同业公会、我国香港关键性零部件协会、荷兰贸促会、日本国际顾问公司、日本贸易振兴机构、俄罗斯俄中贸易联盟、亚洲贸易联盟、海参崴东方投资公司等国家和地区均组团参展。世界500强企业，如瑞典的SKF、固特异、法利奥、丰田、东京滤器株式会社、日本的仓扶化工、亚洲轮毂、伟巴斯特等均大面积参展。乘用车展示内容丰富，共有22家整车企业、33个品牌、200余辆汽车参展，受到了长春市民的广泛关注和一致好评。本届汽配会搭建了国内外汽车厂商交流、合作、发展、共赢的舞台，塑造了长春市汽车及零配件行业的又一次盛会。4天累计参观人数11.65万人次，其中专业观众5.66万人次。群众的广泛参与，是本届汽配会成功的关键，进一步发展了长春市汽车及零配件市场，为推进长春市汽车城建设起到重要作用。

——《中国贸易报》张现河　邹 艳

2006 第九届哈尔滨国际车展

由新晚报和哈尔滨长城国际展览有限公司共同主办的2006第九届哈尔滨国际车展，于2006年7月23日闭幕。历时十天的车展有30万人次现场参观,累计售车3462台,成交额14.3亿元。规模档次和影响创历年之最。

本届车展共设3个展馆，8个展区，4个室外展区，2个活动区，展览面积超过5.5万平方米。参展企业600余家，展出各种车辆532台，现场发布新车32款。迈巴赫、法拉力、保时捷、加长悍马、房车等十几款世界名车联袂参展。共有九家俄主流媒体和87家国内报刊、广播、电视和十几家门户网站全程参与报道，并首次成功实现全球网络视频直播。哈飞赛豹3、东风雪铁龙、丰田凯美瑞、东风标致307四款车型销量最大。车展期间举办的汽车模特大赛、名车试驾活动、特技表演、中小学生交通法规图片展、“2006年度百姓喜爱的十大车型”评选活动均获成功。全市十万中小学生在车展现场参观了交通法规图片展。车展还首次评出最佳展台设计奖等四个奖项。

——黑龙江新闻网

第十届深圳国际车展开幕 主流厂家争奇斗艳

第十届深圳国际汽车展览会暨首届深圳国际改装车展于2006年8月10～14日在深圳会展中心举办。有来自美、英、德、法、韩、日、瑞典、荷兰和中国及香港等十多个国家和地区的厂商参展。

据悉，本届车展由中国机械工业集团公司及深圳市人民政府支持，中国汽车工业国际合作总公司、中汽对外经济技术合作公司、深圳市华博展览有限公司及雅式展览服务有限公司主办,深圳市汽车行业协会及深圳市企业家联合会协办。本届车展展出面积达4万平方米，国内外主流汽车生产厂家悉数到场，参展车型达210台，包括法拉利、保时捷、劳斯莱斯、玛莎拉蒂和首次与鹏城观众见面的世爵等多款世界顶级豪车。品质上乘的进口中高档车、丰富多彩的民族品牌汽车齐齐亮相，为购车者提供更多元化的选择，世界顶级豪车惊爆现场，更令鹏城观众大开眼界。本届车展同时展出的还有汽车零件、气车用品以及汽车宣传机构等。

展会以“展示汽车品牌内涵、促进汽车销售、引领汽车文化时尚”为主题，得到了中外汽车业界的极大关注和踊跃参加。丰富多彩的民族汽车品牌，超乎想象的豪华汽车阵容，引爆激情的汽车文化活动。

——新华网

境内展

展名：第五届中国国际汽车维修技术暨设备、汽车零配件展览会
　　　2006年中国国际汽车用品暨汽车服务产业展览会
时间：2006年2月28日～3月3日（北京）
周期：一年一届
创办时间：2000年3月
上届数据：展出面积（平方米）26000
　　　其中外国参展面积（平方米）：10000
　　　观众总数（人次）：28906
　　　展商总数（家）：417
　　　其中外国参展商数目（家）：20

展名：2006年第四届汽车用品（广州）展览会
时间：2006年3月1～3日（广州）

展名：2006年第四届汽车用品（广州）展览会
时间：2006年3月1～3日（广州）
周期：一年一届
创办时间：2003年12月
上届数据：展出面积（平方米）：4000
　　　其中外国参展面积（平方米）：308
　　　观众总数（人次）：18000
　　　展商总数（家）：150
　　　其中外国参展商数目（家）：18

展名：2006年第三届海南国际汽车工业展览会
时间：2006年3月1～5日（海口）
周期：一年一届
创办时间：2004年
上届数据：展出面积（平方米）：10000
　　　其中外国参展面积（平方米）：200
　　　观众总数（人次）：40000
　　　展商总数（家）：280
　　　其中外国参展商数目（家）：10

展名：2006年第三届中国国际摩托车出口交易订货会
时间：2006年3月3～5日（上海）

展名：台北国际自行车展览会
时间：2006年3月8～11日（台北）

展名：2006年广州汽车美容展览会
时间：2006年3月9～11日（广州）

展名：中国国际汽车用品展览会暨国际改装汽车展览会

时间：2006 年 3 月 9～12 日（北京）
周期：一年两届
创办时间：2005 年
上届数据：展出面积（平方米）：16000
观众总数（人次）：18465
展商总数（家）：304

展名：2006 年第二届广州国际品牌叉车暨配件展览会
时间：2006 年 3 月 20～22 日（广州）

展名：长春国际汽车工业装备博览会
时间：2006 年 3 月 23～26 日（长春）

展名：中国北方国际自行车展览会
时间：2006 年 3 月 24～26 日（天津）
周期：一年一届
上届数据：展出面积（平方米）：50000
观众总数（人次）：400

展名：2006 世界客车博览亚洲展览会
时间：2006 年 3 月 28～30 日（上海）
周期：一年一届
上届数据：展出面积（平方米）：18000
观众总数（人次）：12078
展商总数（家）：152

展名：第二届电动自行车博览会
时间：2006 年 3 月 28 日～4 月 2 日（郑州）
周期：一年一届

展名：2006 宁波汽车博览会（汽车时尚节）
时间：2006 年 3 月 30 日～4 月 2 日（宁波）

展名：第十三届国际汽车维修技术、工具暨设备展览会
时间：2006 年 4 月 6～9 日（南京）
周期：一年一届
创办时间：1994 年
上届数据：展出面积（平方米）：180000
其中外国参展面积（平方米）：688
观众总数（人次）：25000
展商总数（家）：360
其中外国参展商数目（家）：34

展名：2006 中国湖南第四届汽车博览会
时间：2006 年 4 月 7～11 日（长沙）
周期：一年一届
上届数据：展出面积（平方米）：50000
观众总数（人次）：200000
展商总数（家）：200

展名：香港国际汽车、游艇暨休闲产品服务展
时间：2006 年 4 月 8～11 日（香港）

展名：香港国际汽车零部件展
时间：2006 年 4 月 8～11 日（香港）
周期：一年一届

展名：2006 沈阳第八届国际汽车用品、音响、汽车后服务企业暨相关产品展览会
时间：2006 年 4 月 13～17 日（沈阳）

展名：2006 年沈阳第五届国际家用轿车暨商用、专用汽车展览会
时间：2006 年 4 月 13～17 日（沈阳）
周期：一年一届
创办时间：2002 年 4 月
上届数据：展出面积（平方米）：5000
其中外国参展面积（平方米）：1000
观众总数（人次）：70000
展商总数（家）：100
其中外国参展商数目（家）：20

展名：新疆国际汽车工业博览会暨新疆国际工程机械、专用车辆展览会
时间：2006 年 4 月 13～17 日（乌鲁木齐）
周期：一年一届
创办时间：2001 年 4 月
上届数据：展出面积（平方米）：60000
观众总数（人次）：300000

展名：第七届（广州）全球车辆——零配件采购大会
时间：2006 年 4 月 17～19 日（广州）
周期：一年两届
创办时间：2003
上届数据：展出面积（平方米）：15000
其中外国参展面积（平方米）：2000
观众总数（人次）：20000
展商总数（家）：500

展名：2006 年中国国际电动自行车展览会
时间：2006 年 4 月 17～20 日（上海）
周期：一年一届
创办时间：1998 年 6 月
上届数据：展出面积（平方米）：80500
其中外国参展面积（平方米）：2500
观众总数（人次）：105922
展商总数（家）：966
其中外国参展商数目（家）：58

展名：2006年中国摩托车暨零部件交易会
时间：2006年4月17～20日（上海）
周期：一年一届
创办时间：1998年6月
上届数据：展出面积（平方米）：11500

展名：第二届唐山国际汽车展
时间：2006年4月28日～5月2日（唐山）
周期：一年一届
上届数据：展出面积（平方米）：10000
其中外国参展面积（平方米）：600
观众总数（人次）：100000
展商总数（家）：50

展名：2006年汕头都市汽车展览会
时间：2006年5月1～5日（汕头）
周期：一年一届
创办时间：2001年
上届数据：展出面积（平方米）：15000
其中外国参展面积（平方米）：4000
观众总数（人次）：100000
展商总数（家）：200

展名：蚌埠汽车展
时间：2006年5月1～7日（蚌埠）
周期：一年一届

展名：2006中国重庆国际汽车工业展览会
时间：2006年5月18～22日（重庆）
周期：一年一届

展名：台北国际汽车零配件展览会
时间：2006年5月19～22日（台北）
上届数据：观众总数（人次）：34521
展商总数（家）：227

展名：成都国际汽车、摩托车零配件暨维修设备展览会
时间：2006年5月19～25日（成都）
周期：一年一届
创办时间：2001年5月
上届数据：展出面积（平方米）：10000
观众总数（人次）：30000
展商总数（家）：450

展名：2006亚洲航空航天测试设备展览会
时间：2006年5月23～27日（上海）
周期：一年一届
创办时间：首次举办

展名：中国西部国际汽车博览会 时间：2006年5月25～28日（成都）
周期：一年一届
创办时间：2000年
上届数据：展出面积（平方米）：5000
其中外国参展面积（平方米）：800
观众总数（人次）：50000
展商总数（家）：200
其中外国参展商数目（家）30

展名：第二届中国（芜湖）汽车博览会
时间：2006年5月25～28日（芜湖）
周期：一年一届
创办时间：2005年
上届数据：展出面积（平方米）：20000
观众总数（人次）：70000
展商总数（家）：72

展名：第二届日资汽车相关零部件（广州）采购展览会
时间：2006年5月31日～6月2日（广州）

展名：2006年武汉国际汽车暨零部件展览会
时间：2006年5月（武汉）
周期：一年一届
创办时间：1999年10月
上届数据：展出面积（平方米）：30000
其中外国参展面积（平方米）：4000
观众总数（人次）：180000
展商总数（家）：120
其中外国参展商数目（家）：20

展名：第二届中国（芜湖）汽车博览会
时间：2006年5月（芜湖）
周期：一年一届
创办时间：2005年5月
上届数据：展出面积（平方米）：20000
观众总数（人次）：70000
展商总数（家）：72

展名：2006年广州商用车展
时间：2006年6月20～22日（广州）

展名：2006中国长春国际汽车零部件展览会
时间：2006年6月29日～7月3日（长春）
周期：两年一届
创办时间：2001年

上届数据：展出面积（平方米）：30000
其中外国参展面积（平方米）：4500
观众总数（人次）：20000
展商总数（家）：600
其中外国参展商数目（家）：90

展名：第九届哈尔滨国际汽车工业展览会
时间：2006年7月13～27日（哈尔滨）
周期：一年一届
创办时间：1997年
上届数据：展出面积（平方米）：55000
展商总数（家）：600

展名：2006年北京国际汽车零部件产品订货会
时间：2006年8月2～5日（北京）

展名：第二届中国（上海）国际家用车、商务车展览会
时间：2006年8月16～19日（上海）
周期：两年一届
创办时间：2004年8月
上届数据：展出面积（平方米）：20000
其中外国参展面积（平方米）：5000
观众总数（人次）：11515062
展商总数（家）：62
其中外国参展商数目（家）：16

展名：第二届（2006）上海国际家用车商务车展览会
时间：2006年8月18～21日（上海）
周期：两年一届
创办时间：2004年
上届数据：展出面积（平方米）：20000

展名：第11届大连国际汽车工业展览会
时间：2006年8月24～28日（大连）
周期：一年一届
创办时间：1996年
上届数据：展出面积（平方米）：80000
其中外国参展面积（平方米）：16000
观众总数（人次）：300000
展商总数（家）：423
其中外国参展商数目（家）：200

展名：2006年第十届深圳国际汽车展览会
时间：2006年9月11～18日（深圳）

展名：第七届中国（武汉）国际汽车工业展览会
时间：2006年9月12～18日（武汉）
周期：一年一届
创办时间：1995年

展名：第九届成都国际汽车展览会
时间：2006年9月15～24日（成都）
周期：一年一届
创办时间：1998年

展名：2006年南京国际汽车展览会
时间：2006年9月28日～10月3日（南京）
周期：一年一届
创办时间：2002年
上届数据：展出面积（平方米）：45000
观众总数（人次）：150000
展商总数（家）：108

展名：第六届中国广东国际汽车展示交易会
时间：2006年9月28～10月3日（东莞）

时间：2006年10月17～19日（广州）
周期：一年两届
创办时间：2003年
上届数据：展出面积（平方米）：30000
其中外国参展面积（平方米）：4000
观众总数（人次）：40000
展商总数（家）：700

展名：2006年中国郑州汽车产品展销会
时间：2006年10月28日～11月1日（郑州）
周期：一年一届
创办时间：2005年3月

展名：第六届中国国际航空航天博览会
时间：2006年10月31日～11月5日（珠海）
周期：两年一届
创办时间：1996年
上届数据：展出面积（平方米）：16000
其中外国参展面积（平方米）：5500
观众总数（人次）：230000
展商总数（家）：500
其中外国参展商数目（家）：176

展名：中国赛车运动嘉年华会
时间：2006年10月（上海）

展名：上海国际停车设备和智能系统展
时间：2006年10月（上海）
周期：两年一届
创办时间：2004年

上届数据：展出面积（平方米）：3000
其中外国参展面积（平方米）：1000
观众总数（人次）：7000
展商总数（家）：30
其中外国参展商数目（家）：11

展名：第三届中国（广州）国际自行车展览会
时间：2006年11月20～22日（广州）
周期：一年一届
创办时间：2004年11月
上届数据：展出面积（平方米）：12360
观众总数（人次）：8153
展商总数（家）：208
其中外国参展商数目（家）：45

展名：第四届中国（广州）国际汽车展览会
时间：2006年11月21～27日（广州）
周期：一年一届
创办时间：2003年11月
上届数据：展出面积（平方米）：75000
观众总数（人次）：531000
展商总数（家）：359
其中外国参展商数目（家）：28

展名：上海国际汽车零配件、维修检测诊断设备暨服务用品展览会
时间：2006年11月31日～12月2日（上海）
周期：一年一届
创办时间：2004年12月
上届数据：展出面积（平方米）：11500
其中外国参展面积（平方米）：4640
观众总数（人次）：9138
展商总数（家）：235
其中外国参展商数目（家）：134

展名：北京国际汽车工业展览会
时间：2006年11月（北京）
周期：两年一届
上届数据：展出面积（平方米）：110000
观众总数（人次）：580000
展商总数（家）：1500

境外展

展名：莱比锡摩托车展览会
时间：2006年2月10～12日（德国）

展名：2006荷兰马斯垂克国际空中交通管制展览会
时间：2006年2月14～16日（荷兰）

展名：第五届日本国际汽车售后市场展览会
时间：2006年3月10～12日（日本）

展名：国际古典车、老爷车、老福特车、摩托车、零部件和修复交易会
时间：2006年3月17～19日（德国）

展名：第一届韩国国际商用暨特殊车辆展览会
时间：2006年3月29日～4月1日（韩国）

展名：莱比锡国际汽车部件、修配厂和加油站设备专业博览会
时间：2006年4月1～5日（德国）

展名：莱比锡国际汽车博览会
时间：2006年4月1～5日（德国）

展名：第三届釜山国际汽车展览会
时间：2006年4月27日～5月7日（韩国）

展名：马来西亚汽车工业博览会
时间：2006年4月（马来西亚）

展名：商用车展及汽车贸易展
时间：2006年4月（英国）

展名：柏林国际航空航天展览暨会议
时间：2006年5月16～21日（德国）

展名：2006年中东（迪拜）国际汽车配件博览会
时间：2006年5月28～30日（阿联酋）

展名：2006年泰国国际汽车电子展览会
时间：2006年6月1～4日（泰国）

展名：第47届巴黎国际航空航天展
时间：2006年6月（法国）

展名：2006年中美洲国际汽车零部件、原料加工暨售后服务贸易展览会
时间：2006年7月12～14日（墨西哥）

展名：2006年伊朗国际摩托车、自行车展览会＆汽配展
时间：2006年7月（伊朗）

展名：越南西贡交通车辆博览会

时间：2006年8月3～8日（越南）

展名：俄罗斯国际汽车配件展览会
时间：2006年8月30日～9月4日（俄罗斯）

展名：2006年法兰克福国际汽车零配件暨售后服务展
时间：2006年9月12～17日（德国）

展名：第61届德国汉诺威国际商用车博览会
时间：2006年9月21～22日（德国）

展名：2006第三届韩国国际汽车部件、零件展览会
时间：2006年9月26～29日（韩国）

展名：2006德国科隆国际摩托车暨滑板车展览会
时间：2006年10月11～15日（德国）

展名：国际摩托车和滑板车展览会
时间：2006年10月11～15日（德国）

展名：2006年美国拉斯维加斯国际汽车零部件暨售后服务市场展览会
时间：2006年10月31日～11月3日（美国）

展名：第28届沙特吉达国际汽车暨汽车配件展
时间：2006年11月5～10日（沙特阿拉伯）

展名：2006年南美洲（阿根廷）国际汽车零配件暨售后服务展览会
时间：2006年11月15～18日（阿根廷）

展名：第63届意大利米兰国际摩托车展览会
时间：2006年11月15～20日（意大利）

展名：第25届沙特国际汽车暨汽车配件展览会
时间：2006年11月26～30日（沙特阿拉伯）

5）其他
行业简况

我国木工机械行业的现状与前景

随着我国社会主义经济建设的蓬勃发展，建筑、装修、人造板生产和家具制造等行业对木工机械的需求量每年都在增加，并且对其产品质量和技术水平的要求也在提高。我国是一个木工机械的生产大国，产品品种繁多，其技术水平也存在着差异。根据木工机械产品质量监督检验机构多年来对国产木工机械产品的质量跟踪、行业专家的评价及广大设备用户的信息反馈，在一般情况下，国产木工机械基本上是可以满足用户生产需求的；但是对于一些高精尖产品还需要从国外进口，以满足企业生产的需要。

我国木工机械行业的现状

经过半个多世纪的发展，我国木工机械行业已经建立起从教育、研究、开发、生产制造、检验到销售的完整体系。目前，全国具有木工机械产品研究开发能力的高等院校、研究所（包括企业的研究开发机构）达100余所；全国有600余家木工机械制造企业，其中具有一定规模的企业约为200家，从业人员约为10万人，分布在长江三角洲、珠江三角洲、东北、华北地区，能够为木材加工企业提供制材、人造板生产、家具制造等成套加工设备69大类、1100多种木工机械产品，其产品工业总产值达100亿元人民币。可以说，我国目前已经成为木工机械生产大国，为世界各国所关注。我国生产的木工机械首先立足于满足国内木材加工企业的需求，同时每年还有部分产品销往美国、东南亚、非洲、俄罗斯等国家和地区。据有关资料介绍，我国2003年出口木工机械总量为3064.11万台，总值为2.95亿美元。

在国家政府相关行业管理部门的指导下，我国木工机械行业从产品研究、开发到质量检验、经销服务得到健康、持续、稳定的发展，从而，在国内外赢得了良好的信誉。

认证工作给企业发展带来了活力。许多木工机械制造企业逐渐认识到“认证”对企业发展的重要性，纷纷申请“ISO9000质量体系认证”，推进企业科学化管理已成为木工机械制造企业的主导趋势。从最早通过认证的上海人造板机器厂、青岛木工机械厂、上海跃通木工机械设备有限公司算起，到目前已有上百家木工机械制造企业通过了ISO9000质量体系认证。

木工机械产品的安全认证和“GE”认证也已被企业认可，许多企业通过产品的质量认证取得了第三方公正评价，提高了用户对产品的可信度，并取得了进入国内和国外市场的准入证。

协会的指导促进了企业的健康发展。中国林业机械协会是我国林业机械、木工机械行业惟一的全国行业协会。协会以协助政府、服务企业、促进全行业的技术进步和健康发

展为宗旨，积极活跃、卓有成效地组织企业开展国际性交流活动，主办、协办国际性展览会，帮助企业开拓国际、国内市场，开展技术咨询及信息服务。企业通过行业协会的指导，实现了信息沟通与交流，推进了企业在社会主义市场经济中的发展进程。

国家和地方的质检机构始终把国产木工机械纳入受控状态。自从中华人民共和国“计量法”、“标准化法”、“质量法”颁布实施后，国家将木工机械产品纳入为重要工业产品，进行质量监督与跟踪，实行不定期的国家监督抽查和地方定期监督抽查。共抽查结果在媒体上公布，对于抽查不合格的产品，加大处罚力度，对采取集中办班提高质量意识，责令限期整顿和罚款等处理。通过抽查检验，引起了企业对产品质量的高度重视。经过10多年的检验实践证明，这种检验机制的建立保证个国产木工机械产品质量的稳定和提高。

另外，国家还十分重视木工机械市场的打假活动。由地方工商部门组织、检验部门配合的市场打假，行之有效地杜绝了假冒伪劣木工机械产品对正规产品的冲击，净化了国内木工机械市场，加大了对不法制造商、销售商的威慑力。

行业十分重视产品形象的塑造。为了推进木工机械产品整体技术与质量水平的提高，参与国内、国际市场的竞争。行业协会组织全行业参与知名品牌产品的申报和评选工作，并以此为基础向国家申报名牌产品，并向社会推荐，提高了国产木工机械产品在国内外木材加工企业中的声誉。

产学研相结合成为行业科技进步的动力。我国木工机械制造企业充分地利用了国内10余所专业高等院校和100余所研究机构的科学研究成果，加大了产品开发力度。合作的方式多种多样，有的为独家技术转让，有的为合作开发，保证了双方互惠互利，企业的产品发展了，院所的科研经费也得到了补充。例如：东北林业大学与牡丹江木工机械厂、信阳木工机械厂、上海人造板机器厂三大企业联合开发研究的“重组木生产工艺与设备技术”，充分发挥了高等院校和企业的各自优势，有力地促进了人造板生产技术水平的提高。又如：福州木工机床研究所与全国众多企业合作开发的各类木工机床；中国林业科学研究院、国家林业局林产工业规划设计院与全国各大木工机械制造企业的合作研究等都有力地推动了木工机械整体技术水平的提高，发展了木工机械生产。

企业十分重视学习国外先进技术。国家和行业协会每年定期在国内举办具有一定规模的大型国际木工机械展览会，并组织企业参加在国外举办的木工机械展览会，如：德国汉诺威、意大利米兰、美国亚特兰大木工机械展览会等，为企业学习国外先进木工机械经验创造了方便条件。许多大中型企业也经常结合企业自身发展的需要去国外考察，寻求与先进国家的技术合作，如购买技术软件、合资办企业等。通过这些方式加快了我国木工机械行业的发展。我国木工机械制造企业十分重视结合我国国情，充分消化引进的先进技术，如：消化国外先进技术开发的各类竹材加工机械及各类人造板生产设备等。通过多种方式学习国外先进技术，缩短了我国与国外木工机械先进技术水平之间的差距。

企业十分重视为用户的诚信服务。随着国际和国内市场竞争的日趋激烈和消费者维权意识的不断增强，广大的木工机械制造企业清楚地认识到，没有好的产品质量和服务质量就会失掉市场，没有市场的企业便会消亡，所以，作为企业的主导思想要把用户的利益置于崇高的地位，诚信服务已经成为企业图谋发展的主导理念。如：上海人造板机器厂有限公司（改制前为上海人造板机械厂）为了提高服务质量，将精通业务的工程师选派到经销服务的第一线，保证了售前和售后技术服务；上海跃通木工机械设备有限公司和青岛千川木业设备有限公司组织技术服务专车，定期上门服务，及时收集用户对产品的意见并及时解决用户对产品配件的急需；青岛建诚豪木业设备有限公司在用户集中地区，定期组织技术培训和解决用户在使用中出现的各种技术问题。这些做法真正体现了买卖双方精诚合作的关系，在行业中引起了强烈反响，深受用户的称赞。

我国木工机械行业十分重视标准的宣贯工作。在“标准化法”的指导下，企业积极贯彻产品相关的国家标准、行业标准，为组织现代化木工机械生产创造了前提条件。目前，设于北京的全国人造板机械标准化技术委员会和设在福州的全国木工机床标准化委员会担负着包括制材机械、家具生产设备、竹材加工机械、人造板加工设备、木材处理设备、木工刀具等69大类、1100多种木工机械产品标准的制、修订工作。木工机械标准化为我国木工机械制造业的科学管理、新技术和新科研成果的推广、保证产品质量、维护消费者权益、提高企业经济效益、消除贸易障碍、促进国际技术交流和贸易发展、提高产品在国际市场上的竞争力、保障人民身体健康和安全起到了重大的作用。

企业十分重视人力资源开发及技术装备更新。我国有不少木工机械制造企业十分重视人力资源的开发，不惜重金引进管理和技术方面的高精尖人才，为其创造施展才能的空间，以推进企业的持续、健康发展；同时，注重技术装备的改造和更新，用现代化的数控机床和加工中心逐步取代陈旧的传统的机械式操作。在珠江三角洲地区的木工机械制造企业，拥有几台至十几台国外进口数控加工中心已经很普遍。现代化的先进技术装备提高了操作的自动化程度，保证了加工制品具有极好的质量。

国产木工机械基本上取代了进口产品。经过半个世纪全体木工机械从业人士的共同努力与打拼，我国木工机械发展的成就令人瞩目，受到世界先进木工机械生产国的极大关注。20世纪90年代前，我国木工机械市场是国外产品占主要地位；到了90年代后期，国产木工机械已基本上逐步取代了国外进口产品，其主要原因是：

(1)经过几十年的发展，通过引进国外先进技术，并进行充分消化吸收，使我国具备了设计与制造现代木工机械的主机和生产线全套设备的能力，如果说，其水平20世纪60年代与国外相差约50年，80年代相差约20年，到目前相差就只有10年左右了，国产木工机械已基本可以满足国内市场的需要。

(2)国产木工机械的价格远比国外同种机械价格低，大约为其1/10，性价比高。因此，用户在采购设备时，如果其加工制品的质量没有较高的出口要求，国产设备已成为首选。

(3)国产设备的维护、配件等技术服务方便，优于国外产品，用户乐于选购国产设备。

我国木工机械行业展望

加入WTO为我国木工机械行业的发展带来了机遇，为我国木工机械走出国门参与国际市场竞争创造了条件，同时，也为国外木工机械进入我国市场打开了大门。随着我国经济的腾飞，木工机械市场空间广阔，外国木工机械制造商看好了这一大市场，纷纷加快在中国投资的步伐，并将投资从珠江三角洲移向长江三角洲和环渤海地区，有的独资建厂生产木工机械，如日本丸仲（天津）、德国豪迈（上海）、德国威力（烟台）等；有的与国内企业合资办厂生产木工机械，如奥地利克诺斯邦集团上海人造板机器厂有限公司等。外国企业在我国独资建厂或合资办厂，提高了我国木材加工企业的技术装备水平，与此同时，通过各种渠道还有大量先进的外国木工机械进入我国市场。据行业管理部门初步统计，2003年我国进出口木工机械总值为16.25亿美元，其中进口为13.3亿美元，占进出口总值的81.8%。由此不难看出，外国先进的木工机械目前在我国还有很大的市场空间，其主要原因是：我国木工机械与发达国家如德国、意大利、美国、日本等比较，具有独立知识产权的新产品很少，关键设备和关键技术如生产线的柔性技术、机器人技术、高科技控制、检验测试技术等主要以进口为主，高新技术差距较大，严重制约了我国下线产品的生产效率和产品质量的提高。这也是我国木工机械制造企业参与国际市场竞争的“瓶颈”。

面对国际市场的激烈竞争，我国木工机械若要在尽短的时间内接近发达国家的科技水平，必须采取以下应对措施：

加速引进国外先进技术，做到充分消化吸收，走独立发展的道路。我国木工机械的发展要坚持走出去、引进来，吸收国外先进技术，结合我国的具体情况，立足国内，走自我发展的道路，开发具有独立知识产权的新产品。目前，国际上普遍推行和采用的RPM（快速成型制造技术）、CNC（计算机控制技术）、FMS（柔性制造技术）、机器人技术、先进的检验测试技术等是我国木工机械亟待引进的先进制造技术。先进技术的引进，能优化生产工艺，提高产品质量和生产效率，提高产品在国际市场的竞争能力，并为企业带来可观的经济效益。到2010年木工数控机床将在我国有广阔的市场。

加大技术装备的建设力度是企业求发展的关键。现代建筑装修及家具制造业的发展与其加工设备的技术水平休戚相关。现代木制品结构、加工质量对木材加工设备提出了较高的要求，如：板式家具木榫孔间距的位置公差必须由精度很高的多排钻床来保证，而板材下料则由精密裁板机来实现。制造这些精密的木材加工机械仅仅依靠传统的工作母机是无法保证精度的，关键零部件需要通过电脑控制的加工中心来加工。因此，现代木工机械的制造，单纯靠常规加工设备与方法已经无法适应其要求，通常采用常规加工设备配备一定数量的加工中心。对于危及人身安全和损害员工健康及简单频繁、单调无味的工位，如木制品的喷漆、工件的装卸、搬运等，可以借鉴国外经验，采用机器人、机械手代替工人操作。

企业应向着标准化、专业化、高端化方向发展。21世纪的企业形象应该体现全新、科学、高效的精神，因为，经过半个世纪的发展，我国木工机械行业已经从小到大、从弱到强、从简陋生产发展到了科学文明生产阶段，企业管理不再是粗放的管理，而是以ISO9000质量体系为核心，进行制度化的科学管理，而企业生存和发展的基点应着眼于市场，因此企业应及时配合市场的需求，向着标准化、专业化、高端化方向发展。

标准化是组织现代化生产的重要手段和必要条件，是合理发展木工机械产品品种、组织专门化生产的前提，是企业实行科学化管理和信息化管理的基础，是提高产品质量的技术保证，是减少原材料和能源浪费的根本，是推广新工艺、新技术的桥梁，是消除国际贸易壁垒、促进国际贸易发展的重要保障。实现木工机械标准化生产，可缩短木工机械设计和试制周期，促进加工品种发展，有利于木工机械的生产使用、维修、配套和管理等，可降低生产和使用成本，提高经济效益。

木工机械专业化生产是减少生产投资、提高产品质量档次、技术水平和生产效率的有效途径。努力实现产品专业化生产是提高企业核心竞争力的重要手段。木工机械产品种类繁多，其生产专业化势在必行。专业化生产有利于专业分工，从而集中各方面优势，在市场经济中高效率、高质量地生产木工机械产品；有利于营造良好的市场环境，避免恶性竞争；有利于服务的个性化，适应生产需求的不稳定性，便于市场采购。

木工机械生产的高端化、品牌化是企业求发展的必由之路。只有重视知识产权，保护产品发明创造专利权，鼓励设计创新，才能促进我国木工机械的良性发展，在国际市场竞争中立于不败之地；而靠仿制、靠拿来主义吃饭，终将是没有出路的。

展望是我国木工机械行业的未来，发展前景广阔。据统计，截止到2001年底，我国有家具生产企业5万家，工业总产值1400亿元；人造板生产企业6000家，2004年总产量5446.49万m^3；地板生产企业6000家，2004年总产量达到1.5亿m^3。随着这些企业产品的更新换代，以及新一轮技术改造的启动，对木工机械的需求将有所增加。据专家预测，2000年到2010年间，我国GDP年均增长率可为7%～7.5%，农民收入不断增长，小城镇建设逐步推进，住房消费将在今后一段时间内快速增长，必将继续推动建筑装修业、地板制造业、家具制造业的快速发展，这将为我国木工机械制造业的发展提供广阔的市场空间。

机遇和挑战并存。只有认识自我、立足国内、面向世界，吸纳国际先进制造技术和先进管理经验，结合国情、不断创新、开拓进取、提高核心竞争力，才能缩小与发达国家的差距，把我国建设成木工机械生产的强国，为国内外用户提供具有先进技术水平的木工机械。

——《人造板通讯》李志仁　徐 杨

展　会

木工展促进产业发展大有裨益

由中国林业机械协会、中国林业国际合作集团公司主办，中国建筑装饰协会、雅式展览服务有限公司协办的2006年北京第11届国际木工机械及家具生产设备展览会暨第11届国际家具、材料及木制品展览会（木工展）于2006年3月7～10日在北京中国国际展览中心举办。

历经了20余年的沉淀，北京木工展已发展成为全国规模最大的国际性木工展览会。本届展会面积达到4.4万平方米，共有500余家国内外厂商参展，展会期间召开了多场研讨会，以提高展览会的含金量。

记者从展会中心了解到，大多数参展商，参观者对木工展都持肯定的态度。工友集团宋经理称：本届木工展档次高，木工产品数控、自动化水平较以往有所提高，参加木工展可以促进产品宣传，增加客户订货，而且可以促进国内外木工交流，为我国的木工水平发展提供机遇。

但有些人也对此有不同见解，一位陈先生向记者透露，本次木工展较以往没有太多亮点，而且中国木工业距世界发达国家的水平还很远，高端木工产品市场占有率低，自动程度比较低，尤其中国现在木材本身短缺，工人素质低，使得国内木工行业发展遇到了不小的阻碍，铁哥企业的一位负责人也表示了同样的看法。

虽然大家持不同的看法，但是值得肯定的是，木工展能够加快国内产品更新，增进展商之间的学习和交流，使产品优势互补，进而提高我国木工业水平。

木工展只有搞大搞活，才能吸引更多的国家和地区业内人士的眼球，使更多的展商参与其中，这对于促进我国木工业的发展，增强其国际竞争力都有莫大帮助。

——《中国贸易报》王　哲

第9届中国国际核工业展览会

2006年3月28～31日，由中国原子能工业公司、中国核学会和北京市商务局共同主办的“第9届中国国际核工业展览会”（以下简称核工展）在北京市全国农业展览馆举行。

来自法国、加拿大、美国、德国、英国、日本、韩国等16个国家的162家厂商参加了展览，他们带来了核电发展及核技术应用领域的最新技术。中国核工业集团公司、中国核工业建设集团公司、秦山核电团队等80多家国内企业与科研机构也参加了展览。

作为“中国俄罗斯年”的一项重要内容，俄罗斯原子能部门牵头组织多家公司和研究院前来参展。据俄罗斯代表团团长介绍，每两年一次的中国核工展他们都定期参加，目前他们正在与中国合作，建立快中子反应堆，俄方希望与中国进行更广泛的合作。

据AREVA中国区王先生介绍，随着中国用电需求不断增大，中国的核电市场前景广阔，因此，各国也都想打入中国的核电市场。目前中国的核电技术较国际水平还有一定差距，一些大容量机组还需要国外组装。

核工展自1989年开始，每两年举办一届，现已成为国际核领域最具影响力的展览活动之一。核工展已成为各国展示核燃料循环、核动力、核废物处理、核设备制造以及核技术应用等方面的先进技术和产品的完善平台，极大促进了各国民用核技术的交流、发展和相互合作。

——《中国贸易报》汝　男

第二届中国国际农业机械技术与设备展暨会议

第二届中国国际农业机械技术与设备展暨会议于2006年4月11～13日在北京中国国际展览中心举行。该展会由中国农业机械工业协会、德国汉诺威展览公司、德国农业协会和汉诺威展览会（中国）有限公司携手打造，有来自世界各地150多家展商参展，总展出面积达1万平方米。

届展会展示了来自欧洲的一系列种植、畜牧设备和技术，如德国的气吸式精量播种机、联合收割机、自走式青贮收获机、绿色收获机械、马铃薯分级技术以及甜菜收获、谷物挑选、储藏及干燥设备等；荷兰的播种、耕作、灌溉设备、用于田间蔬菜耕作、植物保护的专用技术和设备等；意大利的拖拉机、牧草打捆机、土豆收获机、旋耕机、动力耙、玉米播种机、割草机、灭茬机等。本届展会定位于中国及东南亚市场。

——《国际商报》

境内展

展名：2006年第七届东北国际建设工程机械陆桥设备
时间：2006年3月2～4日（沈阳）

展名：第11届国际木工机械暨家具生产设备展览会
时间：2006年3月7～10日（北京）
周期：两年一届
上届数据：展出面积（平方米）：35500
观众总数（人次）：32102
展商总数（家）：468

展名：2006年宁波国际机械通用零部件暨通用设备展览会
时间：2006年3月10～12日（宁波）

展名：第二届中国（广州）国际工程机械展览会
时间：2006 年 3 月 20～22 日（广州）

展名：2006 年中国广州国际木工机械、家具配料展览会
时间：2006 年 3 月 27～30 日（广州）
周期：一年一届
创办时间：2004 年
上届数据：展出面积（平方米）：20049
其中外国参展面积（平方米）：5415
观众总数（人次）：99134
展商总数（家）：381
其中外国参展商数目（家）：96

展名：中国武汉工业机械暨配套生产设备展览会
时间：2006 年 3 月 31 日～4 月 2 日（武汉）
周期：一年一届

展名：第十届国际木工机械暨家具生产设备展览会
国际家具配件、材料暨辅料展览会
时间：2006 年 4 月 7～10 日（沈阳）
周期：一年一届
创办时间：1997 年 3 月
上届数据：展出面积（平方米）：5800
观众总数（人次）：13426
展商总数（家）：172

展名：第六届中国国际流体机械展览会
时间：2006 年 4 月 28～30 日（上海）

展名：2006 年宁波国际起重机械暨配件博览会
时间：2006 年 5 月 15～17 日（宁波）

展名：2006 年亚洲工程机械博览会
世界混凝土亚洲博览会
时间：2006 年 5 月 15～18 日（上海）
周期：一年一届

展名：第五届中国国际压铸会议暨展览会
时间：2006 年 6 月 28 日～7 月 1 日（上海）
周期：一年两届
创办时间：1997 年
上届数据：展出面积（平方米）：4000
其中外国参展面积（平方米）：1500
观众总数（人次）：5000
展商总数（家）：120
其中外国参展商数目（家）：45

展名：2006 年大连国际工程、建筑机械暨农用设备展览会
时间：2006 年 7 月（大连）
周期：一年一届
创办时间：2006 年 7 月

展名：第七届中国国际流体机械展览会
时间：2006 年 9 月 13～15 日（上海）
周期：一年一届
创办时间：2002 年
上届数据：展出面积（平方米）：9000
观众总数（人次）：11065

展名：中国国际工程机械、建材机械、工程车辆暨设备展览会
时间：2006 年 11 月 14～17 日（上海）
周期：一年一届
创办时间：2002 年 11 月
上届数据：展出面积（平方米）：100000
其中外国参展面积（平方米）：30000
观众总数（人次）：50000
展商总数（家）：742
其中外国参展商数目（家）：319

展名：2006 中国国际工程机械、建材机械、工程车辆暨设备博览会
时间：2006 年 11 月 21～24 日（上海）
周期：两年一届
创办时间：2002 年
上届数据：展出面积（平方米）：100000
观众总数（人次）：50000
展商总数（家）：738
其中外国参展商数目（家）：343

境外展

展名：汉堡第 10 届金属和塑料加工技术贸易展
时间：2006 年 1 月 25～28 日（德国）

展名：纽伦堡国际压铸交易会
时间：2006 年 3 月 7～9 日（德国）

展名：第 13 届木工机械设备交易会
时间：2006 年 3 月 22～25 日（德国）

展名：澳洲机械装备周
时间：2006 年 4 月 18～25 日（澳大利亚）

展名：巴黎国际工程机械和技术展
时间：2006 年 4 月 24～29 日（法国）

展名：越南国际金属加工设备暨技术展览会
时间：2006年5月16～19日（越南）

展名：越南国际塑胶机械暨技术展览会
时间：2006年5月16～19日（越南）

展名：第16届大韩民国国际纤维机械展览会
时间：2006年5月16～19日（韩国）

展名：2006第二届韩国国际机械零部件展览会
时间：2006年6月7～10日（韩国）

展名：泰国泵、阀门暨配件国际贸易展览会
时间：2006年7月（泰国）

展名：国际金属加工博览会
时间：2006年9月19～23日（德国）

展名：美国拉斯维加斯紧固件展览会
时间：2006年11月（美国）

13．体育产业

行业简况

关注中国体育产业：五大问题困扰其发展

从业者缺乏市场观念。这是发展我国体育产业首先要面对的一个根本性问题。发展体育产业完全不同于在计划经济条件下进行体育工作。要以市场为基础配置体育资源，要明确树立体育赞助商、电视台、观众和服务对象等购买了体育产品的机构和个人就是上帝的观念，具备专业策划、专业设计、专业运作、专业推销、专业服务的能力，提供规范化和专业化的体育服务和体育产品。

经营体育竞赛表演业不得要领。体育竞赛表演业具有产业龙头性质。同时它也是体育系统最具优势的开发领域，目前我们对高水平体育竞赛资源不仅有得天独厚的国际和国内两种垄断权，而且对体育竞赛的组织也得心应手。但我们对体育竞赛表演业的经营虽然经过了十多年尝试，仍然不得要领。主要表现在严重缺乏经营高水平体育竞赛表演业的专业意识和专业手段，没有形成自己的国际知名竞赛品牌。

奥运会、欧洲足球锦标赛、NBA等世界上具有很大影响力的体育竞赛表演业，无不具备专业策划、专业制作、专业营销和专业服务的基本操作方式和手段，这是体育竞赛表演业取得成功的关键因素，也是获得较高社会和经济回报的主要原因。

经营体育竞赛表演市场是体育部门一项长期性和经常性的工作。我国各个单项运动协会和有关体育经纪组织必须在专业化观念、意识和专业化的组织与服务能力方面有所突破，才可能取得成绩。

全民健身体育服务和产品严重不足。专家预测，全民健身服务市场将是我国体育产业最大的市场。主要包括体育健身、健美、休闲和娱乐、体育运动技术、技能和体育知识的培训以及体育咨询等方面的体育服务。

我国发展全民健身服务业所面临的主要问题具体表现在：全民健身服务业还没有得到政府及有关部门应有的重视；国家对全民健身服务业没有一个统一的政策体系，缺乏定位、规范和管理；还没有完整的统计指标体系，体育行政部门和国家统计部门都无法准确掌握全民健身服务业在全国的发展现状及有关准确数字，只有部分省市进行过一些局部的调查和统计；国家对全民健身服务业在投融资政策、土地政策、税收政策等方面没有相应的优惠和扶持；全民健身服务业中的专业人才严重缺乏。

权责明确的场馆管理与经营体制还未建立。我国的体育场馆大多由国家投资兴建，国有资产的基本性质决定了这些体育场馆首先面临的是管理体制问题。在国际上也有多种体制模式。例如美国得克萨斯州政府投资建造的大型体育馆交给休斯敦火箭队作为主场经营，该篮球俱乐部每年向政府交纳一定数量的费用。法国的国家体育场承包给一家专业体育经营公司管理和经营。我国各地也有不同的管理体育场馆的模式和方式，但效益好并以体育为主的并不多。

不同的管理体制决定不同的运行机制，运行机制的设立与改革必须与体制配套进行。我国目前体育场馆的管理与经营，关键是要建立一套责任明确、权力到位、利益明确的体制与机制，把经营成果与经营者的利益与得失紧密结合起来。

体育产业人才缺乏。体育产业的经营者需要具备市场经营和体育运动两方面的知识和经验。由于长期在计划经济条件下办体育，在我国具备体育知识的人才往往缺乏应有的经营意识和知识，而一般经营者又缺乏体育运动知识。

就体育产业发展而言，目前缺乏三类人才：一是负责体育产业、体育市场规划、监管职能的行政干部；二是高素质的体育企业家和体育经纪人；三是体育营销人才和体育产品研发人才。

由于体育产业在我国还是一个新兴产业，以上罗列出的各种问题是任何产业发展初期的必然现象。需要在体育产业的发展过程中加以解决和完善。

——中国体育网

展　会

第二届粤港澳国际体育用品博览会

第二届粤港澳国际体育用品博览会暨第六届广东国际体育用品博览会于2005年10月27～30日在广东奥林匹克体育中心举办。

本届博览会由广东省体育局、香港特别行政区民政事务局、澳门特别行政区体育发展局、广东省体育产业协会和广东恒和集团有限公司联合主办。

本届博览会共设500个展位，展览面积3万平方米，共有来自国内外400多家企业和经销商前来参展。除了设置传统的体育器材、服装、健身等展示专区之外，由于得到2010年亚洲运动会组委会的特别支持，突出“亚运场馆建设”概念，在场地中设置了“亚运会场馆建设展示区”和“亚运会准合作伙伴区”，直接给体育营销的商家提供第一线的信息。

体育产业是当今全球经济中发展最快的产业之一，每年为世界带来4000亿美元的收入，全球体育用品市场65%的体育用品是“中国制造”，其中广东又占了1/3。

为了推动广东体育产业的发展，借本次国际体育博览会举办之际，主办机构还一连三天举办一个高规格的“国际体育产业论坛”，邀请英国MONTGOMERY休闲服务公司主席Gerry Montgomery、英国战略休闲有限公司执行主席Mark sutcliffe、澳大利亚运动专业项目推广公司Dvid Churches、澳大利亚体育知识(SKA)首席执行官 Leighton Wood、美国北爱荷华州大学体育学院院长Christopher Edginton等国外体育产业专家与中体产业股份有限公司总裁特别助理魏纪中等中国专家参加高峰论坛。为广东体育产业发展“支招”。

本次博览会为吸引观众到场，组委会还设置了多姿多彩的主题活动，包括乒乓球赛、攀岩比赛、汽车摩托车表演赛等，还有奥运冠军以及刚结束的第十届全国运动会的体育明星出席的大型联谊签名等活动。

——四川旅游网

中国国际体育设施建设与场馆运营展览会

2005年11月10～12日，2005中国国际体育设施建设与场馆运营展览会暨中国体育科学学会中国建筑学会体育建筑分会年会在中国国际展览中心举办。

本次展会以“权威、专业、国际”为特色，得到了社会各界广泛响应与支持，有来自中国、英国、澳大利亚、美国、德国、日本、韩国、新加坡等17个国家和中国香港地区百余家企业参展，展出内容涉及34个行业，涵盖了从体育设施建设的可行性研究、规划设计、场地建设、运营管理到体育设施建设检测、体育场馆服务认证等方面，囊括了体育设施建设和运营管理的各个环节，展位面积达1万余平方米。西门子、飞利浦、阿尔卡特等著名世界500强企业都在本届展会上展示各自在体育设施建设领域最新的技术和产品。

结合第4次全国体育场地普查，本届展览会还推出了“中国体育设施建设成就展”。展区内详细介绍了中国体育设施建设市场状况、中国体育设施标准、奥运会场馆和各省市优秀体育场馆展示、院校体育场馆以及社区体育设施建设现状等内容。为广大业内人士和社会公众能够清晰地了解到中国体育设施建设市场的现状和发展前景，为企业制定市场战略提供了可靠的市场依据。

本届展会上，介绍了中国体育设施标准制定与认证工作的进展情况，对促进产业升级、规范体育设施建设市场将起到积极的作用。与国内其他同类展会相比，本届体育设施展填补了多项空白。“体育场馆运营、体育建筑设计与工艺设计、体育设施建设检测、体育场馆服务认证”等方面内容都是首次在国内体育设施类展会上出现.中国建筑设计研究院、北京建筑设计研究院、清华大学建筑设计研究院、天津建筑设计研究院等国内著名的设计院也是首次参加体育设施类展会，他们都拿出了近几年经典的优秀体育场馆设计方案进行展示，展现了我国体育建筑设计建设的最高水平。

作为体育设施类展会，本届展会不仅在产品展示上突显体育特色、关注体育热点，更从细节处入手营造体育氛围。本届展会中，还对近几年兴起的新兴体育运动项目，如FI、极限运动、滑雪溜冰等冬季运动项目的场地设施建设进行探讨与交流。

中国国际体育设施建设与场馆运营高峰会议及华体国际论坛、中国体育科学学会、中国建筑学会体育建筑分会年会、体育场馆运营与安全高层论坛也与2005中国国际体育设施建设与场馆运营展览会同期召开。会聚了中国体育建筑界知名大师和国际集会管理者协会主席、亚太地区场馆运营协会主席等众多国际专家。

——北京市体育局

第五届中国（北京）国际高尔夫球博览会

2006年第五届中国（北京）国际高尔夫球博览会组委会于2006年4月14～16日在农业展览馆新馆开展。与前四届高博会相比，本届博览会的参展厂商数量显著增加，实力也更加雄厚。除了一系列的庆祝活动，还在传统的研讨会活动中加设一个特别的仪式——“保护知识产权、打击假货”的宣言仪式，组委会邀请了包括中高协领导、美国商务处官员，以及由美国七大高尔夫品牌组织的民间打假协会的负责人、各知名高尔夫品牌的负责人参与此次活动。

据了解，本届展览会参展企业有207家，基本囊括了所有在中国的知名高尔夫品牌，并且招揽了不少海内外新品牌。另外还有40多家国际公司派人参会。

——《国际商报》刘　萍　魏振豪

2006北京国际健身大会

2006北京国际健身大会于7月15～17日在北京中国国际展览中心举行。本次大会由国家商务部和国家体育总局批准，国家体育总局体操运动管理中心、中国健美操协会、中体产业集团有限公司联合主办，中体健身投资管理公司承办。

北京国际健身大会保持历届大会“专业性、国际性、综合性、独特性”的特色，精心组织包括健身器材和相关产品展览、专业健身俱乐部展示、各种专业健身培训、健身产业高端论坛、健身俱乐部表演赛等多项活动。

大会专业健身培训设置了12个教室，140节实践课和理论课，邀请了美国、英国、法国、德国、西班牙、澳大利亚、香港、台湾及中国大陆等12个国家和地区的56个知名教练，有来自全国各地的500多学员参加了培训。

本届大会健身器材及相关产品展览面积近1万平方米，参展企业近百家，包括力健、星驰、太空、必确、TRUE、乔山、时保雅等国际顶级品牌，以及英派斯、万年青、澳瑞特等国内知名品牌；同时，还有青鸟、中体倍力、浩沙、悠季等著名健身俱乐部参展。

2006中国健身产业高端论坛也在展会期间同期举行，本次论坛旨在建立一个国内外健身界高层管理人士和专家互通信息的平台，共同探讨中国健身市场的发展走向，在北京2008即将到来这样一个特定的历史时刻，探讨了中国健身产业如何把握奥运商机，扩大中国健身市场的规模以及如何从发达国家借鉴成熟的经验，并展望了2008北京奥运会后健身产业的走向。

论坛演讲人有国务院研究室的研究人员，国家体育总局有关领导、北京奥组委顾问、国际权威健身机构IHRSA亚太区总监、澳大利亚精英体育执行董事等。他们就中国健身产业发展的现状和展望，国际健身产业发展的趋势，奥运会对健身产业的促进与发展等题目做了精彩的演讲。

大会期间全天都有健身俱乐部表演赛和舞台秀表演，各参展单位及健身俱乐部都把自己的特色项目和精彩节目呈现给了现场观众。

大会期间还举办了“动感狂欢夜”晚会，由国内外著名健身健美操教练带领与会者共同享受健身带来的激情、动感和欢乐，奥运冠军也和大家共度狂欢夜。

——健身人才网

“体育设施建设与场馆运营展”尽显奥运商机

2006年8月3～5日，“2006（第二届）中国国际体育设施建设与场馆运营展览会”在北京中国国际展览中心举办。

本届展会涵盖了从体育场馆的可行性研究、设计、建设、铺装到运营管理的各个方面，体现体育设施建设一体化服务。草坪、地板、座椅、制冰设备、搬运设备、扩音设备及临时设施等各个领域参展企业齐聚一堂。与2005年相比，今年关注、参与奥运市场、中国市场的顶级企业更多、更积极。众多外国公司展示了各自的先进技术，曾经与世界各项定级赛事有过合作经历的公司更成为人们关注的焦点。

随着2008北京奥运会的临近，运动地面行业的竞争日趋激烈，一些国外的大品牌直接进入中国市场，最近的一个热点就是特福得嘉（Fieldturf Tarkett）的合并以及该公司在中国开设代表处。

此次，特福得嘉也前来参展，该公司的展牌上介绍说，他们为雅典奥运会曲棍球场地提供了草地。直到8月4日下午快闭馆时，该公司中国区域经理汪晖还在展会现场接待客户。汪女士表示，展会效果不错，关于2008年奥运会合作的事宜正在谈判中，与2004雅典奥运会合作的经历对其争取2008年的合作项目有积极意义。在展会上，该公司还结识了很多新的客户。

此外，连续多次为奥运会提供产品的美国APT和STI集团的附属企业波胜运动场地有限公司、主要致力于奥运场馆建设的松下公司和GE公司、专门为体育场馆提供照明设备的飞利浦公司等也参加了此次展会。

据第五次全国体育场地普查结果显示，我国目前共有体育设施85万个，累积建设投资1914.5亿元，体育设施建设正处于持续快速发展时期。未来五年，2008北京奥运会、2007长春亚冬会、2009香港东亚运动会、2009济南全运会、2010广州亚运会、2011深圳世界大学生运动会等体坛盛事将相继举办，各地将投入上百亿元用于体育场馆建设。另外，还将投入几百亿元用于场馆配套设施、城市基础设施的建设。在国外技术纷纷抢占中国市场的同时，国内技术也力争在场馆建设大市场中分得一杯羹。

——《中国贸易报》张汝男

展名：2006年第四届（广州）国际体育基础设施和场馆技术展览会
时间：2006年3月9～11日（广州）

展名：亚洲国际品牌体育用品暨运动时尚展览会
时间：2006年3月13～16日（上海）
周期：一年一届
创办时间：2005年3月
上届数据：展出面积（平方米）：15000
其中外国参展面积（平方米）：9000
观众总数（人次）：15284
展商总数（家）：148
其中外国参展商数目（家）：124

展名：香港国际体育用品博览会
时间：2006年3月16～18日（香港）

展名：中国（广州）国际高尔夫球博览会
时间：2006年3月30日～4月1日（广州）

展名：台北国际体育用品展览会
时间：2006年4月10～13日（台北）

展名：中国西部国际体育用品博览会
时间：2006年5月25～28日（成都）
周期：一年一届
创办时间：2000年5月
上届数据：展出面积（平方米）：5000
其中外国参展面积（平方米）：1000
观众总数（人次）：150000
展商总数（家）：250
其中外国参展商数目（家）：80

展名：第二届中国（北京）国际体育场馆设施博览会
时间：2006年6月22～24日（北京）

展名：2006年第二届中国（北京）国际休闲娱乐产业博览会
2006年中国（北京）国际体育健身器材博览会
2006年中国（北京）国际体育用品博览会
2006年中国（北京）国际体育休闲用品暨场馆设施展览会
时间：2006年6月22～24日（北京）

展名：第19届中国国际体育用品博览会（冬季）
时间：2006年9月21～24日（长春）
周期：一年两届
创办时间：1993年
上届数据：展出面积（平方米）：10000
其中外国参展面积（平方米）：1000
观众总数（人次）：10000
展商总数（家）：150
其中外国参展商数目（家）：20

14. 休闲产业

展　会

首届海峡旅游博览会

2005年9月6～11日，首届海峡旅游博览会在厦门国际展览中心举办。

本届海峡旅游博览会是由国家旅游局和福建省政府共同举办，福建省政府和厦门市政府承办，香港、澳门、台湾等两岸多家旅游机构共同联办的。

博览会共设320个展位，其中国外展位32个、港澳台展位96个。台湾展馆拥有54个展位，和拥有84个展位的福建展馆一起，成为本届海峡旅游博览会最大的展馆。展馆总使用面积达到6500平方米，参展者为旅游管理机构、旅行商、风景区、度假区、主题公园、航空公司等。旅游商品突出名、特、高、新。全国各省、市、区旅游局官员，欧美、日韩、东南亚等100多个国家以及台港澳地区共3万多名客商莅临盛会。

本届旅博会上，举办有两岸400多位专家学者、业界英才参加的海峡旅游论坛；来自闽港澳台的110多位嘉宾举行海峡旅游合作与发展圆桌会议；还签署了“海峡旅游区协作备忘录”，签订了“大金湖——日月潭旅游合作对接意向书”。展会充分宣传和推介闽台港澳旅游资源和旅游线路，推动两岸四地区域旅游合作。

本次展会呈现四大特点：一是凸显海峡旅游。本届博览会由海峡两岸旅游机构共同联办，凸显“海峡旅游”发展主题，共筑“海峡旅游”合作平台。二是侧重招商引资。福建和省外、境外旅游机构共确认招商项目400多个，仅福建的招商项目千万美元以上的就有64个，已确定签约项目15个，总投资36亿元人民币。三是体现广泛参与。四是突出合作和发展。

——江西旅游网

台湾展团成中国国际旅游交易会亮点

11月24～27日，2005中国国际旅游交易会在昆明举行，宝岛台湾首次以“台湾观光协会”名义组团参展，在宣传台湾地区旅游产品和旅游资源方面取得了良好成效。

国家旅游局旅游促进与国际联络司司长刘克智11月27日在总结奖评大会上说：“台湾展团既是本届交易会的一大亮点，也是两岸业界交流史上的一件盛事。”

本届交易会上，台湾观光协会展台与香港特别行政区、澳门特别行政区参展单位共处同一展区，设有550个展位，包括15家旅行社、21家酒店，此外还有一批主题公园、餐馆、百货公司、印刷企业等。四天中，台湾展台一直受到业界和公众关注，前来洽谈业务和参观的各界人士络绎不绝。

为充分宣传宝岛的自然景观和人文景观，本届交易会期间台湾展团成功举办了“海峡两岸旅游洽谈会”，150余名大陆业界人士与台湾各旅游企业对接洽谈业务；并成功举办“台湾之夜”晚会，大陆各省旅游局负责人和大型旅游企业相关人士共450人参加。

国家旅游局举行了“热烈欢迎台湾观光协会首次组团参展”欢迎晚宴，国家旅游局局长邵琪伟出席晚宴并致辞。他说，2006年起大陆业界也将组团赴台北参加“海峡两岸旅游展”，这些务实的举措对开启两岸旅游合作、实现双赢互利将产生深远影响。

随着中国出入境旅游规模的扩大，中国国际旅游交易会吸引着越来越多的国际和国内展商，本届交易会共有3100余家旅游各领域、各类型的参展商参展，比2003年的旅交会增加82%，其中海外参展商净增1125家。

而且，参展商门类继续向多元化发展，行业覆盖范围进一步扩展。参展商中旅行社占34.99%，酒店或酒店管理集团占26.67%，政府旅游管理机构占18.1%，旅游景点景区占10.34%，航空公司占4.82%，另外还包括游船、计算机预订系统及其他旅游企业。

——《中国贸易报》

渔具买卖兴旺　国际渔具展扩容

2006年2月13日，第16届中国国际钓鱼用品交易展览会（下称“国际渔具展”）在北京中国国际贸易中心（下称国贸）和北京全国农业展览馆（下称农展馆）开幕。由于本届展会规模扩大到2.1万平方米，国贸的4个展厅已不能满足参展商的需求，又启用了农展馆的新馆，为方便采购商看样品，主办方安排了4辆班车，每10分钟一个来回穿梭两馆之间。记者在两个展会现场发现，国际渔具展并没有因为分成2个馆而受到影响，多位首次参展的参展商向记者表示，国际渔具展是一个国际性的大型专业展会，非常理解因为展馆受限而分成两部分展出，这也确实没有影响到国际采购商的情绪。

由北京澳钦润江经济发展有限公司和中国国际贸易中心股份有限公司主办的国际渔具展，是今年春节过后北京地区举办的第一个展会。国际渔具展自1991年以来，已经成功举办了15届。展会从1996年开始，定为每年2月份举办，已经成为国内外渔具制造商和贸易商认可的世界范围内最重要的渔具展览会之一，与美国的ICAST、欧洲的EFTTEX并称为世界三大国际钓鱼用品专业展会。2005年国际渔具展成为仅次于美国ICAST的全球第二大渔具展，展览规模、业内美誉度、客商美誉度和回头客率等四项指标都登上五星级。

——《中国贸易报》

第41届国际旅游品和工艺品交易会暨国际礼品和家庭用品展

由中国工业经济联合会、中国工艺美术协会、中国工艺美术（集团）公司、北京市工业促进局联合主办的“第41届国际旅游品和工艺品交易会暨国际礼品和家庭用品展”（简称“第41届旅交会”），经过半年多的精心准备，于2006年3月16～19日在北京全国农业展览馆新馆举行。本次展会由400个国际标准展位组成，参展企业近300家，几千个品种，代表了我国工艺美术品、旅游纪念品、工艺礼品和家庭用品的较高水平。

第41届旅交会由来自全国20多个省市的工艺美术协会组团参展，展区装饰精美，商品实用性、艺术性特点突出。北京作为主办城市，在展馆正中搭建了由20个展位组成的形象特装展区，展示了北京的玉器、漆器、牙雕、景泰蓝等珍品；在北京展区两侧是国际著名品牌“皮尔卡丹”公司搭建的14个展位和广东“东丽”公司14个展位的现代礼品特装区；上海黄浦区以“现代黄埔”为主题特装10个展位；杭州市经委展区最大，有25个展位，将杭州大师近年创作的工艺精品倾情展示，有青田石、鸡血石、青瓷、杭扇、丝绸、杭绣等十余类作品；厦门市经委组织了以漆线雕为主的特装展区；河北省工艺美术协会组织了20多个展位，有定瓷、烟壶、旅游品和家庭用品等；福建德化县6个展位的特装，充分展示了德化白瓷中的精华西洋小玩偶、日用瓷、工艺瓷。企业的特装也很有特点，北京道和兴达、云南泰雅轩、厦门优必德、浙江神雕集团、杭州金星铜等各具特色。本届展会最大的工艺品展区是仿真植物，来自广东、天津、河北等省市的厂家，布置了100多个展位，并在室外有600多平方米的展销区，其中花卉、果品、植物惟妙惟肖、足以乱真。礼品展区更是琳琅满目，各种现代礼品尽收其中；旅游品中珠宝、饰品、纪念品数不胜数，上海“老凤翔”金银饰品、广东的琉璃、琥珀、红木制品更是令观众目不暇接。

在第41届旅交会上，主办方还以“创新”为主题，举办2006年“金凤凰”创新产品设计大奖赛。

——《中国贸易报》

华中旅博会推进中部旅游共谋发展

2006年3月24～26日，为期3天的第三届华中旅游博览会在武汉举行。本届“华博会”湖南、安徽、江西、河南、山西5省均派出庞大参展团。美、英、日、德等20多个国家和地区的旅游管理部门和旅游企业代表与会，其中美国、德国为首次参展。

国家旅游局局长邵琪伟代表国家旅游局祝贺“华博会”召开。

他说，华中地区在我国旅游业发展战略中具有重要地位。华中旅游博览会显示了区域化、艺术化、市场化的发展趋势。为展示旅游形象，推进旅游互动，共谋旅游发展提供了重要平台。国家旅游局将一如既往地支持中部地区旅游业发展通过加强区域旅游合作实现无障碍旅游和旅游优势互补，壮大华中旅游圈和华中旅游经济带。

据统计，本届有3000多名参展商参会，展位数比上届增长17%。本届展会共达成了100多项旅游合作意向，现场达成组团协议近万人。

——《中国贸易报》章大钧　程芙蓉

第二届中国出境旅游交易会

第二届中国出境旅游交易会（BITTM）将于2006年4月3～5日在北京农业展览馆（新馆）举行，在交易会上有近40个国家的参展商在这里推广他们的旅游产品和服务，以确保他们能够分享这一快速增长的中国出境旅游市场。

BITTM(Beijing International Traveland Tourism Market)，在全球旅游业界已经产生了非常巨大而深远的影响力，是中国惟一以出境旅行和旅游市场为定位的年度交易盛会，它是以推介旅游新产品、讨论和签订下一年的旅游合同为目的，为国内外旅游业界人士创造了一个良好的商业会面与交流的平台。

BITTM每年在北京举行一次，2005年，首届中国出境旅游交易会已经在中国北京国际贸易中心取得了成功。中国出境旅游交易会上最大的收获就是又见到了首届参展的许多国际参展商和中国的买家，值得欣慰的是，在展会期间的头两天，许多国际参展商们就与中国买家们达成了展览协议，并且越来越多的中国出境旅游买家们非常高兴地表示：中国国内有这样一个专业展览使他们能与国外旅行商直接洽谈，以使他们能为中国公民提供更优质的出境旅游服务。首届中国出境旅游交易会的展方与买方已然证明，打破壁垒、克服距离和文化差异，商谈旅游产品的市场商业运作；卖家和买家的合作在纯粹的商务交易空间得以实现，让中国出境旅客可以有更多选择的机会。

随着中国国民生产总值及个人收入的不断提高，中国正快速发展成为全球最主要的旅游市场之一。中国公民目前所拥有的消费能力正在不断上涨，对外开拓视野的需求也在不断加强，随之而来的就是旅游消费能力的不断上升。因此越来越多的大型国际旅游集团纷纷进驻中国，瞄准了未来中国出境旅游市场这块丰盛而巨大的蛋糕，这也使得中国旅游业界有了更进一步对外交流的机会。

中国出境旅游交易会，正是为这些大型国际旅游集团成功进入中国提供了一个广泛而深层次交流的良好平台，为准备分享其中一块蛋糕的全球旅行和旅游业提供了一个完美而巨大的商机。

据了解，已有超过118个国家与中国签署了ADS协议，并且已有76个国家已经接受中国游客。澳大利亚、泰国、韩国、日本、新加坡、法国、意大利、德国和瑞士等旅游目的地国，在中国正投入重金做宣传推广活动以吸引中国游客。

——《中国贸易报》许 昕

第15届上海国际酒店用品博览会开幕

第15届上海国际酒店用品博览会2006年4月4～8日在上海新国际博览中心举办。此次博览会由上海旅游事业管理委员会和博闻（中国）有限公司主办，上海博华国际展览有限公司、上海金鹏旅游服务中心和上海市国际展览有限公司承办，中国旅游报社协办。博览会同期还分设了2006中国国际清洁与洗涤设备展览会、2006中国国际咖啡与茶用品展览会和2006中国国际康体健身、休闲娱乐与运动器材展览会。

此次博览会的总展示面积达到了4.8万平方米，与去年同比增加了近35%，共使用了上海新国际博览中心东1～4号馆。博览会上，来自美国、意大利、西班牙、德国、土耳其、日本、韩国、新加坡等国家和地区的参展企业占据了东1号馆的大半壁江山。而世界性范围内一流的酒店用品品牌更是比比皆是、不胜枚举。国际知名的酒店用品制造协会——西班牙出口制造协会（AFEHC）和北美洲餐饮设备协会(NAFEM）也同时携其会员，鼎力加盟。而首次成为“展中之展”的2006中国国际清洁与洗涤设备展览会则是原有展区功能的领先和提升。

展会期间，还举办中国酒店业高层论坛、2006中国国际百瑞斯塔（咖啡师）竞赛、英国皇家泰勒茶品尝推介会、酒店服饰表演秀、服务技能表演专场等活动。

——《中国贸易报》李 于

第18届体博会彰显中国特色

2006年4月20～23日，由国家体育总局、四川省人民政府、中国体育用品联合会、中国体育科学学会共同主办，国际体育总局体育器材装备中心、四川省体育局承办的第18届中国国际体育用品博览会在成都世纪城新国际会展中心举行，展出面积10万平方米，参展企业868家，汇聚了国内外3000多个体育品牌。阿迪达斯、耐克、杜邦等众多国际品牌悉数参展，李宁、康威、安踏等中国名牌集体亮相。本届展览会上，还有“服装秀”、体育用品发展论坛等丰富多彩的大型活动。

从本届展会开始，主办方推出了新的展览会会标。新标识的图案部分由两个各自独立又相互萦绕在一起的圆环组成。主体是英文“CHINA SPORT SHOW”，汉字“冬”和“夏”的印章在标识的右下角形成角标，既体现体博会的季节特征，又表现了体博会本土展会的民族特色。新标识两环相扣的整体造型最大限度地突出了体博会“交流、合作、分享、共赢”的宗旨，而设计上更是将现代意识与传统元素巧妙结合，充分体现了“国际水准、中国特色”体博会风格。

国家体育总局体育器材装备中心主任马继龙表示，全新标识的启用会成为体博会发展史上的一个里程碑，表达了中国体育用品联合会重视品牌形象建设，以品牌管理进一步推进体博会“国际化、专业化、品牌化”目标的决心。

——《中国贸易报》董鸿乐 陈 凡

2006中国森林旅游博览会暨千山国际旅游节

由国家林业局、国家旅游局、全国工商联、辽宁省人民政府主办，辽宁省林业厅、辽宁省旅游局协办，鞍山市人民政府承办的2006中国森林旅游博览会暨第六届中国鞍山·千山国际旅游节于2006年5月26日～6月2日在鞍山市举行。

在本次盛会开幕式上，参加大巡游表演的队伍36支、5000多人，观看和收看巡游表演直播的观众达数十万人次。鞍山皮影艺术展、走进千山全国摄影创作展、“森林之声”音乐晚会、鞍山（雪花）啤酒狂欢夜暨文化广场十周年专场文艺展演活动等一系列大型文体活动，不仅丰富了鞍山市民的业余文化生活，也促进了鞍山文化事业的繁荣。

本届森博会期间举办的大型森林风景资源展览，质量高、品位高、水平高。7天来，吸引近20万人前来参观。在森博会上举行的森林旅游开发项目推介会，也取得很好的效果。

本届森博会是鞍山建市以来举办的来宾最多、层次最高、范围最广、内容最丰富的一次大型节庆和展洽活动。本届森搏会的成功举办，为鞍山市今后举办全国性大型活动积累了宝贵经验。

——鞍山新闻网

第20届香港国际旅游展

由中国国家旅游局、澳门旅游局及香港旅游业议会支持，香港汇众展览服务有限公司主办的第20届香港国际旅游展于2006年6月15～18日在香港会议展览中心举行。

来自古巴、埃及、波兰、德国、英国等超过55个国家和地区的600家参展商参展。展会除有富民俗特色或突显主题的展台外，还有旅游讲座及世界各地的民俗表演。众多的展商展示了长线及短线旅游目的地、旅游景点、交通工具、度假村、酒店、品味旅游、邮轮假期、水疗、温泉浴、历险旅游、文化及生态旅游等。

首届“商务及会奖旅游展”也同期举办。一系列的会奖旅游设施、顶级俱乐部、宴会、私人包机服务等展品可使商务旅游人士体验到更多的休闲元素；而负责策划商务活动及会议的企业人士亦可更有效地控制成本，安排好企业的商务旅程。

——《中国贸易报》童培幸

2006中国北京国际商务及会奖旅游展览会

2006年7月11～13日，2006年中国北京国际商务及会奖旅游展览会（CBITM）在北京中国国际贸易中心举办，来自30个国家和地区的190家会奖旅游相关公司与知名企业邀约洽谈。

据介绍，商务会奖旅游作为顶级的旅游产品，其蕴藏的市场潜力和商业契机，越来越被业内企业所关注，此次中国（北京）国际商务及会奖旅游展览会作为国内首个专注于这一领域的专业展览会，吸引了来自30个国家和地区的190家公司参展，展出面积4300平方米。

据介绍，目前中国商务旅游市场份额已经达到250亿美元，以每年20%的速度增长。而以公司活动、会议、展览和奖励旅游为主的高端旅游市场，由于规模大、时间长、档次高，被认为是旅游业亟待开发的金矿。世界旅游组织预测到2020年，中国将成为世界第一接待大国和第四旅游客源国，届时每年将接待1.3亿海外游客。

——科报网

境内展

展名：第16届中国国际钓鱼用品贸易展览会
时间：2006年2月13～15日（北京）
周期：一年一届
创办时间：1990年
上届数据：展出面积（平方米）：14900
其中国外展商面积（平方米）：308
观众总数（人次）：10000
展商总数（家）：274
其中外国参展商数目（家）：8

展名：2006年第十届长江三角洲南京旅游交易会
时间：2006年2月24～26日（南京）
周期：一年一届
创办时间：1995年2月
上届数据：展出面积（平方米）：5000
其中外国参展面积（平方米）：500
观众总数（人次）：50000
展商总数（家）：150
其中外国参展商数目（家）：12

展名：2006年广州国际旅游展销会
时间：2006年3月3～5日（广州）
周期：一年一届
创办时间：1993年3月
上届数据：展出面积（平方米）：20000
其中外国参展面积（平方米）：6000
观众总数（人次）：100000
展商总数（家）：750
其中外国参展商数目（家）：250

展名：第三届广州国际休闲产业博览会
时间：2006年3月14～16日（广州）
周期：一年一届
创办时间：2004年
上届数据：展出面积（平方米）：5000
其中外国参展面积（平方米）：1500
观众总数（人次）：7000
展商总数（家）：113
其中外国参展商数目（家）：35

展名：2006年中国国际宠物（精品）博览会
时间：2006年3月17～19日（上海）

展名：2006年中国国际犬业峰会
时间：2006年3月17～19日（上海）

展名：2006年第四届中国上海犬种评比和训练国际锦标赛
时间：2006年3月17～19日（上海）

展名：2006中国西部旅游交易会暨第二届西安旅游博览会
时间：2006年3月17～19日（西安）
周期：一年一届
创办时间：2004年
上届数据：展出面积（平方米）：15000
其中外国参展面积（平方米）：13000
观众总数（人次）：50000
展商总数（家）：350
其中外国参展商数目（家）：32

展名：第九届国际北京酒店用品展览会
时间：2006年3月21～23日（南京）

展名：（上海）宠物嘉年华
时间：2006年3月26～28日（上海）

展名：2006年东亚国际渔业（威海）博览会
时间：2006年3月28～30日（威海）

展名：中国（广州）国际高尔夫球博览会
时间：2006年3月30日～4月1日（广州）
周期：一年一届
创办时间：2004年3月
上届数据：展出面积（平方米）：10000
其中外国参展面积（平方米）：2000
观众总数（人次）15328
展商总数（家）：133
其中外国参展商数目（家）：23

展名：2006上海世界旅游资源博览会
时间：2006年3月30日～4月2日（上海）
周期：一年一届
上届数据：展出面积（平方米）：15000
观众总数（人次）：40000
展商总数（家）：480

展名：2006年中国（上海）国际钓鱼用品展览会
时间：2006年4月1～3日（上海）

展名：2006中国（北京）国际假日旅游展览会
时间：2006年4月3～5日（南京）

展名：第15届上海国际酒店用品博览会
时间：2006年4月4～7日（上海）
周期：一年一届

展名：沈阳时尚休闲场所、健身场所暨户外运动装备露营展览会
时间：2006年4月13～17日（沈阳）

展名：中国（北京）国际高尔夫球博览会
时间：2006年4月14～16日（南京）
周期：一年一届
创办时间：2002年
上届数据：观众总数（人次）：35000
展商总数（家）：62
其中外国参展商数目（家）：36

展名：第四届上海国际宠物展览会
时间：2006年4月16～19日（上海）

展名：2006杭州世界休闲博览会
时间：2006年4月22日～10月22日（杭州）
创办时间：2006年

展名：第二届工体宠物娱乐汇暨宠物展评宠物用品展销会
时间：2006年4月23～24日（北京）

展名：第五届世界宠物文化博览会
时间：2006年5月4～7日（天津）

展名：第七届西安国际酒店设备暨用品展览会
时间：2006年5月18～20日（西安）
周期：一年一届
创办时间：2000年
上届数据：展出面积（平方米）：18000
其中外国参展面积（平方米）：100
观众总数（人次）：15021
展商总数（家）：210
其中外国参展商数目（家）：3

展名：2006年中国国际酒店博览会
时间：2006年5月24～26日（北京）
周期：一年一届
创办时间：1993年
上届数据：展出面积（平方米）：8000
其中外国参展面积（平方米）：1000
观众总数（人次）：10000
展商总数（家）：250

其中外国参展商数目（家）：28

展名：中国西部国际旅游交易会
时间：2006年5月25～28日（成都）
周期：一年一届
创办时间：2000年5月
上届数据：展出面积（平方米）：8000
其中外国参展面积（平方米）：1500
观众总数（人次）：120000
展商总数（家）：300
其中外国参展商数目（家）：80

展名：第三届广州国际宠物水族用品展览会
时间：2006年6月1～3日（广州）

展名：第七届西安国际酒店设备暨用品展览会
时间：2006年6月18～20日（西安）
周期：一年一届
创办时间：2000年5月
上届数据：展出面积（平方米）：18000
其中外国参展面积（平方米）：100
观众总数（人次）：15000
展商总数（家）：210
其中外国参展商数目（家）：3

展名：2006年北京国际旅游博览会
时间：2006年6月22～24日（北京）
周期：一年一届
创办时间：2004年7月
上届数据：展出面积（平方米）：15000
其中外国参展面积（平方米）：7000
观众总数（人次）：30000
展商总数（家）：662
其中外国参展商数目（家）：450

展名：2006中国（北京）国际体育休闲用品暨场馆设施展
时间：2006年6月22～24日（北京）
周期：一年一届

展名：第四届广州国际酒店设备暨用品展览会
时间：2006年6月28～30日（广州）

展名：第四届中国广州国际酒店设备暨用品展览会
时间：2006年6月28～30日（西安）
周期：一年一届
创办时间：2003年6月
上届数据：展出面积（平方米）：23000
其中外国参展面积（平方米）：230
观众总数（人次）：27158
展商总数（家）：310
其中外国参展商数目（家）：8

展名：第13届中国国际酒店设备（用品）暨酒店家具展览会
时间：2006年7月1～4日（大连）
周期：一年一届
创办时间：1994年6月
上届数据：展出面积（平方米）：5000
其中外国参展面积（平方米）：72
观众总数（人次）：20000
展商总数（家）：145
其中外国参展商数目（家）：7

展名：中国（深圳）国际宠物水族暨用品展览会
时间：2006年7月16～18日（深圳）

展名：哈尔滨宠物、水族、花卉暨用品展示交易会
时间：2006年7月22～24日（哈尔滨）

展名：2006年北京国际旅游博览会
时间：2006年9月7～10日（广州）
上届数据：展出面积（平方米）：10000
观众总数（人次）：12786
展商总数（家）：66287

展名：亚洲宠物与水族产业商务大会
时间：2006年9月21～22日（上海）

展名：中国国际自驾车旅游博览会
时间：2006年9月22～24日（深圳）
周期：一年一届
创办时间：2005年
上届数据：展出面积（平方米）：5000
其中外国参展面积（平方米）：50
观众总数（人次）：30000
展商总数（家）：218
其中外国参展商数目（家）：5

展名：亚洲宠物展览会爱好者乐园
时间：2006年9月23～24日（上海）

展名：2006年大连国际旅游工艺品暨旅游商品展览会
时间：2006年10月1～7日（大连）
周期：一年一届
创办时间：1999年
上届数据：展出面积（平方米）：7000

观众总数（人次）：60000
展商总数（家）：200

展名：第十届中国国际宠物、水族用品展览会
时间：2006 年 10 月 11～14 日（北京）
周期：一年一届
创办时间：1997 年
上届数据：展出面积（平方米）：15000
观众总数（人次）：25000
展商总数（家）：309
其中外国参展商数目（家）：47

展名：2006 北京国际酒店用品展览会
时间：2006 年 10 月 26～28 日（北京）
周期：一年一届
上届数据：展出面积（平方米）：12000
观众总数（人次）：9118
展商总数（家）：120

展名：2006 广州国际酒店用品展览会
时间：2006 年 11 月（广州）
创办时间：2005 年
上届数据：展出面积（平方米）：8000
观众总数（人次）：4000

展名：第七届中国（芜湖）国际旅游产品博览交易会
时间：2006 年 11 月（芜湖）
周期：一年一届
创办时间：2000 年 10 月
上届数据：展出面积（平方米）：20000
观众总数（人次）：40000
展商总数（家）：352

展名：2006 年第四届海口旅游商品交易会
时间：2006 年 11 月（海口）
周期：一年一届
创办时间：2003 年 2 月
上届数据：展出面积（平方米）：10000
其中外国参展面积（平方米）：200
观众总数（人次）：40000
展商总数（家）：280
其中外国参展商数目（家）：10

境外展

展名：高尔夫和健身旅游展览会
时间：2006 年 1 月 19～22 日（德国）

展名：柏林宠物和植物展
时间：2006 年 1 月 13～22 日（德国）

展名：斯图加特国际旅游展览会
时间：2006 年 1 月 14～22 日（德国）

展名：汉堡国际旅游展
时间：2006 年 2 月 8～12 日（德国）

展名：德国斯图加特国际酒店、餐馆暨糕点糖果专业展
时间：2006 年 2 月 18～23 日（德国）

展名：第 29 届国际宠物用品展
时间：2006 年 5 月 11～14 日（德国）

展名：莱比锡国际电子游戏展览会
时间：2006 年 8 月 23～27 日（德国）

展名：德国南部娱乐、玩具以暨游戏展览会
时间：2006 年 10 月 26～29 日（德国）

展名：斯图加特宠物暨宠物健康专业展览会
时间：2006 年 11 月 4～5 日（德国）

展名：国际纯种狗展览会
时间：2006 年 11 月 4～5 日（德国）

展名：法国巴黎国际酒店设备展览会
时间：2006 年 11 月 5～9 日（法国）

15. 文化、艺术、传媒行业

展 会

2005中国唐山国际皮影艺术展演

“冀东油田杯”2005中国唐山国际皮影艺术展演于9月24日胜利闭幕。本届皮影展演汇聚了美国、日本和国内上海、北京、辽宁、四川、黑龙江、陕西、湖北、湖南、山西、河北10个省市及台湾、香港地区等22个剧团参演，共组织了40台剧目、40场演出，是国内举办的规模最大的一次国际性皮影艺术盛会。皮影展演期间，中外皮影剧团竞相登台献艺，好戏连台，使广大群众充分领略到了皮影艺术的神奇魅力，受到了一次难得的优秀传统民族文化的熏陶。

皮影展演参演剧目水平高，展示了中外皮影的最新成果。本届皮影展演，中外皮影参演各院团带来的参演剧目风格各异，地域特色鲜明，雅俗共赏，老幼皆宜，艺术水准高，充分展示了皮影这个千百年传统民间艺术的纷呈流派。经大会组委会组织的专家评委会评审，本届皮影艺术展演共评出综合奖有：最佳剧目奖1个，最佳短剧目奖5个，优秀剧目奖2个，优秀短剧目奖7个，优秀演出奖15个。另外，还评出优秀编剧、导演、舞美、音乐、表演等单项奖项。唐山市皮影剧团的《观世音传奇》获本届皮影展演最高奖项——最佳剧目奖。

皮影展演活动形式多样，群众参与广泛。今年皮影展演期间，还同时举办了中国皮影雕刻艺术大赛、唐山皮影艺术展、皮影艺术学术研讨会等一系列特色活动，经过精心组织，均取得了圆满成功。中国皮影雕刻大赛规模大、水平高，共有来自全国8个省市的40多名选手参加比赛，代表了当今中国皮影雕刻艺术的最高水平。唐山皮影艺术展以唐山皮影的发展为线索，展出了一批清代、民国及文革等不同时期的皮影人物、场景、影卷、唱盘等实物资料，是唐山第一次全方位展示唐山皮影的发展历程和艺术特色，让人们充分感受到了唐山皮影的博大精深和迷人风采，进一步巩固和提高了唐山皮影在国内外的地位和影响。皮影艺术学术研讨会对参演的有关剧目和皮影艺术的创新进行了研讨，对今后皮影艺术的创新发展有着重要的理论指导意义。

通过皮影展演，进一步扩大了唐山和唐山皮影在海内外的影响。皮影展演的成功举办，深入挖掘和弘扬了皮影这个中华传统民间艺术的瑰宝，进一步巩固提高了唐山和唐山皮影在海内外的影响和知名度。许多皮影老艺人和工作者在高度评价本届皮影展演的同时，盛赞唐山为中国皮影艺术的振兴、发展做了一件大好事，在中国皮影史上写下了浓重的一笔。在本届皮影展演筹备和开幕期间，国内各大新闻媒体和知名网站，在广泛宣传报道皮影展演的同时，还加大了对唐山的宣传力度，进一步向世人展示了唐山经济社会发展成果和新形象。

通过皮影展演，进一步丰富了群众文化生活。本届皮影展演通过电视直播了开幕式，并向全市转播了皮影展演的各场演出，为全市人民献上了一道丰盛的精神文化大餐，激起了广大人民群众观看皮影、热爱皮影的热情。据统计，本届皮影展演期间，到剧场观看演出的观众达4万多人次。

——唐山公众信息网

2005中国东北文化产业博览会

由文化部文化产业司、辽宁省文化厅、吉林省文化厅、黑龙江省文化厅、沈阳市政府主办，沈阳市委宣传部、沈阳市文化局、沈阳市新闻出版局承办的2005中国东北文化产业博览会（简称：文博会）于9月23～27日在沈阳辽宁工业展览馆举办。本届文博会有500余家参展机构参展，展销品种10万种，展会销售额达到8200万元，推出文化产业投资项目102个，总投资额达到80.5亿。现场成交11项，签约额1.2亿元。接待参观者达到30余万人次，达到了预期目的，获得了巨大的成功。

10万件展品样样吸引人。此次文博会，展出面积共2万平方米，展位1千个，展销品种10万种。参展商来自世界9个国家和地区及全国20个省市，共2500多人。

展出的商品从工艺品、古董、剪纸、农民画直至一流的高新技术、炫目的旅游产品，从来自国内不同地区的小艺术品到韩国的IT游戏软件展，样样都是市民关注的焦点。

每天6万人逛文博会。历时五天的文博会，参观者达到30余万人，平均每天6万人。“大芬村油画”、“江西景泰蓝”、“天津风筝”、“泥人张”、“内壶画”、“杨柳青年画”、“西安超仿真人”、“格格展示”、“李阳辽展广场现场英语”、“吉尼斯现场申报绝活”、“名人名家的现场签售”等等展台前，每天都吸引着无数参观者。

文化产业找到发展方向。首届东北文化产业博览会不仅仅现场热闹，专家们还看出了“门道”。由东北振兴与文化产业发展主论坛和出版改革论坛、报业市场发展论坛、文化产业发展论坛、数字电视发展论坛和城市广播发展论坛等6个论坛组成。

权威专家们纵论了文化产业发展、文化产业资本运作、发展的途径等问题，认为文博会不仅很好地宣传了东北文化产品，还提升东北地区的文化经济。专家的精辟论述，给东北文化产业发展找到了方向。

此次文博会的参展单位都认为，此次文博会最大的收获，不是推介了多少项目、实现了多少交易额，而是通过展会，让文化产业的概念在沈阳深入人心。

102个文化项目传向海内外。推介会、签约仪式的举办，充分调动了社会参与文化产业的积极性。三省一市面向海外开展文化项目招商活动，征集到了102个文化产业项目，总投资80.5亿元人民币，总建筑面积为85.3万平方米。

9月26日，组委会召开文化产业项目推介会，重点推出10个项目。参加推介会的国内外投资机构和海内外驻沈商会代表多达30余家。在会上有11个项目被签约，签约额达到1.2亿元。

——沈阳文化网

第四届中华民族文化博览会暨第三届中华民族之花大选

经国家文化部批准，以“弘扬民族文化、展示民族风采、增进民族团结、发展民族经济”为主旨的“第四届中华民族文化博览会暨第三届中华民族之花大选”，于2005年10月1～7日国庆节期间在北京中华世纪坛举办。本届民族文化博览会由“民间戏剧大赛”、“民族艺术大展”、“民族之花”大选、“花涌中华世纪坛”文艺演出和“戏剧文学奖颁奖”活动几大板块构成，博览会重在展示以少数民族为主的中国民族民间文化艺术，是展示和传播中华各民族优秀民族文化的盛大庆典。

本届民族文化博览会上，西藏文联、西藏民间文艺家协会和西藏戏剧家协会以及“雪巴拉姆”藏戏团共同组成的西藏民族艺术团参加了全部展演活动。

西藏民族艺术团的展演备受关注，获得观众和评委会、组委会广泛好评。其间西藏民族艺术团与粤港澳民间艺术团、山西大同耍孩戏剧团、山西歌舞剧院等艺术团体同台演出了独具民族艺术特色的民间戏剧歌舞。经过组委会、评委会评审，西藏代表团荣获16个奖项。其中，在西藏享有盛名的“雪巴拉姆”民间藏戏艺术团是首次进京献演，同时也是代表西藏自治区参加本届中华民族文化博览会中国民间戏剧大赛的第一个西藏民间藏戏表演团体。在本届民族文化博览会中“雪巴拉姆”民间藏戏艺术团获中国民间戏剧大赛优秀演出奖，演出的传统藏戏《卓娃桑姆》(选场)获中国民间戏剧大赛金奖及优秀剧目整理奖。西藏选送的三名“民族之花”参赛选手经过决赛，从众多选手中脱颖而出，均获得“民族之花”最高奖项——金花奖。

——人民网

第八届北京国际艺术博览会

2005年10月2～6日，由中华海外联谊会、欧美同学会、北京海外联谊会共同主办的第8届北京国际艺术博览会在中国国际贸易中心举行。中国、韩国、日本、伊朗、土耳其、俄罗斯、新加坡等国家和地区共300多画廊、艺术家的近万件古今中外艺术珍品，为节日的北京平添了一道亮丽的风景。经初步统计，此次艺博会成交额达到5000万元人民币。

据了解，此次艺博会共有400多个展位，其中120多个国际展位三个月前被预订一空，会聚了国内外300多画廊及参展艺术家的近万件艺术作品。参观人数每天都平均在1万人次以上，总共达5万多人。

——要闻网

亚洲文化部长论坛暨第七届亚洲艺术节

2005年11月10日，在鲜花和绿树的簇拥中，广东省佛山市禅城区迎来了亚洲文化部长论坛及第七届亚洲艺术节的隆重开幕，来自22个国家的文化部长及艺术团体出席了此次盛会。

据悉，亚洲文化部长论坛是首次在我国举办的研讨亚洲区域性文化交流与合作的部长级会议，也是迄今为止在我国举办的外国部级官员出席人数最多的一次文化部长会议。亚洲艺术节是我国举办的第一个国家级区域性国际艺术节，亦是自1998年创立亚洲艺术节以来首次在地级市举办的艺术会议。

本届亚艺节由文化部和广东省人民政府共同主办，省文化厅和佛山市人民政府共同承办。在一周时间内，国内外91个专业艺术团体和民间艺术团体，约5000名国内外艺术家和演员参加了48场演出。让560万佛山人民和来自亚洲23个国家的政府文化代表团以及艺术家们，共同见证了一次“艺术的盛会，人民的节日”。同期亚洲文化部长论坛也在佛山举办，并签署《佛山宣言》。

亚艺节期间，剧场演出、街路巡游和广场演出共48台节目在佛山五区陆续上演。各类演出活动观众总人数共约85.34万人次。13项展览、展示及推介活动则吸引了观众约146.5万人次。其中，仅南海千灯湖灯色展，观众就超过了100万人次。

——《国际商报》

第二届中国收藏文化博览会

2005年11月18～22日，第二届“中国收藏文化博览会”在北京国际贸易中心举行。

第二届中国收藏文化博览会由中国收藏家协会主办，《中国书画收藏》杂志社、北京明星博艺文化有限公司承办。此次展会总面积达9000平方米。

“博览会”一开场，就人气火暴，早上九点多，国贸门口就排起了长队。开幕式结束后，“博览会”达到了高潮，参观定购者络绎不绝。

其中新加坡展商任先生仅半天就卖出了价值270多万元人民币的古代青铜器十余件。陕西画家王兴科的一元收藏品、广东书法家陈声远的天下第一榜书、著名画家祁峰的现场书画表演吸引了许多参观者的眼球。

本次“博览会”是一次弘扬中国传统文化的艺术盛会。

——《国际商报》

第十届广州国际艺术博览会

2005年12月1～5日，第十届广州国际艺术博览会（以下简称艺博会）在广州中国出口商品交易会（流花）展馆举办。据统计，进场观众人数超过4万人次，成交额达1500万元人民币左右，为历届之最。

据组委会办公室统计，本届广州艺博会进场观众人数超过4万人次，近一万件风格迥异、精彩纷呈的油画、国画、雕塑、版画、影像、装置等艺术品参与了展示和交易。现场观摩、交流、交易热烈。

此次艺博会的一个特点，即不少专业画廊纷纷参展，如北京大陆艺术家画廊、世纪翰墨画廊、宋庄艺术家画廊、台湾现代画廊等21家专业艺术家画廊均来参展。专业画廊成交形势也非常好，如广州的三彩画廊出售了不少画作。另外，一些热门画家的优秀作品也出售一空，有的甚至出现了抢购的现象。如画家唐一和的素描、中国百景的版画等。

此次展会上，当代艺术品占据了相当的比例。俄罗斯、日本、韩国等展示一批具有最新观念与思潮的当代艺术品，成为艺术博览会新的卖点，凸现了广州艺博会的专业化、国际化、精品化。

到闭幕时，法国名家名作呈现大热成交态势，其中大型雕塑作品和当代艺术品成为亮点。法国著名雕塑家安娜带来的27件雕塑作品引起众多大企业、收藏家的关注。经洽谈，广州艺博院与安娜达成购买《卡门》、《小提琴手》的协议。

法国雕塑家叶天（音译）的作品创意独特，其中《希望》、《对话》分别出售给广东省电信总公司和艺博院。《希望》计划放置在东山口电信广场。

——自默文化网

2005数字广电新媒体年会

2005年12月22～24日，受到业内广泛关注的“2005数字广电新媒体年会”在海南三亚开幕。在本届年会上，主办方数字广电产业发展研究中心利用该中心数年来的资讯及行业资源积累，联合了众多的专业资讯研究机构，针对数字付费电视、移动电视、手机电视、IPTV和网络电视、楼宇电视、高清电视、卫星电视等新媒体形式进行了年度性回顾与展望。

同时，本届年会还邀请了国家广电总局、信产部及其他相关部委的领导专家，各新媒体形式产业链的技术提供商、终端设备制造商、内容制作商、市场运营商、网络服务商的高层人士，各投资机构，各知名研究机构的学者共同参与，一起对数字新媒体的跨行业融合发展之路进行了探讨。

作为本届年会的重头部分，在23日召开的“2005新媒体年度资讯发布会”上，中广网媒信息咨询有限公司正式对外界发布了《2005-2006年中国新媒体产业研究报告》。该报告总结了数字电视、付费电视、高清电视、IPTV、手机电视、楼宇电视、移动电视这7项新媒体业务在国内和全球的发展状况，全面总结了中国新媒体产业发展的现状，7项新媒体业务的对比发展情况、产业链情况，影响新媒体业务发展的各种因素、未来的发展趋势和发展规模等问题，从而可以从对比的角度提供给报告使用者关于新媒体各行业发展状况的分析，为从事相关投资活动决策提出可供参考依据。

在其后发布的《2005-2006年中国数字（付费）电视产业发展与投资机会研究报告》则涉及了囊括内容生产商（付费频道）、内容集成商（中数、鼎视、文广）、主流技术和设备厂商、广电数字电视网络运营商的各个数字（付费）电视产业环节。

此外，中广网媒、赛迪顾问还在发布会上联合公布了《2005-2006年中国IPTV产业研究报告》。该报告全面分析了中国IPTV产业发展的现状，产业链的具体情况，影响IPTV发展的各种因素、未来的发展趋势和发展规模等业内人士极为关注的问题，并对各相关企业进入IPTV领域或从事IPTV相关投资活动提出了有针对性的策略建议。

——通信世界网

“意大利年”活动接连启动

2006年1月19日，中山公园音乐堂举办了意大利歌剧作曲家音乐会，20日在世纪坛开幕了意大利文艺复兴展，以及晚上在世纪坛广场举行的“时间的更新”晚会，这些活动标志着中意联合举办的“2006中国意大利年”文化活动拉开了帷幕。

意大利文化遗产和文化活动部部长布蒂里奥内介绍了中国意大利年的基本情况。据他介绍，中国意大利年的活动丰富多彩，除了已经开始的系列开幕活动外，在展览方面还将在中华世纪坛举办其他大型展览，包括伊特鲁里亚文化、庞贝古城、14世纪托斯卡那艺术、列入联合国教科文组织世界文化遗产名录的意大利文化遗产等，以及最近十年的意大利艺术、意大利当代艺术展等。

而在演出方面，中国观众将欣赏到意大利著名指挥大师慕蒂和钢琴大师波利尼的演出、意大利威尼斯歌剧院的演出、著名的斯卡拉歌剧院芭蕾舞团的演出、著名的阿岱现代舞团的演出、米兰小剧院名剧《一仆二主》的演出等。而意大利电影展也将展现儿童世界的“吉弗尼电影节”的作品。中国文化也于今年在意大利展示，包括在罗马展出“走向帝国”中国文物展和在特蕾维佐举办丝绸之路展，今年的威尼斯狂欢节的主题将定为“献给中国的狂欢节”。

——《北京青年报》

义乌文博会演绎产业与文化融合

2006年4月7～9日，2006中国义乌（国际）文化产业博览会在义乌梅湖会展中心举行。本届展会参展企业达700多家。浙江、广东、上海、北京、山东、江苏、福建、天津等16个省、市，以及中国香港、中国台湾、新加坡等国家和地区纷纷组团参展。

展会展出文化用品、教育用品、体育用品、文具礼品、益智玩具、喜庆用品、画框等文体用品类产品和书籍报刊、年画挂历、音像制品、电子出版物等出版物制品类产品。同时还安排了创意设计类、旅游文化类、书画古玩类、演艺类、影视传媒类等展示活动。

4月9日下午，2006中国义乌(国际)文化产业博览会闭幕。本届文博会成交额达13.6亿元，其中外贸成交额为7.36亿元，占总成交额的54.1%。参加展会的专业观众50967人，外商有3112人，分别来自102个国家。

——《中国贸易报》陈 凡

第三届中国国际画廊博览会

2006年4月16日，为期5天的在北京国贸中心举办的第三届中国国际画廊博览会闭幕。

本次博览会共吸引来自韩国、德国、法国、意大利、美国、西班牙、日本以及中国内地和台湾等17个国家和地区的近百家知名画廊，带来近4000幅艺术作品，包括油画、雕塑、影像、摄影作品等，是一次比较全面展示当代艺术的博览会。这些艺术品中既有经典大师的作品，又有明星级的艺术家的作品；既有传统的中国书画作品，又有当代西方的前卫作品。此次博览会无论是规模还是整体布局，都远胜于上两届，因此显得人气颇旺。艺术品收藏者、画廊经营者、创作者、爱好者云集于此，共同感受着现当代艺术。正如组委会副主任王一涵女士所说："此次博览会无疑提供了一种既具有相当的规模效应与涵盖面，又能够全方位地呈现当今世界艺术思潮与艺术流派的，充满生命力和吸引力的市场模式。"

当代艺术一直都在标榜"一切都有可能成为艺术"，但它必须还要面对一切可能出现的批评。对本次博览会中的一些作品，有些参观者表示"看不懂"、"不理解"、"不接受"，甚至明确表示"反感"。尽管如此，一些带有卡通意味的作品居然吸引了孩子的目光。

另外，此次博览会中，中国水墨画作品寥寥无几，更因其题材陈旧、表现缺乏创意而显得落落寡合。即便是先锋色彩鲜明的艺术作品，虽然题材、内容比较丰富，却因创作者地域、年龄或经历及表现手法的差异，所产生的视觉效果及冲击力，大小、高低也有很大不同，让人明显感觉到这些作品成熟度不高。而在这种场合下，略显另类的、带有浓重古典色彩的、来自俄罗斯的绘画作品却异常醒目，反倒吸引了更多的参观者。

在博览会期间还举办了论坛，就当代艺术创作与艺术品收藏、市场及画廊前景等进行了探讨。有关专家表示，中国日益庞大的收藏家队伍和不可小觑的购买力，正在对世界艺术品市场产生巨大的吸引力。

——中国文物信息网

万水千山——全国烟标、火花、邮品专题收藏博览会

2006年5月20～27日，由中国商报·收藏拍卖导报、中国收藏杂志社、北京收藏家协会主办，红云集团、江苏一品梅实业、重庆宏声集团公司协办的万水千山——全国烟标、火花、邮品专题收藏博览会，在北京报国寺举办。

本次全国烟标、火花、邮品专题收藏博览会，以红军长征为主题，并以烟标为龙头，展示来源于各个收藏组织及收藏个人提供的有关长征时期的烟标、火花、邮品等实物收藏品、纪念品和文化遗物等。其中，烟标展示内容主要包括五大系列：长征内容系列，以长征路线和有关长征内容为主线用烟标展示出一部完整的长征史；革命圣地系列，以革命圣地为内容，重点介绍长征过程中的重要会议和重要战斗；名山大川系列，以历史遗迹、人文景观为品牌和设计内容，反映中华民族悠久的历史文化和优秀的民族传统；名城名镇系列，通过以城市、地镇名称和图案为品牌和设计内容的烟标从一个侧面反映中国特色社会主义建设事业的蓬勃发展和改革开放的大好形式；地域特色系列，这组专题由若干个以地域风貌为主题的烟标组合组成，反映祖国各地独具特色的自然、人文风貌。

——《中国贸易报》崔 晶

山东（国际）文化产业博览会

2006年6月16～18日，山东（国际）文化产业博览会在济南舜耕国际会展中心举办。

首届文博会立足山东，面向全国，辐射日韩，联动东南亚、欧美及其他国家，涵盖传媒、广播影视、演出舞美、文物与民间艺术、书法美术、动漫与信息技术、旅游休闲等文化产业项目，文博会期间还举办产业论坛、项目洽谈及丰富多彩的文化艺术展演展示活动，邀请了近千家中外文化企业参展。

本届展会招商交易成果丰硕，仅重点项目签约仪式一次就有31个重点合同项目签约，签约额超过176亿元。山东省委宣传部副部长徐向红在接受记者采访时说，本次文博会只有开幕没有闭幕，山东省政府已经加大力度将文博会的延续及延伸的工作和活动做了部署，大家将在两年后再次相约在山东。

据了解本届文博会规模宏大、内容丰富、交易广泛、影响广泛，彰显了齐鲁文化风采，展示了文化发展的创新成果，构建起了大型文化交流和经贸合作平台。在短短3天时间里吸引了众多海内外宾客，参观文博会各项展览和参加各项活动的总人数达96.5万人次。其中，参观展览的71.8万人次（其中主会场46.8万人次，四个分展区25万人次），参加各种文化活动的24.1万人次，参加论坛的6000多人次。

本届文博会给社会各界群众和中外宾客提供了丰盛的文化大餐，仅三天时间，就成功组织了5场大型演出、18场广场整点演出和十几场艺术展出，让人们全方位、多角度的感受到文博会的文化气息，受到社会各界的高度评价。

——《中国贸易报》王传友 徐彬彬

首届中国古代建筑文化遗产保护与发展论坛

由中国建筑文化中心主办，西藏自治区建设厅、拉萨市人民政府协办的"首届中国古代建筑文化遗产保护与发展论

坛”于2006年6月23～27日在西藏拉萨举行。来自国内的70多位专家代表参加了论坛。

中国古代建筑艺术是世界上延续历史最长、分布地域最广、风格非常鲜明的一个独特艺术体系。随着城市化进程的发展，如何传承、保护古代建筑艺术，如何处理古代建筑与自然环境、城市建设、经济发展的关系是城市管理者、建设者所面临的重大问题。

与会的专家、学者们分别围绕“中国建筑文化遗产保护利用问题与对策；中国文物古迹保护准则；中国西部地区古代建筑遗产现状；四川阆中古城保护与开发情况；喀什传统民居建筑装饰；建筑企业如何继承和发展传统建筑艺术”等议题，研讨了从理论到实践两个层面的相关话题。

——《中国贸易报》耿 健

当代百杰书画精品展

2006年7月8～14日，“阳光·文化中国——中国当代百杰书画名家精品展”（以下简称书画精品展）在历史文化名城河北省邯郸市举办。

此次书画精品展由中共邯郸市委市政府主办，中国希望书库工作委员会、邯郸阳光百货集团公司、北京大河风国际传媒集团共同承办，以“翰墨书写赤子情怀，丹青绘画中华盛世，书坛画苑齐唱同一首歌”为主题，以“弘扬社会主义荣辱观、光大中华优秀传统文化”为目标。展出的160余幅作品绝大部分出自中国书法家协会、中国美术家协会理事以上及全国各省、市书协主席、副主席之手，其中有著名书画家李铎、欧阳中石、张飙、刘艺等作品。该展览全方位、多视角地体现了进入新世纪之后我国书画创作的高水平，诸多作品不仅具有传承的厚度，而且具有鲜明的时代特色；不仅体现出创作思想的高度，而且注重文化品位的升华，审美价值和收藏价值都很高。展出当天，观者如云，好评如潮。有关人士说，这次展览充分体现了几千年中国文化的品位与魅力。

据了解，中国当代百杰书画名家精品展将在全国几十个城市巡展，邯郸是其全国巡展的首站展。经介绍，每站展出的名家精品将被拍卖，拍卖所得部分将捐赠希望书库事业，用于解决农村中小学生读书难的问题。

——《中国贸易报》王新友 张亦驰

第14届上海国际广告展

第14届上海国际广告展2006年7月19～22日在上海新国际博览中心举办，来自30多个国家和地区的600余家企业汇聚一堂，共同展示业内前沿技术和最新产品。

本次广告展共设5大展馆，分别展示喷绘、写真、打印、标识等器材及其耗材，商业设备器材，LED、霓虹灯、灯箱及城市景观照明设备，广告新媒体以及创意产业。超过6万平方米的展览面积创下了历届广告展之最，也使上海国际广告展成为世界广告业最为重要的专业贸易盛会之一。

——《国际商报》

摄影节成为青海“金名片”

备受瞩目的首届中国（青海）三江源国际摄影节于2006年7月28日～8月2日在青海举办。来自海内外的摄影家不但用手中的相机为青海留下了靓丽的影像，摄影节本身也成了青海向世界推介自己的“金色名片”。

据介绍，首届中国（青海）三江源国际摄影节突出推介了三江源“山宗水源、大美青海”独特的自然、历史、人文环境，弘扬了“自然、生态、人文、和谐”的宏大主题。本届摄影节呈现出了四个特点：一是规模大。本届摄影节吸引了海内外40余个摄影组织，400多位著名摄影师参加了采风、摄影和展览活动，是我国大型的摄影活动之一。二是水平高。国内外400多名摄影大师奉献了上万幅高水平的各类摄影作品，并集中了他们近年的优秀作品，这些作品展现了当今世界摄影艺术风格，展示了三江源和青海的美丽与神奇，也向世人展示了青海高原深厚的人文内涵与高远的精神魅力。三是专业与群众结合。这次摄影节除展览国内外摄影大师和摄影家的作品以外，还专门举办了旅游摄影作品展，给广大的摄影爱好者提供了一个展示作品的平台，丰富了群众文化生活。四是摄影家论坛取得了良好的效果。组委会专门邀请摄影大师和业内专家围绕生态环境、文化建设和摄影艺术进行讲座与探讨，交流了经验，给青海的摄影爱好者传授了摄影知识，取得了很好的效果。本届摄影节在海内外引起了巨大反响，也对青海省的改革开放和经济社会发展产生了积极而深远的影响。

——《国际商报》英 子 张 蕴

上海书展打造“阅读盛宴”

2006上海书展8月5～11日在上海展览中心开幕，新闻出版总署副署长邬书林和上海市相关领导出席了开幕式。引人注目的是，本届书展的开幕式，没有领导的讲话，而是由受邀出席的著名作家王蒙、著名劳动模范包起帆、“感动中国十大年度人物”之一的洪战辉分别作了简短而生动的主题演讲。这体现了上海讲求实效的办事风格，也凸现了本届上海书展的主题“我爱读书，我爱生活”。

本届书展，由22个场馆组成，共设计展位735个。为读者准备了近10万种图书，其中新书近3万种，读者可以大饱眼福。

据了解，今年的上海书展不仅数量上达到了创记录的近两百项，质量上也有了更进一步的提升，包括“《王蒙自传：半生多事》讲座签售”、“易中天《品三国》签售”、“洪战辉专场报告会”在内的诸多活动在书展期间陆续展开。

——《中国贸易报》文松辉

中国·内蒙古第三届国际草原文化节

2006年8月14日晚，随着大型文艺晚会《七彩的鄂尔多斯》的激情上演，中国·内蒙古第三届国际草原文化节暨首届鄂尔多斯国际文化节在鄂尔多斯市市政广场落下帷幕。

从8月8日《吉祥·鄂尔多斯》奏响“两节”开幕的序曲到闭幕，鄂尔多斯陶醉在盛大节日的欢乐海洋中，艺术大赛、学术研讨、文化展示、体育竞技活动此起彼伏。

据了解，“两节”期间共有15支国外民族民间艺术团体约600余人来到鄂尔多斯，进行欢聚鄂尔多斯——中外艺术行街表演，《鄂尔多斯·蒙古大婚》、大型交响乐合唱《草原颂》等艺术活动、第四届中国·蒙古族服饰服装展示、中国·内蒙古第三届草原文化研讨会、中国·鄂尔多斯萨拉乌苏文化国际学术研讨会和首届鄂尔多斯文化学术研讨会等学术研讨活动以及“成就展”和传统“那达慕”赛事将“两节”活动推向高潮。

据了解，“两节”闭幕式后，“两节”专项研讨会将在东胜区和成吉思汗陵旅游区天骄大营继续举行，个别群类大赛和展览也同时延期。

据鄂尔多斯市有关部门的负责人介绍，为期一周的“两节”活动充分向外界展示了鄂尔多斯近几年经济飞速发展的大好形势和鄂尔多斯市人民安居乐业、城市欣欣向荣的美好景象。

——北方经济报

展名：2006年广东国际广告展
时间：2006年3月3～6日（广州）
周期：一年一届
创办时间：2003年4月
上届数据：展出面积（平方米）：40000
其中外国参展面积（平方米）：1440
观众总数（人次）：50000
展商总数（家）：500
其中外国参展商数目（家）40

展名：2006年中国（北京）国际文化用品博览会
时间：2006年3月15～18日（北京）

展名：第四届中国国际广告四新（山东）展览会
时间：2006年3月29～31日（济南）

展名：第97届中国文化用品商品交易会
时间：2006年4月1～3日（广州）
周期：一年两届
创办时间：2005年6月
上届数据：展出面积（平方米）：25000
观众总数（人次）：50000
展商总数（家）：600

展名：2006第七届华南国际广告（深圳）展览会
时间：2006年4月6～8日（深圳）
周期：一年一届
创办时间：2000年

展名：中国义乌（国际）文化产业博览会
时间：2006年4月7～9日（义乌）

展名：2006年第四届中国北京国际广告技术设备展览会
时间：2006年4月10～12日（北京）

展名：中国国际画廊博览会
时间：2006年4月13～16日（南京）

展名：第五届北京国都藏獒展览会
时间：2006年4月17～25日（北京）

展名：第13届国际广告新媒体、新技术、新设备、新材料展示交易会
时间：2006年5月9～12日（北京）
周期：一年一届
创办时间：1994年10月
上届数据：展出面积（平方米）：15000
其中外国参展面积（平方米）：5000
观众总数（人次）：50000
展商总数（家）：358
其中外国参展商数目（家）：98

展名：第二届中国（深圳）国际文化产业博览交易会
时间：2006年5月18～21日（深圳）
周期：一年一届
创办时间：2002年

展名：中国西部国际文化产业营销展览会
时间：2006年5月25～28日（成都）
周期：一年一届
创办时间：2000年5月
上届数据：展出面积（平方米）：8000
其中外国参展面积（平方米）：2000
观众总数（人次）：150000
展商总数（家）：350
其中外国参展商数目（家）：100

展名：第五届大连国际广告技术和设备展览会
时间：2006年7月5～8日（大连）
周期：一年一届
创办时间：2002年8月
上届数据：展出面积（平方米）：3000

观众总数（人次）：17000
展商总数（家）：120

展名：第14届上海国际广告技术设备展览会
时间：2006年7月19～22日（上海）
周期：一年一届
创办时间：1993年
上届数据：展出面积（平方米）：12438
其中外国参展面积（平方米）：1683
观众总数（人次）：45623
展商总数（家）：440
其中外国参展商数目（家）：82

展名：香港书展
时间：2006年7月19～24日（香港）
上届数据：展出面积（平方米）：31281
观众总数（人次）：639132
展商总数（家）：392

展名：2006中国艺术博览会
时间：2006年8月22～26日（北京）
周期：一年一届
创办时间：1993年
上届数据：展出面积（平方米）：8300
其中外国参展面积（平方米）：600
观众总数（人次）：100000
展商总数（家）：300
其中外国参展商数目（家）：20

展名：第15届北京国际广播电影电视展览会
时间：2006年8月23～26日（北京）
周期：一年一届
创办时间：1987年
上届数据：展出面积（平方米）：45000
其中外国参展面积（平方米）：21000
观众总数（人次）：51000
展商总数（家）：412
其中外国参展商数目（家）：181

展名：2006年第十届武汉国际广告与传媒展览会
时间：2006年8月24～26日（武汉）

展名：北京国际图书博览会
时间：2006年8月30日～9月2日（北京）
周期：一年一届
创办时间：1986年9月
上届数据：展出面积（平方米）：26800
其中外国参展面积（平方米）：12000
观众总数（人次）：100000
展商总数（家）：1020
其中外国参展商数目（家）：500

展名：第四届青海民族民间工艺美术品展暨第二届“三江源杯”全国奇石展览会
时间：2006年8月（西宁）
周期：一年一届
创办时间：2006年5月
上届数据：展出面积（平方米）：3000
观众总数（人次）：200000
展商总数（家）：350

展名：2006年中国（上海）国际文化用品博览会
时间：2006年9月26～28日（上海）
周期：一年一届
创办时间：2000年9月
上届数据：展出面积（平方米）：20000
其中外国参展面积（平方米）：8000
观众总数（人次）：100000
展商总数（家）：3200
其中外国参展商数目（家）：30

展名：2006年中国（上海）国际文化用品博览会
时间：2006年10月1～5日（温州）
周期：一年一届
上届数据：展出面积（平方米）：6000
观众总数（人次）：50000
展商总数（家）：200

展名：第二届中国广告媒介年度代理采购洽谈会
时间：2006年10月18～20日（北京）
周期：一年一届
创办时间：2005年
上届数据：展出面积（平方米）：8000
展商总数（家）：300

展名：2006上海国际数字广告技术大会暨展示会
时间：2006年11月1～3日（上海）
周期：一年一届
创办时间：2005年
上届数据：展出面积（平方米）：2088
观众总数（人次）：2300
展商总数（家）：33
其中外国参展商数目（家）：13

展名：中国国际文具暨办公用品展览会
时间：2006年11月13～15日（上海）

周期：一年一届
上届数据：观众总数（人次）：12600
展商总数（家）：452

展名：2006（第十届）上海艺术博览会
时间：2006年11月16～20日（上海）
周期：一年一届
创办时间：1997年
上届数据：展出面积（平方米）：22000
展商总数（家）：300
其中外国参展商数目（家）：120

16. 教育产业

展 会

全国首创大规模体验式健康教育展

你可以钻进4米高的口腔模型里，探究一下舌头上的味蕾是怎么感知酸甜苦辣的，再顺着食道滑到肠胃里去转一转，最后从肛门里“拉”出来。国内最大规模的体验式“健康乐园——生命科学探险展”2005年12月31日正式开展。据悉，该展览将在海淀展览馆展出3个月。

31日上午，几百名接受希望工程资助的农民工子弟学校的学生，成为该展览的第一批免费参观者。孩子们一进面积达8000平方米的巨大人体模型展厅就发出一片惊呼声。他们兴奋地从鼻孔钻过长满鼻毛的通道，依次进入人体的各个器官。

本次“生命科学探险展”涵盖了青少年可接受的全部生理健康知识，充分运用声、光、电、模、图以及遍布人体的许多健康小知识、健康测试和玩乐设施，使孩子们边看边听边玩边学，进行真实的人体穿行体验。主办方还特意聘请了100多位在校大学生担任讲解员。

展览设有大脑馆、口腔馆、肠馆等18个主题展馆，通过大型影像及巨型模型展示，每个器官区都配有动画科普片，还有奇妙的小试验，再配合工作人员讲解和趣味小游戏。小朋友可以在家长的带领下，从布满茸毛的鼻馆钻人，穿过由耳、眼、口腔、皮肤、大脑馆组成的头部地带，进入肺、心馆组成的胸部地带，再滑到胃、大小肠馆组成的腹部地带，最后从肛门里“拉”出来。

参观者从近3米多高的大鼻孔里走进去，碰到的是几十根纵横交错的黑色的大鼻毛，每一根都有一米长、电线杆粗，走过十来米长的鼻孔时，胳膊、头、脸都会被大鼻毛擦拭一遍。这是让参观者体验鼻毛的作用是阻拦随空气吸进来的灰尘。

让每一个参观者都忍俊不禁的是当一回“大便”，最后，参观者要从一个滑道里滑出人体外，体验大便排出。当从肛门里“拉”出来时都伴着一个放屁声。

除了人体器官区以外，此次“体验式展览”还增加了青少年性教育专区，由男人国、女人国组成性教育地带，还有放置有巨型孕妇模型的母婴地带，在妈妈的肚子里孩子们可以看到自己的生命起源和成长过程。

本次展览由中国青少年发展基金会等单位联合主办。据主办方介绍，如此超大规模的体验式健康教育展在我国尚属首次。体验的方式完全摆脱枯燥的说教，通过妙趣横生的真实体验，让孩子们在快乐游玩中领会生理健康。据主办方介绍，在北京展出后，还将陆续在上海等18座内地城市和香港、澳门和台北进行巡展。

——《北京青年报》

第11届中国国际教育北京巡回展

由教育部批准，中国留学服务中心主办的“第11届中国国际教育巡回展(北京站)”于2006年2月19日闭幕。在为期两天的展览期间，共有5.1万人到场参观咨询。

在此次教育展上，有关出国留学的洽谈和咨询场面火暴，不少国家推出了针对中国学生的多种奖学金项目。来自英国、法国、荷兰、爱尔兰、加拿大、美国、澳大利亚等27个国家和地区的350多所高校和教育机构参展，集中展示优质教育资源，发布出国留学信息。英国、美国、澳大利亚等国驻华使(领)馆官员还举办讲座，介绍本国留学政策及最新的签证信息。除举办各项展示活动外，本届教育展还在北京举办了主题论坛——“第三届留学工作与多元化人才培养北京论坛”。

据悉，从即日起至3月5日，第11届中国国际教育巡回展还将在西安、重庆、上海、厦门、深圳及广州等地巡回展出。

——中国教育报

第七届中国长春国际教育展览会

2006年5月24～26日，2006年春季全国高教仪器设备展示会暨第七届中国长春国际教育展览会，在长春国际会展中心举办。

本届展会由中国高等教育学会和长春市政府主办，吉林省高校实验室管理研究会和长春市教育局承办。作为我国教育仪器设备展示会中的“奥林匹克”，展会主要展出高等教育所需的专业教学仪器设备和办学基本装备，同时兼顾职业教育和基础教育，汇集了教学仪器设备行业内的众多名企、名品。这是一届规模宏大的教育盛会，来自国内外1000余家教学设备生产、销售厂家，展出各类教学仪器设备近3万种，2000余个展位将长春国际会展中心全部占满，会内外代表达5万余人，创造了历届教育展参展单位、展位、会内代表数量之最。

展会突出规模性、效益性、国际性，为校企间仪器设备的研发、生产、购销以及国内外教育间的交流合作搭建平台。展品技术含量更高，除办学基本装备和专业装备、常规装备和信息化装备外，还展出了相当数量的教学仪器设备最前沿的新技术、新成果及科技含量高、时代感强的教育产品，一些机械、医药、生物、光学、计算机、电子等先进的教学科研仪器设备也闪亮登场。

展会期间，还举办了签约说明会、职业教育论坛等活动。期间，为提高长春市中小学装备水平，凡长春市中小学在教育展期间向参展单位的采购行为均视为政府采购，政府采购部门实行现场办公，长春市中小学、职业学校签约及现场采购达12亿元。

——吉林省人民政府

北京国际教育博览会

北京国际教育博览会（2006）于7月21～23日在北京中国国际展览中心举行。本届博览会由北京市教育委员会主办，北京市联合国教科文组织协会和北京市国际教育交流中心共同承办。

本届博览会以“开放、合作、创新、发展”为主题，包括展览展示、国际教育学术研讨、中外教育服务贸易洽谈和文化活动四个版块，近20项活动，内容丰富，形式多样。参展单位包括来自世界近30个国家和地区的200家海外院校、200个国内相关教育机构以及200家国内外教育相关产品企业。展览得到海内外院校的积极响应，哈佛大学、斯坦福大学、莫斯科大学、圣彼得堡大学等一批世界著名院校参加此次博览会，国内有北京大学、香港中文大学、北京航空航天大学、北京语言大学等中国知名院校参展。本届博览会展出面积1.5万平方米，展位600个，参展规模超出以往两届。

职业教育始终是北京国际教育博览会的重点内容。来自美国、英国、法国、德国、澳大利亚等多国的职业教育机构与来自国内的职业教育院校同台展示。博览会还特别设立“国际职业教育论坛”，紧紧围绕今后一个时期职业教育改革与发展的指导思想、目标任务和政策措施展开研讨。重点介绍美国、英国、德国、澳大利亚四国的职业教育模式。在现场设立职业教育专场洽谈会，为中外职业院校组织现场交流及合作洽谈。

本届博览会上还增加了汉语国际推广成果展的内容，主要展示大中小学校在汉语国际推广上取得的成就，包括办学成果和办学特色。

吸取前两届的成功经验，中外教育服务贸易洽谈会更加注重专业性、针对性和实效性。洽谈会分为一对一洽谈和专场洽谈，通过会前编制洽谈手册、现场举办信息发布会和设置电子滚动屏等形式，发布中外教育合作项目信息，使洽谈会真正成为中外院校之间、教育相关企业与教育行政管理部门之间以及校企之间开展合作与信息沟通的平台。

——《中国贸易报》季春红

澳教育展展示百年科学创新成果

2006年8月15日，由澳大利亚驻广州总领事馆主办的2006年澳大利亚教育展在深圳开幕，有20多所来自不同教育领域（包括大学、中学、职业与技术教育院校）的澳大利亚院校参展，其中包括多所顶尖学府。澳大利亚驻广州总领事馆教育处工作人员在讲座中向公众介绍了澳大利亚教育体系，分析留澳优势及注意事项，介绍澳大利亚政府最新的奖学金计划，并现场回答了学生家长对于留学澳大利亚的各种疑问。

百年科学探索与创新展现国家荣誉。据了解，包括悉尼大学、昆士兰大学、皇家墨尔本理工大学、博士山专科学院、莫纳什学院中国校区、安丽斯丽女子中学、维州政府公立中学等澳大利亚多所顶尖学府均参加了此次教育展。

澳大利亚驻广州总领事馆教育处冯琮瑜女士对记者介绍，本次教育展的亮点之一是首次与教育展同期展示澳大利亚百年科学探索与创新成果。此次展示以图文并茂的形式为参加教育展的观众展现澳大利亚人100多年来在科学创新领域所做出的开拓性努力和所取得的诸多成就。此次展览还介绍了澳大利亚的诺贝尔奖得主和他们的故事，以及澳大利亚许多重大科研创新成果为人们生活所带来的实质性改变。从青霉素的生产到飞行记录器——黑匣子、超声波扫描仪，人工仿生耳以及近年子宫颈癌疫苗的研发。冯琮瑜表示：“澳大利亚在科学领域的探索与创新改变了人们的生活，也为自己赢得了创新型国家的美誉。”

冯琮瑜介绍说，澳大利亚的教育体系着重于培养人才的创新精神和实践能力。无论来自本国还是海外，无论是学生还是研究人员，澳大利亚为他们提供了自由的思维空间，帮助他们充分发掘潜质、拓展才能。澳大利亚高校所取得的研究成果具有国际竞争力，这使得它们享誉国际，备受推崇。通过这次2006年澳大利亚教育展中的澳大利亚百年科学探索与创新成果展示，我们希望更多中国学生、学者和研究人员认识和了解澳大利亚在科研方面所取得的辉煌成就和所具备的科技优势。澳大利亚政府欢迎更多中国学生赴澳学习科技方面的课程，利用澳大利亚在科研方面的学科优势、先进设施和良好的科研环境，学有所成，推动两国科技进步和经济发展。

“奖学金计划”支持亚太地区教育与创新。冯琮瑜介绍说，为加强澳大利亚与亚太各国的教育科研合作关系，澳大利亚政府最近宣布，自2006年7月1日起的五年间，澳大利亚政府将为来自亚太各国的1.9万名学生提供总额为14亿澳元的奖学金资助。在“澳大利亚奖学金计划”项目下，可接受中国学生或学者申请的学习类奖学金共有5项，其中3项支持申请人攻读硕士或以上学位。

作为“澳大利亚奖学金计划”的重要组成部分，澳大利亚政府将每两年举办一次亚太地区的教育部长会议，以讨论本地区教育和培训政策的发展，如职业资格认定和学分转换制度等议题。此会议有望加深亚太地区教育、科研与商业领域的相互联系。

——《中国贸易报》张伟勋

境内展

展名：宁波市第 17 届大中专毕业生供需洽谈会
时间：2006 年 1 月 21 日（宁波）

展名：第 11 届中国国际教育巡回展
时间：2006 年 2 月 18～19 日（北京）

展名：教育及职业博览
时间：2006 年 2 月 23～26 日（香港）
周期：一年一届
上届数据：展出面积（平方米）：6600
观众总数（人次）：186381
展商总数（家）：477
其中外国参展商数目（家）：338

展名：2006 年上海教育信息技术装备交易会
时间：2006 年 4 月 15～16 日（上海）

展名：2006 年第三届上海教育（院校）博览会
时间：2006 年 4 月 15～16 日（上海）

展名：第 51 届中国教学仪器设备展示会
时间：2006 年 4 月 19～22 日（温州）
周期：一年两届
创办时间：1980 年
上届数据：展出面积（平方米）：99000
其中外国参展面积（平方米）：2700
观众总数（人次）：25000
展商总数（家）：700
其中外国参展商数目（家）：150

展名：第六届广州国际教育装备展览会
时间：2006 年 5 月 11～13 日（广州）

展名：中国西部国际教育交流展览会
时间：2006 年 5 月 25～28 日（成都）
周期：一年一届
创办时间：2000 年 10 月
上届数据：展出面积（平方米）：3000
其中外国参展面积（平方米）：1500
观众总数（人次）：20000
展商总数（家）：80
其中外国参展商数目（家）：40

展名：中国西部国际教学仪器设备暨学生用品展览会
时间：2006 年 5 月 25～28 日（成都）
周期：一年一届
上届数据：展出面积（平方米）：3000
其中外国参展面积（平方米）：1000
观众总数（人次）：20000
展商总数（家）：100
其中外国参展商数目（家）：19

展名：蚌埠首届高校招生推介会
时间：2006 年 5 月（蚌埠）
周期：一年一届
创办时间：2006 年

展名：2006 上海国际幼儿教育展
时间：2006 年 6 月 1～3 日（上海）

展名：第二届中国（山东）教育咨询展览会
第二届中国（山东）教育装备展览会
时间：2006 年 6 月 22～26 日（济南）

展名：中原现代教育展暨高招咨询会
时间：2006 年 6 月（郑州）
周期：一年一届
上届数据：展出面积（平方米）：4000
观众总数（人次）：10000

展名：蚌埠儿童成长暨教育产业展
时间：2006 年 6 月（蚌埠）
周期：一年一届
创办时间：2006 年

展名：第七届辽宁国教育展览会
时间：2006 年 7 月（大连）
周期：一年一届

展名：中国教育培训出国培训咨询展览会
时间：2006 年 9 月 25～29 日（济南）

展名：2006 年南京全国教育装备展览会
时间：2006 年 10 月 10～12 日（南京）
周期：一年一届

创办时间：2005年11月
上届数据：展出面积（平方米）：5000
观众总数（人次）：30000
展商总数（家）：130
其中外国参展商数目（家）：6

展名：2006中国国际教育展览会
时间：2006年10月17～21日（北京）

展名：第52届中国教学仪器设备展示会
时间：2006年10月18～23日（成都）
周期：一年两届
创办时间：1980年
上届数据：展出面积（平方米）：11700
观众总数（人次）：30000
展商总数（家）：800

展名：2006中国教育技术装备（南昌）博览会
时间：2006年11月（南昌）

境外展

展名：斯图加特国际教育和培训展览会
时间：2006年2月20～24日（德国）

展名：欧洲国防培训、教育与模拟技术展览会暨会议
时间：2006年5月16～18日（英国）

17. 其 他

首届中国吉林·东北亚投资贸易博览会

首届中国吉林·东北亚投资贸易博览会于2005年9月2～6日举办，记者从博览会成果新闻发布会上获悉，据初步统计，博览会对外贸易累计成交额2.92亿美元，其中出口成交额2.45亿美元，进口成交额4660万美元；国内贸易累计成交额为7.56亿元人民币，其中销售7.41亿元，采购1463万元。

在这之中，吉林省达成的对外贸易和国内贸易成交额达到2.58亿美元和7.08亿元人民币，所占比重分别为95.6%和89.8%。

博览会执委会主任、吉林省副省长李锦斌表示，吉林省未来将全力把东北亚博览会打造成富有国际影响的“中国北方第一展会”，使东博会成为连接中国与世界经济的重要纽带，成为越来越多国家交流合作、互利共赢的平台。

据介绍，博览会先后于9月1日和9月4日组织了三场重大项目集中签约仪式，收获颇丰，并且从总体上呈现出吉林省项目所占比重较大；签约大项目比重较大；吸引外来投资额度较大；域外独资和国外独资项目比重较大；项目与吉林优势和特色产业关联度强；域外资金来源地比较广泛等突出特点。据统计，截止到目前，吉林省已经与美、日、韩和我国台、港等11个国家和地区，以及国内15个省(区市)共签订投资类项目276个，吸引外来投资753.94亿元，其中签订合同项目132个，总投资367.9亿元人民币，吸引外来投资326亿元。

其次，与博览会同期进行的东北亚经贸合作暨大图们江区域投资发展论坛结束，国务院副总理吴仪就推进东北亚合作提出了三点重要建议，并得到相关国家的积极回应。UNDP图们江区域开发项目第八次政府间协商协调会议签署了“大图们江行动计划”，决定将1995年签署的项目咨询委员会协议再延长10年，并将“图们江区域开发”更名为“大图们江区域合作”。此外，五个双边商务日等活动也都取得丰硕成果。

李锦斌表示，本届东北亚博览会正在成为一个重要的大型综合性国际招商舞台，对吉林省对外开放和招商引资产生了互动交流、辐射带动、宣传推介和凝聚振兴等积极作用。据了解，首届中国吉林·东北亚博览会是经国务院批准，由商务部、国务院振兴东北办和吉林省政府共同主办的国家级大型国际性综合博览会。从今年开始，每年举办一届。

本届东北亚博览会共推出了商品贸易、投资洽谈、专业国际会议及商务日等专项活动三大板块。由于展位供不应求，原定的1700个展位调整为现在的1900个。参展企业层次、产品质量普遍较高。从区域上看，有国际展位661个(占总展位数的34.8%)，外省展位661个，省内展位559个，其他展位96个。从产业上看，涉及现代制造业、光电子信息、医药、建材、矿产、化工、纺织、食品、旅游等几大产业，并且设立了投资洽谈馆。本届展会规模空前，国内外参展、参会客商总数超过3万人，国际客商有来自46个国家的4000余人，国内客商2.5万余人。

——《国际商报》裴 玥

2005海峡两岸制造业博览会

作为第11届鲁台经贸洽谈会重要组织部分的2005海峡两岸制造业博览会于2005年9月3日在潍坊富华国际展览中心落下帷幕。

本届制博会由山东省人民政府主办，国务院台湾事务办公室重点支持，中国贸促会山东省分会、山东省台办、潍坊市人民政府共同承办，以“沟通两岸，面向世界，深化合作，携手双赢”为宗旨，以展示承接产业转移能力、服务半岛制

造业基地建设为重点，设有机床模具、现代自动化、信息技术、服装纺织、造纸印刷、制药机械、化工建材等专业展区。

本届制博会为期3天，共有来自20个省、市、自治区以及台湾地区的企业、日本、韩国、美国、英国等国家的在华独资企业或代理商共826家企业参展，共设展位1200个，展出面积2.7万平方米，特装面积超过3000平方米；其中，台湾岛内参展企业64家，设立展位112个。展会共吸引来自海峡两岸及海外商家5万余人到会参观洽谈，其中台湾客商超过3000人，为历届之最。据不完全统计，本届展会成交金额1.2亿元，意向交易额近10亿元。

经过主承办方的共同努力和海内外制造业商家的积极参与，制博会已初步成为服务海峡两岸制造业交流合作平台和打造半岛制造业基地的一个窗口。

——山东省会展业协会

中欧工商峰会

2005年9月5日，由中国商务部、欧盟委员会、英国贸易投资总署共同主办，中国贸促会等承办的2005中欧工商领导人峰会在北京人民大会堂举行。欧盟轮值国主席英国首相布莱尔、中国国务院总理温家宝等出席会议。本次会议的主题是和谐发展、共同繁荣。这是中欧工商界商务对话与交流的最高平台，直接得到了中国政府及欧盟委员会的特别关注。

本次峰会为时一天，上午的分组会议分别讨论了“金融创新与服务”、“公司治理与企业社会责任”、“打造企业国际竞争力和品牌建设与知识产权保护”的问题。在分组会议上来自世界知名的企业代表发表了精彩的演讲，同与会代表分享了企业做大做强的经验心得，下午的全体大会上，英国首相布莱尔、中国国务院总理温家宝、欧盟委员会主席巴罗佐、中国商务部部长薄熙来、欧盟贸易委员曼德尔森、中国贸促会会长万季飞等重要政经界人士发表演讲。

——《中国贸易报》

第22届世界法律大会

备受瞩目的第22届世界法律大会，于2005年9月4～10日在北京和上海举行。有来自60多个国家和地区的1500多位中外代表参加了此次盛会，其中包括34位首席大法官或最高法院院长。中国首席大法官、最高人民法院院长肖扬在“法律、法治与法院”专题研讨会上发表主题演讲。9月6日下午，人民大会堂举办第22届世界法律大会的重头戏——模拟法庭。

第22届世界法律大会的主题定为：法治与国际和谐社会。参加大会的代表主要是世界各国和地区的著名法官、检察官、法学家、法学教授、律师和其他法律界人士。大会讨论的22个专题中，不少是当前中国关切、国际关注的热点问题，如联合国的地位、作用与改革，以及反恐、人权等。还有涉及人类社会生活和环境保护的问题，如家庭法、公共健康危机与卫生法、非诉讼争议解决方式、国际环境法、资源法和能源法等。

中国政府非常重视这次大会，胡锦涛主席接见了参会的部分国家、国际组织的代表。

据悉，大会在闭幕式上通过一个反映大会共识的、具有指导意义的《上海宣言》。

世界法律大会是世界法学家协会主办的重要国际会议，一般每两年在不同的国家召开一次大会。本届大会是中国自1990年北京第14届世界法律大会之后再度承办该项国际会议。

——《北京青年报》

第九届投洽会硕果累累

为期4天的第九届中国国际投资贸易洽谈会、亚欧会议贸易投资博览会于2005年9月11日降下帷幕。商务部投资促进事务局局长、组委会副秘书长刘亚军在11日下午举行的新闻发布会上介绍了投洽会和亚欧博览会的情况。

据了解，本次大会共吸引了125个国家和地区的12015名境外各界人士参会，共有90个国家和地区的350个境外机构组团参会，其中政府机构代表团105个，商协会代表团79个，国际组织及友城代表团24个，世界500强及全球知名企业代表团128个，其他境外团组14个。出席大会的境外客商层次进一步提高，副部级以上政府官员53名，跨国公司和知名企业高管650人，商协会负责人380人。

据统计，各成员单位在签约中心共签订各类投资项目1411个，总投资金额268.5亿美元，利用外资222.75亿美元，其中合同项目1053个，总投资金额147.34亿美元，利用外资122.43亿美元。进出口贸易成交1.25亿美元。

亚欧会议贸易投资博览会与投洽会同期同馆举行，也取得丰硕的成果。亚欧会议39个成员方组团参展、参会，客商人数达3813人（不含中国）。大会期间，亚欧会议成员方的投资方与各成员单位共签订了各类投资项目226个，总投资金额60.25亿美元，利用外资53.05亿美元，其中合同项目180个，总投资金额29.9亿美元，利用外资25.7亿美元。进出口贸易成交1418万美元。

刘亚军表示，本次大会呈现许多新特点：国际性显著增强，品牌效应日益凸显；国际投资论坛等系列论坛研讨会的成功举办，进一步确立了投洽会作为权威投资信息发布平台的地位；投洽会对台特色更加鲜明，发挥了两岸经贸交流合作平台的作用；项目对接洽谈规模扩大，洽谈实效显著；投洽会信息化建设取得新的进展，永不落幕的网上投洽会日趋成熟；大会配套活动精彩纷呈，综合保障和大会服务日臻完善。

本次大会项目对接会比去年延长1天时间，增加了项目对接场次，扩大项目对接规模，丰富项目对接内容，取得了满意的洽谈成果。“外商对华投资项目对接会”共有来自35个国家和地区的240家境外投资商设立了洽谈台，安排的对接场次超过3200场。当场签订了43个投资协议，投资金额达45.68亿美元。

——《国际商报》

2005国际特许加盟（上海）展览会

由中国连锁经营协会主办的2005国际特许加盟（上海）展览会于9月8～10日在上海举行。此次展览会吸引了超过80个国内外特许品牌，涉及零售、快餐、休闲饮品、洗衣、家装、家居用品、儿童教育、美容健身、汽车维修、地产中介、经济酒店、数码产品等20多个行业。

特许经营在中国经过近20年的发展，市场环境日趋完善，涌现出福奈特、华联、仙踪林、德克士、迪欧咖啡、伊尔萨等一批优秀品牌。特许经营作为一种全新的现代商业模式，给中小企业和个人创业者提供了站在巨人肩膀上获得成功的机会。自上世纪90年代进入中国后，涉及行业从最初的餐饮、洗衣等，发展到今天的超市、便利店、医药、服饰、美容美发、家居家装等几十个行业。

由于以上海为中心的长三角地区商业繁荣、消费能力旺盛、当地居民的创业意愿强烈，许多海外特许品牌都把这一地区作为进入中国市场的首选之地。

据悉，在这次展览会上，来自美国、德国、法国、新加坡等国的一批知名特许品牌齐齐亮相，海外品牌的比例达到40%。美国展团中，包括了世界第二快餐品牌“汉堡王”、美国最大的经济型连锁酒店速8等知名品牌。

——《国际商报》

中国企业公民建设前景广阔

2005年9月8日，本报参与主办的第二届企业公民论坛暨中国企业公民发展现状调查报告发布会在人民大会堂重庆厅隆重召开。全国人大、政协及相关部委领导亲临论坛，跨国500强企业、民营500强企业代表及媒体朋友 共200多位出席论坛。

据了解，企业公民的概念在上世纪80年代后开始盛行，美国波士顿商学院给出的企业公民定义是:“企业公民是指一个公司将社会基本价值与日常商业实践、运作和政策相整合的行为模式，一个企业公民认为公司的成功与社会的健康和福利密切相关，因此，它会全面考虑公司对所有利益相关人的影响，包括雇员、客户、社区、供应商和自然环境。”

近些年来，企业公民的这一概念越来越多地被企业、特别是跨国企业接受并付诸于实践，怎样使企业公民的理念能够结合我国的国情，更加系统化、学术性，便于国内企业学习和借鉴，中华慈善总会继去年成功举办“中国首届企业公民论坛”后，今年特别携手中国贸促会核心媒体中国贸易报社再次举办“第二届企业公民论坛”。论坛组委会于今年6至8月在全国十个城市发起“中国企业公民发展现状调查”活动，从跨国500强和国内大中企业中遴选出2000多家企业展开了大范围的调查。经过两个多月的调查，第二届企业公民论坛组委会通过面访得到的大型企业的典型案例已达50多份；通过邮寄收集的调查问卷300多份。综合以上的调查结果，撰写成《中国企业公民发展现状调查报告》，其中有可口可乐、摩托罗拉、微软、通用电气、BP石油、完美、杜邦、福特汽车、宝洁、格兰仕十家企业公民案例供业界分享。本报告的发布不仅让我国企业了解“企业公民”的发展现状和实施经验，也可为有关部门制定“中国企业公民行为准则”等标准文件提供科学依据，同时也为企业的实践和探索提供参考路径。

论坛上来自国家税务总局、国家工商总局、国家环保总局、商务部、民政部、国务院经济发展研究中心等相关单位领导和专家做了精彩的讲话，他们不仅介绍了行业政策、法规，而且对企业在企业公民建设中对社会做出的贡献表示充分的肯定，希望他们再接再厉，并逐步寻求企业发展与承担社会责任的契合点，达到双赢和互惠。可口可乐、完美、摩托罗拉、四方信息、GE、福特等公司作为企业公民代表做主题演讲，他们将其公司企业公民建设的经验同全国的企业分享，并对未来的发展进行了畅想。

——《国际贸易报》陈 坚

第二届中博会成果丰硕

由国家发展和改革委员会、财政部、商务部、国家工商行政管理总局、广东省人民政府、法国经济财政和工业部联合主办的第二届中国中小企业博览会暨中法中小企业博览会于2005年9月12～15日在广州国际会议展览中心举办。

据组委会方面的统计显示，本届中博会期间共签订意向、协议2.2万个，总签约金额426亿元，比首届320亿元增加了106亿元；展会期间共有19.8万人次到场参观、洽谈和采购，比首届增加了8万人次，其中国外采购商有3.2万人次。

作为本次中博会的亮点，中法经贸合作也颇有成就，据现场统计，中法两国参展中小企业签约总成交额830万元，其中合同签约50万，意向协议780万。

这次中博会吸引了全国各地的中小企业，新疆、甘肃、陕西、湖北等很多中西部企业在这里找到了展示和交流的平台。新疆哈密地区的果品在会上获得了与法国客商合作的机会；广州黄振龙凉茶不仅得到了广东以外省份的认可，还被邀请到马来西亚去开分店。

第14届国际采购与供应管理联盟世界大会

2005年9月17～18日，第14届国际采购与供应管理联盟世界大会在京举办。

据介绍，国际采购与供应管理联盟世界大会每两年在不同的国家召开一次，是全球采购与供应管理领域最具影响力的国际会议。大会旨在交流全球采购与供应管理领域的新理念、新方法，推动采购与供应管理领域技术创新，提高企业核心竞争力。此次大会是首次在中国召开，主题是“经济全球化：采购聚焦中国”。

据了解，此次大会共有500多名国内代表、200多名国外代表和数十名演讲嘉宾与会。大会吸引了壳牌、荷兰天地、巴斯夫等国际著名企业参加，瑞士采购与物流协会、英国皇家采购与供应学会等40多个国家的经济和采购与供应管理领域的专业协会派员参加。大会得到了中国政府的高度重视，商务部、财政部、发改委、国资委等部门作为支持单位参加。

许多参会代表表示，中国是一个巨大的采购市场，不能错过这个机会。

中国采购市场究竟有多大？中国物流与采购联合会常务副会长丁俊发在报告中指出，2004年中国全社会的物流总额为38.3万亿元，这在一定意义上也是采购货物的总价值。丁俊发表示，中国已经成为世界新增经济总量的推动力，中国将逐步成为世界制造业中心与采购中心。到2004年底，全球40万家企业在华投资50万家企业，世界500强已有400多家在华投资，项目总数超过3000个，不少企业已把全球采购中心、亚洲采购中心移至中国。

香港物流协会会长黄辅华表示，"内地物流方面的产业是朝阳产业。"随着CEPA(内地与香港关于建立更紧密经贸关系的安排)的推行，香港300多家物流企业希望进入内地参与合作。

黄辅华还表示，内地一些企业如果核心竞争力不在物流方面，其实是可以把相关业务外包给专业公司。内地企业就可以专心做自己具有核心竞争力领域的事情，而把竞争对手甩得更远。香港很多物流企业都是比较专业的，希望有机会参与合作。

相关链接

国际采购与供应管理联盟（IFPSM）由43个专业采购与供应联盟成员组成，总部随联盟主席换届而迁移至主席所在国，本届主席RICK GRIMM和秘书长JACK WAGNER都是美国人。上世纪70年代末以来，国际采购联盟每两年召开一次世界大会。为资深从业者和国际知名专家提供交流机会，以建立网络，分享经验，寻求方案，进而加强"采购与供应"在企业与公共部门的作用与效率。经过申办，2005年的第14届世界大会回到亚洲，由中国物流与采购联合会在北京举行。

——中新网

世界贸易中心协会年会

经上海市政府批准，第36届世界贸易中心协会年会2005年9月20～23日在上海举行。以"合作交流——共创美好未来"为主题的本届年会，由总部设在美国纽约的世界贸易中心协会和上海世界贸易中心协会共同主办。

此次年会有600多名代表参加，其中境外代表400多名，分别来自亚洲、欧洲、美洲、非洲四大洲35个国家和地区，包括中国香港、澳门、台湾地区在内的89个城市的世界贸易中心协会的代表，以及上海和内地有关城市200多名代表。

据中国贸促会上海市分会、上海世界贸易中心协会会长岑富荣介绍：第36届世界贸易中心协会年会有三个特点：一是本届年会是近年来世界贸易中心协会举办的规模最大、参会城市面最广、代表人数最多的一次年会。表明世界各地的世界贸易中心协会普遍看好中国、看好上海的发展，美国加利福尼亚州世贸中心组织了70多人的代表团与会，并在年会期间，举办了大型的加州之夜晚会。各国世贸中心代表希望借助于世贸中心年会这一平台，了解中国、了解上海，进一步加强与中国、与上海的经贸往来和互利合作。

二是年会体现服务企业的精神，特推出《中小企业国际合作与交流》上海论坛。年会除了举行世贸中心协会理事会议、世贸中心地区会议和全体会议外，还根据世贸中心以中小企业为主体的特点，推出了《中小企业国际合作与交流》上海论坛的创新之举。

三是围绕中外企业感兴趣的问题，研讨贸易、投资实务，推进国际贸易的发展。

此外，除了安排对口贸易、投资洽谈、实地参观考察等项目外，特别强调务实推动贸易发展，一些跨国公司、国资、外资、民营企业的董事长、首席执行官到会交流，积极参与国际合作交流的实践，其中既有展望中国商业经济：过去、现在和将来，也有讨论品牌、专利与版权以及外商的经验之谈：在中国取得成功需要知道的五件事等专题讲座。

世界贸易中心协会年会每年举办一次，年会为各国企业家合作交流提供了一个舞台，同时也成为宣传展示本地区经济发展成果、促进投资贸易提供了机会。

——《中国贸易报》

中国专利20年优秀成果展

为庆祝《中华人民共和国专利法》实施20周年，中国专利20年优秀成果展于2005年9月21～23日在位于合肥市的安徽国际会展中心举办。

这次展会由国家知识产权局和安徽省人民政府共同主办，是第五届合肥高新技术项目与资本对接会的重要组成部分。展览主要展示全国专利技术产业化项目、专利技术示范工程、中国专利金奖项目、全国知识产权试点城市和试点企业成果。

展会通过展板集中展示了100余项历年来获得中国专利金奖的项目。同时，来自全国各地的100多家企业应邀组团在现场布展，展示企业形象，并寻求专利转让与合作交流，参展的专利项目达500多项。

上海市知识产权服务中心的黄璇华说：我们组织了近20家上海企业前来参展，是规模较大的展团之一。这次他们带来了纳米新材料、新型灭火设备、轻质彩瓦等较强实力的专利技术。

自1985年《专利法》实施以来，我国立足于我国的具体国情和实际需要，逐步建立起具有中国特色的专利法律体系，并不断加以完善。据了解，20年来，我国专利申请量迅猛增长。截至2005年6月30日，我国专利申请累计量达248.4817万件，专利授权总量累计达136.4977万件。

国家知识产权局陈仲华秘书长表示，企业作为市场经济和科技创新的主体，当前运用专利法规的意识和能力正在逐渐加强，相信随着市场经济体制的完善，我国的知识产权和专利事业将会有更大的发展。

——江门新闻网

首届世界杰出华商大会亮点多

备受关注的首届世界杰出华商大会于2005年9月29日在钓鱼台国宾馆芳菲苑落下帷幕，来自美国、英国、德国、奥地利、加拿大、澳大利亚、泰国等30多个国家和地区的杰出华商在芳菲苑举杯共庆大会胜利闭幕。据悉，本次大会意向成交金额高达50多亿元。

本次大会亮点很多，自始至终新闻迭出。大会一开始即定位为资格会议，按照组委会的资格审定标准，基本上要亿万富翁才能出席，而且还要有良好的声誉，不是有钱就能参加，这在中国属于首次，新闻一发布，即引起了社会的广泛关注。大会开幕式上，组委会发布的“全球华商影响力100强”排行榜和前10名的排序，十分引人关注。12位杰出华商在人民大会堂发表的“各国杰出华商代表风采演讲”更是引人入胜，上台演讲者企业资产都在30亿元人民币以上，每人5～8分钟的演讲异常精彩，让人折服。

27日在八达岭长城举行的《杰出华商长城宣言》发表仪式，也成为大会的一大亮点。华商代表们在宣言中郑重宣告：全球华商既要做爱国主义者，还要做民族主义者和人类主义者。要为中华民族的伟大复兴贡献力量，为人类文明进步建立功勋。并且明确提出了“推倒心理长城，实现和合共荣”的响亮口号。

作为本次大会亮点之一的中国城市商机报告于28日举行，来自5个中国特色城市的市长们发表了热情洋溢的演讲，介绍了所在城市的投资环境和投资机会，深受华商们欢迎。在同日举行的“投融资项目推介洽谈会”上，达成合作意向50多亿元，大大超过组委会的预期。

会上，最受关注的当属“企业土壤六方会谈”。组委会本着改善企业生存土壤，优化企业发展环境，促进企业健康成长的宗旨，邀请市长代表，企业家代表，金融界代表，工商部门代表，税务部门代表、劳动保障部门代表等六方，就企业生存发展中的各种热点、难点问题展开了激烈讨论和深度会谈，会谈结束时发表了《会谈公告》。原中国证监会主席、中国建设银行行长周道炯等18位有关权威人士作为嘉宾出席了会谈。

会谈议题更是火暴，“商业银行作为租钞票的‘当铺’，钞票往往租不出去，而企业尤其是民营中小企业，往往又很难租到钞票，原因何在？”“企业为什么偷逃税？”“还不起银行贷款是否该负刑事责任”等会谈话题引起了台上台下的激烈争论，现场气氛异常热烈，30多家主流媒体和200多位来自海内外的杰出华商现场见证了这一盛况。

——搜狐网

第五届亚太城市市长峰会

为期两天的2005年亚太城市市长峰会2005年10月13日晚在重庆落下帷幕。

重庆市副市长赵公卿在峰会闭幕晚宴上致词说，与会代表围绕“城市·人·自然”这一主题，通过大会主题发言、市长圆桌会议和专题讨论等系列活动，实现了多边的沟通与对接，并一致通过了《重庆宣言》。

澳大利亚布里斯班市（Brisbane）市长坎贝尔·纽曼（Campbell Newman）对本届峰会的圆满成功表示祝贺。他说，峰会表明各城市之间有许多共通之处，“城市·人·自然”这一主题将会成为与会城市长期为之努力的目标。他还诚挚邀请与会代表参加2007年于布里斯班举行的下一届峰会。

澳大利亚前副总理蒂姆·费希尔（Tim fischer）说，重庆市为本届峰会作出了杰出贡献，各国市长和代表一起为今后城市发展拟定了“和平、繁荣、昌盛”的主题。

2005年亚太城市市长峰会于10月12～13日在重庆举行，这是第一次在中国，也是第一次在亚洲举办亚太城市市长峰会。来自41个国家和地区的124个城市参会，其中国外城市107个，包括16个首都城市。此外，我国台湾地区的台北市、台中市、桃园县等也参加了峰会。

—— 新华网

第二届中国国际老人用品博览会

2005年10月10～13日在大连星海会展中心举行的“第二届中国国际老人用品博览会”（简称老博会），由中国老年学学会和大连市人民政府共同主办。

据统计，本届老博会仅开幕前两天就接纳专业贸易观众和老年人逾5万人次，每天观众数量都能突破2万人，海外14个国家和地区、国内16个省市50个城市的百余家优秀的涉老企业通过老博会搭建的贸易平台，迅速扩大交易成果和知名度。

参展产品种类包括服装、鞋帽等家居日用品，保健品、营养品、药品医疗器械等康复用品，智能床、按摩椅、轮椅、性用品等生活辅助用品，老年教育、法律咨询、老年公寓、老年家政服务、老人科技创新、老年人才交流和专利技术等。其中日本、韩国、新加坡、美国、荷兰、瑞士等厂商的护理床、轮椅、代步车、血压仪、保健品、保健治疗仪、电子监护器等，都是具有当今国际先进水平、人性化和发展潜力的老年产品。此外，数十家日本采购商、投资商亦赴会，与参展企业举办专门的洽谈会。本届“老博会”的国际化程度，比上届进一步增强，水平档次又上一个新台阶。

本届“老博会”一个突出特点是参展品种结构合理，更趋向专业化。本届“老博会”特别重视对老年康复护理及辅助用品的招商，尤其是以国内专门从事老年用品的生产厂家和经销商、代理商为主，力争使参展种类不仅有保健品、营养品，也有一定比例的护理康复用品，结构更趋合理，更能显示出老年用品的专业特点。

科技创新和专利技术产品是本届“老博会”新增的种类。如由研发魔针等用品起家的雄伟集团、研发生产绿色保健品的富饶集团以及以研发鱼酒起家的鱼歌海洋生物公司，通过本届展会，把他们生产的非常适合老年人使用的保健品、康复用品等新产品奉献给观众。

除了展示洽谈以外，本届“老博会”期间还举办以下三项相关活动：一是中国老年人现代生活方式论坛，论坛的主题是关注中国老年人生活状态，提高老年人生活质量，探讨中国老年人目前较为普遍的生活方式及成因，倡导自主、自信、自爱、健康、文明的现代生活方式。

二是最受欢迎的老人用品评选颁奖。根据参展企业的申请，通过听取贸易观众的意见、考察市场和组织专家评选，评选出最受欢迎的产品，在展会期间，举行颁奖仪式进行宣传推广。

三是举行“振兴东北‘老有所为’人才交流会”。政府有关职能部门，在展会现场专设了服务与政策咨询窗口，有关协会和组织专设信息岛，各用人单位设人才招聘展位。为各类企业，科研、教育等机构和离退休老教授、老专家、高级工程技术人员搭建了一个供需洽谈的平台。

——《国际商报》

第四届太平洋经济合作理事会（PECC）国际贸易投资博览会

为期四天的第四届太平洋经济合作理事会（PECC）国际贸易投资博览会于2005年10月16日在天津落下帷幕。与博览会同期举办的21世纪中国城市投资发展论坛和项目投资洽谈会也于同日结束。至此，本届博览会取得圆满成功。

第四届PECC博览会紧扣“人文、个性、和谐——现代城市的建设与发展”的主题，展示天津和滨海新区近年来在建设现代化港口城市、中国北方重要的经济中心和宜居城市方面取得的巨大成就，宣传天津市在环渤海区域经济发展中的重要地位，为环渤海区域特别是滨海新区的经济发展造势。会议主题突出，特点鲜明，受到参观者普遍好评，五天内，共有近2万人到场参观。

博览会期间有来自德国、英国、荷兰、加拿大等国家的60多家参展商和来自国内的100多家有关企业的代表，进行了投资贸易洽谈。据统计，本届博览会上，中外客商共达成贸易投资合资合作协议和意向12项，合人民币30.42亿元。其中宝龙集团投资开发天津宝龙城市广场项目涉及金额20亿元人民币。

——北方网

第七届中国国际高新技术产品交易会

第七届中国国际高新技术产品交易会（高交会）于2005年10月12～17日在深圳举办。本届高交会是一次盛况空前、国际化和自主创新色彩浓厚的高科技盛会。来自世界各地的104个代表团、3464家参展商和1896家投资商参加了展示、交易和洽谈。国外23个国家和国际组织，中国内地所有的36个省、自治区、直辖市、计划单列市和26所高校以及港澳台地区组团参展参会，国内外65家知名跨国公司参加了展示与交易，专业展海外展区面积所占比例达38%。国外组团数、跨国公司数、投资商数、专业展海外展区面积均创造了高交会的新纪录。由国务院7个部委院联袂推出的“国家高新技术成果展”，集中展示了科技、经贸、教育、信息和生物技术等领域我国自主创新的最新成果，成为高交会打造“中国科技第一展”的重要支撑点；各省市、高校团组和一大批民族高科技企业带着拥有自主知识产权的高新技术和产品参展，组成了展馆内一道靓丽的风景线。

本届高交会是一次高层次、高水平、精彩纷呈的高科技盛会。“世界科技与经济论坛”的国际影响力进一步扩大，成为一次汇聚中西方科技、经济、社会最新动态，加强国际技术经济合作的精彩演绎；“中外企业家论坛”深入研讨企业跨国经营发展趋势，架起了一座中外企业之间交流与合作的桥梁。“super－SUPER”系列活动再受瞩目，“中国企业海外上市活动”吸引了11家海内外著名证券交易所和21家国际知名创投、中介机构的参与，推动了科技与资本间的联姻；各方面高层人士举行了33场配对洽谈活动，在企业、大学和政府之间搭起了一个互动交流的平台。“人才与智力交流会”秉承“人才推动科技腾飞，智力促进经济发展”的宗旨，吸引了1286家企业参展，进场人数达6.2万人次。此外，“会展经济国际论坛”、“中俄高新技术产业化研讨会”等一系列主题丰富的论坛、研讨会等活动高潮迭起，传播交流了科技创新的前沿动态，描绘了世界科技经济发展的新趋势。

——深圳新闻网

2005中国景德镇国际陶瓷博览会

为期一周的首届景德镇国际陶瓷博览会于2005年10月18日胜利闭幕。此次瓷博会的成功举办，为世界陶瓷界提供了一次交流对话和交易合作的良好机会，不仅架起了各国陶瓷产区之间友谊的桥梁，而且推动了各国陶瓷产业的共同发展。

此次博览会是一次集陶瓷精品展示、陶瓷文化交流、陶瓷产品交易为一体的大型国际性陶瓷盛会，吸引了来自23个国家和地区的100多家知名陶瓷企业、160多名中外著名陶艺家、200多名陶瓷参展商、200多名陶瓷经销商和1000多名海内外业内人士参加。

瓷博会上，各国陶瓷竞展芬芳，在精品馆、交易馆和名人名作馆同时展出的600多个展位的几万件精美瓷品，充分体现了各国陶瓷业的新发展和新水平，令游客和购买者称赞不已。据统计，几天时间里，现场采购和定单交易共计2亿元，并达成了一批合作意向。

此外，此次陶瓷博览会全方位展示了景德镇市的独特魅力，各国陶瓷产区代表纷纷表示，要与景德镇市携手共同开发全世界的陶瓷市场；美国门县市还与景德镇市签定了友好合作关系意向书，正式缔结为友好城市，为表祝贺，英国剑桥郡将一本承载着景德镇陶瓷文明的英文著作《中国科学文明史》之《瓷器卷》赠送给景德镇市，缔结了两地的深厚友谊。

——大江网

山西投洽会签约68项

为期两天的2005山西投资贸易洽谈会于2005年10月29日落下帷幕，投洽会组委会公布了此次投洽会的成果：此次投洽会共签订各类合同68项，总投资合人民币108.65亿元，其中利用外资5.58亿美元，省外投资24.90亿元人民币；各类协议、意向79项，总投资合人民币994.59亿元，其中利用外资21.69亿美元，省外投资572.83亿元人民币。这些项目涵盖了山西省建设新型能源和工业基地确定的七大优势产业，体现了传统产业新型化和新兴产业规模化的有机统一，对于整合行业优势，提升企业素质，延伸产业链条起到了重要作用。

投洽会上，新增的国企产权现场拍卖是此次投洽会的一大亮点。国有企业产权转让交易洽谈项目总投资6.1亿元人民币，其中利用外资2300万美元，其通过产权转让、增资扩股以及拍卖等形式的国有企业产权制度改革，加快了国有资本的合理流动，以结构和体制创新进一步促进了国有企业的深化改革。另外，海外留学人才山西项目洽谈充分利用了留学人员的人才资源，采取以项目和人才并举的招才引智方式，为该省重点工程和优势产业提供了资金、技术、人才等方面的支持，共签订各类合作协议121项，利用外资8.2亿美元。

参加本次投洽会的中外来宾共350余人，其中海外留学人才72人。国外嘉宾有外国驻华使领馆公使、参赞；跨国投融资机构、商协会、大型企业的高级主管等，其中世界500强企业达到了10家。外国企业和投融资机构代表占到国外来宾总人数的80%以上。海外留学人才担任外企高级主管人员的占其总人数的40%，拥有博士、博士后等高学历的占其总人数的60%。此次参会的国内外客商投资合作意向明确，主要集中在能源、化工、轻工、电子信息、高新技术、冶金、新型材料、煤化工、旅游、农产品加工等领域，合作方式有合资、独资、贸易等。

——《中国贸易报》

特许加盟展夺人眼球

如今，各处都在讲品牌、讲加盟，连锁加盟店意味着统一价格、统一标识、统一服务，代表着对消费者高品质的承诺。几年的时间已在中国遍地开花，方兴未艾。2005年10月31日～11月1日，第八届国际特许经营巡展率先在北京开展，随后还在上海、广州巡回展出。这无疑成了国内国际特许加盟抢占各地市场，创业者寻找创业机会的大好时机。

北京、上海国内称雄。据主办方介绍，特许加盟展选择巡展的形式，其目的就是让参展商根据自己的拓展目的选择合适的城市参加展览。在会刊所登录的北京、上海、广州三个城市的参展商名录中，参展商数量属上海最多、北京第二、广州则最少，可以看出北京、上海是众商家看好的市场，华北、华南一带也有很大的连锁加盟市场潜力。

此外，在参展的企业中，像北京百怡咖啡有限公司、北京口齿留香餐饮管理有限公司、上海福满佳便利有限公司、上海美海餐饮管理有限公司等这样的知名企业很多，而无论是本土还是外商独资、合资企业，相对集中在上海、北京，使这两地的特许加盟业处于国内领先水平。

餐饮业仍是首选。这次的北京展中，餐饮、服装干洗、教育培训、家居、美体、数码快印及手工艺制作等各行业都有公司参展，而展会上最受追捧的还要数餐饮业展商。“中国有悠久的食文化，北京又是首都，有来自四方的食客，所以我打算在北京开家餐厅，为了减小风险我决定选择加盟的方式，这样就省去了自创品牌的过程，同时在店面风格、食品质量等方面也能得到授权商的总体把握。”一位观众说。

赛百味是专门经营三明治的特许经营企业，诞生于1965年，在84个国家拥有逾2.39万家加盟餐厅，在中国已有39家加盟店。加盟这家店需要50万元左右的资金，公司负责提供地址、装修公司、食品原料及技术等。因为在北京也有加盟店，观众还可以去店里亲自考察。

在展会上举办的商机座谈会上，德克士加盟店项目吸引了众多投资者。麦当劳、肯德基七、八百万的加盟费让人望而兴叹。德克士200多万的资金投入能获得和麦当劳、肯德基接近的收益。

据德克士工作人员介绍，在1999年推出特许加盟之后，到2005年8月德克士已经在除海南以外的30个省市开设了近500家餐厅。由于北京、上海等大城市的店面租金较贵，在中、小型城市开德克士餐厅回本比较快，因此，德克士走的是乡村包围城市的道路。这填补了中小城市洋快餐的空白，因此很受欢迎。

小成本加盟店受欢迎。除了餐饮业外，一些几万至十几万的小型投资加盟项目也格外受欢迎。北京宝仔陶艺设计有限公司的展位前围满了人，该公司可以根据顾客提供的照片，制作出惟妙惟肖的公仔形象，也可以制作婚纱人像。开一家公仔店只需要三万元加盟费，公司还为加盟者提供一些公仔做店内展示用，由于手工制作需要一定的美术基础，因此公司只根据加盟者提供的照片供应成品，而不进行技术培训。

Jumping clay公司总部设在新加坡，是一家专门从事手工陶艺的公司。公司采用韩国进口陶土，利用手工捏制各种动物、图形等，陶土会在几小时内风干，成为一件永久的玩具、纪念品或艺术品。展会现场，一位从韩国来的教师正在为大家作现场演示，做出的小象、海豚生动可爱，每个观众都禁不住上前摸一摸。据工作人员介绍，这种陶艺店在韩国很流行，该公司已在韩国开了40几家店面。加盟Jumping clay的费用在12万元左右，公司负责两个教师的培训还有教材、宣传画的提供。这种玩具在中国还没有定价，但工作人员表示一定会让大众接受，并且保证加盟商的高利润。

——《中国贸易报》

2005石家庄投洽会签订合同229项

2005中国·石家庄国际投资贸易洽谈会于11月3日闭幕。为期三天的会期中，40多个国家和地区的上千名中外客商和来宾齐聚石家庄，共签订229个项目。

本次石洽会一大批科技含量高、产业带动性强、预期经济效益好的项目签约，共签订项目229个。其中，五大主导产业项目占较大比重，特别是围绕中国药都、全国纺织基地、北方特色农业区等签订的项目不仅数量多，投资额也很大。利用外资项目合同72项，总投资10.7亿美元，合同利用外资3.92亿美元。签约内资项目157项，总投资137.6亿元，引进资金126.7亿元。引资1亿元以上项目26项，总投资68.1亿元，引资66.3亿元。签约项目涉及农业、医药、纺织、化工、电子、机械、基础设施、房地产、服务业等众多领域。

——《中国贸易报》

2005年APEC工商领导人峰会

2005年釜山APEC工商领导人峰会于11月16～19日在韩国釜山举行。会议期间，亚太各国的经济界名人齐聚韩国釜山，对地区及全球经济问题进行了有益的讨论。

17日、18日，在釜山乐天大酒店举行的该峰会由韩国东洋集团会长玄在贤主持，以“企业家精神与繁荣——建立亚太地区成功的合作伙伴关系”为主题，共举行了九场领导人会议、八场专题研讨会和闭幕会等17场会议。

会议发表了旨在改善地区和全球经营环境的“反腐败宣言”。与会的392位企业家在宣言上签名，并提交给APEC峰会主席、韩国总统卢武铉。

APEC企业家和经济界人士等800多人参加了本次工商领导人峰会。韩国总统卢武铉、中国国家主席胡锦涛、秘鲁总统托莱多、泰国总理他信、新加坡总理李显龙、印尼总统苏西洛、澳大利亚总理霍华德、墨西哥总统福克斯和智利总统拉戈斯等九位国家领导人出席，并发表重要讲话。

工商领导人峰会与会者集中讨论了可体现企业家精神的战略和政策、自由贸易全球化、信息通信与知识型社会、能源安全、中国经济的崛起对全球经济的影响、大型自然灾害、亚太地区金融市场先进化以及加强经济合作等方面的内容。

卢武铉总统在会议上通过发表题为《作为一个共同体迎接挑战和变革》的主题演讲，指出为实现APEC的最终目标—组成亚太地区共同体，需要付出更多努力。而最重要的是坚持降低贸易和投资壁垒，加强开放的多边贸易机制。

中国国家主席胡锦涛在题为《中国经济的发展与APEC经济》的演讲中强调，为使全球经济得以均衡发展，应解决贸易不均衡现象和能源问题。印尼总统苏希洛则表示“海啸、地震、飓风等自然灾害是全人类面临的比恐怖更具威胁、不可控的敌人”，敦促国际社会共同应对大型自然灾害。

墨西哥总统福克斯表示，应通过贸易自由化，发展全球经济。并表示，希望APEC在世贸组织（WTO）香港部长会上步调一致，这将有助于就多哈发展议程（DDA）达成协议。

各国领导人通过发表演讲，介绍了本国的经济改革、引资政策和投资环境等，呼吁各国向本国投资，并异口同声地表示，将积极支持投资企业的经营活动。

出席工商领导人峰会的企业家在反腐败宣言中强调了腐败对经济及企业环境造成负面影响，并表示：“为消除影响，决心以更高的道德水平开展经营，并为改善亚太乃至全球的经营环境，以及鼓励发展经济，制定并落实反腐败相关规定。”

出席本次工商领导人峰会的各国企业家有：俄罗斯天然气工业股份公司CEO阿列克谢·米勒、花旗集团首席副总裁威廉·罗兹、美国国际集团（AIG）CEO唐纳德·卡纳克、敦豪速递公司（DHL）总裁弗兰克·阿费尔、麦格理银行副行长马克·约翰逊、腾飞集团总裁张雪倩及中国海洋石油总公司傅成玉等。

——联合网

第二届“玉博会”圆满闭幕

第二届中小企业商机博览（中国·玉林）于2005年10月21～24日举办。玉林市市长金湘军在闭幕晚会上致词时说，本届中小企业商机博览（简称“玉博会”）实现了“常办常新、规模更大、档次更高、亮点更多、成效更显著”的目标。

据介绍，在“玉博会”，中外客商共签订投资合作合同项目156项，投资总额151.16亿元，比首届增加8.04亿元，增长9.47%。项目涉及工业、农林牧业、商贸物流、房地产、能源、旅游、基础设施和高新科技等行业，投资合作方来自亚洲、欧洲、北美洲及我国港澳台地区。有3.5万多名采购商到会采购、交易，签订贸易合同总客额48.7亿元，比首届增长9.19%。博览会成为玉林市打造“中小企业名城”的重要平台。

——人民网

会展精英聚集京城共议产业发展

为加快发展中国会展经济，积极推进会展和节庆活动的产业化、国际化和现代化，“第二届中国会展经济论坛”于2005年11月28～29日在北京举行。本次会展业高层论坛，旨在通过主题演讲、项目洽谈等多种形式促进中外会展业的交流与合作。

据了解，论坛由商务部、北京市人民政府、经济日报社联合主办。本届论坛以“体制·政策·秩序”为主题，深入探讨中外会展业的管理体制、政府部门规范会展业发展、会展业推动经济发展，以及会展业和节庆活动的产业化、国际化、标准化、人才教育、法规建设等有关问题，学习和交流先进经验，推动我国会展经济的健康发展。

据了解，改革开放以来，中国会展业取得了突飞猛进的发展。2003年的数据统计表明，全国各地举办的经贸领域展览会达到3298个，涉及国民经济的各个行业和主要部门。

会展活动已成为促进国内贸易和扩大出口的重要手段与交流平台，在拉动消费、促进就业等方面发挥了重要作用。

——《国际商报》

2005年湛江工业博览会

2005年11月25～30日，2005年湛江工业博览会在广东省湛江市国际会展中心举办。这是第七届湛江博览会，也是该市连续4届以工业为主题的博览会。

此次博览会以“合作、发展、双赢”为宗旨，目的是突出展示湛江的南方大港口优势、产业优势、资源优势和实施“工业立市、以港兴市”发展战略的成就，推出了许多优势项目、优质产品和优秀企业，加强了湛江与国内外以及企业的交流和联系，搭建了经贸合作、招商引资的大平台，使大会各方获得新商机、新收获，最终实现互利共赢。相比往届，本届工博会力求做到“贴近工业，贴近市场，贴近客商”。为了体现上述思路，在具体工作上，组委会一方面强化了企业的形象展示、产品展销和品牌推介，共设置展馆4个，国际标准展位530个，每个展区都集展示、展销、洽谈于一体；另一方面强化了洽谈订货的组织工作，组织参会参展的客商和海内外100多家知名经销商、采购商以商业配对等多种形式进行订货洽谈，使展会更加“实打实”。

据了解，本次博览会硕果累累。据不完全统计，6天工博会吸引了来自海内外的客商和游客超过50万人次。期间，该市20个分团共签订经贸技术合作合同(含协议)110宗，合同投资总额167.43亿元。在签订合同中，主要以生产型合同为主，高科技含量较大，共85宗，合同总额104.57亿元。

工博会期间，还举行了湛江港亚洲最深的25万吨级航道工程和华南地区最大20万吨级铁矿石码头工程竣工、大型集装箱专业码头、黎湛铁路复线河唇至湛江段等重点项目开工仪式，两广9市区域旅游合作联席会议，海峡两岸农业合作推介会，第五届湛江美食节及海滨街欢乐节，第六届中国（湛江）珍珠节，2005中国（湛江）国际舞狮邀请赛等活动项目。

——《国际商报》

老博会将永久落户广州从化

随着2005年12月9～11日中国首届老年产品博览会在广州从化万盛广场隆重举办，标志着从化作为目前全球最大的银发产业基地已正式启动。本届博览会约有近500家来自国内外的老年用品生产及服务企业参展，集中了上万种与老年人生活密切相关的医疗保健和文化休闲用品，观众达4万多人。这也预示着我国老年产品市场已逐渐步入产业化、规模化与专业化并行的发展轨道。

据有关数据显示，我国已是世界老年人口最多的国家，目前年龄在65岁以上的人口大约有1.2亿，占全国总人口的10%，并且还在以每年3%的速度快速增长。预计到2020年我国老年人数量将达到2.43亿，占总人口的17%。老年人将成为一个数量庞大的消费群体。据国家老龄委的统计，目前我国老龄产业市场的需求量高达4000亿元人民币，横跨了医药、保健品、医疗器械、老年特需用品、老年旅游、老年地产、老年休闲疗养等多个行业。而现阶段为老年人提供的产品却不足10%，到2010年老年用品市场的需求量更将达到1万亿元人民币。老年产品市场的供求差距之大，也为产业界提供了一个新兴的、非常有前景的投资领域。

作为老年产品博览会协办方之一的广州从化市政府表示，在对老龄产业发展前瞻性规划的基础上，将引资建设的万盛广场定位为国际老年产品展示交易中心，主要是希望通过政企联动对产业链进行强力整合，给我国老年产业提供了一个全新的发展契机。凭借老年产品博览会及相关专业市场的建设，力争将广州从化打造成为全球最大的银发产业基地。

——《国际商报》

福建在台成功举办首届家庭用品礼品展

2005年12月15～19日，福建省在台湾台中市举办首届“两岸（福建）优良家庭用品礼品博览会”获圆满成功。

首届“两岸（福建）优良家庭用品礼品博览会”由福建省海峡商务交流协会和台中市世界贸易中心共同主办，福建省福茂对外经济服务贸易有限公司承办，旨在宣传福建，让台湾民众通过展品认识福建，推动闽台经贸长期交流合作。它是祖国大陆在台湾岛内举办的首个省级商品展，也是两岸商务交流中祖国大陆赴台人数最多的一次活动，赴台人数首次突破百人，达到143人。

统计显示，本次展会直接成交出口143万美元，进口纺织原料4亿元人民币。与此同时，参展的55家企业还与107家台湾公司商定在台代理经销福建商品，与500多家台湾公司商定赴闽考察工厂、实地看样订货，与32家台湾公司商定开展合作研发、引进技术等各种经贸技术合作。

——《中国贸易报》

安博会伴随安防产业一起成长

2005年11月1～4日在深圳举办的第十届中国国际社会公共安全产品博览会，吸引了来自26个国家和地区的736家企业参展，展览面积达5万平方米，展位2113个。而经过16年的发展，安博会在展览规模上已居全球同类展会第一，与美国拉斯维加斯、英国伯明翰安博会并列为全球“三大安博会”。

从16年前的“中国深圳国际保安器材展销会”开始，安博会就伴随着中国安防产业一起成长，见证着国内安防行业的发展，记录着行业的历史。1989年的第一届“中国深圳国际保安器材展销会”，只有46家国内企业参展，展出面积仅为900平方米。但是，依托国内蓬勃发展的安防产业，安博会在深圳这个中国安防产业的发祥地和制造中心迅速发展起来，影响力也越来越大，并被深圳市政府列为深圳市十大重点保护和扶持的展会之一。

随着中国安防市场的不断发展，越来越多的中国安防企业开始将目光投向国外市场，也有越来越多的外国企业开始关注中国安防这个巨大的市场。作为这个行业的风向标，中国国际社会公共安全产品博览会也渐渐发展成为一个开放的、国际化的专业盛会。自1995年安博会上第一次出现国际企业的展位开始，越来越多的国际企业开始出现在安博会上，也有越来越多的国外专业观众开始汇入安博会观众的人流。特别在最近的第十届安博会上，国外参展企业已占企业总数的23.5%，其中世界500强企业就有16家，使得安博会成为安防行业国际同行间对话的平台。

在吸引众多国际参展商的同时，安博会也吸引着越来越多的境外采购商。据悉，第十届安博会境外采购商达到1700多人，创历届之最，说明安博会正越来越受到国际社会的关注。

16年来，无论安博会的主题如何变化，安博会对于安防领域新产品、新技术的钟情从未改变，每一届安博会都会展出一大批尖端的新技术和新产品，参展的客商可以在这里了解到目前国际安防产业的最新技术和发展趋势。安博会已经成为名副其实的国际安防产品与技术交流的大会，已经成为众多企业展示实力，提高自身形象和知名度的重要途径。同时，安博会的实效性也大大增强。据不完全统计，第十届安博会期间，展商意向成交额达32亿元人民币，标志着展会开始由展示向交易迈进。

——《国际商报》

展示展览行业风貌的又一次盛会

第七届中国国际展览和会议展示会(展中展)，作为中国贸促会、国际展览业协会、国际展览管理协会、独立组展商协会主办，国家发改委、商务部和广州市人民政府支持的“第二届中国会展经济国际合作论坛”的重要组成部分，由中国展览馆协会主承办，于2006年1月12～13日在广州锦汉展览中心举行。

“展中展”继2002年后再次在广州举办，又一次聚焦国内外会展业的目光，展示业内从场馆、组展、服务不同部门的进步和发展，吸引着更多业内企业和人士的关注。第七届展中展的主题为“对话、交流、和谐、繁荣”，旨在搭建企业树立形象、结识客户和维护客户关系的交流平台，促进展览市场开放、竞争和健康有序发展。

本次展览会的参展商从组展企业、展览场馆到展览施工工程企业、展览运输服务企业和展览媒体，特别引人注意的是还有不少为展览管理服务的IT企业参展。这次参展的企业几乎涵盖了各个方面，从大中型展览企业到中小展览企业，从国有展览企业到民营展览企业，从内资企业到合资企业，从会展管理机构到行业协会，从港澳展团到内地展团，从国内展览企业到国外展览企业同聚一堂，是交流对话的好机会，共同展示展览行业风貌，引领展览业的时代风潮。

第七届展中展除了参展单位的精彩展出之外，还有更多富有实效的业内活动。根据展览企业实际需求精心组织的专题讲座为业界提供一次难得的学习交流机会，为提高展览企业经营管理、业务发展提供探讨和指导作用。首届《中国会展行业中小企业发展研讨会》将推动业界关心和支持中小企业的发展。提升中小企业在展览业发展中的竞争力，充分发挥它们的作用。《中国会展教育与就业推荐研讨会》首次将就业推荐的话题纳入会展教育思考的范畴，将会展教育与就业作为一个统一体来研讨，展览行业是劳动密集型的服务行业，讨论会的举行对扩大就业机会、提高从业人员的素质，必将起到积极的作用。首届广东展装之星设计大赛为同行之间相互切磋提供了交流的平台，为企业提升在展览业的装饰设计水平提供了机会。

——《中国贸易报》凯 奇

科技展：保真防伪相机为国人添彩

2006年1月15日，为期7天的科技创新重大成就展在北京展览馆落下帷幕。展会共展出成果480余项，实物和模型800余件。

其中，爱国者展出的国内首款具有保真防伪功能的新型数字水印数码相机展示了国人的风采。在“863”计划的支持下，这款具有自主知识产权，具有保真防伪功能的新型数字水印数码相机研发成功，改变了传统的电子影像无法当证据使用的历史，使数码影像的保真性得到有效保证。该产品在照片存储到存储卡之前嵌入水印信息，利用相机内置软件可验证照片是否经过篡改、伪造，从而对照片的真伪进行鉴定，使其能够在公、检、法领域成为有力的证据，这对于数码影像市场来说，是一个重大的变革。

据该展位工作人员介绍，这款名为watermarking DC－W1拥有800万像素的数码相机将会在3个月之内上市。北京华旗资讯数码科技有限公司从生产爱国者家用相机起就开始进行相关防伪技术的研究。据了解，目前世界上还没有同样技术出现。

此外，天津大学研发的7000米载人潜水器，上海神力科技有限公司研发的燃料电池轿车发动机、燃料电池新组件、燃料电池模块，金山科技研制的智能胶囊消化道内镜系统，上海振华港机（集团）公司研制的双40英尺箱双小车岸边集装箱起重机等众多技术、产品受到参观者的关注与好评。

——《中国贸易报》汝 男

全国贸促工作会议在广州召开

2006年1月14日，2006全国贸促工作会议在广州召开。来自全国贸促系统的67家分会，210名代表出席了会议。中国贸促会会长万季飞、副会长高燕，广东省人民政府副秘书长刘友君等出席了会议，万季飞代表中国贸促会作了工作报告。

国务院副总理吴仪为2006全国贸促工作会议发来了贺信。吴仪指出，2006年是实施“十一五”规划的开局之年，贸促会系统要深入学习、贯彻党的十六届五中全会和中央经济工作会议精神，以科学发展观为指导，开创性地开展各项工作，帮助推动企业“走出去”，为实施互利共赢的开放战略，促进我国经济发展和社会进步做出更大的贡献。

报告中，万季飞对全国贸促系统2005年的工作进行了全面的总结。他还特别强调了2005年贸促会系统举办了各类知名展会，办展方面有了更大的提高，为中国展览业的发展做出了很多的努力。过去的一年，贸促会系统举办国内展览会555个，观众达到了25亿人次，交易额1亿人民币；由贸促会组织的出境展80个，参加境外展会155个，有力地促进了中国企业走出去的实施战略。

万季飞指出，为了规范全国展览业的发展，各地方贸促会都做了大量的工作。自首届中国会展经济国际合作论坛之后，2005年广东省也出了会展业发展报告，提出了总体的目标和总的发展思路，广东省还成立了第一个地方会展业协会。此外，广西举办了第二届中国东盟投资洽谈会、吉林举办了首届东北亚投资贸易博览会、沈阳举办了中欧高层会议、汕头举办了中海合作论坛、上海举办了风险投资管理大会以及泛珠三角地区和环渤海地区举办的经贸洽谈会等。

2005年日本爱知世博会更加体现了总会和地方分会的通力合作，爱知世博会上，中国馆得到了与会各界人士的高度关注，每个省市组织的活动周吸引了170万观众，爱知世博会取得了政治和外交的双重实效。万季飞指出，爱知世博会的系统合作，充分体现了“总会与地方分会合作的重要性”。

同时，万季飞也指出，贸促系统需要资源整合，加强协调合作，在发挥整体的实力上还有相当大的差距。但贸促会与商协会不同，在办展办会方面有很大的优势，特别是组织出境展览会得到国际上认可。贸促会展览部组织国际展览和会议有丰富的经验，有人才优势，也有信心。但也有工作中的不足，还需要不断的改革和发展。

最后，万季飞在2006年中国贸促会工作计划中提出，2006年全国贸促系统要学习、贯彻十六届五中全会和中央经济工作会议精神，制定出符合贸促系统实际情况的发展规划；要以科学发展观为指导，全面加强贸促系统建设；要以建设和谐贸促会为目标，加强系统内部建设；要以新《公务员法》实施为契机，加快服务创新的步伐。

——《中国贸易报》周春雨

国际展览业协会亚太地区研讨会

国际展览业协会亚太地区研讨会（UFI Open Asia/Pacific Seminar）于2006年2月21～22日在香港会议展览中心举行。

这是国际展览业协会首次在亚洲举办的研讨会，由UFI总部和UFI亚太地区分部办事处共同组织。本次研讨会不仅对UFI会员也对其他的展览从业人员开放，共有来自22个国家的近200名展览业界人士参与演讲、听会、交流和讨论。来自亚洲、欧洲和美国的10位演讲嘉宾围绕研讨会主题做了内容丰富精彩的演讲，研讨会获得圆满成功。

作为UFI亚太地区分部主席，陈若薇在研讨会前主持召开了UFI亚太地区分部会议，为亚太地区UFI会员提供了交流与合作的平台。会议就欧洲和亚洲展览业情况进行了交流，对UFI统计标准、教育培训项目、UFI筹备成立教育委员会和2006年UFI年会等进行了沟通和讨论。与会人员在研讨会后还应邀参观了香港亚洲国际博览馆。

本次研讨会的主题为“观众在展览会中的重要作用”及“信息技术在展览业中的创新运用”。随着展览会竞争的日趋激烈，观众组织成为展览会成败的一个关键因素，而信息技术的应用则为展会的组织管理提供了行之有效的手段，这些都是展览从业人员高度关注的内容。10位应邀演讲嘉宾围绕上述两个主题进行了多角度的阐述，并与台下的观众进行了互动，现场气氛热烈。中展集团信息中心张云崖总经理做了题为“观众在线及现场登记创新”的演讲，其演讲内容准备充分，中展集团在展览实践中信息化工作取得的成效在现场引起了与会听众的热烈反响。

研讨会亚洲色彩浓烈。随着亚洲特别是中国展览市场的崛起和快速发展，众多欧美展览集团的战略重点向亚洲倾斜，亚洲的展览从业人员飞速增长。随着亚太地区UFI会员的增多，UFI亚洲地区分部已成为UFI仅次于欧洲的第二大分部，UFI也考虑为该地区的会员提供更好的服务和交流平台，本次研讨会就是在这样的背景下举办。

——《中展通讯》刘志勇

国际经贸促进与发展论坛在三亚举行

由中国贸促会和海南省人民政府共同主办，中国贸促会联络部与海南分会承办的国际经贸促进与发展论坛于2006年2月25～27日在海南三亚举行。此次论坛旨在通过对于目前世界经济发展状况的分析，讨论经贸促进机构如何更有效地促进经贸发展。

中国贸促会顾问俞晓松、海南省副省长陈成、国家工商总局副局长李东生、博鳌亚洲论坛秘书长龙永图、中国标准化协会理事长李忠海、联合国国际贸易中心执行主任丹尼斯贝利、吉林省省委副书记林炎志等知名人士在论坛上发表了演讲。30多个国家和地区的近200名驻华使节、政府部门、经贸促进机构、商业组织、学术机构及工商界代表出席了论坛。

——《贸促之窗》

中美企业以展会友寻合作

中国国际贸易促进委员会与美国商务部2006年3月1日在北京举办美国产品推介会及中美建筑业交流会。此次交流会在第11届中国国际建筑建材贸易博览会举办之际召开的，旨在为美国建材供应商和中国采购商提供接触机会，促进中美建材业交流。

中国贸促会副会长高燕表示，中美贸易不平衡问题在美国国内日益引起关注，屡屡成为美国推行贸易保护主义措施的借口。中美建材业的良好合作充分说明，中国市场需要美国的产品和服务，关键是两国的政府和商界如何加强合作，把适应中国市场需求的美国产品推介给中国的采购商。另一方面，美国政府和国会应该认真审视对华出口管制政策，为本国企业创造进入中国市场的机会。

扩大中小企业合作、增强中美地方合作等方式是最迅速、最有效的贸易不平衡解决方式。高燕认为，中国的发展离不开世界各国提供的高质量产品和服务。2005年中国的进口额达8000亿美元，2010年这一数字将超过1万亿美元。2005年，中国从美国进口的增长率达到9%，中国已经是美国第四大出口市场。随着中国市场需求的不断增大，完全可以预期中国从美国的进口量还将不断提升。

据预测，北京建材需求量在今明两年将达到历史最高峰。随着中国人生活水平的改善，越来越多的中国家庭开始关注建材的节能、环保和时尚。美国的建材产品在这些方面显然是有优势的。

现在的问题是如何让中国企业更多地了解美国产品，美国企业又如何把更适合中国市场的东西卖到中国来。中国贸促会经过长期调研发现，虽然中美经贸合作发展迅速，但中国各地区对美经贸活动极不均衡。一方面，中国地方企业缺少和美国直接交流的渠道；另一方面，除了部分大型跨国企业，多数美国中小企业对中国各个地方的经济特点也很不了解。这在很大程度上限制了美国企业的对华出口。

根据中国贸促会和美国商务部达成的协议，贸促会每年都向美国商务部推荐一批在华举办的优质展会，经美国商务部认证后，再向美国企业推荐。贸促会向参展的美国企业提供专门的展览服务和相应的产品推广活动。像一年一度的建材展即是中美合作的成功范例。2006年建材展上的美国展位面积和参展商都比2005年有了大幅增长。

据悉，为落实温家宝总理会见布什总统时提出的通过举办展览推动美国企业对华出口的建议，中国贸促会和美国商务部在中美展览合作方面开展了一系列合作，期望通过鼓励美国企业参加在华举办的优质展会，促进美国企业对华出口。此次建材展美国展区的面积比去年增加了一倍，参展企业也有大幅增加。

中国贸促会除了向美国企业提供专门的展览服务，还通过产品推介会等形式，积极帮助美国企业接触中国采购商。

——《国际商报》路 虹

2006年婚博会暨第三届北京结婚展

结婚是每个人一生中的头等大事。古往今来，人们都把婚礼看得非常神圣，婚礼形式则随各家条件的不同而繁简各异。自然，结婚消费方式也各有不同。面对各种各样的结婚消费方式，哪一种是既浪漫又温馨的呢？哪一种又是最适合自己的呢？2006年3月3～5日，在北京展览馆举办的“2006年婚博会暨第三届北京结婚展”，则回答了这些问题。

婚礼、婚宴争奇展馆内。中国大饭店、北京港澳中心瑞士酒店、国宾酒店、全聚德、腾格里塔拉、半岛明珠、四季会等量身定制的中西合璧户内、户外浪漫婚礼和超豪华时尚婚宴展位一字排开，拉开今年京城婚宴市场大战。据有关部门统计，目前我国每年约有1000万对新人喜结良缘，每年产生的婚庆消费总额高达2500亿元。仅北京每年就有近10万对新人举办婚事，2006年北京将有13万对新人步入婚礼殿堂。有业内人士分析，在举办婚事的过程中仅婚宴消费一项，就为北京的餐饮业带来不菲的收入。若按每对新人婚宴80人计算，100元／人为例，13万场婚礼将为北京的餐饮业创造10.4亿元的营业额。参展商北京港澳中心瑞士酒店的一位负责人在接受本报记者采访时说，婚宴销售量占整个酒店营业额的20%，如此巨大的潜在商机是他们首次参加婚博会的巨大动因。

为了吸引观众，百年老号“全聚德”推出以“百年老店见证永恒爱情”为主题的婚宴展示。“全聚德”前门店的仿古婚宴，新郎新娘要手牵红线，一拜天地，二拜高堂，夫妻对拜。而“全聚德”亚运村店、国门店不仅制定了多层次、多款价格的婚宴，并且还适时推出了预订婚宴免费送十多项婚庆服务活动，像提供婚礼背景板布置、婚庆舞台、红地毯、音响设备、签到布置和休息室等等。此外还有“龙凤呈祥宴”、“百年好合宴”、“永结同心宴”等极具个性、充满喜庆的婚宴，举行现场预订全聚德婚宴赠礼活动和“全聚德心有灵犀一点通”有奖游戏活动来增加观众的看点。

婚车、婚纱斗艳。2006年北京将有13万对新人提升婚宴消费需求，那么，潜在的汽车租赁市场也将成为众商家竞争的焦点。几年前，英国《纽约时报》曾用“这辈子你都别想拥有它，能看一眼就是一种“幸事”来形容世界最豪华名贵的“皇室”御驾——宾利、劳斯莱斯、兰博基尼，这次均亮相婚博会，拉开了北京婚车租赁市场的竞争序幕。

其实，在结婚过程中相对于办婚宴、租婚车来说，女孩子最关心的莫过于婚纱了。本次婚博会中，一件天价婚纱——采用特殊纤维制成，可以蓄积日光的能量并在夜晚闪烁出浪漫光芒的“夜明珠”着实让观众叹为观止！因为这款由被誉为日本“婚纱大王”的亚洲婚纱界泰斗桂由美设计的婚纱，价值超过百万元人民币。除此以外，桂由美还为中国消费者携来77款最新设计、体现其著名的“3S（简练：SIMPLE、性感：SEXY和修长：SLENDER）”概念的婚纱礼服。

——《中国贸易报》季春红

中秘成立双边企业家理事会

2006年3月10日，中国—秘鲁双边企业家理事会中方委员会在京成立。中国贸促会副会长高燕、贸促会相关工作人员及理事会中方理事单位代表共同出席了成立大会。

高燕指出，中国—秘鲁双边企业家理事会的宗旨是把积极参与中国—秘鲁经贸交流的企业组织在一起，相互了解、分享经验、集思广益，进一步开拓秘鲁市场，创造更多的商机，形成中国企业与秘鲁企业双赢、共赢的局面。促进企业模式化经营的进展，共同探讨双边经贸交流中遇到的问题和解决的方式，进一步促进中秘两国经贸关系长期、稳定、健康的发展。”

高燕讲道：“对于中国企业家来说，秘鲁是一个遥远的国度，秘鲁的经商理念与其文化、历史有着密切的关系。我们的合作伙伴的思维方式及他们所面临的法律政策环境都和我们所熟悉的欧美国家及周边国家有所不同，这些都会给我们带来困惑，我们必须花费更多的时间和精力来适应这个市场。双边企业家理事会的成立能够使大家探讨一些共性的问题，在有症结的地方探讨比较好的解决方法。”

2005年6月2日，秘鲁总统托莱多访华期间，贸促会为随行的秘鲁企业家代表团举行了中国—秘鲁经贸研讨会，会议期间，中国贸促会和秘鲁私人投资促进委员会正式签署了关于成立中国—秘鲁双边企业家理事会的协议，其后中国贸促会积极开展了理事会的筹备和组建工作。据悉，目前，秘鲁方面正在进行秘鲁委员会的成立工作，近期将能完成，中方委员会将会就秘鲁委员会的组成情况及时通报中方理事单位。双方商定今年9月份在秘鲁首都利马正式召开中秘双边企业家理事会的成立大会。

中秘建交多年来，两国的关系不断加强，贸易上也有显著的发展，秘鲁已成为我国在拉美地区重要的贸易伙伴及最大的投资对象国之一，去年双边贸易额超过28亿美元，同比增长48.5%。现在秘鲁为我国在拉美的第六大贸易伙伴及第五大进口来源国，中国是秘鲁的第二大贸易伙伴和第二大出口目的地和进口来源地。到2005年年底，我国经国家批准在秘鲁投资的项目是25个，投资额为2.02亿美元，秘鲁在中国的投资项目共147个，合同外资额为1.13亿美元，实际投资额为3300万美元。秘鲁作为资源大国，矿业、林业、渔业等资源都十分丰富，这些资源很值得中国企业家前去开发。

——《中国贸易报》张汝男

中日韩产业交流会助推东亚经济一体化

由中国贸促会、日本贸易振兴机构、韩国贸易投资振兴公社共同主办的首届中日韩产业交流会2006年3月20～23日在山东青岛举行。

此次为期4天的交流会主要展示中日韩三国电子、机械、汽车、通信、环保设备等行业的产品，总展出面积1.65万平方米，其中中方展位500个，日方325个，韩方159个。

中日韩三国政府和企业对首次联合举办产业交流会非常重视，三国分别派遣了阵容强大的考察团，进行交流与洽谈，三国考察团还共同参加了联合举办的商务合作论坛。中国商务部部长助理黄海、日本贸易振兴机构理事长渡边修、韩国贸易投资振兴公社社长洪基和分别在论坛上就三国商务现状、前景和面临的挑战发表了各自的见解。为了促进三国间的产业交流与合作，同时也为了加快中日韩成为“东亚经济一体化核心”的进程，三国代表一致表示，今后将每年轮流主办产业交流会。

——北国网

第五届国际公共安全防范产品展览会

2006年3月24～26日，由山东省公安厅主办、济南市公安局协办的2006’第五届国际公共安全防范产品展览会在济南舜耕国际会展中心举办。此次展览会是山东省公安机关适应新形势、新任务的要求，深入贯彻公安部基层基础建设年的要求和山东省委、省政府《关于建设“平安山东”的决定》，大力加强社会治安防控体系建设，全面推动山东省城市治安动态监控系统建设的重要举措。

本次展览会共设有210多个展位，来自北京、济南、青岛等省内外城市的200多家知名安防企业参加了此次展览，荟萃了当今国内外300多个知名品牌，主要有：报警系统视频监控设备，报警系统出入口控制设备、智能楼宇对讲（可视）系统、机动车防盗报警系统、门禁、一卡通、停车场管理系统，防盗安全门、锁、保险柜（箱）、防弹复合玻璃等防盗报警器材；警用装备器材、警用车辆、巡更巡检系统、刑侦器材、GPS卫星定系统、交通安全产品、防伪技术产品、综合布线等；智能公共广播、紧急消防广播及背景音乐音响、消防报警器材；无线对讲机、车载台、中转台等。参展规模和档次均好与往届。山东省、市、县三级公安机关技防办负责人、省内技防产品生产企业及工程单位负责人、省内金融系统安保工作负责人以及山东省公安厅、济南市公安局机关民警代表共1000余人参加此次展览会，社会各界参观群众达数万名。

——中华安防论坛

中国——罗马尼亚企业家经济论坛

罗马尼亚总统伯塞斯库应国家主席胡锦涛的邀请，对我国进行国事访问。并于2006年3月28日出席了在中国贸促会举行的中国—罗马尼亚经贸研讨会，并发表演讲。他诚邀中国企业家前往罗马尼亚经商投资，希望能进一步推进罗中经贸关系的健康发展。中国贸促会会长万季飞代表中国贸促会表示了热烈的欢迎。

伯塞斯库总统说：“我今天参加这个研讨会就是要鼓励罗马尼亚企业家来中国做生意，鼓励中国企业家去罗马尼亚投资，继续巩固双方经贸关系。”在介绍罗马尼亚近6年来的改革成果时，伯塞斯库总统指出，罗经济已过渡到竞争性的市场经济，近6年来罗经济增长率保持在4%至8.4%之间，经济的快速增长主要依靠中小企业。罗马尼亚有一个很好的经商环境，按照世界银行的最新报告，罗是一个很利于投资做生意的地方。他说，现在欧盟对有些中国产品设限，各国会有保护自己市场的不同措施。今天中国企业直接去罗马尼亚投资，在罗办厂其产品可销售到欧盟各国，不会受到任何限制，2007年1月罗加入欧盟后，这些投资就成为在欧盟的投资。伯塞斯库总统热忱邀请中国企业家去罗马尼亚经商投资。

万季飞会长表示，抓住两国经济迅速发展的机遇，积极支持双方企业扩大投资，加强互利合作，把中罗全面友好合作伙伴关系提升到更高水平是双方的共同心愿。

我国商务部副部长于广洲、罗马尼亚国务部部长奥尔基·波贾、罗马尼亚通讯和信息技术部部长若尔特·纳吉、罗马尼亚工商会主席维克多托·巴比务克、罗马尼亚外国投资署署长克里斯蒂娜等均出席了论坛并做了精彩演讲。

会后中罗企业家相互进行了对口经贸洽谈。

——《中国贸易报》张 莉

中法经济研讨会在津举行

由中国贸促会、天津市人民政府和法国法中委员会共同主办的第12届中法经济研讨会2006年3月29～31日在天津万丽泰达酒店会议中心举行。本次研讨会的主题是“能源与可持续发展”，中法双方官员、法国驻华机构及公司代表、天津企业代表等约400人参加了此次研讨会。与会双方代表认为，中法两国在能源与可持续发展领域的合作空间广阔。

中法经济研讨会是中国贸促会与法国法中委员会合作在中国举办的促进两国经贸交流的活动，自1995年起，每年举办一届。会议内容涉及国有企业改造、能源发展趋势和环保、太空利用、高速列车、知识产权、住房改革、金融服务、城市改造和发展、通信的研发和创新等多个领域。研讨会得到了中法两国政府和企业界的高度重视和热烈响应，取得了良好的效果，成为中法两国经贸界迄今为止规模最大的经贸研讨活动。

法国前总统、前欧盟制宪筹备委员会主席、法兰西学院院士吉斯卡尔·德斯坦，天津市委副书记、市长戴相龙，中国贸促会会长万季飞，法国法中委员会主席克斯勒出席本届中法经济研讨会并致辞。法国驻华大使菲利普·高毅，天津市委常委、滨海新区管委会主任皮黔生，市政府秘书长何荣林等出席会议。

万季飞在致辞时说，多年来中国贸促会和法国法中委员会一直致力于发展两国经贸关系，中法经济研讨会一直围绕中法合作的重大议题，集中了双方的智慧，取得了很大成果。中法经贸合作近年来不断发展，累计有2933个法资项目在华落户，协议投资额102.8亿美元，实际投资额74亿美元。相信这次研讨会对于共享法国企业能源利用方面的先进经验，推动双方企业合作将发挥积极作用。

——《中国贸易报》王 莉

CEO论坛和香港服务业展示会同场在广州举行

2006年3月30日，由香港贸发局与广东省经济贸易委员会再度联合举办的“CEO论坛”在广州举行。这次“CEO论坛”的主题为《全球竞合年代的企业新战线》，同时得到了香港工业总会、香港中华总商会、香港中华厂商联合会及香港总商会、广东省经济投资促进会及中国香港（地区）商会—广东的大力支持。主办单位邀请了多位香港及内地企业领袖参与讨论、启发思维，以不同角度探索现今与中国企业息息相关的问题、挑战及机遇。

主办方特别邀请了香港资深大律师梁定邦主持会议，演讲者包括广州立白企业集团有限公司总裁陈凯旋、高盛（亚洲）有限责任公司副主席范华达、香港董事学会创会主席郑慕智、东亚银行执行董事兼副行政总裁彭玉荣、雪佛龙（大中华）集团有限公司董事长彭晓飞、浙江吉利控股集团有限公司董事长李书福、香港迪士尼乐园行政总裁安明智、载通国际控股有限公司董事长陈祖泽及国泰航空公司行政总裁陈南禄。他们分别就“企业管治”和“自主创新，创建品牌”两个议题展开讨论。

与此同时，香港贸发局在当天还同场举办了香港服务业展示会，共有17家香港服务业企业参展，使内地企业对香港的专业服务有了更进一步的认识。

——《中国贸易报》谭 雪

首届中国(海峡)消费品全球采购交易会

首届中国（海峡）消费品全球采购交易会于2006年3月30日～4月3日在福州举行，200多家跨国采购企业、机构和国内零售百强企业参会。

此次交易会共有韩国采购团、西班牙采购团、联合国采购机构、中东采购团、美国中央采购等“重量级”采购商前来洽谈。

西班牙瓦伦西亚外经贸局上海代表处首席代表瑞卡多在接受记者采访时说：“现在不少西班牙商店里都有中国的产品，除了价格较低以外，质量也都很好，深受西班牙消费者的喜爱。这次来福建参加采购会，希望能够带回更多更好的中国商品。”易初莲花等跨国采购商也都表示希望能在采购会上与更多的供应商达成协议。

福建省贸促会会长赵林如说：“通过全球采购，福建制造正在逐步进入全球购销网络，这是福建制造企业营销模式的一次创新，对进一步提升福建产品在国内外市场的影响力有着重要意义。”

——新华网

第11届WCO亚太地区海关署长会议

“作为世界海关组织的成员，中国海关积极参与国际海关事务，大力推动‘保障全球贸易安全与便利’、‘能力建设’、‘海关商界伙伴关系’、‘海关现代化’以及‘打击商业瞒骗’等重大议题的讨论和实施。”国务委员唐家璇2006年4月3日出席在京举行的第11次世界海关组织（WCO）亚太地区海关署长会议并致辞。

唐家璇说，中国的发展离不开与世界各国特别是亚太地区各国的合作与交流，中国海关的发展也同样与地区海关的整体进步息息相关。加强地区海关间的合作，实现亚太地区及全世界的共同繁荣和发展，是时代赋予我们的历史使命。通过此次亚太地区海关署长会议，亚太地区海关间的合作与交流必将得到进一步加强。

海关总署署长牟新生在随后致辞中表示，“《关于全球贸易安全便利标准框架》不仅能够使海关推动建立更为安全的国际贸易制度，而且掀开了21世纪海关与商界建立伙伴关系的新篇章。”他说：“2005年6月，世界海关组织通过了‘标准框架’，旨在倡导国际贸易的安全和便利，打击国际恐怖主义势力、跨国集团犯罪和日益增长的违规情事，为促进国际贸易合法货物的快速流动，提供了很好的平台。”

牟新生表示，“海关与商界加强合作，为贸易安全前提下进一步提高贸易便利化水平提供了有力保障，反过来又将推动‘标准框架’的实施和发展。”据悉，亚太地区已有19个WCO成员海关签署了《实施意向书》。进一步在亚太地区推广和实施“标准框架”是亚太地区海关在相当长的时间内的工作重点。

牟新生还提议，促进地区合作，建设和谐海关。海关总署副署长盛光祖主持了开幕式。在为期三天的会议中，31个国家和地区成员海关的署长们就地区海关重要的政策性问题及当前海关面临的主要挑战进行讨论，提出应对措施。

——《国际商报》李　鹏

第十届中国东西部合作与投资贸易洽谈会

以“加强东中西部互动，推动区域共同发展”为主题的第十届中国东西部合作与投资贸易洽谈会（简称：西洽会）于2006年4月6~9日在陕西省西安市举办。本届西洽会参会客商逾10万人，展馆现场人流量超过40万人次，来自45个国家和地区的3000多个外商参展参会，规模超过往届。全国31个省、区、市展示了各地名优新特产品1万多种，引进利用外资额达21.05亿美元。洽谈会上，纺织服装类产品尤其是布艺、刺绣等工艺类纺织品受到青睐，仅陕西省的农妇手工艺品就卖出了160多万元。

据了解，本届西洽会成果丰硕，共签订利用外资项目合同142个，总投资额24.32亿美元，比上届增长30.4%，其中外资额21.05亿美元；签订国内横向联合项目合同1155个，总投资额1257.35亿元，比上届增长65%；内贸合同成交总额163.64亿元，比上届增长92.4%。西洽会上组织了中外企业项目对接会、项目推介会、专业洽谈会等形式多样的投资促进活动60多场，与会中外企业代表达8000多人次，促进了企业项目对接和信息交流。来自美国、德国、法国和日本的八大零售集团和制造业集团在会上举办了跨国公司洽谈会。

与往届相比，本届西洽会进一步完善了投资预约撮合信息服务系统，通过预约和即时撮合，撮合派对10926个，促成2000多个企业建立了合作关系；利用网络信息交流创造商机，西洽会1万多个推介项目中，通过网络发布的就有7800个；此外还建立健全了东西互动新机制，洽谈会期间召开的“推进区域协调互动，加快西部开发进程工作”座谈会，就促进重点地带、重点城市快速发展的新思路，促进特色优势产业取得突破性进展的新举措，以及促进东、中、西部协调互动取得突破性进展的新机制等问题进行了探讨。

——纺织服装资讯网

台交会　迎来十岁生日

第十届海峡两岸机械电子商品交易会及厦门对台出口商品交易会（以下简称台交会）于2006年4月8～11日在厦门国际会展中心举办。本届台交会恰逢十年大庆，不但展会规模创历史之最，达到1612个标准展位，人气也创新高，共吸引了来自46个国家和地区的19019名专业客商参会，比上届增长1/4。

台湾仍是本届台交会客商来源最多的地区，参会台商达2016人。

订单数量：很可观。展会期间，亚洲最大的机床生产企业沈阳机床集团在会上的成交额超过3000万元人民币；厦门炬嘉光电科技有限公司在会上与客商达成欧美市场出口意向协议，首批订单约100万美元；中国海天集团在会上达成1000多万元人民币订单及意向合同；厦门明达光电在会上和客户达成1000万元人民币的订单；现代起亚机械有限公司在会上的成交额超过500万元人民币；此外，台湾健晟机电、台湾台佑机械股份有限公司、台湾灿华五金机械有限公司、震德塑料机械有限公司、上海东芝机械有限公司、晏邦电机工业有限公司、台湾联塑机器股份有限公司、厦门光莆电子有限公司等均签订了多个订单和合作意向。

对接会上：大丰收。本届台交会期间举办的“机电产品采购对接会”受到了境内外专业采购商的积极关注，据统计，对接会共吸引了54家采购商参加，共有10家采购商与供应商达成了53个初步采购意向，其中，内贸790万元人民币，出口成交1.502亿美元。

研讨论坛：档次升。本届台交会的规格也比往届高了许多，承办了十多个高规格的论坛和研讨会。其中，结合厦门大学校庆85周年，举办了“海峡两岸经贸论坛”，吸引了400多位听众参会。论坛邀请海峡两岸经贸交流协会会长、原商务部部长助理李水林，福建省副省长王美香，厦门市市长张昌平，台湾两岸共同市场基金会董事长萧万长等嘉宾莅会演讲。

——中国塑料机械网

中国与葡语国家企业经贸洽谈会

由中国贸促会、葡萄牙贸促局及澳门贸促局共同主办的“中国与葡语国家企业经贸合作洽谈会”于2006年4月10～11日在葡萄牙里斯本举办。由中国贸促会与澳门贸促局共同组织的内地与澳门企业家代表团100余人参加了此次洽谈会。这是中国贸促会与澳门贸促局第三次联合组织代表团出访葡语系国家。此次活动发挥了中葡合作论坛机制功能以及澳门作为中国与葡语国家经贸合作的桥梁作用，进一步扩大了我国在葡语国家中的影响力。

根据会后统计，本次洽谈会共有300多家企业的400余名代表参加，葡萄牙、巴西等七个葡语国家都派出了阵容可观的代表团与会。此次洽谈会共促成了700余项配对洽谈，其中近150对洽谈签署意向协议，洽谈内容涉及旅游、银行、进出口贸易、产品及服务代理、建筑及基建工程、法律顾问服务、中药原材料采购等。与会企业在信息反馈表中对本次活动给予了高度评价，普遍认为，这种形式的活动为企业家提供了交流与合作的平台，对促进经贸关系发展很有益处。并表示将继续支持和参与这项活动。多数参会中方企业与外方达成了初步合作意向，并约定继续推进合作项目的落实，争取早有成果。中钢集团、辽宁国瑞等多次参加这项活动的企业表示，希望通过此类活动进一步强化和葡语国家对口企业的联系，为今后的更深层合作打下良好的基础。

——中国贸促会国际联络部

首届中国—东盟会展业国际合作高峰会

以合作、创新、共赢为主题的首届中国—东盟会展业国际合作高峰会2006年4月12日在广西南宁举行。本次高峰会由南宁市政府、中国—东盟博览会秘书处等主办，中国23个城市会展业相关机构的代表和新加坡、马来西亚、越南、泰国、印度尼西亚等东盟各国会展业高层人士约300人出席会议。

此次峰会内容包括中国—东盟会展项目合作圆桌会议、中国—东盟贸易促进"朱槿花"奖颁奖典礼、中国—东盟博览会现场服务机构准入标准座谈会等。同时，会议还倡议成立中国—东盟会展业国际合作理事会，作为高峰会闭幕期间的常设机构。

中国商务部外贸发展局副局长贾国勇会上表示，在中国与东盟经贸合作日益深化的背景下，在中国—东盟博览会蓬勃发展的基础上，会展活动作为贸易促进以及推动国际间交流合作的重要手段，必将越来越受到本区域内各国政府的重视并得到快速发展。他认为，高峰会的成功举办将进一步加强中国与东盟地区展览行业组织、企业之间的交流与合作，推动区域内会展业的繁荣发展。

据介绍，2006年是中国—东盟建立对话伙伴关系15周年，也是中国－东盟友谊合作年。自1991年中国与东盟建立对话伙伴关系以来，双边贸易额保持了较高的增速。上世纪90年代以来，中国与东盟的双边贸易额以年均20%的速度增长，2002年～2005年的年均增长速度更是达到30%，2005年双边贸易额已突破1300亿美元。

中国与东盟的经济合作正在从货物贸易向投资合作和服务贸易等领域迅速延伸，这为会展业发展提供了更加广阔的空间。中国—东盟博览会秘书处副秘书长郑军健说，中国与东盟的经贸合作进入新阶段，东盟已成为中国海外投资的首选地之一，这为双边会展业发展提供更大机遇。

会展业的发展不仅为中国与东盟企业提供了交流平台，也是企业产品直接进入相互市场的桥梁。国际展览管理协会亚洲区总裁爱德华先生说，近年来，中国与东盟各国纷纷举办具有代表性的大型国际会展，吸引了来自本地区和欧美、日本、韩国等发达国家的众多企业。会展业的发展将成为中国—东盟自由贸易区建设的重要"推进器"。

中国—东盟会展业国际合作高峰会组委会执行主任倪玮说："如果说中国—东盟博览会是向全世界整体推介中国—东盟自由贸易区的一个国际平台，那么首届中国—东盟会展业国际合作高峰会则是双边会展业牵手的'鹊桥'，将是促进自由贸易区建设的又一条'黄金通道'。"

——《中国贸易报》朱文伟

第四届中国河南国际投资贸易洽谈会

第四届中国河南国际投资贸易洽谈会于2006年4月12～14日在郑州国际会展中心举办。

本届投洽会众商云集，内容丰富，签约踊跃，成效显著，是一次展示形象、促进交流、增进合作的投资贸易盛会。大会坚持以交流、合作、发展为主题，突出宣传河南省投资环境，推介招商引资新政策，充分展示河南的区位资源优势和区域形象，以投资洽谈、商品贸易、高层论坛为主要内容，采取投资与贸易相结合、洽谈与展览相结合、考察与论坛相结合的方式，高水平打造中外企业交流合作共谋发展的新平台。办会水平、档次、实效均比上届进一步提高，达到了预期的目标。

本届投洽会得到商务部、国务院侨办、中华海外联谊会、中国侨联、全国工商联、中国对外友好协会的大力支持，受到海内外各界的广泛关注，吸引了来自60多个国家和地区的企业、商协会、政府机构、外交使节参会。参会团组118个，参会客商达4168人，比上届大幅增加。其中，涉及世界500强的企业38家。

大会投资洽谈取得丰硕成果。本届投洽会分两批对外发布项目2022个，投资总额619.2亿美元，项目数量、质量、投资总额均比前几届有较大突破，发布项目数是上届的3倍多，超过前三届项目数之和。投洽会期间洽谈活跃，签约踊跃，共签订外资合同项目120个，总投资35.76亿美元，合同外资20.43亿美元，总投资和合同外资分别比上届增长98%和88%。签订内资项目318个，总投资385.25亿元，合同利用省外资金364.66亿元，分别比上届增长57%、69%、67%。其中在省签约仪式上签约项目129个，外资项目79个，总投资30.77亿美元，合同外资16.27亿美元；内资项目50个，总投资146.18亿元人民币，利用省外资金140.94亿元。本届投洽会签约项目呈现合作领域宽、项目质量高、合作方知名度高、单个项目投资规模大、独资项目多、投资者国别和地区分布更加多样化等特点。美国花旗集团、美国联合能源、英国联合营养集团ABNA公司、香港和记黄埔等世界500强企业和泰国正大等知名企业在大会上进行了签约。

投洽会的专项洽谈活动得到中外客商的普遍欢迎，洽谈活跃，取得实效。为实现外商与国内项目单位的双向互动，增强招商引资的针对性，投洽会期间举办了"河南省与美国企业合作洽谈会"、"豫台投资贸易洽谈会"、"河南企业境外融资洽谈说明会"，"河南省与韩国中小企业合作洽谈会"、"豫港投资贸易洽谈会"、"河南省境外合作项目推介会"、"智利市场及伊吉克自由贸易区专场推介会"、"上海经贸代表团与河南企业投资合作洽谈会”、“广东与河南合作项目洽谈会暨签约仪式”等9场专项活动，活动方式多样，各有特色，吸引了众多境外、省外客商和省内企业参与，活动场场爆满，气氛热烈，成为投资洽谈、项目对接的主要形式。通过专项活动，有一批项目对接成功，达成初步合作意向。

与此同时，还举办了中部商务发展论坛、中原崛起与文化产业开放论坛、外商投资中部论坛邀请，到会听众逾1500人，嘉宾的精彩演讲引起了听众的共鸣和广泛好评，成为投洽会一道丰盛的“精神盛宴”。

本届投洽会还吸引了海内外新闻媒体的极大关注，大会期间，包括人民日报、新华社、中央电视台、中国国际广播电台、国际商报、大公报、凤凰卫视、美国国际日报、俄罗斯龙报等著名媒体在内的100多家媒体、500余名中外记者参加了投洽会的采访、报道工作。参会记者从不同角度、不同侧面，及时大量地报道了大会的盛况和各项活动。

——投洽会组委会办公室

首届中国港口城市市长高峰论坛

由国务院发展研究中心、天津市政府、交通部、中国交通运输协会共同主办的首届中国港口城市市长（国际）高峰论坛，于2006年4月16～17日在天津召开。

本次论坛的主题是: 全球经济一体化与中国港口城市的战略机遇。论坛的主要议题分为: 全球经济一体化和我国经济发展战略给港口及港口城市带来的发展机遇、临港经济的可持续发展，港口及港口城市与区域经济、港口群之间的协调发展、临港经济的发展给物流业带来的机遇、国际航运中心建设等。

有关国家部委领导和29个港口城市的市长、有关专家学者、部分港口企业代表参加了论坛。

有关人士指出，这次峰会是我国港口城市的一次盛会，也是一次国际性的峰会，对于推动国内、国际港口城市的交流，政府与企业的交流，促进相互了解与友好合作，必将发挥巨大作用。

——《中国贸易报》凯 丽

中印CEO商务论坛

由中国贸促会与印度工商联合会主办的“中印CEO商务论坛”2006年4月17日在京举行，与会的近百位中印企业家就两国经贸合作商机及存在的问题进行了深入探讨。

论坛举行期间，来自化工、能源、建材、高科技等行业的20余位印度知名企业总裁与数十位中国大型企业高管进行了富有成效的业务洽谈。双方希望通过对口企业的业务洽谈，进一步扩大中印双边贸易合作。中国贸促会副秘书长王锦珍表示，按照温家宝总理提出的两国经贸关系发展五年计划，中国超过美国，成为印度的第一大贸易伙伴指日可待。印度既向中国出口铁矿石等原材料，也向中国出口软件服务，而中国向印度出口电子消费类和电讯器材等制成品。两国在国际市场上的比较优势，有着非常强的互补性。

——《国际商报》路 虹

第七届重庆高新技术交易会

第七届中国重庆高新技术交易会暨第三届中国国际军民两用技术博览会，2006年4月20～23日在重庆国际会议展览中心举办。

由科技部、国防科工委、中国科学院、中国发明协会和重庆市政府共同举办的重庆高交会已连续举办了六届，军博会也举办了两届。其规模一届比一届大，内容也一届比一届丰富，已成为国内一个知名的综合性展会。本届重庆高交会和军博会将秉承办好西部大开发科技盛会，打造军民两用技术交易平台的理念，向社会展示众多国内外科技创新的项目和一批军民两用技术成果。据了解，在已经举办的六届高交会和两届军博会上，共有来自海内外的436个代表团参与交易展示，累计合同成交额达415.64亿元。

据介绍，组团参展本届重庆高交会的有11大军工集团，国防科技大学、北京航空航天大学等32所院校，中国电子工程设计院等120个科研院所，北京、上海等11个省市和美国、德国等20余个国家和地区，主要内容包括军民两用技术展、高新技术及国际高新技术综合展、全球采购会，国内外1500家企业带来的1.2万个项目进行展示交易。高科技论坛则主要有军民互动与合作发展论坛、自主创新高峰论坛、知识产权战略与企业竞争力国际研讨会。

本届高交会及军博会首日，就有13个重大项目签约，涉及金额高达近80亿元。这些签约项目包括国防科工委与重庆市政府签订的《科技合作协议》，中科院与重庆市政府签订的《全面科技合作协议》，重庆市政府与中国电子科技集团公司签订的《科技合作协议》，重庆知识产权局与长安集团、嘉陵集团、力帆集团等一批著名企业签订的《保护知识产权重庆宣言》等。

——武汉科技成果网

潍坊国际风筝会唱好招商大戏

2006年4月20日，第23届潍坊国际风筝会在山东省潍坊市体育场隆重拉开序幕。本届风筝会的主题继续遵循“风筝牵线、文体搭台、经贸唱戏”的办会宗旨，突出招商引资，吸引更多客商来潍坊投资兴业。

据潍坊市委宣传部及潍坊市招商局透露，截止24日，不完全统计，风筝会到会客商6120人，境外1500余人，洽谈项目404个，签定和拟签定合同102个，合同利用外资额186亿元。德国、马来西亚、瑞典、葡萄牙等国家的企业家，重点关注五大板块投资项目，即化工、高新技术、潍城区商贸物流区、土地市场和城建项目，仍有许多招商活动在洽谈和待签约中。

——《国际商报》魏建玲 潘月杰

第四届中国国际孕妇、婴幼儿童用品展览会

第四届中国国际孕妇、婴幼儿童用品展览会2006年4月25～27日在北京中国国际展览中心举办，摩登马咪、NUK等来自14个国家和地区的国际著名品牌展示了1000多种产品。展会同时还邀请业内资深专家举办孕婴知识讲座。本届展会由中国贸促会商业行业分会、中国国际商会商业行业商会主办，北京京正展览展示有限公司承办。

在展馆里，很多妈妈们带着宝宝寻找科学时尚、新鲜实用的展品，和孩子一同体验或者参加娱乐活动。据组委会负责人介绍，展会以北京为依托，以孕、婴、童企业的合作交流为平台，集产品展示交易、技术交流、信息发布、发展战略研讨和同行业文化于一体。

据了解，配合此次展会，主办方还举办了行业发展论坛峰会及各种特色交流活动。如聘请资深零售店铺运营管理训练专家、资深培训师进行免费交流及培训，提升店铺系统性业绩；与广州玛蜜儿企业管理顾问有限公司配合，对经销商关注的孕婴市场发展趋势、经营理念等多项内容进行培训授课，促进同行业者之间更深层次的交流，在互动交流中建立行业感情。

据组委会负责人说，充分利用展会的优势为展商创造产品宣传和销售机会是我们一贯遵循的宗旨，根据市场的需求对展品的设定和展览形式进行不断的创新，使展商获得最好的品牌展示效果和更多的客户信息是我们的根本目的。

——《中国贸易报》文 言

2006香港·天津周

2006香港·天津周于2006年5月9～11日在香港举办，活动成果丰硕，共签约投资合作项目35个，投资总额达34.2亿美元，合同外资金额29.8亿美元。其中，香港企业投资项目26个，涉及港资金额23.2亿美元，占全部项目数量的74.3%和外资金额的77.9%；有14个项目坐落在滨海新区内，合同外资金额8.6亿美元，占全部项目数量的40%及合同外资金额的28.9%。

活动周期间举办了天津滨海新区招商引资项目推介洽谈会、津港物流业合作推介洽谈会及项目签约仪式等一系列活动。香港企业家对天津滨海新区的开发前景非常看好，纷纷表示要抓住有利时机，扩大在津投资，加快合作项目进展。

活动由天津市人民政府主办，香港贸发局、香港中华总商会、香港总商会、香港中华厂商联合会、香港工业总会、中国企业协会协办。

——《国际商报》黄春艳

第二届外商直接投资基金发展论坛

商务部研究院外资研究部于2006年5月13～14日在北京举办“第二届外商直接投资基金发展论坛暨项目洽谈会”。论坛围绕外商直接投资基金在华发展现状与前景、外商直接投资基金在华成功投资案例剖析、外国直接投资基金选择中国企业的标准，我国企业如何获取外商基金投资及如何有效运用、外商直接投资基金青睐的产业及企业类型、外资并购中的资产评估、如何促进外商基金投资同地方招商引资工作有机结合、城市开发投资潜力比较等展开深入研讨，并有来自全国100多个市县的企业和政府部门带来近2000个项目，与60多家外资风险机构在会上进行了交流洽谈。

——《国际商报》路 虹

第四届APEC中小企业技术交流暨展览会

以“技术提升经济，合作创造未来”为主题的第四届APEC中小企业技术交流暨展览会5月18～21日在青岛举办。在为期4天的技术交流和展览展示当中共有1000多家国内外企业参展，展位近1600个。其中，国内省市组团单位28个，比上届增加9个，展位1200多个，比上届增加近40%；100多家境外企业展位达392个，是上届的3倍；APEC21个成员体均派员或组团参加了展览、论坛、技术交流、洽谈、采购等活动。

会议期间共主办各种论坛和经贸投资专场12场次。其中，“APEC中小企业对话世界500强财富论坛”和“第二届APEC电子商务工商联盟论坛”吸引了包括IBM、英特尔、戴尔、巴斯夫、渣打银行、三星电子、TNT物流、中国进出口银行、中国电信、中国网通、中国国航等国内外知名企业的参与，为中小企业的投融资、市场拓展和技术创新搭建了一个有效的交流合作平台，得到了与会代表的一致好评。

另据组委会统计：本届展会出口成交额为20301万美元，比上届展会增加86%。国内贸易成交额为76504万元，同比增长2.6倍；签订投资协议83个，协议外资14653万美元，达成国内代理意向300多个。

——《中国贸易报》赵 津 方乾夺

海交会先行先试惠台政策

第八届海峡两岸经贸交易会于2006年5月18～22日在福州举办。本届海交会签订外商投资项目275项，利用外资15.43亿美元，其中合同项目192项，利用外资8.76美元，同口径比增约20%。出现了签约项目、合同项目和大项目占大头，工业生产性项目毕生占8成以上，农业项目发展形势喜人等显著特点。

本届海交会立足两岸产业对接和经济社会发展的现实需要，精心组织策划了一系列两岸经贸、文化、旅游交流活动，并在两岸交流的规模、层次、形式、影响、成效等方面实现了新的突破，成为“海峡”特色最鲜明的一届海交会。

据福州市常务副市长梁建勇介绍，本届海交会期间，率先实施了中央惠台政策措施，在扩大台湾农产品准入、恢复

和启动两岸渔工劳务合作、实施台湾居民在大陆申办个体工商户等方面都取得了突破。

率先扩大台湾农产品准入及“零关税”种类和范围。此次海交会是中央15项惠台政策农产品条款于5月1日正式实施后规模最大、品种最全、入境渠道和方式最多的一次展销活动。共有13种台湾水果、9种台湾蔬菜、270多种台湾农（水）产品的深加工产品进入海交会展销。

率先恢复和启动两岸渔工劳务合作。海交会期间首批大陆渔工在平潭东澳码头顺利登船，两岸渔业界人士就完善两岸对口民间磋商协调机制、保障大陆渔工和台湾船东正当权益以及加强交流、扩大合作等方面进行了广泛的沟通和交流。

率先实施台湾居民在大陆申办个体工商户。海交会期间，32名台湾居民在福州领到个体工商户营业执照，进一步落实了5月9日福州市出台的《关于台湾居民在福州申办个体工商户登记管理的若干意见》，各县（市）、区工商局均在登记窗口开辟“绿色通道”，为台湾同胞提供便捷服务。

国家政策性银行首次向福建省台资企业、台商投资区发放开发性贷款，4个涉台项目贷款总金额达15亿元人民币。这标志着去年底《台资企业国家开发银行贷款暂行办法》出台之后福建的相关贷款业务正式启动，标志着国家开发银行与国务院台办为支持台资企业发展所开展的开发性金融合作在福建进入实质阶段。

此届交易会有台湾岛内及内地台资参展企业153家，占海交会总参展企业的83%，为历届最高。金门、马祖、澎湖方面组织了130多人的参展团；台湾省农会、台湾补品行销协会、南投县等组织62家台湾水果、农（水）产品参展；台中世贸中心牵头组织29家电子电机、机械冶金企业展出194个展位。据不完全统计，5天来前往参观洽谈的客商和观众约20万人次，现场交易和签约金额达4750万元。

——《国际商报》陈兆豪

首届中国商帮峰会

首届中国商帮峰会2006年5月20～21日在杭州市举办。会上，“中国商帮联盟”宣告成立。全国政协副主席、全国工商联主席黄孟复认为,商帮峰会将成为中国商人走向大联合时代的一个象征,“开创了中国商人新的竞合模式”。

峰会由中央电视台经济频道、浙江省浙商研究会、上海证券报、中国证券网等联合主办。浙江省浙商研究会副会长胡宏伟介绍说,峰会邀请晋商、徽商、浙商、苏商、沪商、京商、粤商、闽商、鲁商、豫商等10大商帮参加,“但事实上,到会的商帮并不止10家,冀商、汉商、台商、港商也组织了代表团参会”。

虽然各大商帮均单独组团，但在峰会上，携手力推“中国商帮概念”却成了他们在探讨“全球化背景下中国商业文明的传承与创新路径”问题时的共识。河南省政协副主席、豫商大会执行主席陈义初说：“今天10大商帮走在一起,决不是各个商帮要画地为牢、各自为政，而是要建立一个团结互助的平台。”

作为此次商帮峰会的主要成果之一，各大商帮领袖还联合签署了一份“杭州宣言”。宣言称，全体中国各商帮将“以‘更高、更新、更远，做大、做强、做久；继承传统商帮精神，提升现代商业文明’28字为今日商帮之目标”。

——中金在线

第二届巴西中国展览会

2006年5月23～27日，第二届巴西中国展览会在中国北京国际展览中心举办。

本届展会涵盖了巴西农业、采矿、建筑、能源、石油天然气、银行、电信、电力、造纸、食品、体育、旅游、运输和塑胶、生物制药等行业，汇聚了巴西石油公司、巴西银行、巴西牛类基因协会等实力雄厚的大型企业和巴西联邦代表团，还有巴西旅游公司，BWP策划、咨询与参与公司，圣保罗州西部甘蔗、糖、酒精工业协会，巴西亚马逊经济开发区等众多中小企业和代表团，显示了各类巴西企业对中国市场潜在商业机会的积极关注。

第二届巴西中国展览会由巴西国际交流协会（ICOOI）主办，巴西农业部、巴西科技部、巴西外交部、巴西矿产能源部，巴西工贸发展部5大部委支持，北京北奥会展有限公司承办。此次展览也是第九届中国北京国际科技产业博览会的最大国外展团。

在这次展览中，最值得一提的是巴西工业各领域中较高的科技水平展示。巴西在动物基因和生物技术中有十分先进的技术，而且在水电站建设方面也富有经验。除此之外，在食品，尤其是大豆、肉类、果汁和咖啡方面、在可再生燃料（乙醇和生物柴油）方面、棉花、纤维素、高档木材和矿产方面也有很高的技术水平。

展会现场还设有小型足球场，有精彩的足球表演和足球教学示范。来自巴西累西腓市的民间表演艺术团也会给现场观众献上充满浓郁热带风情的巴西音乐、桑巴舞。展会期间，现场观众每天还可欣赏到一部经典的巴西电影。

此外，展览会期间还举办了“燃料乙醇论坛”、“巴西旅游推介会”、“巴西港口及运输推介会”。

巴西国际交流协会主席瓦吉米尔·普马尔在接受本报记者专访时表示，中巴能源合作有很广阔的空间。在传统能源方面，巴西最大的企业巴西石油公司已经与中石化建立了战略合作关系，今年4月宣布由中石化承建巴西天然气管道项目。双方目前还在进一步协商，以在深海石油开发方面开展合作。在新能源方面，以本次展会所推荐的从甘蔗中提炼乙醇的技术为例，中巴方面也已经进行了多次磋商和洽谈，本次展会还就燃料乙醇议题开展双方合作生产和利用的进一步研讨。他说，在新能源领域，除了技术交流外，巴西企业更十分欢迎来自中国的投资。

普马尔说,参展的巴西企业都希望能够在引进中方投资、提高对中国的进出口额和扩大巴中之间的科技经济合作方面取得丰硕成果。

——《国际商报》陈晶晶

第七届中国西部国际博览会

第七届中国西部国际博览会（简称：西博会）于2006年5月25～28日在四川成都世纪城新国际会展中心举办。本届西博会由国务院西部开发领导小组办公室、中国贸促会、中华全国工商业联合会、中华全国供销合作总社和四川省人民政府共同主办。据主办方透露，本届西博会以6万平方米的展览规模、300多家境外参展企业数量和超过100亿的贸易成交额刷新西博会多项纪录，成为中国西部对外开放和经贸交流的最大平台。

本届西博会设国际馆、工业馆、现代交通馆、城乡一体化建设馆、旅游文化美食馆、教育馆、医疗卫生馆和投资理财馆等8个专业展馆，面积达6万平方米，开放式展位超过70%，展览规模和档次继续保持中国西部第一。国际馆首次突破8000平方米，参展产品涉及工业、农业、金融、旅游和服务业等各个方面；其中俄罗斯设300平方米的国家馆，集中展示俄罗斯的经济、文化、旅游以及部分州的情况。

本届西博会吸引了参会代表1.5万人，其中外商达到3000多人，涉及53个国家和地区。来自国际经济组织和美国、俄罗斯、德国、英国等国家，以及我国港、澳、台地区的代表团达100多个。

据主办方介绍，本届西博会十分注重国际区域合作，以“请进来”和“走出去”为内容，组织了包括四川—俄罗斯联邦区经贸合作周、中美经贸合作洽谈会、四川国际采购及外包项目洽谈会，以及德国日、越南日等14个专场项目推介洽谈活动。另外，长三角、泛珠三角、环渤海地区和西部地区的绝大多数省市都组团前来参展参会，将推出中国西部林业产业发展峰会、西部金融峰会、机场建设峰会等专题活动，以进一步加强国内区域经贸合作。

——《国际商报》陈小三

澳门会展大声势“联内引外”

2006国际会展产业（澳门）研讨会于2006年5月30日召开，穗、港、澳会展专业人士和大陆专业媒体应邀参会，澳门投资促进局、旅游局与研讨会互动，助力澳门会展业大造声势。

本次研讨会是由澳门展贸协会、澳门广告商会、澳门会议展览业协会和广州市会展业行业协会主办，香港展览会议业协会、澳门旅游塔会展娱乐中心、威尼斯人澳门股份有限公司协办。澳门贸易投资促进局为支持单位。香港贸易发展局助理总裁周启良先生、广州大学会展产业研究所刘松萍所长作为主讲嘉宾，对澳门会展业的前景和机遇进行了分析。来自穗港澳三地的政府相关机构代表、会展协会负责人和澳门会议及展览组织者、会展产业服务商、各大专院校相关科系学员等200余人参加了研讨会。作为研讨会的“延伸活动”，澳门贸易投资促进局和旅游局负责人还介绍了与澳门会展密切相关的旅游业现状，并根据澳门的会展“软、硬件”情况，对澳门未来的会展前景进行了分析和展望。澳门人对发展会展业的重视程度、热情和信心可见一斑。

——中国展览

2006中国河北国际商会经贸洽谈会

2006年6月6～8日，“2006中国河北国际商会经贸洽谈会”在石家庄国际科技博览中心举办。

此次“2006中国河北国际商会经贸洽谈会”以河北省贸促会成立30周年为契机，由河北省人民政府批准的一次综合性国际经贸洽谈会。洽谈会期间举办展览会、投融资项目对接会、国际区域特色经济项目推介会等活动。贸洽会期间，不但有贸易展览、招商引资项目洽谈活动，还有外商推介本国项目。

有来自42个国家和地区的商协会组织和省内200多家企业参会。在这次经贸洽谈会上，来自美国、德国、新加坡和我国香港等国家和地区的著名企业与省内企业签订了合作项目，总投资近40亿元人民币，这些项目涉及基础设施、冶金、化工、食品等多个产业。

——《中国贸易报》周文波　王　炜

俄艺术家北展献演“莫斯科北京周”完美落幕

热情奔放的哥萨克舞蹈、深情而略带忧伤的俄罗斯浪漫曲、变幻莫测的魔术表演……数十位来自莫斯科的艺术家2006年6月18日在北京展览馆前的广场，为北京观众奉献了一场充满浓郁俄罗斯风情的精彩演出。这也是“莫斯科北京周”的最后一项大型活动。

演出由“集市”歌舞团歌舞表演、“爱情与魔法”杂技表演、“遗产”三人演唱组浪漫曲表演以及“金环”国家民歌民乐歌舞团歌舞表演四部分组成。

在演出现场，俄罗斯人民演员娜杰日达·卡德舍娃演唱的《喀秋莎》，博得了观众阵阵喝彩。而由三名俄罗斯功勋演员组成的“遗产”三人演唱组用中俄文演绎的《莫斯科郊外的晚上》，将现场气氛推向了高潮。

“莫斯科北京周”是中国“俄罗斯年”框架内的一项重要活动，同时也是两个首都城市自1995年缔结友好城市以来，规模最大的综合性文化经贸交流活动。

此次莫斯科市市长卢日科夫亲自率领政府团35人、展览团122人、文艺演出团83人和记者团9人共249人的代表团来参加“莫斯科北京周”。

“莫斯科北京周”系列活动包括企业合作洽谈会、“今日莫斯科”展览、《北京与莫斯科的传统友谊——档案中的记忆》新书发行式、开幕式文艺演出以及闭幕式大型文艺演出等。

——中国网

哈洽会主打对俄合作与振兴主题

第17届哈洽会（2006年6月15～19日）于17日举行的对外及国内经济技术合作项目签约仪式上，共有88项对外及国内合作项目签约，合同86项，协议2项。其中，对外经济技术合作项目18项，总投资额8.6亿美元，引进国外资金8.5亿美元；国内经济技术合作项目70项，总投资额304.5亿元人民币，引进省外资金302.5亿元人民币。

首次在名称中加入“国际”二字的第17届哈洽会更加凸显国际化。境外参展的有俄罗斯、日本、韩国、比利时等11个国家和地区，展位达220个；其中俄罗斯146个展位，比上届有较大增长。国内外客商参展十分踊跃，展位总需求已超出现有展位的40%。

联合国工业发展组织、开发计划署、粮农组织等国际组织和80个国家和地区的9700多名客商参会，有80多个国家和地区1.1万多名境外客商参会参展。

本届哈洽会共设国际标准展位2000个，室内外展览总面积达7.6万平方米，设绿色特色食品馆、高新技术馆、机电馆、家具与建材馆、医药馆、化工馆、轻工工艺馆、纺织服装馆、老工业基地合作项目馆、文化产业馆及港澳台和外国馆。

老工业基地合作项目馆由振兴老工业基地成就展、哈大齐工业走廊展、国有企业产权招商和对俄经贸合作四部分组成，集中展示黑龙江省国企改革、哈大齐工业走廊、对俄经贸合作、煤电工业基地和绿色产业等项目。

高新技术馆以科技自主创新为主题，参加展会的有电子与信息、生物医药、新材料、化轻、农林牧渔、航空航天等领域的项目共907项。

绿色特色食品馆主要展示无公害、绿色、有机食品，参展企业以国家或省级绿色食品骨干企业为主。

化工医药馆重点依托中石油大庆油田公司、大庆石化总厂、哈药集团等大型骨干企业，展示化工医药产业新成就。机电馆规模将比上届有大幅度扩大，展位数比上届增长75%。

本届哈洽会是一次集商务活动、会议论坛、项目推介、科技合作、文体交流于一体的大型国际综合性展会，内容丰富多彩且更加务实。

大型商务活动有：俄罗斯商务日、波兰日暨波兰经贸洽谈会、日本商务周、韩国商务日、俄罗斯高端人才交流周、香港商务日、海峡两岸经贸交流活动日和中国农垦日等八项活动。

——《中国贸易报》李文

首届香港工展会

由四川成都市人民政府、香港中华厂商联合会主办，香港中华厂商联合会展览服务有限公司、成都市贸促会承办的2006香港工展会于6月15～19日在成都天府博览中心举行。

此次工展会参展产品全部来自香港，是香港名牌产品的一次荟萃。展览会包括食品、服装、电器、饰品、药品等近六大类近200种产品。同时，参加本次展会的香港企业，还希望通过成都这个西部地区窗口参与西部大开发，寻求成都及四川地区商业合作伙伴，借此机会提高其品牌的影响力。

成都作为中国西南重镇，正处于历史上最好的发展机遇期。成都与香港的经济往来日益频繁，双方的合作领域不断拓展，发展势头良好。为促成本次工展会的成功举办，成都市有关领导亲自赴港请会，香港厂商也两次派员实地考察成都。为提高展会效果，切实加强本地区企业与香港展商在贸易、投资、技术转让等多方面的合作，厂商、会展览服务公司、成都市贸促会采取了不少措施组织本地港资企业和消费品采购商积极参与。

本次工展会，是港蓉两地经贸合作不断深化的成果，是成都市第一个全部由香港企业组建商业团队并整体亮相的贸易类专业展会。工展会的举办为蓉港两地进一步推动经贸往来，为成都及四川地区商家和市民更多、更深地了解香港产品搭建起了一流的平台，是成都乃至四川企业寻求贸易合作伙伴并学习拓展市场、塑造品牌方面的经验提供了极好的契机。

——《中国贸易报》孙丽丽

中阿商务研讨会

2006年6月19日，中国—阿富汗商务研讨会在中国贸促会召开，200余名中国和阿富汗的企业家齐聚一堂，共同讨论中阿双边投资和贸易商机。会议由中国贸促会和阿富汗投资支持局主办，阿富汗总统卡尔扎伊出席研讨会并发表了主旨演讲，中国贸促会会长万季飞和阿富汗投资支持局主席扎齐瓦尔先后致辞，中阿两国企业家也在会上分离了在阿富汗进行投资贸易的经验。

万季飞会长在致辞中首先对卡尔扎伊总统莅临此次研讨会表示感谢，他表示，阿富汗目前正在积极进行战后重建工作，经贸合作机会很多。而中国被称作“世界的制造工厂”，许多物美价廉的产品符合阿富汗人民的需求，同时中国在基础设施建设方面多年来了积累了丰富的经验和先进的技术，加上两国互为友好邻邦的地理优势，中阿合作潜力十分巨大。

当天晚些时候，中国贸促会还与阿富汗投资支持局（AISA）、阿富汗工商会（ACCI）在人民大会堂签署了合作协议，中国国家主席胡锦涛与卡尔扎伊总统见证了协议的签署。根据协议，中国贸促会与ACCI、AISA将共同推动建立中国—阿富汗联合商务理事会，并将在促进双方经贸和金融代表团互访、促进两国非官方机构和专业协会的友好交往与合作、支持双方经贸界在对方所在国参展或组展、支持并鼓励通过友好协商与调解仲裁方式解决两国贸易纠纷等方面加强合作。

——中国贸促会联络部

零售业博览会在上海举办

2006年6月5～7日，由上海万耀企龙展览有限公司与杜塞尔多夫展览（中国）有限公司主办的第12届中国（上海）

零售业博览会（以下简称零博会）在上海新国际博览中心举办。据统计，来自16个国家和地区的140余家展商参加了此次零博会，观众超过1.1万，其中海外观众1035人。

此届CRC在商业空间设计及展示技术设备、现代零售设备以及零售信息技术等3大板块的参展商数量和质量均比上届展会有了一定的进步。其中苏州亚田、上海统华、漳州东丰、上海雅思奇以及曾在Euroshop上大放光彩的德国领先的商业空间设计商Kunzweiler、我国台湾星辰等知名商家为商业空间设计及展示技术设备板块带来了无限惊喜；旺众、美固龙、嘉兴上扬、上海顺科等国内知名现代零售设备厂商也都再次出现在本次CRC现场；技术含量相对最高的零售信息技术板块美利捷、科传、深圳科脉、飞懋、汕头川田等则在CRC现场齐聚一堂，同场竞技。

展会期间举办的2006CRC零售论坛，就“现代生活方式与零售业发展”展开主题演讲，针对目前中国多元化零售业态的迅速发展导致城市生活方式、人们消费习惯改变这一热点话题，为与会者带来了众多新思维、新建议。

——《中国贸易报》兰 馨

新疆喀什以会展促外贸发展

由喀什地区行署主办、中国贸促会新疆分会协办的第二届喀什·中亚南亚商品交易会（简称“喀交会”于2006年6月28日～7月3日在喀什新怡发国际商贸城举办，此次交易会将凸显商品交易和双向投资特色，在新产品、新技术、新项目得以充分展示、交易的同时，中外客商还洽谈经济技术合作项目。

本届“喀交会”参展商品包括机电设备、农业机械、工程机械、粮油食品、农林畜牧品。轻工产品等13大类商品。签约成交项目涉及工业、农业、旅游、矿产资源开发、基础设施建设及商贸流通等，投资领域较广，资金的投向更趋于合理。本届“喀交会”共签约合同、协议487个，签约总额167.2亿。喀什地区签约457个，签约额159.1亿元，其中：签约合同322个，合同总额96.7亿元；签约协议135个，签约总额62.4亿元。

第二届“喀交会”为中亚南亚国家、国内“长三角”、“珠三角”、“环渤海经济区”等内地经贸团营造了一次厚重的经济双赢平台。同时，巩固了喀什在中亚南亚的经济圈重心地位，使丝绸古道经贸繁荣景象更加强劲勃兴。

——《中国贸易报》赵北明

2006中国哈尔滨韩国周

2006中国哈尔滨韩国周于7月3～7日举办。据介绍，本届“韩国周”在规模、层次、内容上都好于2005年，特别是在交流与合作成果上更为突出，已经显现出“韩国周”在促进哈尔滨市对韩全方位开放、多层次交流、宽领域合作方面的巨大潜力和广阔前景，“韩国周”正在成为哈尔滨市对外开放的品牌。

据介绍，“2006中国哈尔滨韩国周”的来宾层次高、界别多、规模大，活动主题突出、内容丰富、成效显著。本届“韩国周”包括开幕式、文化交流活动、经贸交流活动三大板块，凸显“合作与发展”的主题，共举办了文化、教育、卫生、艺术、体育、经贸、环保等各类活动50多项，取得了丰硕成果。商品展销会共有350多户中韩企业参展，在会展中心共设立700多个展位。

参展企业中韩国及在华韩资企业149户，展位数达320余个，占总规模的近50%。通过近5天的展销活动，共接待参观、洽谈、购物人员达20余万人次，截至6日总成交额约16亿元，其中零售额近1200万元，韩国食品、日用品销售火爆。共签订贸易协议、合同30余个，其中五常对外贸易公司与韩国签订每年出口1万吨价值480万美元大豆的供货协议，首批100余吨将在8月份发货。远东学院就在韩国首尔建中国商品一条街项目招商、舒尔玛超市加盟连锁项目及韩国大学在哈招收留学生合作达成一批合作意向。富川市代表团悠进株式会社就机器人清扫机在中国设销售总代理达成意向。

本届“韩国周”招商引资系列活动取得了丰硕成果，共组织哈尔滨市情和旅游项目推介以及哈开发区、利民开发区、松北区、宾县5场投资说明会，共有韩商1000余人次参会。推介招商引资重点项目60余个，共签订经济技术合作、投资项目等协议和合同9项（其中合同6项），总投资额达7700万美元。

——新华网

大连进出口商品交易会

素有与广交会相对应的“小交会”美誉的中国大连进出口商品交易会2006年7月5～8日在大连举行。据不完全统计，4天的展会共有来自美国、英国、法国、意大利、奥地利、俄罗斯、卢旺达等22个国家和地区的46个海外团组，4000多外商以及国内18个团组参会，实现进出口贸易成交额2亿美元。

展会规模继续扩大。本届交易会共设立了港航物流、船舶制造、电子通信、石化冶金、装备制造、轻工工艺六大专业板块，着力于促进工业企业生产配套、产品配套、经济技术合作和产业集群化。展示总面积达到4.6万平方米，展位数达2000个。为推动大连市港航业快速发展，交易会还设立了专业展区吸引大连港、长兴岛港、营口港、日本舞鹤港等参展，在交易会期间洽谈港口合作。值得一提的是，本届交易会专业性凸显，19个专业展会各有特色：其中国际机床展、国际五金工具暨模具展面积1.5万平方米，设立了700个展台，为历届之最；国际冶金工业展全面展示国际冶金工业先进技术与设备，包含了冶金、钢结构、特殊钢和包装四大主题，为买家和供应商搭建一个交流、洽谈、合作的经贸平台。国际自动化、动力传动与控制技术展以“工厂自动化”和“过程自动化”为主题，展现工业控制、自动化的最新技术和产品；由大连新老两个船厂合并重组的大连船舶重工集团，首次亮相交易会；船用柴油机、船用推进器、船用阀门等一批船舶配套企业以及大连船舶产业配套园，在展会上展示了大连造船基地的阵容……

展会功能进一步拓展。为促进大连开放先导区和10个工业园区的招商引资及经济技术合作，增强开放先导区辐射带动能力，交易会首次设立了振兴东北老工业基地投资贸易展，设立推介、洽谈、展示三个展区，集中展示大连市开放先导区和工业园区的招商项目，组织中外企业对口洽谈，使交易会招商引资的新功能更加完善。投资贸易展集中了港口、物流、船舶、工业装备、电子、石化等19类行业的招商贸易项目，规模达到5000平方米。投资贸易展期间，据组委会相关人士介绍，投资贸易展已在国际上引起反响。目前，展会网站（www.dlfit.com.cn）每天的点击率超过3000人。吸引了美国威士投资有限公司、美国华盛顿州、日本诹访市、世界杰出华商协会、南非驻华商务处、德国工商会、意大利商会、瑞士瑞中贸易协会等团进场洽谈，来自京沪穗地区的国内投资商也参展寻找投资机会，最终涉及到的投资贸易项目达89个，达成的意向合作金额达7亿美元。世界杰出华商会李德龙秘书长表示，要建议2007年世界杰出华商500强会议在大连举办，让全球华商投资家了解大连、选择大连。

以论坛为先导，推动贸易和合作，是交易会多年来成功举办的经验。展会期间，中国特钢行业新闻发布会、橡塑机械工业发展国际论坛、长兴岛临港工业区船舶制造和船舶配套产业投资说明会、美国罗特国际投资说明会、法国斯特思咨询公司说明会、世界杰出华商大会说明会……本届交易会上高水准论坛达到13个。

——《中国贸易报》浦兆海　阎　华

2006尼日利亚中国贸易论坛

2006年7月17日，第四届中国—尼日利亚贸易投资论坛在深圳举行。这次论坛主要涉及中尼两国在农业、商业、金融服务业、交通业和航空业、固体矿物、制造业、中小企业、电信、石油天然气、电力能源等方面合作与交流。

尼日利亚驻华大使、尼日利亚政府经贸负责人、国家石油公司负责人、非洲联合银行和尼国五家最大的银行的负责人、尼交通部部长作为总统特使出席了论坛、40多家在尼日利亚有实力的私营公司及来自深圳的30多个行业协会的负责人和企业代表参加了论坛。中国贸促会深圳分会会长何学文到会，并致欢迎词。

近年来，中尼经贸关系发展迅速，包括华为在内的众多中国企业在尼日利亚投资经商取得了良好的业绩。中尼年贸易额已达30亿美元，贸易每年以30%的速度增长。尼日利亚作为非洲人口最多的国家和非洲第一石油大国，已经越来越引起中国企业的关注。

——《中国贸易报》桑　叶

世博会与展览展示国际论坛

2006年7月18～19日，2010年上海世博会是一次举世瞩目的活动。在这一次世博会上将展示世界最新的经济、科技、文化和艺术。如何演绎以“让城市更美好”这个主题，如何以最好的展示技术、最好的设计理念去诠释和表达。是一个备受国际关注的话题。于2006年7月18日在上海交通大学安泰管理学院的世博会与展览展示国际论坛为人们揭开了这一神秘的面纱。

此次论坛是首次在国内召开的关于世博会的展览展示的专门论坛。本次论坛由亚洲会展节事财富论坛和上海世博集团现代国际展览有限公司联合主办。有来自美国、德国、日本、新加坡和中国近20个城市150位代表出席。

首次在本次大会发表主旨演讲的有美国、德国和日本嘉宾是世界顶级的展览展示企业的一流设计师。他们的出席使本次论坛代表受到一次大师级的头脑风暴。设计理念、实践运营的阐述和案例分析都使与会者耳目一新。各国嘉宾就世博会与展览展示的热点问题进行进行主题演讲。

本次论坛是一次打开2010年世博会展览展示商机的务实之举。近200个国家和企业馆的设计、运营、施工、搭建和服务是一个大工程。各个馆的工程发包都会给展览展示企业带来商机。同时，也是中国展览展示企业接轨世博会，促进企业国际化、品牌化的平台。

——《中国贸易报》吴　伟

第二届中国国际会展文化节

2006年7月23～26日，由吉林省长春市政府、中国会展杂志社共同主办的第二届中国国际会展文化节暨2006中国会展年会在长春举行。

本届会展文化节围绕“创新与会展文化”这个主题，引起了展会组织单位、政府主管部门、展览场馆、展品运输、展览搭建以及院校培养等6方代表的强烈兴趣。在“精彩十分——会展六方谈创新”论坛上，参会6方代表从各自的服务范围阐述了“创新”的重要性。

值得一提的是，第二届中国国际会展文化节得到了业界广泛的支持，中国贸促会展览管理办公室、全国城市工业品贸易中心联合会等单位继商务部国际贸易经济合作研究院、中国展览馆协会之后，成为会展文化节特别协办单位。另外，中国展览组织专业委员会、中国展览搭建商专业委员会、中国对外贸易学会会展专业委员会、中国货代协会展品运输工作委员会、北京国际会议展览业协会、上海市会展行业协会、广州市会展行业协会等近20个专业及地方协会组织支持或协助组团参会。

应该说，第二届会展文化节在内容设置上要较第一届的基础上有了独具创新的特点，活动内容方面，在继续做好中国会展名城推介及市长访谈会、中国会展形象大使推选等精彩内容的基础上，今年主办方紧紧围绕“创新与会展文化”这个主题做足文章，重点体现了高端，并成为观念和声音集中释放的舞台。

——《中国贸易报》周春雨　叶灵燕

成都航天展展示太空之旅

2006成都航天展于2006年7月25日～8月10日在蓉城举办。在航天展上，观众可以看到我国航天史上的光辉点，除了期待已久的“神六”，还能看到大名鼎鼎的“航天嘉宾”。

一走进位于沙湾会展中心一号馆的展场，视线之内便充斥着各种的蓝，天蓝、浅蓝、粉蓝……走在其中，如有遨游太空的感觉。总面积为3500平方米的展示区被蔚蓝色的地毯铺砌，各个展示墙面均用特设的蓝色星空布景环绕。折叠的2万枚星星，悬挂在展区上空，让参观者有一种置身于浩渺宇宙的感觉。

此次“2006成都航天科技展”包括主展区、次展区、互动区、多媒体区、综合区等5大展区。主展区中展出的实物，汇集了此次航天展的各大看点，如“神六”返回舱、回收伞、宇航服等“重量级嘉宾”都齐集于此，向观众无言述说经历的115小时32分钟的太空之旅。

返回舱安放在展区的中央位置，在它的背后将有一张长10米、宽5米的五星红旗交相映衬。

中国“嫦娥一号”卫星预计于2007年发射，届时，一场国人瞩目的“嫦娥奔月”即将由神话变为现实。负责承担“嫦娥一号”卫星的中国空间技术研究院带来了6件展品，其中一件就是“嫦娥一号”卫星模型，可令蓉城市民提前大饱眼福。

在为期17天的成都航天展上，成都市民可以近距离地进行一番“研究”。据了解，随着“神六”返回舱一同抵达成都的“神五”舱段，其实物高8.8米，重8吨多。此次抵达成都的“神五”舱段模型比例为1：3，高约3米，重量超过两吨，舱段主要分为推进舱、返回舱及轨道舱。

——《中国贸易报》肖 勇

第三届中国国际专利与名牌博览会

由国家知识产权局和江苏省人民政府主办，苏州市人民政府、中国专利信息中心、江苏省知识产权局等单位共同承办的“第三届中国国际专利与名牌博览会”于2006年7月26～29日在苏州举办。

中国国际专利与名牌博览会每年举办一次，前两届分别在昆明和青岛举办。本届博览会采取综合展览与专业展览相结合，特装展区与标准展区协调布局的方式，分别展出专利产品、名牌企业、知名商标企业、全国名优新产品、全国知识产权试点城市及示范园区工作成果等。有来自美国、澳大利亚、韩国、中国及台湾等国家和地区的800余家企业，涉及电子、化工、建材、机械、通讯、交通、农林、审计、环保、保健等诸多领域的3000余项专利技术与高新技术成果参展。展会期间还将举办“中国专利10佳企业”、“中国商标10佳企业”的评选活动和“自主创新与知识产权高层论坛”。

据苏州市副市长周伟强介绍，苏州是国家知识产权第2批试点城市，在2005年4月实施的《苏州市专利促进条例》，使苏州市的知识产权工作体系不断完善，并向乡镇延伸，全市建立了18个“知识产权示范镇”，建立了苏州市知识产权联席会议制度，积极开展知识产权保护专项行动，大力保护专利权人的合法权益。至2005年底，苏州市专利申请量累计达32838件，专利授权量达21167件；累计注册商标3.6万件，拥有16个全国驰名商标、29个中国名牌产品；累计著作权登记551件。

——《国际商报》孙宝平

东京—北京论坛

2006年8月3日，由中国日报社、北京大学和日本非营利组织“言论NPO”联合主办，中国国务院新闻办公室、驻日本大使馆、对外友好协会和日本外务省为后援的第二届“亚洲的未来和新型日中关系 · 东京—北京论坛”在东京举行。

中国人民政治协商会议外事委员会副主任赵启正、对外友协会长陈昊苏、全国人大财经委员会副主任石广生、全国人大外事委员会副主任王英凡、前驻日本大使杨振亚和中国日报社总编朱灵以及日本环境大臣小池百合子、自民党政调会长中川秀直、外务副大臣盐崎恭久、前自民党干事长加藤纮一、前外务大臣町村信孝、新中日友好21世纪委员会日方首席委员小林阳太郎等中日双方有关人士300多人出席。

王毅大使和日本内阁官房长官安倍晋三出席开幕式并致词。王毅大使在致词中阐述了中国政府的对日政策，强调改善中日关系已成为当前两国人民的共同呼声。他建议从4个方面推动两国关系尽快走出目前的僵局。

一是增进相互了解。中国改革开放以来已取得历史性进步，日本也正在进行着各种改革，双方有必要各自坚持和平发展道路。

二是克服政治困难。正确对待历史，妥善处理现存问题，将成为双方真正面向未来，建立长期稳定关系的契机和动力，中方愿对日方作出的明智判断予以善意回应。

三是重建彼此信任。国与国关系与人际交往一样，需要建立和珍惜相互信任。中日联合声明等3个政治文件明确了双方应遵循的准则，现在有必要重温两国老一辈政治家做出的郑重承诺，重建两国新一代领导人的相互信任。

四是实现互利双赢。中日关系的走向具有超越双边范畴的重要意义，改善两国关系也是亚洲各国和国际社会的殷切期待。双方应加强优势互补，寻求互利双赢，共同构筑一个更加合作、和谐和开放的亚洲。

本次论坛除两国代表发表基调演讲以外，与会者分为五大科目，就中日关系问题进行了充分讨论。这5个题目是：亚洲大交流与中日合作；资源 · 能源 · 环境——中日共同课题；改善综合认识和相互认识—媒体的作用；超越历史问题；亚洲的未来与中日关系。大会还同时公布了“中日同步舆论调查”的结果，为论坛提供了颇有价值的数据参考，也为社会提供了认识中日关系现状的有力资料。

论坛结束时，中日双方发表共同声明指出：东京—北京论坛得到中日两国舆论界、政界、产业界、文化界等方面具有重要影响力人士的积极参与，正在成为一个中日两国面向亚洲未来，民间主导的新型交流平台。论坛既是连接中日的有效的新型平台，又补充两国政府间的讨论，是具有号召力的以民间为主体的“第三外交”的新尝试。“北京—东京论坛”不同于两国官方外交模式和以往的民间外交模式，将为两国关系的改善和发展发挥独特作用。

——中国驻大阪总领事馆

中马商务理事会再续新篇

2006年8月2日，由中国贸促会和马来西亚—中国商务理事会、马来西亚亚洲战略及领导研究院共同主办的第三届中国—马来西亚商务理事会议在京举行。中国贸促会会长、中国—马来西亚商务理事会议中方主席万季飞，马中商务理事会马方联合主席敦·穆萨·西塔姆（马来西亚前副首相），马方联合主席李金友，马来西亚驻华大使拿督·萨义德等出席理事会会议。

理事会马方主席西塔姆在讲话中说，马中合作的重点是推动双边关系，我们不能只看一个方向，视野必须扩展。中国要走出去，我们不能只局限于双边合作，我们可以进行三边、四边合作或是交叉合作。

理事会中方主席万季飞表示，随着中国政府鼓励中国有实力的企业“走出去”开拓国际市场，越来越多的中国企业将会到马来西亚投资设厂，调整出口产品结构，为中马的贸易平衡和经贸发展做出新的贡献。他说，近年来中国贸促会与马中商务理事会、亚洲战略与领导研究院等在中国—马来西亚商务理事会、“中马商务论坛”、“东盟商务与投资峰会”、互派考察团组、展览会交流等方面展开了卓有成效的合作，共同促进了中马经贸关系的持续发展。接下来，双方将进一步深化合作，从具体的合作项目入手，推动两国省际交流和行业之间的全面对接合作。

——《中国贸易报》季春红

第九届中国西部华凌建博会成交近50亿

2006年8月11日，为期四天的第九届中国西部（新疆·华凌）国际建筑装饰博览会暨首届中国（新疆·华凌）国际汽车、摩托车、工程机械及配件用品进出口交易会闭幕，展会总成交额49.58亿元。

2006年的展会在历届展会的基础上有了新的突破。展会既有传统的室内室外展场，也有高峰论坛和“中外客商购销发布会”；既有对建筑装饰材料和汽摩配行业环保、新型、节能产品的全面展示，也有把市场变会场，形成展中有购、展购销相结合的“展购一体化”。此次展会不仅吸引了本地、国内的知名生产销售厂商参展，还吸引了来自美国、澳大利亚和中亚等国的代表团和生产销售企业参加，国际化、专业化程度更高。

新疆华凌集团党委书记、副总经理郭向阳在闭幕式上说，本届华凌国际建博会成交额达43.9亿元，汽摩配交易会成交额5.68亿元。通过展会，不仅让客商对中西亚广阔的市场前景有了进一步的认识和了解，而且为参展企业带来了新的商机和活力。同时，国内外各类建筑装饰、汽摩配用品新材料、新技术、环保节能型新产品汇集，进一步引导生产、销售和健康消费。

郭向阳表示，建博会已经成为“东联西出、西来东去”经济战略的贸易“中转站”和交易平台，是新疆走向世界，世界了解新疆的重要“窗口”。

——乌鲁木齐晚报

亚洲户外用品展览会

2006年8月23～25日，江苏省首个国际性顶级会展——亚洲户外用品展在南京国展中心举办。亚洲户外用品展由德国菲德烈斯哈芬展览公司和南京南泰国际展览中心联合主办，是目前继美国盐湖户外展、德国菲德烈斯哈苏欧洲户外展后的世界第三大户外用品展会，今后南京将每年举办一届。本届展会为期4天，总规模2万多平方米，云集了174个国内外知名品牌。主展区分为户外服装区、户外装备区、功能性面料区和帐篷展示区四大区域。

——《中国贸易报》颜 芳　邵生余

第五届辽宁台湾周

2006年8月22～24日，已连续举办五届的辽宁台湾周在海滨城市大连再拉帷幕，来自电子信息、现代装备、食品加工、纺织服装、商贸物流等多个行业领域200余台商参会，原先一度很少涉足的环渤海地区，成为台商新的投资关注地。

五届台湾周“吸入”台资83亿美元。辽宁省“五点一线”沿海经济带成为本次辽宁台湾周招商引资的重点。“五点一线”是辽宁近年来新兴的重点发展区域，包括长兴岛、营口、锦州湾、丹东、大连花园口等5个沿海重点发展区域，以及贯穿辽宁沿海地区的滨海公路。

参加本届“台湾周”的台商实力可观。其中，台湾区电机电子同业公会是台湾规模最大的行业协会，其会员企业去年的总产值占台湾制造业产值的48.2%，总资本额达989亿多美元。此次该公会组织30多位台湾企业家赴辽，希望寻觅汽车电子等方面的合作项目。开幕式上，台湾华一集团还与大连“台湾工业园”当场签订了有关华一集团在大连投资设厂的项目合同，总投资额7000万美元。

自2002年第一届辽宁“台湾周”成功举办以来，共吸引上千名台湾客商参加，签约总额达14亿美元。至今年7月底，累计共有3051个台资项目落户辽宁，总投资额83亿美元。

台商北上布局“意已决”。实际上，“台湾周”开幕式的前一天，台湾电机电子工业同业工会就携20多家台湾电子企业来参加大连开发区电子零部件配套及经贸合作洽谈会，寻找合作的商机。而此前，随同台湾新党主席郁慕明访问辽宁的台资企业已先后来过三次考察大连开发区和大连台湾工业园。

据大连开发区管委会招商四局东南亚部部长刘辉荣透露，从这几次台湾周的情况和他们日常的招商工作看，如今台湾北上的愿望越来越强烈了，他们对投资、电机电子、服务业和加工当地资源的兴趣比较大。由于辽东半岛拥有丰富的资源而且劳动力成本相对较低，许多台商愿意投资建厂。

台商对包括辽东半岛在内的环渤海产生浓厚兴趣并非偶然。珠三角、长三角地价攀升圈地不易、缺电现象日趋严重、人力成本不断上扬，不少人开始寻求新据点。台湾电机电子工业同业公会曾发布一个中国大陆地区投资环境与风险的调查。这份调查报告认为，在整体投资环境上，华东地区继续像前几年一样获得台商好评，仍是他们的“最爱”；但是，考虑到上述因素，台商在大陆的布局已经向环渤海地区北移。

——《中国贸易报》浦兆海　阎 华

境内展

展名：2006年中国哈尔滨国际冰雪节经济贸易洽谈会
时间：2006年1月5～8日（哈尔滨）
周期：一年一届
创办时间：1984年1月
上届数据：展出面积（平方米）：20000
其中外国参展面积（平方米）：3000
观众总数（人次）：50000
展商总数（家）：600
其中外国参展商数目（家）：45

展名：亚洲博览会
时间：2006年1月5～9日（哈尔滨）
周期：一年一届
创办时间：2000年1月
上届数据：展出面积（平方米）：36000
其中外国参展面积（平方米）：324
观众总数（人次）：5000
展商总数（家）：420
其中外国参展商数目（家）：36

展名：中国哈尔滨国际冬季用品展览会
时间：2006年1月5～9日（哈尔滨）
周期：一年一届
创办时间：2001年12月
上届数据：展出面积（平方米）：12000
其中外国参展面积（平方米）：140
观众总数（人次）：100000
展商总数（家）：560
其中外国参展商数目（家）：60

展名：2006年杭州日用消费品博览会
时间：2006年1月6～11日（杭州）

展名：大连迎新春年货展览会
时间：2006年1月7～15日（大连）
周期：一年两届
创办时间：2005年
上届数据：展出面积（平方米）：4000
观众总数（人次）：180000

展名：第六届汕头迎春购物节及2006年迎春花市
时间：2006年1月10～20日（汕头）
周期：一年一届
创办时间：2001年
上届数据：展出面积（平方米）：14000
其中外国参展面积（平方米）：4000
观众总数（人次）：100000
展商总数（家）：200
其中外国参展商数目（家）：8

展名：第七届中国国际展览和会议展示会
时间：2006年1月12～13日（广州）

展名：2006年中国（上海）国际电厂电站设备与脱硫脱硝技术展
时间：2006年3月1～3日（上海）

展名：第16届中国华东进出口商品交易会
时间：2006年3月1～6日（上海）

展名：第六届中国国际制造业（济南）博览会
时间：2006年3月3～5日（济南）
周期：一年一届
创办时间：2001年
上届数据：展出面积（平方米）：20000
其中外国参展面积（平方米）：1500
观众总数（人次）：20000
展商总数（家）：8300
其中外国参展商数目（家）：40

展名：第二届中国（广州）“计量与发展”2006华南计量论坛
时间：2006年3月3～6日（广州）

展名：2006年广州国际LED展览会
时间：2006年3月3～6日（广州）
周期：一年一届
创办时间：2005年3月
上届数据：展出面积（平方米）：6600

其中外国参展面积（平方米）：540
观众总数（人次）：50000
展商总数（家）：100
其中外国参展商数目（家）：15

展名：第二届广州国际打印耗材展览会
时间：2006年3月3～6日（广州）

展名：2006年广州特种暨原装打印设备耗材展览会
时间：2006年3月3～6日（广州）
周期；一年一届
创办时间：2004年3月
上届数据：展出面积（平方米）：8000
其中外国参展面积（平方米）：540
观众总数（人次）：50000
展商总数（家）：120
其中外国参展商数目（家）：15

展名：2006年亚洲非开挖技术展览会暨研讨会
时间：2006年3月7～9日（上海）
周期：两年一届
创办时间：2004年
上届数据：展出面积（平方米）：1400
其中外国参展面积（平方米）：1100
观众总数（人次）：2500
展商总数（家）：69
其中外国参展商数目（家）：50

展名：2006年中国（广州）土工合成材料工业展览会暨论坛
时间：2006年3月8～10日（广州）

展名：2006年广州制冷压缩机暨制冷技术展览会暨高峰论坛
时间：2006年3月9～11日（广州）

展名：第12届广州特许连锁加盟展览会
时间：2006年3月10～12日（广州）
周期：一年两届
创办时间：1999年
上届数据：展出面积（平方米）：10000
其中外国参展面积（平方米）：1000
观众总数（人次）：90000
展商总数（家）：500
其中外国参展商数目（家）：30

展名：第十届上海国际连锁加盟展览会
时间：2006年3月10～12日（上海）
周期：一年两届
创办时间：2000年

展名：2006年（上海）中国国际金属成型展览会暨会议
时间：2006年3月14～17日（上海）

展名：2006年南京国际公共安全产品暨技术展览会
时间：2006年3月16～18日（南京）

展名：2006年中国南京国际洁净净化技术与设备展览会
时间：2006年3月16～18日（南京）

展名：第三届中国国际饭店业博览会
时间：2006年3月16～18日（南京）
周期：一年一届
创办时间：2004年
上届数据：展出面积（平方米）：10000
其中外国参展面积（平方米）：400
观众总数（人次）：8490
展商总数（家）：160
其中外国参展商数目（家）：15

展名：中国国际婚纱暨摄影器材博览会
时间：2006年3月17～20日（南京）
周期：一年一届
创办时间：2002年
上届数据：展出面积（平方米）：8000
观众总数（人次）：30000
展商总数（家）：150

展名：2006年混凝土工业（广州）交易会
时间：2006年3月20～22日（广州）

展名：第四届上海国际变压器展览会
时间：2006年3月22～24日（上海）

展名：第四届国际聚氨酯工业广州展览会
时间：2006年3月23～25日（广州）

展名：第八届中国国际社会公共安全防范产品博览会
时间：2006年3月23～26日（大连）

展名：2006年第五届国际公共安全防范产品（济南）展览会
时间：2006年3月24～26日（济南）

展名：2006年全国春季（山东）纸张订货交易会
时间：2006年3月29～31日（济南）

展名：2006年中国（武汉）警用技术暨装备展览会
时间：2006年3月30日～4月1日（武汉）

展名：2006年第七届中国（武汉）国际公共安全技术暨设备展览会
时间：2006年3月30日～4月1日（武汉）

展名：第六届浙江国际智能楼宇技术与安防产品展览会
时间：2006年3月30日～4月1日（杭州）

展名：2006年春季联合人才招聘洽谈会
时间：2006年4月1～2日（南京）

展名：第二届中国中小投资项目创业合作洽谈会
时间：2006年4月1～3日（南京）
周期：一年一届
创办时间：2005年
上届数据：展出面积（平方米）：8000
观众总数（人次）：27300
展商总数（家）：209

展名：第三届中国成都科技博览会
时间：2006年4月1～4日（成都）

展名：2006年中国安防科技、保安产品和警用设备暨楼宇智能系统展览会
时间：2006年4月4～7日（上海）
周期：两年一届
创办时间：2006年

展名：第四届深圳国际磁性材料、技术和设备展览会
时间：2006年4月6～8日（深圳）

展名：第五届南京公共安全防范产品暨应用展览会
时间：2006年4月6～8日（南京）
周期：一年一届
创办时间：2002年4月
上届数据：展出面积（平方米）：6000
其中外国参展面积（平方米）：400
观众总数（人次）：30000
展商总数（家）：120
其中外国参展商数目（家）：6

展名：2006年中国（杭州）妇幼婴童产业博览会
时间：2006年4月6～9日（杭州）

展名：2006年中国东北第九届工业博览会
时间：2006年4月7～9日（沈阳）

展名：中国东北第五届国际热处理与表面工程技术暨装备展览会
时间：2006年4月7～10日（沈阳）
周期：一年一届
上届数据：展出面积（平方米）：1500
观众总数（人次）：8110
展商总数（家）：62

展名：第四届北京国际社会公共安全产品与技术设备展览会
时间：2006年4月8～10日（北京）

展名：第四届中国国际家居博览会
时间：2006年4月8～11日（宁波）

展名：2006年吉林第四届国际社会公共安全产品博览会
时间：2006年4月11～14日（长春）

展名：2006年中国河北国际消费品博览会
时间：2006年4月15～17日（石家庄）
周期：一年一届
创办时间：2006年4月

展名：第三届中国特产经济论坛
时间：2006年4月15～17日（杭州）

展名：中国出口商品交易会（春季广交会第一期）
时间：2006年4月15～20日（广州）
上届数据：展出面积（平方米）：560000
观众总数（人次）：195464
展商总数（家）：6649

展名：2006年中国国际电梯展览会
时间：2006年4月18～21日（廊坊）

展名：中国天津全国商品交易会暨投资洽谈会
时间：2006年4月18～22日（天津）
周期：一年一届
创办时间：1994年
上届数据：展出面积（平方米）：50000
其中外国参展面积（平方米）：2000
展商总数（家）：3000
其中外国参展商数目（家）：105

展名：第七届中国国际电梯设备暨技术展览会
时间：2006年4月19～22日（北京）

展名：2006年第五届中国（西安）国际社会公共安全产品博览会
时间：2006年4月20～22日（西安）

展名：第八届东北国际公共安全防范产品博览会
时间：2006年4月20～23日（沈阳）

展名：第八届中国特许加盟大会暨展览会
时间：2006年4月20～23日（北京）

展名：香港家庭用品展
时间：2006年4月21～24日（香港）
上届数据：展出面积（平方米）：52618
观众总数（人次）：31669
展商总数（家）：2167
其中外国参展商数目（家）：1179

展名：大连市创业（再就业）项目洽谈会
时间：2006年4月21～26日（大连）
周期：一年一届
创办时间：2003年
上届数据：展出面积（平方米）：15000

展名：2006年北京水电气三表展览会
时间：2006年4月24～28日（北京）

展名：中国出口商品交易会（春季第二期）
时间：2006年4月25～30日（广州）

展名：第二届中国国际无损检测应用技术展览会
时间：2006年4月26～28日（北京）

展名：国际NDT发展论坛
时间：2006年4月26～28日（北京）

展名：首届中国（长沙）国际店铺综合展览会
时间：2006年4月26～30日（长沙）
周期：一年一届
创办时间：2006年4月

展名：世界顶级生活体验中国峰会
时间：2006年4月28～29日（上海）

展名：第六届湖南社会公共安全产品暨警用装备展览会
时间：2006年4月28～30日（长沙）
周期：一年一届
上届数据：展出面积（平方米）：6000
观众总数（人次）：20000
展商总数（家）：200

展名：中国实验室技术暨装备交易会
时间：2006年4月（上海）
周期：一年一届
上届数据：观众总数（人次）：30000
展商总数（家）：500

展名：第11届中国重庆投资洽谈会
时间：2006年4月（重庆）

展名：台北国际制造暨技术设备展
时间：2006年5月3～7日（台北）

展名：中国北方瓦楞工业展
时间：2006年5月12～16日（济南）

展名：2006宁波国际电梯工业暨起重设备展览会
时间：2006年5月15～17日（宁波）

展名：第六届成都社会公共安全产品与技术展览会
时间：2006年5月16～19日（成都）

展名：第六届中国（北京）国际打印技术与应用展览会
时间：2006年5月17～19日（北京）
周期：一年一届
创办时间：2001年10月
上届数据：展出面积（平方米）：10000
其中外国参展面积（平方米）：2500
观众总数（人次）：20000
展商总数（家）：210
其中外国参展商数目（家）：43

展名：山东消防保安技术设备展
时间：2006年5月17～21日（济南）

展名：2006年第三届中国（北京）国际专用支付终端设备与技术展览会暨应用大会
时间：2006年5月17～19日（北京）
周期：一年一届
创办时间：2005年6月
上届数据：展出面积（平方米）：4200
其中外国参展面积（平方米）：296
观众总数（人次）：5627
展商总数（家）：93
其中外国参展商数目（家）：2

展名：第97届中国日用百货商品交易会暨中国现代家庭用品博览会
时间：2006年5月17～19日（上海）
周期：一年两届
上届数据：展出面积（平方米）：20000

其中外国参展面积（平方米）：2000
观众总数（人次）：30000
展商总数（家）：500
其中外国参展商数目（家）：20

展名：第八届中国（福州）海峡经贸交易会
第三届中国福建商品交易会
时间：2006年5月18～22日（福州）
周期：一年一届
创办时间：1999年
上届数据：展出面积（平方米）：30000
其中外国参展面积（平方米）：10000
观众总数（人次）：200000
展商总数（家）：1000
其中外国参展商数目（家）：300

展名：中国西部国际博览会
时间：2006年5月19～25日（成都）
周期：一年一届
创办时间：2000年5月
上届数据：展出面积（平方米）：60000
其中外国参展面积（平方米）：20000
观众总数（人次）：150000
展商总数（家）：3500
其中外国参展商数目（家）：1000

展名：2006年第二届中国（广州）国际商业设备技术展览会
时间：2006年5月20～22日（广州）

展名：2006年华南国际制造业零部件展
时间：2006年5月23～26日（广州）
周期：一年一届
创办时间：1994年6月
上届数据：展出面积（平方米）：21000
其中外国参展面积（平方米）：8000
观众总数（人次）：60000
展商总数（家）：375
其中外国参展商数目（家）：152

展名：第九届中国北京国际科技产业博览会
时间：2006年5月23～27日（上海）
周期：一年一届
创办时间：1998年
上届数据：展出面积（平方米）：60000
其中外国参展面积（平方米）：6500
观众总数（人次）：220000
展商总数（家）：2200
其中外国参展商数目（家）：232

展名：第三届中国国际警用装备博览会
时间：2006年5月24～27日（上海）
周期：两年一届
上届数据：展出面积（平方米）：30000
展商总数（家）：241

展名：2006年广东社会公共安全防范产品暨警用设备（广州）展览会
时间：2006年5月25～27日（广州）
周期：一年一届
创办时间：2003年5月
上届数据：展出面积（平方米）：15000
观众总数（人次）：20000
展商总数（家）：323

展名：中国西部国际特许经营暨连锁加盟展览会
时间：2006年5月25～28日（成都）
周期：一年一届
创办时间：2000年5月
上届数据：展出面积（平方米）：5000
其中外国参展面积（平方米）：800
观众总数（人次）：50000
展商总数（家）：150
其中外国参展商数目（家）：30

展名：中国西部国际制造工业展览会
时间：2006年5月25～28日（成都）
周期：一年一届
创办时间：2000年
上届数据：展出面积（平方米）：5000
其中外国参展面积（平方米）：800
观众总数（人次）：50000
展商总数（家）：200
其中外国参展商数目（家）：30

展名：中国沈阳韩国商品展览会
时间：2006年5月25～28日（沈阳）
周期：一年一届
创办时间：2004年5月
上届数据：展出面积（平方米）：9000
其中外国参展面积（平方米）：7000
观众总数（人次）：103
展商总数（家）：208
其中外国参展商数目（家）：52

展名：第25届新一代设计展
时间：2006年5月26～29日（台北）
上届数据：观众总数（人次）：32873

展商总数（家）：620

展名：2006上海国际品味生活展览会
时间：2006年6月2～3日（上海）
周期：一年一届
创办时间：2005年
上届数据：展出面积（平方米）：3200
其中外国参展面积（平方米）：2800
观众总数（人次）：2234
展商总数（家）：79
其中外国参展商数目（家）：66

展名：第12届中国（上海）零售业博览会
时间：2006年6月5～7日（上海）
上届数据：展出面积（平方米）：11000
观众总数（人次）：11235
展商总数（家）：160

展名：中国昆明进出口商品交易会
时间：2006年6月6～10日（昆明）
创办时间：1993年
上届数据：展出面积（平方米）：50000
其中外国参展面积（平方米）：6000
观众总数（人次）：9000
展商总数（家）：1190
其中外国参展商数目（家）：230

展名：2006年中国（广州）国际商业设备技术展览会
时间：2006年6月8～10日（广州）
周期：一年一届
创办时间：2005年7月
上届数据：展出面积（平方米）：7000
其中外国参展面积（平方米）：1000
观众总数（人次）：8749
展商总数（家）：156
其中外国参展商数目（家）：24

展名：2006年中国国际铝工业展览会
时间：2006年6月13～15日（上海）
周期：一年一届
创办时间：2005年
上届数据：展出面积（平方米）：11500
观众总数（人次）：4878
展商总数（家）：204

展名：2006第二届中国电梯设备暨技术（广州）博览会
时间：2006年6月13～15日（广州）
周期：一年一届
创办时间：2005年
上届数据：展出面积（平方米）：7000
其中外国参展面积（平方米）：2000
观众总数（人次）：12386
展商总数（家）：150
其中外国参展商数目（家）：20

展名：中国哈尔滨经济贸易洽谈会
时间：2006年6月15～19日（哈尔滨）
周期：一年一届
创办时间：1990年6月
上届数据：展出面积（平方米）：76000
其中外国参展面积（平方米）：2070
观众总数（人次）：120000
展商总数（家）：3000
其中外国参展商数目（家）：500

展名：2006年第三届中国国际RFID展览会暨论坛
时间：2006年6月20～22日（广州）

展名：中国大连进出口商品交易会
时间：2006年7月5～8日（大连）
周期：一年一届
创办时间：1987年7月
上届数据：展出面积（平方米）：16000
其中外国参展面积（平方米）：1500
观众总数（人次）：40000
展商总数（家）：480
其中外国参展商数目（家）：30

展名：中国（北京）国际商务暨会奖旅游展览会
时间：2006年7月12～14日（北京）
周期：一年一届
创办时间：2005年
上届数据：展出面积（平方米）：5000
观众总数（人次）：2500
展商总数（家）：170
其中外国参展商数目（家）：100

展名：2006年第二届中国国际压缩暨技术暨设备展览会暨研讨会
时间：2006年8月2～4日（北京）

展名：2006年第二届中国国际减变速机展览会暨研讨会
时间：2006年8月2～4日（北京）

展名：第六届中国哈尔滨国际制造业博览会
时间：2006年8月15～18日（哈尔滨）

周期：一年一届
创办时间：2000 年 8 月
上届数据：展出面积（平方米）：21000
其中外国参展面积（平方米）：5000
观众总数（人次）：10000
展商总数（家）：338
其中外国参展商数目（家）：28

展名：中国国际专利技术与产品交易会
时间：2006 年 8 月 17～19 日（大连）
周期：一年一届

展名：中国国际隧道和地下空间展览会
时间：2006 年 8 月（上海）
周期：一年一届
创办时间：2004 年 6 月

展名：第 98 届中国日用百货商品交易会
时间：2006 年 9 月 1～3 日（大连）
周期：一年两届
创办时间：1953 年
上届数据：展出面积（平方米）：16000
观众总数（人次）：120000
展商总数（家）：700

展名：中国新疆乌鲁木齐对外经济贸易洽谈会
时间：2006 年 9 月 1～5 日（乌鲁木齐）
周期：一年一届
创办时间：1992 年
上届数据：展出面积（平方米）：25000
展商总数（家）：900

展名：台北半导体设备暨材料展览会
时间：2006 年 9 月 11～13 日（台北）

展名：第八届中国国际气体技术、设备与应用展览会
时间：2006 年 9 月 13～15 日（北京）
周期：一年一届
创办时间：1994 年
上届数据：展出面积（平方米）：4000
其中外国参展面积（平方米）：400
观众总数（人次）：3800
展商总数（家）：145
其中外国参展商数目（家）：24

展名：上海设计双年展
时间：2006 年 9 月 14～16 日（上海）
周期：两年一届
创办时间：2004 年
上届数据：展出面积（平方米）：5000
其中外国参展面积（平方米）：3200
观众总数（人次）：20000
展商总数（家）：116
其中外国参展商数目（家）：65

展名：第三届中国国际分析、生化技术、诊断和实验室技术博览会暨 AnalyticaChina 国际研讨会
时间：2006 年 9 月 19～21 日（上海）
周期：两年一届
创办时间：2002 年 9 月
上届数据：展出面积（平方米）：6000
其中外国参展面积（平方米）：3000
观众总数（人次）：6600
展商总数（家）：200
其中外国参展商数目（家）：115

展名：第三届中国国际安全生产暨职业健康展览会
时间：2006 年 9 月 19～22 日（北京）
周期：两年一届
创办时间：2002 年 9 月
上届数据：展出面积（平方米）：7500
其中外国参展面积（平方米）2500
观众总数（人次）：12000
展商总数（家）：206
其中外国参展商数目（家）：55

展名：第七届北京朝阳国际商务节
时间：2006 年 9 月 21～24 日（北京）

展名：台北国际发明暨技术交易展览会
时间：2006 年 9 月 28 日～10 月 1 日（台北）

展名：2006 年中国国际机器人展览会
时间：2006 年 9 月（北京）
周期：两年一届
创办时间：2004 年
上届数据：展出面积（平方米）：2000
其中外国参展面积（平方米）：1000
观众总数（人次）：17861
展商总数（家）：50
其中外国参展商数目（家）：10

展名：2006 亚洲国际物流技术与运输系统展览会
时间：2006 年 10 月 10～13 日（上海）
周期：一年一届
创办时间：2000 年

上届数据：展出面积（平方米）：16640
其中外国参展面积（平方米）：5000
观众总数（人次）：60000
展商总数（家）：277
其中外国参展商数目（家）：90

展名：中国国际高新技术成果交易会
时间：2006年10月12～17日（深圳）
周期：一年一届
创办时间：1999年
上届数据：展出面积（平方米）：135500
观众总数（人次）：250000
展商总数（家）：3464

展名：中国出口商品交易会（秋季广交会第一期）
时间：2006年10月15～20日（广州）
周期：一年两届
创办时间：1957年
上届数据：展出面积（平方米）：560000
观众总数（人次）：195464
展商总数（家）：6649

展名：首届大河3C节
时间：2006年10月21～24日（郑州）
周期：一年一届

展名：中国出口商品交易会（秋季广交会第二期）
时间：2006年10月25～30日（广州）

展名：第二届中国（芜湖）科普产品博览交易会
时间：2006年10月（芜湖）
周期：一年一届
创办时间：2004年5月
上届数据：展出面积（平方米）：20000
观众总数（人次）：40000
展商总数（家）：327

展名：第11届澳门国际贸易投资展览会
时间：2006年10月（澳门）
周期：一年一届
创办时间：1995年10月
上届数据：展出面积（平方米）：2988
其中外国参展面积（平方米）：774
观众总数（人次）：107500
展商总数（家）：337
其中外国参展商数目（家）：55

展名：2006年上海国际授权商品博览会
时间：2006年10月（上海）
周期：一年一届
创办时间：2002年10月

展名：第15届上海全国消费品交易会
时间：2006年10月（上海）
周期：一年一届
创办时间：1992年10月

展名：第九届国际特许经营巡展
时间：2006年11月2～3日（北京）

展名：第三届中国国际老人用品博览会
时间：2006年11月2～5日（大连）
周期：一年一届
创办时间：2004年10月
上届数据：展出面积（平方米）：7000
其中外国参展面积（平方米）：500
观众总数（人次）：30000
展商总数（家）：180
其中外国参展商数目（家）：45

展名：第二届国际模特奥林匹克大赛
时间：2006年11月6～9日（郑州）
周期：一年一届

展名：亚洲打印耗材展览会
时间：2006年11月6～9日（上海）

展名：第六届中国国际钢结构展览会
时间：2006年11月11～12日（北京）
周期：一年一届
创办时间：2001年10月
上届数据：展出面积（平方米）：10000
其中外国参展面积（平方米）：200
观众总数（人次）：8000
展商总数（家）：180
其中外国参展商数目（家）：30

展名：华南国际消防产品展览暨技术交流会
时间：2006年11月15～17日（广州）
周期：两年一届
创办时间：2003年
上届数据：展出面积（平方米）：15000
其中外国参展面积（平方米）：900
观众总数（人次）：18000
展商总数（家）：328
其中外国参展商数目（家）：13

展名：郑州全国商品交易会
时间：2006年11月18～21日（郑州）
周期：一年一届
创办时间：1994年

展名：香港中小企业国际市场推广日博览会
时间：2006年11月（香港）
周期：一年一届
创办时间：2003年11月
上届数据：展出面积（平方米）：12000
观众总数（人次）：30000
展商总数（家）：4000
其中外国参展商数目（家）1000

展名：2006年中国国际质量控制与测试工业设备展览会
时间：2006年11月（上海）
周期：一年一届
创办时间：1996年
上届数据：展出面积（平方米）：6000
其中外国参展面积（平方米）：1200
观众总数（人次）：13000
展商总数（家）：165
其中外国参展商数目（家）：33

展名：大连国际迎春名优产品博览会
时间：2006年12月18～26日（大连）
周期：一年一届
创办时间：1996年
上届数据：展出面积（平方米）：5000
其中外国参展面积（平方米）：100
观众总数（人次）：180000
展商总数（家）：150
其中外国参展商数目（家）：4

展名：中国国际安保、消防产品全球采购大会
时间：2006年（南京）
周期：一年一届
创办时间：2006年

境外展

展名：汉堡国际婚礼展
时间：2006年1月21～22日（德国）

展名：汉堡国际宾馆、餐厅、烘焙暨糖果贸易展
时间：2006年3月3～8日（德国）

展名：2006年美国国际保安产品展览会
时间：2006年4月5～7日（美国）

展名：斯图加特国际枪支专业展览会
时间：2006年4月7～9（德国）

展名：第三届韩国消防防灾、安全展览会
时间：2006年4月26～29日（韩国）

展名：法国巴黎国际专业工装暨劳保服装博览会
时间：2006年4月（法国）

展名：安全方案和网络优势展
时间：2006年5月（英国）

展名：中国贸易与投资博览会
时间：2006年6月（英国）

展名：外包展
时间：2006年7月（英国）

展名：国际保安消防技术展ISC
时间：2006年8月14～16日（美国）

展名：希腊国际海、陆、空防务展览会
时间：2006年10月3～7日（希腊）

展名：第七届韩国国防展
时间：2006年10月18～21日（韩国）

第六章　我国出国展览

中国家电、五金、汽配暨卫浴展览会

首届中国家电、五金、汽配暨卫浴展于2005年9月12～14日在杜塞尔多夫国际展览中心14号馆成功举办，展会共吸引了20多个国家和地区的3000多名客商，包括德国、瑞士、比利时、荷兰、法国、英国、波兰、丹麦、意大利、捷克、奥地利、西班牙等。主办单位励展博览集团德国公司和中国机电进出口商会以高水准的组展，为参展企业和欧洲主要客商建立了一个新的贸易平台。本届展会参展企业大约140家，其中有11家企业来自德国，另有部分中国相关的商学会和媒体参展。参展企业人数超过400人次。参展面积大约6000平方米，约200个摊位。

展览会期间，我驻德国大使馆钦洪亮公参及主管展览的刘莉秘书以及我驻法兰克福总领馆的孟海东领事均到会参观并参加展会的重要活动。展览会的成功举办也得到了使馆官员的一致肯定。展览会还吸引了来自欧洲的贵宾，包括杜塞尔多夫市长、杜塞尔多夫展览公司总经理、励展博览集团瑞士总裁、英国伦敦总部的负责人、德国及法国、荷兰各大媒体支持单位20多家的负责人到会。此外，德国2家主要电视台、1家广播电台、20多家报纸和杂志均到会采访报道，均高度评价了此次展会的成功举办和重要深远意义，在德国及欧洲引起不同凡响。

初步统计，客商主要来自批发商和出口商(占30.8%)，百货商店、超市、网络订购公司(占6%)、制造商（占24.4%)。展会还吸引了18.6%德国以外的客商，有42.3%的客商来自杜塞尔多夫200公里以外的地区。

绝大多数参展商对展览会的成功举办表示十分满意，超过了预期的效果。参展商一致表示客商的档次高，需求强烈。大约1/4的客商在展会期间下了订单，2/3的客商表示在展会结束后将马上签订合同。这些需求主要来自DIY五金产品、浴室设备和家电产品。在展会期间举办的6大主题25个市场介绍会、研讨会、洽谈会为中外客商提供一个了解市场、交流信息的平台，受到了客商的普遍欢迎。

——中外企业网

中国汽车亮相法兰克福
海外汽车高管心思各异

首次在法兰克福车展亮相的中国车为参观者带来了一场视觉盛宴，吉利展台的车模不是普通的车模，而是浓墨重彩、古装扮相的中国古代四大美女加孙悟空，民族特色十分浓郁，让老外大开眼界。包装固然能吸引眼球，但最终还是要靠实力说话，显然，萌芽阶段的中国汽车业还很难赢得欧洲发展成熟的百年企业的认可。

戴克旗下克莱斯勒集团的首席运营官Eric Ridenour对中国参展汽车的评价是“看得出来，它们还都相当粗糙。”

新上任的福特欧洲的总裁兼首席执行官John Fleming说：“我认为对我们构成的威胁可以忽略，它们并不能使生活变得更舒适。”

虽然这些汽车高管对中国汽车，尤其是中国汽车的质量还颇有微辞，但是所有的汽车厂商都不敢忽视中国汽车制造商潜在的能量。在心理上，他们一定或多或少的感受到了来自中国汽车的压力。

竞争在未来5～10年

吉利汽车、陆风汽车与华晨汽车都带来了出击欧美市场的产品。陆风目前已在荷兰、比利时与德国有售，起价1.5万欧元(合1.84万美元)，由汽车经销公司LWMC经销，该公司希望能在两年时间内，拥有一个遍布欧盟25国的经销网络。而吉利已经向中东、北非和中南美洲的34个国家出口汽车，并将美国和欧洲确立为下一个目标。价格是这些产品无可比拟的优势。中华轿车也于2005年年底在德国出售，价格为1.8万欧元（2.1万美元)。

中国汽车给外国制造商的最大威胁在于低廉的价格。西方高管不得不绞尽脑汁的考虑如何降低成本。中国的成本优势无可比拟，我国国务院发展研究中心的研究表明，中国制造业人工成本不到发达国家的1/30，不及巴西的1/5，低于菲律宾、泰国和马来西亚。

克莱斯勒集团的前首席运营官，现任大众品牌执行董事长 Wolfgang Bernhard 评价说："中国制造商非常有进取心，这是继日本和韩国之后，第三次来自亚洲制造商的席卷世界的浪潮。"

他说："他们想走向世界，像当初韩国一样，没有什么能阻止他们，我们必须做好准备。"目前他正在对大众汽车的发展计划进行调整。

据他预计，在未来的5～10年中，中国汽车制造商将会变得非常有竞争力。目前中国汽车还不是一个很大的威胁，但是韩国汽车的教训让西方高管记忆犹新，韩国品牌在一开始的时候也被人忽视，但现在在许多欧洲国家都已是上升最快的品牌。

推动西方高管改变策略

有人疑惑为什么去法兰克福参展的不是中国最大的汽车公司，也有人疑惑为什么出口进行的如火如荼的汽车公司也不是这里最大的汽车公司，长期以来跨国公司为了保护自己的销售市场，不愿意合资企业出口。但自主品牌的积极态度让跨国公司感到了压力，他们也在改变策略。

日产、雷诺 CEO 卡洛斯 · 戈恩（Carlos Ghosn）说，中国的汽车业无疑会推进全球竞争，但是最有力的竞争者不是目前这些急于第一个出口的汽车公司。

"他们能做到的，我们也能做到，因为我们也有企业在中国。"卡洛斯指的是那些跨国公司与中国本土制造商合作的企业。这些合资企业有着双重优势——低廉的劳动力价格，以及来自全球最知名公司的科技和产品。本田汽车公司已经开始向欧洲出口在中国制造得 JAZZ。

卡洛斯说，在中国建立的合资企业将会变得更高效，并且准备在中国以外的市场展开彼此之间的竞争。

他还说，如果中国本土的制造商能够足够快的学习技术，制造出有吸引力和值得信赖的汽车，抢占到市场份额，那么也欢迎他们参与竞争。

不管卡洛斯对中国本土汽车业的评价如何，但是至少可以揣测，他已经开始思考一个问题，那就是对合资企业也已经有开展出口业务的考虑。但大多数合资企业仍然只是为了满足本地化市场。

通用汽车董事长兼 CEO 里克 · 瓦格纳（Rick Wagoner）说："我认为不严肃对待来自中国的竞争威胁是愚蠢的，如果我们不从日本和韩国那里吸取经验，我们将会重蹈覆辙。另一面，中国市场依然增长强劲，我们的预计是中国市场的产量主要还是用来满足中国市场的需求。"

丰田汽车总裁渡边捷昭（Katsuaki Watanabe）表示，中国强劲的需求意味着，目前的生产将主要用于国内销售。"中国产的汽车大量出口到国外的情况，还需要过一段时间才能实现。"

美国一位研究汽车工业学者说，中国汽车公司不像欧美汽车公司那样受到强大的工会的限制，工会为了工资、福利和工作时间与公司据理力争。美国和德国的汽车制造商都无力解决内部的劳工纠纷和改善管理，他说，从中国进口汽车或许是个良策。

要赢得全球消费者的认可

一位德国的汽车记者在文章中提醒欧洲汽车厂商说，不要像过去对待日本和韩国那样，低估了中国汽车的竞争力。许多欧洲消费者用车就是从A地到B地，中国车已经够用了。而且欧洲低价车的需求量不断增加，雷诺在罗马尼亚的分厂生产的经济型轿车 Logan 就是一个例子，价格在8000欧元左右，在欧洲市场上持续热销。

据德国营销伙伴咨询公司最近进行的一项调查显示，德国许多消费者对购买价格在1万欧元以下的轿车感兴趣。该公司针对廉价轿车的市场潜力问题询问了1112名18～69岁的德国人。11%的接受询问者表示，考虑在一年之内购买价格低于1万欧元的轿车；将在三年之内考虑购买廉价轿车的人高达47%。23%的接受询问者表示，在配置基本相同的情况下，如果中国产的廉价轿车价格为7000欧元而不是8500欧元，可以考虑购买中国轿车。这表明，中国车在德国市场还是很有潜力的。

但是，中国汽车在欧洲市场想要有大的突破，首先要证明的是"物有所值"。如果品质得不到保证，再便宜也不会有人掏钱。让欧洲人将车子换成没听说过品牌、也不了解质量情况的中国车不是一朝一夕的事情。中国车进入欧洲市场已成为现实，但也不会在一时间有大规模的现象。当初现代和大宇也是凭借十几年的努力，才逐渐在消费者心中建立起信任感的。

美好的未来还都要依赖于中国车质量的提高。走出国门与百年品牌同台竞技，就要遵循统一的游戏规则，虽然开始会遭受一些打击，但压力会让中国企业迅速成长。只要有高的性价比，中国造的车就不愁在欧美没有市场。

相关链接

第61届法兰克福国际汽车展（IAA）于9月15～25日正式对观众开放，参展企业近1000家，来自44个国家，展览面积达21.5万平方米，是世界最大的汽车展。该展由德国汽车工业协会主办，两年一次。2003年有988家企业参展，其中37%来自德国以外国家，吸引了全球88个国家的15117名记者和总计99.65万名观众、其中33%为专业观众。

今年有18家中国企业及单位参加IAA，其中来自吉利控股集团、江铃控股有限公司和华晨金杯汽车有限公司的吉利、陆风和华晨3个中国品牌的整车在法兰克福展会上进行了展示。中国汽车亮相欧洲引起德国媒体的普遍关注。

虽然中国只有3家轿车厂和14家零配件制造商参展，但中国一直是展会的主要议题之一。德汽车工业协会主席认为，本届汽车展也许可以作为中国汽车制造商开始出口汽车的起点而载入史册。

——《国际商报》蓝 澜

中国冶金行业初探波兰冶金展

波兰英语的普及率低，让国际参展商和专业买家之间交流成了困难；签证工作效率低，时间长耗费太多精力；当地服务业的发展滞后，旅游服务不完善让第一次来波兰的中国参展单位或多或少地留下了一丝遗憾。为此，应对中国参展商在波兰冶金展览会上的诸多不便，是今后出国展览准备工作中的大事。中国贸促会冶金分会（以下简称冶金分会）在日前参加波兰卡托维兹国际矿山和冶金工业展览会后如此总结。

每两年举办一次的波兰卡托维兹国际矿山和冶金工业展览会于2005年9月6～9日举办，由卡托维兹国际展览公司主办。是世界矿山开采和冶金领域的主要展会之一，也是国际展览联盟（UFI）的认证的展览会之一。国际参展商主要来自奥地利、英国、白俄罗斯、捷克、芬兰、法国、西班牙、荷兰、爱尔兰、日本、加拿大、德国、中国等20多个国家。展览会总面积在2.5万平方米左右，历届观众人数在2.3万多人，观众主要来自英、白俄、中、捷、德、波、俄、斯洛伐克、乌克兰、印、尼日利亚、法、塞尔维亚、南斯拉夫等国。90%以上观众为专业观众，其中31%为企业主、董事长、总经理，45%为公司中层管理者，22%为专业人士，5%为技术人员。观众所在领域：73%采矿业，12%电力行业，15%冶金行业，13%工具设备制造业。

波兰卡托维兹国际矿山和冶金工业展览会已成为东欧地区知名的展览会，但由于当地经济发展还面临着一些难题，使得与展览会相关的配套服务措施不完善，特别是语言沟通难已成为国际参展商与其交流的一大难题。与发展中国家相比其服务业的发展还有一定的差距，旅游服务等发展滞后也给国际参展商带来诸多困难。另外，由于展览会工作服务人员懂英语的不多，致使展览会的许多服务工作环节出现纰漏。其次，签证工作效率低，时间长；送、取签证都要起大早排队，耽误很多时间牵涉太多的精力，而且还要分领区送签，增加了工作量。

冶金分会在总结中认为，通过这次展览让中国的冶金企业看到东欧地区潜在的市场消费需求。其中宝钢集团参展的钢管、彩涂板、家电用钢、汽车板；特钢的银亮钢和高温合金的棒材和线材等；不锈钢的板材和不锈钢管等；宝钢国际的钢材深加工产品捆带材料和宝信公司的冶金企业完整解决方案都受到国际业内的广泛关注。线材、管材及热轧产品；特钢和不锈钢方面，由于波兰在东欧是低劳动力价格国家，以德国为首的传统汽车制造强国，在汽车部件生产上投资较多，因此对工模具钢、不锈钢管和轴承钢以及结构钢件有一定需求。

——《中国贸易报》季春红

太平洋彼岸的中国盛会
——中国纺织品服装贸易展览会(纽约)六周年回顾

由中国纺织工业协会主办，中国国际贸易促进委员会纺织行业分会、美国STS公司、YOUTHFUL USAJ公司承办的“中国纺织品服装贸易展览会（纽约）”始于2000年，以后每年一届，到2005年已经走过了六年的历程。作为一个致力于推动中美双边纺织品服装贸易发展，为实现中美商界共赢的专业贸易平台，此项展会为中美纺织品贸易跨越太平洋搭建了一座通往健康发展、实现互利双赢的桥梁，成为中国纺织业界在美国本土最有影响力的专业展盛会。

办展初衷：扎根美国走新路。1999年在当时国家纺织工业局领导和相关部门的支持下，纺织贸促会决定首选美国在境外举办“中国纺织品服装贸易展览会”。六年的实践与发展证明，展会取得了成功。六年来，全美国纺织品服装经销商的大约50%光临过中国纺织品服装贸易展览会（纽约）。据统计，凡是参加过此项展会的中国企业，其中45%以上获得过新的订单，26%连续六年获得订单，98%通过展览会与美国、欧盟或美国周边国家或地区的买家建立了贸易联系，12%已经或计划在美国成立办事处，86%的参展企业希望连续参展。

市场定位：搭建贸易平台。对美国买家来说，中国纺织品服装贸易展览会（纽约）是“家门口”的中国展览会。在美国本土举办此项展会，有效保证了供应商和采购商的面对面零距离接触。展会的协办单位是美国长期从事纺织品贸易促进的专业展览公司，具有熟悉美国专业买家的地域分布、采购习惯、了解市场流通体系和市场需求状况的优势，采取美国纺织品服装展览会特有的专业操作流程，以适合美国商人习惯的本土文化开展广告宣传，用专业手段及方式邀请和组织专业观众。

展会举办六年来，我国纺织企业以完整的产业链的形式整体亮相美国，独具“中国概念”。这就是把我国纺织服装产业上、中、下游的产品，包括服装服饰、面料及家用纺织品等多系列、多门类的产品进行优化整合后集中展示我国纺织品服装质优价优的特有优势。

通过前几届展览，中国的许多参展商已经与美国及其周边3000多家实力雄厚的专业买家建立了直接的供求关系，其中有大约700多家买主已经与中国企业签订了合同，600多个买家与中国企业确立了初步采购意向，1700多个专业贸易公司已经和中国很多企业相互开辟了广泛的联系渠道。

定期定点：展会如约而至。从2000年开始，展会每年6月在美国的国际贸易大都市纽约举行。展会的定点和定期使中国的供应商有计划地定期参展，确定适合美国市场的产品营销和展示计划，同时也受到美国采购商的普遍欢迎。美国采购商克拉克·大卫先生表示："我每年的六月就会准时到展会参观采购，这已经成了我固定的工作日程，使我非常方便地确定采购计划，提前向中国供应商提出要求。纺织品不同于其他商品，我必须现场见到样品才能下单。中国纺织品服装贸易展览会让我减少了长途旅行的辛苦，又可以亲眼看到贸易伙伴，沟通情感，亲手感触纺织品的质地是一件很开心的事。"

经过六年的不断发展和完善，中国纺织品服装贸易展览会（纽约）已成为展示我国纺织业发展水平的一个窗口。据统计，前六届展会的展出总面积达2.9万平方米，共有来自21个省、市、自治区的近1050家企业参展，其中38%被评为2004年的中国纺织品、服装或家纺行业的出口百强企业。展览在美国主流商贸圈中的知名度日益上升，来自美国、欧盟及美国周边国家或地区纺织品进口商共7000多家贸易公司的近2.4万名贸易代表到展会参观洽谈业务，总成交额逾6亿美元。据主办单位的调查问卷显示，其中56%的美国大型采购商和51%的大型批发商已经将中国纺织品服装贸易展览会（纽约）列为采购计划的重要渠道。

——中国贸促会纺织行业分会

马来西亚2005中国出口商品展览会暨投资洽谈会
打造国际交易平台　引领企业走出国门

马来西亚2005中国出口商品展览会暨投资洽谈会于2005年12月中旬在吉隆坡成功举办。该展会由中国商务部主办、中国对外贸易中心承办，至今已成功主办两届，被马来西亚商家誉为中国在海外主办的"微型广交会"。

"微型广交会"再掀中国潮

据统计，本届展会共有来自全国17个省市的146家中国企业和24家东盟国家企业参展，参展商品包括家庭及家居用品、机电产品和家用电器、建筑装饰材料与卫浴洁具、礼品及工艺品、金属家具及其配件、医疗保健品及食品、汽车摩托车零件等7大类。展览面积近5000平方米，标准展位250个。

据展会现场统计，历时3天半的展会共有来自马来西亚、新加坡、泰国、印尼、越南、菲律宾、文莱、缅甸、柬埔寨、印度、巴基斯坦、澳大利亚、新西兰和阿拉伯联合酋长国等15个国家的5815名客商进场参观洽谈。上述客商中，来自吉隆坡的占62%，来自马来西亚其他地区的占29%，来自马来西亚以外国家的占9%。

此次展会成交活跃，超出预期。杭州五矿机械化工进出口有限公司有关负责人认为，企业参展达到了预期的目的，公司对马来西亚市场有信心，通过该市场覆盖整个东盟；华益达公司胡丽萍经理对记者表示，其展位上总客流量有800多人，展示了企业形象和品牌，发展了马来西亚总代理，收到了极佳的效果。

本次展会与"东亚峰会"同期举办，更引起马来西亚以及东盟国家的极大关注。马来西亚、新加坡和印尼的主要华文报纸、英文报纸和马来文报纸对展会情况进行了深入的报道。有媒体称，"微型广交会"在马来西亚商界掀起了中国潮。

海外办展
搭建中马贸易桥梁

据了解，近年来，中国和马来西亚经贸合作关系发展迅速，双边贸易大幅增长，目前马来西亚已成为中国第七大贸易伙伴，2003年双边贸易额突破200亿美元，2004年，双边贸易额达262亿美元，同比增长32%。另外，两国在相互投资、工程承包及劳务合作等领域的合作也在进一步加强。而且，东盟各国是我国商品的重要出口市场，东盟与中国之间的关系日益紧密，双方的经贸联系在双边充满活力的经济、贸易自由化政策下迅速发展。马来西亚在东盟国家经济中处于核心地位，也是我国产品进入东盟市场的桥头堡和重要的基地，每年"广交会"赴会采购的马来西亚客商超过5000人。马来西亚也是东盟各国中政治较稳定、经济发展较快的国家之一。

中国对外贸易广州展览公司有关负责人告诉记者，第一届马来西亚中国出口商品展览会暨投资洽谈会于2004年12月举行，是庆祝中马建交30周年活动中一项重要的经贸活动。他们在组织活动之前，于2003年底对马来西亚的市场进行了一次考察。结果显示，中马之间的双边贸易不断扩大，马来西亚不仅是中国海外直接投资的重要来源地，也是中国企业"走出去"的主要目标地区之一，同时还是中国企业走向海外的重要平台之一。

马来西亚的企业家同样期待着同中国企业合作。马来西亚的商家历来秉承"合作共赢"的信念，合作意识为世界称道，可成为中国企业"走出去"的最佳合作伙伴。因此，他们认为，走出去到马来西亚举办中国出口商品展览会，对于推动中国与马来西亚以及东盟各国之间的友好往来，扩大双边贸易，促进双方经贸关系进一步向前发展具有重要的意义。

他还告诉记者，该展会将于2006年12月在马来西亚举办第三届，进一步发挥引领国内企业与国际接轨的桥梁和纽带作用。

——《国际商报》李守志　陈逵

CeBIT展尽显“中国新形象”

2006年3月8～15日，汉诺威信息及通信技术博览会（以下简称CeBIT）在德国汉诺威市隆重举行。为期7天的展会共吸引了71个国家的6262家展商参展，展出净面积达31万多平方米。其中1291家展商（中国大陆412家、中国香港168家、中国台湾711家）组成的中国兵团再次显露了实力，以3万多平方米净展出面积的规模在这个世界上最大的信息技术、消费电子及通信技术展览盛会上展示中国的ICT产品，再度成为德国以外的最大参展国。

由德国总理为汉诺威的两大展览盛事——CeBIT和汉诺威工业博览会揭幕已经成为了汉诺威展览公司展会的传统，并一直沿用至今。在3月8日晚于汉诺威市政厅举行的开幕仪式上，德国总理默克尔女士为展会隆重揭幕，并发表讲话，她特别指出中国ICT市场潜力巨大，近年来发展实力强劲。沃达丰全球总裁Arun Sarin在开幕典礼中也强调，在今后几年中，以中国为代表的发展中国家对其移动通信领域的市场发展极其重要。

以红白黑为主色，配以亮丽的红色灯箱构成的中国展团十分引人注目。经过汉诺威展览会（中国）有限公司的精良组织，中国展团第一次以统一形象出现在CeBIT上，给海外观众一个鲜明的中国形象。

汉诺威展览中心共有27个展馆，100万平方米的展出面积，来自世界各国的参展商按照不同类别的展品被安排在不同的展馆中，从而使参展商和专业观众都能快捷的找到目标群体，充分体现出展会的专业性。中国参展商按照产品类别主要集中在数码产品和消费电子，办公设备、打印设备和耗材、电脑及配件，通信设备和配件、网络设备和配件等，主要分布在1、19、20和24号馆；汇聚了爱国者、易方数码、夏新、海尔、中兴、华为、朗科、惠浦、朝华数码、TCL等众多特装大展台，与三星、明基、现代、索尼、松下、尼康、飞利浦、LG、摩托罗拉、西门子、思科网络、朗讯、阿尔卡特等众多国际知名品牌同台竞技。

爱国者的大型特装展台上，中外工作人员一律身着深红色唐装，配以桔色展台的明快设计，尽显中国特色。他们此次所有展品几乎都是新产品，在国内尚未面市。其展品充分体现了数字生活时尚化的理念，带有USB接口的蛋形音箱不但能够装饰家具，并能随着音频变化不断变换色彩；可作挂饰佩戴、且可播放视频文件的MP4不仅体积小巧，而且画质清晰，前卫的造型无不让人感叹科技融合设计之美。华旗资讯的海外事业部区域经理卞振涛先生介绍，他们此次CeBIT之行的目的首先在于展示品牌形象，其次是寻找新产品、新技术，最后才是销售。

作为中国发展最迅速的网络通信设备提供商，中兴集团雄心勃勃地要向市场展示他们的创新技术及其在全球通信市场中建立的强大联系。今年第一次独立参展就达到260平方米的展出面积，中兴集团德国分公司的总经理凌海丰先生表示：在CeBIT的展示平台上，我们可以见到老客户和新客户，共同讨论通信世界的未来。中国台湾、韩国的同行在观看了他们的展台后都对他们自主研发能力和技术水平的提升感到不可思议。除了带来新近自主研发的可实现固话与手机互转的IMS以及领先技术和产品，中兴还特别设立了“售后服务”展区，展示其提供的“随时随地的服务”。

除了此类大展商外，一批从CeBIT上成长起来的中小型企业也让我们看到了中国大陆展商的喜人成长。本次展会中国的消费电子展商迅猛增加至81家，比去年的55家增长了32%，并且展会面积也增长迅速。深圳易方数码科技有限公司从2003年起每年都参加CeBIT展，展会面积更是从当初的27平方米扩大3倍多，今年达到90平方米。去年还是以OEM身份出现只租用了一个标准展位的SK飙王，今年第一次在展会上打品牌，就订了42平方米的特装展位。其负责人表示，海外买家对中国产品质量的信任度和认可度都增加了，虽然中国的产品在外观设计和产品形象上与国外企业有差距，但中国市场无可比拟的低成本和高性价比仍然受到许多海外经销商的青睐。

毋庸置疑，CeBIT展览盛会已成为中国ICT厂家拓展国际市场的最佳平台。此外，国际知名运营商例如德国电信、沃达丰、DoCoMo NTT、O2等也都一如既往地在他们上千平方米的展台内展出了最新的技术、产品和服务。

——《中国贸易报》张汝男　吴郑向

新疆开辟中亚市场会展之路

现如今广阔而蕴含大量商机的中亚市场成了众多企业眼中的“蓝海”，但他们都面临着如何更快地找到合作伙伴、开拓中亚市场的难题，因此参加在中亚国家举办的展会成为他们的捷径。同时，到中亚举办展会让组织者获利不少，让中亚居民了解了更多更好的中国商品。

通过参展找到商机。从2004年起，新疆政府和企业开始加强与中亚国家的联络，并争取让他们成为新疆几个重要展会的协办单位。比如每年举办一届的乌洽会、中国新疆国际汽车工业博览会、新疆国际石油石化与化工展览会等。

不满足在新疆办展等待中亚客商上门的局面，新疆将展会搬到了中亚国家。如2004年新疆首次在吉尔吉斯斯坦举办的比什凯克中国（新疆）商品展览会，新疆德汇集团、乌市五点梅建材有限公司等通过展会看到了商机，在吉国设立了办事处。东风新疆汽车有限公司外贸部经理尼卫斌说："到国外参加展会，企业可以实现与中亚客商的直接交流，同时也能获取当地真实的信息。2006年公司对哈国市场进行了考察，并将参加2006年哈萨克斯坦亚洲商品展览会。"据悉，由中国商务部牵头组织的2006年哈萨克斯坦亚洲商品展览会，150个招展名额目前已全部报满。可以看出，企业希望通过展会参与中亚贸易的热情逐年高涨。

在中亚国家举办展会也带来了巨大的经济效益。2006年5月22～27日在哈萨克斯坦阿拉木图市举办的"第四届中国商品展销洽谈会"上，中国企业与哈国客商共签订外贸购销合同53份，合同金额累计达2.16亿美元。

实际上，脱离了中亚市场，新疆举办各种展会的优势并不明显。中国贸促会新疆分会会长王克林一针见血地指出，新疆经济延伸的空间就是巨大的独联体市场，新疆在中亚国家办展具有诸多优势，比如市场容量大；中亚经济正处于快速复苏阶段，市场需求量大；新疆是中国西出的桥头堡，具有运距短等特点；产品互补性强以及中国与中亚国家保持着良好的关系等。

两国携手共同办展。从新疆政府组织企业到中亚国家办展，再到双方携手共同办展，这个过程只用了两年的时间。

2006年刚开春，独联体各国举办的各类展会的信息已经见诸媒体。2006年哈萨克斯坦建筑材料展、第二届哈萨克斯坦国际汽车展览会等，都希望中国能组团参展。显然，独联体各国已经意识到只限于本国内部的展会交流形式已经跟不上市场的发展需求，只有通过国际间的交流合作才能促进本国经济的发展。

中国贸促会新疆分会是新疆举办出国展和国外来华展的管理单位，同时也是主办单位之一，面对企业高涨的开拓中亚市场的热情，新疆分会也开始调动各行业积极组团参展。

2006年，中国与中亚之间展会开始相互渗透。比如2006年4月在阿拉木图举行的首届中国建筑材料（哈萨克斯坦）展览会，参展企业达200多家，有消息说，这不仅是两国政府首次联手办展，也是中国首次组织如此庞大的企业团参加国际展会。中国商务部准备在2006年6月牵头举办2006年哈萨克斯坦亚洲商品展览会，同样得到了哈国有关部门的积极响应。

到国外办展经验还不足。虽然在中亚国家举办展会的前景被看好，但从规模和效益讲，有些展会只能用"小打小闹"来形容。而由于展会规模小，又在中亚国家宣传不到位、产品层次低、厂家之间竞相压价、合同执行率低等原因，使处于起步阶段的新疆在国外举办的展会出现了不和谐的声音。据悉，目前新疆约有30多家展览公司，但专业在国外办展的公司还没有。

新疆自身的原因也让展会陷入尴尬的境地。首先新疆的工业基础薄弱。在新疆的出口商品中，约有70%出口的是内地产品，留给新疆的只是一堆数字，而真正对新疆经济起推动作用的应该是新疆本地产品的出口。新疆本地企业少造成参展企业实力不足，同时也造成产品种类不够丰富。

还有就是双方信息交流不畅。中国企业参加在中亚国家举办的展会，最希望的就是把展会信息提前传给潜在的中亚客户，但因为双方媒体交流少，信息没有及时传递给中亚客商，造成准目标客户少。此外，展会主办方在中亚国家广告宣传投入少，也是造成展会不出效益的关键。另外，目前新疆企业到中亚国家参展积极性不高的一个很重要原因就是费用过高，企业担心成本无法收回。

新疆政府对企业到国外举办或参加展会的支持力度也不够。中亚国家的经济正处在发展阶段，政策的多变，市场不稳定等因素，造成企业对投资中亚谨慎小心。在这种情况下，就需要政府引导企业走出去，同时在政策上多向出口企业倾斜。据悉，目前新疆对参展企业只有中小企业国际市场开拓资金这一支持。

——《国际商报》吕淑华

2006年波兰—亚洲博览会

由商务部外贸发展局与建发国际（控股）有限公司联合主办的2006年"波兰——亚洲博览会"于6月6～8日在波兰华沙国际展览中心成功举办。

"波兰——亚洲博览会"由香港建发国际(控股)有限公司创办于2005年，是欧洲第一个以亚洲玩具、礼品、赠品及家居用品为主题的贸易展。2005年的第一届展会成功地为亚洲厂商和来自东欧为主的国际买家搭建了一座贸易桥梁。

在2005年成功举办的基础上，为了更好地推动大陆企业开拓东欧市场，更直接地为大陆企业提供服务，自2006年始，商务部外贸发展局参与合作主办了"波兰——亚洲博览会"，并通过一系列的宣传活动，加大了组织大陆企业参展的力度。通过两届的努力，"波兰——亚洲博览会"已成为亚洲和欧洲消费品工商界共同认可和关注的经贸活动。

本届展会共有443家来自中国（包括香港和台湾）、泰国、韩国、印度、巴基斯坦及新加坡等亚洲国家及地区的厂商参展，展品范围包括玩具、礼品、赠品及家居用品等。持续3天的展会吸引了30多个国家和地区的4000位客商到会参观洽谈。为了更好地促进亚洲和东欧企业间的贸易交流，此次展会特设“企业对接服务”，为参展企业和客商提供了更具特色的商务环境，取得了很好的效果。

参加此次展览会的中国大陆展商有208家，分别来自北京、上海、江苏、浙江、福建、四川等省市，参展商品涉及礼品、玩具、家居用品、工艺品、瓷器、电子产品、园艺用品、文具、箱包、服装、家纺、自行车、摩托车等众多种类。据不完全统计，大陆展商共接待客商3000多人次，商务洽谈近万场次，重点客商分别来自波兰、捷克、芬兰、比利时、西班牙、俄罗斯、奥地利、德国、法国、乌克兰、意大利等国家。

建发国际主席叶纪章先生介绍说：“随着欧盟的扩大，东欧经济迅速发展，拉动了对亚洲消费品的需求。而波兰优越的地理位置和便利的交通，使它成为东欧商业贸易中心，这就是我们决定举办波兰展的原因。”

许多专程参观展会的客商表示展会给他们留下了深刻的印象。来自挪威的买家Anne Luise Eng Hansen指出：“这场展览会实在不错，产品的档次较高，我在这儿能成功采购到所需商品。主办单位的服务给人留下深刻印象，我打算下届再来。”

——《国际商报》

2006哈萨克斯坦亚洲商品展览会

2006年6月28日～7月2日，2006哈萨克斯坦亚洲商品展览会在阿拉木图举办。来自中亚、南亚等国家的1万余名客商参观了展览，并与参展企业签订了近两亿美元合作意向协议及经贸合同，其中，自治区及兵团经贸代表团近亿美元。

规格高、规模大是本届展会的一大特点。展会设在阿拉木图市中心的国家阿达肯特展览馆，展出规模达8000平方米。来自全国20多个省区市300多家企业参展。新疆自治区经贸委和新疆生产建设兵团、河北、山东、甘肃、大连、广州等省市商务主管部门以及中国欧洲经济技术合作协会、对外贸易经济合作企业协会、建筑材料工业协会、贸促会机械行业分会、机械设备进出口总公司、工艺品进出口总公司等行业组织国内名优产品参展。

高质量、高科技产品在中亚提升中国产品形象。在本次展会上，经过认真的市场调查后，针对中亚各国尤其是哈萨克斯坦经济建设、社会发展需求组织的高科技、高技术、高品质电子、机电、石油、化工、建材、农副产品深加工等产品受到中亚客商的欢迎。中国机械设备进出口总公司展出的农业机械系列产品，被中亚客商看好。新疆中油工程技术发展有限公司自主研发的塑料合金玻璃复合管，以价格合理、质量过硬、安装便捷、售后服务好，迅速打入中亚市场。本次展会上，该企业与哈萨克斯坦金帝矿产有限责任公司签订了长期供货合同。

通过展会，直面中亚客户获取信息，了解市场展示实力，调整营销策略，是参展企业的一大收获。本届展会上，新疆天山电梯制造有限公司生产的“天山电梯”，牢牢吸引了客商的目光。2006年，该产品已经销往该国的14个城市，有一定的知名度；展会期间，来自阿塞拜疆、乌克兰等客商蜂拥而至订货。根据这一重要信息，企业做出决定，下半年将在这些国家建销售网络，迅速扩张中亚市场。新疆盐湖制盐有限责任公司除了与哈国客商签订100万美元的元明粉供货合同外，还将为该国建一条现代化的精制盐生产线，并为其提供全方位的设备安装和技术服务。

——中广网

第二届亚洲消费品、礼品及家庭用品贸易展览会

中国贸促会展览部　栾勤刚

2006年7月4～6日，中国贸促会联合商务部外贸发展事务局、中国轻工工艺品进出口商会、中国对外贸易广州展览公司等8家组展机构，与德国纽伦堡展览公司合作主办的第二届亚洲消费品、礼品及家庭用品贸易展览会（Asia Styles2006）在德国纽伦堡举行。

本届展会是为贯彻我国提出的“建设创新型社会”以及“走出去、引进来”的经贸战略而赴境外举办的展览会。

本届展览会是继2005年8月举办的首届Asia Styles后的第二届，共有来自中国、越南、德国的220家企业参展。展览会租用了纽伦堡展览中心12号馆，展出总面积达5000平方米，净面积为2223平方米。展品按礼品、餐具及家居用品等三大类分区展出。据不完全统计，在为期三天的展览会期间，现场共成交105.3万欧元，意向成交226.5万欧元，成交商品包括家庭用品、办公用品、装饰品等。

为配合展览会举办，组委会还于同期举办了“赴华采购的质量安全”、“如何签订合同”等多场有实践指导意义的专

题讲座，邀请有关人士就开拓亚洲、特别是中国市场、知识产权保护等问题介绍情况，吸引了大量专业观众参加，反映良好。

本届展览会传承了首届展览会的一些良好做法。例如：设立展商就餐区，避免展商在展位上用餐；打破其他展会惯有的按组展单位分区的做法，按照展品类别划分展出区域；设立有亚洲特色的观众就餐区；举行招待会以回馈展商的支持等。

细致入微的组织工作得到了展商和观众的一致好评。86.8%的展商和91.1%的观众对展会的组织工作给予了积极的评价。

本届展会之所以能获得成功，还得力于之前的宣传工作。

在总结第一届宣传推广的经验的基础上，纽伦堡展览公司和组委会工作组针对第二届展会加大了宣传力度。

工作组建成了中文网站。与M+A、Asia-Supplies、阿里巴巴、中国国际电子商务网等国内外知名商务网站建立了合作关系，进行互相宣传。工作组还在《中国贸易报》、《中国展览年鉴》、《中国对外贸易》、《广交会轻工工艺品会刊》等媒体上发布广告和文章，对Asia Styles进行宣传。

中国贸促会在其参加的意大利马契夫展、德国春季消费品展和德国礼品及办公用品展上散发资料并进行宣传。中国对外贸易广州展览公司在其组织参加的英国伯明翰春季博览会和美国芝加哥家庭用品展上也散发了Asia Styles的资料进行宣传。

纽伦堡展览公司不仅在专业媒体上发布广告、还给专业观众寄送了8万份的邀请函，邀请他们前来参观展览会。4月份，纽伦堡展览公司会同中国贸促会Asia Styles工作组有关人员在欧洲进行媒体推介。在短短的10天里，走访3个国家中的5个城市，进行了10场会谈，举办了2场新闻发布会，向记者和专业杂志宣传Asia Styles，争取他们的支持。

为加大对展览会的宣传推介，中国贸促会新闻处还特别邀请了中央电视台（CCTV）经济频道的记者前往纽伦堡对展览会进行现场采访、报道，并制作了专题片，并在CCTV播出。德国巴伐利亚电视台在开幕当天晚上的新闻节目里对Asia Styles也进行了积极报道。香港凤凰卫视还专门从英国赶来，对展览会进行了采访报道。

——德国纽伦堡亚洲消费品、礼品及家庭用品贸易展览会组委会

第七章 法律法规

《北京市大型社会活动安全管理条例》

（2005年9月9日北京市第十二届人民代表大会常务委员会第二十二次会议通过）

第一章 总 则

第一条 为了加强大型社会活动安全管理，维护首都社会秩序、公共安全和社会稳定，保护国家、集体财产和公民生命、财产安全，促进经济和社会协调发展，根据本市实际情况，制定本条例。

第二条 本条例适用于在本市行政区域内举办大型社会活动的安全管理。安全生产、消防、集会游行示威以及其他法律、法规另有规定的，从其规定。

前款所称大型社会活动（以下简称大型活动），是指主办者租用、借用或者以其他形式临时占用场所、场地，面向社会公众举办的文艺演出、体育比赛、展览展销、招聘会、庙会、灯会、游园会等群体性活动。

第三条 大型活动的安全工作，坚持安全第一、预防为主的方针，按照谁主办、谁负责的原则，由主办者对安全工作全面负责。

第四条 本市对单场次参加人数一千以上的大型活动实行安全许可。

第五条 本市各级人民政府应当加强对大型活动安全工作的领导，督促政府有关部门依法履行对大型活动安全工作的监督管理职责，及时协调、解决大型活动安全管理中的重大问题。

本市公安机关是大型活动安全许可的实施机关，对大型活动的安全工作实施监督管理。

本市安全生产、公安消防、公安交通、质量技术监督、商务、文化、体育、教育、旅游、园林等政府有关部门，按照有关法律、法规的规定和市人民政府确定的职责，对大型活动安全工作实施监督管理。

第六条 市和区、县人民政府及其有关部门应当采取多种形式，加强与大型活动安全有关的法律、法规和安全知识的宣传，增强有关单位、个人以及社会公众的安全意识和安全防范能力。

第二章 安全职责

第七条 大型活动主办者应当履行下列安全职责：

（一）进行安全风险预测或者评估，制定安全工作方案和处置突发事件应急预案；

（二）建立并落实安全责任制度，确定安全责任人，明确安全措施、岗位职责；

（三）配备与大型活动安全工作需要相适应的专职保安等专业安全工作人员；

（四）为大型活动的安全工作提供必需的物质保障；

（五）组织实施现场安全工作，开展安全检查，发现安全隐患及时消除；

（六）对参加大型活动的人员进行安全宣传和教育，及时劝阻和制止妨碍大型活动秩序的行为，发现违法犯罪行为及时向公安机关报告；

（七）接受公安等政府有关部门的指导、监督和检查，及时消除安全隐患。

大型活动有承办者的，主办者应当与承办者签订安全协议，就前款内容明确各自的具体职责。承办者应当按照安全协议规定的职责，与主办者共同落实安全工作。

第八条 大型活动场所提供者应当履行下列安全职责：

（一）保证大型活动场所、设施符合国家安全标准和消防安全规范，并向主办者提供场所人员核定容量、安全通道、出入口以及供电系统等涉及场所使用安全的资料、证明；

（二）安全出入口和安全通道设置明显的指示标识，并保证畅通；

（三）根据安全要求设立安全缓进通道和必要的安全检查设备、设施；

（四）配备应急广播、照明设施，并确保完好、有效；

（五）对停车设施不得挤占、挪用，并维护安全秩序；

（六）保证安全防范设施与大型活动安全要求相适应。

第九条 公安机关在大型活动安全监督管理工作中应当履行下列职责：

（一）制定大型活动安全许可和安全监督管理的工作规范和标准，并向社会公布；

（二）制定大型活动安全监督方案和突发事件应急预案；

（三）建立大型活动不良安全信息记录制度，并向社会公示；

（四）审核许可申请材料，实地勘验活动场所；

（五）在大型活动举办前，对活动场所组织专项安全检查，发现安全隐患的责令改正；

（六）在大型活动举办过程中，对安全工作的落实进行指导、监督和检查，发现安全隐患的责令改正；

（七）对安全工作人员进行安全宣传、教育；

（八）对现场秩序混乱，可能导致安全事故或者危害公共安全的紧急情况和其他突发事件，及时进行处置；

（九）依法查处大型活动中的违法犯罪行为。

第三章 安全许可

第十条 大型活动有下列情形之一的， 由主办者在举办大型活动的二十个工作日前向公安机关申请安全许可：

（一）拟印制、发售票证一千张以上的；

（二）组织参加人数一千以上的；

（三）其他预计参加人数一千以上的。

市和区、县人民政府主办的庆典和纪念性活动不需要申请安全许可。

第十一条 大型活动有下列情形之一的， 主办者应当向市公安机关申请安全许可：

（一）举办场所跨区、县的；

（二）举办场所固定座席一万以上的文艺演出、体育竞赛；

（三）有其他国家和地区的个人、组织参展，并且总展位数在五百个以上的展览、展销。

前款规定以外的其他大型活动，主办方应当向举办所在地区、县公安机关申请安全许可。

第十二条 大型活动主办者申请大型活动安全许可时，应当向公安机关提交下列材料：

（一）主办者的法人证明、法定代表人的身份证明或者主办者是自然人的，提交合法有效的身份证明；

（二）有承办者的，提交其法人证明或者身份证明；

（三）场所租赁、借用协议书，大型活动现场平面图；

（四）大型活动使用的证件及门票的样本；

（五）安全风险预测或者评估报告、安全工作方案、突发事件应急预案；

（六）举办日期、时间需要变更的，提交变更方案；

（七）有承办者的，提交主办者和承办者之间签订的安全协议书；

（八）按照规定应当经有关部门事先批准的，提交批准文件；

（九）其他与举办大型活动安全工作相关的证明材料。

第十三条 大型活动安全工作方案应当包括以下内容：

（一）举办日期、时间、地点、人数和内容；

（二）安全工作的组织系统；

（三）安全工作人员的数量、岗位职责；

（四）场所建筑和设施的消防安全措施；

（五）车辆停放、疏导措施；

（六）票证的印制、查验等措施；

（七）现场秩序维护、人员疏导措施；

（八）其他与安全工作有关的内容。

第十四条 公安机关应当自受理安全许可申请之日起十个工作日内，对申请人提交的材料进行审查，并对大型活动场所、设施进行现场核查，作出许可或者不予许可的决定，并书面通知申请人；不予许可的说明理由。十个工作日不能作出决定的，经本机关负责人批准，可以延长十日，并将延长期限的理由告知申请人。

主办者申请年度内在相同地点举行相同内容的多场次大型活动的，公安机关可以采取一次许可的方式。

第十五条 大型活动符合下列条件的，公安机关予以安全许可：

（一）主办者具有合法身份；

（二）内容符合法律、法规的规定；

（三）场所、设施符合安全要求；

（四）安全责任明确、措施有效；

（五）法律、法规规定的其他条件。

第十六条 大型活动有下列情形之一的，公安机关不予安全许可：

（一）不符合本条例第十五条规定条件之一的；

（二）危害国家安全和社会公共利益的；

（三）影响国事、外交、军事或者其他重大活动的；

（四）严重妨碍道路交通安全秩序和社会公共秩序的。

第十七条 大型活动举办日期、时间需要变更的，主办者应当提前五个工作日向作出行政许可决定的公安机关提出变更申请；举办地点、内容需要改变的，主办者应当提前十个工作日向作出行政许可决定的公安机关提出申请。符合本条例规定的，公安机关应当及时办理变更手续。

大型活动取消的，主办者应当提前五个工作日告知作出行政许可决定的公安机关。

第十八条 作出安全许可决定所依据的客观情况发生重大变化的，为了公共利益的需要，作出行政许可决定的公安机关可以变更或者撤回已经生效的安全许可并及时告知主办者。由此给大型活动主办者造成财产损失的， 应当依法给予补偿。

第四章 安全规范

第十九条 变更、取消已向社会公布的大型活动的，主办者应当通过报纸、电视、广播等媒体予以公告，并做好善后工作。

第二十条 大型活动主办者应当遵守下列规定：

（一）不得将大型活动转让他人举办；

（二）按照安全许可的日期、时间、地点和内容举办大型活动；

（三）不得超过公安机关核准的安全容量印制、发放、出售票证；

（四）公开售票的，采取票证防伪、现场验票等安全措施；

（五）根据安全需要在场所入口设置安全、有效的机读验票设施、设备；

（六）保证临时搭建、安装、悬挂的设施、设备的安全。

大型活动主办者可以投保公众责任险。

第二十一条 主办者在大型活动举办期间，应当落实各项安全措施，配备足够的工作人员维持现场秩序，必要时可以申请公安机关协助。在人员相对聚集时，主办者应当采取控制和疏散措施，确保参加活动的人数在安全条件允许的范围内。

第二十二条 大型活动现场安全工作人员应当遵守下列规定：

（一）掌握安全保卫工作方案和处置突发事件应急预案的全部内容；

（二）能够熟练使用应急广播和指挥系统；

（三）能够熟练使用消防器材，熟知安全出口和疏散通道位置，理解本岗位应急救援措施；

（四）掌握和运用其他安全工作措施。

第二十三条 参加大型活动的人员应当遵守下列规定：

（一）遵守有关法律、法规、规章；

（二）遵守大型活动现场的管理制度；

（三）自觉接受安全检查，服从管理；

（四）不得影响大型活动正常秩序、妨碍公共安全；

（五）遵守社会公德。

第二十四条 公安机关应当及时对大型活动场所进行安全检查，填写《大型社会活动安全检查登记表》，记录安全检查的情况和处理结果，并由公安机关检查人员和大型活动主办者、场所提供者签字归档。必要时，公安机关可以会同安全生产、公安消防、质量技术监督等部门进行检查。

监督检查人员发现大型活动场所存在安全隐患的，填写《大型社会活动安全隐患通知书》，提出整改意见，责令主办者立即或者限期消除安全隐患。

第二十五条 公安机关根据公共安全的需要，可以组织对进入大型活动场所的车辆和人员所携带物品进行安全检查。

实施安全检查的工作人员，不得从事与安全检查无关的活动，不得实施侵犯受检查人合法权益的行为。

第五章 法律责任

第二十六条 大型活动主办者、场所提供者，违反本条例第七条第一款、第八条和第二十条第（六）项规定的，由公安机关或者其他有关部门责令限期改正；逾期不改正的，由公安机关责令停止或者部分停止大型活动，并处1万元以上5万元以下罚款。

第二十七条 大型活动主办者违反本条例规定，未取得安全许可擅自举办大型活动的，或者违反本条例第十七条第一款规定，擅自变更大型活动举办地点、内容的，由公安机关予以取缔，没收违法所得，并处3万元以上5万元以下罚款；造成严重后果的，并处5万元以上10万元以下罚款。

第二十八条 大型活动主办者违反本条例第十七条第一款规定，擅自变更大型活动举办日期、时间的，或者违反本条例第二十条第（一）项、第（三）项、第（四）项、第（五）项规定的，由公安机关处1万元以上3万元以下罚款；造成严重后果的，处3万元以上5万元以下罚款。

第二十九条 主办者举办大型活动发生安全责任事故或者违反大型活动有关法律、法规安全管理规定，二十四个月内受到两次行政处罚的，自第二次受到行政处罚之日起，二十四个月内不予安全许可。

第三十条 参加大型活动的人员违反本条例第二十三条规定的，公安机关可以予以批评教育；对严重危害社会治安秩序或者威胁公共安全的，强行带离现场；属违反治安管理行为的，依照治安管理的有关规定予以处罚。

第三十一条 本市各级人民政府及其所属部门主办大型活动，造成安全责任事故的，对责任人给予行政处分；构成犯罪的，依法追究刑事责任。

第三十二条 公安机关和有关监督管理部门工作人员滥用职权、玩忽职守、徇私舞弊的，由其上级机关或者监察机关责令改正；情节严重的，对直接负责的主管人员和其他直接责任人员依法给予行政处分；构成犯罪的，依法追究刑事责任。

第六章 附 则

第三十三条 本条例自2005年11月1日起施行。

背景资料

1999年以前，北京市对大型活动的安全管理没有专门的法规依据，具体工作中执行的是1984年北京市政府下发的《关于加强大型群众文化体育活动安全工作的通知》和1986年北京市政府下发的《关于展览展销安全保卫工作的暂行规定》。随着形势的发展，北京市政府于1999年出台了《北京市大型社会活动治安管理规定》（即常说的北京市政府33号令）。北京市政府33号令的出台，将大型社会活动治安管理工作纳入到有章可循的管理轨道上来；规定了大型活动安全管理工作实行“谁主办、谁负责”的原则。在33号令颁布的5年之后，随着北京会展经济的发展和大型活动的日趋攀升，需要有一部地方性法规来调节大型活动的管理工作，于是《北京市大型社会活动安全管理条例》应运而生。

展会知识产权保护办法

（商务部、国家工商行政管理总局、国家版权局、国家知识产权局令2006年第1号）

《展会知识产权保护办法》已经商务部、国家工商总局、国家版权局。国家知识产权局审议通过，现予公布，自2006年3月1日起施行。

2006年1月10日

第一章　总则

第一条 为加强展会期间知识产权保护，维护会展业秩序，推动会展业的健康发展，根据《中华人民共和国对外贸易法》、《中华人民共和国专利法》、《中华人民共和国商标法》和《中华人民共和国著作权法》及相关行政法规等制定本办法。

第二条 本办法适用于在中华人民共和国境内举办的各类经济技术贸易展览会、展销会、博览会、交易会、展示会等活动中有关专利、商标、版权的保护。

第三条 展会管理部门应加强对展会期间知识产权保护的协调、监督、检查，维护展会的正常交易秩序。

第四条 展会主办方应当依法维护知识产权权利人的合法权益。展会主办方在招商招展时，应加强对参展方有关知识产权的保护和对参展项目（包括展品、展板及相关宣传资料等）的知识产权状况的审查。在展会期间，展会主办方应当积极配合知识产权行政管理部门的知识产权保护工作。

展会主办方可通过与参展方签订参展期间知识产权保护条款或合同的形式，加强展会知识产权保护工作。

第五条 参展方应当合法参展，不得侵犯他人知识产权，并应对知识产权行政管理部门或司法部门的调查予以配合。

第二章　投诉处理

第六条 展会时间在三天以上（含三天），展会管理部门认为有必要的，展会主办方应在展会期间设立知识产权投诉机构。设立投诉机构的，展会举办地知识产权行政管理部门应当派员进驻，并依法对侵权案件进行处理。

未设立投诉机构的，展会举办地知识产权行政管理部门应当加强对展会知识产权保护的指导、监督和有关案件的处理，展会主办方应当将展会举办地的相关知识产权行政管理部门的联系人、联系方式等在展会场馆的显著位置予以公示。

第七条 展会知识产权投诉机构应由展会主办方、展会管理部门、专利、商标、版权等知识产权行政管理部门的人员组成，其职责包括：（一）接受知识产权权利人的投诉，暂停涉嫌侵犯知识产权的展品在展会期间展出；（二）将有关投诉材料移交相关知识产权行政管理部门；（三）协调和督促投诉的处理；（四）对展会知识产权保护信息进行统计和分析；（五）其他相关事项。

第八条 知识产权权利人可以向展会知识产权投诉机构投诉也可直接向知识产权行政管理部门投诉。权利人向投诉机构投诉的，应当提交以下材料：（一）合法有效的知识产权权属证明：涉及专利的，应当提交专利证书、专利公告文本、专利权人的身份证明、专利法律状态证明；涉及商标的，应当提交商标注册证明文件，并由投诉人签章确认，商标权利人身份证明；涉及著作权的，应当提交著作权权利证明、著作权人身份证明；（二）涉嫌侵权当事人的基本信息；（三）涉嫌侵权的理由和证据；（四）委托代理人投诉的，应提交授权委托书。

第九条 不符合本办法第八条规定的，展会知识产权投诉机构应当及时通知投诉人或者请求人补充有关材料。未予补充的，不予接受。

第十条 投诉人提交虚假投诉材料或其他因投诉不实给被投诉人带来损失的，应当承担相应法律责任。

第十一条 展会知识产权投诉机构在收到符合本办法第八条规定的投诉材料后，应于24小时内将其移交有关知识产权行政管理部门。

第十二条 地方知识产权行政管理部门受理投诉或者处理请求的，应当通知展会主办方，并及时通知被投诉人或者被请求人。

第十三条 在处理侵犯知识产权的投诉或者请求程序中，地方知识产权行政管理部门可以根据展会的展期指定被投诉人或者被请求人的答辩期限。

第十四条 被投诉人或者被请求人提交答辩书后，除非有必要作进一步调查，地方知识产权行政管理部门应当及时作出决定并送交双方当事人。

被投诉人或者被请求人逾期未提交答辩书的，不影响地方知识产权行政管理部门作出决定。

第十五条 展会结束后，相关知识产权行政管理部门应当及时将有关处理结果通告展会主办方。展会主办方应当做好展会知识产权保护的统计分析工作，并将有关情况及时报展会管理部门。

第三章　展会期间专利保护

第十六条 展会投诉机构需要地方知识产权局协助的，地方知识产权局应当积极配合，参与展会知识产权保护工作。地方知识产权局在展会期间的工作可以包括：（一）接受展会投诉机构移交的关于涉嫌侵犯专利权的投诉，依照专利法律法规的有关规定进行处理；（二）受理展出项目涉嫌侵犯专利权的专利侵权纠纷处理请求，依照专利法第五十七条的规定进行处理；（三）受理展出项目涉嫌假冒他人专利和冒充专利的举报，或者依职权查处展出项目中假冒他人专利和冒充专利的行为，依据专利法第五十八条和第五十九条的规定进行处罚。

第十七条 有下列情形之一的，地方知识产权局对侵犯专利权的投诉或者处理请求不予受理：（一）投诉人或者请求人已经向人民法院提起专利侵权诉讼的；（二）专利权正处于无效宣告请求程序之中的；（三）专利权存在权属纠纷，正处于人民法院的审理程序或者管理专利工作的部门的调解程序之中的；（四）专利权已经终止，专利权人正在办理权利恢复的。

第十八条 地方知识产权局在通知被投诉人或者被请求人时，可以即行调查取证，查阅、复制与案件有关的文件，询问当事人，采用拍照、摄像等方式进行现场勘验，也可以抽样取证。

地方知识产权局收集证据应当制作笔录，由承办人员、被调查取证的当事人签名盖章。被调查取证的当事人拒绝签名盖章的，应当在笔录上注明原因；有其他人在现场的，也可同时由其他人签名。

第四章　展会期间商标保护

第十九条 展会投诉机构需要地方工商行政管理部门协助的，地方工商行政管理部门应当积极配合，参与展会知识产权保护工作。地方工商行政管理部门在展会期间的工作可以包括：（一）接受展会投诉机构移交的关于涉嫌侵犯商标权的投诉，依照商标法律法规的有关规定进行处理；（二）受理符合商标法第五十二条规定的侵犯商标专用权的投诉；（三）依职权查处商标违法案件。

第二十条 有下列情形之一的，地方工商行政管理部门对侵犯商标专用权的投诉或者处理请求不予受理：（一）投诉人或者请求人已经向人民法院提起商标侵权诉讼的；（二）商标权已经无效或者被撤销的。

第二十一条 地方工商行政管理部门决定受理后，可以根据商标法律法规等相关规定进行调查和处理。

第五章　展会期间著作权保护

第二十二条 展会投诉机构需要地方著作权行政管理部门协助的，地方著作权行政管理部门应当积极配合，参与展会知识产权保护工作。地方著作权行政管理部门在展会期间的工作可以包括：（一）接受展会投诉机构移交的关于涉嫌侵犯著作权的投诉，依照著作权法律法规的有关规定进行处理；（二）受理符合著作权法第四十七条规定的侵犯著作权的投诉，根据著作权法的有关规定进行处罚。

第二十三条 地方著作权行政管理部门在受理投诉或请求后，可以采取以下手段收集证据：（一）查阅、复制与涉嫌侵权行为有关的文件档案、账簿和其他书面材料；（二）对涉嫌侵权复制品进行抽样取证；（三）对涉嫌侵权复制品进行登记保存。

第六章　法律责任

第二十四条 对涉嫌侵犯知识产权的投诉，地方知识产权行政管理部门认定侵权成立的，应会同会展管理部门依法对参展方进行处理。

第二十五条 对涉嫌侵犯发明权或者实用新型专利权的处理请求，地方知识产权局认定侵权成立的，应当依据专利法第十一条第一款关于禁止许诺销售行为的规定以及专利法第五十七条关于责令侵权人立即停止侵权行为的规定作出处理决定，责令被请求人从展会上撤出侵权展品，销毁介绍侵权展品的宣传材料，更换介绍侵权项目的展板。

对涉嫌侵犯外观设计专利权的处理请求，被请求人在展会上销售其展品，地方知识产权局认定侵权成立的，应当依据专利法第十一条第二款关于禁止销售行为的规定以及第五十七条关于责令侵权人立即停止侵权行为的规定作出处理决定，责令被请求人从展会上撤出侵权展品。

第二十六条 在展会期间假冒他人专利或以非专利产品冒充专利产品，以非专利方法冒充专利方法的，地方知识产权局应当依据专利法第五十八条和第五十九条规定进行处罚。

第二十七条 对有关商标案件的处理请求，地方工商行政管理部门认定侵权成立的，应当根据《商标法》、《商标法实施条例》等相关规定进行处罚。

第二十八条 对侵犯著作权及相关权利的处理请求，地方著作权行政管理部门认定侵权成立的，应当根据著作权法第四十七条的规定进行处罚，没收、销毁侵权展品及介绍侵权展品的宣传材料，更换介绍展出项目的展板。

第二十九条 经调查，被投诉或者被请求的展出项目已经由人民法院或者知识产权行政管理部门作出判定侵权成立的判决或者决定并发生法律效力的，地方知识产权行政管理部门可以直接作出第二十六条、第二十七条、第二十八条和第二十九条所述的处理决定。

第三十条 请求人除请求制止被请求人的侵权展出行为之外，还请求制止同一被请求人的其他侵犯知识产权行为的，地方知识产权行政管理部门对发生在其管辖地域之内的涉嫌侵权行为，可以依照相关知识产权法律法规以及规章的规定进行处理。

第三十一条 参展方侵权成立的，展会管理部门可依法对有关参展方予以公告；参展方连续两次以上侵权行为成立的，展会主办方应禁止有关参展方参加下一届展会。

第三十二条 主办方对展会知识产权保护不力的，展会管理部门应对主办方给予警告，并视情节依法对其再次举办相关展会的申请不予批准。

第七章 附则

第三十三条 展会结束时案件尚未处理完毕的，案件的有关事实和证据可经展会主办方确认，由展会举办地知识产权行政管理部门在15个工作日内移交有管辖权的知识产权行政管理部门依法处理。

第三十四条 本办法中的知识产权行政管理部门是指专利、商标和版权行政管理部门；本办法中的展会管理部门是指展会的审批或者登记部门。

第三十五条 本办法自2006年3月1日起实施。

《出国举办经济贸易展览会审批管理办法》修正本

（2001年2月15日中国国际贸易促进委员会、中华人民共和国对外贸易经济合作部、贸促展管〔2001〕3号文件公布，2006年5月14日中国国际贸易促进委员会、中华人民共和国商务部贸促展管〔2006〕28号文件修订并重新公布）

第一章 总则

第一条 为了加强对出国举办经济贸易展览会（以下称“出国办展”）的管理，规范出国办展市场秩序，维护参展单位的合法权益，促进出国办展健康有序进行，根据《中华人民共和国行政许可法》、中华人民共和国国务院令第412号《国务院对确需保留的行政审批项目设定行政许可的决定》和相关法律法规，制定本办法。

第二条 出国办展是指符合本办法规定的境内法人（以下称“组展单位”）向国外经济贸易展览会主办者或展览场地经营者租赁展览场地，并按已签租赁协议有组织地招收其他境内企业和组织（以下称“参展企业”）派出人员在该展览场地上展出商品和服务的经营活动。

境内企业和其他组织独自赴国外参加经济贸易展览会，赴我国香港（特别行政区）、澳门（特别行政区）、台湾地区举办、参加经济贸易展览会等活动，不适用本办法。

第三条 出国办展须经中国国际贸易促进委员会审批(会签商务部)。组展单位应当向中国国际贸易促进委员会（以下简称“贸促会”）提出出国办展项目（以下称“项目”）申请，项目经批准后方可组织实施。

第四条 贸促会负责协调、监督、检查组展单位实施经批准的项目，制止企业和其他组织未经批准开展出国办展活动，并提请有关行政管理部门依法查处。商务部负责对出国办展进行宏观管理和监督检查。

第二章 审批的条件和依据

第五条 组展单位应当具备以下条件：(一)依法登记注册的企业、事业单位、社会团体、基金会、民办非企业单位法人，注册3年以上，具有与组办出国办展活动相适应的经营（业务）范围；(二) 具有相应的经营能力，净资产不低于300万元人民币，资产负债率不高于50%；(三) 具有向参展企业发出因公临时出国任务通知书的条件；(四)法律、法规规定的其他条件。

第六条 以地方人民政府名义出国办展，由有关省、自治区、直辖市、计划单列市、副省级市、经济特区人民政府商务主管部门提出项目申请。除非友好省州、友好城市庆祝活动所必需，同一地方商务主管部门申请的项目一年内不应超过2个。

第七条 以商务部名义出国办展，由受商务部委托的组展单位或商务部委派的机构提出项目申请。

第八条 项目审批的依据是：我国外交、外经贸工作需要，赴展国政治、经济情况，我国驻赴展国使领馆商务机构意见，赴某一国家、城市、展览会项目集中程度，展览会实际效果，组展单位上年度项目实施情况，对本办法的遵守情况以及组展单位的资质等。

关于组展单位的资质及评定办法，由贸促会会同商务部另行制定。

第三章 项目申请的受理与审查程序

第九条 组展单位应以书面形式逐个提出项目申请。项目申请包括以下材料：

（一）项目申请报告；

（二）按规定填写的《出国举办经济贸易展览会申请表》原件及电子文本；

（三）我国驻赴展国使领馆商务机构同意函复印件。

首次提出项目申请的组展单位，除应提供前款规定的项目申请材料外，还应提供以下材料：

1、项目可行性报告及与国外展览会主办者或展览场地经营者联系的往来函件复印件；

2、法人登记证书复印件（验证原件）；

3、会计师事务所出具的验资报告、财务年度报告、资产负债表复印件；

4、税务机关出具的完税证明原件；

5、事业单位批准成立机关或社会团体、基金会、民办非企业单位业务主管单位出具的同意事业单位或社会团体、基金会、民间非企业单位出国办展的批准件原件；

6、有因公出国任务审批权的部门和单位出具的同意向参展企业发出因公临时出国任务通知书的证明函原件。

第十条 组展单位可在每年2月、5月、8月、11月的最后一个工作日前向贸促会递交项目申请。每年3月、6月、9月、12月的第一个工作日为贸促会受理的起算日。项目开幕日期距受理起算日不足6个月的，不予受理。

对于连续举办五届以上的或因展览会筹备周期长需提前审批的项目，贸促会可提前予以批准并核发《出国举办经济贸易展览会批件》。

第十一条 贸促会自受理起算日起，原则上只对6至12个月以后开幕的项目集中审核，并在20个工作日内作出是否批准的决定。符合条件的，核发《出国举办经济贸易展览会批件》，抄送相关部门；不符合条件的，说明理由并告知申请人享有依法申请行政复议或者提起行政诉讼的权利。

第十二条 贸促会在核发《出国举办经济贸易展览会批件》前，将拟批准的项目送商务部会签。商务部在收到会签函后10个工作日内回复会签意见。

对于赴未建交国家的项目，贸促会同时送外交部会签。外交部在收到会签函后10个工作日内回复会签意见。

第十三条 对于经批准的项目，组展单位还须至迟在展览会开幕前2个月向贸促会提出出国办展人员复核申请，包括以下材料：

（一）人员复核申请报告；

（二）按规定填写的《出国举办经济贸易展览会人员复核申请表》原件及电子文本；

（三）国外展览会主办者或展览场地经营者出具的展览场地使用权确认函复印件；

（四）保护知识产权工作方案和国外突发事件应急处理预案。

贸促会在收到申请后10个工作日内作出是否复核的决定。符合规定的，核发《出国举办经济贸易展览会人员复核批件》，抄送相关部门；不符合规定的，说明理由。

第十四条 项目一经批准，组展单位不得随意变更、取消；如确需变动，组展单位须在展览会开幕日期3个月前连同变动理由通报贸促会和有关驻外使领馆商务机构。

第十五条 贸促会及时公示经批准的项目，并依法通报有关行政管理部门。

第四章 展品和人员出境监管

第十六条 有关监管部门凭贸促会核发的《出国举办经济贸易展览会批件》，核发展品出境所需单证。

出入境检验检疫机构凭贸促会核发的《出国举办经济贸易展览会批件》，办理展品查验手续。

海关根据出口展览品监管的有关规定，凭贸促会核发的《出国举办经济贸易展览会批件》及有关监管部门核发的展品出境所需单证，办理展品查验放行手续。

各级外汇管理部门和外汇指定银行凭贸促会核发的《出国举办经济贸易展览会批件》办理场地租用和展品运输外汇使用手续。

第十七条 各级商务、外事、外汇管理部门和外汇指定银行凭贸促会核发的《出国举办经济贸易展览会人员复核批件》，办理参展人员出国、外汇使用手续。

第五章 展览团的管理

第十八条 组展单位应向相关企业提供准确、全面的展览会信息，与参展企业签订正式参展合同，严格遵守我国法律、法规，信守承诺，合理收费。

第十九条 展览团人员按照每个标准展位（9平方米）2人计算，在外天数按照实际展出天数前后最长各加4天计算，不得擅自增加人员和延长在外天数；与参展业务无关的人员不得参加展览团；如有省部级人员参加展览团，须按照有关规定履行报批程序。

第二十条 组展单位应鼓励参展企业选择高新技术、高附加值和适销对路的商品参加展出，严禁假冒伪劣、侵犯知识产权的商品参展。

第二十一条 组展单位应制定严格的展览团管理方案和保护知识产权工作方案，组织出国前外事纪律、保密制度、知识产权保护、涉外礼仪等方面的学习，组织参展企业做好布展工作并积极开展市场调研和贸易洽谈。展出期间，参展人员不得擅离展位。

第二十二条 组展单位必须协调展览团接受我驻展出国使领馆的领导，遵守展出国法律、法规，及时向使领馆汇报办展情况。

第二十三条 对参加同一展览会组展单位多、展出规模大的展览团，由贸促会会同商务部制定相应管理办法。

第二十四条 组展单位须在展览会结束后1个月内向贸促会提交出国办展总结和按规定填写的《出国举办经济贸易展览会情况调查表》原件及电子文本。

出国办展总结中须专题汇报组展单位实施保护知识产权工作方案的情况，如实提供展出过程中涉及知识产权争议的参展公司名称，描述有关争议情节。贸促会将经过司法程序判定为侵犯知识产权的参展公司名称及相关信息向社会公示，被公示的企业在三年内不得参加出国展览团。

第二十五条 贸促会汇总出国办展有关情况，定期向商务部、外交部等部门通报，并于每年3月底以前会同商务部向国务院报送上一年度出国办展审批管理工作总结。

第六章 法律责任

第二十六条 境内个人不得从事出国办展活动，企业和其他组织未经批准不得从事出国办展活动。境外个人、企业和其他组织不得在中国从事出国办展活动。

境内企业和其他组织在代表国外展览会主办者或展览场

地经营者与境内其他企业和组织联系过程中，应遵守国家有关法律、法规，不得扰乱市场秩序，包括强迫境内其他企业和组织接受展位搭建、人员食宿行安排等服务，接受超出场地和展位国际通行定价的销售价格等。

第二十七条 贸促会应将境内个人、企业和其他组织以及境外个人、企业和其他组织违反本办法第二十六条规定的有关情况通报有关行政管理部门，由有关行政管理部门依法予以查处。

第二十八条 组展单位有如下行为之一的，贸促会予以警告，同时，提请有关行政管理部门依法查处：

（一）涂改、倒卖、出租、出借批件，或者以其他形式转让批件的；

（二）违反本办法第十八条、第十九条规定，或者未严格执行保护知识产权工作方案和国外突发事件应急处理预案，在外造成严重影响的；

（三）隐瞒有关情况、提供虚假材料或者拒绝提供反映其活动情况的真实材料的；

（四）其他违反本办法的行为。

第二十九条 组展单位有提供虚假材料，涂改、倒卖、出租、出借或以其他形式转让批件，或者严重违反本办法规定的行为，一经发现，贸促会可撤销批件。

第三十条 组展单位工作人员在出国办展中构成犯罪的，由有关部门依法追究刑事责任。

第三十一条 主管或经办出国办展审批和管理的工作人员未履行法律、法规、规章规定义务的，依法给予行政处分；构成犯罪的，由有关部门依法追究刑事责任。

第七章 附则

第三十二条 贸促会代表国家的出国办展项目，由外交部、商务部、财政部会签后报国务院审批。

第三十三条 本办法中有关期限的规定，未指明为工作日的，均为自然天数或月数。本办法第十一条规定的期限，不涵盖本办法第十二条规定的会签时间。

第三十四条 本办法自公布之日起30日后施行。贸促会会同原外经贸部于2001年2月15日印发的《出国举办经济贸易展览会审批管理办法》同时废止。

编后语：《办法》修正本贯彻了依法行政的基本要求，结合出国办展活动的实际，依照行政许可法的规定对出国办展项目审批的条件、依据、受理和审查程序、期限以及批准项目的通报、公示、监督管理等作出具体规定，明确了审批机关的义务和权限，引入综合执法体制，将出国办展纳入行政许可、工商、海关、外事等综合管理体制的框架。

《办法》规定，境内个人不得从事出国办展活动；企业和其他组织未经批准不得从事出国办展活动；境外个人、企业和其他组织不得在中国从事出国办展活动。

《办法》明确，企业、事业单位、社会团体、基金会、民办非企业单位法人等赴国外参加经济贸易展览会，须满足“注册3年以上，净资产不低于300万元人民币，资产负债率不高于50%”等条件，且须经过中国贸促会审批。

出国经贸展览管理有法可依

——中国贸促会展览办负责人详解《出国举办经济贸易展览会审批管理办法》

2006年6月18日，《出国举办经济贸易展览会审批管理办法》（以下简称新《办法》）正式实施以来，其特点及实施要点一直备受业界关注。7月20日，在沈阳召开的2006年全国出国经贸展览工作会议上，中国贸促会展览管理办公室副主任赵会田就此做了进一步的解释。

新《办法》特点鲜明

赵会田指出，新《办法》贯彻了依法行政的基本要求，结合出国办展活动的实际，依照行政许可法的规定对出国办展项目审批的条件、依据、受理和审查程序、期限以及批准项目的通报、公示、监督管理等做出了具体规定，明确了审批机关的义务和权限，引入综合执法体制，将出国办展纳入行政许可、工商、海关、外事等综合管理体制的框架。他认为，新《办法》与原管理办法相比，特点鲜明，主要表现在：

首先，明确了出国办展审批管理机关的职权范围。赵会田认为，新《办法》对出国办展行为做出了具体定义，并特别指出，境内企业和其他组织独自赴国外参加经贸展览会（即企业和其他组织自行出国参展）以及赴我国香港、澳门、台湾地区举办和参加经贸展览会不是中国贸促会审批管理工作的管辖范围。

其次，扩展了出国办展组展单位的范围。新《办法》取消了原管理办法中关于组展单位资格的有关规定，对组展单位应当具备的条件做出水平式规定。赵会田说，这意味着，组展单位已经扩展到所有具备条件的境内法人。

第三，取消了出国办展备核管理制度。原管理办法规定，组展单位赴展览会集中举办国或未建交国家以外的国家举办展览会，可以先行开展筹展活动并在展览会开幕前3个月直接向中国贸促会申请核发备核批件。赵会田介绍说，当时设立这一制度的前提是，组展单位的资格是经过核定的。他认为，在组展单位资格审批已经取消的情况下，组展单位的范围已经扩展到所有具备条件的境内法人，备核管理制度的前提条件不复存在，如继续执行该制度，会破坏审批管理制度的统一性，造成审批管理机关与组展单位间法律责任的不确定性，且会引发管理漏洞。

第四，明确了对违法出国办展行为的查处办法。新《办法》规定，“境内个人不得从事出国办展活动，企业和其他组织未经批准不得从事出国办展活动。境外个人、企业和其他组织不得在中国从事出国办展活动。”赵会田指出，违反这一规定的违法经营行为一经被发现，中国贸促会应予制止并提请有关行政管理机关依法查处。而原管理办法只对经审定具有组展资格的单位做出了管理规定。

第五，强化了对出国办展活动中知识产权保护工作的监管。新《办法》规定，组展单位在提出出国举办经济贸易展览会人员复核申请时必须提交保护知识产权工作方案，并在出国办展全过程中认真执行。赵会田强调说，如执行不力在外造成严重影响，将承担法律责任；同时规定建立参展单位侵权公示制度，被公示的单位3年内不得参加出国展览团。

第六，明确了中国贸促会与组展单位间及组展单位对参展单位的义务。赵会田介绍说，新《办法》规定，中国贸促会须在规定的期限内对组展单位的申请做出是否批准的决定，不予批准的应通知组展单位，说明理由并告知组展单位依法享有的申请行政复议和提起行政诉讼的权利；组展单位向贸促会提交的申请材料应当真实、全面，否则将承担法律责任；项目经批准后，组展单位应向相关企业提供准确、全面的展览会信息，与参展企业签订正式参展合同，严格遵守我国法律、法规，信守承诺，合理收费。

施行细则明确

在新《办法》中，审批的条件、程序等方面规定的施行细则非常明确。但赵会田强调说，在新管理办法实施过程中，组展单位需要特别注意其中一些施行细则的规定。

关于对是否符合审批条件的证明材料的查验。新《办法》第五条对审批的条件做出了具体规定，根据此规定，第九条第二款明确，首次提出项目申请的组展单位除提供项目申请材料外，还应提供证明其符合规定条件的证明材料。

赵会田指出，其中第1项要求提供的项目可行性报告，须包括以下相关内容：境内地区和行业发展状况与办展项目的适应性、赴展国市场需求与境内地区和行业发展状况的适应性、组展单位与境内目标企业的联系情况及境外租用展览场地的可行性。

他讲道，第2项要求提供的法人登记证书复印件（验证原件）是指，组展单位在提供登记证书复印件的同时，须持登记证书原件供展览管理办公室经办人员查验。

第6项要求提供的有因公出国任务审批权的部门和单位出具的证明函，须包括“有因公出国任务审批权的部门或单位同意组展单位组织出国展览团组、向参展企业发出出国任务通知书并承担对出国展览团组的外事管理责任”方面相关内容。

关于提前批准出展项目。新《办法》第十条第二款规定：“对于连续举办五届以上的或因展览会筹备周期长需提前审批的项目，中国贸促会可提前予以批准并核发《出国举办经济贸易展览会批件》。”赵会田指出，只要项目符合规定条件，展览管理办公室将依照规定受理并办理审批手续，但前提条件是，组展单位必须提前提出项目申请。

关于组展单位与参展企业签订正式参展合同。新《办法》第十八条规定，组展单位应与参展公司签订正式参展合同。该合同是指书面合同。根据该规定，展览管理办公室经办人员在受理出国办展人员复核申请时，将抽查参展合同。赵会田认为，需要特别指出的是，针对目前不少组展单位委托其他单位招收参展企业的习惯做法，将来展览管理办公室审验参展合同的时候，只认同组展单位与参展公司直接签订的参展合同，受委托单位与参展公司签订的合同视为无效。

关于取消备核管理的过渡期。新《办法》取消了备核管理制度，而在新管理办法生效前，组展单位依照原办法已经展开赴原备核管理国家出展项目的筹备工作，为保持工作的连续性，需要设定一个取消备核管理制度的过渡期。赵会田介绍说，2007年6月30日以前开幕的赴原备核管理国家的展览会项目，仍然依照原办法履行备核手续，但申请备核时须另外提交保护知识产权工作方案和国外突发事件应急处理预案；2007年6月30日以后开幕的赴任何国家的展览会项目，一律依照新办法规定的程序履行报批手续。

关于保护知识产权工作方案和国外突发事件应急处理预案。新《办法》第十三条规定，组展单位在提交出国办展人员复核申请时须提供保护知识产权工作方案和国外突发事件应急处理预案。

赵会田指出，组展单位提供保护知识产权工作方案的内容应该包括招展过程中向有关企业宣传知识产权保护工作情况、为避免假冒伪劣产品参展所采取的实际措施、展品侵权可能性分析和展览现场处理有关纠纷的预案。

另外，针对国外突发事件应急处理预案的内容应包括展览团后勤服务商基本情况及对其应急能力的评估、与旅行有关的参展人员国外人身、财产安全保障措施、展场及施工安全保障措施。

两项原则规定得到落实

在新《办法》中，对于大型出国展览团的管理和组展单位资质评估两项原则规定得到了落实。

新《办法》第23条关于对大型出国展览团管理的原则规定，沿用了原办法的规定。因此，在具体实施中仍将沿用原来施行的管理办法。赵会田指出，但其原有管理规定需要根据我国出展面临的新形势和新问题进行修订。

新《办法》第八条规定的组展单位资质及其评定，是我国出展协调管理工作中的新事物。赵会田介绍，对于组展单位资质的评定办法，初步设想是根据组展单位年度实际办展项目总数、展位总数、计划实施率、计划展出面积实施率、项目平均展位数、人员复核调整次数以及对管理办法的遵守情况等指标，对组展单位的资质进行年度评估，并将评定的资质作为审批组展单位下一年度出展项目的依据。

新《办法》的发布实施，标志着我国出国办展活动的审批管理，已经从政策约束发展到法律规范。在会上，赵会田最后表示，在今后的审批管理工作中，中国贸促会将依照行政许可法和其他相关法律、法规的规定，密切联系、依靠有关政府职能部门，团结广大组展单位，严格履行法定义务和管理责任，把新管理办法贯彻好、实施好。

《内地与澳门关于建立更紧密经贸关系的安排》补充协议三

为进一步提高内地①与澳门特别行政区（以下简称“澳门”）经贸交流与合作的水平，根据：

2003年10月17日签署的《内地与澳门关于建立更紧密经贸关系的安排》（以下简称“《安排》”）；

2004年10月29日签署的《〈安排〉补充协议》；

2005年10月21日签署的《〈安排〉补充协议二》，双方决定，就内地在服务贸易领域对澳门扩大开放及双方在贸易投资便利化领域增强合作签署本协议。

一、服务贸易

（一）自2007年1月1日起，内地在《安排》、《〈安排〉补充协议》和《〈安排〉补充协议二》开放服务贸易承诺的基础上，在法律、建筑、会展、视听、分销、旅游、运输和个体工商户等领域进一步放宽市场准入的条件。具体内容载于本协议附件。

（二）本协议附件是《安排》附件4表1《内地向澳门开放服务贸易的具体承诺》、《〈安排〉补充协议》附件3《内地向澳门开放服务贸易的具体承诺的补充和修正》和《〈安排〉补充协议二》附件2《内地向澳门开放服务贸易的具体承诺的补充和修正二》的补充和修正。与前三者条款产生抵触时，以本协议附件为准。

（三）本协议附件中的“服务提供者”，应符合《安排》附件5《关于“服务提供者”定义及相关规定》的有关规定。

二、贸易投资便利化

（一）为支持和配合澳门产业结构适度多元化，推动两地会展业的发展，双方一致同意将会展业合作补充列入《安排》贸易投资便利化的产业合作领域，并据此将《安排》附件6第九条修改为：

“双方认识到，两地根据优势互补的原则，加强产业合作与交流，将有利于两地产业和整体社会经济的发展。双方将在中医药产业和会展业开展合作，并考虑在适当的时候，开展其他产业的专项合作。”

（二）为推动两地在知识产权保护领域的合作，双方一致同意将知识产权保护工作补充列入《安排》贸易投资便利化领域，并据此：

1．将《安排》第十七条第一款修改为：

“一、双方将在以下领域加强合作：

1．贸易投资促进；

2．通关便利化；

3．商品检验、动植物检验检疫、食品安全、卫生检疫、认证认可及标准化管理；

4．电子商务；

5．法律法规透明度；

6．中小企业合作；

7．产业合作；

8．知识产权保护。”

2．将《安排》附件6第二条修改为：

“二、双方同意在贸易投资促进，通关便利化，商品检验、动植物检验检疫、食品安全、卫生检疫、认证认可及标准化管理，电子商务，法律法规透明度，中小企业合作，产业合作，知识产权保护8个领域开展贸易投资便利化合作，有关合作在根据《安排》第十九条设立的联合指导委员会的指导和协调下进行。”

3．在《安排》附件6中增加一条作为第十条，以后条款序号依次顺延。第十条内容为：

“十、知识产权保护

双方认识到，加强知识产权保护对于推动两地经济发展和促进两地经贸交流与合作具有重要意义。双方同意加强在知识产权保护领域的合作。

（一）合作机制

通过两地政府部门间的合作机制，加强双方在知识产权保护领域的合作。

（二）合作内容

双方同意加强在以下方面的合作：

1．通过在澳门设立保护知识产权协调中心，就两地知识产权保护的信息进行交流与沟通。

2．在知识产权保护的法律法规的制定和执行方面交换信息。

3．通过考察、举办研讨会、出版有关刊物及其他方式，分享有关资料和信息。

4．就知识产权保护中出现的问题进行磋商。”

三、附件

本协议的附件构成本协议的组成部分。

四、生效

本协议自双方代表正式签署之日起生效。

本协议以中文书就，一式两份。

本协议于二〇〇六年六月二十六日在澳门签署。

中华人民共和国 商务部副部长 廖晓淇	中华人民共和国 澳门特别行政区经济财政司司长 谭伯源

注释：

①《安排》中，内地系指中华人民共和国的全部关税领土。

附件

表 7–1　　内地向澳门开放服务贸易的具体承诺的补充和修正三①

部门或分部门	1. 商业服务 A. 专业服务 a. 法律服务（CPC861）
具体承诺	1. 对与澳门律师事务所进行联营的内地律师事务所的专职律师人数不作要求。 2. 对澳门律师事务所驻内地代表机构的代表在内地的居留时间不作要求。 3. 允许取得内地律师资格或法律职业资格并获得内地律师执业证书的澳门居民，以内地律师身份从事涉澳婚姻、继承案件的代理活动。 4. 允许澳门律师以公民身份担任内地民事诉讼的代理人。
部门或分部门	1. 商业服务 A. 专业服务 顾问和咨询工程服务(CPC86721)
具体承诺	1. 允许澳门服务提供者在内地设立独资工程造价咨询企业。 2. 澳门服务提供者在澳门和内地的业绩，可共同作为评定其在内地设立工程造价咨询企业申请资质的依据。
部门或分部门	1. 商业服务 F. 其他商业服务 会议服务和展览服务（CPC87909）
具体承诺	允许澳门服务提供者在内地设立独资、合资或合作企业，经营到澳门、香港的展览业务。
部门或分部门	2. 通信服务 D. 视听服务 录像分销服务（CPC83202），录音制品的分销服务； 电影院服务； 华语影片和合拍影片； 有线电视技术服务； 合拍电视剧； 其他。
具体承诺	国家广电总局将各省、自治区或直辖市所属制作机构生产的有澳门演职人员参与拍摄的国产电视剧完成片的审查工作，交由省级广播电视行政部门负责。
部门或分部门	4. 分销服务 A. 佣金代理服务（不包括盐和烟草）； B. 批发服务（不包括盐和烟草）； C. 零售服务（不包括烟草）； D. 特许经营。
具体承诺	对于同一澳门服务提供者在内地累计开设店铺超过30家的，如经营商品包括图书、报纸、杂志、药品、农药、农膜、化肥、粮食、植物油、食糖、棉花等商品，且上述商品属于不同品牌，来自不同供应商的，允许澳门服务提供者控股，出资比例不得超过65%。②
部门或分部门	9. 旅游和与旅游相关的服务 A. 饭店（包括公寓楼）和餐馆（CPC641-643）； B. 旅行社和旅游经营者（CPC7471）； D. 其他。
具体承诺	允许在广东省的澳门独资或合资旅行社，申请试点经营广东省居民（具有广东省正式户籍的居民）前往澳门、香港的团队旅游业务。

(续表 7–1)

部门或分部门	11. 运输服务 C. 航空运输服务 机场管理服务（不包括货物装卸）(CPC74610)； 其他空运支持性服务（CPC74690）； 空运服务的销售和营销服务。
具体承诺	允许澳门航空销售代理企业在内地设立独资航空运输销售代理企业，注册资本要求与内地企业相同。
部门或分部门	11. 运输服务 F. 公路运输服务 公路卡车和汽车货运(CPC7123)； 公路客运(CPC7121, 7122)； 道路货物运输站（场）(CPC74190)； 机动车维修(CPC61120, 61220)。
具体承诺	允许澳门服务提供者在内地设立独资企业，经营下列道路运输相关业务： 道路货物运输站（场）； 机动车维修。
部门或分部门	服务部门分类（GNS/W/120）未列出的部门 个体工商户
具体承诺	允许澳门永久性居民中的中国公民依照内地有关法律、法规和行政规章，在内地各省、自治区、直辖市设立个体工商户，无需经过外资审批。营业范围为：种植业、饲养业、养殖业、计算机修理服务业、科技交流和推广业，但不包括特许经营。其从业人员不超过 8 人。

注释：

①部门分类使用世界贸易组织《服务贸易总协定》服务部门分类（GNS/W/120），部门的内容参考相应的联合国中央产品分类（CPC，United Nations Provisional Central Product Classification）。

②如经营商品为成品油，仍按内地对世界贸易组织成员的承诺处理。

《内地与香港关于建立更紧密经贸关系的安排》补充协议三

为进一步提高内地《安排》中，内地系指中华人民共和国的全部关税领土。与香港特别行政区（以下简称“香港”）经贸交流与合作的水平，根据：

2003年6月29日签署的《内地与香港关于建立更紧密经贸关系的安排》（以下简称“《安排》”）及于2003年9月29日签署的《安排》附件；

2004年10月27日签署的《〈安排〉补充协议》；

2005年10月18日签署的《〈安排〉补充协议二》，双方决定，就内地在服务贸易领域对香港扩大开放及双方在贸易投资便利化领域增强合作签署本协议。

一、服务贸易

（一）自2007年1月1日起，内地在《安排》、《〈安排〉补充协议》和《〈安排〉补充协议二》开放服务贸易承诺的基础上，在法律、建筑、信息技术、会展、视听、分销、旅游、运输和个体工商户等领域进一步放宽市场准入的条件。具体内容载于本协议附件。

（二）本协议附件是《安排》附件4表1《内地向香港开放服务贸易的具体承诺》、《〈安排〉补充协议》附件3《内地向香港开放服务贸易的具体承诺的补充和修正》和《〈安排〉补充协议二》附件2《内地向香港开放服务贸易的具体承诺的补充和修正二》的补充和修正。与前三者条款产生抵触时，以本协议附件为准。

（三）本协议附件中的“服务提供者”，应符合《安排》附件5《关于“服务提供者”定义及相关规定》的有关规定。

二、贸易投资便利化

为推动两地在知识产权保护领域的合作，双方一致同意将知识产权保护补充列入《安排》贸易投资便利化领域，并据此：

（一）将《安排》第十七条第一款修改为：

“一、双方将在以下领域加强合作：

1．贸易投资促进；

2．通关便利化；

3．商品检验检疫、食品安全、质量标准；

4．电子商务；

5．法律法规透明度；

6．中小企业合作；

7．中医药产业合作；

8．知识产权保护。”

（二）将《安排》附件6第二条修改为：

“二、双方同意在贸易投资促进，通关便利化，商品检验检疫、食品安全、质量标准，电子商务，法律法规透明度，中小企业合作，中医药产业合作，知识产权保护8个领域开展贸易投资便利化合作，有关合作在根据《安排》第十九条设立的联合指导委员会的指导和协调下进行。”

（三）在《安排》附件6中增加一条作为第十条，其后条款序号依次顺延。第十条内容为：

“十、知识产权保护

双方认识到，加强知识产权保护对于推动两地经济发展和促进两地经贸交流与合作具有重要意义。双方同意加强在知识产权保护领域的合作。

（一）合作机制

通过两地政府部门间的合作机制，加强双方在知识产权保护领域的合作。

（二）合作内容

双方同意加强在以下方面的合作：

1．通过在香港设立保护知识产权协调中心，就两地知识产权保护的信息进行交流与沟通。

2．在知识产权保护的法律法规的制定和执行方面交换信息；

3．通过考察、举办研讨会、出版有关刊物及其他方式，分享有关知识产权保护的资料和信息。

4．就知识产权保护中出现的问题进行磋商。”

三、附件

本协议的附件构成本协议的组成部分。

四、生效

本协议自双方代表正式签署之日起生效。

本协议以中文书就，一式两份。

本协议于二〇〇六年六月二十七日在香港签署。

中华人民共和国	中华人民共和国
商务部副部长	香港特别行政区财政司司长
廖晓淇	唐英年

附件

表 7–2　　内地向香港开放服务贸易的具体承诺的补充和修正三[①]

部门或分部门	1. 商业服务 A. 专业服务 a. 法律服务（CPC861）
具体承诺	1. 对与香港律师事务所进行联营的内地律师事务所的专职律师人数不作要求。 2. 对香港律师事务所驻内地代表机构的代表在内地的居留时间不作要求。 3. 允许取得内地律师资格或法律职业资格并获得内地律师执业证书的香港居民，以内地律师身份从事涉港婚姻、继承案件的代理活动。 4. 允许香港大律师以公民身份担任内地民事诉讼的代理人。 5. 允许取得内地律师资格或法律职业资格的香港居民，在内地律师事务所设在香港的分所，按照内地规定的实习培训大纲和实务训练指南进行实习。
部门或分部门	1. 商业服务 A. 专业服务 工程造价咨询服务
具体承诺	1. 允许香港服务提供者在内地设立独资工程造价咨询企业。 2. 香港服务提供者在香港和内地的业绩，可共同作为评定其在内地设立工程造价咨询企业申请资质的依据。
部门或分部门	1. 商业服务 B. 计算机及其相关服务 信息技术服务
具体承诺	香港服务提供者申请内地计算机信息系统集成资质，按照下列条件进行评定： （1）不考核职称要求，但应考核相关学历及从业经历； （2）系统集成的业绩包括在内地和香港从事的项目； （3）申请三级资质的企业，从事软件开发与系统集成相关工作的人员不少于40人，其中大学本科以上学历人员所占比例不低于80%。 其他评定条件按照内地有关规定执行。
部门或分部门	1. 商业服务 F. 其他商业服务 会议服务和展览服务（CPC87909）
具体承诺	允许香港服务提供者在内地设立独资、合资或合作企业，经营到香港、澳门的展览业务。
部门或分部门	2. 通信服务 D. 视听服务 录像分销服务（CPC83202），录音制品的分销服务； 电影院服务； 华语影片和合拍影片； 有线电视技术服务； 合拍电视剧； 其他。
具体承诺	国家广电总局将各省、自治区或直辖市所属制作机构生产的有香港演职人员参与拍摄的国产电视剧完成片的审查工作，交由省级广播电视行政部门负责。
部门或分部门	4. 分销服务 A. 佣金代理服务（不包括盐和烟草）； B. 批发服务（不包括盐和烟草）； C. 零售服务（不包括烟草）； D. 特许经营。
具体承诺	对于同一香港服务提供者在内地累计开设店铺超过30家的，如经营商品包括图书、报纸、杂志、药品、农药、农膜、化肥、粮食、植物油、食糖、棉花等商品，且上述商品属于不同品牌，来自不同供应商的，允许香港服务提供者控股，出资比例不得超过65%。[②]
部门或分部门	9. 旅游和与旅游相关的服务 A．饭店（包括公寓楼）和餐馆（CPC641-643）； B. 旅行社和旅游经营者（CPC7471）； D. 其他。
具体承诺	允许在广东省的香港独资或合资旅行社，申请试点经营广东省居民（具有广东省正式户籍的居民）前往香港、澳门的团队旅游业务。
部门或分部门	11. 运输服务 C. 航空运输服务 机场管理服务（不包括货物装卸）（CPC74610）； 其他空运支持性服务（CPC74690）； 空运服务的销售和营销服务。

（续表 7–2）

具体承诺	允许香港航空销售代理企业在内地设立独资航空运输销售代理企业,注册资本要求与内地企业相同。
部门或分部门	11. 运输服务
	F. 公路运输服务
	公路卡车和汽车货运(CPC7123); 公路客运(CPC7121, 7122); 道路货物运输站（场)(CPC74190); 机动车维修(CPC61120, 61220)。
具体承诺	允许香港服务提供者在内地设立独资企业，经营下列道路运输相关业务： 道路货物运输站（场）;
	及机动车维修。
部门或分部门	服务部门分类 （GNS/W/120）未列出的部门
	个体工商户
具体承诺	允许香港永久性居民中的中国公民依照内地有关法律、法规和行政规章，在内地各省、自治区、直辖市设立个体工商户，无需经过外资审批。营业范围为：种植业、饲养业、养殖业、计算机修理服务业、科技交流和推广业，但不包括特许经营。其从业人员不超过 8 人。

注释：

①部门分类使用世界贸易组织《服务贸易总协定》服务部门分类（GNS/W/120），部门的内容参考相应的联合国中央产品分类（CPC, United Nations Provisional Central Product Classification）。

②如经营商品为成品油，仍按内地对世界贸易组织成员的承诺处理。

第八章　展览实务

在京沪办展可进行差额纳税

展览公司在举办展览的过程中以向参展商收取一定的展位费来盈利，但这些收入中有一部分是要支付给第三方展览馆、搭建公司、广告公司等，用作场租费、搭建费、广告宣传费的，这一部分费用已经算在第三方的营业额中，由第三方向国家纳税，而展览公司的纳税营业额按全部展位费来收取，这无形中造成了重复纳税。

由于展览业是新兴行业，它的特殊性也逐渐受到一些展览城市地方税务局的重视。因此，像北京、上海等重要会展城市采取了相应的措施来扶持当地的会展业，规定展览公司可以扣除部分代收、代付费用后依余额上税，这就是差额上税。

北京市在这方面走在了全国的前列，由于北京市国际会议展览业协会向税务部门反映了展览业的特殊性，并多次与相关部门沟通，在北京市各相关部门的共同努力下，北京市地税局于2001年发布了《北京市地方税务局关于对代理业征收营业税问题的补充通知》（京地税营〔2001〕507号）。

为了正确执行营业税税收政策，加强对代理业的征管工作，根据营业税暂行条例及其实施细则，以及国家税务总局国税发〔1995〕076号等文件对代理业的征税规定精神，通知对货运代理服务，代售卡业务，企业代收费业务，广告代理业务，展销、展览、考察组办业务，委托代办业务，拆迁代理业务，派遣劳务业务等计征营业税的营业额问题作了有关说明。其第五条指出，展销、展览组办业务，属于代理服务业务，对其取得的收入，允许以扣除实际代付的场租费、展台搭建费和参展客商差旅费后的余额为营业额，照章征收营业税。异地考察组办业务，暂比照旅游业营业税征收规定执行。

2005年11月9日，上海市地税局也发布了《市地税局关于本市展览业有关营业税征收问题的通知》（沪地税流〔2005〕76号），通知指出，对本市举办（承办）展览业务的单位，其直接向参展商收取的全部价款（包括摊位费、广告费及其他相关费用）和价外费用，可按扣除支付给第三方的场租费、场地搭建费、广告费后的余额依“服务业——代理业”税目征收营业税。

本报记者又咨询了广州、东莞、深圳、大连等主要会展城市的地方税务局，目前这几个城市的展览业还没有差额上税的相关规定。不过，深圳市地税局表示目前正在做这方面的相关调研。

记者提示，各地方税务局发布的新信息都会在自己的官方网站上公布，一般不会做特殊的宣传。因此，各展览公司要注意经常登陆相关网站搜索新信息。各地的展览公司可以通过各地的展览协会等相关中介组织向地方税务部门反映自己的相关需求，在合理、合法的条件下获取最大利润。

记者呼吁，各会展城市的政府部门应尽可能放宽对会展业的相关政策的规定，力求吸引更多的展会到本地举办，从而发挥会展业对城市经济1∶9的带动效应。

——《中国贸易报》张汝男

外国企业来华参展销售展品的税务如何处理

企业来华参加或举办商品展览会、展示会（以下统称展览会），在展览会结束后，将其展品在补报海关手续后直接在我国境内进行销售；或者举办展销会，展览并同时销售商品的有关税务处理问题，如下：

一、据《中华人民共和国增值税暂行条例》第一条的规定，外国企业参加展览会后直接在我国境内销售展品、或者展销会期间销售商品，应按规定缴纳增值税。考虑到这些外国企业在华期间较短，属于临时发生应税行为，且销售的展品或商品数量有限，因此，对上述销售展品或商品可按小规模纳税人所适用的6%征收率征收增值税。

二、外国企业来华参加展览会，所销售的少量展品可免予征收企业所得税。外国企业来华参加展销会，并销售商品，应作为营业场所销售商品征收企业所得税。对不能准确核算应纳税所得额的，以不低于商品销售收入的10%利润率核定应纳税所得额，计算征收企业所得税。

——《国际商报》

ATA 制度是怎么回事

ATA 制度，也就是货物暂准进口方式。这是一种免税准许临时进口的海关制度，手续简便，不上关税。但是前提条件是展出者所在国和展览会所在国都必须是ATA公约成员，另外，展出者必须严格遵守制度，在展览会结束后，将所有展品再出口。ATA是法文ADMISSION TEMPORAIRE和英文TEMPORARY ADMISSION的字母合并而成。在公约成员国之间使用同意的ATA单证册，可以替代暂准进口过所要求的国内海关单证和所需提供的担保，简化货物暂准进口的海关手续，从而大大提高通关效率。中国已于1993年加入公约，中国贸促会（中国国际商会）是中国的ATA通关证的出证和担保商会。具体办事机构是中国贸促会法律部ATA处。

——《国际商报》

会展：打通产业链保持生命力

现如今，国外众多知名展会已经形成了相当规模，而且还形成了这样一个趋势：越是发达地区，展会的专业性越强，与某个行业或产业的关联性越大。它们的成功能带给我们什么启示呢？

首先，打通产业链是国际领先展会的一大显著功能，它们都是将展会打造为展会所属行业信息交流、产品展示、贸易合作的综合平台。比如德国展会，一般是先定展会题材，再按照产业链分专区招展。举两个例子，慕尼黑展览公司的房地产展会Expo Real汇聚了商务房地产界高级别的行业专家，为商务房地产业提供了从规划咨询到融资、设计建造、销售和物业管理等一系列产业链之间的全程服务，使得整个房地产增值链上所有相关者都能参与交流，互动合作，从而推动整个房地产业的共同发展。杜塞尔多夫展览公司的国际水上运动及船艇展（BOOT），从“钓鱼钩”到“豪华游艇”，从海事救援到海事艺术，从潜水运动到水上旅游开发，18个展馆，23万平方米的展览面积，打造出水上运动的综合平台。与德国展会的专业性相比，国内展会可以说基本上是根据招展情况决定展会题材，经营不同展品的展商常常混在同一个场馆里，就像超市没有按类别区分商品一样。在德国展会上，一个投资者可以在该行业展会上配齐从生产设备、技术指导、原料甚至相关的物流配送、企业员工培训等所有环节的产品和服务，在国内的展会上则很难实现这一点。

为了适应打通产业链的需要，国外展会还特别注重适应行业发展需求动态调整展会题材。享有“行业晴雨表”之称的展会需要实时跟踪展会所属行业的最新动态，适时通过新立、分列、拓展和合并等方式调整展会题材，使展会始终保持强大的生命力。比如科隆五金展办展周期调整为两年后，为了满足亚太地区企业开拓欧洲市场和方便欧美贸易商采购的双重需求，特意增办了科隆亚太博览会。过程控制自动化和制造自动化工业展主动与汉诺威工业博览会合并，合并后覆盖面更广，题材更加完善，可以利用汉诺威工博会更加庞大的客户资源和影响力。这种强强联合受益的首先是过程控制自动化和制造自动化行业，行业的受益理所当然会反作用到展会的运作上，形成良性互动。纽伦堡玩具博览会主办方在2004年的展会中曾把“户外产品是否单独设置专区”放在观众调查中的征求观众意见栏里，结果显示，53%的专业观众和购买者对户外这个专区特别感兴趣。因此，主办方快速做出反应，在2005年的博览会中，把户外休闲列为独立的产品专区。究其原因，当然是市场需求的变化，近年来，户外运动带来的乐趣以及德国社会中的“儿童超重”问题均成为展会开发新主题的市场根源。相比德国同行针对市场动态的灵活多变，我们的展会还有很多东西要学习。

对于中国展览业者而言，借鉴他人的长处，可以脚踏实地地做一些事情。一是举办切合实际的展览活动，结合本地实际和产业优势确定展览选题，走以特色取胜之路；二是努力提供高质量、专业化的服务，注重市场营销，以服务赢得客户、求得发展、获得效益；三是开拓思路，创新展览活动的形式和内容，根据经济发展情况，创办适应新兴行业需要的展览活动。以展览活动为依托，举办相关的行业研讨、招商引资、新闻发布等活动，充分发挥展览的综合功能。

——《中国贸易报》王 及

赴马来西亚、印度尼西亚办展须知

中国—东盟商机带动了东南亚展览市场的繁荣。目前，印尼和马来西亚的展览市场正受到众多展商的重视。

马来西亚

产品须哈拉认证，规模不宜太小。据介绍，马来西亚是中国在东盟中最大的贸易伙伴。马来西亚华人华侨人口不到500万，约占总人口的20%，但却控制了40%的经济。马来西亚自身希望将贸易定位为辐射伊斯兰世界，辐射到中东地区、东盟地区。马来西亚举办过伊斯兰国家峰会，有不少伊斯兰国家的贸易公司在马来西亚有办事处或分公司，其港口建设发展也较快，主要有巴生港和新山港，新山港正与新加坡进行竞争。

因为马来西亚有一定的消费能力，所以与马来西亚做生意时产品和客户的定位都要高，还要考虑通过伊斯兰国家公认的哈拉认证（Halal）。

马来西亚比较有名的展览会有家具展、重型机械展、两年一度的电子产品展（轮流在吉隆坡和槟城举行）。电子产品、家用电器等在马来西亚有市场。马来西亚这一展览市场已逐渐为中国展商所重视。据了解，在马来西亚办展需要审批，要有当地的合作伙伴。有业内人士表示，如果要到马来西亚办展，第一次不要低于150个摊位，最好200个摊位以上，因为展览规模太小会增加成本。业内人士还表示，办展展品要有特色，办专业展，可以以展带卖，还可以搞巡回展。槟城、东马等都可以办展。

印度尼西亚

市场准入门槛低，须有当地合作伙伴。据了解，1990年中国与印尼两国恢复邦交以来，两国经贸合作发展迅速。同时，作为亚洲的资源和人口大国，中国和印尼经济的互补性强，两国在能源、通讯、渔业、农业、机电、自然资源开发及基础设施建设等领域合作潜力大。

印尼一是人口多，二是经济多元化，各种消费能力及各种产品都有市场。特别是印尼中产以上的人口超过2000万人。现在，印尼人对中国产品已经有所了解，这就蕴含着巨大的市场商机。印尼的市场准入门槛低，但需要注意的是印尼商人通常存在着随意性，同时要求的毛利也比较高。

印尼有展览商协会，办展由工贸部批准，必须有当地的合作伙伴，并要提前3个月审批。做生意时要注意印尼公司的信誉，应要求买保险和开信用证。泗水是印尼的第二大城市，华人更集中，经济也较发达，可以前去办小型的展览会。

相关链接

哈拉认证："Halal"在阿拉伯语中的意思为"守法的"、"禁止的"。所有用于生产Halal食品的原料都必须经Halal认证。产品或原料必须在较高的清洁和卫生标准下加工、生产和包装。如果产品或原料与任何非Halal物质污染或交叉污染的话，就绝对不能使用于生产过程之中。

对于穆斯林来说，只要是吃的食物就必须是Halal食品。在北美洲，有超过800万的穆斯林，印尼有2.7亿名穆斯林、中国有1.8亿名穆斯林，再加上在中东、欧洲等其他国家的穆斯林，全世界有超过18亿的穆斯林。由于宗教原因，穆斯林必须每天食用Halal食品，而那些并不信奉伊斯兰教的人选择Halal食品则是因为它的卫生、纯净和健康。

全球符合穆斯林教义的Halal食品市场每年预计值2450亿美元，年增长率平均达双位数，是国际食品制造商不可忽略的领域。目前，Halal认证已成为食品出口商进入欧美及东南亚穆斯林食品市场，争取更多市场份额的有利手段。

——《中国贸易报》钟曼遥

参展商常犯哪些错误

参展商容易常犯一些错误，如果能有效地避免以下8种错误，这将有利于取得良好的参展效果。

1.参展目的不明确。参展目的是参展商参展的整个中心，明确参展目的有助于其他工作的完成——主题、展馆布局、产品摆设等。展览目的应为推销参展商产品并助其走向市场。

2.忘记阅读参展商手册。参展商手册是在展览会期间各方面的指南及省钱之道。这些手册内容简明易懂，里面有参展商想了解的关于展览会的一切——展览日程安排、登记程序、参展商资料、展览说明、运输服务、住房信息、广告促销信息等。

3.忽略员工的作用。花费大量的时间、金钱、精力以组织参展工作——展位只摆设印刷商品目录等，将所有参加展览会组织准备工作的员工忽略在一旁。事实上，这些人是参展商的特使，应提前告知他们参展的目的、内容及期望，参展员工培训是建立团结专业形象的必需。

4.忽视参展商的需求。通常参展职员都感到有义务尽量为参展商提供信息，却忽视他们的真正需要，他们缺乏发问技巧而常常错过一些重要信息。要避免这一问题就要进行展览前的培训及准备工作。

5.不善于收集信息。若想达到参展目的，很重要的一点是参与组织展览会的人需乐于跟陌生人交谈并了解他们的需要。

6.不熟悉产品的演示。展览员工不懂得产品的演示，参展商有必要于展览会前与员工沟通，以保证他们熟悉展馆摆设及展品演示。

7.忽视展后工作的跟进。展览会结束之后，其展后工作通常退而居其次，参展商应于展览会前建立时间表以便每日跟进工作，并使销售代表处的跟进工作更有意义。

8.忽略展览会评估。展览会各不相同，每场展览会都有优缺点，永远都有尚待改进的地方。每次展览会结束后，参展商即与自己的员工共同进行自我评估，以便不断自我改进。

——《中国贸易报》佳 驰

政府主导型展会创新发展论坛

由中国会展经济研究会主办的政府“政府主导型展会创新发展论坛”2006年12月8～9日在北京亨瑞温泉国际酒店举办。商务部党组成员、部长助理傅自应；中国对外贸易中心理事长、原商务部副部长张志刚；博鳌亚洲论坛总监姚望；商务部国际贸易经济合作研究院副院长、中国会展经济研究会常务副会长沈丹阳等领导专家到会并发表演讲。参会人员约200多人。

主题报告会的内容为：

1. 探索规律、科学发展——政府主导型展会的创新与发展；
2. 中国政府主导型展会的创新发展与会展服务企业的新商机；
3. 广博会向专业化展览会方向发展的道路；
4. 展览决定影响力——东莞政府主导型展会实现专业化转轨的案例报告；
5. 博鳌亚洲论坛市场化运作的成功经验；
6. 科博会论坛市场化运作的体会；
7. 长春国际汽车博览会成功转型之路；
8. 中国国际装备制造业博览会实施政府适度参与和市场化运作相结合办展体制的探索；
9. 义博会的国际化道路；
10. 宁波市政府主导型展会运作和管理思路；
11. 厦门投洽会创新发展经验探索；
12. 会展节事活动如何争取国际赞助合作。

第九章 大事记

2005年

九月

9日，北京市人大常委会第22次会议审议通过了《北京市大型社会活动安全管理条例》。

14日，国家主席胡锦涛在纽约出席了联合国成立60周年首脑会议开幕式，并出席首脑会议发展筹资高级别会议。胡锦涛在会上宣布了中国为支持发展中国家加快发展而采取的重大举措。

15日，第一届两岸民间菁英论坛在上海开幕。中共中央政治局常委、全国政协主席贾庆林和亲民党主席宋楚瑜出席了开幕式，并分别发表了演讲。

16日，经济合作与发展组织在北京首次发布《中国经济调研报告》。在新闻发布会上，经合组织经济部长科龙扎伊说，中国已是市场经济国家。

十月

12日9时10分～17日5时40分，神舟六号飞船成功完成宇宙飞行，是我国首次多天多人飞行，航天员费俊龙、聂海胜按照预定计划顺利完成了一系列空间科学实验，并在我国航天史上刷新了一系列纪录：第一次进入轨道舱，第一次进行真正有人参与的空间科学试验，第一次进行航天医学空间实验研究，第一次进行压力服穿脱试验，第一次在“太空马桶”解手，第一次自测血压……他们的平安归来，标志着中国航天事业从此迈入了新的阶段。

本月，“中国国际石材产品及石材技术装备展会”、“中国国际安全生产论坛暨中国国际安全生产及职业健康展览会(COS+H)”、“中国国际医药展览会暨技术交流会（CHINA—PHARM)”、“中国东莞国际鞋展·鞋机展（China Shoes & Shoetec)”、“深圳国际玩具及礼品展览会”、“澳门国际贸易投资展览会”、“中国锦汉礼品、家居用品及装饰品交易会”、“中国锦汉纺织服装及面料展览”、“长春汽车工业博览会”均获得了全球展览业协会（UFI）的认证。

在第72届全球展览业协会（UFI）的会员大会上，澳门贸促局、杜塞尔多夫展览（中国）有限公司被吸纳为正式会员。

十一月

1日，《北京市大型社会活动安全管理条例》正式实施。

9日，中央“两办”向全国各地下发了《中共中央办公厅、国务院办公厅关于从严控制2008年奥运会期间及前后在北京地区举办全国性国际性会议和活动的通知》。

十二月

1日，国际展览局第138次大会在法国巴黎召开，作为新一届主席的惟一候选人，吴建民连任国际展览局主席，任期两年。

同日，由中国政府提交的《中国2010年上海世界博览会注册报告》获得了一致通过，这标志着世博会的“中国方案”终于得到世界的正式认可和支持。

21日，香港最大型展览中心——亚洲国际博览馆落成。

28日，新中国国际展览中心在北京顺义奠基。

29日下午，十届全国人大常委会第十九次会议经表决决定，一届全国人大常委会第96次会议于1958年6月3日通过的农业税条例自2006年1月1日起废止。

这是一个牵动亿万人心弦的时刻——新中国实施了近50年的农业税条例被依法废止，成为历史档案。

这也意味着9亿中国农民从2006年第一天开始，将依法彻底告别延续了2600年的“皇粮国税” ——农业税。

2006年

一月

10日，《展会知识产权保护办法》出台。

20日～2月13日，2006年两岸春节包机运行，乘客九成以上是观光客和探亲客，突破过去两年当局严格限定乘客身份必须是台商或台商眷属才能搭乘的做法。实际上，已符合两岸包机直航“双向、双飞、多点、不限旅客资格”四项条件，俨然是一次两岸直航的“试运转”。

25日上午8点，厦门航空公司航班号为MF881/2的客机驶离厦门机场飞往台北，拉开了厦门这一两岸包机新增航点的直飞序幕，这是57年来闽台首次实现空中直飞。

二月

18日，中国会展经济研究会成立大会在北京召开。

21～22日，国际展览业协会亚太地区研讨会在香港会议展览中心举行。

三月

22日，中国政府向各国驻华使馆递交了由国务院总理温家宝签署的2010年上海世博会官方邀请函，热情邀请与中国建交国家来华参加2010年上海世界博览会。

四月

12日，首届中国—东盟会展业国际合作高峰会在广西南宁举行。同时，会议还倡议成立中国—东盟会展业国际合作理事会，作为高峰会闭幕期间的常设机构。

14～15日，由中共中央台湾工作办公室海研中心和中国国民党国政研究基金会共同主办的两岸经贸论坛在北京举行。论坛的主题是两岸经贸交流与直接通航。参加论坛的台湾方面与会人员包括：中国国民党荣誉主席连战先生，国民党四位副主席和国民党中央党部有关部门主管。新党主席郁慕明先生及亲民党代表团，也前来共襄盛举。

五月

1日（5月1日～10月31日），2006年中国沈阳世界园艺博览会在沈阳市开幕。

9日，第60届联合国大会选举出新建立的联合国人权理事会的首届47个成员，其中包括中国、法国、俄罗斯和英国4个联合国安理会常任理事国，中国获得164票。

六月

15日，上海合作组织成员国元首理事会第六次会议在上海举行。

26～27日，经国务院批准，《<内地与澳门关于建立更紧密经贸关系的安排>补充协议三》和《<内地与香港关于建立更紧密经贸关系的安排>补充协议三》，分别于6月26日、27日签署。

七月

1日，经过10多万筑路大军历时5年的艰苦奋战，青藏铁路格尔木至拉萨段建成，至此世界上海拔最高、线路最长的高原铁路青藏铁路全线胜利建成通车。

19～20日，我国台湾至大陆间的首个货运航班，在22∶10从台北起飞，于第二日0∶33抵达上海。这是台湾方面禁止与大陆通航56年之后的一个历史性的突破。

25日，中国国际投资促进会成立。由此，我国“四位一体”的“引进来”和“走出去”双向投资促进体系初步形成。

八月

19日，在距中国2010年上海世博会开幕1351天之际，世博园区浦东区域中的浦明路等11条道路率先开工，至此上海世博会筹备工作进入全面建设的新阶段。

第十章　业界动态

长沙会展行业协会成立

长沙市会展行业协会2005年8月12日正式成立。协会以“服务、代表、协调、自律”为基本职能，其主要任务包括协助政府有关部门建立健全会展业市场体系，完善行业自我约束机制，制定行业规范，实行行业管理、行业协调，依法维护行业和行业内单位的合法权益，开展会展业的统计调查、组织评估、信息发布、价格协调、行业准入资格资质审核等多个方面的工作。

近年来，长沙市会展业发展较快，国际性、全国性和区域性的会展不断增加，会展经济的产业优势日益显现。2002年～2004年，长沙共主办各类会展活动370多个，成交额800多亿元，拉动消费100多亿元。仅2005年上半年就举办各类会展活动89个，其中全国性会展活动9个，国际性会展活动6个。特别是金鹰节、糖酒会、农博会、煤炭订货会的成功举行，让人们再次看到了一个历史文化名城焕发出的崭新活力。在会展经济迅速发展的同时，行业内部要求协调、服务、整合资源的愿望也不断增强，会展行业协会的成立无疑为长沙会展经济的发展建立了一个新的里程碑。

——《国际商报》

中国将扩大对重债穷国的援助

国家主席胡锦涛2005年9月14日在纽约出席了联合国成立60周年首脑会议开幕式，并出席首脑会议发展筹资高级别会议。胡锦涛在会上宣布了中国为支持发展中国家加快发展而采取的重大举措。

胡锦涛说，中国是中低收入的发展中国家，在发展道路上仍然面临着许多困难和挑战，但我们将尽最大努力支持和帮助其他发展中国家加快发展。

第一，中国决定给予所有同中国建交的39个最不发达国家部分商品零关税待遇，优惠范围将包括这些国家的多数对华出口商品。

第二，中国将进一步扩大对重债穷国和最不发达国家的援助规模，并通过双边渠道，在今后两年内免除或以其他处理方式消除所有同中国有外交关系的重债穷国2004年底前对华到期未还的全部无息和低息政府贷款。

第三，中国将在今后3年内向发展中国家提供100亿美元优惠贷款及优惠出口买方信贷，用以帮助发展中国家加强基础设施建设，推动双方企业开展合资合作。

第四，中国将在今后3年内增加对发展中国家特别是非洲国家的相关援助，为其提供包括防疟特效药在内的药物，帮助他们建立和改善医疗设施、培训医疗人员。具体通过中非合作论坛等机制及双边渠道落实。

第五，中国将在今后3年内为发展中国家培训培养3万名各类人才，帮助有关国家加快人才培养。

胡锦涛宣布的这些重大举措受到与会领导人特别是发展中国家领导人高度赞赏。

——《北京青年报》

上海成立会展专业学院

由华东师范大学和上海市会展行业协会共同组建的“华东师范大学上海会展学院”2005年8月25日成立。据介绍，随着2010年上海世博会的临近，目前上海地区比较注重会展专门人才的培养，有近10所高校开办了本、专科全日制会展班，但目前高校会展教育缺乏成熟的教材和培训模式，专业化程度不高，理论脱离实际。会展学院的建立是一种新型办学模式，发动了业内几十名专家和大学教授编制了《会展实务》的教材。学院争取在3～5年内成为国内领先的会展教育机构。

作为上海市职业能力考试院《上海市会展管理专业技术水平认证（初级、中级、高级）》考试的惟一指定培训机构，会展学院将设置培训中心和研究中心。培训中心设助理会展师（初级）、会展师（中级）和高级会展师（高级）三个等级。研究中心由专业学者和业内资深人员组成，就会展业的热点和难点展开调查研究。

——《国际商报》

农业部要求利用会展促农产品流通

2005年9月19日，农业部为加快健全农产品市场体系，搞活农产品流通，促进农业增效、农民增收、农产品竞争力增强，在《关于加强农产品市场流通工作的意见》特别强调要以开拓创新的精神，全面加强农产品营销促销工作，提升农产品展览展销活动水平。

《意见》指出，近年来，各级各类农产品展览促销活动在国内外蓬勃开展，有利于促进产销对接、培育品牌名牌、提高流通效率，“会展经济”对活跃农产品市场流通的作用日益突出。要认真总结办展、参展经验，加强对各级各类展会的统筹、规范、组织和引导，坚持以政府扶持引导启动展会，以企业参与、市场运作壮大展会，积极培育特色突出、实效显著、国内外知名的品牌展会。

要充分利用国际国内两种资源和两个市场，积极促进我国有竞争力农产品的出口工作。要加强对农产品出口市场的研究，鼓励和支持企业、协会进行国外市场考察和调研，通过组织境外参展等活动加强出口营销服务。

同时提出要加快完善农产品网上展厅。中国农业网上展厅运行两年来，已成为国内规模最大、品种最全的农产品营销促销网络平台。各地要在继续宣传、组织、发动企业进厅展览展销的同时，充分利用各地农业信息网络资源，组建地方区域性网上展厅，并与中国农业网上展厅联网运行，使之成为网上永不落幕的交易会。有条件的地区，可研究建立电子商务平台，为农产品营销促销提供网络交易服务。

——《国际商报》

国外资本注入展览业航母

2005年10月，广州光亚法兰克福展览公司在广州宣告成立。德国法兰克福展览公司与广州光亚展览贸易公司签署合作协议：双方合作组建“广州光亚法兰克福展览公司”。新公司由法兰克福投资1250万美元，双方各占50%股份。这次广州光亚展览贸易有限公司与法兰克福展览有限公司在广州合作成立的新公司是中国展览业投资最大的一家中外合作公司之一。这是国外展览业资本进入广东的首例。同时，国外展览公司与民企合作成立合资公司，在中国也尚属首次。这家新成立的合作公司正在举办一系列不同的专业国际展，打造琶洲——这个中国展览业的航空母舰。

——《国际商报》赵峥蔚

广州第一家中外合作展览公司正式成立

2003年11月18日，光亚与法兰克福就“广州国际照明展”项目合作，这是CEPA签署后，国外展览资本进入广东的首个案例。在历经两年合作磨合后，广州光亚展览贸易有限公司与法兰克福展览公司共同参股的广州第一家中外合作展览公司——广州光亚法兰克福展览有限公司于2005年10月11日在广州举行了合作公司签字仪式，其中光亚与法兰克福各占50%的股份。这不仅是法兰克福公司第一家在国内与民营展览公司合作，同时也是广州第一家由中外合作的展览公司，开了广州展览业的先河。新成立的合作公司除了将继续主办“广州国际照明＋建筑电气技术展览会”外，还将加大人才的培养和新项目的开发及移植法兰克福的展览品牌到广州。

法兰克福展览公司表示很幸运的在广州找到了光亚这样非常好的合作伙伴，法兰克福非常看好广州的展览市场，对未来的市场前景充满信心。

——《中国贸易报》

会议扎堆北京总部基地

随着金秋的到来，北京也进入了各种会议活动的高峰季节。与往年各种会议纷纷扎堆京东商务区的情况相反，2005年北京的一些重要会议活动开始向京城的西南方向“漂移”，并最终落户到西南四环附近的总部基地。

据悉，于2005年9月中旬，在北京总部基地举办了代表创业领域最高规格的“首届中国品牌创业投资项目洽谈会暨中小企业品牌发展与保护论坛”，该会议包括开幕式、洽谈会、论坛、展览、颁奖等多种会议形式，历时三天，吸引上千人聚集于此。据有关人士介绍，本次会议之所以选择在总部基地召开，是看重了当地新崛起的经济、文化氛围、对产业链的促进以及国际一流的会议设施。

总部基地此番向社会各界开放的会议场所包括总部基地招商中心、总部大讲堂及相关三个分会场，总面积达到3000平米，这些设施如果全部利用，能够在同一时间接待1500人参加5场会议活动。除了会议场地空间外，总部基地还投入大量资金，购置了一批国际先进标准的音响设备、视听设备及多功能设施等一流的会议活动设备。

据了解，从2005年9月初开始，在总部基地举办的各类活动达到11场，活动涉及IT、电信、钢铁、物流等多个领域。其中包括“IPTV的发展机遇”、“电子商务行业投融资的发展趋势”系列沙龙活动、全国钢铁政策高层研讨会等。另外，包括2005年国际商会全球合作大会、2005年中国设备展、2005年中国企业社会责任北京国际论坛等多个会议活动的组委会代表也应邀到总部基地进行现场考察，并表达了希望借总部基地的“宝地”举办相关活动的意向。据有关人士称，在总部基地搞活动，不仅可以得到丰台区政府的大力支持，形成广泛的影响，而且当地企业的参与、交流也为会议锦上添花，促进了产业之间的交流与洽谈，有可能产生更多的合作项目。

随着总部基地三期130栋总部楼的封顶及相关配套设施的落成，在继续吸引各类企业进驻的同时，总部基地将社区内一流的会议设施全面向社会开放，以极其诱人的价格吸引各类组织、机构和企业到总部基地举办各类活动。这一举动被一些人士戏称为“开精神粥场”，而对于总部基地来说，这是其力图打造“经济思想和市场信息”服务平台的重要措施之一，其目的是以此更好地为进驻企业提供办公空间以外的“软服务”和更为良好的“软环境”。

——《国际商报》

上海、威海联手打造区域展览名城

威海市会展业2005年11月2日在上海召开推介会透露，作为上海、威海合作的一项内容，由上海世博（集团）有限公司、上海国际展览中心有限公司、威海万龙会展有限公司三方共同投资成立了威海国际会议展览中心管理有限公司，旨在发挥上海、威海两地的优势，充分利用已有经验，依托上海品牌引进更多、更好的项目，全面提升威海市在会展领域的地位。

威海是中国北方经济发展最快、活力最强的城市之一，也有着“最适合人类居住的城市之一”的美誉。近年来，威海大力加强了与东南沿海、特别是与长三角地区的合作交流。威海的会展业也开始进入了“借力”发展的阶段，积极拓展市场，走个性化道路，以促进经济的进一步发展。威海将在今后大力发展会议经济，以会带展，培育中小型专业展览会，以“人居节”为龙头，引进单项和区域型文化体育赛事。目前，市政府正着手出台威海会展业发展规划、行业管理暂行办法、会展发展专项基金、会展奖励机制等。

由上海世博（集团）有限公司、上海国际展览中心有限公司、威海万龙会展有限公司三方共同投资的威海国际会议展览中心管理有限公司是一家专业场馆运营管理有限公司，其场馆总面积达5.58万平方米。公司将以立足威海、依托山东、链接韩国、服务全国为目标，带动威海会展业的发展。目前，公司2006年的展览计划正在排定之中，各方面反响十分踊跃。

——《国际商报》

2010年上海世博会最新规划出炉

2005年11月5日在上海举办的“信息化与上海世博会国际论坛”上，上海世博会副总规划师徐毅松介绍了2010年世界博览会园区规划的具体内容，称其将具备“中国特色、上海特点和浦江特征”。徐毅松说，综合园区将呈现出“中国特色、上海特点和浦江特征”，而展馆布局则“层次分明”，将形成“园（世博会园区）、区（世博会围栏区）、片（5个功能片区）、组（12个展馆组）、团（26个展馆团）”这五大层次。在世博园区规划中，最令人瞩目的是位于世博大道西侧的中心区域，这里的大型公共建筑相对集中，包括2010年世博会主题馆、公共活动中心和演艺中心等。这里还将建设一个大型公共绿地——滨江绿洲，是体现浦江特征的核心景观区域，也是举行大型庆典活动的场所。

据介绍，上海世博会的展馆将以临时性展馆为主，总计可满足200个以上参展单位，其中外国国家馆超过160处，国际组织馆20处，还有企业馆30处。徐毅松特别指出，企业馆将位于原江南造船厂地区，是通过对原有厂房的保护、保留改造建成的。2010年世博会预计将吸引7000万中外游客，因此，世博园区的综合交通规划也特别引人注目。徐毅松说，为了增强世博园区与长三角、全国以及境外地区的交通联系，规划将世博会入口外移，还可能会在黄浦江上设置水上入口，提供水上到达世博会园区的交通方式。在园区内部，针对世博会园区东西狭长的特点，浦东、浦西将分别规划设置环形公交线路，江面上还有可能设置越江水上巴士航线作为辅助越江交通方式。徐毅松还介绍，为全方位、多角度展示世博园区景观，规划设想在浦东、浦西分别设置东西向的临时性空中缆车。

——《中国贸易报》

亚洲博闻收购日本珠宝展会

亚洲博闻于2005年11月17日正式对外宣布，其旗下子公司CMP Japan已成功收购日本珠宝展览会（JJF），为博闻立足亚洲服务全球珠宝贸易的展会及刊物增添新的成员。

日本珠宝展览会是在日本专业珠宝行业中处于领先地位的商贸展会之一，自1997年举办以来，每年9月在东京举行，吸引逾160家参展商及1.1万名观众参展。

CMP Japan执行董事兼亚洲博闻高级副总裁Chris Eve表示，日本是继美国之后全球第二大珠宝市场，日本珠宝展是在珠宝行业的支持下发展的珠宝展会，亚洲博闻期望与日本珠宝协会共同努力，在其多年来成功打造的基础上使展会进一步发展。

——《中国贸易报》

会展业一年产值100亿元

商务部副部长姜增伟2005年11月28日在第二届中国会展经济论坛上说，近年来中国会展经济发展迅猛，行业总规模年均增长20%，中国已成为亚洲的会展大国。

最新统计数据显示，现在全国共有展览场馆160多个，可供展览面积280多万平方米，每年全国举办的各类展会3000多个，出国办展近800个，参展企业500多万家，参会专业观众近2000万人次。

姜增伟表示，在看到我国会展业发展成就的同时，也应该清醒地认识到当前我国会展业发展过程中存在的一些问题，比如管理体制不顺、市场秩序不够规范、展馆建设过热等。据他介绍，在会展业成熟的发达市场经济国家，会展业的产值约占其国民生产总值的0.2%左右。而目前我国会展业的总产值约100亿元人民币，只占国民生产总值的0.07%左右，与发达国家相距甚远。

——《北京青年报》

商务部计划5年培育100个有影响力的名牌展会

2005年11月28日，商务部副部长姜增伟在第二届经济论坛中提出，将建立我国会展业的评价和认证体系，力争到2010年培育100个具有国际影响力的名牌展会。商务部已拟订展览业指导意见，目前正在征求国务院其他部门的意见；在此指导意见的基础上，商务部今后将再会同有关部门共同制订会展业的法规。

商务部正加大力度创造有利于会展业发展的外部政策和体制环境，制定和完善宏观调控政策，促进会展业市场的优胜劣汰；实施“走出去”战略，开拓国际市场。

——《国际商报》

2005年我国展览项目数3800个

据最新的调查结果显示，2005年我国的展览项目数达3800个，已位居世界第二位，仅次于美国。

商务部研究院沈丹阳先生在2005年11月29日在北京举行的第二届中国会展经济论坛上介绍，2005年7月，中办、国办、商务部有关司局及商务部研究院、工商总局、中国贸促会等单位联合派出“中国展览业现状调查组”，赴北京、上海、广东、辽宁、四川、陕西六个省市及苏州、郑州、哈尔滨开展调研。

调查显示，2005年全国展览场馆收入28亿元，同比增加15%；展览收入总额127.5亿元，同比增加18%；展览企业4900家，同比增加25%。

此外，调查还显示，目前国内办展有5大主体，分别是政府、商协会、国有企事业、民营企业、外资企业，其中，府主导型展会项目数居世界第一。并且，协会、企业办展以专业展为主，政府主导型展会也正向专业化发展。

据悉，近年来，国内新创展览项目数呈逐年减少趋势，劣次展览项目淘汰进程加快，2005年展览项目增幅已由2002年的47.34%降为6.74%。

——《中国贸易报》

2010年上海世博会注册报告获国展局全体大会审议通过

2005年12月1日，法国巴黎召开的国际展览局第138次全体大会审议通过了2010年上海世博会注册报告。至此，上海世博会完成了法定的注册程序。

国展局执行委员会主席卡门·塞雯女士在报告中，对中国撰写2010年上海世博会注册报告的工作给予积极肯定，认为自从有关国家代表在2005年6月举行的国展局第137次全体大会上提出修改意见之后，中国做了大量工作，与国展局进行了充分沟通，再次提交的注册报告符合国展局的要求。执行委员会建议全体大会审议通过2010年上海世博会注册报告。

国展局主席吴建民经询问各国代表无异议后，宣布全体大会通过2010年上海世博会注册报告。上海市副市长周禹鹏、杨雄和上海世博会中国政府总代表华君铎登上主席台，从吴建民主席和洛塞泰斯秘书长手中接过国展局局旗，全场响起热烈的掌声。国展局全体大会审议通过2010年上海世博会注册报告，标志着2010年上海世博会完成了法定的注册程序，中国政府将全面启动上海世博会的招展、招商和招客工作，上海世博会中国政府总代表正式开始对外履行职责，上海世博会的筹办工作进入新的阶段。大会上，中国政府提名的吴建民先生成功竞选连任国展局主席，中国再次当选规则委员会成员。

——《贸促之窗》

福建成立会展协会

据中国贸促会福建省分会2005年11月7日透露，经福建省民政厅批准，福建国际商会、福州国际会展中心、厦门会展业协会等6家单位于近期共同发起筹备成立福建省国际会议展览业协会，并定于12月9日在福州举行成立大会。

根据有关统计，福建省会展场馆建筑面积已达100万平方米，室内展区面积20多万平方米，处于全国较为领先的地位。展馆主要分布在福州、厦门、泉州等地。也因此形成了一批在国内乃至国际上具有重要影响的会展品牌，以及一批有特色的海峡展，其中包括中国国际投资贸易洽谈会、中国（福州）海峡经贸交易会暨中国福建商品交易会、中国福建项目成果交易会、中国（晋江）国际鞋业博览会、中国（厦门）国际石材展览会、漳州花卉博览会等。其中多数展会的摊位超过1000个，在国内乃至国际具有重要影响。

上述展会中，国际性会展占会展总数的四成，会展国际化程度较高。而福建企业参加国外会展数量也越来越多，据统计，2004年全省参加国外会展累计摊位超过2000个。

经过多年的发展，福建省会展业在全国处于较为领先地位，但仍存在市场化程度不高，行业内市场竞争不充分，展览行业的金融体制尚未形成，现代企业制度尚未完善，部分展览活动质量和效益水平不高，展览行业自律体系和公共服务体系尚未建立等许多亟待解决的问题。成立一个全省性的会展业协会将有利于上述问题的解决，协调福建省国际会展及出国办展、参展活动，建立公平健康的竞争环境，培育展览品牌。

——《国际商报》

北京会展将让路奥运会

2005年11月9日，中央“两办”向全国各地下发了《中共中央办公厅、国务院办公厅关于从严控制2008年奥运会期间及前后在北京地区举办全国性国际性会议和活动的通知》，就第29届奥运会和第13届残疾人奥运会举办前后有关事项作了严格规定：2008年8月1日～9月23日期间，北京地区不举办与奥运会筹办工作无关的全国性、国际性会议和活动。同时规定，2008年4月30日～7月31日，要严格控制在北京地区举办全国性、国际性会议和活动。通知一出，展览业界一片哗然，因为这个通知的下发，必将意味着素有中国“会展之都”之称的北京，届时将有上百个品牌展会无法在往年规定的时间内在京举办。

北京会展外溢，对于会展业相对不发达的地区来说，是加足马力快跑一程的时候。这些地区应该赶快将迎接北展移植到当地举办工作提上重要议事日程。

——《中国贸易报》

苏州建世界建筑博览园

一个建筑业界集大成式的项目“世界建筑博览园”2005年11月10日确定在苏州同里兴建。这一项目由中国新城市建设联盟发起，与国际建筑师协会、中国建筑协会联合创办，项目总投资约3亿美元。

据透露，世界建筑博览园主要由以下几个部分组成：一是万国建筑园，这一园区中一部分作品由中国建筑师学会举办设计大奖赛产生，另外的作品采取国际建筑师学会和中国建筑师学会推荐，并邀请国际建协会员、中国工程院院士进行设计的方式获得；二是世界名人官邸，将收集66幢世界名人住宅原计原味仿建于此；三是私家园林大观园，选取有代表性的私家园林进行仿建；四是建筑展览中心，为世界建筑科学技术的推广提供永久性的设施，另外还将设立建筑师俱乐部。由此形成集世界建筑博览、观光旅游、度假居住、建筑技术展览为一体的综合社区。

同里是著名的江南水乡，位于上海、苏州、杭州长三角的中心地带。同里古镇70%是明清两代建筑，同里退思园已列为世界文化遗产。在这样一个地方兴建大规模的、投资巨大的世界建筑博览园，能否成为发起人所希望的“同里水乡是今天的文化遗产，建筑博览园是明天的文化遗产”这样一个高水平、高品质的项目呢？

中国建筑学会理事长宋春华认为，在距同里两公里的地方兴建这样一个项目极具挑战性。同里作为千年古镇，世界文化遗产所在地，在项目进行中如何处理好保护、开发、利用的关系，在规划、项目中如何拥有更多的文化含量；在建筑形式方面，如何继承江南建筑的文脉，能否在众多建筑中体现一个主线，而不是做成简单的建筑“大拼盘”；在材料、技术方面，如何符合和谐、绿色、生态、节能条件等等，都是必须面对的问题。

对于世界建筑博览园的主题，中国生态协会副会长薛孔宽强调生态的主线，他认为这一项要体现人居环境与人类健康，资源利用与永续发展，城乡建设与社会进步的主题。“不是把历史和现代建筑堆积起来，而是对建筑做出新的诠释”，薛孔宽这样概括生态建筑的涵义。

——《国际商报》

电影博物馆定位纯公益

2005年12月29日，当今世界上规模最大、最先进的电影博物馆——中国电影博物馆在北京朝阳区崔各庄乡开馆。中国电影博物馆不仅是影像资料的存储所，而是直接面向大众的公共博物馆，它是一个集博览、交流和展映等功能为一体的国家级大型文化综合设施。

世界上最大的专业博物馆

把中国电影博物馆称为世界上最大的专业博物馆一点也不为过。据了解，中国电影博物馆建筑面积近3.8万平方米，占地52亩，仅工程建设费就高达3.4亿元，设备及开馆费约1亿元，而文物征集及展览、博览布展投资1亿元。

据了解，中国电影博物馆的布展工作历时三年之久，内设21个展厅，展览面积约9300平方米，展线长度达2700米。其中，“中国电影百年成就展”有10个厅，主要以“百年历程、世纪辉煌”为题，概括中国电影百年历程的主要成就。而“电影博览展”也有10个厅，以展现电影的制作技术和制作的种种“奥秘”等为主。在中国电影博物馆内，由于中国有多种放映厅，因此是中国惟一既能看普通电影，又能看2D和3D电影的场所。其中，从西方引进的巨幕影院是北京的第一家，它足够让人惊羡，因为电影幕布高达21米，宽度则达到27米。

博物馆定位为公益性质

不少人都知道北京有个中国电影资料馆，所以会误以为中国电影博物馆是它的“放大版”。但实际上这是两个不同的概念，中国电影资料馆就是一个资料馆，为学术而保存和收藏影像资料，不对公众开放。所以从这个意义上说，中国电影资料馆可称为“特定的国家级档案馆”。但中国电影博物馆则不同，它是直接面向大众的，是一个公共博物馆。所以中国电影博物馆是“公益性”的，而不是以赢利为目的的。

另据中国电影博物馆布展领导小组组长刘建中介绍，中国电影博物馆的展览堪称“规模空前”，展览中共涉及1600部影片，460位人物介绍，图片多达4500多张，而文字近40多万字。另外，中国电影博物馆展览涉及的片种也最全，除了故事片外，还有动画片、科技片和儿童片。

正是由于中国电影博物馆的公益性，北京市政府在交通上也为博物馆提供了不少便利，比如市交委已经同意402公交线路车可以开进博物馆大院内。另外，博物馆将积极为青少年服务，计划租用两辆公交车，力争定时、定线路，吸引青少年免费参观。

——《北京青年报》

世博会将全面提速法制化运作

“知识产权法律制度最能代表一个国家法制现代化的进程，只有在中国得到切实可靠的知识产权保护，各参展国才会放心地拿出自己最新、最富有创意展品在上海世博会上展出，只有这样，世博会才能取得最后的成功。”上海市副市长严隽琪在2005年12月21日举行的“第二届世博会与法制化论坛”上指出。

严隽琪说，作为在新世纪举办的综合性展会——上海世博会需要借鉴前两届汉诺威世博会、爱知世博会在法治化运作方面的成功经验，特别是要面对新形势下所产生的新问题和挑战，这对组织者提出了比以往更高的要求。论坛会上，世博会知识产权保护成为众多专家关注的焦点。中国政法大学的薛虹教授认为，“世博会”在网上的域名侵权问题应使用《统一域名争议解决办法》等国际上惯用的法律法规，有效防止世博会域名被恶意使用。

上海世博局副局长周汉民则认为，世博知识产权的保护需要全民的认知和参与。他呼吁，当市民发现有人私下制作世博会会徽或者贩卖带有世博标志的纪念品，应及时向世博局和工商部门举报。他说，为了使世博会会徽等相关标志受到法律保护，上海世博局在法律事务部特别设立“世博会标志管理办公室”，统一受理和回复社会公众使用世博会标志的申请。他说，标志管理办公室自2005年4月26日正式运营以来，已接到公众申请14件。此外，标志管理办公室还受理了通过其他途径提出的标志使用申请18件，其中多为非商业目的使用。

据介绍，上海世博局已分两批向国家工商行政管理局商标局进行了40项世博会标志的备案。第一批备案的标志共32项，这些标志已于2005年5月28日获得公告。第二批备案的标志共8项，也将在不久获得公告。

周汉民说，下一步上海世博局将从推动国家制定《上海世博会知识产权保护行动纲要》和在上海市建立知识产权保护工作联席会议机制，以及加强与工商系统联动，建立知识产权保护机制等三个方面全面推进上海世博会法制化进程。

——《中国贸易报》

亚洲国际博览馆落成

香港最大型展览中心——亚洲国际博览馆2005年12月21日在香港国际机场揭幕。据估算，博览馆启用第一年就可为香港经济带来40亿港元经济效益。

香港特区行政长官曾荫权、特区政府工商及科技局局长曾俊华、财经事务及库务局局长马时亨、亚洲国际博览馆主席卢维思和亚洲国际博览馆行政总裁博希尔等出席揭幕礼并担任主礼嘉宾。

曾荫权在开幕礼致辞时说，亚洲国际博览馆成为香港基建的新组成部分，是政府在过去数年积极推动的众多项目之一。

曾荫权表示，数年前我们采用“亚洲国际都会”的品牌，以设立形象标志及目标。一直以来，我们努力不懈争取达到作为区内外首要城市的承诺。亚洲国际博览馆正式开幕，实现了我们理想的一部分。

亚洲国际博览馆整个项目耗资23.5亿港元，坐落于香港国际机场，是香港最大型展览中心，共提供7万平方米的可租用面积，当中包括10个位于地面无柱式的展览馆。

亚洲国际博览馆行政总裁博希尔表示，目前已有超过30个国际级的大型展览及活动落实于2006年在博览馆举行，大部分活动都是首次在香港举行，许多展览还计划在未来数年内定期在亚洲国际博览馆举行。相信博览馆在2006年首年启用时会为香港经济带来约40亿港元的经济效益。

——《中国贸易报》

新中国国际展览中心奠基仪式举行

新中国国际展览中心奠基仪式2005年12月28日上午在北京顺义区新国展施工现场举行。中国贸促会会长万季飞、北京市副市长陆昊以及相关部门的领导共约200多人出席了奠基仪式。

新国展由中国国际贸易促进委员会直属企业——北京中展投资发展有限公司负责建设。它是北京市2005年60项重点工程之一，并被北京市政府列入2008奥运相关工程项目。建成后的新国展将成为北京市规模最大、功能最为完善的展览中心。

新国展位于北京顺义空港工业开发区西侧空港区内，东临首都国际机场，西靠温榆河生态走廊，总规划用地155.5万平方米，地上总建筑面积66万平方米。其中展馆及附属设施地上建筑面积40万平方米，包括16个可分合的单体、单层、无柱、大空间展厅，展馆室内地上总使用面积20万平方米。综合配套设施地上建筑面积26万平方米，包括综合商业楼10万平方米，配有购物、餐饮、健身、娱乐等设施，酒店两座8.5万平方米，商务写字楼两座7.5万平方米，其中包括会议中心、商务中心、技术交流室、新闻发布中心等。新国展一期工程地上建筑面积为35万平方米，其中展馆及其附属设施地上建设面积20万平方米。一期工程计划投资29亿元人民币，完成后一期8个展厅地上使用面积将达到10万平方米。

新国展为展览业量身订做，每个展厅既可独立承办小型展览布展，又能通过内部连廊彼此相互连通，利于承办大型展览。其功能达到国际专业展馆建设一流水平，是中国顶级专业化展馆之一。新国展将成为以举办大型国际博览会、专业展览会为主，同时兼有商务服务、办公、物流运输、广告宣传、技术交流、会议、住宿、餐饮娱乐等配套功能齐全的国际性、综合性、现代化的展览场所。

随着北京城市总体规划的实施，顺义区按照总体规划要求，将作为北京市建设的三个重点新城之一，承担着现代制造业、国际交往、空港物流业、体育休闲和居住的功能。新国展落户顺义，是北京市建设六大高端产业功能区之一的顺义为核心的临空经济区的重要工程，是奥运经济的重要组成部分，对于全市发展会展经济，带动区域经济发展将起到重要的作用。

——《中国贸易报》

国际展览管理协会中国区办事处落户深圳

在第二届中国会展经济国际合作论坛开幕（2006年1月11日）前夕，国际展览联盟（UFI）前任主席SandyAngus与IAEM主席StevenHacker在广州召开新闻发布会，正式宣布IAEM中国区办事处落户深圳，深圳市会议展览业协会秘书长孙翌伦当选为IAEM中国地区主席。孙翌伦表示，IAEM进驻中国，并落户深圳，必将推动深圳会展业及中国会展业与国际同业之间的合作与发展，促进中国在世界范围内的贸易展和综合博览会的顺利开展，同时为展览业内人士提供了更多的国际业务往来、合作、会晤和信息交流的机会。

目前，IAEM中国区办事处已组建了由5个留学生组成的核心团队。今后IAEM中国区办事处将重点开展培训工作，培养国内会展项目策划、会展项目管理的中级人才；重点开展国内会展业与国际会展同业间的交流与合作活动等，为中外会展交流提供一个更加方便快捷的平台。

——《中国贸易报》

《北京国际会议展览业协会保护知识产权公约》出台

2006年1月9日，北京国际会议展览业协会新年联谊会在北京联合大学商务学院举行。在会上，张羚副秘书长向全体会员单位宣读了《北京国际会议展览业协会保护知识产权公约》。

公约中提到，展会业作为首都经济的支柱产业应当通过保护知识产权建立规范诚信的市场竞争秩序，制造良好的投资环境和发展环境，努力创造首都会展的知名品牌。本协会成员单位应该鼓励更多的具有自主知识产权的创新成果进入展会，促进知识产权的形成、交易和转化。据了解，北京国际会议展览业协会于2005年9月份开始通过书面形式向各会员单位征求意见，根据大家反馈意见，协会确定了公约的基本内容。

——《中国贸易报》

2006年全国贸促工作会议在广州召开

2006年1月14日，“2006全国贸促工作会议”在广州召开。来自全国贸促系统67家分会的210余名代表出席了会议。中国贸促会会长万季飞、副会长高燕、广东省人民政府副秘书长刘友君等领导出席了会议。万季飞代表中国贸促会做了工作报告。

会议受到了国务院领导的高度重视，吴仪副总理为会议发来了贺信。吴仪指出，2006年是实施“十一五”规划的开局之年，贸促会系统要深入学习、贯彻党的十六届五中全会和中央经济工作会议精神，以科学发展观为指导，开创性地开展各项工作，帮助并推动企业“走出去”，为实施互利共赢的开放战略，促进我国经济发展和社会进步做出更大的贡献。万季飞会长在工作报告中，对全国贸促系统2005年的工作进行了全面、深入的总结。

目前，中国贸促会与160多个对口组织签订了合作协议，还在16个国家和地区设有驻外代表处。在国内，中国贸促会在各省、自治区、直辖市建立了50个地方分会和21个行业分会。

——《国际商报》

中国会展经济研究会成立

2006年2月18日，中国会展经济研究会成立大会在北京召开。

在成立大会上，商务部副部长易小准发表了重要讲话。在讲话中，易小准首先肯定了近年来我国会展业取得了迅猛发展，并强调当前正面临新的发展机遇，但也不能忽视在前进道路上存在的问题。中国会展经济研究会的成立将为这些问题的解决提供有力的支持。

易小准指出，商务部之所以支持尽快成立中国会展经济研究会，一个重要的原因就是希望通过加强会展经济理论、政策与实务研究，提出针对性的对策和方法，推动解决我国会展经济发展中存在的这些问题，指导、促进我国会展经济持续健康发展。商务部作为中国会展经济归口管理的政府部门，对于中国会展经济研究会的成立和今后的发展寄予厚望。我们希望研究会能够发展自己的优势和特色，结合中国会展经济的实际情况认真研究一些重要课题。譬如，关于如何认识发展我国会展产业的意义和如何评估中国会展业对国民经济拉动的课题；关于如何建立一个良好的产业发展体制和发展环境的课题；关于如何制订中国会展产业政策的课题；关于如何推动形成统一、开放、竞争、有序的中国展览市场体系的课题；关于如何进一步促进中外交流与合作、扩大对外开放，以及如何处理好“引进来”与“走出去”关系的课题等。

——《国际商报》

各大展会积极倡导会展业知识产权保护

2006年2月28日，中国建筑材料行业协会、中国贸促会建材分会主办的“第11届中国国际建筑材料贸易博览会”暨“第五届中国（北京）国际绿色建材展览会”在北京中国国际展览中心举行。保护会展业知识产权人合法权益，贯彻实施《展会知识产权保护办法》成为展览会的一个亮点。

有效处理展览会中所涉及到的相关知识产权纠纷、保护权利人的合法权益，维护和规范市场经济秩序，在建材展现场，主办方设立了知识产权投诉办公室，成为在《展会知识产权保护办法》正式实施后第一家设立知识产权投诉机构的展览会。知识产权投诉办公室在现场接受知识产权权利人的投诉，暂停涉嫌侵犯知识产权的展品在展会期间展出，将有关投诉材料移交相关知识产权行政管理部门，协调和督促投诉的处理，主办方还承诺杜绝剽窃、假冒、伪造、盗版等侵犯知识产权的行为，支持对参展商参展期间知识产权的合理保护。

另悉，在同期举行的中国国际汽车维修技术及设备、汽车零配件、汽车用品展览会暨第45届全国汽车保修检测诊断设备春季展览会，以及在上海举行的16届华东进出口商品交易会等行业和区域大型展会上，主办单位和参展商都提高了会展业知识产权的保护意识，增强了宣传力度，开设了知识产权咨询服务热线。华交会不仅加强对《华交会涉嫌侵犯知识产权的处理办法》、《加强展览会专利保护实施细则》的宣传，还在展会期间加强展览秩序督察组的巡查力度，发现问题按照有关法规和规定严肃查处纠正。

——《中国贸易报》董鸿乐

中国展览协会预计2007年挂牌

中国贸促会新闻发言人王锦珍2006年3月透露，由贸促会牵头发起的中国展览协会预计2007年成立。随后，各地的展览协会也将陆续成立。

王锦珍介绍，目前全世界每年会展业的收入为3000亿美元，而中国会展业每年直接收入为80亿元人民币，仅为全世界会展收入的1/300。尽管如此，如果按照国际上通常的算法——会展业1∶9带动城市经济的相关产业来计算，由会展业直接和间接产生的经济效益就已经达到880亿元。王锦珍分析说，一方面，会展产业对地区经济具有强劲的带动性，发展会展经济意义重大；另一方面，会展业发展离不开国际间的交流与合作，但由于一直以来，中国展览行业协会一直没有成立，已经制约了中国会展的发展。

为此，由中国贸促会牵头发起、全国展览企业积极参与的国字号展览行业协会正在紧锣密鼓的筹备中，王锦珍称，预计2007年就能正式挂牌成立。

——《消费日报》

亚洲航展明年移师香港

亚洲航空国际展览会议（下称“亚洲航展”）一直被视作亚太航空市场的风向标。这项一直在新加坡举办的航展，2007年将移师香港。而世界两大飞机制造巨头，波音和空客也将以不同类别的产品大打擂台。

据主办机构励展博览集团亚太区总裁马日豪透露，决定在香港举办展览会，除了因为新加坡已经饱和的因素外，是因为就目前的状况而言，民航客机的主要买家已经逐步转向中国国内。他表示，该届交易总额超过逾273亿港元，为新加坡带来20亿港元的经济收益。据了解，本届展览的参展商增加近30%，分别来自43个国家。根据一项调查显示，亚太地区大型客机，已经占据世界市场的45%，而在这其中，中国国内市场独占20%。因此世界各大航空生产企业，也将香港视为进军国内市场的最佳跳板。

就在3月14日，波音负责市场营销的副总裁兰迪·贝泽勒表示，尽管2005年在订单和交货量上，空客都超过了波音，但是由于两家公司的开发理念有所不同，波音的双通道客机可能会获得更多的欧美订单。在此之前，波音和空客于2005年年末先后与中航材签下订购大单，目录价格总数超过137亿美元，连续创造中国民航史订单新高。

——《国际商报》

义乌成立会展业联合会

2006年3月9日，已发展了中国小商品城集团股份有限公司、五金家电行业协会、玩具行业协会等41家会员单位的义乌市会展业联合会宣布成立，这标志着义乌的会展资源将进一步得到整合，会展经济进一步得到提升。

依托义乌中国小商品城这个强大的市场依托，义乌会展业从无到有，从小到大，得到了快速发展。如今在义乌形成了品牌展会与中小展会互动的格局。在义博会带动下，五金、玩具、文体用品等一批专业展会兴起。义乌还实现了办展与办会的互动，2004年义乌共举办展会24个，2005年举办展会和活动28个。义乌市先后举办了中国市长年会、会展财富论坛等50多个国际、国家级会议。以会议提升展会档次和专业性，以展会增加会议内涵和效果，两者相得益彰。如今，义博会、玩具展、五金展、文体用品展、工艺品展等一批固定性展会已逐步成为义乌会展业的支撑项目。独特的市场办展优势，也吸引了上海、杭州、苏州、深圳、南京等专业展览公司的眼球，他们纷纷抢滩义乌。目前义乌市拥有展览公司17家，其中本地展览公司11家。

——《国际商报》

中国政府正式邀请建交国家参加上海世博会

2006年3月22日，中国政府向各国驻华使馆递交了由国务院总理温家宝签署的2010年上海世博会官方邀请函，热情邀请与中国建交国家来华参加2010年上海世界博览会。这标志着上海世博会国际招展工作正式启动，世博会筹办工作进入关键阶段。

自2005年12月《2010年上海世博会注册报告》获国际展览局通过，上海世博会完成法定注册程序后，国际社会更加关注上海世博会，许多国家纷纷咨询参展事宜。为满足国际社会的需求，尽快启动国际招展工作，温家宝签署了上海世博会参展官方邀请函，从即日起经外交途径递交与中国建交国政府。中国官员表示，中国政府和人民热切期待以上海世博会为舞台，与世界各国共同探讨未来城市发展面临的问题，勾画城市、社会和谐发展的美好蓝图。

国际招展工作是世博会筹办工作中的一项长期而关键性工作。近日，国务院副总理、上海世博会组委会主任委员吴仪在北京主持召开了上海世博会组委会第三次全体会议，确定2006年的筹办工作以招展招商工作为重点之一。官方邀请函发出后，上海世博会组委会和执委会将按照统一部署，加大宣传推介力度，积极吸引各国以及国际组织参展。中国政府总代表也将代表中国政府负责与各国政府代表保持密切联系。

2010年上海世博会是中国也是发展中国家首次举办的注册类世博会，主题为“城市，让生活更美好”，旨在促进国际社会进一步关注城市发展问题，探索环境与发展相协调、人与自然和谐共处的未来城市发展模式，促进世界各国的共同发展。中国官员说，相信在中国举全力筹办、国际展览局鼎力支持以及国际社会广泛参与的基础上，上海世博会定将成为一届成功、精彩、难忘的盛会。

——《中国贸易报》静 静

9所院校获得教育部会展本科专业批准

2006年3月22日，教育部颁布了《关于公布2005年度教育部备案或批准设置的高等学校本专科专业结果的通知》（教高［2006］1号）文件，又有9所院校获得教育部会展本科专业批准。

教育部高等教育司综合处副处长张庆国对2006年国家教育部的会展专业审批情况做了进一步的介绍。全国参加申报会展专业本科的学校共计11所，获得批准学校9所，其中北京第二外国语学院、上海理工大学、上海应用技术学院、浙江万里学院、厦门理工学院、广东商学院“会展经济与管理”获得办学批准，东华大学的“会展艺术与技术”专业获得批准。

据张庆国介绍，在此基础上，教育部还将计划开展会展师资骨干培训班。

——《中国贸易报》应丽君

济南舜耕国际会展中心成立北京办事处

2006年3月29日，济南舜耕国际会展中心与中国轻工业展览中心就成立济南舜耕国际会展中心北京办事处在济南正式达成协议。

济南舜耕山庄集团副总经理、济南舜耕国际会展中心总经理何元清在签约仪式上说，成立舜耕国际会展中心北京办事处，是济南市展览业由区域品牌打造全国品牌的重要举措，也是济南市展览业“走出去”战略迈出的第一步。此次合作，结合了中国轻工业展览中心的区位优势、信息优势、资源优势，为吸引、打造国内外知名展会架起了桥梁，为济南市展览行业开拓市场，促进对外合作交流，向国际化迈进，提供了直接的借鉴经验。中国轻工业展览中心主任才大颖对此次两家联手也给予了充分的肯定，他指出，两家合作为提升山东展览业的整体水平和档次，提高区域会展业综合竞争力，加强对外合作交流将起到巨大作用。

济南舜耕国际会展中心是山东省首家通过ISO9001质量体系认证、ISO14000国际环境质量体系认证的会议展览场所，自2002年建馆以来，承接了“信博会”等近200个大中型展会。

——《中国贸易报》滕 键 肖明来

中意会展经济发展研究中心成立

2006年3月31日，由上海交通大学安泰经济与管理学院、意大利米兰理工大学、米兰国际展览中心三方共同组建的中一意会展经济发展研究中心在安泰经济与管理学院成立。

意大利驻沪总领事与上海交通大学和上海世博集团等单位的领导出席了成立仪式。安泰经济与管理学院院长王方华担任该研究中心主席，研究工作由过聚荣博士与米兰理工大学教授带领团队开展。“引进国外先进经验，研究世博会筹办过程中可能遇到的问题，是研究中心的主要任务”，王方华表示，“与意大利方面合作，实现强强联合优势互补，将西方展览业的先进理念与中国具体国情相结合，为上海会展业发展提供理论上支持，并为上海经济发展贡献力量。”

——《中国贸易报》宗 欣

武汉住宅节能展览馆开放

由建设部等有关单位审核通过的“武汉水木清华住宅节能展览馆”于2006年4月8日正式对外开放。据悉，这样的展览馆在我国尚属首家。

与众不同的是，这家展览馆以符合国家建筑节能设计标准的住宅小区为基础，在露天实景展示“外墙外保温系统”、“合理窗墙比”、“节能建材”、“双层中空玻璃及屋面保温技术”、“蓄水型坡地”、“雨水补水系统”、“太阳能庭院灯”、“环保型井盖”等住宅节能的技术和设计。

建设部住宅产业化促进中心负责人表示，类似武汉这样的住宅节能展览馆模式，将择机在全国范围内予以推广，不仅有利于消费者更多地了解建筑节能常识，以防一些房地产开发商在建筑节能方面造假，同时也有利于促进资源节约型社会和环境友好型社会的建设。

据介绍，我国现有建筑近400亿平方米，95%以上是高能建筑，消耗了全国50%的能源。

——《国际商报》华 新

中国贸促会与美商务部签署联合声明

第17届中美商贸联委会于2006年4月11日在华盛顿召开。同日上午，中国贸促会副会长于平与美商务部部长助理伊斯瑞尔·赫南德斯（IsraelHernandez）在美国商务部大楼共同签署了中国贸促会与美国商务部关于加强促进美国企业对华出口合作的联合声明，为正在美召开的的第17届中美商贸联委会添上一份贸易促进厚礼。

贸促会与美国商务部在双方去年7月达成的“中美国际伙伴网络合作项目”谅解备忘录的基础上，此次在17届中美商贸联委会期间再签联合声明，将通过共同组织贸易采购代表团、举办选定行业展览会美国馆、美国产品推介会等商贸宣传和项目推广等贸易促进活动，共促美国企业对华出口，缓解中美贸易不平衡压力。

在贸易代表团服务方面，贸促会将组织企业家代表团参观考察双方共同选定的2006～2007年由美国商务部认证的国际买家计划中的部分展览会；双方为美国访华商贸团组提供市场介绍及其他相关服务；通过“网上贸易团”帮助同行业的美国企业在项目所在14个城市寻找潜在买家。

在展览会合作方面，双方将在选定的中国贸易展览会上支持和组织“美国馆”，由贸促会向中国企业推广，并通过推介会、研讨会、招待会等方式安排美国厂商与中国买家交流；与美有关贸易协会合作，在指定中国城市举办行业性小型美国贸易展览会；联合美国各州政府代表在指定中国城市举办一系列的样品展览活动；在共同支持的贸易展览会上加强知识产权保护等。

截止2006年3月底，在项目办公室所在14个城市的贸促分会已向中美企业提供了90项项目服务。中美两国企业对项目服务的满意率达100%。全国已有500多家采购商进入了项目数据库，等待美国卖家。

赫南德兹部长助理对贸促会在促进中美贸易所做工作和合作项目顺利开展给与高度评价，希望该项目为今后中美开展更多互利合作项目起到“角色模式”和“样板”作用，他表示，美国商务部将全力支持与贸促会的合作。专程从京回美出席中美商贸联委会的美国驻华使馆商务公使艾伦表示，联合声明的签署标志着美国商务部与贸促会将会在扩大美国企业对华出口等方面开展更多的商贸活动，将有更多的工作要做。

于平副会长一行还与美国北卡州参议员和众议员代表和企业家进行了座谈、与美中贸委会会长傅强恩进行了会晤等。

——《中国贸易报》毛 文

广交会警告5家涉嫌侵犯知识产权的企业

第99届中国出口商品交易会新闻发言人徐兵2006年4月13日表示，本届广交会将继续加大对知识产权保护的力度，并将对小家电、五金制品、文体用品、玩具等展区进行重点清查。

此前，本届广交会已对武汉经济技术开发区经发进出口有限公司、中国化工建设总公司、湖南省醴陵市渌江发展实业总公司、四川剑南春对外经贸公司及深圳新世纪饮水科技有限公司等五家连续两届广交会涉嫌侵犯知识产权的企业给予警告。按照大会《涉嫌侵犯知识产权的投诉及处理办法》规定，连续三届发生涉嫌侵权行为的参展企业将被取消参展资格。

徐兵称，广交会是中国知识产权保护的试点单位和对外展示窗口。此届广交会将从四个方面加强知识产权保护：一是加强对参展企业的宣传和培训；二是建立预警机制，加强对参展企业和展品的审查；三是继续推进各交易团和商会协会的问责制；四是加大对侵犯知识产权行为的查处力度，对涉外侵权行为进行跟踪处理。

——《中国贸易报》

打造亚洲纺机旗舰展会

2006年4月22日，在中国纺织机械行业发展史和中国展览业发展史上都是一个值得纪念的日子。这一天，欧洲纺织机械制造商委员会（CEMATEX）与中方合作伙伴——中国贸促会纺织行业分会（CCPIT TEX）、中国纺织机械器材工业协会（CTMA）以及中国国际展览中心集团公司（CIEC）签订了长期合作协议，从2008年开始，正式将双方旗下的ITMA亚洲展览会(ITMA ASIA)和中国国际纺织机械展览会（CITME）在上海合并举办。双方原则上同意在上海每两年举办一届此合并展览会，计划第二届合作展览会将在2010年举办。此次协议的签署意味着纺机展会中的翘楚将联手打造2008年的辉煌，合并后的展会将为全球纺机业界提供高质量的市场开拓与交流的大舞台。

两个展会合作的设想始于2004年10月在北京举办的第九届中国国际纺织机械展览会（CITME），双方在为行业服务、为企业服务这个共同目标引导下，经过多轮友好协商，坦诚交换意见，最终在2006年4月22日落实了全部细节，并达成最终协议。

名为中国国际纺织机械展览会暨ITMA亚洲展览会（ITMA ASIA + CITME 2008）的合并展览会将于2008年7月27～31日在中国上海新国际博览中心举行，展出面积10万平方米。新的合并展览会将成为目前亚洲地区规模最大、专业化程度最高、技术水平最先进的纺织机械专业展览会。

此次两个业界重量级展览会强强联合，必将对包括中国在内的亚洲各国纺织技术装备水平的提升，促进各国纺织和纺机业界的交流与合作，以及促进本地区纺织机械展览会市场的整合，降低参展商和专业观众参展成本方面产生积极深远的意义。

毫无疑问，CITME和ITMA ASIA的强强合作，必将为亚洲及世界纺织业和纺机业带来新的生机。可以相信，在主办各方的共同努力和业界同仁的鼎力支持下，该展览会将成为亚洲纺机旗舰展览会。

——《国际商报》

保利参股新国展项目建设

2006年4月28日，中国贸促会与保利集团在北京举行保利科技有限公司参股新中国国际展览中心项目建设签字仪式。中国贸促会会长万季飞、保利集团董事长单亦和出席签字仪式，并发表了讲话。

万季飞在讲话中说，展览业是朝阳产业，拉动了地方经济快速发展，目前，全国各地已形成一股办展热潮，行业竞争十分激烈。中展集团成立20多年，在北京地区处于首屈一指的地位，但可持续发展受到严重制约，一是场地制约，国展中心位于繁华市区，已经没有发展空间，遇到大展暴露出面积不足、交通阻塞的问题；二是设施制约，国展中心现有的展览设施、配套服务设备落后，已不能满足展会的需要，一些品牌展会向上海、广州流失。

万季飞指出，为保持中展集团在行业内的领导地位，寻求新的发展，经过专家反复论证，启动了新中国国际展览中心建设项目，并被国务院立项，得到国家发改委批准。此次保利集团增资，成为第一大股东，一方面为新中国国际展览中心的建设注入了新的资金来源，另一方面也提高了建设项目抗风险能力。保利集团多元化发展、管理科学、人才丰富，贸促会在展览方面有优势，双方携手建设新国展实现了优势互补，于国家、地区都有利，相信合作一定能够取得成功。

单亦和表示，贸易、房地产、文化是保利集团三大支柱，集团还要拓展新的发展领域。新中国国际展览中心建设项目在集团建设中具有里程碑意义。此次双方合作，保利集团看重的是中国贸促会在展览行业的组织作用，具有丰富的工作经验和人力资源。他祝愿新中国国际展览中心早日建成。

——《中国贸易报》任 征

郑州药交会拉动消费5亿元

据郑州市统计局透露，2006年4月，第四届中国河南投资贸易洽谈会及第55届全国药品交易会在郑州举行，推动了

4月消费品零售总额的快速增长。2006年4月份郑州市社会消费品零售总额达68.5亿元，比上年同期增长17%。零售额占全省的比重为23.5%，增速比全省平均水平高1.1个百分点，在全省18个市中总量居第一位，增幅居第二位。其中，住宿和餐饮业是消费额增幅最快的行业，2006年4月份实现零售额10.9亿元，比上年同期增长21.6%；主要是两大会展带动了餐饮、住宿、交通、旅游、购物消费的增加，仅一个药交会综合拉动消费就达5亿元。

——《国际商报》徐东坡

莱比锡博览会驻京代表处成立

2006年5月19日，德国莱比锡博览会驻京代表处正式成立，并与北京西诺曼贸易有限公司签订合作协议。新代表处将在中国全面开展招商、洽谈等多方面业务，同时也为德国企业参加中国展览提供服务。据介绍，为了解新市场，建立贸易关系和新的销售渠道，越来越多的中国展商利用莱比锡博览会进军德国市场。目前，已经有大约75家中国公司在莱比锡落户。此次新代表处的成立，将进一步推动中德两国企业在展览、贸易、技术等方面的交流合作。

——《中国贸易报》

郑州国际会展中心迎来香港新管家

2006年5月21日，郑州国际会展有限责任公司和郑州香港会展管理有限公司举行了合作签约仪式。根据协议，即日起，郑州国际会展中心将由郑州香港会展管理有限公司负责管理，协议的首阶段为期15年。此举意味着郑州国际会展中心从此迎来新管家。

在合作签约仪式上，谁来入主成为真正的“管家”终于尘埃落定：由香港、上海、郑州三地会展业联手助推郑州会展业。新的郑州香港会展管理有限公司是由香港展览会议场地管理中国有限公司与上海国际展览中心有限公司合资组建而成。

在郑州香港会展管理有限公司董事长王礼仕的眼中，目前的郑州会展业刚刚起步。他的信心源自于由他掌管的香港会议展览中心的不凡业绩。香港会议展览中心成立于1988年，是亚洲第二大的会议及展览场馆，规模仅次于日本。仅仅在2004年7月1日～2005年6月30日就举办1493项活动。而郑州国际会展中心自2005年10月21日开业7个月以来，仅举办展会12个。

郑州国际会展中心原来的老管家、郑州国际会展有限责任公司也对未来充满希望。对于这次出让管理权，郑州市商务局局长、郑州国际会展有限责任公司董事长岳增浦坦言：“会展经济是个拉动经济，可以带动经济发展，如果自己来做的话，亏损期肯定要比这个长得多，而且没有先进的管理理念和队伍也不行，聘请郑州香港会展管理有限公司管理更重要的是塑造我们团队和培养人才。”

与此同时，王礼仕也表示，他们的目标就是将展馆的服务水平提高到一个国际性的水准上，在未来几个月里，他们将派香港、上海的专员过来对员工进行培训，并在国际上和国内市场上推广宣传郑州国际会展中心。

河南省会展业商会会长王永国认为，会展场馆硬件设施硬起来以后，随之而来的应该是更新管理经验、理念、运营模式等“软设施”，此次郑州国际会展中心不仅引来了香港管理方这个世界一流管理团队，更有助于培养河南会展业管理人才，打造郑州本土会展管理人才队伍。

郑州市市委书记王文超表示，香港会展中心在经营会展业方面有着丰富的经验，会展业的发展要依托便利的交通和现代化的会展设施，郑州目前已经具备这样的条件，通过双方的合作，郑州的会展业将直接与国际接轨。

——《中国贸易报》韩天旭

广州展览品出境参展势头迅猛

据广州海关透露，近两年广州展览品出境参展增长势头强劲。据广州海关统计，2006年1～4月，广州海关为展览品出境参展办理展览品出口监管业务共10宗，达到去年全年的83%，出口总值达702万美元，2004年办理展览品出口监管共4宗，出口总值8万美元，2005年共12宗，出口总值1134万美元。目前，文物、画展、摄影等艺术类展览品出境参展增长势头突出，同时，出境参展的展会档次提升，规格提高；出口展品价值提高；展品出境参展的目的地多为港澳地区。

据了解，取消了出口办展行政许可是出境展览会迅猛增长的重要原因。原来由商务部审批的“内地企业赴港澳招商办展活动审批”、“内地赴港澳参展活动审批”被列入《国务院关于第三批取消和调整行政审批项目的决定》范围，并于2004年5月对外公布实施。该措施的实施降低了出外招商、参展、办展、寻找商业伙伴等门槛，鼓励内地企业走出国门，积极创汇。

2006年广州市政府还明确将广州会展业列入“第十一个五年规划”期间重要的经济增长点之一，要把国际会展业打造为“城市名片”，鼓励国内企业出口办展，企业为了提高知名度，开拓国际市场，出境办展的需求也增多。

同时，广州海关也积极促进广州地区国际会展业的发展，推出了“广州海关促进广州地区国际会展业发展的八项服务措施”，积极采取展览品监管便利措施，简化了通关手续，大大地促进了国内企业出口参展的热情。

据有关海关关员介绍，根据历年展会多集中在下半年举办的特点，可预计今年的展览品出境参展的势头将更加迅猛。

——《国际商报》李亚森

保护知识产权推进行业自律
展览业集体签署承诺

中国展览业约200家从业单位负责人2006年5月31日在北京共同签署“守法诚信经营，保护知识产权”承诺书，共同表达中国展览业强化知识产权保护、推进行业自律的决心。

据悉，此次签名活动是“蓝天会展行动”的重要组成部分。该行动以宣传保护商标权、著作权、专利权为重点，以国际影响较大的展会为重点对象，以知识产权权利人反响强烈的案件为突破口，旨在全面提升中国会展业知识产权保护工作水平。

这些展览从业单位在承诺书中郑重承诺：将积极配合“蓝天会展行动”，在展览经营活动中通过签订展会保护知识产权责任合同等方式，落实知识产权保护责任制，及时报告展会期间涉嫌侵权现象，并对知识产权保护工作进行总结分析。

目前每年举办的各类展览会超过3000个。但与此同时，在各类展会上，涉嫌侵犯知识产权的纠纷与投诉不断出现，影响了展览业的健康发展。

始于2006年4月的“蓝天会展行动”——2006展会知识产权保护年度专项行动目前正在全国范围内积极推进。该行动由商务部、海关总署、工商总局、版权局、知识产权局和贸促会共同组织，将持续至2007年3月。

——《中国贸易报》毛 闻

我国大型展会尝试引入风险管理机制

刚刚闭幕的第九届北京科博会引入风险管理机制，将安全防范工作置于风险管理体系中考虑，不放过每一个可能造成灾难的细节，最大限度地规避了风险。

第九届科博会组委会常务副秘书长、北京贸促分会会长周茂非说，这是科博会首次进行风险管理尝试，内容包括展览前的风险评估、展会过程风险预测及处理两大部分，其中包括投保2000万元的公众责任险。

周茂非说，经过反复权衡，组委会决定借鉴国外大型展会的管理模式，把展会的风险管理委托给中盛国际保险经纪有限责任公司，对可能出现的突发事故进行积极预防。

中盛国际派出4名有丰富经验的专业人员，对北京科博会的合作单位进行系统问卷调查，吸取了35起大型展会及活动事故的教训，引入国际风险管理方面先进的评价标准，编制出风险评估报告，指出了北京科博会安全、计划、组织、运营等方面存在的风险，并提出针对性很强的防范措施。

“过去我们对于安全防范工作也很重视，但由于各部门之间是独立运作，对于风险的防范并没有形成管理体系，所以很难做到‘安心’和‘放心’。”周茂非说，“专业的项目交给专业人员来做，工作的系统和细致程度明显提高了许多。”

业内人士指出，我国国内风险管理，特别是公共服务、安全生产、环境保护等领域的风险管理非常滞后。决策者对诸多风险的处理还是凭传统经验，靠行政命令，缺乏应有的市场化、专业化运作。如何防范、控制和转移可能降临的风险，降低由于灾害和灾难事故造成的人身及财产损失，政府部门尚需创新思路。

——《中国贸易报》梅 勇

广东东莞整合展馆资源

2006年5月28日，广东东莞国际会展中心的经营权由中国贸促会东莞支会正式转交给广东现代国际展览中心有限公司，东莞国际会展中心的所有权仍为东莞市政府所有。自此，东莞国际会展中心和广东现代国际展览中心的两大专业展馆，将由广东现代国际展览中心有限公司这个股份制企业统一运作经营。

据悉，广东现代国际展览中心已经成立了专门的管理团队，正式派驻东莞国际会展中心进行现场办公。此次东莞市政府促成本地两个最具代表性的专业展馆联姻，是对现有展馆设施和资源深度整合一次有益的尝试。对一直平静的东莞会展经济来说，这一举措意味着东莞市再塑会展名城的决心和新的战略正式启动。

东莞国际会展中心为东莞市政府拨款修建，属于政府行政资产，业主为东莞市政府物业管理中心。早在两年前，东莞国际会展中心曾以标的800万元被拍卖，但最终以流拍而告终。时日已久，当时拍卖的具体情况已经不得而知，但是据说吸引了很多酒店、展览公司和广告公司前来应拍，其中还包括广州、深圳的企业。由此可见，政府内部早就对东莞国际会展中心的经营权问题进行重新思考和定位。

目前东莞市每年都举办展会的展览场馆9个，可展出总面积达28.63万平方米。以东莞每年平均举办50个展会来推算，每个展馆每年平均举办不足6个展会。相比之下，每年办展数量以20%递增的上海，其主要展馆也只有7个。由此可见，东莞展馆使用率很低，空置非常严重。

东莞会展场馆资源缺乏整合和规划布局，影响到了会展业有序和公平的竞争。由于大部分展馆处于未饱和状态，有的展馆甚至不惜招揽一些资质、信誉、经验、操办手法都较为低劣的企业来莞办展，严重影响了东莞会展业的声誉。如今，将两大配套设施最齐全的展馆结合起来经营，将有利于平衡各方利益，整合同类或相关展会，避免重复办展和恶性竞争。

——《国际商报》杜 芸

第六期中国注册会展经理（CEM）培训6月开课

2006年6月5～9日，由中国贸促会（CCPIT）和美国国际展览管理协会（IAEM）主办，京慕国际展览有限公司承办的中国注册会展经理（CEM）培训在北京国际会议中心举行第六期培训。

自2003年12月开办以来，CEM已举办了五期。共有200多名会展业界人士参加了培训，107名获得了由中国贸促会与IAEM联合颁发的CEM证书。

本期培训共招收新学员58名，分别来自北京、上海、广州、宁波、义乌，成都、澳门、南宁、杭州、青岛等10个城市。加上第五期培训的老学员，本期学员规模突破了百人，达到前所未有的108人。值得一提的是，澳门展贸协会组织了20名来自澳门的会展业同仁参加培训。

鉴于学员规模较大，本期CEM首次开设两个班同时授课。

——《中国贸易报》卜祥丽

上海世博会相关人员赴希、西、葡三国取经

为落实上海世博会组委会第三次会议有关精神和要求，上海世博会组委会委员、组委会联络小组副组长、中国贸促会副会长高燕率中宣部、科技部、国台办等组委会有关成员单位联络员对2008年萨拉戈萨世博会、1998年里斯本世博会和1992年塞维利亚世博会的举办地进行了考察。

2006年6月8日上午，高副会长一行拜会了萨拉戈萨市政府。双方就中国参加2008年西班牙萨拉戈萨世博会和举办2010年上海世博会工作交换了意见。拜会结束后，高副会长一行与萨拉戈萨世博会组委会相关负责人举行了工作会谈，听取了组委会关于萨拉戈萨世博会筹备情况的介绍，并就中国馆展出工作以及世博会的招展、主题演绎、科技应用、新闻宣传、财政预算和场馆建设等问题交换了意见。

6月9日中午，代表团参观了塞维利亚世博会后续利用公司，考察和借鉴西班牙举办1992年塞维利亚世博会的成功经验。该公司技术部经理本胡梅阿先生围绕国际招展、国内参展、园区规划、园区人流疏导和交通、主要活动安排、新闻宣传、配套设施服务体系以及园区后续利用等问题做了详细介绍。高副会长表示，塞维利亚世博会的宝贵经验让中方获益匪浅，对于中国成功举办上海世博会有着重要意义。

6月12日，高副会长一行拜会了里斯本世博局，考察和借鉴葡萄牙举办1998年里斯本世博会的成功经验。里斯本世博局负责人重点围绕国际招展、澳门和海外领地参展、园区规划、场馆布局、主题馆、财政预算、科技应用等方面介绍了98年世博会的有关情况，并于会后向代表团提供了包括参展合同、总体方案等在内的详细资料。

——中国贸促会联络部 世博办

上海认证首批高级会展师

2006年6月11日，有31名上海会展业专业人士，从市委宣传部、市人事局、市职业能力考试院负责人手中接过了高级会展师认证证书。首批19名会展师同时接受颁证。

目前，华东地区部分省市人事局已表示，决定认可上海会展师和高级会展师的认证工作。这就表明，首批会展师和高级会展师将在上海及部分省市得到认可。为推动培训认证工作的开展，上海市会展行业协会已决定会同有关部门，对本市会展企业进行资质认证，设置不同等级会展企业的会展师和高级会展师人数的最低“门槛”。

——《中国贸易报》心 和

浙企出国参展热情高涨

随着国家对出国展新规的制订和“走出去”的政策扶持，浙江省各地自营进出口企业特别是中小企业和新增经营企业，运用国家和地方扶持政策，参展热情高涨，除参加由当地所在外经贸机构组织的展览外，还通过多种渠道赴境外参展，出展摊位数和贸易成交量均比2004年大幅增加。据调查统计，2005年仅浙江省、市外经贸（含贸促会）组织参加境外展览会出展摊位突破5000个，达到5603个，贸易成交额30.4亿美元，出展摊位数和成交量均比上年增加22%和36%；浙江企业参加中央部办、商会、协会组织的出展摊位2300多个；企业自行参展的摊位约1200多个。三者相加，全省出国参展摊位共计9100多个，占全国的1/3。

近年浙江省出国展览特点主要体现在：顶级展会仍为参展企业首选，国际知名展（博）览会的参展规模和数量进一步扩大。

利用扶持政策参展和自行出国参展并重。利用政府开拓国际市场基金政策，一些中小企业更愿意参加由当地外经贸局组织的展会和新兴市场的专业展；同时在当前互联网和市场经济条件下，由于出国参展信息多、渠道多、选择快，一些有实力的中小企业更多是有选择地自行参展，直接向规模大、服务好、专业性强的展览公司报名，一般不经过当地外经贸机构备案。

大中型展团数量增加。随着浙江省外经贸工作的快速发展，对外经济交往不断加强，上规模展团明显增多。

新兴展览市场得到拓展。为了促进出口市场多元化战略和有重点地开拓发展中国家新兴展览市场，浙江企业参展地域已遍及中东、东盟、拉美、东欧、非洲等地。如宁波市在以上地区，全年共完成出展项目数28个，展位数达180个，规模较大的展会有印度孟买中国商品展、迪拜家电五金展、莫斯科汽配展等。

——《中国贸易报》郭 牧 张子正

广州曝光违规办展企业

广州市工商局专业市场管理分局为整顿展销会市场秩序，减少违规办展案件的发生，2006年6月26日公布了近年来广州发生的四宗重大展销会违法案件。

2005年4月，北京博式雅展览展示有限公司广州分公司违规在新体育馆主办国际房地产、建筑装饰材料博览。此后该公司又与广州博式展览有限公司（两公司法定代表人为同一人）联合，再次采取虚假宣传手段为一个展会招商。市工商局查处了广州博式展览有限公司并罚款20万元。

2005年4月17～21日，在广州花城会展中心举办的2005海峡两岸名优产品博览会发生重大参展商群体性投诉事件。主办单位广州兴博展览有限公司后又在省工商局申请于同年10月在同地点举办相同名称展会，同样遭参展商群体性投诉。

2005年6月8～10日，在广州花城会展中心举办的2005

广州机床展模具技术展暨工控自动化及仪器仪表展览会，遭参展商群体性投诉。

2005年8月9日，广州国华展览有限公司在未能达到举办国际展的条件的情况下，擅自以国际展名义为其准备举办的“2005广州华泰（秋季）国际纺织服装及面料辅料展”招商。

——《中国贸易报》达 志 安 珍

内地与港澳分别签署CEPA补充协议三

经国务院批准，《〈内地与澳门关于建立更紧密经贸关系的安排〉补充协议三》和《〈内地与香港关于建立更紧密经贸关系的安排〉补充协议三》，分别于2006年6月26日、27日签署。

根据《〈内地与澳门关于建立更紧密经贸关系的安排〉补充协议三》，内地在《安排》及其两个补充协议的基础上，进一步在服务贸易领域扩大对澳门开放，并加强双方在贸易投资便利化领域的合作。

服务贸易领域，从2007年1月1日起，内地在法律、建筑、会展、视听、分销、旅游、运输和个体工商户等领域在原有开放承诺基础上，又采取了13项具体开放措施。其中，4项属于放宽股权限制，1项属于降低注册资本、资质条件等门槛，8项属于放宽地域、经营范围和自然人流动条件。

贸易投资便利化领域，为支持和配合澳门产业结构向适度多元化的方向转变，双方在贸易投资便利化原有的产业合作领域中增加会展业合作；同时为推动内地与澳门在知识产权保护领域的合作，双方决定将知识产权保护工作列入《安排》贸易投资便利化领域。

根据《〈内地与香港关于建立更紧密经贸关系的安排〉补充协议三》，内地在《安排》及其两个补充协议的基础上，进一步在服务贸易领域对香港扩大开放，并加强在贸易投资便利化领域的合作。

服务贸易领域，从2007年1月1日起，内地在法律、会展、信息技术、视听、建筑、分销、旅游、运输和个体工商户等领域在原有开放承诺基础上，进一步采取15项具体开放措施。其中，4项属于放宽股权限制，2项属于降低注册资本、资质条件等门槛，9项属于放宽地域、经营范围和自然人流动条件。

贸易投资便利化领域，为借鉴香港保护知识产权的经验，推进内地知识产权保护工作，推动两地在知识产权保护领域的合作，双方决定将知识产权保护工作列入《安排》贸易投资便利化领域，并将进一步探讨具体合作内容。

——《国际商报》

会展业保险市场反应冷淡

由于没有给参展物投保会展险，参展公司常与观众为赔偿问题发生纠纷。前不久，在武汉国际会展中心车展上，一辆参展车在试驾时与一辆公交车追尾，轿车保险杠油漆脱落，参展公司因此与试车市民为赔偿问题争执不休。

近年来，华中车展、国际汽车展、机博会、光博会等大型展会落户武汉，各会展中心等大型场馆“档期”从年头排到年尾。相关数据表明，全市各类会展达120个，收入在1.5亿以上。与会展经济火热形成鲜明对比的是，武汉地区与展会相关的保险收入仅有数十万元。

据了解，参展物品受损现象时有发生，组织者和参展商十分头痛，但主办者、承办者、参展商都很少主动投保，一旦出现问题，责任很难界定。

一展览中心人士认为，展会保险应由展会主办方或参展商购买，展览中心只是租借场地，没必要投保。有的展馆则认为，自身就可防范风险，买保险会加重经济负担。据悉，国际上一些成熟的展览会上，主办方大多通过投保来转移财物损失、责任赔付及经营损失等风险。

笔者走访了武汉多家财险公司，发现目前会展类保险并不多。平安财险的展览会责任险虽推出较早，但主要保展览会期间，因被保险人管理不当或操作失误，导致游客人身伤害和财产损失。去年，大地财险推出了展览会综合保险和展览会参展商综合保险，保障范围包括财产损失、运输损失、公众责任、雇主责任等，就连高价值的金银珠宝和艺术品也在承保范围之列。保障虽然齐全，但该险种推出后，市场反应冷淡，并没有预期那么火。

——《中国贸易报》韩 力

贵州酒店业会议接待应接不暇

由于贵州省旅游发展渐入佳境，会议接待逐渐在各酒店火起来，凡星级酒店几乎每家都挂着“欢迎某某会议代表”的条幅，而很多酒店的欢迎条幅则每日都在更新，会议接待可谓应接不暇。

据贵州酒店业的人士介绍，各酒店会议接待之所以特别火，最主要的原因就是去年以来，贵州省在全国各地的旅游推介大大提升了贵州的知名度，不少组织者慕名选择到贵州省开展会议活动。而该省酒店会议接待量以2005年为分水岭，2005年以前基本为吃不饱的状况，2006年则表现“火爆”，这其中除旅游拉动外，另一个原因则是近年来酒店设施不断完善，接待水平及接待能力不断提高。

但不少业界人士也认为，与城市相比，贵州酒店的会议接待水平仍然落后，一些大型会议仍然没有能力接待，一是贵州目前还没有一家较大规模的会展中心，另一方面则是目前也还没有较为成熟的会展、会议组办企业。

——《国际商报》王 祝

会展行业引入资格认证制度

踏入会展行业，先要跨过资格认证的“门槛”。由上海市人事局牵头，上海市职业能力考试院、上海世博人才发展中心、上海市会展行业协会共同推出的《上海市会展管理专业技术水平认证》(初级)、(中级)、(高级) 工作已在上海正式启动。这在全国也是首次。

会展业作为现代服务业的重要部分，需要大量的优秀人才来推动和促进其发展，实行会展从业人员资格认证制度，这无疑是提升会展管理水平的有效措施。

据介绍，上海市会展管理专业的技术水平将实行统一标准、统一组织、统一认证。资格认证从理论和实务两方面考查会展管理人员应当具备的素质，即基础知识和理论是否扎实，是否具有运用相关的理论知识分析问题、解决问题的能力。

上海市会展管理专业技术水平认证共分为三个级别：

会展管理(初级)要求从业人员基本掌握会展一般操作流程，协助项目负责人完成指定工作。申请参加上海市会展管理专业技术水平(初级)认证的人员，还应具备中等教育以上学历。

会展管理(中级)要求从业人员掌握会展管理工作，带领项目团队完成经营者交办的工作。申请参加上海市会展管理专业技术水平(中级)认证的人员，还需具备下列条件之一：(1)大专毕业，从事本专业管理工作4年或4年以上；(2)大学本科毕业及以上学历，从事本专业管理工作2年或2年以上；(3)取得会展管理(初级)证书后，在相关行业或相关专业岗位连续工作3年或3年以上。

会展管理(高级)要求从业人员具有经营决策能力，实现企业的经营目标。申请参加上海市会展管理专业技术水平(高级)认证的人员，还需具备以下条件之一：(1)大学本科毕业，从事会展管理及相关工作5年以上，或取得会展管理中级证书后，从事会展管理及其相关工作3年以上；(2)对于工作业绩较突出者，学历和专业工作年限可适当放宽。

——《中国贸易报》新 华

上海为国际展品开辟出入境“绿色通道”

2006年7月13日上海成立首家一站式国际展览品进出境管理服务机构，为抵沪参展的国际展品提供更为便捷的服务，同时为2010年上海世博会期间展品的监管服务积累经验。

“上海浦东国际展览品监管服务中心”集海关监管、检验检疫、现代物流服务等多种功能于一体，中心位于浦东外高桥功能区内，到达机场、港口和上海新国际博览中心的交通都相当便捷。此中心是上海推进“大通关”建设的重要步骤，也是浦东综合配套改革的重要试点项目。

今后国际参展商的货物到达上海口岸后，可以选择传统的报关运输方式将展品运往展览会场；也可以选择直接进入展品监管服务中心，在中心完成国际展品的预录入、报关、报检、查验和库存监管，通过一个订单、面对一个窗口完成全程委托服务，再由中心将货物送到展览会场，展览结束后也可以通过中心实现出口退运、转关转展或留购代理。

为国际展览品开设专门的“绿色通道”，是上海会展业蓬勃发展的客观需要。在目前上海会展业的核心地区浦东，每年有100多场国际性展会在此举行，2005年浦东新区国际性展会的展出面积达到237万平方米。由于国际展览品具有入境时间周期短、种类繁多、来源国多等特点，传统的监管模式已经无法适应大规模国际展览品出入境的需求。

上海海关负责人表示，“上海浦东国际展览品监管服务中心”投入营运后，将在实践中肩负起继续探索“通关便捷、监管有效、管理科学”的重任，所取得的经验将用于实现更高水平的出入境监管服务、提升上海会展业的竞争能力，同时为2010年上海世博会期间展品的监管服务积累经验。

——《中国贸易报》季 明

上海会展行业启动“六个一”工程

为了推动上海市会展行业持续健康的发展，上海市会展行业协会推出“六个一”工程，为培养高素质的会展行业人才提供不竭动力。

会展业是公认的朝阳产业。上世纪90年代以来，会展业在我国迅速崛起。目前，上海已经成为我国每年举办会展数量最多的城市，会展业已被列入上海今后5～10年重点发展的行业之一。然而，一个现象引人注意，专业人才的缺乏正成为上海会展业发展的瓶颈。据有关部门统计，到2010年，上海将需要约10万名会展人才，但现有会展人才的数量和质量均远远不能满足要求。

为此，上海会展行业协会推出“六个一”工程，旨在加快专业人才的培养，其中包括，成立一个学院。2005年，上海会展行业协会与华东师范大学共同筹建了“华东师范大学上海会展学院”。学院由培训中心和研究中心组成。培训中心按照“会展管理职业资格标准”，分层次开展助理会展师(初级)、会展师(中级)和高级会展师(高级)的培训，旨在为上海会展业输送实用性人才。研究中心则由专业学者和业内资深人士组成，对会展业发展中的热点和难点问题展开调查研究，以填补会展业的理论缺口和解决行业发展问题。

华东师范大学上海会展学院是全国首家由会展协会和高校共同组建的会展专业学院。学院的宗旨是“为世博会人才培养服务、为会展业人才培育服务、为现代服务业发展服务”。学院主要培训业内在职人员和培养社会有志加入会展业的人才。学院的培训方式、课程设置等均注重理论学习和实际操作相结合的特点，专业针对性、可操作性强，致力于为会展企业输送实用型人才。

建立一个专家库。为推动上海会展业正常有序发展，协会还专门建立了一个专家库，首批吸纳专家43名。这些来自业内、社会各界和境外的专家，将参加协会的重大活动，为事关协会发展的重大事项出谋划策。

制定一个行业标准。行业培训工作要实现职业化、制度化和规范化，就必须填补行业标准的空白。为使从业人员有可依据的职业标准，协会从制定会展师的职业资格标准入手，逐步深化推进。

制定一个培训教育大纲。协会要专门建立一个会展人才的培训教学大纲，并围绕这一教学大纲编写教学任务和教材，这也是行业的纲领性文件。

撰写一套培训教材。为了使培训工作能够长期持久地开展，编写一套适合行业特点的会展系列培训教材丛书势在必行。教材的编写采用会展行业的专家和教育专家结对的方式共同完成。几十名来自会展主办、会议主办、会展场馆等各个领域的几十位专家，就各自熟悉的领域提供宝贵的经验和案例，力求在理论和实践相结合的同时更侧重实务。

颁发一张证书。由上海市人事局、上海市职业能力考试院、上海世博人才发展中心、上海市会展行业协会共同推出了《上海市会展管理专业技术水平认证证书》。经过系统培训和考试合格者，都将获得相应的资格证书。

——《中国贸易报》邵 珍

上海世博会聘任18名主题演绎顾问

2006年7月18日，上海世博会主题演绎顾问聘任仪式暨主题演绎座谈会在北京召开。18名来自城市规划发展与建筑、文化艺术传播、科技、环保等多个领域的知名专家受聘成为上海世博会主题演绎顾问。

会议由上海世博会组委会主办，国务院副秘书长、组委会副主任委员、组委会联络小组组长徐绍史，中国贸促会会长、组委会副主任、执委会执行主任万季飞，中国贸促会副会长、组委会委员、组委会联络小组常务副组长高燕，上海市副市长、组委会委员、执委会常务副主任杨雄，执委会专职副主任、上海世博局副局长钟燕群出席会议。

深化主题演绎，研究制定中国馆和主题馆展示策划方案是组委会2006年筹办工作中的一项重要任务。鉴于主题演绎和“两馆”展出方案制订工作的专业性强、要求高，经有关方面推荐，并报国务院副总理、组委会主任委员吴仪批准，组委会决定聘任18名知名专家担任上海世博会主题演绎顾问，他们分别来自城市规划发展与建筑、文化艺术传播、科技、哲学、设计展示、景观园林、环保等多个领域。此次会议上，上海世博会组委会为18位知名专家颁发了上海世博会主题演绎顾问聘书。专家的主要任务和职责是指导深化世博会主题演绎研究，评审中国馆和主题馆总体展示方案，参与上海世博会展示评比工作等。

在会议上，上海市有关部门负责同志向专家们介绍了世博会和中国参加、举办世博会情况、《2010年上海世博会注册报告》和上海世博会办博工作的总体思路、设想。在此基础上，18位专家就深化主题演绎和中国馆、主题馆总体展示方案展开了讨论，提出了许多宝贵意见和建议。上海市将根据专家提出的意见，进一步深化主题演绎，制订完善中国馆、主题馆总体展示方案，报组委会批准。

据了解，组委会聘任的18名主题演绎顾问是：清华大学建筑学院王路教授、中国城市建设研究院王磐岩副院长、北京电视剧制作中心冯小刚导演、中国现代城市研究中心宁越敏教授、上海科技馆研究设计院许永顺副院长、清华大学环境科学与工程系陈吉宁教授、建设部陈晓丽总规划师、上海博物馆陈燮君馆长、上海图书馆吴建中馆长、同济大学建筑与城市空间研究所郑时龄所长、上海戏剧学院贺寿昌教授、上海社科院赵鑫珊教授、北京大学新闻与传播学院徐泓教授、中国遗产杂志社夏骏主编、中科院科技政策与管理科学研究所穆荣平所长、中国国际展览中心集团展览工程公司穆桦副总经理、中国工程院院士翁史烈。

——《中国贸易报》毛 文

两岸货运飞机航班首飞

我国台湾至大陆间的首个货运航班，在2006年7月19日晚上10:10从台北起飞，由台湾中华航空的波音747-400飞机执飞，于第二日凌晨0:33抵达上海。

该航班的开通虽然只是台海关系上的一个小进展，但在台湾方面禁止与大陆通航56年之后，重新开通海峡两岸定期货运包机航班业务不能不说是一个历史性的突破。

据官方介绍，海峡两岸货运包机主要目的是为了方便台商能把重要的零件和原材料从台湾运到他们在大陆所开的工厂。

尽管台北方面规定该航班必须飞经香港领空，但相比之前从台湾到大陆的货运需时，时间上仍得以大大缩短。

媒体报道引述中华航空公司的发言人Johnson Sun说，公司希望在7月底前能够在多执飞2～3个到大陆的货运包机航班。

货运包机业务是在台湾商界的压力下开通的。台湾商界领袖们还希望开通两岸之间的货运和客运直航运输业务。

——中海环球空运有限公司

中国国际投资促进会成立

2006年7月25日，中国国际投资促进会成立。由此，我国“四位一体”的“引进来”和“走出去”双向投资促进体系初步形成。

商务部有关官员表示，“四位一体”投资促进体系由商务部外资司和合作司组成的官方投资促进职能部门、半官方机构性质的投资促进事务局、为企业服务的中国外商投资企业协会以及作为中介机构的中国国际投资促进会组成，该体系为我国“引进来”和“走出去”开设了一个更大的发展平台。

中国国际投资促进会成立大会在四川成都召开，国务院副总理、中国国际投资促进会名誉会长吴仪以书面致词的方式表示祝贺。吴仪在致辞中表示，国际投资促进是我国吸收外资和对外投资工作的有机组成部分，是“引进来”与“走出去”相结合的重要纽带。商务部认真履行国务院赋予的指导全国投资促进工作职责，根据国家发展战略，始终将“引进来”和“走出去”作为国际投资促进的两大主题，建立了投资促进机构与政府及政策执行部门有效互动、相互结合的双向投资促进体系，对我国积极有效利用外资和鼓励有实力的中国企业“走出去”起到积极作用。

吴仪要求，作为投资促进机构的全国性社团法人，投促会要充分发挥中介机构的桥梁和纽带作用，准确把握国际资本流动的新趋势和我国经济社会全面发展的新要求，突出“引进来”、“走出去”两大主题，牢牢树立服务观念并创新服务手段，抓好专业化队伍建设，提高政治和业务素质。

成立大会上，商务部副部长、中国国际投资促进会名誉副会长马秀红表示，多年来，商务部为搞好投资促进开展了多项工作：积极参与多边投资谈判，扩大与国际组织和国外投资促进机构的交往与合作；通过一系列大型投资促进活动、投资促进专题网站、专业投资促进产品和形式多样的投资促进服务，为促进中外投资者的双向投资构筑了平台；同时商务部还指导并积极推动各地方建立专业投资促进机构，开展投资促进机构间的互动合作。

马秀红认为，当前我国吸收外资和对外投资工作面临着新形势。就吸收外资而言，国际引资竞争日益加剧，国内对外资的需求也发生着变化，中国企业对外商直接投资的选择性不断提高。我国不仅要继续保持和扩大利用外资规模，更要注重优化外资区域布局和产业结构调整，提高利用外资的质量和水平。当前，跨国直接投资逐步转向服务业，全球研发活动正逐步向国际化发展，只有牢牢把握机遇，采取有效措施，积极参与国际竞争与合作，才能提高对外开放水平，促进实现我国全面建设小康社会的发展目标。

马秀红坦言，就对外投资而言，我国企业的对外投资能力和愿望迅速增强，但多数企业缺乏海外投资经验、渠道和信息。要促进中国企业以更加积极的姿态走出国门，参与国际竞争，需要政府和专业机构给予指导和帮助。这是对中国投资促进工作巨大的挑战，也是对中国投资促进机构提出了更高的要求。

在成立大会上，世界投资促进机构协会(WAIPA)主席莅临大会并致词，联合国贸发会议(UNCTAD)秘书长、工发组织（UNIDO）总干事、经济合作与发展组织（OECD）工商业咨询协会秘书长等也向大会书面致贺，并派高级官员作为代表出席大会。成立大会还审议了中国国际投资促进会筹备工作报告、审议并通过章程、推选理事、常务理事、副会长、会长人选以及相关决议。

——《国际商报》何芬兰　冯延洋

美国将支持并参加上海世博会

来自2010年上海世博会筹委会的消息说，2006年7月26日在上海访问的美国商务部副部长富兰克林·拉文明确表示，美国将积极支持并参加2010年上海世博会。

拉文认为，上海世博会不仅是一次展示人类最新文明成果的盛会，还是全方位展示中国、特别是上海巨大魅力的一个舞台，而且是美中两国人民加深了解和友谊的一个重要平台。他说：“很多美国人没来过中国，对中国也不熟悉，但他们很想了解中国，应该让上海世博会成为中国扩大在美国影响的一次重要机会。”

拉文邀请上海市政府和上海世博会筹办机构赴美开展宣传活动，加强对上海世博会的推介和市场营销。他说：“届时有多少美国公司和游客来上海参展、观展，取决于未来两年上海市政府和世博会筹办机构的市场推广工作。”

拉文预测，上海世博会将对中国的经济和社会产生深远影响。他说，美国愿意与中国开展更多的讨论与磋商，为上海世博会圆满成功做出自己的贡献。

美国于2002年正式退出了国际展览局，并缺席了2000年德国汉诺威世博会。但自世博会1851年诞生以来，美国是全世界举办世博会次数最多的国家，拥有丰富的世博会组织经验。

截至2006年7月25日，已有55个国家和国际组织确认将参加上海世博会，但尚不包括美国。这55个国家和国际组织的来源是：非洲20个、美洲3个、欧洲9个、亚洲和大洋洲18个，还有5个国际组织，分别是独联体执委会、联合国生物多样性公约组织、世界旅游组织、联合国工发组织、世界银行。

——《中国贸易报》钟　欣

青岛会展业再攀新高度

近年来，山东省青岛市的会展经济得到了飞速发展，以APEC技展会和SINOCES为代表的众多展会不仅规模扩大，而且质量有了显著提高，品牌展会和专业展会已成为会展业发展主流。

据青岛市统计局企调队对在青岛会展中心举办的展会跟踪调查显示，2006年上半年青岛会展中心共举办各种会展34个，接待国内外来宾50万人次，累计使用展会面积30万平方米，为青岛市带来的直接经济收益超过15亿元，按现行税率计算，带来了超过8000万元的税收。其中APEC技展会带来了2.45亿元的直接经济收益，按现行税率计算，带来了超过1340万元的税收。SINOCES（中国国际消费电子博览会）带来了2.64亿元的直接经济收益，按照现行税率计算，带来1450万元的税收，比2005年SINOCES增长41%。

参展的中外客商对青岛市旅游设施各项要素的评价都比较好。中外主流媒体对青岛会展经济的新闻报道，也极大提升了青岛的城市品牌形象。青岛市正在为建设“全国重点中心城市”和“世界知名特色城市”的宏伟目标而努力。会展经济将会继续为青岛城市经济发展和在国际上知名度的提升发挥更重要的作用，描绘出更亮丽的色彩。

——《国际商报》仵德建　袁俊杰

大连贸促会引领全市会展业健康发展

2006年上半年，大连市举办展会40个，展出面积28.62万平方米；4820家企业参展，其中有32个国家和地区的海外参展企业199家；参展商28128人，其中海外参展商1089人；

展会观众234.5万人次，其中海处观众1.17万人次；展会贸易成交63.3亿元。

大连市贸促分会参与交易会的积极性高涨，规模、水平创造新高。大连市贸促分会还第一次承接市政府招商引资任务，投资洽谈频繁；全市展览管理接连出台新招，影响力涉及全国，多次受到大连市委、市政府领导的肯定和各方面的好评。

据了解，大连市贸促分会下半年将重点抓好中国夏季达沃期论坛申办，办好汽车展、医疗展，招商引资1000万美元，整合全市会展资源等工作，确保完成年初确定的各项工作指标。

——《中国贸易报》葛玉广

中展牵手南光领跑澳门会展业

记者从澳门会展业协会获悉，由中展集团（华港国际展览有限公司）、南光集团（南光实业有限公司）及葡源国际投资有限公司三方联手，于7月初在澳门举行签约仪式，合资设立华澳国际会议展览有限公司。中国贸促会、中展集团具有会展行业管理的政策优势和会展业务网络及人才资源，而华港20多年的国际展览组织经验、国展管理公司的场馆管理和中展工程公司的团队，为三方的合作奠定了坚实的基础。南光集团拥有酒店、旅游、物流、劳务、投资等综合资源优势，葡源国际拥有葡语国家资源和本地中小企业的优势为澳门会展创造了有利条件。

6月29日签署的澳门CEPA第三阶段补充协议，增加了会展业开放与合作的内容，这是香港CEPA所没有的。随着澳门博彩业的开放，特别是引进美国拉斯维加斯模式，为澳门会展业展现了巨大的发展潜力。记者获悉，澳门有关方面高层表示，澳门贸促局愿意与中国贸促会共同推动澳门会展业的发展。

——《中国贸易报》周春雨

上海重视通过出展加强市场营销

2006年8月4日，上海市贸促会举行出国经贸展览工作情况通报会。来自上海市政府有关部门、各大集团和企业、区县贸促支会以及江浙地区部分企业的代表100多人出席。

上海市贸促会副秘书长兼展览部部长孙国祚在会上汇报了出展工作稳步发展的情况。他说，过去一年上海市贸促会成功地在世界各地承办了60多个大中型出国经贸展览会，摊位500个，展位净面积5000多平方米，出国展览越来越成为企业走出去的“绿色通道”。上海市贸促会展览部被市外经贸委授予服务贸易优胜奖。上海市贸促会举办出国展览会从1984年起步至今已有22个年头，出国展览的规模、展览项目、服务内容等都有很大的发展，特别是在市场竞争的大潮中实现了角色转换，经过多年的不懈努力，培育了一批在行业内有知名度，深受企业欢迎、贸易成效较好的展览项目，并已成为上海市贸促会出展的知名品牌。实践使我们认识到，出展提供的服务必须从企业需求出发，设计出企业需要的产品，这样我们的服务才能得到企业的认可，才能赢得持续发展。

——《中国贸易报》童培幸

上海世博园全面开工建设

2006年8月19日上午，在距中国2010年上海世博会开幕1351天之际，上海世博园区工程建设开工仪式在世博会园区浦东地块举行，这标志着上海世博会基础设施项目全面启动，至此上海世博会筹备工作进入全面建设的新阶段。

根据世博会筹备工作的进度安排，主要场馆将于2007年上半年开工建设，到2009年底基本完成园区建设任务。

据介绍，世博会主体工程的基础设施建设项目是整个园区建设的基本组成部分之一，共分19类、约110项。其中园区内浦东区域的11条新道路建设最先开工。未来还将有景观绿化以及防汛墙、地下空间、管线等基建项目工程陆续开工。

率先开工建设的是浦东区域中的浦明路等11条道路，涉及范围东至白莲泾、西至卢浦大桥、南至浦东南路、北至黄浦江，道路总长度约11公里，占地面积约39万平方米。整个项目从今天起开始建设，计划一年内完成。

根据规划，世博会园区需要新建或扩建市政道路30条，总长度35.55公里。其中浦东18条，总长度26.13公里；浦西12条，总长度9.42公里。

这批新建、扩建的道路建成后，一是将为世博园区场馆建设提供骨架性的施工通道；二是将充分满足世博会展期内交通服务需求；三是将为世博园区的后续利用，以及把握近远期结合和完善区域路网，增加地区交通容量提供保证。

据悉，市政道路是世博会园区中最先启动的基础设施工程，紧接着展开的工程还有：景观绿化及防汛墙工程、地下空间工程、管线工程等。其中，景观绿化及防汛墙工程将利用今冬明春以及明年的冬季至后年的春季这两个时间段实施；防汛墙及水工设施结合绿地建设同步实施；地下空间工程、管线工程、泵站工程将在今年四季度开工建设。同时，各相关工程建设如电力、给水、通讯、燃气等也将同步启动。

据介绍，在世博园区基础设施的建设中，将充分体现“科技世博”、“生态世博”的理念。比如在清洁能源利用方面，拟采用太阳能光伏发电技术，体现先进性和导向性；在废弃材料再生循环利用方面，拟采用水资源综合利用技术、把废混凝土、废沥青和废材料用于筑路技术，体现勤俭办博，科技创新；而在环保生态方面，拟采用地下城生态通风及环境控制技术等，体现以人为本。

——《中国贸易报》辛 婉

中国贸促会副会长高燕获授日本政府银杯

2006年9月6日，日本国驻华大使馆特命全权公使西宫伸一代表日本政府在京向中国贸促会副会长高燕颁授银杯。

“银杯”是日本政府勋章的替代授予品，一般授予在日本举办的世界博览会、奥林匹克运动会等大型活动中做出显著功绩、对公共社会有突出贡献的人士。日方此次授杯旨在表彰高燕作为2005年日本爱知世博会中国政府代表，为爱知世博会成功举办所作出的努力与贡献。

日本方面表示，在2003年9月被中国政府任命为2005年爱知世博会中国政府代表后，高燕被选为各参展国政府代表指导委员会委员，代表除东南亚以外的亚洲和中东共17个正式参展国，为协调解决参展国在建设运营中的各种问题和参展国与主办方的相互理解积极努力。在世博会举办期间，中国馆组织了中国日活动、13个省市周以及展出国家级文物、紫檀家具并进行了出色的组织与接待工作。高燕作为中国政府代表，为爱知世博会的成功举办做出了贡献，更为促进中日友谊竭尽了全力。

高燕表示，2005年日本爱知世博会中国馆以570万的观众人数成为参观人数最多的外国馆，与日本爱知世博会协会高水平的运营组织工作和大力的支持帮助密不可分，这个银杯应该是中日友好交往的一个见证。她强调，中国贸促会是中国参加国际展览局及世界博览会事务的监督、管理机构，为筹办2005年日本爱知世博会，确定了开放办世博的总体思路，得到了中国政府的大力支持，也吸引了中央有关政府部门、地方省市、中外企业、专家学者的积极参与。中国馆的成功，是方方面面共同努力的成果。

据悉，国际展览局主席、外交学院院长吴建民也获授日本政府的银杯。

——《中国贸易报》毛 文

第十一章 机构、企业介绍

澳门商务旅游业

旅游业是澳门的支柱产业，澳门于2005年共接待超过1800万名入境旅客。澳门特区政府十分重视旅游业的多元化发展，“商务旅游”为当前重点发展的旅游类别。

如今，商务旅游人数在世界各地高速增长，可以预见，此行业必将成为旅游业中一个最热门的类别。

澳门特区政府开放博彩业，吸引国际上知名的博彩及旅游集团来澳投资，兴建大型娱乐旅游设施，包括大型会议及展览场地，为澳门发展商务旅游业提供了有利的硬件设施。

澳门旅游业正在快速发展，机遇和挑战伴随而来，澳门必须把握机遇，推动会展业及商务旅游发展，使澳门成为区内著名的商务旅游目的地。故此，澳门特区政府旅游局设立了澳门商务旅游中心。

澳门商务旅游中心是一个促进会展旅游业界交流的平台，在了解业界需要的同时，也发挥着协调及支持的作用。“中心”是一个互动单位，乐意听取业界和相关社团意见，携手迈向同一目标。

澳门拥有400多年中葡文化融汇历史，“澳门历史城区”于2005年7月15日被联合国教科文组织列入《世界遗产名录》，显示出澳门的独特之处并获得世界认同。“澳门历史城区”是澳门宝贵的文化财产也是旅游业的重要资源，对推动商务旅游发展起着积极作用。

由于历史原因，澳门一直是联系葡语系国家的桥梁，同时，与欧洲多国关系深远。澳门位处中国南部，跟珠江三角州及泛珠三角地区各省市关系密切，这些地区也是澳门重要的客源市场。

国际联系、地区关系、文化遗产，加上国际知名的会展及商务旅游集团的经验和脉络，将为澳门发展商务旅游业注入所需元素，使澳门以一个新颖及活力的姿态，尽快跻身世界会展及商务旅游目的地之行列。

（澳门特别行政区政府旅游局）

Macau Business Tourism Industry

Tourism industry is the pillar of Macau's economy. In 2005, Macau welcomed a new record of more than 18 million visitors. Macau SAR Government attaches great importance to the diversification of tourism development and is in gear to develop "business tourism".

Business tourism is a lucrative, fast-growing segment of tourism and is expected to be one of the hottest growth markets for travel industry providers in the years ahead.

The liberalization of gaming industry in Macau has brought in massive investments by a number of international renowned gaming and tourism moguls to build large-scale entertainment facilities as well as convention and exhibition venues, which will provide favorable conditions for the business tourism industry to develop. The tourism industry of Macau is facing both opportunities and challenges brought by its rapid development, and Macau has to capitalize on the opportunities to nurture the territory into a prominent business tourism destination in the region. In this regard, MGTO has established the Macau Business Tourism Centre to promote the development of business tourism in Macau.

The "Macau Business Tourism Centre" acts as a platform for the business tourism industry to communicate, with the objective to understand the needs of the local industry and strengthen the liaison work among the trade. The Centre is also an "interactive" unit that listens to the views and opinions of the trade and civil associations to achieve the common goal of the industry.

Macau is a unique city with a cultural blend of the East and West for over 400 years. On 15th July 2005, this distinctive feature is recognized by the world when UNESCO classified "The Historic Centre of Macau" as World Cultural Heritage. "The Historic Center of Macau" is not only our invaluable cultural heritage as well as crucial asset of our tourism industry, but also play a vital role in boosting the development of business tourism in Macau.

With the uniqueness its historic background, Macau has been functioning as a bridge connecting Mainland China with Portuguese-speaking countries, and has also developed profound relationships with many European countries. Situated at the southern part of Mainland China, Macau has established close ties with the provinces and cities of the Pearl River Delta as well as the Pan Pearl River Delta, which are the major source markets of Macau.

Supported by the rich experiences and networks of the international renowned convention and business tourism entities, Macau, with its extensive international connections, close regional relationship, unique cultural heritage, will be developed into an innovative, appealing and dynamic destination for international meetings, incentives, conventions and exhibitions.

(Macau Government Tourist Office)

Macau Government Tourist Office

May 2006

广州锦汉展览中心——优质会展项目的孵化器

中心概览

广州锦汉展览中心由广州市东泰骏城实业发展有限公司投资建设及经营。中心占地2.5万平方米。主展馆——2号馆，展览面积2.3万平方米。自2002年10月正式投入使用以来，业务增长迅速。每年在此举办的国际国内展40余场，其中知名的优质品牌项目比例逐年上升。包括：

STEP EXHIBITIONS LTD 主办——亚洲个人护理原料展
博裕闻(广州)咨询服务有限公司——2004年中国国际水族、观赏鱼大会暨展览会
广州市文化局机关服务中心——第九届广州国际艺术博览会
香港贸发局主办——Style Hong Kong 香港创意博览[设计 = 创富]
日本贸易振兴机构主办——第二届日资汽车相关零部件（广州）采购展览会
博裕闻咨询服务有限公司主办——中国（广州）国际黄金珠宝玉石展览会
北京励德展览有限公司主办——华南国际运输与物流展览会
广东省美容美发行业协会主办——第25届广州国际美容美发化妆用品进出口博览会
广州市锦汉展览公司主办——中国锦汉礼品、家居用品及装饰品展览会

中国锦汉纺织服装及面料展览会

随着中心在行业内的知名度和美誉度的不断提升，2005年，广州锦汉展览中心通过国际展览联盟（UFI）的资质认证，成为其会员单位。

广州锦汉展览中心本着服务会务、促进贸易、促进经济为经营宗旨；依据优越的地理位置、优良的场馆设备和专业的会展服务为经营策略，期待与国内外优秀的会展公司携手共进，共创无限“双赢”商机。

定位优势

锦汉展览中心处于广州市中心区域的传统会展地带，周边有着成熟的商业配套设施和便利的交通条件。中心正门前20米处便有地铁二号线的出入口，到广州新白云国际机场仅有20多分钟车程，到火车站、省市汽车站也只有十分钟路程，这是锦汉展览中心的外部优势。

中心的内部优势也非常明显。从市场角度来看，一万平方米以下的展览项目占有绝对的份额，是非常适合举办中小型优质展览项目的场所。这相对于在大型展馆举办的一个中小型展览，商贸交流的气氛更容易形成及更浓厚。锦汉展览而不仅是简单的场地出租。这一切决定了锦汉展览中心在未来仍将保持甚至扩大自己原有的市场份额。

贴心服务

有专家评价，锦汉展览中心是“广州市内市场化运营最成功、服务最好的展馆”。作为一个民营企业经营的展览馆，锦汉展览中心在市场中摸索运营经验，以客户需求为导向完善其服务系统——“零距离”贴近客户的需求，以最佳方式帮助客户解决问题。中心的服务要求是以准确把握客户全方位需求为基点，提供量身度造的会务统筹系统，不断求进，精益求精，以切切实实的服务心态实现对客户的服务承诺。

从展馆功能及规模来说，锦汉展览中心一直都是以作为优质会展项目孵化器的角色出现于市场中，以培育具有很强专业性及发展潜力的中小型优质会展项目为使命和市场营销为出发点，促进展览中心与会展项目品牌的互动影响。这要归功于锦汉展览中心具有一套比较成熟的市场营销体系、客户服务体系及会务统筹体系来支持中心的运作，因此锦汉展览中心对促进广州会展经济的健康发展积累了一定的经验。锦汉展览中心的未来仍然是在市场中进行角色置换，只要市场有机会，锦汉展览中心就一定会有自己的机会。

自办展会

锦汉自办的中国锦汉纺织服装及面料展和中国锦汉礼品、家居用品及装饰品展作为“JINHAN FAIR”品牌下的两个展会，通过几年运营整合已成为业内出口商贸展会的典范，并于2005年成功通过国际权威机构——国际展览业协会（UFI）的认证，在业内创造了买卖双方实现交易的优秀平台。几年自办展会的运营对于展馆经营的思路也起到了促进作用，让锦汉展览中心更清楚主办单位的需求，对于公司立足展览业起了非常好的推动作用。

锦汉展览中心依托专业的会展策划组织团队，不断研究市场环境及买卖双方的深层需求，长期致力于为卖家的商贸推广及买家的采购交易服务。

第11届澳门国际贸易投资展览会(MIF)

由澳门贸易投资促进局主办，澳门中华总商会、澳门厂商联合会、澳门出入口商会、澳门毛织毛纺厂商会、澳门付货人协会、澳门银行公会、澳门建筑置业商会、澳门中小企业协进会、澳门中国企业协会、重庆市对外贸易经济委员会、香港中华厂商联合会协办，澳门会议展览业协会承办的第11届澳门国际贸易投资展览会(MIF)于2006年2006年9月23～26日在澳门旅游塔会展娱乐中心举行。

结合“中葡论坛”第二届部长级会议同期举行

第11届MIF于2006年9月份与“中国—葡语国家经贸合作论坛(澳门)”第二届部长级会议结合同期举行，旨在利用澳门的优势和平台功能发展中国内地与葡语国家市场，并借此提供中国与葡语国家企业交流与合作机会，进一步凸显澳门作为中国与葡语国家经贸合作服务平台角色。

构建经贸合作服务平台、为澳门工商界开拓商机

澳门国际贸易投资展览会（MIF）是集经贸洽谈、产品展示、商业配对与推介洽谈会于一体的澳门最大型国际性展览会，历年来在吸引外来投资、扩大进出口、促进经贸合作等方面起到积极作用。MIF自1996年举办以来，已成为澳门一年一度的经贸盛事，本届MIF大会向数千间海内外中小企业发出了邀请，诚邀各地中小企业莅临参会，以促进澳门与世界各地中小企业的商贸往来。此外，本届MIF加强与本地及海内外商会联系，邀请了商会机构组团来澳参会参展，为澳工商界缔造了经贸平台及谋求合作与发展商机。

增加商业配对方式，强化邀请采购商力度

本届MIF还邀请国际及澳采购集团参加商业配对及采购洽谈区，并透过多种方式进行配对，以切合澳门目前经贸发展的需要。

一如既往，本届展览会继续提供商业配对服务，大会向各海内外参展商及参观团收集合作项目讯息，并汇编整理成数据库，安排专人为各个项目进行可能性之配对。同时，所收集之项目信息通过网上平台及大会刊物免费对外发放，务求将展览会创造成一个高效率的区域性洽谈平台，以协助海内外企业寻找理想投资项目或营商伙伴。

主题论坛/会议于MIF期间举行

MIF每年均举办高层次论坛会议，对市场热点问题进行有效探索。在本届MIF期间，中华全国工商业联合会、澳门贸易投资促进局、大公报及中华工商时报联合主办“第四届中国民营企业发展(澳门)论坛”，并邀请了中国民营企业及专家学者来澳主讲，就民营企业发展与合作机遇进行深入分析探索。

此外，随着澳门会议及展览场地陆续落成了启用，澳门会展业还展现新的发展机遇。本届MIF期间，澳门会议展览业协会举办《澳门会展业发展策略研究报告》发布会及会展研讨会，希望为澳门会展业界开拓合作交流平台，并提供更全面的市场信息及研究资料，同时通过会展平台的构建，为澳门及海内外企业带来更多合作商机，以推动澳门发展适度多元经济。

优化展会质量，完善展会服务

澳门国际贸易投资展览会已于2005年10月正式成为全球展览业协会（UFI）认证展会，其作为国际性展览会的功能和作用进一步得到了国际权威机构的认可。

本届MIF继续努力优化展会质量及完善展会各项服务，包括在交通运输上有所改善，除原有的“大会酒店专线”、“中区专线”及“口岸专线”外，本届还增设“凼仔专线”，为客商及本地居民提供更多便利。

本届MIF展场增设“服务提供者柜台”，为与会者提供更完善服务。为使来澳门的参展商更轻松便利，本届MIF还为参展商提供“一站式展品运输服务”，令参展商有更充足时间与本澳及海内外企业家进行洽谈。

展会资料

本届MIF设有约320个展位，其中室内展位220个、室外展位100个，主题展馆包括「澳门制造展览馆」及「葡语国家馆」等。

亚洲新高度
——名家具展再上新台阶

截至2006年9月25日，名家具展组委会已收到600多家具及机械材料企业的参展申请，其中有196个新报名参展的企业，第17届名家具展还未正式启动招展工作，就已火爆起来。

与此同时，定于第17届名家具展期间，由组委会与美国家具杂志《Furniture Today》联手举办、中国厂商与欧美采购商为主参与的大型酒会“东莞之夜”，也在业界引起强烈震撼，各方厂商纷纷询问详情。

8年时间，一年上一个台阶，名家具展屡创业界奇迹，如今以24万平方米规模、中国目前惟一通过UFI认证专业家具展的身份，跻身国际高品质品牌展行列。回顾往届展会盛况，可以探知其火爆的一些必然因素：

2006年8月17～21日，第16届名家具展暨第16届名家具机械材料展成功举办，参展商、买家及其他到会人士等各方都给予了积极评价。

这届展会新增4万平方米的东莞国际会展中心为8号馆，8个展馆总规模达到了24万平方米，来自中国大陆、港台地区及海外的791家企业参加了本届展会，创下历史新高。展会吸引了8.56万名专业买家前来参观，其中海外买家共8660多人，均与2005年同期展会人数基本持平。

展会展品涵盖了现代板式家具、古典家具、软体家具、实木家具、金属玻璃家具、藤艺家具、铁制家具、石制家具、户外家具、家居饰品、灯饰及工艺家具、木工机械、原辅材料等。其中，现代套房家具为138家，古典家具为113家，软体家具为96家，金属家具为51家，工艺饰品类为104家，其它类别家具为39家，木工机械80家，原辅材料176家。

展会期间，国内10多家专业媒体、60多家主流媒体，及国外6家专业杂志采访报道了展会盛况。

创新与融合引领潮流

从形式到内容，这届展会都体现了创新与融合的主题。

这届展会机械材料展与家具展同期但各自独立举办，大大缓解了家具企业与机械材料企业对展位需求的紧张状况，也大大加强了家具产业链上下游之间的交流与融合，这是展览形式上的创新。

参展商的创新也是层出不穷，原创设计的参展产品越来越多，制造工艺越来越精细，越来越多的参展商逐渐形成了自己的风格，展览会呈现百花齐放的态势：在展馆可以看到中国家具企业与意大利顶尖设计师合作推出的现代板式家具、与德国设计师合作推出的软体家具、与法国设计师合作推出的新古典家具，也可以看到民营企业与专业院校深度合作推出的原创设计，还可以看到独立设计师与企业合作联袂推出的全新品牌。随着原创设计的加强，名家具展的展品还呈现出越来越个性化、高档化的趋势。

此外，名家具展首次引进人才交流活动；和全国工商联家具行业商会等单位联合，首次举办了设计大赛实物展；首次设置了油画专区；首次对非专业观众实施购票入场，专业观众只需凭请柬或邀请函换证入场，营造出更加舒适的商洽环境；首次开通的海外先进技术、工艺的合法交易平台（意大利知识产权交易中心），等等，都是这届展会的创新，都取得了很好的效果。

创新的背后是更深的融合：家具展馆里设立了油画展区，体现的是家具与家居产业的融合，这种融合其实在国内的许多高端卖场早已实现；企业与高等院校深度合作产品设计，体现的是工业与教育的融合，教育界大量的智力资源早就应该得到如此利用；而在一件件新展品上，我们不难发现大量的中西文化的融合、古今文化的融合……

最体现名家具展创新与融合的实例，是于2005年底倡导的“1+1模式”，在这届展会期间，又有一批国内外企业在家具大道上的展示厅开门迎客。

“1+1模式”首先是企业产品展示方

式的创新，一个展位加一个展厅，展会参展加常年采购，为名家具展解决了规模发展的问题，也方便了企业充分利用展会资源；这种模式更是产业结构发展的创新，一个制造基地加上厚街的一个营销总部，以往东莞企业独享的“家具之都”地利，惠及全国各地的实力企业；而优秀企业的聚集，无疑将大大促进东莞的家具产业升级，促进亚太地区新兴家具产业中心地位的更快建立与巩固。

从另一方面看，“1+1模式”也顺应了目前国际家具采购方式的新变化，越来越多的海外买家选择在珠三角设点常年采购。据《中国信息报》消息，2006年1～8月广东省出口家具44亿美元，比2005年同期大幅增长近二成，美国和欧盟是广东省家具出口的主要市场，这也说明广东是欧美买家采购家具最重要的基地。

“1+1模式”的推广，有望在3～5年里，使名家具展展馆加上家具大道的展厅，形成一个规模超过百万平方米的超级家具展，在中国品牌家具厂商与国际采购商之间构筑一条快车道。而2007年3月的名家具展期间举办“东莞之夜”大型酒会则成为这条“快车道”开通的剪彩仪式。

买卖双方收获更大

名家具展聚集了中国大陆、港台地区七成以上的著名品牌家具，吸引了越来越多的家具卖场和经销商前来参观，名家具展已被业界看作是了解家具市场走向、行业态势最重要的窗口。

本届展会上，观众在展会的停留时间更长，34.6%的观众在名家具展停留2天，而43.7%则停留3～5天。观众首选名家具展的主要原因为规模大、服务好、品种全、档次高。

另一方面，观众的专业性更强，本届展会实行新的入场规则，达到了预期效果，许多参展商和参观商反映，展馆内虽然人还是多，但非专业观众人数得到了控制，有了一个更好的洽谈环境。

正是好的参展效果支持了企业的参展热情，本届展会结束时，组委会对参展商所作的问卷调查结果显示，65%的参展商明确表示将参加下届展会，名家具展和名家具机械、材料展成为众多著名家具及相关行业企业参展的首选展会。

与此相对应的是，买家对展会的满意度高。对海外买家的调查结果显示：82.7%的买家对展会的服务质量感到满意；75%的受访者表示在本届展会上找到了满意的供应商或合作伙伴。对于2007年3月举办的第17届名家具展暨第17届名家具机械、材料展，84.7%的买家表示将前来参观。此外，有34%的买家有兴趣参观名家具机械、材料展，这一数据也印证了如下情景：在18日机械材料展开幕当天，一早便有许多海外买家来到了8号馆。

值得注意的是，80.6%的买家对本届展会的保安工作感到满意，组委会在这方面做了大量工作，这个结果显然对主办方是个很大的鼓舞。

海内外媒体聚焦名家具展

本届展会盛况吸引了国内外媒体的广泛关注，国内有新华社、中国新闻社、光明日报、人民日报、南方日报、南方都市报、深圳商报和香港地区的香港商报等70多家平面媒体及美国的《FURNITURE TODAY》、《FURNITURE STYLE》、日本的《HOME LIVING》、韩国的《GAGU》、泰国的《DEC MEDIA》等专业媒体都派员赴展会现场采访报道。

另一个值得注意的现象是，国内网络媒体纷纷将目光投向本届展会。此次参与展会的报道的既有新浪、搜狐这样全国最知名的综合类门户网站，也有搜房、焦点家居装修网这样全国最负盛名的行业门户网站。尤其是搜狐家具频道和搜房网，本次出动的报道阵容和报道规模更是空前强大。他们对本次名家具展的报道以专题形式出现，既有宏观的报道，也有深入组委会、参展商的采访、嘉宾的访谈。据统计，两家网站参访的企业超过30家，在参展商中引起了轰动。部分企业老板更是亲自跑到新闻中心对此次展会的全面而深入的新闻报道表示感谢。

另外，中展网对本届展会进行了全程的视频直播，国内主要的家具网站几乎都对本次展会进行了报道。参与报道的既有全国性的网站又有地方性网站，而且地域分布上也十分均衡。

除此之外，一些新的相关的行业网站如酒店业、旅行业、人才网、品牌网、商务网都出现了对本次展会的报道，这说明名家具展的影响力已经渗透到其他的行业。名家具展的发展已经为其他产业的繁荣和发展带来了积极的影响。

值得关注的是，除了上述的网站类型以外，连中国最新兴的博客中也有不少人发表了对本次家具展的评论，这再一次证明了名家具展无处不在的影响力。

嘉里大通物流有限公司

●嘉里大通物流有限公司于2005年1月19日由嘉里物流联网有限公司与大通国际运输有限公司合并成立。

》前“大通国际运输有限公司”于1985年成立，是第一家在中国内地成立的合资国际货运代理企业。嘉里物流联网是亚太地区最具领导地位的第三方物流服务供应商之一。

》嘉里大通已经通过ISO9001:2000国际质量管理体系的认证。泛华网络包括120个分公司、子公司遍布中国大陆各省，服务遍及1100个城市，员工4000余名。

》总部设于香港的嘉里物流联网乃嘉里大通的母公司。嘉里物流的分公司覆盖全球15个国家共150个城市。结合嘉里物流联网的策略伙伴及海外代理，嘉里大通的环球网络覆盖全球六大洲逾250个城市。

》嘉里物流联网是郭氏集团成员之一。郭氏集团成立于1949年，经营多元化业务包括物业及建设、食品及饮料、酒店及渡假酒店、传媒、科技创业资金、船务、航空及保险等；旗下著名品牌包括香格里拉酒店集团、曼谷邮报、南华早报、可口可乐、澄心保险、金龙鱼食用油、金鹏航空及PACC航运。

》嘉里大通多元化的供应链服务，包括：国际货代、运输、分拨配送、合约物流、快件、航运、贸易、上架服务、普通货物、冷冻/温控货物服务、保税物流、危险品服务、展览品服务、项目物流和增值服务。

》嘉里大通于1987年在北京成立展览物流部。其后陆续在大连、沈阳、长春、上海、南京、深圳、广州、重庆、昆明、成都等地开展展览物流业务。近20年来，在广大客户的关怀和支持下，展览和演出、体育比赛物流业务不断发展壮大。

》目前，嘉里大通在华北、东北、华东、华南、华中、西南、等省会城市及主要城市都可以操作展览物流业务。曾先后成功地为中国国际广播电视展览会、中国（沈阳）国际制造业博览会、大连国际服装博览会、上海艺术博会、中国（昆明、上海）国际旅游交易会、亚太电协博览会、中国国际医疗器械博览会、埃及产品展、俄罗斯机械设备展、雅尼紫禁城巡演、图兰朵歌剧音乐会、三大男高音紫禁城音乐会等大型展览会提供物流服务。

》嘉里大通可以为客户提供全方位的展览物流服务，包括：关务服务；国内及国际空、海、陆、铁路等普通运输和监管转运服务；仓储服务；展品、道具、器材设备等现场拆装箱服务；专业的货物包装服务等。

》作为国际展览物流协会（IELA）会员，凭借完善的国内外服务网络优势和嘉里大通各地展览物流部门丰富的专业知识和业务经验以及与海关、商检等有关部门的良好合作关系，嘉里大通竭诚为您提供卓越优质的多元化展览物流服务。

亚洲国际博览馆（AsiaWorld-Expo）驻足亚洲 博览全球

亚洲国际博览馆是世界级的展览活动场地，位于香港国际机场，提供超过7万平方米的可租用面积，适合举办展览、会议、演唱会、体育等各类文娱活动。这座现代化设施坐拥完善的海陆空运输网络，交通四通八达，与中国珠江三角洲一带城市及全球商业城市都可连接起来，已于2005年12月落成启用。

展览面积

* 超过7万平方米的可租用面积
* 10个单层地面无柱式展览厅
* 其中1个为多用途场馆，可容纳1.35万名观众

地面	面积(平方米)	楼高(米)	地面负载(KN)
01号场馆	1.088万	19	50
02号场馆	1.01万	10	30
03号场馆	5680	10	30
05号场馆	5680	10	30
06号场馆	5680	10	30
07号场馆	5680	10	30
08号场馆	5680	10	30
09号场馆	5680	10	30
10号场馆	5680	10	30
11号场馆	5680	10	30

二楼会议中心提供一系列完善的会议设施

场馆设施

* 每个场馆均配有：
- 筹办商办公室和会议室，以及餐饮中心和休息室
- 负重量特高的地面及楼顶结构与设施
- 室内无线宽带上网服务

* 会议中心(二楼)：
- 一系列设备完善的会议室，适合举办各类会议、洽谈会及宴会等

交通便利

* 与香港国际机场连结在一起，连接全球主要城市
* 拥有内置的地铁站——博览馆站，连接机场及香港各区
* 跨境公车提供前往中国内地和澳门之间陆路联系

优质服务

亚洲国际博览馆与各行业的精英合作，本着以客为本的态度，致力为顾客提供最优质的服务：

* 最先进的新世代资讯及通讯科技服务，让客户享用各式各样世界级通讯服务
* 各式风格独特的餐饮设施，为来自世界各地的商旅提供一系列多元化的餐饮服务，包括中西宴会、酒会及快餐等
* 一系列体贴的礼宾服务提供给博览馆访客，包括行李托运、寄存服务和专业的商务中心服务

附近其它设施

* 香港迪士尼乐园
* 机场翔天廊 * (糅合购物与娱乐的综合大楼)
* 航天城高尔夫球场 **
* 昂坪360 (全长5.7公里的缆车之旅直达凝聚中华文化特色的昂坪市集)
* 天坛大佛
* 多家酒店

*2006年年底开幕
** 预计2007年年初开幕

精彩展览回顾及展望

亚洲国际博览馆全面投入服务以来，已顺利举行了一系列不同主题的商贸及公众展览，当中大部分活动均是首次在香港举行，并取得骄人佳绩，一再巩固亚洲国际博览馆作为香港首屈一指的展览及会议场地之优越地位。接着亦将有其它精彩及大型国际盛事于亚洲国际博览馆举行，包括于2006年12月举行的国际电信联盟2006年世界电信展及2007年9月由新加坡首次移师香港举行的亚洲航空展等。

亚洲国际博览馆管理有限公司
地址：香港大屿山香港国际机场亚洲国际博览馆
电话：(852) 3606 8888
传真：(852) 3606 8889
电邮：info@asiaworld-expo.com
网址：www.asiaworld-expo.com

香港贸易发展局

【香港贸易发展局是专责推广香港特别行政区对外贸易的法定机构。我们在世界各地主要商业中心设有40个办事处，协助香港企业拓展市场，加强港商与当地企业的合作，并且收集及分析当地市场信息，其中11个办事处在内地，作为内地与香港之间的贸易桥梁。】

贸发局提供三类型的贸易平台：

◆首先是实际的贸易市场。我们在香港会议展览中心及亚洲国际博览馆举办多项大型的国际贸易展览。

◆其次是网上贸易平台。「贸发网」tdctrade.com是我们的网上服务平台。

◆第三是创意交流平台。香港举办的国际会议，来自世界各地的中小企业互相交流，吸收新思维。

香港贸易发展局在内地提供四大主要服务，协助内地企业使用香港优势开拓环球商机：

拓展生意渠道

贸发局每年在香港举办多项大型国际贸易展览会，在内地主要城市又经常介绍香港的优质品牌，内地企业可以通过参展接触世界各地买家，也可以进行一站采购，了解市场最新趋势。

掌握市场信息

香港信息发达，是世界数一数二的通讯中心。内地企业可透过「贸发网」tdctrade.com及贸发局各内地办事处，取得最新市场资料，迅速回应市场的转变，制定灵活的业务策略。

物色合作伙伴

内地企业可以利用贸发局强大的公司资料库及商贸配对服务，寻找合适业务伙伴，也可结合港商丰富的国际商贸经验，共同拓展内地以至国际市场。

引进香港服务业

贸发局在内地不同省市举办各种服务行业的展览会、研讨会及商贸配对服务，促进两地业者交流，为企业穿针引线，筛选符合双方需求的合作对象，帮助内地企业和港商合作。

贸发局为促进内地企业把握CEPA商机，物色香港业务伙伴，更于北京、上海、广州设立了CEPA商机中心及全国通CEPA商机专线，提供一站式商贸咨询及配对服务。

贸发局资料概览

◆1966年根据法例成立。

◆在全球设有40个办事处。

◆每年在世界各地举办超过300项贸易推广活动。

◆全球商贸联系资料库储存了世界各地买家、贸易商及供应商资料，包括10万家香港公司，14万家内地公司及38万家海外公司。

◆今年在香港会议展览中心及亚洲国际博览馆共举办20多项大型国际贸易展览会。2005/06年度，共有超过2.1万家公司参展，入场买家达48万，其中逾半来自内地及海外。

◆每年出版15种香港产品采购目录，行销全球。而「贸发网」附设的「香港企业商贸网」，是一站式的网上交易平台。

◆每年出版超过100份市场及行业研究报告。

◆每年接待约500个访港贸易代表团。

亚洲博闻：打造高质展会，呈献无限商机

11—1

亚洲博闻2007年在中国举行的主要展览会一览表 *请在展会前与主办机构核实有关详情

1月31日~2月3日	上海美容展	上海新国际博览中心
3月1~4日	中国(深圳)国际黄金珠宝玉石展览会	深圳会议展览中心
3月7~10日	三月亚洲时尚首饰及配饰展	香港亚洲国际博览馆
3月15~17日	亚洲食品配料及技术展览会	上海新国际博览中心
3月28~30日	亚太区皮革展——时尚汇集三月展	香港会议展览中心
3月28~30日	亚太区皮革展——原料及制造技术展	香港会议展览中心
3月29~30日	国际服饰业高峰论坛	香港会议展览中心
4月4~6日	中国清洁博览会	上海新国际博览中心
4月4~7日	中国国际建筑陶瓷及卫浴科技精品展览会	上海新国际博览中心
4月4~7日	中国国际建筑装饰展览会	上海新国际博览中心
4月4~7日	中国国际门窗、幕墙与结构展览会	上海新国际博览中心
4月4~7日	中国国际室内与家居装饰展览会	上海新国际博览中心
4月4~7日	中国国际木制品及原材料展览会	上海新国际博览中心
4月4~7日	中国国际石材产品与技术设备展览会	上海新国际博览中心
4月4~7日	上海国际酒店用品博览会	上海新国际博览中心
4月4~7日	中国国际咖啡与茶及其用品展览会	上海新国际博览中心
4月4~7日	中国国际清洁与洗涤展览会	上海新国际博览中心
4月5~8日	中国国际船艇及其技术设备展览会	上海展览中心
5月6~8日	广州国际美容美发化妆用品进出口博览会	中国出口商品交易会展览会(流花路展馆) 广州市锦汉展览中心
6月15~18日	中国(广州)国际黄金珠宝玉石展览会	广州锦汉展览中心
6月19~21日	世界制药原料中国展	上海新国际博览中心
6月19~21日	世界制药机械、设备与材料中国展	上海新国际博览中心
6月21~24日	六月香港珠宝钟表展览会	香港会议展览中心
6月21~24日	六月亚洲时尚首饰及配饰展	香港亚洲国际博览馆
9月5~7日	中国国际皮革展	上海新国际博览中心
9月5~7日	中国国际鞋类展	上海新国际博览中心
9月5~7日	国际时装及时尚配饰展	上海新国际博览中心
9月12~15日	中国国际家具展览会	上海新国际博览中心
9月12~15日	中国国际办公家具展览会	上海新国际博览中心
9月12~15日	中国国际家居饰品布艺及灯饰展览会	上海新国际博览中心
9月12~15日	中国国际家具生产设备及原辅材料展览会	上海新国际博览中心
9月12~15日	中国(上海)国际家具配件及材料展	上海新国际博览中心
9月24~27日	九月亚洲时尚首饰及配饰展	香港亚洲国际博览馆
9月24~29日	九月香港珠宝钟表展览会	香港会议展览中心；亚洲国际博览馆
9月26~28日	广州国际美容美发化妆用品进出口博览会	中国出口商品交易会展览馆(流花路展馆) 广州市锦汉展览中心
10月3~5日	亚太区皮革展－时尚汇集十月展	香港会议展览中心
10月9~11日	北京国际酒店用品博览会	北京中国国际展览中心
10月22~24日	中国国际非织造布研讨会及展览会	上海新国际博览中心
10月	中国(上海)国际黄金珠宝玉石展览会	上海展览中心
10月	上海时尚家居设计精品展览会	上海展览中心
11月1~3日	中国(上海)国际光电技术及应用展览会	上海光大国际展览中心
11月14~16日	亚太区美容展	香港会议展览中心
11月14~16日	天然保健产品展	香港会议展览中心
11月27~30日	中国国际海事技术学术会议和展览会	上海新国际博览中心
12月	Photo Imaging Asia	香港会议展览中心

欲知详情，请登陆亚洲博闻有限公司的网站：**www.cmpasia.com**
地址：香港湾仔港湾道26号华润大厦17楼　电话：+852 2827 6211　传真：+852 2827 7831
ZLNJ-CHI
CMP United Business Media

中国国际贸易中心股份有限公司
CHINA WORLD TRADE CENTER CO.LTD

◎中国国际贸易中心股份有限公司是一个大型综合性服务集团，下属的国贸展览部成立于1989年，是从事展览组织、管理的专业部门。是中国最具实力的综合性展览公司之一，不仅拥有总面积达1.1万平方米的展览大厅，更是一个优秀的展会组织者。◇◇◇◇◇◇◇◇◇◇◇◇◇◇

◎国贸展览部下设展览业务一部、展览业务二部、市场部、展厅管理部，共有30余人，是一支业务娴熟、高效、人员精干、充满活力的专业队伍。由高素质的领导者、资深的展会策划者、通晓专业市场和展会组织流程的专业项目人员、优秀的设计师和熟练的专业技术工人组成。凭借自身的优势，我们组织了许多一流的展会，并拥有两个国际性的展览会被国际展览业协会认证（UFI）；为专业市场提供着最佳的交流平台；凭借丰富的实践经验、外语技能和严谨的质量管理体系，我们为广大国内外客户提供最合理的价格、最可靠的质量保证，使之得到全面、超值的展览服务。◇◇◇◇◇◇◇◇◇◇◇◇◇◇◇◇◇◇◇◇◇

◎国贸展览部与国内外展览业同行有最广泛联系与合作，与德国杜塞尔多夫展览集团等国际一流大型展览集团都有业务往来，同时与中国服装协会、中国国际贸易促进委员会北京分会、纺织行业分会等各行业协会拥有良好关系，并有来自商务部、解放军总后勤部卫生部、铁道部等国家部委的支持，使得国贸展览部参与组织、主办、协办的大量重要展览会取得巨大成功，在业界赢得了极高声誉。◇◇◇◇◇

◎多年来，国贸展览部组织主办了200余个国内国际性展览会，仅2005～2006年度就主办了“中国国际服装服饰博览会（CHIC）”、“国际医疗仪器设备展览会（CHINA MED）”、“中国国际酒店博览会（HOTEL CHINA）”、“中国国际婚纱摄影暨器材博览会”“中国国际鞋业博览会”、“中国国际新特药、非处方药展览会”、“中国国际化工、石化生物技术展览会”、“中国国际现代化铁路装备展览会”、“北京国际投资理财博览会”等20个展览会。◇◇◇◇◇◇◇◇◇◇◇◇◇◇◇◇

◎总面积达1.1万平方米的国贸展览大厅由三个展厅及序厅组成，即一号馆（2000平方米），其天花板高度为14～19米，且厅内无柱子，二号馆（3500平方米），三号馆（2800平方米）。◇◇◇◇◇◇◇◇◇

◎迄今为止，国贸展览大厅已成功举办了800多个展览会，在业内具有较高的声誉。如：中国国际服装服饰博览会（简称CHIC）、中国国际汽车展、BIRTV、PATA旅游交易大会、第15届世界石油大会、埃及产品展览会、英国教育展、香港时尚汇展、中国国际裘皮革皮制品交易会、中国国钓鱼用品博览会、现代化铁路装备展、中欧信息论坛、国际房地产展、中国国际智能卡博览会、中国国际邮票钱币博览会等。国贸展览大厅每年平均举办各类国内国际展览会50余场次，年展览面积达220万平方米，吸引了208万人次参观。这些展览会的成功举办使国贸中心成为目前北京知名度最高、展项密度最大的展览设施之一。◇◇◇◇◇◇◇◇◇◇◇◇◇◇

◎国贸展览部还为客户提供包括协展会现场管理、助划分展位，展架设计，绘制电图，展架搭建等高品质、全面的专业服务。◇◇◇◇◇

◎国贸展览大厅依托国贸中心的强大资源，可以方便使用中心的酒店、购物中心、写字楼、公寓等设备。五星级的中国大饭店是众多国家元首、政府首脑、重要国际组织及常设机构负责人和各国商业巨头、知名人士的下榻之地，有“第二国宾馆”之称。与四星级的国贸饭店一起提供给各类商务客人各种商务住宿会议等服务。◇◇◇◇◇◇◇◇◇

◎“保持专业水准、发挥敬业精神、信奉职业道德”是国贸展览团队的座右铭，也是一直所推崇的行业准则。在所有合作伙伴和客户的支持下，国贸展览部将为展览事业的发展，竭力贡献所有的专业经验！◇◇◇

中国国际服装服饰博览会（CHIC）

中国国际服装服饰博览会创办于1993年，每年一届在北京举办。14年来，中国国际服装服饰博览会伴随着中国服装产业的发展而不断壮大。目前博览会展出面积达12万平方米，汇聚了来自20多个国家和地区的逾千家展商，专业观众超过12万人。中国国际服装服饰博览会，不仅成为亚洲地区最具规模的服装专业贸易展，同时也成为中国服装业界公认的年度盛会，成为服装企业市场开拓、品牌推广、商贸洽谈、国际交流的最佳平台。

中国国际医疗仪器设备展览会（China Med）

由中国人民解放军总后勤部卫生部、中国国际贸易中心股份有限公司、中国惠通（集团）总公司和杜塞尔多夫展览（中国）有限公司联合主办的2007年国际医疗仪器设备展览会（China Med 2007）将于2007年4月22～24日在北京中国国际展览中心召开。

经过18年的稳固发展，China Med已经确立了其独特的市场定位，成为每年最先进医疗设备竞相展示的大舞台，海外医疗器械制造商进入中国市场的最佳渠道，国内医院、产品经销商寻找新产品、新技术的最好平台，以及海外买家和进口商采购中国产品的最理想场所，并且成为国内惟一同时获得UFI认证及美国商务部认证展会称号的医疗器械行业展览会，惟一得到全军各大学术委员会年会支持的医疗展，以及惟一得到国际第一大医疗用品展览会MEDICA全力支持的中国医疗仪器设备展览会。

中国国际鞋业博览会 (China Shoes)

中国国际鞋业博览会由商务部外贸发展事务局、中国国际贸易中心股份有限公司、中国轻工工艺品进出口商会、北京时代天工会展有限公司共同主办。

2006年本届博览会得到了意大利对外贸易委员会（ICE）、意大利制鞋鞋业协会（ANCI）、西班牙鞋业联合会（FICE）、葡萄牙制鞋鞋业协会（APICCAPS）等单位的大力支持，在世界制鞋业中占前三甲的意大利、西班牙、葡萄牙纷纷组团参与。该展也是意大利国家展团首次大规模地参加中国鞋类展览会，共计有32个品牌参展。此外，还有来自德国、日本和我国香港等国家和地区的企业参加，国际展区共占据了2000平方米的区域。此次展会让观众领略了精湛的手工制鞋技艺和优雅的设计风格，也促进了海内外制鞋企业的交流与合作。

中国国际酒店博览会 (Hotel China)

2006中国国际酒店博览会已于5月26日在中国国际贸易中心（北京）圆满落下帷幕。

此次博览会共有200家来自国内外的展商参展，展出面积达8000平方米，其中参展的饭店用品包括：家具，清洁设备，装饰材料，冷冻设备，消防设施，工服，桑拿设备，娱乐设施，照明系统，通信设施，空调，电脑销售及管理系统，会议视听设备等；酒店餐馆设备包括：烧烤设备，茶和咖啡，酒类，制冰机，食品饮料等；旅游资源包括：星级酒店，酒店管理公司，旅行社，游览景点等。展览范围的增加使博览会的品质比以往有了极大的提升。此外，本届博览会加大了与业内知名专业媒体的合作，进行了一系列有力的宣传报道。正是凭借这些有效的观众组织，此次展会共吸引了5000多专业观众到场参观，这个数字创造了观众参观人数的新高。

中国国际酒店博览会已逐渐走向成熟，凭借10多年的成长经验，现已发展成为北京及全国旅游饭店行业内影响最大，规格最高，专业水准最强的酒店用品博览会之一。

中国国际现代化铁路装备展览会 (Modern Railways)

第七届中国国际现代化铁路装备展览会已于2005年7月5～8日在北京中国国际展览中心举办。展览会规模较前几届呈现继续上升趋势。展出总面积达1万平方米，其中国际展区面积达7000平方米，比上届增加了一倍。来自德国、法国、意大利、美国、日本、加拿大、澳大利亚、奥地利、荷兰、瑞典、瑞士、英国、俄罗斯、马来西亚、新加坡和中国等十几个国家的220多家厂商参加了展览会。第八届中国国际现代化铁路装备展览会将于2007年10月10～13日举行，预计展览面积1.3万平方米。

中国地交会暨第二届中国国际城市发展与地产运营投资交易会

2006中国地交会暨第二届中国国际城市发展与地产运营投资交易会已于2006年6月15日在北京中国国际贸易中心展览大厅圆满落下帷幕。该会是国土资源部惟一官方支持的国际性地产盛会，是中国土地政策前沿阵地，是政府与企业之间沟通、互动的最佳平台，是地产投资交易的顶级盛会。

地交会期间，国土资源部副部长贠小苏到会并在开幕式上发表重要讲话，部委相关司局领导与各地政府代表、高校专家在主题论坛上就城镇发展中的集约节约用地问题，做了课题探讨和交流。展览会上，南京、苏州、无锡、台州、湖州、北海、南通、镇江以及上海嘉定、北京密云等一大批来自全国的城市和城镇发布了500多地块信息，并作了集约用地的经验交流。

2007中国地交会将继续高举“集约中国”大旗，与各地领导官员和来自全球的专家代表，共同探讨和推进中国城市节约用地和产业布局集中的集约式发展之路。

中国国际婚纱及摄影器材博览会

作为中国婚纱摄影行业对内销售、对外交流与合作的主渠道，寻求婚纱摄影行业国际合作与交流的新发展。2003年展会总面积为8000平方米，荟萃了国内外120多家婚纱礼服及摄影器材厂商近400个展位，吸引了近2万观众，其中专业观众1.5万人，展览会现场还举办了6场研讨会。

首届天津金融文化节暨2007天津国际投资理财博览会

“首届天津金融文化节暨2007天津国际投资理财博览会”（以下简称“金博会”）将于2007年9月21～23日在天津滨海国际会展中心举办．此次活动由天津滨海会展有限公司、中国国际贸易中心股份有限公司、北京思恒展览策划有限公司共同承办。

此次“金博会”以“传播金融文化知识、推广金融理财产品、培育天津金融市场、投资理财枣富民生”为主旨，本着推动现代金融理财文化知识的传播和全面展示天津金融企业品牌形象的基本运作理念，为金融机构和天津百姓搭建一个直接交流互动的金融产品展示和交易的平台，努力实现“以会展培育金融品牌、以市场整合金融资源、以节目烘托金融文化、以交易创造金融价值、以服务带给百姓实惠”的展会目标。

CommunicAsia2007
第 18 届国际通讯与资讯科技展览及研讨会
www.CommunicAsia.com

EnterpriseIT2007
第 4 届国际企业资讯科技展览及研讨会
www.goto-EnterpriseIT.com

INTERACTIVE DME
国际互动、数码媒体与娱乐展览及研讨会
www.InteractiveDME.com

在 2007 年见证前所未有的数码媒体与娱乐、通讯与资讯科技以及信息与内容管理技术的融合。

准备迎接无可比拟的数码科技融合展示。

2007 年 6 月 19-22 日
新加坡博览中心

主办单位
新加坡展览有限公司
47 Scotts Road, 11th Floor Goldbell Towers
Singapore 228233
电话：+65 6738 6776
传真：+65 6732 6776
电邮：events@sesallworld.com

环球合作伙伴
oes Overseas Exhibition Services Ltd
12th Floor, Westminster Tower
3 Albert Embankment
London SE1 7SP, United Kingdom
电话：+44 20 7840 2130
传真：+44 20 7840 2119
电邮：communicasia@oesallworld.com

接待单位
iDA INFOCOMM DEVELOPMENT AUTHORITY OF SINGAPORE
mda Media Development Authority Singapore
尽属于 imbx 节目之一
imbx INFOCOMM MEDIA BUSINESS EXCHANGE

大会指定行航空公司
SINGAPORE AIRLINES
AN ALLWORLD EXHIBITIONS EVENT

新加坡展览有限公司 亚洲贸易展览会 2007~2008

通讯业展览会

BroadcastAsia2007

第12届国际数字多媒体与广播科技展览及研讨会

▶2007 年 6 月 19 ~ 22 日 | 新加坡博览中心

BroadcastAsia 是亚洲地区首屈一指的数字多媒体和娱乐科技业展览盛会。行业人士在此汇聚一堂，体验和分享数字多媒体创作、开发和传播的最新成果。展览会重点展示广播和多媒体方案中激动人心的创新成果，本地区的广播业者和专业人员不容错过。

www.broadcast-asia.com

INTERACTIVE DME

国际互动、数码媒体与娱乐展览及研讨会

▶2007 年 6 月 19 ~ 22 日 | 新加坡博览中心

InteractiveDME — 国际互动、数码媒体与娱乐展览及研讨会是专门为数码生活、娱乐、动画和电脑绘画爱好者而举办的活动，旨在让人们更好地了解为我们的生活、娱乐以及相互交往方式带来巨大变化的新型商务和数码科技。

www.interactivedme.com

CommunicAsia2007

第18届国际通讯与信息科技展览及研讨会

▶2007 年 6 月 19 ~ 22 日 | 新加坡博览中心

作为一个以亚洲为核心的信息技术和通讯业展览会，CommunicAsia 是一个呈现科技风采的全球性盛会，旨在展示移动网络及应用方案、网络基础设施和卫星通讯领域内的最新数码科技。它是全球业者进军亚洲市场的必经门户。

www.communicasia.com

EnterpriseIT2007

第四届企业国际信息科技展览及研讨会

▶2007 年 6 月 19 ~ 22 日 | 新加坡博览中心

EnterpriseIT 是亚洲惟一的企业资讯科技盛会。它汇聚各行业专业人员，共同寻求企业解决方案和改进基础设施及业务程序的新途径。

www.goto-enterpriseit.com

机械制造业展览会

第 17 届

MTA2007

精密工程业会议

- 高精密性能
- 领先科技
- 引领亚洲制造业

▶2007 年 3 月 28 ~ 31 日 | 新加坡博览中心

MTA-MetalAsia

是一个已为亚洲制造业者服务了26年之久的著名机床和精密工程展览会。本展会汇集各种制造技术，为国际制造商提供向亚洲制造业推广其最新机床和设备的平台。

www.mta-asia.com

工程业展览会

CIA2007

ControlsAsia2007
第15届国际工厂机械及程序工程与科技展览及研讨会

InstrumentAsia2007
第13届国际仪器仪表、衡量与测试展览及研讨会

AnaLabAsia2007
第十一届国际实验与分析技术展览及研讨会

▶2007 年 11 月 27 ~ 30 日 | 新加坡新达城

在程序控制、自动化、仪器仪表、分析及实验室技术与服务等领域，CIA 是亚洲地区占领先地位的展览会，成功吸引了一大批来自各行各业的潜在买家。以其27年的以往记录，CIA 堪称亚洲同类型中最成功的展览会。

www.cia-asia.com

OSEA2008

第17届国际石油与天然气工业展览及研讨会

始于 1976 年

▶2008 年 12 月 2 ~ 5 日 | 新加坡新达城

OSEA 汇集行业专业人员，共同探讨本地区石油和天然气工业中存在的相关议题，其中包括技术进步、市场趋势的变化、新商业潜能的开发、以及石油和天然气行业经营的管理等。

www.osea-asia.com

生活用品展览会

FHA2008
始于 1978 年

第16届国际食品与饮料、酒店、餐馆、烘焙和食品处理设备、供应与服务展览及研讨会和 FHA 烹饪挑战赛

▶2008 年 4 月 22 ~ 25 日 | 新加坡博览中心

FHA-Food&HotelAsia 是亚洲最全面的食品、酒店餐饮服务和零售业展览会，是多面的食品和餐饮服务业开展贸易洽谈和交易活动的最佳平台。2006 年度 FHA 展览会共吸引了 69 个国家和地区的 2330 家厂商前来参展，占满了新加坡博览中心的六个展览大厅。

www.foodnhotelasia.com

关于新加坡展览有限公司

新加坡展览有限公司（SES）是亚洲地区的著名贸易展览筹办公司，在发展迅猛且朝气蓬勃的展览行业中处于领先地位。SES 组织的展览和会议活动涉及众多领域，包括电信、工程、机械和生活用品等。SES 所组织的每一项展会与研讨会都吸引了众多海外参展商， 海外展商占有将近 80% 的展位。SES 是全球展览联盟的成员，该联盟在世界各地拥有 34 家分支机构。

主办机构：

新加坡展览有限公司

47 Scotts Road, 11th Floor Goldbell Towers
Singapore 228233
电话： (65) 6738 6776
传真： (65) 6732 6776
电子邮件：events@sesallworld.com
网址： www.sesallworld.com

ALLWORLD EXHIBITIONS MEMBER

环球资源，国际贸易成功之源

关于环球资源

环球资源（NASDAQ：GSOL）是一家运营多渠道国际贸易平台的跨国企业，35年来致力于促进大中华地区对外贸易的发展，植根中国大陆也已25年。

环球资源提供业界最全面的贸易推广平台和出口推广服务，包括11个网站、10本针对不同行业的月刊贸易杂志、超过100本采购资讯报告以及14场展会（包括6场“环球资源系列采购交易会”）。环球资源通过这些推广渠道，让供应商向全球遍布230个国家和地区的超过53万活跃买家推广和销售其产品。仅在环球资源网站（www.globalsources.com），买家社群每年向供应商发出的采购查询就已经超过700万条。

出口推广全面解决方案

环球资源为供应商提供多渠道出口推广解决方案，包括：杂志、网站和商展，从而帮助供应商通过多渠道用产品信息全面“包围”目标买家。

贸易杂志

每月出版10本英文行业贸易杂志，及时传递供应商的出口产品信息，并通过突显产品独特卖点的商业广告，帮助供应商从竞争对手中脱颖而出。

贸易网站

11个行业网站，功能齐备、便捷，帮助供应商全天候向买家展示其最详尽的产品、服务及生产设施，提升获得查询的机率。

采购交易会

为供应商和全球优质买家提供面对面接触的平台，帮助供应商有效提高投资回报率。如今，环球资源系列采购交易会已在上海和香港取得巨大成功，2007年将首次拓展至迪拜。

环球资源的多种推广渠道相互补充，相得益彰，让供应商受益于重复曝光的威力。

此外，环球资源还提供其他企业无可比拟、独一无二的增值服务，为买卖双方创造更多的交流平台。

出口推广增值服务

使用环球资源多渠道推广服务的供应商还可享受业内首屈一指的广告创意、教育培训服务以及在线产品目录。这些增值服务将帮助供应商提升其出口推广的有效性及专业性。

广告创意

环球资源的客房服务中心为供应商担供详尽的推广咨询和创意服务，与供应商共同探讨、挖掘产品的独特卖点，从而帮助供应商有效吸引目标买家。

出口培训

环球资源与中欧国际工商学院联合推出出口营销管理课程，从而帮助企业高级管理人员提升出口管理能力，并成长为世界级出口商。

针对出口实际操作人员特别设计外贸技能全天培训课程，全面提升供应商的出口推广技能及与国际买家的沟通技巧。

专用供应商目录

为出口商提供了一个安全的网上平台。帮助他们有效管理网上内容，是供应商的销售契机及管理之源。

环球资源屡获殊荣

环球资源专业、全面的贸易推广方案以及优质、高效的服务受到业内权威的认可。2006年在第七届年度媒体50强的评选活动中，环球资源被BtoB杂志评为世界最佳商对商媒体平台之一，此外，更连续几年被评选为《福布斯》全球200家优秀企业之一。

35年来，环球资源通过不同渠道提供及时、准确、可靠的信息服务，让供应商与优质买家全面接触。展望未来，环球资源对于国际贸易前景充满信心，并将继续专注于为买家和供应商社群创造高端价值。

global sources 环球资源 | 国际贸易 成功之源

www.globalsources.com

环球资源，参展效益之源

环球资源贸易商展

环球资源，作为领先业界的多渠道国际贸易平台运营商，已成功拥有14年统筹亚洲展览会的专业经验。

环球资源成功运作各类商展，包括：环球资源系列采购交易会、国际集成电路研讨会暨展览会、国际特许经营研讨会暨展览会等多个不同领域的专业展会。这些展会备受业界推崇，为东西方国际贸易的发展成功地搭起有效沟通、深入合作的桥梁。

环球资源系列采购交易会

在环球资源统筹的各类商展中，尤以环球资源系列采购交易会最负盛名，自2003年秋季的首届交易会起，于每年4月和10月的采购旺季举行。

2006年登陆香港

2006年环球资源系列采购交易会成功登陆中国国际贸易重要门户——香港，并选址于设施便利的全新现代化展馆——亚洲国际博览馆。

4月份在香港的采购交易会大获成功。共有超过150个国家和地区的57万多位买家参观了交易会，参展展位更多达近6000个。这个盛况空前的环球资源系列采购交易会包括：

- **China Sourcing Fair：Electronics & Components**——香港最全面的电子产品及零件采购盛会
- **China Sourcing Fair：Fashion Accessories**——亚洲规模最大的流行服饰配件专业商展
- **China Sourcing Fair：Gifts & Home products**——香港首屈一指的全新礼品及家居用品采购盛会

备受买家推崇

系列采购交易会获得Agentrics独家推荐。年销依售额超过1万亿美元，服务于全球50家顶级零售商的Agentrics，肯定环球资源系列采购交易会是帮助供应商接触全球顶级买家的绝佳商机。

众多国际顶级买家纷纷参观并高度认可采购交易会：

- **China Sourcing Fair：Electronics & Components**
  Philips，Canon，Intel，Motorola，Coles-Myer Asia，Sony.etc.
- **China Sourcing Fair：Fashion Accessories**
  Esprit，Casino，Lego，Cora Coop，Federated.etc.
- **China Sourcing Fair：Gifts & Home products**
  3M，Carrefour，IKEA，Walt Disney，360-Sourcing，Auchan，etc.

迪拜七星级帆船饭店

2007年首次拓展至迪拜

阿拉伯联合酋长国的迪拜素有“中东香港”之称，是中东、北非及东欧地区经济增长的重要切入点，近年来更迅速成为很多国际知名买家的采购中心。

环球资源迪拜交易会将在中东首屈一指的迪拜国际展览中心举行。对于礼品及家居用品的制造商和出口商而言，迪拜无疑是其参加交易会的理想之地。

为确保采购交易会获得最大程度的曝光，环球资源在全球范围内有针对性的展开强势推广，帮助参展商吸引更多优质买家的关注，从而实现参展效益最大化。

环球资源采购交易会让供应商在适当的时间，适当的地点，直接接触适当的买家，是不容错失的行业盛会。

global sources 环球资源 国际贸易 成功之源

www.globalsources.com

上海市国际展览有限公司

上海市国际展览有限公司成立于1984年7月1日，为中国国际贸易促进委员会上海市分会的全资子公司，2004年2月上海世博（集团）有限公司成立后，由上海世博（集团）有限公司与中国国际贸易促进委员会上海市分会共同投资。公司成立以来，已举办过各类大中型国际来华展览500多个，拥有一批具有较高知名度和影响力的品牌展览会，并成功举办过一批国家级展览会。

上海市国际展览有限公司自1996年起成为国际博览会联盟的正式会员。“中国国际模具技术和设备展览会”和“上海国际汽车工业展览会”是国际博览联盟认可的展览会。

2005年，在上海市政府首次评出的8个优质展览会中，公司举办的“上海国际汽车工业展览会”、“上海国际纺织工业展览会”、“中国国际自行车展览会”、“中国国际信息通信展”、“上海国际服装纺织品贸易博览会”等5个展览会榜上有名。

Shanghai International Exhibition Co., Ltd. (SIEC)

As a subsidiary of China Council for the Promotion of International Trade (CCPIT) Shanghai Sub-Council, Shanghai International Exhibition Co., Ltd. (SIEC) was founded on 1st July 1984. When Shanghai World Expo (Group) Co., Ltd. was established in February 2004, SIEC came to be jointly invested by Shanghai World Expo (Group) Co., Ltd and CCPIT Shanghai Sub-Council.

Since its founding, SIEC has held 500 large/medium-sized international exhibitions of various themes in China and has created a number of well-known and influential exhibitions brands. In addition, SIEC has successfully organized many solo exhibitions for foreign countries.

SIEC has been a full member of Union des Foires International (UFI) since 1996. Die & Mould China and Auto Shanghai are the approved events of UFI. The five of its shows, Auto Shanghai, Shanghaitex, China Cycle, Fashion Shanghai and China Elecomm are among the first eight exhibitions awarded “High Quality Trade Show” by the Evaluation Committee of Shanghai Convention & Exhibition Industries.

上海市国际展览有限公司
2007年在华国际展览

表11-2

日期	展览会名称	地点
1月10～13日	第11届中国（上海）国际婚纱摄影展览会	上海国际展览中心 上海世贸商城
3月15～17日	2007上海国际服装纺织品贸易博览会/第13届上海国际服装博览会	上海新国际博览中心
	第9届上海国际纺织面料及辅料、家用纺织品贸易博览会	
	第8届上海国际纱线贸易博览会	
4月4～7日	第16届上海国际酒店用品博览会	上海新国际博览中心
4月17～19日	第7届中国国际染料工业展览会暨有机颜料印染助剂展览会	上海国际展览中心 上海世贸商城
4月22～28日	第12届上海国际汽车工业展览会	上海新国际博览中心
4月23～25日	第7届国际核电工业展览会	上海世贸商城
5月4～7日	第17届中国国际自行车展览会	上海新国际博览中心
	第5届中国国际电动车及零配件展览会	
6月1～4日	第13届上海国际纺织工业展览会	上海新国际博览中心
	第7届上海国际产业用纺织品/非织造布展览会	
6月11～14日	中国国际模具、模具装备及相关工业展览会	上海新国际博览中心
6月	第4届上海国际信息化博览会暨2007中国国际信息通信展览会	光大会展中心
6月	上海国际数字家庭技术及应用展览会	光大会展中心
6月	第8届国际锅炉、辅机及工艺装备展览会	上海国际展览中心
6月	2007上海国际燃气技术与设备博览会	上海国际展览中心
7月4～7日	2007中国（上海）国际影像和摄影器材展览会	上海国际展览中心
	第12届中国（上海）国际婚纱摄影展览会	上海世贸商城
7月11～14日	第8届中国国际流体机械展	上海国际展览中心
	第5届中国国际水科技及环保科技展	
11月	2007中国上海国际创意产业展览会	上海展览中心
11月	上海国际风能大会暨技术和设备展览会	上海新国际博览中心
	上海国际太阳能大会暨技术和设备展览会	
11月21～23日	第20届中国国际表面处理展览会	上海新国际博览中心
	第12届中国国际涂料展览会	
11月	第9届中意国际葡萄酒展	上海展览中心

以上计划仅供参考，如有变动，恕不另行通知。

上海市国际展览有限公司　地址：上海市延安中路841号东方海外大厦8楼　邮编：200040
电话：(++86-21)-63792828　传真：(++86-21)-65455124
网址：http://www.siec-ccpit.com　电子邮箱:info@siec-ccpit.com

Shanghai International Exhibition Co Ltd
International Exhibitions in 2007

表11-2'

WHEN	WHAT	WHERE
10~13 January	The 11th China (Shanghai) International Wedding Photographic Equipment Exhibition	INTEX Shanghai shanghaimart
15~17 March	Fashion Shanghai 2007/ Shanghai International Fashion Expo 2007	Shanghai New International Expo Centre
	SIT 2007 (The 9th Shanghai International Textile Fabrics, Accessories & Home Textiles Trade Fair)	
	SIY 2007 (The 8th Shanghai International Yarn Trade Fair)	
4~7 April	HOTELEX SHANGHAI 2007	Shanghai New International Expo Centre
17~19 April	CHINA INTERDYE 2007 (The 7th China International Dye Industry, Pigments, Printing and Dyeing Auxiliary Exhibition)	INTEX Shanghai shanghaimart
22~28 April	AUTO SHANGHAI 2007 (The 12th International Automobile & Manufacturing Technology Exhibition)	Shanghai New International Expo Centre
23~25 April	The 7th International Exhibition on Nuclear Power Industry	shanghaimart
4~7 May	CHINA CYCLE 2007 (The 17th China International Bicycle & Motor Fair)	Shanghai New International Expo Centre
	CHINA E-BIKE 2007	
1~4 June	SHANGHAITEX 2007	Shanghai New International Expo Centre
	SITNE 2007	
11~14 June	China International Exhibition on Mould & Die, Equipment and Related Industry	Shanghai New International Expo Centre
June	SIT EXPO 2007/ CHINA ELECOMM 2007	Shanghai Everbright Exhibition Centre
	Digital Home Shanghai 2007	
June	The 8th International Exhibition on Boiler, Auxiliaries & Heating Supply System	INTEX Shanghai
June	Gas Expo Shanghai 2007	INTEX Shanghai
4~7 July	Imaging Expo/Interphoto 2007	INTEX Shanghai
	The 12th China (Shanghai) International Wedding Photographic Equipment Exhibition	shanghaimart
11~14 July	The 8th International Exhibition on Fluid, Air & Gas Handling Systems in China (PSC 2007)	INTEX Shanghai
	The 5th International Exhibition on Water and Environment Management Technology in China (Watertech China 2007 & Envirotec China 2007)	
November	International Exhibition of Innovation Industry Shanghai, China 2007	Shanghai Exhibition Centre
November	Winergy Shanghai 2007	Shanghai New International Expo Centre
	Solergy Shanghai 2007	
21~23 November	SF CHINA 2007	Shanghai New International Expo Centre
	CHINA COAT 2007	
November	CHINA VINITALY 2007	Shanghai Exhibition Center

The above program is subject to change without prior notice.

Shanghai International Exhibition Co., Ltd. Add: 8/F, OOCL Plaza,841 Yan An Zhong Rord, Shanghai 200040, China

Tel：(++86-21)-62792828 Fax：(++86-21)-65455124

Website：http://www.siec-ccpit.com Email: info@siec-ccpit.com

2006~2007 年 科隆展览公司展会一览表

koelnmesse
we energize your business

表 11–3

行 业	展 会 名 称	地 点	2006年	2007年
House, Garden and Leisure 居室、园林与休闲	INTERNATIONAL HARDWARE FAIR/PRACTICAL WORLD 科隆国际五金博览会/应用天地	科 隆	3月 5 ~ 8 日	
	INTERNATIONAL HARDWARE FAIR/PRACTICAL WORLD HONG KONG 国际五金博览会/应用天地中国香港展	香 港	4月22-25日 10月19-22日	4月 10月
	spoga + gafa 国际体育用品、露营设备及园林生活博览会/国际园艺博览会	科 隆	9月 3 ~ 5 日	
	spoga 国际体育用品、露营设备及园林生活博览会	科 隆		9月 2 ~ 4 日
	IFMA Cologne 国际自行车展	科 隆	9月14-17日	9月13-16日
	China International Hardware Show - powered by Practical World 中国国际五金展-科隆国际五金展强力推动	上 海	9月27-29日	10月
	Asia-Pacific Sourcing 亚太家居及园艺博览会	科 隆		3月 4 ~ 6 日
Food 食品行业	ISM 科隆国际糖果及零食展	科 隆	1月29- 2 月 1 日	1月28-31日
	World of Food China 世界食品中国展览会	上 海	9月 4 ~ 6 日	9月
	Sweets China 中国国际甜食及休闲食品展览会	上 海	9月 4 ~ 6 日	9月
	INTERNATIONAL FOODTEC CHINA / INTERFOOD SHANGHAI 中国上海国际食品加工及包装机械展览会	上 海	9月 4 ~ 6 日	9月
	World of Food India 印度世界食品博览会	孟 买	11月 1 ~ 3 日	11月
	Eu'Vend 国际自动贩卖机	科 隆		9月13-15日
	Anuga 世界食品博览会	科 隆		10月13-17日
Communications, New Media and Fashion 通讯、媒体与时装	Photo Imaging Expo 东京影像与摄影器材展	东 京	3月23-26日	3月
	Imaging Expo/Interphoto Shanghai 中国国际影像和摄影器材展览会	上 海	7月13-16日	7月
	Kind+Jugend 国际少儿用品展览会	科 隆	9月15-17日	9月
	DMS 数码管理解决方案	科 隆	9月19-21日	9月
	photokina 世界影像博览会	科 隆	9月26-10月1日	
Furniture, Interior Design and Textiles 家具、室内装饰与纺织品	imm cologne 国际家具展	科 隆	1月16-22日	1月15-21日
	imm cuisinale 国际厨房设备及浴室设备展	科 隆		1月15-21日
	interior design asia Thailand/Interational Furniture Fair 国际家具、室内装饰、用品及布艺展	曼 谷	3月 8 ~12日	3月
	interzum guangzhou 中国广州国际木工机械、家具配料展览会	广 州	3月27-30日	3月
	IMB 国际服装生产技术及纺织品加工博览会	科 隆	5月10-13日	
	IMB Forum 国际服装生产技术及纺织品加工论坛	科 隆	5月10-13日	
	interzum moscow 莫斯科国际家具生产、木工及室内装饰展	莫斯科	5月16-20日	5月
	Orgatec 国际办公家具及管理设施展	科 隆	10月24-28日	
	interzum cologne 国际家具生产、木工及室内装饰展	科 隆		5月 9 ~12日
	Textile Processing China 中国国际缝制设备与织物加工技术展览会	上 海	10月19-21日	
Health and Facilities 健康与设施	aquanale 国际桑拿及泳池设备展	科 隆		10月31-11月 3 日
	FSB 国际休闲、体育设施及泳池设备展	科 隆		10月31-11月 2 日
	SOLARIA 国际日光浴设备展	科 隆		11月 1 ~ 3 日
	IDEM Singapore 新加坡国际牙科展览会	新加坡	4月 7 ~ 9日	
	INTERMOT国际摩托车和滑板车展览会	科 隆	10月11-15日	
	IDS 国际牙科展	科 隆		3月20-24日
Technology and Environment 技术与环境	CARBON EXPO 全球碳业博览会	科 隆	5月10-12日	5月
	ProSweets 科隆国际糖果原料和机械博览会	科 隆	1月31-2月 3日	2月
	domotechnica 国际家用电器博览会	科 隆	2月13-16日	
	Anuga FoodTec 国际食品技术和机械博览会	科 隆	4月 4 ~ 7日	
	ENTSORGA-ENTECO 国际废物处理及环境技术博览会	科 隆	10月24-27日	
	Pacovent 国际包装生产及加工展览会	科 隆	11月 6-10日	
Art and Culture 艺术与文化	exponatec 国际博物馆及展示技术博览会	科 隆	2月15-18日	
	COLOGNE FINE ART 科隆国际优秀艺术展	科 隆	2月15-19日	2月28- 3 月4日
	ART COLOGNE 科隆国际艺术展	科 隆	11月 1- 5 日	10月31-11月4日

科隆展览中国有限公司
地址：北京市东三环北路8号亮马河大厦2座1018室
邮编：100004
电话：+86-10-6590 7766 / 7878
传真：+86-10-6590 6139
E-mail：info@koelnmesse.cn

科隆展览有限公司 上海办事处
地址：上海市淮海中路283号香港广场南楼2003室
邮编：200021
电话：+86-21-6390 6161
传真：+86-21-6390 6858
E-mail：info2@koelnmesse.cn

科隆展览有限公司 广州办事处
地址：广州市天河区天河北路183号大都会广场3311室
邮编：510620
电话：+86-20-8755 2467
传真：+86-20-8755 2970
E-mail：info3@koelnmesse.cn

www.koelnmesse.cn

建发国际(控股)有限公司(“建发国际”或与及其附属公司“集团”)乃香港著名贸易展览会主办机构，是惟一在香港联合交易所主板上市的展览会主办机构(股票编号：223)。

创立15年以来，建发国际一直通过举办一系列世界级贸易展览会，为中国以及亚洲各地厂商与国际买家“开启商机之门”，联系贸易交流。集团旗下举办的主要展览会发展成两大系列品牌，分别为国际知名的“亚洲展览盛事”系列和“亚洲博览会”系列。

建发国际(控股)有限公司

“亚洲展览盛事”系列

○“亚洲展览盛事第一部分”

“亚洲展览盛事第一部分”(“香港国际玩具及礼品展”暨“亚洲赠品及家居用品展”)于1992年创办，现已跃升为亚洲同类最大型的展览会，备受全球瞩目，更于2002获得国际展览业协会“Global Association of Exhibition Industry”(UFI)评定为“认可展览会”。

2005年的一届展览会，云集来自36个国家及地区共3715名的参展商，设置5384个展览摊位，合共吸引63905名国际买家进场参观采购，创下历史纪录。

2006年的“亚洲展览盛事第一部分”于10月20～23日，继续在香港会议展览中心举行，并新增设博览道及博览道入口展厅，把这个享誉国际的贸易平台的规模推上另一高峰。

○“亚洲展览盛事第二部分”

“亚洲展览盛事第二部分”是应亚洲厂商对玩具、礼品、赠品及家居用品展示平台的殷切需求于2003年推出，并定位为第一部分的延续篇。2005年，是项展览会的摊位数目达800多个，参观买家数目接近1.5万名，并于同年成为UFI“认可展览会”，反映其成绩和水平备受肯定。

“亚洲展览盛事第二部分”于2006年10月28～30日，再度在香港会议展览中心举行，并增添了崭新的元素，同步推出一个亚洲独一无二的展览专区——亚洲餐桌用品展，为中国与亚洲各地之餐桌用品供货商，带来优越的展示平台。

“亚洲博览会”系列

○英国伦敦“亚洲博览会”

英国伦敦“亚洲博览会”于2001年推出，是建发国际的首场海外展览会，并在短短数年间树立良好声誉，成为UFI之“确认展览会”，成为亚洲厂商进军欧洲市场的一道快捷方式。

2006年度的“亚洲博览会”，汇聚608名亚洲参展商，设置649个摊位，共吸引8605名国际买家入场参观。订于2007年1月30日～2月2日举行的第七届“亚洲博览会”，将首次同时使用Olympia场馆的Grand Hall和National Hall，增加展览面积及延长展期，为参展商和买家提供一个更具规模的贸易平台。

○拉斯维加斯“亚洲博览会”

拉斯维加斯“亚洲博览会”于2003年首次举办，专为亚洲参展商打开庞大美洲市场而设。2005年度的展览会继续获得参展商和买家踊跃支持，共有420名亚洲参展商设置440个展览摊位，合共吸引6859名买家入场参观。

2006年拉斯维加斯“亚洲博览会”于2006年8月24～26日再度举行。

○ **“波兰—亚洲博览会”**

“波兰—亚洲博览会”在2005年一推出即获得市场注目，是波兰首项专为亚洲玩具、礼品、赠品和家居用品而设的贸易展，成功为参展商开辟了一条进军东欧新兴市场的康庄大道。

2005年度的展览会成绩理想，由超过440家来自亚洲各地的参展商，设置483个展览摊位，共迎来4037名买家。

第三届“波兰—亚洲博览会”将于2007年6月再次在华沙举行。

瞩目展览新项目

在巩固现有展览会品牌的同时，建发国际积极投入资源，发掘崭新的展览会项目，以求为亚洲厂商和国际买家，提供更多元化的贸易平台。

○ **“香港春季交易会”**

“香港春季交易会”于2006年初在香港“亚洲国际博览馆”首度举行，是香港首个汇集玩具、礼品、赠品、手工艺品、人造首饰、家居用品、小型家庭电器、钟表、圣诞及派对用品等各式各样轻工业产品于一体的大型贸易展览会。

第一届的展览会得到市场热烈的反响，获991家厂商参展，共设1187个摊位，莅临参观的买家数目达10710个。

“香港春季交易会”于2006年1月9～12日再次在亚洲国际博览馆举行，摊位数目更会增加至1400个。

○ **“香港国际家具展”**

“香港国际家具展”于2006年10月27～30日推出，乃由建发国际突破性地与香港贸易发展局合作、香港首个纯以家具为主题的专业展览会。

此项针对全球市场对高级家具需求持续上升应运而生的展览会，相信将能够为从事家具有关事业的供货商和买家，提供一个质素上乘的贸易平台。

客户网络与专业人才

集团展览会屡创佳绩，有赖于建发国际的专业经验、进取精神、庞大的客户网络、优越周全的增值服务、人才济济的专业队伍以及贯通中国策略性地区的据点。

○ **客户网络**

集团拥有超过80万名国际买家及从事玩具、礼品、赠品及家居用品厂商的数据库，为集团展览会的发展奠定了稳定的基础。

○ **优质增值服务**

而为了全面照顾客户的需要，建发国际致力于提供最优质的增值服务，包括：一年三刊的商贸杂志《MegAsia》、全天候网上电子商贸平台www.kenfair.com，以及提供完善旅运服务的建发旅运有限公司。

○ **附属公司及分公司**

为配合中国展览业的发展和市场需求，以及积极为国内客户提供完善售后服务，建发国际于中国建立了建发(四川)展览有限公司、建发(北京)会展有限公司和上海建发展览有限公司，以及深圳东莞分公司。

○ **专业队伍**

建发国际拥有一支超过170名专业人员组成、阵容强大的专业队伍，在阅历丰富的管理人员带领下，各部门发挥所长，协力提供杰出的展览服务。

singex
新展集团

为您开拓市场

新展集团由三家联系密切的公司组成，合力为场地管理、承办展览会及国际展览相关企业提供综合性的全面解决方案。三家公司全都附属于淡马锡控股公司——新加坡最大的投资控股机械公司。

新加坡国际会展集团博览中心有限公司

新加坡国际会展集团博览中心有限公司的业务重点是展览与会议场地的管理及国际行销上。公司本名为PSA Singapore Expo Pte Ltd，曾在20世纪80～90年代为世界贸易中心的草创及扩展扮演了先锋角色，带动了新加坡的工业发展。其超过25年的优良业务记录，促使政府将一项庞大工程——新加坡博览中心的企划、建造与发展直接委托给该公司，该公司还兼顾该中心的运作及管理。新加坡博览中心有限公司的员工经验丰富，在场地运作、行销与促销、营业与商务发展等领域，都建立了良好信誉。

SINGAPORE EXPO
新加坡博览中心

新加坡国际会展私人有限公司

新加坡国际会展私人有限公司凭借与国际主办机构及协会的通力合作，来提供专业性的展览会承办与管理服务，并由此将重点放在市场平台的开创上。公司本名为PSA Exhibitions Pte Ltd，能为展览相关事物提供全面性的解决方案，包括了初期考查到展览商及参观者的推销及招揽；广告与促销活动；运作与后勤程序；场地执行等等。

新加坡国际会展私人有限公司所承办的商业与消费者展览会日益增加，已成功为新加坡在亚洲市场里建立及拓展了好几个品牌，所横跨的工业领域非常广泛，包括生活时尚、国防、海事与后勤以及数码科技等等。

新加坡国际会展投资有限公司

新加坡国际会展投资有限公司把重点放在开发拓展展览场地以及国际商业与消费者展览会的投资项目上。公司本名为PSA Exhibition Ventures Pte Ltd，能为有意推广、开发及扩充国际展览活动业务的公司机构，通过联营企业的方式以及其他分担风险的方案，来提供各种合作选择。新加坡国际展览企业私人有限公司致力在现有客户/伙伴的成功基础上，继续通过展览会及相关服务的渠道，来寻求及刺激市场商机的发展。

新展国际营销

加强参与国际性的项目

现今展览主办机构所面对的一项挑战，就是要如何从推广新活动或是参与现有活动中，来获取及维持发展空间。作为筹办展览的专业机构，我们深谙此理的重要性。因此我们致力运用本身的国际营销网络及资源，在销售及发展活动项目上，助您一臂之力。通过我们所成立的国际营销与商业发展网络，我们可为广泛工业领域的商贸协会、主办机构及公司提供援助，帮助其寻求新的发展商机。

运用我们的国际网络，提高您的业绩

我们的网络在10个国家拥有超过20家的代表公司，有超过25项由闻名国际的主办机构所负责的各种国际商业展销活动。

这些展销活动涵盖的工业领域非常广泛，包括服装、塑料、包装、印

singex
新展集团

为您开拓市场

刷、建筑、汽车、时尚、食品与食品加工、家具、礼品、海事防卫、航空、城市规划、医药等等。

让各国集团同全球商贸平台接轨

我们在各大国际商贸展销会上，非常主动地向主要的各国及国际商业协会、政府部门及外销促进单位，售卖与促销市场商机。我们也一对一地同跨国企业联系，同时也不忽略中小型企业。我们事无巨细皆按部就班地为他们提供周全服务，从最初的会议，到之后的各种跟进活动，如计划提成、说明、会谈以及定期的进展汇报，再到预订展览空间以及最后的展览场地运输服务等，我们都竭尽所能为参与国际项目的各个公司或大型集团提供组织与筹备服务。

我们可从以下方面协助您：

- 向有关机构、专业团体及政府单位寻求援助、许可及资助。
- 在国际商贸活动上协助组织及管理全国性集团。
- 向重要市场的单一机构直接销售展览空间或是通过当地代表来负责进行。
- 提供全套的销售行政服务，继而负起展览空间的预订工作以及为参展商在活动之前、之中、之后提供相关服务。

业务记录

我们为每一项所负起的企划都倾注所有的专业知识，包括我们对亚洲区域的透彻认知以及所有的网络联系。

我们拥有一组经验丰富的展览营业人员，我们深知在竞争激烈的市场中，国际展销会可带起的推动作用。

我们在亚洲、中东以及欧洲成功协助筹办了超过700场的国际展销会。

曾与我们合作过的公司机构包括：

- 中国国际贸易促进委员会
- 中国包装技术协会
- 中国药品商业联合会
- 韩国合成树脂加工机械工业协同组合
- 韩国国际贸易协会
- 仁川大都会城市
- 印度树脂加工机构组织
- 新加坡食品工业协会
- 泰国出口厅

新展集团

电话：(65) 65808308

传真：(65) 65808300

电邮：enquiries@singex.com.sg

网址：www.singex.com

www.singqporeexpo.com.sg

地址：1号博览通道，#01-01
新加坡博览中心
邮区 486150

BALTRANS EXHIBITION & REMOVAL LTD
保昌展览搬运有限公司

保昌——
优质物流服务标志

1987年成立的保昌展览搬运有限公司，是香港首家上市的运输及货运公司——“保昌物流集团”的附属公司之一。“保昌物流集团”以亚洲为基地，在全球设有50多个分部，拥有员工逾1700名，并以其庞大的环球网络，日以继夜为客户提供优质的货运和物流服务。

“保昌展运”总部设于中国香港地区，面向中国大陆和全球庞大的展览物流市场，为展览业提供专业的货运服务，客户遍布中外多个国家。目前“保昌展运”服务的范围包括：在华展览会（中国大陆和香港地区）、海外展览会（中国大陆和香港地区以外的国家和地区）、大型汽车赛事以及艺术品的物流方案。

展览会：
展览货运一直为“保昌展运”的主要业务。现时，我们每年为逾百个来华国际大型展览会的运输总代理，提供报关、报检及运输等一条龙服务。此外，我们更为中国企业提供全方位的出展物流服务，协助中国展商把新产品推向国际市场。

大型汽车赛事：
“保昌展运”成功取得多项在上海赛车场举办的大型赛事中国段的货运、报关和报检权，当中包括中国石化F1中国大奖赛、世界摩托车大奖赛（MotoGP）、A1世界杯汽车大奖赛和全国汽车场地锦标赛(CCC)。这些新项目标志着“保昌展运”业务发展的一个新里程，同时也让“保昌展运”把优质的服务带给世界更多元、广阔的客户群。

贵重艺术品：
在贵重艺术品的包装和搬运方面，“保昌展运”凭借其丰富的专业经验，多年来一直获得世界各地的展览馆、博物馆、美术馆和画廊的信赖和嘉许，当中更包括了享负盛名的苏富比拍卖行，进一步奠定了“保昌展运”在相关领域的领先位置。

保昌在中国大陆
中国大陆是“保昌展运”业务的发展的主要地区。“保昌展运”一直致力为中国大陆客户提供国际化的专业展品报关、报检及货运服务，为中国的社会繁荣建设作出贡献；同时全力协助海外企业顺利把展品妥善运抵中国，确保其展销活动如期顺利举行。随着国内展览业的发展和需求，“保昌展运”先后在北京、上海和广州成立分公司，为客户提供更完善、更及时的服务。

加强国际联系
“保昌展运”广受国际认同，除了尽享“保昌集团”的完善网络，更在世界各地20多个国家拥有超过40家环球代理，一直与世界同业保持紧密的联系。此外，“保昌展运”近年致力于与不同国家及地区的专业机构、行业商会、官方单位及展览会组织机构合作，为各地客户提供展品物流全方案。

优质服务至上
“保昌展运”一直以专业的经验满足及服务于 世界各地的企业。公司以香港为总部，拥有专业的人才和丰富的经验，紧贴市场脉搏，为客户提供专业的意见和服务。

时至今日，“保昌”已经成为优质物流服务的标志。

联络

香港……………………………………………………
保昌展览搬运有限公司
香港九龙尖沙咀广东道5号海洋中心15楼1510室
电话: (852) 2798 6628
传真: (852) 2796 5606
电邮: baltrans@netvigator.com

北京……………………………………………………
宝川国际运输有限公司
北京市朝阳区光华路7号汉威大厦16层B11,B15室
邮编：100004
电话: (86 10) 6561 4171
传真: (86 10) 6561 4170
电邮: balbjs-sales@263.net

上海……………………………………………………
上海保昌科教国际展览运输有限公司
上海市天山路1898号5楼A座　邮编：200051
电话: (86 21) 6228 1933
传真: (86 21) 6229 3933
电邮: balsha@sh163.net

广州……………………………………………………
宝川国际运输有限公司（广州分公司）
广州市东山区建设六马路33号宜安广场2401室、2414室
邮编：510060
电话: (86 20) 8331 6209 / 8331 3718
传真: (86 20) 8331 3427
电邮: guangzhou@exhibition.baltrans.com

网址：http://www.baltrans-exhibition.com

BALtrans, the Symbol of Quality Logistics Service

As a total logistic service provider dedicated to the exhibition industry, BALtrans Exhibition & Removal Ltd. (BALtrans Exhibition) was established in 1987 as a member of the BALtrans Group, the first transportation and forwarding company to be publicly listed on the Hong Kong Stock Exchange. With more than 1,700 employees in its over 50 operations around the world, the BALtrans Group is providing comprehensive freight forwarding and logistics service to its customers all around the world.

And BALtrans Exhibition, with its headquarters located in Hong Kong and solid experiences gained over the years, has developed strong alliance with organizers and exhibitors from around the world and become one of the leading exhibition freight forwarders active in the world of exhibitions, mega racing events, and fine art.

Exhibitions: Exhibition forwarding forms the major business of BALtrans Exhibition. Every year, BALtrans Exhibition is serving as the Official Freight Forwarder for more than 100 international exhibitions in Hong Kong area and mainland China inland, providing total solutions in customs and quarantine declaration, and exhibits forwarding. Meanwhile, BALtrans Exhibition delivers complete door-to-booth service for Chinese companies in their participation of international events around the world.

Mega Racing Events: The appointment as the official forwarder of the mega racing events in the Shanghai International Circuit has well marked another milestone of BALtrans Exhibition. These events include Sinopec F1 Chinese Grand Prix Shanghai, MotoGP, A1 Grand Prix, and China Circuit Championship, through which, the Company has its total service introduced to a fuller customer profile around the world.

Fine Art: For its experienced team and quality service, BALtrans has also undertaken assignments for expositions, museums, art centers, galleries, and Sotheby's in the packing and moving of paintings, sculptures, antiques, and porcelains, etc. Such specialized services are orientated to the different requirements of every individual customer, with skillful and highly committed workforce.

BALtrans in China inland

China is the major business ground for BALtrans Exhibition. Through its professional service in customs clearance, quarantine declaration, and exhibit forwarding, BALtrans Exhibition has been dedicated itself to facilitating the trading activities between China and the world.

The success of BALtrans Exhibition is based on the company's solid experience in fulfilling the needs of market and its unrivalled business contacts with the Chinese government and trade organizations. And in response to the blooming of the exhibition industry in China, BALtrans Exhibition has set up offices in Beijing, Shanghai, and Guangzhou to provide immediate and total service.

BALtrans with the World

Strong global connection enables BALtrans Exhibition to upkeep the quality of its service with the market. At present, the Company has an extensive network of over 40 agents across 20 countries. In the years ahead, BALtrans Exhibition will strengthen its connection with its counterparts and welcomes more of such excellent cooperation.

Symbol of Quality Logistics Service

All ventures of BALtrans Exhibition are based on more than 20 years of solid experience in fulfilling the needs of the business world. Teamed up with knowledgeable and responsive professionals, BALtrans Exhibition continues to provide total solutions for the individual needs of every customer.

Today, BALtrans is the symbol of quality logistics service.

Contacts:

Hong Kong
BALtrans Exhibition & Removal Ltd.
Unit 1510, 15/F., Ocean Centre
No. 5 Canton Road, Tsimshatsui,
Kowloon, Hong Kong
Tel: (852) 2798 6628
Fax: (852) 2796 5606
E-mail:baltrans@netvigator.com

Beijing
BALtrans Exhibition & Removal Ltd.
BALtrans International Cargo Ltd.
B11 & B15, 16/F., Han Wei Plaza
No. 7 Guang Hua Road, Chao Yang District, Beijing
P.R.China, 100004
Tel: (86 10) 6561 4171
Fax: (86 10) 6561 4170
E-mail:balbjs@263.net

Guangzhou
BALtrans International Cargo Ltd. (Guangzhou Branch)
Rm. 2401 & 2414, 24/F Yi An Plaza
No. 33 Jian She 6th Road, Dong Shan District
Guangzhou, P.R.China
Postal Code: 510060
Tel: (86 20) 8331 6209 / 8331 3718
Fax: (86 20) 8331 3427
E-mail:guangzhou@exhibition.baltrans.com

Shanghai
Shanghai BALtrans Exhibition & Removal Ltd. - Exhibition Section
Block A, 5/F 1898 Tian Shan Road
Shanghai, PR China
Postal Code: 200051
Tel: (86 21) 6228 1933
Fax: (86 21) 6229 3933
E-mail: balsha@sh163.net
Website:http://www.baltrans-exhibition.com

法兰克福展览有限公司

◆位于欧洲中心的国际级展览企业及会展场地

法兰克福展览会议中心是世界第三大的会展场地，座落于德国以至整个欧洲的中心地带，优越的地理位置，使它成为国际道路、铁路和航空的枢纽，加上建筑新颖设备先进的会议展览场地，更是世界各地商旅洽谈业务的好地方。法兰克福展览中心每年主办多个以消费品、纺织品、汽车工程、建筑及技术为主题的国际顶级展览会。

在法兰克福举行的展览会——促进贸易与交流的国际级盛会，国际化的展商和观众、是法兰克福展会的重要特色之一。2005年，来自德国以外国家和地区的展商比例攀升至67%，同时海外观众的比例也达到33%之多。这两个数字对比在德国任何展会上都是遥遥领先的。

在法兰克福举行的Heimtextil (家用纺织品展)、Paperworld (文具展) 、Christmasworld (节日礼品展)、Beautyworld (美容展)、Ambiente及 Tendence Lifestyle (消费品展)、Musikmesse (乐器展)、 Automechanika (汽车零配件展)、ISH (楼宇技术展)，以及 Light + Building (建筑技术展)都是在各个行业中具领导地位的展览会。2005年，在法兰克福展览中心共举行了42场展览会，吸引超过 3.63万家展商和230万观众参与。

法兰克福的展览会不仅带动德国与海外企业之间的业务关系，亦有助海外企业之间的业务——即所谓的“第三家贸易”。展览会为中小 型企业带来开拓出口市场的机会，是具成本效益的市场推广工具。在法兰克福展览有限公司主办的展览会中，约有3/4的参展公司都属于员工人数小于100人的中小型企业。

◆在法兰克福展览中心举行的客席展览及会议

租用法兰克福展览中心场地举行的客席展览会中，不乏国际知名的盛会，如IAA - 法兰克福国际车展、法兰克福书展，ACHEMA及 Euromold等，这些国际著名展览会进一步强化了法兰克福市的活动内容，在举行这些展览会时，法兰克福展览有限公司作为主办机关的合作伙伴，尽力提供全面的后勤服务、人员配合和合作理念，让各客席展览会得以顺利进行和发展。除了展览会外，会议和论坛也是法兰克福展览有限公司的重要业务之一，会议中心 (Congress Center)、Forum及Festhalle三大会议场地 所提供的服务，加上多个展览馆和其它配套设施的配合，使法兰克福成为举办各式各样大型会议的理想选地，也实践了“会议、住宿、展览会——在同一屋檐下”的概念。具历史价值的Festhalle建筑是举办音乐会、庆典及各体育文化活动的理想场地，独一无二的经典建筑，令主办单位与观众留下深刻印象。

◆法兰克福的展览会——迈向未来的见证

法兰克福展览中心——法兰克福市持有60%股权，其余40%由黑森州持有——位于市中心，比邻中央火车站。占地47.5万平方米的法兰克福展览中心，是世界第三大展览场地，场内共设有10个展览馆、会议中心、及Forum，室内的展览场地超过32.4万平方米，而户外面积超过8.3万平方米。

展览馆的设计由著名建筑师精心构思，令展览馆与整个城市的气氛互相融合。由于展览会位于市中心，交通便捷，轻轨铁路、地下铁以及电车均在馆内设有站台，市内交通网络非常完善。法兰克福展览有限公司拥有电车站 (S-Bahn)，观众也可乘坐地下铁路抵达展览中心的正门，让展馆与市内公共交通网络衔接。

除了在法兰克福市举行的展览会外，法兰克福展览有限公司在世界30多个展览会场地共举办70多个展览会项目(2005年数目)。

◆国际性战略拓展全球业务

法兰克福展览有限公司是全球最大的展会主办机构之一，全球共有14家子公司，5个办事处，以及49个代表处分布4大洲。2005年，该公司在世界各地组织了120个展览会，接待逾5.71万家参展商及约340万名观众。法兰克福展览有限公司采用有系统的全球化战略，以拓展在法兰克福本部展会的国际性。

法兰克福是多个世界主要消费品、纺织品、汽车工程、建筑及建筑技术展览会的举办地。这些展览会包括 Ambiente—国际春季消费品展 览会、 Heimtextil—国际家用及室内纺织品展览会、 Automechanika—国际汽车零配件及售后服务用品展览会、 Light+Building—国际灯光照 明及建筑技术与设备展览会以及 ISH—国际楼宇和能源技术及浴室设备展览会等，已成功地在全球34个展览场地举办同类的品牌展。在2005年，该公司在德国以外组织展览会有70个，通过主办这些系统化的品牌活动，服务世界各地企业，尤其是中小型公司。在土耳其伊斯坦布尔及阿根廷布宜诺斯艾利斯举行的Automechanika为参展商及观众提供了高质量服务，并不逊色于在法兰克福举行母展的水平。

法兰克福展览有限公司的品牌展让参展商以备受瞩目的姿态亮相欧、亚及南北美洲市场。各展会为观众提供国际新产品系列，亦让参展商可到达不同地区，了解当地的市场潜力。

亚洲是法兰克福展览有限公司国际化战略的核心。中国近年的发展令该公司加强在当地的发展，自1994年起，法兰克福展览有限公司更积极投身于中国市场，分别在香港、上海成立子公司，又在北京设立办事处。组织共15个展览活动(2006年数字)令法兰克福展览有限公司成为中国重要的国际展会主办商之一。以香港为总部的法兰克福展览亚洲股份有限公司统一管理在中国、日本、韩国和印度的子公司，充分利用正在发展的亚洲市场，以迅速、灵活的方法来应对市场变化。

在法兰克福举行的展会上，德国以外参展商及观众的比例呈稳步增长，证明该公司在国外的活动，亦有利于总部展会的发展。2005年，法兰克福展览有限公司在全球组织了120个展会 — 其中在德国举办了50 个，在其它国家举办了70个。3.93万家参展商和230万观众参加了在法兰克福举行的42场展会。在法兰克福举办的展览活动都极其国际化，2005年法兰克福展览有限公司自办的13个展览会中，约有67%的参展商来自德国以外地区，外国观众约占总人数的1/3(33%)。这表明了法兰克福展览的国际影响力——不仅限于德国的展览会，在欧洲其他展会也亦然。

拥有国际化的展会网络让法兰克福展览有限公司不仅在德国，甚至在世界各地都备受瞩目。

法兰克福展览有限公司外国子公司一览

表11-4

海外子公司	创立日期
日　本：Messe Frankfurt KK，东京 2000年10月重组为法兰克福Mesago有限公司，东京	06/1990
美　国：法兰克福展览（美国）有限公司，亚特兰大	10/1991
中　国：法兰克福展览（香港）有限公司，香港	07/1994
巴　西：Messe Frankfurt Feiras Ltda. 之前为法兰克福展览(巴西)有限公司，圣保罗	07/2004 01/1998
印　度：法兰克福展览(印度)有限公司，孟买	07/1998
意大利：法兰克福展览(意大利)有限公司，米兰	01/1999
土耳其：法兰克福展览(伊斯坦布尔) 有限公司，伊斯坦布尔	01/2001
韩　国：法兰克福展览(韩国)有限公司，首尔	07/2001
墨西哥：法兰克福展览(墨西哥)有限公司，墨西哥城	08/2001
法　国：法兰克福展览(法国)有限公司， 巴黎	02/2002
阿拉伯联合酋长国：EPOC法兰克福展览(阿联酋)有限公司，迪拜	06/2002
中　国：法兰克福展览(上海)有限公司，上海	07/2002
俄罗斯联邦：法兰克福展览(俄罗斯)有限公司，莫斯科	09/2002
阿根廷：法兰克福展览(布宜洛斯艾利斯)有限公司，布宜诺斯艾利斯	07/2003
亚　洲：法兰克福亚洲股份有限公司，香港，包括: 法兰克福展览(上海)有限公司 法兰克福展览(印度)有限公司 法兰克福展览(日本)有限公司 法兰克福展览(韩国)有限公司 法兰克福展览(香港)有限公司	12/2003

了解更多详情请登录：http://www.messefrankfurt.com

新闻联系：

何惠欣小姐 / 林家谊小姐
法兰克福展览(香港)有限公司
电话 (852) 2238 9924 / 9956
传真 (852) 2519 8632
angel.ho@hongkong.messefrankfurt.com
jennifer.lam@hongkong.messefrankfurt.com

中国大陆地区
谈小萍小姐
法兰克福展览(上海)有限公司
电话 (86 21) 5292 9222分机205
传真 (86 21) 5292 8777
eva.tam@china.messefrankfurt.com

浙江中博展览有限公司

浙江中博展览有限公司是一家全方位大型展览公司，旗下拥有文化、传媒、展览工程设计等专业服务机构，目前拥有省级两大主流报纸的家居版和省级优秀电视、电台家居栏目，同时经营管理浙江世贸国际展览中心。自99年始，已承接和自办国际国内展览、会议、节庆活动70余个，现主要自办的知名品牌展会有：中国（浙江）家居建材博览会、浙江高级公寓·排屋·别墅样板暨室内装饰展览会、中国（浙江）国际娱乐休闲用品博览会等十多个展会。

中国(浙江)家居建材博览会

中国（浙江）家居建材博览会（以下简称“建材展”）由中国建筑装饰协会、浙江省建筑装饰行业协会、中国国际贸易促进委员会浙江分会主办，浙江中博展览有限公司承办。每年设春秋两届，推崇以大、全、专为特点的家居营销模式，为建材消费者、经销商、厂家打造一个专业化、规模化、国际化、品牌化的家居建材博览会，构筑一个展销一体的一流展览平台。中国（浙江）家居建材博览会是目前浙江省建筑装饰行业中规格最高、规模最大展览盛会之一。展会依托浙江世贸中心商业圈浓烈的商业氛围、优越的地理位置、一流展览的专业展览场等达到了很好的展览效果。

9月11日刚刚落下帷幕的2006中国（浙江）家居建材博览会以“科技、环保、时尚”为主题，大力倡导智能家居、生态家居、时尚家居的新理念。本届展会展出面积达到了2.5万平方米，展出产品涵盖了卫浴、橱柜、地板、龙头、水槽、移门、家居饰品等，品种达到2万多种，新品层出，精品汇集，代表了行业最前沿、最时尚的走势。另有来自京、浙、沪三地的数十家知名家装设计机构加盟，48名精英设计师现场设计。吸引数万名专业客商及消费者参与了建材行业这一展览盛事。

中国（浙江）家居建材博览会 春季展：每年4月 秋季展：每年9月

浙江高级公寓·排屋·别墅样板暨室内装饰展览会

浙江高级公寓·排屋·别墅样板暨室内装饰展览会（以下简称“别墅装饰展”）自2003年成功举办以来，吸引了高尚楼盘、国际家居名品、知名设计公司等一大批忠实的拥护者。科宝博洛尼、埃度维、阿尔诺、惠尔邦、SIMMONS、NOTTINBLU、MAXXA、夏图、米洛、迪卡、写意空间、皇家世家、易简极家、芙莱莎、施华洛士奇、大金、艾尔科、圣火、圣尔诺、悠乐、A.O史密斯等知名品牌都先后多次出席了展会。

别墅装饰展更是以其鲜明的市场定位吸引了数万计的城市新贵，已然是长三角地区高贵家居、品质家居、风格与时尚家居的发祥地，家装经典与奢华的代名词。浙江中博展览有限公司作为别墅装饰展的惟一承办单位，通过其拥有的强大媒体资源，通过五届的积累，五届的提升，已逐步将别墅装饰展打造成一个高贵家居、品质家居、风格与时尚家居的交流平台，一个大腕企业、大腕品牌、大腕产品汇集的，高端业主汇聚的大户型专题展会。

浙江高级公寓·排屋·别墅样板暨室内装饰展览会：
每年5月
每年11月

中国(浙江)国际娱乐休闲用品博览会

展会由中国贸易促进委员会浙江省分会、浙江世界贸易中心、香港国风商讯杂志社有限公司主办；中国麻将机行业协会筹委会、中国麻将机服务联盟网、中国展览网协办；浙江中博展览有限公司、浙江世博国际会议有限公司、国驰名风传媒（杭州）公司承办。汇聚了行业内知名企业上百家、专业观众、各区级经销商6000多名，终端用户上万名，展会同期还举办了中华博弈文化论坛暨首届麻将机行业高峰会议。

■地址：中国·浙江·杭州市曙光路122号
■电话：0571-28001667 ■网址：www.expo-zj.com

中国国际贸易促进委员会建筑材料行业分会 来华展及出国展主要项目

表11-5

时间	地点	展会名称	展会简介	联系方式
北京3月 上海4月	单年北京·中国国际展览中心 双年上海新国际博览中心	STONE TECH 中国国际石材产品及石材技术装备展览会	展览会自1993年开始举办，现展会展出面积4.9万平方米，参观人数近5万人次，如今已经成为亚洲最大的石材展会。	Tel/Fax:010-68362773/68362774 Web：www.stonetechfair.com E-mail：david@cbminfo.com
每年6月	广州国际会议展览中心（琶洲）	CERAMICS CHINA 中国国际陶瓷工业展览会	展览会已连续举办了20届，展出面积已有4万多平方米，专业观众人数3.5万多人次。已经成为亚洲最具规模、最具国际性、专业性的陶瓷盛会。	Tel/Fax:010-88375518/88375093 Web：www.ceramicschina.net E-mail:ceramics@cbminfo.com E-mail:ccpitbm@126.com
每年春季	北京展览馆	CHINA BUILDING 中国国际建筑建材贸易博览会	贸易博览会已成功举办11届，展出面积3.5万平方米，是北京最具规模和影响力的建材行业专业性国际盛会。已成为最受关注品牌展会之一。	el/Fax:010-88365652/88365655 Web：www.chinabuilding.org E-mail:cb@chinabuilding.org
每年9月	山东莱州国际会展中心	CHINA STONE 中国国际石材工业展览会	展览会已连续举办11届，此展会深受到了海内外大企业瞩目，展出面积4.5万平方米参展企业近800多家。	Tel/Fax：010-68362773/68310587 Web：www.chinastonefair.cn E-mail：mainland@cbminfo.com
每年4月	北京	CEMENTTECH CONCRETE CHINA 中国国际水泥技术及装备展览会同期举办中国国际混凝土技术及装备展览会	展览会已成功举办7届，展出面积8000平方米，参展企业近200家，此展会已经成为具有国际水泥专业展览水平的世界知名的业内盛会，是水泥行业贸易与交流的平台。	Tel/Fax:010-88375528/88377477 Tel/Fax:010-88366101 Web：www.cementtech.org E-mail：eric@cbminfo.com
每年4月	美国 芝加哥	COVERIN GS国际石材展览会	COVERINGS主要涉及的是铺地材料及产品，全球有60多个国家及地区的展商参展.	Tel/Fax:010-68310604 www.ccpitbm.gov E-mail:fulijuan66@yahoo.com.cn
每年3月	土耳其 伊兹密尔	MARBLE 国际天然石材及技术展览会	MARBLE是石材及相关机械的展示会。	Tel/Fax:010-68310604 www.ccpitbm.gov E-mail:fulijuan66@yahoo.com.cn
单年6月	德国 纽伦堡	STONE+TEC 德国纽伦堡国际石材展览会	欧洲最主要的石材展览会之一，专业观众集中，展会成熟，参展效果明显。	Tel/Fax:010-68310604 www.ccpitbm.gov E-mail:fulijuan67@yahoo.com.cn
每年6月	俄罗斯 莫斯科	EXPOSTONE 俄罗斯莫斯科国际石材展	天然石材及石材开采、加工机械及石材养护展览会。具有很大的开发潜力。	Tel/Fax:010-68310604 www.ccpitbm.gov E-mail:fulijuan66@yahoo.com.cn
每年10月	意大利 维罗那	MARMOMACC 国际石材及技术展览会	世界上重要的石材展览会，是涉及石材及技术，机械制造等方向的交易平台，是中外企业交流的桥梁。	Tel/Fax:010-68310604 www.ccpitbm.gov E-mail:fulijuan66@yahoo.com.cn
单年11月	法国 巴黎	BATIMAT 法国巴黎国际建材及设备展览会	励展博览集团的拳头产品。产品范围涉及广泛，对欧洲的建材市场影响深远。	Tel/Fax:010-68310604 www.ccpitbm.gov E-mail:fulijuan66@yahoo.com.cn

Reed Exhibitions
励展博览集团

锐意发展的励展中国

——应用全球化思维　解决本地之所需

励展博览集团为全球领先的展览及会议主办机构，已积淀逾百年的展会开发、策划、销售及推广的丰厚经验，在全球设有33个代表机构，每年主办逾460个国际专业展览会，涵盖52个行业，足迹遍及美洲、欧洲、中东及亚太区的38个国家。励展博览专注于航空与国防、建筑上海和香港均设有分支机构。继2003年在上海成立第一家合资公司——上海励华国际展览有限公司后，励展又于2005年联手国药集团创立了国药励展展览有限责任公司。上海励华是中国印刷包装行业最大的展会主办机构，国药励展则是中国最大最专业的医药展览公司。励展博览中国区现有员工约200人，每年在中国各地主办26个权威的行业展览会。

励展中国仍在不懈开发新项目和建立有战略意义的合作伙伴关系，并通过其强大的全球销售网络、无可比拟的协作资源、专业的理念和良好的声誉，为快速发展的中国提供更多的一流展览会。2006年6月，励展宣布与中国机床总公司和北京国机展览中心签立一项长期合约，以共同发展和扩张亚洲领先的机床展——中国国际机械装备展览会（CIMES）和中国机床工具商品展览交易会（CMTF）。同样在6月，励展与美国博彩协会(AGA)及联合主办的世界博彩展览（G2E）宣布从澳州博彩器材制造商协会（AGMMA）手中接获了在澳门举行的亚洲博彩展览会的举办权。亚洲博彩展览会包括当前亚洲地区最大的娱乐博彩设备贸易展览会和亚洲博彩展览会议，现已更名为亚洲世界博彩展览会G2E Asia，并将以独特的视角展示亚洲日益增长的博彩市场的最新发展趋势及前景。

励展博览在中国主办的部分领先展会包括：

中国国际电子生产设备暨电子工业展览——中国颇富盛名的电子制造展
www.nepconchina.com

环渤海电子周——华北地区惟一的电子制造展
www.bohaielectronics.com

中国国际铝工业展览会——亚洲规模最大的铝行业盛会
www.aluminiumchina.com

亚洲国际运输与物流展览——亚洲最全面的物流展览会
www.sitl-china.com

励华国际瓦楞展——全球最具规模的瓦楞纸箱展
www.sino-corrugated.com

中国国际加工包装机械及器材工业展览会
www.packagingexpo.com.cn

中国国际医疗器械博览会——全球第二、亚太第一的医疗设备专业展
www.cmef.com.cn

全国药品交易会——中国规模最大、品牌最优、历史最悠久的专业医药展会
www.pharmchina.com.cn

中国（北京）国际商务及会奖旅游展览会——中国最被业界认可的MICE展会之一
www.cibtm.travel

更多信息，请访问励展中国官方网站
www.reedexpo.com.cn

上海励华国际展览有限公司是由励展博览集团（全球最大的展览会主办机构）和华印传媒集团（中国印刷包装行业最具规模的跨领域领先综合资讯媒体专业服务机构）在中国组建的合资公司，是中国印刷包装行业最大的展会主办机构，也是中国最具规模和影响力的展览会组织机构之一。

Reed Huayin Exhibitions

上海励华国际展览有限公司

⊙励展博览集团励展（www.reedexpo.com.cn）为全球领先的展览及会议主办机构，已积淀逾百年的全球大型展览会开发、策划、销售及推广的丰厚经验，并赢得优质、知名、权威展览会主办者的美誉。目前，励展博览集团在全球设有33个代表机构。分布在世界各地的励展专业员工乐于分享彼此的最佳经验和精益技能，协助他们的客户实现利益最大化。每年其主办的大型国际展览会超过460个，涵盖52个行业，足迹遍及美洲、欧洲、中东及亚太区的38个国家，专注于航空与国防、建筑与施工、设计、电子、能源、石油与天然气、餐饮、食品与酒店、礼品、保健、信息与电信、珠宝、制造、营销与商业服务、制药、房地产、出版、体育与娱乐、运输与物流，旅游等行业。无论您希望在世界何地拓展市场，励展都能为您提供相同水准的权威展会和专业优质服务。

⊙华印传媒集团（www.huayin.net.cn）是中国印刷包装领域最具规模的跨领域综合资讯媒体专业服务机构，旗下拥有上海华印科技有限公司、上海华印展览服务有限公司、上海文雄广告有限公司、北京中包华印科技有限公司及华印（香港）有限公司五家全资公司。 集团目前拥有跨越出版媒体领域、网络媒体领域、展览媒体领域的三大行业传媒平台，并拥有中国第一个也是最具权威的印刷包装行业传媒综合服务机构——中国印刷包装行业商会。集团的核心业务是全面整合旗下各领域行业传媒为广大业内供应商提供整合广告策划与立体实效发布，向业内生产商提供权威、高效、立体、全面的综合资讯媒体服务。华印传媒集团秉承着“以创新为根，以服务为本”的经营理念，不断创新、提高，为促进中国印刷包装工业的全面发展提供最优秀的行业传媒支持！

励华国际展览与中国的各级政府组织、专业协会、行业媒体、展览服务机构等保持了非常良好及紧密的合作关系，正是这种强强联合为励华国际展览始终处于展览活动组织和行业信息咨询的权威地位提供了强大的支持，也为励华国际展览组织的各项展会不断迈上更高的台阶奠定了坚实的基础。公司秉承力争上游、勇于创新、客户至上、以人为本的价值观，立足中国市场，不断加深与行业和企业的交流与沟通，深化展览服务的理念，升级展览服务的水平，力争为中国印刷包装行业提供更为高效专业的展览会和相关的资讯服务。

励华国际展览以举办大型的国际性专业展览会作为主要发展方向，以关注和发展中国印刷包装市场为己任，持续不断地为客户提供优秀、全面、先进的产品和服务。公司旗下拥有励华国际瓦楞展（SINO-CORRUGATED）、励华国际软包展（SINO-FLEXPACK）、励华国际彩盒展（SINO-FOLDINGCARTON）、励华联合包装展（PACKAGING）、亚洲五金采购展览会（GoHardware）等众多知名品牌，至2006年展览总面积近14万平方米，拥有超过20万名专业观众光临了励华国际展览主办的各个展会。2006年，励华也成为亚洲领先的机床展-中国国际机械装备展览会（CIMES）暨“中国机床工具商品展览交易会（CMTF）的联合承办单位。

励华国际瓦楞展（SINO-CORRUGATED）是由上海励华国际展览有限公司所主办的两年一度国际性专业瓦楞包装展览会，凭借着其独特的创新视角、精心的增值服务、全面的行业信息，为处于风云之际的全球瓦楞产业指点迷津，为参展商、观众、买家构建起一座便捷、高效、沟通、互利的桥梁，为广大国内企业引进国际先进生产技术和管理经验，打开国门谋求深层次发展创造便利。经过五年多的发展磨砺，已连续成功举办了三届的励华国际瓦楞展已成为全球规模最大、最具影响力的专业瓦楞纸箱工业展，从最初的光大会展中心移师至新国际博览中心，从最初的171家参展商发展为2005年的475家，从最初的4275名观众发展为2005年的11683名……数据随着每届展会的进行而不断更新，惟一不变的就是励华办展的初衷，那就是——“矢志不渝地成为您最值得信任的瓦楞事业伙伴”。展会同时亦得到了中国包装联合会（CPF）、亚洲瓦楞纸箱行业协会（ACCA）、欧洲瓦楞纸板制造商联盟（FEFCO）等众多行业协会的鼎力支持。

即将于2007年3月28～31日在上海新国际博览中心隆重举行的“2007励华国际瓦楞展”，是2007年全球最具规模及影响力的一次瓦楞纸箱包装盛会，几乎所有全球知名的纸箱设备及耗材供应商都将云集中国上海，500多家参展商、1.7万多名海内外观众、60多个海内外协会观展团，3.45万平方米的展出面积，将集中展出当今世界最为领先的纸箱及纸板制造设备以及相关领先耗材，这将是对2007年度全球瓦楞行业印前、印刷、印后新技术、新产品、新解决方案的一次大阅兵。

励华国际彩盒展（SINO-FOLDING CARTON）在励华国际展览的精心组织安排下，2006届展会创造了一系列辉煌的成绩：位于东莞的广东现代国际展览中心的展览面积高达1.1万平方米；共计有来自11个国家和地区的181家彩盒包装行业供应商参展；8531名专业观众到场参观，其中大陆地区观众8282人，港澳台地区及海外观众249人；上万名彩盒包装领域的专业人士切身体验了这一行业盛会，享受到了专业展会的贴心服务，万余平方米的会场上，人头攒动、热闹非凡。此次励华国际彩盒展无论从主题、规模或服务上，无不显示出极强的专业性，在中国彩盒包装行业领域赢得了牢固的专业地位。作为一个较具规模及影响力的彩盒领域年度盛会，“2007励华国际彩盒展”（SINO-FOLDINGCARTON 2007）将于2007年11月21～23日在上海新国际博览中心隆重举办。此次彩盒展主办地从广东东莞移师国际化大都市上海，将显著提升本届展会的国际化水准，吸引更多具有国际影响力的相关企业参与此次盛会；而位于上海新国际博览中心的展览面积更将翻番至2.3万平米。凭借对彩盒包装领域的强烈责任感和使命感以及其强大的国际背景与专业运作经验，励华国际展览定使中国彩盒人充分体验与世界同步的优势，让国际先进技术率先登陆中国市场，为彩盒包装行业带来更加成功、精彩的年度盛典！

励华国际软包展（SINO-FLEXPACK）自首届展览创造7800平方米辉煌成绩以来，励华国际软包展不论是从主题、规模还是服务上，无不透露出极强的专业性，在中国软包装领域奠定了不可动摇的专业地位。2004年，来自十余个国家和地区的151家软包装行业供应商亲身体验了软包装专业盛宴。5818名专业观众在主办单位的精心安排下，享受着专业展会的贴心服务。2005年，励华国际软包展以7784人次专业观众到场参观，其中中国大陆地区观众6011名，595名来自57个国家和地区的海外观众的骄人成绩，再次征服了软包行业的同仁。1万平方米的会场，人头攒动，热闹非凡。

作为中国地区极具规模及影响力的国际软包领域年度盛会，励华国际软包展2006年继续锁定软包装企业年度采购高峰时段，于2006年10月25～27日在中国上海新国际博览中心隆重举办。2006励华国际软包展秉承两届传统，集交流、合作、贸易为一体，以“软包装”为展会惟一主题，向全球知名的软包装设备及耗材供应商发出邀请，在上海集中展示当今世界最为领先的软包装设备、耗材及相关配套服务。

励华国际展览凭借在包装领域强烈的责任感和使命感，以及在国际展览方面所具备的丰富经验，整合软包行业资源，将2006励华国际软包展构建成软包行业专业的、高水平的交流平台，让中国软包人充分体验与世界同步的优势，让国际先进技术率先登陆中国市场，为软包行业带来更恢弘的年度盛典。

励华联合包装展（PACKAGING）PACKAGING展会由中国包装联合会携手上海励华国际展览有限公司共同主办。中国包装联合会是中国包装行业惟一国家级协会，下设20个专业委员会，服务于国内外7000余家会员单位。凭借中国包装联合会在业内20多年的领军地位和号召力，以及励华国际展览在中国包装印刷行业的成功展览会组织经验，PACKAGING将成为中国包装行业的顶级展会。首届包装展（PACKAGING 2006）于2006年4月18～20日举行，由中国包装联合会和励华国际展览有限公司强强联手，获得了极大成功。展会汇集了国内外146家展商，展览面积达到了1.7万平方米。为期3天的展览会吸引了11182名来自食品、饮料、乳品、医药和日化等包装终端用户行业的海内外专业观众。展会同期举行的“世界包装大会”、首次亮相中国的“国际贸易中心（ITC）出口包装会议”以及专题技术交流研讨会等，都成为第一届包装展的亮点。第二届的包装展，PACKAGING China 2007将于2007年6月12～14日在上海浦东新国际博览中心隆重举行。规划面积达2.3万平方米，预计届时将有超过350家展商参展，并将吸引近两万名专业观众前来参观。同期还将举行专注于液体加工和包装工业的“2007中国国际饮料和液体食品技术展览会（LiquiTek China 2007）”。

秉承以上展会的成功经验，PACKAGING展会必将吸引更多的行业领军企业的支持和参与（参展和高端专业买家前来参观），成为中国颇具规模和影响力的包装展会。

亚洲五金采购展览会（GoHardware）由励展博览集团（Reed Exhibitions）和上海励华国际展览有限公司（Reed Huayin Exhibitions）联合主办的2006亚洲五金采购展览会暨美国拉斯维加斯国际五金展览会中国展于2006年10月16～19日在广东现代国际展览中心隆重开幕。

鉴于中国巨大的市场容量以及亚洲市场的发展潜能，励展博览集团决定将美国拉斯维加斯国际五金展品牌延伸至中国以满足广大国际采购商和买家对亚洲市场的需求。2006亚洲五金制品采购展览会延续了美国拉斯维加斯国际五金展览会的风格特色，主要服务于亚洲国家五金出口企业的出口型五金贸易展览会。展会主要展品范围涵盖工具五金、建筑五金、日用五金、园林器具、工业五金以及DIY产品，为亚洲五金制品企业提供全面的出口产品综合解决方案，帮助企业了解欧美五金市场并成功搭建起有效而便捷的商贸平台。

2006亚洲五金采购展览会展会面积达1.2万平方米，五金制造商近500家，吸引专业买家8000人次。2006年的展会在广东东莞并与广交会同期举办，广交会每年吸引全球近20万专业买家到会观展并洽谈业务。高质量的海外买家是展会成功的关键，主办单位投入了巨资进行专业且周密的宣传推广，吸引了更多专业买家。

随着全球展览业的不断升温，怎样才能在这样一个竞争激烈的行业中脱颖而出，这是公司不断在思索的问题。作为一个成功的展览主办单位，励华人秉承“力争上游、勇于创新、客户至上、以人为本”的理念，不断地努力及创新，为励华的明天创造更多的精彩，励华也将在全球展览业中谱写一支行业的礼赞之歌。

让我们为励华的明天喝彩！

北京嘉华四季国际会展有限公司

公司简介

北京嘉华四季国际会展有限公司成立于2004年2月2日，注册资金1000万元，主营业务为“承办展览展示，组织安排会议”，其前身是“北京四季房展”组委会。2004年2月，组委会各方共同出资成立了北京嘉华四季国际会展有限公司，后顺应公司发展需要，北京首都创业集团有限公司、北京星辰投资管理有限公司、北京青年报社、北京惠泰国际投资顾问有限公司这四家公司入股，公司实力进一步增强。

经过十多年的历练，北京四季房展已经成为京城房地产交易市场的“风向标”，嘉华四季在进一步拓展提升“四季房展”品牌的基础上，向多个领域拓展展会业务。

在立足房地产展示交易服务的基础上，嘉华四季与建设部紧密合作，承办了具有“住宅产业嘉年华”之称的“住博会”，在2004年6月成功举办第四届中国国际住宅产业博览会的基础上2006年8月嘉华四季承办了以“依托住宅产业，大力发展节能省地型住宅，提高住宅质量和品质，构建循环经济、资源节约、环境友好型的居住社区”为主题的第五届中国国际住宅产业博览会。

在北京人均年收入突破3000美元的基础上，嘉华四季本着“满足百姓金融需求”的原则，在北京市政府的指导下，承办了“首都金融文化节”，本次展会为金融机构、工商企业、和市民百姓搭建了一个综合金融服务平台，有效促进了个人金融理财市场的良性发展，并将以每年一届的模式持续下去。

2005年9月，由中国人民大学主办，北京嘉华四季国际会展有限公司承办的2005年不动产高峰论坛在中国人民大学举行。相关部委领导、中国人民大学领导、港澳台代表以及国外学者共400余人出席了当天的庆典大会。内地30余所大学和研究机构，香港、台湾、澳门地区相关大学和研究机构，以及韩国、新加坡、英国、德国、美国等国的专家学者参加了为期两天的2005年不动产高峰论坛。

2006年5月，嘉华四季在人民大会堂成功举办了由北京市发展和改革委员会、北京市科学技术委员会、北京市石景山区人民政府、首钢总公司联合主办的“北京休闲经济与创意产业”高峰论坛，会议期间，全国人大常委会副委员长何鲁丽、国务院发展研究中心副主任孙晓郁、北京市副市长张茅等领导到场作了主题发言，中国著名经济学家于光远、张卓元等专家就石景山的发展前景作了充分的探讨，本次展会也成为石景山区创意产业发展的里程碑。

嘉华四季将不断培育公司核心竞争力，以推动产业发展为目标，以举办高品质的国际化、专业化展览及会议为己任，与世界展览行业接轨，打造坚实的民族品牌。

北京嘉华四季国际会展有限公司

地址：北京市朝阳区东三环北路向军南里2巷甲5号雨霖大厦9层

邮编：100020

电话：010-65062255

传真：010-65066995

2006年长春市会展业发展概况及重点展会简介

一、2006年长春会展业发展总体情况

2006年，长春市共举办各类会展活动129项，比去年同期增加9项，其中展览65项。会展业直接收入8.5亿元，带动其他相关产业收入77亿元，分别比上年全年增长18.1%和18.5%。

数据表明，长春市会展业的发展不仅明显超过了全市国民经济的增幅，而且超过了整个第三产业的发展速度。另据最近对全市120多项会展活动的调查研究显示，在国民经济20个门类、98个大类、395个中类和914个小类中，会展业能够直接起带动作用的，分别占18个、55个、104个和160个席位，即可直接拉动160个产业的发展。

2006年也是长春市会展业硕果累累的一年，共获得会展权威机构评出的10项全国性大奖。主要包括：6月4日在南京举行的第三届中国会展财富论坛上，长春市获得最佳办展环境城市奖，中国会展产业贡献奖，长春汽博会、吉林东北亚博览会入选中国展会100强，长春电影节入选中国节庆50强，7月23日在长春举行的第二届中国会展文化节上，长春市获中国宏观管理最佳会展城市奖，长春汽博会被评为中国服务质量最佳展览会，长春教育展被评为中国品牌推广展览会，长春国际会展中心被评为中国硬件设施最佳展览场馆，长春市祝业精市长获得了中国会展特别贡献奖。

二、2006长春重点展会简介

◆1．2006中国长春冰雪旅游节暨净月潭瓦萨国际越野滑雪节

由长春市人民政府、中国滑雪协会、吉林省旅游局和瑞典诺迪维国际发展公司主办2006中国长春冰雪旅游节暨净月潭瓦萨国际越野滑雪节历时三个月于2月12日圆满结束。本届长春冰雪节共接待国内外游客510万人次，实现旅游业总收入44.5亿元，分别比去年增长13%和27%；冰雪旅游节期间共有8个项目签约，合同利用资金127.6亿元人民币(其中外资7.8亿美元)，同比增长129%。

◆2．第12届世界冬季城市市长会议暨长春2006世界冬季城市产品博览会

1月12～15日，为期4天的第12届世界冬季城市市长会议在长春落幕。会议通过了会议宣言即“长春宣言”和相关决议，呼吁全球共同关注地球环境问题和冬季城市共同发展问题。本届市长会议加强了长春市与世界冬季城市的经济、文化和贸易交流。长春市还与韩国太白市及格陵兰努克市签署了两市缔结合作城市的协议。

◆3．“飞向太空—中国载人航天(长春)展”

2月26日，“飞向太空—中国载人航天展”在长春国际会展中心举行。此次航天展汇集了神舟六号载人飞船返回舱、火箭逃逸塔、火箭发动机、火箭箭体、太空食品以及世界主要航天大国的火箭等百余件实物与模型展品。其中，“神六”返回舱、主降落伞、航天员太空食品以及生活用品都是继北京展出后，首次在其他城市与公众见面。航天英雄杨利伟亲临展会现场，并在“神六”返回舱等实物前，为参观的市民讲解航天科技知识。

◆4．第四届中国（长春）医药健康产业博览会

由中国医药国际交流中心、长春市政府、吉林省卫生厅、吉林省食品药监局等单位共同主办的2006第四届中国（长春）国际医药健康产业博览会于3月29日～4月1日在长春国际会展中心举行。本届展会有来自国内外600余家企业参展，其中七成为外地参展企业，数量远远超过历届。为期三天的展会期间，参展商展出了制药机械千余种，医疗器械和药品各上万种，前来参观选购商品的人数达到10余万人，创造了13亿商品交易额。此外，本届药博会还举行了医院管理高峰论坛，新科技、新产品展洽订货会，医药企业新技术、新产品招商推介会等系列活动。

◆5．2006年春季全国高教仪器设备展示会暨第七届中国长春国际教育展览会

由中国高等教育学会、长春市政府主办的2006年春季全国高教仪器设备展示会暨第七届中国长春国际教育展览会5月24～26日在长春国际会展中心举行。本届教育展名企云集。共有1005个教学仪器设备厂商参展，标准展位超过2000个。展会期间，来自8个国家、国内27个省、自治区、直辖市的会内外代表近3万人汇聚长春，长春市近5万师生和市民观摩了展会，现场采购总额达到12亿元。

◆6．2006中国长春工艺品博览会

由长春市政府主办的2006中国长春工艺品博览会于6月24日～7月2日在长江路步行街举行。本届展会以“追求品位、引领时尚”为主题，致力于我国工艺艺术的展示与交流，着力于对优秀传统文化和民间艺术精品的市场化推介和生产化拓展的本届展会，设立近300个标准展位。不仅展出了云南翡翠、辽宁岫玉、吉林松花浪木、吉林刀画、浙江青田石雕及各地著名书画家优秀作品，参加沈阳世界园艺博览会的巴基斯坦、缅甸等国家的部分厂商也携其特色工艺品参展。展会期间参观人数达125万人次，成交额达1600万元。

◆7、第三届中国长春国际汽车零配件展洽会

由中国汽车工业协会、中国汽车工程学会、长春市政府主办第三届中国长春国际汽车零配件展洽会于6月

30日～7月2日在长春国际会展中心举行。本届汽配会展示面积达8万平方米，参展企业1100家。国内著名汽车零配件及相关企业均来长参展，国际零部件相关企业包括韩国的江原道、蔚山、全州地区零部件企业联盟，台湾区电机电子同业公会，香港关键性零部件协会，荷兰贸促会，日本国际顾问公司、日本贸易振兴机构，俄罗斯俄中贸易联盟、亚洲贸易联盟、海参崴东方投资公司等国家和地区均组团参展。世界500强企业，如瑞典的SKF、固特异、法利奥、丰田、东京滤器株式社、日本的仓扶化工、亚洲轮毂、伟巴斯特等均为大面积参展。此外，展会期间还举办了第二届中国长春乘用车展，共有22家整车企业、33个品牌、200余辆汽车参展，受到了观众的一致好评。

◆8. 第二届中国国际会展文化节暨2006中国会展年会

7月23日，第二届中国国际会展文化节暨2006中国会展年会在长春南湖宾馆开幕。全国政协副秘书长、国际展览局主席吴健民、市长祝业精出席开幕式并致辞，副市长刘实出席了开幕式并参加了文化节的相关活动。本届文化节由长春市人民政府和中国会展杂志社主办。中国贸促会展览管理办公室、商务部对外贸易经济研究院、中国展览馆协会、全国城市工业品贸易中心联合会和长春市贸促会协办。来自海内外36个城市会展界500余名代表参加了文化节。

◆9. 第六届中国长春国际农业·食品博览（交易）会

由国家农业部、东北三省一区政府和长春市政府联合主办的第六届中国长春国际农业·食品博览（交易）会于8月15～21日在长春国际会展中心举行。

本届农博会规模更大，档次更高。国内外2000多家企业参展，参展企业范围、数量和层次都好过历届。有52个国家和地区、12个国外友好城市、180多位外宾，国内64个国家部（委）、省（市）自治区和大中城市党政代表团及商团前来参展参会。展会期间共签约项目106个，签约金额达162亿元。累计实现现场交易额5.1亿元，合同和协议金额36亿元。7天总计参会人数突破150万人次，创历届新高。展会办出了新特色、新水平，给展商和展会各方面都带来了巨大收益，促进了交流、合作与发展，办成了“农业的盛会、农民的节日、商家的市场、专家的讲坛、合作的桥梁、开放的窗口”，办成了一届规模更加宏大、内容更加丰富、特色更加鲜明、国际影响力更强的区域性农业博览盛会。

◆10. 第八届长春电影节闭幕 奖项各归其主

8月25日晚，第八届长春电影节颁奖典礼在吉林省文化活动中心举行。本届长春电影节11项大奖各归其主。主香港导演陈可新因执导影片《如果爱》荣获最佳导演奖；香港演员郭富城凭借在《三岔口》中的出色表演，荣获最佳男主角奖；本届长春电影节的影后桂冠最佳女主角奖由赵薇摘得；本届电影节还特设了最受群众欢迎奖，在票房上大获成功的电影《如果爱》获此殊荣；电影节的大奖DVD最佳华语故事片奖是《太行山上》；备受评委好评的我国第一部由藏族导演执导的反映当代藏族现实生活的故事片《静静的嘛呢石》获得本届电影节评委会特别奖。

◆11. 第八届中国长春国际雕塑作品邀请展

7月23日，由中国美术家协会、长春市政府主办的第八届中国长春国际雕塑作品邀请展在长春世界雕塑公园举行。本届雕塑展，共邀请到45个国家的雕塑家来长春现场创作，有42个国家首次来长参加雕塑展，使本届雕塑展成为历届雕塑展中首次参展国家最多的一届，其中有11个国家尚未与我国建立外交关系。此次参加本届雕塑展的国外友人达到50多人。国内邀请5位著名老雕塑家和有潜力的中青年雕塑家送展作品5件，这使本届雕塑展的作品总数达到49件。现场创作的作品中，铸铜作品31件、石材7件、木材4件、其他2件。本届雕塑展后，将有172个国家的345位雕塑家的390件雕塑作品竖立于长春世界雕塑公园。

◆12. 第二届中国吉林东北亚投资贸易博览会

9月2～4日，由国家商务部、振兴东北办、吉林省政府、长春市政府主办的第二届东北亚博览会在长春国际会展中心举行。本届博览会对外贸易累计成交额达3.84亿美元，其中出口成交额3.05亿美元，进口订货0.79亿美元；国内贸易累计成交额为11.55亿元人民币，其中销售9.67亿元，采购1.88亿元。展会期间，罗马尼亚及俄罗斯哈卡斯共和国、乌穆尔特共和国、西伯利亚联邦区举行了说明会和推介会，俄罗斯沃洛格达州、伊尔库茨克州等分别与我省有关市州举行了项目对接会，吉林省方面召开了投资环境说明暨对外合作项目发布会，并按照产业组织了现代制造业及汽车和零部件、石油化工、农产品深加工等9个突出东北产业特色的专题项目对接会。吉林省集中向外推介了近1000个项目。

◆13. 2006中国北方秋季国际时装展销会

9月10～20日，由中国商业联合会、长春市政府主办的2006中国北方秋季国际时装展销会在长春欧亚卖场会展中心举行。本届展会以“尽显时尚·扮靓人生”为主题。通过对1500多种最新款式的时装、面料及各类装饰品的展示，为厂家、商家与广大消费者洽谈、交流、合作提供了难得的契机，对于促进产销衔接，拓展和繁荣时装市场，提升长春市乃至东北地区服装产业水平，进而拉动区域经济的发展，产生了深远的影响。五天来，展会先后接待各地观众近30万人次，其中专业观众近7万多人次，实现现场交易额1100多万元，堪称迄今为止长春市举办的层次最高、规模最大、影响面最广的一次服装界盛会。■■■■■■■■■■■■■■■■■■■■

2007年长春市重点展会计划

表11—6

序号	展会名称	时 间	举办地点	主办机关
1	2007中国长春冰雪旅游节暨净月潭瓦萨国际滑雪节	2006年12月1日～2007年3月4日	净月潭旅游开发区	中国滑雪协会、吉林省旅游局、长春市政府
2	第六届亚洲冬季运动会	1月28日～2月4日	五环体育馆	中国国际体育总局
3	第五届中国（长春）医药健康产业博览会	4月1～5日	长春国际会展中心	中国医药国际交流中心、长春市政府等
4	2007长春房地产暨相关产业产品展示交易会	6月10～14日	长春国际会展中心	长春市政府
5	第一届中国长春玩具礼品博览会暨2007长春青少年游戏文化节	5月28日～6月3日	长春国际会展中心	长春市人民政府
6	第二届中国长春国际光电与信息通信技术博览会	6月15～17日	长春国际会展中心	中国科学院、吉林省政府、长春市政府
7	第四届中国长春国际汽车配件展洽会	6月29日～7月2日	欧亚卖场会展中心	中国贸促会、中国汽车工业协会、长春市政府等
8	中国长春汽车节	7月15～22日	长春国际会展中心等	国家商务部、国家文化部、中国贸促会、吉林省人民政府等
9	第五届中国长春国际汽车博览会	7月13～22日	长春国际会展中心	中国贸促会、中国汽车工业协会、吉林省政府、长春市政府等
10	第二届中国北方国际时装展洽会	7月25～30日	欧亚卖场会展中心	中国商业联合会、长春市政府
11	2007第八届中国长春计算机通讯产品博览会	7月28～30日	长江路步行街	中国科技市场管理促进中心、长春市人民政府
12	全国青年科学家论坛暨成果展览洽谈会	8～9月		中国科协、长春市政府
13	第四届中国（长春）民间艺术博览会	8月25～31日	长春国际会展中心	长春市人民政府
14	第三届中国吉林东北亚投资贸易博览会	9月2～6日	长春国际会展中心	国家商务部、振兴东北办、吉林省政府等
15	世界华人文化产业领袖年会暨文化创意产业投资发展博览会（待定）	8月	长春国际会展中心	联合国国际交流合作与协调委员会、世界华人文化产业联合会等、长春市政府
16	第八届长春国际汽车工业装备博览会	3月22～24日	长春国际会展中心	长春维达展览服务有限公司
17	第二届中国长春国际美容美发及化妆品用品展览会	4月13～—15日	欧亚卖场会展中心	长春市贸促会
18	第12届长春国际建筑建材贸易博览会	4月12～14日	长春国际会展中心	长春维达展览服务有限公司
19	2007吉林第五届国际社会公共安全产品博览会	4月12～14日	长春国际会展中心	吉林省社会公共安全产品行业协会
20	2007第十届广告博览会	4月12～14日	长春国际会展中心	长春市工商局、长春市广告协会
21	东北三省印刷设备及器材展销会	4月	长春国际会展中心	长春市新闻出版局
22	2007长春国际动漫艺术节	5月1～5日	欧亚卖场	长春市文联
23	第八届长春亚太美容美发博览会	6月11～12日	省文化活动中心	吉林省工商联美容业分会
24	韩国旅游商品展	6月10～14日	新天地购物中心	市旅游局
25	2007长春国际投资理财博览会	6月	长春国际会展中心	长春维达展览服务有限公司
26	2007第一届中国长春国际酒饮食品博览会	6月	长春国际会展中心	吉林省商务厅、长春市商务局
27	香港品牌商品巡展	8月10～14日	香格里拉大饭店	香港品牌联合会
28	2007第20届东北长春药品交易会	9月	欧亚卖场	辽宁成大方圆医药有限公司
29	第三届中国长春国际美容美发及化妆品用品展览会	10月19～21日	欧亚卖场会展中心	长春市贸促会

我们正在提供以下服务	国际展览业务
◆主办或组织参加国际展览会、中外技术交流会、经贸研讨会、洽谈会，为企业开拓国际国内市场构建桥梁，为企业快速发展创造商机； ◆为中外企业提供多层次多渠道的、灵活多样的顾问咨询服务，提高中外企业间经济与技术合作的成功率，降低合作风险，实现共赢； ◆邀请和接待国（境）外机械行业团组来访，组织国内机械行业企业与相关单位出访考察，加强中国同世界各国、各地区机械行业的联络与交流，增进相互了解，促进相互学习、实现共同发展； ◆组织国内（外）专业技术人员和高管人员出国（或来华）培训，更新专业知识和管理理念，培养国际化的人才，塑造国际化的企业。	作为专业展览会组织机构，18年来，我会共组织出国展览项目600余个，展出面积10万多平方米；组织、主办在华展览会30多个。 目前我会连续组织参加在世界各国举办的五金工具、汽车零部件、空调采暖制冷、印刷机械、工业配件、机床、磨具、工程与建筑机械、木工机械、金属加工、动力传动、泵阀等专业大展及工业展博会。针对特殊的国家和地区，还组织具有一定规模的中国机电产品独家展览会。 在华由我会主办或联合主办的"中国（北京）国际动力、传动与自动化控制展览会（PTAC China）"、"北京国际工程机械展览及技术交流会（BICES）"和"Bauma China"都是已连续举办多届的著名品牌展，其中"BICES"已于2000年加入国际展览联盟。

中国国际贸易促进委员会机械行业分会

CCPIT MSC provides the following services:

1. Hold or organize the members to participate in international exhibitions, technical exchange seminars, economic and trade seminars and talks, framing up bridges for Chinese enterprises to tap domestic market and international market and creating business opportunities for the rapid development of the enterprises;
2. Provide flexible consulting services of multiple levels and multiple channels to improve the success probability of economic and technical cooperation between Chinese enterprises and their foreign counterparts, reduce the risks incurred by the cooperation and achieve the win-win result;
3. Invite overseas delegations of machinery industry to visit China and carry out the reception tasks incurred, organize Chinese machinery enterprises and relevant organizations to perform overseas investigation, strengthen the links and exchanges between Chinese machinery industry and its foreign counterparts, promotes their mutual understanding, learning and improvement;
4. Organize domestic and overseas professional technicians and senior managers to conduct training held in China and overseas to update their professional knowledge and management conceptions, foster internationalized talents and shape them into internalized enterprises.

International Exhibition:

As a professional exhibition organizer, in the past 18 years, CCPIT MSC organized more than 600 overseas exhibition projects with more than 100,000m^2 exhibited space and more than 30 exhibitions in China.

Currently, CCPIT MSC continues organizing its members to attend professional exhibition and industrial expositions in the field of metal tools, auto parts, heating and refrigeration of air conditioners, printing machinery, industrial parts, machine tools, moulds and dies, construction and building machinery, woodworking machinery, metal processing, power transmission, pumps and valves. Aiming to special countries and regions, CCPIT MSC also organizes unique Chinese machinery and electronic products exhibitions with some scale.

The well-know exhibitions "China (Beijing) International Power Transmission and Control Technologies Exhibition" (PTAC China), Beijing International Construction Machinery Exhibition & Seminar (BICES) and Bauma China are those organized or co-organized by CCPIT MSC in China for many sessions. Among which, BICES joined in UFI in 2000.

地址：北京西城区三里河路46号 100823
电话(Tel)：86-10-68594976
传真(Fax)：86-10-68594995

Add：No.46,Sanlihe Road, Xichengqu, Beijing, 100823 P.R.China
Email：jix@ccpit.org
Http：//www.chinamachine.org.cn

国际展会策划有限公司
MP International Pte Ltd
中新会展（上海）有限公司
MP International (Shanghai) Pte Ltd

MPI：一座亚洲与国际会展沟通和合作的桥梁

国际展会策划有限公司(MPI)是新加坡笔克集团（PICO GROUP）下属的一家有着近20年专业从事国际展览、会议组织以及为世界各行各业精心策划组织特别活动的国际知名展会公司。公司是在1987年，应新加坡政府鼓励开发会展行业的号召而在当地成立，并已成为国际公认的专业会议组织者（PCO Professional Conference Organiser）和专业展览组织者（PEO Professional Exhibition Organiser）。公司是致力于开拓亚洲展会市场潜力的先行者，也是全球许多协会值得信任的合作伙伴。迄今为止，MPI已经组织策划了超过250个国家及地区的国际性的展会及活动。在2005年，MPI在上海建立分公司，以满足中国市场的特殊需求；在2006年，公司也在迪拜建立其中东分公司。

牵手东西文化，逾越交流屏障，让全球深层次的商业合作成为可能

国际展会策划有限公司(MPI)的总部设在新加坡，传承了新加坡作为亚洲与西方文化交汇的特殊地理的优势，MPI充分了解亚洲和西方文化和商业运作模式，并通过公司自身专业的运作，促进全球企业深层次的商业合作，且同时将这成功的运作模式带入中国。MPI的营运理念是：为我们的合作伙伴和客户增强竞争力，促进其公司的发展以及增加其价值。

》成功的案例：

一个具有里程碑意义的项目是：由MPI与CEMATEX即纺织机械制造商欧洲委员会协同承办的ITMA 亚洲展览会。继2001年成功举办的第一届展会后，第二届展会也在2005年10月在新加坡登台亮相。2005年的展会聚集了851家国际展商，在总面积达8万平方米的展会现场展示其最新的产品和服务。最近，MPI被任命为2008年7月27～31日在上海举办的ITMA亚洲＋CITME联合展会的联合承办合作方。

另外，公司也在中国上海成功举办了多届的中国国际视听集成设备与技术展(Integrated Systems China)。此展由美国国际信息交流行业协会(InfoComm International)和MP Asia Pte Ltd两家公司的合资公司，InfoCommAsia有限公司（IAPL）主办，创建目的是为了满足视听业亚洲客户和消费者的独特需求。公司是在1997年首次承办亚洲国际视听展示设备与技术展（InfoComm Asia）（亚洲国际视听集成设备与技术展，Integrated Systems Asia前身），并在2002年将此展带入中国。IS China多年来的成功举办证实了这是一项集教育型、互动型为一体的视听集成旗舰展会。第五届IS China展会将在2007年移师中国北京。

公司最近成功入股承办了东南亚最大的家具贸易展览——新加坡国际家具展，并计划在未来将此展览的规模进一步扩大。

MPI与世界厕所组织这个国际非营利组织合作，成功组织和举办了国际世界厕所展览及论坛。该展会专注于世界卫生和世界卫生设施行业。2005年5月该展在上海拉开帷幕，2006年11月在曼谷举办第二届展览，且计划推向世界更多地方。

MPI所承办的享有声望的项目包括：2005年7月的第117届国际奥林匹克委员会全会、2006年3月的知识产权外交会议以及2006年11月举办的世界彩票大会和展览。此外，MPI也承办了ICSC，即以美国为基地的国际购物中心协会所举办的世界最大购物中心大会的第一届亚洲展览。2006年7月在新加坡举办的展会获得了巨大的成功，MPI之后更被任命组织2007年的第二届展会。

》》进入中东展会市场

MPI以成功举办“第一届再循环与再回收纤维制品展”作为进军中东展会市场的始发点，该会议在2006年9月4～6日在阿拉伯联合酋长国的迪拜举办。目前该中东新组建的公司现正忙于准备2007年9月3～5日在巴林举办的国际家具展。

》》在中国的发展

2005年8月，MPI在上海开设其全资的子公司：中新会展（上海）有限公司MP International (Shanghai) Pte Ltd。中新会展（上海）有限公司秉承总公司的理念，充分利用总公司丰富的国际海外的展会资源，在顺利将国际展览与会议引入中国的展会市场的同时，积极与中国展览业的各界、中国各个行业协会、主办单位等展览会的拥有者们密切联系，加紧合作，把中国优秀的展览会和有上升潜力的展览会精心打造成具有中国特色的国际展览会品牌，进军世界展会舞台。

中新会展（上海）有限公司的每位成员都经过新加坡总部的严格培训，拥有专业组织、创造、发展、市场把握和管理高质量项目的丰富经验。无论您是成功的制造商或市场的新手、行业协会、专业集团企业或政府机构还是产品和服务的买家，我们都致力于更好地助您达成事业、收获效益。

欲了解更多有关MPI的讯息，请登陆www.mpinetwork.com

国际展会策划有限公司（MP International Pte Ltd）的里程碑中记录下了许多重大展览与会议，其中一部分如下：

》》展览会：

1. 1997、1999、2001、2003年INFOCOMM 亚洲展
2. 2002年INFOCOMM 中国展
3. 2005年INTEGRATED SYSTEMS亚洲展
4. 2004、2005、2006年INTEGRATED SYSTEMS 中国展
5. 2001年亚洲国际食品及饮料展览会
6. 2001年亚洲国际纺织机械展
7. 2001～2004年亚洲货币博览会
8. 2004年亚太金融罪行会议和展览会
9. 2005年亚洲国际纺织机械展
10. 2005年亚洲国际视听集成设备与技术展
11. 2005年世界厕所博览会与研讨会
12. 2006年国际购物中心协会亚洲博览会
13. 2006年世界厕所博览会与研讨会

》》国际会议：

●城市建设方面

14. 1991、1993、1995、1997、1999年CITY TRANS 亚洲展
15. 2002年上海房地产投资展览会和研讨会

16. 2004年CITY TRANS中国会议

●大型活动方面

17. 2002年新加坡平价合作社国庆日大热卖

18. 2003年渣打银行新加坡国际马拉松博览会

19. 2005年第117届国际奥林匹克委员会全会

20. 2006年知识产权外交会议

●艺术方面

21. 2003年CLICKART国际艺术新闻摄影集会

22. 第二届艺术与文化世界峰会（2003年）

●医学方面

23. 第26届国际眼科学大会(1990年)

24. 第78届国际牙科联盟年会(1990年)

25. 2001年亚洲国际光学大会

26. 第10届国际感染疾病大会(2002年)

27. 第二届亚太改善保健质量论坛（2002年）

28. 第二届国际验光师和眼镜配制师会议（2003年）

29. 2004年国际青少年糖尿病协会年会

30. 第九届和第十届亚洲和大洋州放射学术大会(AOCR)(2001～2004年)

31. 第三届世界肾病学大会官方卫星会议（2005年）

32. 第二届亚太心脏衰竭大会（2005年）

33. 第五届ACCSQ传统药物与保健品PWG会议(2006年)

34. 2006年亚洲综合医学论坛

★ MP(Shanghai)已经完成的展览会项目

短短的一年间，我们已经成功举办了两个国际展览会

1.2006中国国际视听集成设备与技术展(ISC2006)
——2006年4月12～14日，上海光大会展中心

2.2006上海国际游乐园博览会(IAAPA ASIA EXPO 2006)
——2006年7月12～14日，上海浦东新国际展览中心

★ MP(Shanghai)将要操作的展览会项目

1.IT&CM China 2007——“2007中国（上海）国际奖励旅游大会及博览会”
——2007年4月22～25日，上海国际展览中心

2.“ITMA ASIA + CITME 2008”——“2008 ITMA ASIA + CITME 中国国际纺织机械展”
——2008年7月27～31日，上海新国际博览中心

At the helm-
(From right)
Mr James Chia, Chairman,
MP International Pte Ltd
Ms Sylvia Phua, CEO,
MP International Pte Ltd,

公司领导：
(右起)
谢松兴 主席
MP International 有限公司
潘美华 首席执行员
MP International 有限公司

上海现代国际展览有限公司成立于1993年，是上海世博集团下属的专业展览公司，全国首家通过ISO9000国际质量体系认证的展览主办企业，并于2004年被批准成为UFI（国际展览业协会）的正式会员。公司一贯致力于在促进国内外贸易和科技交流方面发挥桥梁和纽带作用。

世博集团上海现代国际展览有限公司

公司的业务范围包括：策划主办国际国内展览，组织国际会议和技术交流会，接待海外团组来访，组织赴海外出访和组织赴海外参加商业展览，其他与展览有关的各项业务，承接各类展览会的策划、设计、工程搭建，各种展览展架道具的出租业务。

近年来，我司在主展方面成绩斐然。尤其是国际广告印刷包装纸业展、建材及建筑节能展、生物技术与仪器设备展、家用车商用车展等项目已经具有一定的品牌效应。其中前两个展览会通过了UFI的认证。

此外，汽车材料与制造设备展览会、广告礼品展等展会都是极具培养潜力的展览品牌。

作为上海的一支重要的设计布展队伍，公司曾受到国务院部、委和上海市人民政府的委托，多次承办大型展览会的策划、设计、布展工作。如：申办2010年上海世博会展台、一切始于世博——世博会150年历史回顾展、中法互办文化年——巴黎上海周、国庆50周年、55周年上海展区、爱知世博会中国馆"上海周"、建设节约型社会展览会上海展区、第三届中国—东盟博览会上海展区等。在做好政府展览的同时，公司在展示策划方向上积极深入世博会，参与中国2010年上海世博会展示设计策划方案征集活动并且入围3强，成为国内惟一入围的展览企业。

公司于2000年通过ISO-9002国际质量体系认证，成为全国首家通过这一质量认证的展览主办企业。2003年，从94版成功过渡到ISO9001：2000版，又于2006年再次通过复评，连续六年获得认证。

展览高档次，服务深层次，是世博集团上海现代国际展览有限公司追求的目标。我公司愿以ISO9001：2000版国际质量标准，为客户提供优质、全面的展会服务，竭诚欢迎海内外企业来电来访寻求合作与发展！

2006年国际服务贸易

◇ 1. 展示策划、设计，工程搭建

2006年对于展示策划部而言是收获颇丰的一年。接连承接了多个政府展项目，包括：第16届华交会福建省展位和世博集团展位、“中国商品展暨投资合作洽谈会（2006沙特吉达）”形象展区、第12届上海电视节、第九届上海国际电影节的环境设计和施工、建设节约型社会展览会上海巡展、第三届中国—东盟博览会上海展区、上海—汉堡生态展等等。

在我司展示策划部的共同努力下，出色地完成了各个项目并受到市府领导的高度评价，为公司树立了良好的服务政府展的形象。

◇ 2、商业展览

2006年公司共完成展览主办项目16个。上半年举行：第10届中国国际生物技术和医药工业展览会、第四届上海国际分析仪器、生化试剂和实验室设备展览会、第四届上海国际高尔夫展览会。下半年举行：第14届上海国际广告技术设备展览会、户外广告发光体技术及城市景观照明设备展览会、上海国际瓦楞纸箱纸品包装工业展览会、第二届上海国际家用车商务车展览会、第17届中国上海国际建材及室内装饰展览会、上海国际建筑节能及新型墙材展览会、上海国际汽车材料及制造设备展览会、别墅展等。

其中，广告展展区面积更是史无前例地突破6万平方米，进一步巩固了其在业内不可撼动的地位。另外，建材展的规模也增长了近一倍，凭借准确的市场定位与专业观众的组织工作，展览会反响良好。同期举行的家用车商用车展、汽车材料展也是反响良好，尤其是今年的车展，受到了媒体的广泛关注，在树立品牌意识方面又前进了一大步。

11月份，我司还承办了为庆祝上海—汉堡缔结友好城市20周年而举行的“上海—汉堡生态展”。

◇ 3. 协会工作

由我司与十多家广告设备器材领域的知名企业共同发起组建的上海广告设备器材供应商协会于2006年5月16日召开成立大会，并于7月正式通过各项法定程序，宣告成立。上海广告设备器材供应商协会作为国内行业内首家专业的协会团体，致力于为整个行业领域提供多角度、全方位的服务。包括创办专业的媒体杂志、建立B2B网站、组织专业论坛、出国展、实施统计和行业信息的整理、接待咨询等等。

年末还举行了协会年会暨行业首次年度评奖颁奖大会，会员单位积极参与，反响热烈。同时协会也在积极地策划新的服务内容，在广泛听取会员单位的意见后将他们的合理化建议纳入协会今后的工作计划中。

◇ 4. 现代国际与世博

作为专业的展览策划、设计公司，我司也是国内较早介入世博会的展览企业。近年来，我司曾先后参与：申办上海2010年世博会活动、日本爱知世博会中国馆“上海周”、2010年上海世博会展示设计策划方案征集活动。今年我司还参加了中国2010年上海世博会展览策划设计类推荐服务供应商征集。希望能尽自己最大的努力参与世博、服务世博。

◆◆◆◆◆◆◆◆◆◆◆◆◆◆◆

联系方式

地址：中国上海市黄浦区盛泽路8号18楼、16楼
邮编：200002
电话：86-21-63288899
传真：86-21-63749188
E-mail：mie@chinamie.com
网址：www.chinamie.com

◆◆◆◆◆◆◆◆◆◆◆◆◆◆◆

CHINA PRINT：
中国UFI认证第一展
——北京国际印刷技术展览会发展报告

作为印刷技术的始祖，我国早在北宋年间就已经发明并使用了活字印刷术，成为我国古代四大发明之一，在我国灿烂的历史文化中抹下了浓重的一笔。如今，我国的印刷行业同样不甘落后，北京国际印刷技术展览会的发展历程及辉煌业绩就是最好的证明。

北京国际印刷技术展览会(China Print)，由中国印刷及设备器材工业协会和中国国际展览中心集团公司主办，中国印刷及设备器材工业协会、北京华港展览有限公司及华港国际展览有限公司共同承办。自1984年开始，每四年举办一届，已成功举办过六届。

【北京国际印刷技术展览会是国际博览会联盟（UFI）嘉许的第一个中国展览会，世界六大印刷展之一。】

一、沿革

20世纪80年代初，国家经济委员会把印刷及设备器材工业的技术改造列入了国家五年计划。从“六五”计划后三年开始对我国印刷及设备器材工业进行技术改造。当时，急需引进国外的先进印刷技术设备和器材及其制造技术，曾几次派代表团出国考察。出国考察有两点不足，一是派出的人员有限，二是考察的范围有限，展览会可以弥补这两点不足，于是提出了举办国际印刷技术展览会的方案。经国务院批准，于1984年10月在北京农业展览馆举办了第一届北京国际印刷技术展览会。第一届展览会总展出面积9000平方米，有11个国家和地区参展，参观人数达9000人次，在当时看来，展会非常成功！1988年6月第二届北京国际印刷技术展览会期间，国际博览会联盟派员来北京对北京国际印刷技术展览会进行了考察，同年10月，国际博览会联盟在雅加达举行第55届大会，第一次讨论中国举办的展览会的入盟问题，并正式批准北京国际印刷技术展览会为国际博览会联盟盟员，这是国际博览会联盟批准的第一个中国展览会。北京国际印刷技术展览会从第二届起，开始使用协会设计的展览会商标，该商标于1998年在国家工商局注册。第六届北京国际印刷技术展览会于2005年5月11-15日在中国国际展览中心和全国农业展览馆举行，展出面积达9.25万多平方米，来自24个国家和地区的986家厂商参展，来自40个国家和地区的16万人次的观众参观了展览。

根据历届北京国际印刷技术展览会的情况可以看出，China Print的发展和变化很明显：

1、展出总面积越来越大。从第一届9000平方米到第六届92500平方米。

2、国产印刷设备器材的展出面积越来越大。从第一届的2000平方米到第六届的5.7万平方米，增加28.5倍，这说明了我国印刷设备器材工业在的迅速发展。

3、海外展品在整个展出面积中所占的比例越来越小。从第一届到第六届分别是：88%、75%、53%、53%、40%、40%。海外展品多于国内展品对我们这样一个大国来说并不正常，国内产品展出面积占总面积的一半以上是比较合理的。

4、展出产品的品种越来越全，技术水平越来越高。现在可以说，各种各样的印刷最新技术及印刷设备器材最新产品都会在China Print上争先恐后地展示。

5、海外参观人员主要来自周边国家。从第四届开始人数明显增加，第五届达到3000人，第六届达5000人。巴基斯坦参观团团长曾说：“你们把China Print 办好，我们就不用去Drupa了，这里什么都有，又近又好”。这说明China Print 对周边国家的印刷厂商已具有了一定的吸引力。既有一定数量和一定比例的海外厂商参展又有一定数量的海外厂商参观才是真正的国际展。

6、参展国家和地区最少11个，最多20多个。实际上，印刷设备器材的制造与生产集中在德国、美国、英国、意大利、日本、法国、瑞士、瑞典、比利时、荷兰等十多个国家，这些国家占了国际印刷设备器材市场的绝大份额，有20个国家和地区参展已是可以的了。北京国际印刷技术展览会基本达到了国际展的条件和水平，在国际印刷展览界中具有一定的影响和地位，

二、特点和优势

China Print一直是中国印刷同类展会中最亮丽的一颗明星，高质量的展品，专业的观众和浓厚的贸易气氛吸引着国内外的各

界媒体争相报道，他的个性特点也在进一步彰显：

1．第一届北京国际印刷技术展览会于1984年10月31日～11月6日举办，是我国最早开办的印刷展览会；

2．北京国际印刷技术展览会于1988年10月获得国际博览会联盟（UFI）嘉许，是我国第一个加入国际博览会联盟的展览会；

3.历届北京国际印刷技术展览会都是当时国内规模最大的印刷展览会，第六届北京国际印刷技术展览会展出面积达到9.25万平方米；

4.历届北京国际印刷技术展览会都是国内水平最高的印刷展览会，展示了当时国际最高印刷技术水平；

5.北京国际印刷技术展览会是国际性最强的印刷展，第一届海外展品占80%，第六届海外展品占40%，海外观众5000多人；

6.北京国际印刷技术展览会已被公认为世界六大国际印刷展览之一；

7.北京国际印刷技术展览会是中国人自己承办的具有自主产权的国际展览会；

8.北京国际印刷技术展览会主办单位之一，中国印刷及设备器材工业协会，简称中国印刷工业协会，是我国惟一的一个全国性的综合性的印刷工业行业组织。它的会员既包括参展厂商——印刷设备器材制造厂商，又包括参观厂商——用户，即印刷厂商，1988年协会被商务部（原对外经济合作部）授予在国内举办国际展览会的资格。在国际印刷工业界，协会享有很高的声誉，具有很大的影响。另一主办单位，中国国际展览中心集团公司是国内展览业首家集团性企业，是国际博览会联盟成员和国际展览管理协议会员，长期致力于展览及相关业务，集多种功能于一体，在国内外展览行业享有一定的声誉和影响。

三、改革与创新

第六届北京国际印刷技术展览会（China Print 2005）于2005年5月11～15日在中国国际展览中心和全国农业展览馆举行，展出面积达9.25万多平方米，国内外参展商986家，海内外观众达16万人次。展会期间，主办方还精心组织了“国际印刷发展论坛”、“CTP版材最新成果信息发布会”、“中外数码印刷现状及未来发展趋势与CEO对话”、“国际柔印技术发展高峰论坛暨国际技术交流会”、“国际凹印新技术发展研讨会”、“2005年中国药业包装高峰论坛”、“国际标签印刷技术论坛”及多个印刷技术专题报告会等。

中国国际展览中心：全部10个展厅（含两个临时展厅），面积6万多平方米，展出范围：印前处理系统、印刷设备、印后加工设备、印刷器材、办公自动化设备、检测仪器仪表、印刷自控设备及其他配套机电产品。另设印刷精品展厅、团体会员展廊、新闻媒体展廊及展会新闻中心。

全国农业展览馆：全部展厅（包括一个新建展厅），面积2万多平方米，展出范围：广告制作、喷墨印刷、丝网印刷、纸制品加工等。另外中国印刷博物馆设专厅展示了古代印刷技术发明史。

来自德国、美国、英国、意大利、日本、法国、瑞典、瑞士、荷兰、捷克、以色列、印度和中国大陆、台湾、香港等20多个国家和地区的986家印刷设备制造厂商和印刷器材生产厂商参加展出；世界各地，尤其是亚洲国家和地区的16万专业人员来北京参观并参加展会期间的其他有关活动。中国印刷及设备器材工业协会理事长于珍先生表示：“China Print是中国人自己举办的水平高、规模大的国际印刷展览会”，除了世界上最著名的印刷设备生产厂商都踊跃参展外，还吸引了世界各国印刷专业人士参观展览。回顾2005年第六届北京国际印刷技术展览会，其高规格、高水平、大规模的史无前例的盛况，让所有参展商和专业参观者都兴奋不已，记忆犹新，成为中国印刷展览历史上的进步之举，获得了参展商、专业观众及印刷企业的好评，极大地促进了我国印刷行业的发展和进步，堪称为世界一流的品牌展览会。

目前北京国际印刷技术展览会四年举办一次，间隔时间比较长；同时，我国地域辽阔，综合性大展总是设在北京，也不方便更多的企业参与。总结20年来的办展经验，考虑到当今迅猛发展的印刷市场，尤其是快速发展的广东珠三角地区印刷市场，中国印刷及设备器材工业协会、中国国际展览中心集团公司、广东省印刷复制业协会决定联合举办中国（广东）国际印刷技术展览会（Print China）。地点设在广东现代国际展览中心，时间也是每四年举办一届。珠三角地区（包括香港、澳门）毗邻东南亚，地处“十加一”自由贸易区的中心部位，是我国印刷工业最发达的地区，在珠三角地区举办大型国际印刷展，可以适应国际印刷市场发展和经济全球化的需要。

Print China 与China Print的间隔时间是2年，称为姊妹展。在地理位置上，一南一北，遥相呼应，互为补充；在时间和空间的配置上更为合理，能够更好地适应市场要求。首届中国（广东）国际印刷技术展览会（Print China）将于2007年4月10～14日在广东现代国际展览中心举行，展览面积7.5万平方米，预计参展厂商600多家。在Print China 2007 期间，将同时举办国际印刷技术发展论坛；颁发中华印制大奖，举办印刷精品展览；组办各种研讨会、信息交流会、专题报告会等国际性会议；开展合作商谈、贸易洽谈等国际性商务活动。

我们相信，中国（广东）国际印刷技术展览会必将成为成功的国际性印刷大展。

中纺联（北京）会展服务有限公司成立于2003年4月，是由中国纺织品商业协会控股、全国数家曾成功承办过多届“中国针棉织品交易会暨中国国际针纺织品博览会”的省、市纺织品总公司参股共同组建的现代会展企业。控股方中国纺织品商业协会拥有的庞大全国会员网络和行业影响力，为公司运作和发展提供了强有力的支持。

中纺联（北京）会展服务有限公司承办 中国针棉织品交易会暨中国国际针纺织品博览会

中国针棉织品交易会暨中国国际针纺织品博览会（CKCF）起源于上世纪50代，是国内针织行业中历史最久、规模最大、影响力最强的专业盛会，每年举办两届，至今已经成功举办了87届。主办单位中国纺织品商业协会在国内拥有500多家大型团体会员，形成了庞大的采购网，为展会的成功举行奠定了基础。

半个多世纪以来，“中针会”从计划经济时期的供应会，发展成为市场经济条件下的交易会，运作方式不断改进，管理水平不断提高。2004年改由专业会展公司——中纺联（北京）会展服务有限公司独家承办以来，“中针会”更是迎来了历史发展的黄金时期，规模及影响力迅速扩大，形成了遍布全国的客户群。2006年2月在上海新国际博览中心隆重举行的第87届“中针会”达到了全新的高度——共有2700多个展位，总展览面积4.6万平方米，参展企业近500家，囊括了国内85%以上的品牌内衣和床品企业，到场专业观众近5万人次，其中不乏来自北美、欧洲、亚洲、非洲、大洋洲的海外客商。

百尺竿头，更进一步。目前，主办单位已将“中针会”相对固定在北京、上海、广州三个综合功能较强的城市，进一步提出了“上规模、上档次、上水平、与国际博览会接轨”的发展策略，以及“国际化、市场化、产业化、品牌化”的办会要求。走过了50多年风雨历程的“中针会”，将在新世纪里走出国门，走向世界，为中国针纺行业的发展做出更大的贡献。

“中国针棉织品交易会暨中国国际针纺织品博览会”承办单位：中纺联（北京）会展服务有限公司

中纺联（北京）会展服务有限公司秉承“诚信为本，互赢互利”的经营理念，依托科学的管理，高质量的服务、高效能的运转，不断开拓创新，全力打造崭新的现代化企业和优质品牌展会。公司实行董事会领导下的总经理负责制，设办公室、财务部、会展部、招商部、市场部、大型活动策划部、对外联络部、信息管理中心等八个部室。公司接受中国纺织品商业协会委托，承办全国性大型交易会、博览会，并提供会议服务、信息咨询、展会广告宣传、新闻发布会、技术培训等业务。目前公司已建立起全国范围的业务网络，全方位为客户提供高效、优质的服务。

第十二章 展览业名录

第一部分 主办机构

1.中国贸促总会

中国国际贸易促进委员会
北京市复兴门外大街1号
China Council for the Promotion of International Trade (CCPIT)
1 Fuxingmenwai St., Beijing, China
邮编：100860
电话：010-88075000
传真：010-68011370
http://www.ccpit.org

2.各地方分会

中国贸促会安徽省分会
安徽省合肥市长江路357号9楼
CCPIT Anhui Sub-Council
9/F., 357 Changjiang Road, Hefei, Anhui, China
邮编：230061
电话：0551-2822656
传真：0551-2822850
http://anhui.ccpit.org

中国贸促会北京市分会
北京市西城区南礼士路头条3号
邮编：100045
电话：010-88070321
传真：010-68061030
E-mail:info@ccpitbj.org
http://www.ccpitbj.com

中国贸促会长春市分会
吉林省长春市人民大街1578号
CCPIT Changchun Sub-Council
1578 Renmin St., Changchun, Jilin, China
邮编：130051
电话：0431-2744904
传真：0431-2744904
E-mail:info-ch@ccpit.org
http://changchun.ccpit.org

中国贸促会重庆市分会
四川省重庆江北区洋河一村78号国际商会大厦19楼
CCPIT Chongqing Sub-Council
19/F. CCOIC Building, 78 Yang-heyicun
Jiangbei Dist., Chongqing, China
邮编：630020
电话：023-67870375
传真：023-67870373
http://chongqing.ccpit.org

中国贸促会成都市分会
成都会展业发展办公室
四川省成都市大业路39号大业大厦8楼
CCPIT Chengdu Sub-Council
8/F,Daye Plaza,No.39,Daye Road, Chengdu,P.R.China.
邮编：610016
电话：028-86661123
传真：028-86658825
E-mail:cd_hb@sina.com.cn
http://www.cdexpo.com.cn

中国贸促会大连市分会
辽宁省大连市中山区解放街9号万达大厦10楼
CCPIT Dalian Sub-Council
10/F, Wanda Mansion, 9 Jiefang St., Zhongshan Dist., Dalian, Liaoning, China
邮编：116001
电话：0411-82822354
传真：0411-82815734
E-mail:dl-expo@online.ln.cn
http://www.ccpitdl.org

中国贸促会福建省分会
福建省福州市华林路128号屏东写字楼20层
CCPIT Fujian Sub-Council
20/F., Pingdong Office Building, 128 Hualin Road, Fuzhou, Fujian, China
邮编：350003
电话：0591-7842084
传真：0591-7854743
http://app.ccpit.org

中国贸促会甘肃省分会
甘肃省兰州市城关区小稍门外280号昌运大厦9层
CCPIT Gansu Sub-Council
9/F., Changyun Building, 280 Xiaoshaomenwai, Chengguan Dist., Lanzhou, Gansu, China
邮编：730030
电话：0931-8725342, 8724001
传真：0931-8844197
E-mail: gs@ccpit.org
http://gansu.ccpit.org

中国贸促会广东省分会
广东省广州市机场路中央酒店办公楼
CCPIT Guangdong Sub-Council
Office Bldg., Central Hotel, Jichang Road, Guangzhou,Guangdong, China
邮编：510400
电话：020-86570057
86578331-1873
传真：020-86577278, 86578761
http://app.ccpit.org

中国贸促会广西壮族自治区分会
广西省南宁市东葛路3号
CCPIT Guangxi Sub-Council
3 Dongge Road, Nanning, Guangxi, China
邮编：530022
电话：0771-2820671, 2801729
传真：0771-2825728
E-mail: gxi@ccpit.org
http://www.ccpitgx.org

中国贸促会广州市分会
广东省广州市环市东路371-375号广州世界贸易大厦南塔8楼809号
CCPIT Guangzhou Sub-Council
Rm.809, 8th Floor, Nanta Bldg., Guangzhou World Trade Centre, 371-375 Huanshi Road(E.), Guangzhou, China
邮编：100011
电话：020-87754818
传真：020-87769011
http://guangzhou.ccpit.org

中国贸促会贵州省分会
贵州省贵阳市中华北路164号省外贸中心5楼
CCPIT Guizhou Sub-Council
5/F., Foreign Trade Center,164 Zhonghua Road(N.), Guiyang, China
邮编：550004
电话：0851-6901309, 6901227
传真：0851-6901309
http://guizhou.ccpit.org

中国贸促会海南省分会
海南省海口市国兴大道69号海南广场1号楼6层
CCPIT Hainan Sub-Council
6/F.,No.1 Building, Hainan Guangchang,69 Guoxing dadao, Haikou, Hainan, China
邮编：570203
电话：0898-65371978
传真：0898-65367264
http://www.ccpit.hq.cninfo.net

中国贸促会杭州市分会
浙江省杭州市中河北路83号茂泰世纪大楼A5-A9
CCPIT Hangzhou Sub-Council
A5-A9, Maotai Century Mansion, 83 Zhonghebei Road, Hangzhou, Zhejiang, China
邮编：310006
电话：0571-85779132
传真：0571-85779127
E-mail: office@ccpithz.org
http://www.ccpithz.org

中国贸促会哈尔滨市分会
黑龙江省哈尔滨经济技术开发区华辉商贸中心3楼
CCPIT Harbin Sub-Council
3/F,Huahui Shangmao Centre, Economic Development Area, Harbin, Heilongjiang, China
邮编：150090
电话：0451-2333771
传真：0451-2333772
http://harbin.ccpit.org

中国贸促会河北省分会
河北省石家庄市中华北大街3号金圆大厦9层
CCPIT Hebei Sub-Council
9/F. Jinyuan Bldg., 3 Zhonghua St. (N.), Shijiazhuang, China
邮编：050000
电话：0311-8614332
传真：0311-8614558
http://www.ccpithebei.com

中国贸促会河南省分会
河南省郑州市文化路115号
CCPIT Henan Sub-Council
115 Wenhua Road, Zhengzhou, Henan, China
邮编：450003
电话：0371-3936203
3943388-4242
传真：0371-3936504
http://www.ccpit-henan.org

中国贸促会黑龙江省分会
黑龙江省哈尔滨市南岗区革新街165号
CCPIT Heilongjiang Sub-Council
165 Gexin St., Nangang Dist., Harbin, Heilongjiang, China
邮编：150001
电话：0451-82631680
传真：0451-82631826
http://www.ccpit-hlj.com

中国贸促会湖北省分会
湖北省武汉市江汉北路8号16楼
CCPIT Hubei Sub-Council
16/F.,8 Jianghan Road(N.),Wuhan, Hubei, China
邮编：430022
电话：027-85796170, 85805805
传真：027-85775174

中国贸促会湖南省分会
湖南省长沙市五一东路80号
CCPIT Hunan Sub-Council
80 Wuyi Road(E.), Changsha, Hunan, China
邮编：410001
电话：0731-2289419
传真：0731-2286994
http://hunan.ccpit.org

中国贸促会江苏省分会
江苏省南京市中华路50号31楼
邮编：210001
电话：025-82258414
传真：025-82233048
http://jiangsu.ccpit.org

中国贸促会江西省分会
江西省南昌市站前路200号
邮编：330002
电话：0791-6246218
传真：0791-6217029

中国贸促会吉林省分会
吉林省长春市人民大街119号
邮编：130021
电话：0431-5625201，5677424
传真：0431-5663685
E-mail:ccpit@public.cc.jl.cn
http://www.jl.org

中国贸促会济南市分会
山东省济南市经四纬一路71号
邮编：250001
电话：0531-6911163
传真：0531-6911163
E-mail:ccpitjn@public.jn.sd.cn
http://jinan.ccpit.org

中国贸促会辽宁省分会
辽宁省沈阳市皇姑区泰山路17号
CCPIT Liaoning Sub-Council
17 Taishan Road, Huanggu Dist., Shenyang, Liaoning, China
邮编：110032
电话：024-86914875
传真：024-86914877
http://www.ccpitln.org

中国贸促会南京市分会 南京会展业办公室
江苏省南京市成贤街43号
邮编：210018
电话：025-83693240
传真：025-83692014
http://nanjing.ccpit.org

中国贸促会内蒙古自治区分会
内蒙古自治区呼和浩特市中山西路24号
CCPIT Inner Mongolia Sub-Council
24 Zhongshan Road(W.), Huhhot, Inner Mongolia, China
邮编：010020
电话：0471-6967398
6967766-3320
传真：0471-6962138
http://nmg.ccpit.org

中国贸促会宁波市分会
浙江省宁波市解放南路69号外运大厦15楼
邮编：315010
电话：0574-87302559
传真：0574-87292595
http://www.ccpitnb.org

中国贸促会宁夏自治区分会
宁夏回族自治区银川市解放西街119号
邮编：750001
电话：0951-5043345，5044987
传真：0951-5044239
http://www.nxccpit.org.cn

中国贸促会青岛市分会
山东省青岛市延安三路22号
邮编：266071
电话：0532-3897605
传真：0532-3897233

中国贸促会青海省分会
青海省西宁市树林巷25号
邮编：810007
电话：0971-8176953
传真：0971-8176805
http://www.ccpitqh.com

中国贸促会武汉市分会
湖北省武汉市汉口台北路217号国际贸促大厦8层
邮编：430015
电话：027-85797513，85771888
传真：027-85797464
http://wuhan.ccpit.org

中国贸促会山东省分会
山东省济南市马鞍山路52号6号楼
邮编：250002
电话：0531-2029813
传真：0531-2025946
E-mail: shd@ccpit.org
http://www.ccpitsd.org

中国贸促会上海浦东分会
上海市崂山东路528号27楼A1
邮编：200120
电话：021-68868005
传真：021-50815525
http://pudong.ccpit.org

中国贸促会山西省分会
山西省太原市迎泽大街388号国际大厦11楼
邮编：030001
电话：0351-4040594
传真：0351-4045680
http://shanxi.ccpit.org

中国贸促会陕西省分会
陕西省西安市新城内
CCPIT Shanxi Sub-Council
Xincheng Nei, Xi'an, Shanxi, China
邮编：710004
电话：029-7291413, 7292697
传真：029-7291461
E-mail:ccpitexp@pub.xaonline.com
http://www.ccpit.xaonline.com

中国贸促会汕头市分会
广东省汕头市金涛庄东区47幢6楼外经贸委大楼
邮编：515041
电话：0754-8931836, 8931837
传真：0754-8931837
http://www.ccpitst.org

中国贸促会沈阳市分会
辽宁省沈阳市沈河区热闹路55号
邮编：110014
电话：024-22920971，22920964
传真：024-22920973
http://shenyang.ccpit.org

中国贸促会深圳市分会
广东省深圳市福田区新洲路3009号
邮编：518048
电话：0755-3561530, 3561658
传真：0755-3561535
http://shenzhen.ccpit.org

中国贸促会四川省分会
四川省成都市西沿线蜀兴西街36号四川国际商会会馆11-12层
邮编：610031
电话：028-87534742
传真：028-87534743
E-mail:ccpitsce@mail.sc.cninfo.net
http://www.ccpit-sichuan.org

中国贸促会芜湖市分会
安徽省芜湖市中山路步行街伟基大厦C座8楼
CCPIT Wuhu Sub-Council
8F,Building C,Weiji Business Center Wuhu Anhui, P.R.C
邮编：241000
电话：0553-3820053
传真：0553-3820053
E-mail:sharp921@wuhu.cn
http://www.ccpitwuhu.com

中国贸促会厦门市分会
福建省厦门市湖里区信息大厦11楼
邮编：361006
电话：0592-5623595
传真：0592-6021772
E-mail:ccpitxm@public.xm.fj.cn
http://xm1.ccpit.org

中国贸促会西安市分会
陕西省西安市环城南路东段26号西安市外贸大楼二楼
邮编：710054
电话：029-7854196
传真：029-7854196

中国贸促会新疆维吾尔自治区分会
新疆乌鲁木齐市团结路11号
邮编：830001
电话：0991-2863224
传真：0991-2860456
http://xinjiang.ccpit.org

中国贸促会云南省分会
云南省昆明市北京路175号
CCPIT Yunnan Sub-Council
175 Beijing Road, Kunming, Yunnan, China
邮编：650011
电话：0871-3136758
传真：0871-3136574
E-mail:yfaec@public.km.yn.cn
http://app.ccpit.org/servlet/org

中国贸促会浙江省分会
浙江省杭州市延安路470号
邮编：310006
电话：0571-85178451
传真：0571-85178548
E-mail:ccpitzj@public.hz.zj.cn
http://www.ccpitzj.com

中国贸促会珠海市分会
广东省珠海市人民东路19号
邮编：519000
电话：0756-2253523
传真：0756-2228640
http://zhuhai.ccpit.org

3.行业分会

中国贸促会电子信息行业分会
北京市万寿路27号电子大厦2层
CCPIT Electronics Industry Sub-Council
2/F, 27 Wanshou Road, Beijing, China

邮编：100846
电话：010-68207929
传真：010-68132916
E-mail:caiqing@ccpitecc
http://www.ccpitece.com

中国贸促会纺织行业分会
北京市东长安街12号
CCPIT Textile Industry Sub-Council
12 Dongchang'an Avenue, Beijing, China
邮编：100742
电话：010-85229308
传真：010-65121732
E-mail:press@ccpittex.com
http://www.ccpittex.com

中国贸促会供销合作行业分会
北京市复兴门内大街45号
CCPIT Supply and Marketing Cooperative Industry Sub-Council
45 Fuxingmennei St., Beijing, China
邮编：100801
电话：010-66094515
传真：010-66094590
E-mail:gxmc@public3.bta.net.cn
http://app.ccpit.org/servlet/org

中国贸促会航空行业分会
北京市东城区交道口南大街67号
CCPIT Aviation Industry Sub-Council
67 Jiaodaokou St.(S.), Beijing, China
邮编：100712
电话：010-64093422
传真：010-64011632

中国贸促会航天行业分会
北京市阜成路8号
CCPIT Aerospace Industry Sub-Council
8 Fucheng Road, Beijing, China
邮编：100830
电话：010-68372427
传真：010-68372427

中国贸促会化工行业分会
北京市东城区和平里七区16楼301室
CCPIT Chemical Industry Sub-Council
Rm.301, 16 Building, 7th Section, Hepingli, Dongcheng Dist., Bejing, China
邮编：100013
电话：010-64272719, 64229317
传真：010-64225384, 64215982
http://www.ccpitscci.org.cn

中国贸促会建设行业分会
北京市三里河路9号老干部楼408室
CCPIT Construction Industry Sub-Council
Rm.408, Laoganbu Bldg., 9 Sanlihe Road, Beijing, China

邮编：100835
电话：010-68394801, 68366389
传真：010-68393625

中国贸促会建筑材料行业分会
北京市海淀区三里河路11号
CCPIT Building Materials Industry Sub-Council
11 Sanlihe Road, Haidian Dist., Beijing, China
邮编：100831
电话：010-68310605
传真：010-68310605
E-mail:ccpitbm@sina.com
http://www.ccpitbm.org

中国贸促会机械行业分会
北京西城区三里河路46号
CCPIT Machinery Sub-Council
No.46 Sanlihe Road, Beijing, China
邮编：100823
电话：010-68594976
传真：010-68594995
E-mail:ccpitmsc@public3.net.cn
http://www.chinamachine.org

中国贸促会粮食行业分会
北京市复兴门内大街45号
CCPIT Cereals Industry Sub-Council
45 Fuxingmennei St., Beijing, China
邮编：100801
电话：010-66094251
传真：010-66094291
http://liangshi.ccpit.org

中国贸促会农业行业分会
北京市朝阳区麦子店街20号楼308室
CCPIT Agriculture Sub-Council
Rm.308, 20 Bldg., Maizidian St., Chaoyang Dist., Beijing, China
邮编：100026
电话：010-64194401-3
传真：010-65918986
http://www.ccpit-ssa.org.cn

中国贸促会汽车行业分会
北京市三里河路46号
CCPIT Auto-Industry Sub-Council
46 Sanlihe Road, Xicheng Dist., Beijing, China
邮编：100823
电话：010-68595103
传真：010-68595076
http://www.auto-ccpit.org

中国贸促会轻工业行业分会
北京市阜外大街乙22号
CCPIT Light Industry Sub-Council
22B Fuchengmenwai St., Beijing, China
邮编：100833
电话：010-68396325
传真：010-68396351

中国贸促会商业行业分会
北京市复兴门内大街45号
CCPIT Commerce Sub-Council
45 Fuxingmennei St., Beijing, China
邮编：100801
电话：010-66094227
传真：010-66016043
http://commerce.ccpit.org

中国贸促会石化行业分会
北京市朝阳区惠新东街甲6号
CCPIT Petrochemical Industry Sub-Council
6A Huixin East St., Chaoyang Dist., Beijing, China
邮编：100029
电话：010-64999805
传真：010-64222813
http://shihua.ccpit.org

中国贸促会外企分会
北京市朝阳区工人体育场东路4号城市宾馆2107/2108室
CCPIT Foreign-Funded Enterprises Sub-Council
Rm.2107/2108, City Hotel, 4 Gongtidong Road, Chaoyang Dist., Beijing, China
邮编：100027
电话：010-65011242, 65011218
传真：010-65011281

中国贸促会冶金行业分会
北京市东四西大街46号
CCPIT Metallurgical Industry Sub-Council
46, Dongsi St.(W.), Beijing, China
邮编：100711
电话：010-65131905
65133322-3214
传真：010-65233861, 65131921
http://www.mc-ccpit.com

4.其他

北京市

中国机床总公司
北京国机展览中心
北京市安外安德路16号洲际大厦323室
China National Machine Tool Corp.
Capital Exhibition Services
Rm.323, Zhouji Building, 16 Ande Road, Anwai, Beijing, China
邮编：100007
电话：010-84882867
传真：010-84882861
E-mail:ces@bjces.com
http://www.bjces.com

中国船舶工业总公司
北京市月坛北街5号
邮编：100861
电话：010-68038855
传真：010-68024483
http://www.csemc.com

中国电子工业科学技术交流中心
北京市新街口外大街8号综合楼5层
邮编：100088
电话：010-62384834
传真：010-62384831
E-mail:zhujian@cestec.com.cn
http://www.shiboexhibition.com

中国电子国际展览广告公司
北京市复兴路甲23号电子大楼
China Electronics International Exhibition & Advertising Co.
Rm.816,Elec. Building, A23 Fuxing Road, Beijing, China
邮编：100036
电话：010-68296359
传真：010-68288219
E-mail:adv@ceiec.com.cn
http://www.exhad.cn

中国纺织品进出口商会
北京市朝阳区潘家园南里12号楼7层
邮编：100021
电话：010-67739291
传真：010-67739291
E-mail:ccct@public.bta.net.cn
http://www.texchamber.org.cn

中国国际展览中心集团公司
北京市朝阳区北三环东路6号
China Int'l Exhibition Center Group Corporation
6 Beisanhuan Road(E.), Beijing, China
邮编：100028
电话：010-84600025
传真：010-64600701
E-mail:zhanggz@beijing.china.com
http://www.ciec-expo.com

中国机电产品进出口商会
北京市西城区北河沿大街95号
邮编：100006
电话：010-67788866-6316,
67794089
传真：010-67735576, 69935350
E-mail:exhi@mail.cccme.cn.net
http://www.cccme.cn.net

中国机电一体化技术应用协会
北京市西城区德胜门外教场口1号
邮编：100011
电话：010-62042092
传真：010-62017873
http://www.lib.hust.edu.cn

中国轴承工业协会
北京中轴协展览有限公司
北京市广安门外大街248号机械

北京市朝阳门北大街富华大厦A座306室
邮编：100027
电话：010-65542773, 65542774
传真：010-65542771
E-mail: cmepec@263.net

中国贸促会北京分会北京世界贸易中心
北京市安定门外青年湖北街甲1号
邮编：100011
电话：010-64251019
64227788-405
传真：010-64251040

北京国际会议中心
北京市朝阳区北辰东路8号
Beijing International Convention Center
8 Beichendong Rd., Chaoyang Dist., Beijing, China
邮编：100101
电话: 010-84983088
传真: 010-84972651
E-mail:sales@bcghotel.com
http://www.bcghotel.com

海淀展览馆
北京市海淀区新建宫门路2号
邮编：100080
电话：010-62850559
传真：010-62850559
http://www.haidianpark.com

北京锦绣大地展览中心
北京市海淀区阜石路龚村东口
Beijing Glorious Land Exhibition Center
Gongcun Dongkou, Fushi Road, Haidian Dist., Beijing, China
电话：010-68230097
传真：010-68231302
E-mail:gldaditmt@sina.com

北京科技会展中心
北京市海淀区北三环西路48号
Beijing Science & Tech. Meeting Exhibition Center
No.48,Beisanhuan Xilu,Beijing, China
邮编：100086
电话：010-65071122

北京民族文化宫展览馆
北京市西城区复兴门内大街49号
Cultural Palace of Nationalities
49 FuxingmenNei St., Xicheng Dist., Beijing, China
邮编：100031
电话：010-66016806
传真：010-66019378

北京全国农业展览馆
北京市朝阳区东三环北路16号
National Agricultural Exhibition Center
16 Dongsanhuan Bei Road, Chaoyang Dist.,Beijing China
邮编：100026
电话：010-65018877-2401/2400
65081204
传真：010-65025798
E-mail:bjnaec@bj.col.com.cn
http://www.ciae.com.cn

北京展览馆
北京市西直门外大街135号
Beijing Exhibition Center
135 Xizhimen Wai Street, Beijing, China
邮编：100044
电话：010-68316677
传真：010-68348590
E-mail:beizhanoffice@21cn.com
http://www.bjexpo.com

国家轻工业局展览中心
北京市东四六条64号
Exhibition Centre of China National Bureau of Light Industry
64 Dongsi Liutiao, Beijing, China
邮编：100007
电话：010-64069407
传真：010-64069407
E-mail:zizx@clii.com.cn
http://www.clill.com.cn/zllzl.zx.htm

煤炭工业展览中心
北京市东城区和平里化工大院9号楼
邮编：100013
电话：010-64211845
传真：010-64211845

全国化工国际展览交流中心
北京市和平街北口樱花园东街5号
The International Exhibition Center of the Ministry of Chemical Industry
5 Yinghuayuan Dongjie, Hepingjie Beikou, Beijing, China
邮编：100029
电话：010-64419611, 64428347
传真：010-64416187, 64421448
E-mail:bciec@163bj.com

怡生苑国际会议中心
北京市3418信箱
Yishengyuan International Convention Center
P.O.Box 3418, Beijing, China
邮编：101300
电话：010-60485588

中国国际科技会议中心
北京市海淀区学院南路86号
邮编：100081
电话：010-62180141
传真：010-62180142
E-mail:zjxfj@public3.bta.net.cn
http://www.ciccst.org.cn

中国国际高科技会展中心
北京市朝阳区裕民路12号
China International Hi-tech Convention and Exhibition Center
12 Yumin Road, Chaoyang Dist., Beijing, China
邮编：100029
电话：010-82252850，82252855
传真：010-82252336
E-mail:gg.inno@263.net
http://www.kezhan.com

中国国际贸易中心股份有限公司
北京市建国门外大街1号
Exhibition Division of China World Trade Center
No.1 Jianguomenwai Avenue, Beijing, China
邮编：100004
电话：010-65051088
传真：010-65053260
http://www.cwced.com

中国国际展览中心
北京市朝阳区北三环东路6号
China International Exhibition Center
6 Beisanhuan Donglu, Chaoyang Dist., Beijing, China
邮编：100028
电话：010-84600025
传真：010-64600701
E-mail:zhengshijun@ciec-expo.com
http://www.ciec-expo.com.cn

中国工业经济展览交流中心
北京市西皇城根南街9号
邮编：100032
电话：010-66022021

中国建筑文化中心建筑展览馆
北京市三里河路13号
China Architectural Culture Center Construction Exhibition Hall
13 Sanlihe Road, Beijing, China
邮编：100037
电话：010-88082118
传真：010-68311373
E-mail:f13901304123@126.com

中国科技会堂会议中心
北京市海淀区复兴路3号
China Hall of Science & Technology
3 Fuxing Road, Haidian Dist., Beijing, China
邮编：100038
电话: 010-68518822-销售部(Sales Dept.)
传真：010-68571058
E-mail:s.gong2001@263.net
http://www.chst-hotel.com.cn

中国科学技术馆
北京市北三环中路
邮编：100030
电话：010-62371177，62379370
http://www.cstm.org.cn

中国人民革命军事博物馆
北京市海淀区复兴路9号
Military Museum
No.9 Fuxing Road,Haidian District, Beijing,China
邮编：100038
电话：010-66866151
传真：010-68525857

中华世纪坛艺术馆
北京市海淀区复兴路甲9号
The China Millennium Monument
9A Fuxing Road, Haidian Dist., Beijing, China
邮编：100038
电话：010-68513322-6852
传真：010-68572074
E-mail:zhangLD@bj2000.org.cn
http://www.bj2000.org.cn

中日青年交流中心21世纪饭店
北京市朝阳区亮马桥路40号
Sino-Japanese Youth Exchange Centre Twenty-First Century Hotel
40 Liangmaqiao Road, Chaoyang Dist., Beijing, China
邮编：100016
电话：010-64664813
传真：010-64664810
E-mail:sales21@263.net

重庆市

重庆市工业展览馆
重庆市渝中区人和街15号
Chongqing Industry Exhibition Hall
15 Renhe St., Yuzhong Dist., Chongqing, China
邮编：400015
电话：023-63861852

重庆国际会议展览中心
重庆市南岸区江南大道2号
Chongqing International Convention & Exhibition Center
2 Jiang Nan Avenue NanAn District
邮编：400060
电话：023-62609097
传真：023-62609090
E-mail:marketing@cqcec.com
http://www.cqcec.com

重庆技术展览中心有限公司
重庆市高新开发区科园四路269号
Chongqing International Technology Exhibition Center
269 Keyuan Silu, High Technology Zone, Chongqing, China
邮编：400041
电话：023-68634044
传真：023-68631388
E-mail:ceec@super-e.com.cn

http://www.super-e.com.cn

重庆汽车技术展览交流中心
重庆市高新开发区科园四路269号
邮编：400000
电话：023-68633534，68633524
传真：023-68631388
E-mail: ceec@super-e.com.cn

重庆展览会议中心（工贸大厦）
重庆市南坪北路12号
邮编：400060
电话：023-62813092
传真：023-62803669

鹰冠国际会展中心
重庆市渝中区长江一路58号西南技术商城
Ying Guan International Exhibition Center
58 Changjiang Yi Road, Southwest Tech. City, Yuzhong Dist., Chongqing, China
邮编：410014
电话：023-63620394
传真：023-63873313
E-Mail: yghz@eagle-industry.com
http://www.eagle-industry.com

中国国际医药卫生保健博览馆
重庆市渝中区牛角沱交通巷(富家园)2-5号
邮编：400015
电话：023-63000116，63876148
传真：023-63000116
E-mail: cqstar@yijianmus.com
http://www.yijianmus.com.cn

福建省

福建工业展览大厦
福建省福州市五四路260号
Fujian Industry Exhibition Hall
260 Wusi Road, Fuzhou, Fujian, China
邮编：350003
电话：0591-7844337-5006
传真：0591-7810540

福州国际会展中心
福建省福州市温泉公园路69号
Fuzhou International Conference & Exhibition Center
No.69 Hot Spring Park Road, Fuzhou, Fujian, China
邮编：350003
电话：0591-87803447
传真：0591-87801113
E-mail:ccpitfz@pub5.fz.fj.cn
http://www.ccpitfz.com

福建经贸会展中心
福建省福州市五四路260号
Fujian Economic-Trade Conference and Exhibition Center
No.260 Wusi Road,Fuzhou,Fujian, China
邮编：350003
电话：0591-87842218
传真：0591-87810540

福州市展览馆
福建省福州市古田路
邮编：350005
电话：0591-3351436

晋江市SM展览中心
福建省晋江市SM国际展览中心
邮编：362214
电话：0595-5664572，5671572
传真：0595-5674572
E-mail:jjmdc@pubz.qz.fj.cn

泉州展览城
福建省泉州市324国道迎宾大道展览城商贸小区
Quanzhou Exhibition City
Office Building of Quanzhou Exhibition City next to national Road 324(Fuxia highway)of Quanzhou
邮编：362000
电话：0595-22661715
传真：0595-22481891
E-mail:public@qiec.org
http://www.qzzl.com

石狮市德辉广场会议展览中心
福建省石狮市德辉商业区广场二层
Shishi Takfi Garden Conference & Exhibition Center
Takfi Development Area, Shishi, Fujian, China
邮编：362700
电话：0595-88720131
传真：0595-88720130
E-mail:tzkfj2000@163.com

厦门国际会议展览中心
福建省厦门市思明区会展路198号
Xiamen International Conference & Exhibition Center
No.198 Huizhan Road,Siming District,Xiamen.
邮编：361009
电话：0592-5959898
传真：0592-5959201
E-mail:wgy@xicec.com.cn
http://www.xiceo.com

厦门市海峡两岸商品展示交易中心
福建省厦门市嘉禾路388号永同昌大厦12楼F座
邮编：361009
电话：0592-5515276
传真：0592-5515276

漳州市展览中心
福建省漳州市大同路
邮编：363000
电话：0596-2035230

甘肃省

甘肃省展览馆
甘肃省兰州市庆阳路
邮编：730030
电话：0931-8412779

兰州国际博览中心
甘肃省兰州市城关区东方红广场东侧国际博览中心
邮编：730000
电话：0931-8890439
传真：0931-8890107
http://www.lziec.com

兰州地产精品展销中心
甘肃省兰州市皋兰路
邮编：730000
电话：0931-8826011

广东省

澄海市展览中心
广东省澄海市广益街道埔美居委会
邮编：515800
电话：0754-5722461
传真：0754-5722098

东莞国际会展中心
广东省东莞市东莞大道鸿福路口
Dongguan International Conference & Exhibition Center
The Crossing of Hongfu Rd., Dongguan avenue, Dongguan, Guangdong,China
邮编：523007
电话：0769-2423781
传真：0769-2423761
E-mail:luqun@dgicec.com
http://www.dgicec.com

东莞市虎门会展中心
广东省东莞市虎门沙太路64号太平广场花园
Dongguan Humen convention & Exhibition Center
64 Shatai Rd., Humen Town, Dongguan, Guangdong, China
电话：0769-5120523
传真：0769-5120317
E-mail: hmhzzx@sina.com
http://hmdzc.dongguan.gd.cn

东莞国际会展中心
广东省东莞市东莞大道鸿福路口
邮编：523000
电话：0769-22423781
传真：0769-22423761
E-mail:luqun@dgicec.com
http://www.dgicec.com

番禺贸促展览中心
广东省番禺市桥富华路2号百越广场C4-23, C4-24（禺山俱乐部正对面）
Panyu Chamber of Commerce Exhibition Center of CCPIT Panyu
C4-23, C4-24 Baiyue Plaza, 2 Fuhua Road, Shiqiao Panyu, Guangzhou, Guangdong, China
邮编：511400
电话：020-84666170, 84666171
传真：020-84666175
E-mail:ccpitpy@public.guangzhou.gd.cn
http://www.ccpit-panyu.org.cn

佛山市顺德前进汇展中心
广东省顺德市龙江镇325国道
Foshan City Shunde Qianjin Exhibition Center
325 National Highway of Longjiang Town,Shunde,Guangdong,China
邮编：528319
电话：0765-23888798
传真：0765-23888799
E-mail:info@qianjin.com
http://www.qianjin.com

广东省农业展览馆
广东省广州市东华东路413号3楼办公室
邮编：510080
电话：020-37637540
传真：020-37638530

广东现代国际展览中心
广东省东莞厚街
Guangdong Mi-Exhibition Center
Houjie, Dongguan,Guangdong China
电话：0769-5981888，5981868
传真：0769-5981788
E-mail:gde@china.com
http://www.gdeexpo.com

广州南沙国际会议展览中心
广东省广州市南沙经济技术开发区港前大道1号
邮编：511458
电话：020-84686011，84682009
传真：020-84686021
E-mail: picec@public.guangzhou.gd.cn

广州花城会展中心
广东省广州市天河区珠江新城花城大道东（原广州赛马场旧址）
Guangzhou City Exhibition Center
Huachen Avenue East,Guangzhou
邮编：510627
电话：020-37883788
传真：020-37883688
http://www.gzcityec.com.cn

广州锦汉展览中心
广东省广州市流花路119号
Guangzhou Jinhan Exhibition Centre

No.119,LiuHua Road,Guangzhou,China.
邮编：510010
电话：020-36231253
传真：020-36235676
E-mail:uarkyu@jh-gz.com
http://www.jh-gz.com

广州时空展贸中心
广东省广州市黄浦大道中296号乐雅苑D808
邮编：510655
电话：020-38680085
传真：020-38680200
E-mail:sales@2t2.net
http://www.ztz.net

金海湾展览中心
广东省汕头市金砂路96号
邮编：515041
电话：0754-8263263-3151
传真：0754-8269416

明华国际会议中心
广东省深圳蛇口工业区鬼山路八号
邮编：518067
电话：0755-26689968
传真：0755-26686668
E-mail: market@mhctr.com
http://www.mhctr.com/main_cn.html

全国科研新技术新产品展销中心
广东省广州市一德东路190号一德花园五楼545室
邮编：510120
电话：020-83290132, 83290210
传真：020-83290148
E-mail: cnesc@cnesc.com
http://www.cnesc.com/cnesc.htm

汕头科技馆
广东省汕头市海滨路12号
Shantou Sci-Tech Center
12 Haibin Rd., Shantou, Guangdong, China
邮编：515031
电话：0754-8438183
传真：0754-8426674
http://www.ststh.com

汕头林百欣国际会议展览中心
广东省汕头市长平路中段96号
Lim Por Yen International Conference & Exhibition Center
96 Changping Rd.(M.), Shantou, Guangdong, China
邮编：515041
电话：0574-8366171
传真：0574-8566051
E-mail:office@sticec.com
http://www.sticec.com

深圳市工业展览馆
广东省深圳市华强北路经济大厦二楼深圳市民中心
Shenzhen Industrial Exhibition Hall
2/F Economic Bldg., Huaqiangbei Rd., Shenzhen, Guangdong, China
邮编：518031
电话：0755-83224054
传真：0755-83238542
E-mail:sieh@szind.org
http://www.szind.net

深圳国际贸易中心
广东省深圳市国贸大厦十六楼
邮编：518014
电话：0755-82235435
传真：0755-82235435
E-mail: szitc16f@public.szptt.net.cn
http://www.china-itc.com/INDEXC.HTM

深圳国际展览中心
广东省深圳市上步北路1号
邮编：518029
电话：0755-82261950
传真：0755-82261950
http://www.expo.net.cn

深圳会议展览中心
深圳福田中心区福华三路
Shenzhen Convention & Exhibition Center
Fuhua 3rd Road,Futian Central District,Shenzhen
邮编：518048
电话：0755-82906073,82848673
传真：0755-82906009
E-mail:adawany@chtf-expo.com
http://www.szcec.com

深圳中国国际高新技术成果交易会展览中心
广东省深圳市福田区福中三路
China Hi-Tech Fair Exhibition Center
Fuzhong San Road, Futian Dist., Shenzhen, Guangdong, China
邮编：518026
电话：0755-82906062
传真：0755-82906009
E-mail: lucia@chtf-expo.com
http://www.chtf-expo.com/

顺德前进汇展中心
广东省顺德市龙江镇325国道
Shunde qianjin Exhibition Center
325 National Highway, Longjiang Town, Shunde, Guangdong, China
邮编：528319
电话：0765-3888888, 3888798
3888799
传真：0765-23888799
E-mail:info@qianjin.com
http://www.qianjin.com

中国出口商品交易会展览馆
广东省广州市流花路117号
Chinese Export Commodities Fairground
117 Liuhua Road, Guangzhou, China
邮编：510014
电话：020-26081217
传真：020-86683242
E-mail:zhaoli@icecf.com
http://www.zlcantonfair.com

中国国际航空航天博览中心
广东省珠海市九洲大道中金桥大厦4楼
China International Aviation & Aerospace Exhibition Center
4/F, Jinqiao Building, Jiuzhou Avenue, Zhuhai,Guangdong, China
邮编：519040
电话：0756-3369235
传真：0756-3376415
E-mail:zharshow@pub.zhuhai.gd.cn
http://www.airshow.com.cn

广西壮族自治区

广西桂林国际贸易展览中心
广西桂林市七星路26号
Guangxi Guilin International Trade and Exhibition Center
26 Qixing Road, Guilin, Guangxi, China
邮编：541004
电话：0773-5828662
传真：0773-5813735
E-mail:guilinguomao@163.com

广西科学技术馆
广西南宁市民族大道
邮编：530001
电话：0771-2809428

广西壮族自治区展览馆
广西南宁市民主路12号
Guangxi Exhibition Center
12 Minzhu Road, Nanning, Guangxi, China
邮编：530023
电话：0771-5622855
传真：0771-5625051
E-mail:lancky1974@13.com
http://gxbl.gxi.gov.cn

桂林国际会展中心
广西桂林市漓江路22号
Guilin International Conference & Exhibition Center
22 Lijiang Road, Guilin,Guangxi, China
邮编：541004
电话：0773-5810507, 5816779
传真：0773-5858381
E-mail:Expo@glcec.com
http://www.glcec.com

桂林市展览馆
广西桂林市自由路2号
邮编：541004
电话：0773-5812887

南宁国际会议展览中心
广西南宁市金浦路23号
Nanning International Convention & Exhibition Center
No.23 Jinpu Road,Nanning,Guangxi,China
邮编：530021
电话：0771-2092222
传真：0771-2092000
E-mail:nnicec@hotmail.com
http://www.nicec.cn

贵州省

贵州省展览馆（贵州国际经济技术贸易中心）
贵州省贵阳市遵义路65号
The Exhibition Hall f Guizhou
No.65 Zunyi Road,Guiyang,Guizhou,China
邮编：550002
电话：0851-5981378
传真：0851-5982459
E-mail:joyceliqi@tom.com

海南省

海口会展中心
海南省海口市滨海大道人大会堂旁
Haikou Convention & Exhibition Center
Binhai Ave., Haikou, Hainan, China
邮编：570125
电话：0898-68586203
传真：0898-68586211
E-mail:hkeec@sina.com

河北省

河北国际商贸会展中心
河北省石家庄市中华北大街3号
邮编：050000
电话：0311-8614777

河北会展中心
河北省石家庄市中华北大街3号
邮编：050000
电话：0311-8614888

河北科学技术馆
河北省石家庄市裕华东路241号
邮编：050000
电话：0311-6044530

河北省国际展览中心
河北省石家庄市红军大街36号
Hebei International Exhibition Center
36, Hongjun St., Shijiazhuang, China

邮编：050071
电话：0311-7066534
传真：0311-7044103
E-mail:lilylh2000@263.net

廊坊国际会议展览中心
河北省廊坊经济技术开发区友谊路
Langfang International Convention and Exhibition Center
Friendship Road, Development Zone, Langfang, Hebei, China
邮编：065001
电话：0316-6078233
传真：0316-6078233
E-mail:czzxy@sina.com
http://www.lfgz.com

张家口市展览馆
河北省张家口市西区小河套 21 号
邮编：075000
电话：0313-8022289

河南省

郑州恒力实业有限公司展览中心
河南省郑州市经济技术开发区经北路 31 号
邮编：450047
电话：0371-6781653, 6781284
6781737
传真：0371-6781654

中原国际博览中心
河南省郑州市郑汴路 96 号
Central China International Exhibition Center
No.96 Zhengbian Road,Zhengzhou, Henan,China
邮编：450004
电话：0371-66527974
http://www.hn-exhibition.com.cn

黑龙江省

黑龙江国际博览中心
黑龙江省哈尔滨市南岗区西大直街 40 号
Heilongjiang International Exhibition Center
40 Xidazhi St., Nangang Dist., Harbin, Heilongjiang, China
邮编：150001
电话：0451-53643727
传真：0451-53632420
E-mail: twofoxes@263.net

湖北省

湖北体育展览中心
湖北省武汉市武昌区体育馆路特1号
邮编：430071
电话：027-87320145
传真：027-87320145
E-mail: tzzx9711@163.net

荆州市科技馆
湖北省荆州市沙市区江津中路253号
jingzhou Science & Technology hall
253 Jiangjin Zhong Road,Shashi District,Jingzhou,Hubei,China
电话：0716-8254051
传真：0716-8254051

三峡展览馆
湖北省宜昌市三峡坝区十四小区会展中心
Three Gorges Project Exhibition Center
The Fourteen District,The TGP Dams,Yichang,Hubei,China.
邮编：443133
电话：0717-6763830
传真：0717-6763830
E-mail:8yly6210@sina.com
http://www.ctgpc.com.cn

武汉国际会展中心
湖北省武汉市汉口解放大道696号
Wuhan International Exhibition & Convention Center
No.696 Jiefang Road,Hankou, Wuhan,Hubei,China.
邮编：430022
电话：027-85816005, 85816068
传真：027-85816020
E-mail:wiece@163.com
http://www.whicec.com

武汉科学技术馆
湖北省武汉市汉口赵家条 144 号
邮编：430010
电话：027-82892428
传真：027-82904387
E-mail:whstm@whstm.org.cn
http://www.whstm.org.cn

湖南省

湖南省展览馆
湖南省长沙市展览馆路 50 号
Hunan Exhibition Center
50 Zhanlanguan Road, Changsha, Hunan, China
邮编：410005
电话：0731-2221816
传真：0731-4456916
E-mail:LHX@hnzlg.com.cn
http://www.hnzlg.com.cn

湖南国际会展中心
湖南省长沙市金鹰影视文化城
Hunan International Convention & Exhibition Center
Goldeagle Movie & TV City, Changsha,Hunan 410003,China
邮编：410003
电话：0731-4838027
传真：0731-4838088
E-mail:hniecc@hunanTV.com
http://www.hniecc.com

中国现代农业博览交易中心（湖南红星国际展览公司）
湖南省长沙市中意路中国现代农业博览交易中心
邮编：410004
电话：0731-2646798
传真：0731-2646056
E-mail:webmaster@hxgjzl.com
http://www.hxgizl.com

江苏省

常州国际展览中心
江苏省常州新区高新科技园5号楼
Changzhou International Exhibition Center
5 Bldg,Technology Zone, Changzhou, Jiangsu, China
邮编：213022
电话：0519-5115951
传真：0519-5117255
E-mail:czzl1@czzl.com
Http://www.czzl.com

常州市工业展览馆
江苏省常州兰陵路 32 号
邮编：213001
电话：0519-6643451
传真：0519-6643044
http://www.ccec.com.cn

江苏展览馆
江苏省南京市玄武门 22 号
Jiangsu Exhibition Center
22 Xuanwu men, Nanjing, China
邮编：210009
电话：025-57715555
传真：025-83363004
E-mail:caomin@jseh.com
http://www.jseh.com

昆山市科技文化博览中心
江苏省昆山市前进中路 109 号
Kunshan Science & Cultural Exhibition Center
109 Qianjin Rd.,Kunshan,Jiangsu
邮编：215300
电话：0512-57371018，57369888
传真：0512-57367369
E-mail:ksce@263.net
http://www.ksce.com.cn

南京国际展览中心
江苏省南京市龙蟠路 88 号
Nanjing International Exhibition Center
No.88 Longpan Road,Nanjing,China
邮编：210037
电话：025-85488948
传真：025-85488981
E-mail:rd@njiec.com
http://www.njiec.com

苏州国际会议展览中心
江苏省苏州市干将西路 1296 号
Suzhou International Convention & Exhibition Center
1296 Ganjiangxi Road, Suzhou, China
邮编：215004
电话：0512-68270830
传真：0512-68295066
E-mail:zlb@sz-cec.com
http://www.sz-cec.com

苏州国际贸易中心
江苏省苏州市三香路 128 号
邮编：215004
电话：0512-68289124，68289123
传真：0512-68272616

苏州高新国际会展中心
江苏省苏州市高新区塔园路369号
Shuzhou Gaoxin International Exhibition Center
No.369 Tayuan Road Suzhou New District
邮编：215129
电话：0512-65366887
传真：0512-65368241
http://www.gj-qcc.com

苏州南亚国际会展中心
江苏省苏州市相城区阳澄湖东路1号
Suzhou Nanya Interantional Exhibition Center
No.1 Yangcheng Hu Dong Road, Xiangcheng District,Suzhou,Jiangsu
邮编：215000
电话：0512-67033388
传真：0512-67033388
E-mail:center@nan-ya.com
http://www.sznygroup.com

连云港国际展览中心
江苏省连云港海棠北路
Lianyungang International Exhibition Center
Haitang Bei Road,Lianyungang, Jiangsu,China
电话：0518-2231178，2231156
传真：0518-2231165，2231156
E-mail:intexlyg@pub.lyg.jsinfo.net
http://www.intexlyg.com

无锡展览馆
江苏省无锡梁溪路 34 号
Wuxi Exhibition Hall
34 Liangxi Road, Wuxi, Jiangsu, China
邮编：214062
电话：0510-5869620
传真：0510-5865552

E-mail:wxzlg@wst.net.cn

徐州国际会展中心
江苏省徐州市城南经济技术开发区
Xuzhou International Conference and Exhibition Center
Chengnan Economy & Technology Development Zone, Xuzhou, Jiangsu, China
邮编：221008
电话：0516-3872412
传真：0516-3873680
E-mail:exhibit@cnfoodcity.com
http://www.hangaofood.com

吉林省

长春国际会展中心
吉林省长春市会展大街100号
Changchun International Conference & Exhibition Center
100 Huizhan St., Changchun, Jilin, China
邮编：130011
电话：0431-4606509
传真：0431-4606777
E-mail:exhibition@ccicec.com
http://www.ccicec.com.cn

吉林国际会议展览中心
吉林省吉林市东市商业开发区汇龙商夏D座
JiLin International Conference & Exhibition Center
HuiLong Deartment Store D# Dongshi Market Jilin
邮编：132001
电话：0432-6917866
传真：0432-6917899
E-mail:jlecc@jlecc.com
http://www.jlecc.com

吉林省展览馆
吉林省长春市解放大路87号
邮编：130041
电话：0431-8911259
传真：0431-8911271

江西省

江西省展览中心
江西省南昌市八一大道266号
邮编：330003
电话：0791-6269425-65
传真：0791-6286058
E-mail:fzzgod888@yahoo.com.cn
http://jxzl.nc.jx.cn

辽宁省

大连国际博览中心
辽宁省大连市中山区解放街1号
邮编：116001
电话：0411-2806978
传真：0411-2806969
E-mail: csd@pub.dlptt.ln.cn

大连国展贸易中心
辽宁省大连市西岗区长江路541号
电话：0411-4210755
传真：0411-4210755

大连星海会展中心
辽宁省大连市沙河口区会展路18号
Dalian Xinghai Convention & Exhibition Center
No.18 Huizhan Road,Shahekou District,China
邮编：116023
电话：0411-84809627
传真：0411-84800017
E-mail:dxceczjy@mail.dlptt.ln.cn
http://www.exhibition.com.cn/hz-index.htm

大连艺术展览馆
辽宁省大连市沙河口区沙龙街5号
邮编：116021
电话：0411-4404312
传真：0411-4400406
E-mail: csd@pub.dlptt.ln.cn
http://www.dl-exhibition.com.cn

丹东外经贸展览中心
辽宁省丹东市新安街15号金元宝商业城2楼丹东经济技术交流中心
邮编：118000
电话：0415-2828281
传真：0415-2828281

辽宁科学展览馆
辽宁省沈阳市沈河区文艺路44号
Liaoning Science and Technology Exhibition Hall
44 Wenyi Road, Shenhe Dist., Shenyang, Liaoning, China
邮编：110015
电话：024-23894429

辽宁省科技馆
沈阳市沈河区文艺路44号
邮编：110016
电话：024-62129076，6212907，23894459
传真：024- 62129095
E-mail:info@lnkjg.cn
http://www.lnkjg.cn

辽宁工业展览馆
辽宁省沈阳市和平区彩塔街头38号
Liaoning Industrial Exhibition Center
38 Caita St., Heping Dist., Shenyang, Liaoning, China
邮编：110004
电话：024-62124024
传真：024-23896904
E-mail: lnexpo@lnexpo.com
http://www.lnexpo.com.cn

辽宁省经济技术交流中心
辽宁省沈阳市文化路58号
邮编：110003
电话：024-23897510

辽宁邮政国际博览中心
辽宁省沈阳市和平区青年大街284号3号楼
邮编：110003
电话：024-23895302, 23922432
传真：024-23895302, 23922432

沈阳国际会展中心
辽宁省沈阳市东陵匹营盘西街19号甲
Shenyang International Exhibition Center
No.19 Yingpan West Street,Dongling District,Shenyang 110168,China
邮编：110168
电话：024-23806040,31401399
传真：024-23806040
E-mail: syec168@sohu.com
http://www.sy-dxhib.com

沈阳科学宫会展中心
辽宁省沈阳市沈河区青年大街201号
Shenyang Science Centrum Exhibition Center
201 Qingnian Street, Shenhe Dist., Shenyang,Liaoning,China
邮编：110015
电话：024-23978026
传真：024-23978078
E-mail:ikxg@yahoo.com.cn
http://www.sykxg.org

沈阳辽宁科技展览馆
辽宁省沈阳市沈河区文艺路44号
Liaoning Science and Technology Exhibition Hall
44 Wenyi Road,Shenhe District, Shenyang,Liaoning 110015,China
邮编：110015
电话：024-62129076
传真：024-62129095
E-mail:zym92935@yahoo.com.cn

沈阳五爱展览中心
沈阳市沈河区热闹路77号
邮编：110011
电话：024-24132188/1882
传真：024-24147723

内蒙古自治区

包头国际展览中心
内蒙古自治区包头市钢铁大街少先路17号
邮编：014010
电话：0472-5105302, 5105303
传真：0472-5105300

内蒙古商品交易中心有限责任公司
内蒙古自治区呼和浩特市兴安北路5号
Inner Mongolia Commodity Exchange Center
5 North Xing'an Bei, Road, Huhhot, Inner Mongolia, China
邮编：010051
电话：0471-6523241
传真：0471-6502984
E-mail:imcec@nmhh.cnuninet.net

内蒙古展览馆
内蒙古自治区呼和浩特市东风路558号
Inner Mongolia Exhibition Hall
558 Dongfeng Road,Huhhot,Inner Mongoliao 010010,China
邮编：010010
电话：0471-4929578
传真：0471-4951415
E-mail:ylx88888@126.com
http://www.nmgzlg.com

宁夏回族自治区

宁夏回族自治区展览馆
宁夏回族自治区银川市城区民族南街39号
Ningxia Exhibition Center
85 Minzu Nan St., Yinchuan, Ningxia, China
邮编：750004
电话：0951-6026836
传真：0951-6024502
E-mail:zhanlan@public.yc.nx.cn

石嘴山展览中心
宁夏石嘴山市大武口区中心广场北侧
Shi Zui Shan Exhibition Center
Zhongxin Guangchang Bei,Da Wukou District,Shizuishan,Ningxia, China
邮编：750004
电话：0952-2023938
传真：0952-2023938

青海省

青海省展览馆
青海省西宁市为民巷41号
电话：0971-8175638

青海省博览馆
青海省西宁市西关大街58号
Qinghai Provincial Musium
No.58 Xiguan Street,Xining District, Qinghai,China
电话：0971-6118691
传真：0971-6118671

山东省

济南国际装饰材料会展中心
山东省济南市西外环民营科技产业园商业街
邮编：250118
电话：0531-5965366, 5989786
传真：0531-5600366
E-mail:jngbtb@jn-public.sd.cninfo.net

临沂市展览馆
山东省临沂市沂州路 21 号
邮编：276002
电话：0539-8222603

青岛国际会展中心
山东省青岛市高新区世纪广场（苗岭路 9 号）
Qingdao International Convention & Exhibition Center
Century Square, High-tech Industrial Zone, Qingdao, China
邮编：266061
电话：0532-8894301
传真：0532-8894300
E-mail:qdicec-d@public.qd.sd.cn
http://www.qdicec.com.cn

山东省工业展览馆
山东省济南市趵突泉北路 6 号
Shandong Industrial Exhibition Center
6 Baotuquan Road(N.), Jinan, Shandong, China
邮编：250011
电话：0531-6092351,6099047
传真：0531-6092747

山东省国际服务贸易总公司展馆
山东省青岛市南海路 11 号
Shandong International Service Trade Corp. Exhibition Center
11 Nanhai Road, Qingdao, China
邮编：266003
电话：0532-2870410
传真：0532-2870410

山东省国际贸易中心
山东省青岛市南海路 11 号
Shandong International Trade Center
11 Nanhai Road, Qingdao, China
邮编：266003
电话：0532-2870410
传真：0532-2879269
E-mail:guozhan@shandiex.com
http://www.shandiex.com

山东省科学技术馆
山东省济南市南门大街 1 号
邮编：250011
电话：0531-86064816
传真：0531-86064818
http://www.sdstm.cn

山东省名优产品汇展中心
山东省济南市泺源大街 66 号
邮编：250000
电话：0531-6065697
传真：0531-6065598
E-mail:zzg_lcx@sina.com

山东省农业展览馆
山东省济南市青年东路 12 号
邮编：250011
电话：0531-2954678

烟台国际会展中心
山东省烟台市大马路 128 号
Yantai International Exhibition Center
128 Dama Road, Yantai, Shandong, China
邮编：264001
电话：0535-6669821
传真：0535-6680551
E-mail:zsb418@sohu.com
http://www.yantaiexpo.com

烟台展览馆
山东省烟台市南大街 61 号
邮编：264000
电话：0535-6225095

淄博市展览馆
山东省淄博市张店区西四路
邮编：255033
电话：0533-2184809, 2286273
传真：0533-2177866
E-mail:zibo-taoci@sohu.com
http://www.zibo-taoci.com/index.htm

中国青岛农业科技博览会
山东省青岛市平渡区红旗路117号
Qingdao Agriculture Exhibition Center
117 Hongqi Road, Pingdu Dist., Qingdao, Shandong, China
电话：0532-8314735
传真：0532-7360700

济南舜耕国际会展中心
山东省济南市舜耕路 28 号
JiNan Shungeng Wiernational Convention & Exhibition Center
28# Shungeng Road Jinan,China.
邮编：250014
电话：0531-2912666
传真：0531-2951670
E-mail:luyi_1966@163.com
http://www.sgcec.com

中国（烟台）亚太国际贸易中心
山东省烟台市朝阳街80号绮丽大厦
China(Yantai) Asia-Pacific World Trade Center
Qili Building, 80 Chaoyang St., Yantai, China
邮编：264001
电话：0535-6280001, 6280002
传真：0535-6280003
E-mail:apec-cn@public.ytptt.sd.cn

山西省

山西省展览馆展览中心
山西省太原市晋祠路 1 段甲 40 号
Shanxi Exhibition Hall
No.40 Yiduan,Jinci Road,Taiyuan 030024,China
邮编：030024
电话：0351-6334375
传真：0351-6338564
E-mail:yey@sxszlg.com
http://www.sxszlg.com

中国煤炭博物馆
山西省太原市迎泽西大街 2 号
The Exhibition Company In The Coal Museum of China
2 Yingze Xi Street,Taiyuan,Shanxi 030024,China
邮编：030024
电话：0351-6042116，6041524
传真：0351-6041524
http://www.coalmus.org.cn

陕西省

陕西工业展览馆
陕西省西安市长安北路1号
Shaanxi Trade & Industry Exhibition Center
Mo.1 North of Chang'an Bei Road, Xi' an, Shaanxi, China
邮编：710061
电话：029-85262600
传真：029-85252184
E-mail:GZG@pub.xaonline.com

陕西国际展览中心
陕西省西安市长安路北段 14 号院内业务部
Shaanxi International Exhibition Center
14 Chang' an Avenue, Xi' an, Shaanxi,China
邮编：710061
电话：029-85244094
传真：029-85244094
E-mail:gzzx01@pub.xaoline.com
http://www.sn-gzzx.com

西安国际展览中心
陕西省西安市南郊会展路1号（省电视塔东侧）
Xi'an International Exhibition Center
1 Exhibition Road, Xi' an, Shaanxi, China
邮编：710061
电话：029-85263322
传真：029-85235308
E-mail:xianiec@pub.xaonline.com
http://www.xa-iec.com

杨凌农业高新技术产业示范区国际会议展览中心
陕西省杨凌新桥北路 1 号
Yangling Demonstration Zone International Convention & Exhibition Center
1 Xinqiao Bei Road, Yangling, Shaanxi, China
邮编：712100
电话：029-7036888-1899
传真：029-7036855/7031699
E-mail:sunsang@china.com

上海市

东亚展览馆
上海市漕溪北路 1111 号
East Asia Exhibition Hall
No.1111 North Cao Xi Road
邮编：200030
电话：021-64266666
传真：021-64397671
E-mail:qiwei@ssc.sh.cn
http://www.ssc.sh.cn

上海纺织技术服务展览中心
上海市胶州路 699 号（恒森广场）B 幢 1703 室
Shanghai Textile Technology Service And Exhibition Center
Room 1703 Heng Sen Plaze(B),699 Jiao Zhou Road, Shanghai,China
邮编：200040
电话：021-32180242
传真：021-32170077
E-mail:stsec@online.sh.cn
http://www.texchina.com

上海国际展览中心有限公司
上海市娄山关路 88 号
Intex Shanghai Co., Ltd.
88 Loushanguan Road, Shanghai, China
邮编：200336
电话：021–62755800
传真：021–62757210
E–mail:intex@public4.sta.net.cn
http://www.intex–sh.com

上海科技会堂
上海市南昌路
邮编：200020
电话：021-63722040
传真：021-63277108

上海国际会议中心
上海市浦东滨江大道 2727 号
Shanghai International Convention Center
2727 Binjiangdadao, Pudong, Shanghai, China

邮编：200120
电话：021-50370000
传真：021-50370045
E-mail:sales@shicc.net
http://www.sicec.net

上海国际农展中心（上海农业展览馆）
上海市长宁区虹桥路 2270 号
邮编：200336
电话：021-62376448
传真：021-62376448
E-mail:yingshike@21cn.com
http://www.shac.gov.cn

上海光大会展中心
上海市徐汇区漕宝路 70 号 C 座 6F
Shanghai Everbright Convention & Exhibition Center
6/F C,70 Caobao Road, Xuhui Dist., Shanghai, China
邮编：200235
电话：021-64753288, 64842500
传真：021-64360000
E-mail:seec@secec.com
http://www.secec.com

上海汽车会展中心
上海市嘉定区安亭镇博罗路 7575 号（近墨玉路）
邮编：201805
电话：021-59573215，59573219
传真：021-59573171
E-mail:fo@autoshowsh.com

上海世界贸易商城有限公司
上海市延安西路 2299 号
Shanghai Mart
2299 Yan' an Xi Road, Shanghai, China
邮编：200336
电话：021-62366888-6368
传真：021-62360181
E-mail:xmtyxb@shanghaimart.com.cn
http://www.shanghaimart

上海图书馆展览部
上海市淮海中路 1555 号
Shanghai Library
1555 Huaihai Zhonglu, Shanghai, China
电话：021-64454506
传真：021-64454507

上海新国际博览中心有限公司
上海市浦东新区龙阳路 2345 号
Shanghai New International Expo. Center Co., Ltd.
No.2345 Longyang Road, Pudong New Area, Shanghai, China
邮编：201204
电话：021-28906666
传真：021-28906777
E-mail:info@sniec.net
http://www.sniec.net

上海展览中心
上海市延安中路 1000 号
Shanghai Exhibition Center
1000 Yan' an Road(M.), Shanghai, China
邮编：200040
电话：021-62790279
传真：021-62476980

正大广场
上海市浦东新区陆家嘴西路168号
Super Brand Mall
168 Lujiazui Xilu, Pudong, Shanghai, China
电话：021-68877888, 58888229
传真：021-68871199
E-mail:info@superbrandmall.com
http://www.superbrandmall.com

中国上市公司博览城
上海市浦东新区银城东路 139 号
邮编：200120
电话：021-68865536-2201
传真：021-68865152
E-mail:clcel@clcel.com
http://www.clcel.com

四川省

成都国际展览贸易中心
四川省成都市高街大道 2 号
邮编：610041
电话：028-85186432
传真：028-85181717

成都世纪城新国际会展中心
四川省成都市天府大道中段 1 号成都世纪城新国际会展中心
New International Convention & Exposition Center Chengdu Century City
New International Convention & Exposition Center Chengdu Century City #1 M-Sec.,Tianfu Ave.,Chengdu
邮编：610000
电话：028-87662975

成都科技会展馆
四川省成都市一环路南三段 22 号
Chengdu Science & Technology Exhibition Center
22 Nansanduan, Yihuanlu, Chengdu, Sichuan, China
电话：028-82916198, 82916222
传真：028-85560728

成都天府博览中心
四川省成都市西御河沿街 33 号天府博览中心二楼
Tianfu Expo Centre
2F of Tianfu Expo Centre,Xiyuhe Yanjie 33#,Sichuan Province China
邮编：610015
电话：028-86280403
传真：028-86279760
E-mail:tianfuiec@yahoo.com.cn

四川省国际展览中心
四川省成都市城华街 4 号四川省贸促会
邮编：610081
电话：028-83336693, 83392822
传真：028-83336693, 83392822
E-mail:ccpitsce@mail.sc.cninfo.net

四川省农业展览馆
四川省成都市一环路西 2 段 17 号
Sichuan Provincial Agriculture Museum
17 Xi' erduan, Yihuanlu, Chengdu, Sichuan, China
邮编：610072
电话：028-87769781
传真：028-87784197

四川省展览馆
四川省成都市人民中路 1 段 16 号
Sichuan Exhibition Group
16 Yiduan, Renminzhonglu, Chengdu, China
邮编：610015
电话：028-86609116
传真：028-86631062
E-mail:wangg@zhanlan.net
http://www.zhanlan.net

天津市

天津港保税区国际商品展销中心
天津市天津港保税区海滨五路31号
邮编：300456
电话：022-25763796，25761691
传真：022-25761129

天津工业展览馆
天津市马场道 22 号
邮编：300074
电话：022-23354667
传真：022-23344158

天津国展中心股份有限公司
天津市河西区友谊路 32 号
Tianjin International Exhibition Center Co., Ltd
32 Youyi Road, Hexi Dist., Tianjin, China
邮编：300061
电话：022-28012988
传真：022-28359854
E-mail:twtc@public.tpt.tj.cn
http://www.tjexh.com

天津科学技术馆
天津市隆昌路
邮编：300211
电话：022-28322425
传真：022-28322425
http://www.tjstm.org

天津市对外科技交流中心
天津市和平区保定道 55 号
电话：022-23317225
传真：022-23395644

天津市现代展览中心
天津市河西区友谊路 48 号
邮编：300061
电话：022-28135679, 28135676
28370684
传真：022-28138960
E-mail: modernexpo@sina.com

天津体育展览中心
天津市南开区宾水西道
Tianjin Sport Exhibition Center
Binshuixidao, Nankai Dist., Tianjin, China
邮编：300381
电话：022-23916168
传真：022-23916168

泰新（天津）会展有限公司
天津市开发区第五大街滨海国际会展中心
Tianjin Singex Co.,Ltd.
Binhai International Convention & Exhibition Centre 5th Avenue, TEDA.
邮编：300457
电话：022-65302517
传真：022-65301188
E-mail:nancyliu@bicec.com.cn
http://www.BICEC.com.cn

西藏自治区

西藏自治区展览中心
西藏拉萨市罗布林卡路 17 号
邮编：850000
电话：0891-6831045
传真：0891-6324533

新疆维吾尔自治区

新疆国际博览中心
新疆乌鲁木齐市友好北路 43 号
Xinjiang International Exhibition Center
43 Youhaobeilu, Urumqi, Xinjiang, China
邮编：830000
电话：0991-4844160
传真：0991-4843753
E-mail:hali-111@263.net

新疆华凌集团博览中心
新疆乌鲁木齐市西虹东路 9 号
邮编：830063
电话：0991-5182998
传真：0991-5182946
E-mail:hlbczx@mail.wl.xj.cn

云南省

昆明国际贸易中心
云南省昆明市春城路289号
Kunming International Trade Center
289 Chunchenglu, Kuming, Yunnan, China
邮编：650200
电话：0871-3513442
传真：0871-3513440
E-mail:office@kmice.com
http://www.kmitc.com

文山州展览馆
云南省文山州文山县城关镇文华路12号
邮编：663100
电话：0876-2122368

云南省科学技术馆
云南省昆明市翠湖西路1号
The Science and Technology Hall of Yunnan Province
1 Cuihuxilu,Kunming, Yunnan, China
邮编：650031
电话：0871-5337734
传真：0871-5328051

云南世博国际旅游股份有限公司会展中心
云南省昆明市白龙路375号云南省园艺博览局综合大楼8楼
邮编：650224
电话：0871-5819267
传真：0871-5635269

云南世博交易中心
云南省昆明市白龙路429号
Yunnan World Expo. Trading Center
429 Bailonglu, Kunming, Yunan, China
邮编：650224
电话：0871-5012945
传真：0871-5012225

浙江省

杭州和平国际会展中心
浙江省杭州市东新路5号
Hangzhou Peace International Convention & Exhibition Center
No.5 Dongxin Road,Hangzhou, Zhejiang
邮编：310004
电话：0571-85817008
传真：0571-85817007
E-mail:peace@hzpiec.com
http://www.hzpiec.com

杭州市国际会议展览中心
浙江省杭州市石祥路589号
Hangzhou International Conference and Exhibition Centre
589 shixiang road, Hangzhou,P.R. China
邮编：310015
电话：0571-28879522
传真：0571-28879516
E-mail:hzicec@autohz.com
http://www.hziec.com

嘉兴国际会展中心
浙江省嘉兴新气象路618号
邮编：314050
电话：0573-2872306，3915005
传真：0573-2872306
E-mail:jxicec@jxicec.com

宁波国际会议展览中心
浙江省宁波市江东区会展路181号
Inter Ningbo
No.181 Huizhan Road,Ningbo.China
邮编：315040
电话：0574-87052004
传真：0574-87052037
E-mail:xfmo8@sohu.com
http://www.intex-nb.com

宁波市展览馆
浙江省宁波市药行街117号
邮编：315000
电话：0574-87317712，87195071

宁波天马国际会议展览中心
浙江省宁波南门鄞县大道中2588号
Ningbo Tianma Int’l Meeting & Exhibition Center
2588 Yinxian DAdaozhong, Ningbo, Zhejiang, China
邮编：315192
电话：0574-87411266
传真：0574-87411266
E-mail:ctm@mail.nbptt.zj.cn

宁波亚细亚展览中心
浙江省宁波市药行街169号
Ningbo Aisa Exhibition Center
169 Yaohang Street,Ningbo, Zhejiang,China
邮编：315000
电话：0574-87190006
传真：0574-87198734
E-mail:nbpyt@yahoo.com.cn

温州包装展览贸易中心
浙江省温州市一零四国道双桥段
邮编：325000
电话：0577-8727517
传真：0577-8726435

温州国际会议展览中心有限公司
浙江省温州市江滨东路
Wenzhou International Convention & Exhibition Center
Jiangbin Rd.Wenzhou Zhejiang China.
邮编：325003
电话：0577-88132682，88135161
传真：0577-88137278
E-mail:wzcec@wzicec.com
http://www.wzicec.com

温州市展览馆
浙江省温州市车站大道学院路口
Wenzhou Exhibition Hall
Xueyuan Road,Chezhan Street, Wenzhou,Zhejiang,China
邮编：325027
电话：0577-88364152
传真：0577-88358040
E-mail:wzzlg@mail.wzptt.zj.cn
http://www.wzzlg.com

温州体育中心
浙江省温州市民航路6号
电话：0577-88354516
传真：0577-88354516
E-mail:zhengxia@66wz.com

浙江省经贸国际展览中心
浙江省杭州市庆春路39号6楼
邮编：310009
电话：0571-87044981, 87047648
传真：0571-87044035
E-mail:zjgjzlzx@public1.hz.zj.cn
http://www.ziec.com

浙江省科学技术馆
浙江省杭州市武林广场东侧
邮编：310003
电话：0571-85177792
传真：0571-85177776

浙江展览馆
浙江省杭州市延安北路武林广场
Zhejiang Exhibition Hall
Wulin Square, Yan’an Road(N), Hangzhou, Zhejiang, China
邮编：310006
电话：0571-85174254
传真：0571-85153375
E-mail:zjeh@mail.hz.zj.cn

浙江世界贸易中心国际展览中心
浙江省杭州市曙光路15号
WTCZ Exhibition Hall
15 Shuguang Road, Hangzhou, China
邮编：310007
电话：0571-87950966
传真：0571-87950039
E-mail:exh@westlake-fair.com

中国轻纺城展览中心
浙江省绍兴柯桥鲁南
邮编：312030
电话：0575-64079768
传真：0575-64079088

中国小商品城会展中心
浙江省义乌市宾王路301号（宾王桥东）
China Commodity City Group Exhibition Center
301 Binwang Road, Yiwu, Zhejiang, China
邮编：322000
电话：0579-5415888, 5415555
传真：0579-5415777, 6415333
E-mail:cccfair@126.com
http://www.cccfair.com.cn

义乌小商品城会展中心
浙江省义乌市宾王路301号
邮编：322000
电话：0579-5415555
传真：0579-5415777
E-mail:cccfair@126.com
http://www.cccfair.com.cn

香港特别行政区

香港展览中心
香港湾仔港湾道26号华润大厦
电话：00852-28279908
传真：00852-28275776

国际展贸中心
香港九龙湾展贸径一号四楼
Hongkong International Trade & Exhibition Centre
1 Trademart Drive, Kowloon Bay, Hong Kong
电话：00852-26202630
传真：00852-26202988
E-mail:emilvkam@nitec.com.hk
http://www.hitec.com.hk

香港会议展览中心
香港湾仔博览道一号
Hong Kong Convention and Exhibition Centre
1 Expo Drive, Wanchai, Hong Kong, China
电话：00852-25828888，25827815
传真：00852-28027284
E-mail:info@hkece.com
http://www.hkcec.com.hk

亚洲国际博览馆管理有限公司
香港大屿山香港国际机场亚洲国际博览馆
AsiaWorld-Expo Management Limited
AsiaWorld-Expo Hong Kong International Airport Lantau Hong Kong
电话：00852-36068888
传真：00852-36068889
E-mail:info@asiaworld-expo.com
http://www.asiaworld-expo.com

第三部分 专业展览及服务公司

一、展览公司

安徽省

安徽省国际展览公司
安徽省合肥市桐城路155号1幢2楼
邮编：230061
电话：0551-2615379
传真：0551-2640742

安徽省经纬展览服务有限公司
安徽省合肥市金寨路162号国际商务中心B座803
邮编：230022
电话：0551-3635734
传真：0551-3654226

北京市

北京驰尚展览公司
北京市朝阳区望京西园426楼306室
Beijing Leading Fashion Exhibition Company
邮编：100102
电话：010-64356903, 64318873
传真：010-64384980-8007
E-mail:a@chisgm.com.cn
http://www.chisgm.com.cn

北京春秋华艺展览有限公司
北京市海淀区清河南镇千秋大厦219室
Beijing C.Q.H.Y. Exhibition Co., Ltd.
Rm.219, Qianqiu Mansion, Qinghe, Haidian, Beijing, China
邮编：100085
电话：010-62945209
传真：010-62955216
E-mail:cqhy.bj.2000@263.net

国药励展展览有限责任公司
北京市海淀区知春路20号中国医药大厦12层
Reed Sinopharm Exhibitions Co. Ltd.
Floor 12, Sinopharm building, No.20 Zhichun Rd,
Haidian District, Beijing, 100088, P. R.China
邮编：100088
电话：86-10-62028899(总机)
传真：86-10-62033210
E-mail:pharmexpo@cpec.com.cn
http://www.cpec.com.cn

北京华港展览有限公司
北京市朝阳区北三环东路6号中展写字中心268室(北京5403信箱)
CIEC Exhibition Co. (Beijing) Ltd.
Rm.268, CIEC Business Office Center, 6 Beisanhuan Donglu, Beijing, China
P.O.Box: Beijing 5403
邮编：100028
电话：010-84601890
传真：010-64671070, 64662524
E-mail:ciecbjo@netchina.com.cn
http://www.ciec-exhibition.com.cn
总公司：华港国际展览有限公司
香港湾仔港湾涎25号海港中心1909室
电话：00852-28275078
传真：00852-28275535
E-mail:ciechk@ciec.com.hk
http://www.ciec.com.hk

北京华航展览有限责任公司
北京市朝阳区京顺路7号
Beijing Huahang Exhibition Service Co., Ltd.
7 Jingshun Road, Chaoyang Dist., Beijing, China
邮编：100028
电话：010-64663322
传真：010-86421051
http://www.huahang.com.cn

北京华毅东方展览有限公司
北京市朝阳区南郎家园18号楼恋日国际3层
邮编：100022
电话：010-65671880
传真：010-65670361
E-mail:oriental@public.fhnet.cn.net
http://www.orientalexpo.com

北京嘉华四季国际会展有限公司
北京市朝阳区东三环北路向军南里2巷甲5号雨霖大厦9层
Beijing Jia Hua Four Seasons International Exhibition Co.,Ltd.
9th Floor,Yu Lin Building,Xiangjun Nanli,Erxiang jia5,Chaoyang District, Beijing China.
邮编：100020
电话：010—65062255
传真：010—65066995
E—mail:amanda@4j.com.cn
http://www.4j.com.cn

科隆展览中国有限公司
北京市东三环北路亮马河大厦2座1018室
Koelnmesse Co. Ltd
Unit 1018, Landmark Towers II No.8 Dong San Huan North Road, Beijing 100004, China
邮编：100004
电话：010—65907766—722
传真：010—65906139
E—mail:c.han@koelnmesse.cn
http://www.koelnmesse.cn

中国同源公司
北京市海淀区知春路56号中门七楼
China Tong Yuan Corp.
7/F Zhongmen 56 Zhichun Rd., Haidian Dist.,Beijing,China
邮编：100086
电话：010-82132923，82132926
传真：010-82130418
E-mail:tongyuan@public.yeeyoo.com.cn
http://www.chnfongyuan.com

长城国际展览有限责任公司
北京市海淀南路30号航天精密大厦14层
邮编：100080
电话：010-68748905/6
传真：010-68748908, 68748900
http://www.chgie.com
E-mail:zhanlan@cgwic.com

杜塞尔多夫展览（中国）有限公司
上海市南京西路1376号上海商城西峰420室
邮编：200040
电话：021—62797338
传真：021—62797337
E—mail:shanghai@mdc.com.cn
http://www.mdc.com.cn

法国爱博（EXPOSIUM）展览集团
北京市朝阳门外大街20号联合大厦710室
邮编：100020
电话：010-65885968/5969，65880467
邮编：010-65885970
E-mail:eucimat@public.bta.net.cn

IDG世展博览亚洲有限公司北京办事处
北京市建国门内大街8号中粮广场A座616室
IDG World Expo.(Asia) Ltd. Beijing Office
Rm.616, Tower A, COFCO Plaza, 8 Jianguomennei Avenue, Beijing, China
邮编：100005
电话：010-65263095
传真：010-65260865
E-mail:Beijing@idgexpoasia.com

京慕国际展览有限公司
北京市北三环东路六号中国国际展览中心服务楼
Jingmu International Exhibition Co., Ltd.
6 Beisanhuan Dong Rd., Beijing, China
邮编：100028
电话：010-84601908/13/14/15, 64663279
传真: 010-64619488
E-mail:jingmu-info@ciec-expo.com
http://www.jing-mu.com

美国克劳斯公司(国际展览、会议)
北京市朝阳区新源南路6号京城大厦2005室
E.J.Krause & Associates Inc. (International Exhibition and Conference Management)
Rm.2005 Capital Mansion, 6 Xinyuannanlu, Chaoyang Dist., Beijing, China
邮编：100004
电话：010-84511832
传真：010-84511829
E-mail:ejk@public3.bta.net.cn
http://www.ejkrause.com

西麦克国际展览有限责任公司
北京市广安门外大街178号
CMEC International Exhibition Co., Ltd.
178 Guang'anmenwai St., Beijing, China
邮编：100055
电话：010-63452260, 63452258
传真：010-63452279, 63456563
E-mail:xujc@mail.cmec.com
http:// www.cmecex.com.cn

中包国际展览有限责任公司
北京市朝阳区机场附路草场地261号
邮编：100015
电话：010-64630669
传真：010-64662592
E-mail:inpex@public.bta.net.cn
http://www.chinapack.net

中纺广告展览公司
北京市东安门街82号
邮编：100747
电话：010-65124331
传真：010-65123051
E-mail:2f2lb@cenpok.net

北京中硅展览有限公司
北京海淀区三里河路11号

邮编：100831
电话：010-68345515
传真：010-68345392

中经国际展览有限公司
北京市宣武区广安门外大街248号机械大厦19层
CMIC International Exhibition Co., Ltd.
19/F, Machine Mansion, 248 Guang'anmenwai Ave,Beijing, China
邮编：100055
电话：010-63317653/4,63317655/6
传真：010-63317663,63317664
E-mail:lgf20082000@yahoo.com.cn
http://www.cmicex.com.cn

（中展集团）中展海外展览有限公司
北京市北三环东路6号中国国际展览中心服务楼五层
CIEC Overseas Exhibition Co., Ltd.
5/F, The CIEC Service Building, CIEC 6 Beisanhuan Dong Rd., Beijing, China
邮编：100028
电话：010-84600372 / 0370 / 0368
传真：010-64671381
E-mail: overseas@ciec-expo.com
http://www.ciec-expo.com

重庆市

重庆新海展览有限公司
重庆市渝中区长江一路11号
邮编：400014
电话：023-63890888
传真：023-63869888

福建省

今日展览有限公司/今日信息有限公司
福建省厦门市天湖路42号大正大厦18E
邮编：361004
电话：0592-2222228
传真：0592-2222220
E-mail:jr2222228@163.com
http://www.todayfair.com

厦门北旅商务会展有限公司
福建省厦门市金榜路63号凯旋广场写字楼4楼20单元
邮编：361003
电话：0592-2128786，2128003
传真：0592-5809322
E-mail:liujianj@public.xm.fj.cn

厦门华达会展有限公司
福建省厦门市莲前西路2号莲富大厦
邮编：361009
电话：0592-5162268,5162298
传真：0592-5161088
E-mail:huada@public.xm.fj.cn

厦门会展金泓信展览有限公司
福建省厦门市思明区会展路198号
Xiamen Jinhongxin Exhibition Co., Ltd.
No.198 Huizhan Road,Siming District,Xiamen.
邮编：361008
电话：0592-5959616
传真：0592-5959611
http://www.cxisf.com

甘肃省

甘肃现代国际展览公司
甘肃省兰州市滩尖子273号（市图书馆6层）
邮编：730000
电话：0931-8581077-801
传真：0931-8581077-802
E-mail:m_expo_g@263.net
http://www.exposition.net/xd

广东省

广州博时展览服务有限公司
广州市犀牛路38号中信东方广场A座2209
邮编：510080
电话：020-37614275
传真：020-37614297

广州对外贸易广告展览有限公司
广东省广州市麓景路7号发展大厦东8楼
邮编：510091
电话：020-83573440
传真：020-83573447

广州汇展展览有限公司
广东省广州市天河路17号润粤大厦第三栋16F
邮编：510075
电话：020-37600528，37600529
传真：020-37600530

经典展览有限公司
广东省东莞市罗沙路金沙大厦7楼
邮编：523008
电话：0769-22389128
传真：0769-22389088

广州光亚展览贸易有限公司
广东省广州市天河区龙口西路100号中明大厦
邮编：510635
电话：020-82578498, 82578060
传真：020-82578955
E-mail:gypwbsqm@public.guangzhou.gd.cn
http://www.illuminationchina.com

广东国际贸易展览公司
广东省广州市环市东路450号广东华信中心19楼1916室
邮编：510080
电话：020-87616600
传真：020-87612836
E-mail:gite@ccpit-gite.com
http://www.ccpit-gite.com

广州鸿宇展览有限公司
广东省广州市中山大道建工路13-15号天信楼517室
邮编：510665
电话：020-85553363
传真：020-85553361
E-mail:wxd008@public.guangzhou.gd.cn

广州巨浪展览策划有限公司
广东省广州市天河区珠江新城华明路29号星汇园盈月轩3A04-3A06
邮编：510610
电话：020-38620782
传真：020-38620781
E-mail:julang@public.guangzhou.gd.cn
http://www.julang.com.cn

广州立新展览公司
广东省广州市环市东路362-366号
邮编：510060
电话：020-83878255
传真：020-83878235

中国对外贸易中心（集团）展场经营部
广东省广州市流花路117号
邮编：510014
电话：020-86684977
传真：020-86683242
E-mail:ten@icecf.com
http://www.21cantonfair.com

深圳市名玉展览有限公司
广东省深圳市福田区振兴西路505栋288室
Shenzhen Mingyu Exhibition Co., Ltd
288 Room Block 505, Zhenxing West Road,Shenzhen, China.
邮编：518028
电话：0755-83236721
传真：0755-83228663
E-mail:sun@chinawatchnet.com
http://www.mingyufair.com

深圳市七彩堂展览展示策划有限公司
广东省深圳市彩田北路人武大厦1010-1013
邮编：518049
电话：0755-83151162
传真：0755-83178874
http://www.rihh-show.com

广东中山三叶展示制作有限公司
广东省中山市石岐区青溪路144号
邮编：528402
电话：0760-8718108
传真：0760-8780003

广东珠三角国际工业博览会组委会
广东省东莞市厚街镇广东现代国际展览中心
邮编：523852
电话：0769-85909018
传真：0769-85830970

珠海航展有限公司
广东省珠海市九洲大道东九洲二巷1号
Zhuhai Airshow Co., Ltd.
1 Jiuzhou'erxiang, Jiuzhou Avenue, Zhuhai, China
邮编：519015
电话：0756-3369235, 3369089
传真：0756-3376415
E-mail:atperic@hotmail.com
http://www.airshow.com.cn

广西壮族自治区

南宁大地飞歌文化传播有限公司
广西壮族自治区南宁市嘉宾路2号11楼
Nanning Flying Songs on Earth Culture Communication Co.,Ltd.
11 Floor, 2 Jiabin Road, Nanning, Guangxi,China
邮编：530028
电话：0771-5536185
传真：0771-5531794
E-mail:nnmgj2002@163.com
http://www.flyingsong.com

黑龙江省

哈尔滨长城国际展览有限公司
黑龙江省哈尔滨市南岗区花园街403号东北华庭写字楼203
邮编：150001
电话：0451-53660445, 53621573
传真：0451-53660445
E-mail:jwall@center.hr.hl.cn
http://www.col.hr.hl.cn

中国哈尔滨国际经济贸易洽谈会
黑龙江省哈尔滨市南岗区美顺街35号
China Harbin Fair for Trade and Econemic Cooperation
35 Menshun St.,Nangang Dist., Harbin,Heilongjiang,China.
邮编：150090
电话：0451－82340100
传真：0451－82340226

E—mail：zxf@00615.com.cn
http：//www.00615.net

湖北省

湖北中科会展有限公司
湖北省武汉市洪山路62号桃山村2号楼1楼
邮编：430071
电话：027-87231436
传真：027-87310301
E-mail:cnhbstec@public.wh.hb.cn
http://www.sinoshow.com.cn

湖南省

长沙兰德科技开发公司
湖南省长沙市芙蓉三段438号金苑商务楼A栋607
邮编：410015
电话：0731-5212008
传真：0731-5211007
E-mail:land@public.cs.hn.cn

辽宁省

北方工商业展览有限公司
辽宁省沈阳市和平区三好街93号5层
邮编：110015
电话：024-23905300
传真：024-23922432

辽宁三和商务策划有限公司
辽宁省沈阳市沈河区小北关街160号
邮编：110013
电话：024-88503478
传真：024-88502753
E-mail:sanhe_esign@163.com
http://www.shch.com.cn

陕西省

三联科技会展有限公司
陕西省西安市科技路37号海星城市广场B座24层
邮编：710075
电话：029-88319080
传真：029-88319080

陕西省国际展览集团有限公司
陕西省西安市长安北路甲34号高尔夫花园7单元2楼CD座
邮编：710001
电话：029-85227558
传真：029-85238016

上海市

东方国际集团广告展览有限公司
上海市北京东路668号东楼22层
Orient International Holding A & E Co., Ltd.
688 Beijing Dong Road, Shanghai, China
邮编：200001
电话：021-53082222
传真：021-53085555
E-mail:oaandeb@online.sh.cn
http://www.oicae.com

上海工业商务展览有限公司
上海市延平路123弄三和花园5号2F-2G
Shanghai Industry & Commerce Exhibition Co., Ltd.
Rm.2F/2G,No 5 Sanhe Garden, 123 Long Yanping Road, Shanghai, China
邮编：200042
电话：021-62711119
传真：021-62711224
E-mail: sicec@public1.sta.net.cn

上海光大会展中心展览公司
上海市徐汇区漕宝路70号C座6层
邮编：200235
电话：021-64516345
传真：021-64360000

上海科技会展有限公司
上海市徐汇区钦州路100号2号楼3楼
邮编：200235
电话：021-52895151
传真：021-54065150
E-mail:stcec@stcec.com

上海励华国际展览有限公司
上海市富城路99号震旦国际大厦12层1203室
Reed Huayin (Shanghai) International Exhibitions Co., Ltd
Rm1203, 12th Floor Aurora Plaza 99 Fu Cheng Road Shanghai 200120, P.R. China
邮编：200120
电话：86—21—51188230
传真：86—21—51188200
E—mail：ask_rhy@reedexpo.com.cn
http：//www.reedhuayin.com.cn

上海赛博展览有限公司
上海市延安东路618号东海商业中心2期12楼
Shanghai Saibo Exhibition Co.,Ltd.
12/F,Phasc 2,Shanghai East Ocean Ceune No.618 Yan An Road East, Shanghai.
邮编：200001
电话：021—53068968
E—mail：mlau@globalsources.com
http：//www.globalsources.com

上海外经贸商务展览公司
上海市天目西路511号锦程大厦12楼
Shanghai International Trade Promotion Corp. Ltd.
12F Jincheng Mansion,511 Tianmuxi Rd., Shanghai,China
邮编：200070
电话：021-63539977
传真：021-62561068
E-mail:shitpc@public1.sta.net.cn
http://www.china-exhibition.com

上海商业展览办公室
上海市威海路511号1408室
Shanghai Trade Exhibition Office
12A,188 Wujiang Road, Shanghai, China
邮编：200041
电话：021-62177777
传真：021-62677336
E-mail:steo@steo.net
http://www.steo.net

世博集团上海现代国际展览有限公司
上海市盛泽路8号18楼（延安路路口）
邮编：200002
电话：021—63288899
传真：021—63749188
E—mail：mie@mail.com
http：//www.chinamie.com

四川省

成都外经贸展览有限公司
四川省成都市陕西街239号12楼1211室
Chengdu Foreign Economic & Trade Exibition Co., Ltd.
12/F 239 Shanxi St., Chengdu, Sichuan,China
邮编：610041
电话：028-86156555
传真：028-86146869
E-mail:cdexpo@china.com

天津市

天广联展览有限公司
天津市河西区友谊北路51号合众大厦B座1002室
邮编：300204
电话：022-83281088，83281188，83281288
传真：022-23285355
E-mail:tglh@public.tpt.tj.cn

天津国际展览有限公司
天津市河西区友谊路32号
Tianjin International Exhibition Center
No.32 Youyi Road,Hexi District
邮编：300061
电话：022-28012988
传真：022-28012976
E-mail:wlq-martin@hotmail.com
http://www.tjexh.com

天津建和国际贸易展览有限公司
天津市和平区开封道2号22层10号
邮编：300042
电话：022-23115536
传真：022-23310042
E-mail:kenwall@public1.tpt.tj.cn

云南省

云南芳草地会议展览服务有限公司
云南省昆明市西园南路30号正点写字楼二楼
邮编：650032
电话：0871-4135377
传真：0871-4127994
E-mail:yq@chineseok.com
http://www.chineseok.com

云南世博国际展览有限公司
云南省昆明市白龙路429号世博交易中心
Yunnan World Expo. International Exhibition Co., Ltd.
429 Bailong Road, Kunming, Yunnan, China
邮编：650224
电话：0871-5012279
传真：0871-5012200
E-mail:hjzexpo@163.com
http://www.gjzlgs.com

浙江省

宁波国际展览有限公司
浙江省宁波市镇明路618号石油大厦八楼
Ningbo International Exhibition Co., Ltd.
8F Oil Building,618 Zhenming Road, Ningbo,Zhejiang,China
邮编：315010
电话：0574-87301582
传真：0574-87321301
E-mail:chenjiang@e-nb.org
http://www.e-nb.org

温州德纳展览有限公司
浙江省温州市晚报大厦7层
邮编：325001
电话：0577-88905007
传真：0577-88901788
E-mail:donor@mail.wzptt.zj.cn

香港特别行政区

亚洲博闻有限公司
香港湾仔港湾道26号华润大厦17楼
CMP Asia Ltd.,
17/F China Resources Building, 26 Harbour Road, Wanchai, HongKong.
电话：00852—28276211

传真：00852-28277831
E-mail：info@cmpasia.com
http：//www.cmpasia.com

国展发展有限公司
香港九龙尖沙咀加连威老道2-6号爱宾大厦4号楼3室
Nationway Development Limited
Rm.3,4/F, Albion Plaza, 2-6 Granville Road, Tsimshatsui, Kowloon, Hong Kong
电话：00852-23691766
传真：00852-23691799
E-mail:amychoi@nationway.com.hk

华进有限公司
香港湾仔告士打道109号东惠商业大厦1703室
China Promotion Ltd.(CPL)
Rm.1703, Tung Wai Commercial Building, 109 Gloucester Road, Wanchai, Hong Kong
电话：00852-25117427
传真：00852-25119692
E-mail:cp@cpexhibition.com
http://www.cpexhibition.com

显辉国际展览有限公司
香港上环禧利街27号富辉商业中心2403室
TOP Repute Co., Ltd.
Rm.2403, Fu Fai Commercial Center, 27 Hillier St., Sheung Wan, Hong Kong
电话：00852-28518603
传真：00852-28518637
E-mail:topreput@hkabc.net
http://www.toprepute.com.hk

香港神龙国际会展有限公司
电话：00852-25117833
传真：00852-25118288
E-mail:postmaster@polygonintl.net

香港（亚洲）展览有限公司
香港湾仔谢斐道482号信诺环球保险中心601-3室
Hong Kong (Asia) Exhibition Co., Ltd.
Rm.601-3 Cigna tower, 482 Jaffe Road, Wanchai, Hong Kong
电话：00852-25919823
传真：00852-25733311
E-mail:hkexhi@hka.com.hk
http://www.iweddingclub.com

雅式展览服务有限公司
香港北角英皇道734号乐基中心4楼
Adsale Exhibition Service Ltd.
4/F Stanhope House, 734 King' s Road, North Point, Hong Kong
电话：00852-28118897
传真：00852-25165024
E-mail:info@adsaleexh.com
http://www.adsaleexh.com

二、服务公司

北京市

泛联展览物流香港有限公司
北京市朝阳区朝外大街22号泛利大厦1211室
Trans-Link Exhibition Forwarding (HK)Ltd
Rm 1211,Prims Tower No.22, Chaowai Street,ChaoYang Beijing, China
邮编：100020
电话：010-65881961/2/3/4
传真：010-65881960/1969
E-mail：yoyo@trans-link.com.cn
http：//www.translingroup.com

泛联展览物流香港有限公司于1986年于香港成立，是一家专业从事会展物流服务、供应链管理和专项运输服务的主要物流集团。为香港、澳门及中国之展览项目及工程提供专门化一站式货运及物流服务。

泛联于亚洲、拉丁美洲、中东及南非等18个国家及地区包括新加坡、巴林、汶莱、柬埔寨、中国（香港、上海、北京、广州、深圳、天津）、埃及、印度、印尼、马来西亚、墨西哥、缅甸、巴基斯坦、菲律宾、南非、台湾、泰国、韩国及越南等地自设30多间分公司，处理当地业务。泛联集团联系了全球性代理及合作伙伴网络，可为客户的展品提供"门到门"优质运输服务。

嘉里大通物流有限公司
中国北京市朝阳区东三环北路霄云路21号
Kerry EAS Logistics Limited
No.21 Xiaoyun Road,Dongsanhuan Beilu,Chaoyang District,Beijing 100027,China
邮编100027
电话：010-84546634
传真：010-64647246
E-mail：adali@kerryeas.com
http：//www.kerryeas.com

翘运国际展览服务有限公司
北京市朝阳区三源里街14号信和大厦305室
邮编：100027
电话：010-64661575
传真：010-64605100

北京中远物流公司
北京市朝阳区东三环北路3号幸福大厦A座4层
Beijing COSCO Logistics Company
4/F., Block A, Lucky Tower, No.3 North Dongsanhuan Road, Chaoyang District, Beijing 100027, China
邮编：100027
电话：010-64627563（直线）；84518880-8399（会展物流部）
传真：010-64648671
E-mail: zhangxy@cosco-logistics.bj.cn /wenxb@cosco-logistics.bj.cn

北京中展国际展览工程有限公司
北京市北三环东路6号
邮编：100028
电话：010-84600401
传真：010-84600485

中国印刷及设备器材工业协会
北京市广安门外大街397号4层
邮编：100055
电话：010-63366595
传真：010-63366595
E-mail：printchina01@163.com

广东省

博闻（广州）展览有限公司
中国广州市流花路中国大酒店商业大厦1151 － 1153室
CMP China (Guangzhou) Co Ltd
Room 1151 － 1153 China Hotel Office Tower Liu Hua Lu, Guangzhou 510015 P.R. China
邮编：510015
电话：020-86660158
86663388-1151
传真：020-86677120
E-mail：info@cmpchina.com
http：//www.cmpchina.com

国际名家具（东莞）展览会
广东省东莞市厚街镇华润商贸中心五楼
邮编：523960
电话：0769-85900111转33
传真：0769-85585780
E-mail：dgou2005@126.com
http：//www.3f.net.cn

上海市

法兰克福展览咨询（上海）有限公司
上海市浦东世纪大道211号上海信息大楼3809室
邮编：200120
电话：021-61608531
传真：021-58775220
E-mail：info@china.messefrankfurt.com
http：//www.messefrankfurt.com

上海邦达展览服务有限公司
上海市雁荡路107号雁荡大厦13楼F座
Shanghai Brand Exhibition Services Co.,Ltd.
13/F,107 Yandang Rd,Shanghai, China
邮编：200020
电话：021-63180028
传真：021-63723280
E-mail：shijingwen@brand-expo.com
http：//www.printchina.cn

上海博华国际展览有限公司
中国上海市襄阳南路218号现代大厦10楼
Shanghai CMP Sinoexpo International Exhibition Co Ltd
10 Fl. Xian Dai Mansion 218 Xiang Yang Road (S) Shanghai 200031 P.R. China
邮编：200031
电话：021-64371178
传真：021-64370982
E-mail：info@cmpsinoexpo.com
http：//www.cmpsinoexpo.com

中新会展（上海）有限公司
上海市遵义南路8号锦明大厦11楼E座
邮编：200336
电话：021-62959990
传真：021-62706030

浙江省

浙江中博展览有限公司
浙江省杭州市曙光路122号
Zhejiang Zhongbo Exhibition Co.,Ltd
No.122 Shuguang Road,Hangzhou.
邮编：310007
电话：0571-28001668
传真：0571-87994927
E-mail：87050407@163.com
http：//www.expo-zj.com

香港特别行政区

保昌展览搬运有限公司
香港九龙尖沙嘴广东道5号海洋中心1510室
BALtrans Exhibition & Removal Ltd.
Unit 1510, 15th Floor, Ocean Centre, No. 5 Canton Road, Tsim Sha Tsui, Kowloon, Hong Kong
电话：00852-27986628
传真：00852-27965606
E-mail：baltrans@netvigator.com
http：//www.baltrans-exhibition.com

建发国际（控股）有限公司
香港九龙尖沙咀广东道9号海港城港威大厦第6座28楼
电话：00852-23118206
传真：00852-23116629
E-mail：kayley.chan@kenfair.com
http：//www.kenfair.com

香港贸易发展局
香港湾仔博览道1号香港会议展览中心博览商场13号展览事务部
Hong Kong Convention & Exhibition Center, Hong Kong
Exhibition Department, Unit 13, Expo Galleria, Hong kong Convention and Exhibition Center, 1 Expo Drive, Warchai, Hong Kong
电话：00852-25844333
传真：00852-28240026
E-mail:exhibition@tdc.org.hk
http://www.hkantererise.com

亚洲博闻有限公司
香港湾仔港湾道26号华润大厦17楼
CMP Asia Ltd.,
17/F China Resources Building, 26 Harbour Road, Wanchai, HongKong.
电话：00852-28276211
传真：00852-28277831
E-mail:info@cmpasia.com
http://www.cmpasia.com

澳门特别行政区

澳门特别行政区政府旅游局
澳门议事亭前地9号利斯大厦
Macau Government Tourist Office
Macau Business Tourist Centre Largo do Senado, No 9,Edf.Ritz,Macau
电话：00853-3963021
传真：00853-727310
E-mail:miranda@macautourism.gov.mo
http://www.macautourism.gov.mo

澳门贸易投资促进局
澳门友谊大马路918号世界贸易中心四楼公关组
Macao Trade and Investment Promotion Institute
Ar.Amizade No.918,World Trade Centre,1st to 4th Floors,Moc
电话：00853-7989228
传真：00853-590309
E-mail:ipim@ipim.gov.mo
http://www.ipim.gov.mo

三、相关网站

全球展览网
http://www.worldshow.cn

国际展览网
http://www.exposworld.com

国际商务展览网
http://www.goldenexpo.com

亚洲展览网
http://www.asiaexpo.com.cn

中国展览网
http://www.zl360.com

出国展览网
http://www.expoabroad.com

联盟展览网
http://www.zbase.cn

168国际展览网
http://www.168zhanlan.com

中国北方展览网
http://bfzlw.com

中国贸易展览网
http://www.tradeexpo.com.cn

中国包装展览网
http://www.chinapackexpo.com

中国包装印刷展览网
http://www.ppzhan.com

中国办公用品展览网
http://www.csose.com

中国宠物展览网
http://www.petshow.cn

中国农业展览网
http://www.ciae.com.cn

中国饰品展览网
http://www.upcn.com

中国化工展览网
http://www.hgzhan.com

中国水利展览网
http://www.chinawater-expo.com.cn

中国产品展览网
http://www.cctvshow.cn

电子展览网
http://www.elexcon.com

中华家具展览网
http://www.jjzhan.com

中国工控展览网
http://www.gkzhan.com

中国国际造纸展览网
http://www.chinapaperexhibition.com

中国安防展览网
http://www.afzhan.com

中国商机展览网
http://www.photo-home.com

中国礼品展览网
http://www.lpzhan.com

中国摄影展览网
http://www.syzlw.cn

中国仪表展览网
http://www.ybzhan.com

中国渔具展览网
http://www.yujuzhan.com

中国食品展览网
http://www.foodzhan.com

中国制药设备展览网
http://www.zyzhan.com

物流展览网
http://www.show56.com

中国服饰展览网
http://www.fszhan.cn

中国珠宝展览网
http://www.fszhan.cn

中国环保设备展览网
http://www.show56.com

中国五金展览网
http://www.wjzhan.com

中国家具展览网
http://www.jjzhan.com

汽配展览网
http://www.qipeishow.com

中国水利展览网
http:// www.chinawater-expo.com.cn

医疗器械展览网
http://www.37c.com.cn

中国国际书画展览网
http://www.181111.com

中国安防展览网
http://www.afzhan.com

台湾家具展览网
http://www.twexpo.com.tw

比天展览网
http://www.betium.cn

黑龙江展览网
http://hljexpo.177.dnscnc.com.cn

河北展览网
http://www.hebeiexpo.com

湖南展览网
http://www.lpzhan.com

安徽展览网
http://www.ahzhanlan.com

沈阳展览网
http://www.syfair.com

杭州展览网
http://www.hzzlw.com

上海展览网
http://www.021expo.com

新疆展览网
http://xjzlw.com

武汉广告展览网
http://www.whadexpo.com

哈尔滨展览网
http://www.hrbby.com

东北展览网
http://163db.com

广东展览网
http://www.gdexpo.net

深圳国际展览网
http://expo118.spaces.live.com

云南展览网
http://www.ynexhib.com

天津展览网
http://www.tjexh.com

四川展览网
http://www.sczlw.cn

广西展览网
http://hi.baidu.com

第四部分 展览协会

展览馆协会（1984年成立）
北京朝阳区北三环东路6号展览中心综合服务楼220室
China Association For Exhibition Center
6 Beisanhuan Dong Rd., Exhibition Center, The General Service Building, Beijing 100028 China
邮编：100028
电话：+86-10-84600666, 84600669
传真：+86-10-84600668
E-mail:wangyunmin@ciec-expo.com
http: //www.ciec-expo.com.cn

北京国际会议展览业协会（1998年6月成立）
北京市东城区安定门外青年湖北街甲8号
Beijing International Convertion And Exhibition Industry Association
A8 Qingnianhu,Bei St., Andingmenwai,
Dongcheng Dist.,Beijing,China
邮编：100011
电话：+86-10-64252201
传真：+86-10-64252355
E-mail:biceia@ccpitbj.org
Http: //www.expo-china.com

上海市会展行业协会（2002年4月成立）
上海市浦东大道288号201室
Shanghai Convention & Exhibition Industries Association
Room 201, 288 Pudongdadao, Shanghai, China
邮编：200120
电话：+86-21-58880345, 58880456
传真：+86-21-58882712

广东会议展览业协会（2001年9月成立）
广东省广州市机场路中央酒店写字楼3楼984
Guangdong Convention & Exhibition Industry Association
984,Building 3,Zhongyang Hotel Office,
Ariport Road, Guangzhou,China
邮编：510403
电话：+86-20-86552876,
86578331-1984

深圳市会议展览业协会（1989年成立）
广东省深圳市新洲路（北），时代华庭，华庭轩二栋二楼E
Shenzhen Conference Exhibition Association
电话：+86-755-82957684(5线),
82957681
传真：+86-755-82957681
E-mail:szytl@szonline.net
Http: //www.exhibitionsz.com

山东国际展览业协会（2003年2月5日成立）
山东省济南市省经四路158号
邮编：250001
电话：+86-531-6168359, 6168350
传真：+86-531-6168351

湖南展览业协会（2002年9月5日成立）
湖南省长沙市五一东路80号
邮编：410001
电话：+86-731-2287156
传真：+86-731-2287156

温州市会展业协会（2001年5月21日成立）
浙江省温州市人民东路13号华宫大厦708室
Wenzhou Conference And Exhibition Industry Association
Room 708 Huagong Building, Renmin Dong Road, Wenzhou, Zhejiang 325000, China
邮编：325000
电话：+86-577-88229002,
8837379, 13905773988
传真：+86-577-88827200

宁波市会展行业协会（2003年2月28日成立）
浙江省宁波市江东区会展路181号
电话：+86-574-87052001
传真：+86-574-87052000

合肥市会展行业协会
地址：合肥经济开发区繁华大道安徽国际会展中心17号门
电话：0551-3850855，3850866
传真：0551-3850555

福州市会展行业协会
福建省福州市温泉公园路69号国际会展中心五楼
Fuzhou Conference & Exhibition Industry
Association
69 Wenquan Gongyuan Road, Fuzhou, China
邮编：350003
电话：+86-591-7807188-570
传真：+86-591-7807188-516
E-mail:fzcfeb@pubs.fz.fj.cn
Http: //www.0591fair.com

河南省会展业商会
地址：河南省郑州市金水路6号
电话：+86-371-5973118，5973128，
5928596
传真：+86-371-5927688
邮编：450003
网址：www.hnsh.net
E-mail:henanhuizhan@163.com

香港展览会议业协会
香港湾仔骆克道68号，伟信商业大厦16楼
HongKong Exhibition & Convention Organisers' and Suppliers' Association
16/F Wayson Commercial House, 68 Lockhart Road, Wanchai, Hong Kong, China
电话：00852-28781368
传真：00852-28696103
E-mail:sinomap@netvigator.com
Http: //www.exhibitions.org.hk

澳门展览协会（2001年成立）
澳门士多纽拜斯大马路63号B地下
Macau Fair & Trade Assiciation
Arenida Sidonio Pais 63B, R/C, Macau, China
电话：00853-781881, 976199
传真：00853-781238, 976197

第五部分 国外展览公司

新加坡国际会展集团博览中心有限公司
17号樟宜商业园中1路#06-07/08霍尼韦大厦
Singex Venaes Pte Ltd
Singex Venues/Singex Exhibitions17 Changi Business Park Central 1#06-07/08 Honeywell BuildingSingapore 486073
邮编：486073
电话：0065-65877544
传真：0065-65877132
E-mail：hweeling@singaporeexpo.com.sg
http：//www.singaporeexpo.com.sg

新加坡展览有限公司
Singapore Exhibition Services Pte Ltd
47 Scotts Road11th Floor Goldbell TowersSingapore 228233
邮编：228233
电话：(65) 62338629
传真：(65) 68353040
http：//www.sesallworld.com

新加坡旅游局大中华总部
北京市建国门外大街乙12号LG
双子座大厦西塔1202-1205室
邮编：100022
电话：(8610) 58793388
传真：(8610) 58793666
http：//www.visitsingapore.com
E-mail：STB_gc@stb.gov.sg

新加坡旅游局华北办事处
北京市建国门外大街乙12号LG
双子座大厦西塔1202-1205室
邮编：100022
电话：(8610) 58793388
传真：(8610) 58793616

新加坡旅游局华东办事处
上海市南京西路1515号嘉里中心1005室
邮编：200040
电话：(8621) 52985688
传真：(8621) 52985388

新加坡旅游局香港办事处
香港湾仔港湾道18号中环广场2003室
电话：(852) 25989290
传真：(852) 25981040
E-mail：stbhk@hknet.com

第十三章 国际展览业资讯

一、重点展会介绍

第39届东京国际汽车展上的日系概念车

日本东京，为期半个月（2005年10月22日～11月6日）的第39届东京国际汽车展正在火热进行当中。展会现场可谓汇集了当今世界上最先进的汽车科技，但是最为抢眼的还是各家日本汽车企业自主开发和倡导的未来汽车科技及其相关理念。

丰田单座电动概念车 i–swing

“i-swing”是一款单座电动概念车。该公司曾在2005年9月底闭幕的爱知世博会上展示了单座四轮电动汽车“i-unit”，而i-swing则可利用陀螺传感器仅凭两个车轮行驶。

与i-unit一样，当在行人如织的市区内行驶时，i-swing可转变为竖立姿态，以使驾驶员的视线保持在与行人相同的高度上。这时，i-swing就会收起前轮，仅凭两个后轮来保持平衡。在爱知世博会上，丰田馆曾展示过仅凭两个轮子即可保持平衡的奏乐机器人，i-unit的姿势与该机器相同。

i-swing在两轮行驶时的车身尺寸为（长）985×（宽）800×（高）1800mm。车身采用可以减缓冲击的低弹力聚氨脂。

另外，在希望动作更加机敏灵活时，该车可转变为三轮形式。三轮形式的车身尺寸为（长）1275×（宽）800×（高）1710mm。可利用与i-unit相同的左右操纵杆进行驾驶操作，另外还可通过按钮操作来驾驶。该车采用一个前轮，通过独立控制后轮的左右驱动轮，在转弯时便可像自行车一样倾斜着车身来行驶。

丰田 Fine–X 采用 4 轮独立转向

“Fine-X”为一款燃料电池混合车的概念车型。虽然车身尺寸仅有微型车“ist”大小，却拥有可与“佳美”相媲美的宽敞车内空间。燃料电池组和70MPa氢燃料箱设计在地板下，通过采用轮内马达（In-Wheel Motor）对4个车轮进行驱动，实现了真正燃料电池车式的封装。燃料电池组采用新型合金催化剂，大幅减少了贵重金属的使用量。车身尺寸为（长）3860×（宽）1750×（高）1550mm，轴距为2850mm，乘车定员4名。利用轮内马达不仅可独立驱动4个车轮，还可实现4轮独立转向。可在原地旋转车轮，纵向停车时并行转动后车轴。

马自达“先驱”配备太阳能电池

马自达展出的概念车“先驱”，在玻璃车顶后部和后揭门下部配备了透过型太阳能电池系统“透光太阳能系统”。其特点是通过在夹层安全玻璃中间嵌入染料敏化太阳能电池系统，保持了原有的透明性。有关人员表示：“开发工作已经完成，目前正在就生产工作进行探讨。”

染料敏化太阳能电池由于具有良好的透明性及设计性，因此作为新一代太阳能电池，已被业界寄予厚望。再加上在设计上可以形成一定的曲率，这一点在过去很难实现，因此就像这次一样能够应用于弧度不大的弯曲玻璃车顶。

马自达2001年上市的“赛蒂娅(Sentia)”全球首次在天窗上采用了太阳能电池，此后推出的“千年(MILLENIA)”也采用了太阳能电池。这些太阳能电池系统均非透明型，而此次则发展到了透明型。

日产 AMENIO ——“现代生活概念”的进化

让日产汽车提倡的“现代生活概念”得到进化的是6人座多人用车“AMENIO”。

它用绰绰有余的空间，提供家庭使用所需的必要功能，它的消费对象是既关心家人，又坚持自己的价值观与生活方式，追求时尚而有个性的生活的人们。

与给人以“静”的印象的内部设计相反，AMENIO外观设计的主题是“动”。设计方式体现了高度令人感动的价值，车内外形成明快的对比，既乘坐舒适，又动力充沛。AMENIO是一款为人们指明小型旅行车发展新方向的“多人用车”。

AMENIO的内部设计以通用于全球的当代表现方式为基础，仪表板使用日本传统建筑中常见的紫檀木，搭配以给人以现代感的IT接口等，是日式元素(Japanese DNA)融入到现代时尚的具体体现。另外，从分割成格状的车顶玻璃可以透进充足的光线，后座的左右车门也都采用了拉门方式，抛弃了B柱的设计，使得宽敞的开口很方便乘客上下。

AMENIO的驾驶座截然不同于悠闲放松的副驾驶座以及第2排以后的座位，它采用使驾驶者能够集中精力于驾驶的功能性设计。但它并不是一个孤立的空间，如同巡航于汪洋大海的巡洋舰的驾驶舱与客舱的关系一样，它保证了功能空间与舒适的乘坐空间的连续性，也使得驾驶者在驾驶时备感振奋。另外，设计者对白色仪表等仪表盘和开关等进行了井井有条地排列和设计，这样既能打动人的驾驶心情，又能避免驾驶者的心情过于兴奋。

同时，AMENIO提供满足人们未来需求的新IT接口。在仪表板的中央设置了每位乘客都容易观察的18英寸的超宽大显示屏。显示屏的画面质量非常精细，所以能够清晰地提供简明易懂的内容，如一边行驶一边捕捉城市的生活信息的“城市浏览”功能等。另外AMENIO还增加了扩大驾驶范围的菜单，如能够从宇宙远眺在地球上行驶的爱车的“地球浏览”、显示在自己的行车方向上能看到的星座的“太空浏览”等功能。

另外，该车还具备了在显示屏上显示车周围360度情况的功能，这样即使车体再大，也能使驾驶者轻松驾乘，该功能被命名为“全视角监视器”。

该车（长）4900mm ×（宽）1900mm ×（高）1830mm，轴距3100mm，额定乘员6人。

日产GT–R PROTO—日本国宝的最新领袖

日产汽车公司在2001年第35届东京车展上展出“GT-R CONCEPT”之际,宣告了GT-R是进入21世纪仍有强劲的生命力的一款车。随后，新一代GT-R在2003年第37届东京车展上亮相，同时宣布2007年将推出这款车。随着GT-R正式推出的日趋临近，GT-R的开发工作也在稳步进行。

GT-R PROTO以新的设计来充分展现自第一代PCG10型GT-R（1969年）问世以来不断继承下来的“GT-R基因”。

“从日本的GT-R走向世界的GT-R”，它为“GT-R式”重新定义，并追求极限。

在设计上，其目标是将日本的GT-R提升到全球化的高度，主张寻求独立的压倒性的存在感。为此，车身并没有沿袭普通轿车的形状，而是首次采用作为GT-R特有的原始的创造性车身。

GT-R PROTO的设计从车身的整体到细部,富有特色，功能备至,实现了GT-R特有的驾驶乐趣，也就是能够最大限度地发挥车体的潜在高性能，追求超群行驶性能的出色表现。基于这一理念创造的GT-R PROTO显示了无与伦比的存在感，在设计上为驾驶者带来了高涨的情绪。

汽车正面的单侧中央进风口，能引导气流流向后方进行有效地冷却，同时，R34型GT-R还表现出2001 GT-R Concept所拥有的GT-R的独特个性。

前翼板在设计上采用充分考虑了轮胎周围气流的独特形状，后部的汽车换气孔具有对车身一侧气流整流的功能。从那儿延至后轮的车身侧面和坚实的后翼板表现出强劲的驱动力。

整个车身就如同训练有素的运动员的完美体形，给人坚实而又流畅的感觉.独特的弯状C车窗立柱，其形状有利于调整流向后方的气流,同时也让人感觉到GT-R的血脉。另外，其大胆造型的车尾和传统式4个环型尾灯也给人留下了GT-R独具的强烈印象。

日产PIVO—实现了电动化技术的紧凑性车

PIVO是追求未来电动车梦想的概念车。PIVO以人性化设计(User Friendly)为基本理念，将都市女性梦寐以求的车型变成现实。

其最大特点是能前后改变驾驶室方向，即不用倒车了。PIVO外形轻小，车身转弯轻而易举。它的另一特点是视野广阔，在行驶过程中能轻松自如地操作导航系统。PIVO是一款采用NISSAN环保和创新技术，将梦幻变成现实的概念车。

“紧凑性”，对于城市生活来说，意味着在狭窄的道路上能轻松而过，能非常顺利地进出车库。PIVO全长2700mm，车身虽小，但也能乘坐3人。驾驶者坐在驾驶室的前方中央，后侧两边各能坐一名乘客。滑动式的自动门能大部分推上车顶，从而能够不用顾忌头部，轻松地上下车。

“旋转驾驶室”在狭小的地方停车时，通过前后改变驾驶室方向，就可不需倒车，直接向目标方向行驶。这一突破得归功于NISSAN的X by Wire技术。

在信息泛滥的都市，如能有一系统将需要的信息在合适的时机在合适的位置上显现出来的话，会给驾驶者带来很多便利。PIVO就配有这种未来型的IT技术，驾驶者只需握着方向盘，就能实现最简单最到位的驾驶。此外，PIVO还装备了诸如“透视立柱”(See through pillar)，“全方位显示器(Around View Monitor)”等人性化设计的技术。

PIVO的外观和内部设计注重人性化。前后车座中央的椭圆部分配以软质材料，可以作为椅子。另外，前后LED珠灯如同汇聚了一大串玻璃珠，给人清晰洁净的感觉。其最大特点是遍布于旋转的蛋形驾驶室的柔软装饰。设计既有未来感又有亲近感，表现的是“温馨的未来”。由于平台设计是前后对称，所以驾驶室旋转180度后行驶也不会有异样的感觉。

依靠小型、高效的电力驱动系统，实现了紧凑的车身。新采用的紧凑型锂电池和传统的圆筒形电池相比,具有小而薄，节省空间和容积高的特点。另外，它是一个发动机驱动2轴，采用的是左右能独立控制的超级发动机。PIVO在前后装配了2台这样的发动机，达到独立控制4轮驱动。由于采用了超级发动机，本来需4台发动机，现在只要2台就够了，从而有效地节省了空间，使车身小型化成为可能。

实现驾驶室前后改变方向的是X by Wire技术。将原来的部件如方向盘、制动器、换档的管线、旋转轴、电缆等机械性的连接改成电气信号，从而实现驾驶室和底座的分离，驾驶室可以旋转自如。X by Wire技术给汽车带来很多自由度，除了能自动控制方向盘、制动器外，还能通过精确控制来辅助实现舒适地行驶。另外，减少操作系统的零件数量，从而降低车身自重；因不需液体类物质，在保养方面亦有帮助。

PIVO的驾驶室能旋转自如，完全归功于X by Wire技术。

另外，“透视立柱”(See Through Pillar)和“全方位显示器(Around View Monitor)”起到了开阔视野的作用。设置于车窗立柱的摄像机将捕捉到的车外风景进行图像处理，转换成从驾驶者角度观看的图像，然后投射在驾驶室内侧立柱上的显示器上，其效果就像立柱上开了一扇窗户似的，驾驶者可看到立柱背后的景象。全方位显示器能够在驾驶席正前方的显示屏上看到汽车周围360度的情况，从而大幅度减少死角。由位于车辆前后左右的摄像机拍摄周边路面情况，再经过数据处理将图像合成在画面上，其效果就像驾驶者看着自己的汽车在路面上行驶。

IR Commander技术采用红外线摄像机的新型HMI(Human machine interface)，能够实现在双手不离方向盘的情况下进行导航操作，IR Commander通过反复挑选4个可供选择的途径（最大有三层），将行驶中必需的操作思维进行组合，实现无开关的操作。PIVO除了通过手指进行4种选择的识别外，还可通过探知手指的上下移动来调节立体声响，手指的动向由红外线摄像机来探测。通过触摸在方向盘上的传感器，Commander就能发挥作用，让驾驶者在行驶中不转移视线，握着方向盘行驶。

在汽车的前窗下方装有水平显示器，这是继承了在第37届东京车展上展出的“SERENITY”的水平显示器的概念开发而来的，它可最小限度地减少驾驶者的视线移动，就像看电影字幕那样来获得信息。而且，此显示器还融入了未来IT的接口技术。例如，在奔驰的“City Browse”上捕捉都市生活信息的同时，通过汽车边窗，还能轻松地获得驾驶者所需要的信息。

该车（长）2700mm ×（宽）1600mm ×（高）1660mm，轴距2000mm，额定乘员3人。

本田FCX CONCEPT 挑战燃料电池车

降低成本、完善燃料补给基础设施、贮氢装置的小型化，还有最基本的该如何生产氢的问题……要走向实用化，燃料电池车还面临大量的课题，不过即使解决了这些技术课题，如果不具备作为商品所应该具有的魅力，也不算是实现了原本意义上的实用化。那么，燃料电池车独有的魅力到底是什么呢？以“封装”为突破口对这一问题展开诠释，是本田在本次车展上展出的“FCX CONCEPT”。

本田表示，该公司开发出了可充分发挥燃料电池系统封装灵活性的新型低地板底盘，从而实现了使用发动机的车辆无法实现的新一代轿车样式。新开发的底盘可将燃料电池组纵置在车身的中央部位，与原来在地板下面配置电池组的封装相比，可大大降低地板高度，同时还可减少发动机室的体积。因此，形成了短鼻子、长车身，以及底盘较低的独有均衡比例。

该车所配燃料电池组设想采用氢气和氧气从上向下流动(Vertical gas flow，垂直气体流动）的系统。水可照常从下方排出，因此具有利于低温起动的特点。而原来则采用横向流动的方式。电池组的输出功率为100kW，体积大约减小到了原产品的一半。电池组的功率为100kW，尺寸也缩小到了老产品的一半左右。不过，据悉可实际工作的电池组并未达到这么高的小型化水平，作为技术目标的含义可能更强一些。

同样，本田还对配备在车身后部的燃料罐进行了设想，通过在内部内置吸附材料将压力控制在与现有燃料电池车相同的35MPa，并同时将氢燃料的装载重量增至原来的2倍、达到5kg。

另外，在吸附剂方面，该公司正在探讨采用什么材质，目前可能还未开始真正采用。据说，如果上述容量得以实现，持续行驶距离便可达到560km。

配备在车身前部的马达（输出功率为80kW）方面，通过输出轴与减速机采用同轴设计，缩小了前后的尺寸。另外，车身后部还配备了输出功率为25kW的轮内马达。

车内方面，仪表盘可根据速度以45度倾斜方式上下移动。在高速行驶时可升高，以增加安全感，而在低速行驶时则会降低，以获得开放感。另外，当驾驶员接近车辆时，可通过传感器及摄像头对驾驶员进行识别并打开门锁。另外，还将驾驶组件配置在了驾驶员的最佳位置上，而且这一组件还带有生物认证功能。

此外，车辆系统还可感知驾驶员投向前车窗上显示的菜单图标的视线，并操作相应的按钮。驾驶员无需将手离开方向盘即可进行各种操作。车内的另一特点是，地板通道的侧面粘贴有镜子，一眼看上去就像没有地板通道一样。

——《国际商报》袁南方

近30万观众光顾第37届国际船艇展

从2006年1月21～29日，29.6万观众饶有兴致地参观了在杜塞尔多夫举行的第37届国际船艇展览会，参观人数比2005年增加5%。17个展馆为来自51个国家的1659家展商提供了展示平台，展品囊括船艇和水上运动的方方面面。

杜塞尔多夫展览机构总裁兼首席执行官威耶纳 · 玛蒂斯 · 董谢德先生在总结该展览会时说道：“2006年国际船艇展引领行业发展新动向。毫无疑问，消费者的投资意愿再次提升。”德国联邦水上运动产业协会（BWVS）会长Jürgen Tracht也深有同感：“参展企业满怀希望来到杜塞尔多夫，他们绝大多数人都对展会十分满意。”观众不仅对展出的产品很感兴趣，而且还了解到大量的信息，购买热情也很高。

据统计，有5.5万多位外国观众参观了2006年国际船艇展，其中来自东欧和中东的观众人数增加尤为显著。1/3的观众来自德国北部、南部和东部。

近年来，德国船艇和水上运动产业在出口方面取得很大成绩，国内相关业务也随之快速发展，在展会上达成的销售与定单显著增加。另外，大量高层次商务会谈确保了强劲的展后业务。对代表性观众调查的初步评估表明，2/3的观众表示他们已经在展会上购买了产品或有购买的意向。另有43%的观众表示他们在展后有购买计划。

2006年，观众关注的焦点依然是船艇、游艇和大型游艇，2/3强的观众对上述展品感兴趣。观众关注的重点随后依次是船艇设备（28%的观众表示感兴趣）、引擎和技术配件、海上旅游项目以及船艇／游艇租赁和潜水等。从初级到豪华级的摩托艇和摩托游艇，吸引了众多高端国际客户。由拖船牵引运输的小型船艇也再次吸引了众多买家。中型船艇的需求量与2005年基本持平。帆船和游艇生产高各种等级和尺寸的产品库周转迅速，直销业务非常可观。船艇设备，如便利用具和高质量的电子导航设备，销量也高于2005年。租赁市场反响热烈，在展会期间有大量的预租登记。尤其对于无需许可证的水上船艇旅行项目，更是赢得了许多新客户。

“2006年国际船艇展”在各方面都取得了期望的结果：97%的观众表示展览会达到了他们预期的效果。

——《中国贸易报》张健强

科隆国际家具展预示：未来家居流行全球本土化

“个性”、“自我”伴随着“全球”、“本土”，家具设计和家居样板屋表现出极端多样化和风格化，这是2006年1月份举行的德国科隆家具展给人的鲜明印象。

作为世界三大家具展之一，德国科隆国际家具展一向主导着当年乃至未来一段时间内世界家具的流行方向。和往年不同的是，今年的家具、家饰设计显然更关注于使用者的个性化追求。

在今年的科隆国际家具展上，追求新的趋势和设计的突破成为德国本土以及其他国家家具大企业的关注焦点。观众们不仅可以从参展产品中，还可以从“informedbycologne”（科隆国际家具展潮流委员会）的各种技术演讲、潮流报告中找到这一征兆——软体家具的变长、变短或者是以某种方式调整一下，特别是沙发和椅子的变形成为一种流行趋势；一些固有的家具材料开始被运用于新的领域；有机的、自然形态的材质渐渐受到青睐；灯饰产品更突出设计感和大胆构思；平板电视的普及决定了家具中隔板和柜子尺寸的缩减，而即将在德国举办的2006年足球世界杯也成了部分设计师的灵感来源——桌椅甚至床具上都有足球元素的出现、球哨造型的椅子更是有趣的应景之作。

对于2006年以及之后几年的家居走势，德国家具工业协会给出了定论：未来家居流行的一个大主题是全球本土化（Glo-cal），即各种文化和风格的融合和交流。同时，彰显“自己”特色的家具必将成为人们追求生活质量的一种表达方式。在展会上可以看到，拥有几千年文明的中国是国际设计界吸取营养的地方，中国元素频繁地出现在最新的家具家品设计中。看来，只要是自我的、鲜活的，就是当代的，我们的家居生活并不落伍。

全球本土化渗透每个家庭。未来流行的一个大主题是“Glocal”（全球本土化）风格。这个词语是“全球化”（global）和“本土化”（lo-cal）的合成词。随着人们到世界各地长途旅行的机会不断增加以及因特网在世界范围的广泛影响，全球本土化即表示传统与世界特殊的地区风格的日益融合，是“全球本土化风格”的根基。

全球化激发了各种文化和风格的融合和交流，表现出几种设计元素代表着某一国家，某一地区或某一种文化。东西方文化的相互融合、风格的相互交融将是未来很长一段时间的发展趋势。如来自古巴、摩洛哥、中国、印度等不同国家、不同地区、不同文化的和谐交融，形成了特殊的风格、色彩或装饰元素，形成了各具特色的异域风格，这必将影响并渗透到欧洲的家具领域。

个性张扬战胜大众口味。全球本土化的趋势也体现出2006年世界家庭装饰和家具的流行方向，即“讲述故事”，每一件家具或家居装饰品的背后都可能有一段主人借以表达个人兴趣和爱好的故事。单一的流行趋势不再是人们谈论的话题，个性化将取代大众口味占有更多市场；彰显“自己”特色的家必将成为人们追求生活质量的一种表达方式。

人们参与家庭设计热情更加高涨。家居预测专家认为，依照人们自己品位设计的、与亲朋好友共同分享的居家生活远远没有达到其顶峰，家庭家具和家居装饰的需求将仍是人们向往和追求的热点。此外，当今时代的人们表现出对设计的极大兴趣，人们对生活质量的追求不仅限于品美酒佳酿或度愉快假期，还涵盖着对家庭设计的兴趣与高涨的参与热情。拥有“自己”特色的家已逐渐成为人们追求生活质量的一种表达方式，是人们度过美好时光、享受亲情的最佳场所。

未来家居用品极度风格化、多样化。德国家具工业协会认为，人们对更大面积的居室个性化设计需求的不断增加，预示着2006年的市场需求主题将是极度多样化。因此，更多的风格化产品和企业将出现，丰富的产品将风采独具并拥有更多市场，多层次个性化的特色可以与人们家居生活的各种档次和口味相匹配。

相关链接

作为欧洲第一家具生产大国的德国，家具产量约占欧洲总产量的1/3，科隆国际家具展始创于1949年，是当今世界最负盛名的家具展览会之一，每年的1月份在德国科隆的国际博览中心举行。

据介绍，此次科隆国际家具展的产品范围“可以说包含了家具设计的各个方面”。

由于启用了新展馆，这次展览导向清晰，结构紧凑。1号馆名为“基础”，主要展出亚洲和东欧的产品；2、3、4.2和10.1号馆以“原初”命名，展出起居室卧室家具和自然木料；4.1号馆叫“可坐／支持”，展品为桌椅、餐厅和IT 产品的配套家具；命名为“舒适”的5、6、10.1和10.2号馆展出坐垫和靠垫类产品。7号馆和8号馆被称为“灵敏”，主要展出可携带以及可自我组装的产品；9号馆叫“睡眠”，顾名思义，展出床垫和床系统，床、水床、床产品、床单以及床装饰品；11号馆展示家具设计、家居装饰品、纺织品，各种论坛和发布也会在此馆举行。

科隆国际家具展以强大的国际影响力吸引着世界各地的厂商参展。在去年的展览期间，有来自48个国家的1329名供应商展出了全套产品，包括设计精美的家具和传统家居用品，其中外国参展商比例高达64.8%。2006年参展者更是扩展到了50个国家的1333（1290家参展商以及43家联合参展商）家企业，真正达到了国际化和多元化。而来自124个国家的观众总人数也达到了创纪录的11.6万名。

——《中国贸易报》王 炎

三千动物走进法国农博会

2006年2月25日～3月5日，第43届法国国际农业博览会在巴黎举行。与其他的博览会不同，一年一度的法国国际农业博览会办得更像是一场盛大的狂欢节。

不以买卖为重点。本届博览会来自世界30多个国家的1153个展商参加，展出面积15万平方米。展会上，从农作物到牲畜，从农用机器人到生物燃料汽车……一切与农业有关的东西应有尽有。但是，参展商都不急于推销自己的商品，而是忙着交流经验和信息。牧民向人们介绍家畜的优点；食品生产商为参观者提供美味佳肴；农户向人们传授种植窍门……会场内人声鼎沸，但几乎没有讨价还价的声音。“不以推销为手段达到推销的目的”正是该展会的一大特色，买卖在其次，推广品牌才是重点。

博览会每年还要举办种类繁多的评比。法国国际农业博览会是世界上最大、最知名的农业博览会之一。因此在展会中获奖的商品也会身价倍增，受人追捧。有的参展商不远万里来此，就是看中了评比活动所创造的无形价值。

各种动物带来人气。法国农博会另一个特点是：各种动物带来人气。要成功吸引观众，关键不在有多少农产品出售、有多少技术产品展示，而在于展会的设计、节目的安排。去年博览会收入为1500万欧元，其中一半来自展台出租，35%来自门票和动物表演售票，只有15%来自广告。

虽然由于禽流感，此次展会少了家禽的出席，但还是展出了3千多头各种家畜动物，包括1000条狗、680头牛、400只羊、60头猪、120匹马和500只兔子等。展会特别安排了“儿童路线”，还有家畜评比、动物竞赛、犬类表演等，吸引了无数参观者，大大拉动了展会的人气。

800人办好最复杂的展览会。相对于人员的安排，负责这些动物的饮食起居、比赛展览，显然是一个更大的挑战，也使得法国国际农业博览会一向有“最复杂的展览会”之称。

博览会主席克里斯蒂昂告诉记者，展览会动员了专家及工作人员800多人。就是这800人，要在9天时间里组织好1000多位参展商，照顾3000多只动物，接待65万人次的参观者，组织、管理的难度可想而知。法国是一个农业大国，有着高度组织化、专业化的各级农业专业协会，有这些协会作为基础，各种问题都能合理解决。现代化农业已不仅是技术、质量与数量的博弈，更是组织管理能力的博弈。

——《环球时报》廖先旺

2006波士顿渔博会盛况空前

2006年3月12～14日，2006波士顿国际渔业博览会在美国波士顿会展中心举行。

率团参加此次渔博会的第一食品网总经理董娜女士返回北京后向记者介绍了该展会的盛况。她说，波士顿渔博会自创办以来已有20余年的历史，是目前世界渔业领域影响力最大、知名度最高的渔业专业贸易展会，是全球渔业领域重要贸易活动之一。

据介绍，本次展会共有来自32个国家的830家水产企业及其相关产业的企业参展，展出面积1.3万平方米，展位达1600多个。参展企业遍及世界各地的水产商人，参观的企业群体主要是美洲当地的一些水产品采购商、批发商等。为期3天的展会，平均日参观人数超过1万人，作为专业展会，这个数字已成为同类展会中的佼佼者。

走进波士顿感受渔博会。董娜介绍说，波士顿是美国东北部新英格兰地区最大的港口城市。每年一届的波士顿国际渔业博览会为这座城市带来了无限商机，每当展会召开之际，波士顿的各大酒店、宾馆爆满，房价也大幅上涨，很多客人都提前几个月甚至半年就预订了房间。除了来自世界各地的水产商人外，全美的水产品生产商、批发商、进口商都汇集到波士顿参加这个渔业盛会，他们都希望通过这个展会结识新客户、推出新产品。

据了解，2005年美国南部遭受飓风袭击，水产行业受到重创。为此，本届渔博会以“飓风通道”为主题，将卖主们团结起来，讨论墨西哥湾沿岸水产行业的影响、挑战和复苏。

承办此次展览的美国Diversified Business Communications公司副总裁Mary Larki说：“‘飓风通道’给我们一次重视墨西哥湾沿岸所遭受的毁灭性灾难的机会，也提供了一个独特的机会同遍及美国的同行们建立关系网，交流思想。”

据展会主办方代表Pauline小姐介绍，波士顿渔博会能够连续26年享誉全球水产界，主要是因为其拥有高质量的买家参观群体。并非任何人、任何公司都可以成为该展会的参观者，只有那些具备一定购买能力的批发商、进口商才有资格申请展会的参观资格，注册时需提交公司的相关资质证明，然后按照进口商、加工商、批发商等不同分类而发给不同颜色的胸牌，所以只要通过胸牌的颜色就能够判断参观者的身份。

据记者了解，在本次展会举办的同时，展会主办方已经提前着手准备下一届展会。而在本次展会结束之前，渔博会组委会预设的2007年展位80%已被预订。参展商大都看好预订展位可以优先选择最佳位置，同时也不需要立即交纳押金。由于本次展会令人满意的成交结果，也使更多的商家极力争取下一年的参展机会。如此高的预订率，更加证明波士顿国际渔业博览会在全球水产行业中占有举足轻重的地位。

本次博览会，中国共有80多家水产企业参加，是历年来数量最多的一次。董娜认为，这说明中国的水产业在世界上的地位正在逐步上升，影响也越来越广泛。

中国水产品受国外客商关注。渔博会期间，除了美国本土的购买商外，还有来自加拿大、英国、澳大利亚以及智利的水产商，他们都希望能够通过此次展会结识更多的合作伙伴。

董娜说：“通过与世界各地的水产商接触，首先让我们感受到的是中国水产品在国外的影响力的确非同小可。且不说在展馆内随处都可以看到的中国参展商忙碌的身影，即便是在一些国外公司的展位上，也经常能够看到中国籍员工主持参展工作。我们还发现，一些国外公司的宣传册、宣传样本同时采用中、英文两个版本，这一状况对于中国企业来说，多少还有些意外。一直以来习惯了中国公司对外宣传时使用英文，而美国公司现在也采用中文宣传，这都说明中国渔业产品及市场在美国国内市场的地位稳步上升。”

董娜自豪地说：“看到中国水产品和生产企业在国际市场受到如此关注，我们也感到由衷的自豪。它鞭策着我们、激励着我们，同时也感到在国际渔业舞台上，中国水产业扮演越来越重要的角色。”

但记者也注意到，在中国水产品的影响日益扩大的同时，也有不足之处：目前中国出口到北美洲的水产品品种数目相对较少，仅有虾、鱼片、扇贝等几种产品，这样容易使国内水产行业的抗风险能力差。例如2003年末，美国对虾征收反倾销税，使中国的水产品出口遭受严重打击，至今难以恢复。尽管现在美国市场对虾的需求依然很大，很多进口商也都在寻找合适的虾产品供应合作伙伴，但是时至今日，很多中国虾生产企业依然无法直接出口美国，而寻求其他的贸易方式。

信息不对称制约中国水产品出口。记者了解到，渔博会期间，许多外国商家对中国的水产供应和加工企业表示了极大的兴趣，但很多商家都由于无法和国内的水产企业取得直接的联系，而迟迟没有寻找到合作伙伴。对于这样大型的渔业博览会，中国能够参加的水产企业所占比例较少，而更多的国外水产商则迫切希望了解中国中小水产企业的发展。由于信息的不对称，许多贸易机会白白流失。

据董娜介绍，第一食品网在这次展会前期准备工作中，制作了“中国水产企业名录”的资料和光盘在展会上发放，这引起了前来参观的商家的极大兴趣。前来索取光盘和了解中国水产业信息的人络绎不绝。他们都希望能更多地了解到中国国内的现有状况，寻找到合适的合作项目和伙伴。也有很多商家对该公司网站上提供的各种贸易信息表示了极大的关注。一个美国采购商告诉董娜，目前他在中国已经有3个供货商，下一步还希望再寻找2家工厂。一位欧洲的采购商表示，希望通过第一食品网的帮助，能在中国寻找一个可以加工龙虾的工厂。

董娜向记者表示，该公司将通过B2B电子商务服务，给外国客商在中国寻找合作伙伴提供可能性。同时该公司网站在展会中也收集了数千家国外水产企业的详细资料，这些企业都是对中国内地的水产合作有意向的商家。目前，这些资料正在整理当中，将陆续进行发布。

董娜说：“我们希望为中国水产企业提供获取国外定单的机会，把更多的国内水产企业带出国门。”

——《中国贸易报》张伟勋

范堡罗国际航空展闭幕

为期一周的范堡罗国际航空展（Farnborough International Airshow，FIA）于2006年7月24日在英国范堡罗闭幕。该航空展取得了极大的成功，并宣布本届展会获得逾380亿美元的业务。

2006年范堡罗国际航空展是近年来最大的航空展之一，来自35个国家的1480名参展商参加了此次航空展。参加展会的还有来自43个国家的75个国防代表团以及来自15个国家的40个民航代表团。Farnborough International Limited为此次航空展的组织者，该公司营销主管Trevor Sidebottom表示："今年的航空展真的非常出色。从宣布的业务规模、大量与会人数以及众多公司在我们举办的航空展上公布重要产品或宣布合作这一事实来看，毫无疑问，范堡罗国际航空展是全球卓越的企业对企业航空展。"

国际航空公司在该航空展上宣布了价值逾380亿美元的新业务。宣布的订单覆盖航空领域，包括民用和国防产品、航空发动机、供应链、MRO（维护、修理和大修）部门、培训、设备和服务等。

本次航空展展示的新产品包括空中客车A380、雷神ASTOR Sentinel监视飞机、一些新的商务飞机以及贝尔—波音V-22Osprey。在范堡罗国际航空展上，贝尔—波音针对V-22Osprey机型展开了国际销售活动。

在推出的新品中，最具意义的是空中客车A350XWB客机，展会期间已取得第一笔订单。在旋转机翼领域，贝尔直升机公司和以色列城市航空推出的阿古斯塔—威斯特兰AW149多功能直升飞机以及西科斯基两款最新的黑鹰深受欢迎。

一些公司在该航空展上建立了新的合作关系，其中普惠公司针对未来中程双引擎飞机的发动机建立了新的战略联盟，庞巴迪与沈阳飞机工业集团有限公司达成了合作伙伴协议，以制造Dash 8-400机身。

——《中国贸易报》美 文

二、展览业简介

泰国展览业发展概况和对我国的启示

泰国展览业现状

泰国是东南亚展览业发展比较快的国家。据泰国商业部不完全统计，在泰国举办的各类展览平均每年约为400～500个，这些展览包括两大部分：一是由泰国官方、民间机构和企业举办的展览；二是由其他国家来泰国举办的展览。2005年，由泰商业部出口促进厅承办的展览（包括在泰国境内和境外两部分）总计170个。曼谷是泰国最主要的展览会举办地，占泰国展览会总数的90%以上。

泰国展览会主要集中在以下行业和领域：1. 机械电子，主要为汽车、汽车零部件、制冷设备等；2. 纺织服装；3. 农副产品，主要为大米、热带水果和蜂蜜等；4. 服务业，主要为旅游业、教育和美容等；此外还有皮革、珠宝、家具、装饰材料、玩具等行业。

泰国组团出展和到海外参展的目的地集中在美国、日本、欧盟和东盟等国家和地区。近几年来，中国来泰办展、参展和泰国到中国办展、参展的数量正逐年增加。据不完全统计，2005年上半年达到60个以上。泰国政府在不断巩固已有市场的基础上，不断开拓新的市场，依据泰国商业部的计划，2005年重点开拓中国、俄罗斯、印度和中东等国家和地区（见表13-1）。

泰国展览会的硬件设施和服务水平都比较高。在曼谷有较多可以承办大型国际展览的场馆，其中最大的有三座，分别是诗丽吉会议中心、蒙通他尼展览中心和曼谷国际展览中心，每年有几十个国际性大型展览在上述三个中心举办。

泰国展览业的管理和运作方式

泰国商业部出口促进厅是泰国展览业的协调机构，出口促进厅下设展览处，具体负责促进和协调工作，并对泰国展览业的发展做出战略规划。泰国商业部把在泰国本土和海外举办各种展览会视为推动泰国产品出口的主要手段。除在本国设立专门机构外，还在海外设立展览事务中心，负责组织官方展览和协助民间企业举办展览。商业部出口促进厅每年会选择一个重点国家，组织和举办泰国商品展览会，同时也会选择一些新的国家和地区举办开拓性的展览或参加当地的展览。商业部出口促进厅开办了官方网站，一般在年末公布下一年的展览信息。从主办者角度来分析，政府出面负责承办的展览由官方委托展览公司运作，民间举办的展览政府一般参与协调或给予一些宏观的支持，决不干预企业办展，展览会的成功与否，取决于整个行业和企业对其的认可和展览公司自己的运作，政府不会给予财政补贴。在泰国，除了一些综合性的商会外，不论大小行业几乎每个行业都有自己的协会，展览会举办者都与这些商会和行业协会保持着密切的合作关系。因此，一般情况下每个展览会的举办都会得到行业协会的支持，都能邀请到该行业协会的绝大多数企业参展。

泰国展览业的主要特点

产业特色突出。泰国展览公司很注意突出展览会的产业特色。为了扩大展览会的影响，吸引更多参展公司和观众，取得更大的经济效益。泰国展览商依托泰国汽车零部件制造、旅游、农业和美容业等有特色和有优势的行业，把展览办得特色突出、专业性强，这样既突出了泰国的产业特色又培育了展览会的品牌。“曼谷酒店及食品展览会”、“泰国亚洲食品博览会”、“泰国国际汽车电子零部件展览会”等都是泰国目前比较有影响的、有特色展览会，每年会吸引中国、日本、韩国以及东盟地区大量参展商和参会商参加。此外，泰国政府倡导的一村一产品展览和促销大具特色。

专业化程度和服务水平高。泰国展览业已经比较成熟，展览公司能够为参展商提供“一条龙”服务，这些服务囊括了整个运作过程中的每一个环节，从市场调研、题目立项、营销手段到观众组织、会议安排，甚至包括展览公司所有对外文件、信件的格式化、标准化等，都可以为主办者提供。展览会的现场服务迅速高效、服务内容应有尽有。展览公司与展馆、运输、搭建配合密切、服务周到。

泰国展览业开拓市场规划

表 13–1

行业	展览形式	传统市场	拟开拓的新市场
食品	展览会	法国、比利时、美国、日本、德国、意大利	中国香港、中国、印度、俄罗斯、澳大利亚、土尔其、伊朗
珠宝	促销会	美国、欧盟	南亚、东盟
纺织品	展览会	法国、西班牙、美国、德国、日本	中国、中国香港、俄罗斯
电气	展览会	德国、意大利、美国、西班牙	亚洲
装饰材料	展览会	西班牙、意大利、英国、德国、美国、日本	中国香港、南亚、东盟、阿联酋
皮革制品	展览会	德国、美国	中国、中国香港、阿联酋
家具	展览会	德国、英国、美国	波兰
汽配	展览会	德国、英国、美国、新加坡	非洲、中国台湾、澳大利亚
玩具	展览会	德国、美国、日本、中国	中国香港、俄罗斯、阿联酋
美容	促销会	意大利、日本、新加坡、奥地利	德国、斯罗文尼亚、巴西
教育	展览会	中国、越南	
电子产品	展览会	日本、德国、新加坡、中国	中国、中国香港

展前媒体宣传充分。在泰国，一个展览会举办的成功与否，很大程度上依赖于媒体的前期宣传和推介。一个大型的国际展览会，通常要在国内的电视台和报纸做长时间的宣传，并同时到重点国家举办专门的推介活动，以确保展览会能取得良好效果。

高等教育展览发展迅速。近几年来，随着泰国经济的稳步发展，泰国的教育事业也在不断进步，朱拉隆功大学、亚洲理工大学，易三仓大学等高等学府正逐渐成为我国或周边国家学生留学的目的国。在这种背景下，一些教育展览也应运而生，其中，比较著名的是一年一度的“曼谷国际教育展”，每年都有大量来自中国、老挝、缅甸和越南等留学中介机构参加这个展览，效果较好。

建　议

1.中泰两国一直保持着良好的经贸合作关系，尤其是亚洲金融危机之后，两国关系得到了极大的提升，两国经贸往来不断扩大。2003年10月中泰启动蔬菜水果零关税以来，中泰双边贸易额逐年增加，截至2005年上半年，两国的贸易额已经超过102亿美元，同比增长31%。因此，建议我国有关部门和企业抓住这个有利时机，通过展览的平台，推动产品出口。

2.泰国是东盟中重要的国家之一，对周边国家具有很强的辐射性，可以辐射周边10多个国家，建议我国有关部门和企业利用这个有利条件，积极到泰国举办展览或参加泰方举办的展览，多筹组深度开发泰国和周边国家的产品参展，开拓东盟国家市场。

3.会展业既是“规模经济”，也是“品牌经济”，我国会展业的规模效益比较好，但是品牌效应够不理想，具有国际知名度的展览会不多。我们应该借鉴泰国的经验，从突出行业特色入手，发挥本地资源优势，逐渐培育一批像广交会那样具有国际知名度的品牌展会。

4.建议进一步推动我国展览业的专业化分工，包括展会产业链上的分工专业化、会展服务专业化、会展项目运作的专业化等方面，从而推动我国会展服务水平的进一步提高。

（驻泰国大使馆经商参处）

泰国将成为东盟地区会展业的重要中心

泰国作为世界级的旅游胜地，一直拥有广泛而良好的国际声誉，近年来，随着亚洲经济的兴起，其会展业发展也欣欣向荣，表现相当不俗。目前，泰国正在积极地定位和提升自己，准备将自己打造成为东盟重要的国际展览中心。

作为东盟重要的国际展览中心，泰国拥有诸多的优势。

良好的设施及展馆。泰国拥有不少世界级的展览馆，这些展馆均有一流的基础设施，现代化的各种电子及信息通讯设备，完善的相关服务机构，方便的交通，美丽的环境，及大型停车场。如：曼谷国际展览中心，皇后国家会议中心等等。

实力雄厚的展会促进机构。为促进会展行业的发展，泰国政府专门成立了泰国会议展览局（TCEB），该局的宗旨是：致力于推进行业协会和公司举办的会议，奖励活动，和展览的发展。该局现已成为泰国快速成长的会展业的旗舰，泰国总理被提名为该局的总负责人。泰国政府对会展业极为重视，并将其视为一个独立而重要的经济领域。

优惠的价格和丰富的资源。据有关资料显示，在泰国经商，成本要低于马来西亚和新加坡，更低于我国香港，与中国大陆相比也不逊色。另外，泰国还拥有丰富的资源，原材料，与训练有素的劳动力。这些对参展商和投资者均具有极大的吸引力。

工业及服务业的出色成长。目前，泰国在很多工业和服务业的成长均很出色，如：汽车和零部件，自动化和计算机，建筑和基础设施，食品和家禽，家具，礼品和日用品，珠宝，健康和温泉治疗，灯具制造，包装，交通和道路管制系统，水技术，还有体育设备等等。

巨大的市场需求。在许多重要领域，泰国已成为区域性的发展中心，因此有巨大的市场需求，包括对技术和技术诀窍的需求，对渴望通过参加展会而采购先进设备和各种新产品的需求，等等。

专业与到位的会展服务。泰国人民向以热情好客，谦恭有礼，服务周到而著称于世。其会展业也不例外，不仅非常专业，而且在展示内容的质量方面，展示手段的复杂性方面，及营销手段的多样性方面均很出色。

优越的地理位置。泰国是大湄公河流域的门户，该地区包括5个发展中的欠发达经济体：柬埔寨，老挝，缅甸，越南，和中国的云南省。其会展市场潜力十分巨大。

强劲的经济增长。泰国经济近年来持续强劲增长，最近4年其国民生产总值GDP年均增长约6%，工业产值年均增长近12%。

目前，泰国正凭借上述各种优势，努力使自己成长成为区域内国际会议及展览业最理想的场所和中心。

——《国际商报》郭 鸿

欧美展览会的历史渊源与特点

受历史传统和文化因素的影响，世界各国的展览会都具有明显的地域特点和各自不同的办展风格。从总体上看，欧美展览会的质量、贸易效果和办展水平都高于其他地区，代表了当今世界展览业发展的最高水准。尤其对细微之处进行比较，欧美展览会在办展方式和展览会风格方面已形成各自显著的特点。而我国企业出国参展最多、最集中的是欧美展览会，深入细致地分析欧美展览会的不同与区别，不仅有利于进一步做好出国展览工作，也有利于在比较中学习和借鉴西方先进的办展经验和成功的办展模式，以便在与世界接轨中逐步摸索和形成有中国特色的办展风格。

欧洲的展览会明显地具有数量多、规模大的特点。据统计，每年在欧洲举办的贸易展览会约占世界总量的60%，而且欧洲展览会展会规模巨大，参展商数量和观众人数众多，绝大数世界性“航母”级超大型和行业顶级展览会都在欧洲举办。在这方面，德国可堪称最典型的代表。世界著名的国际性、专业性贸易展览会中，约有2/3都在德国举办。按营业额排列，世界十大知名展览公司中，也有六个是德国的。每年，德国举办的国际性贸易展览会约有130多个，净展出面积690万平方米，参观商逾千万，参展商17万家，其中有将近一半的参展商（约为48%）来自国外。

从历史的角度比较，欧洲当之无愧是世界展览业的发源地，具有十分悠久的历史。而且对欧美展览会历史渊源的考察，还可使我们清楚地看到，欧洲展览会比北美展览会具有更强的贸易性。据考证，早在公元710年，法国北部的圣丹尼省就举办了一个大型的展览会，参展商多达700余家。到公元11世纪，德国的法兰克福已成为一个重要的城市，它于1240年获得当时皇室的批准，每年在法兰克福举办一届秋季国际博览会。到15世纪，莱比锡和许多其他欧洲国家的城市都相继成为著名的世界展览大城市。在考察世界展览业发展的历史时，现代意义上的贸易展览会最早诞生在德国，因此，一般认为，德国是世界贸易展览会的发源地。现代贸易展览会与传统庙会式展览会间一个重要的差别是，现代贸易展览会是以展出样品为主的展览会，开创了现代贸易展览会之先河。欧洲的展览会是从中世纪的“周市”发展而来。周市（WEEKLYMARKETPLACE）是指每周办一次的集市贸易，如古罗马的鱼市、米市、油市等，都是专门以买卖双方的交易活动作为办展的宗旨，因而欧洲的展览会一直具有很强的贸易性。

而早期北美展览业的起源史，现在尚没有详细的历史记述。一般认为，北美展览会开始于18世纪，是直接从西欧传过来的，这些展览会刚开始主要集中在早期殖民城市波士顿举办。1765年，美国第一个展览会在温索尔市诞生，而加拿大的第一个展览会则诞生于1792年，当时是由加拿大尼亚加拉联邦的一个农业组织发起和举办。北美展览会起源于专业协会的年度会议。起初，展览只作为年会会议的一项辅助活动，只是一种信息发布和形象性展示的活动，展览会的贸易成交和市场营销功能曾在很长一段时间里并不为企业所重视。这就是为何现在仍有许多美国展览会与专业协会年度会议结合在一起同时举办的重要的原因。由于北美展览会的贸易性不及欧洲，因此贸易展览会在欧洲企业开展市场营销和贸易促销中所发挥的作用大于其在北美所发挥的作用，从而导致欧美企业对展览会的重视和利用程度也存在较大的差异。据统计，欧洲企业编制市场营销费用年度预算中，用在参加展览方面的费用约占其总预算的50%；而美国企业用在这方面的费用只占其年度市场营销费用预算的16.5%。

——《国际商报》吾　人

新加坡会展业的竞争优势

新加坡应该说是个袖珍的国家，资源不多，但精致到了极点。国土总面积不过60多平方公里，其中还有不少是填海造田。自然资源奇缺，但智力资源却是无限的。仅各种国际会议和展览就对新加坡的经济起到了重要的促进作用。

据一些媒体统计，新加坡的国际展会规模数量居亚洲第一位，在世界位居第5～6位。据新加坡旅游局展览会议署林慧华经理介绍，仅2000年在新加坡举行的各种国际会议、展览及奖励旅游就达5000次，前来参加这些会议展览的人数多达40多万人次，而每年前往新加坡旅游观光及参加各种国际会议、展览的人数比新加坡的总人口还多。毫无疑问，旅游、会展对新加坡的经济发展起到了重要的促进作用。

地利优势占几何

新加坡搞国际会展的地理位置十分优越。在以新加坡为中心的三小时飞行距离内，有2.5亿人口活动，每年仅中转旅客就达250多万，新加坡正处在这样一个枢纽的位置。这样非常适合搞国际性的会展。而且新加坡的出入境十分方便，新加坡机场被一些媒体称为世界上最好的机场之一。当地人称，旅客下飞机后，十分钟内就可以拿到托运的行李。樟宜机场曾11次被媒体评为国际上最好的机场。多家媒体也将新加坡评为最适宜举办国际会展的城市之一。目前，新加坡有64家国际航空公司的航线，可直飞50个国家的154个城市。

政府能起什么作用

新加坡旅游局的展览会议署建于1974年，主要任务是协助、配合会展公司开展工作，向国际上介绍新加坡搞国际会展的优越条件，促销在新加坡举办的各种会展。新加坡展览会议署不是管理部门，只是协调配合，而且不向新加坡的会展公司收取任何费用。在新加坡举办会展没有任何管理法规，举办展会也不需要任何审批手续。

在促进会展经济发展中，政府的主要作用是促进活跃经济和加强基础设施建设。比如新加坡旅游局展览会议署每年都有计划地向世界各地介绍新加坡旅游会展方面的情况，如上半年去欧洲，下半年就去美国，并且在世界各地举办新加坡会展经济方面的研讨会，让各国都了解新加坡在这方面的优势。

基础设施必不可少

发展会展经济，展馆建设是首要条件之一。新加坡政府每在展会基础设施方面投入1元钱，就会产生10元钱的效益。

新加坡博览中心就是有政府背景的新加坡港务集团投资建立的。博览中心展览面积达6万平方米。一家德国公司称，这里是除日本之外在亚洲最好的展馆，顶棚高，无柱子，很适合举办大型机械展览。这里有地铁站，有三条高速公路相通，有大型停车场。还有新加坡第二大的厨房（第一大的厨房在机场），可同时供一万人用餐，可供参展商不同档次商务用餐。这与国内展览参展商常常只能蹲在地上吃盒饭大不一样。每年场地出租率达45%。另一处非常有特色的展览会场是新加坡国际会议与展览中心（新达城），是上世纪80年代由11位香港商业巨子向李光耀总理提议建立的。新加坡深受汉文化影响，风水学盛行，这个建筑群是典型风水学的体现，4座45层和一座18层的大楼环立，象征人的五指，中间一座世界上最大的喷泉，寓财源滚滚之意。所有建筑物的雨水都汇集起来用作灌溉花草和洗车之用，既环保又有象征肥水不外流之意。据了解，新达城建成的第二年就卖出了两栋楼，收回了投资。该中心总层面积10万平方米，新加坡最大的无支柱会议大厅就建在这里，可容纳1.2万名会议代表，还配备先进的翻译、通讯、传播系统。每年在这里举办的各种会议、展览等活动有1200多个，许多国际高峰会议都在这里举行，由于该中心非上市公司不披露财务情况，但该中心有出租写字楼、大型商场、展览场、会议馆、停车场等多项收入，效益应该相当不错。

说到这里，好像新加坡搞会展经济全凭得天独厚的地理位置和硬件条件，但在亚洲，与新加坡条件相近的国家和城市并不少，为什么新加坡能搞得这么有声有色呢？这与新加坡展会市场上有一批比较成熟的市场主体不无关系。他们有着比较成熟的市场经验和经营理念。

一、展会也要创品牌。国际上最大的会展公司励展集团亚洲总部就设在新加坡。新加坡展览人士认为，办展会也要创品牌，如果展会有了自己的品牌，就能吸引参展商来参加，就可一届一届地办下去。一个展会如果只办一次的话是肯定要赔钱的，必须创出品牌，一届一届办下去，才可能盈利。

二、针对市场需求办展览。新加坡的会展公司一般都有自己的市场调研部门或人员。针对市场需求确定会展项目。所谓展会市场就是一边是有参展需求的厂商，一边是有参观了解这方面展会的人群，能将这两者结合起来的就是会展公司。励展集团每年举办的大型国际展览超过440个，每年主办的会展为来自全球的15～16万多家参展厂商及超过900万家买家创造商机。形成了一大批长期客户，现在许多参展厂商已经习惯于跟着会展走，想要开拓一个国家或地区的市场时，先通过会展公司举办展览，以展览会的形式开拓市场。

三、竞争并不一定就是价格战。新加坡只是弹丸之地，但有数十家有一定规模的会展公司，这是否会引起价格竞争，如降低场租、参展费等，几乎所有公司都还没有出现这类现象。如励展集团曾想搞家具展，可后来一调查已有别的公司搞过这类展览，就放弃了这个项目。新加坡展览服务私人有限公司也曾想搞一个建筑业方面的展览，后来发现别的公司已做过这方面较好的展览，也就不做了。这与国内如有一个展览做成功，后面就会出现许多类似的展览，直到把这个市场做滥的习惯大不一样。新加坡多数展会公司都是强调服务取胜。最主要的是提高展会的质量。他们认为，展会参观者的数量并不是最主要的，关键是看参观者的质量，是不是参展商希望见到的专业人士，通常是对参观者发放调查表，以了解参观者的基本情况，最重要的是能让参展商做成生意。励展集团每次展览后3～6个月内都要进行一次调查，了解一下参展商通过展览形成了多少商业机会。

目前，已有一些新加坡的会展公司在中国开展了一些业务，并且非常重视中国市场，认为中国展会市场的潜力巨大。但他们普遍认为目前中国市场的展会太多且滥，真正形成规模和品牌的展会还不多。而且在中国办展会还要申请批准，所以必须在国内找一个合作伙伴才能办展览，这样会增加一大块成本。而且国内的展览常常是两种价格，即国外参展商一种价格，国内参展商一种价格，比较复杂。另外，国内厂商出国参展也比较麻烦，有的公司统计，一次会展大约有40%的中国厂商因为出国手续方面的原因不能成行。但新加坡很多会展公司仍然认为中国会展市场前景会越来越好，而且开展了很多具体的合作项目。

——《国际商报》佚 名

新加坡：20亿贴金旅游激活会展业

有媒体统计报道说，新加坡的国际展会规模次数居亚洲第一位、世界第5～6位。而来自新加坡旅游局展览会议署的统计表明，仅2000年在新加坡举行的各种国际会议、展览及奖励旅游就达5000次，前来参加这些会议展览的人数多达40多万，每年前往新加坡旅游观光及参加各种国际会议、展览的人数比新加坡的总人口还多。那么，究竟是什么优势条件让新加坡成为会展业的新宠呢？

有专家分析认为，新加坡会展与旅游的协调发展与政府积极的市场意识是分不开的。正如新加坡国务资政吴作栋所说："为持续保持新加坡的吸引力，政府已经采取灵活应变的态度，一方面预测未来的发展趋势，进行自我调整适应；另一方面也愿意打破旧的思维框框，比如改变向来不允许开设赌场的立场，决定兴建附设赌场的综合度假胜地等。"据悉，新加坡在2015年远期旅游规划中，已经调拨近20亿新元的旅游发展基金，用于开发新景点，举办重大商务展览和休闲活动，改善旅游基础设施，提升旅游业综合能力。

据了解，2005年新加坡已正式决定在滨海湾和圣淘沙岛各建设一家综合度假胜地。这两个综合度假胜地将包括世界级的表演、赌场、剧院、豪华酒店、大型主题公园、商务中心和大型会展中心，预计将于2009年建成。

除此之外，旅游部门于2005～2007年之间推出诸如“非常奖励新加坡”活动，也成为商务人士选择到新加坡举办展览、会议和旅游的原因之一。比如在举办的各类活动中，只要游客在新加坡逗留的天数（旅客人数乘上停留天数）超过150天，并在当地连续停留两个晚上或以上的，即可到旅游局申请高达30%的财务支援，同时还能享受到协助邀请特别来宾、安排专用会场、机场欢迎标识以及因不同规模与类型的公司团体协助个别需求，如行程考察和焰火表演等。

此活动使得新加坡旅游业2005年表现非常优异。访客量和旅游收益都突破预定目标，分别达到894万人次和108亿新元的历史新高，分别比2004年增长7%和10%。2005年访客在新加坡逗留的总天数为3060万天，同比增长14%。旅客在新加坡逗留的平均天数也从3.2天延长到去年的3.4天。酒店的客房总收入达到12亿新元，比2004年同期增长16%。2005年平均房价比2004年增长12%，达136新元。2005年酒店的平均入住率估计为84%，比2004年增长了3.4%。

在新加坡人的眼里，会展业和旅游是相辅相成、密不可分的。因为只要你到新加坡出差，不管是参加公司会议还是大型行业会议或者展览会，都会拉动当地的旅游业。相反，丰富多彩的旅游项目又可以把众多的会议和展览吸引到新加坡来举行。细心的新加坡人曾在2004年做过统计，在当年高达830万的入境人数中，仅会展接待就有220万人次，占入境人数的26%。而会展客人的消费通常比普通的观光客要高出很多，会展业激活旅游消费已经成为新加坡旅游局非常重视的领域。为此，新加坡旅游局已把旅游收入增至三倍，达300亿新元；入境游客数增至两倍，达1700万人次的目标；并把创造10万个就业机会，作为2015年旅游发展远景规划的重点内容。

如果说，新加坡人的市场经济下灵活的思想理念加速了会展业和旅游业的发展，那么，完善、安全便捷的商业设施和交通服务更是两者协调发展的坚固基石。400多条航运线通达700个港口，多年被评为世界最佳机场之一的新加坡樟宜机场是东南亚最繁忙的机场之一，它每周有超过3400次的航班，连接世界160多个主要城市，为亚洲近30亿人口缩短了彼此往来的距离。除此之外，新加坡一流的会展设施遍及全岛。专业展览会议中心和酒店的会议设施包括新达城新加坡国际会议与展览中心、新加坡博览中心及莱佛士会议中心等。这些地方都有优越的会议设施及附加服务，可以满足各项会展活动的不同需要。

目前，新加坡正在加强商务旅游和会展方面的基础设施建设和改进，提高本地商务旅游和会展专业化水平和服务质量，以超出活动组织者和商务旅行者的期望值。新加坡博览中心（Singapore Expo)的展览面积已经从6万平方米(6个大厅)扩大到10万平方米(10个大厅)，增加的空间将保证新加坡可以满足一些特大型活动，比如2005亚洲国际纺织机械展（ITMA Asia 2005）和将来一些特大型专业展览的需要。新加坡旅游局的一位官员在接受本报记者采访时说：“我们的长远计划是向新加坡引进更多的会展设施、餐饮、零售和商务机构。此外，政府还应该着眼于吸引更多的国际组织和国际协会，把他们在亚太的区域总部设立在新加坡，以此带动稳定的商务和会展业。”2004年，新加坡政府已经协助免税世界协会(Tax Free World Association)和国际展览管理协会（International Association of Exhibition Management)在新加坡设立办事处以拓展其亚太业务，以吸引更多的国际组织和国际协会到新加坡。

——《中国贸易报》季春红

美国公有展览中心的三种管理模式

在美国，展览产业对地方经济的拉动作用很明显，据有关调查部门估算，每位参观者每次参观平均要支出1200美元，可以带给当地国内生产总值2000～8000美元的增长。就展览业本身而言，多年来展览产业的增长速度比美国GDP增长快得多。

在美国，大部分展览中心都是公有的。在全美面积超过2500平方米的展览中心中，大约64%（大约243个）的展览中心属于地方政府所有，即公有。

美国地方政府重视公有展览中心的管理。在长期的产业发展过程中，形成了三种各有特点的公有展览中心管理模式。在这三种模式中，政府管理模式有逐渐让位于私人管理模式的势头。

政府管理模式

尽管许多公有展览中心是亏损大户，但地方政府作为所有者的直接管理，仍然可以获得某些关键利益。首先，展览中心的经营可以更好地体现政府发展区域经济和特定产业的意图。其次，控制展览场地市场可以作为展览市场宏观调控的手段。

因此，政府直接管理是美国一种重要的公有展览中心管理模式。通常的办法是在地方政府里成立大会和参观者事务局（Convention & Visitors Bureau，CVB)，负责管理公有展览中心。在此模式里，展览会组织者预定展览场地需要到CVB事先登记，而不是去展览中心。

在政府管理模式下，尽管某些服务也外包给专有承包商，但CVB一般都有管理队伍，包括市场营销、销售和公共关系人员。在很长的时期里，政府管理的市政展览中心通过提高停车价格和提供更多的专有服务等方式，都能够增加收入和盈利。

对市政展览中心来说，盈利能力往往基于下列关键因素：经营实体的政治结构(一般认为，私人或权威机构／委员会的管理优于市政当局)；来自城市的对特定展览中心和整个观光事业的营销支持；最重要的是，展览中心经营和CVB管理的质量。

作为政府管理模式的一个例子，乔治亚州设立了乔治亚世界会议中心管理局，以开发和经营乔治亚世界会议中心、乔治亚"圆顶房"、百年奥林匹克公园和相关设施，以促进和方便那些给乔治亚州和亚特兰大市创造经济利益的展览会。

乔治亚世界会议中心管理局是州长任命的15人董事会，它必须挣得自己经营支出所需的资金，但是如果有短缺也能额外得到州里的资助。管理局从展览大厅和会议室的租金及其提供的服务中，获得收入。乔治亚世界会议中心通常是可以做到赢亏平衡的。

政府管理模式虽然有利于政府获得某些重要的利益，但是也会造成展览中心经营绩效低下、市场机制扭曲等问题，不利于展览产业的长远发展。从美国的情况来看，拉斯维加斯和芝加哥等最重要的展览城市都已不实行这种模式。

委员会管理模式

美国某些地区在公有展览中心的管理中实行委员会管理模式，即由地方议会或政府成立一个单独的非营利管理委员会经营公有展览中心，对议会或政府负责。例如依照内华达州的一部法律，成立了半官方的拉斯维加斯大会和参观者事务管理委员会。

委员会管理往往是比政府管理更有效的模式。由于经营自主和收入独立，由一个管理委员会管理的展览中心，可以更少地受政府采购和城市服务需求的限制。

管理麦考米克展览馆和"海军码头"的芝加哥"都市码头——展览机构"(MPEA)，就是成功应用委员会管理模式的一个例子。MPEA是伊利诺斯州议会创立的一家市政公司，其董事会是由伊利诺斯州州长和芝加哥市市长任命的。

MPEA管理麦考米克展览馆联合体，在芝加哥地区促销和运作展览会和商品交易会。按照法律规定，麦考米克展览馆需要创造足够的收入以支付其运营成本。

为此，作为管理委员会的MPEA实行半企业化的运作。麦考米克展览馆提供电讯、电气、有线电视、输水管道、餐饮和停车等若干种专有服务。展览会组织者必须雇用MPEA在这些服务领域指定的卖主。

MPEA基本上不负众望。每年有400多万展览会参观者来到麦考米克，有50个主要的展览会和数百个小的展览会在麦考米克展览馆举办。按照《贸易展览周刊》的统计，这些展览会里大约有33个居全美贸易展览会前200强之列。

不过这个方式也有其弱点，那就是可能产生官僚主义等问题。历史上著名的旅游胜地"海军码头"也归MPEA拥有和管理，而这家权威机构也因为对"海军码头"实施娱乐、商业和文化的重新利用和经营而广受指责。

此外，从企业治理的角度来看，委员会管理模式下存在着激励不足的问题。很多时候政府还是要充当救火队长，补贴公有展览中心经营的损失。芝加哥市政府每年都把旅馆房间税收的2.5%转移给麦考米克展览馆。

私人管理模式

将公有展览中心的管理业务外包给私人展览管理公司，这就是私人管理模式。当前展览产业一致认为，这是一个积极而难以逆转的趋势。私人管理公司愈来愈多地从市政府那里赢得公有展览中心的经营权和管理权。

北美两家主要的展览中心管理公司，Spectacor管理集团和环球光谱集团，因为不断提升该产业的服务水平和标准而广受信赖。更多的市政府都在考虑把其展览中心管理业务外包给这样的私人管理公司。

私人管理模式具有许多公认的优势，包括：1.政企分开，经营自主；2.设有诸如奖金之类的效率激励措施，管理建在成本节省的基础上；3.注意力集中在客户服务上，有利于克服官僚主义；4.人力资源得到深度开发；5.衡量业绩的标准客观；6.盈利能力较强；7.管理培训专业化，管理职业性强；8.雇用工人有灵活性，有利于裁减冗员；9.对政府来说，财政风险相对较小，这一点至关重要，政府毕竟也不能做赔本生意。

在美国，私人管理公司一般都收取一种基本酬金，外加一种可变激励酬金，它与基准数据联系在一起，诸如毛收入、盈利能力、成本节省情况、参观水平和展览会数量等。

根据《设施管理者》杂志的报道，1986年的美国税收法案，对经营通过免税债券筹措资金的公有展览中心的展览公司，设置了收取酬金上的限制。

展览中心管理契约在各展览中心之间可以有很大的差异。为适合每个市政客户的独特需要，大部分协议都是客户化的。按照具有代表性的私人管理公司的情况看，带激励的酬金平均起来一般相当于毛收入的大约5%。

当然，对地方政府而言，将公有展览中心交给私人公司管理也有一定风险，有可能失去对其营利动机的控制。由于不能排除异地办展的内在冲动，且所办展览会不适应当地产业发展规划，私人管理公司利润最大化的经营可能不符合城市发展的整体利益等等。

——《国际商报》李佳盛

俄罗斯展览业市场调研

近年来，伴随着经济的持续增长，俄罗斯展览业呈现快速发展势头，展览市场群雄崛起、日趋繁荣。在莫斯科市、圣彼得堡市及俄联邦的一些区域中心城市，正在形成一些符合国际办展标准的实力雄厚、经验丰富的大型展览公司和一批专业性强、质量高、影响大的展览—交易会。多层次、多方位的展览活动，在繁荣市场的同时，为加强俄本国产品在国内和国际市场上的影响力和竞争力、进一步扩大国际间经贸合作和促进俄经济结构的调整发挥了积极的作用。

随着中俄两国经贸合作水平的提高，两国企业之间的交往不断扩大和加深，双方到对方办展和参展的愿望和要求也随之提高。因为展览会是一个高效的平台，在这里，企业可以展示自己的产品（包括服务）和实力，扩大产品的影响力和销售渠道，还可以通过直接接触，寻求和了解合作伙伴，促进双方的经贸合作。

俄展览市场的总体情况

综合国际展览—交易会联盟提供的数据和《今日展览》、《展览世界》杂志刊登的多方面数据显示，近年来，每年在俄罗斯举办的各种展览—交易会近2500个，总展览面积约300万平方米，参展企业超过20万家，观展人数超过2000万，与会的专业观众约900万人次，其中约30万人次来自国外。由于历史原因，全俄罗斯约2/3的专业展览场地位于莫斯科市，在此集中了全俄罗斯每年约60%的展览会。全俄展览会销售场地总面积中，莫斯科市占60%左右，圣彼得堡市占10%左右，其余约30%在俄其他城市。

俄展览市场按展会的专业类别组成为：食品和饮料10.6%；建筑及辅料9.6%；卫生保健9.2%；信息与通讯8.3%；服装和鞋类及珠宝7.6%；体育与休闲6.9%；家具及日用品6.2%；交通6.2%；农业5.8%；出版与印刷3.8%；机械与设备3.7%；环境保护3.2%；包装及包装用品2.9%；其余16.2%。

当前的市场行情显示，俄展览会标准场地出售（租）费为每平方米70～500美元。场地价格的高低主要取决于办展地区、主办者的名声和具体展会展场面积的需求量。莫斯科市主要展馆标准场地平均价格在每平方米200～350美元。圣彼得堡市主要展馆标准场地平均价格在200～250美元。而在伏尔加格勒市，一般为每平方米120美元左右。根据不同专家的估计，俄展览市场的规模为每年3亿美元左右。展览公司的平均收益率约为12%，但由于俄经济部门各行各业中普遍存在的“多本账”情况等灰色成分，实际收益率可能远远大于这一比例。

俄罗斯的主要专业展览场馆和展览组织

目前在俄罗斯展览市场上，约有450个展览组织，其中莫斯科有120个。俄罗斯主要的展览组织和专业展览场馆有以下这些：

莫斯科市

1.全俄展览中心公司。其展览场馆为全俄展览中心，其前身为苏联的国民经济成就展览馆，1939年建成。目前，该中心拥有展馆68个，室内和露天展览面积为10.85万平方米和15.81万平方米。另有18个会议厅，总计3300个展位。每年举办约300个展览活动，其中30个左右为国际展览会。

2.展览中心公司。其展览场馆为俄展览中心。该中心1959年投入使用，是俄最大的现代化会展场馆之一，以举办国际和外国展览会而著名，2004年举办的此类展会为77个，共售出展览面积55.4万平方米。目前，该中心拥有8个现代化的展馆，室内和露天展览面积为8万平方米和4.5万平方米。另有符合举行国际会议标准的会议厅。

3.克洛库斯国际展览中心。2004年3月建成并投入使用，是俄最大的现代化会展场馆之一，拥有2个大型现代化展馆，室内和露天展览面积分别为8.68万平方米和6.65万平方米。有(可设)14个现代化的会议厅。克洛库斯国际公司是展览活动和会议的主要承办者。

4.索科尔尼基展览馆。60年代建成，现有9个现代化展馆，总面积为3.3万平方米。索科尔尼基文化展览中心和MVK展览公司是这里展览活动的主要承办者。

除此之外，位于莫斯科市中心的马涅日中央展览厅和商栈展览中心也是著名的展览场馆。

圣彼得堡市

圣彼得堡展览综合体。是俄西北地区最大的展览场所，现有8个展馆，总面积为3.4万平方米。其著名的涅瓦展览会，是全球五大造船工业展览会之一。圣彼得堡展览公司是该综合体的主人。

下新城市

下新城交易会。是俄历史最悠久的交易会，最早出现在1624年。目前，与该交易会同名的展览场馆包括6个展馆、5个会议厅，还有一系列配套服务设施，包括海关办事处和保税仓库。每年，该展览馆举办约50个专业展览交易会。

新西伯利亚市

西伯利亚交易会。是俄东部(乌拉尔以东)地区最大的展览公司，成立于上世纪90年代，主要展览场馆为新西伯利亚市国际展览中心。该公司在莫斯科、圣彼得堡、奥姆斯克和克麦罗沃市设有分支机构，每年举办约90个展览活动。

顿河—罗斯托夫市

南俄罗斯展览中心。是俄罗斯南部地区最大的展览组织之一，建立于1996年，主要展览场所为顿河—罗斯托夫市贸易展览中心。该中心的室内和室外展览面积分别为3800和1万平方米。该组织在莫斯科市和德国设有分支机构，每年举办约30个展览活动。

白城市

白城展览—交易中心。是2004年建成和投入使用的展览综合体。其总面积约8000平方米，室内和室外展览面积分别为3100和3000平方米。白城州工商会是这里展览活动的主要承办者。

除此之外，在叶卡捷林堡、伊尔库茨克、喀山、加里宁格勒、彼尔姆、萨马拉、乌法和切巴克萨尔等城市也有较好的展览场所。

在俄展览市场上的外国展览公司中，德国的Messe Dusseldorf GmbH和Messe Frankfurt GmbH公司，奥地利的M.S.I.公司、英国的ITE公司都具有很大影响力。

根据《МСВЯ》的统计数据，俄展览市场上最活跃的外国参与者前十名是：意大利、德国、波兰、土耳其、法国、中国、西班牙、芬兰、美国和捷克。

俄展览市场的法律环境及协调组织

目前，俄罗斯还没有规范展览市场商务行为的专门法律，只能适用民事法、税务法和海关法等法典的相关条款，以及以此为基础的俄政府的有关规定，远远不能满足解决现代展览市场出现的众多争端和问题的要求。在有关展览活动的国际条约方面，俄罗斯是以下条约的签署国：1928年的《关于国际展览会的巴黎协约》、1995年的《关于独联体国家发展展览—交易活动协议》、1990年布鲁塞尔的《关于商品临时入境的海关监管公约》和1990年斯坦布尔的《临时入关公约》。国际展览-交易会联盟（МСВЯ）是俄展览市场商务活动的协调者之一。该组织于1991年由俄罗斯全俄展览中心、展览中心、圣彼德堡展览、西伯利亚展览和下新城交易会等展览组织创建。目前，该组织已有来自白俄罗斯、哈萨克斯坦、立陶宛、摩尔多瓦、乌克兰和俄罗斯33个地区的86个展览组织成员。2005年该组织的成员一共举办1442个展览活动。由于该组织设立了展览会质量认证标志的门槛条件，即：（1）展览会至少举办过3次；（2）至少10%的参展商来自国外；（3）出展面积不少于1000平方米；（4）展会计划中应包含一些内部项目（指专题研讨会、产品推介会等），并应符合国际展会的要求和条件，因此，取得МСВЯ质量认证标志的展览会，在一定程度上获得了专家和观众的认可。到目前为止，该组织成员一共有192个展览会取得了МСВЯ认证标志。

标示展览会质量水平和影响力的另一重要标志，是世界展览业协会（UFI）的认证标志。俄罗斯现有16家展览公司的44个展览会具有UFI标志，其中俄展览中心公司、MVK国际展览公司、Рес ТЭК公司和MaKcNMa公司分别拥有15个、6个、5个和3个展会。

俄罗斯每年举办的具有重大国际影响的展览会

据初步统计，每年度在俄罗斯举办的具有重大国际影响的展览会有：

(1)国际“通信设备及系统、计算机及办公技术设备”展览会；(2)国际家具及辅料展览会；(3)国际食品及原料展览会。以上展会主办者为俄展览中心公司；(4)国际花卉展览会，主办者为俄全俄展览中心公司；(5)莫斯科国际专业鞋展（Мос щ уз），主办者为俄国家鞋业联盟的Мос щ уз组委会。现在，该鞋展每年举办四次；(6)莫斯科世界食品饮料博览会（World Food Moscow），主办者为英国ITE公司和俄А й Т и И公司；(7)俄罗斯国际包装材料、技术及设备展览会，主办者为俄MVK国际展览公司。

——中国驻俄罗斯使馆商务处

英国展览业概况

英国展览业概要

英国展览业的历史可追溯到19世纪50年代，经过150年的时间已发展成为一个很成熟的行业。2005年英国举办了1760个展览，全年展览日共计3940天，吸引26.6万展商参展，1700万人参观，其中外国展商和参观人士分别占13%和7%。展览业带来的包括增值税、所得税、公司税、国民保险缴纳等税收收入约10亿英镑，对英国GDP的贡献约为41亿英镑，提供了13.7万个就业岗位，约占就业人口的0.5%。英国展览业带来的直接消费每年大约为20亿英镑，而由展览业带来的餐饮、住宿、交通、娱乐、购物等间接消费可达39亿英镑。英国政府对展览业没有专门的法律法规及管理规定，只是在展览消防、电气安全、建筑安全、健康安全、有害物质等方面有具体的技术指标。展览业的行为准则多是通过行业自律的方式确定。英国展览业的主要协会包括组展商协会（AEO-Association of Exhibition Organisers）、展览场馆协会（AEV-Association of Exhibition Venues）及展览承包商协会（AEC-Association of Exhibition Contractors）。

英国约有550家组展商，大的展览公司包括励展公司（Reed Exhibition）、CMP Information、ITE集团、Haymarket、Penton、world media、Clarion Events等。

英国的主要展览场馆

1.国家展览中心（NEC）。位于伯明翰，展览面积19万平米，共有21个相互连接的展厅。自建立以来的24年内已累计举办了2000个展览，吸引5000万人参观展览。目前每年大约举办190场展览，吸引400多万观众，一直保持着欧洲举办展览最多的展馆的地位。

2.伯爵展览中心（Earls Court Exhibition Centre）及Olympia展馆。位于伦敦，每年举办大约270场展览等各种活动，参观人数380万人。

3.ExCel展馆。位于伦敦东区皇家维多利亚码头，展览面积9万平米，附设1500个酒店房间和30多个餐饮设施。自2000年开馆以来已举办1500多场活动，接待300万名观众。

4.G-Mex Centre。位于曼彻斯特，展览面积1万多平米。

5.苏格兰展览会议中心（SECC）。位于格拉斯哥，也是英国最大的综合展览与会议于一体的中心，每年接待大约150万名观众，举办40多场展览，100多场音乐会，30多场各类活动及60多场会议。

英国展会的特点

1.专业性强。在英国举办的大而全的综合性展览很少， 绝大多数是中小型的专业展览，分类很细。

2.展览水平高。英国的展览会注重广告宣传和现场促销，展出产品突出特、新、奇的特点，并且非常注重展台布置和艺术效果，多邀请专业公司设计展台。组展商协会、展览主办方等机构还提供有关布展、如何提升展览效果、如何推销等内容的培训。

3.注重前期的宣传和招展工作。许多展会提前两年已开始宣传和招展，组展方很早就已制作好参展商和展会信息的手册并使用广播、电视、报纸、专业期刊、互联网、电子邮件、CD-ROM等各种传媒工具开展宣传。

4.为避免门票成为制约因素，英国的贸易性展览一般都是免费的。

5.英国的展览主办方和展商注重长远利益和效果，不看重一次办展、参展的收益和成交额。许多新推出的展会要经过三四年的培育发展后才开始收益。

6.参展费用较高。由于物价水平的原因，参加英国展会的总体成本较高。英国的一些展会与欧洲的国际性大型展会相比不具竞争力，但就开发英国市场而言，仍具很强的吸引力。

英国展览业的发展趋势

1.英国的展览会今后将朝着规模小但分类越来越细、专业性越来越强的方向发展。

2.由于英国展会主办方都把精力放在如何更有针对性地满足参展客户和消费者的要求并据此邀请客商，今后英国展会的客商人数并不一定会增加，但会更专业。

3.越来越多的展览结合专题会议一同举办，邀请专业人士为参展商和客商提供业内信息，并为各方提供结识和交流的机会。

4.由于国内市场的局限性，许多英国展览公司已开始把目光投向国外，特别是一些新兴市场国家。

英国主要的展览公司及在华业务情况

1.励展公司（Reed Exhibition）。励展公司在全球设有33个代表机构，每年主办的大型国际展览会超过460个，涵盖52个行业，足迹遍及美洲、欧洲、中东及亚太区的38个国家，在北京、上海和香港设有分支机构。继2003年与华印传媒集团合资成立了上海励华国际展览有限公司后，又于2005年出价2500万美元收购国药展览有限责任公司50%的股份，该公司更名为"国药励展展览有限公司"，成为中国展览界首个由国有企业与境外公司携手打造的合资项目。

2.欧洲博闻（CMP Information）。欧洲博闻隶属于United Business Media plc（UBM），总部位于英国，同时在英国和欧洲开展业务，有约900名员工，2004年公司收入近1.6亿英镑。主要为建筑及房地产、医疗、旅游、农业等领域提供包括杂志、展览会、会议、名录及网站等产品和服务,举办的知名展览包括世界制药原料展（CPhl）、安全方案和网络优势展（IFSEC）及家具/室内装饰/照明展（The Interiors Event）等。

隶属于亚洲博闻负责中国大陆业务的博闻中国有限公司和原上海华展国际展览有限公司联合组建了合资企业上海博华国际展览有限公司。博华公司在国内与当地的合作伙伴共合办超过30个商贸展会，最盛大的是与中国家具协会合办的"中国国际家具展览会"，展场总面积达8万平方米。

3.ITE集团。ITE集团于1991年成立，目前有550多名员工，在全球有18个办事处，每年在世界17个国家举办150多场不同主题和规模的展览，近年来积极开拓俄罗斯和包括乌克兰、哈萨克斯坦、阿塞拜疆、乌兹别克斯坦、格鲁吉亚在内的东欧和中亚国家及土耳其、非洲等新兴市场，并于2005年在北京和新疆乌鲁木齐分别成立了代表处和分公司。

——中国驻英使馆经商处　吕宙翔

三、行业简讯

家庭娱乐成国际电子节新亮点

2006年1月5日，2006年国际消费电子展在美国拉斯韦加斯正式开幕。来自世界各地的2500多家消费电子类相关企业在为期4天的展会上向观众介绍了各自企业的最新产品与服务。作为消费电子业的未来发展方向，与个人电脑及因特网相结合的家庭娱乐功能成为各大软、硬件厂商在本次展会上力推的一个主要概念。

一年一度的国际消费电子展是世界上规模最大的行业性电子展。今年的参展企业来自音响、电视、数字成像、电脑与因特网服务、无线通信及家庭娱乐等30多个行业。据主办单位美国消费电子协会估计，有13万来自世界各地的专业人员及媒体记者参观了本届电子展。

微软公司董事长比尔·盖茨在会上着重介绍和演示了微软公司即将推出的新一代“视窗VISTA”操作系统。他称，这一新的操作系统将重新定义人们的生活、工作和娱乐方式。英特尔和AMD公司同样寄予了厚望，他们也在展会上推出了“AMD LIVE”家庭娱乐技术系统。中国消费电子行业主要企业海信、创维、上广电集团等也派出强大阵容参加本次消费电子展，展品以大屏幕液晶及等离子彩色电视机及家庭影院系统等为主。

据悉，通过个人电脑及具有无线上网功能的手持式数字装置实现娱乐功能被认为是消费电子业未来的发展方向。这一潜力巨大的市场已经让众多厂商跃跃欲试。

——《国际商报》曹卫国

德国杜塞尔多夫时装展2006

展望2006/2007年最新欧洲时装潮流，冬季女装外套流行俄罗斯沙皇时代风格，如长摆裙子或泡泡裙、短裤、长靴、毛皮及花哨衣领，以及丝绒、喱士、刺绣、折边和花边衣饰。男装则流行传统英式时尚或温文尔雅服装，加一点紫红或深灰可起画龙点睛作用。

为期3天的德国杜塞尔多夫时装展2006(CPD Fashion Fair2006)已于2004年2月7日闭幕，会上展示欧洲来季最新时装。欧洲服装业经过一段长时间停滞不前，看来已有起色。这届展览会共有超过1600商家参展，吸引6万名买家到场参观，较2005年冬季展览会多5%。1/3到场参观的买家来自德国境外。

据主办机构Igedo Co表示，出席业者在3天展期取得的生意超出预期，订单总额达30亿欧元(36亿美元)。

——中华时装网

法兰克福国际纸制品、办公用品展览会

2006年1月25～29日，法兰克福国际纸制品、办公用品展览会（Paperworld）在德国法兰克福举行。该展会吸引了世界各地的2596家参展企业向超过6.6万名业界观众展示全新的产品系列和流行趋势。半数以上的观众从德国以外的国家赶来参加，数目比去年增长一成。

Paperworld展览会向来是中国文具制造商的出口平台，今年参与Paperworld的中国展商共有339家，占用面积为4678平方米，中国的著名文具品牌齐心、贝发、乐美等也都参加了这次展会。

2006年传统纸制品、办公用品和文具的需求更胜往年。据观众调查显示业界的关注焦点不仅仅是办公用品，还有纸制品、包装用品、相册、贺卡以及文具礼品等。“大家都以新产品、宣传活动和产品主题来发展新商机，而不再只从价格上挑选产品。观众对新的产品系列都很感兴趣。”International HermaGmbH营销主管AchimR.derer说。

世界杯主题及丰富色彩成流行趋势今年Paperworld的展品大部分都围绕着2006年世界杯主题，产品有可自己设计赛场和球员的玩具、地图及赛场图表。

在书写工具上，越来越多的产品瞄准幼童市场和指导幼童写字的工具，这类产品设计很时尚。

另外，办公用品的设计仍集中从人体工程学和节约时间方面去考虑。另外，继塑料产品后，其他类型的办公用品都开始采用丰富的色彩，如柔和的蓝色、绿色和橙色都非常流行。随着彩色激光打印机的普及，焦点亦转向特殊

纸张方面的发展，包括新颖的设计、实用性、环保包装和运输方式等多方面。

高级文具亦以色彩取胜，流行的色调不仅局限于暗红色和沉静的橙色，还有一些特殊的颜色，如海洋绿色系。

——《中国贸易报》张汝男

科隆新展馆开门纳客

日前，记者从科隆展览（中国）公司了解到，德国科隆公司投资兴建的新展馆已于2006年1月16日正式对外投入使用。科隆总部的高层认为，新展馆投入使用，不仅促进科隆展览中心的经济发展，还将带动整个东部城市的发展，同时将使具有80年悠久历史的科隆国际展览中心焕发出新的面貌。

新展馆位于老展馆的北部，整体规划包括4个楼区，使科隆展览馆更加现代化，更加具有吸引力。新建的北馆内包括4个现代化展馆，比较注重灵活性和高效性。每个展馆独立入口，空间更加开阔，可以实现参展商的设计构想，还有每个展馆的入口宽敞，一层展馆之间的物流区可以灵活存放大型的货物和展品。此外，还设有新闻中心，会议室。最重要的是，新展馆保证参展质量提高。

据介绍，4个展馆可以提供8万平方米的室内展览毛面积（与莱茵河畔老展馆的面积基本一致）以及7.5万平方米的室外展场。同时，新的建筑将体现出两个重要的优越性：高效能后勤与灵活的服务。更值得注意的是，在提供足够展览面积的前提下，新馆一层的高度达到11～15米，拥有坚固而耐用的地板以及宽敞的大门，而且整个展厅没有柱子，使展馆的利用率不断增加，可以举办更多大规模的展会，如重工业产品方面的展会。

——《中国贸易报》周春雨

GDS展亮点纷呈

2006年3月5～7日，2006/2007年秋冬季第101届杜塞尔多夫国际鞋类展览会（GDS）在德国杜塞尔多夫市举行。本届GDS展览会拥有超过55%的国际观众和80%的国际参展商。来自72个国家的约3.15万位观众来到这里收集行业资讯并签订定单。

据展会主办方统计，有来自约45个国家的1300多名参展商参加了第101届2006/2007秋冬系列和2006春夏系列展览。本季展会囊括了世界鞋业市场从优质、年轻时尚风格到普通型的所有相关领域。

展览会上的一个真正的亮点是"趋势洞察（Trend Vision）"展示活动。这一超过600平方米的展示活动既具有说服力也具有鼓舞力。GDS项目主管Kirstin Deutelmoser对此评价说："获取正确的流行趋势信息对于销售成功而言越来越具有决定意义。"

在GDS展览会上，总体趋势主题最受关注。再次被观众评为亮点展区的是13号馆的"设计出击（Design Attack）"，现在已经成为了流行趋势的"麦加"圣地。

除了意大利，巴西和土耳其也由国内协会带团参加。在巴西鞋业协会（ABICALCADOS）会长HeitorKlein看来，GDS是最重要的国际鞋类展示平台。对于土耳其的协会ITKIB来说，优质品牌的参展被证明是个巨大成功。"我们对在这里所达成的交易感到非常满意。"土耳其顶级品牌INCI的总裁Ali Murad Kiziltas说道。

——《中国贸易报》健 强

首尔国际机床展

2006年4月的韩国春寒料峭，两年一届的国际品牌展会—首尔国际机床展于4月11～17日在首尔国际会展中心第12次拉开帷幕。这个由韩国机床工业协会和韩国产业资源部主办的机床专业展览会创办于1984年，每逢双年在首尔举办，迄今已成功地度过12个春秋，发展成为世界一流的机械制造技术专业展览会，展品涵盖了切削机床、锻压机床、机器人、工厂自动化、各种工具及质量保证体系和机械零部件等金属加工的全流程精品，被国际机床工业协会誉为"有着工程技术创新和现代化生产的风向标展览会"。

本届国际机床展面积扩展到5万平方米以上，美国、欧盟国家和日本的机床厂商近千人参加了本届展会，一批在国际上素享盛名的机床企业在展会上亮出了自己的尖端产品，并有世界各国的经贸代表团、采购团和资深的机床业专家和技术人员在此聚汇交流，中国机床工业协会参加了本届展会，并推出我国部分机床精品。

——《国际商报》吕 刚

德国展览业者积极拓展亚洲市场

德国展览业非常蓬勃，多个国际展览会均于该国举行，傲视欧洲。据德国展览业协会（AUMA）估计，展览业每年为德国带来约达230亿欧元收益。

鉴于世界各地对大型展览会需求殷切，一些发源于德国的展览会现已纷纷移植海外，在其他地方大放异彩。例如，源于汉诺威的大型资讯科技展CeBIT，其举办地点已扩展至中国、澳洲及土耳其。主办机构杜塞尔多夫展览公司(Messe Düsseldorf)在全球拥有12家附属公司及65家代表办事处，在俄罗斯市场已建立知名度，成为当地最成功的外国公司之一。

全球10大展览会主办机构中，5家为德国公司。他们均认为，拓展国际市场是推动业务增长的关键。据了解，过去5年，在德国举办的展览会一直保持在150个左右，但参观人士数目却有下跌之势。

业界人士指出，一些新的工业枢纽已在亚洲、中东及东欧崛起，取代西欧旧有生产中心的地位，致使展览会亦转移至这些地区举行，以便来自世界各地的产品及服务买

singex
新展集团

为您开拓市场

展集团

集团是新加坡展览及会议业规中模最大的公司之一。
年来，我们在专业场馆管理、举办展览会上积累了
富的经验并形成了广泛的商业网络。
集团能为我们的客户提供综合全面的一站式的解决方案。

展集团全心全意与您并肩开拓国际商业展览市场！
在请与我们联络吧！

Images are courtesy of Singapore Tourism Board

口果您希望更多了解我们的服务， 请与我们联络。 请致电：（65）6580 8308，
电邮：enquiries@singex.com.sg 或者阅览网站 www.singex.com 及 www.singaporeexpo.com.sg

中国国际展览中心集团公司
北京中展国际展览工程有限公司

中展集团公司旗下北京中展国际展览工程有限公司是目前国内领先的专业展览工程企业。其前身是中国国际贸易促进委员会下属的成立于1954年的中国国际展览工程有限公司，是中国第一家有权承揽国外展览工程的外向型企业。公司以领先的设计理念、雄厚的运作实力承揽历届世界博览会、国际贸易博览会中国馆设计施工工作。为促进中国对外经贸及友好关系架起了桥梁，并为企业发展积累了丰富的资源。公司拥有在70多个国家和地区的搭建标准及特殊展台的施工经验。

中展工程公司自1983年进入商业展览工程市场以来，在国内外举办的大型贸易展览会中承揽设计施工业务，客户包括欧美各国国其它家展团及世界知名公司。随着公司实力的不断增强，业务范围已拓展至包括博物馆、展示厅在内的展览展示业务，并完成了一系列的精品工程。在国内展览市场，中展工程公司不但作为中国国际展览中心的官方搭建商实施了800余个展会的主场搭建，还为国内一系列重大展会提供主场搭建服务。

按ISO9001标准建设占地2.6万平方米的现代化生产基地，配套有先进加工设备以及从业经验丰富的专业工程师，为高效优质的服务提供保障。

分支机构：北京泛太平洋国际广告公司是中展工程品牌内的专业国际广告公司，作为中国广告协会会员单位，在展览广告界独树一帜。凭借与国际通行标准接轨的展览馆广告业务管理经验，愿同客户一道创造更大的参展价值。

中展集团始终秉承客户至上，服务第一的理念，努力为客户提供优质服务。

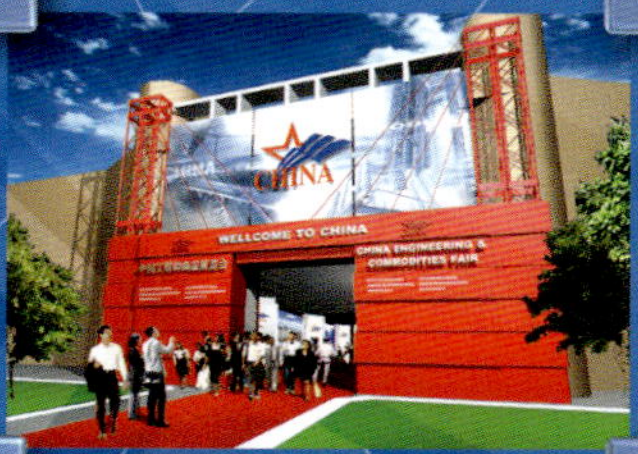

电　　话：（010）84600429、84
　　　　　84600422
传　　真：（010）84600485
电子邮箱：construction@ciec-ex
地　　址：北京市朝阳区北三环
邮　　编：100028
Phone:86-10-84600429、846C
84600422
Fax:　86-10-84600485
E-mail:construction@ciec-exp
Address:No.6, Bei San Huan Do
Chaoyang District, Bei
P.R.China,100028

Join the leading show in China 2007

加入中国一流展会

www.mdc.com.cn

up to date

Beijing 北京

22-24 . 04. 2007

China Med

The 19th International Medical Instruments and Equipment Exhibition

第十九届国际医疗仪器设备展览会

China International Exhibition Center

中国国际展览中心

Shanghai 上海

10. 2007

CHINA-PHARM

The 12th International Pharmaceutical Industry Exhibition

第十二届中国国际医药展览会暨技术交流会

Shanghai New International Expo Centre

上海新国际博览中心

Guangzhou 广州

21-24. 05. 2007

Chinaplas

The 21st International Exhibition on Plastics and Rubber Industries

第二十一届国际塑料橡胶工业展览会

Guangzhou International Convention & Exhibition Centre, Pazhou

广州国际会议展览中心

Dongguan 东莞

18-20. 04. 2007

China Shoes

China Dongguan International Fair for Shoes, Leather Products and Accessories

中国东莞国际鞋类、皮革制品与配件展览会

China Shoetec

China Dongguan International Fair for Shoes and Leather Goods Manufacturing Technology and Material

中国东莞国际鞋类及皮革制品生产技术及材料展览会

Dongguan International Conference and Exhibition Centre

东莞国际会展中心

Hotline 查询：(86 21) 6279 7338

ufi
Approved Event
Event recognized by UFI – The Global Association of the Exhibition Industry
全球展览业协会(UFI)认可之展览会

杜塞尔多夫展览(中国)有限公司
中国上海市南京西路1376号
上海商城4楼420室
邮编：200040
电话：(86 21) 6279 7338
传真：(86 21) 6279 7337
电邮：shanghai@mdc.com.cn

Messe Düsseldorf China Ltd.
Shanghai Representative Office
Suite 420, Level 4
Shanghai Centre
1376 Nanjing Road West
Shanghai 200040, P.R. China
Tel (86 21) 6279 7338
Fax (86 21) 6279 7337
E-mail shanghai@mdc.com.cn

Messe Düsseldorf China ®

EXPO 2010 SHANGHAI CHINA

www.intex-sh.c

上海国际展览中心有限公司由上海虹桥经济技术开发区联合发展有限公司、上海世博（集团）有限公司所属上海市国际展览有限公司及英国P&O公司共同投资建立。其三大主流业务包括：

• 展场经营——上海首家引进国外一流管理模式和经验，同时也是上海世博（集团）有限公司所属的展览场馆公司，及全国首家获得ISO9001认证的国际性展览馆。

• 自办展览——主办、承办多个国际展览会的专业展览公司（重要主办展项目包括花卉展、模具展、轨道展、隧道展、乐器展、灯光音响展、残疾人用品展、润滑油展等）。

• 管理输出——凭借一流的经营理念及专业化的管理队伍，先后参与投资及受托经营管理宁波国际会展中心、威海国际展览中心和郑州国际会展中心。

Intex Shanghai Co Ltd is jointly invested by Shanghai Hongqiao Economic & Technological Development Zone United Development Co Ltd, Shanghai International Exhibition Co Ltd and P&O Netherlands B.V. Its main business profile includes--

• Venue Management-Beginning in 1992, with its quality exhibition facilities and excellent services, INTEX has been the first international exhibition center in China that is authorized by ISO9001.It is also an exhibition center affiliated to Shanghai World Expo (Group) Co Ltd.

• Exhibition Organization-Several international exhibitions that have become leading events in their respective industries are organized by INTEX every year. (Our main events include Hortiflorexpo China, Die & Mould Shanghai, Metro China, Tunnel China, Music China, Prolight+Sound China, China Aid, InterLubric China,etc.)

• Venue Management Export-Building on its strength of advanced management concept and professional staff, INTEX successively participated in setting up management companies and successfully won the bid to manage and operate Ningbo International Conference & Exhibition Center and Weihai International Exhibition Center and Zhengzhou International Convention and Exhibition Center(Intex Zhengzhou).

董事长 辛继平 **Mr. Xin Jiping Chairman of the Board**

总经理 方佩瑛 **Ms. Fang Peiying General Manager**

INTEX SHANGHAI

上海国际展览中心有限公司

INTEX SHANGHAI CO., LTD.

地址:上海娄山关路88号 邮编:200336 电话:86-21-62755800 传真:86-21-62757210

Add:88 Lou Shan Guan Road, Shanghai 200336, P,R, China Tel:86-021-62755800 Fax:86-021-62757210

春 夏 秋 冬

北京四季房展

FOUR SEASONS REAL ESTATE TRADE FAIR BEIJING · CHINA

不断创新的服务内容 不断丰富的服务形式 不断升华的服务理念]

北京四季房展由享誉京城的北京春季房地产展示交易会、北京夏季房地产展示交易会、北京秋季房地产展示交易会和北京冬季房地产展示交易会四个大规模、高标准的房地产专业展会组成。

北京春季房地产展示交易会始于1994年，以其盛大的规模和无与伦比的年度先发之机，成为京城开发商和购房者每年必赴的新春盛会。

北京夏季房地产展示交易会，于2001年6月正式亮相国贸中心并首战告捷，以良好的会展实效重新解释了所谓的地产“淡季”概念。

北京秋季房地产展示交易会出现最早，它起始于1993年，至今已有13年的历史。作为四季房展的重头戏，其综合效应明显，连创国贸房展之最。

作为首都房地产市场的年度大盘点，北京冬季房地产展示交易会1999年横空出世，经过多年的发展，已经成为京城购房族的“圣诞饕餮大餐”。

北京四季房展致力于建设有公信力的、全方位的立体化房地产专业展示、交易和信息服务的新体系，将继续为推动北京和中国房地产业的快速、健康和规范发展做出新的贡献。

2007

春 **北京四季房展2007年春季房地产展示交易会**
04月05–08日 · 中国国际贸易中心国贸展厅

夏 **北京四季房展2007年夏季房地产展示交易会**
06月07–10日 · 中国国际贸易中心国贸展厅

秋 **北京四季房展2007年秋季房地产展示交易会**
09月06–09日 · 中国国际贸易中心国贸展厅

冬 **北京四季房展2007年冬季房地产展示交易会**
12月20–23日 · 中国国际贸易中心国贸展厅

组委会地点：北京市朝阳区东三环北路向军南里2巷甲5号雨霖大厦9层(京广中心西侧) 100020
Add:9th Floor,Yu Lin Building,Xiangjun Nanli,Erxiang Jia 5,Chaoyang District,Beijing China, (West to Jing Guang Center) 100020
常设热线：Tel:010-65021801 65062255 Fax:010-65066995
网址：http://www.4j.com.cn

首届中国长春汽车节

由中国国际贸易促进委员会、中国汽车工业协会、中国汽车工程学会、一汽集团、吉林省政府、长春市政府主办，长春市政府承办，于2007年7月15 — 22日在长春市举行。

一座生产**汽车**的城

一座**城市**在生产汽车...

第五届中国(长春)国际汽车博览会

The 5th China Changchun International Automobile Fai

由中国国际贸易促进委员会、中国汽车工业协会、吉林省政府、长春市政府主办，中国国际贸易促进委员会长春市分会承办，于2007年7月13 — 22日在长春国际会展中心举行，展览面积14万平米。

第四届中国(长春)国际汽车零配件展洽会

The 4th China Changchun International Auto Parts Exhibition and Negotiation Conference

由中国国际贸易促进委员会、中国汽车工业协会、中国汽车工程学会、全国工商联汽车配件商会、长春市政府主办，中国国际贸易促进委员会长春市分会承办，于2007年6月29 — 7月2日在长春国际会展中心举行，展览面积10万平米。

China Council for the Promotion of International Trade
Machinery Sub-Council
China Chamber of International Commerce
Machinery Chamber of Commerce

中国国际贸易促进委员会机械行业分会(简称机械贸促会)是第一批经国家有关部门批准成立的行业贸易促进机构。18年来，共组织出国展览项目600余个，展出面积10万多平方米；组织、主办在华展览会30多个。

中国国际贸易促进委员会机械行业分会

中国国际商会机械行业商会

◆机械贸促会自成立以来，遵循中华人民共和国的法律、法规和国际惯例，始终以“为经济建设服务，为国家外交服务”为宗旨，并按照中国国际贸易促进委员会和中国国际商会章程规定，积极促进我国机械行业与世界各国、各地区之间的经济与技术合作。通过在国内外组织展览会和技术交流会，为机电行业企业和业界人士构建一个先进技术与产品展示、交流合作的国际平台，增进供需双方贸易往来与技术合作；通过丰富的渠道资源优势和独特的行业资源优势，组织国内外机电行业企业相互考察与交流，促进中外企业合资合作，为国内外中小企业合作提供顾问咨询和人才培训；通过民间对外交往，增进我国与世界各国、各地区间的了解和友谊。

地址：北京西城区三里河路46号 100823
Add：No.46,Sanlihe Road, Xichengqu, Beijing, 100823 P.R.China
电话(Tel)：86-10-68594976
传真(Fax)：86-10-68594995
E-mail：jix@ccpit.org
Http：//www.chinamachine.org.cn

主办单位：成都市人民政府
承办单位：成都会展业发展办公室

成都购物节

成都啤酒狂欢节 打造欢乐盛夏

助阵成都创建最佳旅游城市

主办单位：成都市人民政府
承办单位：中共成都市委宣传部
成都会展业发展办公室
成都晚报社

中国贸促会成都市分会
地址：成都市大业路39号大业大厦8楼
邮编：610016
电话：028-86661123
传真：028-86658825
http:// www.cdexpo.com.cn

北京国际印刷技术展览

CHINA PRINT

北京国际印刷技术展览会（China Print），由中国印刷及设备器材工业协会和中国国际展览中心集团公司主办，自1984年开始，每四年一次。China Print是中国第一个（1988年）被国际博览会联盟（UFI）嘉许的展览会，已成为世界六大国际印刷展之一。China Print 2005于2005年5月11至15日举行，来自23个国家和地区的986家厂商参展；展出面积达92，000多平方米；观众来自40多个国家和地区，达16万人次；展会成交额及意向订购超过了15亿元人民币。第七届北京国际印刷技术展览会将于2009年5月在新中国国际展览中心举行。

为适应中国印刷市场发展变化和经济全球化的需要，中国印刷及设备器材工业协会、中国国际展览中心集团公司、广东省印刷复制业协会决定在广东现代国际展览中心联合主办中国（广东）国际印刷技术展览会（Print China）。Print China面向东南亚、南亚、中国及周边国家，作为China Print姊妹展，自2007年开始，每4年一次。首届中国（广东）国际印刷技术展览会将于2007年4月10日至14日举行。

CHINA PRINT

PRINT CHINA

中国印刷及设备器材工业协会

AC

g and Printing Equipment Industries Association of China

北京宣武区广安门外大街甲397号4层

100055

86-10-63262679/63262690

86-10-63262690/63261417

www.chinaprint.org.cn/ www.printchina.com/

www.eprint.cn

printexpo@chinaprint.org.cn

iac@chinaprint.org.cn

2006 澳门 世界遗产年

在长达四个半世纪以来，世界各地的旅客不断的来到澳门找寻属于自己的一段惊奇冒险与欢愉。

今天，旅客仍可以驻足在这令人惊艳的历史遗迹中，亲身体验澳门四百多年来的文化传承，以及感受澳门成为世界遗产的独特魅力。

天下特色荟萃 澳门 就是与众不同

东望洋炮台
(包括圣母雪地殿圣堂及灯塔)

— 澳门历史城区 —

澳门特别行政区政府旅游局
www.macautourism.gov.mo